专利复审和无效审查决定汇编丛书

专利复审和无效审查决定汇编
（2007）

外观设计（第五卷）

国家知识产权局专利复审委员会　编

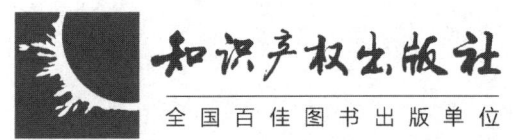

图书在版编目（CIP）数据

专利复审和无效审查决定汇编.2007.外观设计/国家知识产权局专利复审委员会编.—北京：知识产权出版社，2015.12

ISBN 978-7-5130-1607-0

Ⅰ.①专… Ⅱ.①国… Ⅲ.①专利权法—案例—中国 Ⅳ.①D923.425

中国版本图书馆CIP数据核字（2012）第249540号

内容提要

本书汇集了专利复审委员会2007年作出的外观设计专利复审和无效审查决定及相关审查决定和司法判决（根据法律规定需要保密的除外），比较全面地反映了专利复审委员会的审查工作和人民法院专利行政案件审理工作取得的进展，对专利工作者具有一定的借鉴和指导作用，也有利于当事人及广大公众对专利复审委员会的审查工作进行监督。

责任编辑：崔开丽 刘 畅		责任校对：董志英	
责任出版：孙婷婷		封面设计：品 序	

专利复审和无效审查决定汇编丛书

专利复审和无效审查决定汇编（2007）

外观设计（第五卷）

国家知识产权局专利复审委员会 编

出版发行：知识产权出版社有限责任公司	网　　址：http://www.ipph.cn
社　　址：北京市海淀区马甸南村1号（邮编：100088）	天猫旗舰店：http://zscqcbs.tmall.com
责编电话：82000860转8377	责编邮箱：cui_kaili@sina.com
发行电话：010-82000860转8101/8102	发行传真：010-82000893/82005070/82000270
印　　刷：北京中献拓方科技发展有限公司	经　　销：各大网上书店、新华书店及相关专业书店
开　　本：880mm×1230mm 1/16	印　　张：308.75
版　　次：2015年12月第1版	印　　次：2015年12月第1次印刷
字　　数：8668千字	定　　价：1500.00元（全6卷）
ISBN 978-7-5130-1607-0	

出版权专有 侵权必究

如有印装质量问题，本社负责调换。

本书编委会

主　　任：廖　涛

副主任：杨　光　胡文辉　祁德山

编　　委：金泽俭　徐晓敏　廖志峰　张予革
　　　　　白剑峰　马　昊　蒋　彤　李人久
　　　　　李　越　陈迎春　于　萍　吴赤兵
　　　　　李　隽

前 言

随着经济全球化和我国国民经济的飞速发展，专利制度在经济活动中的作用和地位越来越突出，国民的专利意识也在不断增强。目前，我国专利申请总量超过1170万件，每年专利复审与无效宣告请求案件已超过2万件，2012年达到20261件。作为专利复审和无效宣告请求案件审查的专属机构，专利复审委员会每年都要作出数以千计的审查决定。与之相应，人民法院每年要作出数百篇司法判决。每一篇审查决定和判决书都凝聚着审查员和审判人员的心血和智慧。通过审查员和审判人员结合具体案情的创作型劳动，生硬的法律条文变得鲜活和丰满，形成一笔宝贵的精神财富和公共资源，并不断有专利代理机构、专利代理人以及审查员希望专利复审委员会能够出版专利复审和无效审查决定，作为学习和工作时的重要参考资料。

除根据法律规定需要保密的外，《专利复审和无效审查决定汇编（2007）》汇集了专利复审委员会2007年作出的审查决定，包括针对相应审查决定的司法判决，以便读者了解审查决定的法律状态并对照阅读和分析。本汇编按照技术专业领域将分为8大册，共25分卷：机械（3卷）、电学（4卷）、通信（2卷）、医药（2卷）、化学（2卷）、材料（3卷）、光电（3卷）、外观设计（6卷）。因此，本汇编比较全面地反映了专利复审委员会的审查工作和人民法院专利行政案件审理工作取得的进展。

我们相信，本汇编对专利工作者具有一定的借鉴和指导作用，也有利于当事人及广大公众对专利复审委员会的审查工作进行监督。本汇编也将为推动专利复审委员会的发展，促进专利代理业务水平的提高，为《国家知识产权战略纲要》进一步实施尽微薄之力。

本书编委会
2013 年 8 月

目 录

⑤㉔ **印刷电路板的连接器**
　　无效宣告请求审查决定（第 10358 号） ……………………………………………… 3329

⑤㉕ **美容面具**
　　无效宣告请求审查决定（第 10361 号） ……………………………………………… 3336

⑤㉖ **车**
　　无效宣告请求审查决定（第 10362 号） ……………………………………………… 3341
　　北京市第一中级人民法院行政判决书（2008）一中行初字第 59 号 ……………… 3352

⑤㉗ **盒（高新康效洗发剂）**
　　无效宣告请求审查决定（第 10367 号） ……………………………………………… 3358

⑤㉘ **随身型收音机（AQ522）**
　　无效宣告请求审查决定（第 10370 号） ……………………………………………… 3362

⑤㉙ **摄像机（DV5）**
　　无效宣告请求审查决定（第 10372 号） ……………………………………………… 3368

⑤㉚ **酒　瓶**
　　无效宣告请求审查决定（第 10373 号） ……………………………………………… 3375

⑤㉛ **通风风扇（空气幕）**
　　无效宣告请求审查决定（第 10375 号） ……………………………………………… 3380

⑤㉜ **嵌墙直读式水表**
　　无效宣告请求审查决定（第 10379 号） ……………………………………………… 3391

⑤㉝ **标贴（营养曲线）**
　　无效宣告请求审查决定（第 10380 号） ……………………………………………… 3398

⑤㉞ **童车（2110）**
　　无效宣告请求审查决定（第 10381 号） ……………………………………………… 3402

⑤㉟ **酒瓶（心形）**
　　无效宣告请求审查决定（第 10382 号） ……………………………………………… 3411

⑤㊱ **耕田机拖箱**

　　　　无效宣告请求审查决定（第10383号） …………………………………………… 3415

537 削笔器（2）
　　　　无效宣告请求审查决定（第10386号） …………………………………………… 3422
　　　　北京市第一中级人民法院行政判决书（2008）一中行初字第57号 ……………… 3428
　　　　北京市高级人民法院行政判决书（2008）高行终字第643号 …………………… 3434

538 塑料瓶（果粒橙）
　　　　无效宣告请求审查决定（第10387号） …………………………………………… 3439

539 吹风机
　　　　无效宣告请求审查决定（第10391号） …………………………………………… 3443
　　　　北京市第一中级人民法院行政判决书（2009）一中行初字第25号 ……………… 3452
　　　　北京市高级人民法院行政判决书（2009）高行终字第1205号 ………………… 3456

540 组合式开关插座
　　　　无效宣告请求审查决定（第10394号） …………………………………………… 3461
　　　　北京市第一中级人民法院行政判决书（2007）一中行初字第1465号 …………… 3468
　　　　北京市高级人民法院行政判决书（2008）高行终字第453号 …………………… 3476

541 二位欧式开关插座边框
　　　　无效宣告请求审查决定（第10395号） …………………………………………… 3483
　　　　北京市第一中级人民法院行政判决书（2007）一中行初字1466号 ……………… 3490
　　　　北京市高级人民法院行政判决书（2008）高行终字第454号 …………………… 3498

542 酒瓶包装盒
　　　　无效宣告请求审查决定（第10398号） …………………………………………… 3505

543 汽车前灯（上）
　　　　无效宣告请求审查决定（第10403号） …………………………………………… 3510

544 汽车前组合灯
　　　　无效宣告请求审查决定（第10404号） …………………………………………… 3515

545 豆奶机（赛珍珠Ⅱ号）
　　　　无效宣告请求审查决定（第10407号） …………………………………………… 3521

546 药品包装盒（胃康灵）
　　　　无效宣告请求审查决定（第10414号） …………………………………………… 3525

547 扭腰踏步器
　　　　无效宣告请求审查决定（第10415号） …………………………………………… 3528

548 前保险杠总成
　　　　无效宣告请求审查决定（第10416号） …………………………………………… 3531

549 前大灯

无效宣告请求审查决定（第10417号）……………………………………………3534

550 锅顶（大窝形）
　　　无效宣告请求审查决定（第10418号）……………………………………………3537
　　　北京市第一中级人民法院行政判决书（2008）一中行初字第464号……………3541

551 锅盖顶（穿平顶）
　　　无效宣告请求审查决定（第10419号）……………………………………………3545
　　　北京市第一中级人民法院行政判决书（2008）一中行初字第465号……………3550

552 锅盖提手（平顶）
　　　无效宣告请求审查决定（第10420号）……………………………………………3554
　　　北京市第一中级人民法院行政判决书（2008）一中行初字第466号……………3560

553 锅盖提手
　　　无效宣告请求审查决定（第10421号）……………………………………………3564

554 耳机（A80）
　　　无效宣告请求审查决定（第10425号）……………………………………………3571
　　　北京市第一中级人民法院行政判决书（2007）一中行初字第1529号…………3580
　　　北京市高级人民法院行政判决书（2008）高行终字第443号……………………3590

555 电动助力手推车
　　　无效宣告请求审查决定（第10427号）……………………………………………3600

556 皮革（04）
　　　无效宣告请求审查决定（第10433号）……………………………………………3603

557 电声大提琴
　　　无效宣告请求审查决定（第10438号）……………………………………………3607

558 接线盒（2）
　　　无效宣告请求审查决定（第10441号）……………………………………………3612

559 饮料瓶（2）
　　　无效宣告请求审查决定（第10456号）……………………………………………3617

560 组合螺丝刀
　　　无效宣告请求审查决定（第10457号）……………………………………………3625

561 打印机（微型）
　　　无效宣告请求审查决定（第10459号）……………………………………………3630

562 笔
　　　无效宣告请求审查决定（第10462号）……………………………………………3635

563 电扇（C型）

无效宣告请求审查决定（第10463号） …… 3640
北京市第一中级人民法院行政判决书（2007）一中行初字第1470号 …… 3645
北京市高级人民法院行政判决书（2008）高行终字第213号 …… 3652

564 包装瓶（爽身粉1）
无效宣告请求审查决定（第10464号） …… 3658

565 防护门窗
无效宣告请求审查决定（第10465号） …… 3663

566 织　物
无效宣告请求审查决定（第10466号） …… 3667

567 轮胎（HN258）
无效宣告请求审查决定（第10467号） …… 3672

568 包装袋
无效宣告请求审查决定（第10469号） …… 3676

569 型材（3-D1382）
无效宣告请求审查决定（第10476号） …… 3681

570 面条包装纸
无效宣告请求审查决定（第10477号） …… 3688
北京市第一中级人民法院行政判决书（2008）一中行初字第414号 …… 3693
北京市高级人民法院行政判决书（2009）高行终字第5号 …… 3697

571 包装盒（熊猫水彩）
无效宣告请求审查决定（第10481号） …… 3701

572 刀具套
无效宣告请求审查决定（第10482号） …… 3706

573 包装纸卡
无效宣告请求审查决定（第10483号） …… 3710

574 游戏机（ZH-895）
无效宣告请求审查决定（第10485号） …… 3715

575 型材（I）
无效宣告请求审查决定（第10487号） …… 3720

576 发光砖（1）
无效宣告请求审查决定（第10488号） …… 3723

577 麻将牌（黄彩纹竹丝）
无效宣告请求审查决定（第10490号） …… 3728

578 隐形纱窗型材（2S-CH02）
　　无效宣告请求审查决定（第10491号） …………………………………… 3732

579 隐形纱窗型材（YX-AK9）
　　无效宣告请求审查决定（第10492号） …………………………………… 3736

580 童车（大白鲨-6418）
　　无效宣告请求审查决定（第10494号） …………………………………… 3740

581 桌上型计算机（AQ332）
　　无效宣告请求审查决定（第10495号） …………………………………… 3746

582 压缩机热保护器
　　无效宣告请求审查决定（第10496号） …………………………………… 3756
　　北京市第一中级人民法院行政判决书（2007）一中行初字第1441号 …………… 3761
　　北京市高级人民法院行政判决书（2008）高行终字第209号 ………………… 3767

583 广告灯箱（可转动）
　　无效宣告请求审查决定（第10498号） …………………………………… 3771

584 笔（绿白）
　　无效宣告请求审查决定（第10500号） …………………………………… 3776

585 包装袋（水煮活鱼）
　　无效宣告请求审查决定（第10501号） …………………………………… 3780
　　北京市第一中级人民法院行政判决书（2008）一中行初字第36号 …………… 3784
　　北京市高级人民法院行政判决书（2008）高行终字第610号 ………………… 3789

586 拉手（988）
　　无效宣告请求审查决定（第10502号） …………………………………… 3795

587 苏格兰格仔布（4）
　　无效宣告请求审查决定（第10505号） …………………………………… 3801

588 座椅支撑脚（1）
　　无效宣告请求审查决定（第10510号） …………………………………… 3805

589 玩具枪（B）
　　无效宣告请求审查决定（第10518号） …………………………………… 3809
　　北京市第一中级人民法院行政判决书（2008）一中行初字第24号 …………… 3815
　　北京市高级人民法院行政判决书（2008）高行终字第405号 ………………… 3820

590 毛衣罗纹自动过梳器（3）
　　无效宣告请求审查决定（第10524号） …………………………………… 3826

591 毛衣罗纹自动过梳器（1）

无效宣告请求审查决定（第10525号） ……………………………………………… 3830

592 后　灯
　　　无效宣告请求审查决定（第10527号） ……………………………………………… 3834

593 组合仪表
　　　无效宣告请求审查决定（第10528号） ……………………………………………… 3839

594 犬粮包装袋
　　　无效宣告请求审查决定（第10533号） ……………………………………………… 3845

595 订书机
　　　无效宣告请求审查决定（第10535号） ……………………………………………… 3850

596 订书机（S-700）
　　　无效宣告请求审查决定（第10536号） ……………………………………………… 3855

597 玩具汽车（2）
　　　无效宣告请求审查决定（第10544号） ……………………………………………… 3860

598 FM收音机（AQ520）
　　　无效宣告请求审查决定（第10546号） ……………………………………………… 3866

599 十位元计算器（AQ414）
　　　无效宣告请求审查决定（第10547号） ……………………………………………… 3872

600 包装罐（牛奶）
　　　无效宣告请求审查决定（第10549号） ……………………………………………… 3878

601 豆奶机（赛珍珠Ⅱ号）
　　　无效宣告请求审查决定（第10550号） ……………………………………………… 3883

602 视听柜（GS2160-6）
　　　无效宣告请求审查决定（第10553号） ……………………………………………… 3887

603 充电式电推剪（RFC-288）
　　　无效宣告请求审查决定（第10555号） ……………………………………………… 3896

604 化粪池（预制组合型）
　　　无效宣告请求审查决定（第10558号） ……………………………………………… 3901
　　　北京市第一中级人民法院行政判决书（2008）一中行初字第31号 ……………… 3905
　　　北京市高级人民法院行政判决书（2008）高行终字第338号 …………………… 3911

605 三轮车
　　　无效宣告请求审查决定（第10575号） ……………………………………………… 3916

606 弓形锯架
　　　无效宣告请求审查决定（第10586号） ……………………………………………… 3926

　　　　北京市第一中级人民法院行政裁定书（2008）一中行初字第47号 …………………… 3932

607 棺木（波浪头HB130/230）
　　　　无效宣告请求审查决定（第10595号） …………………………………………………… 3933

608 棺木（方头HD130/230）
　　　　无效宣告请求审查决定（第10596号） …………………………………………………… 3935

609 棺木（圆头HC130/230）
　　　　无效宣告请求审查决定（第10597号） …………………………………………………… 3937

610 便　盆
　　　　无效宣告请求审查决定（第10598号） …………………………………………………… 3939
　　　　北京市第一中级人民法院行政判决书（2008）一中行初字第205号 ………………… 3942

611 脚踏冲厕装置的储液桶
　　　　无效宣告请求审查决定（第10599号） …………………………………………………… 3947

612 订书机（DXY-910）
　　　　无效宣告请求审查决定（第10601号） …………………………………………………… 3952

613 宠物笼（方管折叠式）
　　　　无效宣告请求审查决定（第10604号） …………………………………………………… 3959

614 汽车保险杠
　　　　无效宣告请求审查决定（第10606号） …………………………………………………… 3964
　　　　北京市第一中级人民法院行政判决书（2008）一中行初字第254号 ………………… 3971
　　　　北京市高级人民法院行政判决书（2009）高行终字第129号 ………………………… 3977

615 后保险杠
　　　　无效宣告请求审查决定（第10609号） …………………………………………………… 3983

616 仪表板
　　　　无效宣告请求审查决定（第10611号） …………………………………………………… 3988

617 前门（内饰）
　　　　无效宣告请求审查决定（第10612号） …………………………………………………… 3994

618 包装盒（黄山毛峰茶）
　　　　无效宣告请求审查决定（第10613号） …………………………………………………… 3999

619 手机背盖
　　　　无效宣告请求审查决定（第10616号） …………………………………………………… 4004
　　　　北京市第一中级人民法院行政判决书（2008）一中行初字第437号 ………………… 4008

620 搅拌器
　　　　无效宣告请求审查决定（第10617号） …………………………………………………… 4016

北京市第一中级人民法院行政判决书（2008）一中行初字第147号 ………………… 4021

北京市高级人民法院行政判决书（2009）高行终字第295号 ………………… 4027

621 婴幼儿车车轮护罩
无效宣告请求审查决定（第10623号） ………………………………… 4031

622 散热器（灰铸铁柱型YGB）
无效宣告请求审查决定（第10626号） ………………………………… 4037

623 自动车床车头箱
无效宣告请求审查决定（第10631号） ………………………………… 4041

印刷电路板的连接器

无效宣告请求审查决定（第 10358 号）

决 定 号	第 10358 号
决 定 日	2007 年 8 月 8 日
发明创造名称	印刷电路板的连接器
外观设计分类号	13-03
无效宣告请求人	上海乐深电子有限公司
专 利 权 人	日本压着端子制造株式会社
专 利 号	00338405.5
申 请 日	2000 年 11 月 20 日
优 先 权 日	2000 年 5 月 19 日
授权公告日	2001 年 7 月 18 日
合议组组长	张雪飞
主 审 员	周 佳
参 审 员	李改平
附 图	3 页

法律依据 专利法第 23 条

决定要点

对于扁长状的方形壳体而言，突出于壳体壁面的端子排会引起一般消费者的注意，本专利的端子排平齐于壁面，而在先设计 1 和在先设计 2 的端子排明显突出于壳体；通过产品正面的槽口可以直接观察到其内部端子槽道的结构，因此端子槽道排列的疏密会对产品的外观效果构成视觉影响；有无壳体的下壁面，使得产品的外观形成了半封闭式和开放式两种视觉效果，因此对产品外观的影响较大，本专利与在先设计 1 和在先设计 2 在以上方面存在着明显差别，均属于不相同且不相近似的外观设计。

一、案由

本无效宣告请求涉及的是 2001 年 7 月 18 日国家知识产权局授权公告的 00338405.5 号外观设计专利，其使用该外观设计的产品名称为"印刷电路板的连接器"，申请日为 2000 年 11 月 20 日，优先权日为 2000 年 5 月 19 日，专利权人为日本压着端子制造株式会社。

针对上述外观设计专利（下称本专利），2006 年 9 月 22 日上海乐深电子有限公司（下称请求人）向专利复审委员会提出无效宣告请求，其理由是本专利不符合专利法第 23 条的规定。请求人认为在本专利申请日前已有与其相近似的外观设计在出版物上公开发表过,本专利应予以宣告无效,请求人提交了如下 5 个附件作为证据:

附件 1:本专利的著录项目及图片复印件;

附件 2:实开平第 7-16385 号日本实用新型专利公报复印件;

附件 3:第 1022630 之类似 2 号日本意匠公报复印件;

附件 4:实开平第 7-16385 号日本实用新型专利公报部分中文翻译文本复印件;

附件 5:第 1022630 之类似 2 号日本意匠公报部分中文翻译文本复印件。

请求人认为,附件 2 所示产品的整体造型与本专利非常相似,都为纵长状外形,顶面为平整表面,且正面都具有扁形的对接插口,两者顶面的缺角结构的不同属于细微区别,产品侧壁的倒角结构属于功能性设计,倒角之间的差异不会对整体外观产生显著影响,两者的端子及端子槽道虽不相同但属于产品内部结构,不影响外观设计相近似性的比较;附件 3 所示产品的整体造型与本专利相近似,两者顶面的缺角结构的差异为细微差别,对于另一个差别点即产品下部有无下底壁的区别,请求人认为连接器产品的底面是紧贴在印刷电路板上的,下底壁属于不易见到的部位,对产品的整体外观不会产生显著影响,所以附件 2 和附件 3 中所示外观设计均与本专利构成相近似的外观设计。

经形式审查合格后,专利复审委员会受理了上述无效宣告请求,于 2006 年 11 月 29 日向双方当事人发出无效宣告请求受理通知书,并将无效宣告请求书及其附件转送给专利权人,要求其在指定期限内答复。

2007 年 1 月 5 日专利复审委员会收到专利权人提交的意见陈述书,专利权人对请求人提交的附件 5 提出异议,认为根据审查指南的规定,当事人对于提交的外文证据应当提交中文译文,没有提交中文译文的部分,不能作为证据使用,而请求人提交的附件 5 的第 2 页仍存在外文,因此不能做为证据使用;附件 2 和附件 3 中所示产品在整体和各个视图所示面的设计上均与本专利存在诸多明显差别,与本专利既不相同也不相近似。同时专利权人在意见陈述书中提出要求进行口头审理的请求。

专利复审委员会于 2007 年 3 月 20 日向双方当事人发出口头审理通知书,定于 2007 年 4 月 26 日对本案进行口头审理,并随口头审理通知书将专利权人提交的意见陈述书转送给请求人。

口头审理如期举行,请求人和专利权人均委托代理人出席了口头审理。口头审理中,双方对对方出庭人员的资格和身份无异议,对合议组成员没有回避请求。在口头审理中,请求人确认使用附件 2 中的图 1、图 2(a、b、c)和图 3 作为与本专利进行比较的图片,不使用附件 3 中的参考图作为对比图片,对于附件 2 认为其所示产品与本专利的外观设计仅存在细微差别,对于附件 3 认为该类产品的消费者知晓产品在使用时下方是需要焊接安装的,所以不会注意产品有无下底壁的结构,因此附件 2 和附件 3 中所示外观设计均与本专利构成相近似。专利权人声明对于请求人提交的证据的真实性和关联性不再有异议,但认为附件 3 中产品的立体图不清晰,并坚持认为附件 2 和附件 3 所示产品均与本专利不相同且不相近似,请求人的无效宣告请求的主张不能成立。

在双方当事人意见陈述及口头审理的基础上,合议组经合议,认为本案事实清楚,依法作出本审查决定。

二、决定的理由

基于请求人提出的无效宣告请求理由,合议组依据专利法第 23 条对本案进行审理。

专利法第 23 条规定:授予专利权的外观设计,应当同申请日以前在国内外出版物上公开发表过或者国内公开使用过的外观设计不相同和不相近似,并不得与他人在先取得的合法权利相冲突。

请求人提交的附件 2 为实开平第 7-16385 号日本实用新型专利公报复印件,并同时提交了其中文译文(附件 4),专利权人对中文译文内容无异议,附件 2 所示专利公报的公开日为 1995 年 3 月 17

日，经合议组核实，其所示内容属实，确系在本专利申请日（优先权日）之前公开发表的外观设计公报，属于专利法第 23 条所规定的公开出版物，可以作为判断本专利是否符合专利法第 23 条规定的证据。

附件 3 为第 1022630 类似 2 号日本意匠公报复印件，同时提交了其部分中文译文（附件 5），专利权人对提交的中文译文内容无异议，虽然附件 5 中没有提交参考图的中文译文，但请求人已经在口头审理中确认不以参考图作为相近似比较的图片，附件 3 上所示专利公报的公开日为 1998 年 10 月 12 日，经合议组核实，其所示内容属实，确系在本专利申请日（优先权）日之前公开发表的外观设计公报，属于专利法第 23 条所规定的公开出版物，可以作为判断本专利是否符合专利法第 23 条规定的证据。

本专利为一种印刷电路板的连接器，附件 2 所示外观设计（下称在先设计 1）和附件 3 所示外观设计（下称在先设计 2）也是连接器类产品，其用途相同，为相同种类的产品，故本专利与在先设计 1 和在先设计 2 可以进行相近似性对比。

本专利所示外观设计包括主视图、后视图、俯视图、仰视图、右视图、立体图、A-A 剖视图、B-B 剖视图、C-C 剖视图，简要说明载明左视图与右视图对称，省略左视图。本专利为一扁长形块状体，产品前部开有槽口，其他面封闭，形成壳状结构，从产品前面可看到其壳体内等距布有端子槽道，产品后部平行纵列排布若干端子，产品顶面为近似长方形，两个边角处形成缺口，产品的两个侧壁设有倒角结构（详见本专利附图）。

在先设计 1 包括图 1、图 2（a、b、c）和图 3，所示产品为扁长形块状体，产品前部开有槽口，其他面封闭，形成壳状结构，从产品前部可看到其壳体内等距密布有若干端子槽道，产品顶面为近似长方形，后端突出排布有若干端子，顶面的两个边角处开有方形缺口，两个侧壁平滑，侧壁前端为近似 C 型结构（详见在先设计 1 附图）。

在先设计 2 包括产品的正面图、背面图、平面图、底面图、右侧面图、A-A 线断面图、B-B 线断面图、正面侧斜视图、底面侧斜视图。其所示产品为扁长形结构，产品的正面、底面敞开，内壁为平行排列的端子槽道，产品顶面为长方形，后端突出排布有若干端子（详见在先设计 2 附图）。

将在先设计 1 与本专利进行比较，其相同之处在于：两者均为前部开有槽口的扁长状壳体，壳体内一个壁面上设有若干端子槽道，产品顶面两个边角处均有缺口。两者的主要不同之处在于：壳体内的端子槽道的密度不相同，在先设计 1 的端子槽道的排布明显比本专利紧密，在先设计 1 的后端平行排列的端子明显突出于壳体，而本专利的端子则平齐于壳体的壁面，上述区别形成了令人瞩目的视觉效果，使两者具有了显著不同的外观；且两者顶面的缺口位置不同，在产品结构上的位置相反，在先设计 1 的缺口位于与产品槽口前端，而本专利的缺口位于槽口的后端；两者侧壁的结构不相同，在先设计 1 的侧壁平滑无倒角结构，而本专利的两个侧壁处有梯状倒角结构，本专利与在先设计 1 的上述差别点结合起来，在整体外观上使两者形成了显著的视觉差异。请求人认为端子及端子槽道属于产品的内部结构，不影响外观设计相近似性的比较，合议组认为，只有在产品的内部结构为视觉无法直接观察到的情况下，才不会对产品的整体外观构成影响，而本专利和在先设计 1 的产品在正面设有开口，可以直接观察到其中的端子槽道的结构，且端子槽道的疏密与露于壁面外的端子相对应，共同形成了两者之间的显著差别，因此本专利与在先设计 1 属于不相同也不相近似的设计。

将在先设计 2 与本专利进行比较，两者的相同之处在于：整体形状均为扁长状壳体，壳体内均具有等距平行排布的端子槽道，产品的顶面平滑。两者的主要不同之处在于：壳体的结构不同，在先设计 2 的壳体没有下底壁，形成下部开放的壳状结构，而本专利的壳体具有下底壁，形成仅前部开放的半封闭结构，由于上、下壁面为形成产品壳体的主要壁面，在先设计 2 的结构使得其内壁结构完全暴露，可直接观察到内部端子槽道的结构，虽然请求人说明该产品的下底面在使用状态下可以与其他产品的壁面相连接而不易观察到，但是没有提交证据证明其使用状态，对于产品本身而言，有无下底壁的结构会直接给一般消费者留下截然不同的视觉印象，因此本专利和在先设计2具有显著不同的外观效果；另外，在先设计2的后端平行排列的端子明显突出于壳体，而本专利的端子则平齐于壳体的壁面，此点差别也会引起一般消费者的瞩目，且在先设计2的顶面为长方形结构，而本专利的顶面两个边角设有缺口，二者的侧壁虽都设有倒角但形状并不相同，在先设计2与本专利的上述差别使得两者形成了明显不同的整体视觉效果，应属于不相同也不相近似的外观设计。

综上所述，本专利与请求人提交的证据所示外观设计均不相同且不相近似，请求人提出的无效宣告请求理由不能成立。

三、决定

维持00338405.5号外观设计专利权有效。

当事人对本决定不服的，可以根据专利法第46条第2款的规定，自收到本决定之日起三个月内向北京市第一中级人民法院起诉。根据该款的规定，一方当事人起诉后，另一方当事人应当作为第三人参加诉讼。

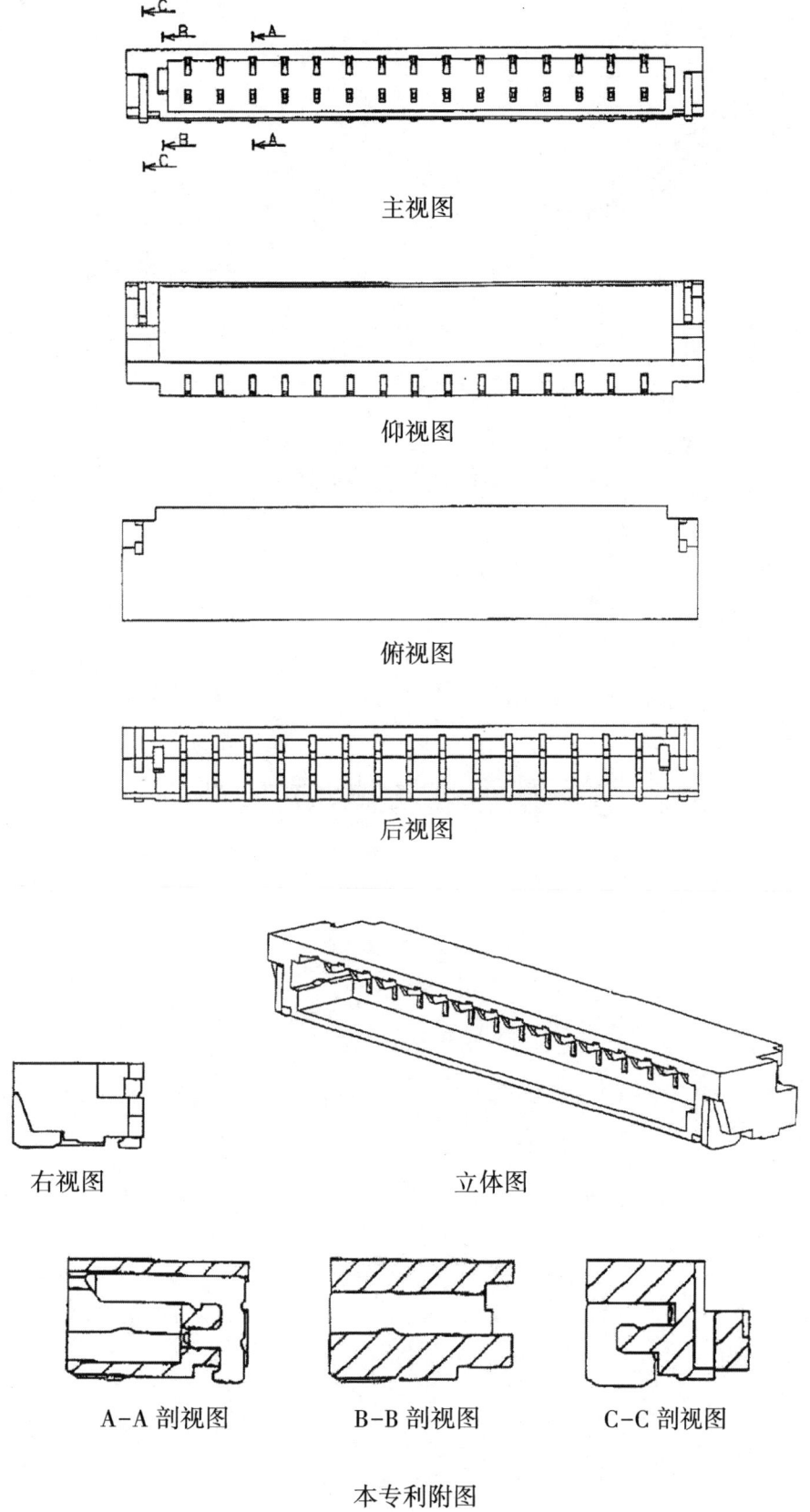

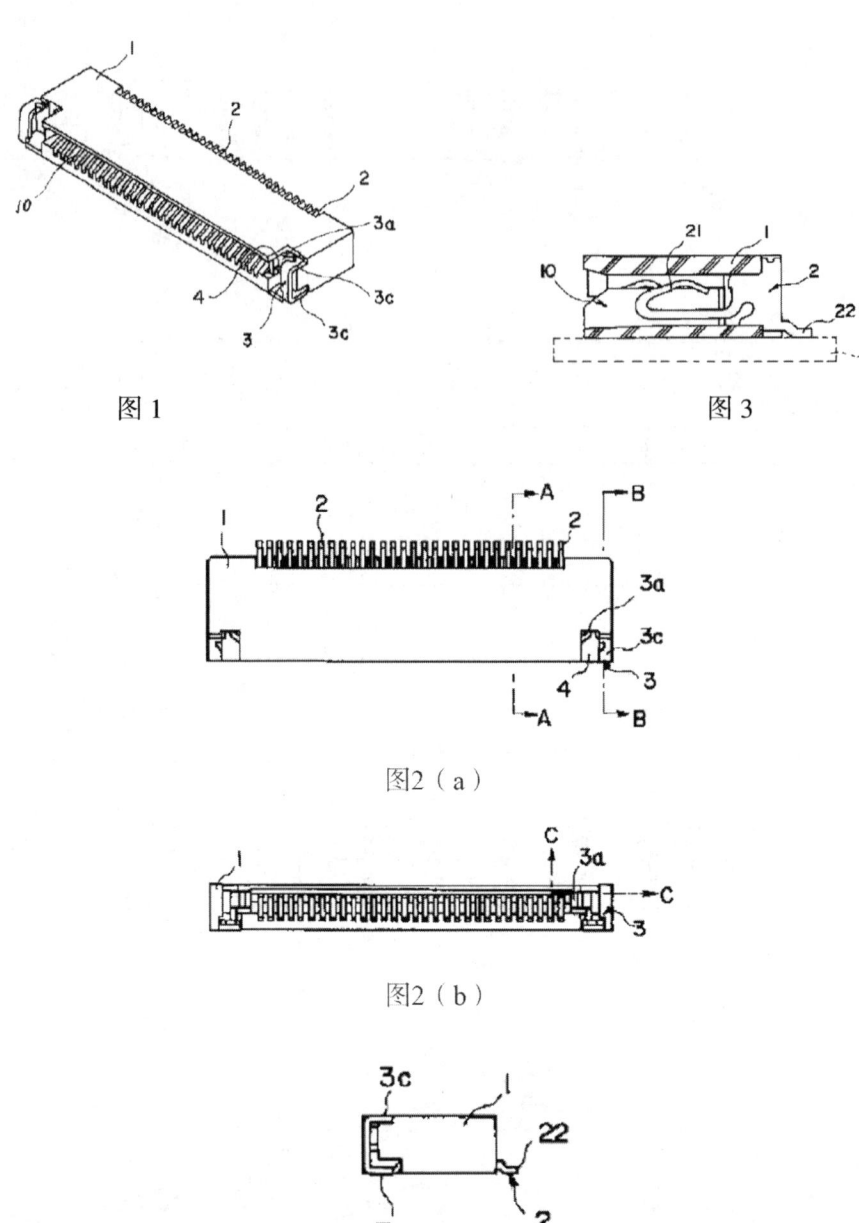

图1

图3

图2（a）

图2（b）

图2（c）

在先设计1附图

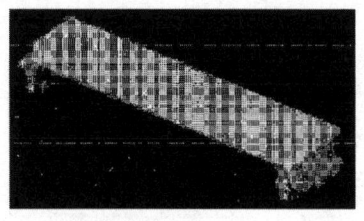
正面侧斜视图

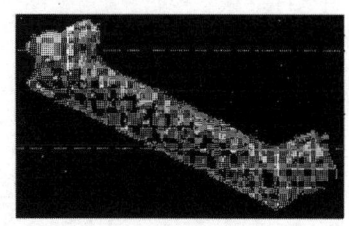
底面侧斜视图

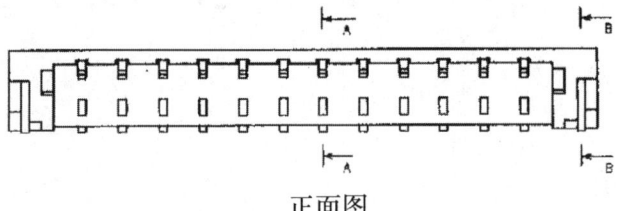
正面图

背面图

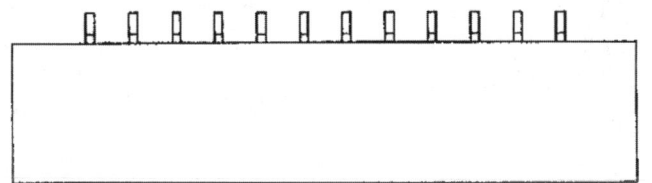
平面图

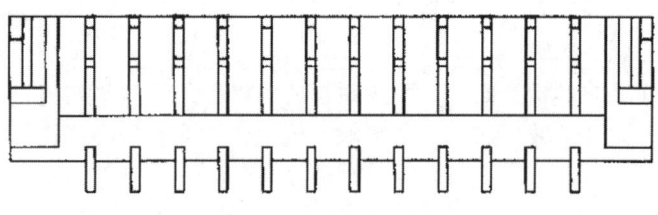
底面图

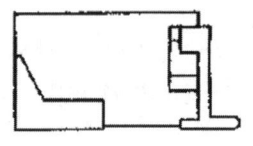
右侧面图

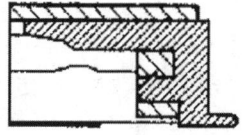
A-A 线断面图

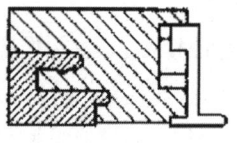
B-B 线断面图

在先设计 2 附图

美容面具

无效宣告请求审查决定（第 10361 号）

决 定 号	第 10361 号
决 定 日	2007 年 8 月 15 日
发明创造名称	美容面具
外观设计分类号	28-03
无效宣告请求人	王　威
专 利 权 人	周荣华
申 请 号	200430102745.6
申 请 日	2004 年 11 月 3 日
授权公告日	2005 年 8 月 24 日
合议组组长	张跃平
主 审 员	王霞军
参 审 员	严若艳
附 图	2 页
法 律 依 据	专利法第 23 条

决 定 要 点

本专利与在先设计虽然被分到了不同类别，但二者均为面具产品，具有相近似用途，因此，二者具有可比性，可以进行相近似比较。

本专利与在先设计面具的形状及面具背面按摩钉的设计已给一般消费者留下了相近似的整体视觉印象，其差异不足以对整体视觉效果产生显著影响。因此，本专利与在先设计产品属于相近似的外观设计。

一、案由

本无效宣告请求涉及的是国家知识产权局于 2005 年 8 月 24 日授权公告的，名称为"美容面具"的外观设计专利（下称本专利），其申请号是 200430102745.6，申请日是 2004 年 11 月 3 日，专利权人是周荣华。

针对上述专利权，王威（下称请求人）于 2006 年 12 月 28 日向专利复审委员会提出无效宣告请求，其理由是：本专利与其申请日前授权公告的外观设计专利相近似，同时，在本专利申请日之前与本专利外观设计形状相近似产品已在报纸上公开发表，本专利不符合专利法第 23 条的规定。与此同时，请求人提交了如下附件作为证据：

附件1，00328632.0号外观设计专利著录项目和图片复印件1页；
附件2，2004年7月17日北京娱乐信报广告专版原件1页；
附件3，2004年8月14日北京娱乐信报广告专版原件1页；
附件4，2004年8月20日北京娱乐信报广告专版原件1页；
附件5：2004年8月21日北京娱乐信报广告专版原件1页；
附件6：2004年8月26日北京娱乐信报广告专版原件1页；
附件7：2002年1月16日华商报复印件1页；
附件8：2004年9月29日北京晚报复印件1页。

经形式审查合格，专利复审委员会于2007年1月23日受理了此案，并将无效请求书及相关材料转送给专利权人。

专利权人在规定期限内未答复。

专利复审委员会于2007年4月2日向双方当事人发出合议组成员告知通知书，在规定的期限内双方当事人均未对合议组成员提出回避请求。

合议组经合议，认为本案事实清楚，可以依法作出审查决定。

二、决定的理由

基于请求人提出的无效宣告请求理由，合议组对本专利是否符合专利法第23条的规定进行审查。

专利法第23条规定："授予专利权的外观设计，应当同申请日以前在国内外出版物上公开发表过或者国内公开使用过的外观设计不相同和不相近似，并不得与他人在先取得的合法权利相冲突。"

请求人提交的附件1是国家知识产权局于2001年5月16日授权公告的、专利号为00328632.0的外观设计专利著录项目和图片复印件，经合议组核实，该专利的真实性可以确认。该专利的公开日期早于本专利的申请日，属于专利法第23条规定的出版物，其上记载的外观设计构成在本专利申请日前公开发表过的外观设计（下称在先设计），在先设计产品名称为"面具"，被分到21-03其他娱乐和游艺用品类，而本专利分类号为28-03，分到梳妆用品和美容室设备类，虽然二者产品被分到了不同类别，但二者都为面具产品，具有相同用途，因此二者产品具有可比性，可以进行相近似比较。

本专利公报公开了产品6面视图，如图所示，本专利形状近似人脸面部轮廓，设计为长方形的额头、瓜子脸，面部设有椭圆形眼睛孔，突起的鼻子和嘴，下巴的下方设有长方形支撑柱；面具的背面，在额头、眼睛、鼻子及嘴的周围，各穴位点上设计有圆形按摩钉（详见本专利附图）。

在先设计公报公开了产品6面视图，如图所示，在先设计形状近似人脸面部轮廓，设计为长方形额头，瓜子脸，面部设有椭圆形眼睛孔，突起的鼻子和嘴，下巴下方设有长方形支撑柱；面具的背面，在额头、眼睛、鼻子及嘴的周围，各穴位点设计有圆形按摩钉（详见在先设计附图）。

将本专利与在先设计比较，二者相同点是：面具形状设计相同，面具背部五官周围各穴点均设有圆形按摩钉，不同之处仅在于面具背面穴位按摩钉的数量和钉的长度略有不同。合议组认为：二者面具整体形状及面具背面按摩钉的设计已给一般消费者留下了相近似的整体视觉印象，按摩钉数量及长短的差异不足以对整体视觉效果产生显著影响。因此，本专利与在先设计产品属于相近似的外观设计。

综上所述，在本专利申请日以前已有与其相近似的外观设计在出版物上公开发表过，本专利不符合专利法第23条的规定。

在已经得出上述审查结论的基础上，本审查决定对请求人提交的其他证据不再作出评述。

三、决定

宣告 200430102745.6 号外观设计专利权全部无效。

当事人对本决定不服的，可以根据专利法第 46 条第 2 款的规定，自收到本决定之日起三个月内向北京市第一中级人民法院起诉。根据该款的规定，一方当事人起诉后，另一方当事人应当作为第三人参加诉讼。

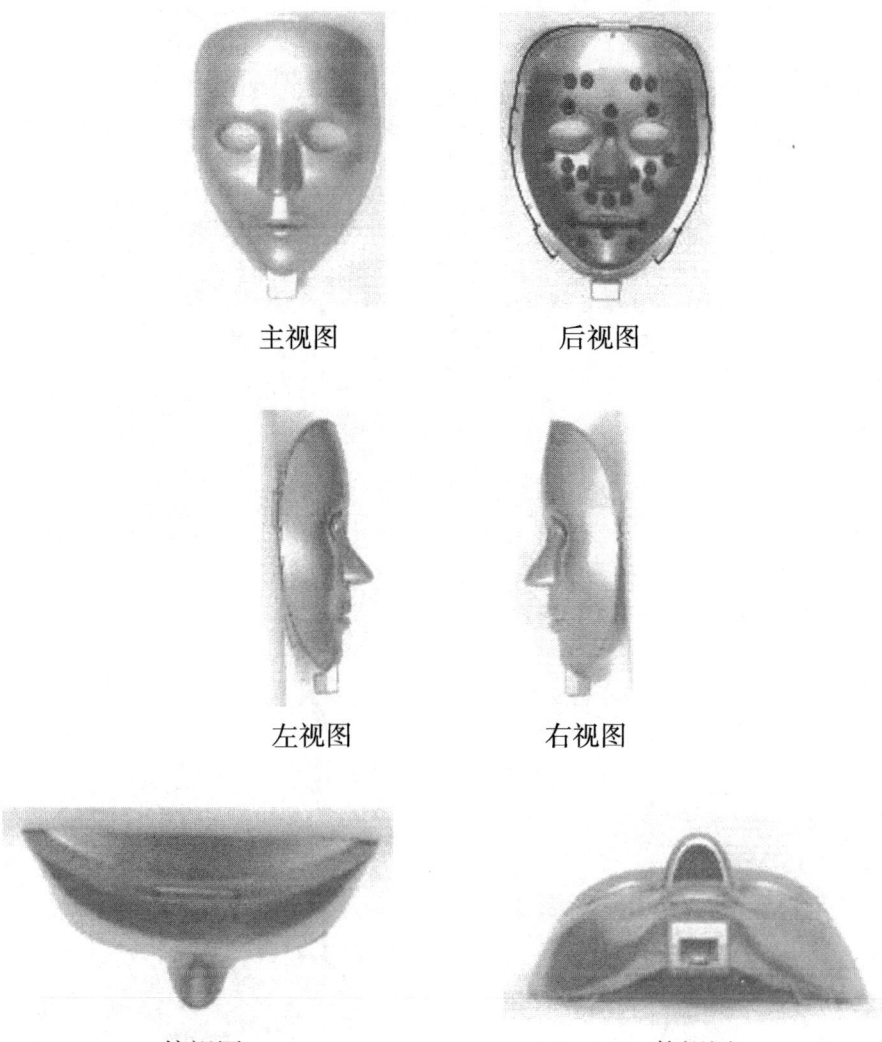

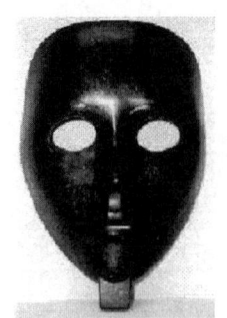 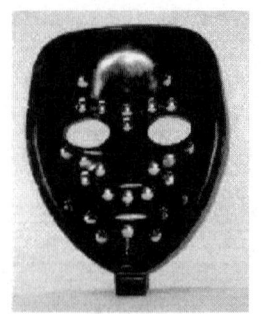

主视图　　　　　　　后视图

 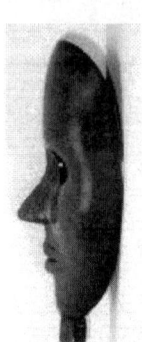

左视图　　　　　　　右视图

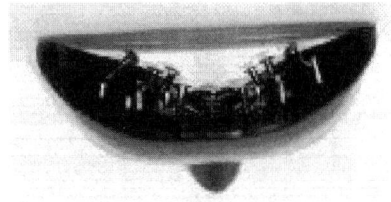 

俯视图　　　　　　　仰视图

在先设计附图

车

无效宣告请求审查决定（第 10362 号）

决 定 号	第 10362 号
决 定 日	2007 年 8 月 6 日
发明创造名称	车
外观设计分类号	12-08
无效宣告请求人	盐城中威客车有限公司
专 利 权 人	尼欧普兰汽车有限公司
专 利 号	200430088722.4
申 请 日	2004 年 9 月 23 日
优 先 权 日	2004 年 9 月 20 日
授 权 公 告 日	2005 年 8 月 24 日
合 议 组 组 长	张雪飞
主 审 员	李巍巍
参 审 员	徐清平
附 图	5 页

法 律 依 据 专利法第 9 条、第 23 条
决 定 要 点

将本专利与在先设计 1 至在先设计 4 分别比较，虽然均与本专利存在有相近似之处，但由于本专利与在先设计 1 至在先设计 4 分别在前后车灯、顶窗和前车窗与车身和车侧窗连接的形状、两侧窗的形状、后车窗、翼子板下沿的形状、乘客门的位置及本专利与在先设计 1 至在先设计 3 分别在后车轮的数量等处的造型设计或设置的位置明显不同，这些不同点对客车的外观设计的整体视觉效果均具有显著的影响，因此，在先设计 1 至在先设计 4 与本专利均应属于不相同且不相近似的外观设计。

一、案由

本无效宣告请求涉及 2005 年 8 月 24 日国家知识产权局授权公告的 200430088722.4 号外观设计专利，其产品名称是"车"，申请日是 2004 年 9 月 23 日，优先权日为 2004 年 9 月 20 日，专利权人是尼欧普兰汽车有限公司。

针对上述外观设计专利权（下称本专利），盐城中威客车有限公司（下称请求人）于 2006 年 10 月 26 日向专利复审委员会提出无效宣告请求，其理由是本专利不符合专利法第 9 条和第 23 条的规定。请求人认为，在本专利申请日前已有与其相近似的外观设计申请了专利，且在本专利申请日之前

已经有与其相近似的外观设计在公开出版物上公开发表过。请求人同时提交了如下附件作为证据：

附件1是经国家知识产权局专利检索咨询中心确认的第02305512.X号外观设计专利公报1页；

附件2是经国家知识产权局专利检索咨询中心确认的第02309580.6号外观设计专利公报1页；

附件3是经国家知识产权局专利检索咨询中心确认的第02344703.6号外观设计专利公报1页；

附件4是经国家知识产权局专利检索咨询中心确认的第200430061131.8号外观设计专利公报1页；

附件5是《商用汽车》2004年第3期封面及第32页复印件共2页。

请求人认为：附件1、附件2、附件3、附件5外观设计专利或杂志的公开日早于本专利申请日，适用专利法第23条的规定，附件4第200430061131.8号外观设计专利的申请日早于本专利申请日，授权公告日晚于本专利申请日，适用专利法第九条的规定。请求人认为，将本专利与附件1相对应的视图相比较，二者整体形状相同，各部分位置相同，不同之处在于，车灯排列不同、挂车牌部分形状不同、后窗形状不同、前窗与侧窗连接处的形状不同（附件1呈三角形）、后轮的数量不同（附件1为一组后轮）和乘客门的位置不同（附件1乘客门与后车轮相邻）；将本专利与附件2相对应的视图相比较，二者整体形状相同，各部分位置相同，不同之处在于，车灯排列不同、挂车牌部分形状不同、后轮的数量不同（附件1为一组后轮，且车侧板盖住大部分后车轮）和乘客门的位置不同（附件1乘客门与后车轮相邻）；将本专利与附件3相对应的视图相比较，二者整体形状相同，各部分位置相同，不同之处在于，车灯排列不同、挂车牌部分形状不同、后窗形状不同、前窗与侧窗连接处的形状不同（附件3呈三角形）、后轮的数量不同（附件3为一组后轮，且车侧板盖住大部分后车轮）和乘客门的位置不同（附件3乘客门与后车轮相邻）；将本专利与附件4相对应的视图相比较，二者整体形状相同，各部分位置相同，不同之处在于，车灯排列不同、挂车牌部分形状不同、后窗形状不同、前窗与侧窗连接处的形状不同（附件4呈三角形）；将本专利与附件5进行比较，二者整体形状相同，各部分位置相同，不同之处在于，车灯排列不同、挂车牌部分形状不同、后轮的数量不同（附件5为一组后轮，且车侧板盖住大部分后车轮）和乘客门的位置不同（附件5乘客门与后车轮相邻），俯视图属于一般消费者不易见到的部位，对整体视觉效果没有影响，请求人还认为，对于客车这种大型产品而言，本专利与附件1至附件5的整体结构相近似，车灯排列、乘客门位置等的微小差异不容易引起一般消费者注意，对整体视觉效果不会产生显著影响，因此，应宣告本专利权无效。

专利复审委员会根据无效宣告请求审查程序的规定受理了该无效宣告请求，并于2006年10月26日将无效宣告请求书和证据的副本转送给专利权人，限其在指定的期限内答复。并告知专利权人如逾期不答复，不影响专利复审委员会的审理。

2006年12月11日专利权人向专利复审委员会提交了意见陈述书，专利权人针对无效宣告请求的理由进行意见陈述，专利权人认为：将本专利各视图分别与附件1至附件5相对应的视图相比，在车体下部的楔形弧线、车顶部的形状、上下挡风玻璃之间的条棱、前后车灯、后车窗、发动机罩、散热格栅的位置等处的设计均存在着显著不同，这些差别对本专利与附件1至附件5所示外观设计的整体视觉效果有显著的影响，另外，虽然俯视图为不易见部位，但从该视图可以清楚地看出，本专利与附件1至附件4所示外观设计有显著不同，应当维持本专利有效。

专利复审委员会于2007年3月22日将专利权人提交的意见陈述转送给请求人。同时向双方当事人发出《无效宣告请求口头审理通知书》，定于2007年5月22日在专利复审委员会进行口头审理。同日还向双方当事人发出《合议组成员告知通知书》，指出如对本案合议组人员有回避请求的，请于收到本通知之日起7天内提交书面请求书，逾期未答复，视为无回避请求。在规定的期限内双方当事人均未对合议组成员提出回避请求。

口头审理如期举行，双方均有委托代理人出席。在口头审理过程中，请求人当庭声明放弃附件5作为宣告本专利无效的证据，认为附件1至附件4与本专利相近似。专利权人对附件1至附件4的真实性无异议，但认为其与本专利不相近似。双方均坚持原有主张。

在以上审理的基础上，本案合议组经合议，认为本案事实清楚，依法作出本审查决定。

二、决定的理由

1. 法律依据

根据请求人提出的无效宣告请求的理由和提交的证据，本案合议组依据专利法第9条、第23条的规定对本案进行审理。

专利法第9条规定："两个以上的申请人分别就同样的发明创造申请专利的，专利权授予最先申请的人。"

专利法第23条规定："授予专利权的外观设计，应当同申请日以前在国内外出版物上公开发表过或者国内公开使用过的外观设计不相同和不相近似，并不得与他人在先取得的合法权利相冲突。"

2. 证据的认定

请求人提交的附件1是经国家知识产权局专利检索咨询中心2006年10月24日确认的第02305512.X号外观设计专利公报，申请日是2002年3月27日，授权公告日为2003年2月19日，授权公告号是CN3278537D，使用外观设计的产品名称为"豪华客车（JNP6127）"（下称在先设计1），经合议组核实，该复印件所示内容属实，其授权公告日在本专利申请日（本案指优先权日，下同）之前，确系本专利申请日之前发表的外观设计，可作为认定本专利是否符合专利法第23条规定的证据。

请求人提交的附件2是经国家知识产权局专利检索咨询中心2006年10月24日确认的第02309580.6号外观设计专利公报，申请日是2002年5月21日，授权公告日为2002年12月25日，授权公告号是CN3269701D，使用外观设计的产品名称为"（JNP6127）豪华客车"（下称在先设计2），经合议组核实，该复印件所示内容属实，其授权公告日在本专利申请日之前，确系本专利申请日之前发表的外观设计，可作为认定本专利是否符合专利法第23条规定的证据。

请求人提交的附件3是经国家知识产权局专利检索咨询中心2006年10月24日确认的第02344703.6号外观设计专利公报，申请日是2002年10月17日，授权公告日为2003年5月14日，授权公告号是CN3294311D，使用外观设计的产品名称为"豪华客车（JNP6127A）"（下称在先设计3），经合议组核实，该复印件所示内容属实，其授权公告日在本专利申请日之前，确系本专利申请日之前发表的外观设计，可作为认定本专利是否符合专利法第23条规定的证据。

请求人提交的附件4是经国家知识产权局专利检索咨询中心2006年10月24日确认的第200430061131.8号外观设计专利公报，经合议组核实，该复印件所示内容属实，申请日是2004年6月3日，授权公告日为2005年1月12日，授权公告号是CN3418608D，使用外观设计的产品名称为"豪华客车（6137）"（下称在先设计4），专利权人是金华尼奥普兰车辆有限公司，与本专利不是同一专利权人，专利申请日早于本专利申请日，属于他人在先申请的专利，可适用专利法第9条对本案进行审理。

本专利包括7幅视图，即主视图、后视图、左视图、右视图、俯视图、立体图1、立体图2。从各视图观察，本专利由车头、车身和前后车轮等组成，整体形状大致呈长方体，车头由一条形棱将前车窗和顶窗分隔，其中部有雨刷设计，顶窗向车顶部倾斜，并向车身两侧圆弧过渡，与平行四边形的车侧窗、前车窗和车身连接，呈楔形，前车窗正面竖直，其两侧各有一长形后视镜，在前车窗的下端有一近似"T"形设计，其中下部为车牌安装部位，沿"T"形横下沿为车前灯安装部位，车前灯呈

"豆荚"状斜置,车身右侧设有驾驶室门和乘客门,乘客门位于车身中部,在车身左后侧有一不规则形散热格栅,车身的后上部略向车顶部倾斜,后视窗和发动机罩均呈倒梯形,车后灯呈三角形,有两组后车轮,前后车轮上的翼子板下沿分别为"∩"和"∩∩"形状,车顶部设有天窗和空调压缩机,天窗位于前半部和中部,空调压缩机位于后半部略向上凸起,其上有6个圆形、一个长形和二个梯形设计(详见本专利附图)。

在先设计1包括4幅视图,即主视图、后视图、左视图、右视图。从各视图观察,在先设计1由车头、车身和前后车轮等组成,整体形状大致呈长方体,车头包括前车窗和顶窗,车顶窗的上部有雨刷设计,顶窗向车顶部倾斜,并向车身两侧圆弧过渡,与平行四边形的车侧窗连接,在连接处形成一三角形侧窗,前车窗正面竖直,其两侧各有一长形后视镜,车身正面的中下部为车牌安装部位,车前灯呈长条形一字排列,车身右侧设有驾驶室门和乘客门,乘客门与后车轮相邻,在车身左后侧有一圆角长方形散热格栅,后视窗略呈圆角梯形,发动机罩呈圆角长方形,在发动机罩的上方有5组并列的散热格栅,车后灯呈梯形,有一组后车轮,前后车轮上的翼子板下沿为圆弧形状(详见在先设计1附图)。

在先设计2包括5幅视图,即主视图、后视图、左视图、右视图、俯视图。从各视图观察,在先设计2由车头、车身和前后车轮等组成,整体形状大致呈长方体,车头包括前车窗和顶窗,车顶窗的上部有雨刷设计,顶窗向车顶部倾斜,并向车身两侧圆弧过渡,与车侧窗连接,呈梯形状,前车窗正面竖直,其两侧各有一长形后视镜,车身正面的中下部为车牌安装部位,车前灯呈长条形一字排列,车身右侧设有驾驶室门和乘客门,乘客门与后车轮相邻,在车身左后侧有一圆角长方形散热格栅,后视窗略呈圆角梯形,发动机罩呈圆角长方形,在发动机罩上方有5组并列的散热格栅,车后灯呈梯形,有一组后车轮,前车轮上的翼子板下沿为圆弧形状,后车轮上的翼子板略凸起,覆盖大部分车轮,车顶部设有天窗和空调压缩机,车顶部的前后部各有一天窗,空调压缩机位于车顶部的中后部略向上凸起,其上有6个圆形和4个两两对称的长形格栅设计(详见在先设计2附图)。

在先设计3包括5幅视图,即主视图、后视图、左视图、右视图、俯视图。从各视图观察,在先设计3由车头、车身和前后车轮等组成,整体形状大致呈长方体,车头包括前车窗和顶窗,车顶窗的上部有雨刷设计,顶窗向车顶部倾斜,并向车身两侧圆弧过渡,与平行四边形的车侧窗连接,在连接处形成一三角形侧窗,前车窗正面竖直,其两侧各有一长形后视镜,车身正面的中下部为车牌安装部位,车前灯呈长条形一字排列,车身右侧设有驾驶室门和乘客门,乘客门与后车轮相邻,在车身左后侧有一圆角长方形散热格栅,后视窗略呈圆角梯形,发动机罩呈圆角长方形,在发动机罩上方有5组并列的散热格栅,车后灯呈梯形,有一组后车轮,前车轮上的翼子板下沿为圆弧形状,后车轮上的翼子板略凸起,覆盖大部分车轮,车顶部设有天窗和空调压缩机,车顶部的前后部各有一天窗,空调压缩机位于车顶部的中后部略向上凸起,其上有3个圆形和4个两两对称的长形格栅设计(详见在先设计3附图)。

在先设计4包括5幅视图,即主视图、后视图、左视图、右视图、俯视图。从各视图观察,在先设计4由车头、车身和前后车轮等组成,整体形状大致呈长方体,车头包括前车窗和顶窗,顶窗向车顶部倾斜,并向车身两侧圆弧过渡,与平行四边形的车侧窗连接,在连接处形成一三角形侧窗,前车窗正面竖直,其两侧各有一长形后视镜,车身正面的中下部为车牌安装部位,车前灯呈长长形一字排列,车身右侧设有驾驶室门和乘客门,乘客门与后车轮相邻,在车身左后侧有一长方形散热格栅,后视窗略呈圆角梯形,发动机罩呈圆角长方形,在发动机罩上方有5组并列的散热格栅,车后灯呈梯形,有两组后车轮,前车轮上的翼子板下沿为圆弧形状,后车轮上的翼子板略凸起,覆盖少部分车轮,车顶部设有天窗和空调压缩机,车顶部的前后部各有一天窗,空调压缩机位于车顶的中部略向上凸起，其上有4个圆形和2个对称的长形格栅设计（详见在先设计4附图）。

合议组认为：本专利和在先设计1至在先设计4均为客车的外观设计，属于相同种类的产品，均具有可比性。

将本专利与在先设计1相比较，其相同点为：二者整体形状均大致呈长方体，车头和车身的组成部件及位置的设置均相近似，二者的主要不同点是：车前的顶窗和前车窗在车身侧部的形状不同，本专利近似楔形，在先设计1为多边形；车前灯的形状不同，本专利为呈"豆荚"状斜置，在先设计1为长条形一字排列；车侧窗不同，本专利为一组平行四边形，在先设计1为平行四边形和三角形；后车轮的数量不同，本专利为两组，在先设计1为一组；车轮上的翼子板下沿的形状不同，本专利分别为"∩"和"∩∩"形状，在先设计1均为半圆形；乘客门的位置不同，本专利距后轮较远，在先设计1与后轮相邻；车后部的后车窗形状不同，本专利均为倒梯形，在先设计1略呈圆角梯形；车后灯的形状不同，本专利为三角形，在先设计1为梯形。合议组认为：从客车外观的整体观察，虽然本专利和在先设计1存在着相近似之处，但由于二者在前后车灯、顶窗和前车窗与车身和车侧窗连接的形状、两侧窗的形状、后车窗、后车轮的数量、翼子板下沿的形状、乘客门的位置等处的造型设计或设置的位置明显不同，这些差别对本专利与在先设计1的外观设计的整体视觉效果具有显著的影响，因此，二者的不同点足以构成了显著差别，二者应属于不相同且不相近似的外观设计。

将本专利与在先设计2相比较，二者整体形状均大致呈长方体，车头和车身的组成部件及位置的设置均相近似，二者的主要不同点是：车前的顶窗和前车窗在车身侧部的形状不同，本专利近似楔形，在先设计2顶窗与侧窗相连呈梯形，前车窗呈倒梯形；车前灯的形状不同，本专利为呈"豆荚"状斜置，在先设计2为长条形一字排列；车侧窗不同，本专利为一组平行四边形，在先设计2顶窗与侧窗相连呈梯形；后车轮的数量不同，本专利为两组，在先设计2为一组；车轮上的翼子板的形状不同，本专利为"∩"和"∩∩"形状，在先设计2前轮处的为半圆形，后车轮处的覆盖大半部车轮；乘客门的位置不同，本专利距后轮较远，在先设计2与后轮相邻；车后部的后车窗的形状不同，本专利为倒梯形，在先设计2略呈圆角梯形；车后灯的形状不同，本专利为三角形，在先设计2为梯形。合议组认为：虽然客车顶部的空调压缩机顶面在使用状态时不易见，客车的其他部位为一般消费者易见并关注的部位，但从俯视图中可以清楚地看出，二者车顶部上的天窗和空调压缩机的位置和形状也有显著的不同，由于二者在前后车灯、顶窗和前车窗与车身和车侧窗连接的形状、两侧窗的形状、后车窗、后车轮的数量、翼子板下沿的形状、乘客门的位置等处的造型设计或设置的位置明显不同，这些差别对本专利与在先设计2的外观设计的整体视觉效果具有显著的影响，因此，从客车外观的整体观察，二者的不同点足以构成显著差别，二者应属于不相同且不相近似的外观设计。

将本专利与在先设计3相比较，其相同点为：二者整体形状均大致呈长方体，车头和车身的组成部件及位置的设置均相近似，二者的主要不同点是：车前的顶窗和前车窗在车身侧部的形状不同，本专利近似楔形，在先设计3为四边形和倒梯形；车前灯的形状不同，本专利为呈"豆荚"状斜置，在先设计3为长条形一字排列；车侧窗不同，本专利为一组平行四边形，在先设计3为平行四边形和三角形车窗；后车轮的数量不同，本专利为两组，在先设计3为一组；车轮上的翼子板的形状不同，本专利为"∩"和"∩∩"形状，在先设计3前轮处的为半圆形，后车轮处的覆盖大半部车轮；乘客门的位置不同，本专利距后轮较远，在先设计3与后轮相邻；车后部的后车窗形状不同，本专利为倒梯形，在先设计3略呈圆角梯形；车后灯的形状不同，本专利为三角形，在先设计3为梯形。合议组认为：虽然客车顶部的空调压缩机顶面在使用状态时不易见，客车的其他部位为一般消费者易见并关注的部位，但从俯视图中可以清楚地看出，二者车顶部上的天窗和空调压缩机的位置和形状也有显著的不同，由于二者在前后车灯、顶窗和前车窗与车身和车侧窗连接的形状、两侧窗的形状、后车窗、后车轮的数量、翼子板下沿的形状、乘客门的位置等处的造型设计或设置的位置明显不同，这些差别对本专利与在先设计3的外观设计的整体视觉效果具有显著的影响，因此，从客车外观的整体观察，二者的不同点足以构成显著差别，二者应属于不相同且不相近似的外观设计。

将本专利与在先设计4相比较，其相同点为：二者整体形状均大致呈长方体，车头和车身的组成部件及位置的设置均相近似，二者的主要不同点是：车前的顶窗和前车窗在车身侧部的形状不同，本专利近似楔形，在先设计4为四边形和倒梯形；车前灯的形状不同，本专利为呈"豆荚"状斜置，在先设计4为长条形一字排列；车侧窗不同，本专利为一组平行四边形，在先设计4为平行四边形和三角形车窗；车轮上的翼子板的形状不同，本专利为"∩"和"∩∩"形状，在先设计4前轮处的为半圆形，后车轮处的覆盖小半部车轮；乘客门的位置不同，本专利距后轮较远，在先设计4与后轮相邻；车后部的后车窗的形状不同，本专利为倒梯形，在先设计4略呈圆角梯形；车后灯的形状不同，本专利为三角形，在先设计4为梯形。合议组认为：虽然客车顶部的空调压缩机顶面在使用状态时不易见，客车的其他部位为一般消费者易见并关注的部位，但从俯视图中可以清楚地看出，二者车顶部上的天窗和空调压缩机的位置和形状也有显著的不同，由于二者在前后车灯、顶窗和前车窗与车身和车侧窗连接的形状、两侧窗的形状、后车窗、后车轮的数量、翼子板下沿的形状、乘客门的位置等处的造型设计或设置的位置明显不同，这些差别对本专利与在先设计4的外观设计的整体视觉效果具有显著的影响，因此，从客车外观的整体观察，二者的不同点足以构成显著差别，二者应属于不相同且不相近似的外观设计。根据审查指南的规定，"同样的发明创造"对于外观设计而言，是指外观设计相同或者相近似，因此，本专利和在先设计4不属于同样的发明创造。

综上所述，请求人提交的证据均不能支持其无效宣告请求的理由。

三、决定

维持200430088722.4号外观设计专利权有效。

当事人对本决定不服的，可以根据专利法第46条第2款的规定，自收到本决定之日起三个月内向北京市第一中级人民法院起诉。根据该款的规定，一方当事人起诉后，另一方当事人应当作为第三人参加诉讼。

立体图1

立体图2

主视图

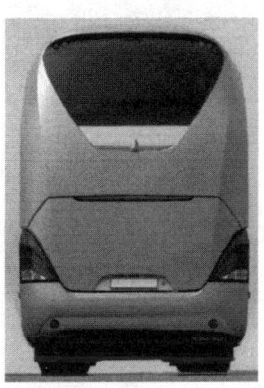
后视图

俯视图

左视图

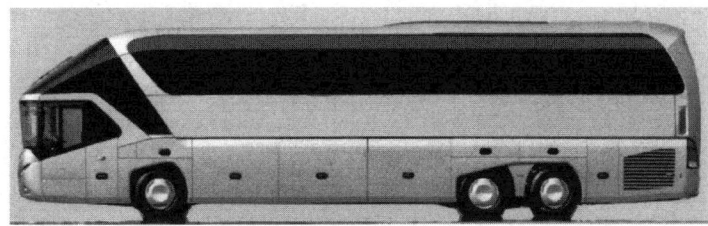
右视图

本专利附图

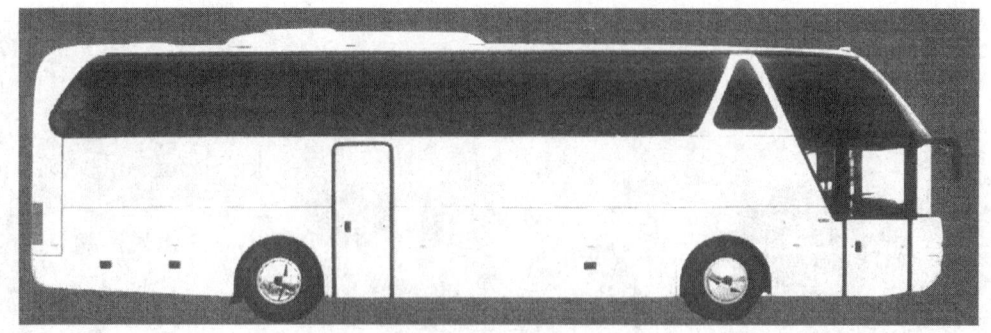

主视图

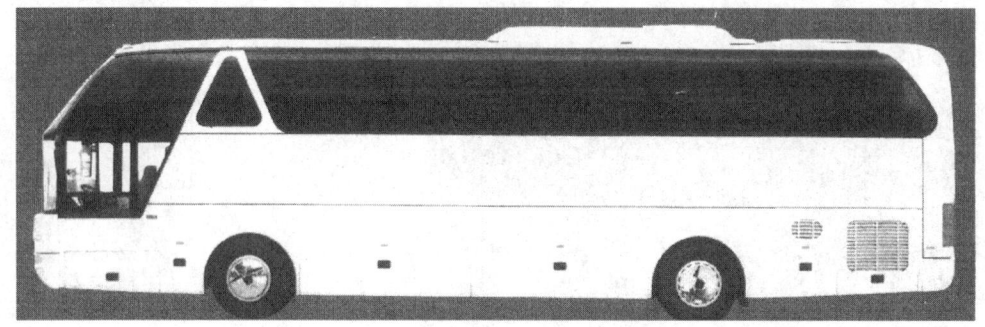

后视图

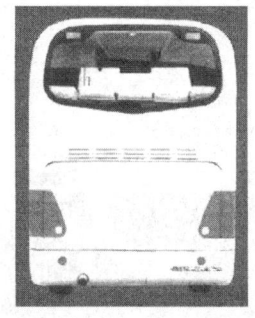   

左视图　　　　　右视图

在先设计1附图

主视图

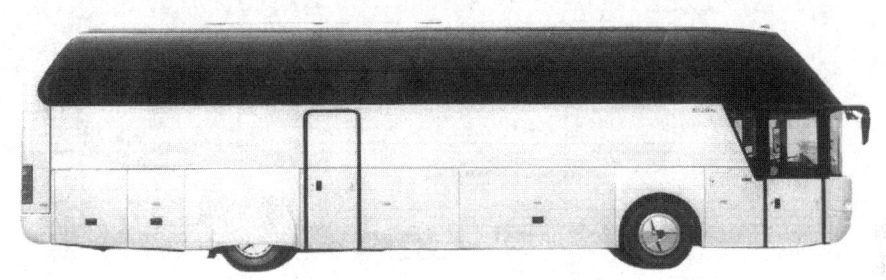

后视图

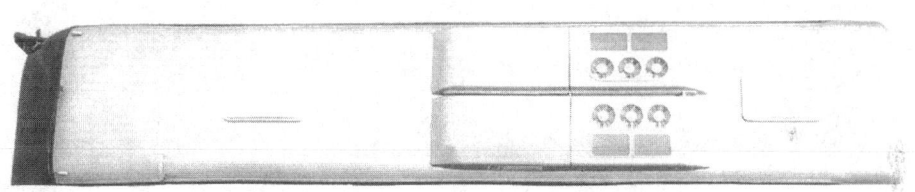

俯视图

左视图　　　右视图

在先设计 2 附图

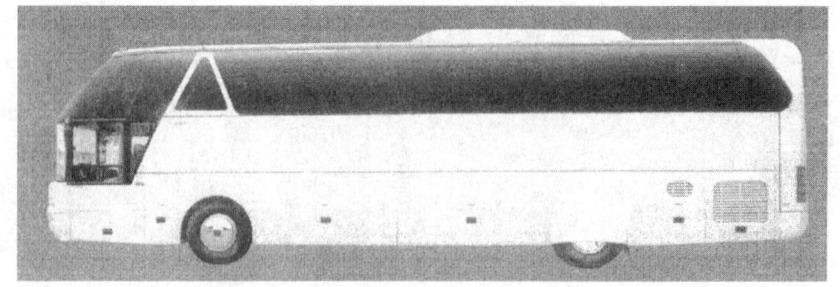

主视图

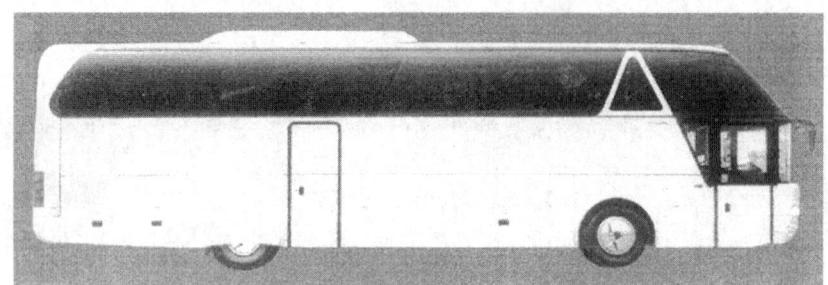

后视图

俯视图

左视图　　　　右视图

在先设计3附图

主视图

后视图

俯视图

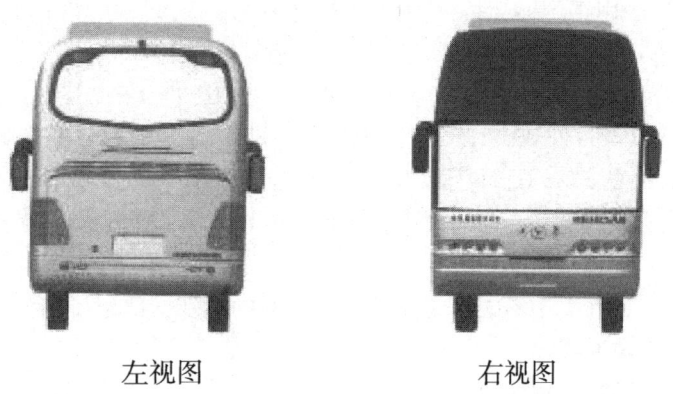

左视图　　　右视图

在先设计 4 附图

北京市第一中级人民法院
行政判决书

(2008) 一中行初字第 59 号

原告盐城中威客车有限公司，住所地中华人民共和国江苏省盐城市通榆南路 111 号。

法定代表人徐连宽，董事长。

委托代理人潘德喜，中大集团律师事务部律师。

被告中华人民共和国国家知识产权局专利复审委员会，住所地中华人民共和国北京市海淀区北四环西路 9 号银谷大厦 10~12 层。

法定代表人廖涛，副主任。

委托代理人李巍巍，女，中华人民共和国国家知识产权局专利复审委员会审查员。

委托代理人刘妍，女，中华人民共和国国家知识产权局专利复审委员会审查员。

第三人尼欧普兰汽车有限公司，住所地德意志联邦共和国匹尔斯汀 D-94431。

法定代表人弗朗茨·冯·雷德维茨，代理人。

法定代表人克里斯蒂安·菲利皮，代理人。

委托代理人杨晓光，北京中咨律师事务所律师。

委托代理人郑中军，北京中咨律师事务所律师。

原告盐城中威客车有限公司不服被告中华人民共和国国家知识产权局专利复审委员会于 2007 年 8 月 6 日作出的第 10362 号无效宣告请求审查决定（以下简称被诉决定），向本院提起行政诉讼。本院受理后，依法组成合议庭，并依法通知与本案被诉决定存在法律上利害关系的尼欧普兰汽车有限公司作为本案第三人参加诉讼。2008 年 3 月 3 日，本院依法公开开庭审理了本案，原告的委托代理人潘德喜，被告的委托代理人李巍巍、刘妍以及第三人的委托代理人杨晓光、郑中军到庭参加了诉讼。本案现已审理终结。

2007 年 8 月 6 日，被告依照原告的无效请求作出被诉决定，宣告维持专利权人为第三人的 200430088722.4 号外观设计专利权（以下简称本专利）有效。

在法定期限内，被告向本院提交了下列证据以证明被诉决定的合法性：(1) 本专利外观设计公报复印件；(2) 经中华人民共和国国家知识产权局（以下简称中国知产局）专利检索咨询中心确认的第 02305512.X 号外观设计专利公报 1 页，即被诉决定中的附件 1；(3) 经中国知产局专利检索咨询中心确认的第 02309580.6 号外观设计专利公报 1 页，即被诉决定中的附件 2；(4) 经中国知识产权局专利检索咨询中心确认的第 02344703.6 号外观设计专利公报 1 页，即被诉决定中的附件 3；(5) 经中国知产局专利检索咨询中心确认的第 200430061131.8 号外观设计专利公报 1 页，即被诉决定中的附件 4。

原告诉称，被告置客观事实于不顾，错误地运用法律的规定，作出了错误的决定，损害了原告的权利。请求人民法院撤销被诉决定。

在法定期限内，原告没有向本院提交证据。

被告辩称，我委坚持被诉决定中维持本专利权有效的理由。被诉决定认定事实清楚，适用法律正确，程序合法，请求人民法院维持被诉决定。

第三人陈述意见称，被诉决定认定事实清楚，适用法律正确，请求人民法院维持被诉决定。

在法定期限内，第三人未向本院提交证据。

经庭审质证，原告与第三人对于被告证据的关联性、合法性与真实性均无异议。本院经审查认为，被告提交的证据均与本案有关且合法、真实，本院均予确认。

根据上述有效证据及各方当事人无争议的陈述，本院认定事实如下：

本专利产品名称是"车"，申请日是2004年9月23日，优先权日为2004年9月20日，中国知产局于2005年8月24日授权公告。

针对本专利权，原告于2006年10月26日向被告提出无效宣告请求，其理由是本专利不符合《中华人民共和国专利法》（以下简称《专利法》）第九条和第二十三条的规定。原告同时提交了如下附件作为证据：附件1~4；附件5（即：《商用汽车》2004年第3期封面及第32页复印件共2页）。

原告认为：附件1、附件2、附件3、附件5外观设计专利或杂志的公开日早于本专利申请日，适用《专利法》第二十三条的规定，附件4的申请日早于本专利申请日，授权公告日晚于本专利申请日，适用《专利法》第九条的规定。另外，将本专利与附件1相对应的视图相比较，二者整体形状相同，各部分位置相同，不同之处在于：车灯排列、挂车牌部分形状、后窗形状、前窗与侧窗连接处的形状不同（附件1呈三角形）、后轮的数量（附件1为一组后轮）和乘客门的位置（附件1乘客门与后车轮相邻）；将本专利与附件2相对应的视图相比较，二者整体形状相同，各部分位置相同，不同之处在于：车灯排列、挂车牌部分形状、后轮的数量（附件2为一组后轮，且车侧板盖住大部分后车轮）和乘客门的位置（附件2乘客门与后车轮相邻）；将本专利与附件3相对应的视图相比较，二者整体形状相同，各部分位置相同，不同之处在于：车灯排列、挂车牌部分形状、后窗形状、前窗与侧窗连接处的形状（附件3呈三角形）、后轮的数量（附件3为一组后轮，且车侧板盖住大部分后车轮）和乘客门的位置（附件3乘客门与后车轮相邻）；将本专利与附件4相对应的视图相比较，二者整体形状相同，各部分位置相同，不同之处在于：车灯排列、挂车牌部分形状、后窗形状、前窗与侧窗连接处的形状（附件4呈三角形）；将本专利与附件5进行比较，二者整体形状相同，各部分位置相同，不同之处在于：车灯排列、挂车牌部分形状、后轮的数量（附件5为一组后轮，且车侧板盖住大部分后车轮）和乘客门的位置（附件5乘客门与后车轮相邻），俯视图属于一般消费者不易见到的部位，对整体视觉效果没有影响，原告还认为，对于客车这种大型产品而言，本专利与附件1~5的整体结构相近似，车灯排列、乘客门位置等的微小差异不容易引起一般消费者注意，对整体视觉效果不会产生显著影响，因此，应宣告本专利权无效。

被告受理上述无效宣告请求后，依法进行了转文。

2006年12月11日，第三人向被告提交了意见陈述书，其认为：将本专利各视图分别与附件1~5相对应的视图相比，在车体下部的楔形弧线、车顶部的形状、上下挡风玻璃之间的条棱、前后车灯、后车窗、发动机罩、散热格栅的位置等处的设计均存在着显著不同，这些差别对本专利与附件1~5所示外观设计的整体视觉效果有显著的影响，另外，虽然俯视图为不易见部位，但从该视图可以清楚地看出，本专利与附件1~4所示外观设计有显著不同，应当维持本专利有效。

被告于2007年3月22日将第三人提交的意见陈述转送给原告。同时向双方当事人发出《无效宣告请求口头审理通知书》，定于2007年5月22日在被告处进行口头审理。同日还向双方当事人发出《合议组成员告知通知书》，指出如对本案合议组人员有回避请求的，请于收到本通知之日起7天内提交书面请求书，逾期未答复，视为无回避请求。在规定的期限内，原告与第三人均未对被告合议组成员提出回避请求。

口头审理如期举行，原告与第三人均委托代理人出席。在口头审理过程中，原告当庭声明放弃附件5作为宣告本专利无效的证据，认为附件1~4与本专利相近似。第三人对附件1~4的真实性无异议，但认为其与本专利不相近似。双方均坚持原有主张。

在上述事实的基础上，被告经审查认为：

附件1是经中国知产局专利检索咨询中心2006年10月24日确认的第02305512.x号外观设计专利公报，申请日是2002年3月27日，授权公告日为2003年2月19日，授权公告号是CN3278537D，使用外观设计的产品名称为"豪华客车（JNP6127）"，经核实，该复印件所示内容属实，其授权公告日在本专利申请日（本案指优先权日，下同）之前，确系本专利申请日之前发表的外观设计，可作为认定本专利是否符合《专利法》第二十三条规定的证据。

附件2是经中国知产局专利检索咨询中心2006年10月24日确认的第02309580.6号外观设计专利公报，申请日是2002年5月21日，授权公告日为2002年12月25日，授权公告号是CN3269701D，使用外观设计的产品名称为"（JNP6127）豪华客车"，经核实，该复印件所示内容属实，其授权公告日在本专利申请日之前，确系本专利申请日之前发表的外观设计，可作为认定本专利是否符合《专利法》第二十三条规定的证据。

附件3是经中国知产局专利检索咨询中心2006年10月24日确认的第02344703.6号外观设计专利公报，申请日是2002年10月17日，授权公告日为2003年5月14日，授权公告号是CN3294311D，使用外观设计的产品名称为"豪华客车（JNP6127A）"，经核实，该复印件所示内容属实，其授权公告日在本专利申请日之前，确系本专利申请日之前发表的外观设计，可作为认定本专利是否符合《专利法》第二十三条规定的证据。

附件4是经中国知产局专利检索咨询中心2006年10月24日确认的第200430061131.8号外观设计专利公报，经核实，该复印件所示内容属实，申请日是2004年6月3日，授权公告日为2005年1月12日，授权公告号是CN3418608D，使用外观设计的产品名称为"豪华客车（6137）"，专利权人是金华尼奥普兰车辆有限公司，与本专利不是同一专利权人，专利申请日早于本专利申请日，属于他人在先申请的专利，可适用《专利法》第九条对本案进行审理。

本专利包括7幅视图，即主视图、后视图、左视图、右视图、俯视图、立体图1、立体图2。从各视图观察，本专利由车头、车身和前后车轮等组成，整体形状大致呈长方体，车头由一条形棱将前车窗和顶窗分隔，其中部有雨刷设计，顶窗向车顶部倾斜，并向车身两侧圆弧过渡，与平行四边形的车侧窗、前车窗和车身连接，呈楔形，前车窗正面竖直，其两侧各有一长形后视镜，在前车窗的下端有一近似"T"形设计，其中下部为车牌安装部位，沿"T"形横下沿为车前灯安装部位，车前灯呈"豆荚"状斜置，车身右侧设有驾驶室门和乘客门，乘客门位于车身中部，在车身左后侧有一不规则形散热格栅，车身的后上部略向车顶部倾斜，后视窗和发动机罩均呈倒梯形，车后灯呈三角形，有两组后车轮，前后车轮上的翼子板下沿分别为"∩"和"∩∩"形状，车顶部设有天窗和空调压缩机，天窗位于前半部和中部，空调压缩机位于后半部略向上凸起，其上有6个圆形、一个长形和二个梯形设计。

附件1包括4幅视图，即主视图、后视图、左视图、右视图。从各视图观察，附件1由车头、车身和前后车轮等组成，整体形状大致呈长方体，车头包括前车窗和顶窗，车顶窗的上部有雨刷设计，顶窗向车顶部倾斜，并向车身两侧圆弧过渡，与平行四边形的车侧窗连接，在连接处形成一三角形侧窗，前车窗正面竖直，其两侧各有一长形后视镜，车身正面的中下部为车牌安装部位，车前灯呈长条形一字排列，车身右侧设有驾驶室门和乘客门，乘客门与后车轮相邻，在车身左后侧有一圆角长方形散热格栅，后视窗略呈圆角梯形，发动机罩呈圆角长方形，在发动机罩的上方有5组并列的散热格栅，车后灯呈梯形，有一组后车轮，前后车轮上的翼子板下沿为圆弧形状。

附件2包括5幅视图，即主视图、后视图、左视图、右视图、俯视图。从各视图观察，附件2由车头、车身和前后车轮等组成，整体形状大致呈长方体，车头包括前车窗和顶窗，车顶窗的上部有雨刷设计，顶窗向车顶部倾斜，并向车身两侧圆弧过渡，与车侧窗连接，呈梯形状，前车窗正面竖直，其两侧各有一长形后视镜，车身正面的中下部为车牌安装部位，车前灯呈长条形一字排列，车身右侧设有驾驶室门和乘客门，乘客门与后车轮相邻，在车身左后侧有一圆角长方形散热格栅，后视窗略呈圆角梯形，发动机罩呈圆角长方形，在发动机罩上方有5组并列的散热格栅，车后灯呈梯形，有一组后车轮，前车轮上的翼子板下沿为圆弧形状，后车轮上的翼子板略凸起，覆盖大部分车轮，车顶部设有天窗和空调压缩机，车顶部的前后部各有一天窗，空调压缩机位于车顶部的中后部略向上凸起，其上有6个圆形和4个两两对称的长形格栅设计。

附件3包括5幅视图，即主视图、后视图、左视图、右视图、俯视图。从各视图观察，附件3由车头、车身和前后车轮等组成，整体形状大致呈长方体，车头包括前车窗和顶窗，车顶窗的上部有雨刷设计，顶窗向车顶部倾斜，并向车身两侧圆弧过渡，与平行四边形的车侧窗连接，在连接处形成一三角形侧窗，前车窗正面竖直，其两侧各有一长形后视镜，车身正面的中下部为车牌安装部位，车前灯呈长条形一字排列，车身右侧设有驾驶室门和乘客门，乘客门与后车轮相邻，在车身左后侧有一圆角长方形散热格栅，后视窗略呈圆角梯形，发动机罩呈圆角长方形，在发动机罩上方有5组并列的散热格栅，车后灯呈梯形，有一组后车轮，前车轮上的翼子板下沿为圆弧形状，后车轮上的翼子板略凸起，覆盖大部分车轮，车顶部设有天窗和空调压缩机，车顶部的前后部各有一天窗，空调压缩机位于车顶部的中后部略向上凸起，其上有3个圆形和4个两两对称的长形格栅设计。

附件4包括5幅视图，即主视图、后视图、左视图、右视图、俯视图。从各视图观察，附件4由车头、车身和前后车轮等组成，整体形状大致呈长方体，车头包括前车窗和顶窗，顶窗向车顶部倾斜，并向车身两侧圆弧过渡，与平行四边形的车侧窗连接，在连接处形成一三角形侧窗，前车窗正面竖直，其两侧各有一长形后视镜，车身正面的中下部为车牌安装部位，车前灯呈长长形一字排列，车身右侧设有驾驶室门和乘客门，乘客门与后车轮相邻，在车身左后侧有一长方形散热格栅，后视窗略呈圆角梯形，发动机罩呈圆角长方形，在发动机罩上方有5组并列的散热格栅，车后灯呈梯形，有两组后车轮，前车轮上的翼子板下沿为圆弧形状，后车轮上的翼子板略凸起，覆盖少部分车轮，车顶部设有天窗和空调压缩机，车顶部的前后部各有一天窗，空调压缩机位于车顶的中部略向上凸起，其上有4个圆形和2个对称的长形格栅设计。

被告认为：本专利和附件1~4均为客车的外观设计，属于相同种类的产品，均具有可比性。

将本专利与附件1相比较，其相同点为：二者整体形状均大致呈长方体，车头和车身的组成部件及位置的设置均相近似，二者的主要不同点是：车前的顶窗和前车窗在车身侧部的形状不同，本专利近似楔形，附件1为多边形；车前灯的形状不同，本专利为呈"豆荚"状斜置，附件1为长条形一字排列；车侧窗不同，本专利为一组平行四边形，附件1为平行四边形和三角形；后车轮的数量不同，本专利为两组，附件1为一组；车轮上的翼子板下沿的形状不同，本专利分别为"∩"和"∩∩"形状，附件1均为半圆形；乘客门的位置不同，本专利距后轮较远，附件1与后轮相邻；车后部的后车窗形状不同，本专利均为倒梯形，附件1略呈圆角梯形；车后灯的形状不同，本专利为三角形，附件1为梯形。被告认为：从客车外观的整体观察，虽然本专利和附件1存在着相近似之处，但由于二者在前后车灯、顶窗和前车窗与车身和车侧窗连接的形状、两侧窗的形状、后车窗、后车轮的数量、翼子板下沿的形状、乘客门的位置等处的造型设计或设置的位置明显不同，这些差别对本专利与附件1的外观设计的整体视觉效果具有显著的影响，因此，二者的不同点足以构成了显著差别，二者应属于不相同且不相近似的外观设计。

将本专利与附件2相比较，二者整体形状均大致呈长方体，车头和车身的组成部件及位置的设置均相近似，二者的主要不同点是：车前的顶窗和前车窗在车身侧部的形状不同，本专利近似楔形，附件2顶窗与侧窗相连呈梯形，前车窗呈倒梯形；车前灯的形状不同，本专利为呈"豆荚"状斜置，附件2为长条形一字排列；车侧窗不同，本专利为一组平行四边形，附件2顶窗与侧窗相连呈梯形；后车轮的数量不同，本专利为两组，附件2为一组；车轮上的翼子板的形状不同，本专利为"∩"和"∩∩"形状，附件2前轮处的为半圆形，后车轮处的覆盖大半部车轮；乘客门的位置不同，本专利距后轮较远，附件2与后轮相邻；车后部的后车窗的形状不同，本专利为倒梯形，附件2略呈圆角梯形；车后灯的形状不同，本专利为三角形，附件2为梯形。被告认为：虽然客车顶部的空调压缩机顶面在使用状态时不易见，客车的其他部位为一般消费者易见并关注的部位，但从俯视图中可以清楚地看出，二者车顶部上的天窗和空调压缩机的位置和形状也有显著的不同，由于二者在前后车灯、顶窗和前车窗与车身和车侧窗连接的形状、两侧窗的形状、后车窗、后车轮的数量、翼子板下沿的形状、乘客门的位置等处的造型设计或设置的位置明显不同，这些差别对本专利与附件2的外观设计的整体视觉效果具有显著的影响，因此，从客车外观的整体观察，二者的不同点足以构成显著差别，二者应属于不相同且不相近似的外观设计。

将本专利与附件3相比较，其相同点为：二者整体形状均大致呈长方体，车头和车身的组成部件及位置的设置均相近似，二者的主要不同点是：车前的顶窗和前车窗在车身侧部的形状不同，本专利近似楔形，附件3为四边形和倒梯形；车前灯的形状不同，本专利为呈"豆荚"状斜置，附件3为长条形一字排列；车侧窗不同，本专利为一组平行四边形，附件3为平行四边形和三角形车窗；后车轮的数量不同，本专利为两组，附件3为一组；车轮上的翼子板的形状不同，本专利为"∩"和"∩∩"形状，附件3前轮处的为半圆形，后车轮处的覆盖大半部车轮；乘客门的位置不同，本专利距后轮较远，附件3与后轮相邻；车后部的后车窗形状不同，本专利为倒梯形，附件3略呈圆角梯形；车后灯的形状不同，本专利为三角形，附件3为梯形。被告认为：虽然客车顶部的空调压缩机顶面在使用状态时不易见，客车的其他部位为一般消费者易见并关注的部位，但从俯视图中可以清楚地看出，二者车顶部上的天窗和空调压缩机的位置和形状也有显著的不同，由于二者在前后车灯、顶窗和前车窗与车身和车侧窗连接的形状、两侧窗的形状、后车窗、后车轮的数量、翼子板下沿的形状、乘客门的位置等处的造型设计或设置的位置明显不同，这些差别对本专利与附件3的外观设计的整体视觉效果具有显著的影响，因此，从客车外观的整体观察，二者的不同点足以构成显著差别，二者应属于不相同且不相近似的外观设计。

将本专利与附件4相比较，其相同点为：二者整体形状均大致呈长方体，车头和车身的组成部件及位置的设置均相近似，二者的主要不同点是：车前的顶窗和前车窗在车身侧部的形状不同，本专利近似楔形，附件4为四边形和倒梯形；车前灯的形状不同，本专利为呈"豆荚"状斜置，附件4为长条形一字排列；车侧窗不同，本专利为一组平行四边形，附件4为平行四边形和三角形车窗；车轮上的翼子板的形状不同，本专利为"∩"和"∩∩"形状，附件4前轮处的为半圆形，后车轮处的覆盖小半部车轮；乘客门的位置不同，本专利距后轮较远，附件4与后轮相邻；车后部的后车窗的形状不同，本专利为倒梯形，附件4略呈圆角梯形；车后灯的形状不同，本专利为三角形，附件4为梯形。被告认为：虽然客车顶部的空调压缩机顶面在使用状态时不易见，客车的其他部位为一般消费者易见并关注的部位，但从俯视图中可以清楚地看出，二者车顶部上的天窗和空调压缩机的位置和形状也有显著的不同，由于二者在前后车灯、顶窗和前车窗与车身和车侧窗连接的形状、两侧窗的形状、后车窗、后车轮的数量、翼子板下沿的形状、乘客门的位置等处的造型设计或设置的位置明显不同，这些差别对本专利与附件4的外观设计的整体视觉效果具有显著的影响，因此，从客车外观的整体观察，二者的不同点足以构成显著差别，二者应属于不相同且不相近似的外观设计。根据《审查指南》

的规定，"同样的发明创造"对于外观设计而言，是指外观设计相同或者相近似，因此，本专利和附件4不属于同样的发明创造。

基于上述理由，被告作出被诉决定。原告不服，在法定期限内向本院提起行政诉讼，请求本院撤销被诉决定。

庭审中，原告与第三人明确表示对于被诉决定的下列内容不持异议：被诉决定作出的行政程序；被诉决定第2页倒数5、6行中的"附件1"系笔误，应为"附件2"，对于被诉决定"案由"部分的其他内容亦无异议；被诉决定关于证据的认定；被诉决定关于本专利、附件1至附件4各自特征的描述以及本专利与附件1~4之间各自相同特征、区别特征的描述以及本专利与附件1至附件4均不属于相同或相近似外观设计的结论。

本院认为，对于被诉决定中原告与第三人均不持异议的部分，本院经审查，对其合法性予以确认。由于原告在本案审理中对被诉决定中有关本专利权有效的认定及结论未提出异议，故本院经审查认为，被诉决定认定事实清楚，适用法律正确，程序合法，应予维持。原告的诉讼请求缺乏事实及法律依据，本院不予支持。

综上，依照《中华人民共和国行政诉讼法》第五十四条第（一）项之规定，判决如下：

维持被告中华人民共和国国家知识产权局专利复审委员会于二〇〇七年八月六日作出的第10362号无效宣告请求审查决定。

案件受理费人民币100元，由原告盐城中威客车有限公司负担（已交纳）。

如不服本判决，原告盐城中威客车有限公司与被告中华人民共和国国家知识产权局专利复审委员会可于判决书送达之日起15日内、第三人尼欧普兰汽车有限公司可于判决书送达之日起30日内，向本院递交上诉状，并按对方当事人人数提出副本，上诉于北京市高级人民法院。上诉人在上诉期满后7日内未预交上诉费，又不提出缓交申请的，按自动撤回上诉处理。

审　判　长　梁　菲
代理审判员　司品华
人民陪审员　杨　旭
二〇〇八年三月二十七日
书　记　员　董　伟

盒（高新康效洗发剂）

无效宣告请求审查决定（第 10367 号）

决 定 号	第 10367 号
决 定 日	2007 年 8 月 20 日
发明创造名称	盒（高新康效洗发剂）
外观设计分类号	09-03
无效宣告请求人	美国康王国际药业（中国）有限公司
专 利 权 人	陈勤发
专 利 号	200630062200.6
申 请 日	2006 年 5 月 30 日
授权公告日	2006 年 12 月 27 日
合议组组长	程 强
主 审 员	朱明雅
参 审 员	郭鹏鹏
附 图	1 页

法 律 依 据　专利法第 23 条

决 定 要 点

如果在先公开设计未公开部分在使用状态下属于一般消费者关注的部分，则仅凭在先公开设计无法认定被比设计已经被全部公开，因此合议组无法得出被比设计和在先公开设计相同或相近似的结论。

一、案由

本无效宣告请求涉及国家知识产权局于 2006 年 12 月 27 日授权公告的外观设计专利，其名称为"盒（高新康效洗发剂）"，专利号是 200630062200.6，申请日为 2006 年 5 月 30 日，专利权人是陈勤发。

美国康王国际药业（中国）有限公司（下称请求人）于 2007 年 2 月 5 日针对该外观设计专利权（下称本专利）以不符合专利法第 23 条的规定为理由提出无效宣告请求，并提交附件如下：

附件 1：2006 年 4 月 21 日出版的《化妆品报》总第 697 期 2006 年第 14 期复印件 3 页；

附件 2：2006 年 4 月 21 日出版的《化妆品报》总第 697 期 2006 年第 14 期原件 34 页；（未提交）

附件 3：专利无效宣告程序授权委托书 1 页；

附件 4：本专利授权公告打印页 1 页。

请求人主张：2006年4月21日出版的《化妆品报》第A38页的背面广告刊登了酮康素洗发剂的包装盒图样，该图样与本专利外观设计所反映的产品的形状、图案盒色彩相近似。且其出版时间早于本外观设计的申请人2006年5月30日，故本外观设计不符合专利法第23条的规定，请求人宣告本专利无效。

经形式审查合格后，专利复审委员会受理了该无效宣告请求，于2007年2月5日向双方当事人发出受理通知书，并将请求人提交的请求书及其附件的副本转送给专利权人，要求专利权人在收到受理通知书之日起壹个月内陈述意见。

专利权人于2007年4月4日提交了意见陈述书，专利权人认为证据1仅仅公开了"盒"的一个视图，特别是本专利的外观设计的左视图上具有质量安全图形，在后视图中，上有"女人头"和下有"条形码"的图形，因此仅仅根据证据1不能认定本专利的外观设计在申请日前已经公开。故本专利人的外观设计符合专利法第23条规定。

专利复审委员会于2007年7月11日向双方当事人发出无效宣告请求口头审理通知书，定于2007年8月16日举行口头审理，同时向请求人发出转送文件通知书，将专利权人意见陈述书的副本转送请求人。

专利权人于2007年7月30日递交了口头审理回执，请求人于2007年7月27日寄交了口头审理回执，双方均表示参加口头审理。

口头审理于2006年8月16日如期举行。请求人、专利权人均出庭参加了口头审理。

在口头审理过程中，请求人和专利权人对合议组成员均无回避请求；对对方出庭人员的身份均无异议。

请求人当庭确认其在无效宣告请求书中提交的附件1和附件2相同，两者是复印件和原件的关系；附件4为从专利局网站上下载的本专利的授权公告文本的打印页；请求人明确其无效宣告的理由是：依据附件1的第A37页所载内容，本外观设计专利不符合专利法第23条的规定。专利权人对请求人提交的附件1、2、4的真实性无异议。请求人当庭演示了一个包装盒，但明确表示该盒仅起演示作用，因其公开日在申请日之后。

至此，本案合议组认为双方当事人已经充分发表意见，可以在此基础上依法作出审查决定。

二、决定的理由

1. 证据的认定

请求人当庭提交的附件2为《化妆品报》原件。专利权人对该《化妆品报》原件的真实性没有异议，其出版日为2006年4月21日早于本专利申请日，由于附件1为附件2的复印件，故合议组对附件1的真实性予以确认，附件1可以作为在先公开的客体用以判断相同或相近似性。

2. 关于专利法第23条

专利法第23条规定，授予专利权的外观设计，应当同申请日以前在国内外出版物上公开发表过或者国内公开使用过的外观设计不相同和不相近似，并不得与他人在先取得的合法权利相冲突。

同样的外观设计是指两项外观设计相同或者相近似。在外观设计的相近似判断中，依据整体观察、综合判断的原则出发，以一般消费者的知识水平和认知能力来观察、判断。在先设计的图片或者照片未反映产品各面视图的，应当依据一般消费者的认知能力来确定在先设计所公开的信息。

具体到本案，附件1中A37页所载图片中的包装盒为一个立体图，从该立体图上可以看到主视图、右视图和俯视图，但该附件1没有公开后视图、左视图和仰视图。合议组认为，首先，包装盒的图案并不是前后完全对称的，一般消费者也无法推测后视图的图案和颜色；其次，本专利作为一种洗发液的包装盒，其体积较小，容易被消费者拿在手中观察，而后视图中一般会载明产品的使用方法，因此其后视图也会成为一般消费者关注的部分，会对产品的整体视觉效果产生影响，因此后视图应当作为整体判断的一部分。

综上所述，合议组认为附件1未能完全公开本专利的全部视图，因此合议组无法得出本专利外观设计和附件1相同或相近似的结论。因此本专利符合专利法第23条的规定。

三、决定

维持第200630062200.6号外观设计专利有效。

当事人对本决定不服的，可以根据专利法第46条第2款的规定，自收到本决定之日起三个月内向北京市第一中级人民法院起诉。根据该条款的规定，一方当事人起诉后，另一方当事人应当作为第三人参加诉讼。

俯视图　　后视图　　立体图　　仰视图

右视图　　主视图　　左视图

本专利附图

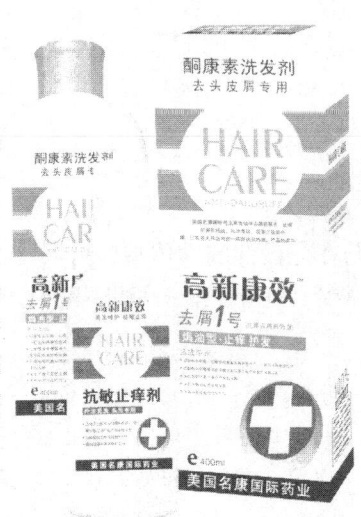

附件 2 第 A37 页中产品图片

随身型收音机（AQ522）

无效宣告请求审查决定（第 10370 号）

决 定 号	第 10370 号
决 定 日	2007 年 7 月 20 日
发明创造名称	随身型收音机（AQ522）
外观设计分类号	14-01
无效宣告请求人	广州市白云区利宝电子厂
专 利 权 人	瞿训恺
专 利 号	01352972.2
申 请 日	2001 年 11 月 20 日
授 权 公 告 日	2004 年 4 月 14 日
合议组组长	钟 华
主 审 员	郑 直
参 审 员	高 颖
附 图	3 页
法 律 依 据	专利法第 23 条

决 定 要 点

如果一般消费者经过对本专利与在先设计的整体观察可以看出，二者的差别对于产品外观设计的整体视觉效果具有显著的影响，则本专利与在先设计既不相同，也不相近似。

一、案由

本无效宣告请求涉及国家知识产权局于 2004 年 4 月 14 日授权公告的 01352972.2 号外观设计专利，其名称为"随身型收音机（AQ522）"，其申请日是 2001 年 11 月 20 日，专利权人是瞿训恺。

针对上述专利权（下称本专利），广州市白云区利宝电子厂（下称请求人）于 2007 年 4 月 9 日向专利复审委员会提出无效宣告请求，其依据的事实和理由是：在本专利申请日前，已经有与其相同的外观设计在出版物上公开发表过，因此，本专利不符合专利法第 23 条的规定。请求人提交了如下附件作为证据：

附件 1：公告号为 CN3203998 的中国外观设计的网络公告信息打印件共 1 页，其公告日为 2001 年 10 月 10 日；

附件 2：公告号为 CN3092240 的中国外观设计的网络公告信息打印件共 1 页，其公告日为 1998 年 12 月 2 日。

经形式审查合格后，专利复审委员会受理了该无效宣告请求，并于2007年4月10日向双方当事人发出了无效宣告请求受理通知书，并将无效宣告请求书及其附件的副本转送给专利权人，要求其在指定期限内陈述意见。

2007年5月12日，专利权人向专利复审委员会寄交了意见陈述书，专利权人认为本专利与附件1和附件2所示的外观设计相比，既不相同也不相近似，因此本专利符合专利法第23条的规定。

专利复审委员会在此基础上依法成立合议组对本无效宣告请求进行审理。合议组于2007年6月1日向双方当事人发出无效宣告请求口头审理通知书，定于2007年7月16日举行口头审理。

请求人于2007年6月19日向专利复审委员会寄交了无效宣告请求口头审理通知书回执，表示不能参加口头审理。

2007年7月16日，口头审理如期举行，专利权人委托代理人参加了口头审理，请求人未参加口头审理。专利权人对合议组成员无回避请求，对附件1、附件2的真实性无异议。专利权认为本专利与附件1和附件2相比，既不相同也不相近似，本专利符合专利法第23条的规定。

合议组经合议，认为本案事实清楚，可以依法作出本审查决定。

二、决定的理由

1. 法律依据

基于请求人提出无效宣告请求所依据的事实和理由，合议组依据专利法第23条的规定进行审理。

专利法第23条规定：授予专利权的外观设计，应当同申请日以前在国内外出版物上公开发表过或者国内公开使用过的外观设计不相同和不相近似，并不得与他人在先取得的合法权利相冲突。

2. 关于证据

请求人提交的附件1（CN3203998）、附件2（CN3092240）均为中国外观设计公告，其授权公告日均早于本专利的申请日，因此附件1和附件2上所记载的外观设计构成在本专利申请日前公开发表过的外观设计（以下称附件1上记载的外观设计为在先设计1、附件2上记载的外观设计为在先设计2）。

3. 关于专利法第23条

本专利是一种随身型收音机，包括主视图、后视图、左视图、右视图、俯视图和仰视图六幅视图，该随身型收音机整体呈两头窄中间宽的长椭圆形，后面具有一个"U"形的夹子（后视图），在该收音机的右侧具有两个按钮和一个旋钮（右视图），在其主视图上具有三个由外向内、由大到小设计的彼此镶嵌的长椭圆形，其后视图上，在后视图的下面约三分之一处有一条向上弯曲的弧线。

在先设计1是一种收音机，包括主视图、后视图、左视图、右视图、俯视图、仰视图以及立体图七幅视图。该收音机的整体形状呈"U"形，其后面具有一个呈长条形的片状夹子（后视图），在该收音机的主视图上可见两个由外向内、从大到小设计的彼此镶嵌的"U"形，在较小的"U"形上具有一个长方形的显示窗口，在较大的"U"形的底部具有三个按钮。

本专利与在先设计1相比，其区别在于：第一、整体形状不同，本专利整体呈长椭圆形，而在先设计1呈"U"形；第二、后视图上的夹子形状不同，本专利的架子呈"U"形，在先设计1的夹子是长条形的片状夹子；第三、主视图的设计不同，本专利的主视图上具有三个由外向内、由大到小设计的彼此镶嵌的长椭圆形，其上没有显示窗口，在先设计1的主视图上两个由外向内、从大到小设计的彼此镶嵌的"U"形，在较小的"U"形上具有一个长方形的显示窗口，在较大的"U"形的底部具有三个按钮；第四，按钮的位置设计不同，从本专利的主视图和右视图可见，在本专利的右侧设计有两个按钮和一个旋钮，在先设计1的按钮如前所述设计在主视图较大"U"形的底部。由此可见，本专利与在先设计1不论从产品的整体形状，还是细节的具体设计上都存在着区别，由于上述区别的存在使得本专利产品的外观设计明显区别于在先设计1的产品，对产品的整体视觉效果产生了显著的影响，因此，本专利与在先设计1既不相同也不相近似，在先设计1不能证明本专利不符合专利法第23条的规定。

在先设计2是一种收音机，包括主视图、后视图、左视图、右视图、俯视图、仰视图以及立体图七幅视图。该收音机的整体形状呈左右窄中间宽的扁椭圆形，其后面具有一个"T"形的片状夹子，（后视图），在该收音机的主视图的中间位置具有一个横向的有类似背脊骨的装饰条，在该收音机的右侧（右视图）具有一个旋钮和一个插孔，在其底部（仰视图、立体图）正中央由一个长方形的槽。

本专利与在先设计2相比，其区别在于：第一、整体形状不同，本专利整体呈长椭圆形，而在先设计2呈左右窄中间宽的扁椭圆形；第二、后视图上的夹子形状不同，本专利的架子呈"U"形，在先设计2的夹子是"T"形的片状夹子；第三、主视图的设计不同，本专利的主视图上具有三个由外向内、由大到小设计的彼此镶嵌的长椭圆形，其上没有显示窗口，在先设计2的主视图的中间位置具有一个横向的有类似背脊骨的装饰条；第四，按钮的位置设计不同。由此可见，本专利与在先设计2不论从产品的整体形状，还是细节的具体设计上都存在着区别，由于上述区别的存在使得本专利产品的外观设计明显区别于在先设计2的产品，对产品的整体视觉效果产生了显著的影响，因此，本专利与在先设计2既不相同也不相近似，在先设计2不能证明本专利不符合专利法第23条的规定。

三、决定

维持第01352972.2号外观设计专利权有效。

当事人对本决定不服的，可以根据专利法第46条第2款的规定，自收到本决定之日起三个月内向北京市第一中级人民法院起诉。根据该款的规定，一方当事人起诉后，另一方当事人应当作为第三人参加诉讼。

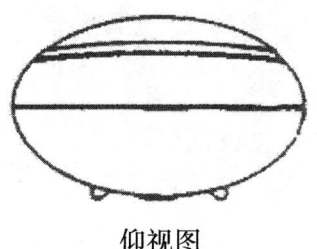

仰视图

 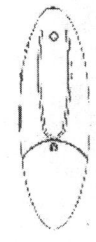

主视图 后视图

 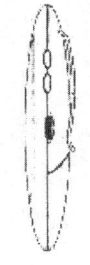

左视图 右视图

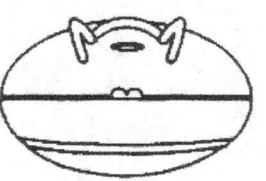

俯视图

本专利附图

仰视图

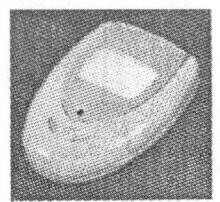

立体图

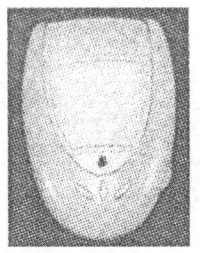

主视图

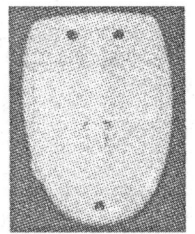

后视图

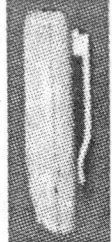

右视图

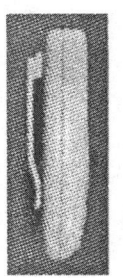

左视图

俯视图

在先设计 1 附图

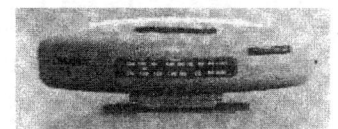
仰视图

主视图

立体图

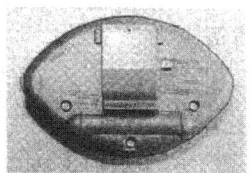
后视图

左视图

右视图

俯视图

在先设计2附图

摄像机（DV5）

无效宣告请求审查决定（第 10372 号）

决 定 号	第 10372 号
决 定 日	2007 年 7 月 3 日
发明创造名称	摄像机（DV5）
外观设计分类号	16-01
无效宣告请求人	深圳市宝安区公明八航五金塑料厂
专 利 权 人	坤联（厦门）照相器材有限公司
专 利 号	200430012851.5
申 请 日	2004 年 1 月 2 日
授权公告日	2004 年 9 月 8 日
合议组组长	马志远
主 审 员	翁晓君
参 审 员	张 巍
附 图	2 页
法 律 依 据	专利法第 23 条

决 定 要 点

在综合考虑各种因素的情况下，本专利与在先设计产品的差别仅为一些局部细微的设计差别，在整体设计中所占比例很小，其变化不足以对整体视觉效果产生显著影响，所以可以认定两者属于相近似的外观设计。

一、案由

本无效宣告请求涉及国家知识产权局于 2004 年 9 月 8 日授权公告的，涉及产品名称为"摄像机（DV5）"的外观设计专利（下称本专利），其申请号是 200430012851.5，申请日是 2004 年 1 月 2 日，专利权人是坤联（厦门）照相器材有限公司。

针对上述专利权，深圳市宝安区公明八航五金塑料厂（下称请求人）于 2006 年 11 月 17 日向专利复审委员会提出无效宣告请求，其理由是：在本专利申请日之前已有与之相近似的外观设计在国内出版物上公开发表过，本专利不符合专利法第 23 条的规定。与此同时，请求人提交了如下附件作为证据：

附件 1：从国家知识产权局下载的专利号为 02344594.7 的中国外观设计专利打印件，其公开日为 2003 年 6 月 11 日；

附件 2：厦门市宝达照相机有限公司生产的 DV55F 摄像机的产品照片复印件共 8 页；

附件 3：公证购买厦门市宝达照相机有限公司生产的 DV55F 摄像机产品的（2006）京国证民字第 14288 号公证书原件共 17 页；

附件 4：中华人民共和国北京市第一中级人民法院民事判决书（2005）一中民初字第 12062 号复印件共 10 页，其中该判决书复印件未盖有北京市第一中级人民法院公章。

请求人提出：本专利外观设计与附件 1 外观设计专利经对比，二者相近似，并且与本专利外观设计完全相同的附件 2 和附件 3 所示厦门市宝达照相机有限公司生产的 DV55F 摄像机产品，由附件 4 的北京市第一中级人民法院民事判决书判决可知，该宝达 DV5 数码摄像机与附件 1 是相近似的，因此本专利不符合专利法第 23 条的规定。

经形式审查合格后，专利复审委员会受理了该无效宣告请求，于 2006 年 12 月 4 日向双方当事人发出了无效宣告请求受理通知书，并将请求人提交的无效宣告请求书及其附件清单中所列附件副本转给了专利权人，要求其在指定的期限内答复。专利复审委员会依法成立合议组对本案进行审查。

针对上述无效宣告请求，专利权人于 2007 年 1 月 18 日向专利复审委员会寄交了意见陈述书，专利权人将本专利与附件 1 进行了对比，认为：（1）由于本专利的镜头设置在靠近取景器的下部造成其在主视图和立体图中与附件 1 的相应部位形状的差别是极其明显的，这一点对于判断是否相近似的主体来说，对整体视觉效果具有显著的影响，所以两者不相近似，本专利符合专利法第 23 条的规定；（2）附件 2、3、4 的时间及出处不属于无效宣告的理由，所以不能用于评价本专利的专利性。

合议组于 2007 年 2 月 5 日向双方当事人发出了口头审理通知书，定于 2007 年 3 月 22 日进行口头审理，并随口头审理通知书向请求人转送了专利权人于 2007 年 1 月 18 日寄交的意见陈述书的副本。

口头审理如期举行，双方当事人均出席了口头审理。在口头审理中，双方当事人对合议组成员无回避请求，对对方出庭人员的身份无异议。请求人当庭出示了附件 2、3 的原件，未能出示附件 4 的原件。专利权人对附件 1~3 的真实性无异议，对附件 4 的真实性有异议。请求人明确其无效理由为：本专利外观设计不符合专利法第 23 条的规定。附件 1 为在先公开的外观设计。请求人认为附件 1 的在先公开外观设计与本案外观设计相近似。请求人以附件 2、3、4 证明专利权人的 DV5 系列产品与本外观设计专利相同，并且已经被附件 4 的判决书认定为与附件 1 在先外观设计相近似。专利权人认为附件 2、3、4 与本案无关，对本案外观设计的审查应当以外观设计图片为基础，附件 2、3、4 中的产品与本案外观设计没有关联。专利权人认为附件 1 的在先公开外观设计与本案外观设计不相近似。请求人要求合议组依职权调查附件 4 的真实性、附件 4 判决书的法律状态、及判决书中所引用 DV5PLUS 型号产品的外观设计。请求人提出附件 4 的判决书涉及本案外观设计的专利权人，专利权人有责任就附件 4 不具有真实性进行举证。合议组要求请求人在口头审理后一个月内提交有关附件 4 判决书真实性、法律状态、所引用 DV5PLUS 型号产品的外观设计的补强证据材料。合议组允许专利权人在口头审理后一个月内提供有关附件 4 不具有真实性、不属于生效判决的证据材料。

请求人于 2007 年 3 月 26 日提交了意见陈述书，并提交了关于调取证据的申请，请求人指出：请求人向北京市第一中级人民法院知识产权庭提出阅卷申请，结果，法院以请求人并非该案当事人，不能阅卷为由，拒绝了请求人的阅卷请求，所以请求人特向专利复审委员会提出申请，请专利复审委员会依职权，向北京市第一中级人民法院调取（2005）一中民初字第 12062 号民事案件相关材料，作为本案证明相关事实的证据。

专利权人在指定期限内未提交有关附件 4 不具有真实性、不属于生效判决的证据材料。

合议组于 2007 年 4 月 16 日发出转送文件通知书，将请求人于 2007 年 3 月 26 日提交的意见陈述书和附件的复印件转送给专利权人，并要求专利权人在指定期限内答复。

专利权人于2007年4月27日寄交了意见陈述书，其中指出：（1）北京市第一中级人民法院民事判决书（2005）一中民初字第12062号针对的只是佳能指控一款摄像机产品侵犯了其专利，而本案是请求人宣告本专利无效，二案所针对的客体完全不同，不具备可比性；（2）请求人要求本专利权人提供该判决书没有法律依据，其据此推定判决书对本专利权人不利也没有必然的逻辑，其要求与本无效案无关。

专利复审委员会本案合议组依职权于2007年5月25日，持国家知识产权局专利复审委员会介绍信向北京市第一中级人民法院查阅北京市第一中级人民法院民事判决书（2005）一中民初字第12062号所涉案件的卷宗，并复印其中证据9，即（2005）长证内经字第82721号公证书共8页（下称证据1），以及证据10中的1页（卷宗内页码编号为58）（下称证据2）。其中上述两份证据中分别具有该民事判决书中所涉及的DV5PLUS型产品外观设计图片。合议组获得上述第12062号判决书副本，并获知上述判决书已经生效。

其中证据1和证据2中附图所示的是宝达DV5PLUS摄像机产品，从证据1的DV5PLUS型产品使用说明书首页的附图可以看到其相应的主视图和右视图，其整体形状为竖式长方体，在最上部分设置了圆形取景器，在靠近取景器的下部设置了圆形镜头，圆形镜头的直径大约为圆形取景器直径的一半，并在镜头的左侧外缘设有调焦钮，在镜头的下部设有呈子弹形的装饰板，取景器和取景框之间呈大约130度的夹角，在机身本体的右侧分为分别是长方形的上下两部分，在上部长方形的左侧四分之一处有一竖直的分界线，将长方形分为左右两部分，在下部长方形的左侧相同处设有一L形分界线，将长方形分为被L形半包围的两部分（详见证据1视图）。

虽然在证据1中没有其他视图的显示，但是根据附件4的民事判决书第7页第4段的记载可知，该宝达DV5PLUS摄像机产品左视图的凸起部分是厚度不同的长方形，后视图中设有一遮盖条。在该民事判决书中没有对左视图和后视图其他部件的形状进行进一步的描述。

合议组于2007年5月30日发出转送文件通知书，将专利复审委员会本案合议组依职权于2007年5月25日调取的证据1和证据2复印件以及介绍信复印件转送给专利权人，并指出由于证据1和证据2为专利权人参与的北京市第一中级人民法院民事判决书（2005）一中民初字第12062号民事案件中经公证的证据材料，所以专利权人在该民事案件审理期间已得知上述证据材料的存在，故专利权人无需对该证据材料真实性进行质证。

在上述审理的基础上，合议组经合议，认为本案事实清楚，可以依法作出本审查决定。

二、决定的理由

1. 关于证据

附件1为02344594.7号中国外观设计专利网络下载打印件，专利权人对其真实性和合法性没有异议，可以作为本案的有效证据。附件1的公开日期为2003年6月11日，早于本专利申请日2004年1月2日，因此其上记载的摄像机外观设计属于在先公开的外观设计，可用以评价本专利是否符合专利法第23条的规定。

附件2为厦门市宝达照相机有限公司生产的DV55F摄像机的产品照片复印件，附件3为公证购买厦门市宝达照相机有限公司生产的DV55F摄像机产品的（2006）京国证民字第14288号公证书原件，附件4为中华人民共和国北京市第一中级人民法院民事判决书（2005）一中民初字第12062号复印件，其中该判决书复印件未盖有北京市第一中级人民法院公章。请求人以附件2、3、4证明专利权人的DV5系列产品与本外观设计专利相同，并且已经被附件4的判决书评价为与附件1在先外观设计相近似。专利权人对附件2、3的真实性无异议，而对附件4的真实性有异议。合议组认为，虽然附件4为判决书复印件并且未盖有北京市第一中级人民法院公章，但根据请求人书面提出的调取证据的申请，经合议组向北京市第一中级人民法院核实，该判决书复印件与判决书副本的内容完全一致，并且该判决书属于已生效判决，所以对附件4予以采信。由于附件4的民事判决书中所指向的侵权产品为宝达DV5PLUS摄像机产品，而非附件2和附件3中所指的宝达DV55F摄像机产品，所以经过合议组依职权向北京市第一中级人民法院查阅该民事判决案卷宗，调取并复印证据1和证据2，其中证据1和证据2中分别具有该民事判决书中所涉及的宝达DV5PLUS型摄像机产品外观设计图片。证据1和证据2所示DV5PLUS摄像机产品可观看到的部分与本专利外观设计相应部分的各项外观设计要素均相同，DV5PLUS摄像机产品在附件4判决书中文字描述的部分与本专利外观设计相应部位外观设计要素相同。但没有证据表明附件4中所认定侵权产品DV5PLUS为本专利申请日之前公开销售，因此不能将证据1、2中图片所示产品作为在先使用的外观设计与本专利直接进行比较。

2. 关于本专利外观设计是否符合专利法第23条的规定

专利法第23条规定："授予专利权的外观设计，应当同申请日以前在国内外出版物上公开发表过或者国内公开使用过的外观设计不相同和不相近似，并不得与他人在先取得的合法权利相冲突。"

本专利是一种摄像机，其整体形状为竖式长方体。从主视图看，在最上部分设置了圆形取景器，在靠近取景器的下部设置了圆形镜头，圆形镜头的直径大约为圆形取景器直径的一半，并在镜头的左侧外缘设有调焦钮，在镜头的下部设有呈子弹形的装饰板，在机身本体的右侧分别凸出两块上下平行的凸起，其中下部的凸起更加向外凸出。从左视图看，圆形取景器凸出机身本体右侧，取景器和取景框之间呈大约130度的夹角，并且在夹角处设置了两个操作按钮，其中左上侧的按钮为圆形，右侧的按钮为向左倾斜的上下拨键，在机身本体的中部设置了厚度不同的近似长方形的凸起。从右视图看，取景器和取景框之间也呈大约130度的夹角，机身本体分为分别为长方形的上下两部分，在上部长方形的左侧四分之一处有一竖直的分界线，将长方形分为左右两部分，在下部长方形的左侧相同处设有一L形分界线，将长方形分为被L形半包围的两部分。从后视图看，上部为向上具有一定仰角的取景框，在机身本体的中上部设有一圆形拨盘，在该拨盘下部的左侧设有一近似长方形的遮盖条，该拨盘下部的右侧设有上下间隔放置的3个按钮，其中最上面的按钮为圆形，下面的两个按钮为椭圆形（详见本专利视图）。

附件1所示外观设计产品也是一种摄像机，其整体形状为竖式长方体。从主视图看，在最上部分设置了圆形取景器和镜头，其中取景器与镜头合为一体，在取景器与镜头的下部设有呈长方形的装饰板，并且在装饰板的中上部设有并行排列且左边小、右边大的两个小圆孔；在机身本体的右侧分别凸出两块上下平行的凸起，其中下部的凸起更加向外凸出。从左视图看，圆形取景器凸出机身本体右侧，取景器和取景框之间呈大约130度的夹角，并且在夹角处设置了两个操作按钮，其中左上侧的按钮为圆形，右侧的按钮为向左倾斜的上下拨键，在机身本体的中部设置了半圆形凸起。从右视图看，取景器和取景框之间也呈大约130度的夹角，机身本体分为分别为长方形的上下两部分，在上部长方形的左侧四分之一处有一竖直的分界线，将长方形分为左右两部分，在下部长方形左侧端处设置了狭长形的遮盖条，在下部长方形的左侧三分之一处设有一L形分界线，将长方形分为被L形半包围的两部分。从后视图看，上部为向上具有一定仰角的取景框，在机身本体的中上部设有一圆形拨盘，在该拨盘下部的左侧设有上下间隔放置的3个按钮，其中最上面的按钮为圆形，下面的两个按钮为椭圆形（详见附件1视图）。

将二者进行比较可知，两者均涉及摄像机产品，整体形状为竖式长方体，取景器和取景框均成一大约130度的夹角，并在夹角处设置了两个操作按钮，其中左上侧的按钮为圆形，右侧的按钮为向左倾斜的上下拨键，在机身本体的右侧分别凸出两块上下平行的长方形凸起，其中下部的凸起更加向外凸出。两者的不同点在于：本专利主视图显示的镜头设置在靠近取景器的下部，并在镜头的外缘设有调焦钮，其装饰板呈子弹形，而附件1主视图上显示的镜头与取景器合为一体，其装饰板呈长方形而且在其中部有并行排列大小不同的两个小圆孔；本专利左视图凸起部分的形状呈厚度不同的近似长方形，而附件1左视图凸起部分的形状呈半圆形；本专利后视图拨盘下部的左侧设有一近似长方形的遮盖条，而附件1在相应位置没有设置遮盖条；附件1右视图下部长方形左侧端处设置了狭长形的遮盖条，而本专利在相应位置没有设置遮盖条。

合议组认为：在综合考虑各种因素的情况下，两产品的上述差别仅为一些局部细微的设计差别，在整体设计中所占比例很小，其变化不足以对整体视觉效果产生显著影响，从一般消费者的角度对两产品进行整体观察、综合判断，二者整体视觉效果不具有显著的差别。所以可以认定两者属于相近似的外观设计，故本专利不符合专利法第23条的规定。

三、决定

宣告200430012851.5号外观设计专利权全部无效。

当事人对本决定不服的，可以根据专利法第46条第2款的规定，自收到本决定之日起三个月内向北京市第一中级人民法院起诉。根据该款规定，一方当事人起诉后，另一方当事人应当作为第三人参加诉讼。

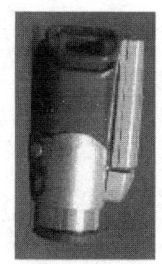
俯视图

后视图

立体图

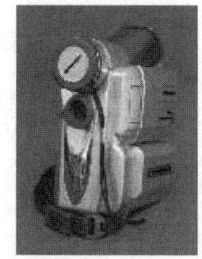
使用状态参考图1

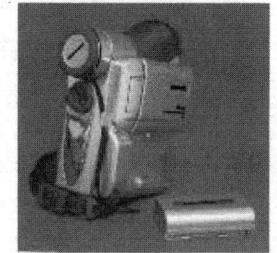
使用状态参考图2

使用状态参考图3

使用状态参考图4

使用状态参考图5

仰视图

右视图

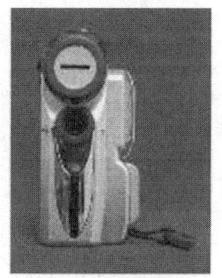
主视图

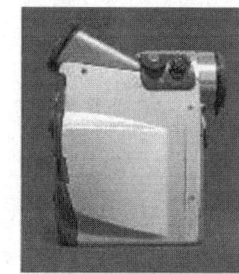
左视图

本专利视图

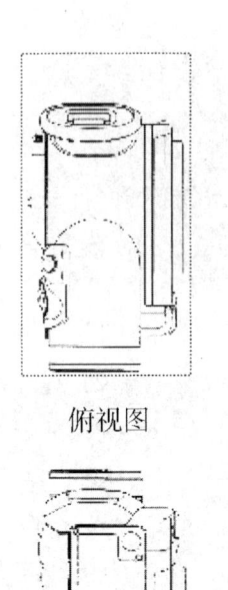
俯视图

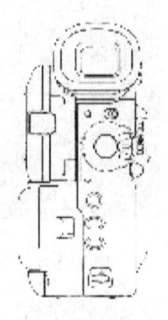
后视图

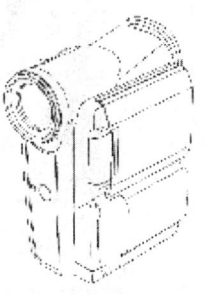
立体图

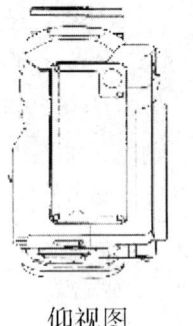
仰视图

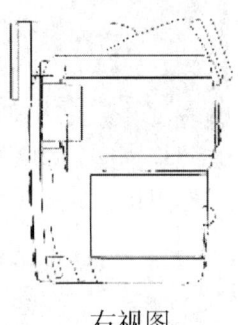
右视图

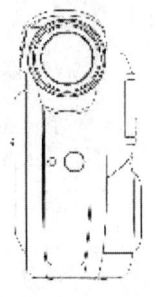
主视图

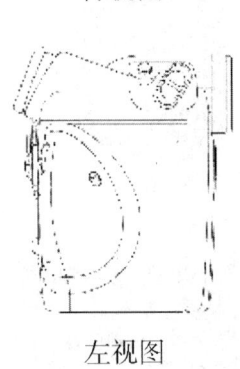
左视图

附件 1 视图

证据 1 视图

酒 瓶

无效宣告请求审查决定（第 10373 号）

决 定 号	第 10373 号
决 定 日	2007 年 8 月 6 日
发明创造名称	酒瓶
外观设计分类号	09-01
无效宣告请求人	武文胜
专 利 权 人	谷菊秋
专 利 号	200630048006.2
申 请 日	2006 年 3 月 30 日
授 权 公 告 日	2007 年 1 月 31 日
合 议 组 组 长	张雪飞
主 审 员	张 霞
参 审 员	高 颖
附 图	2 页

法 律 依 据 专利法第 23 条

决 定 要 点

本专利与在先设计相比较，其形状上的差别设计对二者的整体视觉效果均不具有显著影响，因此，本专利与在先设计属于相近似的外观设计。

一、案由

本无效宣告请求涉及国家知识产权局于 2007 年 1 月 31 日授权公告的名称为"酒瓶"的 200630048006.2 号外观设计专利（下称本专利），其申请日是 2006 年 3 月 30 日，专利权人是谷菊秋。

针对本专利，武文胜（下称请求人）于 2007 年 3 月 10 日向专利复审委员会提出无效宣告请求，理由是本专利不符合专利法第 23 条的规定，并提交了如下附件作为证据：

附件 1：专利号为 98315628.X 的中国外观设计专利图片及著录信息一页。

请求人认为：附件 1 所示外观设计与本专利为同一构思，二者整体和细部均十分相似，且附件 1 在本专利申请日之前就已公开，因此，本专利不符合专利法第 23 条的规定，应予以宣告无效。

经形式审查合格，专利复审委员会受理了该无效宣告请求，于 2007 年 4 月 16 日向双方当事人发出了无效宣告请求受理通知书,并将无效宣告请求书及其附件副本转给了专利权人。

2007年5月14日专利权人针对无效宣告请求书提交意见陈述,认为:附件1所示的外观设计为具有瓶颈结构的瓶体,本专利为子弹形状,二者整体瓶形不相同也不相近似;且附件1所示的外观设计具有凹进形瓶颈,瓶颈下的瓶体表面大部分包有苞谷叶,瓶口为上大下小的倒喇叭形,本专利为流线型子弹状,瓶体表面均为玉米粒形状,瓶盖四周有等距的横条状开口,二者设计要点和局部特征不同也不相近似。因此,本专利符合专利法第23条的规定,请求人提出的无效宣告请求应予以驳回。

专利复审委员会于2007年6月1日向双方当事人发出了口头审理通知书,定于2007年7月18日在专利复审委员会举行口头审理,并随通知书将专利权人于2007年5月14日提交的意见陈述书转给了请求人。

口头审理如期举行,双方均委托代理人参加了口头审理。在口头审理过程中,双方对合议组成员无回避请求,对对方出庭人员身份无异议。专利权人声明对附件1的真实性没有异议;针对相近似性判断,双方均各自坚持原有观点。

在上述审理的基础上,合议组认为本案事实已经清楚,依法作出本无效宣告请求审查决定。

二、决定的理由

专利法第23条规定:"授予专利权的外观设计,应当同申请日以前在国内外出版物上公开发表过或者国内公开使用过的外观设计不相同和不相近似,并不得与他人在先取得的合法权利相冲突。"

请求人提交的附件1是专利号为98315628.X的中国外观设计专利图片及著录信息一页,专利权人对其真实性没有异议,该外观设计专利的授权公告日为1999年3月31日,早于本专利的申请日,属于专利法第23条所规定的公开出版物,适用于本案。其上公开了一款瓶子的外观设计(下称在先设计),与本专利所示的酒瓶的外观设计用途相同,二者属于相同种类的产品,具有可比性。

本专利图示有主视图、俯视图和仰视图,简要说明中提及后视图、左视图、右视图与主视图相同,省略后视图、左视图、右视图。如图所示,本专利整体瓶形大体为上小下大的玉米棒形状,瓶体表面密布有玉米粒状凸起,瓶体上方分割有圆包形瓶盖,瓶盖上分布有穗状凸起,瓶底略向内收(详见本专利附图)。

在先设计图示有主视图、后视图、左视图、右视图、俯视图和仰视图。如图所示,在先设计整体瓶形大体为上小下大的玉米棒形状,瓶体中下部表面包裹有玉米叶设计,未包裹有玉米叶部分密布有玉米粒状凸起,瓶体顶端为喇叭口状瓶口,瓶底略向内收(详见在先设计附图)。

将本专利与在先设计相比较,二者整体瓶形均大体为上小下大的玉米棒形状,瓶体表面分布有玉米粒状凸起,瓶底略向内收,二者不同之处主要在于:本专利瓶体表面均为玉米粒状凸起,而在先设计瓶体部分表面包裹有玉米叶设计;本专利瓶体上方分割出圆包形瓶盖,瓶盖上分布有穗状凸起,而在先设计瓶体顶端为喇叭口状瓶口。对此,合议组认为,酒瓶为一立体外观设计产品,立体产品本身的形状和图案是一般消费者较注意的部分,针对本专利和在先设计同样取材于玉米的设计构思和基本形状设计,虽然二者在瓶体是否有玉米叶设计和瓶口设计上有所不同,但是二者在瓶口设计上的区别对于二者类似玉米棒的整体外观设计而言属于局部细微差别,尚不足以导致二者的整体外观设计产生显著的视觉差异,且显然本专利相对于在先设计减少了玉米叶的设计,但是此点差别是基于本专利的简化设计而产生的,而本专利的密布玉米粒状凸起的主要外观结构已为在先设计所公开,因此,由于本专利缺少玉米叶设计而产生的差异对二者的整体视觉效果并不具有显著的影响,基于上述分析判断,二者应属于相近似的外观设计。

综上所述,在本专利申请日前已有与其相近似的外观设计在出版物上公开发表过,因此,本专利不符合专利法第 23 条的规定。

三、决定

宣告 200630048006.2 号外观设计专利权全部无效。

当事人对本决定不服的，可以根据专利法第 46 条第 2 款的规定，自收到本决定之日起三个月内向北京市第一中级人民法院起诉。根据该款的规定，一方当事人起诉后，另一方当事人应当作为第三人参加诉讼。

俯视图（放大）

主视图

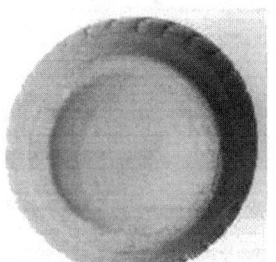

仰视图（放大）

本专利附图

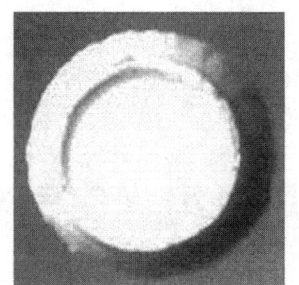

仰视图

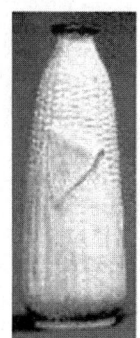  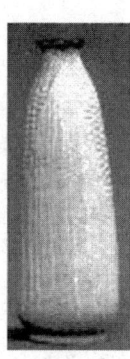 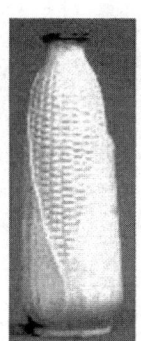

左视图　　主视图　　右视图　　后视图

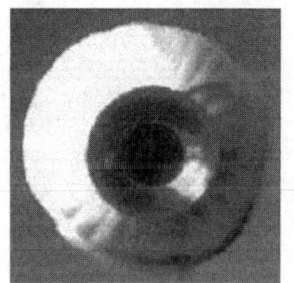

俯视图

在先设计附图

通风风扇（空气幕）

无效宣告请求审查决定（第 10375 号）

决 定 号	第 10375 号
决 定 日	2007 年 8 月 15 日
发明创造名称	通风风扇（空气幕）
外观设计分类号	23-04
无效宣告请求人	广州西奥多电气设备有限公司
专 利 权 人	广州第三电器厂
专 利 号	03359127.X
申 请 日	2003 年 7 月 21 日
授权公告日	2004 年 2 月 11 日
合议组组长	钟 华
主 审 员	徐清平
参 审 员	李巍巍
附 图	3 页

法 律 依 据 专利法第 9 条、第 23 条

决 定 要 点

请求人提交的有关模具生产加工证据中，其模具制造加工合同的签订时间与其图纸的设计批准时间存在明显矛盾，发票所示付款方式及支付时间与合同约定条款明显不符，其不能形成完整的证据链证明请求人所主张的图纸中有关模具产品已在本专利申请日之前生产。同时，该模具制造属于对其对应的通风风扇产品进行生产制造的一个中间环节，不足以证明所述通风风扇产品已经生产完成，模具制造的委托加工仅针对特定的生产厂家，故其不能以证明该模具所对应的通风风扇产品已经被公开使用。

请求人提交的其他证据所示在先公开发表或在先申请专利的外观设计设计均与本专利不相同且不相近似。因此，请求人据此证明本专利不符合专利法第 23 条、第 9 条规定的无效宣告请求理由均不能成立。

一、案由

本无效宣告请求涉及的是国家知识产权局于 2004 年 2 月 11 日授权公告的 03359127.X 号外观设计专利，使用该外观设计的产品名称为"通风风扇（空气幕）"，申请日是 2003 年 7 月 21 日，专利权人是广州第三电器厂。

针对上述专利权（下称本专利），广州西奥多电气设备有限公司（下称请求人）于2006年11月14日向专利复审委员会提出无效宣告请求，其依据的主要事实和理由是：（1）请求人提交的附件1至附件6所示出版物的出版日期在本专利申请日之前，其公开了与本专利相近似的外观设计，因此本专利不符合专利法第23条的规定；（2）附件7、附件8为他人在本专利申请日前提出申请并在日后授权的外观设计专利，与本专利属同样的外观设计，因此本专利不符合专利法第9条规定；（3）附件9至附件24可证明在本专利申请日前，请求人早已委托他人生产了与本专利外观设计相同的通风风扇，其产品已经以使用方式公开，因此本专利不符合专利法第23条的规定。请求人提交了如下附件作为证据：

附件1：《家用电器》2003年4月第259期第7、11页复印件2页；

附件2：《羊城晚报》2003年5月29日第A10版复印件1页；

附件3：《广州日报》2003年3月13日第A23版复印件1页；

附件4：《广州日报》2003年3月27日第A4版复印件1页；

附件5：《广州日报》2003年4月4日第A12版复印件1页；

附件6：《广州日报》2003年6月6日第A15版复印件1页；

附件7：中国02365725.1号外观设计专利专利证书及其授权文本复印件2页；

附件8：中国03307939.0号外观设计专利授权文本复印件1页；

附件9：深圳市泰风精密模具有限公司出具的证明复印件1页；

附件10包括：附件10-1，深圳市泰风精密模具有限公司与请求人2002年10月9日签订的模具制造合同书及图纸复印件共5页；附件10-2，深圳市泰风精密模具有限公司开具的NO.00026612深圳增值税专用发票复印件1张；附件10-3，深圳市泰风精密模具有限公司的增值税一般纳税人销货清单复印件1页；

附件11包括：附件11-1，深圳市泰风精密模具有限公司与请求人2003年9月25日签订的模具制造合同书及图纸复印件共3页；附近11-2，深圳市泰风精密模具有限公司开具的NO.00644459深圳增值税专用发票复印件1张；

附件12包括：附件12-1，东方铝业有限公司产品报价表复印件1页；附件12-2，南海市大沥东方有色金属加工厂开具的NO.00100290广东增值税专用发票复印件1张；附件12-3，盖请求人合同专用章的"铝材"系列下单计划单复印件1页；附件12-4，南海市大沥东方有色金属加工厂开具的NO.00107740广东增值税专用发票复印件1张；附件12-5，南海市大沥东方有色金属加工厂开具的NO.00090524广东增值税专用发票复印件1张；

附件13：顺德市北滘镇鸿昌五金电器厂出具的证明复印件1页；

附件14：盖有顺德市北滘镇鸿昌五金电器厂印章的"西奥多模具"报价单复印件1页；

附件15包括：附件15-1，签订日期为2002年10月16日的工矿产品购销合同复印件1页；附件15-2，请求人的产品图纸复印件8页；

附件16：顺德市北滘镇鸿昌五金电器厂开具的NO.0027879~NO.0027882顺德市商品销售发票复印件共4张；

附件17：顺德市北滘镇鸿昌五金电器厂开具的NO.05251756~NO.05251759广东省商品销售发票复印件共4张；

附件18：请求人开具的NO.00811026广东省增值税专用发票复印件1张；

附件19：佛山市南海区大沥东方铝业有限公司出具的证明及有关更名通知复印件2页；

附件20：东方有色金属加工厂产品报价表复印件1页；

附件21：请求人的产品图纸复印件4页；
附件22：同附件12-4；
附件23：同附件12-2；
附件24：同附件12-5。

专利复审委员会经形式审查合格受理了该无效宣告请求，并于2006年11月14日将无效宣告请求书及其附件的副本转送给专利权人，要求其在指定期限内陈述意见。

2006年12月8日请求人提交了意见陈述，请求人认为：其补充提交的证据所示出版物的出版日在本专利申请日之前，其公开了多种通风风扇的外观设计，并与本专利相近似，因此本专利不符合专利法第23条的规定。请求人补充提交的证据如下（编号续前）：

附件25：2002年4月15日第十三期《慧聪商情》相关页复印件1页；
附件26：Panasonic公司广告页复印件1页；
附件27：2002年7月8日《空调商情》相关页复印件1页。

2006年12月26日专利权人提交了意见陈述书，专利权人认为：（1）请求人提交的附件1～6均为复印件，对其公开日的真实性有异议；（2）附件1～6中所示"空调"机仅有一个视图，仅公开了一部分，未能公开本专利主视图所示通风风扇的长条形出风口、后视图所示六个圆形进气口等特征，其与本专利属于不相同和不相近似的外观设计；（3）附件7、附件8所示通风风扇或空调机在出风口和与进气口的相对位置上与本专利差别明显，且均无本专利后视图所示六个圆形进气口设计，与本专利属于完全不同的外观设计，本专利符合专利法第9条的规定；（4）附件9～24均为复印件，对其真实性有异议，且其中的图纸与本专利外观设计没有任何关联性，同时，专利权人提交反证证据所示"情况说明"可证明这些证据不具真实性。专利权提交的反证据如下：

反证1：佛山市南海区大沥东方铝业有限公司出具的情况说明复印件1页。

专利复审委员会成立合议组对本案进行审理，于2007年2月26日向请求人和专利权人发出口头审理通知书，定于2007年4月5日对本案进行口头审理。同时将上述请求人和专利权人的意见陈述分别转送给对方。

口头审理如期举行，双方委托的代理人参加了审理，双方对对方参加口头审理人员的身份和资格没有异议，对合议组成员没有回避请求。审理中双方对本案无效宣告请求理由是否成立充分陈述了意见，均在坚持原有观点的基础上进一步详细阐述了自己的具体主张和理由，审理中确认如下事项：

（1）请求人当庭提交了附件9～11、附件12-2、附件12-4、附件12-5、附件13～16、附件20、附件21、附件26的原件，当庭提交了附件25所示杂志的整本原件，对于附件19仅提交了其中有关更名通知的原件，请求人未提交其他证据的原件。专利权人未提交反证证据的原件。

（2）请求人认为：附件1～6、附件25～27可证明本专利在申请日之前已有相近似的外观设计公开发表过；其中附件26不单独证明公开发表的事实，而是用于更加清楚显示附件25中的外观设计，二者为同一产品；并当庭指出了用于对比的具体外观设计，据此证明本专利不符合专利法第23条的规定。附件7、附件8为相对于本专利在先申请、在后授权的外观设计专利，可证明本专利不符合专利法第9条的规定。附件9～24证明本专利外观设计产品在申请日之前已于国内公开使用过：其中附件10所示模具制造合同和图纸证明了在先生产的模具产品和时间，发票、销货清单证明合同已经履行，附件9与附件10相结合进一步证明了所述事实，附件10-1中图纸所示装饰左侧板、装饰右侧板和格栅即为本专利产品相应部分的模具；附件11与附件9相结合证明了另一项相关模具产品的生产事实，不作单独证明本专利不符合专利法第23条规定的证据，而是用以证明附件9、附件10中所涉及合同双方交易的延续性，从而进一步证明其可信性；附件12中所涉及的产品是附件9～11中所示产品的配件，不单独证明专利法第 23 条规定的公开使用，而是辅助证明附件 9~11 中的事实；附件 13 至附件 17 相结合证明了另一项关于模具产品的生产事实，其中附件 15-2 图纸所示侧板为本专利产品模具的组成部分；附件 18 为侵权诉讼中的证据，与本无效宣告请求案关联性不大；附件 19~24 相结合证明了又一项关于模具产品的生产事实，其中附件 21 图纸所示前端板、上盖板为本专利产品模具的组成部分；将上述证据中请求人所指定的模具产品部件左侧板、装饰右侧板、格栅、侧板、前端板、上盖板相结合与本专利进行对比，即可证明与本专利外观设计相同的产品已经在先公开使用。

专利权人认为：请求人未提交附件 1~6、附件 27 的原件，对其真实性有异议；对附件 25 的真实性无异议，但该页未显示公开日期，对附件 26 的真实性及请求人所称与附件 25 的相关性均有异议；对附件 7、附件 8 的真实性无异议；并认为前述证据所示外观设计与本专利均不相同也不相近似。附件 9 上无证明单位盖章，为无效证据；附件 10-1 中所示合同的签订日期在图纸的批准日期之前，二者相矛盾，其不具真实性和关联性；对附件 10-2、附件 10-3 的真实性无异议，但其所示发票的开票日期在附件 10-1 中图纸的批准日期之前，二者相矛盾，其不具关联性。附件 11 中合同的签订时间和发票的开票时间均在本专利申请日之后，不能证明在先使用的事实。请求人未提交附件 12-1、附件 12-3 的原件，对其真实性有异议，对附件 12-2、附件 12-4、附件 12-5 的真实性无异议，但这些证据中的产品"铝材"与本专利不具关联性，且所示发票与附件 10-1 中图纸亦不具关联性。附件 13 所示证明无自然人签字，对其真实性有异议；附件 14 至附件 17 中所示报价单的时间、合同的签订日期和发票的开票时间均在图纸的批准日期之前，其相互矛盾，不具关联性。附件 18 与请求人所主张的在先使用事实无关。附件 19 中的证明请求人未提交原件，且专利权人也提交了反证，对其真实性有异议；附件 20 仅有个别部件名称，与本专利无关联性，附件 21~24 在无法得到附件 19 证明的情况下，与本专利不具关联性。

双方分别就本专利与请求人指定图片所示产品外观设计进行了详细对比，关于本专利所示产品与一般空调在用途上的异同，请求人认为：本专利空气幕一般用在门口处，隔绝室内外空气、隔绝温差，家庭和公共场所都可以使用，都是调节温度的，与空调为相近种类的产品；专利权人认为：本专利空气幕进出风口在上下方，在进门口可以吹冷风或热风，与一般空调都是调节温度的，只是安装角度不同。

通过上述审理，合议组经合议，认为本案事实清楚，依法作出本审查决定。

二、决定的理由

1. 法律依据

基于请求人提出无效宣告请求所依据的事实和理由，合议组对本专利是否符合专利法第 9 条、第 23 条的规定进行审查。

专利法第 9 条规定：两个以上的申请人分别就同样的发明创造申请专利的，专利权授予最先申请的人。

专利法第 23 条规定：授予专利权的外观设计，应当同申请日以前在国内外出版物上公开发表过或者国内公开使用过的外观设计不相同和不相近似，并不得与他人在先取得的合法权利相冲突。

2. 证据和事实认定

（1）关于公开发表。

请求人提交的附件 1 至附件 6、附件 27 分别是《家用电器》、《羊城晚报》、《广州日报》、《空调商情》的相关页复印件，请求人未提交上述证据的原件，专利权人对其真实性不予认可。合议组认为，上述证据均为复印件，在未提交其原件的情况下，无法核实该复印件与原件内容是否相符，不能确认其真实性，请求人也未提交其他证据证明其真实性，因此，合议组对上述证据不予采信。

请求人提交的附件 25 是 2002 年 4 月 15 日第十三期《慧聪商情》相关页复印件 1 页，并在口头审理中提交了其整本原件，专利权人对该证据真实性无异议，因此，合议组对该证据的真实性予以确认。请求人虽未提交可表明发行时间的该《慧聪商情》首页，但在意见陈述中已说明其为 2002 年 4 月 15 日第十三期，且经核实与原件首页所示发行时间相符，故请求人补充用于证明发行时间的首页不属新证据。根据该《慧聪商情》的书名名称和连续分期发行等信息，可确认其作为商品广告宣传性刊物属于公开出版物，且其发行时间在本专利申请日之前，在 A10 页产品广告中刊载了一款"冷暖系列风幕机"的产品图片（下称在先设计 1），因此，其可以作为判断本专利是否符合专利法第 23 条规定的证据。

请求人提交的附件 26 是 Panasonic 公司广告页复印件 1 页，并在口头审理中提交了其原件，请求人提交该证据不单独证明公开发表的事实，而是用于更加清楚显示附件 25 中所示外观设计。合议组认为，该证据作为单页广告宣传材料，其制作具有一定随意性，在无相关证据佐证的情况下，不足以确认其内容的真实性，合议组对该证据不予采信。同时仅凭所示产品图片和品牌不足以认定其与附件 25 所示产品为同一产品，即不能确认二者关联性。

（2）关于在先专利申请。

请求人提交的附件 7 是中国 02365725.1 号外观设计专利证书及其授权文本复印件，其所示专利申请日为 2002 年 12 月 5 日，授权公告日为 2004 年 2 月 4 日，使用外观设计的产品名称为"通风风扇（空气幕）"（下称在先设计 2），专利权人为苏舜辉。附件 8 是中国 03307939.0 号外观设计专利授权文本复印件，其所示专利申请日为 2003 年 4 月 22 日，授权公告日为 2004 年 4 月 21 日，使用外观设计的产品名称为"空调机"（下称在先设计 3），专利权人为乐金电子（中国）研究开发中心有限公司。经合议组核实，上述证据复印件内容属实，其均为他人在本专利申请日之前申请、之后授权公告的外观设计专利，因此，可以作为判断本专利是否符合专利法第 9 条规定的证据。

（3）关于公开使用。

附件 9 为深圳市泰风精密模具有限公司出具的证明复印件，其上无证明单位盖章，但在口头审理中提交了带有该证明单位印章的原件，合议组认为该补盖公章的原件不属新证据，应予考虑；其证明内容主要为：请求人与证明单位先后于 2002 年 10 月 9 日、2003 年 9 月 25 日签订了模具制造合同，并按所附图纸制造了产品模具，分别于 2003 年 4 月 30 日、2003 年 12 月 18 日向请求人开具了增值税专用发票，号码分别为 00026612 和 00644459。附件 10-1 为泰风精密模具有限公司（供方）与请求人（需方）于 2002 年 10 月 9 日签订的模具制造合同书及图纸复印件，并盖有供方骑缝章，其中图纸的设计人和批准人签名日期分别为 2003 年 5 月 10 日和 2003 年 5 月 15 日；附件 10-2 为深圳市泰风精密模具有限公司开具的 NO.00026612 深圳增值税专用发票复印件，其开票日期为 2003 年 4 月 30 日；附件 10-3 为深圳市泰风精密模具有限公司的增值税一般纳税人销货清单复印件，其填开日期 2003 年 4 月。请求人在口头审理中提交了前述证据复印件的原件，经核实其复印件与原件相符。合议组认为，作为模具制造加工合同，用于确定合同标的产品图纸应当是其必要要件，这是双方约定产品加工报价、质量技术要求等内容的基础，因此在签订合同当时即应有设计完成的相应产品图纸，而上述证据中附件 10-1 所示产品图纸的设计和批准日期（2003 年 5 月 10 日和 2003 年 5 月 15 日）均在模具制造合同的签订日期（2002 年 10 月 9 日）之后，且前后时间间隔相差 7 个月之久，其明显存在矛盾；同时附件 10-2、10-3 所示发票和销货清单的日期（2003 年 4 月）亦在上述图纸设计和批准日期之前，且发票所示款项数额为前述合同的总价，即为在付清加工费全款之后才提供图纸进行产品加工，其与合同条款中约定的付款方式"付 40% 为预付款，余款待验收合格后一次性付清"明显不符；附件 9 所示证明内容与前述合同、发票记载的相应内容一致，同样存在与前述图纸内容相矛盾或不符情况。因此，附件9、附件10所涉及合同、图纸、发票、销货清单等证据之间存在矛盾或内容不一致，其不能形成完整的证据链证明请求人所主张的图纸中有关产品已在本专利申请日之前生产。

附件11中，附件11-1为"格栅"模具制造合同书及图纸复印件，该合同签订日期为2003年9月25日，图纸的设计人和批准人签名日期分别为2003年5月10日和2003年5月15日，附件11-2为增值税专用发票复印件，其开票日期为2003年12月18日；请求人主张附件11与附件9相结合证明另一项相关模具产品的生产事实，用以证明附件9、附件10中所涉及合同双方交易的延续性，从而进一步证明其可信性。请求人在口头审理中提交了前述证据复印件的原件，经核实其复印件与原件相符。合议组认为，虽然前述图纸的设计人和批准人签名日期在本专利申请日之前，但其合同的签订时间和发票开票时间均在本专利申请日之后，不能证明有关本专利申请日之前的产品生产事实，且作为"格栅"模具的独立生产加工合同，与上述附件10中有关模具生产加工无直接关联，因此，如前关于附件9、附件10的认定，即使将其与附件11相结合，也不能证明请求人所主张附件10中有关产品已在本专利申请日之前生产。

附件12包括产品报价表复印件、应税劳务名称为"铝材"的增值税专用发票复印件、"铝材"系列下单计划单复印件，请求人主张附件12中所涉及的产品是附件9至附件11中所示产品的配件，不单独证明专利法第23条规定的公开使用，而是辅助证明附件9至附件11中的事实。请求人在口头审理中提交了前述证据中增值税专用发票的原件，未提交产品报价表、下单计划单的原件。合议组认为，对于所述产品报价表、下单计划单在未提交原件的情况下，对其真实性不能确认，对于所述增值税专用发票，仅凭其"铝材"名称不能确定与附件9至附件11中有关加工产品的关联性，因此对请求人以附件12证明附件9至附件11中相关事实的主张不予支持。

附件13为顺德市北滘镇鸿昌五金电器厂出具的证明复印件，其证明内容主要为：请求人与证明单位于2002年10月16日签订了所附模具制造合同，于2003年1月20日完成了所附图纸的第一批产品产品并交货给请求人，同日向请求人开具了四张增值税专用发票，号码为0027879至0027882；附件14为盖有顺德市北滘镇鸿昌五金电器厂印章的"西奥多模具"报价单复印件；附件15-1是顺德市北滘镇鸿昌五金电器厂（供方）与苏舜辉（需方）于2002年10月16日签订的工矿产品购销合同，其涉及产品名称包括电机架、安装板、左侧板、右侧板模具；附件15-2是请求人的产品图纸复印件，产品名称分别侧板和不同规格的底板，其中图纸的设计人和批准人签名日期分别为2003年5月10日和2003年5月15日；附件16是顺德市北滘镇鸿昌五金电器厂开具的NO.0027879~NO.0027882顺德市商品销售发票复印件共4张，其开票日期分别为2003年1月20日和2003年2月12日，产品名称分别为安装板、电机架、左右侧板、铝合金冲模、商标安装孔模等模具；附件17是顺德市北滘镇鸿昌五金电器厂开具的NO.05251756~NO.05251759广东省商品销售发票复印件共4张，开票日期分别为2003年12月25日、2004年1月10日。请求人在口头审理中提交了前述证据中附件13至附件16的原件，经核实其复印件与原件相符，未提交附件17的原件。合议组认为：对于附件17在未提交原件的情况下，对其真实性不能确认；附件15-1所示合同的需方与附件15-2所示图纸的单位非同一主体，该合同与图纸所示产品名称并不完全一致，由此不能确认所述合同与图纸具有关联性，并且，作为模具制造加工合同，用于确定合同标的产品图纸应当是其必要要件，这是双方约定产品加工报价、质量技术要求等内容的基础，因此在签订合同当时即应有设计完成的相应产品图纸，而上述产品图纸的设计和批准日期（2003年5月10日和2003年5月15日）均在合同的签订日期（2002年10月16日）之后，前后时间间隔相差7个月之久，其明显存在矛盾；同时附件16所示发票的开票日期亦在上述图纸设计和批准日期之前，且发票所示款项数额之和已超过合同总价，即为在付清加工费之后才提供图纸进行产品加工，其与合同条款中约定的付款方式"人民币10000元作为预付款"、"模具验收合格后 20 天内付清余款"明显不符;附件 13 所示证明内容与前述合同、发票记载的相应内容一致,同样存在与前述图纸内容相矛盾或不符情况。因此,附件 13 至附件 17 所涉及合同、图纸、发票等证据之间不具关联性、存在矛盾或内容不一致,其不能形成完整的证据链证明请求人所主张的图纸中有关产品已在本专利申请日之前生产。

对于附件 18,请求人未具体说明该证据证明的事实,合议组不作评述。

附件 19 是佛山市南海区大沥东方铝业有限公司出具的证明及有关更名通知复印件;附件 20 为东方有色金属加工厂产品报价表复印件;附件 21 是请求人的产品图纸复印件;附件 22~24 是名称为"铝材"的增值税专用发票复印件。请求人在口头审理中提交了附件 20~24 的原件,未提交附件 19 的原件。合议组认为:对于附件 19 在未提交原件的情况下,对其真实性不能确认,在此情况下,对于所述增值税专用发票,仅凭其"铝材"名称不能确定与附件 20、附件 21 中有关加工产品的关联性,由此不能形成完整的证据链证明报价单、图纸中所述产品确已完成生产加工,即不能证明请求人所主张的图纸中有关产品已在本专利申请日之前生产。

合议组进一步认为,请求人提交附件 9~24 均是用于证明有关通风风扇零部件的模具生产事实,该模具制造属于对通风风扇产品本身进行生产制造的一个中间环节,其并不足以证明所述通风风扇产品已经生产完成,同时,模具制造的委托加工仅针对特定的生产厂家,其所涉及产品并不处于公众想得知就能得知的状态。因此,即使上述有关模具生产的事实成立,也不足以证明该模具所对应的通风风扇产品已经被公开使用。

3. 外观设计对比

本专利为"通风风扇(空气幕)"的外观设计,在先设计 1 为"冷暖系列风幕机"的外观设计,在先设计 2 为"通风风扇(空气幕)"的外观设计,即本专利与在先设计 1、2 的外观设计产品种类相同;在先设计 3 "空调机"的外观设计,其与本专利产品虽在具体使用场所的安装位置、角度等有所不同,且本专利产品还另有隔绝室内外空气、温差的作用,但二者的主要用途均为调节温度,即用途相近,故属于相近种类的产品。因此,现将本专利分别与在先设计 1~3 的外观设计作如下对比:

本专利所示通风风扇为带有两个垂直平面、两个弧形面和三个钝角相交平面的不规则柱状造型,其主视图为出风口所在面,带有长条形出风口,俯视图所示正面为两个较宽的钝角相交平面、一条较窄的折角平面和一个较宽的弧形面,并有凹槽式线条设计,后视图所示顶面进气口为多个圆形、长条形栅格设计,仰视图所示安装面有多个安装孔,左右视图所示侧面有略突出的近似圆环设计(详见本专利附图)。

在先设计 1 所示风幕机为带有三个垂直平面、两个等宽的钝角相交平面的不规则柱状造型,其正面为三个宽度相近的呈钝角平面,下部有长条形出风口,顶面和安装面未显示。详见在先设计 1 附图。

在先设计 2 所示通风风扇为带有三个垂直平面、一个弧形面和一个钝角相交平面的不规则柱状造型,其仰视图为出风口所在面,带有长条形出风口,主视图所示正面为弧形面,有长条形格栅状进气口设计,后视图所示为安装面,俯视图所示为顶面,安装面、顶面有接缝线,侧面无其他设计内容(详见在先设计 2 附图)。

在先设计 3 所示空调机为三个弧形面和一个平面组成的近似半圆形柱状造型,主视图、俯视图、仰视图所示正面为弧形面,下部有长条形出风口,上部有长条形格栅状进气口设计,后视图为安装面,侧面无其他设计内容(详见在先设计 3 附图)。

将本专利与在先设计 1 相比较,二者均为不规则柱状造型,出风口设计相近,二者不同之处主要在于柱状截面形状不同,正面造型不同。合议组认为:对于本专利和在先设计 1 所示通风风扇或风幕机，在使用状态下除安装面和本专利顶面为不可见或不易见外，其余面均为易见面，特别是正面、出风口所在面及整体造型为一般消费者所关注；本专利正面两个较宽的钝角相交平面、一条较窄的折角平面和一个较宽的弧形面相结合与在先设计1对应的两个等宽钝角相交平面的组合存在明显差别，由此形成的二者柱状整体造型亦有较大差别；在此情况下，二者虽有相近出风口面设计，但上述二者正面及整体造型的差别已对二者整体视觉效果构成显著影响，因此，本专利与在先设计1属于不相同且不相近似的外观设计。

将本专利与在先设计2相比较，二者均为不规则柱状造型，出风口设计基本相同，二者不同之处主要在于其柱状截面形状不同，正面造型不同，且在先设计2的格栅状进气口设于正面，而本专利的圆形、长条形进气栅格设于顶面。合议组认为：对于本专利和在先设计2所示通风风扇，在使用状态下除安装面和顶面为不可见或不易见外，其余面均为易见面，特别是正面、出风口所在面及整体造型为一般消费者所关注；本专利正面两个较宽的钝角相交平面、一条较窄的折角平面和一个较宽的弧形面相结合与在先设计2对应的一个整体的弧形面存在明显差别，由此形成的二者柱状整体造型亦有较大差别，且在先设计2在正面长条形格栅状进气口设计与本专利正面的光面设计在视觉效上亦差别显著；上述差别对二者整体视觉效果已构成显著影响，因此，本专利与在先设计2属于不相同且不相近似的外观设计。

将本专利与在先设计3相比较，二者均为不规则柱状造型，出风口设计相近，二者不同之处主要在于柱状截面形状不同，正面和出风口所在面造型不同，且在先设计3的格栅状进气口设于正面，而本专利的圆形、长条形进气栅格设于顶面。合议组认为：对于本专利和在先设计3所示通风风扇或空调机，在使用状态下除安装面和顶面为不可见或不易见外，其余面均为易见面，特别是正面、出风口所在面及整体造型为一般消费者所关注；本专利正面两个较宽的钝角相交平面、一条较窄的折角平面和一个较宽的弧形面相结合与在先设计3对应的多个弧形面的组合存在明显差别，且本专利有明显的出风口水平面，而在先设计3的弧形出风口面与正面融为一体，由此形成的二者柱状整体造型亦有较大差别；且在先设计3在正面靠上部有长条形格栅状进气口设计，与本专利正面的光面设计在视觉效上亦差别显著；上述差别对二者整体视觉效果已构成显著影响，因此，本专利与在先设计3属于不相同且不相近似的外观设计。

综上所述，请求人以附件1~6、附件9~24、附件26、附件27证明有关在本专利申请日前公开发表或公开使用的事实不能成立，而附件25中所示在先公开发表的外观设计、附件7和附件8中所示在先申请的外观设计专利均与本专利外观设计不相同且不相近似。因此，请求人据此证明本专利不符合专利法第23条、专利法第9条规定的无效宣告请求理由均不能成立。

三、决定

维持03359127.X号外观设计专利权有效。

当事人对本决定不服的，可以根据专利法第46条第2款的规定，自收到本决定之日起三个月内向北京市第一中级人民法院起诉。根据该款的规定，一方当事人起诉后，另一方当事人应当作为第三人参加诉讼。

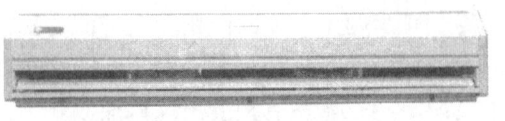  

主视图　　　左视图　　　右视图

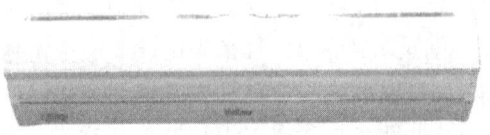

俯视图

仰视图

后视图

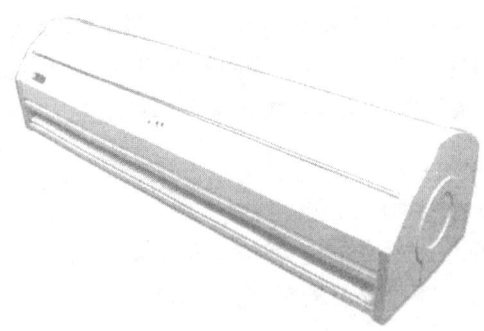

立体图

本专利附图

在先设计 1

主视图　　　　　　　　　右视图

俯视图

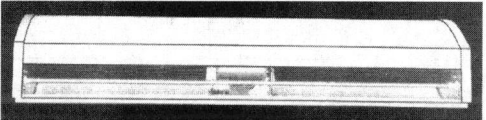

仰视图

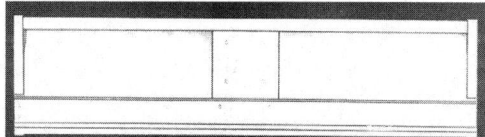

后视图

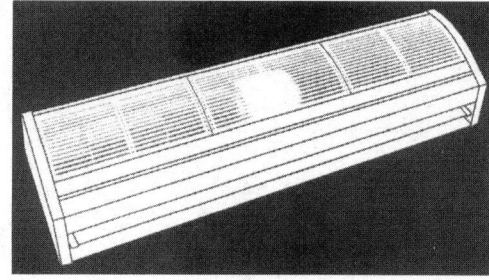

立体图

在先设计 2

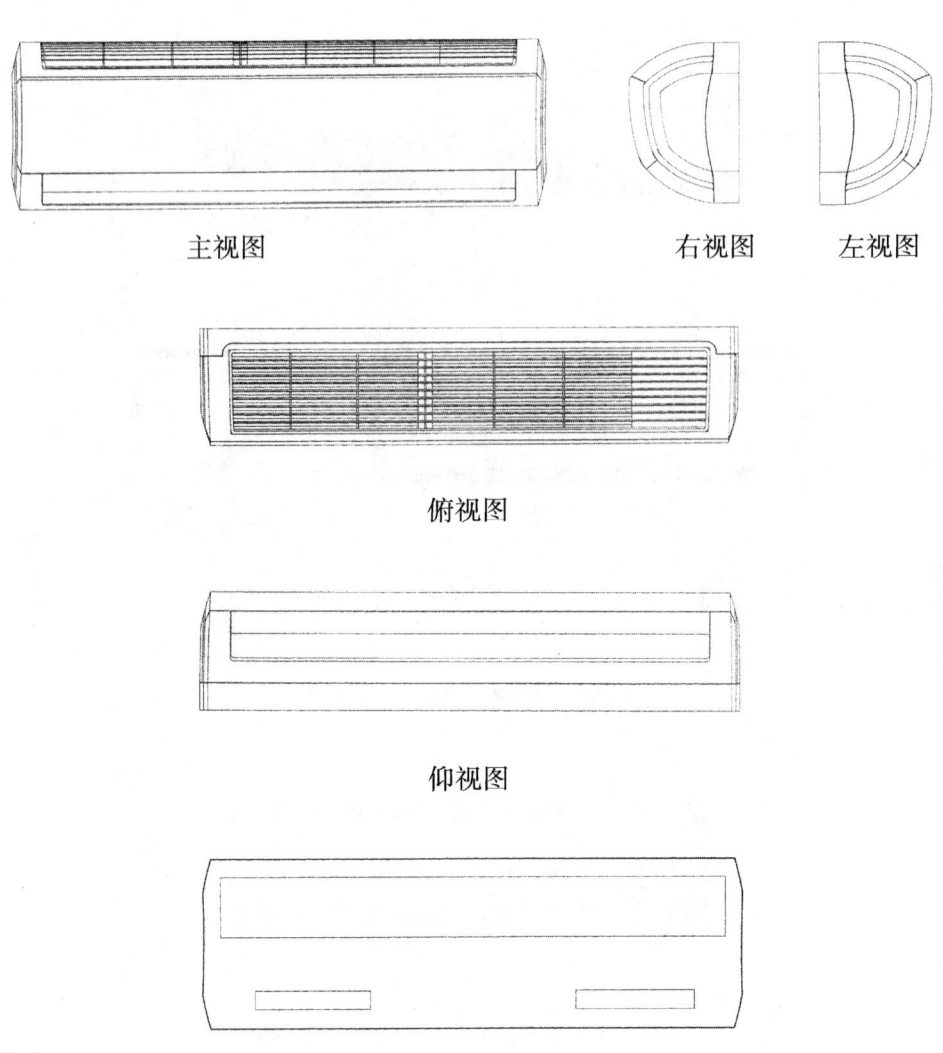

主视图　　右视图　　左视图

俯视图

仰视图

后视图

立体图

在先设计 3

嵌墙直读式水表

无效宣告请求审查决定（第 10379 号）

决 定 号	第 10379 号
决 定 日	2007 年 8 月 6 日
发明创造名称	嵌墙直读式水表
外观设计分类号	10-04
无效宣告请求人	宁波市科技园区长源电子有限公司
专 利 权 人	宁波市自来水总公司水表厂
专 利 号	02312216.1
申 请 日	2002 年 1 月 18 日
授权公告日	2002 年 7 月 10 日
合议组组长	高 栋
主 审 员	武 磊
参 审 员	高 颖
附 图	3 页

法 律 依 据　专利法第 23 条

决 定 要 点

由于本专利与在先设计二者的差异使得产品的相应组成部分的设计对产品的整体视觉效果带来显著的影响，因此二者属于不相同且不相近似的外观设计。

一、案由

本无效宣告请求涉及专利号为 02312216.1、名称为"嵌墙直读式水表"的外观设计专利（下称本专利），其申请日为 2002 年 1 月 18 日，授权公告日为 2002 年 7 月 10 日，专利权人为宁波市自来水总公司水表厂。

针对上述专利权，宁波市科技园区长源电子有限公司（下称请求人）于 2006 年 7 月 7 日向国家知识产权局专利复审委员会提出无效宣告请求，其理由是本专利不符合专利法第 23 条的规定，同时请求人提交了以下附件作为证据：

附件 1：98312029.3 号中国外观设计专利公报复印件，其授权公告日为 1999 年 1 月 13 日；

附件 2：98318176.4 号中国外观设计专利公报复印件，其授权公告日为 1999 年 2 月 10 日；

附件3：98318175.6号中国外观设计专利公报复印件，其授权公告日为1999年3月10日。

请求人认为，本专利与附件1、附件2、附件3所示产品属于相同种类的产品，因而可以进行相同和相近似性的比较，将本专利与上述附件的相应视图进行比对，均具有相同和相近似性，因此本专利不符合专利法第23条的规定。

经形式审查合格后，专利复审委员会受理了该无效宣告请求，并于2006年7月11日向双方当事人发出无效宣告请求受理通知书，并将请求人提交的专利权无效宣告请求书及其附件清单中所列附件的副本转送专利权人。

专利权人于2006年8月9日提交了意见陈述书，并提交了专利代理委托书、侵权诉讼民事起诉状复印件1页、民事答辩状复印件1页，说明本专利的侵权纠纷情况。

专利权人认为，尽管请求人提交的附件1~3与本专利均为相同种类的水表产品，但本专利与附件1~3相比存在显著的区别，主要表现在：（1）从主视图来看，本专利上部前面为45度大倒角结构，在倒角面上直接显示计数窗口，可达到平视直接读出计量数据的效果，而附件1的外观设计，从其右侧的铰接结构来看，其顶盖是可翻转的，无倒角结构，无法达到平视直读效果，只能俯视读取，附件2和附件3均为翻盖结构，只有在翻盖后俯视读取计数，这与本专利不同；（2）从俯视图来看，本专利能清楚显示计量表和计数窗口，无论平视和俯视，都能读取计数，而附件1只能俯视读取计数，附件2和附件3只能在打开翻盖后俯视读取计数，翻盖的设置使视图效果不相同；（3）从右视图和左视图来看，本专利上部为倒角结构，计数窗口设在倒角面上，更能保证平视读取计数的可能性，而附件1~3均无倒角形状的结构；（4）从仰视图来看，与附件1~3相比，本专利具有一圆形的平凸台，使放在桌面上的水表能稳固平放，而附件1~3中均没有相应的设置；（5）从后视图来看，本专利标有箭头示向，供安装者认准进、出水口的安装方向，而附件1~3均无此标识。综上所述，附件1~3与本专利的主视图、俯视图、右视图、左视图相比，其整体形状结构及各组成部分的形状属于不相同、不相近似的产品，因此本专利的授予符合专利法第23条的规定。

专利复审委员会于2006年8月24日向请求人发出无效宣告请求补正通知书（一），告知请求人应当在指定的期限内针对本通知书指出的缺陷进行补正。

请求人于2006年9月4日提交了无效宣告程序补正书以及经补正的无效宣告请求书的第1页，针对无效宣告请求补正通知书（一）中指出的缺陷进行了补正。

专利复审委员会依法成立合议组，并于2007年5月31日向双方当事人发出无效宣告请求口头审理通知书，定于2007年7月3日举行无效宣告请求口头审理，同时将专利权人于2006年8月9日提交的意见陈述书及其附件的副本转送给请求人。

专利权人于2007年6月21日提交了无效宣告请求口头审理通知书回执，表示不参加口头审理。

口头审理如期举行，仅请求人一方到庭，专利权人未出席口头审理，合议组依法缺席审理本案。在口头审理过程中，请求人对合议组成员无回避请求，请求人放弃使用附件3作为证据，请求人明确无效理由为：本专利外观设计分别相对于附件1、附件2公开的外观设计相近似，不符合专利法第23条的规定；请求人认为本专利外观设计与附件1的区别在于：（1）本专利主视图、左视图、右视图的透明罩体上有一斜面，（2）本专利左视图上的圆弧过渡线与附件1中的过渡线设置不同，（3）附件1的俯视图没有显示表盘，但是水表上具有表盘属于惯常设计，（4）附件1的仰视图上没有本专利仰视图上的圆弧过渡，（5）附件1的视图上未标有箭头指向；请求人认为本专利外观设计与附件2的区别在于：（1）本专利主视图、左视图、右视图的透明罩体上有一斜面，（2）附件2中的顶盖是可翻转的。但从整体观察来看，本专利外观设计与附件1和附件2的主体部分相同，容易造成混淆，因此本专利不符合专利法第 23 条的规定。

至此,合议组认为本案事实已经清楚,可以依法作出审查决定。

二、决定的理由

(1) 基于请求人提出的无效宣告请求的理由,合议组依据专利法第 23 条的规定对本案进行审理。

专利法第 23 条规定:授予专利权的外观设计,应当同申请日以前在国内外出版物上公开发表过或者国内公开使用过的外观设计不相同和不相近似,并不得与他人在先取得的合法权利相冲突。

(2) 关于证据。

请求人提交的附件 1 是产品名称为"水表"的外观设计专利公报复印件,附件 1 的公开日为 1999 年 1 月 13 日,其公开日早于本专利的申请日,附件 2 是产品名称为"智能水表(B)"的外观设计专利公报复印件,附件 2 的公开日为 1999 年 2 月 10 日,其公开日早于本专利的申请日,合议组经核实确认上述附件所示内容与原件一致,对其真实性予以认可,且属于专利法第 23 条所规定的公开出版物,因此,附件 1 和附件 2 可以作为本专利的在先设计。

(3) 本专利与附件 1 和附件 2 所示均为水表的外观设计,二者用途相同,属于相同类别的产品,具有可比性,故对本专利与附件 1、附件 2 分别进行如下相近似性对比:

本专利所示的"嵌墙直读式水表"具有六面视图,从其主视图来看,按照从左到右的顺序,本专利所示的水表是由进水口部分、阀门、水表壳体、表盘外罩和出水口部分组成,进水口部分和出水口部分分别位于水表的两端,进水口部分和出水口部分外侧带有环状螺纹,阀门位于靠近进水口部分的水表壳体上,表盘外罩位于水表壳体的正上方,表盘外罩为透明罩体,水表壳体的表面两侧具有水流箭头指向,本专利水表壳体的表盘外罩前面具有倒角结构,在倒角面上直接显示计数窗口,从其俯视图来看,本专利能透过表盘外罩清楚显示表盘的计量表和计数窗口,从其右视图来看,在本专利水表壳体的中部,出水口部分的周围具有椭圆形的过渡线,从其左视图来看,在本专利水表壳体的中部,进水口部分的两侧具有两个长方形框体和从阀门延伸到这两个框体的两条弧线,从其左视图和右视图来看,本专利水表壳体的表盘外罩具有 45 度倒角结构,表盘外罩整体呈梯形,同时结合主视图来看,计数窗口设在倒角面上,从其仰视图来看,本专利水表壳体的底部具有圆形的圆弧过渡线,从其后视图来看,本专利水表壳体的表面具有水流箭头指向(详见本专利附图)。

附件 1 所示的"水表"具有六面视图,从其后视图来看,按照从左到右的顺序,附件 1 所示的水表是由进水口部分、阀门、水表壳体、顶盖和出水口部分组成,进水口部分和出水口部分分别位于水表的两端,进水口部分和出水口部分外侧具有环状螺纹,阀门位于靠近进水口部分的水表壳体上,顶盖位于水表壳体的正上方,顶盖为透明罩体,顶盖呈圆柱形并可翻转,其主视图与后视图对称;从其右视图来看,在水表壳体的中部,进水口部分的周围具有椭圆形过渡线;从其左视图来看,在水表壳体的中部,出水口部分的周围具有扇形过渡线;从其左视图和右视图来看,该水表的顶盖整体呈圆柱形;从其仰视图来看,水表壳体的底部整体呈椭圆形结构(详见附件 1 的附图)。

附件 2 所示的"智能水表(B)"具有六面视图和两个使用状态图,从其俯视图来看,按照从左到右的顺序,附件 2 所示的水表是由进水口部分、阀门、水表壳体、表盘、顶盖、连接线和出水口部分组成,进水口部分和出水口部分分别位于水表的两端,进水口部分和出水口部分外侧具有环状螺纹,阀门位于靠近进水口部分的水表壳体上,表盘位于水表壳体的正上方,顶盖整体呈圆柱形并可翻转,表盘外壳呈水平面,在表盘上具有连接线,该水表壳体的表面两侧具有水流箭头指向;其仰视图与俯视图对称;从其主视图来看,在打开顶盖后该水表能清楚显示表盘的计量表和计数窗口;从其左视图来看,在水表壳体的中部,出水口部分的周围具有圆弧过渡线;从其右视图来看,在水表壳体的中部，进水口部分的周围具有圆弧过渡线；从其后视图来看，水表壳体的底部具有圆弧过渡线（详见附件2的附图）。

将本专利与附件1所示的产品相比较，二者的相同之处在于：水表都是由进水口部分、阀门、水表壳体、表盘外罩和出水口部分组成，进水口部分和出水口部分分别位于水表的两端，进水口部分和出水口部分外侧具有环状螺纹，阀门位于靠近进水口部分的水表壳体上，表盘位于水表壳体的正上方，表盘外罩为透明罩体。二者的差异主要在于：①水表的表盘外罩设计不同，本专利水表壳体的表盘外罩整体呈梯形，在表盘外罩前面具有倒角结构，在倒角面上直接显示计数窗口，而附件1的顶盖呈圆柱形，并无倒角形状结构，需俯视读取水表的计数；②本专利水表壳体的两侧均设有水流箭头指向，而附件1未见相应设计；③本专利水表的底部具有圆形的圆弧过渡线，而附件1的水表底部无相应设计。由于上述二者的差异使得水表的上述相应组成部分的具体设计不同，综合这些差异来看，其对水表的整体视觉效果带来显著的影响，因此二者应属于不相同且不相近似的外观设计，本专利符合专利法第23条的规定。

将本专利与附件2所示的产品相比较，二者的相同之处在于：水表都是由进水口部分、阀门、水表壳体、表盘外罩和出水口部分组成，进水口部分和出水口部分分别位于水表的两端，进水口部分和出水口部分外侧具有环状螺纹，阀门位于靠近进水口部分的水表壳体上，表盘位于水表壳体的正上方，水表壳体的两侧均设有水流箭头指向，水表壳体的底部具有圆弧过渡线。二者的差异主要在于：①水表的表盘外罩设计不同，本专利水表壳体的表盘外罩整体呈梯形，在表盘外罩前面具有倒角结构，在倒角面上直接显示计数窗口，而附件2的顶盖呈圆柱形，并无倒角形状结构，顶盖为翻盖结构，需打开顶盖来俯视观察水表的计数；②本专利水表的表盘上无连接线的设置，附件2水表的表盘上具有连接线。由于上述二者的差异使得水表上述相应组成部分的具体设计不同，综合这些差异来看，其对水表的整体视觉效果带来显著的影响，因此二者应属于不相同且不相近似的外观设计，本专利符合专利法第23条的规定。

三、决定

维持02312216.1号外观设计专利权有效。

当事人对本决定不服的，可以根据专利法第46条第2款的规定，自收到本决定之日起三个月内向北京市第一中级人民法院起诉。根据该款的规定，一方当事人起诉后，另一方当事人应当作为第三人参加诉讼。

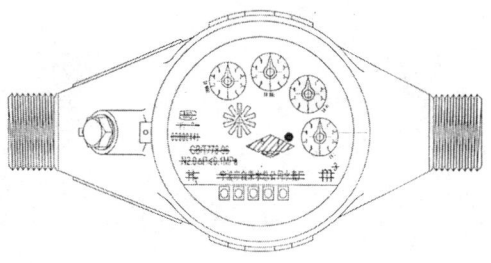

俯视图

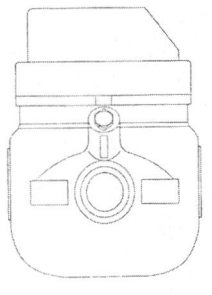

左视图

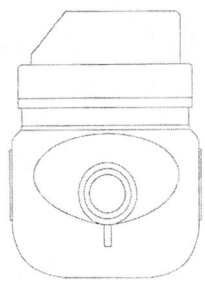

右视图

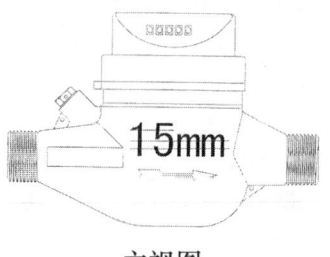

主视图

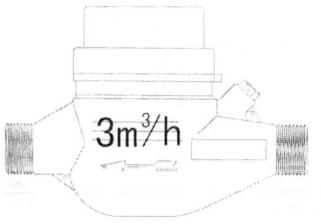

后视图

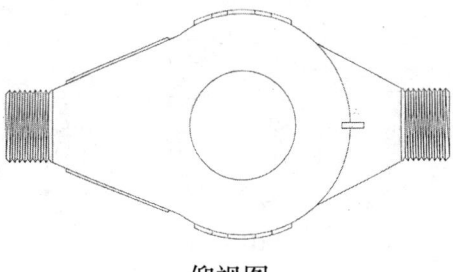

仰视图

本专利附图

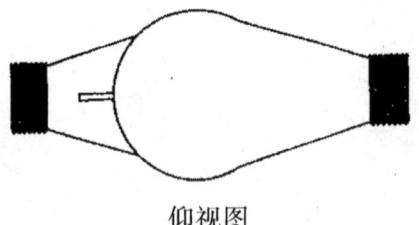

仰视图

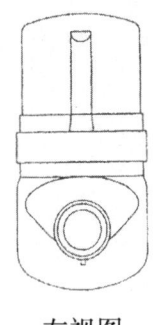 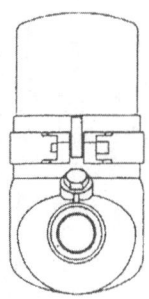

左视图　　　　　　　　　　　　右视图

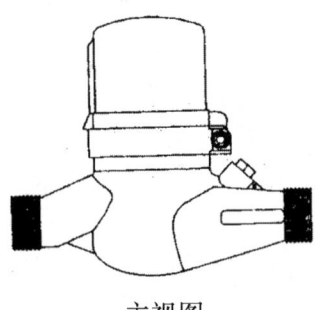 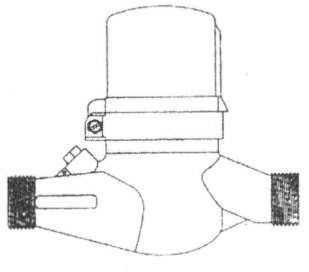

主视图　　　　　　　　　　　　后视图

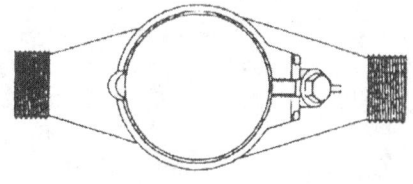

俯视图

附件1附图

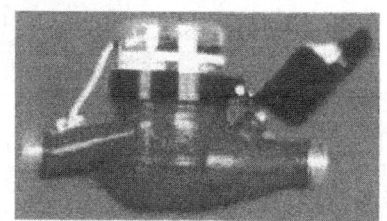
仰视图

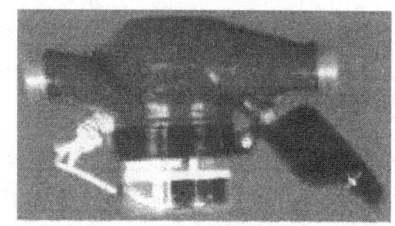
俯视图

左视图

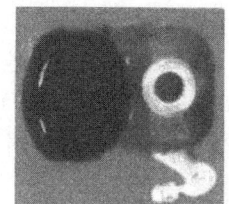
右视图

主视图

后视图

使用状态图

使用状态图

附件2 附图

标贴（营养曲线）

无效宣告请求审查决定（第 10380 号）

决 定 号	第 10380 号
决 定 日	2007 年 8 月 15 日
发明创造名称	标贴（营养曲线）
外观设计分类号	19-08
无效宣告请求人	杭州娃哈哈集团有限公司
专 利 权 人	枝江市康泰公司友好饮料厂
专 利 号	200530102431.0
申 请 日	2005 年 11 月 28 日
授权公告日	2006 年 11 月 29 日
合议组组长	吴赤兵
主 审 员	李巍巍
参 审 员	周佳
附 图	1 页
法 律 依 据	专利法第 23 条

决 定 要 点

本专利与在先设计相比较，虽然本专利请求保护色彩，在先设计未要求保护色彩，但二者标贴上的色彩明暗变化相近似；且在二者标贴外观的整体形状基本相同，构图方法、图案题材、表现方式及其他文字图案的排列均趋于相近似的情况下，二者的不同点属于局部细微的差别，对整体视觉效果不具有显著影响，二者属于相近似的外观设计。

一、案由

本无效宣告请求涉及 2006 年 11 月 29 日国家知识产权局授权公告的 200530102431.0 号外观设计专利，其产品名称是"标贴（营养曲线）"，申请日是 2005 年 11 月 28 日，专利权人是枝江市康泰公司友好饮料厂。

针对上述外观设计专利权（下称本专利），杭州娃哈哈集团有限公司（下称请求人）于 2007 年 2 月 13 日向专利复审委员会提出无效宣告请求，其理由是本专利不符合专利法第 23 条的规定。请求人认为在本专利申请日以前已有（请求人的专利）与其相近似的外观设计于 2004 年 10 月 21 日申请了外观设计专利，且在 2005 年 4 月 20 日被授予了专利权，二者的设计理念、设计风格、构图布局、纹样线条都是相近似的，主要视觉部位的四个中文字"营养曲线"和"营养快线"也只是一字之差，很容易引起消费者的误认，二者之间存在的某些不同点如：球（气泡）在数量上的细微差别、水果图案的区别、文字含义的不同均属于细小局部的变化，并不影响产品整体视觉效果。虽然在先申请的专利未要求保护色彩，但是，没有保护色彩在理论上应该包含了所有色彩，且请求人保存着申请专利时的留档材料，其标贴的基本色调是桔红色与白色，与本专利的橙色与白色属于同一色系，二者属于物品（类别）相同，图案色彩相近似的外观设计，应宣告本专利全部无效。同时，请求人提交了如下附件作为证据：

附件1是第200430083291.2号外观设计专利公报复印件，共1页。

专利复审委员会根据无效宣告请求审查程序的规定受理了该无效宣告请求，于2007年3月20日将无效宣告请求书和证据的副本转送给专利权人，限其在指定的期限内答复。并告知专利权人如逾期不答复，不影响专利复审委员会的审理。

专利权人于2004年4月29日向专利复审委员会递交了意见陈述书，针对无效宣告请求的理由进行意见陈述，专利权人认为，请求人已承认本专利与对比文件1在主要视觉部位，球（气泡）的数量上、色彩上明显不同，水果图案也存在区别，导致在整体视觉效果上二者存在明显区别；请求人称在对比文件1的留档材料中基本色调与本专利属同一色系，但社会公众一般从国家知识产权局网站上下载图片，并不会查看留档材料，综上所述，本专利与对比文件1相比无论在图案还是色彩上均存在明显区别，二者不相同也不相近似，应当维持本专利有效。同时，专利权人提交了反证作为证据：

反证1是本专利和对比文件1的彩色图片，共1页。

专利复审委员会于2007年6月14日向双方当事人发出《合议组成员告知通知书》，指出如对本案合议组人员有回避请求的，请于收到本通知之日起7天内提交书面请求书，逾期未答复，视为无回避请求。在规定的期限内双方当事人均未对合议组成员提出回避的请求。

在以上审理的基础上，本案合议组经合议，认为本案事实清楚，依法作出本审查决定。

二、决定的理由

1. 法律依据

根据请求人提出的无效宣告请求的理由和提交的证据，本案合议组依据专利法第23条的规定对本案进行审理。

专利法第23条规定："授予专利权的外观设计，应当同申请日以前在国内外出版物上公开发表过或者国内公开使用过的外观设计不相同和不相近似，并不得与他人在先取得的合法权利相冲突。"

2. 证据的认定

请求人提交的附件1是200430083291.2号外观设计专利公报复印件，对此，本合议组进行了核实，该复印件与原件相符，其真实性可以确定。该专利的申请日是2004年10月21日，授权公告日是2005年4月20日，授权公告号是CN3441159D，使用外观设计名称是"标贴（营养快线 原味）"（下称在先设计），其授权公告日早于本专利申请日（2005年11月28日），属于专利法第23条所规定的在本专利申请日之前公开的出版物，适用于本案。

本专利仅公开了主视图，在简要说明中记载："1. 本产品为平面产品，省略其他视图。2. 请求保护的外观设计包含有色彩。"本专利标贴的整体形状为长方形，大致由两大色块组成，底色为土橙色，在标贴的中偏左下有一白色椭圆形大片色块，其上有若干条粗细不等的土橙色抛物线，在该白色色块和/或抛物线上散落有一些大小不等的白色、红色、红白小球，白色色块内分别排列有"营养曲线"、被覆盖了的字母和文字，在该色块的左下方有一橙色椭圆形，其内有溅开的乳液、苹果、菠萝图案，标贴的右上方有三个相连的大小不一的红白色球，标贴的右侧为被覆盖了的营养成分表、条形码及文字和字母，标贴的右下方为白色乳液形成的浪花，标贴的左右上部有商标图样（详见本专利附图)。

在先设计仅公开了主视图，在简要说明中记载："平面产品，省略其他视图。"未要求保护色彩，在先设计标贴的整体形状为长方形，大致由两大色块组成，底色为暗灰色，在标贴的中偏左下有一白色椭圆形大片色块，其上有若干条粗细不等的深色抛物线，在该白色色块和\或抛物线上散落有一些大小不等的白色球、深色球，白色色块内分别排列有"营养快线、Nutri-Express"、被覆盖了的文字，在该色块的左下方有一深色椭圆形，其内有溅开的乳液、苹果、菠萝图案，标贴的右上方有两个相连的大小不一的白色球，标贴的右侧为被覆盖了的营养成分表、条形码及文字和字母，标贴的右下方为白色乳液形成的浪花，标贴的左右上部有商标图样（详见在先设计附图）。

合议组认为：本专利和在先设计均为"标贴"的外观设计，属于相同种类的产品，具有可比性。

将本专利与在先设计分别进行比较，二者的相同点是：标贴的整体形状；均大致由两大色块组成；中偏左下的椭圆形设计，其上的文字、抛物线、大小不一的球形设计与排列；右上方的球形设计与排列；右侧营养成分表、条形码等设计。二者的主要不同点是：未覆盖的文字及字母不同，本专利为"营养曲线"，在先设计为"营养快线、Nutri-Express"；标贴上球、水果的数量不同，本专利多于在先设计，标贴中偏左下水果的种类不同。针对上述相同点和不同点，本案合议组认为：根据《审查指南》第四部分第三章6.4节的规定：在相近似判断中，产品外表出现的包括产品名称在内的文字是一种图案，应当考虑其作为图案的装饰作用，而不应当考虑其作为文字的字意。因此，在标贴上出现的包括产品名称在内的文字仅视为是一种图案；本专利要求保护色彩，在先设计未要求保护色彩，二者标贴上的两大色块，本专利由土橙色和白色组成，在先设计由暗灰色和白色组成，二者的色彩明暗变化相近似，虽然社会公众能够通过国家知识产权局网站进行检索系统查询时所看到的在先设计为彩色页面，且专利权人也提交了带有色彩的图片（反证1），但以《中华人民共和国国家知识产权局外观设计专利公报》所公开的（即请求人所提交的）在先设计专利文本进行比较，在本专利与在先设计均采用了相同或相近似的外观设计，即标贴外观的整体形状基本相同，构图方法、色彩的使用、图案设计、表现方式及其他文字图案的排列均趋于相近似的情况下，以一般消费者作为判断主体来观察二者的外观设计，二者的上述不同点属于局部细微的差别，对整体视觉效果不具有显著影响，且专利权人所提交的反证1不足以反驳请求人的主张，因此，本专利与在先设计应属于相近似的外观设计。

综上所述，在本专利申请日前已有与其相近似的外观设计在出版物上公开发表过，因此，本专利的授予不符合专利法第23条的规定。

三、决定

宣告200530102431.0号外观设计专利权全部无效。

当事人对本决定不服的，可以根据专利法第46条第2款的规定，自收到本决定之日起三个月内向北京市第一中级人民法院起诉。根据该款的规定，一方当事人起诉后，另一方当事人应当作为第三人参加诉讼。

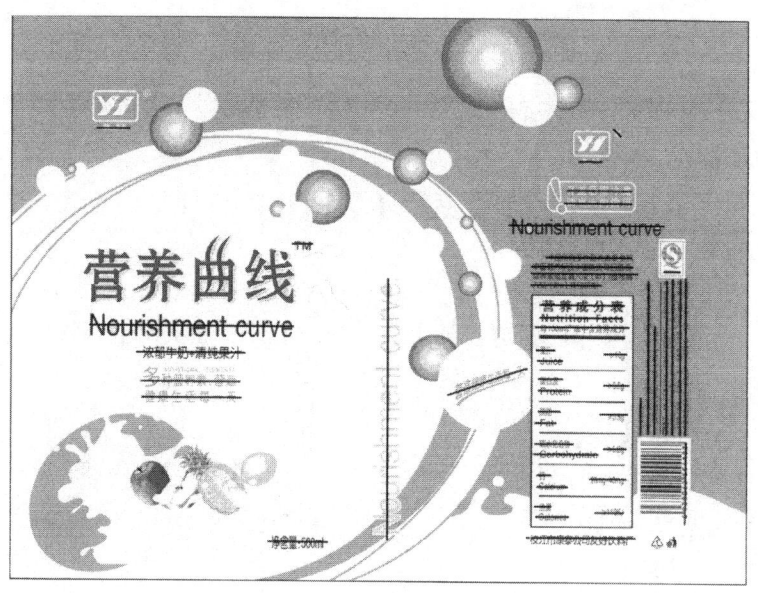

主视图

本专利附图

主视图

在先设计附图

童车（2110）

无效宣告请求审查决定（第 10381 号）

决 定 号	第 10381 号
决 定 日	2007 年 8 月 15 日
发明创造名称	童车（2110）
外观设计分类号	12-12
无效宣告请求人	梁德祥
专 利 权 人	李福川
专 利 号	200330114896.9
申 请 日	2003 年 10 月 13 日
授权公告日	2004 年 4 月 21 日
合 议 组 组 长	吴赤兵
主 审 员	李巍巍
参 审 员	严若艳
附 图	5 页
法 律 依 据	专利法第 23 条

决 定 要 点

本专利与在先设计 1 至在先设计 3 在方向盘、车头、轮眉和后靠背均具有显著的区别，这些区别对童车外观的整体视觉效果具有显著的影响，因此，本专利与在先设计 1 至在先设计 3 均应属于不相同且不相近似的外观设计。

一、案由

本无效宣告请求涉及 2004 年 4 月 21 日国家知识产权局授权公告的 200330114896.9 号外观设计专利，其产品名称是"童车（2110）"，申请日是 2003 年 10 月 13 日，专利权人是李福川。

针对上述外观设计专利权（下称本专利），梁德祥（下称请求人）于 2007 年 2 月 28 日向专利复审委员会提出无效宣告请求，其理由是本专利不符合专利法第 23 条的规定。请求人同时提交了如下附件作为证据：

附件 1 是 94312532.4 号外观设计专利公报复印件，共 1 页；
附件 2 是 01314597.5 号外观设计专利公报复印件，共 1 页；
附件 3 是 129586 号中国台湾地区外观设计专利公报复印件，共 3 页。

请求人认为，附件 1 和附件 2 的授权公告日在本专利申请日之前，附件 3 的公开日在本专利申请日之前，并且上述附件使用外观设计的产品与本专利类别、用途相同，各对应视图中的图案也基本相同，因此，本专利与附件1至附件3中的外观设计相近似，不符合专利法第23条的规定，应当宣告本专利权无效。

专利复审委员会根据无效宣告请求审查程序的规定受理了该无效宣告请求，并于2007年2月28日将无效宣告请求书和证据的副本转送给专利权人，限其在指定的期限内答复。并告知专利权人如逾期不答复，不影响专利复审委员会的审理。

专利权人于2007年4月11日向专利复审委员会递交了意见陈述书，专利权人针对无效宣告请求的理由进行意见陈述，其主要内容是：车头、车身、车轮、挡板和方向盘是该类童车均包含的部件，主要区别在于车头与车身的形状设计各具特点，使得童车的外观设计各不相同或不相近似。本专利的车头形状是卡通形式的鸭头造型，方向盘与车头合而为一，车身形状呈特殊的弧形设计，与附件1至附件3相比，车头、车身的形状区别显著，为不相同也不相近似的外观设计。应当维持本专利有效。

专利复审委员会于2007年5月8日将专利权人提交的意见陈述转送给请求人，并告知在收到通知之日起壹个月内答复，期满未答复的，视为当事人已得知转送文件中所涉及的事实和理由，并且未提出反对意见。同时向双方当事人发出《合议组成员告知通知书》，并告知如对合议组成员有回避请求，请在收到本通知之日起7日内提交书面请求书，并且说明理由，必要时附具有关证据。在规定的期限内双方当事人均未对合议组成员提出回避的请求。

在以上审理的基础上，本案合议组经合议，认为本案事实清楚，依法作出本审查决定。

二、决定的理由

1. 法律依据

根据请求人提出的无效宣告请求的理由和提交的证据，本案合议组依据专利法第23条的规定对本案进行审理。

专利法第23条规定："授予专利权的外观设计，应当同申请日以前在国内外出版物上公开发表过或者国内公开使用过的外观设计不相同和不相近似，并不得与他人在先取得的合法权利相冲突。"

2. 证据的认定

请求人提交的附件1是94312532.4号外观设计专利公报复印件，对此，本合议组进行了核实，该复印件与原件相符，其真实性可以确定。该专利的申请日是1994年12月2日，授权公告日是1995年11月22日，授权公告号是CN3037560D，使用外观设计的产品名称为"童车"（下称在先设计1）。其授权公告日早于本专利申请日（2003年10月13日），属于专利法第23条所规定的在本专利申请日之前公开的出版物，适用于本案。

请求人提交的附件2是01314597.5号外观设计专利公报复印件，对此，本合议组进行了核实，该复印件与原件相符，其真实性可以确定。该专利的申请日是2001年2月15日，授权公告日是2001年9月26日，授权公告号是CN3202159D，使用外观设计的产品名称为"童车（R-1003）"（下称在先设计2）。其授权公告日早于本专利申请日（2003年10月13日），属于专利法第23条所规定的在本专利申请日之前公开的出版物，适用于本案。

请求人提交的附件3是129586号中国台湾地区外观设计专利公报复印件，对此，本合议组进行了核实，该复印件与原件相符，其真实性可以确定。该专利的申请案号是78305346，申请日是1989年8月16日，公告日是1990年2月21日，公告编号是129586，使用外观设计的产品名称为"儿童车"（下称在先设计3）。其授权公告日早于本专利申请日（2003年10月13日），属于专利法第23条所规定的在本专利申请日之前公开的出版物，适用于本案。

3. 本专利包括5幅视图，即主视图、后视图、左视图、俯视图、立体图。从各视图观察，童车由方向盘、车头、车身、车轮和后靠背组成，方向盘为卡通鸭头造型，方向盘把手位于鸭头两侧一字排列；车头略高于车身，弧形向车身过渡，并与卡通鸭头形方向盘连接；车身大致呈长方体设计，下沿大致呈"∩∩"双拱门形，车身顶面中后部位有长形椅坐设计，两侧脚踏板呈"⌣"形，车身上有若干条棱设计，在车身的后端有一整体为"∩"形靠背设计；前后各有一组车轮，其上各有一弧形轮眉（详见本专利附图）。

在先设计1包括7幅视图，即主视图、后视图、左视图、右视图、俯视图、仰视图、立体图。从各视图观察，童车由方向盘、车身、车轮和后靠背组成，方向盘为长椭圆形，其顶面有两排长方形和圆形、三角形、星形块，在方向盘下方有一圆柱形杆，两端分别与方向盘和车头连接；车头略向后倾斜，高于车身，其正面分别为凸出的帽沿形、凸起的圆形；车身大致呈长方体，顶面中后部为椅坐，两侧脚踏板呈"⌣"形，车身的后端为"∩"和蝴蝶结形一体的靠背设计；前后各有一组车轮，前车轮为弧形轮眉，后车轮轮眉为"⌒"形设计（详见在先设计1附图）。

在先设计2包括4幅视图，即主视图、后视图、左视图、俯视图。从各视图观察，童车由方向盘、车身、车轮和后靠背组成，方向盘为圆形，其内长方形操作板四角与方向盘圆形把手相连，操作板上两排八个操作块，在方向盘下方有一圆柱形杆，两端分别与方向盘和车头连接；车头顶面略呈弧形，前端垂直；车身大致呈长方体，下沿大致呈"∩∩"双拱门形，方向盘与椅坐之间有一三角形挡板，车身顶面中后部为椅坐，车身的后端为"∩"和扇形一体的靠背设计；前后各有一组车轮，其上各有一弧形轮眉（详见在先设计2附图）。

在先设计3包括8幅视图，即主视图、后视图、左视图、右视图、俯视图、仰视图、立体图、使用示意图。从各视图观察，童车由方向盘、车身、车轮和后靠背组成，方向盘为圆形，中部有一圆形凸起，方向盘通过一圆柱与穿过一其上有若干个拱形门（其内有若干人物造型）的半圆与车头连接；车头与车身平行，前端呈圆弧形，其下沿有一圆弧形凸起；车身大致呈长方体，下沿大致呈"⌒"形，车身顶面中后部为椅坐，两侧脚踏板呈弧形，车身的后端为"Π"靠背设计；前后各有一组车轮，其上各有一弧形轮眉（详见在先设计3附图）。

合议组认为：本专利和在先设计1至在先设计3均为"童车"的外观设计，属于相同种类的产品，具有可比性。

将本专利与在先设计1相比较，二者均由方向盘、车头、车身、车轮和后靠背组成，整体形状均大致呈长方体。二者主要的不同点为：方向盘的形状不同，本专利为卡通鸭头造型，在先设计1为长椭圆形；车头的形状不同，本专利为弧形，基本与车身等高，在先设计1高于车身，并向后倾斜，且车头正面有凸起物；车身的下沿不同使之其轮眉的形状也不同，本专利为"∩∩"双拱门形，在先设计1为"∩⌒"形；后靠背的形状不同，本专利整体为"∩"形，在先设计1为"∩"和蝴蝶结形一体。合议组认为：从整体视觉观察，由于二者在方向盘、车头、轮眉及后靠背等处的整体造型设计明显不同，其对于童车外观设计的整体视觉效果具有显著的影响，因此，二者具有显著差别，二者应属于不相同且不相近似的外观设计。

将本专利与在先设计2相比较，其相同点为：车轮和后靠背。二者主要的不同点为：方向盘的形状不同，本专利为卡通鸭头造型，在先设计2为圆形；车身顶面的设计不同，本专利由方向盘过渡到车椅，在先设计2在方向盘与椅坐之间有三角形挡板；后靠背的形状不同，本专利整体为"∩"形设计，在先设计2为"∩"和扇形一体设计。合议组认为：从整体视觉观察，虽然本专利和在先设计2的各组成部件及位置的设置存在着相近似之处，但由于二者在方向盘、方向盘与椅坐之间及后靠背等处的整体造型设计明显不同，其对于童车外观设计的整体视觉效果具有显著的影响，因此，二者具有显著差别，二者应属于不相同且不相近似的外观设计。

将本专利与在先设计3相比较，童车由方向盘、车头、车身、车轮和后靠背组成，童车的整体形状均大致呈长方体，二者主要的不同点为：方向盘的形状不同，本专利为卡通鸭头造型，在先设计3和圆形，中部有一圆形凸起；方向盘与车头的连接方式不同，本专利与车头直接连接，在先设计2穿过一其上有若干个拱形门的半圆与车头连接；车身顶面的设计不同，本专利由方向盘过渡到椅坐，在先设计3与椅坐平行；椅坐两侧的脚踏板不同，本专利为"⌒"形，在先设计3为弧形；后靠背的形状不同，本专利整体为"∩"形设计，在先设计3为"Π"形设计。合议组认为：从整体视觉观察，由于二者在方向盘、方向盘与车头的连接方式、椅坐两侧脚踏板的形状及后靠背等处的整体造型设计明显不同，其对于童车外观设计的整体视觉效果具有显著影响，因此，二者具有显著差别，二者应属于不相同且不相近似的外观设计。

综上所述，请求人提交的证据均不能支持其无效宣告请求的理由，本专利权的授予符合专利法第23条的规定。

请求人有责任向专利复审委员会提交充分的证据，如果其提交的证据均不足以支持其无效请求理由，应承担其举证不能的法律后果。

三、决定

维持200330114896.9号外观设计专利权有效。

当事人对本决定不服的，可以根据专利法第46条第2款的规定，自收到本决定之日起三个月内向北京市第一中级人民法院起诉。根据该款的规定，一方当事人起诉后，另一方当事人应当作为第三人参加诉讼。

主视图　　　　后视图

 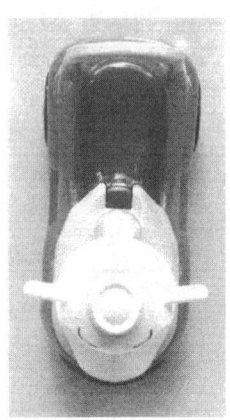

左视图　　　　俯视图

立体图

本专利附图

主视图

后视图

左视图

右视图

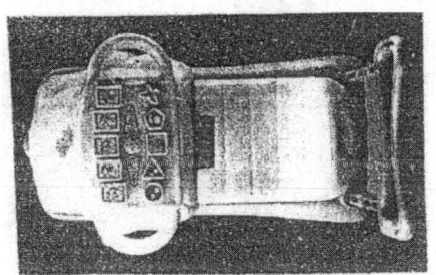
俯视图

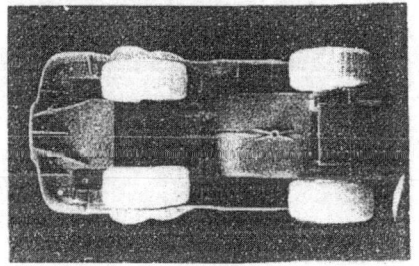
仰视图

立体图

在先设计1附图

 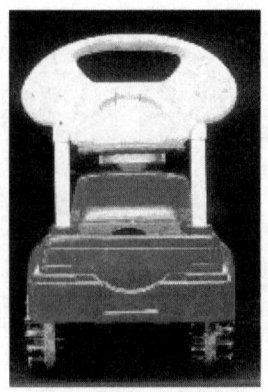

主视图   后视图

 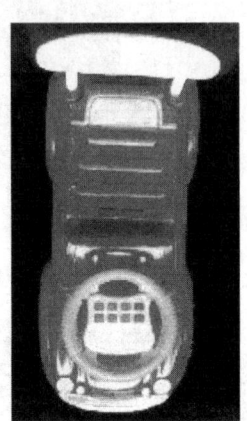

左视图   俯视图

在先设计 2 附图

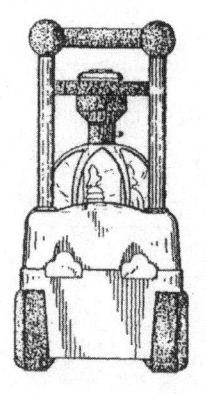
主视图

后视图

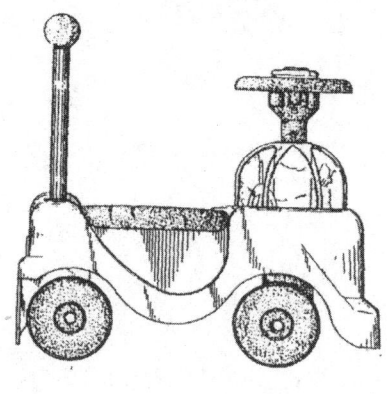
左视图

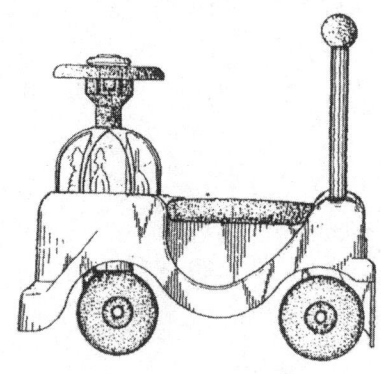
右视图

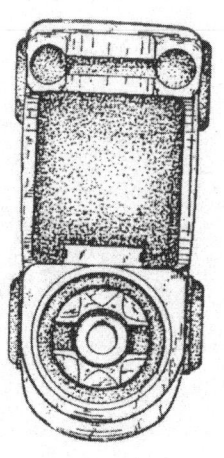
俯视图

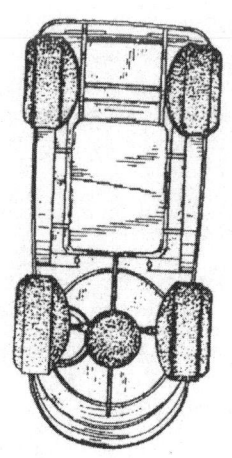
仰视图

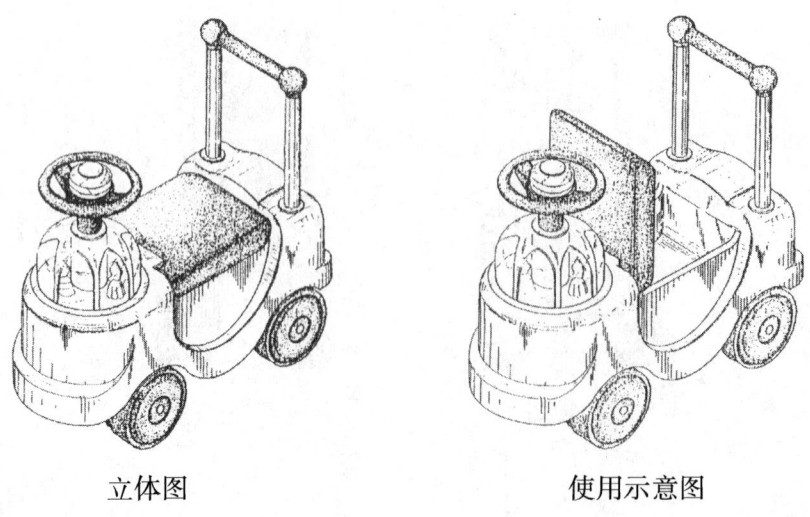

立体图　　　　　　使用示意图

在先设计 3 附图

酒瓶（心形）

无效宣告请求审查决定（第10382号）

决 定 号	第10382号
决 定 日	2007年8月21日
发明创造名称	酒瓶（心形）
外观设计分类号	09-01
无效宣告请求人	四川水井坊股份有限公司
专 利 权 人	陈 波
专 利 号	03351132.2
申 请 日	2003年8月15日
授权公告日	2004年8月25日
合议组组长	张跃平
主 审 员	徐清平
参 审 员	李改平
附 图	1页
法律依据	专利法第23条

决定要点

本专利与在先设计所示酒瓶瓶体的形状是由截面形状和立面形状共同形成，二者截面形状虽均为心形设计，但其立面形状存在显著差别，并且在瓶颈同瓶体的比例关系上亦存在明显差别，上述差别对二者的整体形状视觉效果已构成显著影响，因此二者属于不相同且不相近似的外观设计。

一、案由

本无效宣告请求涉及的是国家知识产权局于2004年8月25日授权公告的03351132.2号外观设计专利，使用该外观设计的产品名称为"酒瓶（心形）"，申请日是2003年8月15日，专利权人是陈波。

针对上述专利权（下称本专利），四川水井坊股份有限公司（下称请求人）于2006年12月22日向专利复审委员会提出无效宣告请求，其依据的事实和理由是：本专利与其申请日前授权公告的外观设计专利相近似，具体对比可见本专利瓶体上部为平面而对比专利相应为斜面，但在使用状态下本专利该部位在视觉上也呈现斜面状态，基于一般消费者的知识水平和认知能力，其瓶体形状相近似；本专利的螺纹瓶口为该类产品公认的惯常设计，且在使用状态下不容易看到，其与对比专利的差异不具显著影响；所以基于二者所示酒瓶显著部位的瓶体设计应属于相近似的外观设计。因此，本专利不符合专利法第 23 条的规定，应予宣告无效。为此，请求人提交了如下附件作为证据：

附件 1：本专利的外观设计专利公报复印件 1 页；

附件 2：02319991.1 号外观设计专利的公报复印件 1 页；

经形式审查合格，专利复审委员会受理了该无效宣告请求，并于 2007 年 2 月 5 日将无效宣告请求书及其附件的副本转送给专利权人，要求其在指定期限内陈述意见。

2007 年 3 月 3 日专利权人提交了意见陈述书，专利权人认为：本专利与请求人提交的对比专利所示酒瓶在整体形状上存在差异性和独特性是易于识别、不相近似的，并将二者进行了详细对比；并认为二者在实用性设计上亦存在明显差异，本专利充分考虑了容器的易加工性；同时还说明了本专利的创意设计背景及基本过程；由此认为二者既不相近似更不相同，消费者极易作出识别，本专利不存在违反专利法第 23 条规定的情况。专利权人同时提交了如下附件作为反证：

附件 A：酒瓶瓶颈与瓶肩部的角度示意图 1 页；

附件 B：本专利与对比专利的对比图及对公众的随机调查材料复印件 11 页；

附件 C：济宁市人民政府国有资产监督管理委员会文件复印件 3 页；

附件 D：著名商标证书复印件 2 页；

附件 E：第 1118915 商标注册证书复印件 1 页；

附件 F："手捧心形"酒瓶图复印件 1 页；

附件 G：中央电视台广告部出具的证明复印件 1 页；

附件 H：92300251.0 外观设计专利网络公告文本打印件 1 页；

附件 I：02336145.X 外观设计专利网络公告文本打印件 1 页；

附件 J：02356190.4 外观设计专利网络公告文本打印件 1 页。

专利复审委员会于 2007 年 4 月 27 日将专利权人的意见陈述及其附件的副本转送给请求人，要求其在指定期限内陈述意见。同时以该通知告知请求人本案合议组成员。并于同日向专利权人发出合议组成员告知通知书，向其告知本案合议组成员。

2007 年 6 月 10 日请求人提交了意见陈述，请求人认为：专利权人将本专利与对比专利进行对比时违反了外观设计相同和相近似判断的原则，其所述二者不同之处不足以影响相似性的判断，其理由不成立；专利权人陈述的实用性区别、设计过程、企业情况说明及提交的相应证据与外观设计对比无关；其提交的消费者调查统计为单方面进行，请求人对其真实性、合法性有异议，不能作为本专利与对比专利相近似性判断的证据。

双方均逾期未对合议组成员提出回避请求。

在双方当事人意见陈述的基础上，合议组经合议，认为本案事实清楚，依法作出本审查决定。

二、决定的理由

基于请求人提出无效宣告请求所依据的事实和理由，合议组对本专利是否符合专利法第 23 条的规定进行审查。

专利法第 23 条规定：授予专利权的外观设计，应当同申请日以前在国内外出版物上公开发表过或者国内公开使用过的外观设计不相同和不相近似，并不得与他人在先取得的合法权利相冲突。

请求人提交的作为证据的附件 1 是本专利公报复印件，经合议组核实，其内容属实，可证明本专利外观设计内容及相关信息。

请求人提交的作为证据的附件 2 是 02319991.1 号外观设计专利的公报复印件，其所示专利授权公告日为 2003 年 5 月 21 日，使用外观设计的产品名称为"酒瓶（心瓶）"，经合议组核实，该复印件所示内容属实，其公告日在本专利申请日之前，确系本专利申请日之前公开发表的外观设计，可以作为判断本专利是否符合专利法第 23 条规定的证据。

附件 2 所示为"酒瓶"的外观设计（下称在先设计），与本专利使用外观设计的产品属相同种类的产品，故对二者外观设计作如下对比：

本专利包括主视图、后视图、左视图、俯视图、仰视图和立体图，右视图与左视图对称，省略右视图。其所示酒瓶的瓶体为截面形状呈心形的柱状，瓶肩呈水平面，其上为柱状瓶颈和带螺纹的瓶口。详见本专利附图。

在先设计包括主视图、后视图、左视图、俯视图、仰视图，右视图与左视图对称，省略右视图。其示酒瓶的瓶体为截面形状呈心形的柱状，瓶肩呈斜面，其上为柱状瓶颈和光面瓶口。详见在先设计附图。

将本专利与在先设计相比较，二者瓶体均为截面形状呈心形的柱状，均有柱状瓶颈设计，二者不同之处主要在于：本专利瓶肩为水平面而在先设计相应为斜面，在先设计的瓶颈较本专利长，二者瓶口设计亦有所不同。合议组认为：本专利与在先设计所示瓶体的形状是由截面形状和立面形状共同形成，虽其截面形状均为心形设计，但本专利由水平面瓶肩形成上下端面平行的柱状瓶体，而在先设计由斜面瓶肩形成上端面倾斜的柱状瓶体，其瓶体立面形状存在显著差别，并且在先设计较长的瓶颈同瓶体的比例关系与本专利亦存在明显差别，上述差别对二者的整体形状视觉效果已构成显著影响，因此二者属于不相同且不相近似的外观设计。

综上所述，本专利与请求人提交的证据所示在先公开的外观设计不相同且不相近似，因此，请求人据此证明本专利不符合专利法第 23 条规定的无效宣告请求理由不能成立。

鉴于已得上述结论，本决定对专利权人提交的反证不作评述。

三、决定

维持 03351132.2 号外观设计专利权有效。

当事人对本决定不服的，可以根据专利法第 46 条第 2 款的规定，自收到本决定之日起三个月内向北京市第一中级人民法院起诉。根据该款的规定，一方当事人起诉后，另一方当事人应当作为第三人参加诉讼。

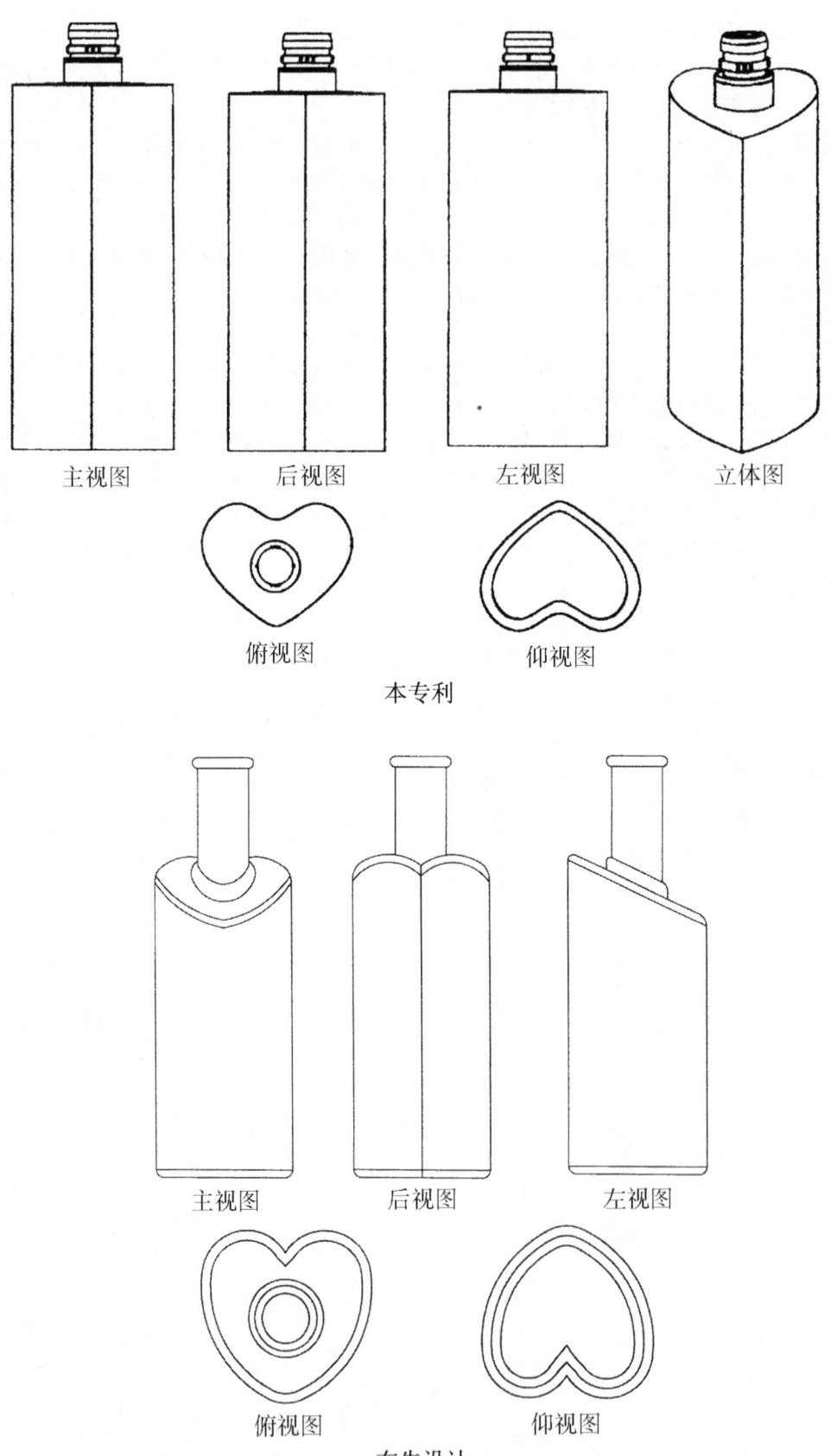

耕田机拖箱

无效宣告请求审查决定（第 10383 号）

决 定 号	第 10383 号
决 定 日	2007 年 8 月 15 日
发明创造名称	耕田机拖箱
外 观 分 类 号	15-03
无效宣告请求人	谢永宏
专 利 权 人	杨昌华
专 利 号	00318170.7
申 请 日	2000 年 3 月 14 日
授 权 公 告 日	2000 年 11 月 15 日
合 议 组 组 长	张跃平
主 审 员	钱亦俊
参 审 员	徐清平
附 图	2 页

法 律 依 据 专利法第 23 条

决 定 要 点

就本专利而言，产品视觉注目点在于形状，色彩仅是单一绿色，在此情况下，如果二者形状极为近似，差别点仅仅在于色彩，则该差别不足以带来二者视觉上的显著差异，仍易造成将二者误认，二者应属于相近似的外观设计。

一、案由

本无效宣告请求涉及的是国家知识产权局于 2000 年 11 月 15 日授权公告的，名称为"耕田机拖箱"的外观设计专利，其申请号是 00318170.7，申请日是 2000 年 3 月 14 日，专利权人是杨昌华。

针对上述专利权（下称本专利），谢永宏（下称请求人）于 2006 年 4 月 14 日向专利复审委员会提出无效宣告请求，其理由是：在 1995 年和 1997 年公开制造和销售了与本专利相同或相近似的外观设计（见下列附件 1、附件 2 及附件 3）。因此，本专利不符合专利法第 23 条规定的授权条件，请求宣告本专利无效。与此同时，请求人提交了如下证据：

附件 1：声称为湖南芷江机械总厂生产的农用挂车照片复印件 5 张；
附件 2：盖有"广东省韶关市第二拖拉机厂"印章的证明复印件一份；
附件 3：盖有"广东省韶关市第二拖拉机厂"印章的图纸复印件一张。

2006年5月18日，请求人主动提交意见陈述，再次就上述无效宣告请求理由进行意见陈述。

专利复审委员会经形式审查合格受理了该无效宣告请求。于2006年5月18日将请求书及上述证据材料副本转送给专利权人，要求其在指定期限内答复。

2006年5月24日专利复审委员会收到，请求人于2006年5月12日提交的补充意见陈述，称证人田定元、贾志坤对一台生产于1997年3月的农用挂车照片辨认后认定该车系原所在湖南芷江机械总厂生产。照片反应的该车与本专利图片进行比较可以认定二者相近似。另外，本专利与申请日之前在国内公开出版物（附件13）上公开发表过的外观设计相同或相近似。并附如下证据：（编号续前）

附件4："（2006）芷证字第84号"公证书；

附件5："（2006）芷证字第85号"公证书；

附件6："（2006）靖证字第39号"公证书；

附件7："（2006）靖证字第40号"公证书；

附件8："（2006）靖证字第41号"公证书；

附件9："（2006）靖证字第42号"公证书；

附件10：盖有"广东省韶关市第二拖拉机厂"印章的《情况说明》、企业法人营业执照及照片14张；

附件11：同附件2、附件3；

附件12：说明书复印件3份共7页；

附件13：《中国农机产品》封面及相关内页第75页、183页、227页、332页、336页和347页复印件共7页。

2006年9月1日，合议组将上述补充文件转送专利权人，要求其在指定期限内提交意见陈述。

2006年6月9日专利权人提交意见陈述认为：本专利与芷江机械总厂生产的农用车（上述附件4——附件9）相比，其外观颜色、左右前后角、大量构造及轮胎钢圈均有所不同（见反证1）；反证2、反证3证明请求人侵权行为的存在。本专利与广东省韶关市第二拖拉机厂生产的拖箱没有可比性，因其未提供色彩照片，其总装配图（上述附件3）所示产品左右前坐板均为方形，本专利是直角。二者大梁也不同。因此，请求专利复审委员会维持本专利权有效。并附如下证据：

反证1："（2006）靖证字第39号"公证书复印件及照片7张、证明一份；

反证2："（2006）靖证字第24号"公证书；

反证3："（2006）靖证字第26号"公证书；

反证4：本专利证书及申请文件复印件；

反证5：个体工商户营业执照复印件；

反证6：第6732号无效宣告请求审查决定书（首页）复印件；

反证7：专利收费收据复印件。

2006年9月1日，合议组将上述意见陈述转送请求人要求其在指定期限内答复。

2006年9月20日，请求人提交意见陈述，坚持原有观点。认为专利权人提出的本专利与证据所示外观设计的不同之处属于细微差别，并请求进行口头审理。

2006年9月22日，专利权人主动提交意见陈述强调原有观点。

2006年10月26日，合议组向双方当事人发出口审通知书，定于2006年12月11日在专利复审委员会对本案进行口头审理。

2006年11月21日，专利复审委员会收到专利权人提交的"关于缺席口头审理的报告"的意见陈述书。

口头审理如期举行，仅请求人及其代理人及证人出席了口头审理。合议组将2006年11月21日专利权人提交的意见陈述书当庭转给请求人。口审过程中，因附件2、附件3与附件11相同，故请求人声明放弃附件2、附件3，同时放弃附件1，保留附件11。出示了上述附件10、附件11中的情况说明（即附件2）、附件12、附件13的原件。请求人称附件4——附件12证明在本专利申请日之前有与其相近似的外观设计公开使用。附件13证明在本专利申请日之前有与其相近似的外观设计在出版物上公开发表过。第一位证人——广东省韶关市第二拖拉机厂党委书记、常务副厂长吴剑文出庭就附件10所示"丹霞7C-0.5"产品的生产销售情况进行了说明，并当庭出示了发票；第二位证人——洪江市深渡苗族乡人民政府副乡长蒋志忠出庭陈述证明本专利与其在上个世纪90年代见过的产品差不多。其中附件4、附件5与附件8、附件9是同一辆车，产于1997年。附件6、附件7是另一辆车。请求人进一步在附件13第75页、183页、227页、332页、336页和347页中签字指证对比文件，确认第75页、第183页图片与本专利最接近。针对反证，请求人认可其真实性，但认为反证不能证明本专利具有专利性。最终，请求人坚持原有观点。

2007年1月4日专利权人及代理人前来核实证据原件。2007年1月8日专利权人再次提交意见陈述坚持其观点。

至此，合议组认为本案事实清楚，可以依法作出审查决定。

二、决定的理由

根据请求人提出的无效宣告请求的理由和证据合议组对本案进行了审理。

请求人提出的无效宣告请求的理由是：附件4——附件12证明在本专利申请日之前公开制造和销售了与本专利相同或相近似的外观设计。本专利与申请日之前在国内公开出版物（附件13）上公开发表过的外观设计相同或相近似。因此，本专利不符合专利法第23条规定的授权条件。

专利法第23条规定：授予专利权的外观设计，应当同申请日以前在国内外出版物上公开发表过或者国内公开使用过的外观设计不相同和不相近似，并不得与他人在先取得的合法权利相冲突。

1. 证据认定

请求人在口头审理中放弃了附件1——附件3，在此不再作出评述。

附件4、附件5是针对同一套照片显示的一款拖箱出具的两份证言的保全公证。两个证人分别是1992年——1998年担任芷江机械厂的分管技术的副厂长田定元和曾担任生产副厂长的贾志坤。证明图片所示产品是1988年开始销售，并就产品名牌判断该车是1997年生产的。附件8是针对车主黄润娥的农用挂车进行证据保全，其上图片显示的拖箱同附件4、附件5。附件9是对黄润娥出具的证言进行保全公证。黄润娥称记不得购买时间，大概是98年。买的车是蓝色（因图片上的车已脱色）。附件6是针对车主尹大有的农用挂车进行证据保全，附件7是对尹大有出具的证言进行保全公证，其称对购买车的时间记不很清楚了，大概是1992年，从名牌标记判断是1991年5月生产的。针对上述证据，合议组认为，对于证人所述事实，在证人未出席口头审理接受质询的情况下，仅凭书面证言和名牌上显示的生产日期不足以判断销售日期。因此仅凭上述证据不足以认定在本专利申请日之前公开制造和销售了与本专利相同或相近似的外观设计。

附件10是盖有"广东省韶关市第二拖拉机厂"印章的《情况说明》、企业法人营业执照及照片14张。针对该证据广东省韶关市第二拖拉机厂党委书记、常务副厂长吴剑文出庭就附件10所示"丹霞7C-0.5"产品的生产销售情况进行了说明，并当庭出示了发票。合议组认为，证人出示的发票属于无效宣告请求日一个月以后的新证据，不能作为本案的定案依据。仅凭图纸、证人证言和图片上的铭牌还不足以认定其销售时间，即不足以认定在本专利申请日之前公开制造和销售了与本专利相同或相近似的外观设计。

附件11是盖有"广东省韶关市第二拖拉机厂"印章的证明一份和盖有"广东省韶关市第二拖拉机厂"印章的图纸一张。由于图纸的生成日期不属于公开的范围，因此，仅凭证人证言不足以认定在本专利申请日之前公开制造和销售了与本专利相同或相近似的外观设计。

附件12中尽管有时间显示，但不能确认其就是公开时间，因此，该证据无论与其他证据结合还是单独使用都不能证明在本专利申请日之前公开制造和销售了与其相同或相近似的外观设计的事实的存在。

在口头审理中，第二位证人——洪江市深渡苗族乡人民政府副乡长蒋志忠出庭陈述证明本专利与其在上个世纪90年代见过的产品差不多。由于该证言缺乏相关原始证据支持，且该证人证言是在口头审理时才出现，属于无效宣告请求日一个月以后的新证据，不能作为本案定案依据。

附件13是《中国农机产品》封面及相关内页7页，口头审理中请求人提交了原件，合议组对其真实性予以采信。该书为工商出版社出版，中国农业机械化服务总公司编，在其首页印有1985字样，在其原件封底印有1985年9月第一版字样，即公开日早于本专利申请日，属于专利法第23条规定的本专利申请日以前公开的出版物，适用于本案。请求人在附件13第75页（下称其拖箱为在先设计）、183页、227页、332页、336页和347页中指证了对比文件，确认第75页、第183页图片与本专利最接近。现将本专利与在先设计进行比较

2. 相近似性比较

本专利要求保护色彩，产品呈绿色。产品主要由箱斗、大梁、轮胎、踏板、工具箱等组成，其中，箱斗为矩形，长边两侧上边有外翻平板，板下有多个斜向支撑。箱斗前挡板上部有支起的铁架，由两侧支柱及中间两条横杆构成。箱斗前脚踏板上有近似方棱台形的工具箱。脚踏板近似长方形，前部两侧带切角及方形环，中部带有刹车踏板并接有车梁等部件。箱斗下部两侧各有一个车轮。（详见本专利附图）

在先设计显示了一台手扶机的拖箱，主要由箱斗、大梁、轮胎、踏板、车座及工具箱等组成，其中，箱斗为矩形，长边两侧上边有外翻平板，板下有多个斜向支撑。箱斗前挡板上部有支起的铁架，由两侧由两根立柱与斜柱相交而成，斜立柱中间有两条横杆，其中部有矩形靠背。箱斗前脚踏板上有近似方棱台形的工具箱，工具箱上方有矩形车坐。脚踏板近似长方形，前部两侧带切角及方形环，中部带有刹车踏板并接有车梁等部件。箱斗下部两侧各有一个车轮。（详见在先设计附图）

将本专利与在先设计进行对比，二者主要相同点在于：箱斗设计、脚踏板、大梁、轮胎等设计基本相同。二者主要不同点在于：箱斗前挡板上部支起的支架，本专利是由两侧支柱及中间两条横杆构成；而在先设计是两侧由两根立柱与斜柱相交而成，斜立柱中间有两条横杆，横杆中部有矩形靠背长方体部分较高。此外，二者的工具箱、车座形状有一些差异。合议组认为，综合判断本专利与在先设计的形状，箱斗和脚踏板的设计是整个设计视觉瞩目的部分，而二者该部分给一般消费者的视觉印象基本相同。而工具箱及其上的车座和箱斗前挡板上部的支架下部的不同点相对来讲不够明显，没有在整体上给二者带来显著差别，即二者形状极为相近似。在此情况下，尽管本专利呈绿色，在先设计图片未显示颜色。但本专利仅是单一色彩，该差别不足以带来二者视觉上的显著差异，仍易造成一般消费者误认。从整体观察综合判断的角度看，本专利与在先设计应属于相近似的外观设计。

专利权人提供的反证不足以证明本专利具有专利性。

鉴于上述本专利与对比文件的比较判断已得出了相近似的结论，本决定对其他在先设计不再评述。

3. 基于上述分析，本案合议组认为请求人提供的证据足以证明本专利不符合专利法第23条的规定，其无效宣告请求的理由不成立。

三、决定

宣告 00318170.7 号外观设计专利权全部无效。

当事人对本决定不服的，可以根据专利法第 46 条第 2 款的规定，自收到本决定之日起三个月内向北京市第一中级人民法院起诉。根据该款的规定，一方当事人起诉后，另一方当事人应当作为第三人参加诉讼。

主视图

后视图

左视图

立体图

俯视图

仰视图

本专利附图

在先设计附图

削笔器（2）

无效宣告请求审查决定（第10386号）

决 定 号	第10386号
决 定 日	2007年7月11日
发明创造名称	削笔器（2）
外观设计分类号	19-06
无效宣告请求人	宁波云峰文具有限公司
专 利 权 人	宁波得力集团有限公司
专 利 号	02303815.2
申 请 日	2002年4月3日
授权公告日	2002年10月23日
合议组组长	张宗任
主 审 员	李玲玲
参 审 员	武 磊
附 图	2页

法 律 依 据 专利法第23条

决 定 要 点

如果一般消费者经过对被比设计与在先设计的整体观察可以看出，二者的差别对于产品外观设计的整体视觉效果具有显著的影响，则被比设计与在先设计既不相同，也不相近似。

一、案由

本无效宣告请求涉及国家知识产权局于2002年10月23日授权公告的02303815.2号外观设计专利（下称本专利），该外观设计名称为"削笔器（2）"，申请日为2002年4月3日，专利权人为宁波得力集团有限公司。

2006年4月27日，专利复审委员会作出了维持本专利权有效的8212号无效宣告请求审查决定，2006年9月22日，北京市第一中级人民法院作出（2006）一中行初字第954号行政判决，撤销了第8212号无效宣告请求审查决定，专利复审委员会依法重新成立合议组对该无效宣告请求进行审查。

宁波云峰文具有限公司（下称请求人）于2005年9月16日向专利复审委员会提出了宣告本专利权无效的无效宣告请求，其主要理由是在本专利申请日以前已有与其相近似的外观设计在出版物上公开发表过，因此本专利不符合专利法第23条的规定，应宣告其无效。为此，请求人提交了如下附件作为证据：

附件1：01330437.2号中国外观设计专利公报复印件，其公告日为2002年3月6日。

经形式审查合格，专利复审委员会于2005年9月16日向双方当事人发出无效宣告请求受理通知书，同时将请求人提交的专利权无效宣告请求书及其附件清单中所列附件副本转送给了专利权人，要求其在指定期限内答复。

针对上述无效宣告请求，专利权人于2005年10月31日提交意见陈述书，专利权人认为本专利的主视图与附件1的右视图不相近似、本专利的左视图与附件1的主视图不相近似，因此本专利外观设计与附件1外观设计不相近似。专利权人同时提交了以下附件用于证明专利权人名称已变更为得力集团有限公司：

证据1：宁海县国家税务局一分局出具的关于企业名称变更核准的证明的复印件1页；

证据2：（国）名称变核内字[2003]第353号国家工商行政管理总局签发的企业名称变更核准通知书的复印件1页。

专利复审委员会本案原合议组于2006年1月20日向双方当事人分别发出了无效宣告请求口头审理通知书，定于2006年2月28日举行口头审理，并随该口头审理通知书向请求人转送专利权人于2005年10月31日提交的意见陈述书及其附件副本。

口头审理如期举行，双方当事人均出席了口头审理。在口头审理中：（1）专利权人对附件1的真实性、合法性无异议；（2）请求人认为专利权人提供的证据1不合法，是行政越权行为，且没有提供原件，因此对该证据1的合法性有异议；请求人对专利权人提供的证据2所体现的企业变更手续是否完成有异议，认为该通知书的有效期已过，且没有提供原件；（3）原合议组要求专利权人于口审后一个月内提交相关营业执照副本，以便核实专利权人企业名称变更是否完成，专利权人表示将在指定期限内提供相关营业执照副本；（4）请求人明确表示采用附件1与本专利进行对比，认为本专利的左视图和附件1的主视图相似、本专利的主视图和附件1的右视图相似、本专利的右视图和附件1的后视图相同、本专利的仰视图和附件1的仰视图相同、本专利的俯视图和附件1的俯视图相同，因此本专利不符合专利法第23条的规定；（5）请求人当庭演示了自称为本专利产品和附件1的专利产品的实物样品，并对其进行比较，认为二者的外观设计相近似；（6）专利权人表示以上述实物样品进行对比没有法律依据，并且本专利的外观设计是由形状和图案两类外观设计要素组成，而本专利外观设计和附件1外观设计的图案不相近似，形状不相同；（7）请求人认为要从整体上来综合判断两者相近似，而不能从细节上来进行判断。

专利权人于2006年3月15日提交意见陈述书，同时提交了以下附件作为证据（编号续前）：

证据3：企业法人营业执照复印件（盖有"得力集团有限公司"红章）共1页；

证据4：（国）名称变核内字[2003]第353号国家工商行政管理总局签发的企业名称变更核准通知书的复印件共1页，即盖有"宁波市工商行政管理局宁海分局综合档案室档案证明专用章"红章的证据2。

原合议组于2006年3月20日向请求人发出了转送文件通知书，将专利权人于2006年3月15日提交的意见陈述书和证据3、4的副本转送给请求人，并要求请求人在指定期限内答复，期满未答复的，视为当事人已得知转送文件中所涉及的理由、事实和证据，并且未提出反对意见。

在上述转送文件通知书指定的答复期限内，请求人未作答复。

在此基础上，专利复审委员会于2006年4月27日作出第8212号无效宣告请求审查决定，以本专利外观设计申请时提交的图片为依据，以其与附件1所显示的外观设计属于不相近似的外观设计为由，维持02303815.2号外观设计专利权有效。

请求人对上述决定不服，上诉至北京市第一中级人民法院，北京市第一中级人民法院于2006年

9月22日作出（2006）一中行初字第954号行政判决，认定专利复审委员会作出的第8212号无效宣告请求审查决定中对本专利右视图的描述，与原公报中公开的本专利的右视图公开的内容不符，虽然专利复审委员会主张原公报中的本专利视图错误，国家知识产权局网站上公告的本专利视图与申请时的视图一致，是正确的，但专利复审委员会未能提供有效证据证明被诉决定是依据公告的视图作出的。因此判决撤销专利复审委员会于2006年4月27日作出的第8212号无效宣告请求审查决定。

专利权人于2006年6月3日提出更正02303815.2号外观设计专利公告图的请求。国家知识产权局对本专利外观设计公报作出更正，更正后的公告图已经在国家知识产权局于2006年7月26日出版的第22卷第30号（总第941）的外观设计专利公报中出版，其公告视图与专利权人于申请日时提交的视图一致。

在此基础上，本案合议组于2007年4月27日向请求人和专利权人发出合议组成员告知通知书，告知双方当事人本案合议组成员变更情况，并告知双方当事人如对合议组成员有回避请求，应在通知书指定的期限内提交书面请求书，并说明理由，逾期未答复，视为无回避请求。

在上述合议组成员告知通知书所指定的期限内请求人和专利权人均未作答复。

至此，本案合议组认为本案事实已经清楚，可依法重新作出无效宣告请求审查决定。

二、决定的理由

1. 关于证据

请求人提交的作为证据使用的附件1是01330437.2号中国外观设计专利公报复印件，专利权人对附件1的真实性无异议，该附件1的公开日早于本专利申请日，能够用于评价本专利是否符合专利法第23条的规定。

专利权人提供的证据3、证据4已经证明其企业名称变更已获批准生效，请求人未提出异议，"得力集团有限公司"可以作为本案的专利权人发表意见。

2. 关于专利法第23条

专利法第23条规定，授予专利权的外观设计，应当同申请日以前在国内外出版物上公开发表过或者国内公开使用过的外观设计不相同和不相近似，并不得与他人在先取得的合法权利相冲突。

附件1公开了一种削笔器的外观设计，其与本专利属相同类别的产品的外观设计，可以进行相近似性对比。

（1）关于本专利。

国家知识产权局于2006年7月26日出版的第22卷第30号（总第941）中本专利外观设计专利公报所示的削笔器的各个视图为（详见所附本专利附图）：

①左视图包括上部的夹笔座和下部的矩形积屑盒，积屑盒底部有下凸的底座，积屑盒上缘与夹笔座下缘形状吻合，积屑盒左部、右部各有一条纵向直线，上部、下部各有一条横向直线，中部从上向下依次有一条贯穿插笔孔的横向直线、一条中间下凸的弧线、一条中间上凸且两端下弯的弧线，上中部的插笔孔有外环和内三角形图案；

②主视图包括左侧的矩形积屑盒和右侧的控刀螺圈、摇手柄，积屑盒底部有下凸的底座，积屑盒左侧上部连有夹笔座，积屑盒左部有多条纵向直线，右部有一条纵向直线，上部、中上部、下部各有一条横向直线，盒体右侧下部有凹陷的弧线；

③右视图包括上部的夹笔座和下部的矩形积屑盒，积屑盒底部有下凸的底座，积屑盒的中部是控刀螺圈，积屑盒左部、右部各有一条纵向直线，上部、中上部、下部各有一条横向直线，右视图中的摇手柄为两端半圆、中间弯曲过渡的弯锥形；

④仰视图包括左侧的矩形积屑盒和右侧的控刀螺圈、摇手柄；

⑤俯视图包括左侧的矩形积屑盒和右侧的控刀螺圈、摇手柄，积屑盒左侧有夹笔座，盒体四周有多条装饰线条组成边框。

（2）关于附件1。

附件1所示削笔器的各视图为（详见所附附件1的附图）：

①主视图（相当于本专利左视图）包括上部的夹笔座和下部的矩形积屑盒，积屑盒上缘与夹笔座下缘形状吻合，积屑盒中部有两条中间下凸且两端上弯的弧线，上中部的插笔孔为一圆形；

②右视图（相当于本专利主视图）包括左侧的矩形积屑盒和右侧的控刀螺圈、摇手柄，积屑盒左侧上部连有夹笔座；

③左视图与右视图对称；

④后视图（相当于本专利右视图）包括上部的夹笔座和下部的矩形积屑盒，积屑盒的中部是控刀螺圈，后视图中的摇手柄两端为圆形且中间为竖直线相连；

⑤仰视图（相当于本专利仰视图）包括矩形积屑盒和一侧的控刀螺圈、摇手柄；

⑥俯视图（相当于本专利俯视图）包括矩形积屑盒和一侧的控刀螺圈、摇手柄，积屑盒另一侧有夹笔座。

（3）关于相同或相近似比较。

将本专利外观设计与附件1外观设计相比可以看出，虽然本专利外观设计与附件1外观设计都包括上部的夹笔座和下部的矩形积屑盒，积屑盒一侧设有插笔孔，另一相对侧上设有摇手柄。但二者存在以下明显区别：

①从本专利右视图可看出，本专利削笔器的摇手柄为两端半圆、中间弯曲过渡的弯锥形，而附件1削笔器的摇手柄两端为圆形且中间为竖直线相连；

②从本专利主视图看，削笔器积屑盒的底部有下凸的底座，而附件1削笔器积屑盒无下凸的底座；

③从本专利左视图看，其削笔器积屑盒的面上布满多条纵向和横向的线条，而从附件1的主视图可看出，仅在其削笔器积屑盒面上靠中间位置设有两条线条；

④从本专利主视图看，本专利削笔器积屑盒一侧面中上部设有横向线条，底部也设有一横向线条，而附件1中削笔器没有相应的线条；

⑤从本专利左视图看，削笔器积屑盒的插笔孔外有外环并且内有三角形图案，而附件1削笔器积屑盒的插笔孔仅为一圆孔。

由此可见，本专利外观设计的左视图、主视图、右视图、立体图所示的削笔器形状与附件1相应视图所示的削笔器形状相比均有明显区别，其中对于削笔器来说摇手柄和削笔孔是一般消费者使用时容易看到的部位，而本专利与附件1的设计均显著不同，另外，削笔器面上的线条图案，使积屑盒看上去明显具有一种许多壳板卡扣的视觉效果，而附件1中明显壳板较少，可见尤其是上述区别对于削笔器的外观设计的整体视觉效果构成了显著影响，导致二者所示外观设计属于不相同且不相近似的外观设计，因此本专利相对于附件1符合专利法第23条的规定。

三、决定

维持02303815.2号外观设计专利权有效。

当事人对本决定不服的，可以根据专利法第46条第2款的规定，自收到本决定之日起三个月内向北京市第一中级人民法院起诉。根据该款规定，一方当事人起诉后，另一方当事人应当作为第三人参加诉讼。

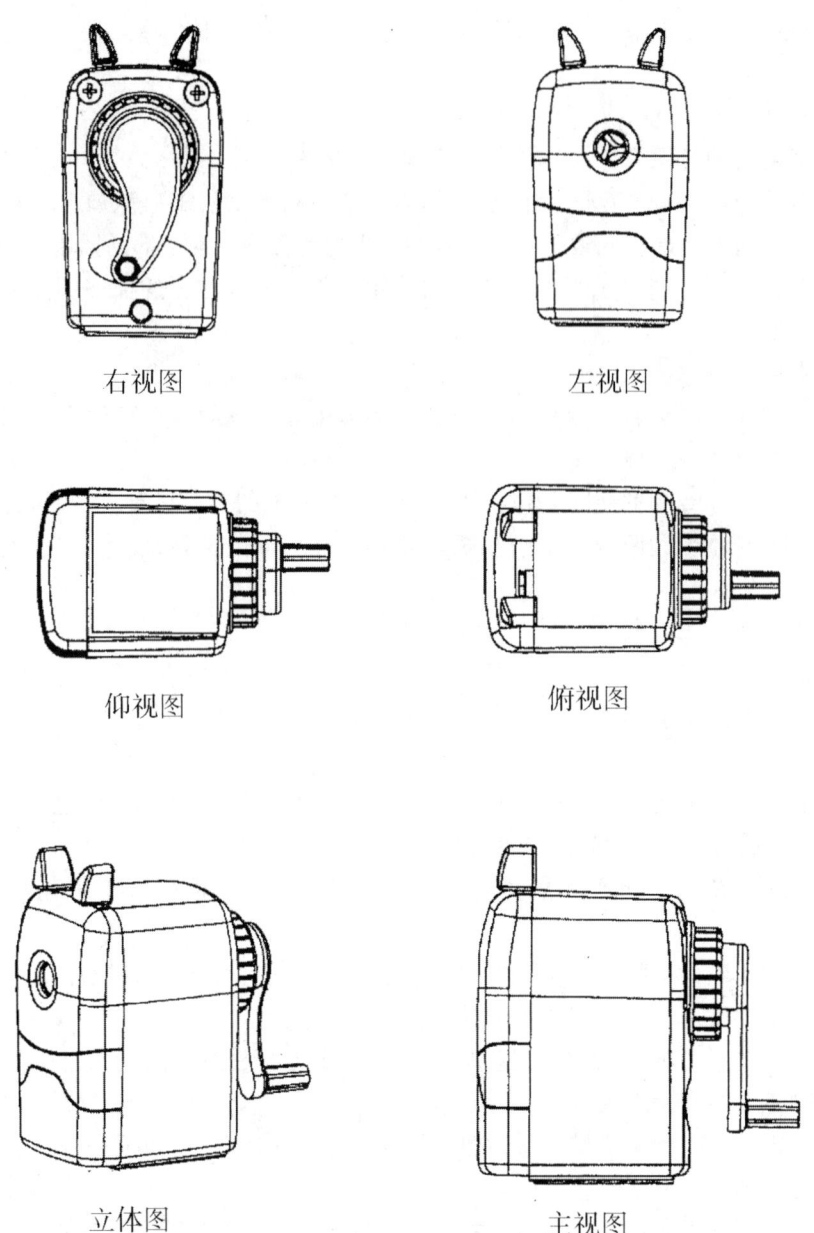

右视图　　左视图　　仰视图　　俯视图　　立体图　　主视图

本专利附图

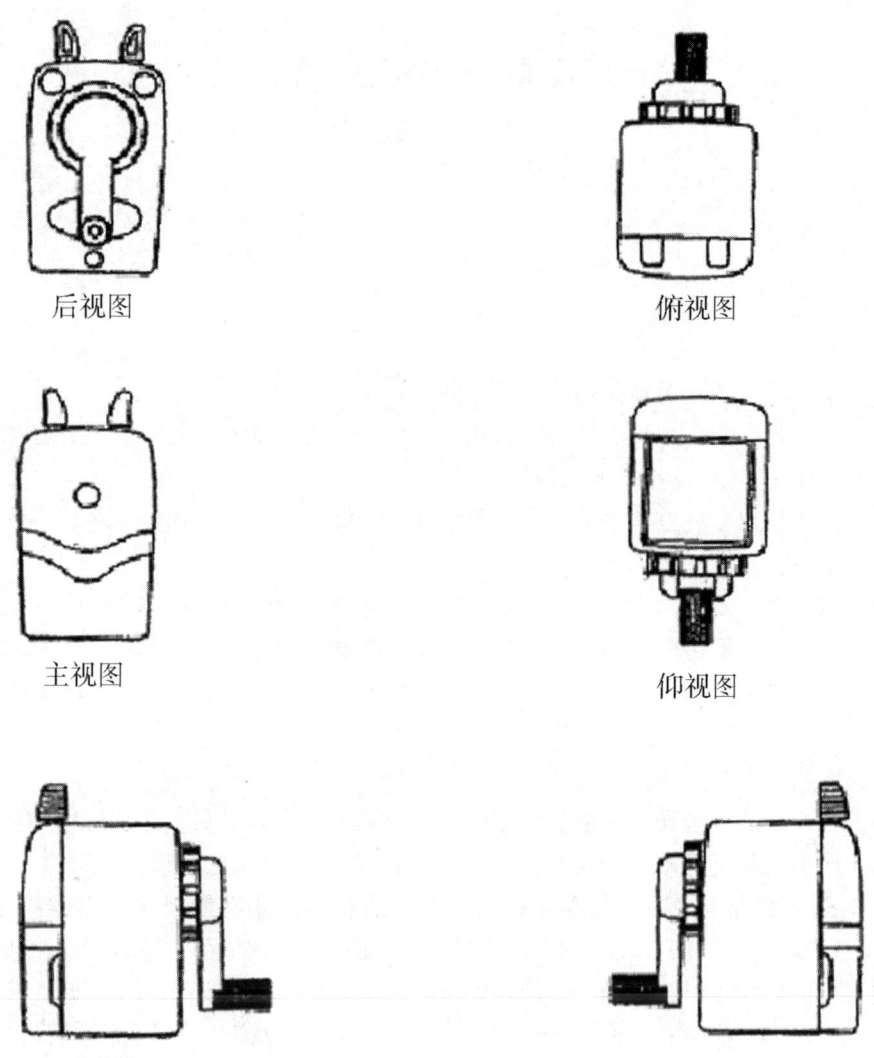

附件1

北京市第一中级人民法院
行政判决书

(2008) 一中行初字第 57 号

原告宁波云峰文具有限公司,住所地浙江省宁海西店工业区。

法定代表人高建永,总经理。

委托代理人黄旭明,浙江甬泰律师事务所律师。

委托代理人傅玉琴,女,1941 年 3 月 1 日出生,汉族,北京派特恩知识产权代理事务所所长,住北京市朝阳区安翔里 1 号院 28 楼 4 单元 302 室。

被告国家知识产权局专利复审委员会,住所地北京市海淀区北四环西路 9 号银谷大厦 10~12 层。

法定代表人廖涛,副主任。

委托代理人李玲玲,女,国家知识产权局专利复审委员会审查员。

委托代理人瞿晓峰,男,国家知识产权局专利复审委员会审查员。

第三人得力集团有限公司(原宁波得力集团有限公司),住所地浙江省宁海县黄坛镇车站西路 128 号。

法定代表人娄甫君,总经理。

原告宁波云峰文具有限公司不服被告国家知识产权局专利复审委员会作出的第 10386 号无效宣告请求审查决定,向本院提起行政诉讼。本院受理后,依法组成合议庭,依照《中华人民共和国行政诉讼法》第二十七条的规定,通知与本案有利害关系的得力集团有限公司为本案第三人参加诉讼,并于 2008 年 3 月 13 日公开开庭审理了本案。原告的委托代理人黄旭明、傅玉琴,被告的委托代理人李玲玲、瞿晓峰到庭参加了诉讼。第三人经本院合法传唤未到庭参加诉讼。本案现已审理终结。

2007 年 7 月 11 日,被告作出第 10386 号无效宣告请求审查决定(以下简称被诉决定),宣告维持第三人所有的第 02303815.2 号、名称为"削笔器(2)"的外观设计专利权(下称本专利)有效。

为证明被诉决定合法,被告在法定举证期限内向本院提交了以下证据:(1)原告于 2005 年 9 月 16 日提交的无效宣告请求书;(2)第三人于 2005 年 10 月 31 日提交的意见陈述书;(3)被告于 2006 年 1 月 20 日发出的口审通知书;(4)口头审理记录表;(5)被告于 2006 年 3 月 20 日发出的转送文件通知书;(6)被告于 2007 年 4 月 27 日发出的合议组成员告知书;(7)本专利文本;(8)01330437.2 号中国外观设计专利文本(被诉决定中附件 1);(9)中华人民共和国国家知识产权局(以下简称国知局)于 2006 年 7 月 26 日出版的第 22 卷第 30 号(总第 941)的外观设计专利公报更正;(10)北京市第一中级人民法院(2006)一中行初字第 954 号行政判决书。

原告诉称,被诉决定是依照法院的生效判决重新作出的,其只收到了被告寄交的"合议组成员告知书",得知被告重新组成了合议组,但被告未重新告知其举证期限、口头审理程序等相关权利义务,即作出被诉决定,属于程序违法。因为被诉决定作出前,被告针对同一无效宣告请求已经作出了第 8212 号无效宣告请求审查决定(以下简称第 8212 号决定),虽然在该行政程序中进行过口头审理,但被告作出被诉决定依据的是本专利更正后的公告图,属于使用了新证据,被告没有提供给原告和第三人进行举证、质证,剥夺了原告充分说理的权利和机会。被告在相关事实尚未查明的情况下,所认定的事实错误,主要证据不足,程序违法。且被告纯粹是从专业设计人员或专家的角度对本专利与附件 1 进行的近似性的对比,从外观设计的部分和局部出发作出的判断,不是从一般消费者角度进行综合判断的，违反《中华人民共和国专利法》（以下简称《专利法》）和《审查指南》的规定。综上，请求撤销被诉决定，诉讼费由被告承担。

原告为支持其诉讼主张，在本案开庭审理前提交了以下证据：（1）两份挂号信封，证明被告送达"合议组成员告知通知书"时间，且被告除此未送达其他材料的事实，以及收到被诉决定的时间；（2）合议组成员告知书，证明被告重新组成合议组的事实；（3）（1998）一中行初字第32号行政判决书；（4）2002年10月23日外观设计专利公报（第18卷、43号），证明被诉决定中本专利附图不真实、合法；（5）被告于2006年3月20日转送的第三人提交的函，证明第三人提交的不是意见陈述书，被告未给予原告陈述意见、质证的机会。

被告辩称：（1）2006年2月28日原告参加了口头审理并且充分陈述了意见，而在此之前的转文程序中，已分别于2005年10月31日、2006年3月20日给予原告两次陈述意见的机会。国知局于2006年7月26日出版的第22卷第30号（总第941）外观设计公报中记载了本外观设计专利授权文本中的图片表示的外观设计，因此，被诉决定作出之前，原告已经被告知道审查所依据的理由、证据和认定的事实，并且具有陈述意见的机会；（2）口头审理并不是无效宣告请求案件的必经审理程序，本案事实清楚，进行书面审理并不违法。综上，请求维持被诉决定。

第三人未向本院提交书面陈述意见，亦未提交证据。

庭审质证中，原告对被告证据1、8、10没有异议，认为被告证据2~5、9与本案不具有关联性，对被告证据6的证明作用及证据7的真实性持有异议。被告对原告证据的关联性、合法性、真实性无异议，但不同意证明作用。

经审查，本院认证如下：原告证据1、2、5及被告证据均符合最高人民法院《关于执行行政诉讼证据若干问题的规定》中有关关联性、合法性、真实性的要求，本院予以确认。原告证据3与本案无关，证据5非被诉决定的审查依据，亦与本案不具有关联性，本院均不予采纳。

根据以上确认的有效证据及各方当事人无争议的陈述，本院认定事实如下：

2002年10月23日，国知局授权公告了本专利，申请日为2002年4月3日。专利权人为宁波得力集团有限公司，后更名为本案第三人。

2005年9月16日，原告以本专利不符合《专利法》第二十三条规定为由，向被告提出宣告本专利权无效的请求，并提交了附件1作为证据。

经形式审查合格，被告受理了上述无效宣告请求，并经过转文、口头审理程序后，于2006年4月27日作出第8212号无效宣告请求审查决定，以本专利外观设计申请时提交的图片为依据，以本专利与附件1所显示的外观设计属于不相近似的外观设计为由，维持本专利权有效。原告不服，诉至本院。2006年9月22日，本院作出（2006）一中行初字第954号行政判决，认定第8212号决定中被告对本专利右视图的描述，与原公报中公开的本专利的右视图公开的内容不符，虽然被告主张原公报中的本专利视图错误，国知局网站上公告的本专利视图与申请时的视图一致。但被告未能提供有效证据证明第8212号决定是依据公告的视图作出的。因此，本院判决撤销了第8212号决定。该判决生效后，被告依法重新成立合议组对原告提出的以上无效宣告请求进行了审查。

2006年6月3日，第三人提出更正本专利专利公告图的请求。国知局对本专利外观设计公报作出更正，更正后的公告图已经在国知局于2006年7月26日出版的第22卷第30号（总第941）的外观设计专利公报中出版，其公告视图与第三人于申请日时提交的视图一致。

2007年4月27日，被告向原告、第三人发出合议组成员告知通知书，告知双方当事人本案合议组成员变更情况，并告知双方当事人如对合议组成员有回避请求，应在通知书指定的期限内提交书面请求书，并说明理由，逾期未答复，视为无回避请求。在上述合议组成员告知通知书所指定的期限内原告、第三人均未作答复。

被告重新审查后认为，附件1是01330437.2号中国外观设计专利公报复印件，第三人对附件1的真实性无异议，附件1的公开日早于本专利申请日，能够用于评价本专利是否符合《专利法》第二十三条的规定。另，第三人提交的企业法人营业执照复印件（盖有"得力集团有限公司"红章）、（国）名称变核内字[2003]第353号国家工商行政管理总局签发的企业名称变更核准通知书复印件能够证明本专利权利人名称由宁波得力集团有限公司变更为得力集团有限公司。

关于本专利是否符合《专利法》第二十三条规定的问题，被告经审查认为，附件1公开了一种削笔器的外观设计，其与本专利属相同类别的产品的外观设计，可以进行相近似性对比。

本专利专利公报所示的削笔器的各个视图为：（1）左视图包括上部的夹笔座和下部的矩形积屑盒，积屑盒底部有下凸的底座，积屑盒上缘与夹笔座下缘形状吻合，积屑盒左部、右部各有一条纵向直线，上部、下部各有一条横向直线，中部从上向下依次有一条贯穿插笔孔的横向直线、一条中间下凸的弧线、一条中间上凸且两端下弯的弧线，上中部的插笔孔有外环和内三角形图案；（2）主视图包括左侧的矩形积屑盒和右侧的控刀螺圈、摇手柄，积屑盒底部有下凸的底座，积屑盒左侧上部连有夹笔座，积屑盒左部有多条纵向直线，右部有一条纵向直线，上部、中上部、下部各有一条横向直线，盒体右侧下部有凹陷的弧线；（3）右视图包括上部的夹笔座和下部的矩形积屑盒，积屑盒底部有下凸的底座，积屑盒的中部是控刀螺圈，积屑盒左部、右部各有一条纵向直线，上部、中上部、下部各有一条横向直线，右视图中的摇手柄为两端半圆、中间弯曲过渡的弯锥形；（4）仰视图包括左侧的矩形积屑盒和右侧的控刀螺圈、摇手柄；（5）俯视图包括左侧的矩形积屑盒和右侧的控刀螺圈、摇手柄，积屑盒左侧有夹笔座，盒体四周有多条装饰线条组成边框。

附件1所示削笔器的各视图为：（1）主视图（相当于本专利左视图）包括上部的夹笔座和下部的矩形积屑盒，积屑盒上缘与夹笔座下缘形状吻合，积屑盒中部有两条中间下凸且两端上弯的弧线，上中部的插笔孔为一圆形；（2）右视图（相当于本专利主视图）包括左侧的矩形积屑盒和右侧的控刀螺圈、摇手柄，积屑盒左侧上部连有夹笔座；（3）左视图与右视图对称；（4）后视图（相当于本专利右视图）包括上部的夹笔座和下部的矩形积屑盒，积屑盒的中部是控刀螺圈，后视图中的摇手柄两端为圆形且中间为竖直线相连；（5）仰视图（相当于本专利仰视图）包括矩形积屑盒和一侧的控刀螺圈、摇手柄；（6）俯视图（相当于本专利俯视图）包括矩形积屑盒和一侧的控刀螺圈、摇手柄，积屑盒另一侧有夹笔座。

将本专利各视图与附件1的各视图相比，本专利外观设计与附件1外观设计都包括上部的夹笔座和下部的矩形积屑盒，积屑盒一侧设有插笔孔，另一相对侧上设有摇手柄。二者的明显区别在于：（1）从本专利右视图可看出，本专利削笔器的摇手柄为两端半圆、中间弯曲过渡的弯锥形，而附件1削笔器的摇手柄两端为圆形且中间为竖直线相连；（2）从本专利主视图看，削笔器积屑盒的底部有下凸的底座，而附件1削笔器积屑盒无下凸的底座；（3）从本专利左视图看，其削笔器积屑盒的面上布满多条纵向和横向的线条，而从附件1的主视图可看出，仅在其削笔器积屑盒面上靠中间位置设有两条线条；（4）从本专利主视图看，本专利削笔器积屑盒一侧面中上部设有横向线条，底部也设有一横向线条，而附件1中削笔器没有相应的线条；（5）从本专利左视图看，削笔器积屑盒的插笔孔外有外环并且内有三角形图案，而附件1削笔器积屑盒的插笔孔仅为一圆孔。

由此可见，本专利外观设计的左视图、主视图、右视图、立体图所示的削笔器形状与附件1相应视图所示的削笔器形状相比均有明显区别，其中对于削笔器来说摇手柄和削笔孔是一般消费者使用时容易看到的部位，而本专利与附件1的设计均显著不同，另外，削笔器面上的线条图案，使积屑盒看上去明显具有一种许多壳板卡扣的视觉效果，而附件1中明显壳板较少。上述区别对于削笔器的外观设计的整体视觉效果构成了显著影响，导致二者所示外观设计属于不相同且不相近似的外观设计，因此本专利相对于附件1符合《专利法》第二十三条的规定。

综上，被告作出被诉决定，维持本专利权有效。原告不服，诉至本院。

本院认为，（2006）一中行初字第954号行政判决中对被告受理原告针对本专利提起无效宣告审查后，至被告作出第8212号决定前的行政审查程序的合法性已予以认定，故本院径行予以确认。

针对原告所提被告作出被诉决定违反听证原则，行政程序违法的诉讼主张，本院认为，参照《审查指南》第四部分第三章第4.4.4节的规定，口头审理并非专利无效宣告请求案件必经的行政审查程序。本案中，被诉决定系（2006）一中行初字第954号行政判决生效后，被告针对原告提出的无效宣告请求重新进行审查的结果。因被告受理原告针对本专利提起无效宣告审查后，至被告作出第8212号决定前的行政审查程序具有合法性，且被告在重新审查的行政程序中已向双方当事人发出了合议组成员变更的通知书。因此，在原告应当知晓第8212号决定被法院判决撤销的理由的情况下，被告以国知局公报更正的本专利公告图为依据重新审查，未再次组织双方当事人进行口头审理，并不影响当事人的程序权利，亦不存在程序违法之处。

针对本专利与附件1是否属于相近似的外观设计的问题，本院经审查，认可被告将本专利与附件1相比所存在的相同之处与区别之处的认定。通过对二者的整体观察，针对二者外观设计的整体进行比对，本专利与附加1整体外观存在多处区别。对于削笔器的外观设计，实现削笔功能的摇手柄部位的外观设计是极易引起普通消费者注意的部位，本专利削笔器的摇手柄为两端半圆、中间弯曲过渡的弯锥形，而附件1削笔器的摇手柄两端为圆形且中间为竖直线相连，二者在该部分的显著区别不易使普通消费者将二者混淆。综上，本专利与附件1之间存在的区别特征足以构成外观形状的明显改变，对消费者而言，二者整体视觉效果有较大差异，不易引起消费者的混淆、误认，本专利与附件1属于不相同或不相近似的外观设计，被告决定维持本专利有效正确。

综上，被诉决定认定事实清楚，适用法律正确，行政程序合法，本院应予维持。原告关于撤销被诉决定的理由缺乏事实及法律依据，其诉讼请求本院不予支持。依照《中华人民共和国行政诉讼法》第五十四条第（一）项的规定，判决如下：

维持被告国家知识产权局专利复审委员会于二〇〇七年七月十一日作出的第10386号无效宣告请求审查决定。

案件受理费100元，由原告宁波云峰文具有限公司负担（已交纳）。

如不服本判决，可在判决书送达之日起15日内，向本院递交上诉状，并按对方当事人的人数提出副本，预交上诉受理费100元，上诉于北京市高级人民法院。上诉人在上诉期满后7日内未预交上诉费，又不提出缓交申请的，按自动撤回上诉处理。

审　判　长　梁　菲
代理审判员　司品华
人民陪审员　勇　军
二〇〇八年六月十九日
书　记　员　王　丽

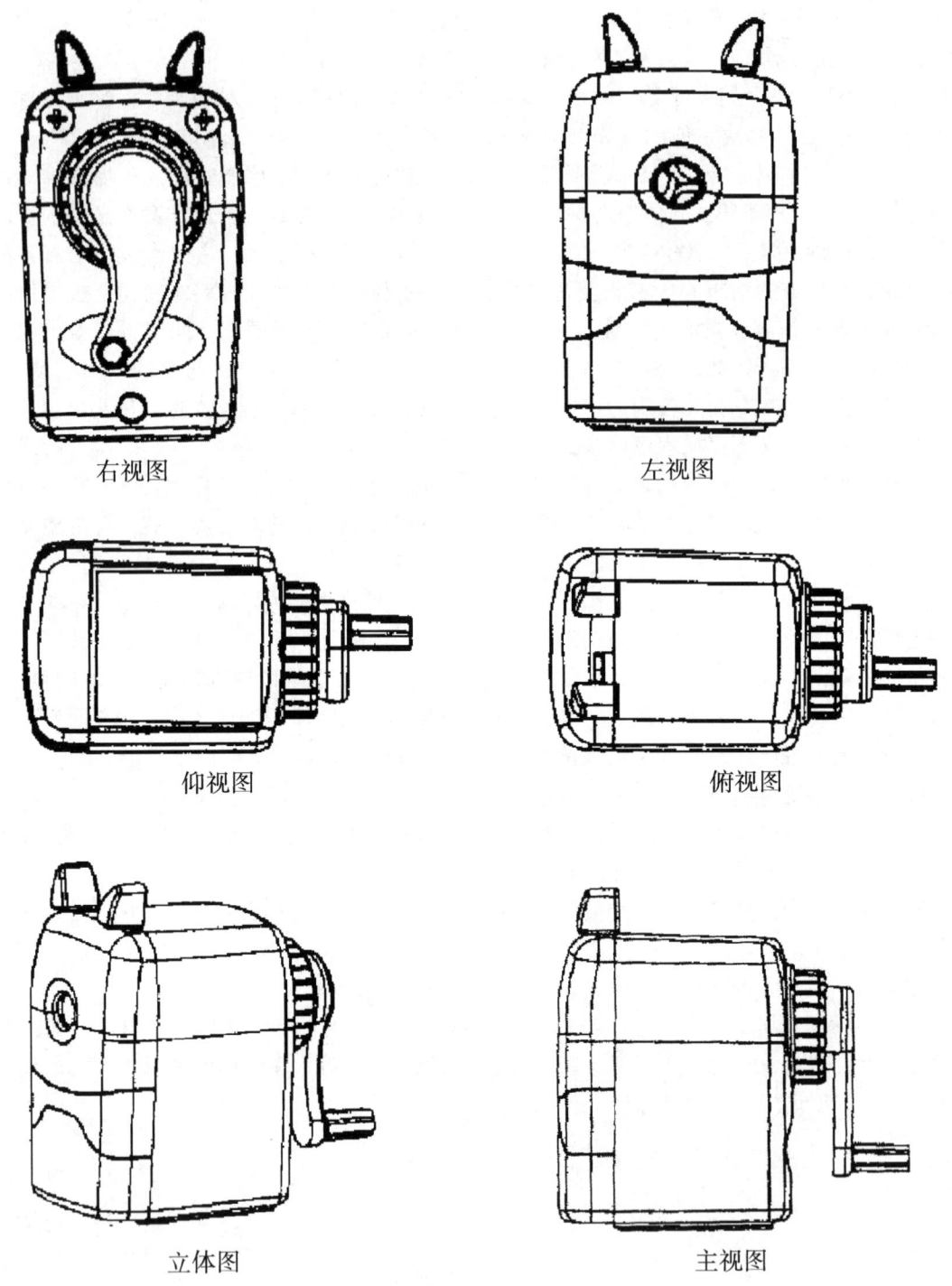

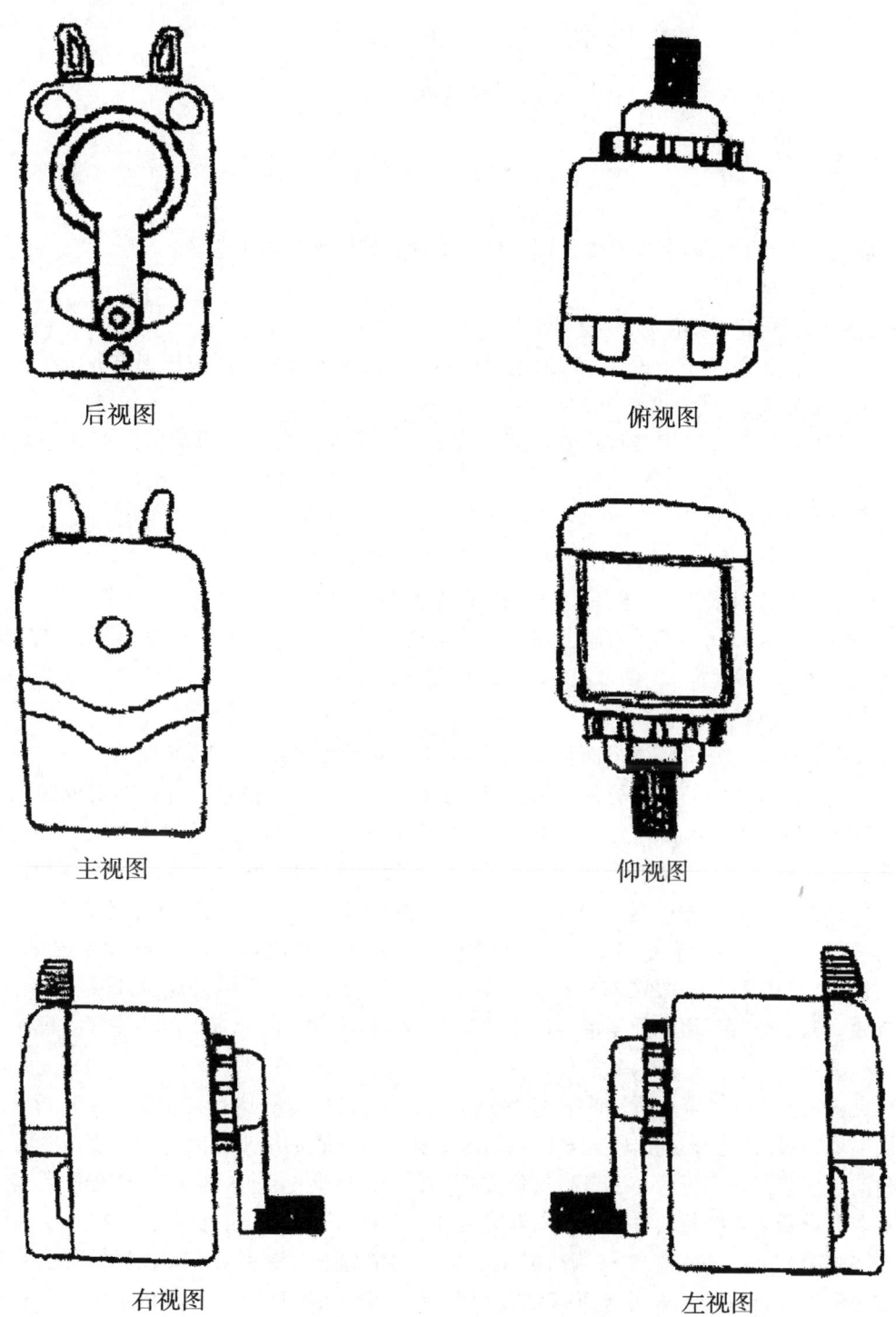

后视图　　俯视图

主视图　　仰视图

右视图　　左视图

附件1

北京市高级人民法院
行政判决书

（2008）高行终字第643号

上诉人（一审原告）宁波云峰文具有限公司，住所地浙江省宁海西店工业区。

法定代表人高建永，总经理。

委托代理人黄旭明，浙江甬泰律师事务所律师。

委托代理人傅玉琴，女，1941年3月1日出生，汉族，北京派特恩知识产权代理事务所所长，住北京市朝阳区女翔里1号院28楼4单元302室。

被上诉人（一审被告）国家知识产权局专利复审委员会，住所地北京市海淀区北四环西路9号银谷大厦10~12层。

法定代表人廖涛，副主任。

委托代理人李玲玲，女，国家知识产权局专利复审委员会审查员。

委托代理人张鹏，男，国家知识产权局专利复审委员会审查员。

被上诉人（一审第三人）得力集团有限公司（原宁波得力集团有限公司），住所地浙江省宁海县黄坛镇车站西路128号。

法定代表人娄甫君，总经理。

上诉人宁波云峰文具有限公司（以下简称云峰公司）因专利无效宣告请求审查决定一案，不服北京市第一中级人民法院（2008）一中行初字第57号行政判决，向本院提起上诉，本院依法组成合议庭进行了公开开庭审理。上诉人云峰公司的委托代理人黄旭明，被上诉人国家知识产权局专利复审委员会（以下简称专利复审委）的委托代理人李玲玲、张鹏到庭参加了诉讼。被上诉人得力集团有限公司（以下简称得力公司）经本院合法传唤，表示不出庭参加诉讼。本案现已审理终结。

2007年7月11日，专利复审委作出第10386号无效宣告请求审查决定（以下简称第10386号决定），宣告维持得力公司所有的第02303815.2号、名称为"削笔器（2）"的外观设计专利权（以下简称本专利）有效。云峰公司不服专利复审委作出的第10386号决定，向北京市第一中级人民法院提起行政诉讼。

一审法院判决认定，专利复审委所作的第10386号决定系（2006）一中行初字第954号行政判决生效后，专利复审委针对云峰公司提出的无效宣告请求重新进行审查的结果。因专利复审委受理云峰公司针对本专利提起无效宣告审查后，至专利复审委作出第8212号决定前的行政审查程序具有合法性，且专利复审委在重新审查的行政程序中已向双方当事人发出了合议组成员变更的通知书。因此，在云峰公司应当知晓第8212号决定被法院判决撤销的理由的情况下，专利复审委以国知局公报更正的本专利公告图为依据重新审查，未再次组织双方当事人进行口头审理，并不影响当事人的程序权利，亦不存在程序违法之处。

本专利与附件1整体外观存在多处区别。对于削笔器的外观设计，实现削笔功能的摇手柄部位的外观设计是极易引起普通消费者注意的部位，本专利削笔器的摇手柄为两端半圆、中间弯曲过渡的弯锥形，而附件1削笔器的摇手柄两端为圆形且中间为竖直线相连，二者在该部分的显著区别不易使普通消费者将二者混淆。综上，本专利与附件1之间存在的区别特征足以构成外观形状的明显改变，对消费者而言，二者整体视觉效果有较大差异，不易引起消费者的混淆、误认，本专利与附件1属于不相同或不相近似的外观设计。

综上，专利复审委所作的第 10386 号决定认定事实清楚，适用法律正确，行政程序合法。依照《中华人民共和国行政诉讼法》第五十四条第（一）项的规定，判决予以维持。

云峰公司不服一审判决，于 2008 年 7 月 18 日提出上诉。诉称，第 10386 号决定是依照法院的生效判决重新作出的，其只收到了专利复审委寄交的"合议组成员告知书"，得知专利复审委重新组成了合议组，但专利复审委未重新告知其举证期限、口头审理程序等相关权利义务，即作出第 10386 号决定，属于程序违法。因为第 10386 号决定作出前，专利复审委针对同一无效宣告请求已经作出了第 8212 号决定，虽然在该行政程序中进行过口头审理，但专利复审委作出第 10386 号决定依据的是本专利更正后的公告图，属于使用了新证据，专利复审委没有提供给云峰公司和得力公司进行举证、质证，剥夺了云峰公司充分说理的权利和机会。专利复审委在相关事实尚未查明的情况下，所认定的事实错误，主要证据不足，程序违法。且专利复审委纯粹是从专业设计人员或专家的角度对本专利与附件 1 进行的近似性的对比，从外观设计的部分和局部出发作出的判断，不是从一般消费者角度进行综合判断的，违反《中华人民共和国专利法》（以下简称《专利法》）和《审查指南》的规定。综上，一审法院判决认定事实不清，适用法律错误，请求二审法院撤销一审判决，同时撤销专利复审委作出的第 10386 号决定。

被上诉人专利复审委辩称，（1）2006 年 2 月 28 日云峰公司参加了口头审理并且充分陈述了意见，而在此之前的转文程序中，已分别于 2005 年 10 月 31 日、2006 年 3 月 20 日给予云峰公司两次陈述意见的机会。国知局于 2006 年 7 月 26 日出版的第 22 卷第 30 号（总第 941）外观设计公报中记载了本外观设计专利授权文本中的图片表示的外观设计，因此，第 10386 号决定作出之前，云峰公司已经知道专利复审委审查所依据的理由、证据和认定的事实，并且具有陈述意见的机会；（2）口头审理并不是无效宣告请求案件的必经审理程序，本案事实清楚，进行书面审理并不违法。对于本专利，专利复审委仍持第 10386 号决定意见，并认为一审法院判决认定事实清楚，适用法律正确，请求二审法院驳回上诉，维持一审判决。

得力公司没有陈述意见。

本案一审审理期间，专利复审委在法定期限内向一审法院提交了以下主要证据：（1）云峰公司于 2005 年 9 月 16 日提交的无效宣告请求书；（2）得力公司于 2005 年 10 月 31 日提交的意见陈述书；（3）专利复审委于 2006 年 1 月 20 日发出的口头审理通知书；（4）口头审理记录表；（5）专利复审委于 2006 年 3 月 20 日发出的转送文件通知书；（6）专利复审委于 2007 年 4 月 27 日发出的合议组成员告知书；（7）本专利文本；（8）01330437.2 号中国外观设计专利文本（第 10386 号决定中附件 1）；（9）国家知识产权局（以下简称国知局）于 2006 年 7 月 26 日出版的第 22 卷第 30 号（总第 941）的外观设计专利公报更正；（10）北京市第一中级人民法院（2006）一中行初字第 954 号行政判决书。

云峰公司向一审法院提交了以下主要证据：（1）两份挂号信封；（2）合议组成员告知书；（3）（1998）一中行初字第 32 号行政判决书；（4）2002 年 10 月 23 日外观设计专利公报（第 18 卷、43 号）；（5）专利复审委于 2006 年 3 月 20 日转送的得力公司提交的函。

得力公司未向一审法院提交证据。

一审法院经审查认为，云峰公司提交的证据 1、2、5 及专利复审委提交的证据均符合最高人民法院《关于执行行政诉讼证据若干问题的规定》中有关关联性、合法性、真实性的要求，予以确认。云峰公司提交的证据 3 与本案无关，证据 5 非第 10386 号决定的审查依据，亦与本案不具有关联性，均不予采纳。

上述证据均已随案移送本院。二审期间，各方当事人没有提交新的证据。经庭审质证及审查核实，本院确认一审法院认证意见正确，并据此认定本案如下事实：

本专利的申请日为2002年4月3日，2002年10月23日国知局授权公告了本专利，专利权人为宁波得力集团有限公司，后更名为得力集团有限公司。

2005年9月16日，云峰公司以本专利不符合《专利法》第二十三条规定为由，向专利复审委提出宣告本专利权无效的请求，并提交了附件1作为证据。

经形式审查合格，专利复审委受理了上述无效宣告请求，并经过转文、口头审理程序后，于2006年4月27日作出第8212号无效宣告请求审查决定，以本专利外观设计申请时提交的图片为依据，以本专利与附件1所显示的外观设计属于不相近似的外观设计为由，维持本专利权有效。云峰公司不服，诉至北京市第一中级人民法院。2006年9月22日，北京市第一中级人民法院作出（2006）一中行初字第954号行政判决，认定第8212号决定中专利复审委对本专利右视图的描述，与原公报中公开的本专利的右视图公开的内容不符，虽然专利复审委主张原公报中的本专利视图错误，国知局网站上公告的本专利视图与申请时的视图一致。但专利复审委未能提供有效证据证明第8212号决定是依据公告的视图作出的。因此，北京市第一中级人民法院判决撤销了第8212号决定。该判决生效后，专利复审委依法重新成立合议组对云峰公司提出的以上无效宣告请求进行了审查。

2006年6月3日，得力公司提出更正本专利专利公告图的请求。国知局对本专利外观设计公报作出更正，更正后的公告图已经在国知局于2006年7月26日出版的第22卷第30号（总第941）的外观设计专利公报中出版，其公告视图与得力公司于申请日时提交的视图一致。

2007年4月27日，专利复审委向云峰公司、得力公司发出合议组成员告知通知书，告知双方当事人本案合议组成员变更情况，并告知双方当事人如对合议组成员有回避请求，应在通知书指定的期限内提交书面请求书，并说明理由，逾期未答复，视为无回避请求。在上述合议组成员告知通知书所指定的期限内云峰公司、得力公司均未作答复。

2007年7月11日，专利复审委作出第10386号决定，宣告维持本专利权有效。主要理由是：

附件1是01330437.2号中国外观设计专利公报复印件，得力公司对附件1的真实性无异议，附件1的公开日早于本专利申请日，能够用于评价本专利是否符合《专利法》第二十三条的规定。另，得力公司提交的企业法人营业执照复印件（盖有"得力集团有限公司"红章）、（国）名称变核内字[2003]第353号国家工商行政管理总局签发的企业名称变更核准通知书复印件能够证明本专利权利人名称由宁波得力集团有限公司变更为得力集团有限公司。

关于本专利是否符合《专利法》第二十三条规定的问题，专利复审委经审查认为，附件1公开了一种削笔器的外观设计，其与本专利属相同类别的产品的外观设计，可以进行相近似性对比。

本专利专利公报所示的削笔器的各个视图为：（1）左视图包括上部的夹笔座和下部的矩形积屑盒，积屑盒底部有下凸的底座，积屑盒上缘与夹笔座下缘形状吻合，积屑盒左部、右部各有一条纵向直线，上部、下部各有一条横向直线，中部从上向下依次有一条贯穿插笔孔的横向直线、一条中间下凸的弧线、一条中间上凸且两端下弯的弧线，上中部的插笔孔有外环和内三角形图案；（2）主视图包括左侧的矩形积屑盒和右侧的控刀螺圈、摇手柄，积屑盒底部有下凸的底座，积屑盒左侧上部连有夹笔座，积屑盒左部有多条纵向直线，右部有一条纵向直线，上部、中上部、下部各有一条横向直线，盒体右侧下部有凹陷的弧线；（3）右视图包括上部的夹笔座和下部的矩形积屑盒，积屑盒底部有下凸的底座，积屑盒的中部是控刀螺圈，积屑盒左部、右部各有一条纵向直线，上部、中上部、下部各有一条横向直线，右视图中的摇手柄为两端半圆、中间弯曲过渡的弯锥形；

（4）仰视图包括左侧的矩形积屑盒和右侧的控刀螺圈、摇手柄；（5）俯视图包括左侧的矩形积屑盒和右侧的控刀螺圈、摇手柄，积屑盒左侧有夹笔座，盒体四周有多条装饰线条组成边框。

附件1所示削笔器的各视图为：（1）主视图（相当于本专利左视图）包括上部的夹笔座和下部的矩形积屑盒，积屑盒上缘与夹笔座下缘形状吻合，积屑盒中部有两条中间下凸且两端上弯的弧线，上中部的插笔孔为一圆形；

（2）右视图（相当于本专利主视图）包括左侧的矩形积屑盒和右侧的控刀螺圈、摇手柄，积屑盒左侧上部连有夹笔座；

（3）左视图与右视图对称；

（4）后视图（相当于本专利右视图）包括上部的夹笔座和下部的矩形积屑盒，积屑盒的中部是控刀螺圈，后视图中的摇手柄两端为圆形且中间为竖直线相连；

（5）仰视图（相当于本专利仰视图）包括矩形积屑盒和一侧的控刀螺圈、摇手柄；

（6）俯视图（相当于本专利俯视图）包括矩形积屑盒和一侧的控刀螺圈、摇手柄，积屑盒另一侧有夹笔座。

将本专利各视图与附件1的各视图相比，本专利外观设计与附件1外观设计都包括上部的夹笔座和下部的矩形积屑盒，积屑盒一侧设有插笔孔，另一相对侧上设有摇手柄。二者的明显区别在于：（1）从本专利右视图可看出，本专利削笔器的摇手柄为两端半圆、中间弯曲过渡的弯锥形，而附件1削笔器的摇手柄两端为圆形且中间为竖直线相连；

（2）从本专利主视图看，削笔器积屑盒的底部有下凸的底座，而附件1削笔器积屑盒无下凸的底座；

（3）从本专利左视图看，其削笔器积屑盒的面上布满多条纵向和横向的线条，而从附件1的主视图可看出，仅在其削笔器积屑盒面上靠中间位置设有两条线条；

（4）从本专利主视图看，本专利削笔器积屑盒一侧面中上部设有横向线条，底部也设有一横向线条，而附件1中削笔器没有相应的线条；

（5）从本专利左视图看，削笔器积屑盒的插笔孔外有外环并且内有三角形图案，而附件1削笔器积屑盒的插笔孔仅为一圆孔。

由此可见，本专利外观设计的左视图、主视图、右视图、立体图所示的削笔器形状与附件1相应视图所示的削笔器形状相比均有明显区别，其中对于削笔器来说摇手柄和削笔孔是一般消费者使用时容易看到的部位，而本专利与附件1的设计均显著不同，另外，削笔器面上的线条图案，使积屑盒看上去明显具有一种许多壳板卡扣的视觉效果，而附件1中明显壳板较少。上述区别对于削笔器的外观设计的整体视觉效果构成了显著影响，导致二者所示外观设计属于不相同且不相近似的外观设计，因此本专利相对于附件1符合《专利法》第二十三条的规定。

云峰公司不服上述决定，向北京市第一中级人民法院提起行政诉讼。

本院认为，关于云峰公司提出专利复审委作出的第10386号决定违反听证原则，行政程序违法的问题，参照《审查指南》第四部分第三章第4.4.4节的规定，口头审理并非专利无效宣告请求案件必经的行政审查程序。专利复审委所作的第10386号决定，系北京市第一中级人民法院（2006）一中行初字第954号行政判决生效后，专利复审委针对云峰公司提出的无效宣告请求重新进行审查的结果。专利复审委在重新审查的行政程序中已向双方当事人发出了合议组成员变更通知书，且在云峰公司应当知晓第8212号决定被人民法院判决撤销的理由的情况下，专利复审委以国知局公报更正的本专利公告图为依据重新审查，未再次组织双方当事人进行口头审理，并未影响当事人的程序权利，亦不存在程序违法的问题。

针对本专利与附件1是否属于相近似外观设计的问题，通过对二者外观设计的整体观察和比对，本院认同专利复审委将本专利与附件 1 相比所存在的相同之处与区别之处的认定。对于削笔器的外观设计，实现削笔功能的摇手柄部位的外观设计是极易引起普通消费者注意的部位。本专利削笔器的摇手柄为两端半圆、中间弯曲过渡的弯锥形，而附件 1 削笔器的摇手柄两端为圆形且中间为竖直线相连，二者在该部分的显著区别不易使普通消费者将二者混淆。综上，本专利与附件 1 之间存在的区别足以构成本专利外观形状的显著特征，对消费者而言，二者整体视觉效果有较大差异，不易引起消费者的混淆、误认。因此，本专利与附件 1 属于不相同或不相近似的外观设计。

综上，专利复审委作出的第 10386 号决定维持第 02303815.2 号外观设计专利权有效合法，一审法院判决维持正确。依据《中华人民共和国行政诉讼法》第六十一条第（一）项的规定，判决如下：

驳回上诉，维持一审判决。

二审案件受理费人民币 100 元，由上诉人宁波云峰文具有限公司负担（已交纳）。

本判决为终审判决。

审 判 长 程 琥
审 判 员 朱世宽
代理审判员 赵宇晖
二〇〇八年十二月八日
书 记 员 张 怡

塑料瓶（果粒橙）

无效宣告请求审查决定（第 10387 号）

决 定 号	第 10387 号
决 定 日	2007 年 7 月 27 日
发明创造名称	塑料瓶（果粒橙）
外观设计分类号	09-01
无效宣告请求人	可口可乐公司
专 利 权 人	王素伟
专 利 号	200630006093.5
申 请 日	2006 年 3 月 3 日
授 权 公 告 日	2006 年 11 月 22 日
合 议 组 组 长	张跃平
主 审 员	李玲玲
参 审 员	武 磊

法 律 依 据 专利法第 23 条

决 定 要 点

当产品上某设计是该类产品公认的惯常设计时，则其余设计的变化通常对整体视觉效果更具有显著的影响。

在综合考虑各种因素的情况下，若区别点仅在于局部的细微变化，则其对整体视觉效果不足以产生显著影响。

一、案由

本无效宣告请求涉及国家知识产权局于 2006 年 11 月 22 日授权公告、申请号为 200630006093.5、名称为"塑料瓶（果粒橙）"的外观设计专利（下称本专利），其申请日是 2006 年 3 月 3 日，专利权人是王素伟。

针对本专利，可口可乐公司（下称请求人）于 2007 年 1 月 11 日向国家知识产权局专利复审委员会提出无效宣告请求，其无效理由为本专利不符合专利法第 23 条的规定。请求人提交了如下附件作为证据：

附件 1：本专利公报复印件 1 页。

附件2：200430046478.5号中国外观设计专利公报复印件1页，其公开日为2005年1月5日。
附件3：本专利彩色打印件6页。
附件4：200430046478.5号中国外观设计专利彩色打印件8页。

请求人认为，本专利授权公告文本中公开有5幅视图，从主视图可以看出，该塑料瓶自上而下由呈圆柱体的上部、圆锥体状的中上部、柱状的过渡段、棱柱状的中下部和柱状的底部组成。圆柱体的上部是瓶口部分。圆锥体状的中上部的外轮廓线是向外凸的弧线，其表面为带叶脉的叶片图案，叶片图案上带有点状颗粒。在圆锥体状的中上部和棱柱状的中下部之间有一柱状的过渡段，该过渡段为凸径设计。该塑料瓶中下部结合左视图可以看出其是六棱柱状，每个面板中间有一径向扁圆图案。棱柱状的中下部和柱装的底部之间有一收缩凹口。从仰视图可以看出，其瓶底是圆形。从俯视图可以看出本瓶中上部外轮廓为向日葵盘瓣形。

附件2公开了7幅视图，从主视图可以看出，该瓶自上而下也由呈圆柱体的上部、圆锥体状的中上部、柱状的过渡段、棱柱状的中下部和柱状的底部组成，圆柱体的上部是瓶口部分。圆锥体状的中上部的外轮廓线是向外凸的弧线，其表面为叶片图案，叶片图案上带有点状颗粒。在圆锥体状的中上部和棱柱状的中下部之间有一柱状的过渡段，该过渡段为凸径设计。该瓶中下部结合左视图可以看出其是六棱柱状，每个面板中间有一径向扁圆图案。棱柱状的中下部和柱装的底部之间有一收缩凹口。从仰视图可以看出，其瓶底是圆形。从俯视图中可以看出本瓶中上部外轮廓为向日葵盘瓣形。

二者的相同之处是：整体均成柱形；其上部为圆柱形瓶口；中上部均呈圆锥体状，其上均为叶片图案，叶片图案上均带有点状颗粒；在圆锥体状中上部和棱柱状的中下部之间均有一凸径设计的柱状过渡段；中下部均为六棱柱状；中下部和柱状的底部之间均有一收缩凹口。

两者的不同点只在于本专利圆锥体状中上部的叶片图案有叶脉，附件2圆锥体状中上部的叶片图案没有叶脉；二者俯视图显示出本专利圆锥体状中上部共有16片叶片图案，附件2圆锥体状中上部共有10片叶片图案，但是，这些差别均是细小差别，对于产品的整体视觉效果均不具有显著的影响。按一般消费者的角度看，二者整体形状完全相同；各个局部的形状也完全相同；各个局部的比例分配也完全相同；而且中上部带有点状颗粒的叶片图案强烈吸引了消费者的视觉注意力，已经足以造成一般消费者的误认和混同。二者同属于国际外观设计分类表中09大类中的01小类的产品。本专利与附件2相近似，因此本专利不符合第23条的规定。

经形式审查合格，专利复审委员会依法受理了上述无效宣告请求，于2007年2月28日向双方当事人发出无效宣告请求受理通知书，同时将请求人于2007年1月11日提交的无效宣告请求书及其附件清单中所列附件副本转给专利权人，要求其在指定期限内答复。

专利权人在指定期限内未作答复。

专利复审委员会依法成立合议组对本案进行审理，本案合议组于2007年6月1日向双方当事人发出口头审理通知书，定于2007年7月17日对本案进行口头审理。

口头审理如期举行，专利权人没有出席口头审理，请求人委托代理人出席了口头审理。合议组对本案进行了缺席审理。在口头审理中，请求人对合议组成员无回避请求。请求人明确表示其提交的作为证据的附件是从中国国家知识产权局网站上下载的专利文献，其无效理由为本专利不符合专利法第23条的规定，口头审理过程中请求人当庭演示了附件2的瓶的实物，并充分陈述了观点。

至此，合议组认为本案事实清楚，现依法作出审查决定。

二、决定的理由

1. 无效宣告请求的理由

请求人提出的无效宣告请求的理由是专利法第 23 条。专利法第 23 条规定：授予专利权的外观设计，应当同申请日以前在国内外出版物上公开发表过或者国内公开使用过的外观设计不相同和不相近似，并不得与他人在先取得的合法权利相冲突。

2. 证据的审查

附件 2 是 200430046478.5 号中国外观设计专利公报复印件，经合议组核实，该附件 2 所示内容真实，因此合议组对附件 2 的真实性予以认可，且附件 2 的公开日早于本专利申请日，属于专利法第 23 条所规定的公开出版物，可适用于本案。因此，附件 2 可以作为本专利的在先设计使用。

附件 1 和附件 3 为本专利，附件 2 和附件 4 是同一项在先设计，因此，请求人提交的证据只有一个。

3. 本专利是否符合专利法第 23 条的规定

附件 2 公开了一种瓶的外观设计，其与本专利属相同类别的产品的外观设计，可以进行相近似性对比。

本专利的描述（详见本专利附图）。

本专利的塑料瓶分别由自上而下呈圆柱体的上部、圆锥体状的中上部、柱状的过渡段、六棱柱状的中下部和柱状的底部组成。圆柱体的上部是瓶口部分，有瓶盖。圆锥体状的中上部的外轮廓线是向外凸的弧线，其表面为带叶脉的叶片图案，而且表面有点状颗粒。在圆锥体状的中上部和棱柱状的中下部之间有一柱状的过渡段，该过渡段为凸径设计。六棱柱状的中下部的每个面板中间有一径向扁圆图案。六棱柱状的中下部和柱状的底部之间有一收缩凹口。从仰视图可以看出，其瓶底是圆形。从俯视图可以看出塑料瓶中上部外轮廓呈 8 瓣向日葵盘瓣形。

附件 2 的描述（详见附件 2 附图）。

附件 2 有 7 幅视图，该瓶自上而下也由呈圆柱体的上部、圆锥体状的中上部、柱状的过渡段、六棱柱状的中下部和柱状的底部组成，圆柱体的上部是瓶口部分，无瓶盖。圆锥体状的中上部的外轮廓线是向外凸的弧线，其表面为叶片图案，且表面有点状颗粒。在圆锥体状的中上部和棱柱状的中下部之间有一柱状的过渡段，该过渡段为凸径设计。六棱柱状的中下部的每个面板中间有一径向扁圆图案。六棱柱状的中下部和柱状的底部之间有一收缩凹口。从仰视图可以看出，其瓶底是圆形。从俯视图中可以看出本瓶中上部外轮廓呈 10 瓣向日葵盘瓣形。

将本专利与附件 2 的外观设计图片相对比可以看出，二者的相同之处包括：二者整体均呈柱形；各个局部的比例分配相同；二者均分别由自上而下的圆柱体的瓶口部分、圆锥体状的中上部、柱状的过渡段、六棱柱状的中下部和柱状的底部组成；二者圆锥体状的中上部的外轮廓线均是向外凸的弧线，其表面均为叶片图案，而且表面均有点状颗粒；二者在圆锥体状的中上部和棱柱状的中下部之间均有一柱状的过渡段，且该过渡段均为凸径设计；二者六棱柱状的中下部的每个面板中间均有一径向扁圆图案；二者六棱柱状的中下部和柱装的底部之间均有一收缩凹口，二者的瓶底均是圆形，二者的瓶中上部外轮廓均呈向日葵盘瓣形。

两者的不同点仅在于：（1）本专利塑料瓶瓶口有瓶盖，附件 2 瓶的瓶口无瓶盖；（2）本专利圆锥体状中上部的叶片图案有叶脉，附件 2 圆锥体状中上部的叶片图案没有叶脉；（3）本专利塑料瓶圆锥体状中上部共有 8 瓣叶片图案，附件 2 的瓶圆锥体状中上部共有 10 瓣叶片图案。

对于区别点（1），瓶盖属于本类产品的惯常设计，对于产品的整体视觉效果不具有显著的影响；对于区别点（2）和（3），合议组认为，在本专利与附件 2 的塑料瓶整体构成、各部分基本形状及各部分之间的比例基本相同的情况下，叶片图案是否有叶脉以及 8 瓣叶片与 10 瓣叶片之间的区别均属于局部的细微变化，不足以对二者的整体视觉效果产生显著的影响。因此，上述区别点对于产品外观设计的整体视觉效果均不具有显著的影响，本专利与附件 2 属于相近似的外观设计，本专利不符合专利法第 23 条的规定。

三、决定

宣告 200630006093.5 号外观设计专利权全部无效。

当事人对本决定不服的，可以根据专利法第 46 条第 2 款的规定，自收到本决定之日起三个月内向北京市第一中级人民法院起诉。根据该款规定，一方当事人起诉后，另一方当事人应当作为第三人参加诉讼。

吹风机

无效宣告请求审查决定（第 10391 号）

决 定 号	第 10391 号
决 定 日	2007 年 8 月 14 日
发明创造名称	吹风机
外观设计分类号	28-03
无效宣告请求人	宁波宁锐电器有限公司
专 利 权 人	松下电工株式会社
专 利 号	00305889.1
申 请 日	2000 年 4 月 27 日
优 先 权 日	1999 年 11 月 16 日
授 权 公 告 日	2000 年 12 月 20 日
合议组组长	钱亦俊
主 审 员	李改平
参 审 员	张雪飞
附 图	5 页

法 律 依 据 专利法第 23 条，专利法实施细则第 13 条第 1 款

决 定 要 点

请求人提交的证据不能证明在本专利申请日前已有相近似的外观设计向国家知识产权局提出申请，并在本专利申请日之前/后被授予专利权，请求人的无效宣告请求的主张未得到证据的支持。因此，本专利符合专利法第 23 条及专利法实施细则第 13 条第 1 款的规定。

一、案由

本无效宣告请求涉及的是国家知识产权局于 2000 年 12 月 20 日授权公告的、名称为"吹风机"的外观设计专利，其申请号是 00305889.1，申请日是 2000 年 4 月 27 日，优先权日是 1999 年 11 月 16 日，专利权人是松下电工株式会社。

针对上述专利权（下称本专利），宁波宁锐电器有限公司（下称请求人）于 2006 年 11 月 3 日向专利复审委员会提出无效宣告请求，其理由是：在本专利申请日之前已有近似的外观设计向国家知识产权局提出专利申请，并在本专利申请日之前/后被授予专利权，故本专利不符合专利法第 23 条及专利法实施细则第 13 条第 1 款的规定。请求人提交了如下附件作为证据：

附件 1 是专利号为 99305615.6 的外观设计专利著录项目及图片网上公开信息下载纸件；

附件 2 是专利号为 98323970.3 的外观设计专利著录项目及图片网上公开信息下载纸件；

附件 3 是专利号为 99305335.1 的外观设计专利著录项目及图片网上公开信息下载纸件；

附件 4 是专利号为 93304186.1 的外观设计专利著录项目及图片网上公开信息下载纸件。

请求人同时指出附件 1 适用专利法实施细则第 13 条第 1 款的规定，附件 2、附件 3 及附件 4 适用专利法第 23 条的规定。

经形式审查合格，专利复审委员会受理了此案，并于 2006 年 11 月 7 日将无效请求书及相关材料副本转送给专利权人。

专利权人于 2006 年 12 月 26 日提交意见陈述书，专利权人认为，本专利由圆筒形的风筒部分与手柄所构成，其外观具备以下明显特征：（1）圆筒形的风筒部分的后部（进风侧）与进风口整体呈现球形形状；（2）在该球形形状的大致球心处形成有一条从该球心处穿过的垂直延伸的直线；（3）在上述直线图案的大致中心处形成有一环形图案，该环形图案相对于该垂直延伸的直线是对称的；（4）圆筒形的风筒部分的前部呈收缩状。将本专利与附件 1 至附件 4 所示外观设计逐一对比，具有以下明显差异：附件 1 所示的产品，其风筒部分的后部呈卵形形状，两侧的环形图案与进风口相邻接；附件 2 所示的产品，其风筒部分先是略呈膨胀状，而后朝着出风口端部方向呈锥削状；附件 3 所示的产品，其风筒部分的后部与进风口一起构成一种垂直形状，风筒部分的前端先是略呈膨胀状，而后是略呈锥削状，再是较窄的弧形状；附件 4 所示的产品，其风筒部分的后部与进风口一起构成一种垂直形状。以上差异足以导致本专利与附件 1~4 所示外观设计均既不相同也不相近似。

专利复审委员会于 2007 年 2 月 27 日将专利权人的意见陈述转给请求人，要求其在指定期限内答复。

专利复审委员会于 2007 年 2 月 27 日向双方当事人发出合议组成员告知通知书。双方当事人在指定期限内均未对合议组成员提出回避请求。

请求人于 2007 年 3 月 26 日提交意见陈述。请求人认为，本专利与附件 1 所示是近似产品，且风筒形状相同。从整体上看，两者具有相同的主要设计特点：前部有收缩的风筒，后部有球形的进风口，整体视觉印象十分近似。两者的区别仅在于"此该球心处穿过的垂直延伸的直线"和"环圈形图案"，尽管附件 1 上没有以上两处图案，但是这两处图案是局部的图案，其对于整体视觉的影响明显小于风筒的形状，两者应属于近似的外观设计。

专利复审委员会于 2007 年 4 月 20 日向请求人发出无效宣告请求审查通知书，向其释明由于附件 1 的申请日为 1999 年 5 月 7 日，优先权日为 1999 年 2 月 24 日，公告日为 2000 年 1 月 19 日，附件 3 的申请日为 1999 年 5 月 4 日，公告日为 1999 年 12 月 22 日，这两个附件的申请日（或优先权日）均在本专利的优先权日之前且公告日均在本专利的优先权日之后，属于他人申请在先公开在后的在先设计，作为证据使用时优先适用专利法第 9 条的规定，也可以适用专利法实施细则第 13 条第 1 款的规定，而不适用专利法第 23 条的规定，因此要求请求人在指定期限内对附件 1 和附件 3 选择适用的法条或作出相应的意见陈述。请求人逾期未答复。

至此，合议组认为本案事实清楚，依法作出审查决定。

二、决定的理由

1. 法律依据

基于请求人提出的无效宣告请求理由，合议组对本专利是否符合专利法第 23 条以及专利法实施细则第 13 条第 1 款的规定进行审查。

专利法第 23 条规定："授予专利权的外观设计，应当同申请日以前在国内外出版物上公开发表过或者国内公开使用过的外观设计不相同和不相近似，并不得与他人在先取得的合法权利相冲突。"

专利法实施细则第 13 条第 1 款规定："同样的发明创造只能被授予一项专利。"

2. 证据认定

附件 1 是专利号为 99305615.6、名称为吹风机的外观设计专利，其申请日为 1999 年 5 月 7 日，优先权日为 1999 年 2 月 24 日，公告日为 2000 年 1 月 19 日。附件 2 是专利号为 98323970.3、名称为吹发器的外观设计专利，其公告日为 1999 年 9 月 15 日。附件 3 是专利号为 99305335.1、名称为可摺式吹发筒（5401FD）的外观设计专利，其申请日为 1999 年 5 月 4 日，公告日为 1999 年 12 月 22 日。附件 4 是专利号为 93304186.1、名称为吹发器的外观设计专利，其公告日为 1994 年 12 月 28 日。以上附件经合议组核实属实。其中附件 1 和附件 3 的申请日均在本专利的优先权日（1999 年 11 月 16 日）之前且公告日均在本专利的优先权日之后，属于他人申请在先公开在后的在先设计，作为证据使用时可以适用专利法实施细则第 13 条第 1 款的规定，而不适用专利法第 23 条的规定。因此，附件 1 可以作为判断本专利是否符合专利法实施细则第 13 条第 1 款的规定的证据。而附件 3 由于其不适用专利法第 23 条的规定，而请求人对专利复审委员会要求其选择适用的法条或作出相应的意见陈述的审查通知书未予答复，因此，请求人提出的作为支持专利法第 23 条的无效理由的附件 3 不适用于本案；附件 2 和附件 4 的公告日均在本专利的优先权日之前，属于本专利申请日（即优先权日）前的公开出版物，因此，附件 2 和附件 4 可以作为判断本专利是否符合专利法第 23 条规定的证据。

3. 外观设计对比

观察本专利可以看到：本专利由风筒与手柄两部分所构成，风筒由球形进风口和圆筒形出风口组成，手柄大体呈柱状（详见本专利附图）。

观察附件 1 所示外观设计（下称在先设计 1）可以看到：在先设计 1 由风筒与手柄两部分所构成，风筒由椭球形进风口和呈渐收缩状筒形出风口组成，手柄下端呈锥形（详见在先设计 1 附图）。

观察附件 2 所示外观设计（下称在先设计 2）可以看到：在先设计 2 由风筒与手柄两部分所构成，风筒由球形进风口和呈锥形出风口组成，手柄下端呈锥形（详见在先设计 2 附图）。

观察附件 4 所示外观设计（下称在先设计 3）可以看到：在先设计 4 由风筒与手柄两部分所构成，风筒整体上略呈锥形，出风口有加长的扁口，手柄为柱状（详见在先设计 3 附图）。

由于本专利和在先设计 1、在先设计 2 以及在先设计 3 均用于吹风机，均属于相同种类的产品，故可以进行相近似性对比。

将在先设计 1 与本专利进行比较，两者虽然都由风筒与手柄两部分组成，但两者进风部和手柄有明显区别，本专利的进风部呈球形，手柄大体呈柱状，而在先设计 1 的进风部呈椭球形，手柄明显呈锥形，这些区别足以导致两者整体上不相同也不相近似。

将在先设计 2 与本专利进行比较，两者虽然都由风筒与手柄两部分组成，但两者具有以下明显区别，本专利的风筒中部呈收缩状，两侧有圆环形图案，手柄大体呈柱状，而在先设计 2 的风筒出风部呈锥状，并在中部略有膨胀，两侧无圆环形图案，手柄明显呈锥形，这些区别足以导致两者整体上不相同也不相近似。

将在先设计 3 与本专利进行比较，两者虽然都由风筒与手柄两部分组成，但两者风筒部分有明显区别，本专利风筒的进风部呈球形，出风部呈圆筒形，而在先设计 3 的风筒整体上呈锥形，出风口有加长的扁口，这些区别足以导致两者整体上不相同也不相近似。

经将在先设计 1、在先设计 2 和在先设计 3 分别与本专利进行一对一的比较分析可以看出：在先设计 1、在先设计 2 和在先设计 3 均与本专利区别明显，整体上不相同也不相近似。

4. 综上，请求人提交的证据不能证明有与本专利相同或相近似的外观设计在本专利申请日前已在出版物上公开发表，或者在本专利申请日之前提出专利申请并在本专利申请日之后被授予专利权，请求人的无效宣告请求的主张未得到证据的支持，不能证明本专利不符合专利法第 23 条的规定及专利法实施细则第 13 条第 1 款的规定。

三、决定

维持 00305889.1 号外观设计专利权有效。

当事人对本决定不服的，可以根据专利法第 46 条第 2 款的规定，自收到本决定之日起三个月内向北京市第一中级人民法院起诉。根据该款的规定，一方当事人起诉后，另一方当事人应当作为第三人参加诉讼。

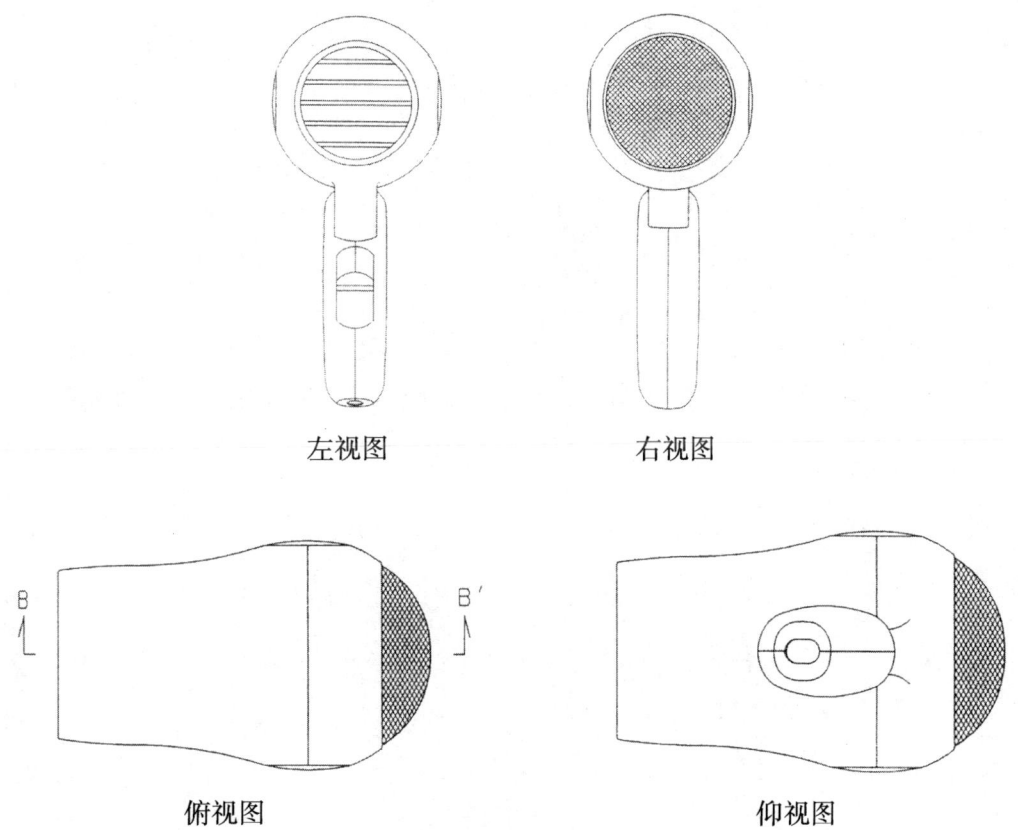

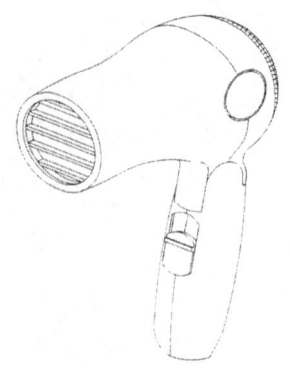

立体图

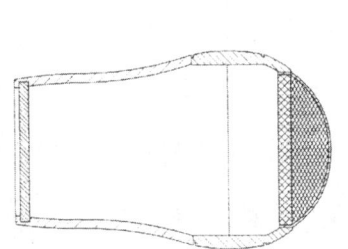

省略内部机构沿 A-A'线的剖视图

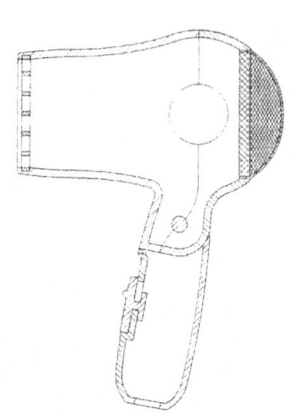

省略内部机构沿 B-B'线的剖视图

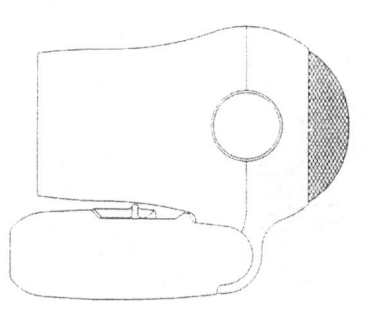

手柄折合状态参考图

本专利附图

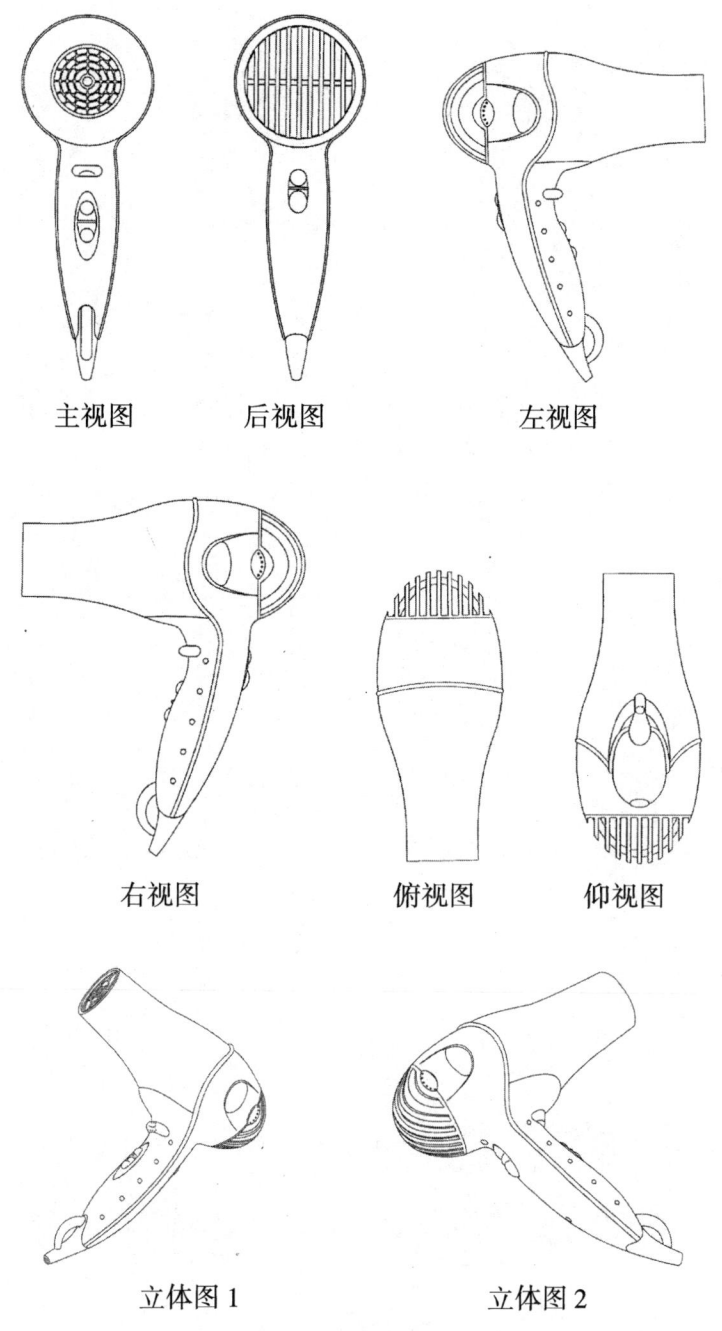

主视图　　后视图　　左视图

右视图　　俯视图　　仰视图

立体图 1　　立体图 2

在先设计 1 附图

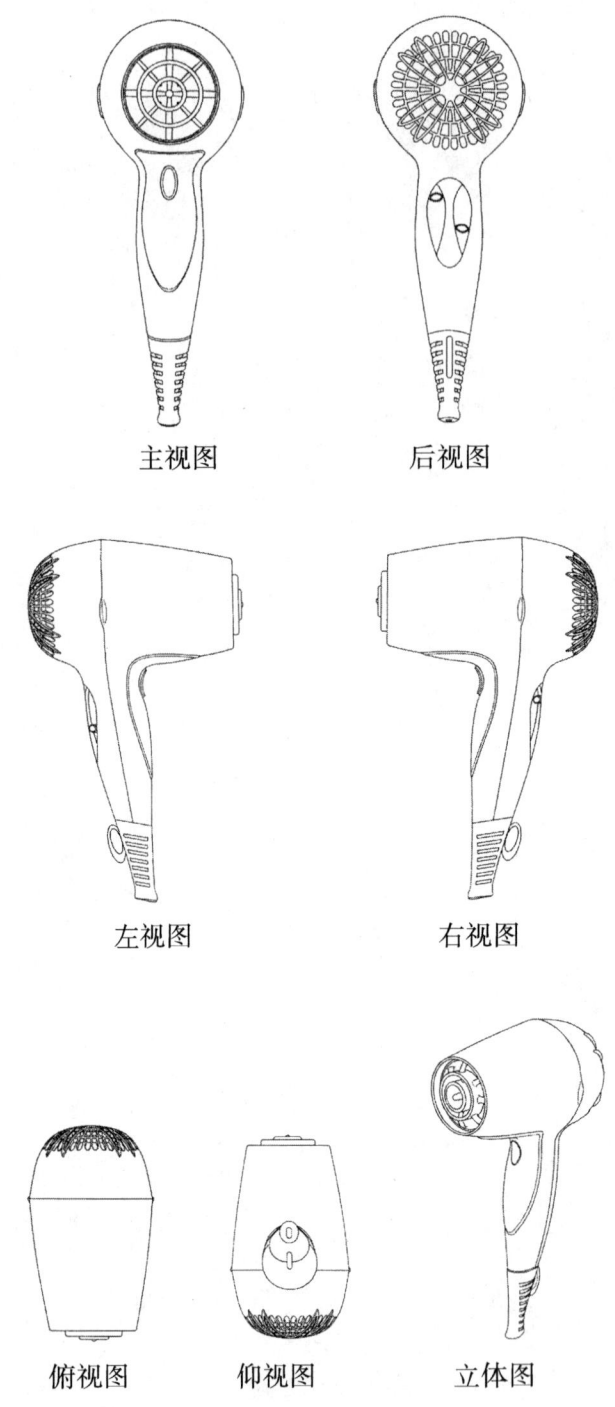

主视图　　后视图

左视图　　右视图

俯视图　　仰视图　　立体图

在先设计 2 附图

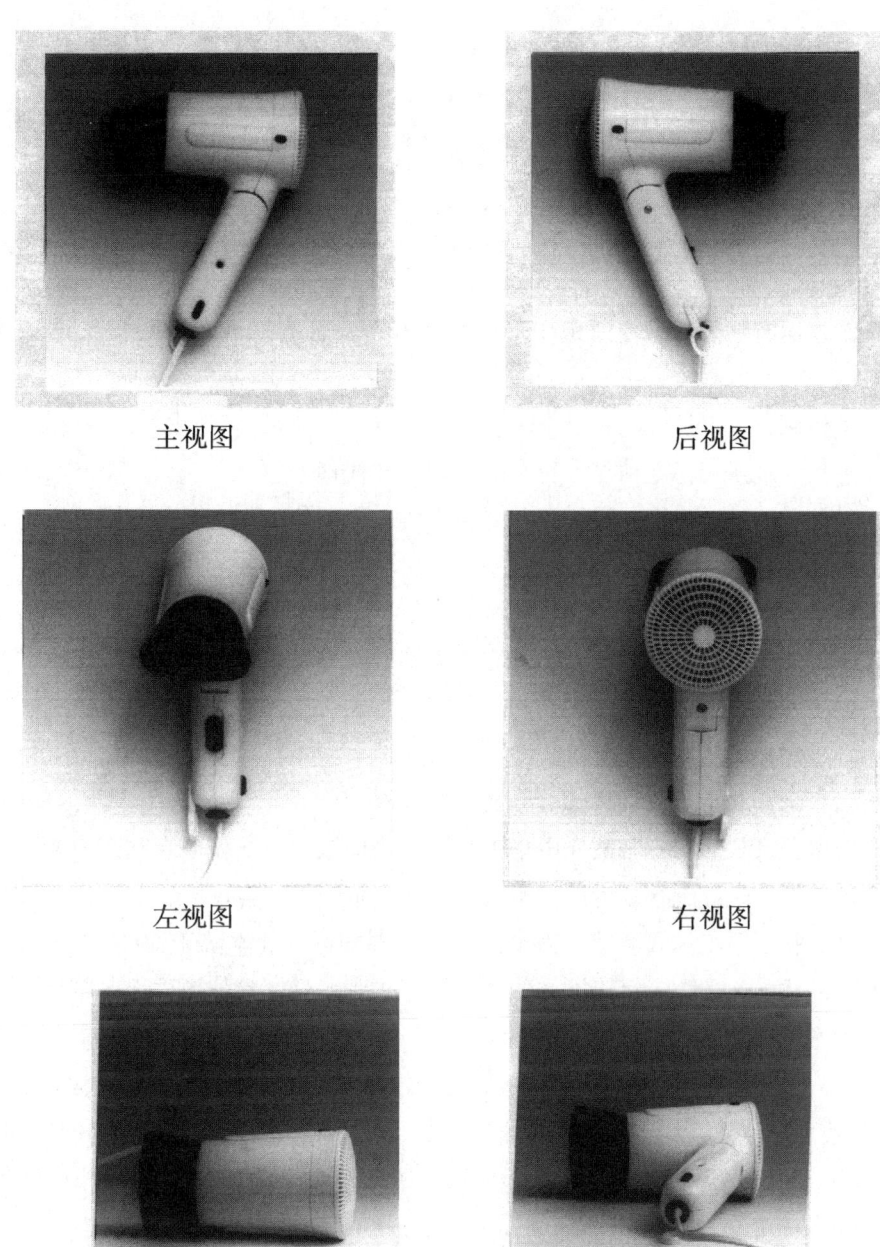

主视图　　　　　　　　后视图

左视图　　　　　　　　右视图

俯视图　　　　　　　　仰视图

在先设计3附图

北京市第一中级人民法院
行政判决书

(2009) 一中行初字第 25 号

原告宁波宁锐电器有限公司，住所地中华人民共和国浙江省宁波市开发区大港工业城大港六路51号。

法定代表人干信国，董事长。

委托代理人王兵，杭州天正专利事务所有限公司专利代理人。

被告中华人民共和国国家知识产权局专利复审委员，住所地中华人民共和国北京市海淀区北四环西路9号银谷大厦10~12层。

法定代表人廖涛，副主任。

委托代理人张华，男，中华人民共和国国家知识产权局专利复审委员会审查员。

第三人松下电工株式会社，住所地日本国大阪府。

法定代表人畑中浩一，代表取缔役。

委托代理人吕翊彤，北京市汉韬律师事务所律师。

原告宁波宁锐电器有限公司不服被告中华人民共和国国家知识产权局专利复审委员会作出的无效宣告请求审查决定，向本院提起行政诉讼。本院受理后，依法组成合议庭，并依法通知与被诉具体行政行为有利害关系的松下电工株式会社作为本案第三人参加诉讼。本院于2009年6月4日公开开庭审理了本案。原告的委托代理人王兵，被告的委托代理人张华到庭参加了诉讼。第三人经本院合法传唤明确表示不参加本案庭审。本案现已审理终结。

2007年8月14日，被告作出第10391号无效宣告请求审查决定（以下简称被诉决定），依据《中华人民共和国专利法》（以下简称《专利法》）第二十三条，《中华人民共和国专利法实施细则》（以下简称《专利法实施细则》）第十三条第一款的规定，维持00305889.1号外观设计专利权（以下简称本专利）有效。

被告于答辩期内向本院提交了作出被诉具体行政行为的证据材料的复印件：（1）本专利著录项目及图片网上公开信息下载纸件；（2）专利号为99305615.6的外观设计专利著录项目及图片网上公开信息下载纸件（即被诉决定中的在先设计1）；（3）专利号为98323970.3的外观设计专利著录项目及图片网上公开信息下载纸件（即被诉决定中的在先设计2）；（4）专利号为99305335.1的外观设计专利著录项目及图片网上公开信息下载纸件；（5）专利号为93304186.1的外观设计专利著录项目机图片网上公开信息下载纸件（即被诉决定中的在先设计3）。以上证据用以证明被诉决定认定事实清楚，适用法律正确，审理程序合法。

原告诉称：本专利与在先设计1的整体形状近似，尤其是作为吹风机主要部分的风筒中部都有收缩状，形状近似。进风部的形状虽然略有差异，但是椭球形与球形本身就非常接近，在普通消费者施以普通注意力的情况下，两者的区别不容易被注意到。另外，在先设计1的手柄下端虽然收窄，但手柄整体也大致是柱形，与本专利没有显著区别。在先设计1的下端的尖端是导线而不是外观设计本身，由于本专利没有画上导线，显得两者下端一尖一方区别很大，实际上就手柄本身而言两者并无大的区别，在先设计1的手柄并非锥形。因此，被诉决定中指出的两处区别本身不显著，不能导致两者整体上形成显著的视觉差异。鉴于两者的主要部件和整体格局上的相同，一般消费者对于两者无显著视觉差异，两者属于相近似外观设计。综上，被诉决定在认定事实和适用法律上错误，请求法院撤销该决定。

原告未向本院提交证据。

被告辩称：被诉决定认定事实清楚，适用法律正确，审理程序合法，原告的诉讼请求没有事实和法律依据，请求法院维持该决定。

第三人未向法院提交书面意见，也未向法院提交证据。

经庭审质证，原告对被告提交的证据的关联性、合法性、真实性无异议，但不同意其证明作用。

经审查，被告提交的证据与本案具有关联性，且合法、真实，能够证明本案事实，本院予以确认。

经审理查明，本无效宣告请求涉及的是国家知识产权局于2000年12月20日授权公告的、名称为"吹风机"的外观设计专利（即本专利），其申请号是00305889.1，申请日是2000年4月27日，优先权日是1999年11月16日，专利权人是本案第三人。

针对上述专利权，原告于2006年11月3日向被告提出无效宣告请求，其理由是：在本专利申请日之前已有近似的外观设计向国家知识产权局提出专利申请，并在本专利申请日之前/后被授予专利权，故本专利不符合《专利法》第二十三条及《专利法实施细则》第十三条第一款的规定。原告提交了如下附件作为证据：

附件1是专利号为99305615.6的外观设计专利著录项目及图片网上公开信息下载纸件；

附件2是专利号为98323970.3的外观设计专利著录项目及图片网上公开信息下载纸件；

附件3是专利号为99305335.1的外观设计专利著录项目及图片网上公开信息下载纸件；

附件4是专利号为93304186.1的外观设计专利著录项目及图片网上公开信息下载纸件。

原告同时指出附件1适用《专利法实施细则》第十三条第一款的规定，附件2、附件3及附件4适用《专利法》第二十三条的规定。

经形式审查合格，被告受理了此案，并于2006年11月7日将无效请求书及相关材料副本转送给第三人。

第三人于2006年12月26日提交意见陈述书，第三人认为，本专利由圆筒形的风筒部分与手柄所构成，其外观具备以下明显特征：（1）圆筒形的风筒部分的后部（进风侧）与进风口整体呈现球形形状；（2）在该球形形状的大致球心处形成有一条从该球心处穿过的垂直延伸的直线；（3）在上述直线图案的大致中心处形成有一环形图案，该环形图案相对于该垂直延伸的直线是对称的；（4）圆筒形的风筒部分的前部呈收缩状。将本专利与附件1至附件4所示外观设计逐一对比，具有以下明显差异：附件1所示的产品，其风筒部分的后部呈卵形形状，两侧的环形图案与进风口相邻接；附件2所示的产品，其风筒部分先是略呈膨胀状，而后朝着出风口端部方向呈锥削状；附件3所示的产品，其风筒部分的后部与进风口一起构成一种垂直形状，风筒部分的前端先是略呈膨胀状，而后是略呈锥削状，再是较窄的弧形状；附件4所示的产品，其风筒部分的后部与进风口一起构成一种垂直形状。以上差异足以导致本专利与附件1至附件4所示外观设计均既不相同也不相近似。

被告于 2007 年 2 月 27 日将第三人的意见陈述转给原告，要求其在指定期限内答复。

被告于 2007 年 2 月 27 日向双方当事人发出合议组成员告知通知书。双方当事人在指定期限内均未对合议组成员提出回避请求。

原告于 2007 年 3 月 26 日提交意见陈述。原告认为，本专利与附件 1 所示是近似产品，且风筒形状相同。从整体上看，两者具有相同的主要设计特点：前部有收缩的风筒，后部有球形的进风口，整体视觉印象十分近似。两者的区别仅在于"此该球心处穿过的垂直延伸的直线"和"环圈形图案"，尽管附件 1 上没有以上两处图案，但是这两处图案是局部的图案，其对于整体视觉的影响明显小于风筒的形状，两者应属于近似的外观设计。

被告于 2007 年 4 月 20 日向原告发出无效宣告请求审查通知书，向其释明由于附件 1 的申请日为 1999 年 5 月 7 日，优先权日为 1999 年 2 月 24 日，公告日为 2000 年 1 月 19 日，附件 3 的申请日为 1999 年 5 月 4 日，公告日为 1999 年 12 月 22 日，这两个附件的申请日（或优先权日）均在本专利的优先权日之前且公告日均在本专利的优先权日之后，属于他人申请在先公开在后的在先设计，作为证据使用时优先适用《专利法》第九条的规定，也可以适用《专利法实施细则》第十三条第一款的规定，而不适用《专利法》第二十三条的规定，因此要求原告在指定期限内对附件 1 和附件 3 选择适用的法条或作出相应的意见陈述。原告逾期未答复。

被告经审查认为：

1. 法律依据。

基于原告提出的无效宣告请求理由，被告对本专利是否符合《专利法》第二十三条以及《专利法实施细则》第十三条第一款的规定进行审查。

《专利法》第二十三条规定："授予专利权的外观设计，应当同申请日以前在国内外出版物上公开发表过或者国内公开使用过的外观设计不相同和不相近似，并不得与他人在先取得的合法权利相冲突。"

《专利法实施细则》第十三条第一款规定："同样的发明创造只能被授予一项专利。"

2. 证据认定。

附件 1 是专利号为 99305615.6、名称为吹风机的外观设计专利，其申请日为 1999 年 5 月 7 日，优先权日为 1999 年 2 月 24 日，公告日为 2000 年 1 月 19 日。

附件 2 是专利号为 98323970.3、名称为吹发器的外观设计专利，其公告日为 1999 年 9 月 15 日。附件 3 是专利号为 99305335.1、名称为可摺式吹发筒（5401FD）的外观设计专利，其申请日为 1999 年 5 月 4 日，公告日为 1999 年 12 月 22 日。附件 4 是专利号为 93304186.1、名称为吹发器的外观设计专利，其公告日为 1994 年 12 月 28 日。以上附件经合议组核实属实。其中附件 1 和附件 3 的申请日均在本专利的优先权日（1999 年 11 月 16 日）之前且公告日均在本专利的优先权日之后，属于他人申请在先公开在后的在先设计，作为证据使用时可以适用《专利法实施细则》第十三条第一款的规定，而不适用《专利法》第二十三条的规定。因此，附件 1 可以作为判断本专利是否符合《专利法实施细则》第十三条第一款的规定的证据。而附件 3 由于其不适用《专利法》第二十三条的规定，而原告对被告要求其选择适用的法条或作出相应的意见陈述的审查通知书未予答复，因此，原告提出的作为支持《专利法》第二十三条的无效理由的附件 3 不适用于本案；附件 2 和附件 4 的公告日均在本专利的优先权日之前，属于本专利申请日（即优先权日）前的公开出版物，因此，附件 2 和附件 4

可以作为判断本专利是否符合《专利法》第二十三条规定的证据。

3. 外观设计对比。

观察本专利可以看到：本专利由风筒与手柄两部分所构成，风筒由球形进风口和圆筒形出风口组成，手柄大体呈柱状。

观察附件 1 所示外观设计（即在先设计 1）可以看到：在先设计 1 由风筒与手柄两部分所构成，风筒由椭球形进风口和呈渐收缩状筒形出风口组成，手柄下端呈锥形。

观察附件 2 所示外观设计（即在先设计 2）可以看到：在先设计 2 由风筒与手柄两部分所构成，风筒由球形进风口和呈锥形出风口组成，手柄下端呈锥形。

观察附件 4 所示外观设计（即在先设计 3）可以看到：在先设计 4 由风筒与手柄两部分所构成，风筒整体上略呈锥形，出风口有加长的扁口，手柄为柱状。

由于本专利和在先设计 1、在先设计 2 以及在先设计 3 均用于吹风机，均属于相同种类的产品，故可以进行相近似性对比。

将在先设计 1 与本专利进行比较，两者虽然都由风筒与手柄两部分组成，但两者进风部和手柄有明显区别，本专利的进风部呈球形，手柄大体呈柱状，而在先设计 1 的进风部呈椭球形，手柄明显呈锥形，这些区别足以导致两者整体上不相同也不相近似。

将在先设计 2 与本专利进行比较，两者虽然都由风筒与手柄两部分组成，但两者具有以下明显区别，本专利的风筒中部呈收缩状，两侧有圆环形图案，手柄大体呈柱状，而在先设计 2 的风筒出风部呈锥状，并在中部略有膨胀，两侧无圆环形图案，手柄明显呈锥形，这些区别足以导致两者整体上不相同也不相近似。

将在先设计 3 与本专利进行比较，两者虽然都由风筒与手柄两部分组成，但两者风筒部分有明显区别，本专利风筒的进风部呈球形，出风部呈圆筒形，而在先设计 3 的风筒整体上呈锥形，出风口有加长的扁口，这些区别足以导致两者整体上不相同也不相近似。

经将在先设计 1、在先设计 2 和在先设计 3 分别与本专利进行一对一的比较分析可以看出：在先设计 1、在先设计 2 和在先设计 3 均与本专利区别明显，整体上不相同也不相近似。

综上，原告提交的证据不能证明有与本专利相同或相近似的外观设计在本专利申请日前已在出版物上公开发表，或者在本专利申请日之前提出专利申请并在本专利申请日之后被授予专利权，原告的无效宣告请求的主张未得到证据的支持，不能证明本专利不符合《专利法》第二十三条的规定及《专利法实施细则》第十三条第一款的规定。

据此，被告作出被诉决定。原告不服，诉至本院。

在庭审中，原告明确表示对于被诉决定作出的程序、法律依据、被诉决定中关于证据认定及本专利与在先设计 2、3 整体上不相同也不相近似的认定无异议。

本院认为，对于被诉决定中原告无异议的认定，本院经审查，对其合法性予以确认。

本案审查的重点问题是本专利与在先设计 1 是否相近似。

在先设计 1 也公开了一种吹风机的外观设计，其由风筒与手柄两部分所构成，风筒由椭球形进风口和呈渐收缩状筒形出风口组成，手柄下端呈锥形。

将本专利与在先设计 1 相比较，两者进风部和手柄有明显区别，本专利的进风部呈球形，手柄大体呈柱状，而在先设计 1 的进风部呈椭球形，手柄明显呈锥形，上述区别使两者在整体上不相同也不相近似。

综上，被告将在先设计1、在先设计2和在先设计3分别与本专利进行对比，进而得出本专利符合《专利法》第二十三条及《专利法实施细则》第十三条第一款规定的认定正确。被诉决定认定事实清楚，适用法律正确，行政程序合法，本院应予维持。原告的诉讼主张缺乏事实和法律依据，本院不予支持。据此，依照《中华人民共和国行政诉讼法》第五十四条第（一）项之规定，判决如下：

维持被告中华人民共和国国家知识产权局专利复审委员会于二〇〇七年八月十四日作出的第10391号无效宣告请求审查决定。

案件受理费人民币100元，由原告宁波宁锐电器有限公司负担（已交纳）。

如不服本判决，原告宁波宁锐电器有限公司、被告中华人民共和国国家知识产权局专利复审委员会可在本判决书送达之日起15日内，第三人松下电工株式会社可在本判决书送达之日起30日内，向本院提交上诉状，并按对方当事人人数提出副本，上诉于中华人民共和国北京市高级人民法院。上诉人在上诉期满后7日内未预交上诉案件受理费又不提交缓交申请的，按自动撤回上诉处理。

审　判　长　强刚华
代理审判员　贾志刚
代理审判员　司品华
二〇〇九年七月八日
书　记　员　张　莹

北京市高级人民法院
行政判决书

（2009）高行终字第1205号

上诉人（一审原告）宁波宁锐电器有限公司，住所地中华人民共和国浙江省宁波市开发区大港工业城大港六路51号。

法定代表人干信国，董事长。

委托代理人王兵，杭州天正专利事务所有限公司专利代理人。

被上诉人（一审被告）中华人民共和国国家知识产权局专利复审委员会，住所地中华人民共和国北京市海淀区北四环西路9号银谷大厦。

法定代表人张茂于，副主任。

委托代理人张华，男，中华人民共和国国家知识产权局专利复审委员会审查员。

委托代理人张雪飞，男，中华人民共和国国家知识产权局专利复审委员会审查员。

被上诉人（一审第三人）松下电工株式会社，住所地日本国大阪府。

法定代表人畑中浩一，代表取缔役。

委托代理人吕翊彤，北京市汉韬律师事务所律师。

上诉人宁波宁锐电器有限公司因专利无效宣告请求审查决定一案，不服中华人民共和国北京市第一中级人民法院（2009）一中行初字第25号行政判决，向本院提出上诉。本院受理后，依法组成合议庭审理了本案。本案现已审理终结。

2007年8月14日，中华人民共和国国家知识产权局专利复审委员会（以下简称专利复审委）作出第10391号无效宣告请求审查决定（以下简称第10391号决定），维持第00305889.1号外观设计专利权（以下简称本专利）有效。宁波宁锐电器有限公司不服，向中华人民共和国北京市第一中级人民法院（以下简称一审法院）提起行政诉讼。

一审法院判决认定，在先设计1公开了一种吹风机的外观设计，其由风筒与手柄两部分所构成，风筒由椭球形进风口和呈渐收缩状筒形出风口组成，手柄下端呈锥形。

将本专利与在先设计1相比较，两者进风部和手柄有明显区别，本专利的进风部呈球形，手柄大体呈柱状，而在先设计1的进风部呈椭球形，手柄明显呈锥形，上述区别使两者在整体上不相同也不相近似。

综上，专利复审委将在先设计1、在先设计2和在先设计3分别与本专利进行对比，进而得出本专利符合《中华人民共和国专利法》（以下简称《专利法》第二十三条及《中华人民共和国专利法实施细则》（以下简称《专利法实施细则》）第十三条第一款规定的认定正确。第10391号决定认定事实清楚，适用法律正确，行政程序合法，应予维持。宁波宁锐电器有限公司的诉讼主张缺乏事实和法律依据，不予支持。据此，依照《中华人民共和国行政诉讼法》第五十四条第（一）项之规定，判决维持第10391号决定。

宁波宁锐电器有限公司不服一审判决，向本院提出上诉，上诉的主要理由是：本专利与在先设计1的整体形状近似，尤其是作为吹风机主要部分的风筒中部都有收缩状，形状近似。进风部的形状虽然略有差异，但是椭球形与球形本身就非常接近，在普通消费者施以普通注意力的情况下，两者的区别不容易被注意到。另外，在先设计1的手柄下端虽然收窄，但手柄整体也大致是柱形，在先设计1的手柄并非锥形，与本专利没有显著区别。在先设计1的下端的尖端是导线而不是外观设计本身，由于本专利没有画上导线，显得两者下端一尖一方区别很大，实际上就手柄本身而言两者并无大的区别。因此，一审判决指出的两处区别本身不显著，不能导致两者整体上形成显著的视觉差异。鉴于两者的主要部件和整体格局上的相同，一般消费者对于两者无显著视觉差异，两者属于相近似外观设计。综上，一审判决在认定事实和适用法律上均有错误，请求二审法院撤销一审判决及第10391号决定。

专利复审委坚持第10391号决定中的认定，认为一审判决认定事实清楚、适用法律正确、审理程序合法，上诉理由不能成立，请求二审法院驳回上诉，维持一审判决。

松下电工株式会社请求驳回上诉，维持一审判决。

一审法院审理期间，专利复审委向法院提交了以下证据：（1）本专利著录项目及图片网上公开信息下载纸件；（2）在先设计1，即专利号为第99305615.6号的外观设计专利著录项目及图片网上公开信息下载纸件；（3）在先设计2，即专利号为第98323970.3号的外观设计专利著录项目及图片网上公开信息下载纸件；（4）专利号为第99305335.1号的外观设计专利著录项目及图片网上公开信息下载纸件；（5）在先设计3，即专利号为第93304186.1号的外观设计专利著录项目及图片网上公开信息下载纸件。

宁波宁锐电器有限公司、松下电工株式会社均未向一审法院提交证据。

一审法院经审查认为，专利复审委提交的证据与本案具有关联性，且合法、真实，能够证明本案事实，故予以确认。

上述证据已随案移送本院。二审期间，各方当事人均未向本院提交新证据。经本院审查，一审法院的认证意见正确，本院予以确认。

本院根据合法有效的证据，认定如下事实：

2000年4月27日，松下电工株式会社向中华人民共和国和国家知识产权局（以下简称国家知识产权局）申请名称为"吹风机"的外观设计专利（即本专利），申请号为第00305889.1号，2000年12月20日获得授权，优先权日为1999年11月16日。

2006年11月3日，宁波宁锐电器有限公司针对本专利，向专利复审委提出无效宣告请求，其无效理由是，在本专利申请日之前，已有近似的外观设计向国家知识产权局提出，并在本专利申请日前被授予专利权，故本专利不符合《专利法》第二十三条及《专利法实施细则》第十三条第一款的规定。宁波宁锐电器有限公司提交了以下附件作为证据：

附件1：专利号为第99305615.6号的外观设计专利著录项目及图片网上公开信息下载纸件；

附件2：专利号为第98323970.3号的外观设计专利著录项目及图片网上公开信息下载纸件；

附件3：专利号为第99305335.1号的外观设计专利著录项目及图片网上公开信息下载纸件；

附件4：专利号为第93304186.1号的外观设计专利著录项目及图片网上公开信息下载纸件。

同时指出附件1适用《专利法实施细则》第十三条第一款的规定；附件2、附件3及附件4适用《专利法》第二十三条的规定。

2006年12月26日，松下电工株式会社提交意见陈述书，认为本专利由圆筒形的风筒部分与手柄所构成，其外观具备以下明显特征：（1）圆筒形的风筒部分的后部（进风侧）与进风口整体呈现球形形状；（2）在该球形形状的大致球心处形成有一条从该球心处穿过的垂直延伸的直线；（3）在上述直线图案的大致中心处形成有一环形图案，该环形图案相对于该垂直延伸的直线是对称的；（4）圆筒形的风筒部分的前部呈收缩状。将本专利与附件1~4所示外观设计逐一对比，具有以下明显差异：附件1所示的产品，其风筒部分的后部呈卵形形状，两侧的环形图案与进风口相邻接；附件2所示的产品，其风筒部分先是略呈膨胀状，而后朝着出风口端部方向呈锥削状；附件3所示的产品，其风筒部分的后部与进风口一起构成一种垂直形状，风筒部分的前端先是略呈膨胀状，而后是略呈锥削状，再是较窄的弧形状；附件4所示的产品，其风筒部分的后部与进风口一起构成一种垂直形状。以上差异足以导致本专利与附件1~4所示外观设计均既不相同也不相近似。

2007年3月26日，宁波宁锐电器有限公司提交意见陈述认为，本专利与附件1所示是近似产品，且风筒形状相同。从整体上看，两者具有相同的主要设计特点：前部有收缩的风筒，后部有球形的进风口，整体视觉印象十分近似。两者的区别仅在于"此该球心处穿过的垂直延伸的直线"和"环圈形图案"，尽管附件1上没有以上两处图案，但是这两处图案是局部的图案，其对于整体视觉的影响明显小于风筒的形状，两者应属于近似的外观设计。

2007年4月20日，专利复审委向宁波宁锐电器有限公司发出无效宣告请求审查通知书，同时释明由于附件1的申请日为1999年5月7日，优先权日为1999年2月24日，公告日为2000年1月19日，附件3的申请日为1999年5月4日，公告日为1999年12月22日，这两个附件的申请日（或优先权日）均在本专利的优先权日之前且公告日均在本专利的优先权日之后，属于他人申请在先公开在后的在先设计，作为证据使用时优先适用《专利法》第九条的规定，也可以适用《专利法实施细则》第十三条第一款的规定，而不适用《专利法》第二十三条的规定，因此要求宁波宁锐电器有限公司在指定期限内对附件1和附件3选择适用的法条，或者作出相应的意见陈述。宁波宁锐电器有限公司逾期并未答复。

2007年8月14日，专利复审委作出第10391号决定认为：

1. 法律依据。

基于宁波宁锐电器有限公司提出的无效宣告请求理由，专利复审委对本专利是否符合《专利法》第二十三条以及《专利法实施细则》第十三条第一款的规定进行审查。

《专利法》第二十三条规定：

"授予专利权的外观设计，应当同申请日以前在国内外出版物上公开发表过或者国内公开使用过的外观设计不相同和不相近似，并不得与他人在先取得的合法权利相冲突。"

《专利法实施细则》第十三条第一款规定：

"同样的发明创造只能被授予一项专利。"

2. 证据认定。

附件1是专利号为第99305615.6号、名称为吹风机的外观设计专利，其申请日为1999年5月7日，优先权日为1999年2月24日，公告日为2000年1月19日。附件2是专利号为第98323970.3号、名称为吹发器的外观设计专利，其公告日为1999年9月15日。附件3是专利号为第99305335.1号、名称为可摺式吹发筒（5401FD）的外观设计专利，其申请日为1999年5月4日，公告日为1999年12月22日。附件4是专利号为第93304186.1号、名称为吹发器的外观设计专利，其公告日为1994年12月28日。以上附件经合议组核实属实。其中，附件1和附件3的申请日均在本专利的优先权日（1999年11月16日）之前，且公告日均在本专利的优先权日之后，属于他人申请在先公开在后的在先设计，作为证据使用时可以适用《专利法实施细则》第十三条第一款的规定，而不适用《专利法》第二十三条的规定。因此，附件1可以作为判断本专利是否符合《专利法实施细则》第十三条第一款的规定的证据。而附件3由于其不适用《专利法》第二十三条的规定，而宁波宁锐电器有限公司对专利复审委要求其选择适用的法条或作出相应的意见陈述的审查通知书未予答复，因此，宁波宁锐电器有限公司提出的作为支持《专利法》第二十三条的无效理由的附件3不适用于本案；附件2和附件4的公告日均在本专利的优先权日之前，属于本专利申请日（即优先权日）前的公开出版物，因此，附件2和附件4可以作为判断本专利是否符合《专利法》第二十三条规定的证据。

3. 外观设计对比。

观察本专利可以看到：本专利由风筒与手柄两部分所构成，风筒由球形进风口和圆筒形出风口组成，手柄大体呈柱状。

观察附件1所示外观设计（即在先设计1）可以看到：在先设计1由风筒与手柄两部分所构成，风筒由椭球形进风口和呈渐收缩状筒形出风口组成，手柄下端呈锥形。

观察附件2所示外观设计（即在先设计2）可以看到：在先设计2由风筒与手柄两部分所构成，风筒由球形进风口和呈锥形出风口组成，手柄下端呈锥形。

观察附件4所示外观设计（即在先设计3）可以看到：在先设计4由风筒与手柄两部分所构成，风筒整体上略呈锥形，出风口有加长的扁口，手柄为柱状。

由于本专利和在先设计1、在先设计2以及在先设计3均用于吹风机，均属于相同种类的产品，故可以进行相近似性对比。

将在先设计 1 与本专利进行比较，两者虽然都由风筒与手柄两部分组成，但两者进风部和手柄有明显区别，本专利的进风部呈球形，手柄大体呈柱状，而在先设计 1 的进风部呈椭球形，手柄明显呈锥形，这些区别足以导致两者整体上不相同也不相近似。

将在先设计 2 与本专利进行比较，两者虽然都由风筒与手柄两部分组成，但两者具有以下明显区别，本专利的风筒中部呈收缩状，两侧有圆环形图案，手柄大体呈柱状，而在先设计 2 的风筒出风部呈锥状，并在中部略有膨胀，两侧无圆环形图案，手柄明显呈锥形，这些区别足以导致两者整体上不相同也不相近似。

将在先设计 3 与本专利进行比较，两者虽然都由风筒与手柄两部分组成，但两者风筒部分有明显区别，本专利风筒的进风部呈球形，出风部呈圆筒形，而在先设计 3 的风筒整体上呈锥形，出风口有加长的扁口，这些区别足以导致两者整体上不相同也不相近似。

经将在先设计 1、在先设计 2 和在先设计 3 分别与本专利进行一对一的比较分析可以看出：在先设计 1、在先设计 2 和在先设计 3 均与本专利区别明显，整体上不相同也不相近似。

综上，宁波宁锐电器有限公司提交的证据不能证明有与本专利相同或相近似的外观设计在本专利申请日前已在出版物上公开发表，或者在本专利申请日之前提出专利申请并在本专利申请日之后被授予专利权，宁波宁锐电器有限公司的无效宣告请求的主张未得到证据的支持，不能证明本专利不符合《专利法》第二十三条的规定及《专利法实施细则》第十三条第一款的规定。

综上，第 10391 号决定维持本专利有效。宁波宁锐电器有限公司不服，遂诉至一审法院。

本院认为，宁波宁锐电器有限公司以及松下电工株式会社对专利复审委作出第 10391 号决定的行政程序、法律依据、证据认定、案由的记载以及对在先设计 2、3 的认定内容不持异议。本院经审查，确认其合法性。

本案的争议焦点问题是：本专利与在先设计 1 是否构成相近似的外观设计。

根据在先设计 1 的外观设计附图，其风筒由椭球形进风口和呈渐收缩状筒形出风口组成；手柄下端呈锥形。本专利的风筒形状以及手柄形状，与先设计 1 的区别较为明显，即本专利进风部呈球形，手柄大为柱形，基于上述两点区别，专利复审委认定二者整体不相同也不相近似正确。

综上，专利复审委所作第 10319 号决定合法，一审维持正确，本院应予维持。宁波宁锐电器有限公司的上诉理由缺乏事实和法律依据，本院不予支持。依照《中华人民共和国行政诉讼法》第六十一条第（一）项的规定，判决如下：

驳回上诉，维持一审判决。

二审案件受理费人民币 100 元，由上诉人宁波宁锐电器有限公司负担（已交纳）。

本判决为终审判决。

审　判　长　赵宇晖
审　判　员　朱世宽
代理审判员　胡华峰
二〇〇九年十一月十六日
书　记　员　张　怡

组合式开关插座

无效宣告请求审查决定（第 10394 号）

决 定 号	第 10394 号
决 定 日	2007 年 8 月 23 日
发明创造名称	组合式开关插座
外观设计分类号	13-03
无效宣告请求人	南京赛璟照明电器有限公司，广东朗能电器有限公司
专 利 权 人	刘德银
专 利 号	02317702.0
申 请 日	2002 年 4 月 2 日
授权公告日	2002 年 9 月 25 日
合议组组长	钱 芸
主 审 员	周雷鸣
参 审 员	龙 安
附 图	1 页

法律依据 专利法第 23 条

决定要点

本专利主视图中每个透孔与主体之间夹有圆角正方形内边框、主体边框的主体呈外低内高的弧形，而证据中无法唯一得出本专利的上述特征，这一区别足以使得二者的整体形态产生明显不同的视觉效果，两份外观设计依整体观察、综合判断来看不易使一般消费者产生混淆，二者属于不相近似的外观设计。本专利符合专利法第 23 条的规定。

一、案由

国家知识产权局专利复审委员会根据北京市高级人民法院（2005）高行终字第 406 号行政判决书的判决，重新成立合议组，对 02317702.0 号外观设计专利（下称本专利）无效宣告请求进行审查。

本专利的名称为"组合式开关插座"，专利权人为刘德银，授权公告日为 2002 年 9 月 25 日。

针对本专利，南京赛璟照明电器有限公司、广东朗能电器有限公司（下称为请求人）曾于 2003 年 7 月 28 日向国家知识产权局专利复审委员会提出无效宣告请求，理由是本专利不符合专利法第 23 条的规定，同时请求人提交了以下附件作为证据材料：

证据 1-1：94310809.8 号外观设计专利公报，公告日为 1995 年 10 月 18 日；

证据 1-2：00342339.5 号外观设计专利公报，公告日为 2001 年 6 月 6 日；

证据1-3：98307142.X号外观设计专利公报，公告日为1999年1月27日；

证据1-4：00342338.7号外观设计专利公报，公告日为2001年6月6日；

证据1-5：93300238.6号外观设计专利公报，公告日为1994年2月16日；

证据1-6：01343586.8号外观设计专利公报，公告日为2002年2月27日；

证据1-7：95312721.4号外观设计专利公报，公告日为1997年1月29日；

证据1-8：90301610.9号外观设计专利公报，公告日为1991年4月24日；

证据1-9：西蒙公司网页打印件，共1页；

证据1-10：专利权人持有的00216864.2实用新型专利说明书首页，授权公告日2001年1月24日；

证据1-11：专利权人持有的99334486.0外观设计专利公报，授权公告日为2000年8月30日；

证据1-12：江苏省知识产权局苏（2003）纠字13号答辩通知书复印件1页及专利侵权纠纷处理请求书复印件2页；

证据1-13：南京赛璟照明电器有限公司专利代理委托书原件；

证据1-14：广东朗能电器有限公司专利代理委托书原件。

请求人于2003年8月18日提交了如下证据材料：

证据2-1：广州市公证处（2003）穗证内经字第1049254号公证书复印件，共4页，及公证书所附网页打印件23页，公证书开具时间为2003年8月12日；

证据2-2：经营项目栏填写有"西蒙开关插座"的销售发票复印件1页，开票日期为2003年8月7日；

证据2-3：西蒙公司欧式60产品宣传册复印件，共2页；

证据2-4：西蒙公司产品购买菜单复印件，共1页；

证据2-5：西蒙公司欧式60系列产品配色指南复印件，共2页；

证据2-6：西蒙公司产品宣传册复印件，共4页；

证据2-7：请求人声明的西蒙公司欧式60产品实物照片彩色打印件，共1页。

请求人曾于2003年9月17日第三次提交了如下补充证据材料：

证据3-1：2001年11月9日《建筑时报》复印件，共2页；

证据3-2：2002年1月18日《建筑时报》复印件，共2页。

专利复审委员会于2004年12月10日作出第6659号无效宣告请求审查决定（下称为第6659号决定），维持本专利专利权有效。

请求人对第6659号决定不服，上诉至北京市第一中级人民法院。北京市第一中级人民法院于2005年6月20日作出（2005）一中行初字第184号行政判决书，该判决书判定：原告关于在无效程序中曾以证据3-1和3-2作为出版物公开证据的主张没有事实依据，本院不予采信；证据3-1所附图片上的开关产品已经在本专利申请日前公开销售。被告在第6659号决定中认为，证据3-1、3-2没有详细披露欧式60系列产品的外观设计，并且认为所刊载的产品图案小、模糊不清，不能与本专利进行对比是错误的，撤销第6659号决定。

专利复审委员会不服一中院判决向北京市高级人民法院提起上诉请求。北京市高级人民法院于2005年12月16日作出（2005）高行终字第406号行政判决书，认定，证据3-1和3-2是作为使用公开的证据，证据3-1原件中的图片并非模糊不清，而是可以反映该产品的形状，专利复审委员会应当对证据3-1中的图片是否足以反映该产品的外观设计以及该产品外观设计与本专利是否相同和相近似作出认定，维持了北京市第一中级人民法院的判决。

专利复审委员会依法重新成立合议组，并于 2007 年 3 月 12 日向双方当事人发出无效宣告请求口头审理通知书，定于 2007 年 4 月 24 日举行口头审理。

口头审理如期举行。请求人对出席口头审理的专利权人一方提交的授权委托书有异议，并认为该委托书上专利权人的签章不是专利权人本人加盖的，口头审理回执上的专利权人的签字不是专利权人本人签署的。请求人对第 6659 号决定的决定理由中"（1）关于出版物公开"的论述内容无异议，放弃证据 2-6，提交证据 2-1 到 2-5、2-7 和证据 3-1、3-2 的原件，明确无效理由为本专利与证据 2-1 到 2-5、2-7 和证据 3-1、3-2 中披露的在先销售的产品的外观设计相比相同、相近似，不符合专利法第 23 条的规定，使用证据 2-1 公证书第 8 页 60415-60/60425-60 产品、证据 2-4 中的产品目录 60415-60/60425-60 产品、证据 2-5 中 60415-60 产品、证据 2-7 的图、证据 3-1 报道中显示的产品图片中最左边的图片和该图片的立体图与本专利进行对比。专利权人对证据 2-2 的真实性无异议，认为证据 2-2 与证据 2-7 无关联性；对证据 2-3、2-4、2-5 的复印件与原件一致无异议，对证据 2-3、2-4、2-5 的真实性无异议，对于证据 2-3、2-4、2-5 公开时间有异议；对于证据 2-7 的真实性有异议，认为证据 2-7 与证据 2-2 之间无关联性；对于证据 3-1、3-2 复印件与原件一致无异议，对原件的真实性无异议。合议组告知，请求人应在 2007 年 5 月 8 日前提交对专利权人的授权委托书有异议的证据，若请求人提出的证据足以证明授权委托书不是专利权人本人出具的，专利权人的受委托人在口头审理时的意见陈述将被视为无效。

请求人没有在指定的期限内提交意见陈述及证据。

至此，本案合议组认为双方当事人均已经充分表达了各自的主张并提出相应的证据，本案事实已经清楚，现依法作出审查决定。

二、决定的理由

1. 关于出版物公开

请求人对第 6659 号审查决定的决定理由中"（1）关于出版物公开"的论述内容无异议，且一审判决认定：原告关于在无效程序中曾以证据 3-1 和 3-2 作为出版物公开证据的主张没有事实依据，本院不予采信，本专利是否被证据 3-1 和 3-2 以出版物的形式公开不是本案审理的范围。二审判决认定：一审法院已经明确认定本专利是否被证据 3-1 和 3-2 以出版物形式公开不是本案审理的范围，证据 3-1 和 3-2 是作为使用公开的证据，因此一审法院没有混淆使用公开和出版物公开的概念，一审法院认定事实清楚，使用法律正确。一审判决和二审判决是已生效的判决，并且请求人在 2007 年 4 月 24 日的口头审理中也没有坚持原出版物公开的主张，因此合议组对请求人所提出的出版物公开的主张无需再进行审查。

2. 关于使用公开

证据 2-1 为广州市公证处（2003）穗证内经字第 1049254 号公证书，请求人提交了该公证书的原件，经核实复印件与原件一致，因此该公证书真实有效，可以作为证据使用。

但该公证书仅仅证明 2003 年 8 月 11 日西蒙公司的网站（http：//www.simtone.com）上有公证书附件（共计 23 页网页）信息内容的记载，公证书并未对这些信息内容本身的真实性予以公证，也未证明这些信息在本专利的申请日之前已经公开，在没有其他证据进行佐证的情况下，公证书附件的内容不能作为在先设计与本专利进行对比，因此，无法认定证据 2-1 附件第 3 页图片左下侧中间附图和第 8 页 60415-60/60425-60 产品在本专利申请日之前销售，因而无法将其与本专利进行相同、相近似对比。

证据 2-2 为经营项目栏填写了"西蒙开关插座"的销售发票复印件，开票日期为 2003 年 8 月 7 日。专利权人对证据 2-2 的真实性无异议，因此证据 2-2 可以被采信。但证据 2-2 中没有记载销售的西蒙开关插座的具体型号，其不能证明销售的西蒙开关插座与其他证据中 60 系列西蒙开关插座之间存在唯一对应关系，证据 2-2 虽然可以证明 2003 年 8 月 7 日销售了"西蒙开关插座"，但是该销售日晚于本专利的申请日，因此，证据 2-2 不能证明有与本专利相同或者相近似的产品在本专利申请日之前已经销售。

证据 2-3 为西蒙公司欧式 60 产品宣传册，证据 2-3 中未公开其印刷时间，并且专利权人对该证据的公开日期有异议，并且，西蒙公司欧式 60 产品包含多种型号，在其他的证据没有证明证据 2-3 第 2 页左侧图的产品在本专利申请日之前销售的情况下，仅凭证据 2-3 本身不能证明证据 2-3 第 2 页左侧图的产品在本专利申请日之前销售；因此无法将证据 2-3 第 2 页左侧图的产品与本专利进行相同或者相近似对比，因而由证据 2-3 不能得出与本专利相同或者相近似的产品在本专利申请日之前已经销售。

证据 2-4 为西蒙公司产品购买菜单，证据 2-4 中未公开其印刷时间，并且专利权人对该证据的公开日期有异议，在其他证据不能证明证据 2-4 在本专利申请日之前以销售的形式为公众所知的情况下，仅凭证据 2-4 本身不能证明证据 2-4 的产品目录中 60415-60/60425-60 产品在本专利申请日之前销售，因而无法将证据 2-4 的产品目录中 60415-60/60425-60 产品作为在先设计与本专利进行相同或者相近似对比。

证据 2-5 为西蒙公司欧式 60 系列产品配色指南，其中印有"2002.10"字样，专利权人对该证据的公开日期有异议，在其他证据不能证明证据 2-5 在本专利申请日之前以销售的形式为公众所知的情况下，仅凭证据 2-5 也无法得出证据 2-5 中 60415-60 产品在本专利申请日之前销售，因而无法将证据 2-5 中 60415-60 产品作为在先设计与本专利进行相同或者相近似对比。

请求人放弃证据 2-6，因此，合议组对证据 2-6 不予评述。

证据 2-7 为西蒙公司欧式 60 产品实物照片，其中未公开其公开日期，并且专利权人对该证据的公开日期有异议，在没有其他证据证明证据 2-7 所示产品在本专利申请日之前公开的情况下，不能将证据 2-7 作为在先设计与本专利进行对比。

证据 3-1 为本外观设计申请日之前出版的《建筑时报》，该证据记载了在本专利申请日之前，西蒙公司的欧式 60 系列产品在国内进行过销售，并且上面附有的图中也记载了欧式 60 系列产品的几种具体外观设计。专利权人对该证据的真实性无异议，因此证据 3-1 可以作为在先设计与本专利进行对比。但是，证据 2-1 附件第 3 页图片左下侧中间附图的产品和第 8 页 60415-60/60425-60 产品、证据 2-3 第 2 页中的左侧图的产品、证据 2-4 中的产品目录 60415-60/60425-60 产品、证据 2-5 中 60415-60 产品、证据 2-7 的图中产品未记载在证据 3-1 中，因此证据 3-1 无法证明上述证据中的产品被销售公开。

证据 3-2 为本外观设计申请日之前出版的《建筑时报》，该证据仅仅记载了在本外观设计申请日之前，西蒙公司的欧式 60 系列产品在国内进行过销售。该证据为销售消息的报道，其中"西蒙欧式 60 开关……西蒙大弧线边框，V 字造型大跷板，气质高贵"的描述未能揭示出报道的欧式 60 系列为哪种型号的产品，以及体现产品具体结构的外观设计，因而证据 3-2 没有披漏具体的公开销售产品的型号，因此证据 3-2 中披露的西蒙欧式 60 开关不能与请求人提及的其他证据中的任何一款西蒙欧式 60 开关唯一对应，也就不能证明证据 2-2 至 2-7 中具体型号的西蒙欧式 60 开关的销售日期为证据 3-2 的公开日；因而，证据 3-2 也无法证明具有与本外观设计相同或相近似外观设计的产品已经在本外观设计申请日之前以公开销售方式为公众所知；并且请求人未将证据 3-2 的内容与本专利进行具体对比。因而证据 3-2 与本专利相同或相近似的理由不成立。

基于上述理由，证据 3-1 与证据 2-1、证据 2-3、证据 2-4、证据 2-5、证据 2-7 产品图形不一致，证据3-2未公开具体的产品外观，因此证据3-1、证据3-2不能证明证据2-1附件第3页图片左下侧中间附图的产品和第8页60415-60/60425-60产品、证据2-3第2页中的左侧图的产品、证据2-4中的产品目录60415-60/60425-60产品、证据2-5中60415-60产品、证据2-7的图中产品已经销售公开。因而，请求人关于证据2-1第8页60415-60/60425-60产品、证据2-4中的产品目录60415-60/60425-60产品、证据2-5中60415-60产品、证据2-7的图与本专利相同或相近似的理由不成立。

3. 关于本专利是否符合专利法第23条

依据上述第2点，能够与本专利进行相同或者相近似对比的证据只有证据3-1，因此以下合议组对本专利与证据3-1是否相同或者相近似进行判断。

证据3-1显示的产品图片中最左边的图片、下排中间的图片均公开了开关插座，其中开关插座边框的主体为日字形，该开关插座边框的外边框为圆角矩形，矩形的长度大约为宽度两倍，其中的一个插座面板和一个开关面板均为圆角正方形，插座面板和开关面板分别位于各自的一个圆角正方形边框内，开关面板呈现V字跷板状造型，插座面板带有两线插座孔和三线插座孔，并且三线插座孔远离开关面板，两线插座孔位于三线插座孔和开关面板之间（具体内容参见证据3-1的附图）。

本专利为组合式开关插座，纵观本专利的各幅视图可知，该开关插座包括边框、一个插座面板和开关面板等；其中开关插座边框主体外形为日字形；开关插座边框的外边框为圆角矩形，矩形的长度大约为宽度两倍，边框呈外低内高的弧形；插座面板和开关面板均为圆角正方形，插座面板和开关面板沿矩形的长度分布，插座面板和开关面板之间有间隔区域；开关面板突出于边框，插座面板不突出于边框；由主视图看，开关面板中间带有两条线，该线将开关面板分为大小相等的两部分，开关面板外周有一粗线圆角正方形，该粗线圆角正方形与开关面板的上部和下部之间均有一条细线，插座面板带有两线插座孔和三线插座孔，两线插座孔和三线插座孔沿矩形宽上下分布，插座面板外周有一粗线圆角正方形，该粗线圆角正方形与开关面板的上部和下部之间均有一条细线；由俯视图、右视图、左视图和仰视图看，开关插座后部带有突出于边框主体的部件等（具体内容参见本专利附图）。

将证据3-1显示的产品图片中最左边的图片与本专利相比，可知，该图片中不能唯一得出：边框呈外低内高的弧形，开关面板突出于边框，插座面板不突出于边框；由主视图看，开关面板中间带有两条线，该线将开关面板分为大小相等的两部分，两线插座孔和三线插座孔沿矩形宽上下分布，开关面板外周有一粗线圆角正方形，该粗线圆角正方形与开关面板的上部和下部之间均有一条细线，插座面板外周有一粗线圆角正方形，该粗线圆角正方形与开关面板的上部和下部之间均有一条细线；由俯视图、右视图、左视图、仰视图和后视图公开的信息等。对于一般消费者而言，从视觉上会明显注意到：本专利的开关面板突出于边框，插座面板不突出于边框，开关面板中间的两条线将开关面板分为大小相等的两部分，开关面板外周有一粗线圆角正方形，该粗线圆角正方形与开关面板的上部和下部之间均有一条细线，插座面板外周有一粗线圆角正方形，该粗线圆角正方形与开关面板的上部和下部之间均有一条细线，两线插座孔和三线插座孔沿矩形宽上下分布等。其中开关面板突出于边框，插座面板不突出于边框，边框呈外低内高的弧形，开关面板外周有一粗线圆角正方形，该粗线圆角正方形与开关面板的上部和下部之间均有一条细线，插座面板外周有一粗线圆角正方形，该粗线圆角正方形与开关面板的上部和下部之间均有一条细线对于产品的整体视觉效果具有显著的影响。根据整体观察、综合判断的原则，上述二者的区别在整体上形成明显不同的视觉效果，即不容易造成混同，因此二者是不相同、不相近似的外观设计。

将证据3-1显示的产品图片中下排中间的图片与本专利相比，可知，该图片中不能唯一得出：边框呈外低内高的弧形，开关面板突出于边框，插座面板不突出于边框；由主视图看到的，开关面板中间带有两条线，该线将开关面板分为大小相等的两部分，两线插座孔和三线插座孔沿矩形宽上下分布，开关面板外周有一粗线圆角正方形，该粗线圆角正方形与开关面板的上部和下部之间均有一条细线，插座面板外周有一粗线圆角正方形，该粗线圆角正方形与开关面板的上部和下部之间均有一条细线；由俯视图、右视图、左视图、仰视图和后视图公开的信息等。对于一般消费者而言，从视觉上会明显注意到：本专利的开关面板突出于边框，插座面板不突出于边框，开关面板中间的两条线将开关面板分为大小相等的两部分，开关面板外周有一粗线圆角正方形，该粗线圆角正方形与开关面板的上部和下部之间均有一条细线，插座面板外周有一粗线圆角正方形，该粗线圆角正方形与开关面板的上部和下部之间均有一条细线，两线插座孔和三线插座孔沿矩形宽上下分布等。其中开关面板突出于边框，插座面板不突出于边框，边框呈外低内高的弧形，开关面板外周有一粗线圆角正方形，该粗线圆角正方形与开关面板的上部和下部之间均有一条细线，插座面板外周有一粗线圆角正方形，该粗线圆角正方形与开关面板的上部和下部之间均有一条细线对于产品的整体视觉效果具有显著的影响。根据整体观察、综合判断的原则，上述二者的区别在整体上形成明显不同的视觉效果，即不容易造成混同，因此二者是不相同、不相近似的外观设计。

因此，证据3-1无法证明具有与本专利相同或相近似外观设计的产品已经在本专利申请日之前公开。

总之，合议组不能从上述证据材料得出与本专利相同或相近似的外观设计产品在本专利申请日之前已经公开和公开销售的结论。

4. 结论

综合上述情况，本专利申请日之前既没有相同或相近似的外观设计公开发表，也没有相同或相近似外观设计的产品以销售方式为公众所知，请求人所提交的证据不足以证明本外观设计不符合专利法第23条的规定。

三、决定

维持02317702.0号外观设计专利权有效。

当事人对本决定不服的，可以根据专利法第46条第2款的规定，自收到本决定之日起三个月内向北京市第一中级人民法院起诉。根据该条款的规定，一方当事人起诉后，另一方当事人应当作为第三人参加诉讼。

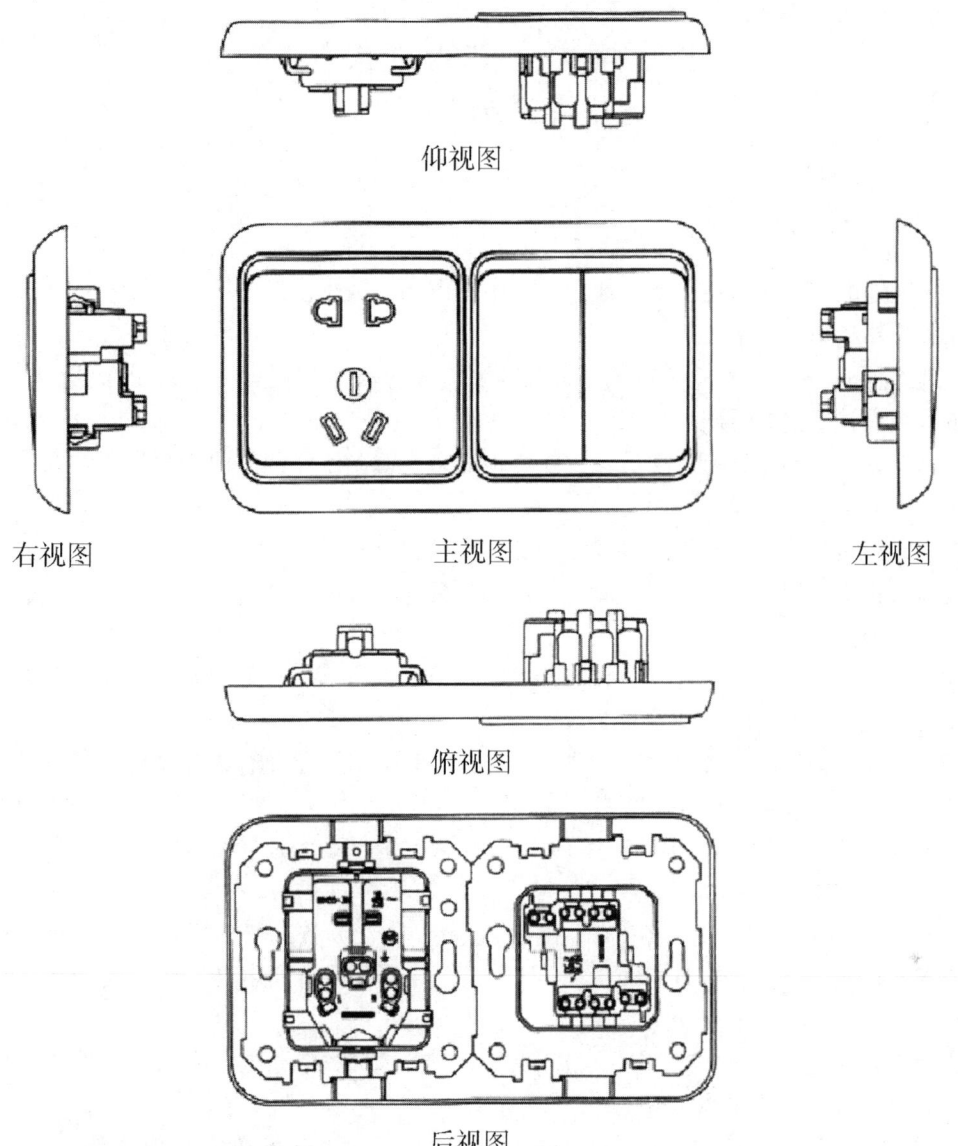

仰视图

右视图　主视图　左视图

俯视图

后视图

本专利外观设计图

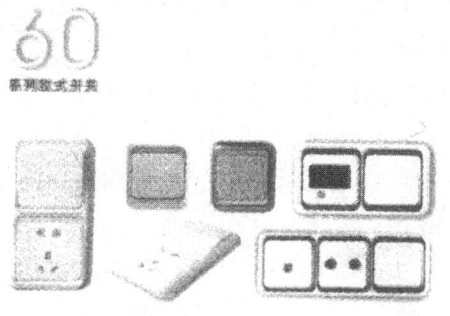

证据 3-1 附图

北京市第一中级人民法院
行政判决书

(2007) 一中行初字第 1465 号

原告广东朗能电器有限公司，住所地广东省中山市小榄镇小榄工业区 122 号。

法定代表人邓超华，董事长。

委托代理人陈卫，男，1973 年 11 月 1 日出生，广州粤高专利代理有限公司专利代理人，住广东省广州市越秀区农林下路 72 号。

被告国家知识产权局专利复审委员会，住所地北京市海淀区北四环西路 9 号银谷大厦 10~12 层。

法定代表人廖涛，副主任。

委托代理人周雷鸣，国家知识产权局专利复审委员会审查员。

委托代理人张华，国家知识产权局专利复审委员会审查员。

第三人袁晓阳。

第三人刘凯晋，男，1979 年 10 月 11 日出生，汉族，江苏省海安县奇通电气有限公司总经理，住江苏省海安县城东镇宁海南路 209 号 242 室。

委托代理人徐新建，男，1971 年 9 月 15 日出生，江苏西蒙奇通电器有限公司职员，住江苏省海安县海安镇长江中路 118 号 1 单元 102 室。

委托代理人陆从益，男，1970 年 4 月 19 日出生，江苏西蒙奇通电器有限公司职员，住江苏省海安县海安镇新华东路 1 号 2 幢 301 室。

第三人刘凯睿，女，1988 年 1 月 13 日出生，汉族，住江苏省海安县海安镇人民东路 5 号 201 室。

委托代理人徐新建，男，1971 年 9 月 15 日出生，江苏西蒙奇通电器有限公司职员，住江苏省海安县海安镇长江中路 118 号 1 单元 102 室。

委托代理人陆从益，男，1970 年 4 月 19 日出生，江苏西蒙奇通电器有限公司职员，住江苏省海安县海安镇新华东路 1 号 2 幢 301 室。

第三人刘桂荣，男，1935 年 6 月 11 日出生，汉族，住江苏省海安县海安镇海北村二十二组 21 号。

委托代理人徐新建，男，1971 年 9 月 15 日出生，江苏西蒙奇通电器有限公司职员，住江苏省海安县海安镇长江中路 118 号 1 单元 102 室。

委托代理人陆从益，男，1970 年 4 月 19 日出生，江苏西蒙奇通电器有限公司职员，住江苏省海安县海安镇新华东路 1 号 2 幢 301 室。

第三人陈忠英，女，1936 年 3 月 18 日出生，汉族，住江苏省海安县海安镇海北村二十二组 30 号。

委托代理人徐新建，男，1971 年 9 月 15 日出生，江苏西蒙奇通电器有限公司职员，住江苏省海安县海安镇长江中路 118 号 1 单元 102 室。

委托代理人陆从益，男，1970 年 4 月 19 日出生，江苏西蒙奇通电器有限公司职员，住江苏省海安县海安镇新华东路 1 号 2 幢 301 室。

原告广东朗能电器有限公司（以下简称朗能公司）不服被告国家知识产权局专利复审委员会（以下简称专利复审委员会）于 2007 年 8 月 23 日作出的第 10394 号无效宣告请求审查决定（以下简

称第 10394 号决定），于法定期限内向本院提起诉讼。本院于 2007 年 10 月 25 日受理本案后，依法组成合议庭。由于专利权人刘德银因病于 2005 年 6 月 15 日死亡，故本院按照法律规定通知其继承人袁晓阳、刘凯晋、刘凯睿、刘桂荣、陈忠英作为第三人参加诉讼，于 2008 年 1 月 23 日公开开庭进行了审理。原告朗能公司的委托代理人陈卫，被告专利复审委员会的委托代理人周雷鸣、张华，第三人刘凯晋、刘凯睿、刘桂荣、陈忠英的共同委托代理人徐新建、陆从益到庭参加了诉讼。第三人袁晓阳经本院合法传唤未到庭，本院依法缺席审理。本案现已审理终结。

就朗能公司及案外人南京赛璟照明电器有限公司（以下简称赛璟公司）针对刘德银拥有的名称为"组合式开关插座"的 02317702.0 号外观设计专利（以下简称本专利）提出的无效宣告请求，专利复审委员会作出第 10394 号决定，认为：

1. 关于本专利是否被使用公开。

朗能公司和赛璟公司提交的证据 2-1 为广州市公证处（2003）穗证内经字第 1049254 号公证书，但该公证书仅证明 2003 年 8 月 11 日西蒙公司的网站（http://www.simtone.com）上有公证书附件信息内容的记载，公证书并未对这些信息内容本身的真实性予以公证，也未证明这些信息在本专利的申请日之前已经公开，在没有其他证据进行佐证的情况下，公证书附件的内容不能作为在先设计与本专利进行对比。证据 2-2 为经营项目栏填写了"西蒙开关插座"的销售发票复印件，开票日期为 2003 年 8 月 7 日。但证据 2-2 中没有记载销售的西蒙开关插座的具体型号，其不能证明销售的西蒙开关插座与其他证据中 60 系列西蒙开关插座之间存在唯一对应关系，且销售日晚于本专利的申请日。证据 2-3 为西蒙公司欧式 60 产品宣传册，证据 2-3 中未公开其印刷时间。证据 2-4 为西蒙公司产品购买菜单，证据 2-4 中未公开其印刷时间。证据 2-5 为西蒙公司欧式 60 系列产品配色指南，其中印有"2002.10"字样，晚于本专利申请日。证据 2-7 为西蒙公司欧式 60 产品实物照片，其中未公开其公开日期。

证据 3-1 为本专利申请日之前出版的《建筑时报》，该证据记载了在本专利申请日之前，西蒙公司的欧式 60 系列产品在国内进行过销售，并且上面附有的图中也记载了欧式 60 系列产品的几种具体外观设计。但是，证据 2-1 附件第 3 页图片左下侧中间附图的产品和第 8 页 60415-60/60425-60 产品、证据 2-3 第 2 页中的左侧图的产品、证据 2-4 中的产品目录 60415-60/60425-60 产品、证据 2-5 中 60415-60 产品、证据 2-7 的图中产品未记载在证据 3-1 中，因此证据 3-1 无法证明上述证据中的产品被销售公开。证据 3-2 为本专利申请日之前出版的《建筑时报》，该证据仅仅记载了在本专利申请日之前，西蒙公司的欧式 60 系列产品在国内进行过销售。该证据为销售消息的报道，其中"西蒙欧式 60 开关……西蒙大弧线边框，V 字造型大跷板，气质高贵"的描述未能揭示出报道的欧式 60 系列产品为哪种型号的产品，以及体现产品具体结构的外观设计，因而证据 3-2 没有披漏具体的公开销售产品的型号，因此证据 3-2 中披露的西蒙欧式 60 开关不能与请求人提交的其他证据中的任何一款西蒙欧式 60 开关唯一对应，也就不能证明证据 2-2 至 2-7 中具体型号的西蒙欧式 60 开关的销售日期为证据 3-2 的公开日；因而，证据 3-2 也无法证明具有与本专利相同或相近似外观设计的产品已经在本外观设计申请日之前以公开销售》式为公众所知；并且朗能公司和赛璟公司未将证据 3-2 的内容与本专利进行具体对比。因而证据 3-2 与本专利相同或相近似的理由不成立。

综上，证据 3-1 与证据 2-1、证据 2-3、证据 2-4、证据 2-5、证据 2-7 产品图形不一致，证据 3-2 未公开具体的产品外观，因此证据 3-1、证据 3-2 不能证明证据 2-1 附件第 3 页图片左下侧中间附图的产品和第 8 页 60415-60/60425-60 产品、证据 2-3 第 2 页中的左侧图的产品、证据 2-4 中的产品目录 60415-60/60425-60 产品、证据 2-5 中 60415-60 产品、证据 2-7 的图中产品已经销售公开。因而，朗能公司和赛璟公司关于证据 2-1 第 8 页 60415-60/60425-60 产品、证据 2-4 中的产品目录 60415-60/60425-60 产品、证据 2-5 中 60415-60 产品、证据 2-7 的图与本专利相同或相近似的理由不成立。

2. 关于本专利是否符合《中华人民共和国专利法》（以下简称《专利法》）第二十三条的规定。

根据上文所述，能够与本专利进行相同或者相近似对比的证据只有证据 3-1。证据 3-1 显示的产品图片中最左边的图片、下排中间的图片均公开了开关插座，其中开关插座边框的主体为日字形，该开关插座边框的外边框为圆角矩形，矩形的长度大约为宽度两倍，其中的一个插座面板和一个开关面板均为圆角正方形，插座面板和开关面板分别位于各自的一个圆角正方形边框内，开关面板呈现 V 字跷板状造型，插座面板带有两线插座孔和三线插座孔，并且三线插座孔远离开关面板，两线插座孔位于三线插座孔和开关面板之间。

本专利为组合式开关插座，纵观本专利的各幅视图可知，该开关插座包括边框、一个插座面板和开关面板等；其中开关插座边框主体外形为日字形；开关插座边框的外边框为圆角矩形，矩形的长度大约为宽度两倍，边框呈外低内高的弧形；插座面板和开关面板均为圆角正方形，插座面板和开关面板沿矩形的长度分布，插座面板和开关面板之间有间隔区域；开关面板突出于边框，插座面板不突出于边框；由主视图看，开关面板中间带有两条线，该线将开关面板分为大小相等的两部分，开关面板外周有一粗线圆角正方形，该粗线圆角正方形与开关面板的上部和下部之间均有一条细线，插座面板带有两线插座孔和三线插座孔，两线插座孔和三线插座孔沿矩形宽上下分布，插座面板外周有一粗线圆角正方形，该粗线圆角正方形与开关面板的上部和下部之间均有一条细线；由俯视图、右视图、左视图和仰视图看，开关插座后部带有突出于边框主体的部件等。

将证据 3-1 显示的产品图片中最左边的图片、证据 3-1 显示的产品图片中下排中间的图片分别与本专利相比，可知，前两幅图片中不能唯一得出：边框呈外低内高的弧形，开关面板突出于边框，插座面板不突出于边框；由主视图看，开关面板中间带有两条线，该线将开关面板分为大小相等的两部分，两线插座孔和三线插座孔沿矩形宽上下分布，开关面板外周有一粗线圆角正方形，该粗线圆角正方形与开关面板的上部和下部之间均有一条细线，插座面板外周有一粗线圆角正方形，该粗线圆角正方形与开关面板的上部和下部之间均有一条细线；由俯视图、右视图、左视图、仰视图和后视图公开的信息等。对于一般消费者而言，从视觉上会明显注意到：本专利的开关面板突出于边框，插座面板不突出于边框，开关面板中间的两条线将开关面板分为大小相等的两部分，开关面板外周有一粗线圆角正方形，该粗线圆角正方形与开关面板的上部和下部之间均有一条细线，插座面板外周有一粗线圆角正方形，该粗线圆角正方形与开关面板的上部和下部之间均有一条细线，两线插座孔和三线插座孔沿矩形宽上下分布等。其中开关面板突出于边框，插座面板不突出于边框，边框呈外低内高的弧形，开关面板外周有一粗线圆角正方形，该粗线圆角正方形与开关面板的上部和下部之间均有一条细线，插座面板外周有一粗线圆角正方形，该粗线圆角正方形与开关面板的上部和下部之间均有一条细线对于产品的整体视觉效果具有显著的影响。根据整体观察、综合判断的原则，证据 3-1 显示的产品图片中最左边的图片、证据 3-1 显示的产品图片中下排中间的图片分别与本专利的区别在整体上形成明显不同的视觉效果，即不容易造成混同，因此它们是不相同、不相近似的外观设计。

因此，证据 3-1 无法证明具有与本专利相同或相近似外观设计的产品已经在本专利申请日之前公开。综上，专利复审委员会作出第 10394 号决定，维持本专利权有效。

朗能公司不服第 10394 号决定，向本院提起诉讼称：

1. 专利复审委员会认定事实不清。

被告在无效决定中将原告证据人为分割，将完整的证据链硬生生的分割开来，然后分别进行认定，明显认定错误。原告在无效程序中提供了证据 2-2 至 2-7、证据 3-1 至 3-2 以及证据 1-10 至证据 1-11 来佐证证据 2-1，但被告却认为证据 2-1 公证书仅仅证明 2003 年西蒙公司网站上有公证书附件信息内容的记载，公证书并未对这些信息内容本身的真实性予以公证，也未证明这些信息在本专利的申请日之前已经公开，在没有其他证据进行佐证的情况下，公证书附件的内容不能作为在先设计与本专利进行对比。公证书附件的内容是通过合法的公证程序取得，如果被告或者第三人对上述内容的真实性有异议，应当说明理由或由第三人举出反证。被告对证据 2-2 至 2-7 以及证据 3-1 至 3-2 的认定，同样存在未能按照证据链进行审查的错误，而是逐一分开，以没有公开时间或者没有公开图片予以否定，明显认定错误。结合证据 2-1 至 2-7 以及 3-1 至 3-2，可以看出，西蒙欧式 60 系列所有产品的外观设计均是一样，不同的只是功能键，例如开关、插座（电源插座、电视插座或音响插座等）以及它们的数量，而按照审查指南的规定，功能直接决定的外观设计是不予考虑的，因此原告提交的证据已充分证实与涉案专利相同的外观设计产品在其专利申请日之前已公开销售。

2. 专利复审委员会在无效决定作出过程中存在程序错误。

被告 2007 年 3 月 12 日向原告及第三人发出无效请求宣告口头审理通知书，定于 2007 年 4 月 24 日举行口头审理。口头审理如期举行，原告当时就对出席口头审理的专利权人一方提交的授权委托书有异议，并认为该委托书上专利权人的签章不是专利权人本人加盖的，口头审理回执上的专利权人的签字不是专利权人本人签署的。专利权人的《居民死亡殡葬证》上显示专利权人的死亡日期为 2005 年 6 月 15 日，因此被告送达的文件、该文件回执的签署以及授权委托书均不可能由专利权人盖章或签字，因此被告所作出的上述无效决定存在程序错误的问题。

综上所述，请求人民法院撤销第 10394 号决定，并判令专利复审委员会重新作出审查决定。

被告专利复审委员会坚持其在第 10394 号决定中的意见。关于原告诉称被告程序违法，其认为刘德银的签章形式上合法，且原告在行政程序阶段未对其程序违法的主张提交相应证据证明。请求驳回原告诉讼请求，维持第 10394 号无效宣告请求审查决定。

第三人同意被告的答辩意见，认为原告在行政程序阶段未对其程序违法的主张提交相应证据证明，请求维持第 10394 号无效宣告请求审查决定。

本院经审理查明：名称为"组合式开关插座"的外观设计专利（即本专利）由刘德银于 2002 年 4 月 2 日向国家知识产权局提出申请，于 2002 年 9 月 25 日被授权公告，专利号为 02317702.0。其授权公告文本中载有本专利的主视图、左视图、右视图、俯视图、仰视图、后视图（见附图 1）。

2003 年 7 月 28 日，朗能公司及赛璟公司以本专利不符合《专利法》第二十三条之规定为由，向专利复审委员会提出无效宣告请求，并提供了 23 份证据：其中：

证据 1-10 为刘德银持有的 00216864.2 实用新型专利说明书首页，授权公告日 2001 年 1 月 24 日，实用新型名称为可组合的接线盒。在摘要部分有"几个接线盒咬接在一起，施工时相互定位方便"等描述。

证据 1-11 为刘德银持有的 99334486.0 外观设计专利公报，授权公告日为 2000 年 8 月 30 日。外观设计的产品名称为欧式大面板门铃开关，视图为单个门铃开关，边框外低内高，开关部分为正方形，在开关的中部有一条横向直线；

证据 2-1 为广州市公证处（2003）穗证内经字第 1049254 号公证书复印件，共 4 页，及公证书所附网页打印件 23 页，公证书出具的时间为 2003 年 8 月 12 日。网址为 http://www.simtone.com，下载时间为 2003 年 8 月 11 日，在所附网页打印件中有关于欧式 60 产品结构图、欧式 60 产品菜单、欧式 60 系列产品的九大优点等产品的介绍和图示。

证据 2-2 为经营项目栏填写有"西蒙开关插座"的销售发票复印件 1 页，开票日期为 2003 年 8 月 7 日；

证据2-3为西蒙公司欧式60产品宣传册复印件，共2页；

证据2-4为西蒙公司产品购买菜单复印件，共1页；

证据2-5为西蒙公司欧式60系列产品配色指南复印件及产品购买分解图各1页，在分解图上可见单联、双联产品的型号、面板、内边框、外边框及组合后的产品形态；

证据2-6为西蒙公司产品宣传册复印件，共4页；

证据2-7为请求人声明的西蒙公司欧式60产品实物照片彩色打印件，共1页。

证据3-1为2001年11月9日的《建筑时报》，在该报第4版中刊登有潘爱琴撰写的报道《您居室内微笑的眼睛》，在该标题的左下方附有西蒙公司欧式60系列产品的图片（见附图2），该报道记载："西蒙欧式60采用最新的设计理念，以大弧线边框的唯美造型……现今在中国市场隆重登场的欧式60系列……是ASIMTONE西蒙公司经过一年多的酝酿为中国消费者度身定做的世纪献礼。"

证据3-2为2002年1月18日《建筑时报》，在该报第4版刊登有潘爱琴撰写的报道《开关"大王"西蒙欧式60走俏》，该报道记载："新近上市的ASIMTONE西蒙欧式60开关……赢得消费者的青睐。在商场，记者随机采访了几位选购欧式60的销售者……"

对于该无效请求案，专利复审委员会曾于2004年3月15日进行了口头审理，并于2004年12月6日作出第6659号决定，朗能公司不服该6659号决定，向本院提起行政诉讼，本院（2005）一中行初字第184号案判决撤销被告作出的第6659号决定，并被北京市高级人民法院（2005）高行终字第406号行政判决予以维持。在该判决中，北京市高级人民法院认定：证据3-1和3-2记载的销售时间可以认定为西蒙公司欧式60系列产品在国内进行销售的时间，该销售时间早于本专利的申请日。由于证据3-1中记载了欧式60系列产品的图片，故这些照片所显示的产品在本专利申请日前已经公开销售。对该终审判决认定的事实，本院予以确认。

专利复审委员会重新组成合议组并于2007年4月24日进行了口头审理。2007年8月23日专利复审委员会作出第10394号决定，维持本专利权有效。

另查，专利权人刘德银于2005年6月15日死亡。此前，刘德银曾于2005年4月30日订立书面遗嘱，对其遗产进行了分配，作为其继承人的刘凯晋、刘凯睿、刘桂荣、陈忠英、袁晓阳依据该遗嘱，获得不同比例的继承份额。在该遗嘱中，未对本案涉及的专利权进行分配。

上述事实，有本专利授权公告文本、第10394决定、遗嘱、北京市高级人民法院（2005）高行终字第406号行政判决及各方当事人的陈述等证据在案佐证。

本院认为，根据本案各方当事人的诉辩主张，本案的主要焦点问题为：（1）专利复审委员会在无效程序中未对专利权人签署的授权委托书认真审查，是否属于程序违法，并构成对请求人实体权利的损害。（2）原告在无效程序中提交的相关证据能否证明与本专利相同或近似的外观设计产品在专利申请日之前已公开销售。

1. 专利复审委员会是否存在程序违法。

根据查明的事实，本专利专利权人刘德银在专利复审委员会重新对本专利进行无效审理过程中因病去世。根据《中华人民共和国继承法》有关规定，遗产是公民死亡时遗留的个人合法财产，其包括公民的著作权、专利权中的财产权，继承从被继承人死亡时开始，继承开始后，按照法定继承办理；有遗嘱的，按照遗嘱继承或者遗赠办理。本案中涉及的有效专利系刘德银生前合法取得的权利，具有财产属性，故从刘德银死亡开始便发生了继承的事实。刘德银的法定继承人及其无效程序中的委托代理人未如实向专利复审委员会履行告知义务，存在主观过错。但鉴于在本案诉讼中，刘德银的法定继承人并未对他人代为签字的授权委托书及其由此产生的代理行为及结果提出异议，故本院视为无效程序中由他人代签的授权委托书已经得到刘德银法定继承人的追认。朗能公司虽在口头审理中对专利权人在授权委托书上的签章及相关签字提出了异议，但专利复审委员会已根据《审查指南》的相关规定告知朗能公司提交证据证明，若其提交的证据足以证明授权委托书不是专利权人本人出具的，则专利权人的受委托人在口头审理时的意见陈述将被视为无效。朗能公司没有在无效程序中提交相关证据，因此其所提理由未被专利复审委员会接受。同时，朗能公司未证明其在本案中的程序权利或实体权利因为他人代签授权委托书而受到任何损害。综上所述，对原告关于被告程序违法的诉讼理由，本院不予支持。

2. 原告在无效程序中提交的相关证据能否证明与本专利相同或近似的外观设计产品在专利申请日之前已公开销售。

朗能公司及赛璟公司提交的证据2-1系西蒙公司网站的公证下载打印件，其中虽然记载了欧式60产品结构图、欧式60产品菜单、欧式60系列产品的九大优点等产品的介绍和图示，但没有证据证明这些信息在本专利申请日之前已经公开，也没有证据证明证据2-1附件第3页图片左下侧中间附图和第8页60415-60/60425-60产品在本专利申请日之前已经公开销售。

证据2-2为经营项目栏填写了"西蒙开关插座"的销售发票复印件，开票日期为2003年8月7日。但证据2-2中没有记载销售的西蒙开关插座的具体型号，其不能证明销售的为何种西蒙开关插座，且销售日晚于本专利的申请日。证据2-3为西蒙公司欧式60产品宣传册，但未显示公开时间。证据2-4为西蒙公司产品购买菜单，同样未显示公开时间。证据2-5为西蒙公司欧式60系列产品配色指南，其中印有"2002.10"字样，晚于本专利申请日。证据2-7为西蒙公司欧式60产品实物照片，未显示公开日期。因此证据2-2至证据2-7无法证明与本专利相同或近似的产品已经在申请日前被销售公开。

将证据3-1显示的产品图片中最左边的图片、下排中间的图片与本专利相比，前两幅图片中的开关插座边框的主体为日字形，该开关插座边框的外边框为圆角矩形，矩形的长度大约为宽度两倍，其中的一个插座面板和一个开关面板均为圆角正方形，插座面板和开关面板分别位于各自的一个圆角正方形边框内，开关面板呈现V字跷板状造型，插座面板带有两线插座孔和三线插座孔，并且三线插座孔远离开关面板，两线插座孔位于三线插座孔和开关面板之间。而本专利的两线插座孔和三线插座孔沿矩形宽上下分布，边框呈外低内高的弧形，开关面板突出于边框，插座面板不突出于边框，开关面板中间的两条线将开关面板分为大小相等的两部分，开关面板外周有一粗线圆角正方形，该粗线圆角正方形与开关面板的上部和下部之间均有一条细线，插座面板外周有一粗线圆角正方形，该粗线圆角正方形与开关面板的上部和下部之间均有一条细线，而这对于产品的整体视觉效果具有显著的影响。根据整体观察、综合判断的原则，上述证据3-1显示的产品图片中最左边的图片、下排中间的图片与本专利的区别在整体上形成明显不同的视觉效果，不容易造成混同，因此它们是不相同、不相近似的外观设计。

原告关于证据2-2至2-7、证据3-1至3-2以及证据1-10至证据1-11可以用来佐证证据2-1，以上证据的结合可以形成完整证据链，证明本专利在申请日前已被销售公开的主张没有合理依据和证据支持，且其关于西蒙欧式60系列所有产品的外观设计均是一样，不同的只是功能键的主张没有证据支持，本院不予采信。综上，原告提交的证据无法证明与本专利相同或近似的外观设计产品在专利申请日之前已公开销售。

综上所述，专利复审委员会作出的10394号决定认定事实清楚，程序合法，应予维持。根据《中华人民共和国行政诉讼法》第五十四条第（一）项之规定，判决如下：

维持国家知识产权局专利复审委员会作出的第10394号无效宣告请求审查决定。

案件受理费人民币100元，由原告广东朗能电器有限公司负担（已交纳）。

如不服本判决，可于判决书送达之日起 15 日内，向本院提交上诉状及其副本，并交纳上诉案件受理费 100 元，上诉于北京市高级人民法院。

审　判　长　刘海旗
代理审判员　周云川
人民陪审员　郝建欣
二〇〇八年三月二十日
书　记　员　周丽婷

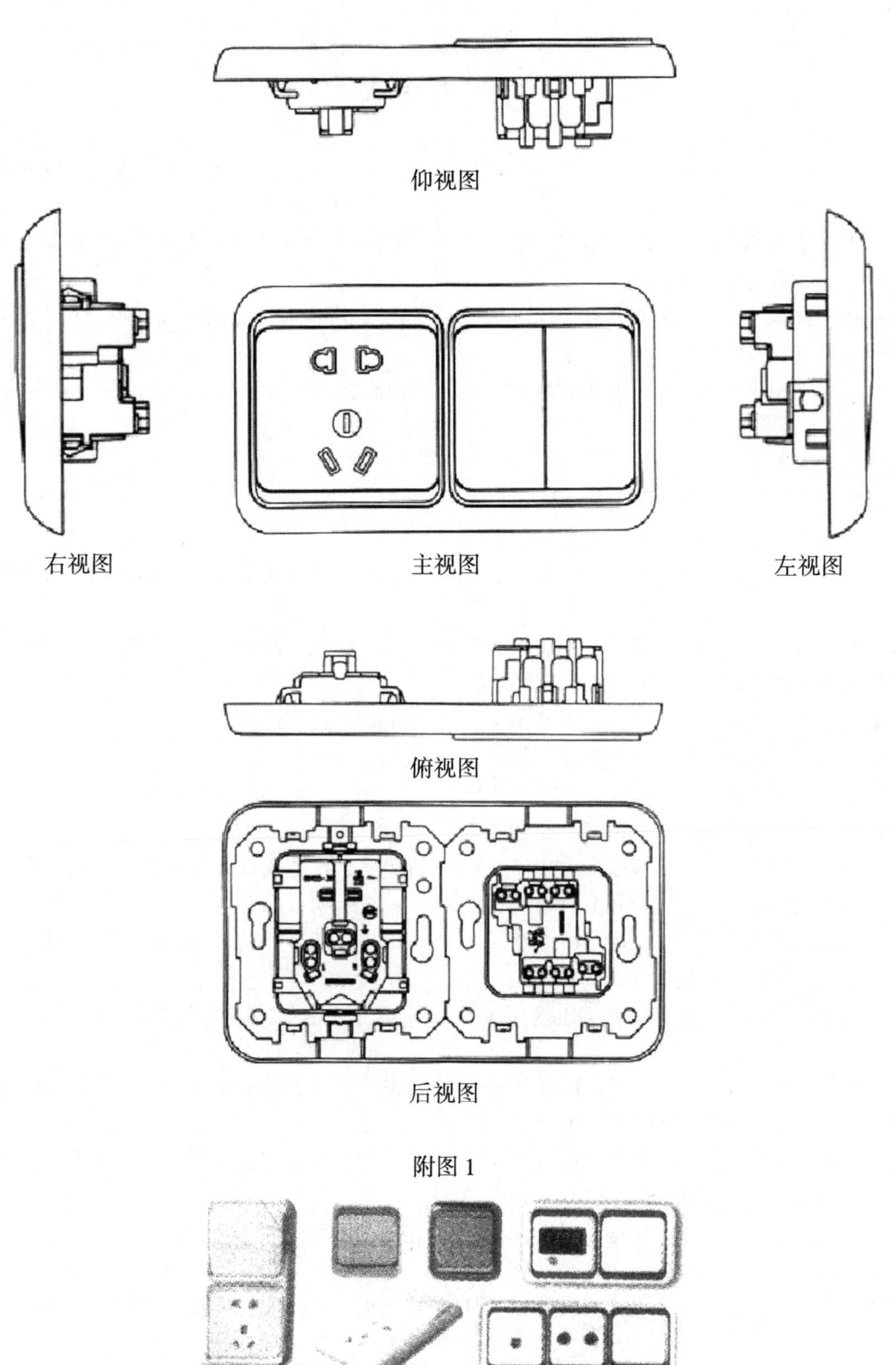

北京市高级人民法院
行政判决书

(2008) 高行终字第 453 号

上诉人（原审原告）广东朗能电器有限公司，住所地广东省中山市小榄镇小榄工业区 122 号。

法定代表人邓超华，董事长。

委托代理人陈卫，男，汉族，1973 年 11 月 1 日出生，广州粤高专利代理有限公司专利代理人，住广东省广州市越秀区农林下路 72 号。

被上诉人（原审被告）国家知识产权局专利复审委员会，住所地北京市海淀区北四环西路 9 号银谷大厦 10~12 层。

法定代表人廖涛，副主任。

委托代理人周雷鸣，该委员会审查员。

委托代理人张华，该委员会审查员。

原审第三人袁晓阳，女，汉族，1967 年 3 月 11 日出生，住江苏省海安县海安镇宁海中路 3 号 6 幢三单元 401 室。

委托代理人徐新建，男，汉族，1971 年 9 月 15 日出生，江苏西蒙奇通电器有限公司职员，住江苏省海安县海安镇长江中路 118 号 1 单元 102 室。

委托代理人陆从益，男，汉族，1970 年 4 月 19 日出生，江苏西蒙奇通电器有限公司职员，住江苏省海安县海安镇新华东路 1 号 2 幢 301 室。

原审第三人刘凯晋，男，汉族，1979 年 10 月 11 日出生，江苏省海安县奇通电气有限公司总经理，住江苏省海安县海安镇人民东路 5 号 201 室。

委托代理人徐新建，男，汉族，1971 年 9 月 15 日出生，江苏西蒙奇通电器有限公司职员，住江苏省海安县海安镇长江中路 118 号 1 单元 102 室。

委托代理人陆从益，男，汉族，1970 年 4 月 19 日出生，江苏西蒙奇通电器有限公司职员，住江苏省海安县海安镇新华东路 1 号 2 幢 301 室。

原审第三人刘凯睿，女，汉族，1988 年 1 月 13 日出生，住江苏省海安县海安镇人民东路 5 号 201 室。

委托代理人徐新建，男，汉族，1971 年 9 月 15 日出生，江苏西蒙奇通电器有限公司职员，住江苏省海安县海安镇长江中路 118 号 1 单元 102 室。

委托代理人陆从益，男，汉族，1970 年 4 月 19 日出生，江苏西蒙奇通电器有限公司职员，住江苏省海安县海安镇新华东路 1 号 2 幢 301 室。

原审第三人刘桂荣，男，汉族，1935 年 6 月 11 日出生，住江苏省海安县海安镇海北村二十二组 21 号。

原审第三人陈忠英，女，汉族，1936 年 3 月 18 日出生，住江苏省海安县海安镇海北村二十二组 30 号。

上诉人广东朗能电器有限公司（以下简称朗能公司）因外观设计专利权无效行政纠纷一案，不服北京市第一中级人民法院 (2007) 一中行初字第 1465 号行政判决，向本院提出上诉。本院于 2008 年 7 月 2 日受理本案后，依法组成合议庭进行了审理，现已审理终结。

北京市第一中级人民法院认定，本案涉及名称为"组合式开关插座"的外观设计专利（以下简称本专利），专利权人是刘德银。2003年7月28日，朗能公司及南京赛璟照明电器有限公司（以下简称赛璟公司）以本专利不符合《专利法》第二十三条之规定为由，向国家知识产权局专利复审委员会（以下简称专利复审委员会）提出无效宣告请求。专利复审委员会于2004年12月6日做出第6659号无效宣告请求审查决定（以下简称第6659号决定），朗能公司不服第6659号决定，向一审法院提起行政诉讼，该院判决撤销专利复审委员会做出的第6659号决定，并被北京市高级人民法院予以维持。专利复审委员会重新组成合议组进行了审理，于2007年8月23日做出第10394号无效宣告请求审查决定（以下简称第10394号决定），维持本专利权有效。专利权人刘德银于2005年6月15日死亡，袁晓阳、刘凯晋、刘凯睿、刘桂荣、陈忠英为其法定继承人。

北京市第一中级人民法院认为，本专利专利权人刘德银在专利复审委员会重新对本专利进行无效审查过程中因病去世，从刘德银死亡开始便发生了继承的事实。刘德银的法定继承人及其无效程序中的委托代理人未如实向专利复审委员会履行告知义务，存在主观过错。但鉴于在本案诉讼中，刘德银的法定继承人并未对他人代为签字的授权委托书及其由此产生的代理行为及结果提出异议，故本院视为无效程序中由他人代签的授权委托书已经得到刘德银法定继承人的追认。朗能公司虽在口头审理中对专利权人在授权委托书上的签章及相关签字提出了异议，但没有在无效程序中提交相关证据，因此其所提理由未被专利复审委员会接受。同时，朗能公司未证明其在本案中的程序权利或实体权利因为他人代签授权委托书而受到任何损害。朗能公司及赛璟公司提交的证据2-1、证据2-2至证据2-7无法证明与本专利相同或近似的产品已经在申请日前被销售公开。将证据3-1显示的产品图片中最左边的图片、下排中间的图片与本专利相比，前两幅图片中的开关插座边框的主体为日字形，该开关插座边框的外边框为圆角矩形，矩形的长度大约为宽度两倍，其中的一个插座面板和一个开关面板均为圆角正方形，插座面板和开关面板分别位于各自的一个圆角正方形边框内，开关面板呈现V字跷板状造型，插座面板带有两线插座孔和三线插座孔，并且三线插座孔远离开关面板，两线插座孔位于三线插座孔和开关面板之间。而本专利的两线插座孔和三线插座孔沿矩形宽上下分布，边框呈外低内高的弧形，开关面板突出于边框，插座面板不突出于边框，开关面板中间的两条线将开关面板分为大小相等的两部分，开关面板外周有一粗线圆角正方形，该粗线圆角正方形与开关面板的上部和下部之间均有一条细线，插座面板外周有一粗线圆角正方形，该粗线圆角正方形与开关面板的上部和下部之间均有一条细线，而这对于产品的整体视觉效果具有显著的影响。根据整体观察、综合判断的原则，上述证据3-1显示的产品图片中最左边的图片、下排中间的图片与本专利的区别在整体上形成明显不同的视觉效果，不容易造成混同，因此它们是不相同、不相近似的外观设计。

北京市第一中级人民法院根据《中华人民共和国行政诉讼法》第五十四条第（一）项之规定，判决：维持专利复审委员会做出的第10394号决定。

朗能公司不服原审判决，向本院提出上诉，请求撤销原审判决及第10394号决定，判令专利复审委员会重新做出无效决定。其理由是：一审法院认为无效程序中由他人代签的授权委托书已得到刘德银法定继承人的追认错误；专利复审委员会将朗能公司的证据分割开来，分别认定是错误的，结合证据2-1至2-7以及3-1和3-2可以看出，西蒙欧式60系列产品的外观设计都是一样的，不同的只是功能键；证据3-1中的产品外观设计与本专利相比，是相近似的外观设计。

专利复审委员会、袁晓阳、刘凯晋、刘凯睿、刘桂荣、陈忠英服从原审判决。

经审理查明，本专利由刘德银于2002年4月2日向国家知识产权局提出申请，于2002年9月25日被授权公告，专利号为02317702.0。其授权公告文本中载有本专利的主视图、左视图、右视图、俯视图、仰视图、后视图（见本判决附图1）。

2003年7月28日，朗能公司及赛璟公司以本专利不符合《专利法》第二十三条之规定为由，向专利复审委员会提出无效宣告请求，并提供了23份证据，其中：

证据1-10为刘德银持有的00216864.2实用新型专利说明书首页；

证据1-11为刘德银持有的99334486.0外观设计专利公报；

证据2-1为广州市公证处（2003）穗证内经字第1049254号公证书复印件，共4页，及公证书所附网页打印件23页，公证书出具的时间为2003年8月12日。网址为http：//www.simtone.com，下载时间为2003年8月11日，在所附网页打印件中有关于欧式60产品结构图、欧式60产品菜单、欧式60系列产品的九大优点等产品的介绍和图示；

证据2-2为经营项目栏填写有"西蒙开关插座"的销售发票复印件1页，开票日期为2003年8月7日；

证据2-3为西蒙公司欧式60产品宣传册复印件，共2页；

证据2-4为西蒙公司产品购买菜单复印件，共1页；

证据2-5为西蒙公司欧式60系列产品配色指南复印件及产品购买分解图各1页，在分解图上可见单联、双联产品的型号，面板、内边框、外边框及组合后的产品形态；

证据2-6为西蒙公司产品宣传册复印件，共4页；

证据2-7为请求人声明的西蒙公司欧式60产品实物照片彩色打印件，共1页；

证据3-1为2001年11月9日的《建筑时报》，在该报第4版中刊登有潘爱琴撰写的报道《您居室内微笑的眼睛》，在该标题的左下方附有西蒙公司欧式60系列产品的图片（见本判决附图2），该报道记载：

"西蒙欧式60采用最新的设计理念，以大弧线边框的唯美造型……现今在中国市场隆重登场的欧式60系列……是ASIMTONE西蒙公司经过一年多的酝酿为中国消费者度身定做的世纪献礼。"

证据3-2为2002年1月18日《建筑时报》，在该报第4版刊登有潘爱琴撰写的报道《开关"大王"西蒙欧式60走俏》，该报道记载：

"新近上市的ASIMTONE西蒙欧式60开关……赢得消费者的青睐。在商场，记者随机采访了几位选购欧式60的销售者……"

对于该无效请求案，专利复审委员会曾于2004年3月15日进行了口头审理，并于2004年12月6日做出第6659号决定，朗能公司不服该6659号决定，向一审法院提起行政诉讼，一审法院作出（2005）一中行初字第184号案行政判决，撤销专利复审委员会做出的第6659号决定，本院做出（2005）高行终字第406号行政判决维持原审判决。在该判决中，北京市高级人民法院认定：证据3-1和3-2记载的销售时间可以认定为西蒙公司欧式60系列产品在国内进行销售的时间，该销售时间早于本专利的申请日。由于证据3-1中记载了欧式60系列产品的图片，故这些照片所显示的产品在本专利申请日前已经公开销售。

依据人民法院判决，专利复审委员会重新组成合议组并于2007年4月24日进行了口头审理。2007年8月23日专利复审委员会做出第10394号决定，维持本专利权有效。该决定认为：

1. 关于本专利是否被使用公开。

朗能公司和赛璟公司提交的证据2-1为广州市公证处（2003）穗证内经字第1049254号公证书，但该公证书仅证明2003年8月11日西蒙公司的网站（http：//www.simtone.com）上有公证书附件信息内容的记载，公证书并未对这些信息内容本身的真实性予以公证，也未证明这些信息在本专利的申请日之前已经公开，在没有其他证据进行佐证的情况下，公证书附件的内容不能作为在先设计与本专利进行对比。证据2-2为经营项目栏填写了"西蒙开关插座"的销售发票复印件，开票日期为2003

年8月7日。但证据2-2中没有记载销售的西蒙开关插座的具体型号，其不能证明销售的西蒙开关插座与其他证据中60系列西蒙开关插座之间存在唯一对应关系，且销售日晚于本专利的申请日。证据2-3为西蒙公司欧式60产品宣传册，证据2-3中未公开其印刷时间。证据2-4为西蒙公司产品购买菜单，证据2-4中未公开其印刷时间。证据2-5为西蒙公司欧式60系列产品配色指南，其中印有"2002.10"字样，晚于本专利申请日。证据2-7为西蒙公司欧式60产品实物照片，其中未公开其公开日期。

证据3-1为本专利申请日之前出版的《建筑时报》，该证据记载了在本专利申请日之前，西蒙公司的欧式60系列产品在国内进行过销售，并且上面附有的图中也记载了欧式60系列产品的几种具体外观设计。但是，证据2-1附件第3页图片左下侧中间附图的产品和第8页60415-60/60425-60产品、证据2-3第2页中的左侧图的产品、证据2-4中的产品目录60415-60/60425-60产品、证据2-5中60415-60产品、证据2-7的图中产品未记载在证据3-1中，因此证据3-1无法证明上述证据中的产品被销售公开。证据3-2为本专利申请日之前出版的《建筑时报》，该证据仅仅记载了在本专利申请日之前，西蒙公司的欧式60系列产品在国内进行过销售。该证据为销售消息的报道，其中"西蒙欧式60开关……西蒙大弧线边框，V字造型大跷板，气质高贵"的描述未能揭示出报道的欧式60系列产品为哪种型号的产品，以及体现产品具体结构的外观设计，因而证据3-2没有披漏具体的公开销售产品的型号，因此证据3-2中披露的西蒙欧式60开关不能与请求人提交的其他证据中的任何一款西蒙欧式60开关唯一对应，也就不能证明证据2-2至2-7中具体型号的西蒙欧式60开关的销售日期为证据3-2的公开日；因而，证据3-2也无法证明具有与本专利相同或相近似外观设计的产品已经在本外观设计申请日之前以公开销售方式为公众所知；并且朗能公司和赛璟公司未将证据3-2的内容与本专利进行具体对比。因而证据3-2与本专利相同或相近似的理由不成立。

综上，证据3-1与证据2-1、证据2-3、证据2-4、证据2-5、证据2-7产品图形不一致，证据3-2未公开具体的产品外观，因此证据3-1、证据3-2不能证明证据2-1附件第3页图片左下侧中间附图的产品和第8页60415-60/60425-60产品、证据2-3第2页中的左侧图的产品、证据2-4中的产品目录60415-60/60425-60产品、证据2-5中60415-60产品、证据2-7的图中产品已经销售公开。因而，朗能公司和赛璟公司关于证据2-1第8页60415-60/60425-60产品、证据2-4中的产品目录60415-60/60425-60产品、证据2-5中60415-60产品、证据2-7的图与本专利相同或相近似的理由不成立。

2. 关于本专利是否符合《专利法》第二十三条的规定。

根据上文所述，能够与本专利进行相同或者相近似对比的证据只有证据3-1。证据3-1显示的产品图片中最左边的图片、下排中间的图片均公开了开关插座，其中开关插座边框的主体为日字形，该开关插座边框的外边框为圆角矩形，矩形的长度大约为宽度两倍，其中的一个插座面板和一个开关面板均为圆角正方形，插座面板和开关面板分别位于各自的一个圆角正方形边框内，开关面板呈现V字跷板状造型，插座面板带有两线插座孔和三线插座孔，并且三线插座孔远离开关面板，两线插座孔位于三线插座孔和开关面板之间。

本专利为组合式开关插座，纵观本专利的各幅视图可知，该开关插座包括边框、一个插座面板和开关面板等；其中开关插座边框主体外形为日字形；开关插座边框的外边框为圆角矩形，矩形的长度大约为宽度两倍，边框呈外低内高的弧形；插座面板和开关面板均为圆角正方形，插座面板和开关面板沿矩形的长度分布，插座面板和开关面板之间有间隔区域；开关面板突出于边框，插座面板不突出于边框；由主视图看，开关面板中间带有两条线，该线将开关面板分为大小相等的两部分，开关面板外周有一粗线圆角正方形，该粗线圆角正方形与开关面板的上部和下部之间均有一条细线，插座面板带有两线插座孔和三线插座孔，两线插座孔和三线插座孔沿矩形宽上下分布，插座面板外周有一粗线圆角正方形，该粗线圆角正方形与开关面板的上部和下部之间均有一条细线；由俯视图、右视图、左视图和仰视图看，开关插座后部带有突出于边框主体的部件等。

将证据3-1显示的产品图片中最左边的图片、证据3-1显示的产品图片中下排中间的图片分别与本专利相比，可知，前两幅图片中不能唯一得出：边框呈外低内高的弧形，开关面板突出于边框，插座面板不突出于边框；由主视图看，开关面板中间带有两条线，该线将开关面板分为大小相等的两部分，两线插座孔和三线插座孔沿矩形宽上下分布，开关面板外周有一粗线圆角正方形，该粗线圆角正方形与开关面板的上部和下部之间均有一条细线，插座面板外周有一粗线圆角正方形，该粗线圆角正方形与开关面板的上部和下部之间均有一条细线；由俯视图、右视图、左视图、仰视图和后视图公开的信息等。对于一般消费者而言，从视觉上会明显注意到：本专利的开关面板突出于边框，插座面板不突出于边框，开关面板中间的两条线将开关面板分为大小相等的两部分，开关面板外周有一粗线圆角正方形，该粗线圆角正方形与开关面板的上部和下部之间均有一条细线，插座面板外周有一粗线圆角正方形，该粗线圆角正方形与开关面板的上部和下部之间均有一条细线，两线插座孔和三线插座孔沿矩形宽上下分布等。其中开关面板突出于边框，插座面板不突出于边框，边框呈外低内高的弧形，开关面板外周有一粗线圆角正方形，该粗线圆角正方形与开关面板的上部和下部之间均有一条细线，插座面板外周有一粗线圆角正方形，该粗线圆角正方形与开关面板的上部和下部之间均有一条细线对于产品的整体视觉效果具有显著的影响。根据整体观察、综合判断的原则，证据3-1显示的产品图片中最左边的图片、证据3-1显示的产品图片中下排中间的图片分别与本专利的区别在整体上形成明显不同的视觉效果，即不容易造成混同，因此它们是不相同、不相近似的外观设计。

因此，证据3-1无法证明具有与本专利相同或相近似外观设计的产品已经在本专利申请日之前公开。综上，专利复审委员会作出第10394号决定，维持本专利权有效。

另查，专利权人刘德银于2005年6月15日死亡。此前，刘德银曾于2005年4月30日订立书面遗嘱，对其遗产进行了分配，作为其继承人的刘凯晋、刘凯睿、刘桂荣、陈忠英、袁晓阳依据该遗嘱，获得不同比例的继承份额。在该遗嘱中，未对本案涉及的专利权进行分配。

上述事实，有本专利授权公告文本、第10394决定、刘德银的遗嘱、本院（2005）高行终字第406号行政判决书、朗能公司提交的证据及各方当事人的陈述等在案佐证。

本院认为，本专利的专利权人刘德银在无效程序中死亡，按照法律规定，其法定继承人有权继承取得本专利权，继承从被继承人死亡时开始。该情况本应由刘德银的法定继承人向专利复审委员会及时予以说明，但其未如实向专利复审委员会告知，如产生不利后果应由刘德银的法定继承人自行承担。由于在后续的行政诉讼中，刘德银的法定继承人对专利复审委员会作出的第10394号决定未提出异议，视为其对无效程序中发生的事实全部予以追认。专利复审委员会程序上并无不当，朗能公司关于其在本案中的程序权利或实体权利因为他人代签授权委托书而受到损害的上诉理由不能成立。

朗能公司认可证据2-1、2-2、2-3、2-4、2-5、2-7均不能证明其上载明的产品在本专利申请日之前已公开销售，但是结合证据3-1、3-2可以证明西蒙欧式60系列产品的外观设计都是一样的，只是面板上的功能键不同，证据3-1、3-2可以证明西蒙欧式60系列产品在本专利申请日之前就已公开销售。对此，本院认为，证据3-1、3-2中没有公开西蒙欧式60系列产品的具体型号，与证据2-1中的产品不能一一对应，朗能公司主张西蒙欧式60系列产品外观设计都是一样的依据不充分。因此，证据3-1只能证明该证据中的图片所公开的产品在本专利申请日之前已经公开销售。

本专利外观设计的两线插座孔和三线插座孔沿矩形宽上下分布，边框呈外低内高的弧形，开关面板突出于边框，插座面板不突出于边框，开关面板中间的两条线将开关面板分为大小相等的两部分，开关面板外周有一粗线圆角正方形，该粗线圆角正方形与开关面板的上部和下部之间均有一条细线，插座面板外周有一粗线圆角正方形，该粗线圆角正方形与开关面板的上部和下部之间均有一条细线，而这对于产品的整体视觉效果具有显著的影响。朗能公司将证据3-1显示的产品图片中最左边的图片、下排中间的图片作为在先设计，与本专利相比，前两幅图片中的开关插座边框的主体为日字形，该开关插座边框的外边框为圆角矩形，矩形的长度大约为宽度两倍，其中的一个插座面板和一个开关面板均为圆角正方形，插座面板和开关面板分别位于各自的一个圆角正方形边框内，开关面板呈现V字跷板状造型，插座面板带有两线插座孔和三线插座孔，并且三线插座孔远离开关面板，两线插座孔位于三线插座孔和开关面板之间。根据整体观察、综合判断的原则，上述证据3-1显示的产品图片中最左边的图片、下排中间的图片与本专利整体上存在明显不同的视觉效果，不容易造成混同，因此它们是不相同、不相近似的外观设计。

综上所述，朗能公司的上诉理由缺乏事实和法律依据，不能成立，其上诉请求本院不予支持。原审判决认定事实清楚，适用法律正确。根据《中华人民共和国行政诉讼法》第六十一条第一款第（一）项之规定，判决如下：

驳回上诉，维持原判。

一审案件受理费100元，由广东朗能电器有限公司负担（已交纳）。二审案件受理费100元，由广东朗能电器有限公司负担（已交纳）。

本判决为终审判决。

审 判 长 刘 辉
代理审判员 岑宏宇
代理审判员 焦 彦
二〇〇八年八月十二日
书 记 员 陈 明

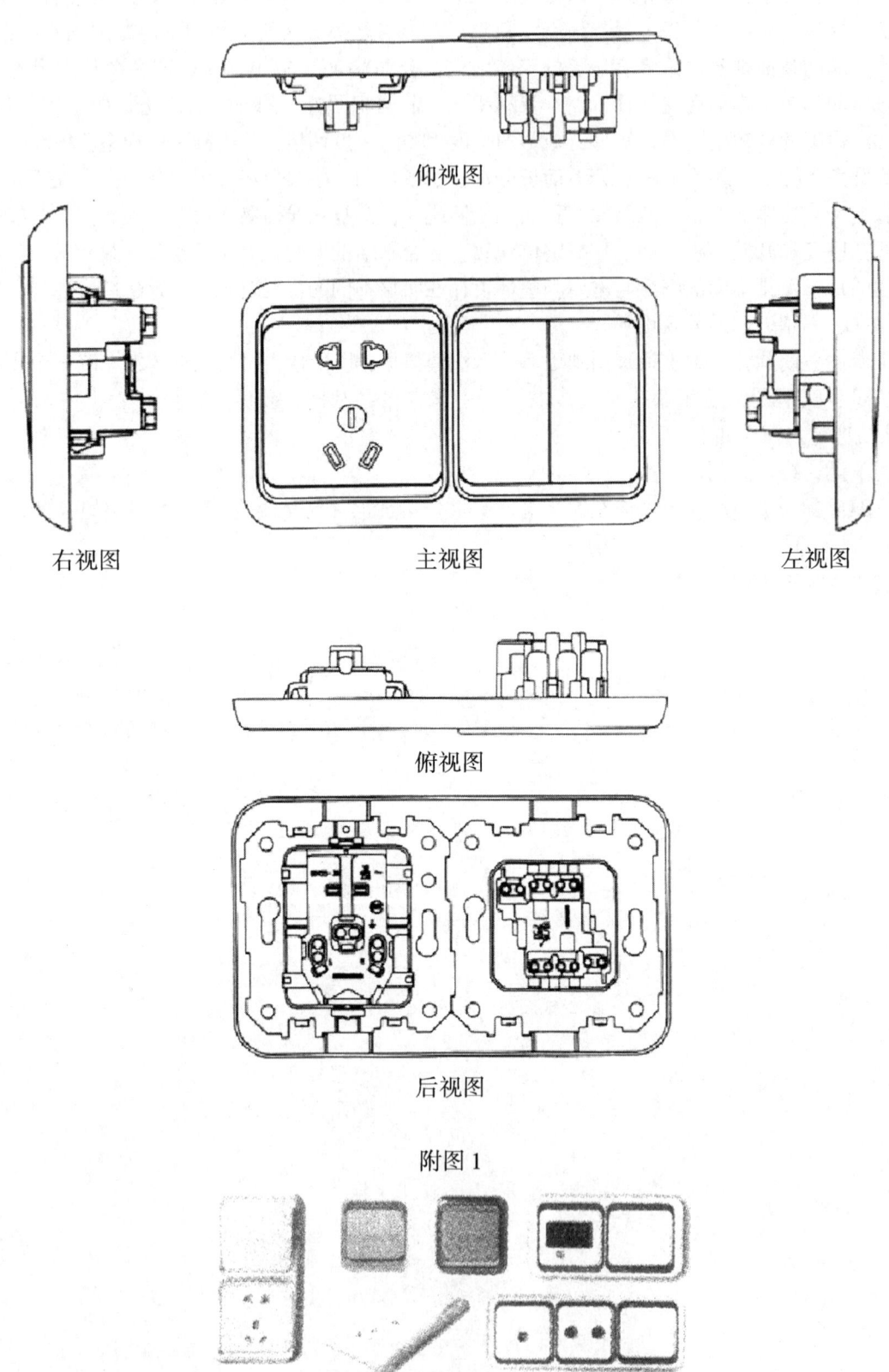

二位欧式开关插座边框

无效宣告请求审查决定（第 10395 号）

决 定 号	第 10395 号
决 定 日	2007 年 8 月 23 日
发明创造名称	二位欧式开关插座边框
外观设计分类号	13-03
无效宣告请求人	南京赛璟照明电器有限公司，广东朗能电器有限公司
专 利 权 人	刘德银
专 利 号	02317701.2
申 请 日	2002 年 4 月 2 日
授权公告日	2002 年 10 月 16 日
合议组组长	钱 芸
主 审 员	周雷鸣
参 审 员	龙 安
附 图	1 页
法 律 依 据	专利法第 23 条

决 定 要 点

本专利中每个透孔与主体边框之间夹有圆角正方形内边框、主体边框的主体呈外低内高的弧形，而证据中无法唯一得出上述特征，这一区别足以使得二者的整体形态产生明显不同的视觉效果，两份外观设计依整体观察、综合判断来看不易使一般消费者产生混淆，二者属于不相近似的外观设计，因此本专利符合专利法第 23 条的规定。

一、案由

国家知识产权局专利复审委员会根据北京市高级人民法院（2005）高行终字第 394 号行政判决书的判决，重新成立合议组，对 02317701.2 号外观设计专利（下称本专利）无效宣告请求进行审查。

本专利的名称为"二位欧式开关插座边框"，专利权人为刘德银，授权公告日为 2002 年 10 月 16 日。

针对本专利，南京赛璟照明电器有限公司和广东朗能电器有限公司（下称为请求人）曾于 2003 年 7 月 28 日向国家知识产权局专利复审委员会提出无效宣告请求，理由是本专利不符合专利法第 23 条的规定，同时请求人提交了以下附件作为证据材料：

证据 1-1：94310809.8 号外观设计专利公报，公告日为 1995 年 10 月 18 日；

证据 1-2：00342339.5 号外观设计专利公报，公告日为 2001 年 6 月 6 日；

证据 1-3：98307142.X 号外观设计专利公报，公告日为 1999 年 1 月 27 日；

证据 1-4：00342338.7 号外观设计专利公报，公告日为 2001 年 6 月 6 日；

证据 1-5：93300238.6 号外观设计专利公报，公告日为 1994 年 2 月 16 日；

证据 1-6：01343586.8 号外观设计专利公报，公告日为 2002 年 2 月 27 日；

证据 1-7：95312721.4 号外观设计专利公报，公告日为 1997 年 1 月 29 日；

证据 1-8：90301610.9 号外观设计专利公报，公告日为 1991 年 4 月 24 日；

证据 1-9：西蒙公司网页打印件，共 1 页；

证据 1-10：专利权人持有的 00216864.2 实用新型专利说明书首页，授权公告日 2001 年 1 月 24 日；

证据 1-11：专利权人持有的 99334486.0 外观设计专利公报，授权公告日为 2000 年 8 月 30 日；

证据 1-12：江苏省知识产权局苏（2003）纠字 13 号答辩通知书复印件 1 页及专利侵权纠纷处理请求书复印件 2 页；

证据 1-13：南京赛璟照明电器有限公司专利代理委托书原件；

证据 1-14：广东朗能电器有限公司专利代理委托书原件。

请求人曾于 2003 年 8 月 18 日提交了如下证据材料：

证据 2-1：广州市公证处（2003）穗证内经字第 1049254 号公证书复印件，共 4 页，及公证书所附网页打印件 23 页，公证书开具时间为 2003 年 8 月 12 日；

证据 2-2：经营项目栏填写有"西蒙开关插座"的销售发票复印件 1 页，开票日期为 2003 年 8 月 7 日；

证据 2-3：西蒙公司欧式 60 产品宣传册复印件，共 2 页；

证据 2-4：西蒙公司产品购买菜单复印件，共 1 页；

证据 2-5：西蒙公司欧式 60 系列产品配色指南复印件，共 2 页；

证据 2-6：西蒙公司产品宣传册复印件，共 4 页；

证据 2-7：请求人声明的西蒙公司欧式 60 产品实物照片彩色打印件，共 1 页。

请求人于 2003 年 9 月 17 日第三次提交了如下补充证据材料：

证据 3-1：2001 年 11 月 9 日《建筑时报》复印件，共 2 页；

证据 3-2：2002 年 1 月 18 日《建筑时报》复印件，共 2 页。

专利复审委员会于 2004 年 9 月 21 日作出第 6658 号无效宣告请求审查决定（下称为第 6658 号决定），维持本专利专利权有效。

请求人对第 6658 号决定不服，上诉至北京市第一中级人民法院。北京市第一中级人民法院于 2005 年 6 月 20 日作出（2005）一中行初字第 187 号行政判书，该判决书判定：请求人关于在无效程序中曾以证据 3-1 和 3-2 作为出版物公开证据的主张没有事实依据，本院不予采信；证据 3-1 所附图片上的开关产品已经在本专利申请日前公开销售。被告在第 6658 号决定中认为，证据 3-1、3-2 没有详细披露欧式 60 系列产品的外观设计，并且认为所刊载的产品图案小、模糊不清，不能与本专利进行对比是错误的，撤销第 6658 号决定。

专利复审委员会不服一中院判决向北京市高级人民法院提起上诉请求。北京市高级人民法院于 2005 年 12 月 17 日作出（2005）高行终字第 394 号判决书，该判决书认定，证据 3-1 和 3-2 是作为使用公开的证据，证据 3-1 原件中的图片并非模糊不清，而是可以反映该产品的形状，专利复审委员会应当对证据 3-1 中的图片是否足以反映该产品的外观设计以及该产品外观设计与本专利是否相同和相近似作出认定，维持了北京市第一中级人民法院的判决。

专利复审委员会依法重新成立合议组，并于2007年3月12日向双方当事人发出无效请求宣告口头审理通知书，定于2007年4月24日举行口头审理。

口头审理如期举行。请求人对出席口头审理的专利权人一方提交的授权委托书有异议，并认为该委托书上专利权人的签章不是专利权人本人加盖的，口头审理回执上的专利权人的签字不是专利权人本人签署的。请求人对第6658号决定的决定理由中"（1）关于出版物公开"的论述内容无异议，放弃证据2-6，提交证据2-1到2-5、2-7和证据3-1、3-2的原件，明确无效理由为本专利与证据2-1到2-5和证据3-1、3-2中披露的在先销售的产品的外观设计相比相同、相近似，不符合专利法第23条的规定，使用证据2~1公证书附件第3页图片左下侧中间附图和第8页60415~60/60425~60产品、证据2~3第2页中的左侧图、证据2~4中的产品目录60415~60/60425~60产品、证据2~5中60415~60产品、证据2~7的图、证据3~1报道中显示的产品图片中右上角的图片及最左边的图片、下排中间的图片与本专利进行对比。专利权人对证据2~2的真实性无异议，认为证据2~2与证据2~7无关联性；对证据2~3、2~4、2~5的复印件与原件一致无异议，对于证据2~3、2~4、2~5公开时间有异议；对于证据2~7的真实性有异议，认为证据2~7与证据2~2之间无关联性；对于证据3~1、3~2复印件与原件一致无异议，对原件的真实性无异议。合议组告知，请求人应在2007年5月8日前提交对专利权人的授权委托书有异议的证据，若请求人提出的证据足以证明授权委托书不是专利权人本人出具的，专利权人的受委托人在口头审理时的意见陈述将被视为无效。

请求人没有在指定期限内提交意见陈述及证据。

至此，本案合议组认为双方当事人均已经充分表达了各自的主张并提出相应的证据，本案事实已经清楚，现依法作出审查决定。

二、决定的理由

1. 关于出版物公开

请求人对第6658号审查决定的决定理由中"（1）关于出版物公开"的论述内容无异议，且一审判决认定：原告关于在无效程序中曾以证据3-1和3-2作为出版物公开证据的主张没有事实依据，本院不予采信，本专利是否被证据3-1和3-2以出版物的形式公开不是本案审理的范围。二审判决认定：一审法院已经明确认定本专利是否被证据3-1和3-2以出版物形式公开不是本案审理的范围，证据3-1和3-2是作为使用公开的证据，因此一审法院没有混淆使用公开和出版物公开的概念，一审法院认定事实清楚，使用法律正确。一审判决和二审判决是已生效的判决，并且请求人在2007年4月24日举行的口头审理中没有再坚持原出版物公开的主张，因此对请求人所提出的出版物公开的主张无需再进行审查。

2. 关于使用公开

证据2-1为广州市公证处（2003）穗证内经字第1049254号公证书，请求人提交了该公证书的原件，经核实复印件与原件一致，因此该公证书真实有效，可以作为证据使用。

但该公证书仅仅证明2003年8月11日西蒙公司的网站（http://www.simtone.com）上有公证书附件（共计23页网页）信息内容的记载，公证书并未对这些信息内容本身的真实性予以公证，也未证明这些信息在本专利的申请日之前已经公开，在没有其他证据进行佐证的情况下，公证书附件的内容不能作为在先设计与本专利进行对比，因此，无法认定证据2-1附件第3页图片左下侧中间附图和第8页60415-60/60425-60产品在本专利申请日之前销售，因而无法将其与本专利进行相同、相近似对比。

证据2-2为经营项目栏填写了"西蒙开关插座"的销售发票复印件，开票日期为2003年8月7

日。专利权人对证据2-2的真实性无异议，因此证据2-2可以被采信。但证据2-2中没有记载销售的西蒙开关插座的具体型号，其不能证明销售的西蒙开关插座与其他证据中60系列西蒙开关插座之间存在唯一对应关系，证据2-2虽然可以证明2003年8月7日销售了"西蒙开关插座"，但是该销售日晚于本专利的申请日，因此，证据2-2不能证明有与本专利相同或者相近似的产品在本专利申请日之前已经销售。

证据2-3为西蒙公司欧式60产品宣传册，证据2-3中未公开其印刷时间，并且专利权人对该证据的公开日期有异议，并且，西蒙公司欧式60产品包含多种型号，在其他的证据没有证明证据2-3第2页左侧图的产品在本专利申请日之前销售的情况下，仅凭证据2-3本身不能证明证据2-3第2页左侧图的产品在本专利申请日之前销售；因此无法将证据2-3第2页左侧图的产品与本专利进行相同或者相近似对比，因而由证据2-3不能得出与本专利相同或者相近似的产品在本专利申请日之前已经销售。

证据2-4为江苏西蒙公司产品购买菜单，证据2-4中未公开其印刷时间，并且专利权人对该证据的公开日期有异议，在其他证据不能证明证据2-4在本专利申请日之前以销售的形式为公众所知的情况下，仅凭证据2-4本身不能证明证据2-4的产品目录中60415-60/60425-60产品在本专利申请日之前销售，因而无法将证据2-4的产品目录中60415-60/60425-60产品作为在先设计与本专利进行相同或者相近似对比。

证据2-5为西蒙公司欧式60系列产品配色指南，其中印有"2002.10"字样，专利权人对该证据的公开日期有异议，在其他证据不能证明证据2-5在本专利申请日之前以销售的形式为公众所知的情况下，仅凭证据2-5也无法得出证据2-5中60415-60产品在本专利申请日之前销售，因而无法将证据2-5中60415-60产品作为在先设计与本专利进行相同或者相近似对比。

请求人放弃证据2-6，因此，合议组对证据2-6不予评述。

证据2-7为西蒙公司欧式60产品实物照片，其中未公开其公开日期，并且专利权人对该证据的公开日期有异议，在没有其他证据证明证据2-7所示产品在本专利申请日之前公开的情况下，不能将证据2-7作为在先设计与本专利进行对比。

证据3-1为本外观设计申请日之前出版的《建筑时报》，该证据记载了在本专利申请日之前，西蒙公司的欧式60系列产品在国内进行过销售，并且上面附有的图中也记载了欧式60系列产品的几种具体外观设计。专利权人对该证据的真实性无异议，因此证据3-1可以作为在先设计与本专利进行对比。但是，由于，证据2-1附件第3页图片左下侧中间附图的产品和第8页60415-60/60425-60产品、证据2-3第2页中的左侧图的产品、证据2-4中的产品目录60415-60/60425-60产品、证据2-5中60415-60产品、证据2-7的图中产品未记载在证据3-1中，因此证据3-1无法证明上述证据中的产品被销售公开。

证据3-2为本外观设计申请日之前出版的《建筑时报》，该证据仅仅记载了在本外观设计申请日之前，西蒙公司的欧式60系列产品在国内进行过销售。该证据为销售消息的报道，其中"西蒙欧式60开关……西蒙大弧线边框，V字造型大跷板，气质高贵"的描述未能揭示出报道的欧式60系列产品为哪种型号的产品，以及体现产品具体结构的外观设计，因而证据3-2没有披漏具体的公开销售产品的型号，因此证据3-2中披露的西蒙欧式60开关不能与请求人提及的其他证据中的任何一款西蒙欧式60开关唯一对应，也就不能证明证据2-2至2-7中具体型号的西蒙欧式60开关的销售日期为证据3-2的公开日；因而，证据3-2也无法证明具有与本外观设计相同或相近似外观设计的产品已经在本外观设计申请日之前以公开销售方式为公众所知；并且请求人未将证据3-2的内容与本专利进行具体对比。因而证据3-2与本专利相同或相近似的理由不成立。

基于上述理由，证据3-1与证据2-1、证据2-3、证据2-4、证据2-5、证据2-7产品图形不一致，证据3-2未公开具体的产品外观，因此证据3-1、证据3-2不能证明证据2-1附件第3页图片左下侧中间附图的产品和第8页60415-60/60425-60产品、证据2-3第2页中的左侧图的产品、证据2-4中的产品目录60415-60/60425-60产品、证据2-5中60415-60产品、证据2-7的图中产品已经销售公开。因而，请求人关于证据2-1附件第3页图片左下侧中间附图和第8页60415-60/60425-60产品、证据2-3第2页中的左侧图、证据2-4中的产品目录60415-60/60425-60产品、证据2-5中60415-60产品、证据2-7的图与本专利相同或相近似的理由不成立。

3. 关于本专利是否符合专利法第23条

依据上述第2点，能够与本专利进行相同或者相近似对比的证据只有证据3-1，因此以下合议组对本专利与证据3-1是否相同或者相近似进行判断。

证据3-1显示的产品图片中最左边的图片、下排中间的图片均公开了开关插座，其中开关插座边框的主体为日字形，该开关插座边框的外边框为圆角矩形，矩形的长度大约为宽度两倍，其中的一个插座面板和一个开关面板均为圆角正方形，插座面板和开关面板分别位于各自的一个圆角正方形边框内，开关面板呈现V字跷板状造型，插座面板带有两线插座孔和三线插座孔，并且三线插座孔远离开关面板，两线插座孔位于三线插座孔和开关面板之间（具体内容参见证据3-1的附图）。

本专利为二位欧式开关插座边框，纵观本专利的各幅视图可知，该开关插座边框的主体为日字形；该开关插座边框的外边框为圆角矩形，矩形的长度大约为宽度两倍，该开关插座边框内带有两个圆角正方形内边框，两个内边框之间有间隔区域，每个内边框里面为近似正方形的透孔；其中正方形内边框不突出于外边框，外边框的主体呈外低内高的弧形；从主视图看，该正方形内边框的上、下部分均为两个窄面，该内边框的左、右部分均为一个窄面；由俯视图的抛面图、右视图的抛面图和后视图看，开关插座边框沿透孔边缘分布着筋和卡槽等（具体内容参见本专利附图）。

将证据3-1显示最左边的图片与本专利相比，可知，从证据3-1显示的最左边的图片中不能唯一得出：开关插座边框内带有两个相同的圆角正方形内边框，正方形内边框不突出于外边框，外边框的主体呈外低内高的弧形，以及从主视图看到的，该内边框的上、下部分均为两个窄面，该内边框的左、右部分均为一个窄面，以及本专利抛面图和后视图等公开的信息等。对于一般消费者而言，从视觉上会明显注意到：本专利外边框的主体呈外低内高的弧形设计和外边框内带有的两个相同的圆角正方形的内边框以及内边框不突出于外边框的设计。其中正方形内边框的形状和外边框主体外低内高的弧形对于产品的整体视觉效果具有显著的影响。根据整体观察、综合判断的原则，上述二者的区别在整体上形成明显不同的视觉效果，即不容易造成混同，因此二者是不相同、不相近似的外观设计。

将证据3-1中下排中间的图片与本专利相比，可知，从证据3-1显示的下排中间的图片中不能唯一得出：开关插座边框内带有两个相同的圆角正方形内边框，正方形内边框不突出于外边框，外边框的主体呈外低内高的弧形，从主视图看，该内边框的上、下部分均为两个窄面，该内边框的左、右部分均为一个窄面，以及本专利俯视图的抛面图、右视图的抛面图和后视图等公开的信息等。对于一般消费者而言，从视觉上会明显注意到：本专利外边框的主体呈外低内高的弧形设计和外边框内带有的两个相同的圆角正方形的内边框以及内边框不突出于外边框的设计。其中正方形内边框的形状和外边框主体外低内高的弧形对于产品的整体视觉效果具有显著的影响。根据整体观察、综合判断的原则，上述二者的区别在整体上形成明显不同的视觉效果，即不容易造成混同，因此二者是不相同、不相近似的外观设计。

证据3-1中右上角的图片公开了开关插座，其中开关插座边框的主体为日字形，开关插座边框的外边框为圆角矩形，矩形的长度大约为宽度两倍；其中开关插座边框里面为左、右两正方形部分，左边正方形部分由内到外依次镶嵌有黑色矩形、白色矩形框、蓝色框,与该黑色矩形长边相邻的白色矩形框的边比其他两边;右边正方形部分由内到外依次镶嵌有白色正方形、蓝色框(具体内容参见证据 3-1 的附图)。

证据 3-1 中右上角的图片与本专利相比,两者的开关主体明显不同,本专利开关主体不具任何图形、图案,而证据 3-1 右上角的图片的开关主体分为具有不同明暗度的框,并且,从证据 3-1 右上角的图片中不能唯一得出本专利公开的信息:开关插座边框内带有两个相同的圆角正方形内边框,正方形内边框不突出于外边框,外边框的主体呈外低内高的弧形,以及从主视图看的,该内边框的上、下部分均为两个两个窄面,该内边框的左、右部分均为一个窄面,以及本专利俯视图的抛面图、右视图的抛面图和后视图等公开的信息等。对于一般消费者而言,从视觉上会明显注意到:二者开关主体明显不同,并且本专利外边框的主体呈外低内高的弧形设计和外边框内带有的两个相同的圆角正方形的内边框以及内边框不突出于外边框的设计。其中开关主体、正方形内边框的形状和外边框主体外低内高的弧形对于产品的整体视觉效果具有显著的影响。根据整体观察、综合判断的原则,上述二者的区别在整体上形成明显不同的视觉效果,即不容易造成混同,因此二者是不相同、不相近似的外观设计。

因此,证据 3-1 无法证明具有与本专利相同或相近似外观设计的产品已经在本专利申请日之前公开。

综合上述所述,本专利申请日之前既没有相同或相近似的外观设计公开发表,也没有相同或相近似外观设计的产品以销售方式为公众所知,请求人所提交的证据不足以证明本外观设计不符合专利法第 23 条的规定。

三、决定

维持 02317701.2 号外观设计专利权有效。

当事人对本决定不服的,可以根据专利法第 46 条第 2 款的规定,自收到本决定之日起三个月内向北京市第一中级人民法院起诉。根据该条款的规定,一方当事人起诉后,另一方当事人应当作为第三人参加诉讼。

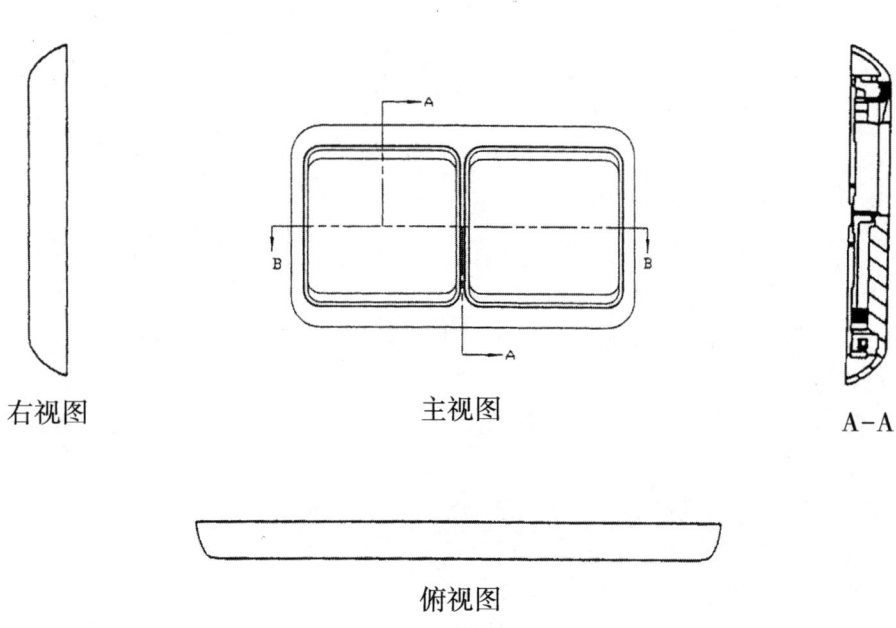

右视图　　　　　　　主视图　　　　　　　A-A

俯视图

B-B

后视图

本外观设计

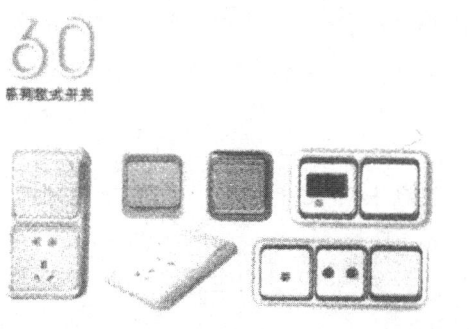

证据 3-1 附图

北京市第一中级人民法院
行政判决书

(2007) 一中行初字 1466 号

原告广东朗能电器有限公司,住所地广东省中山市小榄镇小榄工业区 122 号。

法定代表人邓超华,董事长。

委托代理人陈卫,男,1973 年 11 月 1 日出生,广州粤高专利代理有限公司专利代理人,住广东省广州市越秀区农林下路 72 号。

被告国家知识产权局专利复审委员会,住所地北京市海淀区北四环西路 9 号银谷大厦 10~12 层。

法定代表人廖涛,副主任。

委托代理人周雷鸣,国家知识产权局专利复审委员会审查员。

委托代理人张华,国家知识产权局专利复审委员会审查员。

第三人袁晓阳。

第三人刘凯晋,男,1979 年 10 月 11 日出生,汉族,江苏省海安县奇通电气有限公司总经理,住江苏省海安县城东镇宁海南路 209 号 242 室。

委托代理人徐新建,男,1971 年 9 月 15 日出生,江苏西蒙奇通电器有限公司职员,住江苏省海安县海安镇长江中路 118 号 1 单元 102 室。

委托代理人陆从益,男,1970 年 4 月 19 日出生,江苏西蒙奇通电器有限公司职员,住江苏省海安县海安镇新华东路 1 号 2 幢 301 室。

第三人刘凯睿,女,1988 年 1 月 13 日出生,汉族,住江苏省海安县海安镇人民东路 5 号 201 室。

委托代理人徐新建,男,1971 年 9 月 15 日出生,江苏西蒙奇通电器有限公司职员,住江苏省海安县海安镇长江中路 118 号 1 单元 102 室。

委托代理人陆从益,男,1970 年 4 月 19 日出生,江苏西蒙奇通电器有限公司职员,住江苏省海安县海安镇新华东路 1 号 2 幢 301 室。

第三人刘桂荣,男,1935 年 6 月 11 日出生,汉族,住江苏省海安县海安镇海北村二十二组 21 号。

委托代理人徐新建,男,1971 年 9 月 15 日出生,江苏西蒙奇通电器有限公司职员,住江苏省海安县海安镇长江中路 118 号 1 单元 102 室。

委托代理人陆从益,男,1970 年 4 月 19 日出生,江苏西蒙奇通电器有限公司职员,住江苏省海安县海安镇新华东路 1 号 2 幢 301 室。

第三人陈忠英,女,1936 年 3 月 18 日出生,汉族,住江苏省海安县海安镇海北村二十二组 30 号。

委托代理人徐新建,男,1971 年 9 月 15 日出生,江苏西蒙奇通电器有限公司职员,住江苏省海安县海安镇长江中路 118 号 1 单元 102 室。

委托代理人陆从益,男,1970 年 4 月 19 日出生,江苏西蒙奇通电器有限公司职员,住江苏省海安县海安镇新华东路 1 号 2 幢 301 室。

原告广东朗能电器有限公司(以下简称朗能公司)不服被告国家知识产权局专利复审委员会(以下简称专利复审委员会)于 2007 年 8 月 23 日作出的第 10395 号无效宣告请求审查决定(以下简

称第 10395 号决定），于法定期限内向本院提起诉讼。本院于 2007 年 10 月 25 日受理本案后，依法组成合议庭。由于专利权人刘德银因病于 2005 年 6 月 15 日死亡，故本院按照法律规定通知其继承人袁晓阳、刘凯晋、刘凯睿、刘桂荣、陈忠英作为第三人参加诉讼，于 2008 年 1 月 23 日公开开庭进行了审理。原告朗能公司的委托代理人陈卫，被告专利复审委员会的委托代理人周雷鸣、张华，第三人刘凯晋、刘凯睿、刘桂荣、陈忠英的共同委托代理人徐新建、陆从益到庭参加了诉讼。第三人袁晓阳经本院合法传唤未到庭，本院依法缺席审理。本案现已审理终结。

就朗能公司及案外人南京赛璟照明电器有限公司（以下简称赛璟公司）针对刘德银拥有的名称为"二位欧式开关插座边框"的 02317701.2 号外观设计专利（以下简称本专利）提出的无效宣告请求，专利复审委员会作出第 10395 号决定，认为：

1. 关于本专利是否被使用公开。

朗能公司和赛璟公司提交的证据 2-1 为广州市公证处（2003）穗证内经字第 1049254 号公证书，但该公证书仅证明 2003 年 8 月 11 日西蒙公司的网站（http：//www.simtone.com）上有公证书附件信息内容的记载，公证书并未对这些信息内容本身的真实性予以公证，也未证明这些信息在本专利的申请日之前已经公开，在没有其他证据进行佐证的情况下，公证书附件的内容不能作为在先设计与本专利进行对比。证据 2-2 为经营项目栏填写了"西蒙开关插座"的销售发票复印件，开票日期为 2003 年 8 月 7 日。但证据 2-2 中没有记载销售的西蒙开关插座的具体型号，其不能证明销售的西蒙开关插座与其他证据中 60 系列西蒙开关插座之间存在唯一对应关系，且销售日晚于本专利的申请日。证据 2-3 为西蒙公司欧式 60 产品宣传册，证据 2-3 中未公开其印刷时间。证据 2-4 为西蒙公司产品购买菜单，证据 2-4 中未公开其印刷时间。证据 2-5 为西蒙公司欧式 60 系列产品配色指南，其中印有"2002.10"字样，晚于本专利申请日。请求人放弃证据 2-6。证据 2-7 为西蒙公司欧式 60 产品实物照片，其中未公开其公开日期。

证据 3-1 为本外观设计申请日之前出版的《建筑时报》，该证据记载了在本专利申请日之前，西蒙公司的欧式 60 系列产品在国内进行过销售，并且上面附有的图中也记载了欧式 60 系列产品的几种具体外观设计。专利权人对该证据的真实性无异议，因此证据 3-1 可以作为在先设计与本专利进行对比。但是，证据 2-1 附件第 3 页图片左下侧中间附图的产品和第 8 页 60415-60/60425-60 产品、证据 2-3 第 2 页中的左侧图的产品、证据 2-4 中的产品目录 60415-60/60425-60 产品、证据 2-5 中 60415-60 产品、证据 2-7 的图中产品未记载在证据 3-1 中，因此证据 3-1 无法证明上述证据中的产品被销售公开。证据 3-2 为本外观设计申请日之前出版的《建筑时报》，该证据仅仅记载了在本外观设计申请日之前，西蒙公司的欧式 60 系列产品在国内进行过销售。该证据为销售消息的报道，其中"西蒙欧式 60 开关……西蒙大弧线边框，V 字造型大跷板，气质高贵"的描述未能揭示出报道的欧式 60 系列产品为哪种型号的产品，以及体现产品具体结构的外观设计，因而证据 3-2 没有披漏具体的公开销售产品的型号，因此证据 3-2 中披露的西蒙欧式 60 开关不能与请求人提及的其他证据中的任何一款西蒙欧式 60 开关唯一对应，也就不能证明证据 2-2 至证据 2-7 中具体型号的西蒙欧式 60 开关的销售日期为证据 3-2 的公开日；因而，证据 3-2 也无法证明具有与本外观设计相同或相近似外观设计的产品已经在本外观设计申请日之前以公开销售方式为公众所知；并且请求人未将证据 3-2 的内容与本专利进行具体对比。因而证据 3-2 与本专利相同或相近似的理由不成立。

综上，证据 3-1 与证据 2-1、证据 2-3、证据 2-4、证据 2-5、证据 2-7 产品图形不一致，证据 3-2 未公开具体的产品外观，因此证据 3-1、证据 3-2 不能证明证据 2-1 附件第 3 页图片左下侧中间附图的产品和第 8 页 60415-60/60425-60 产品、证据 2-3 第 2 页中的左侧图的产品、证据 2-4 中的产品目录 60415-60/60425-60 产品、证据 2-5 中 60415-60 产品、证据 2-7 的图中产品已经销售公开。因而，请求人关于证据2-1第8页60415-60/60425-60产品、证据2-4中的产品目录60415-60/60425-60产品、证据2-5中60415-60产品、证据2-7的图与本专利相同或相近似的理由不成立。

2. 关于本专利是否符合《中华人民共和国专利法》（以下简称《专利法》）第二十三条的规定。

根据上文所述，能够与本专利进行相同或者相近似对比的证据只有证据3-1。证据3-1显示的产品图片中最左边的图片、下排中间的图片均公开了开关插座，其中开关插座边框的主体为日字形，该开关插座边框的外边框为圆角矩形，矩形的长度大约为宽度两倍，其中的一个插座面板和一个开关面板均为圆角正方形，插座面板和开关面板分别位于各自的一个圆角正方形边框内，开关面板呈现V字跷板状造型，插座面板带有两线插座孔和三线插座孔，并且三线插座孔远离开关面板，两线插座孔位于三线插座孔和开关面板之间。

本专利为二位欧式开关插座边框，从本专利的各幅视图可知，该开关插座边框的主体为日字形；该开关插座边框的外边框为圆角矩形，矩形的长度大约为宽度两倍，该开关插座边框内带有两个圆角正方形内边框，两个内边框之间有间隔区域，每个内边框里面为近似正方形的透孔；其中正方形内边框不突出于外边框，外边框的主体呈外低内高的弧形；从主视图看，该正方形内边框的上、下部分均为两个窄面，该内边框的左、右部分均为一个窄面；由俯视图的抛面图、右视图的抛面图和后视图看，开关插座边框沿透孔边缘分布着筋和卡槽等。

将证据3-1显示最左边的图片、证据3-1中下排中间的图片分别与本专利相比，可知，前两幅图片中不能唯一得出：开关插座边框内带有两个相同的圆角正方形内边框，正方形内边框不突出于外边框，外边框的主体呈外低内高的弧形，以及从主视图看到的，该内边框的上、下部分均为两个窄面，该内边框的左、右部分均为一个窄面，以及本专利抛面图和后视图等公开的信息等。对于一般消费者而言，从视觉上会明显注意到：本专利外边框的主体呈外低内高的弧形设计和外边框内带有的两个相同的圆角正方形的内边框以及内边框不突出于外边框的设计。其中正方形内边框的形状和外边框主体外低内高的弧形对于产品的整体视觉效果具有显著的影响。根据整体观察、综合判断的原则，证据3-1显示最左边的图片、证据3-1中下排中间的图片分别与本专利的区别在整体上形成明显不同的视觉效果，即不容易造成混同，因此它们是不相同、不相近似的外观设计。

证据3-1中右上角的图片公开了开关插座，其中开关插座边框的主体为日字形，开关插座边框的外边框为圆角矩形，矩形的长度大约为宽度两倍；其中开关插座边框里面为左、右两正方形部分，左边正方形部分由内到外依次镶嵌有黑色矩形、白色矩形框、蓝色框，与该黑色矩形长边相邻的白色矩形框的边比其他两边；右边正方形部分由内到外依次镶嵌有白色正方形、蓝色框。

证据3-1中右上角的图片与本专利相比，两者的开关主体明显不同，本专利开关主体不具任何图形、图案，而证据3-1右上角的图片的开关主体分为具有不同明暗度的框，并且，从证据3-1右上角的图片中不能唯一得出本专利公开的信息：开关插座边框内带有两个相同的圆角正方形内边框，正方形内边框不突出于外边框，外边框的主体呈外低内高的弧形，以及从主视图看到的，该内边框的上、下部分均为两个窄面，该内边框的左、右部分均为一个窄面，以及本专利俯视图的抛面图、右视图的抛面图和后视图等公开的信息等。对于一般消费者而言，从视觉上会明显注意到：二者开关主体明显不同，并且本专利外边框的主体呈外低内高的弧形设计和外边框内带有的两个相同的圆角正方形的内边框以及内边框不突出于外边框的设计。其中开关主体、正方形内边框的形状和外边框主体外低内高的弧形对于产品的整体视觉效果具有显著的影响。根据整体观察、综合判断的原则，上述二者的区别在整体上形成明显不同的视觉效果，即不容易造成混同，因此二者是不相同、不相近似的外观设计。

因此，证据3-1无法证明具有与本专利相同或相近似外观设计的产品已经在本专利申请日之前公开。

综上，专利复审委员会作出第10395号决定，维持本专利权有效。

朗能公司不服第10395号决定，向本院提起诉讼称：

1. 专利复审委员会认定事实不清。

被告在无效决定中将原告证据人为分割，将完整的证据链硬生生的分割开来，然后分别进行认定，明显认定错误。原告在无效程序中提供了证据2-2至2-7、证据3-1至3-2以及证据1-10至证据1-11来佐证证据2-1，但被告认为证据2-1公证书仅仅证明2003年西蒙公司网站上有公证书附件信息内容的记载，公证书并未对这些信息内容本身的真实性予以公证，也未证明这些信息在本专利的申请日之前已经公开，在没有其他证据进行佐证的情况下，公证书附件的内容不能作为在先设计与本专利进行对比。公证书附件的内容是通过合法的公证程序取得，如果被告或者第三人对上述内容的真实性有异议，应当说明理由或由第三人举出反证。被告对证据2-2至2-7以及证据3-1至3-2的认定，同样存在未能按照证据链进行审查的错误，而是逐一分开，以没有公开时间或者没有公开图片予以否定，明显认定错误。结合证据2-1至2-7以及3-1至3-2，可以看出，西蒙欧式60系列所有产品的外观设计均是一样，不同的只是功能键，例如开关、插座（电源插座、电视插座或音响插座等）以及它们的数量，而按照审查指南的规定，功能直接决定的外观设计是不予考虑的，因此原告提交的证据已充分证实与涉案专利相同的外观设计产品在其专利申请日之前已公开销售。

2. 专利复审委员会在无效决定作出过程中存在程序错误。

被告2007年3月12日向原告及第三人发出无效请求宣告口头审理通知书，定于2007年4月24日举行口头审理。口头审理如期举行，原告当时就对出席口头审理的专利权人一方提交的授权委托书有异议，并认为该委托书上专利权人的签章不是专利权人本人加盖的，口头审理回执上的专利权人的签字不是专利权人本人签署的。专利权人的《居民死亡殡葬证》上显示专利权人的死亡日期为2005年6月15日，因此被告送达的文件、该文件回执的签署以及授权委托书均不可能由专利权人盖章或签字，因此被告所作出的上述无效决定存在程序错误。

综上所述，请求人民法院撤销第10395号决定，并判令专利复审委员会重新作出审查决定。

被告专利复审委员会坚持其在第10395号决定中的意见。关于原告诉称被告程序违法，其认为刘德银的签章形式上合法，且原告在行政程序阶段未对其程序违法的主张提交相应证据证明。请求驳回原告诉讼请求，维持第10395号无效宣告请求审查决定。

第三人同意被告的答辩意见，认为原告在行政程序阶段未对其程序违法的主张提交相应证据证明，请求维持第10395号无效宣告请求审查决定。

本院经审理查明：名称为"二位欧式开关插座边框"的外观设计专利（即本专利）由刘德银于2002年4月2日向国家知识产权局提出申请，于2002年10月16日被授权公告，专利号为02317701.2。其授权公告文本中载有本专利的主视图、俯视图、右视图、后视图、A-A、B-B（见附图1）。

2003年7月28日，朗能公司及赛璟公司以本专利不符合《专利法》第二十三条之规定为由，向专利复审委员会提出无效宣告请求，并提供了23份证据：其中：

证据1-10为刘德银持有的00216864.2实用新型专利说明书首页，授权公告日2001年1月24日，实用新型名称为可组合的接线盒。在摘要部分有"几个接线盒咬接在一起，施工时相互定位方便"等描述。

证据1-11为刘德银持有的99334486.0外观设计专利公报，授权公告日为2000年8月30日。外观设计的产品名称为欧式大面板门铃开关，视图为单个门铃开关，边框外低内高，开关部分为正方形，在开关的中部有一条横向直线；

证据2-1为广州市公证处（2003）穗证内经字第1049254号公证书复印件，共4页，及公证书所附网页打印件23页，公证书出具的时间为2003年8月12日。网址为http://www.simtone.com，下载时间为2003年8月11日，在所附网页打印件中有关于欧式60产品结构图、欧式60产品菜单、欧式60系列产品的九大优点等产品的介绍和图示。

证据2-2为经营项目栏填写有"西蒙开关插座"的销售发票复印件1页，开票日期为2003年8月7日；

证据2-3为西蒙公司欧式60产品宣传册复印件，共2页；

证据2-4为西蒙公司产品购买菜单复印件，共1页；

证据2-5为西蒙公司欧式60系列产品配色指南复印件及产品购买分解图各1页，在分解图上可见单联、双联产品的型号，面板、内边框、外边框及组合后的产品形态；

证据2-6为西蒙公司产品宣传册复印件，共4页；

证据2-7为请求人声明的西蒙公司欧式60产品实物照片彩色打印件，共1页。

证据3-1为2001年11月9日的《建筑时报》，在该报第4版中刊登有潘爱琴撰写的报道《您居室内微笑的眼睛》，在该标题的左下方附有西蒙公司欧式60系列产品的图片（见附图2），该报道记载："西蒙欧式60采用最新的设计理念，以大弧线边框的唯美造型……现今在中国市场隆重登场的欧式60系列……是ASIMTONE西蒙公司经过一年多的酝酿为中国消费者度身定做的世纪献礼。"

证据3-2为2002年1月18日《建筑时报》，在该报第4版刊登有潘爱琴撰写的报道《开关"大王"西蒙欧式60走俏》，该报道记载："新近上市的ASIMTONE西蒙欧式60开关……赢得消费者的青睐。在商场，记者随机采访了几位选购欧式60的销售者……"

对于该无效请求案，专利复审委员会曾于2004年3月15日进行了口头审理，并于2004年12月6日作出第6658号决定，朗能公司不服该6658号决定，向本院提起行政诉讼，本院（2005）一中行初字第187号案判决撤销被告作出的第6658号决定，并被北京市高级人民法院（2005）高行终字第394号行政判决予以维持。在该判决中，北京市高级人民法院认定：证据3-1和证据3-2记载的销售时间可以认定为西蒙公司欧式60系列产品在国内进行销售的时间，该销售时间早于本专利的申请日。由于证据3-1中记载了欧式60系列产品的图片，故这些照片所显示的产品在本专利申请日前已经公开销售。对该终审判决认定的事实，本院予以确认。

专利复审委员会重新组成合议组并于2007年4月24日进行了口头审理。2007年8月23日专利复审委员会作出第10395号决定，维持本专利权有效。

另查，专利权人刘德银于2005年6月15日死亡。此前，刘德银曾于2005年4月30日订立书面遗嘱，对其遗产进行了分配，作为其继承人的刘凯晋、刘凯睿、刘桂荣、陈忠英、袁晓阳依据该遗嘱，获得不同比例的继承份额。在该遗嘱中，未对本案涉及的专利权进行分配。

上述事实，有本专利授权公告文本、第10395决定、遗嘱、北京市高级人民法院（2005）高行终字第394号行政判决及各方当事人的陈述等证据在案佐证。

本院认为，根据本案各方当事人的诉辩主张，本案的主要焦点问题为：（1）专利复审委员会在无效程序中未对专利权人签署的授权委托书认真审查，是否属于程序违法，并构成对请求人实体权利的损害。（2）原告在无效程序中提交的相关证据能否证明与本专利相同或近似的外观设计产品在专利申请日之前已公开销售。

1. 专利复审委员会是否存在程序违法。

根据查明的事实，本专利专利权人刘德银在专利复审委员会重新对本专利进行无效审理过程中因病去世。根据《中华人民共和国继承法》有关规定，遗产是公民死亡时遗留的个人合法财产，其包括公民的著作权、专利权中的财产权,继承从被继承人死亡时开始,继承开始后,按照法定继承办理;有遗嘱的,按照遗嘱继承或者遗赠办理。本案中涉及的有效专利系刘德银生前合法取得的权利,具有财产属性,故从刘德银死亡开始便发生了继承的事实。刘德银的法定继承人及其无效程序中的委托代理人未如实向专利复审委员会履行告知义务,存在主观过错。但鉴于在本案诉讼中,刘德银的法定继承人并未对他人代为签字的授权委托书及其由此产生的代理行为及结果提出异议,故本院视为无效程序中由他人代签的授权委托书已经得到刘德银法定继承人的追认。朗能公司虽在口头审理中对专利权人在授权委托书上的签章及相关签字提出了异议,但专利复审委员会已根据《审查指南》的相关规定告知朗能公司提交证据证明,若其提交的证据足以证明授权委托书不是专利权人本人出具的,则专利权人的受委托人在口头审理时的意见陈述将被视为无效。朗能公司没有在无效程序中提交相关证据,因此其所提理由未被专利复审委员会接受。同时,朗能公司未证明其在本案中的程序权利或实体权利因为他人代签授权委托书而受到任何损害。综上所述,对原告关于被告程序违法的诉讼理由,本院不予支持。

2. 原告在无效程序中提交的相关证据能否证明与本专利相同或近似的外观设计产品在专利申请日之前已公开销售。

朗能公司及赛璟公司提交的证据2-1系西蒙公司网站的公证下载打印件,其中虽然记载了欧式60产品结构图、欧式60产品菜单、欧式60系列产品的九大优点等产品的介绍和图示,但没有证据证明这些信息在本专利申请日之前已经公开,也没有证据证明证据2-1附件第3页图片左下侧中间附图和第8页60415-60/60425-60产品在本专利申请日之前已经公开销售。

证据2-2为经营项目栏填写了"西蒙开关插座"的销售发票复印件,开票日期为2003年8月7日。但证据2-2中没有记载销售的西蒙开关插座的具体型号,其不能证明销售的为何种西蒙开关插座,且销售日晚于本专利的申请日。证据2-3为西蒙公司欧式60产品宣传册,但未显示公开时间。证据2-4为西蒙公司产品购买菜单,同样未显示公开时间。证据2-5为西蒙公司欧式60系列产品配色指南,其中印有"2002.10"字样,晚于本专利申请日。证据2-7为西蒙公司欧式60产品实物照片,未显示公开日期。因此证据2-2至证据2-7无法证明与本专利相同或近似的产品已经在申请日前被销售公开。

将证据3-1显示的产品图片中最左边的图片、下排中间的图片与本专利相比,前两幅图片中的开关插座边框的主体为日字形,该开关插座边框的外边框为圆角矩形,矩形的长度大约为宽度两倍,其中的一个插座面板和一个开关面板均为圆角正方形,插座面板和开关面板分别位于各自的一个圆角正方形边框内,开关面板呈现V字跷板状造型,插座面板带有两线插座孔和三线插座孔,并且三线插座孔远离开关面板,两线插座孔位于三线插座孔和开关面板之间。而本专利的二位欧式开关插座边框主体为日字形,该开关插座边框的外边框为圆角矩形,矩形的长度大约为宽度两倍,该开关插座边框内带有两个圆角正方形内边框,两个内边框之间有间隔区域,每个内边框里面为近似正方形的透孔;其中正方形内边框不突出于外边框,外边框的主体呈外低内高的弧形;从主视图看,该正方形内边框的上、下部分均为两个窄面,该内边框的左、右部分均为一个窄面;由俯视图的抛面图、右视图的抛面图和后视图看,开关插座边框沿透孔边缘分布着筋和卡槽等。对于一般消费者而言,从视觉上会明显注意到:本专利外边框的主体呈外低内高的弧形设计和外边框内带有的两个相同的圆角正方形的内边框以及内边框不突出于外边框的设计。其中正方形内边框的形状和外边框主体外低内高的弧形对于产品的整体视觉效果具有显著的影响。根据整体观察、综合判断的原则,上述证据3-1显示的产品图片中最左边的图片、下排中间的图片与本专利的区别在整体上形成明显不同的视觉效果,不容易造成混同,因此它们是不相同、不相近似的外观设计。

将证据3-1中右上角的图片与本专利相比，两者的开关主体明显不同，本专利开关主体不具任何图形、图案，而证据3-1右上角的图片的开关主体分为具有不同明暗度的框，并且本专利外边框的主体呈外低内高的弧形设计，外边框内带有的两个相同的圆角正方形的内边框，内边框不突出于外边框。而开关主体、正方形内边框的形状和外边框主体外低内高的弧形对于产品的整体视觉效果具有显著的影响。根据整体观察、综合判断的原则，上述二者的区别在整体上形成明显不同的视觉效果，即不容易造成混同，因此二者是不相同、不相近似的外观设计。

原告关于证据2-2至证据2-7、证据3-1至证据3-2以及证据1-10至证据1-11可以用来佐证证据2-1，以上证据的结合可以形成完整证据链，证明本专利在申请日前已被销售公开的主张没有合理依据和证据支持，且其关于西蒙欧式60系列所有产品的外观设计均是一样，不同的只是功能键的主张没有证据支持，本院不予采信。综上，原告提交的证据无法证明与本专利相同或近似的外观设计产品在专利申请日之前已公开销售。

综上所述，专利复审委员会作出的10395号决定认定事实清楚，程序合法，应予维持。根据《中华人民共和国行政诉讼法》第五十四条第（一）项之规定，判决如下：

维持国家知识产权局专利复审委员会作出的第10395号无效宣告请求审查决定。

案件受理费人民币100元，由原告广东朗能电器有限公司负担（已交纳）。

如不服本判决，可于判决书送达之日起15日内，向本院提交上诉状及其副本，并交纳上诉案件受理费100元，上诉于北京市高级人民法院。

审　判　长　刘海旗
代理审判员　周云川
人民陪审员　郝建欣
二〇〇八年三月二十日
书　记　员　周丽婷

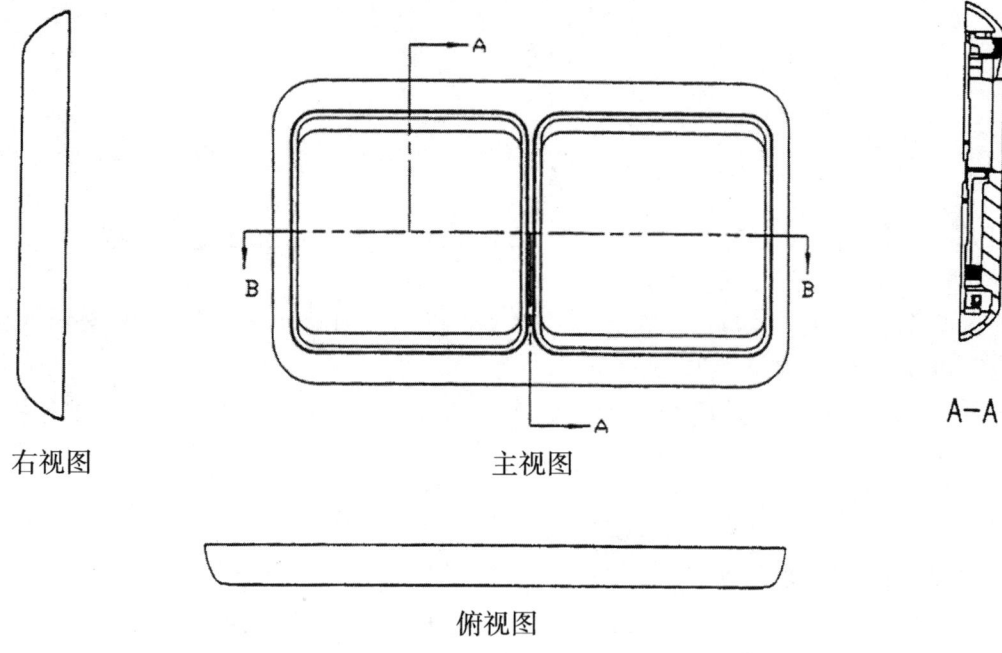

右视图　　主视图　　A-A

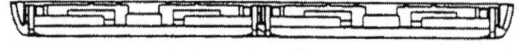

俯视图

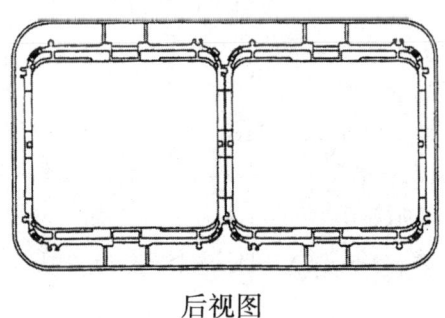

B-B

后视图

附图1

附图2

北京市高级人民法院
行政判决书

(2008)高行终字第454号

上诉人(原审原告)广东朗能电器有限公司,住所地广东省中山市小榄镇小榄工业区122号。

法定代表人邓超华,董事长。

委托代理人陈卫,男,汉族,1973年11月1日出生,广州粤高专利代理有限公司专利代理人,住广东省广州市越秀区农林下路72号。

被上诉人(原审被告)国家知识产权局专利复审委员会,住所地北京市海淀区北四环西路9号银谷大厦10~12层。

法定代表人廖涛,副主任。

委托代理人周雷鸣,该委员会审查员。

委托代理人张华,该委员会审查员。

原审第三人袁晓阳,女,汉族,1967年3月11日出生,住江苏省海安县海安镇宁海中路3号6幢三单元401室。

委托代理人徐新建,男,汉族,1971年9月15日出生,江苏西蒙奇通电器有限公司职员,住江苏省海安县海安镇长江中路118号1单元102室。

委托代理人陆从益,男,汉族,1970年4月19日出生,江苏西蒙奇通电器有限公司职员,住江苏省海安县海安镇新华东路1号2幢301室。

原审第三人刘凯晋,男,汉族,1979年10月11日出生,江苏省海安县奇通电气有限公司总经理,住江苏省海安县海安镇人民东路5号201室。

委托代理人徐新建,男,汉族,1971年9月15日出生,江苏西蒙奇通电器有限公司职员,住江苏省海安县海安镇长江中路118号1单元102室。

委托代理人陆从益,男,汉族,1970年4月19日出生,江苏西蒙奇通电器有限公司职员,住江苏省海安县海安镇新华东路1号2幢301室。

原审第三人刘凯睿,女,汉族,1988年1月13日出生,住江苏省海安县海安镇人民东路5号201室。

委托代理人徐新建,男,汉族,1971年9月15日出生,江苏西蒙奇通电器有限公司职员,住江苏省海安县海安镇长江中路118号1单元102室。

委托代理人陆从益,男,汉族,1970年4月19日出生,江苏西蒙奇通电器有限公司职员,住江苏省海安县海安镇新华东路1号2幢301室。

原审第三人刘桂荣,男,汉族,1935年6月11日出生,住江苏省海安县海安镇海北村二十二组21号。

原审第三人陈忠英,女,汉族,1936年3月18日出生,住江苏省海安县海安镇海北村二十二组30号。

上诉人广东朗能电器有限公司(以下简称朗能公司)因外观设计专利权无效行政纠纷一案,不服北京市第一中级人民法院(2007)一中行初字第1466号行政判决,向本院提出上诉。本院于2008年7月2日受理本案后,依法组成合议庭进行了审理,现已审理终结。

北京市第一中级人民法院认定，刘德银是名称为"二位欧式开关插座边框"的外观设计专利（以下简称本专利）的专利权人。2003年7月28日，朗能公司及南京赛璟照明电器有限公司（以下简称赛璟公司）以本专利不符合《专利法》第二十三条之规定为由，向国家知识产权局专利复审委员会（以下简称专利复审委员会）提出无效宣告请求。对于该无效请求案，专利复审委员会于2004年12月6日做出第6658号无效宣告请求审查决定（以下简称第6658号决定），朗能公司不服该决定，向一审法院提起行政诉讼，该院以（2005）一中行初字第187号行政判决撤销专利复审委员会做出的第6658号决定，并被北京市高级人民法院予以维持。专利复审委员会重新组成合议组于2007年8月23日作出第10395号无效宣告请求审查决定（以下简称第10395号决定），维持本专利权有效。专利权人刘德银于2005年6月15日死亡，袁晓阳、刘凯晋、刘凯睿、刘桂荣、陈忠英为其法定继承人。

北京市第一中级人民法院认为，本专利专利权人刘德银在专利复审委员会重新对本专利进行无效审查过程中因病去世，从刘德银死亡开始便发生了继承的事实。刘德银的法定继承人及其无效程序中的委托代理人未如实向专利复审委员会履行告知义务，存在主观过错。但鉴于在本案诉讼中，刘德银的法定继承人并未对他人代为签字的授权委托书及其由此产生的代理行为及结果提出异议，故本院视为无效程序中由他人代签的授权委托书已经得到刘德银法定继承人的追认。朗能公司虽在口头审理中对专利权人在授权委托书上的签章及相关签字提出了异议，但没有在无效程序中提交相关证据，因此其所提理由未被专利复审委员会接受。同时，朗能公司未证明其在本案中的程序权利或实体权利因为他人代签授权委托书而受到任何损害。朗能公司及赛璟公司提交的证据2-1、证据2-2至证据2-7无法证明与本专利相同或近似的产品已经在申请日前被销售公开。将证据3-1中右上角的图片与本专利相比，两者的开关主体明显不同，本专利开关主体不具任何图形、图案，而证据3-1右上角的图片的开关主体分为具有不同明暗度的框，并且本专利外边框的主体呈外低内高的弧形设计，外边框内带有的两个相同的圆角正方形的内边框，内边框不突出于外边框。而开关主体、正方形内边框的形状和外边框主体外低内高的弧形对于产品的整体视觉效果具有显著的影响。根据整体观察、综合判断的原则，上述二者的区别在整体上形成明显不同的视觉效果，即不容易造成混同，因此二者是不相同、不相近似的外观设计。

北京市第一中级人民法院根据《中华人民共和国行政诉讼法》第五十四条第（一）项之规定，判决：维持专利复审委员会做出的第10395号决定。

朗能公司不服原审判决，向本院提出上诉，请求撤销原审判决及第10395号决定，判令专利复审委员会重新做出无效决定。其理由是：一审法院认为无效程序中由他人代签的授权委托书已得到刘德银法定继承人的追认错误；专利复审委员会将朗能公司的证据分割开来，分别认定是错误的，结合证据2-1至证据2-7以及证据3-1和证据3-2可以看出，西蒙欧式60系列产品的外观设计都是一样的，不同的只是功能键；证据3-1中的产品外观设计与本专利相比，是相近似的外观设计。

专利复审委员会、袁晓阳、刘凯晋、刘凯睿、刘桂荣、陈忠英服从原审判决。

经审理查明，名称为"二位欧式开关插座边框"的外观设计专利（即本专利）由刘德银于2002年4月2日向国家知识产权局提出申请，于2002年10月16日被授权公告，专利号为02317701.2。其授权公告文本中载有本专利的主视图、俯视图、右视图、后视图、A-A、B-B（见本判决附图1）。

2003年7月28日，朗能公司及赛璟公司以本专利不符合《专利法》第二十三条之规定为由，向专利复审委员会提出无效宣告请求，并提供了23份证据，其中：

证据1-10为刘德银持有的00216864.2实用新型专利说明书首页，授权公告日2001年1月24日，实用新型名称为可组合的接线盒。在摘要部分有"几个接线盒咬接在一起，施工时相互定位方

便"等描述;

证据1-11为刘德银持有的99334486.0外观设计专利公报,授权公告日为2000年8月30日。外观设计的产品名称为欧式大面板门铃开关,视图为单个门铃开关,边框外低内高,开关部分为正方形,在开关的中部有一条横向直线;

证据2-1为广州市公证处(2003)穗证内经字第1049254号公证书复印件,共4页,及公证书所附网页打印件23页,公证书出具的时间为2003年8月12日。网址为http://www.simtone.com,下载时间为2003年8月11日,在所附网页打印件中有关于欧式60产品结构图、欧式60产品菜单、欧式60系列产品的九大优点等产品的介绍和图示;

证据2-2为经营项目栏填写有"西蒙开关插座"的销售发票复印件1页,开票日期为2003年8月7日;

证据2-3为西蒙公司欧式60产品宣传册复印件,共2页;

证据2-4为西蒙公司产品购买菜单复印件,共1页;

证据2-5为西蒙公司欧式60系列产品配色指南复印件及产品购买分解图各1页,在分解图上可见单联、双联产品的型号,面板、内边框、外边框及组合后的产品形态;

证据2-6为西蒙公司产品宣传册复印件,共4页;

证据2-7为请求人声明的西蒙公司欧式60产品实物照片彩色打印件,共1页;

证据3-1为2001年11月9日的《建筑时报》,在该报第4版中刊登有潘爱琴撰写的报道《您居室内微笑的眼睛》,在该标题的左下方附有西蒙公司欧式60系列产品的图片(见本判决附图2),该报道记载:

"西蒙欧式60采用最新的设计理念,以大弧线边框的唯美造型……现今在中国市场隆重登场的欧式60系列……是ASIMTONE西蒙公司经过一年多的酝酿为中国消费者度身定做的世纪献礼。"

证据3-2为2002年1月18日《建筑时报》,在该报第4版刊登有潘爱琴撰写的报道《开关"大王"西蒙欧式60走俏》,该报道记载:

"新近上市的ASIMTONE西蒙欧式60开关……赢得消费者的青睐。在商场,记者随机采访了几位选购欧式60的销售者……"

对于该无效请求案,专利复审委员会曾于2004年3月15日进行了口头审理,并于2004年12月6日作出第6658号决定,朗能公司不服该6658号决定,向一审法院提起行政诉讼,一审法院以(2005)一中行初字第187号行政判决撤销专利复审委员会做出的第6658号决定,并被本院(2005)高行终字第394号行政判决予以维持。在该判决中,本院认定:证据3-1和证据3-2记载的销售时间可以认定为西蒙公司欧式60系列产品在国内进行销售的时间,该销售时间早于本专利的申请日。由于证据3-1中记载了欧式60系列产品的图片,故这些照片所显示的产品在本专利申请日前已经公开销售。

专利复审委员会依据生效行政判决重新组成合议组并于2007年4月24日进行了口头审理。2007年8月23日专利复审委员会作出第10395号决定,维持本专利权有效。该决定认为:

1. 关于本专利是否被使用公开。

朗能公司和赛璟公司提交的证据2-1为广州市公证处(2003)穗证内经字第1049254号公证书,但该公证书仅证明2003年8月11日西蒙公司的网站(http://www.simtone.com)上有公证书附件信息内容的记载,公证书并未对这些信息内容本身的真实性予以公证,也未证明这些信息在本专利的申请日之前已经公开,在没有其他证据进行佐证的情况下,公证书附件的内容不能作为在先设计与本专利进行对比。证据2-2为经营项目栏填写了"西蒙开关插座"的销售发票复印件,开票日期为2003

年8月7日。但证据2-2中没有记载销售的西蒙开关插座的具体型号，其不能证明销售的西蒙开关插座与其他证据中60系列西蒙开关插座之间存在唯一对应关系，且销售日晚于本专利的申请日。证据2-3为西蒙公司欧式60产品宣传册，证据2-3中未公开其印刷时间。证据2-4为西蒙公司产品购买菜单，证据2-4中未公开其印刷时间。证据2-5为西蒙公司欧式60系列产品配色指南，其中印有"2002.10"字样，晚于本专利申请日。请求人放弃证据2-6。证据2-7为西蒙公司欧式60产品实物照片，其中未公开其公开日期。

证据3-1为本外观设计申请日之前出版的《建筑时报》，该证据记载了在本专利申请日之前，西蒙公司的欧式60系列产品在国内进行过销售，并且上面附有的图中也记载了欧式60系列产品的几种具体外观设计。专利权人对该证据的真实性无异议，因此证据3-1可以作为在先设计与本专利进行对比。但是，证据2-1附件第3页图片左下侧中间附图的产品和第8页60415-60/60425-60产品、证据2-3第2页中的左侧图的产品、证据2-4中的产品目录60415-60/60425-60产品、证据2-5中60415-60产品、证据2-7的图中产品未记载在证据3-1中，因此证据3-1无法证明上述证据中的产品被销售公开。证据3-2为本外观设计申请日之前出版的《建筑时报》，该证据仅仅记载了在本外观设计申请日之前，西蒙公司的欧式60系列产品在国内进行过销售。该证据为销售消息的报道，其中"西蒙欧式60开关……西蒙大弧线边框，V字造型大跷板，气质高贵"的描述未能揭示出报道的欧式60系列产品为哪种型号的产品，以及体现产品具体结构的外观设计，因而证据3-2没有披漏具体的公开销售产品的型号，因此证据3-2中披露的西蒙欧式60开关不能与请求人提及的其他证据中的任何一款西蒙欧式60开关唯一对应，也就不能证明证据2-2至2-7中具体型号的西蒙欧式60开关的销售日期为证据3-2的公开日；因而，证据3-2也无法证明具有与本外观设计相同或相近似外观设计的产品已经在本外观设计申请日之前以公开销售方式为公众所知；并且请求人未将证据3-2的内容与本专利进行具体对比。因而证据3-2与本专利相同或相近似的理由不成立。

综上，证据3-1与证据2-1、证据2-3、证据2-4、证据2-5、证据2-7产品图形不一致，证据3-2未公开具体的产品外观，因此证据3-1、证据3-2不能证明证据2-1附件第3页图片左下侧中间附图的产品和第8页60415-60/60425-60产品、证据2-3第2页中的左侧图的产品、证据2-4中的产品目录60415-60/60425-60产品、证据2-5中60415-60产品、证据2-7的图中产品已经销售公开。因而，请求人关于证据2-1第8页60415-60/60425-60产品、证据2-4中的产品目录60415-60/60425-60产品、证据2-5中60415-60产品、证据2-7的图与本专利相同或相近似的理由不成立。

2. 关于本专利是否符合《专利法》第二十三条的规定。

根据上文所述，能够与本专利进行相同或者相近似对比的证据只有证据3-1。证据3-1显示的产品图片中最左边的图片、下排中间的图片均公开了开关插座，其中开关插座边框的主体为日字形，该开关插座边框的外边框为圆角矩形，矩形的长度大约为宽度两倍，其中的一个插座面板和一个开关面板均为圆角正方形，插座面板和开关面板分别位于各自的一个圆角正方形边框内，开关面板呈现V字跷板状造型，插座面板带有两线插座孔和三线插座孔，并且三线插座孔远离开关面板，两线插座孔位于三线插座孔和开关面板之间。

本专利为二位欧式开关插座边框，从本专利的各幅视图可知，该开关插座边框的主体为日字形；该开关插座边框的外边框为圆角矩形，矩形的长度大约为宽度两倍，该开关插座边框内带有两个圆角正方形内边框，两个内边框之间有间隔区域，每个内边框里面为近似正方形的透孔；其中正方形内边框不突出于外边框，外边框的主体呈外低内高的弧形；从主视图看，该正方形内边框的上、下部分均为两个窄面，该内边框的左、右部分均为一个窄面；由俯视图的抛面图、右视图的抛面图和后视图看，开关插座边框沿透孔边缘分布着筋和卡槽等。

将证据3-1显示最左边的图片、证据3-1中下排中间的图片分别与本专利相比，可知，前两幅图片中不能唯一得出：开关插座边框内带有两个相同的圆角正方形内边框，正方形内边框不突出于外边框，外边框的主体呈外低内高的弧形，以及从主视图看到的，该内边框的上、下部分均为两个窄面，该内边框的左、右部分均为一个窄面，以及本专利抛面图和后视图等公开的信息等。对于一般消费者而言，从视觉上会明显注意到：本专利外边框的主体呈外低内高的弧形设计和外边框内带有的两个相同的圆角正方形的内边框以及内边框不突出于外边框的设计。其中正方形内边框的形状和外边框主体外低内高的弧形对于产品的整体视觉效果具有显著的影响。根据整体观察、综合判断的原则，证据3-1显示最左边的图片、证据3-1中下排中间的图片分别与本专利的区别在整体上形成明显不同的视觉效果，即不容易造成混同，因此它们是不相同、不相近似的外观设计。

证据3-1中右上角的图片公开了开关插座，其中开关插座边框的主体为日字形，开关插座边框的外边框为圆角矩形，矩形的长度大约为宽度两倍；其中开关插座边框里面为左、右两正方形部分，左边正方形部分由内到外依次镶嵌有黑色矩形、白色矩形框、蓝色框，与该黑色矩形长边相邻的白色矩形框的边比其他两边；右边正方形部分由内到外依次镶嵌有白色正方形、蓝色框。

证据3-1中右上角的图片与本专利相比，两者的开关主体明显不同，本专利开关主体不具任何图形、图案，而证据3-1右上角的图片的开关主体分为具有不同明暗度的框，并且，从证据3-1右上角的图片中不能唯一得出本专利公开的信息：开关插座边框内带有两个相同的圆角正方形内边框，正方形内边框不突出于外边框，外边框的主体呈外低内高的弧形，以及从主视图看到的，该内边框的上、下部分均为两个窄面，该内边框的左、右部分均为一个窄面，以及本专利俯视图的抛面图、右视图的抛面图和后视图等公开的信息等。对于一般消费者而言，从视觉上会明显注意到：二者开关主体明显不同，并且本专利外边框的主体呈外低内高的弧形设计和外边框内带有的两个相同的圆角正方形的内边框以及内边框不突出于外边框的设计。其中开关主体、正方形内边框的形状和外边框主体外低内高的弧形对于产品的整体视觉效果具有显著的影响。根据整体观察、综合判断的原则，上述二者的区别在整体上形成明显不同的视觉效果，即不容易造成混同，因此二者是不相同、不相近似的外观设计。

因此，证据3-1无法证明具有与本专利相同或相近似外观设计的产品已经在本专利申请日之前公开。

综上，专利复审委员会作出第10395号决定，维持本专利权有效。

另查，专利权人刘德银于2005年6月15日死亡。此前，刘德银曾于2005年4月30日订立书面遗嘱，对其遗产进行了分配，作为其继承人的刘凯晋、刘凯睿、刘桂荣、陈忠英、袁晓阳依据该遗嘱，获得不同比例的继承份额。在该遗嘱中，未对本案涉及的专利权进行分配。

上述事实，有本专利授权公告文本、第10395决定、刘德银的遗嘱、本院（2005）高行终字第394号行政判决书及各方当事人的陈述等证据在案佐证。

本院认为，本专利的专利权人刘德银在无效程序中死亡，按照法律规定，其法定继承人有权继承取得本专利权，继承从被继承人死亡时开始。该情况本应由刘德银的法定继承人向专利复审委员会及时予以说明，但其未如实向专利复审委员会告知，如产生不利后果应由刘德银的法定继承人自行承担。由于在后续的行政诉讼中，刘德银的法定继承人对专利复审委员会做出的第10395号决定未提出异议，视为其对无效程序中发生的事实全部予以追认。专利复审委员会程序上并无不当，朗能公司关于其在本案中的程序权利或实体权利因为他人代签授权委托书而受到损害的上诉理由不能成立。

朗能公司认可证据2-1、2-2、2-3、2-4、2-5、2-7均不能证明其上载明的产品在本专利申请日之前已公开销售，但是结合证据3-1、3-2可以证明西蒙欧式60系列产品的外观设计都是一样的，只是面板上的功能键不同，证据3-1、3-2可以证明西蒙欧式60系列产品在本专利申请日之前就已公开销售。对此，本院认为，证据3-1、3-2中没有公开西蒙欧式60系列产品的具体型号，与证据2-1中的产品不能一一对应，朗能公司主张西蒙欧式60系列产品外观设计都是一样的依据不充分。因此，证据3-1只能证明该证据中的图片所公开的产品在本专利申请日之前已经公开销售。

本专利外观设计的二位欧式开关插座边框主体为日字形，该开关插座边框的外边框为圆角矩形，矩形的长度大约为宽度两倍，该开关插座边框内带有两个圆角正方形内边框，两个内边框之间有间隔区域，每个内边框里面为近似正方形的透孔；其中正方形内边框不突出于外边框，外边框的主体呈外低内高的弧形；从主视图看，该正方形内边框的上、下部分均为两个窄面，该内边框的左、右部分均为一个窄面；由俯视图的抛面图、右视图的抛面图和后视图看，开关插座边框沿透孔边缘分布着筋和卡槽等。对于一般消费者而言，从视觉上会明显注意到：本专利外边框的主体呈外低内高的弧形设计和外边框内带有的两个相同的圆角正方形的内边框以及内边框不突出于外边框的设计。其中正方形内边框的形状和外边框主体外低内高的弧形对于产品的整体视觉效果具有显著的影响。将证据3-1显示的产品图片中最左边的图片、下排中间的图片与本专利相比，前两幅图片中的开关插座边框的主体为日字形，该开关插座边框的外边框为圆角矩形，矩形的长度大约为宽度两倍，其中的一个插座面板和一个开关面板均为圆角正方形，插座面板和开关面板分别位于各自的一个圆角正方形边框内，开关面板呈现V字跷板状造型，插座面板带有两线插座孔和三线插座孔，并且三线插座孔远离开关面板，两线插座孔位于三线插座孔和开关面板之间。根据整体观察、综合判断的原则，上述证据3-1显示的产品图片中最左边的图片、下排中间的图片与本专利的区别在整体上形成明显不同的视觉效果，不容易造成混同，因此它们是不相同、不相近似的外观设计。

将证据3-1中右上角的图片与本专利相比，两者的开关主体明显不同，本专利开关主体不具任何图形、图案，而证据3-1右上角的图片的开关主体分为具有不同明暗度的框，并且本专利外边框的主体呈外低内高的弧形设计，外边框内带有的两个相同的圆角正方形的内边框，内边框不突出于外边框。而开关主体、正方形内边框的形状和外边框主体外低内高的弧形对于产品的整体视觉效果具有显著的影响。根据整体观察、综合判断的原则，上述二者的区别在整体上形成明显不同的视觉效果，即不容易造成混同，因此二者是不相同、不相近似的外观设计。

综上所述，朗能公司的上诉理由缺乏事实和法律依据，不能成立，其上诉请求本院不予支持。原审判决认定事实清楚，适用法律正确。根据《中华人民共和国行政诉讼法》第六十一条第一款第（一）项之规定，判决如下：

驳回上诉，维持原判。

一审案件受理费100元，由广东朗能电器有限公司负担（已交纳）。二审案件受理费100元，由广东朗能电器有限公司负担（已交纳）。

本判决为终审判决。

审 判 长 刘 辉
代理审判员 岑宏宇
代理审判员 焦 彦
二〇〇八年四月十二日
书 记 员 陈 明

附图：

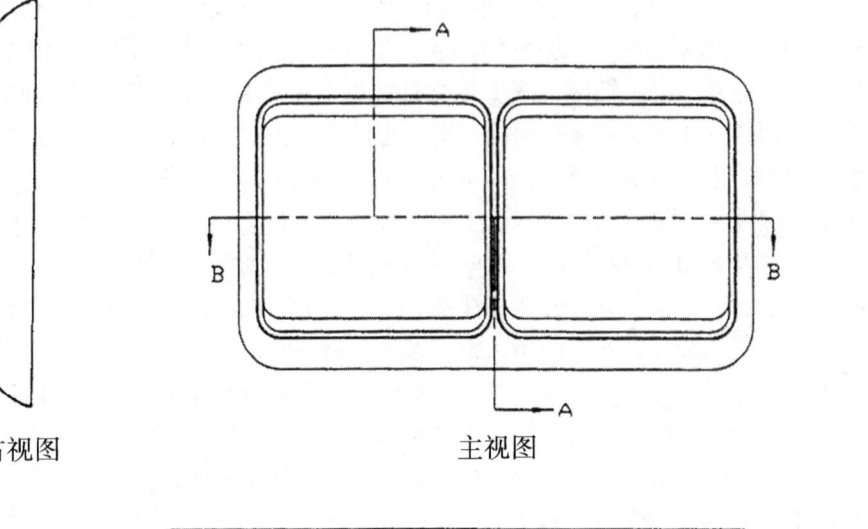
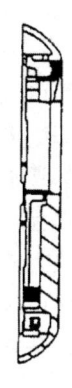

右视图　　　　　　主视图　　　　　　　　A-A

俯视图

5-B

后视图

附图1

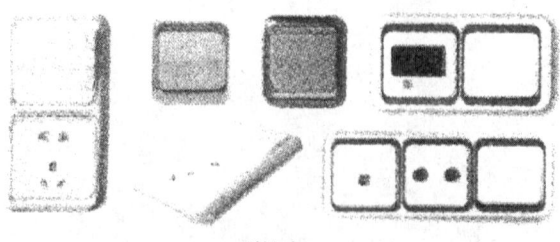

附图2

酒瓶包装盒

无效宣告请求审查决定（第10398号）

决 定 号	第10398号
决 定 日	2007年8月8日
外观设计名称	酒瓶包装盒
外观设计分类号	09-03
无效宣告请求人	北京红星股份有限公司
专 利 权 人	王 彬
专 利 号	200430049822.6
申 请 日	2004年4月28日
授权公告日	2004年11月10日
合议组组长	李 隽
主 审 员	隋 璐
参 审 员	张 鹏
附 图	2页
法 律 依 据	专利法第23条

决 定 要 点

如果被比外观设计与在先设计的差别对于被比外观设计产品的整体视觉效果不具有显著的影响，不能引起一般消费者视觉上的注意，则被比外观设计与在先设计相近似，被比外观设计不符合专利法第23条的规定。

一、案由

本无效宣告请求涉及国家知识产权局于2004年11月10日授权公告的200430049822.6号外观设计专利，名称为"酒瓶包装盒"，申请日为2004年4月28日，专利权人为王彬。

针对上述外观设计专利（下称本专利），北京红星股份有限公司（下称请求人）于2005年9月20日向专利复审委员会提出无效宣告请求，认为本专利不符合专利法第23条的规定，同时请求人提交了下列附件：

附件1：ZL200430049822.6号中国外观设计专利公报，即本专利，共7页；
附件2：ZL02321156.3号中国外观设计专利公报，公告日为2002年7月24日，共7页；
附件3：2000年6月25日《生活时报》局部复印件，共1页；
附件4：1999年12月31日《中国青年报》第5版局部复印件，共1页；

附件5：2001年12月27日《南方都市报》B31版原件，共1页；

附件6：2002年1月7日《南方都市报》B28版原件，共1页。

请求人认为：附件2所示外观设计的公告日早于本专利的申请日、附件3~6所示的包装盒在本专利的申请日之前已被公开，本专利的外观设计在题材、表现方式与附件2~6所示外观设计近似，其细微差异不足以使一般消费者将之与在先外观设计相区别。因此，本外观设计专利与申请日以前的国内公开的出版物所公开的外观设计相近似。

经形式审查合格，专利复审委员会依法受理了上述无效宣告请求，并于2006年8月7日向请求人和专利权人发出无效宣告请求受理通知书，同时将专利权无效宣告请求书及其附件清单中所列附件的副本转送给专利权人，并要求专利权人在指定的期限内陈述意见。

专利复审委员会依法成立合议组，于2007年3月28日向双方当事人发出无效宣告请求口头审理通知书，定于2007年5月14日举行口头审理。

口头审理如期进行，专利权人未出席口头审理。请求人对合议组成员无回避请求。在口头审理中，请求人明确其无效理由为：本专利与申请日以前在国内公开的出版物上所公开的外观设计相近似，其授权不符合专利法第23条的规定，同时请求人结合所提交的附件2~6就其所持观点进行了充分的意见论述。请求人未能提供附件3和4的原件，但其声称附件3和附件4的原件在案号为6W03879的无效请求审查案卷中，请求人同意其真实性由合议组予以核实。

在上述工作的基础上，合议组认为本案事实已经调查清楚，可以依法作出审查决定。

二、决定的理由

1. 法律依据

专利法第23条规定：授予专利权的外观设计，应当同申请日以前在国内外出版物上公开发表过或者国内公开使用过的外观设计不相同和不相近似，并不得与他人在先取得的合法权利相冲突。

2. 证据认定

经合议组核实，附件2的内容真实，可以作为有效证据。同时由于附件2的公开日在本专利的申请日前，因此附件2可以作为本专利的现有技术使用。

3. 关于专利法第23条

本专利为一种酒瓶的包装盒的外观设计，包括五面视图和一幅立体图（省略仰视图）。整体形状为正方体，五面视图均有沿周边的方形边框粗线；主视图中部竖行排列有"二锅头"文字图案，该文字图案上方是横向排列的三颗五角星图案，视图的右下角有艺术字体的"酒"字图案，右上角是"金北"商标图案，视图的左部竖行排列有用线划盖的不予保护的带有边框的"珍品"文字图案及一行竖向文字，视图的右部有用线划盖的不予保护的一行横向及一行竖向排列的文字，视图的最下方有一排横向排列的用线划盖的不予保护的文字；左视图右上部排列有艺术字体的"酒"字图案，"酒"字图案大约占整个视图的四分之一，"酒"字图案下方有带有边框的"珍品"文字图案，视图的左侧是两行竖写的用线划盖的不予保护的文字；右视图中间为艺术字体的"酒"字图案，上下各有一行用线划盖的不予保护的文字；后视图图案为横向的用线划盖的一行行说明性文字；俯视图图案中部是"金北"商标图案，商标图案上下方各有两行横向的用线划盖的文字图案。本专利未要求保护色彩（详见附图）。

附件2也是一种酒包装盒的外观设计，包括六面视图。整体形状为正方体，每面视图均有沿周边的方形边框粗线；主视图中部纵向排列有"二锅头酒"文字图案，视图的右上角是"三星"商标图案，商标图案的下方排列有一行用线划盖的不予保护的竖行文字，视图的左部纵向排列带有边框的"珍品"文字图案及用线划盖的不予保护的一行竖向文字；左视图右侧排列有艺术字体的"酒"字图案和三行竖向楷体的文字图案，左侧是古人图案；右视图为酒坛图案；后视图图案为横向的用线划盖的一行行说明性文字；俯视图图案中部是"三星"商标图案，商标图案上方有一行横向的用线划盖的文字图案，下方有两行横向的用线划盖的文字图案；仰视图无图案设计（详见附图）。

合议组认为：本专利和对比文件均为酒包装盒的外观设计，用途相同，属于相同种类的物品，具有可比性。

将本专利与附件2相比，（1）首先，二者形状相同，均为整体结构呈正方体的包装盒，每面视图均有沿周边的方形边框粗线。（2）本专利所示外观设计的主视图与附件2所示外观设计的主视图的图案、文字整体布局结构大体相同，二者均在主视图中间主体部位采用了由"二锅头酒"构成的文字图案，其"二锅头"三个字的字体、大小、行文方向，及其在整个主视图上的布局是相近似的。（3）本专利所示外观设计的后视图与附件2所示外观设计的后视图中横向的"珍品二锅头酒"文字图案和一行行说明性文字整体所形成的图案从字体、大小、行文方向，及其在整各视图上布局基本相同。（4）本专利所示外观设计的俯视图与附件2所示外观设计的俯视图中上部的"北京特产"文字图案、中部的商标图案和下部的文字图案的布局基本相同。

本专利与附件2的不同之处主要在于：（1）本专利所示外观设计的主视图中"二锅头"文字图案上方有横向排列的三颗五角星图案，视图的最下方有一排横向排列的用线划盖的不予保护的文字，图中间纵向排列有大小相同的幼圆字体的"二锅头"，在其右下角有艺术字体的"酒"字图案；而附件2中"二锅头酒"文字上方没有五角星图案，视图最下方没有横排文字，视图中间纵向排列有大小相同的幼圆字体的"二锅头酒"字图案。（2）本专利俯视图中商标图案上方有两行横向的用线划盖的文字图案，附件2中俯视图中商标图案上方有一行横向的用线划盖的文字图案，本专利和附件2所示外观设计的俯视图中商标图案有所不同。（3）本专利左视图中右半部分是艺术字"酒"字图案，左侧是两行竖写的用线划盖的不予保护的文字；附件2左视图右半部分排列有艺术字的"酒"字图案和三行竖向楷体的文字图案，左侧是古人物图案。（4）本专利右视图中间为艺术字体的"酒"字图案，上下各有一行用线划盖的不予保护的文字；附件2右视图为酒坛照片图案。

综上，本专利与附件2的不同之处主要在于本专利的左、右视图突出了一个艺术字的"酒"字图案，附件2的左视图中有个艺术字的"酒"字图案、右视图中有个酒坛图案，虽然"酒"字图案字体存在差别，但从整体观察、综合判断的原则出发，合议组认为：本专利和附件2在先设计左右视图题材相同，本专利的"酒"字图案和附件2的在先设计中"酒"字图案都是艺术字字体，只不过是在字体上存在差别，该差别对于产品外观设计的整体视觉效果不具有显著的影响。其他的差别属于局部的细微的差别，对整体视觉效果显然不具有显著的影响。因此，本专利与附件2相近似，不符合专利法第23条的规定。

鉴于上述已得到本外观设计专利权无效的结论，故对请求人提出的其他证据不再予以评述。

三、决定

宣告200430049822.6号外观设计专利权无效。

当事人对本决定不服的，可以根据专利法第46条第2款的规定，自收到本决定之日起三个月内向北京市第一中级人民法院起诉。根据该款的规定，一方当事人起诉后，另一方当事人应当作为第三人参加诉讼。

主视图

俯视图

后视图

立体图

右视图

左视图

本专利视图（即附件1）

左视图

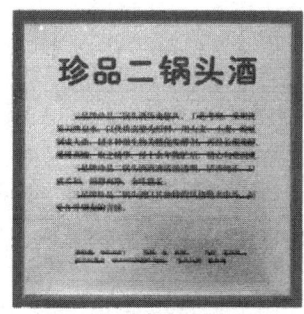

后视图

俯视图

右视图

主视图

仰视图

附件2图片

汽车前灯（上）

无效宣告请求审查决定（第10403号）

决 定 号	第10403号
决 定 日	2007年8月16日
发明创造名称	汽车前灯（上）
外观设计分类号	26-06
无效宣告请求人	日产自动车株式会社
专 利 权 人	广州市龙豹汽车工业有限公司
专 利 号	200430033906.0
申 请 日	2004年3月10日
授权公告日	2004年9月22日
合议组组长	徐洁玲
主 审 员	吴通义
参 审 员	唐莉
附 图	2页
法律依据	专利法第23条

决 定 要 点

授予专利权的外观设计，应当同申请日以前在国内外出版物上公开发表过或者国内公开使用过的外观设计不相同和不相近似，并不得与他人在先取得的合法权利相冲突。

一、案由

本无效宣告请求案涉及国家知识产权局于2004年9月22日公告授予的、名称为"汽车前灯（上）"的200430033906.0号外观设计专利权（下称本专利），其申请日为2004年3月10日，专利权人为广州市龙豹汽车工业有限公司。

针对上述专利权，日产自动车株式会社（下称请求人）于2006年11月3日向专利复审委员会提出无效宣告请求，认为本专利不符合专利法第23条的规定。为支持上述主张，请求人提交了以下附件：

附件1：首页和骑缝处盖有"国家知识产权局专利检索咨询中心副本认证专用章"的第1098191号日本外观设计公报，2001年1月22日公开，复印件共4页；

附件2：本专利网络公开打印件，复印件共1页；

附件3：附件1的首页中文译文，复印件共1页；

附件4：附件1的网络公开打印件，复印件共12页。

基于上述附件,请求人认为:附件1和4所示的汽车前照灯的上部也公开了一种汽车前灯,其与本专利产品具有同样的用途,二者属于相同种类的产品。附件1和4公开的是安装在汽车左侧的前组合灯,一般左右两侧的前组合灯是对称的,依据一般消费者的认知能力,右侧面的灯也被视为已经公开,所公开的前灯由灯体和灯罩两部分构成,整体大致呈三角体,外侧为弧面,具有透光性的灯罩覆盖在灯体的外侧,灯体内具有光源及其反光组件,灯罩为弧面体,表面具有条纹。附件1和4公开的汽车前灯与本专利之间的整体形状、局部细节近乎完全相同,找不出差异,二者为相同的外观设计,本专利不符合专利法第23条的规定。

经形式审查合格后,专利复审委员会受理了上述请求,于2006年12月4日向双方当事人发出《无效宣告请求受理通知书》,并将《专利权无效宣告请求书》及其附件副本转送给专利权人,要求其在指定的期限内答复,同时成立合议组对本无效宣告请求案进行审理。

2007年4月26日,本案合议组向双方当事人发出口头审理通知书,拟定于2007年7月11日对本案进行口头审理。

2007年7月11日,口头审理如期进行。仅请求人一方委托代理人参加了口头审理,专利权人未参加口头审理。口头审理过程中,请求人当庭提交了无效宣告程序授权委托书(共1页)和委托手续公证、认证材料(共39页),合议组对请求人提出的无效理由和事实进行了充分调查,并听取了当事人的陈述。

口头审理后,请求人于2007年7月26日提交了意见陈述书及以下附件(编号续前):

附件5:第03308850.0号中国外观设计专利网络公开打印件,该专利的公开日为2003年12月31日,共1页;

附件6:第200430033892.2号中国外观设计专利网络公开打印件,该专利的公开日为2004年10月6日,共1页。

请求人在意见陈述书中提出:(1)从附件1的后视图可以看出附件1的前照灯为上下可拆分的两部分,上部为方向指示灯,下部为汽车头灯,这两部分采用不同的颜色,并且有明显的连接螺钉将两部分组装在一起。(2)附件1的上部与本专利具有相同的组成部分,各组成部分之间的布局和比例,整体轮廓曲线和左、右光源和左、右反光组件在形状和位置上的布置基本相同,两者整体形状相同;两者的主视图的整体外轮廓曲线、灯体、光源、反光组件、灯罩灯部位相近似,俯视图的整体外轮廓曲线一致、灯体结构相对应,光源、反光组件在灯体上的位置和结构相同,灯罩也相同,仰视图的整体外轮廓曲线一致、灯体结构相对应,光源、反光组件在灯体上的位置和结构相同。(3)二者局部结构的差异是由于拍摄角度不同造成,但是两者所包含的相同之处在整个产品设计上占据主导地位,使得两产品在整体形状及美感上形成了明显相近似。(4)附件5是将本专利与专利ZL200430033893.7结合后作为整体申请的外观设计,附件6是将附件5安装在汽车上时的外观设计申请。

至此,合议组认为本案事实已经清楚,可以依法作出审查决定。

二、决定的理由

基于请求人提出的无效宣告请求的理由,合议组依据专利法第23条的规定对本案进行审理。

专利法第23条规定:"授予专利权的外观设计,应当同申请日以前在国内外出版物上公开发表过或者国内公开使用过的外观设计不相同和不相近似,并不得与他人在先取得的合法权利相冲突。"

请求人提出无效宣告请求时提交了附件1~4作为证据,在本案审理过程中,专利权人未对附件1~4提出任何异议。本案合议组对附件1~4的关联性、合法性和真实性,以及附件3的中文译文准确性予以确认。附件1和4分别是公告号为1098191的日本外观设计公报复印件和网络公开打印件(下合称对比文件1),对比文件1的公开日为2001年1月22日,在本专利申请日之前,因此,对比文件

1中记载的外观设计构成本专利的在先设计。

请求人于2007年7月26日提交附件5和6，由于附件5和6是在提出无效宣告请求之日起一个月后补充的，合议组依据专利法实施细则第66条的规定不予考虑。

对比文件1中公开了一种汽车用前组合灯的外观设计（下称在先设计），其由灯体和灯罩组成，从其主视图可以看出该前组合灯的灯罩上下之间有明显接缝，从其后视图可以看出该前组合灯的灯体上下两个颜色不同的部分之间也有接缝，该接缝与灯罩上的接缝处于同一水平线上，后视图上还显示浅色的下部分向上延伸一个支脚，并通过螺钉与上部分固定连接，由此可见，在先设计明显由上下两部分组装在一起，其上部分是一个独立的部件。而且在先设计的上部分是一种汽车前灯，与本专利属于同种类的产品，故可以进行如下相似性对比：

本专利记载有主视图、后视图、俯视图、仰视图、右视图和左视图。从其六面视图可以看出本专利的汽车前灯由灯体和灯罩两部分组成，整体大致呈三角体。灯罩大体为一端尖细、一端粗钝的、中部带拐角隆起的长条状弧面体，弧面在拐角处最宽，从拐角开始的一半弧面光洁并以较大倾角逐渐变窄形成尖端，从拐角开始的另一半弧面倾角较小，纹理密实不透明，端部平面截断，弧面的一侧长边近乎直线，另一侧长边为弯曲的曲线。灯罩覆盖在灯体上，灯体的另一面存在支脚和光源后座等不规则凸起（参见本专利）。

从对比文件1的前面、上面及右侧的立体图，前面、上面及左侧的立体图，主视图和后视图可以看出，在先设计的上部分大体上由灯体和灯罩组成，整体大致呈三角体。灯罩大体为一端尖细、一端粗钝的、中部带拐角隆起的长条状弧面体，弧面在拐角处最宽，从拐角开始的一半弧面光洁并以较大倾角逐渐变窄形成尖端，从拐角开始的另一半弧面倾角较小，纹理密实不透明，端部平面截断，弧面的一侧长边近乎直线，另一侧长边为弯曲的曲线。灯罩覆盖在灯体上，灯体的另一面存在支脚和光源后座等不规则凸起（参见对比文件1附图）。

将本专利的汽车前灯与在先设计的上部分相比，两者的整体形状几乎相同，其不同点在于：（1）本专利的汽车前灯的灯体后部有明显的安装孔，而在先设计的上部分没有；（2）本专利的汽车前灯的灯体后部的支脚和光源后座形成的不规则凸起与在先设计的上部分略微不同。

对此，本案合议组认为，区别（1）和（2）体现在细微、不容易引起消费者注意的地方，属于局部的细微变化，而且在使用状态下，灯体后部是看不到的，因此，所述区别对汽车前灯的整体视觉效果不足以产生显著影响。

综上，上述区别（1）和（2）不足以使本专利产品与在先设计的上部分的整体视觉效果产生显著区别，一般消费者以一般注意力难以区分本专利与在先设计的上部分。本专利与在先设计上部分的产品用途完全相同，二者在整体形状、各部分布局和比例设计上均极其近似，从而导致一般消费者对二者产生极其相近似的整体视觉效果。合议组根据整体观察、综合判断的原则，认定本专利构成与在先设计的上部分相近似的外观设计。

综上所述，本专利与申请日之前公开发表的外观设计相近似，因此本专利不符合专利法第23条的规定。

基于以上事实和理由，作出如下审查决定。

三、决定

宣告200430033906.0号外观设计专利权全部无效。

当事人对本决定不服的，可以根据专利法第46条第2款的规定，自收到本决定之日起三个月内向北京市第一中级人民法院起诉。根据该款的规定，一方当事人起诉后，另一方当事人应当作为第三人参加诉讼。

主视图

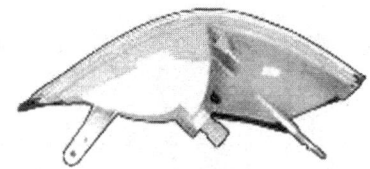
后视图

仰视图

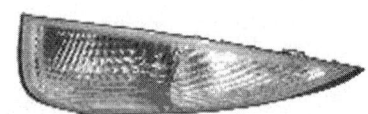
俯视图

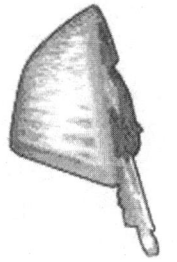
右视图

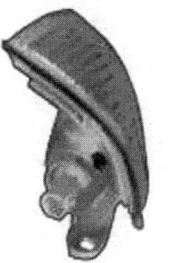
左视图

本专利附图（200430033906.0）

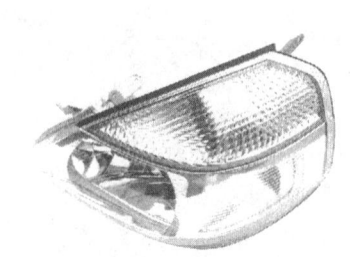
前面、上面及右侧面的立体图

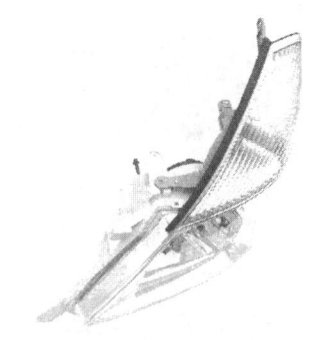
前面、上面及左侧面的立体图

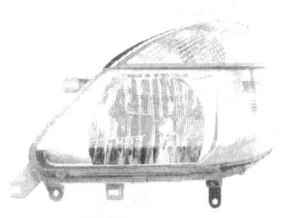
主视图

后视图

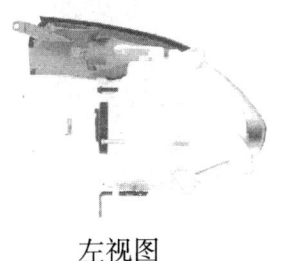
左视图

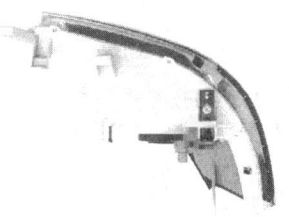
仰视图

对比文件 1 附图

汽车前组合灯

无效宣告请求审查决定（第 10404 号）

决　定　号	第 10404 号
决　定　日	2007 年 8 月 16 日
发明创造名称	汽车前组合灯
外观设计分类号	26-06
无效宣告请求人	日产自动车株式会社
专　利　权　人	广州市龙豹汽车工业有限公司
专　利　号	200430033893.7
申　请　日	2004 年 3 月 10 日
授 权 公 告 日	2004 年 9 月 29 日
合 议 组 组 长	徐洁玲
主　审　员	吴通义
参　审　员	唐　莉
附　　图	2 页

法律依据 专利法第 23 条

决定要点

授予专利权的外观设计，应当同申请日以前在国内外出版物上公开发表过或者国内公开使用过的外观设计不相同和不相近似，并不得与他人在先取得的合法权利相冲突。

一、案由

本无效宣告请求案涉及国家知识产权局于 2004 年 9 月 29 日公告授予的、名称为"汽车前组合灯"的 200430033893.7 号外观设计专利权（下称本专利），其申请日为 2004 年 3 月 10 日，专利权人为广州市龙豹汽车工业有限公司。

针对上述专利权，日产自动车株式会社（下称请求人）于 2006 年 11 月 3 日向专利复审委员会提出无效宣告请求，认为本专利不符合专利法第 23 条的规定。为支持上述主张，请求人提交了以下附件作为证据：

附件 1：首页和骑缝处盖有"国家知识产权局专利检索咨询中心副本认证专用章"的第 1098191 号日本外观设计公报，2001 年 1 月 22 日公开，复印件共 4 页；

附件 2：本专利网络公开打印件，共 1 页；

附件 3：附件 1 的首页中文译文，共 1 页；

附件4：附件1的网络公开打印件，共12页。

基于上述附件，请求人认为：附件1和4所示的汽车前照灯的下部公开了一种汽车前组合灯，其与本专利产品具有同样的用途，二者属于相同种类的产品。附件1和4公开的汽车前组合灯大体由灯体和灯罩两部分构成，整体弯折成近似L形，具有透光性的灯罩覆盖在灯体的外侧，灯体内具有左、右两个光源及其反光组件，左光源位于L形的长边一侧，右光源位于L形的短边一侧，灯罩为弧面体，在其呈L形的长边一侧具有与左光源的相对应的窗部，该窗部表面光洁，其他处的表面具有条纹，该产品使用时，只有灯罩位于汽车的外表面，灯体位于汽车内部，一般消费者不会看到。附件1和4公开的汽车前组合灯与本专利的区别在于灯壳后部的凸起结构略有差异，安装孔的数目和结构也略有差异，附件1和4公开的汽车前组合灯的左下侧具有一安装支脚，而本专利没有设置该安装支脚，但是这些差异是局部的细微差异，汽车车灯在使用状态时根本看不到安装支脚和灯壳后部的结构，更不会对产品的整体视觉效果产生影响，因此，二者是相近似的外观设计，本专利不符合专利法第23条的规定。

经形式审查合格后，专利复审委员会受理了上述请求，于2006年12月4日向双方当事人发出《无效宣告请求受理通知书》，并将《专利权无效宣告请求书》及其附件副本转送给专利权人，要求其在指定的期限内答复，同时成立合议组对本无效宣告请求案进行审理。

2007年4月26日，本案合议组向双方当事人发出口头审理通知书，拟定于2007年7月11日对本案进行口头审理。

2007年7月11日，口头审理如期进行。仅请求人一方委托代理人参加了口头审理，专利权人未参加口头审理。口头审理过程中，请求人当庭提交了无效宣告程序授权委托书（共1页）和委托手续公证、认证材料（共37页），合议组对请求人提出的无效理由和事实进行了充分调查，并听取了当事人的陈述。

口头审理后，请求人于2007年7月26日提交了意见陈述及以下附件（编号续前）：

附件5：03308850.0号中国外观设计专利网络公开打印件，该专利的公开日为2003年12月31日，共1页；

附件6：200430033892.2号中国外观设计专利网络公开打印件，该专利的公开日为2004年10月6日，共1页。

请求人在意见陈述书中提出：（1）从附件1的后视图可以看出附件1的前照灯为上下可拆分的两部分，上部为方向指示灯，下部为汽车头灯，这两部分采用不同的颜色，并且有明显的连接螺钉将两部分组装在一起。（2）附件1的下部与本专利具有相同的组成部分，各组成部分之间的布局和比例基本相同，两者整体形状相同；两者的主视图、后视图、左视图和仰视图相近似，区别在于灯体后部的部分凸起和部分安装孔的形状和位置不同、安装支脚的形状和位置不同以及由于拍摄角度不同造成二者局部结构的视觉差异，但是这些差异对产品的整体视觉效果不具有显著的影响。因此，两者的外观设计相近似。（3）附件5是将本专利与专利ZL200430033906.0结合后作为整体申请的外观设计，附件6是将附件5安装在汽车上时的外观设计申请。

至此，合议组认为本案事实已经清楚，可以依法作出审查决定。

二、决定的理由

基于请求人提出的无效宣告请求的理由，合议组依据专利法第23条的规定对本案进行审理。

专利法第23条规定："授予专利权的外观设计，应当同申请日以前在国内外出版物上公开发表过或者国内公开使用过的外观设计不相同和不相近似，并不得与他人在先取得的合法权利相冲突。"

请求人提出无效宣告请求时提交了附件1~4作为证据，在本案审理过程中，专利权人未对附件1

~4提出任何异议。本案合议组对附件1~4的关联性、合法性和真实性,以及附件3的中文译文准确性予以确认。附件1和4分别是公告号为1098191的日本外观设计公报复印件和网络公开打印件(下合称对比文件1),对比文件1的公开日为2001年1月22日,在本专利申请日之前,因此,对比文件1中记载的外观设计构成本专利的在先设计。

请求人于2007年7月26日提交附件5和6,由于附件5和6是在提出无效宣告请求之日起一个月后补充的,合议组依据专利法实施细则第66条的规定不予考虑。

对比文件1公开了一种汽车用前组合灯的外观设计(下称在先设计),其由灯体和灯罩组成,从其主视图可以看出该前组合灯的灯罩上下之间有明显接缝,从其后视图可以看出该前组合灯的灯体上下两个颜色不同的部分之间也有接缝,该接缝与主视图中灯罩上的接缝处于同一水平线上,后视图上还显示浅色的下部分向上延伸一个支脚,并通过螺钉与上部分固定连接,由此可见,在先设计的汽车用前组合灯明显由上下两部分组装在一起,其下部分是一个独立的部件。而且在先设计的下部分与本专利用途相同,属于同种类的产品,故可以进行如下相似性对比:

本专利记载有主视图、俯视图、左视图、右视图、仰视图和后视图。从其六面视图可以看出本专利的汽车前组合灯由灯体和灯罩两部分组成,上下边缘平行、右侧部分向后弯曲,整体呈近似L形。灯罩覆盖在灯体的前面,构成汽车前组合灯的前部外观,灯罩整体呈右侧向后弯曲的、近似L形的扁平弧面,灯罩的L形长边大体呈上下边缘平行、上短下长且左边倾斜的直角梯形的弧面,其上有一个大的光洁窗部,灯罩的L形短边大体呈上下边缘平行、左右稍微倾斜的矩形弧面,其上有带条纹的小窗部。透过灯罩上的窗部可以观察到,灯体前部左侧设有较大的光源及其反光组件,灯体前部右侧向后近乎直角弯曲,上有较小的光源及其反光组件,灯体后部形状不规则,其上设有四个向上、向下和向左的固定支脚(参见本专利附图)。

从对比文件1的主视图、后视图和仰视图可以看出,在先设计的下部分大体上由灯体和灯罩组成,上下边缘平行、右侧部分向后弯曲,整体呈近似L形。灯罩覆盖在灯体的前面,构成其前部外观,灯罩整体呈右侧向后弯曲的、近似L形的扁平弧面,灯罩的L形长边大体呈上下边缘平行、上短下长且左边倾斜的直角梯形弧面,其上有一个大的光洁窗部,灯罩的L形短边大体呈上下边缘平行、左右稍微倾斜的矩形弧面,其上有带条纹的小窗部。透过灯罩上的窗部可以观察到,灯体前部左侧设有较大的光源及其反光组件,前部右侧向后近乎直角弯曲,上有较小的光源及其反光组件。灯体的后部凸起不规则,其上设有六个向上、向下、向左和向左下方的固定支脚(参见对比文件1附图)。

将本专利的汽车前组合灯与在先设计的下部分相比,两者的整体形状几乎相同,其不同点在于:(1)本专利的汽车前组合灯的灯体后部只有四个延伸出的支脚,而在先设计的下部分有六个延伸出的支脚;(2)本专利的汽车前组合灯的灯体后部的不规则凸起、安装孔数目以及位置与在先设计的下部分不同;(3)从主视图上看,本专利灯罩右侧的小窗部占据的比例要比在先设计的下部分的灯罩右侧小窗部所占比例大。

对此,本案合议组认为,区别(1)、(2)体现在细微、不容易引起消费者注意的地方,属于局部的细微变化,而且在使用状态下,整个灯体后部及其上的安装孔和支脚等都是看不到的,因此,所述区别对汽车前组合灯的整体视觉效果不足以产生显著影响。

至于区别(3),主要是由于观察角度的不同造成的视觉差别。从本专利的仰视图和在先设计的仰视图可以看出,两者的整体L形弯曲程度以及长短两边的长度比例都十分接近,从本专利的主视图和在先设计的主视图可以看出,灯罩右侧的小窗部都位于L形弯曲的短边上,因此,对于本专利和在先设计的下部分来说,小窗部在灯罩上占据的比例应是相当的,即使有差别,也是细微的,不足以对整体视觉效果产生显著的影响。

综上，上述区别（1）~（3）不足以使本专利产品与在先设计的下部分的整体视觉效果产生显著区别，一般消费者以一般注意力难以区分本专利与在先设计的下部分。本专利与在先设计下部分的产品用途相同，二者在整体形状、各部分布局和比例设计上均极其近似，从而导致二者产生极其相近似的整体视觉效果。合议组根据整体观察、综合判断的原则，认定本专利构成与在先设计的下部分相近似的外观设计。

综上所述，本专利与申请日之前公开发表的外观设计相近似，因此本专利不符合专利法第23条的规定。

基于以上事实和理由，作出如下审查决定。

三、决定

宣告200430033893.7号外观设计专利权全部无效。

当事人对本决定不服的，可以根据专利法第46条第2款的规定，自收到本决定之日起三个月内向北京市第一中级人民法院起诉。根据该款的规定，一方当事人起诉后，另一方当事人应当作为第三人参加诉讼。

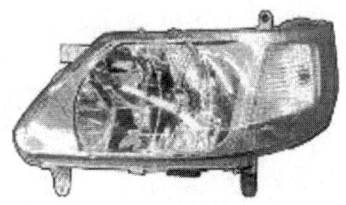
主视图

后视图

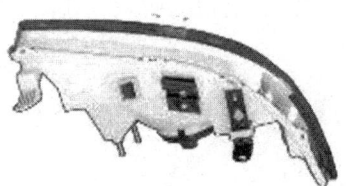
仰视图

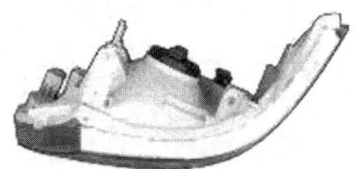
俯视图

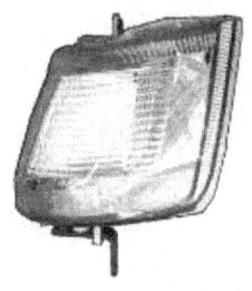
右视图

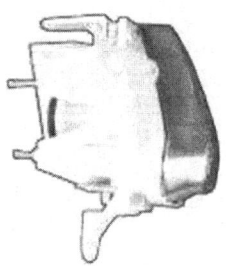
左视图

本专利附图

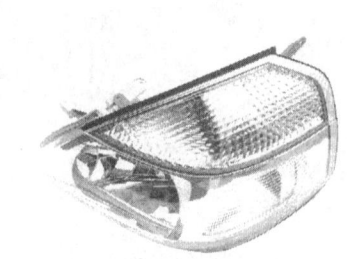
前面、上面及右侧面的立体图

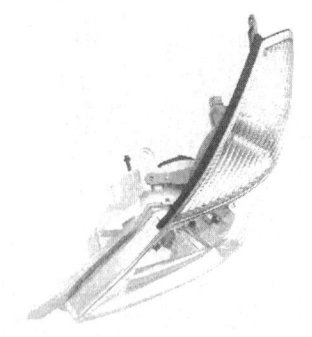
前面、上面及左侧面的立体图

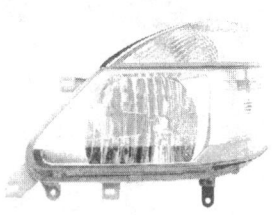
主视图

后视图

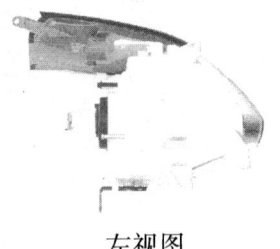
左视图

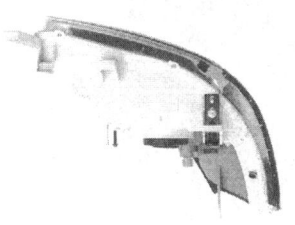
仰视图

对比文件 1 附图

豆奶机（赛珍珠 II 号）

无效宣告请求审查决定（第 10407 号）

决 定 号	第 10407 号
决 定 日	2007 年 8 月 22 日
发明创造名称	豆奶机（赛珍珠 II 号）
外观设计分类号	31-00
无效宣告请求人	广州市伊东机电设备制造有限公司
专 利 权 人	广州市富华工贸发展有限公司
专 利 号	02321468.6
申 请 日	2002 年 1 月 23 日
授 权 公 告 日	2002 年 12 月 25 日
合 议 组 组 长	吴赤兵
主 审 员	程 强
参 审 员	李 越
法 律 依 据	专利法第 23 条

决 定 要 点

关于本专利产品已经在先公开销售的举证责任在于请求人。合议组在对上述本证与反证进行综合判断后，无法确认本专利产品已经在先公开销售的事实。鉴于本专利产品在先公开销售的举证责任在于请求人，其应承担举证不能的法律后果。

一、案由

本无效宣告请求案涉及国家知识产权局于 2002 年 12 月 25 日公告授权的、名称为"豆奶机（赛珍珠 II 号）"的 02321468.6 号外观设计专利（下称本专利），其申请日为 2002 年 1 月 23 日，专利权人为广州市富华工贸发展有限公司。

针对上述专利权，广州市伊东机电设备制造有限公司（下称请求人）于 2004 年 1 月 14 日向专利复审委员会提出无效宣告请求，认为本专利不符合专利法第 23 条的规定，请求宣告该专利权无效，并提交了下述附件作为证据：

附件 1：本专利即第 02321468.6 号外观设计专利授权公报复印件，共 1 页；
附件 2：3 张送货单复印件，共 1 页；
附件 3：广州市中级人民法院应诉通知书。

形式审查合格后，专利复审委员会于 2004 年 1 月 14 日向双方当事人发出《无效宣告请求受理通知书》，并将《专利权无效宣告请求书》及其他有关文件的副本转送给专利权人，要求其在指定的期限内答复。

专利权人于 2004 年 2 月 9 日作出答复，同时提交了以下反证：

反证 1：广州市富华工贸发展有限公司厨具经营部企业注册登记资料复印件 1 页；

反证 2：广州市富华工贸发展有限公司营业执照副本复印件 1 页；

反证 3：广州市伊东机电设备制造有限公司企业详细资料复印件 1 页。

专利权人认为：证据 2 为送货单，没有标产品的型号，也无提供送货实物或有关实物图片，无法证明广州市富华工贸发展有限公司厨具经营部销售的燃气豆奶机就是专利权人的专利产品——豆奶机（赛珍珠 II 号），不能证明本专利在申请日前已经在国内公开销售的事实。

2004 年 2 月 12 日，请求人提交了以下补充证据：

附件 4：武汉市公证处出具的（2004）武证民字第 51 号公证书复印件 4 页；

附件 5：证人刘燕屏的书面证言复印件 1 页；

附件 6：证人王辉的书面证言复印件 1 页；

附件 7：证人欧春风的书面证言复印件 1 页；

附件 8：证人李剑南的书面证言复印件 1 页；

附件 9：证人李国贤的书面证言复印件 1 页；

附件 10：证人梁建忠的书面证言复印件 1 页；

附件 11：证人唐林固的书面证言复印件 1 页；

附件 12：证人何新荣的书面证言复印件 1 页；

附件 13：证人林智明的书面证言复印件 1 页；

附件 14：证人刘忠的书面证言复印件 1 页；

附件 15：证人谢春华的书面证言复印件 1 页；

附件 16：证人陈仲荣的书面证言复印件 1 页；

附件 17：证人刘小明的书面证言复印件 1 页。

请求人认为，本专利产品在申请日前已经公开销售，不符合专利法第 23 条的规定。

2004 年 3 月 12 日，专利复审委员会向双方当事人发出《无效宣告请求口头审理通知书》，拟定于 2004 年 4 月 19 日举行口头审理。

口头审理如期举行，请求人当庭提交"广州市公证处公证书"（附件 18）和"分公司设立登记申请书"（附件 19）两组反证。合议组当庭转送给被专利权人，专利权人对上述证据真实性未提出异议。证人刘小明、周慕贞出庭作证，周慕贞自认是请求人方法定代表人的亲属。请求人提交了附件 2 中的一张编号为 003296 的送货单以及附件 4 的原件，未出示附件 5~17 的原件。专利权人当庭提交了反证 4：广州市工商行政管理局白云分局出具的证明原件 1 页和反证 5：广东省社会主义学院出具的证明原件 1 页。合议庭当庭转送给请求人，请求人对前者的真实性认可，但对后者的真实性提出置疑。

至此，合议组认为本案事实已经调查清楚，可以依法作出审查决定。

二、决定的理由

1. 关于证据

由于请求人没有出示附件 5~16 书面证言的原件，相关证人也未出席口头审理作证，且无其他证据可以佐证，故合议组对其真实性不予确认。

请求人提交的附件 3 为广州市中级人民法院应诉通知书，与本专利权的效力无关。

附件2为3张送货单复印件，其中两张所显示的产品名称为"封口机"，而本专利涉及的产品是"豆奶机"，所以与本案无关。另一张送货单，请求人当庭提交了原件，其上记载的产品名称为"燃气豆奶机"；收货单位是刘小明；开具时间是2001年12月2日；送货单编号为NO.003296；送货单位处加盖有"广州市富华工贸发展有限公司厨具经营部"公章。合议组对其形式上的真实性予以确认，但对其所要证明的事实还须结合其他证据予以考虑。

请求人提交的附件4为武汉市公证处出具的（2004）武证民字第51号公证书复印件，其在口头审理时出示了原件。其中附有刘小明的《声明书》、附件2送货单复印件1张以及两张产品照片。《声明书》内容是与附件17相关的。《声明书》载明：刘小明于2001年12月2日向富华公司厨具经营部购买燃气豆奶机（赛珍珠II号）一台。该经营部于当天已将上述货物发至武汉市。《声明书》上有刘小明的签名。公证书载明：刘小明在公证员的面前在该《声明书》上签名。合议组对其形式上的真实性予以确认，但对其所要证明的事实还须结合其他证据予以考虑。

请求人提交的附件18为广州市公证处出具的（2004）穗证内字第2059号公证书复印件，其中附有《声明书》。《声明书》载明：周慕贞1995年7月至2003年4月受雇于广州市富华工贸发展有限公司厨具经营部经理。2001年12月2日经营部向武汉刘小明等客户出售富华公司生产的赛珍珠II号燃气豆奶机。《声明书》上有周慕贞的签名。公证书载明：周慕贞在公证员的面前在该《声明书》上签名。合议组对其形式上的真实性予以确认，但对其所要证明的事实还须结合其他证据予以考虑。

附件19为广州富华工贸发展有限公司厨具经营部在广州市工商行政管理局白云分局备案的分公司设立登记申请书、广州市工商行政管理局白云分局出具的证明以及广州市工商行政管理局越秀分局提供的企业登记注册资料。其中，该设立登记申请书记载：广州市富华工贸发展有限公司厨具经营部设立登记时申请的营业期限是自1996年9月16日至1998年9月15日；广州市工商行政管理局白云分局证明：至2004年3月1日止，在我局企业登记资料库中暂未能找到"广州市富华工贸发展有限公司厨具经营部"企业的电子档案；企业登记注册资料载明：此企业依据属地管理原则，档案已于1999年8月25日移交白云分局。被请求人对附件19的真实性没有异议，合议组对其真实性予以确认。

专利权人提交的反证4为广州市工商行政管理局白云分局出具的《证明》。该《证明》载明：广州市富华工贸发展有限公司厨具经营部的经营场所在广州市广花一路119号社会主义学院五号楼102、103铺，经营期限为1996年9月16日至1998年9月15日，负责人为周慕贞，现未查到该企业有任何年检记录。请求人对其真实性没有异议，合议组对其真实性予以确认。反证5是广东省社会主义学院提供的证明，证明内容是：广州市富华工贸发展有限公司于1996年9月16日至1998年9月15日，曾租我单位5号楼102、103房作为广州市富华工贸发展有限公司厨具经营部经营厨具、普通机械的铺面。虽然请求人对该证据的真实性有异议，但是没有提出充分的怀疑理由，况且反证5与反证4可以相互印证，并无矛盾，故合议组对其真实性予以确认。

2. 关于专利法第23条

专利法第23条规定，授予专利权的外观设计，应当同申请日以前在国内外出版物上公开发表过或者国内公开使用过的外观设计不相同和不相近似，并不得与他人在先取得的合法权利相冲突。

关于本专利产品已经在先公开销售的举证责任在于请求人。

合议组认为，请求人提交的证据尚不足以证明本专利产品已经在先公开销售的事实。首先，由于周慕贞自认是请求人方法定代表人的亲属，因此其证言的证明力不够充分。其次，附件2送货单上显示的产品名称为"燃气豆奶机"而非"豆奶机（赛珍珠II号）"。关于"燃气豆奶机"与"豆奶（赛珍珠II号）"是否为同一产品，在缺乏其他相应证据映证的情况下完全依赖证人刘小明和周慕贞的证言来证明是不够的。再次，请求人没有提供证据证明附件4中的照片就是附件2送货单中那台"燃气豆奶机"当时所拍摄的照片。最后，请求人提交的附件19以及被请求人提交的反证4、5可以直接证明富华公司厨具经营部仅存续至1998年9月15日。这与请求人主张的该厨具经营部在2001年12月2日仍然进行的销售、送货行为相矛盾。

合议组在对上述本证与反证进行综合判断后，无法确认本专利产品已经在先公开销售的事实。鉴于本专利产品在先公开销售的举证责任在于请求人，其应承担举证不能的法律后果。

基于以上事实和理由，本案合议组作出如下审查决定。

三、决定

维持02321468.6号外观设计专利权有效。

当事人对本决定不服的，可以根据专利法第46条第2款的规定，自收到本决定之日起三个月内向北京市第一中级人民法院起诉。根据该款的规定，一方当事人起诉后，另一方当事人应当作为第三人参加诉讼。

药品包装盒（胃康灵）

无效宣告请求审查决定（第 10414 号）

决 定 号	第 10414 号
决 定 日	2007 年 8 月 14 日
发明创造名称	药品包装盒（胃康灵）
外观设计分类号	09-03
无效宣告请求人	吉林金宝药业股份有限公司
专 利 权 人	黑龙江葵花药业股份有限公司
专 利 号	02339588.5
申 请 日	2002 年 8 月 30 日
授 权 公 告 日	2003 年 4 月 23 日
合议组组长	钱亦俊
主 审 员	杨军艳
参 审 员	宋 瑞

法 律 依 据 专利法第 23 条

决 定 要 点

如果被比设计与在先设计两者整体的形状和图案完全相同，仅在局部色彩上略有差异，且该色彩上的差异并不明显，那么认为两者产品的整体视觉效果没有显著的差别，二者属于相近似的外观设计。

一、案由

本无效宣告请求案涉及国家知识产权局于 2003 年 4 月 23 日授权公告的、名称为"药品包装盒（胃康灵）"的外观设计专利（下称本专利），其申请号是 02339588.5，申请日是 2002 年 8 月 30 日，专利权人是黑龙江省五常葵花药业有限公司、后变更为黑龙江葵花药业股份有限公司。

针对本专利权，吉林金宝药业股份有限公司（下称请求人）于 2005 年 10 月 17 日向专利复审委员会提出无效宣告请求，其理由是：在本专利申请日之前，该"胃康灵"产品已经公开使用投放市场，导致本专利的技术方案处于公众中任何一个人都可以得知的状态，因此本专利不符合专利法第 23 条的规定。请求人提交的附件如下：

附件 1：2002 年 6 月 17 日的《黑龙江日报》专刊复印件 1 页；

附件 2："（2005）吉梅证民字第 936 号"公证书正文 2 页及附件 4 页；

附件 3：注册号为 625475 的商标注册公告复印件 1 页，其注册日期为 1993 年 1 月 10 日。

经形式审查合格，专利复审委员会依法受理了上述无效宣告请求，并于 2005 年 10 月 17 日向双方当事人发出无效宣告请求受理通知书，随同受理通知书将无效宣告请求书及其附件清单中所列附件的副本转送给专利权人，要求其在收到该通知之日起一个月内对该无效宣告请求陈述意见。

2005 年 12 月 10 日，专利权人针对上述无效宣告请求寄交了意见陈述书，认为：（1）附件 1 报纸中的内容是媒体未经其同意刊登的，该包装不丧失新颖性；（2）附件 3 中的商标与本案没有关联；（3）附件 2 中广告审查的行为并未使外观设计公开，且该广告内容实际没有播出。

针对上述无效宣告请求，专利复审委员会依法成立合议组进行审理。本案合议组于 2007 年 2 月 26 日向双方当事人发出无效宣告请求口头审理通知书，告知本案定于 2007 年 4 月 12 日进行口头审理。随同口头审理通知书，将专利权人于 2005 年 12 月 10 日提交的意见陈述书转给请求人。

口头审理如期举行，仅请求人的代理人出席了本次口头审理，专利权人缺席。

在口头审理中，请求人明确其无效宣告请求的理由为：本专利不符合专利法第 23 条的规定。

请求人当庭提交了附件 1 的原件，其上的日期为 2002 年 6 月 17 日。

请求人说明附件 1 的原件是从辽宁省图书馆得到的，其上的图案与本专利相同，证明本专利已于申请日之前在出版物上公开了；附件 2 的审批日是异地广告审查机关签章的蓝字日，其 6 月 3 日和 7 月 12 日的审批中均带有包装盒图案，与附件 1 为同样的外观；附件 3 是从商标网上下载的，证明本专利包装盒主视图上的葵花不是商标，而是图案设计。

基于上述当事人的意见陈述及口头审理，合议组认为本案事实已清楚，现依法作出审查决定。

二、决定的理由

基于请求人提出的无效宣告请求的理由及其提交的证据，合议组依据专利法第 23 条对本案进行了审查。

专利法第 23 条规定：授予专利权的外观设计，应当同申请日以前在国内外出版物上公开发表过或者国内公开使用过的外观设计不相同和不相近似，并不得与他人在先取得的合法权利相冲突。

请求人认为附件 1 彩色画面上的葵花胃康灵彩色包装盒与本专利相同，证明本专利已于申请日之前在出版物上公开，不符合专利法第 23 条的规定。

1. 关于证据

附件 1 为《黑龙江日报》的专刊页，请求人当庭提交了该页的原件，专利权人对其真实性未提出异议，合议组经审查认为附件 1 真实有效，可以作为本案证据使用。

附件 1 的公开日在本专利申请日之前，属于专利法第 23 条所称的出版物，适用于本案，因此其上登载的图片或照片构成了本专利的在先设计。

针对专利权人在意见陈述书中表示附件 1 的内容是媒体未经其同意刊登的、该包装不丧失新颖性的主张，合议组认为专利权人没有提供证据证明其主张，也未在得知后提交证明材料，因此对其主张不予支持。

2. 关于相近似性

经审查，本专利共有 5 幅平面视图和 1 幅使用状态参考图，请求保护色彩，从视图可知该产品为药品包装盒，整体为长方体形。该包装盒主视图左侧中部有正方框，框内背景色由上至下由紫色渐变成蓝色；右半侧框中有半个黄色的葵花图案；左半侧框中有半个蓝色的地球图案，上述半个地球和半个葵花花盘构成一个圆形，地球四周有多条放射状粗条的光芒，光芒色彩由边框至地球由背景色渐变为白色；在地球图案与葵花图案的交接处，两图案重叠；正方框下方有一行大字，其中从左到右第三个字为白色字，外套有橙色菱形图案，其余三字为绿色。该包装盒主视图右侧中部为三行字体，上面一行是绿色大字，中间一行是黑色大字，下面一行是绿色小字，黑色大字行与绿色小字行之间有一橙色横条；主视图右侧下部为一行小字，其中从左到右第三个字为白色字，外套有橙色菱形图案，其余三字为绿色。左视图中部有商标图案。右视图、俯视图、仰视图有几行小字（详见本专利附图）。

附件1产品广告图片中显示了一包装盒立体图，其整体为长方体形。该包装盒正面左侧中部有正方框，框内背景色为蓝色；右半侧框中有半个黄色的葵花图案；左半侧框中有半个蓝色的地球图案，上述半个地球和半个葵花花盘构成一个圆形，地球四周有多条放射状粗条的光芒，光芒色彩由边框至地球由背景色渐变为白色；在地球图案与葵花图案的交接处，两图案重叠；正方框下方有一行大字，其中从左到右第三个字为白色字，外套有橙色菱形图案，其余三字为绿色。该包装盒正面右侧中部为三行字体，上面一行是绿色大字，中间一行是黑色大字，下面一行是绿色小字，黑色大字行与绿色小字行之间有一橙色横条；正面右侧下部为一行小字，其中从左到右第三个字为白色字，外套有橙色菱形图案，其余三字为绿色。包装盒上面及右侧面均为几行小字（详见附件1附图）。

将本专利与附件1中的图片比较，两者整体形状均为长方体形，正面整体的图案设计相同，除了正面左侧中部正方框的背景色之外，其余部分的色彩也相同。两者的区别在于：本专利正方框的背景色为由上至下由紫色渐变成蓝色；附件1中正方框的背景色为蓝色，没有渐变。

经过上述对比，合议组认为，尽管附件1显示的是立体图，但是附件1广告中显示的产品正面是识别该产品的包装设计视觉瞩目面；本专利与附件1两者产品的形状和图案设计相同，色彩基本相同，仅在正面左侧中部正方框图案的背景色上略有差异；由于两者在该背景色上的差异并不明显，在二者形状非常接近的情况下，极为相近似的图案构图和色彩构成足以造成一般消费者将二者误认、混同，因此两者产品外观设计的整体视觉效果没有显著的差别，二者属于相近似的外观设计，本专利权的授予不符合专利法第23条的规定。

鉴于已经得出上述结论，因此本决定对请求人提交的其他作为证据使用的附件不再评述。

三、决定

宣告02339588.5号外观设计专利权无效。

当事人对本决定不服的，可以根据专利法第46条第2款的规定，自收到本决定之日起三个月内向北京市第一中级人民法院起诉。根据该款的规定，一方当事人起诉后，另一方当事人应当作为第三人参加诉讼。

扭腰踏步器

无效宣告请求审查决定（第10415号）

决 定 号	第10415号
决 定 日	2007年8月24日
发明创造名称	扭腰踏步器
外观设计分类号	2102
无效宣告请求人	庄进成
专 利 权 人	浙江百事特工贸有限公司
专 利 号	200530103984.8
申 请 日	2005年3月1日
授权公告日	2005年12月14日
合议组组长	宋鸣镝
主 审 员	陈海平
参 审 员	冯涛
附 图	3页

法 律 依 据 专利法第23条

决 定 要 点

如外观设计专利与同类产品的在先外观设计之间的整体外观是彼此相似的，则二者属于相近似的外观设计。

一、案由

本无效宣告请求涉及的是国家知识产权局于2005年12月14日授权公告的，专利号为200530103984.8，名称为"扭腰踏步器"的外观设计专利（下称本专利），该专利的申请日为2005年3月1日，专利权人为浙江百事特工贸有限公司。

庄进成（下称请求人）针对本专利于2006年2月5日向国家知识产权局专利复审委员会提出了无效宣告请求，请求宣告本专利无效，其理由是本专利不符合专利法第23条的规定，请求人同时提交了如下附件（复印件）作为证据：

附件1：日本公司目录《Prime Box 200410周年谢恩号第2弹 vol.8》（2004年9月9日发行），封面及封底复印件2页；

附件2：日本报纸《中日新闻（夕刊）》2004年9月17日，广告页复印件1页；

附件3：《浙江省知识产权局调解书》浙知案字［2005］第12号。

经审查，上述无效宣告请求符合专利法及其实施细则规定的形式要求，专利复审委员会予以受理，于2006年3月22日向请求人和专利权人发出了无效宣告请求受理通知书，并将上述无效宣告请求书及附件副本转给了专利权人，要求专利权人在指定期限内进行意见陈述。

专利权人于2006年4月24日针对上述无效宣告请求提交了意见陈述书，专利权人认为请求人所提交的附件存在关联性、真实性、合法性的问题，不能作为认定事实的证据使用。

专利复审委员会本案合议组于2006年7月5日向请求人及专利权人发出了口头审理通知书，定于2006年8月29日在专利复审委员会举行口头审理，同时将上述专利权人于2006年4月24日提交的意见陈述书转给请求人。

口头审理按期举行，双方当事人出席了本次口头审理，双方当事人对对方出庭人员的身份无异议，对合议组成员无回避请求。

口审程序中，请求人提交了附件1、2的原件，专利权人认为虽然请求人所提交的附件1、2的原件与其在先提交的复印件相符，但是还不足以认定附件1、2本身的真实性；合议组相应地要求请求人补充提交证明附件1、2真实性的证明文件，期限为1个月。

请求人于2006年9月28日提交意见陈述书，要求将补充提交证明附件1、2真实性的证明文件的期限延期1个月。

请求人于2006年10月20日以意见陈述书的形式提交了证明附件1、2真实性的公证、认证文件。

合议组于2006年10月31日将上述请求人于2006年10月20日意见陈述书副本转寄给专利权人。

专利权人于2006年11月30日提交意见陈述书进行答复，专利权人主要认为请求人对本案的举证不符合专利法第4条第2款、第66条、第70条与审查指南第四部分第八章第2.2.1节与第2.2.2节的规定。

请求人于2007年1月15日再次针对本专利向国家知识产权局专利复审委员会提出了无效宣告请求，请求宣告本专利无效，其理由是本专利不符合专利法第23条的规定，请求人同时提交的证据包括：

附件1、2（与请求人在提出第一次无效宣告请求时提交的附件1、2相同）与证明附件1、2来源的公证、认证文件及公证文件的译文。

经审查，上述无效宣告请求符合专利法及其实施细则规定的形式要求，专利复审委员会予以受理，于2007年3月9日向请求人和专利权人发出了无效宣告请求受理通知书，并将上述无效宣告请求书及附件副本转给了专利权人，要求专利权人在指定期限内进行意见陈述。

专利权人于2007年4月24日针对上述无效宣告请求提交了意见陈述书，要求维持本专利有效。

依照审查指南第四部分第三章4.5案件的合并审理的规定，专利复审委员会对上述请求人所提出的两次无效宣告请求进行合并审理，合议组于2007年5月30日向双方当事人发出口头审理通知书，定于2007年7月9日在专利复审委员会举行本案的口头审理，同时将上述专利权人于2007年4月24日提交的意见陈述书转给请求人。

口头审理按期举行，双方当事人出席了本次口头审理；双方当事人对对方出庭人员的身份无异议，对合议组成员无回避请求。

在口头审理过程中对请求人所提交的附件1、2的公证、认证文件进行了质证，专利权人经核实认可请求人所提交的上述文件的复印件与原件相符。

在上述工作的基础上，本案合议组经过合议，认为本案的事实已经清楚，可以作出审查决定。

二、决定的理由

基于请求人提出的无效宣告请求的理由和提供的证据，本案合议组依据专利法第23条的规定对本案进行审理。

专利法第 23 条规定："授予专利权的外观设计，应当同申请日以前在国内外出版物上公开发表过或者国内公开使用过的外观设计不相同和不相近似，并不得与他人在先取得的合法权利相冲突。"

请求人所提交的作为证据的附件 1 为 2004 年 9 月 9 日发行日本公司产品目录《Prime Box 200410 周年谢恩号第 2 弹 vol.8》的封面及封底，附件 2 为 2004 年 9 月 17 日发行的日本报纸《中日新闻》（夕刊）的广告页 1 页，均为形成地域为日本的证据，请求人并已提交了上述附件的相应公证、认证文件，经合议组核实上述附件 1、2 的相关证明手续符合审查指南第四部分第八章第 2.2.2 节中有关域外证据规定，其本身的真实性可以认定。其中：附件 1 作为一份产品目录，已在对其所作的公证文件中由该产品目录的发行公司董事长作证为该公司所发行，根据该产品目录封面页所记载的刊号"200410 周年谢恩号第 2 弹 vol.8"和该产品目录的广告宣传性质，可以推知该产品目录属于定期发行的出版物；而附件 2 系公开发行的报纸。因此，可以认定附件 1、2 均属于在本专利的申请日之前已经公开的公开出版物；同时在附件 1、2 中均公开了与本专利同种类的踏步器的外观，故附件 1、2 中所公开的踏步器在本案中均可以作为本专利的在先外观设计。

下面对本专利与附件 1、2 所公开的产品外观设计进行对比如下：

本专利以 4 幅视图（主视图、俯视图、右视图、左视图）与立体图的形式公开了一种踏步器的外观，所附的"简要说明"为："1. 后视图与主视图对称，省略后视图。2. 仰视图属于不常见面，予以省略。"

附件 1、2 中均显示了一种"踏步器"的透视图及包括有该踏步器的另一角度的透视图的"踏步器"的使用示意图。

从本专利的视图中与附件 1、2 中的视图中可见，本专利与附件 1、2 中的踏步器的整体外观均为：踏步器由主座、踏板、底座与电子显示器组成，主体外形于未使用状态时俯视呈左右对称，踏板的脚尖端分别连于主座左右二侧，主座上面安装有电子显示器，主座下面的底座部分呈左右延伸的梭形，该梭形部的两端部上均设置有连接环，底座中部向踏板的脚跟端延伸出一 U 字形顶端有套管的支腿部（详见本专利图及附件 1、2 中的在先外观设计图）。

虽然附件 1、2 所公开的均是踏步器的立体图，但经分别单独对比，上述在先外观设计与本专利无明显差异。由此可见，本专利与附件 1、2 的踏步器的整体外观均彼此相似，即本专利与在先外观设计属于相近似的外观设计。

综上所述，本专利不符合专利法第 23 条的规定。

三、决定

宣告 200530103984.8 号外观设计专利权全部无效。

当事人对本决定不服的，可以根据专利法第 46 条第 2 款的规定，自收到本决定之日起 3 个月内向北京市第一中级人民法院起诉。根据该款的规定，一方当事人起诉后，另一方当事人应当作为第三人参加诉讼。

前保险杠总成

无效宣告请求审查决定（第 10416 号）

决 定 号	第 10416 号
决 定 日	2007 年 7 月 11 日
发明创造名称	前保险杠总成
外观设计分类号	12-16
无效宣告请求人	高娇阳
专 利 权 人	上海汽车集团股份有限公司
专 利 号	200530043165.9
申 请 日	2005 年 9 月 14 日
授权公告日	2006 年 7 月 5 日
合议组组长	张跃平
主 审 员	李玲玲
参 审 员	武 磊
法 律 依 据	专利法第 23 条

决 定 要 点

请求人提交的证据属于互联网上公开的信息，即使请求人办理了公证，但是由于互联网公开的信息具有极易修改的特点，而且其上传日期也存在很大的不确定性，是否修改过很难确定。因此，该证据只能证明在公证当日通过网站的网页上显示的内容，而且公证日在本专利申请日之后，在没有其他证据佐证的情况下，具体网页页面显示内容的真实性无法确认，不足以单独作为定案依据来证明本专利申请日之前该网站上已经公开发表了与本专利相近似的外观设计。

一、案由

本无效宣告请求涉及国家知识产权局于 2006 年 7 月 5 日授权公告、申请号为 200530043165.9、名称为"前保险杠总成"的外观设计专利（下称本专利），其申请日是 2005 年 9 月 14 日，专利权人是上海汽车集团股份有限公司。

针对本专利，高娇阳（下称请求人）于 2007 年 2 月 5 日向国家知识产权局专利复审委员会提出无效宣告请求，其无效理由为本专利不符合专利法第 23 条的规定。具体而言，在本专利申请日之前的网页上发表的一篇文章中公开了与本专利相同的外观设计。请求人提交了如下附件作为证据：

附件 1：中华人民共和国江苏省南京市公证处（2007）宁证内经字第 14000 号公证书复印件，与本公证书相粘连的附件共 18 页。

请求人认为附件1中第5-1页证明了此文章的发表日期为2005年5月23日，此日期在本专利申请日之前，且属于专利法第23条规定的在国内外出版物上公开发表过，第5-2页证明了图片中的罗孚轿车的前保险杠总成与本专利的图片相同，因此本专利不符合专利法第23条的规定。

经形式审查合格，专利复审委员会依法受理了上述无效宣告请求，于2007年3月12日向双方当事人发出无效宣告请求受理通知书，同时将请求人于2007年2月5日提交的无效宣告请求书及其附件清单中所列附件副本转给专利权人，要求其在指定期限内答复。

针对上述无效宣告请求，专利权人于2007年4月18日提交意见陈述书，专利权人认为：请求人所提供的附件1，即公证书保全的证据共有5个部分共计18页，该5个部分均为网上下载的复印件，其揭示的产品外观不清晰。从附件1的公证书内容来看，公证员所证实的仅仅是：与该公证书相粘连的18页文字和图片资料为2007年2月1日下午由请求人通过"www.autohome.com.cn"网上所下载。其中第5部分"正文"共有5页，正文的名称为"穷则思变 试驾罗孚75 Celeste豪华版"，由文字和图片组成。从第5-1页上显示的文章类型可以明显看出，该文系转载的文章，所转载的内容的真实性无法确认；所转载的内容，包括文字和图片在转载过程中是否被改动也无法确认，故第5-1页没有证明效力。从第5-2页上显示的文字和图片也可以明显地发现，该图片没有文字解释而无法确认该图片上的轿车是罗孚75 Celeste豪华版；也没有文字表明该罗孚75 Celeste豪华版轿车于2005年9月14日前已经进入了市场，故第5-2页也没有证明效力。将第5-2页图片上轿车的前保险杠总成与本专利的六面视图进行比较，也不难发现二者存在很大区别。因此，请求人没有提供具有本专利被公开的事实证据，本专利与附件1中所揭示的前保险杠总成不相同且不相近似。

本案合议组于2007年5月9日向双方当事人发出口头审理通知书，定于2007年6月26日对本案进行口头审理，并随口头审理通知书将专利权人于2007年4月18日提交的意见陈述书转送给请求人。

专利权人于2007年5月25日再次提交意见陈述书表示一共收到同一请求人的11件专利无效宣告请求，请求人提供的证据也一样，请求专利复审委员会合案审理，并请求延期本案的口头审理，理由是本无效宣告请求的证据存在问题，专利权人正在进一步收集相关的证据，特请求推迟本案的口头审理时间。

合议组于2007年5月30日向专利权人发出延长期限审批通知书，指出专利权人提出的延期请求因不符合专利法实施细则第70条的规定，故不同意其延长期限的请求。

口头审理如期举行，双方当事人均委托代理人出席了口头审理。在口头审理中，双方当事人对合议组成员无回避请求；双方当事人对对方出庭人员身份无异议。请求人当庭提交了附件1的原件。专利权人对附件1的原件与复印件的一致性无异议，但对附件1中第5部分记载的文章及图片的真实性、关联性有异议。请求人明确表示其无效理由为本专利不符合专利法第23条的规定。双方当事人在口头审理过程中充分陈述了各自的观点。

至此，合议组认为本案事实清楚，现依法作出审查决定。

二、决定的理由

1. 无效宣告请求的理由

请求人提出的无效宣告请求的理由是专利法第23条。专利法第23条规定：授予专利权的外观设计，应当同申请日以前在国内外出版物上公开发表过或者国内公开使用过的外观设计不相同和不相近似，并不得与他人在先取得的合法权利相冲突。

2. 证据的审查和事实的认定

请求人提交的作为证据使用的附件1是中华人民共和国江苏省南京市公证处（2007）宁证内经字

第14000号公证书复印件,附件1第5-1、5-2、5-3、5-4页中包含标题为"穷则思变 试驾罗孚75 Celeste豪华版"的文章,第5-1页上记载的该文章的类型为转载,日期为2005年5月23日,《车》杂志,责任编辑为印哥蓝。请求人当庭提交了附件1的原件,专利权人对附件1的原件与复印件的一致性无异议,但对附件1中第5部分记载的文章及图片的真实性、关联性有异议。

附件1的公证书中记载:"本公证员与公证人员沈琴根据高娇阳的申请,于2007年2月1日下午十五时在我处,由高娇阳在本处的一台已经连接上国际互联网的计算机上,进行了如下保全证据行为","兹证明与本公证书相粘连的附件共十八页均为高娇阳在现场操作计算机的过程中实时打印所得,与实际情况相符。"请求人认为附件1第5-1页证明该文章的发表日期为2005年5月23日,早于本专利的申请日,第5-2页证明了图片中的罗孚轿车的前保险杠总成与本专利相同。合议组认为,附件1中的该文章属于互联网上公开的信息,虽然请求人办理了公证,但是由于互联网公开的信息具有极易修改的特点,而且其上传日期也存在很大的不确定性,是否修改过很难认定。因此,附件1只能证明在公证当日通过http://www.autohome.com.cn网站的网页上显示的内容,而公证日在本专利申请日之后,在没有其他证据佐证的情况下,具体网页页面显示内容的真实性及其公开日期的真实性无法确认,不足以单独以此作为定案依据来证明本专利申请日之前该网站上已经公开发表了"穷则思变 试驾罗孚75 Celeste豪华版"这一文章。在专利权人对附件1中的图片和文章的关联性、真实性均有异议的情况下,请求人提交的附件1不能证明在本专利申请日之前的网站上已公开发表了与本专利相近似的外观设计。综上所述,请求人没有提交充分的有证明力的证据支持其无效宣告请求主张,因此其提出的无效宣告请求不成立。

三、决定

维持200530043165.9号外观设计专利权有效。

当事人对本决定不服的,可以根据专利法第46条第2款的规定,自收到本决定之日起三个月内向北京市第一中级人民法院起诉。根据该款规定,一方当事人起诉后,另一方当事人应当作为第三人参加诉讼。

前大灯

无效宣告请求审查决定（第 10417 号）

决 定 号	第 10417 号
决 定 日	2007 年 7 月 11 日
发明创造名称	前大灯
外观设计分类号	26-06
无效宣告请求人	高娇阳
专 利 权 人	上海汽车集团股份有限公司
专 利 号	200530043167.8
申 请 日	2005 年 9 月 14 日
授权公告日	2006 年 10 月 18 日
合议组组长	张跃平
主 审 员	李玲玲
参 审 员	武 磊
法 律 依 据	专利法第 23 条

决 定 要 点

请求人提交的证据属于互联网上公开的信息，即使请求人办理了公证，但是由于互联网公开的信息具有极易修改的特点，而且其上传日期也存在很大的不确定性，是否修改过很难认定。因此，该证据只能证明在公证当日通过网站的网页上显示的内容，而且公证日在本专利申请日之后，在没有其他证据佐证的情况下，具体网页页面显示内容的真实性无法确认，不足以单独作为定案依据来证明本专利申请日之前该网站上已经公开发表了与本专利相近似的外观设计。

一、案由

本无效宣告请求涉及国家知识产权局于 2006 年 10 月 18 日授权公告、申请号为 200530043167.8、名称为"前大灯"的外观设计专利（下称本专利），其申请日是 2005 年 9 月 14 日，专利权人是上海汽车集团股份有限公司。

针对本专利，高娇阳（下称请求人）于 2007 年 2 月 5 日向国家知识产权局专利复审委员会提出无效宣告请求，其无效理由为本专利不符合专利法第 23 条的规定。具体而言，在本专利申请日之前的网页上发表的一篇文章中公开了与本专利相同的外观设计。请求人提交了如下附件作为证据：

附件 1：中华人民共和国江苏省南京市公证处（2007）宁证内经字第 14000 号公证书复印件，与本公证书相粘连的附件共 18 页。

请求人认为附件1中第5-1页证明了此文章的发表日期为2005年5月23日，此日期在本专利申请日之前，且属于专利法第23条规定的在国内外出版物上公开发表过，第5-2页证明了图片中的罗孚轿车的前大灯与本专利的图片相同，因此本专利不符合专利法第23条的规定。

经形式审查合格，专利复审委员会依法受理了上述无效宣告请求，于2007年3月12日向双方当事人发出无效宣告请求受理通知书，同时将请求人于2007年2月5日提交的无效宣告请求书及其附件清单中所列附件副本转给专利权人，要求其在指定期限内答复。

针对上述无效宣告请求，专利权人于2007年4月18日提交意见陈述书，专利权人认为：请求人所提供的附件1，即公证书保全的证据共有5个部分共计18页，该5个部分均为网上下载的复印件，其揭示的产品外观不清晰。从附件1的公证书内容来看，公证员所证实的仅仅是：与该公证书相粘连的18页文字和图片资料为2007年2月1日下午由请求人通过"www.autohome.com.cn"网上所下载。其中第5部分"正文"共有5页，正文的名称为"穷则思变 试驾罗孚75 Celeste豪华版"，由文字和图片组成。从第5-1页上显示的文章类型可以明显看出，该文系转载的文章，所转载的内容的真实性无法确认；所转载的内容，包括文字和图片在转载过程中是否被改动也无法确认，故第5-1页没有证明效力。从第5-2页上显示的文字和图片也可以明显地发现，该图片没有文字解释而无法确认该图片上的轿车是罗孚75 Celeste豪华版；也没有文字表明该罗孚75 Celeste豪华版轿车于2005年9月14日前已经进入了市场，故第5-2页也没有证明效力。将第5-2页图片上轿车的前大灯与本专利的六面视图进行比较，也不难发现二者存在很大区别。因此，请求人没有提供具有本专利被公开的事实证据，本专利与附件1中所揭示的前大灯不相同且不相近似。

专利复审委员会依法成立合议组对本案进行审理，本案合议组于2007年5月9日向双方当事人发出口头审理通知书，定于2007年6月27日对本案进行口头审理，并随口头审理通知书将专利权人于2007年4月18日提交的意见陈述书转送给请求人。

专利权人于2007年5月25日再次提交意见陈述书表示一共收到同一请求人的11件专利无效宣告请求，请求人提供的证据也一样，请求专利复审委员会合案审理，并请求延期本案的口头审理，理由是本无效宣告请求的证据存在问题，专利权人正在进一步收集相关的证据，特请求推迟本案的口审时间。

合议组于2007年5月30日向专利权人发出延长期限审批通知书，指出专利权人提出的延期请求因不符合专利法实施细则第70条的规定，故不同意其延长期限的请求。

口头审理如期举行，双方当事人均委托代理人出席了口头审理。在口头审理中，双方当事人对合议组成员均无回避请求；双方当事人对对方出庭人员身份无异议。请求人当庭提交了附件1的原件。专利权人对附件1的原件与复印件的一致性无异议，但对附件1中第5部分记载的文章及图片的真实性、关联性有异议。请求人明确表示其无效理由为本专利不符合专利法第23条的规定。双方当事人在口头审理过程中充分陈述了各自的观点。

至此，合议组认为本案事实清楚，现依法作出审查决定。

二、决定的理由

1. 无效宣告请求的理由

请求人提出的无效宣告请求的理由是专利法第23条。专利法第23条规定：授予专利权的外观设计，应当同申请日以前在国内外出版物上公开发表过或者国内公开使用过的外观设计不相同和不相近似，并不得与他人在先取得的合法权利相冲突。

2. 证据的审查和事实的认定

请求人提交的作为证据使用的附件1是中华人民共和国江苏省南京市公证处（2007）宁证内经字

第14000号公证书复印件，附件1第5-1、5-2、5-3、5-4页中包含标题为"穷则思变 试驾罗孚75 Celeste豪华版"的文章，第5-1页上记载的该文章的类型为转载，日期为2005年5月23日，《车》杂志，责任编辑为印哥蓝。请求人当庭提交了附件1的原件，专利权人对附件1的原件与复印件的一致性无异议，但对附件1中第5部分记载的文章及图片的真实性、关联性有异议。

附件1的公证书中记载："本公证员与公证人员沈琴根据高娇阳的申请，于2007年2月1日下午十五时在我处，由高娇阳在本处的一台已经连接上国际互联网的计算机上，进行了如下保全证据行为"，"兹证明与本公证书相粘连的附件共十八页均为高娇阳在现场操作计算机的过程中实时打印所得，与实际情况相符。"请求人认为附件1第5-1页证明该文章的发表日期为2005年5月23日，早于本专利的申请日，第5-2页证明了图片中的罗孚轿车的前大灯与本专利相同。合议组认为，附件1中的该文章属于互联网上公开的信息，虽然请求人办理了公证，但是由于互联网公开的信息具有极易修改的特点，而且其上传日期存在很大的不确定性，是否修改过很难认定。因此，附件1只能证明在公证当日通过http：//www.autohome.com.cn网站的网页上显示的内容，而公证日在本专利申请日之后，在没有其他证据佐证的情况下，具体网页页面显示内容的真实性及其公开日期的真实性无法确认，不足以单独以此作为定案依据来证明本专利申请日之前该网站上已经公开发表了"穷则思变 试驾罗孚75 Celeste豪华版"这一文章。在专利权人对附件1中的图片和文章的关联性、真实性均有异议的情况下，请求人提交的附件1不能证明在本专利申请日之前的网站上已公开发表了与本专利相近似的外观设计。综上所述，请求人没有提交充分的有证明力的证据支持其无效宣告请求主张，因此其提出的无效宣告请求不成立。

三、决定

维持200530043167.8号外观设计专利权有效。

当事人对本决定不服的，可以根据专利法第46条第2款的规定，自收到本决定之日起三个月内向北京市第一中级人民法院起诉。根据该款规定，一方当事人起诉后，另一方当事人应当作为第三人参加诉讼。

550

锅顶（大窝形）

无效宣告请求审查决定（第 10418 号）

决 定 号	第 10418 号
决 定 日	2007 年 8 月 26 日
发明创造名称	锅顶（大窝形）
外观设计分类号	07-02
无效宣告请求人	梁本然
专 利 权 人	郭建源
专 利 号	200330113168.6
申 请 日	2003 年 11 月 14 日
授 权 公 告 日	2004 年 7 月 7 日
合 议 组 组 长	李人久
主 审 员	魏春宝
参 审 员	许 磊
附 图	1 页

法 律 依 据 专利法第 23 条，专利实施细则第 2 条第 3 款

决 定 要 点

如果一般消费者经过整体观察可以看出，被比设计与在先设计之间的差别对于产品外观设计的整体视觉效果不具有显著的影响，则被比设计与在先设计相近似。使用时不容易看到部位的设计变化通常对整体视觉效果不具有显著影响。

一、案由

本无效宣告请求案涉及国家知识产权局于 2004 年 7 月 7 日公告授予的、名称为"锅顶（大窝形）"的 200330113168.6 号外观设计专利权（下称本专利），其申请日为 2003 年 11 月 14 日，专利权人为郭建源。

针对上述专利权，梁本然（下称请求人）于 2006 年 12 月 30 日向专利复审委员会提出无效宣告请求，认为本专利不符合专利法第 23 条，具体理由是：本专利的锅顶形状与附件中所公开的产品形状明显构成相同和相近似，属于相同产品的相同和相近似外观，不符合专利法第 23 条的规定。为支持上述主张，请求人同时提交了本专利的授权公告复印件（共 1 页）和以下附件：

附件 1：第 95313384.2 号中国外观设计专利授权公告复印件，申请日为 1995 年 7 月 17 日，授权公告日为 1996 年 5 月 15 日，共 1 页；

附件2：第01313869.3号中国外观设计专利授权公告复印件，申请日为2001年1月2日，授权公告日为2001年10月31日，共1页；

附件3：第01328493.2号中国外观设计专利授权公告复印件，申请日为2001年6月1日，授权公告日为2002年1月2日，共1页；

附件4：第01344737.8号中国外观设计专利授权公告复印件，申请日为2001年9月25日，授权公告日为2002年4月24日，共1页。

经形式审查合格后，专利复审委员会受理了上述请求，于2006年12月30日向双方当事人发出《无效宣告请求受理通知书》，并将《专利权无效宣告请求书》及其附件清单所列文件副本转送给专利权人，要求其在指定的期限内答复，同时成立合议组对本无效宣告请求案进行审理。

请求人于2007年1月29日再次提交了意见陈述书，增加专利法实施细则第2条第3款作为无效理由，具体理由是：本专利外观图片各视图之间的比例不一致，不能真实反映其所要求保护的形状，形状不确定。请求人同时还补充了以下的附件5作为支持本专利不符合专利法第23条的规定的新证据：

附件5：第96309442.4号中国外观设计专利授权公告复印件，申请日为1996年10月3日，授权公告日为1997年9月3日，共2页。

2007年2月28日，本案合议组将请求人于2007年1月29日提交的意见陈述书及其附件清单所列文件副本转送给专利权人，并要求其在自收到之日起一个月内作出答复。

2007年2月2日，专利权人针对请求人于2006年12月30日提交的无效宣告请求提交了意见陈述。专利权人认为：本专利与附件1~4中的外观设计不相同，也不相近似，具体理由：（1）使用外观设计的产品种类不同，附件1~4中使用外观设计的产品都是锅，均由锅体、锅盖及锅盖中央的手柄组成。而本专利使用外观设计的产品是独立于锅盖的手柄，与锅体、锅盖的形状无关；（2）附件2中的锅盖手柄与锅盖是一个整体，不可分割；（c）上圆盘高度与圆柱与下圆盘高度之比的不同，使得附件1~4与本专利中锅盖手柄的产品外形不同；（d）特别能引起普通消费者关注的区别特征是本专利中锅盖手柄的下圆盘底面反向套装有一个圆形底盘，附件1~4无仰视图，本专利仰视图是主要创作部位，并且该部分容易被普通消费者观察到，对产品的整体视觉效果有显著影响。

2007年3月16日，专利权人针对请求人于2007年1月29日增加的无效宣告理由提交了意见陈述，认为：（1）附件5中的产品是一种"电饭锅"，从整体视觉效果上本专利的锅盖手柄与附件5中的锅盖手柄两者既不相同，也不相近似，其中特别能引起普通消费者关注的区别特征是：本专利中锅盖手柄的上圆盘较厚，圆窝较深，上圆盘最大直径逐渐过渡缩小，再与圆柱相连；下圆盘底面反向套装有一个圆形底盘，该底盘是被比设计的主要创造部位，其足以使普通消费者认为被比设计与在先设计既不相同，也不相近似。（2）外观设计图片中各视图之间的比例问题属于形式审查的内容，不属于专利法实施细则第2条第3款的规定，因此，也不属于专利法实施细则第64条第2款的规定。

2007年4月3日，本案合议组向双方当事人发出口头审理通知书，定于2007年6月27日对本案进行口头审理。同时，专利复审委员会本案合议组将专利权人于2007年2月2日和2007年3月16日提交的意见陈述书转送给请求人，要求其在口头审理时一并答复。

2007年6月27日口头审理如期进行。双方当事人均委托代理人参加了口头审理，双方对对方出厅人员的身份无异议，对合议组成员无回避请求。口头审理中确定的事实如下：（1）请求人明确其无效理由为专利法第23条和专利法实施细则第2条第3款；（2）专利权人对附件1~5的真实性、公开性、合法性和关联性没有异议。双方代理人针对各无效理由充分陈述了意见。

口头审理后，请求人于2007年7月7日提交了一份对其口头审理意见进行总结的代理词。

至此，合议组认为本案事实已经清楚，可以依法作出审查决定。

二、决定的理由

1. 无效宣告请求的理由和范围

根据请求人在口头审理中的陈述，合议组确认本无效宣告请求案审理的理由和范围为：本专利相对于附件1~5不符合专利法第23条的规定和本专利不符合专利法实施细则第2条第3款的规定。

2. 关于证据

专利权人对请求人作为证据提交的附件1~5的真实性、公开性、合法性和关联性没有异议。附件1~5都是国家知识产权局外观设计专利授权公告的复印件，授权公告日均早于本专利的申请日，可以用作评述本专利是否符合专利法第23条规定的在先设计。

3. 关于专利法第23条

专利法第23条规定，授予专利权的外观设计，应当同申请日以前在国内外出版物上公开发表过或者国内公开使用过的外观设计不相同和不相近似。

如果一般消费者经过整体观察可以看出，被比设计与在先设计之间的差别对于产品外观设计的整体视觉效果不具有显著的影响，则被比设计与在先设计相近似。使用时不容易看到部位的设计变化通常对整体视觉效果不具有显著影响。

本专利有主视图、俯视图、仰视图和使用状态参考图共四幅图。从主视图看，本专利的锅盖手柄是顶部为倒圆锥，底部为大圆盘，中间部分为圆柱的三层结构外形，轴线和圆心在同一直线上。附件4中的锅盖手柄也是倒圆锥作顶，大圆盘为底，中间部分为圆柱的三层结构，轴线和圆心在同一直线上。本专利与附件4中外观设计的差别仅仅在于倒圆锥的锥度和圆柱体的高度有略微差别，但是这种锥度及高度差别对于产品外观设计的整体视觉效果不具有显著的影响。

从俯视图看，本专利的锅盖手柄的上表面中央为浅圆窝，面积约占整个上表面的二分之一。附件4的在先设计也同样如此。

专利权人在意见陈述和口审中强调"被比设计的仰视图是主要创作部位，并且该部分容易被普通消费者观察到，对产品的整体视觉效果有显著影响"，并且详细陈述了仰视面的设计变化。一般消费者知道，锅盖手柄是锅盖的附件，其使用时必然是安装于锅盖上，安装后锅盖手柄的仰视面不能被看到或不容易看到，因此不被一般消费者关注。所以，仰视图的设计变化不会对整体视觉效果有显著影响。

综上所述，经过整体观察、综合判断，认为本专利与附件4中的在先设计相近似。因此，本专利不符合专利法第23条的规定。

鉴于本专利相对于附件4而言不符合专利法第23条而应被无效，因此合议组对其他无效理由和证据不再进行评述。

基于以上事实和理由，作出如下审查决定。

三、决定

宣告200330113168.6号外观设计专利权全部无效。

当事人对本决定不服的，可以根据专利法第46条第2款的规定，自收到本决定之日起三个月内向北京市第一中级人民法院起诉。根据该款的规定，一方当事人起诉后，另一方当事人应当作为第三人参加诉讼。

主视图

俯视图

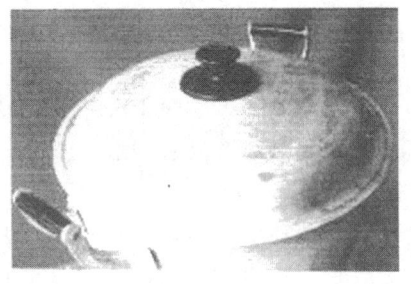

使用状态参考图

仰视图

本专利附图

| 主视图 | 俯视图 |

| 仰视图 | 右视图 |

附件 4 附图

北京市第一中级人民法院
行政判决书

(2008) 一中行初字第 464 号

原告郭建源，男，1936年1月9日出生，汉族，重庆市大足县金龙胶木电器厂业主，住重庆市大足县龙水镇五金新村80号。

委托代理人彭晓云，女，1968年5月3日出生，无业，住北京市东城区12号1门111室。

被告国家知识产权局专利复审委员会，住所地北京市海淀区北四环西路9号银谷大厦10~12层。

法定代表人廖涛，副主任。

委托代理人魏春宝，男，国家知识产权局专利复审委员会审查员。

委托代理人郭鹏鹏，男，国家知识产权局专利复审委员会审查员。

第三人梁本然，男，1950年12月26日出生，汉族，个体工商户，住重庆市大足县龙水镇车铺村2组。

委托代理人李晓兵，男，重庆市博凯知识产权代理有限公司专利代理人。

原告郭建源不服被告国家知识产权局专利复审委员会2007年8月30日作出的第10418号专利无效宣告请求审查决定（以下简称被诉决定），向本院提起行政诉讼。本院受理后，依法组成合议庭，并通知梁本然作为本案第三人参加诉讼。2008年5月13日、6月2日，本院依法公开开庭进行了审理，原告郭建源及其委托代理人彭晓云，被告的委托代理人郭鹏鹏、魏春宝，第三人梁本然的委托代理人李晓兵到庭参加了诉讼。现本案已审理终结。2007年8月30日，被告根据第三人的申请，对原告的名称为"锅顶（大窝形）"的外观设计专利权（以下简称本专利）进行审查，依据《中华人民共和国专利法》（以下简称《专利法》）第二十三条的规定，作出被诉决定，宣告本专利无效。理由如下：本专利与附件4（即第01344737.8号中国外观设计专利授权公告复印件，申请日为2001年9月25日，授权公告日为2002年4月24日）中外观设计的差别仅仅在于倒圆锥的锥度和圆柱体的高度有略微差别，对其整体视觉效果不具有显著的影响。因此，经过整体观察、综合判断，本专利与附件4中的在先设计相近似。因此，本专利不符合《专利法》第二十三条的规定。被告为证明被诉决定合法，在法定期限内向本院提交了以下证据：（1）附件4；（2）本专利文件公告文本；（3）口头审理记录表。原告诉称：被告仅从其专业的角度去考察两外观设计是否近似，而没有考虑相关公众的一般注意力，是不符合认定专利是否近似的法定原则。事实上，本专利与在先专利相比，至少具备以下区别特征：（1）本专利锅盖手柄的上圆盘较厚，圆窝较深，上圆盘最大直径逐渐过渡缩小，再与圆柱相连；（2）本专利下圆盘底面反向套有一个圆形底盘，该底盘是本专利的主要创造部位；（3）本专利的上圆盘高度、圆柱和下圆盘高度之比与附件4明显不同；（4）附件4完全没有显示被比主题的仰视图，本专利的仰视图是常见面，对整体视觉效果影响显著。综上所述，本专利与附件4相比，既不相同，也不近似，符合《专利法》第二十三条的规定，请求法院依法撤销被诉决定。在开庭审理前，原告未向本院提交证据。被告辩称：我委根据《专利法》第二十三条的规定和《审查指南》相应的具体判断方式，以及原告和第三人在本专利无效宣告请求审查程序的主张作出被诉决定的结论正确。具体而言：（1）从主视图看，本专利的锅盖手柄是顶部为倒圆锥，底部为大圆盘，中间部分为圆柱的三层结构外形，轴线和圆心在同一直线上。附件4的锅盖手柄也是倒圆锥作顶，大圆盘为底，中间部分为圆柱的三层结构，轴线和圆心在同一直线上。本专利与附件4的差别仅仅在于倒圆锥的锥度和圆柱体的高度有略微差别，但是这种锥度及高度差别对于产品外观设计的整体视觉效果不具有显著的影响。（2）从俯视图看，本专利的锅盖手柄的上表面中央为浅圆窝，面积约占整个上表面的二分之一，附件4也同样如此。（3）锅盖手柄是锅盖的附件，其使用时必然是安装于锅盖上，安装后锅盖手柄的仰视面不能或不容易被看到，本专利的锅盖手柄安装后，其下圆盘底面反向套装的圆形底盘位于仰视面，因此其设计变化不被一般消费者关注，不会对整体视觉效果有显著影响。综上所述，我委宣告本专利全部无效的事实清楚，符合相关法规。原告的诉讼理由不成立，请求法院判决驳回原告的诉讼请求，维持被诉决定。第三人述称：同意被诉决定及被告的答辩意见，请求法院判决驳回原告的诉讼请求。在开庭审理前，第三人未向本院提交证据。

在庭审质证中，原告对被告的证据没有异议，但不同意被告证明目的。第三人同意被告的举证。

经审查，本院认为被告的证据来源合法，真实，其中证据1与证据2的国际分类号相同，用途相同，属于相同种类产品，证据1能够作为证据2的对比文件，本院予以采纳；证据3能够证明被告在行政程序中针对本案进行口头审理的内容，本院予以采纳。

根据有效证据，本院认定事实如下：

本外观专利的申请日是2003年11月14日，授权公告日是2004年7月7日，专利号是第200330113168.6。

针对上述专利权，第三人于2006年12月30日向被告提出无效宣告请求，认为本专利不符合《专利法》第二十三条的规定，具体理由是：本专利的锅顶形状与附件中所公开的产品形状明显构成相同和相近似，属于相同产品的相同和相近似外观，不符合《专利法》第二十三条的规定。为支持上述主张，第三人同时提交了本专利的授权公告复印件和附件1、附件2、附件3、附件4（内容略），用以支持其主张。经形式审查合格后，被告受理了上述请求，并将第三人的请求书和附件副本向原告转送。

2007年1月29日，第三人再次提交了意见陈述书，增加《中华人民共和国专利法实施细则》（以下简称《专利法实施细则》）第二条第三款作为无效理由，具体理由是：本专利外观图片各视图之间的比例不一致，不能真实反映其所要求保护的形状，形状不确定。第三人同时还补充了附件5作为支持本专利不符合《专利法》第二十三条的规定的新证据。被告将第三人的意见陈述书及其附件副本向原告转送。

2007年2月2日，原告针对第三人的请求书向被告提交了意见陈述，认为本专利与附件1、附件2、附件3、附件4中的外观设计不相同，也不相近似，具体理由：（1）使用外观设计的产品种类不同，附件1、附件2、附件3、附件4中使用外观设计的产品都是锅，均由锅体、锅盖及锅盖中央的手柄组成。而本专利使用外观设计的产品是独立于锅盖的手柄，与锅体、锅盖的形状无关；（2）附件2中的锅盖手柄与锅盖是一个整体，不可分割；（3）上圆盘高度与圆柱与下圆盘高度之比的不同，使得附件1、附件2、附件3、附件4与本专利中锅盖手柄的产品外形不同；（4）特别能引起普通消费者关注的区别特征是本专利中锅盖手柄的下圆盘底面反向套装有一个圆形底盘，附件1、附件2、附件3、附件4无仰视图，本专利仰视图是主要创作部位，并且该部分容易被普通消费者观察到，对产品的整体视觉效果有显著影响。

2007年3月16日，原告针对第三人的补充意见提交了意见陈述，认为：（1）附件5中的产品是一种"电饭锅"，从整体视觉效果上本专利的锅盖手柄与附件5中的锅盖手柄两者既不相同，也不相近似，其中特别能引起普通消费者关注的区别特征是：本专利中锅盖手柄的上圆盘较厚，圆窝较深，上圆盘最大直径逐渐过渡缩小，再与圆柱相连；下圆盘底面反向套装有一个圆形底盘，该底盘是被比设计的主要创造部位，其足以使普通消费者认为被比设计与在先设计既不相同，也不相近似。

（2）外观设计图片中各视图之间的比例问题属于形式审查的内容，不属于《专利法实施细则》第二条第三款、第六十四条第二款的规定。

2007年6月27日，被告进行口头审理，双方当事人均委托代理人参加了口头审理，各方对对方代理人的身份无异议，对合议组成员无回避请求。口头审理中确定的事实如下：（1）第三人明确其无效理由为《专利法》第二十三条和《专利法实施细则》第二条第三款；（2）原告对附件1、附件2、附件3、附件4、附件5的真实性、公开性、合法性和关联性没有异议。双方代理人针对各无效理由充分陈述了意见。

被告经过审查，确定了以下内容：

（1）本无效宣告请求案审理的理由和范围为：本专利相对于附件1、附件2、附件3、附件4、附件5是否符合《专利法》第二十三条以及《专利法实施细则》第二条第三款的规定。

（2）被告根据原告对附件1、附件2、附件3、附件4、附件5的真实性、公开性、合法性和关联性没有异议的陈述，认定附件1、附件2、附件3、附件4、附件5都是国家知识产权局外观设计专利授权公报的复印件，授权公告日均早于本专利的申请日，可以作为评价本外观设计专利授权是否符合《专利法》第二十三条规定的在先设计。

（3）从主视图看，本专利的锅盖手柄是顶部为倒圆锥，底部为大圆盘，中间部分为圆柱的三层结构外形，轴线和圆心在同一直线上。附件4中的锅盖手柄也是倒圆锥作顶，大圆盘为底，中间部分为圆柱的三层结构，轴线和圆心在同一直线上。从俯视图看，本专利的锅盖手柄的上表面中央为浅圆窝，面积约占整个上表面的二分之一。附件4的在先设计也同样如此。

（4）本专利与附件4中外观设计的差别仅仅在于倒圆锥的锥度和圆柱体的高度有略微差别，但是这种锥度及高度差别对于产品外观设计的整体视觉效果不具有显著的影响。一般消费者知道，锅盖手柄是锅盖的附件，其使用时必然是安装于锅盖上，安装后锅盖手柄的仰视面不能被看到或不容易看到，因此不被一般消费者关注。所以，仰视图的设计变化不会对整体视觉效果有显著影响。综上所述，经过整体观察、综合判断，认为本专利与附件4中的在先设计相近似。因此，本专利不符合《专利法》第二十三条的规定。

（5）鉴于本专利相对于附件4不符合《专利法》第二十三条，应被无效，因此对其他无效理由和证据不再进行评述。

据此，被告于2007年8月26日作出被诉决定，并于同年8月30日向原告和第三人邮寄送达。原告不服，于2007年11月5日向本院起诉。

在开庭审理中，原告和第三人对被诉决定中"案由"部分记载的内容、被告认定的本专利授权的内容以及附件4公开的内容没有争议，对被告的审查职责和行政程序没有异议。

本院认为：根据原告和第三人无争议的陈述，本院经书面审查，对上述无争议的内容予以确认。同时，本院根据原告争议的内容，对被诉决定的合法性进行审查。

根据《专利法》第二十三条的规定，授予专利权的外观设计，应当同申请日以前在国内外出版物上公开发表过或者国内公开使用过的外观设计不相同和不相近似。

首先，判断外观设计是否相同或近似，应当基于被比外观设计产品的一般消费者的知识水平和认知能力进行评价。被告在被诉决定中，明确系以一般消费者的角度对本专利进行判断，原告主张被告以专业角度对本案进行判断的理由缺乏依据，本院不予支持。

其次，在判断外观设计是否相同或近似时，应当适用整体观察、综合对比的原则。基于原告对被告认定的附件4公开的内容以及附件4与本专利的区别内容没有争议，所以本院认为被告在被诉决定中认定的两者公开的内容事实清楚。在此基础上，将附件4与本专利进行比对，本专利的锅盖手柄倒圆锥的锥度和圆柱体的高度与附件4仅有细微差别。因此，被告认定该区别内容对产品整体视觉效果不具有显著影响的内容符合《审查指南》第四部分第五章第4节。

综上，被诉决定事实清楚，程序合法，适用法律正确，本院应予维持。故，依照《中华人民共和国行政诉讼法》第五十四条第（一）项的规定，判决如下：

维持国家知识产权局专利复审委员会于二〇〇七年八月三十日作出的第10418号专利无效宣告请求审查决定。案件受理费100元，由原告郭建源负担（已交纳）。如不服本判决，可于本判决送达之日起15日内，向本院递交上诉状，并按对方当事人的人数提供副本，上诉于北京市高级人民法院。

审　判　长　饶亚东
代理审判员　刘景文
代理审判员　孟玉珍
二〇〇八年九月一日
书　记　员　蒋利玮

锅盖顶（穿平顶）

无效宣告请求审查决定（第 10419 号）

决 定 号	第 10419 号
决 定 日	2007 年 8 月 22 日
发明创造名称	锅盖顶（穿平顶）
外观设计分类号	07-02
无效宣告请求人	梁本然
专 利 权 人	郭建源
专 利 号	200530011589.7
申 请 日	2005 年 10 月 26 日
授权公告日	2006 年 8 月 30 日
合议组组长	李人久
主 审 员	魏春宝
参 审 员	许磊
附 图	2 页

法律依据 专利法第 23 条，专利法实施细则第 2 条第 3 款
决定要点

如果一般消费者经过整体观察可以看出，被比设计与在先设计之间的差别对于产品外观设计的整体视觉效果不具有显著的影响，则被比设计与在先设计相近似。在综合考虑各种因素的情况下，若区别点仅在于局部的细微变化，则其对整体的视觉效果不足以产生显著影响。

一、案由

本无效宣告请求案涉及国家知识产权局于 2006 年 8 月 30 日公告授予的、名称为"锅盖顶（穿平顶）"的 200530011589.7 号外观设计专利权（下称本专利），其申请日为 2005 年 10 月 26 日，专利权人为郭建源。

针对上述专利权，梁本然（下称请求人）于 2006 年 12 月 30 日向专利复审委员会提出无效宣告请求，认为本专利不符合专利法第 23 条，具体理由是：本专利的锅顶形状与附件中所公开的产品形状明显构成相同和相近似，属于相同产品的相同和相近似外观，不符合专利法第 23 条的规定。请求人同时提交了以下附件来支持其上述主张：

附件 1：第 96309077.1 号中国外观设计专利授权公告复印件，申请日为 1996 年 9 月 5 日，授权公告日 1997 年 9 月 3 日，共 2 页；

附件 2：第 97304753.4 号中国外观设计专利授权公告复印件，申请日为 1997 年 6 月 3 日，授权公告日为 1998 年 6 月 10 日，共 2 页；

附件 3：第 98316798.2 号中国外观设计专利授权公告复印件，申请日为 1998 年 2 月 27 日，授权公告日为 1999 年 2 月 17 日，共 2 页；

附件 4：第 01334823.X 号中国外观设计专利授权公告复印件，申请日为 2001 年 7 月 23 日，授权公告日为 2002 年 2 月 13 日，共 1 页；

附件 5：第 20030113171.8 号中国外观设计专利授权公告复印件，申请日为 2003 年 11 月 14 日，授权公告日为 2004 年 9 月 8 日，共 1 页。

经形式审查合格后，专利复审委员会受理了上述请求，于 2006 年 12 月 30 日向双方当事人发出《无效宣告请求受理通知书》，并将《专利权无效宣告请求书》及其附件清单所列文件副本转送给专利权人，要求其在指定的期限内答复，同时成立合议组对本无效宣告请求案进行审理。

请求人于 2007 年 1 月 29 日再次提交了意见陈述书，增加专利法实施细则第 2 条第 3 款作为无效理由，具体理由是：本专利外观图片各视图之间的比例不一致，不能真实反映其所要求保护的形状，形状不确定。

2007 年 3 月 1 日，本案合议组将请求人于 2007 年 1 月 29 日提交的意见陈述书转送给专利权人，并要求其在自收到之日起一个月内作出答复。

2007 年 2 月 2 日，专利权人针对请求人于 2006 年 12 月 30 日提交的无效宣告请求提交了意见陈述。专利权人认为：本专利与附件 1~5 中的外观设计不相同，也不相近似，具体理由：（1）本专利中的产品由上圆台、圆柱、下圆盘和连接螺杆组成，连接螺杆从上向下穿过，下端超出下圆盘底沿，超出部分与圆柱部分的高度相等，沿轴线的纵截面，本专利中的锅盖手柄近似为"干"字形，附件 1、3、4 和 5 中的锅盖手柄近似为"工"字；（2）上圆台高度、圆柱高度与下圆盘高度之比的不同从整体视觉效果上使得本专利与附件 1~5 中锅盖手柄的外形不同；（3）附件 1~3 中的锅盖手柄上没有安装部件，看不出是如何安装到锅盖上的；（4）本专利中的锅盖手柄的圆柱直接与上圆台及下圆盘相连，连接螺杆从上向下连接，附件 5 中的锅盖手柄的下圆盘顶面的中部向上一体延伸形成环形凸台，该环形凸台套装在圆柱上，螺钉从下向上将各部分固定在一起。

2007 年 3 月 22 日，专利权人针对请求人于 2007 年 1 月 29 日增加的无效宣告理由进行了意见陈述，认为：首先，从本专利的图片中可以清楚看出，各视图之间的比例是一致的，能够真实反映出所保护产品的外形特征，属于形状确定的外观设计；其次，外观设计图片中各视图之间的比例问题属于形式审查的内容，不属于专利法实施细则第 2 条第 3 款的规定，因此，也不属于专利法实施细则第 64 条第 2 款的规定。

2007 年 4 月 3 日，本案合议组向双方当事人发出口头审理通知书，定于 2007 年 6 月 27 日对本案进行口头审理。同时，专利复审委员会本案合议组将专利权人于 2007 年 2 月 2 日和 2007 年 3 月 22 日提交的意见陈述书转送给请求人，要求其在口头审理时一并答复。

2007 年 6 月 27 日口头审理如期进行。双方当事人均委托代理人参加了口头审理，双方对对方出厅人员的身份无异议，对合议组成员无回避请求。口头审理中确定的事实如下：（1）请求人明确其无效理由为专利法第 23 条和专利法实施细则第 2 条第 3 款；（2）专利权人对附件 1~5 的真实性、公开性、合法性和关联性没有异议。双方代理人针对各无效理由充分陈述了意见。

口头审理后，请求人于 2007 年 7 月 7 日提交了一份对其口头审理意见进行总结的代理词。

至此，合议组认为本案事实已经清楚，可以依法作出审查决定。

二、决定的理由

1. 无效宣告请求的理由和范围

根据请求人在口头审理中的陈述，合议组确认本无效宣告请求案审理的理由和范围为：本专利相对于附件1至5不符合专利法第23条的规定以及本专利不符合专利法实施细则第2条第3款的规定。

2. 关于证据

专利权人对请求人作为证据提交的附件1~5的真实性、公开性、合法性和关联性没有异议。附件1~5都是国家知识产权局外观设计专利授权公告的复印件，授权公告日均早于本专利的申请日，可以作为评价本外观设计专利授权是否符合专利法第23条规定的在先设计。

3. 关于专利法第23条

专利法第23条规定，授予专利权的外观设计，应当同申请日以前在国内外出版物上公开发表过或者国内公开使用过的外观设计不相同和不相近似。

如果一般消费者经过整体观察可以看出，被比设计与在先设计之间的差别对于产品外观设计的整体视觉效果不具有显著的影响，则被比设计与在先设计相近似。在综合考虑各种因素的情况下，若区别点仅在于局部的细微变化，则其对整体的视觉效果不足以产生显著影响。

从主视图看，本专利的锅盖手柄是顶部为圆柱形的顶盖，底部为较大的圆形薄底盘，圆柱居中连接的三层结构外形，各部分的轴线和圆心在同一直线上，底盘的上表面有稍微向上的弧度，底盘圆心处向下伸出一段螺杆。附件5中的锅盖手柄的顶部也为圆柱形的顶盖，底部为较大的圆形薄底盘，各部分的轴线和圆心在同一直线上，底盘的上表面有稍微向上的弧度，居中连接顶盖和底盘的圆柱部分的上面一小段的柱径略细。本专利与附件5中外观设计相比，差别在于：（1）附件5中产品中间圆柱部分的上面一小段的柱径略细，而本专利产品中间圆柱部分的柱径上下一致；（2）本专利产品底盘圆心向下伸出一段螺杆。

合议组认为：虽然附件5中产品中间部分的上段和下段略有差别，但是这两段形状相同，都是常见的圆柱形状，柱径差别不明显，而且上段较短，与本专利中的圆柱部分相比仅仅是局部的细微的差别，在整体设计中所占比例很小。并且，由于顶盖的直径明显较大，使用状态时顶盖与中间部分的连接处是不容易被看到的部位，细微的变化位于不容易被看到的部位。因此，该设计变化对整体视觉效果不产生显著影响。本专利中的产品是锅盖手柄，在使用状态下通过螺杆安装于锅盖上，底盘圆心伸出的这段螺杆被锅体遮挡不能或者不易被消费者看到，因而对整体视觉效果没有显著影响。从俯视图看，本专利中锅盖手柄的顶盖的上表面基本上为光滑平面，周缘处有向下弧度，圆心处有一个中间"十"浅槽的圆形螺杆帽。附件5中顶盖的上表面与本专利区别仅在于：圆心处没有螺杆帽。本专利中的螺杆是功能部件，用于将锅盖手柄安装于锅盖上，而且中间"十"字浅槽的圆形螺杆帽是螺杆帽的常见设计，不会吸引消费者注意，并且螺杆帽在整个顶盖上表面所占比例很小，因此，螺杆帽有无对产品整体视觉效果不具有显著影响。

综上所述，经过整体观察、综合判断，认为本专利与附件5中的在先设计相近似。因此，本专利不符合专利法第23条的规定。

鉴于本专利相对于附件5而言不符合专利法第23条而应被无效，因此对其他无效理由和证据不再进行评述。

基于以上事实和理由，作出如下审查决定。

三、决定

宣告200530011589.7号外观设计专利权全部无效。

当事人对本决定不服的，可以根据专利法第46条第2款的规定，自收到本决定之日起三个月内向北京市第一中级人民法院起诉。根据该款的规定，一方当事人起诉后，另一方当事人应当作为第三人参加诉讼。

主视图　俯视图

立体图　仰视图

本专利附图

主视图

俯视图

使用状态参考图

仰视图

附件 5

北京市第一中级人民法院
行政判决书

(2008) 一中行初字第 465 号

原告郭建源，男，1936年1月9日出生，汉族，重庆市大足县金龙胶木电器厂业主，住重庆市大足县龙水镇五金新村80号。

委托代理人彭晓云，女，1968年5月3日出生，无业，住北京市东城区12号1门111室。

被告国家知识产权局专利复审委员会，住所地北京市海淀区北四环西路9号银谷大厦10~12层。

法定代表人廖涛，副主任。

委托代理人魏春宝，男，国家知识产权局专利复审委员会审查员。

委托代理人郭鹏鹏，男，国家知识产权局专利复审委员会审查员。

第三人梁本然，男，1950年12月26日出生，汉族，个体工商户，住重庆市大足县龙水镇车铺村2组。

委托代理人李晓兵，男，重庆市博凯知识产权代理有限公司专利代理人。

原告郭建源不服被告国家知识产权局专利复审委员会2007年8月30日作出的第10419号专利无效宣告请求审查决定（以下简称被诉决定），向本院提起行政诉讼。本院受理后，依法组成合议庭，并通知梁本然作为本案第三人参加诉讼。2008年5月13日、6月2日，本院依法公开开庭进行了审理，原告郭建源及其委托代理人彭晓云、被告的委托代理人郭鹏鹏、魏春宝，第三人梁本然的委托代理人李晓兵到庭参加了诉讼。现本案已审理终结。

2007年8月30日，被告根据第三人的申请，对原告的名称为"锅盖顶（穿平顶）"的外观设计专利权（以下简称本专利）进行审查，依据《中华人民共和国专利法》（以下简称《专利法》）第二十三条的规定，作出被诉决定，宣告本专利无效。理由如下：本专利与附件5（即：第20030113171.8号中国外观设计专利授权公告复印件，申请日为2003年11月14日，授权公告日为2004年9月8日）中外观设计相比，虽然本专利产品中间圆柱部分的柱径上下一致与附件5不同，但属于细微差别；锅盖手柄在使用状态下不易被消费者注意；圆心处的螺杆属于功能部件，圆心处有一个中间"十"浅槽的圆形螺杆帽是惯常设计，且所占比例较小，螺杆帽有无对产品整体视觉效果不具有显著影响。因此，经过整体观察、综合判断，本专利与附件5中的在先设计相近似。因此，本专利不符合《专利法》第二十三条的规定。

被告为证明被诉决定合法，在法定期限内向本院提交了以下证据：（1）附件5；（2）本专利文件公告文本；（3）口头审理记录表。

原告诉称：被告仅从其专业的角度去考察两外观设计是否近似，而没有考虑相关公众的一般注意力，是不符合认定专利是否近似的法定原则。事实上，本专利与在先专利相比，至少具备以下区别特征：（1）在先专利的顶盖上表面与侧面圆弧相交，而本专利顶盖上表面与侧面是直角相交；（2）在先专利的圆盘底座为薄板圆盘，而本专利的圆盘底座的上表面为中高外低的弓形面；（3）本专利的顶盖上表面圆心处有一个连接螺杆帽，而在先专利圆心处则没有螺杆帽；（4）本专利的沿轴线的纵剖面形似"干"字形，而在先专利则形似"工"字形。综上所述，本专利与附件5相比，既不相同，也不近似，符合《专利法》第二十三条的规定，请求法院依法撤销被诉决定。在开庭审理前，原告未向本院提交证据。

被告辩称：我委根据《专利法》第二十三条的规定和《审查指南》相应的具体判断方式，以及原告和第三人在本专利无效宣告请求审查程序的主张作出被诉决定的结论正确。具体而言：（1）本专利的锅盖手柄与在先设计的锅盖手柄的顶盖均为圆柱形，底部均为较大的圆形薄底盘，底盘的上表面均有稍微向上的弧度。（2）本专利中的螺杆是功能部件，用于将锅盖手柄安装于锅盖上，而且中间"十"字浅槽的圆形螺杆帽是螺杆帽的常见设计，不会吸引消费者注意，并且螺杆帽在整个顶盖上表面所占比例很小，因此有无螺杆帽对产品整体视觉效果不具有显著影响。（3）本专利中的产品是锅盖手柄，在使用状态下通过螺杆安装于锅盖上，因此底盘圆心伸出的这段螺杆被遮挡不能或者不易被消费者看到，对整体视觉效果没有显著影响。综上所述，我委宣告本专利全部无效的事实清楚，符合相关法规。原告的诉讼理由不成立，请求法院判决驳回原告的诉讼请求，维持被诉决定。

第三人述称：同意被诉决定及被告的答辩意见，请求法院判决驳回原告的诉讼请求。在开庭审理前，第三人未向本院提交证据。

在庭审质证中，原告对被告的证据没有异议，但不同意被告证明目的。第三人同意被告的举证。

经审查，本院认为被告的证据来源合法，真实，其中证据1与证据2的国际分类号相同，用途相同，属于相同种类产品，证据1能够作为证据2的对比文件，本院予以采纳；证据3能够证明被告在行政程序中针对本案进行口头审理的内容，本院予以采纳。

根据有效证据，本院认定事实如下：

本外观专利的申请日是2005年10月26日，授权公告日是2006年8月30日，专利号是第200530011589.7。

针对上述专利权，第三人于2006年12月30日向被告提出无效宣告请求，认为本专利不符合《专利法》第二十三条，具体理由是：本专利的锅顶形状与附件中所公开的产品形状明显构成相同和相近似，属于相同产品的相同和相近似外观，不符合《专利法》第二十三条的规定。第三人同时提交了附件1~5（内容略），用以支持其主张。经形式审查合格后，被告受理了上述请求，并将第三人的请求书和附件副本向原告转送。

2007年1月29日，第三人再次向被告提交了意见陈述书，增加《中华人民共和国专利法实施细则》（以下简称《专利法实施细则》）第二条第三款作为无效理由，具体理由是：本专利外观图片各视图之间的比例不一致，不能真实反映其所要求保护的形状，形状不确定。被告将第三人的意见陈述书及其附件副本向原告转送。

2007年2月2日，原告针对第三人的请求书向被告提交了意见陈述，认为本专利与附件1至5中的外观设计不相同，也不相近似，具体理由：（1）本专利中的产品由上圆台、圆柱、下圆盘和连接螺杆组成，连接螺杆从上向下穿过，下端超出下圆盘底沿，超出部分与圆柱部分的高度相等，沿轴线的纵截面，本专利中的锅盖手柄近似为"干"字形，附件1、3、4和5中的锅盖手柄近似为"工"字；（2）上圆台高度、圆柱高度与下圆盘高度之比的不同从整体视觉效果上使得本专利与附件1~5中锅盖手柄的外形不同；（3）附件1~3中的锅盖手柄上没有安装部件，看不出是如何安装到锅盖上的；（4）本专利中的锅盖手柄的圆柱直接与上圆台及下圆盘相连，连接螺杆从上向下连接，附件5中的锅盖手柄的下圆盘顶面的中部向上一体延伸形成环形凸台，该环形凸台套装在圆柱上，螺钉从下向上将各部分固定在一起。

2007年3月22日，原告针对第三人补充意见向被告提供意见陈述，理由如下：首先，从本专利的图片中可以清楚看出，各视图之间的比例是一致的，能够真实反映出所保护产品的外形特征，属于形状确定的外观设计；其次，外观设计图片中各视图之间的比例问题属于形式审查的内容，不属于《专利法实施细则》第二条第三款、第六十四条第二款的规定。

2007年6月27日，被告进行口头审理，双方当事人均委托代理人参加了口头审理，各方对对方代理人的身份无异议，对合议组成员无回避请求。口头审理中确定的事实如下：（1）第三人明确其无效理由为《专利法》第二十三条和《专利法实施细则》第二条第三款；（2）原告对附件1~5的真实性、公开性、合法性和关联性没有异议。双方代理人针对各无效理由充分陈述了意见。

被告经过审查，确定了以下内容：

（1）本无效宣告请求案审理的理由和范围为：本专利相对于附件1~5是否符合《专利法》第二十三条以及《专利法实施细则》第二条第三款的规定。

（2）被告根据原告对附件1~5的真实性、公开性、合法性和关联性没有异议的陈述，认定附件1~5都是国家知识产权局外观设计专利授权公报的复印件，授权公告日均早于本专利的申请日，可以作为评价本外观设计专利授权是否符合《专利法》第二十三条规定的在先设计。

（3）从主视图看，本专利的锅盖手柄是顶部为圆柱形的顶盖，底部为较大的圆形薄底盘，圆柱居中连接的三层结构外形，各部分的轴线和圆心在同一直线上，底盘的上表面有稍微向上的弧度，底盘圆心处向下伸出一段螺杆。附件5中的锅盖手柄的顶部也为圆柱形的顶盖，底部为较大的圆形薄底盘，各部分的轴线和圆心在同一直线上，底盘的上表面有稍微向上的弧度，居中连接顶盖和底盘的圆柱部分的上面一小段的柱径略细。

（4）本专利与附件5中外观设计相比，差别在于：①附件5中产品中间圆柱部分的上面一小段的柱径略细，而本专利产品中间圆柱部分的柱径上下一致；②本专利产品底盘圆心向下伸出一段螺杆。虽然附件5中产品中间部分的上段和下段略有差别，但是这两段形状相同，都是常见的圆柱形状，柱径差别不明显，而且上段较短，与本专利中的圆柱部分相比仅仅是局部的细微的差别，在整体设计中所占比例很小。并且，由于顶盖的直径明显较大，使用状态时顶盖与中间部分的连接处是不容易被看到的部位，细微的变化位于不容易被看到的部位。因此，该设计变化对整体视觉效果不产生显著影响。本专利中的产品是锅盖手柄，在使用状态下通过螺杆安装于锅盖上，底盘圆心伸出的这段螺杆被锅体遮挡不能或者不易被消费者看到，因而对整体视觉效果没有显著影响。从俯视图看，本专利中锅盖手柄的顶盖的上表面基本上为光滑平面，周缘处有向下弧度，圆心处有一个中间"十"浅槽的圆形螺杆帽。附件5中顶盖的上表面与本专利区别仅在于：圆心处没有螺杆帽。本专利中的螺杆是功能部件，用于将锅盖手柄安装于锅盖上，而且中间"十"字浅槽的圆形螺杆帽是螺杆帽的常见设计，不会吸引消费者注意，并且螺杆帽在整个顶盖上表面所占比例很小，因此，螺杆帽有无对产品整体视觉效果不具有显著影响。综上所述，经过整体观察、综合判断，认为本专利与附件5中的在先设计相近似。因此，本专利不符合《专利法》第二十三条的规定。

（5）鉴于本专利相对于附件5不符合《专利法》第二十三条，应被无效，因此对其他无效理由和证据不再进行评述。

据此，被告于2007年8月26日作出被诉决定，并于同年8月30日向原告和第三人邮寄送达。原告不服，于2007年11月5日向本院起诉。

在开庭审理中，原告和第三人对被诉决定中"案由"部分记载的内容、被告认定的本专利授权的内容以及附件5公开的内容没有争议，对被告的审查职责和行政程序没有异议。

本院认为：根据原告和第三人无争议的陈述，本院经书面审查，对上述无争议的内容予以确认。同时，本院根据原告争议的内容，对被诉决定的合法性进行审查。

根据《专利法》第二十三条的规定，授予专利权的外观设计，应当同申请日以前在国内外出版物上公开发表过或者国内公开使用过的外观设计不相同和不相近似。

首先，判断外观设计是否相同或近似，应当基于被比外观设计产品的一般消费者的知识水平和认知能力进行评价。被告在被诉决定中，明确对本案的判断主体是一般消费者，原告主张被告以专业角度对本案进行判断的理由缺乏依据，本院不予支持。

其次，在判断外观设计是否相同或近似时，应当适用整体观察、综合对比的原则。基于原告对被告认定的附件5公开的内容以及附件5与本专利的区别内容没有争议，所以本院认为被告在被诉决定中认定的两者公开的内容事实清楚。在此基础上，将附件5与本专利进行比对，两者的区别在于：第一，本专利的中间的圆柱部分的柱径上下一致，附件5中圆柱上面一小段的柱径较下面柱径部分细；第二，本专利产品的底盘圆心向下伸出一段螺杆，附件5没有此设计。区别一属于细微差别；区别之二是将锅盖手柄安装于锅盖上，中间"十"字浅槽的圆形螺杆帽是螺杆帽的惯常设计，且占比例很小。被告认定上述区别内容对产品整体视觉效果不具有显著影响的内容符合《审查指南》第四部分第五章第4节。

综上，被诉决定事实清楚，程序合法，适用法律正确，本院应予维持。故，依照《中华人民共和国行政诉讼法》第五十四条第（一）项的规定，判决如下：

维持国家知识产权局专利复审委员会于二〇〇七年八月三十日作出的第10419号专利无效宣告请求审查决定。

案件受理费100元，由原告郭建源负担（已交纳）。

如不服本判决，可于本判决送达之日起15日内，向本院递交上诉状，并按对方当事人的人数提供副本，上诉于北京市高级人民法院。

审　判　长　饶亚东
审　判　员　刘景文
人民陪审员　孟玉珍
二〇〇八年六月二十日
书　记　员　蒋利玮

锅盖提手（平顶）

无效宣告请求审查决定（第10420号）

决 定 号	第10420号
决 定 日	2007年8月26日
发明创造名称	锅盖提手（平顶）
外观设计分类号	07-02
无效宣告请求人	梁本然
专 利 权 人	郭建源
专 利 号	200330113171.8
申 请 日	2003年11月14日
授权公告日	2004年9月8日
合议组组长	李人久
主 审 员	魏春宝
参 审 员	许 磊
附 图	2页

法律依据 专利法第23条，专利法实施细则第2条第3款

决定要点

如果一般消费者经过整体观察可以看出，被比设计与在先设计之间的差别对于产品外观设计的整体视觉效果不具有显著的影响，则被比设计与在先设计相近似。在综合考虑各种因素的情况下，若区别点仅在于局部的细微变化，则其对整体的视觉效果不足以产生显著影响。

一、案由

本无效宣告请求案涉及国家知识产权局于2004年9月8日公告授予的、名称为"锅盖提手（平顶）"的200330113171.8号外观设计专利权（下称本专利），其申请日为2003年11月14日，专利权人为郭建源。

针对上述专利权，梁本然（下称请求人）于2006年12月30日向专利复审委员会提出无效宣告请求，认为本专利不符合专利法第23条，具体理由是：本专利的锅顶形状与附件中所公开的产品形状明显构成相同和相近似，属于相同产品的相同和相近似外观，不符合专利法第23条的规定。请求人同时提交了以下附件来支持其上述主张：

附件1：第96309077.1号中国外观设计专利授权公告复印件，申请日为1996年9月5日，授权公告日为1997年9月3日，共2页；

附件2：第97304753.4号中国外观设计专利授权公告复印件，申请日为1997年6月3日，授权公告日为1998年6月10日，共2页；

附件3：第98316798.2号中国外观设计专利授权公告复印件，申请日为1998年2月27日，授权公告日为1999年2月17日，共2页；

附件4：第01334823.X号中国外观设计专利授权公告复印件，申请日为2001年7月23日，授权公告日为2002年2月13日，共1页。

经形式审查合格后，专利复审委员会受理了上述请求，于2006年12月30日向双方当事人发出《无效宣告请求受理通知书》，并将《专利权无效宣告请求书》及其附件清单所列文件副本转送给专利权人，要求其在指定的期限内答复，同时成立合议组对本无效宣告请求案进行审理。

请求人于2007年1月29日再次提交了意见陈述书，增加专利法实施细则第2条第3款作为无效理由，具体理由是：本专利外观图片各视图之间的比例不一致，不能真实反映其所要求保护的形状，形状不确定。另外，请求人同时补充下列附件作为支持本专利不符合专利法第23条的规定的新证据：

附件5：第99327739.X号中国外观设计专利授权公告复印件，申请日为1999年1月5日，授权公告日为1999年10月6日，共1页；

附件6：第97323667.1号中国外观设计专利授权公告复印件，申请日为1997年9月1日，授权公告日为1998年12月16日，共1页；

附件7：第96309854.3号中国外观设计专利授权公告复印件，申请日为1996年11月8日，授权公告日为1999年1月13日，共1页；

附件8：第95304998.1号中国外观设计专利授权公告复印件，申请日为1995年5月10日，授权公告日为1996年7月24日，共1页。

2007年3月1日，本案合议组将请求人于2007年1月29日提交的意见陈述书及其附件清单所列文件副本转送给专利权人，并要求其自收到之日起一个月内作出答复。

2007年2月2日，专利权人针对无效宣告请求书提交了意见陈述。专利权人认为：无效宣告请求不成立。具体理由为：（1）附件1~4中的产品与本专利中的产品属于不同种类，附件1~4中均为盛装食物的锅，由锅体、锅盖、手把及中央的提手组成，而本专利为独立的用于锅盖上的提手；（2）本专利的仰视图是常见面，有容易被普通消费者观察到的设计特点，对产品整体视觉效果有影响，附件1~4中均没有仰视图，影响对二者进行整体观察，综合判断；（3）附件1~3中的产品也呈上、中、下三部分的结构外形，但是附件1~3中三部分之间的高度比与本专利产品中的对应比例不同，导致产品外形不同；附件4中的手柄由圆柱体和圆柱顶组成，看不出圆柱体底部连接圆盘底座的中央；（4）本专利中的下述外观特征在附件1~4中没有体现：圆盘底座上表面为斜面，中央比边缘厚；（5）本专利外观设计中间部分的二级台阶形圆柱与附件1中对应的圆椎体及附件2~4中对应的光滑圆柱体有明显区别；（6）附件1中的俯视图可见圆台顶上端面开有圆形凹槽，与本专利中的光滑圆面明显不同，因此，附件1~4的外观设计均与本专利不相同或不相近似。

2007年3月22日，专利权人针对请求人于2007年1月29日增加的无效宣告理由进行了意见陈述，认为：本专利与附件5~8中的外观设计既不相同，也不相近似。具体理由：（1）附件5~8中的产品为锅，均由锅体、锅盖、手把和锅盖中央的提手组成，本专利中的产品是独立存在的用于锅盖上的提手，与锅体、锅盖形状无关；（2）附件5~8中均无仰视图，本专利的仰视图是常见面，对整体视觉效果有影响，影响对二者进行的整体观察，综合判断；（3）本专利的产品与附件5~8中相应部分的外观设计不相同也不相近似，具体理由为：（a）附件5中产品的圆盘底座为薄板圆盘，上圆盘为板式圆盘状，上圆盘上表面与侧面圆弧相交，连接上下圆盘的圆柱为光滑圆柱，而本专利中的圆盘底座为中高外低的弓形面，平头顶为较厚的圆柱状，平头顶上表面与侧面直角相交，连接下圆盘和平头顶的圆柱为二级台阶状圆柱，因此，本专利与附件5中的外观设计既不相同，也不相近似，（b）附件6~7与附件5中的锅盖手柄形状基本相同，因此，本专利与附件6~7的外观设计既不相同，也不相近似，（c）附件8中的光滑圆柱体与本专利中二级台阶状圆柱明显不同，因此本专利与附件8的外观设计既不相同，也不相近似；（3）本专利中各视图之间的比例是一致的，能够真实反映出所保护产品的形状，形状是确定的，外观设计图片中各视图之间的比例问题属于形式审查的内容，不属于专利法实施细则第2条第3款的规定，也不属于专利法实施细则第64条第2款的规定。

2007年4月3日，本案合议组向双方当事人发出口头审理通知书，定于2007年6月27日对本案进行口头审理。同时，专利复审委员会本案合议组将专利权人于2007年2月2日和2007年3月22日提交的意见陈述书转送给请求人，要求其在口头审理时一并答复。

2007年6月27日口头审理如期进行。双方当事人均委托代理人参加了口头审理，双方对对方出厅人员的身份无异议，对合议组成员无回避请求。口审中确定的事实如下：（1）请求人明确其无效理由为专利法第23条和专利法实施细则第2条第3款。（2）专利权人对附件1~8的真实性和公开性没有异议。双方代理人针对各无效理由充分陈述了意见。

口头审理后，请求人于2007年7月7日提交了一份对其口头审理意见进行总结的代理词。

至此，合议组认为本案事实已经清楚，可以依法作出审查决定。

二、决定的理由

1. 无效宣告请求的理由和范围

根据请求人在口头审理中的陈述，合议组确认本无效宣告请求案审理的理由和范围为：本专利相对于附件1~8不符合专利法第23条的规定，以及本专利不符合专利法实施细则第2条第3款的规定。

2. 关于证据

专利权人对请求人作为证据提交的附件1~8的真实性、公开性、合法性和关联性没有异议。附件1~8都是国家知识产权局外观设计专利授权公报的复印件，授权公告日均早于本专利的申请日，可以作为评价本外观设计专利授权是否符合专利法第23条规定的在先设计。

3. 关于专利法第23条

专利法第23条规定，授予专利权的外观设计，应当同申请日以前在国内外出版物上公开发表过或者国内公开使用过的外观设计不相同和不相近似。

如果一般消费者经过整体观察可以看出，被比设计与在先设计之间的差别对于产品外观设计的整体视觉效果不具有显著的影响，则被比设计与在先设计相近似。在综合考虑各种因素的情况下，若区别点仅在于局部的细微变化，则其对整体的视觉效果不足以产生显著影响。

从主视图看，本专利的锅盖手柄的顶部为圆柱形的顶盖，底部为较大的圆形薄底盘，底盘的上表面有稍微向上的弧度，圆柱部分居中连接顶盖和底盘，圆柱部分的上面一小段的柱径略细，各部分的轴线和圆心在同一直线上。附件8中的锅盖手柄也是顶部为圆柱形的顶盖，底部为较大的圆形薄底盘，底盘的上表面有稍微向上的弧度，圆柱部分居中连接顶盖和底盘，各部分的轴线和圆心在同一直线上。本专利与附件8中外观设计相比，差别在于：（1）本专利的产品中，圆柱部分的上面一小段的柱径略细，而附件8的产品中，圆柱部分的柱径上下一致。（2）本专利中的圆柱形顶盖的厚度较厚，而附件8中的较薄。对于上述区别（1），合议组认为：本专利的产品的圆柱部分的上段和下段虽然略有差别，但是这两段形状相同，都是常见的圆柱形状，柱径差别不明显，而且上段明显较短，该细微差别在整体设计中所占比例很小，并且，由于顶盖直径明显大于柱径，使用状态时顶盖与圆柱部分的连接处是不容易被看到的部位，因此，上述细微变化（1）位于不容易被看到的部位。对于上述区别（2），合议组认为：本专利与附件8均为中间圆柱连接顶盖和底盘的结构，且顶盖厚度明显大于底盘，因此，顶盖厚度的细微差别不会对整体视觉效果产生显著影响。综上所述，上述区别（1）和（2）不会对整体视觉效果产生显著影响。

因此，经过整体观察、综合判断，认为本专利与附件8中的在先设计相近似。因此，本专利不符合专利法第23条的规定。

鉴于本专利相对于附件8而言不符合专利法第23条而应被无效，因此合议组对其他无效理由和证据不再进行评述。

基于以上事实和理由，作出如下审查决定。

三、决定

宣告200330113171.8号外观设计专利权全部无效。

当事人对本决定不服的，可以根据专利法第46条第2款的规定，自收到本决定之日起三个月内向北京市第一中级人民法院起诉。根据该款的规定，一方当事人起诉后，另一方当事人应当作为第三人参加诉讼。

主视图

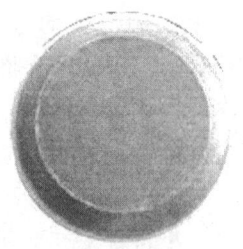
俯视图

使用状态参考图

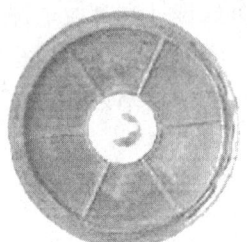
仰视图

本专利附图

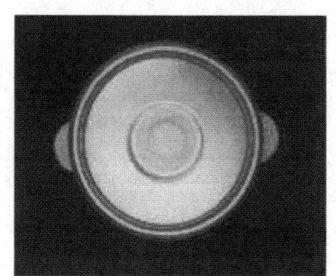
俯视图

后视图

仰视图

右视图

主视图

左视图

附件 8 附图

北京市第一中级人民法院
行政判决书

（2008）一中行初字第466号

原告郭建源，男，1936年1月9日出生，汉族，重庆市大足县金龙胶木电器厂业主，住重庆市大足县龙水镇五金新村80号。

委托代理人彭晓云，女，1968年5月3日出生，无业，住北京市东城区12号1门111室。被告国家知识产权局专利复审委员会，住所地北京市海淀区北四环西路9号银谷大厦10~12层。

法定代表人廖涛，副主任。

委托代理人魏春宝，男，国家知识产权局专利复审委员会审查员。

委托代理人郭鹏鹏，男，国家知识产权局专利复审委员会审查员。

第三人梁本然，男，1950年12月26日出生，汉族，个体工商户，住重庆市大足县龙水镇车铺村2组。

委托代理人李晓兵，男，重庆市博凯知识产权代理有限公司专利代理人。

原告郭建源不服被告国家知识产权局专利复审委员会2007年8月30日作出的第10420号专利无效宣告请求审查决定（以下简称被诉决定），向本院提起行政诉讼。本院受理后，依法组成合议庭，并通知梁本然作为本案第三人参加诉讼。2008年5月13日、6月2日，本院依法公开开庭进行了审理，原告郭建源及其委托代理人彭晓云，被告的委托代理人郭鹏鹏、魏春宝，第三人梁本然的委托代理人李晓兵到庭参加了诉讼。现本案已审理终结。

2007年8月30日，被告根据第三人的申请，对原告的名称为"锅盖提手（平顶）"的外观设计专利权（以下简称本专利）进行审查，依据《中华人民共和国专利法》（以下简称《专利法》）第二十三条的规定，作出被诉决定，宣告本专利无效。理由如下：本专利与附件8（即第95304998.1号中国外观设计专利授权公告复印件，申请日为1995年5月10日，授权公告日为1996年7月24日）中外观设计相比，本专利的产品的圆柱部分的上段和下段虽然略有差别，但属于细微差别，在整体设计中所占比例很小。并且，由于顶盖直径明显大于柱径，使用状态时顶盖与圆柱部分的连接处是不容易被看到的部位，而顶盖厚度的细微差别也不会对整体视觉效果产生显著影响。因此，经过整体观察、综合判断，本专利与附件8中的在先设计相近似。因此，本专利不符合《专利法》第二十三条的规定。

被告为证明被诉决定合法，在法定期限内向本院提交了以下证据：（1）附件8；（2）本专利文件公告文本；（3）口头审理记录表。

原告诉称：被告仅从其专业的角度去考察两外观设计是否近似，而没有考虑相关公众的一般注意力，是不符合认定专利是否近似的法定原则。事实上，本专利与在先专利（即附件8）相比，至少具备以下区别特征：（1）附件8的平头顶上表面与侧面圆弧相交，而本专利平头顶上表面与侧面是直角相交；（2）附件8的圆盘底座为薄板圆盘，而本专利的圆盘底座的上表面为中高外低的弓形面；（3）附件8的中部是光滑圆柱体，而本专利是二级台阶状圆柱；（4）附件8完全没有显示被比主题的仰视图，本专利的仰视图是常见面，对整体视觉效果影响显著。综上所述，本专利与附件8相比，既不相同，也不近似，符合《专利法》第二十三条的规定，请求法院依法撤销被诉决定。在开庭审理前，原告未向本院提交证据。

被告辩称：我委根据《专利法》第二十三条的规定和《审查指南》相应的具体判断方式，以及原告和第三人在本专利无效宣告请求审查程序的主张作出被诉决定的结论正确。具体而言：（1）本专利的锅盖手柄与在先设计的锅盖手柄的顶盖均为圆柱形，底部均为较大的圆形薄底盘，底盘的上表面均有稍微向上的弧度。（2）本专利的中间圆柱部分的上段和下段柱径虽然略有差别，但是这两段形状相同，都是常见的圆柱形状，柱径差别不明显，而且上段明显较短，该细微差别在整体设计中所占比例很小。并且，由于顶盖直径明显大于柱径，使用状态时顶盖与圆柱部分的连接处是不容易被看到的部位，因此，这一细微差别位于不容易被看到的部位，不会对整体视觉效果产生显著影响。综上所述，我委宣告本专利全部无效的事实清楚，符合相关法规。原告的诉讼理由不成立，请求法院判决驳回原告的诉讼请求，维持被诉决定。

第三人述称：同意被诉决定及被告的答辩意见，请求法院判决驳回原告的诉讼请求。在开庭审理前，第三人未向本院提交证据。

在庭审质证中，原告对被告的证据没有异议，但不同意被告证明目的。第三人同意被告的举证。

经审查，本院认为被告的证据来源合法，真实，其中证据1与证据2的国际分类号相同，用途相同，属于相同种类产品，证据1能够作为证据2的对比文件，本院予以采纳；证据3能够证明被告在行政程序中针对本案进行口头审理的内容，本院予以采纳。

根据有效证据，本院认定事实如下：

本外观专利的申请日为2003年11月14日，授权公告日为2004年9月8日，专利号为200330113171.8。

针对上述专利权，第三人于2006年12月30日向被告提出无效宣告请求，认为本专利不符合《专利法》第二十三条，具体理由是：本专利的锅顶形状与附件中所公开的产品形状明显构成相同和相近似，属于相同产品的相同和相近似外观，不符合《专利法》第二十三条的规定。同时其提交了附件1~4（内容略），用以支持其主张。经形式审查合格后，被告受理了上述请求，并将第三人的请求书和附件副本向原告转送。

2007年1月29日，第三人再次向被告提交了意见陈述书，增加《中华人民共和国专利法实施细则》（以下简称《专利法实施细则》）第二条第三款作为无效理由，具体理由是：本专利外观图片各视图之间的比例不一致，不能真实反映其所要求保护的形状，形状不确定。同时，其补充新证据（附件5~8，内容略），被告将第三人的意见陈述书及其附件副本向原告转送。

2007年2月2日，原告针对第三人第一次请求书向被告提交意见陈述，理由如下：无效宣告请求不成立。具体理由为：（1）附件1~4中的产品与本专利中的产品属于不同种类，附件1~4中均为盛装食物的锅，由锅体、锅盖、手把及中央的提手组成，而本专利为独立的用于锅盖上的提手；（2）本专利的仰视图是常见面，有容易被普通消费者观察到的设计特点，对产品整体视觉效果有影响，附件1~4中均没有仰视图，影响对二者进行整体观察，综合判断；（3）附件1~3中的产品也呈上、中、下三部分的结构外形，但是附件1~3中三部分之间的高度比与本专利产品中的对应比例不同，导致产品外形不同；附件4中的手柄由圆柱体和圆柱顶组成，看不出圆柱体底部连接圆盘底座的中央；（4）本专利中的下述外观特征在附件1~4中没有体现：圆盘底座上表面为斜面，中央比边缘厚；（5）本专利外观设计中间部分的二级台阶形圆柱与附件1中对应的圆椎体及附件2~4中对应的光滑圆柱体有明显区别；（6）附件1中的俯视图可见圆台顶上端面开有圆形凹槽，与本专利中的光滑圆面明显不同，因此，附件1~4的外观设计均与本专利不相同或不相近似。

2007年3月22日，原告针对第三人补充意见向被告提供意见陈述，理由如下：本专利与附件5~8中的外观设计既不相同，也不相近似。具体理由：

（1）附件5~8中的产品为锅，均由锅体、锅盖、手把和锅盖中央的提手组成，本专利中的产品

是独立存在的用于锅盖上的提手,与锅体、锅盖形状无关;

(2) 附件5~8中均无仰视图,本专利的仰视图是常见面,对整体视觉效果有影响,影响对二者进行的整体观察,综合判断;

(3) 本专利的产品与附件5~8中相应部分的外观设计不相同也不相近似,具体理由为:(a) 附件5中产品的圆盘底座为薄板圆盘,上圆盘为板式圆盘状,上圆盘上表面与侧面圆弧相交,连接上下圆盘的圆柱为光滑圆柱,而本专利中的圆盘底座为中高外低的弓形面,平头顶为较厚的圆柱状,平头顶上表面与侧面直角相交,连接下圆盘和平头顶的圆柱为二级台阶状圆柱,(b) 附件6~7与附件5中的锅盖手柄形状基本相同,(c) 附件8中的光滑圆柱体与本专利中二级台阶状圆柱明显不同;

(4) 本专利中各视图之间的比例是一致的,能够真实反映出所保护产品的形状,形状是确定的,外观设计图片中各视图之间的比例问题属于形式审查的内容,不属于《专利法实施细则》第二条第三款、第六十四条第二款的规定。

2007年6月27日,被告进行口头审理,双方当事人均委托代理人参加了口头审理,各方对对方代理人的身份无异议,对被告合议组成员无回避请求。在口审中确定的事实如下:(1) 第三人明确其无效理由为《专利法》第二十三条和《专利法实施细则》第二条第三款。(2) 原告对附件1~8的真实性和公开性没有异议。双方针对各无效理由陈述了各自的意见。后,第三人于2007年7月7日向被告提交了一份对其口头审理意见进行总结的代理词。

被告经过审查,确定了以下内容:

(1) 本无效宣告请求案审理的理由和范围为:本专利相对于附件1~8是否符合《专利法》第二十三条以及《专利法实施细则》第二条第三款的规定。

(2) 被告根据原告对附件1~8的真实性、公开性、合法性和关联性没有异议的陈述,认定附件1~8都是国家知识产权局外观设计专利授权公报的复印件,授权公告日均早于本专利的申请日,可以作为评价本外观设计专利授权是否符合《专利法》第二十三条规定的在先设计。

(3) 从主视图看,本专利的锅盖手柄的顶部为圆柱形的顶盖,底部为较大的圆形薄底盘,底盘的上表面有稍微向上的弧度,圆柱部分居中连接顶盖和底盘,圆柱部分的上面一小段的柱径略细,各部分的轴线和圆心在同一直线上。附件8中的锅盖手柄也是顶部为圆柱形的顶盖,底部为较大的圆形薄底盘,底盘的上表面有稍微向上的弧度,圆柱部分居中连接顶盖和底盘,各部分的轴线和圆心在同一直线上。

(4) 本专利与附件8中外观设计相比,差别在于:①本专利的产品中,圆柱部分的上面一小段的柱径略细,而附件8的产品中,圆柱部分的柱径上下一致。②本专利中的圆柱形顶盖的厚度较厚,而附件8中的较薄。对于上述区别①,本专利的产品的圆柱部分的上段和下段虽然略有差别,但是这两段形状相同,都是常见的圆柱形状,柱径差别不明显,而且上段明显较短,该细微差别在整体设计中所占比例很小,并且,由于顶盖直径明显大于柱径,使用状态时顶盖与圆柱部分的连接处是不容易被看到的部位,因此,上述细微变化①位于不容易被看到的部位。对于上述区别②,本专利与附件8均为中间圆柱连接顶盖和底盘的结构,且顶盖厚度明显大于底盘,因此,顶盖厚度的细微差别不会对整体视觉效果产生显著影响。

(5) 鉴于本专利相对于附件8不符合《专利法》第二十三条,应被无效,因此对其他无效理由和证据不再进行评述。

据此,被告于2007年8月26日作出被诉决定,并于同年8月30日向原告和第三人邮寄送达。原告不服,于2007年11月5日向本院起诉。

在开庭审理中,原告和第三人对被诉决定中"案由"部分记载的内容、被告认定的本专利授权的内容以及附件8公开的内容没有争议，对被告的审查职责和行政程序没有异议。

本院认为：根据原告和第三人无争议的陈述，本院经书面审查，对上述无争议的内容予以确认。同时，本院根据原告争议的内容，对被诉决定的合法性进行审查。

根据《专利法》第二十三条的规定，授予专利权的外观设计，应当同申请日以前在国内外出版物上公开发表过或者国内公开使用过的外观设计不相同和不相近似。

首先，判断外观设计是否相同或近似，应当基于被比外观设计产品的一般消费者的知识水平和认知能力进行评价。被告在被诉决定中，明确对本案的判断主体是一般消费者，原告主张被告以专业角度对本案进行判断的理由缺乏依据，本院不予支持。

其次，在判断外观设计是否相同或近似时，应当适用整体观察、综合对比的原则。基于原告对被告认定的附件8公开的内容以及附件8与本专利的区别内容没有争议，所以本院认为被告在被诉决定中认定的两者公开的内容事实清楚。在此基础上，将附件8与本专利进行比对，两者的区别在于：第一，本专利的产品中的圆柱的上面一小段的柱径较下面柱径部分细，而附件8的圆柱部分的柱径上下一致；第二，本专利中提手的顶盖厚度比附件8的厚度厚。在使用状态时顶盖与圆柱部分的连接处不容易被看到，而顶盖厚度属于细微差别，不会对整体视觉效果产生显著影响。被告认定上述区别内容对整体视觉不具有显著影响的结论符合《审查指南》第四部分第五章第4节。原告提出的提手顶部表面与侧面相交的形状、圆盘底座的形状、柱体的形状均属于细微差别。而原告提出"附件8没有仰视图，本专利的仰视图是常见面，对整体视觉效果影响显著"的主张缺乏事实依据，本院不予支持。

综上，被诉决定事实清楚，程序合法，适用法律正确，本院应予维持。故，依照《中华人民共和国行政诉讼法》第五十四条第（一）项的规定，判决如下：

维持国家知识产权局专利复审委员会于二〇〇七年八月三十日作出的第10420号专利无效宣告请求审查决定。

案件受理费100元，由原告郭建源负担（已交纳）。

如不服本判决，可于本判决送达之日起15日内，向本院递交上诉状，并按对方当事人的人数提供副本，上诉于北京市高级人民法院。

审　判　长　饶亚东
审　判　员　刘景文
人民陪审员　孟玉珍
二〇〇八年六月二十日
书　记　员　蒋利玮

锅盖提手

无效宣告请求审查决定（第 10421 号）

决 定 号	第 10421 号
决 定 日	2007 年 8 月 26 日
发明创造名称	锅盖提手
外观设计分类号	07-02
无效宣告请求人	梁本然
专 利 权 人	郭建源
专 利 号	200330113169.0
申 请 日	2003 年 11 月 14 日
授 权 公 告 日	2004 年 6 月 30 日
合议组组长	李人久
主 审 员	魏春宝
参 审 员	许 磊
附 图	4 页
法 律 依 据	专利法第 23 条

决 定 要 点

如果一般消费者经过整体观察可以看出，被比设计与在先设计之间的差别对于产品外观设计的整体视觉效果具有显著的影响，则被比设计与在先设计既不相同，也不相近似。

一、案由

本无效宣告请求案涉及国家知识产权局于 2004 年 6 月 30 日公告授予的、名称为"锅盖提手"的 200330113169.0 号外观设计专利权（下称本专利），其申请日为 2003 年 11 月 14 日，专利权人为郭建源。

针对上述专利权，梁本然（下称请求人）于 2006 年 12 月 30 日向专利复审委员会提出无效宣告请求，认为本专利不符合专利法第 23 条，具体理由是：本专利的锅顶形状与附件中所公开的产品形状明显构成相同和相近似，属于相同产品的相同和相近似外观，不符合专利法第 23 条的规定。为支持上述主张，请求人同时提交了本专利的授权公告复印件（共 1 页）和以下附件：

附件 1：第 95313400.8 号中国外观设计专利授权公告复印件，申请日为 1995 年 7 月 25 日，授权公告日为 1996 年 11 月 27 日，共 1 页；

附件 2：第 95308038.2 号中国外观设计专利授权公告复印件，申请日为 1995 年 8 月 10 日，授权公告日为1996年7月17日，共1页；

附件3：第00322359.0号中国外观设计专利授权公告复印件，申请日为2000年5月22日，授权公告日为2001年1月31日，共2页；

附件4：第03318003.2号中国外观设计专利授权公告复印件，申请日为2003年1月8日，授权公告日为2003年8月20日，共1页。

经形式审查合格后，专利复审委员会受理了上述请求，于2006年12月30日向双方当事人发出《无效宣告请求受理通知书》，并将《专利权无效宣告请求书》及其附件清单所列文件副本转送给专利权人，要求其在指定的期限内答复，同时成立合议组对本无效宣告请求案进行审理。

请求人于2007年1月29日再次提交了意见陈述书，补充下列附件作为支持本专利不符合专利法第23条的规定的新证据：

附件5：第97316925.7号中国外观设计专利授权公告复印件，申请日为1997年9月23日，授权公告日为1998年12月2日，共1页；

附件6：第96306688.9号中国外观设计专利授权公告复印件，申请日为1996年5月20日，授权公告日为1997年6月18日，共1页。

2007年3月1日，本案合议组将请求人于2007年1月29日提交的意见陈述书及其附件清单所列文件副本转送给专利权人，并要求其在自收到之日起一个月内作出答复。

2007年2月2日，专利权人针对无效宣告请求书提交了意见陈述。专利权人认为：就锅盖提手而言，支撑部分、提手部分和安装部分的形状及相互间比例是一般消费者关注所在，将本专利与附件1~4分别进行比较，本专利中，支撑部分的宽度上小下大，侧面为等腰梯形，支撑部分与提手部分之间基本垂直，支撑部分厚度明显大于提手部分；而在附件1中，提手部分与支撑部分的宽度相等，支撑部分侧面近似矩形，提手部分与支撑部分的厚度相等，之间连接为明显的圆弧过渡，使得提手近似为拱形；在附件2中，提手部分与支撑部分的宽度相等，支撑部分侧面为长条矩形；提手部分与支撑部分的厚度相等，提手近似为"∩"形；在附件3中，提手呈"]"形，提手部分的长度明显大于支撑部分的高度，提手部分与支撑部分的宽度相等；在附件4中，提手部分与支撑部分的宽度相等，支撑部分侧面为矩形，提手部分与支撑部分的厚度相等，之间连接为明显的圆弧过渡，使得提手近似为弓形。此外，本专利产品有安装部分，而附件1~4中均看不到安装部分。因此，本专利与附件1~4中的外观设计既不相同，也不相近似。

2007年3月22日，专利权人针对请求人于2007年1月29日增加的无效宣告理由进行了意见陈述，认为在附件5中，提手部分与支撑部分的宽度相等，支撑部分侧面为矩形，提手部分与支撑部分的厚度相等，提手部分长度与支撑部分高度比3：2；在附件6中，提手部分与支撑部分的宽度相等，支撑部分侧面为矩形，矩形的顶部倒角，提手部分与支撑部分的厚度相等；此外，附件5和6中都没有安装部分，因此，本专利与附件5或附件6中的外观设计都不相同，也不相近似。

2007年4月3日，本案合议组向双方当事人发出口头审理通知书，定于2007年6月27日对本案进行口头审理。同时，专利复审委员会本案合议组将专利权人于2007年2月2日和2007年3月22日提交的意见陈述书转送给请求人，要求其在口头审理时一并答复。

2007年6月27日口头审理如期进行。双方当事人均委托代理人参加了口头审理，双方对对方出厅人员的身份无异议，对合议组成员无回避请求。口头审理中确定的事实如下：（1）请求人明确其无效理由为专利法第23条。（2）专利权人对附件1至6的真实性和公开性没有异议。双方代理人针对各无效理由充分陈述了意见。

口头审理后，请求人于2007年7月7日提交了一份对其口头审理意见进行总结的代理词。

至此，合议组认为本案事实已经清楚，可以依法作出审查决定。

二、决定的理由

1. 无效宣告请求的理由和范围

根据请求人在口头审理中的陈述，合议组确认本无效宣告请求案审理的理由和范围为：本专利相对于附件1~6不符合专利法第23条的规定。

2. 关于证据

专利权人对请求人作为证据提交的附件1~6的真实性、公开性、合法性和关联性没有异议。附件1~6都是国家知识产权局外观设计专利授权公报的复印件，授权公告日均早于本专利的申请日，可以作为评述本外观设计专利授权是否符合专利法第23条规定的在先设计。

3. 关于专利法第23条

专利法第23条规定，授予专利权的外观设计，应当同申请日以前在国内外出版物上公开发表过或者国内公开使用过的外观设计不相同和不相近似。

如果一般消费者经过整体观察可以看出，被比设计与在先设计之间的差别对于产品外观设计的整体视觉效果具有显著的影响，则被比设计与在先设计既不相同，也不相近似。

本专利中的锅盖提手采用了"∩"形的惯常设计，由位于两侧的两个对称的支撑部分和居中连接的手持部分组成，其支撑部分的厚度明显大于手持部分的厚度，并且本专利提手支撑部分侧面为梯形（参见左视图）。附件1中的锅盖提手也是呈"∩"形的惯常设计，也是由位于两侧的两个对称的支撑部分和居中连接的手持部分组成，但其支撑部分的厚度与手持部分的厚度基本一致，从其与本专利左视图相对应的图片来看，其支撑部分侧面为矩形。本专利与附件1中外观设计相比，差别在于：本专利中支撑部分的厚度明显大于手持部分，并且支撑部分侧面为梯形，而附件1中支撑部分与手持部分厚度基本一致，且支撑部分的侧面为矩形。上述区别使得本专利中的锅盖提手从整体视觉效果明显不同于附件1中的锅盖提手。因此，本专利与附件1中的外观设计既不相同，也不相近似。

附件2~6与附件1的设计特点一样，其中的锅盖提手也呈"∩"形，支撑部分与手持部分的厚度基本一致，且支撑部分侧面为矩形。与上述理由相同，本专利与附件2~6中的外观设计也既不相同，也不相近似。

综上所述，请求人主张本专利不符合专利法第23条规定的无效理由不成立。

基于以上事实和理由，作出如下审查决定。

三、决定

维持200330113169.0号外观设计专利权有效。

当事人对本决定不服的，可以根据专利法第46条第2款的规定，自收到本决定之日起三个月内向北京市第一中级人民法院起诉。根据该款的规定，一方当事人起诉后，另一方当事人应当作为第三人参加诉讼。

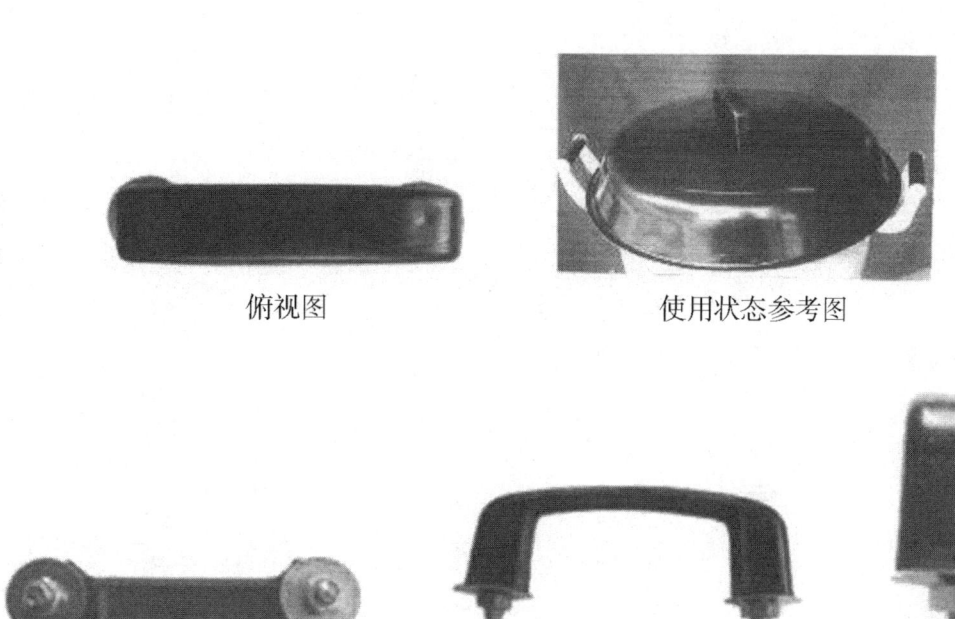

俯视图　　　　　　　使用状态参考图

仰视图　　　　　主视图　　　　　左视图

本专利附图

附件1附图

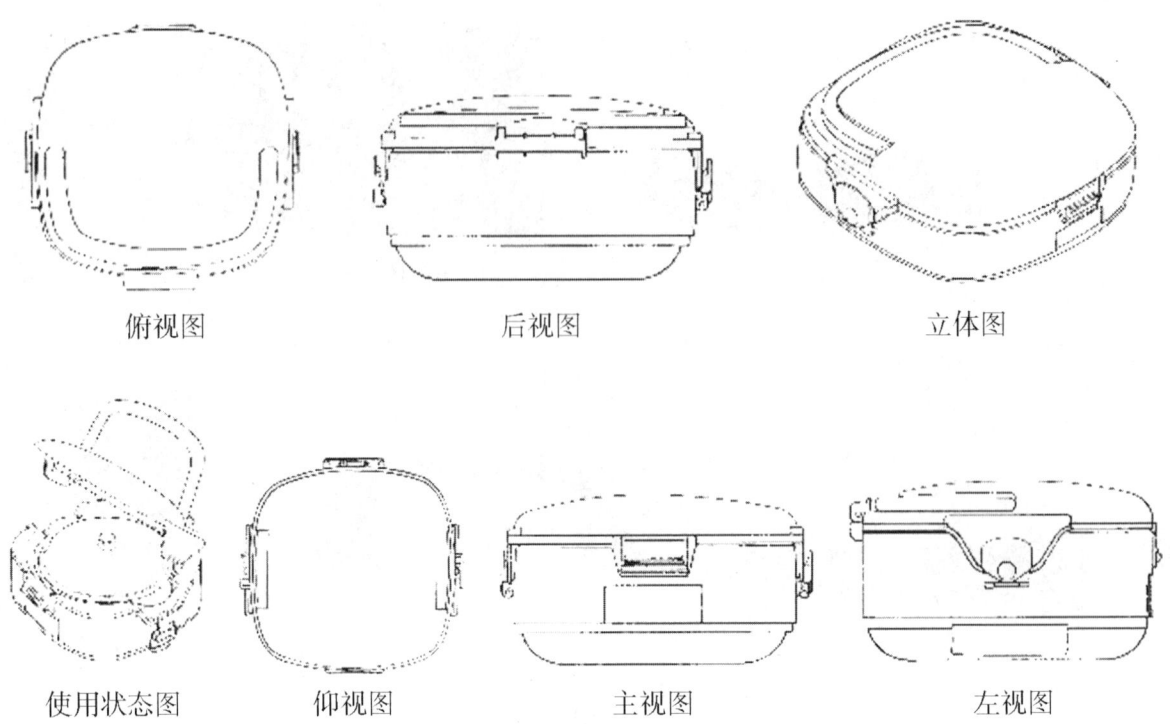

附件 2 附图

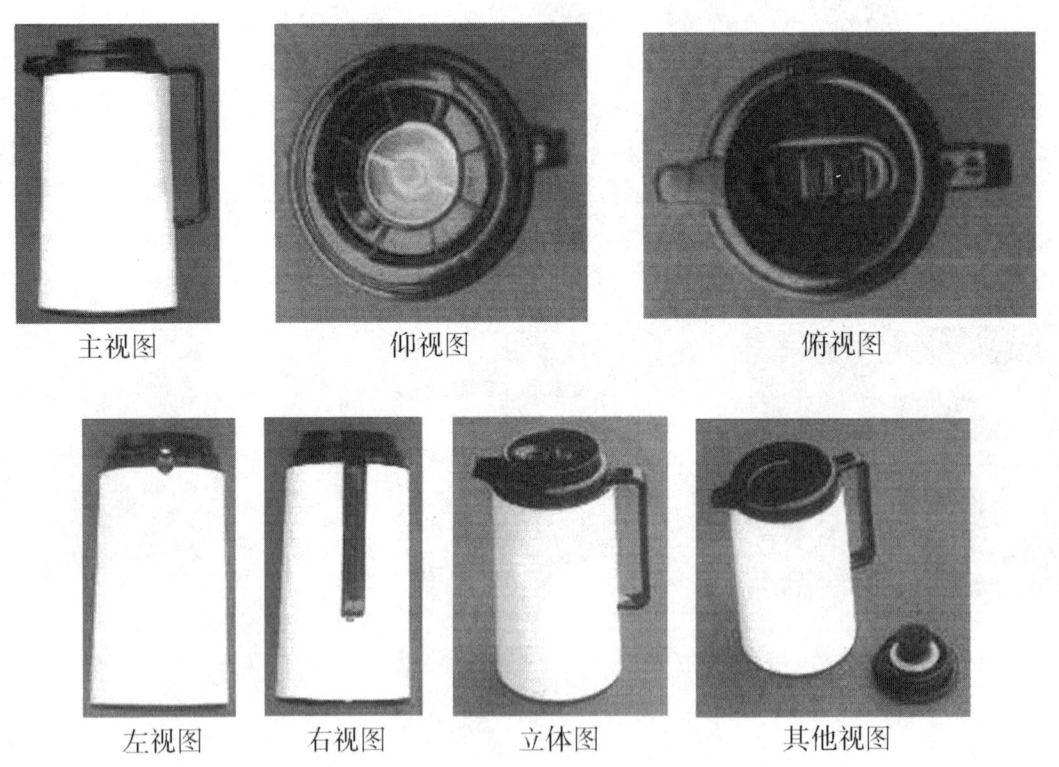

附件 3 附图

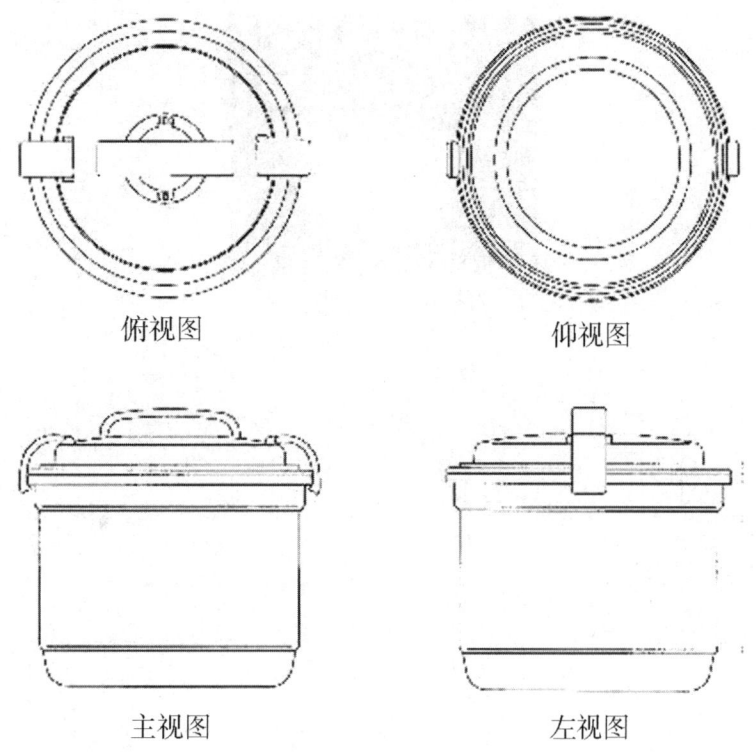

附件4附图

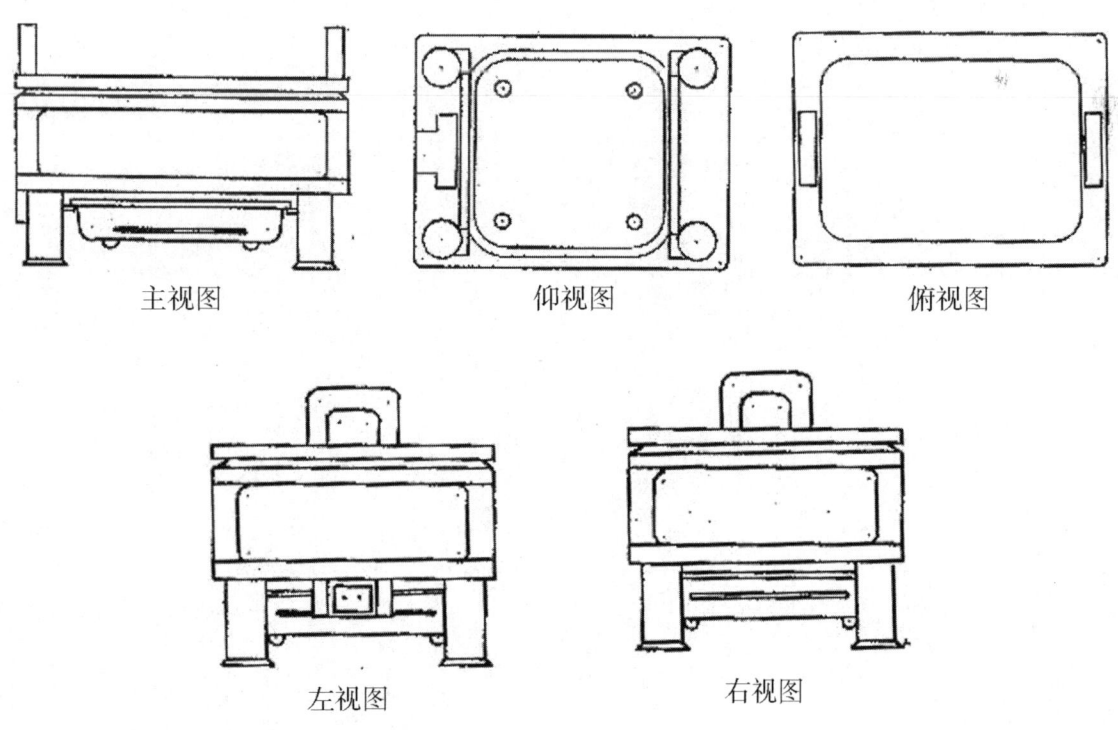

附件5附图

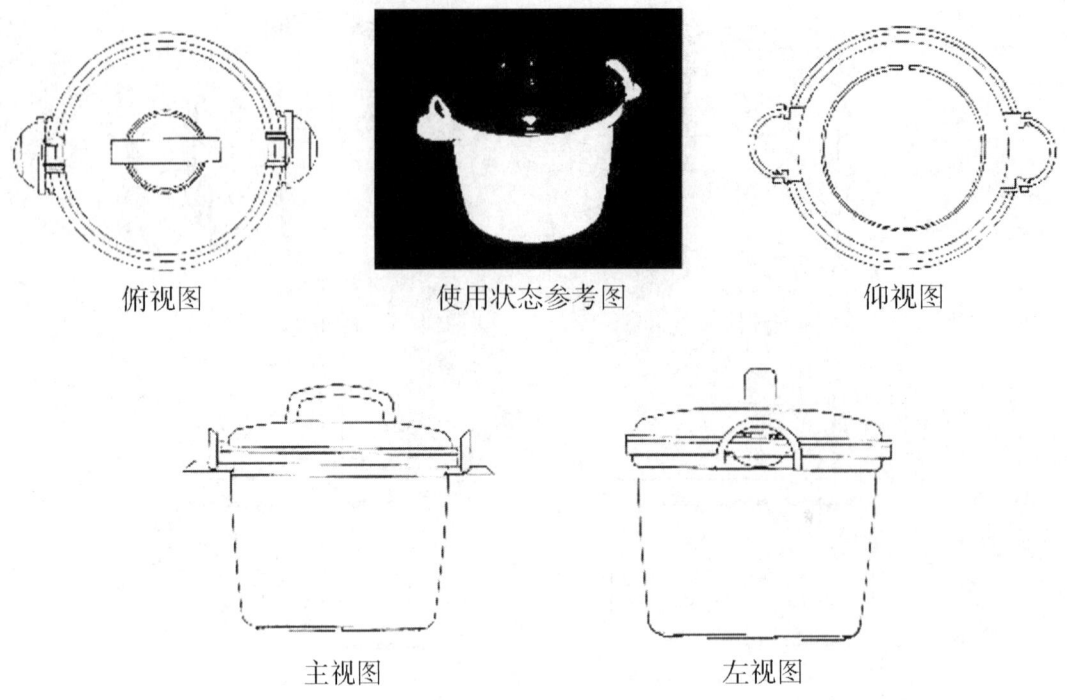

俯视图　　使用状态参考图　　仰视图

主视图　　左视图

附件 6

耳机（A80）

无效宣告请求审查决定（第 10425 号）

决 定 号	第 10425 号
决 定 日	2007 年 8 月 23 日
发明创造名称	耳机（A80）
外观设计分类号	14-01
无效宣告请求人	陈斯光，罗明龙
专 利 权 人	欧婵娇
专 利 号	200530068819.3
申 请 日	2005 年 9 月 7 日
授权公告日	2006 年 7 月 5 日
合议组组长	徐清平
主 审 员	尹 昕
参 审 员	吴通义
附 图	2 页
法 律 依 据	专利法第 23 条

决 定 要 点

如果请求人不能提供充分的证据证明在申请日前已经有与本专利相同或相近似的外观设计在国内被公开使用过或在国内外出版物上公开发表过，则其据此认为本专利不符合专利法第 23 条规定的主张不成立。

一、案由

本无效宣告请求案涉及国家知识产权局于 2006 年 7 月 5 日公告授予的、名称为"耳机（A80）"的 200530068819.3 号外观设计专利权（下称本专利），其申请日为 2005 年 9 月 7 日，专利权人为欧婵娇。

针对上述专利权，陈斯光（下称请求人Ⅰ）和罗明龙（下称请求人Ⅱ）于 2006 年 11 月 17 日分别向专利复审委员会提出无效宣告请求，理由均为本专利不符合专利法第 23 条和专利法实施细则第 64 条第 2 款的规定。为支持上述主张，请求人Ⅰ和Ⅱ分别提交了相同的证据 1~18：

证据 1：广东省东莞市华业有限公司 2005 年 3 月和 2005 年 5 月的请款对帐单各一张，复印件 1 页。

证据 2：广东省东莞市华业有限公司 2005 年 4 月的请款对帐单一张，复印件 1 页。

证据3：东莞华业（华泰）电业有限公司2005年6月3日的送货单一张，复印件1页。

证据4：东莞华业（华泰）电业有限公司2005年4月4日和4月14日的送货单各一张，复印件1页。

证据5：东莞华业（华泰）电业有限公司2005年3月9日和5月16日的送货单各一张，复印件1页。

证据6：陈广武（甲方）与陈斯光（乙方）于2004年1月13日签订的电脑耳机耳壳模具合同，复印件1页；设计图纸2张，复印件2页；2004年3月13日和2004年1月13日的收款收据各一张，复印件2页。

证据7：斌涛模具厂与伟达电器厂分别于2004年1月18日和2004年2月18日签订的A80锁片模具合同各一份，复印件2页；设计图纸2张，复印件2页；2004年1月18日和2004年2月18日的收款收据各一张，复印件2页。

证据8：日期为2004年11月28日的广东省运发（信达）货物联运有限公司托运货物结算单一张，复印件1页；汕头市伟达电器厂的送货单一张，复印件1页。

证据9：托运日期为2004年11月28日的、编号为0012215的汕头市潮南区林老四托运部货物运单一张，复印件1页；汕头市伟达电器厂的送货单一张，复印件1页。

证据10：日期为2004年11月28日的汕头市潮南区峡山大成货运凭单一张，复印件1页；汕头市伟达电器厂的送货单一张，复印件1页。

证据11：郭亚坚（甲方）与吴泽贤（乙方）于2004年6月15日签订的电脑耳机调音壳模具合同，复印件1页；设计图纸一张，复印件1页；2004年6月15日和2004年7月15日的收款收据各一张，复印件2页。

证据12：郭亚坚（甲方）与吴泽贤（乙方）于2005年3月18日签订的电脑耳机耳壳模具合同，复印件1页；电脑信息页一张，设计图纸一张，复印件2页；2005年3月18日和2004年5月17日的收款收据各一张，复印件2页。

证据13：郭亚坚（甲方）与吴泽贤（乙方）于2005年3月18日签订的电脑耳机喇叭垫盘模具合同，复印件1页；设计图纸一张，复印件1页；2005年3月18日和2005年5月18日的收款收据各一张，复印件2页。

证据14：郭亚坚（甲方）与吴泽贤（乙方）于2004年10月23日签订的电脑耳机调音壳模具合同，复印件1页；设计图纸一张，复印件1页；2004年10月23日和2004年11月23日的收款收据各一张，复印件2页。

证据15：日期为2005年8月25日的商贸联运有限公司货运单一张，复印件1页；日期为2005年8月25日的星南电子厂送货单一张，复印件1页。

证据16：日期为2005年8月16日、编号为0005985的汕头市新联物流有限公司结算单一张，复印件1页；日期为2005年8月16日的星南电子厂送货单一张，复印件1页。

证据17：2005年8月25日的运输货物收款凭证一张，复印件1页；发货日期为2005年8月25日的星南电子厂送货单一张，复印件1页。

证据18：托运日期为2005年8月1日的汕头市潮南区鸣发货运公司公铁联合快运单一张，复印件1页；日期为2005年8月1日的星南电子厂送货单一张，复印件1页。

请求人Ⅰ、Ⅱ认为，证据1~18表明本外观设计的产品在申请日前已经在国内公开使用过，本专利不符合专利法第23条的规定。

经形式审查合格后，专利复审委员会受理了上述请求，于2006年12月20日向当事人发出《无效宣告请求受理通知书》，并将《专利权无效宣告请求书》及附件副本转送给专利权人，要求其在指定的期限内答复，同时成立合议组对本无效宣告请求案进行审理。

2006年11月23日，请求人Ⅰ、Ⅱ分别补充了同样的证据19~23（接前述证据编号）：

证据19：陕西雄盛电器商行的材料，证据1~5的A80耳机实物照片6张；

证据20：汕头市潮阳区谷饶星南电子厂的材料，证据11~14的模具实物照片11张；

证据21：汕头市潮阳区谷饶伟达电器厂的材料，伟乐WL-A80的耳机实物照片8张；

证据22：汕头市潮阳区谷饶伟达电器厂的材料，证据6、7的模具实物照片4张；

证据23：汕头市潮阳区谷饶星南电子厂的材料，玄音XY-A80耳机实物照片5张。

2007年3月15日，本案合议组将无效请求人Ⅰ、Ⅱ于2006年11月23日提交的证据19~23的副本转送给了专利权人。针对请求人Ⅰ、Ⅱ对本专利提出的无效宣告请求，本案合议组于2007年5月9日向请求人Ⅰ、Ⅱ和专利权人发出了口头审理通知书，定于2007年7月13日对上述无效宣告请求进行合案口头审理。

针对本专利，2007年3月23日，请求人Ⅰ再次向专利复审委员会提出无效宣告请求，并提出与前述两个无效请求案合案审理的请求。请求人Ⅰ同时提交了本专利公开文本和证据A~D，其中证据C、D与前述证据1~5完全相同：

证据A：专利号为02308870.2的中国外观设计专利公告，申请日为2002年4月25日，授权公告日为2002年11月6日，专利权人为刘镇辉，复印件，共1页；

证据B：专利号为02361459.5的中国外观设计专利公告，申请日为2002年9月11日，授权公告日为2003年4月16日，专利权人为林伟生，复印件，共1页；

依据上述证据，请求人认为：（1）证据A与本专利耳机的区别为证据A中外观设计的俯视图中所示的的头夹上有一条亮色的带子、麦克风的长度以及麦克风引出的位置。从证据A的俯视图来看，该条带仅仅是头夹上的一个不锈钢弹性带，而两种耳机头夹的形状并没有区别，由于本专利产品并没有要求保护色彩，这种不同不能构成本专利产品与证据A的实质上的区别。同时麦克风的长度也无法构成二者实质性的区别。虽然麦克风引出的位置不同，但对产品整体的外观并没有产生区别性的影响，因而从整体观察，两种耳机的外观设计非常近似，消费者无法明确区分。（2）证据B中外观设计的俯视图所示的头夹上也有一条亮色的带子，如上所述，这种不同不能构成本专利产品与证据B的实质上的区别。另外的区别特征还在于证据B的外观设计产品没有麦克风，但麦克风仅仅是为增加功能而设置的，因而证据B与本专利的耳机为外观近似的产品，足以使普通消费者产生误认。（3）证据C和证据D中的东莞华业（华泰）电业有限公司的发货单和对帐单证明了A80耳机在申请日之前已经大批量生产并公开销售，作为生产电器产品的公司，其产品型号是固定的，不可能同一型号使用在不同的产品上，因而可以认定该A80耳机产品是同一的，即使其外观有所变动，也是两种外观及其近似的耳机。综上所述，本专利产品在申请日前已经在国内公开发表和使用过，因此本专利不符合专利法第23条的规定。

经形式审查合格后，专利复审委员会受理了上述请求，于2007年5月14日向请求人Ⅰ以及专利权人发出《无效宣告请求受理通知书》，并将请求人Ⅰ于2007年3月23日提交的《专利权无效宣告请求书》及附件副本转送给专利权人，要求其在指定的期限内答复，同时成立合议组对本无效宣告请求案进行审理。

2007年4月20日，请求人Ⅰ向专利复审委员会补充提交了证据E~G：

证据E：欧婵娇（甲方）与东莞市华业电业有限公司（乙方）于2006年7月8日签订的专利使用许可权合同，复印件3页；

证据 F：东莞市工商行政管理局于 2006 年 12 月 19 日出具的东莞市华业电业有限公司的企业机读档案登记资料，复印件 1 页；

证据 G：陕西省西安市新城区公证处出具的（2007）西新证民字第 264 号公证书，复印件共 4 页；

2007 年 5 月 30 日，本案合议组向请求人 I 和专利权人发出了口头审理通知书，定于 2007 年 7 月 13 日对针对本专利的三个无效宣告请求进行合案口头审理。同时将无效请求人 I 于 2007 年 4 月 20 日提交的证据副本转送给了专利权人。

2007 年 7 月 13 日，口头审理如期举行，当事人均委托代理人参加了口头审理，双方当事人对对方出庭人员的资格无异议，对合议组无回避请求。口头审理过程中，合议组对请求人提出的无效理由和事实进行了充分调查，并听取了各方当事人的陈述，请求人还当庭演示了本专利的耳机产品和在市场上公开销售的玄音 XY-A80 耳机以及伟乐 WL-A80 耳机的实物。在口头审理的过程中确认的事实如下：

（1）请求人 I、II 出示了证据 1~5 加盖公章的传真件以及证据 6、7、11~16 的原件，专利权人对证据 1~23 的真实性及与本案的关联性均不认可。

（2）请求人 I 当庭放弃了证据 B，提供了证据 C、D（同证据 1~5）加盖公章的传真件以及证据 E~G 的原件，专利权人对证据 A、E、F 的真实性和公开日期均无异议，但认为证据 E、F 与本案缺乏关联性。专利权人不认可证据 C、D 的真实性，认可证据 G 中的公证书本身的真实性，但不认可其中证人证言所述内容的真实性。

（3）专利权人认为本专利产品与证据 A 中的外观设计产品存在显著差别，本专利符合专利法第 23 条的规定。

2007 年 7 月 20 日，专利权人针对三个无效宣告请求案分别向专利复审委员会提交了意见陈述书，其中重述了其在口头审理时的主张。

至此，合议组认为本案事实已经清楚，可以依法作出审查决定。

二、决定的理由

1. 关于无效宣告请求的理由

请求人 I、II 提出无效宣告请求时以本专利不符合专利法第 23 条和专利法实施细则第 64 条第 2 款为由要求宣告本专利无效。合议组认为，专利法实施细则第 64 条第 2 款规定了无效宣告请求理由的范围，但其本身并非无效宣告请求的理由，因此本决定仅针对本专利是否符合专利法第 23 条的规定进行审查。

2. 证据认定

（1）关于使用公开的证据。

请求人 I、II 认为与本专利相近似的产品在本专利申请日前已经公开使用，所依据的证据为证据 1~23 以及证据 D~F。

证据 1~5 为广东省东莞市华业有限公司以及东莞市华业（华泰）电业有限公司向陕西雄盛电器商行的请款对帐单或送货单，其中显示该公司曾数次向陕西雄盛电器商行出售型号为 GB-A80 的产品。请求人 I、II 在口头审理中出示了该组证据的传真件，其上加盖了陕西雄盛电器商行的公章。证据 19 为请求人 I、II 提交的陕西雄盛电器商行的材料，其中包括所称与证据 1~5 中所述的 A80 耳机相应的实物照片 6 张。合议组认为，请求人没有提供证据 1~5 的原件，仅依据加盖公章的传真件以及照片，无法判断其是否与原件相符，因此合议组对证据 1~5 的真实性不予认可，同时也不能确认证据 1~5 与证据 19 的关联性，因此请求人以该组证据证明所称产品已在先公开使用过的主张不能成立。

证据6、7分别为陈广武与陈斯光（请求人Ⅰ）以及斌涛模具厂与伟达电器厂签订的A80耳机模具合同、设计图纸和收款收据。请求人主张证据22为与该合同所述产品相对应的实物照片。请求人Ⅰ、Ⅱ当庭提交了证据6、7的原件。经核对，复印件与原件相符。合议组认为，证据6、7中的耳机模具制作合同、图纸和收据均为企业内部材料和单据，其证明力较小，在无其他证据佐证的情况下，其不足以证明有关模具产品生产的事实，同时也不能确认证据6~7与证据22的关联性，因此请求人以该组证据证明所述产品已在先公开使用过的主张不能成立。

证据8~10为汕头市伟达电器厂的送货单及其委托的货运公司出具的托运货物结算单、货物运单或凭单。合议组认为，由于请求人Ⅰ、Ⅱ未能提交其原件，仅凭复印件无法确认其是否与原件相符，因此，合议组对其不予采信。

证据11~14均为吴泽贤与郭亚坚签订的耳机模具合同、设计图纸和收款收据。请求人称证据20是汕头市潮阳区谷饶星南电子厂的材料，其中包括与证据11~14中的合同相对应的实物照片。请求人Ⅰ、Ⅱ当庭提交了证据11~14的原件。合议组认为，证据11~14中的合同、图纸和收据均为企业内部材料和单据，其证明力较小，在无其他证据佐证的情况下，其不足以证明有关模具产品生产的事实，同时也不能确认证据11~14与证据20的关联性，因此请求人以该组证据证明所述产品已在先公开使用过的主张不能成立。

证据15~18为星南电子厂的送货单及其委托的货运公司的托运货物结算单、运输货物收款凭证等，请求人Ⅰ、Ⅱ提交了证据15、16的原件，但没有提交证据17、18的原件。合议组认为，证据15、16为企业内部单据，其证明力较小，同时也无法确认所述产品的具体外观；而请求人Ⅰ、Ⅱ未能提交证据17、18的原件，仅凭复印件无法确认其是否与原件相符，所以合议组对证据17、18不予采信。因此，请求人以该组证据证明所述产品已在先公开使用过的主张不能成立。

证据21、23为玄音XY-A80耳机以及伟乐WL-A80耳机的照片。合议组认为，仅凭照片无法判断其中所示的耳机在申请日前已经在市场上公开销售。

证据C、D与证据1~5完全相同，在此不予重述。

证据E为欧婵娇（甲方）与东莞市华业电业有限公司（乙方）于2006年7月8日签订的专利使用许可权合同，证据F为东莞市华业电业有限公司的企业注册基本资料，表明欧婵娇为东莞市华业电业有限公司的法定代表人。请求人当庭提交了证据E、F的原件。专利权人对其真实性没有异议。合议组认为，该证据涉及的是本专利授权之日后的专利许可使用合同，其无法证明本外观设计专利产品在申请日之前已经被公开使用过。

证据G为证明人陕西雄盛电器商行的经营者陈雄周的证言以及陕西省西安市新城区公证处的对其证言的公证书。在证言中，证人陈雄周自称2005年3月和5月分别从东莞市华业电业有限公司进购GB-A80耳机并公开销售，现提交当时进货样品及包装和进货单据（即证据C、D）。请求人当庭提交了证人证言以及公证书的原件。合议组认为公证书只能证明陈雄周本人在其证人证言上签名，按指印属实，但无法证明其证言内容的真实性，而且陈雄周也没有出庭接受质证，对于证据C、D，如前所述，由于请求人未提交原件而不予采信，在此情况下仅凭证据G所示证言而无相关原始证据印证，其不足以证明所述事实的真实性。

综上所述，证据1~23和C~G均不能用于证明本专利产品在申请日前已经公开使用。

（2）关于出版物公开的证据。

请求人Ⅰ提供的证据A为专利号为02308870.2的中国外观设计专利公告，其授权公告日2002年11月6日，专利权人对其真实性和公开日期均无异议。由于其公开日在本专利的申请日之前，合议组认为证据 A 可以作为评述本专利是否符合专利法第 23 条规定的证据。

由于请求人 I 已当庭放弃了证据 B，在此不予评述。

综上所述，在请求人提供的证据中，可用来评价本专利是否符合专利法第 23 条规定的证据仅有证据 A。

3. 关于专利法第 23 条

专利法第 23 条规定：授予专利权的外观设计，应当同申请日以前在国内外出版物上公开发表过或国内公开使用过的外观设计不相同和不相近似，并不得与他人在先取得的合法权利相冲突。

证据 A 所示的外观设计的名称为耳机（BL-902）（下称在先设计），与本专利属于同种类的产品，故可以进行如下相似性对比：

本专利记载有立体图、主视图、后视图、左视图、右视图、俯视图和仰视图。由立体图、主视图、后视图可以看出本专利的耳机产品包括一个弧形的头夹，头夹的两端各具有一个耳机卡座，每一耳机的卡座通过金属丝与下侧的耳幔连接。从立体图、左视图和右视图可见耳幔呈圆形，由护垫和外壳构成，其中耳幔外壳为向外凸出的圆弧形，表面具有从上到下由小到大依次排列的三个亮色圆点，其中最大的圆点有一圆形缺口，形成类似弯月的形状，左右耳幔外壳的图案、形状均对称分布。从立体图、主视图、后视图、左视图和仰视图可见左侧耳幔的底部引出一弧形的麦克风，麦克风的头部为较细的锥柱状（详见本专利附图）。

在先设计记载有使用状态参考图、主视图、左视图、右视图、俯视图和仰视图。简要说明记载"省略后视图"以及"请求保护色彩"。由主视图、左视图、右视图和俯视图可以看出该耳机产品包括一个弧形的头夹，头夹外侧有一条亮色的金属弹性带，头夹的两端各具有一个耳机卡座，每一耳机的卡座通过金属丝与下侧的耳幔连接。由主视图、仰视图、右视图和左视图可见耳幔呈圆形，由护垫和外壳构成，其中耳幔外壳是一个平面，麦克风由左侧耳幔圆形外壳的中部引出，右侧耳幔相对应于左侧耳幔引出麦克风的位置为一个圆形金属亮片，因此左右耳幔外壳的形状和图案不完全对称。其麦克风头部形状近似椭球形（详见在先设计附图）。

将在先设计与本专利的耳机相比，其相同点在于：两者均包括一个弧形的头夹，头夹的两端各具有一个耳机卡座，每一耳机的卡座通过金属丝与下侧的耳幔连接。耳幔呈圆形，由护垫和外壳构成，左侧耳幔上伸出一弧形的麦克风。

其主要区别在于：（1）在先设计中耳机的头夹外侧具有一条金属亮色的弹性带，而本专利中的耳机没有该弹性带。（2）在先设计中耳机的麦克风由左侧耳幔圆形外壳的中部引出，其麦克风头部形状近似椭球形；而本专利产品耳机的麦克风则由左侧耳幔的底部引出，其麦克风的头部为较细的锥柱状。（3）在先设计中耳机的耳幔的外壳是一个平面，麦克风由左侧耳幔圆形外壳的中部引出，右侧耳幔相对应于左侧耳幔引出麦克风的位置为一个圆形金属亮片，因此左右耳幔外壳的形状和图案不完全对称；本专利耳机的耳幔外壳为向外凸出的圆弧形，其表面具有从上到下由小到大依次排列的三个亮色圆点，其中最大的圆形有一圆形缺口，形成类似弯月的形状，其左右耳幔的外壳的图案、形状均对称分布。

由以上的比较分析可知，虽然在先设计与本专利所示耳机均具有市场上销售的一般耳机的共同组成部分和结构特征，如具有耳夹、耳幔等，但是二者头夹、耳幔、麦克风等主要部件的形状或图案均存在明显差别，对于一般消费者来说，上述差别对产品的整体视觉效果产生了显著的影响，根据整体观察、综合判断的原则，合议组认定本专利与在先设计所示外观设计属于既不相同又不相近似的外观设计。

综上所述，请求人提供的证据不能证明在本专利的申请日前已有与本专利相同或相近似的外观设计在国内外出版物上公开发表过或国内公开使用过，合议组对其提出的本专利不符合专利法第 23 条规定的主张不予支持。

基于以上事实和理由，作出如下审查决定。

三、决定

维持 200530068819.3 号外观设计专利权有效。

当事人对本决定不服的，可以根据专利法第 46 条第 2 款的规定，自收到本决定之日起三个月内向北京市第一中级人民法院起诉。根据该款的规定，一方当事人起诉后，另一方当事人应当作为第三人参加诉讼。

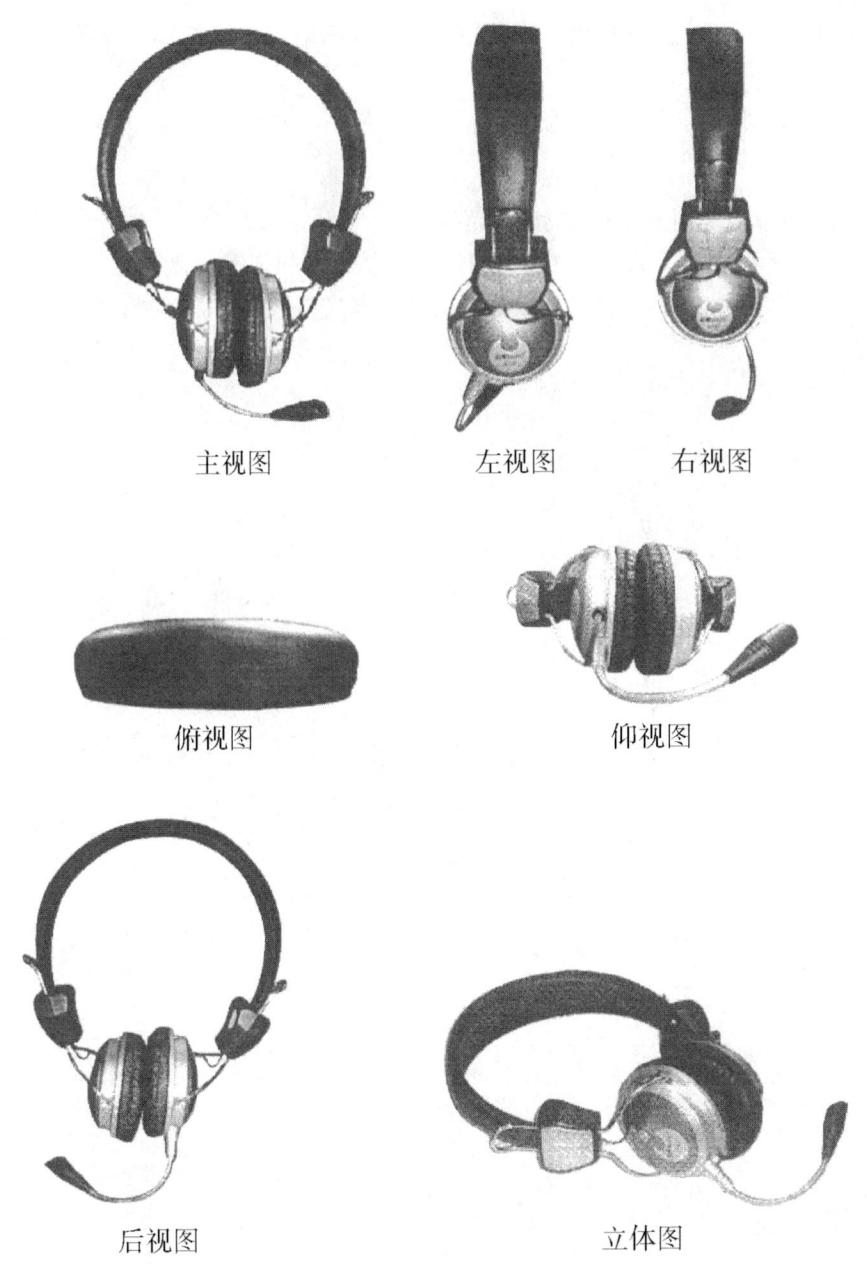

本专利附图

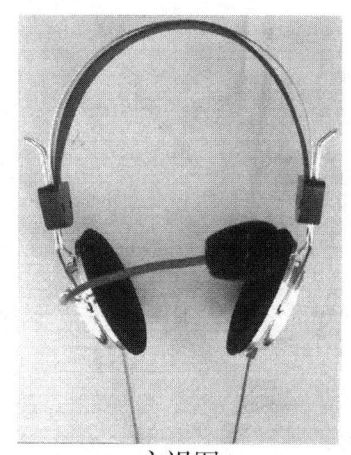
主视图

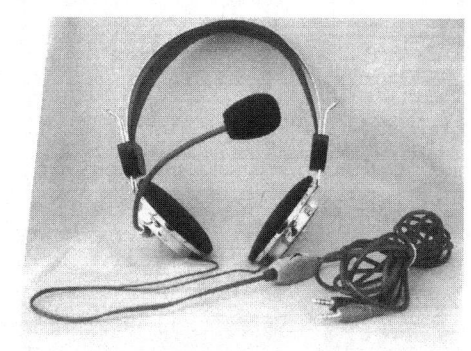
使用状态参考图

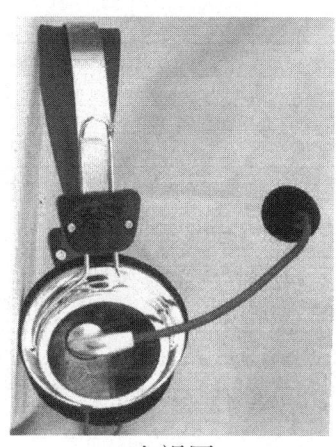
左视图

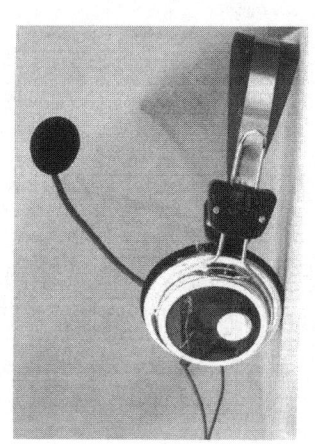
右视图

在先设计

北京市第一中级人民法院
行政判决书

(2007) 一中行初字第1529号

原告陈斯光，男，1967年1月7日出生，汉族，住广东省汕头市潮阳区谷饶镇横山中兴区五巷14号。

原告罗明龙，男，1974年5月7日出生，汉族，住广东省潮阳市谷饶镇沟南村六队。

二原告共同委托代理人郭东明，广东明祥律师事务所律师。

被告国家知识产权局专利复审委员会，住所地北京市海淀区北四环西路9号银谷大厦10~12层。

法定代表人廖涛，副主任。

委托代理人吴通义，国家知识产权局专利复审委员会审查员。

委托代理人张华，国家知识产权局专利复审委员会审查员。

第三人欧婵娇。

原告陈斯光、罗明龙不服被告国家知识产权局专利复审委员会（以下简称专利复审委员会）于2007年8月23日作出的第10425号无效宣告请求审查决定（以下简称第10425号决定），于法定期限内向本院提起行政诉讼。本院于2007年11月7日受理本案后，依法组成合议庭，并通知第10425号决定的专利权人欧婵娇作为第三人参加本案诉讼。本院于2007年12月12日公开开庭进行了审理。原告陈斯光、罗明龙的委托代理人郭东明，被告专利复审委员会的委托代理人吴通义、张华到庭参加了诉讼，第三人欧婵娇经过本院传票传唤，无正当理由没有到庭，本院依法进行缺席审理。本案现已审理终结。

被告专利复审委员会针对原告陈斯光、罗明龙就专利权人为第三人欧婵娇的名称为"耳机(A80)"外观设计专利（专利号为200530068819.3，以下简称本专利）所提出的无效宣告请求作出第10425号决定，该决定认定：

1. 关于无效宣告请求的理由。

陈斯光、罗明龙提出无效宣告请求时以本专利不符合《中华人民共和国专利法》（以下简称《专利法》）第二十三条和《中华人民共和国专利法实施细则》（以下简称《专利法实施细则》）第六十四条第二款为由要求宣告本专利无效。专利复审委员会认为，《专利法实施细则》第六十四条第2款规定了无效宣告请求理由的范围，但其本身并非无效宣告请求的理由，因此本决定仅针对本专利是否符合《专利法》第二十三条的规定进行审查。

2. 证据认定。

（1）关于使用公开的证据。

陈斯光、罗明龙认为与本专利相近似的产品在本专利申请日前已经公开使用，所依据的证据为证据1-23以及证据D-F。

证据1~5为广东省东莞市华业有限公司以及东莞市华业（华泰）电业有限公司向陕西雄盛电器商行的请款对账单或送货单，其中显示该公司曾数次向陕西雄盛电器商行出售型号为GB-A80的产品。陈斯光、罗明龙在口头审理中出示了该组证据的传真件，其上加盖了陕西雄盛电器商行的公章。证据19为陈斯光、罗明龙提交的陕西雄盛电器商行的材料，其中包括所称与证据1~5中所述的A80耳机相应的实物照片6张。专利复审委员会认为，陈斯光、罗明龙没有提供证据1~5的原件，仅依据加盖公章的传真件以及照片，无法判断其是否与原件相符，因此专利复审委员会对证据1~5的真实性不予认可，同时也不能确认证据1~5与证据19的关联性，因此陈斯光、罗明龙以该组证据证明所称产品已在先公开使用过的主张不能成立。

证据6、7分别为陈广武与陈斯光以及斌涛模具厂与汕头市伟达电器厂签订的A80耳机模具合同、设计图纸和收款收据。陈斯光、罗明龙主张证据22为与该合同所述产品相对应的实物照片。陈斯光、罗明龙当庭提交了证据6、7的原件。经核对，复印件与原件相符。专利复审委员会认为，证据6、7中的耳机模具制作合同、图纸和收据均为企业内部材料和单据，其证明力较小，在无其他证据佐证的情况下，其不足以证明有关模具产品生产的事实，同时也不能确认证据6~7与证据22的关联性，因此陈斯光、罗明龙以该组证据证明所述产品已在先公开使用过的主张不能成立。

证据8~10为汕头市伟达电器厂的送货单及其委托的货运公司出具的托运货物结算单、货物运单或凭单。专利复审委员会认为，由于陈斯光、罗明龙未能提交其原件，仅凭复印件无法确认其是否与原件相符，因此，专利复审委员会对其不予采信。

证据11~14均为吴泽贤与郭亚坚签订的耳机模具合同、设计图纸和收款收据。陈斯光、罗明龙称证据20是汕头市潮阳区谷饶星南电子厂的材料，其中包括与证据11~14中的合同相对应的实物照片。陈斯光、罗明龙当庭提交了证据11~14的原件。专利复审委员会认为，证据11~14中的合同、图纸和收据均为企业内部材料和单据，其证明力较小，在无其他证据佐证的情况下，其不足以证明有关模具产品生产的事实，同时也不能确认证据11~14与证据20的关联性，因此陈斯光、罗明龙以该组证据证明所述产品已在先公开使用过的主张不能成立。

证据15~18为星南电子厂的送货单及其委托的货运公司的托运货物结算单、运输货物收款凭证等，陈斯光、罗明龙提交了证据15、16的原件，但没有提交证据17、18的原件。专利复审委员会认为，证据15、16为企业内部单据，其证明力较小，同时也无法确认所述产品的具体外观；而陈斯光、罗明龙未能提交证据17、18的原件，仅凭复印件无法确认其是否与原件相符，所以专利复审委员会对证据17、18不予采信。因此，陈斯光、罗明龙以该组证据证明所述产品已在先公开使用过的主张不能成立。

证据21、23为玄音XY-A80耳机以及伟乐WL-A80耳机的照片。专利复审委员会认为，仅凭照片无法判断其中所示的耳机在申请日前已经在市场上公开销售。

证据C、D与证据1~5完全相同，在此不予重述。

证据E为欧婵娇（甲方）与东莞市华业电业有限公司（乙方）于2006年7月8日签订的专利使用许可权合同，证据F为东莞市华业电业有限公司的企业注册基本资料，表明欧婵娇为东莞市华业电业有限公司的法定代表人。陈斯光、罗明龙当庭提交了证据E、F的原件。欧婵娇对其真实性没有异议。专利复审委员会认为，该证据涉及的是本专利授权之日后的专利许可使用合同，其无法证明本外观设计专利产品在申请日之前已经被公开使用过。

证据G为证明人陕西雄盛电器商行的经营者陈雄周的证言以及陕西省西安市新城区公证处的对其证言的公证书。在证言中，证人陈雄周自称2005年3月和5月分别从东莞市华业电业有限公司进购GB-A80耳机并公开销售，现提交当时进货样品及包装和进货单据（即证据C、D）。陈斯光、罗明龙当庭提交了证人证言以及公证书的原件。专利复审委员会认为公证书只能证明陈雄周本人在其证人证言上签名，按指印属实，但无法证明其证言内容的真实性，而且陈雄周也没有出庭接受质证，对于证据C、D，如前所述，由于陈斯光、罗明龙未提交原件而不予采信，在此情况下仅凭证据G所示证言而无相关原始证据印证，其不足以证明所述事实的真实性。

综上所述，证据1~23和C-G均不能用于证明本专利产品在申请日前已经公开使用。

（2）关于出版物公开的证据。

陈斯光提供的证据A为专利号为02308870.2的中国外观设计专利公告，其授权公告日2002年11月6日，欧婵娇对其真实性和公开日期均无异议。由于其公开日在本专利的申请日之前，专利复审委员会认为证据A可以作为评述本专利是否符合《专利法》第二十三条规定的证据。

由于陈斯光已当庭放弃了证据B，在此不予评述。

综上所述，在陈斯光、罗明龙提供的证据中，可用来评价本专利是否符合《专利法》第二十三条规定的证据仅有证据A。

3. 关于《专利法》第二十三条。

证据A所示的外观设计的名称为耳机（BL-902）（下称在先设计），与本专利属于同种类的产品，故可以进行如下相似性对比：

本专利记载有立体图、主视图、后视图、左视图、右视图、俯视图和仰视图。由立体图、主视图、后视图可以看出本专利的耳机产品包括一个弧形的头夹，头夹的两端各具有一个耳机卡座，每一耳机的卡座通过金属丝与下侧的耳幔连接。从立体图、左视图和右视图可见耳幔呈圆形，由护垫和外壳构成，其中耳幔外壳为向外凸出的圆弧形，表面具有从上到下由小到大依次排列的三个亮色圆点，其中最大的圆点有一圆形缺口，形成类似弯月的形状，左右耳幔外壳的图案、形状均对称分布。从立体图、主视图、后视图、左视图和仰视图可见左侧耳幔的底部引出一弧形的麦克风，麦克风的头部为较细的锥柱状（详见本专利附图）。

在先设计记载有使用状态参考图、主视图、左视图、右视图、俯视图和仰视图。简要说明记载"省略后视图"以及"请求保护色彩"。由主视图、左视图、右视图和俯视图可以看出该耳机产品包括一个弧形的头夹，头夹外侧有一条亮色的金属弹性带，头夹的两端各具有一个耳机卡座，每一耳机的卡座通过金属丝与下侧的耳幔连接。由主视图、仰视图、右视图和左视图可见耳幔呈圆形，由护垫和外壳构成，其中耳幔外壳是一个平面，麦克风由左侧耳幔圆形外壳的中部引出，右侧耳幔相对应于左侧耳幔引出麦克风的位置为一个圆形金属亮片，因此左右耳幔外壳的形状和图案不完全对称。其麦克风头部形状近似椭球形（详见在先设计附图）。

将在先设计与本专利的耳机相比，其相同点在于：两者均包括一个弧形的头夹，头夹的两端各具有一个耳机卡座，每一耳机的卡座通过金属丝与下侧的耳幔连接。耳幔呈圆形，由护垫和外壳构成，左侧耳幔上伸出一弧形的麦克风。

其主要区别在于：（1）在先设计中耳机的头夹外侧具有一条金属亮色的弹性带，而本专利中的耳机没有该弹性带。（2）在先设计中耳机的麦克风由左侧耳幔圆形外壳的中部引出，其麦克风头部形状近似椭球形；而本专利产品耳机的麦克风则由左侧耳幔的底部引出，其麦克风的头部为较细的锥柱状。（3）在先设计中耳机的耳幔的外壳是一个平面，麦克风由左侧耳幔圆形外壳的中部引出，右侧耳幔相对应于左侧耳幔引出麦克风的位置为一个圆形金属亮片，因此左右耳幔外壳的形状和图案不完全对称；本专利耳机的耳幔外壳为向外凸出的圆弧形，其表面具有从上到下由小到大依次排列的三个亮色圆点，其中最大的圆形有一圆形缺口，形成类似弯月的形状，其左右耳幔的外壳的图案、形状均对称分布。

由以上的比较分析可知，虽然在先设计与本专利所示耳机均具有市场上销售的一般耳机的共同组成部分和结构特征，如具有耳夹、耳幔等，但是二者头夹、耳幔、麦克风等主要部件的形状或图案均存在明显差别，对于一般消费者来说，上述差别对产品的整体视觉效果产生了显著的影响，根据整体观察、综合判断的原则，专利复审委员会认定本专利与在先设计所示外观设计属于既不相同又不相近似的外观设计。

综上所述，陈斯光、罗明龙提供的证据不能证明在本专利的申请日前已有与本专利相同或相近似的外观设计在国内外出版物上公开发表过或国内公开使用过，专利复审委员会对其提出的本专利不符合《专利法》第二十三条规定的主张不予支持。

至此，被告专利复审委员会作出第 10425 号决定，宣告维持第 200530068819.3 号外观设计专利权有效。

原告陈斯光、罗明龙不服该决定，于法定期限内向本院提起诉讼，诉称：（1）在无效程序中，原告提交了关于本专利在申请日之前已经在国内公开销售的系列证据，被告没有采信不符合法律规定。其中，证据 1~5 是传真件，但传真作为合同签订中要约和承诺的方式，已被广泛地运用于商业活动，特别是路途较远的当事人之间用得更多。而被告仅以未提交原件为由不认可该组证据的证明力是错误的。被告对证据 6、7、11~16 以其"为企业内部材料和单据，其证明力较小"为由，否定其证明力是错误的。相反，原告有其他证据如证据 20、22 等可以互相印证。（2）被告对本专利和证据 A 对比中对于产品外观相近似、要部特征的理解和认定错误。本专利的主视图与证据 A 主视图几乎没有差别，由于使用时面对观众的是主视图，故容易造成混淆。而本专利与证据 A 的微小差别根本不会引起消费者的注意，从整体观察、综合判断的原则，本专利与证据 A 外观设计整体非常近似。（3）本专利与他人在先取得的权利相冲突。根据证据 6、13 和证据 20、22 的设计图纸，该图纸的受托人享有该设计图案的著作权，且时间在本专利申请之前，故本专利与他人在先取得的著作权相冲突。综上，请求法院依法撤销第 10425 号决定，宣告本专利权无效。

被告专利复审委员会辩称：（1）被告对原告提交的关于本专利在申请日之前在国内公开销售的系列证据的认定符合相关法律规定。原告没有提交证据 1~5、8~10、17~18 的原件，无法判断其是否与原件相符，同时也不能确认证据 1~5 与证据 19、证据 6~7 与证据 22 的关联性。证据 G 的证人证言，因证人并未出庭作证，仅凭该证言而无相关原始证据印证，不足以证明所述事实的真实性。证据 6、7、11~16 以其为企业内部材料和单据，其证明力较小，同时也不能确认证据 11~14 与证据 20 的关联性。（2）本专利不符合《专利法》第二十三条的规定。关于本专利和证据 A 的外观特征、二者的相同点和区别详见第 10425 号决定。原告称耳机使用时面对观众的是主视图，故他人只能将主视图作为主要部位考虑。但是，根据《审查指南》第四部分第五章 5.5 节的规定，在确定被比设计时，应以外观设计专利授权文本中的图片或照片表示的外观设计为准。本专利和证据 A 均有六面视图，一般消费者在购买耳机时，显然会从不同的角度来观察产品的外观，而不仅仅局限于主视图。（3）关于本专利与他人在先取得的权利相冲突的问题，原告该主张在复审程序中并未提出，法院不应审理。综上，请求法院维持第 10425 号决定。

第三人欧婵娇未提交书面答辩，亦未到庭陈述意见。

本院经审理查明：欧婵娇于 2005 年 9 月 7 日向国家知识产权局专利局申请了名称为"耳机（A80）"的外观设计专利（即本专利）。本专利于 2006 年 7 月 5 日被授权公告，专利号为 200530068819.3。

本专利记载有立体图、主视图、后视图、左视图、右视图、俯视图和仰视图。由立体图、主视图、后视图可以看出本专利的耳机产品包括一个弧形的头夹，头夹的两端各具有一个耳机卡座，每一耳机的卡座通过金属丝与下侧的耳幔连接。从立体图、左视图和右视图可见耳幔呈圆形，由护垫和外壳构成，其中耳幔外壳为向外凸出的圆弧形，表面具有从上到下由小到大依次排列的三个亮色圆点，其中最大的圆点有一圆形缺口，形成类似弯月的形状，左右耳幔外壳的图案、形状均对称分布。从立体图、主视图、后视图、左视图和仰视图可见左侧耳幔的底部引出一弧形的麦克风，麦克风的头部为较细的锥柱状（详见本专利附图）。

针对上述专利权，陈斯光和罗明龙于 2006 年 11 月 17 日分别向专利复审委员会提出无效宣告请求，理由均为本专利不符合《专利法》第二十三条和《专利法实施细则》第六十四条第二款的规定。为支持上述主张，陈斯光和罗明龙分别提交了相同的证据 1~18：

证据 1：广东省东莞市华业有限公司 2005 年 3 月份和 2005 年 5 月份的请款对账单各一张，复印件 1 页。

证据 2：广东省东莞市华业有限公司 2005 年 4 月份的请款对账单一张，复印件 1 页。

证据 3：东莞华业（华泰）电业有限公司 2005 年 6 月 3 日的送货单一张，复印件 1 页。

证据 4：东莞华业（华泰）电业有限公司 2005 年 4 月 4 日和 4 月 14 日的送货单各一张，复印件 1 页。

证据 5：东莞华业（华泰）电业有限公司 2005 年 3 月 9 日和 5 月 16 日的送货单各一张，复印件 1 页。

证据 1~5 为广东省东莞市华业有限公司以及东莞市华业（华泰）电业有限公司向陕西雄盛电器商行的请款对账单或送货单，其中显示该公司曾数次向陕西雄盛电器商行出售型号为 GB-A80 的产品。

证据 6：陈广武（甲方）与陈斯光（乙方）于 2004 年 1 月 13 日签订的电脑耳机耳壳模具合同，复印件 1 页；设计图纸 2 张，复印件 2 页；2004 年 3 月 13 日和 2004 年 1 月 13 日的收款收据各一张，复印件 2 页。

证据 7：斌涛模具厂与汕头市伟达电器厂分别于 2004 年 1 月 18 日和 2004 年 2 月 18 日签订的 A80 锁片模具合同各一份，复印件 2 页；设计图纸 2 张，复印件 2 页；2004 年 1 月 18 日和 2004 年 2 月 18 日的收款收据各一张，复印件 2 页；

证据 8：日期为 2004 年 11 月 28 日的广东省运发（信达）货物联运有限公司托运货物结算单一张，复印件 1 页；汕头市伟达电器厂的送货单一张，复印件 1 页。

证据 9：托运日期为 2004 年 11 月 28 日的、编号为 0012215 的汕头市潮南区林老四托运部货物运单一张，复印件 1 页；汕头市伟达电器厂的送货单一张，复印件 1 页。

证据 10：日期为 2004 年 11 月 28 日的汕头市潮南区峡山大成货运凭单一张，复印件 1 页；汕头市伟达电器厂的送货单一张，复印件 1 页。

证据 11：郭亚坚（甲方）与吴泽贤（乙方）于 2004 年 6 月 15 日签订的电脑耳机调音壳模具合同，复印件 1 页；设计图纸一张，复印件 1 页；2004 年 6 月 15 日和 2004 年 7 月 15 日的收款收据各一张，复印件 2 页。

证据 12：郭亚坚（甲方）与吴泽贤（乙方）于 2005 年 3 月 18 日签订的电脑耳机耳壳模具合同，复印件 1 页；电脑信息页一张，设计图纸一张，复印件 2 页；2005 年 3 月 18 日和 2004 年 5 月 17 日的收款收据各一张，复印件 2 页。

证据 13：郭亚坚（甲方）与吴泽贤（乙方）于 2005 年 3 月 18 日签订的电脑耳机喇叭垫盘模具合同，复印件 1 页；设计图纸一张，复印件 1 页；2005 年 3 月 18 日和 2005 年 5 月 18 日的收款收据各一张，复印件 2 页。

证据 14：郭亚坚（甲方）与吴泽贤（乙方）于 2004 年 10 月 23 日签订的电脑耳机调音壳模具合同，复印件 1 页；设计图纸一张，复印件 1 页；2004 年 10 月 23 日和 2004 年 11 月 23 日的收款收据各一张，复印件 2 页。

证据 15：日期为 2005 年 8 月 25 日的商贸联运有限公司货运单一张，复印件 1 页；日期为 2005 年 8 月 25 日的星南电子厂送货单一张，复印件 1 页。

证据16：日期为2005年8月16日、编号为0005985的汕头市新联物流有限公司结算单1张，复印件1页；日期为2005年8月16日的星南电子厂送货单1张，复印件1页。

证据17：2005年8月25日的运输货物收款凭证1张，复印件1页；发货日期为2005年8月25日的星南电子厂送货单1张，复印件1页。

证据18：托运日期为2005年8月1日的汕头市潮南区鸣发货运公司公铁联合快运单一张，复印件1页；日期为2005年8月1日的星南电子厂送货单1张，复印件1页。

陈斯光和罗明龙认为，证据1~18表明本外观设计的产品在申请日前已经在国内公开使用过，本专利不符合《专利法》第二十三条的规定。

经形式审查合格后，专利复审委员会受理了上述请求。

2006年11月23日，陈斯光和罗明龙分别补充了同样的证据19~23：

证据19：陕西雄盛电器商行的材料，证据1~5的A80耳机实物照片6张；

证据20：汕头市潮阳区谷饶星南电子厂的材料，证据11~14的模具实物照片11张；

证据21：汕头市潮阳区谷饶伟达电器厂的材料，伟乐WL-A80的耳机实物照片8张；

证据22：汕头市潮阳区谷饶伟达电器厂的材料，证据6、7的模具实物照片4张；

证据23：汕头市潮阳区谷饶星南电子厂的材料，玄音XY-A80耳机实物照片5张。

针对本专利，2007年3月23日，陈斯光再次向专利复审委员会提出无效宣告请求，并提出与前述两个无效请求案合案审理的请求。陈斯光同时提交了本专利公开文本和证据A-D，其中证据C、D与前述证据1~5完全相同：

证据A：专利号为02308870.2（下称在先设计）的中国外观设计专利公告，申请日为2002年4月25日，授权公告日为2002年11月6日，专利权人为刘镇辉，复印件，共1页。在先设计记载有使用状态参考图、主视图、左视图、右视图、俯视图和仰视图。简要说明记载"省略后视图"以及"请求保护色彩"。由主视图、左视图、右视图和俯视图可以看出该耳机产品包括一个弧形的头夹，头夹外侧有一条亮色的金属弹性带，头夹的两端各具有一个耳机卡座，每一耳机的卡座通过金属丝与下侧的耳幔连接。由主视图、仰视图、右视图和左视图可见耳幔呈圆形，由护垫和外壳构成，其中耳幔外壳是一个平面，麦克风由左侧耳幔圆形外壳的中部引出，右侧耳幔相对应于左侧耳幔引出麦克风的位置为一个圆形金属亮片，因此左右耳幔外壳的形状和图案不完全对称。其麦克风头部形状近似椭球形（详见在先设计附图）。

证据B：专利号为02361459.5的中国外观设计专利公告，申请日为2002年9月11日，授权公告日为2003年4月16日，专利权人为林伟生，复印件，共1页；

经形式审查合格后，专利复审委员会受理了上述请求。

2007年4月20日，陈斯光向专利复审委员会补充提交了证据E-G：

证据E：欧婵娇（甲方）与东莞市华业电业有限公司（乙方）于2006年7月8日签订的专利使用许可权合同，复印件3页；

证据F：东莞市工商行政管理局于2006年12月19日出具的东莞市华业电业有限公司的企业机读档案登记资料，复印件1页；

证据G：陕西省西安市新城区公证处出具的（2007）西新证民字第264号公证书，复印件共4页；

2007年7月13日，口头审理如期举行，当事人均委托代理人参加了口头审理。

上述事实，有第10425号决定、原告在复审程序中提交的证据1~23、证据A~G及当事人陈述等证据为证。

本院认为：根据本案各方的诉辩主张，本案的焦点问题是：（1）本专利是否在申请日之前已经在国内公开销售；（2）本专利和证据 A 的外观设计是否相近似；（3）本专利与他人在先取得的权利是否相冲突。

1. 关于本专利是否在先在国内公开销售。陈斯光、罗明龙认为与本专利相近似的产品在本专利申请日前已经公开销售，所依据的证据为证据 1~23 以及证据 G。

分析上述证据，证据 1~5、证据 8~10、证据 17、18 陈斯光、罗明龙未提交原件，本院无法确认其真实性，故对上述证据不予采信。证据 6、7 分别为陈广武与陈斯光以及斌涛模具厂与汕头市伟达电器厂签订的 A80 耳机模具合同、设计图纸和收款收据。证据 6、7 虽有原件，但证据 6、7 的合同签订方中分别有陈斯光和其所在企业汕头市伟达电器厂，而陈斯光是本案原告，故证据 6、7 的证明力较弱，如果没有其他有力证据予以佐证，不能作为定案依据。证据 11~14 均为吴泽贤与郭亚坚签订的耳机模具合同、设计图纸和收款收据。由于该合同为自然人之间所签订，虽有设计图纸和收款收据予以辅证，但其证明力仍然较低。而且证据 6、7 及证据 11~14 中所述的 A80 耳机与本专利的 A80 耳机并不能直接对应，陈斯光、罗明龙虽提交证据 20、22 予以证明，但证据 20、22 的照片均为零部件照片，不能反映耳机外观全貌。证据 15、16 为星南电子厂的送货单及其委托的货运公司的托运货物结算单、运输货物收款凭证等，在送货单上有"A80#MV"的货物名称，但在托运货物结算单、运输货物收款凭证上没有任何货物名称。本院认为，首先，送货单上的"A80#MV"与本专利的 A80 耳机并不能直接对应，其次，送货单与托运货物结算单、运输货物收款凭证亦不能对应。证据 21、23 为玄音 XY-A80 耳机以及伟乐 WL-A80 耳机的照片。本院认为，仅凭照片无法判断其中所示的耳机在申请日前已经在市场上公开销售。证据 G 为证明人陕西雄盛电器商行的经营者陈雄周的证言以及陕西省西安市新城区公证处的对其证言的公证书。由于该公证书只证明了是陈雄周本人在其证人证言上签名，按指印属实，而无法证明其证言内容的真实性，而且陈雄周也没有在口审中出庭接受质证，故公证书不足以证明陈雄周证言的真实性，本院对证据 G 不予采纳。综上，陈斯光、罗明龙提交的该组证据尚不足以证明本专利产品已在先公开使用过的事实，对其该主张本院不予支持。

2. 关于本专利和证据 A 的外观设计是否相近似。在先设计与本专利属于同种类的产品，故可以进行相似性对比。

将在先设计与本专利的耳机相比，其相同点在于：两者均包括一个弧形的头夹，头夹的两端各具有一个耳机卡座，每一耳机的卡座通过金属丝与下侧的耳幔连接。耳幔呈圆形，由护垫和外壳构成，左侧耳幔上伸出一弧形的麦克风。

其主要区别在于：（1）在先设计中耳机的头夹外侧具有一条金属亮色的弹性带，而本专利中的耳机没有该弹性带。（2）在先设计中耳机的麦克风由左侧耳幔圆形外壳的中部引出，其麦克风头部形状近似椭球形；而本专利产品耳机的麦克风则由左侧耳幔的底部引出，其麦克风的头部为较细的锥柱状。（3）在先设计中耳机的耳幔的外壳是一个平面，麦克风由左侧耳幔圆形外壳的中部引出，右侧耳幔相对应于左侧耳幔引出麦克风的位置为一个圆形金属亮片，因此左右耳幔外壳的形状和图案不完全对称；本专利耳机的耳幔外壳为向外凸出的圆弧形，其表面具有从上到下由小到大依次排列的三个亮色圆点，其中最大的圆形有一圆形缺口，形成类似弯月的形状，其左右耳幔的外壳的图案、形状均对称分布。

可见，虽然在先设计与本专利所示耳机都具有头夹、耳机卡座、耳幔、麦克风等，但上述相同之处是普通耳机共有的结构特征，对于一般消费者来说，由于普通耳机在整体结构上趋同，其关注点就会相应地转移到局部差异。在此情况下，二者的区别特征如头夹、耳幔、麦克风等主要部件的形状或图案的明显不同就构成了显著差别，上述差别对产品的整体视觉效果产生了显著的影响，故本院认定本专利与在先设计所示外观设计既不相同也不相近似。

3. 关于本专利与他人在先取得的权利是否相冲突。陈斯光、罗明龙称本专利与他人在先取得的著作权相冲突，其主张的著作权为证据6、13和证据20、22的设计图纸的著作权。对此本院认为，陈斯光、罗明龙提交的证据不能证明其所主张的著作权真实存在，并且该主张在无效宣告审查程序中并未提出，故本院对此不予评述。

综上，原告陈斯光、罗明龙的诉讼请求缺乏事实和法律依据，本院不予支持。被告专利复审委员会作出的第10425号决定认定事实清楚，程序合法，应予维持。依照《中华人民共和国行政诉讼法》第五十四条第（一）项之规定，本院判决如下：

维持被告国家知识产权局专利复审委员会作出的第10425号无效宣告请求审查决定。

案件受理费100元，由原告陈斯光、罗明龙负担（已交纳）。

当事人如不服本判决，可在本判决书送达之日起15日内，向本院递交上诉状，并按对方当事人人数提交副本，交纳上诉案件受理费100元，上诉于北京市高级人民法院。

审　判　长　任　进
代理审判员　邢　军
人民陪审员　郝建欣
二〇〇八年三月二十日
书　记　员　袁　伟

主视图 左视图 右视图

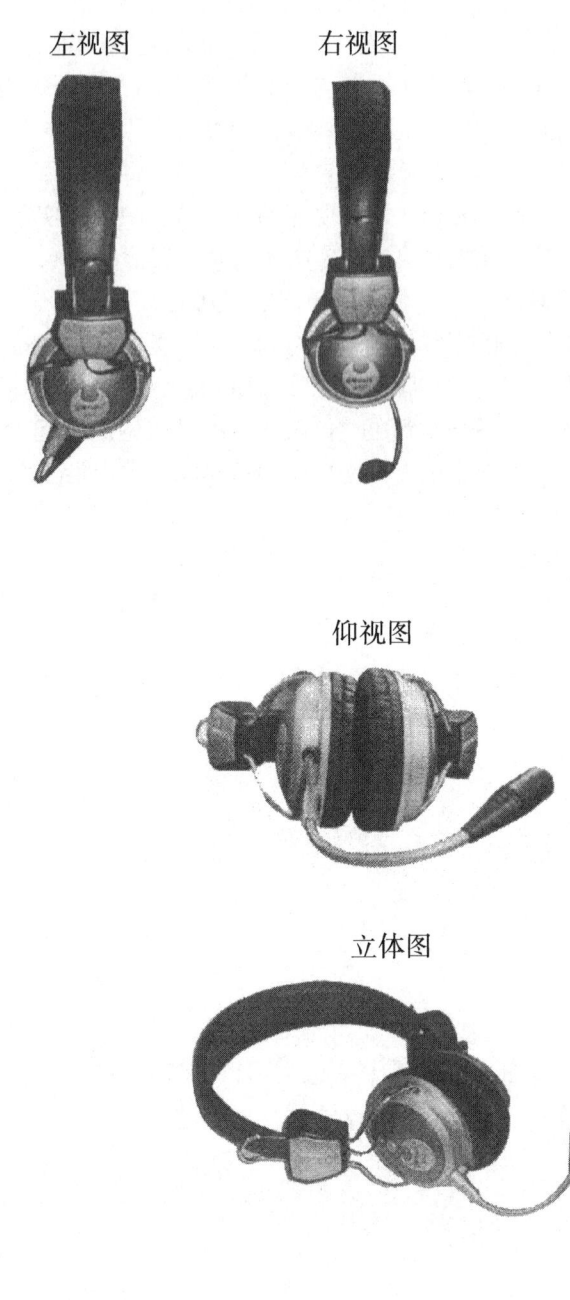

俯视图 仰视图

后视图 立体图

本专利

主视图

使用状态参考图

左视图

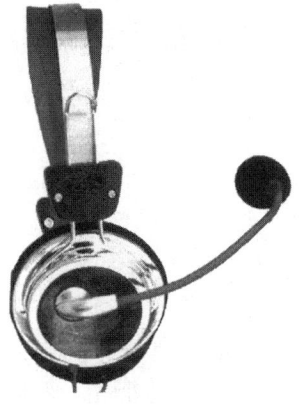

右视图

俯视图

仰视图

在先设计

北京市高级人民法院
行政判决书

(2008) 高行终字第443号

上诉人（原审原告）陈斯光，男，汉族，1967年1月7日出生，住广东省汕头市潮阳区谷饶镇横山中兴区五巷14号。

委托代理人郭东明，广东明祥律师事务所律师。

上诉人（原审原告）罗明龙，男，汉族，1974年5月7日出生，住广东省潮阳市谷饶镇沟南村六队。

委托代理人郭东明，广东明祥律师事务所律师。

被上诉人（原审被告）国家知识产权局专利复审委员会，住所地北京市海淀区北四环西路9号银谷大厦10~12层。

法定代表人廖涛，副主任。

委托代理人尹昕，国家知识产权局专利复审委员会审查员。

委托代理人张华，国家知识产权局专利复审委员会审查员。

原审第三人欧婵娇。

上诉人陈斯光、罗明龙因外观设计专利权无效行政纠纷一案，不服北京市第一中级人民法院(2007)一中行初字第1529号行政判决，于法定期限内向本院提出上诉。本院于2008年6月16日受理本案后，依法组成合议庭，并于2008年7月9日公开开庭进行了审理。上诉人陈斯光、罗明龙的委托代理人郭东明，被上诉人国家知识产权局专利复审委员会（以下简称专利复审委员会）的委托代理人尹昕、张华到庭参加了诉讼，第三人欧婵娇经本院传票传唤，无正当理由拒不到庭，本院依法进行缺席审理。本案现已审理终结。

北京市第一中级人民法院认定，名称为"耳机（A80）"的外观设计专利（以下简称本专利）的申请日为2005年9月7日，授权公告日为2006年7月5日，专利权人为欧婵娇。2006年11月17日，陈斯光和罗明龙分别向专利复审委员会提出无效宣告请求，理由均为本专利不符合《中华人民共和国专利法》（以下简称《专利法》）第二十三条和《中华人民共和国专利法实施细则》（以下简称《专利法实施细则》）第六十四条第二款的规定。为支持上述主张，陈斯光和罗明龙分别提交了相同的证据1~23。2007年3月23日，陈斯光再次向专利复审委员会提出无效宣告请求，并提出与前述两个无效请求案合案审理的请求。陈斯光在第二次无效请求中提交了本专利公开文本和证据A-D，其中证据C、D与前述证据1~5完全相同，证据A系名称为耳机（BL-902）、申请日为2002年4月25日的中国外观设计专利公告（以下简称在先设计）。2007年4月20日，陈斯光向专利复审委员会补充提交了证据E-G。专利复审委员会于2007年7月13日举行口头审理，并于2007年8月23日作出第10425号无效宣告请求审查决定（以下简称第10425号决定），其主要内容为：首先，《专利法实施细则》第六十四条第二款规定了无效宣告请求理由的范围，但其本身并非无效宣告请求的理由，因此专利复审委员会仅针对本专利是否符合《专利法》第二十三条的规定进行审查；其次，证据1~23和C~G均不能用于证明本专利产品在申请日前已经公开使用，由于陈斯光放弃了证据B，故可用来评价本专利是否符合《专利法》第二十三条规定的证据仅有证据A；再次，在先设计与本专利所示耳机的头夹、耳幔、麦克风等主要部件的形状或图案均存在明显差别，对于一般消费者来说，上述差别对产品的整体视觉效果产生了显著的影响，可以认定本专利与在先设计属于既不相同又不相近似的外观设计。综上，由于陈斯光、罗明龙提供的证据不能证明在本专利申请日前已有与本专利相同或相近似的外观设计在国内外出版物上公开发表过或国内公开使用过，其有关本专利不符合《专利法》第二十三条规定的主张不能成立。专利复审委员会在第10425号决定中维持本专利有效。

北京市第一中级人民法院认为，陈斯光、罗明龙所提交的证据1～23以及证据G不能证明与本专利相近似的产品在本专利申请日前已经公开销售。虽然在先设计与本专利所示耳机都具有头夹、耳机卡座、耳幔、麦克风等，但上述相同之处是普通耳机共有的结构特征，对于一般消费者来说，由于普通耳机在整体结构上趋同，其关注点就会相应地转移到局部差异。在此情况下，二者的区别特征如头夹、耳幔、麦克风等主要部件的形状或图案的明显不同就构成了显著差别上述差别对产品的整体视觉效果产生了显著的影响，可以认定本专利与在先设计既不相同也不相近似。陈斯光、罗明龙在诉讼中主张本专利与他人在先取得的著作权相冲突，由于该主张在无效宣告审查程序中并未提出，且陈斯光、罗明龙提交的证据不能证明其所主张的著作权真实存在，故对其该主张不予评述。专利复审委员会作出的第10425号决定认定事实清楚，程序合法，应予维持。北京市第一中级人民法院依照《中华人民共和国行政诉讼法》第五十四条第（一）项之规定，判决：维持国家知识产权局专利复审委员会作出的第10425号无效宣告请求审查决定。

陈斯光、罗明龙不服原审判决，在法定期限内向本院提出上诉，请求撤销一审判决和第10425号决定，宣告本专利无效。陈斯光、罗明龙的上诉理由是：上诉人提供了本专利在申请日前已经在国内公开销售使用的证据，但一审法院未采信，不符合法律规定；本专利与在先设计已经构成相似外观设计，一审判决认定二者不构成相似设计是错误的；本专利与他人在先取得的合法权利相冲突。

专利复审委员会及欧婵娇服从原审判决。

经审理查明：

名称为"耳机（A80）"的外观设计专利（即本专利）的申请日为2005年9月7日，授权公告日为2006年7月5日，专利号为200530068819.3，申请人和专利权人均为欧婵娇。本专利记载有立体图、主视图、后视图、左视图、右视图、俯视图和仰视图。由立体图、主视图、后视图可以看出本专利的耳机产品包括一个弧形的头夹，头夹的两端各具有一个耳机卡座，每一耳机的卡座通过金属丝与下侧的耳幔连接。从立体图、左视图和右视图可见耳幔呈圆形，由护垫和外壳构成，其中耳幔外壳为向外凸出的圆弧形，表面具有从上到下由小到大依次排列的三个亮色圆点，其中最大的圆点有一圆形缺口，形成类似弯月的形状，左右耳幔外壳的图案、形状均对称分布。从立体图、主视图、后视图、左视图和仰视图可见左侧耳幔的底部引出一弧形的麦克风，麦克风的头部为较细的锥柱状（详见本专利附图）。

2006年11月17日，陈斯光和罗明龙均以本专利不符合《专利法》第二十三条和《专利法实施细则》第六十四条第二款规定为由，分别请求专利复审委员会宣告本专利无效，并分别提交了相同的证据1～18：

证据1：广东省东莞市华业有限公司2005年3月份和2005年5月份的请款对账单各一张，复印件1页；

证据2：广东省东莞市华业有限公司2005年4月份的请款对账单一张，复印件1页；

证据3：东莞华业（华泰）电业有限公司2005年6月3日的送货单一张，复印件1页；

证据4：东莞华业（华泰）电业有限公司2005年4月4日和4月14日的送货单各一张，复印件

1页;

证据5：东莞华业（华泰）电业有限公司2005年3月9日和5月16日的送货单各一张，复印件1页。

上述证据1~5为广东省东莞市华业有限公司以及东莞市华业（华泰）电业有限公司向陕西雄盛电器商行的请款对账单或送货单，上诉人在专利复审委员会口头审理时出具了加盖有陕西雄盛电器商行公章的传真件，其中显示广东省东莞市华业有限公司以及东莞市华业（华泰）电业有限公司曾数次向陕西雄盛电器商行出售型号为GB-A80的产品。

证据6：陈广武（甲方）与陈斯光（乙方）于2004年1月13日签订的电脑耳机耳壳模具合同，复印件1页；设计图纸2张，复印件2页；2004年3月13日和2004年1月13日的收款收据各一张，复印件2页；

证据7：斌涛模具厂与汕头市伟达电器厂分别于2004年1月18日和2004年2月18日签订的A80锁片模具合同各一份，复印件2页；设计图纸2张，复印件2页；2004年1月18日和2004年2月18日的收款收据各一张，复印件2页；

证据8：日期为2004年11月28日的广东省运发（信达）货物联运有限公司托运货物结算单一张，复印件1页；汕头市伟达电器厂的送货单一张，复印件1页；

证据9：托运日期为2004年11月28日的、编号为0012215的汕头市潮南区林老四托运部货物运单一张，复印件1页；汕头市伟达电器厂的送货单一张，复印件1页；

证据10：日期为2004年11月28日的汕头市潮南区峡山大成货运凭单一张，复印件1页；汕头市伟达电器厂的送货单一张，复印件1页；

证据11：郭亚坚（甲方）与吴泽贤（乙方）于2004年6月15日签订的电脑耳机调音壳模具合同，复印件1页；设计图纸一张，复印件1页；2004年6月15日和2004年7月15日的收款收据各一张，复印件2页，上诉人在专利复审委员会口头审理时出具了证据11的原件；

证据12：郭亚坚（甲方）与吴泽贤（乙方）于2005年3月18日签订的电脑耳机耳壳模具合同，复印件1页；电脑信息页一张，设计图纸一张，复印件2页；2005年3月18日和2004年5月17日的收款收据各一张，复印件2页，上诉人在专利复审委员会口头审理时出具了证据12的原件；

证据13：郭亚坚（甲方）与吴泽贤（乙方）于2005年3月18日签订的电脑耳机喇叭垫盘模具合同，复印件1页；设计图纸一张，复印件1页；2005年3月18日和2005年5月18日的收款收据各一张，复印件2页，上诉人在专利复审委员会口头审理时出具了证据13的原件；

证据14：郭亚坚（甲方）与吴泽贤（乙方）于2004年10月23日签订的电脑耳机调音壳模具合同，复印件1页；设计图纸一张，复印件1页；2004年10月23日和2004年11月23日的收款收据各一张，复印件2页，上诉人在专利复审委员会口头审理时出具了证据14的原件；

证据15：日期为2005年8月25日的商贸联运有限公司货运单一张，复印件1页；日期为2005年8月25日的星南电子厂送货单一张，复印件1页，上诉人在专利复审委员会口头审理时出具了证据15的原件；

证据16：日期为2005年8月16日、编号为0005985的汕头市新联物流有限公司结算单一张，复印件1页；日期为2005年8月16日的星南电子厂送货单一张，复印件1页，上诉人在专利复审委员会口头审理时出具了证据16的原件；

证据17：2005年8月25日的运输货物收款凭证一张，复印件1页；发货日期为2005年8月25日的星南电子厂送货单一张，复印件1页；

证据18：托运日期为2005年8月1日的汕头市潮南区鸣发货运公司公铁联合快运单一张，复印件1页；日期为2005年8月1日的星南电子厂送货单一张，复印件1页。

陈斯光和罗明龙认为，证据1-18表明本专利的外观设计产品在申请日前已经在国内公开使用，故本专利不符合《专利法》第二十三条的规定。

专利复审委员会受理了上述请求后，陈斯光和罗明龙于2006年11月23日分别补充了相同的证据19~23：

证据19：陕西雄盛电器商行的材料，包括证据1~5中所述的A80耳机实物照片6张；

证据20：汕头市潮阳区谷饶星南电子厂的材料，证据11~14的模具实物照片11张；

证据21：汕头市潮阳区谷饶伟达电器厂的材料，伟乐WL-A80的耳机实物照片8张；

证据22：汕头市潮阳区谷饶伟达电器厂的材料，证据6、7的模具实物照片4张；

证据23：汕头市潮阳区谷饶星南电子厂的材料，玄音XY-A80耳机实物照片5张。

2007年3月23日，陈斯光再次向专利复审委员会提出无效宣告请求，并提出与前述两个无效请求案合案审理的请求。陈斯光同时提交了本专利公开文本和证据A~D，其中证据C、D与前述证据1~5完全相同：

证据A：名称为"耳机（BL-902）"，专利号为02308870.2（即在先设计）的中国外观设计专利公告，申请日为2002年4月25日，授权公告日为2002年11月6日，专利权人为刘镇辉，复印件，共1页。在先设计记载有使用状态参考图、主视图、左视图、右视图、俯视图和仰视图。简要说明记载"省略后视图"以及"请求保护色彩"。由主视图、左视图、右视图和俯视图可以看出该耳机产品包括一个弧形的头夹，头夹外侧有一条亮色的金属弹性带，头夹的两端各具有一个耳机卡座，每一耳机的卡座通过金属丝与下侧的耳幔连接。由主视图、仰视图、右视图和左视图可见耳幔呈圆形，由护垫和外壳构成，其中耳幔外壳是一个平面，麦克风由左侧耳幔圆形外壳的中部引出，右侧耳幔相对应于左侧耳幔引出麦克风的位置为一个圆形金属亮片，因此左右耳幔外壳的形状和图案不完全对称，其麦克风头部形状近似椭球形（详见在先设计附图）。

证据B：专利号为02361459.5的中国外观设计专利公告，申请日为2002年9月11日，授权公告日为2003年4月16日，专利权人为林伟生，复印件，共1页；

经形式审查合格后，专利复审委员会受理了上述请求。

2007年4月20日，陈斯光向专利复审委员会补充提交了证据E~G：

证据E：欧婵娇（甲方）与东莞市华业电业有限公司（乙方）于2006年7月8日签订的专利使用许可权合同，复印件3页；

证据F：东莞市工商行政管理局于2006年12月19日出具的东莞市华业电业有限公司的企业机读档案登记资料，复印件1页；

证据G：陕西省西安市新城区公证处出具的（2007）西新证民字第264号公证书，复印件共4页；

专利复审委员会于2007年7月13日对上诉人提出的上述无效请求进行了口头审理。在口头审理中：

（1）上诉人演示了本专利的耳机产品和在市场上公开销售的玄音XY-A80耳机以及伟乐WL-A80耳机的实物；（2）上诉人出示了证据1~5加盖公章的传真件及证据6、7、11~16的原件；（3）上诉人放弃证据B，提供了证据C、D（同证据1-5）加盖公章的传真件以及证据E~G的原件，专利权人对证据A、E、F的真实性及公开日期无异议。

2007年8月23日，专利复审委员会作出第10425号决定。专利复审委员会在第10425号决定中认定：

1. 关于无效宣告请求的理由。

陈斯光、罗明龙提出无效宣告请求时以本专利不符合《专利法》第二十三条和《专利法实施细则》第六十四条第二款为由要求宣告本专利无效。由于《专利法实施细则》第六十四条第二款规定了无效宣告请求理由的范围，但其本身并非无效宣告请求的理由，因此专利复审委员会仅针对本专利是否符合《专利法》第二十三条的规定进行审查。

2. 证据认定。

（1）关于使用公开的证据。

陈斯光、罗明龙认为与本专利相近似的产品在本专利申请日前已经公开使用，所依据的证据为证据1~23以及证据D~F。

证据1~5为广东省东莞市华业有限公司以及东莞市华业（华泰）电业有限公司向陕西雄盛电器商行的请款对账单或送货单，其中显示该公司曾数次向陕西雄盛电器商行出售型号为GB-A80的产品。陈斯光、罗明龙在口头审理中出示了该组证据的传真件，其上加盖了陕西雄盛电器商行的公章。证据19为陈斯光、罗明龙提交的陕西雄盛电器商行的材料，其中包括所称与证据1~5中所述的A80耳机相应的实物照片6张。由于陈斯光、罗明龙没有提供证据1~5的原件，仅依据加盖公章的传真件以及照片，无法判断其是否与原件相符，因此对证据1~5的真实性不予认可，同时也不能确认证据1~5与证据19的关联性，因此陈斯光、罗明龙以该组证据证明所称产品已在先公开使用过的主张不能成立。

证据6、7分别为陈广武与陈斯光以及斌涛模具厂与汕头市伟达电器厂签订的A80耳机模具合同、设计图纸和收款收据。陈斯光、罗明龙主张证据22为与该合同所述产品相对应的实物照片。陈斯光、罗明龙当庭提交了证据6、7的原件。经核对，复印件与原件相符。由于证据6、7中的耳机模具制作合同、图纸和收据均为企业内部材料和单据，其证明力较小，在无其他证据佐证的情况下，其不足以证明有关模具产品生产的事实，同时也不能确认证据6~7与证据22的关联性，因此陈斯光、罗明龙以该组证据证明所述产品已在先公开使用过的主张不能成立。

证据8~10为汕头市伟达电器厂的送货单及其委托的货运公司出具的托运货物结算单、货物运单或凭单。由于陈斯光、罗明龙未能提交其原件，仅凭复印件无法确认其是否与原件相符，故对证据8~10不予采信。

证据11~14均为吴泽贤与郭亚坚签订的耳机模具合同、设计图纸和收款收据。陈斯光、罗明龙称证据20是汕头市潮阳区谷饶星南电子厂的材料，其中包括与证据11~14中的合同相对应的实物照片。陈斯光、罗明龙当庭提交了证据11~14的原件。由于证据11~14中的合同、图纸和收据均为企业内部材料和单据，其证明力较小，在无其他证据佐证的情况下，其不足以证明有关模具产品生产的事实，同时也不能确认证据11~14与证据20的关联性，因此陈斯光、罗明龙以该组证据证明所述产品已在先公开使用过的主张不能成立。

证据15~18为星南电子厂的送货单及其委托的货运公司的托运货物结算单、运输货物收款凭证等，陈斯光、罗明龙提交了证据15、16的原件，但没有提交证据17、18的原件。由于证据15、16为企业内部单据，其证明力较小，同时也无法确认所述产品的具体外观；而陈斯光、罗明龙未能提交证据17、18的原件，仅凭复印件无法确认其是否与原件相符，所以对证据17、18不予采信。因此，陈斯光、罗明龙以该组证据证明所述产品已在先公开使用过的主张不能成立。

证据21、23为玄音XY-A80耳机以及伟乐WL-A80耳机的照片，但仅凭照片无法判断其中所示的耳机在申请日前已经在市场上公开销售。

证据C、D与证据1~5完全相同，不予重述。

证据E为欧婵娇（甲方）与东莞市华业电业有限公司（乙方）于2006年7月8日签订的专利使用许可权合同，证据F为东莞市华业电业有限公司的企业注册基本资料，表明欧婵娇为东莞市华业电业有限公司的法定代表人。陈斯光、罗明龙当庭提交了证据E、F的原件。欧婵娇对其真实性没有异议。由于该证据涉及的是本专利授权之日后的专利许可使用合同，其无法证明本外观设计专利产品在申请日之前已经被公开使用过。

证据G为证明人陕西雄盛电器商行的经营者陈雄周的证言以及陕西省西安市新城区公证处的对其证言的公证书。在证言中，证人陈雄周自称2005年3月和5月分别从东莞市华业电业有限公司进购GB-A80耳机并公开销售，现提交当时进货样品及包装和进货单据（即证据C、D）。陈斯光、罗明龙当庭提交了证人证言以及公证书的原件。由于公证书只能证明陈雄周本人在其证人证言上签名，按指印属实，但无法证明其证言内容的真实性，而且陈雄周也没有出庭接受质证，对于证据C、D，如前所述，由于陈斯光、罗明龙未提交原件而不予采信，在此情况下仅凭证据G所示证言而无相关原始证据印证，其不足以证明所述事实的真实性。

综上所述，证据1~23和C~G均不能用于证明本专利产品在申请日前已经公开使用。

（2）关于出版物公开的证据。

陈斯光提供的证据A为专利号为02308870.2的中国外观设计专利公告，其授权公告日2002年11月6日，欧婵娇对其真实性和公开日期均无异议。由于其公开日在本专利的申请日之前，故证据A可以作为评述本专利是否符合《专利法》第二十三条规定的证据。

由于陈斯光已当庭放弃了证据B，故不予评述。

综上所述，在陈斯光、罗明龙提供的证据中，可用来评价本专利是否符合《专利法》第二十三条规定的证据仅有证据A。

3. 关于《专利法》第二十三条。

虽然在先设计与本专利所示耳机均具有市场上销售的一般耳机的共同组成部分和结构特征，如具有耳夹、耳幔等，但是二者头夹、耳幔、麦克风等主要部件的形状或图案均存在明显差别，对于一般消费者来说，上述差别对产品的整体视觉效果产生了显著的影响，根据整体观察、综合判断的原则，应当认定本专利与在先设计属于既不相同又不相近似的外观设计。

综上所述，由于陈斯光、罗明龙提供的证据不能证明在本专利的申请日前已有与本专利相同或相近似的外观设计在国内外出版物上公开发表过或国内公开使用过，专利复审委员会对其提出的本专利不符合《专利法》第二十三条规定的主张不予支持，其在第10425号决定中维持本专利有效。

在本案诉讼中，二上诉人提交了案外人刘燕姗的民事答辩状及两份韩国外观设计专利，并认可上述三份证据未在本专利无效审查行政程序中提交。

上述事实，有第10425号决定、原告在复审程序中提交的证据1-23、证据A-G及当事人陈述等证据为证。

本院认为：

首先，关于与本专利相同或相似的外观设计产品是否在本专利申请日前公开使用的问题。由于证据1~5为广东省东莞市华业有限公司以及东莞市华业（华泰）电业有限公司向陕西雄盛电器商行的请款对账单或送货单，二上诉人虽然提供了加盖有陕西雄盛电器商行公章的传真件，并主张该传真件足以证明销售合同存在，但由于对销售合同的真实性及是否实际履行的认定涉及到案外人的权益，在陕西雄盛电器商行未到庭作相应说明的情况下，原审法院对证据1~5的真实性不予认定并无不当。由于证据1~5的真实性不能确定，也就不能确定证据19中的照片与实物所显示的产品必然在本专利申请日前公开使用的事实。证据G为陕西雄盛电器商行的经营者陈雄周的证言以及陕西省西安市新城区公证处的对其证言的公证书，其虽可证明陈雄周在其证人证言上签名及按指印属实，但无法证明证言内容的真实性，且陈雄周也没有出庭接受质证，证据G不能证明陈雄周证言内容的真实性。陈斯光、罗明龙未提交证据8~10、证据17、18的原件，原审法院因无法确认其真实性而不予采信是恰当的。证据6、7中合同签订方中分别有上诉人陈斯光和其所在企业汕头市伟达电器厂，因陈斯光是本案当事人，故其证明力较弱，在没有其他证据予以佐证的情况下，原审法院不予认定是恰当的。证据6、7及证据11~14中所述的A80耳机与本专利的A80耳机并不能直接对应，二上诉人提交的证据20、22亦不能反映耳机外观全貌。证据15、16中送货单上虽有"A80#MV"的货物名称，但在托运货物结算单、运输货物收款凭证上没有任何货物名称，送货单上的"A80#MV"与本专利的A80耳机也不能直接对应，二上诉人提交的耳机照片及实物亦不能确定其公开销售时间。因此，原审法院未采信上诉人提供的用以证明与本专利相同或相似的外观设计产品在本专利申请前公开销售的证据并无不当，二上诉人相应上诉主张不能成立，本院亦不予支持。

其次，关于本专利与在先设计是否相似的问题。各方当事人均认可在先设计与本专利相同点在于：两者均包括一个弧形的头夹，头夹的两端各具有一个耳机卡座，每一耳机的卡座通过金属丝与下侧的耳幔连接。耳幔呈圆形，由护垫和外壳构成，左侧耳幔上伸出一弧形的麦克风。各方当事人亦均认可在先设计与本专利的主要区别在于：（1）在先设计中耳机的头夹外侧具有一条金属亮色的弹性带，而本专利中的耳机没有该弹性带；（2）在先设计中耳机的麦克风由左侧耳幔圆形外壳的中部引出，其麦克风头部形状近似椭球形；而本专利产品耳机的麦克风则由左侧耳幔的底部引出，其麦克风的头部为较细的锥柱状；（3）在先设计中耳机的耳幔的外壳是一个平面，麦克风由左侧耳幔圆形外壳的中部引出，右侧耳幔相对应于左侧耳幔引出麦克风的位置为一个圆形金属亮片，因此左右耳幔外壳的形状和图案不完全对称；本专利耳机的耳幔外壳为向外凸出的圆弧形，其表面具有从上到下由小到大依次排列的三个亮色圆点，其中最大的圆形有一圆形缺口，形成类似弯月的形状，其左右耳幔的外壳的图案、形状均对称分布。本院对各方当事人均认可的本专利与在先设计的上述相同点及差异不持异议。对于一般消费者来说，本专利与在先设计的上述差别足以对二者的整体视觉效果产生显著影响，上述差别也足以使本专利区别于在先设计。因此，原审法院认定本专利与在先设计既不相同也不相近似是恰当的，二上诉人关于本专利与在先设计已经构成相似外观设计的上诉主张不能成立，本院不予支持。

最后，二上诉人虽在本案诉讼中主张本专利与他人在先取得的著作权相冲突，但由于该主张并不是其在无效审查行政程序中提出的无效理由，专利复审委员会也未在第10425号决定中评判该主张，故原审法院对该主张不予评述是恰当的，上诉人关于本专利与他人在先取得的合法权利相冲突的上诉主张本院不予支持。至于上诉人在本案提交的三份新证据，由于其在本专利无效审查行政程序中未向被上诉人提供，不是专利复审委员会作出第10425号决定的依据，本院不予评判。

综上，上诉人陈斯光、罗明龙的上诉理由因缺乏事实及法律依据不能成立，本院不予支持。一审判决认定事实清楚，适用法律正确，应予维持。依据《中华人民共和国行政诉讼法》第六十一条第（一）项之规定，判决如下：

驳回上诉，维持原判。

一审案件受理费 100 元，由陈斯光、罗明龙负担（已交纳）；二审案件受理费 100 元，由陈斯光、罗明龙负担（已交纳）。

本判决为终审判决。

审　判　长　刘继祥
代理审判员　刘晓军
代理审判员　潘　伟
二〇〇八年八月十三日
书　记　员　刘　悠

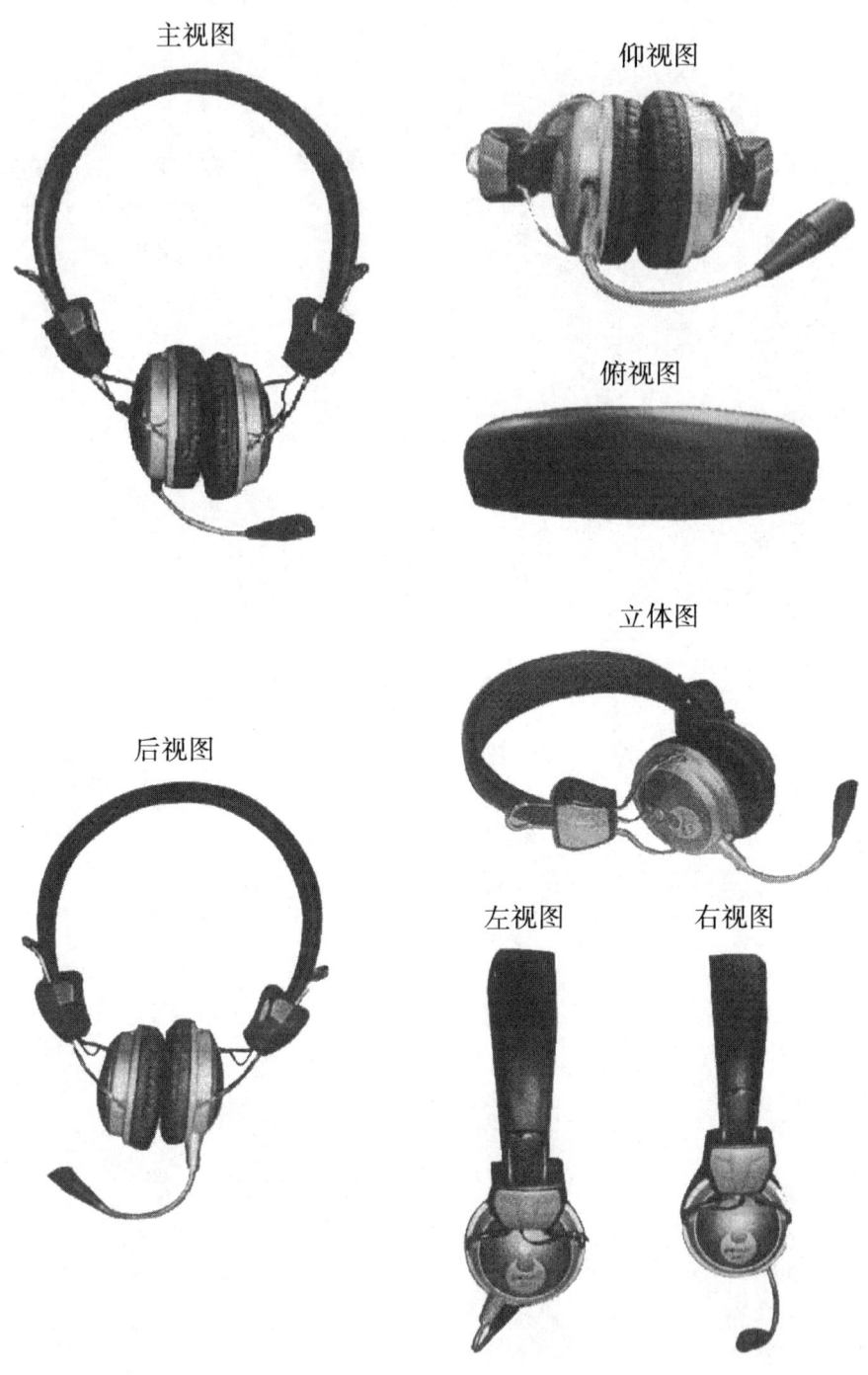

使用状态参考图 主视图

俯视图 仰视图

左视图 右视图

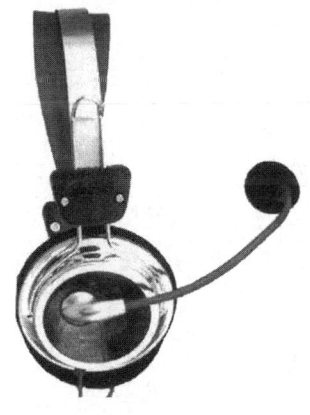 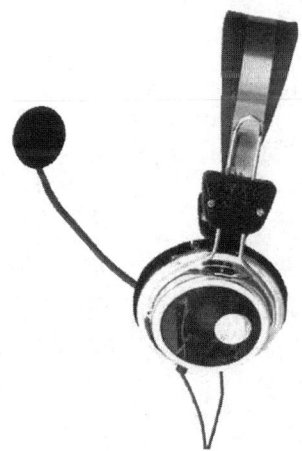

在先设计附图

电动助力手推车

无效宣告请求审查决定（第10427号）

决 定 号	第10427号
决 定 日	2007年7月11日
发明创造名称	电动助力手推车
外观设计分类号	12-02
无效宣告请求人	徐大巍
专 利 权 人	姜国良
专 利 号	200530096378.8
申 请 日	2005年1月17日
授权公告日	2005年11月2日
合议组组长	张跃平
主 审 员	毕艳红
参 审 员	武 磊
法 律 依 据	专利法第23条

决定要点

请求人提交了证人证言证据，但在口头审理过程中证人无正当理由没有出庭作证，无正当理由没有经过当庭质证的证人证言不能单独作为定案依据，请求人提交了照片证据的复印件，未提交原件，专利权人对上述证据的真实性均有异议，因此上述证据的真实性不能被确认，所以请求人提交的证据不足以支持其无效宣告请求理由，应维持本专利权有效。

一、案由

本无效宣告请求涉及国家知识产权局于2005年11月2日授权公告、申请号为200530096378.8、名称为"电动助力手推车"的外观设计专利（下称本专利），其申请日是2005年1月17日，专利权人是姜国良。

针对本专利，徐大巍（下称请求人）于2007年1月22日向国家知识产权局专利复审委员会提出无效宣告请求，认为专利权人的外观设计专利产品在申请日前已有销售和使用，不具备新颖性；专利权人所申请外观设计产品的外观效果为公知的具有悠久历史的"倒骑驴"人力载重车，不具备创造性。请求人提交了如下附件作为证据：

附件1：证明人张福田提供的于2004年6月购买产品证明书复印件共1页；

附件2："倒骑驴"人力载重车照片复印件共2页；

附件3：请求人所生产的产品照片复印件共1页。

专利复审委员会于2007年3月12日受理了上述无效宣告请求，同时将请求人提交的无效宣告请求书及其附件清单中所列附件的副本转寄给专利权人。

针对上述无效宣告请求，专利权人于2007年4月6日提交了意见陈述书，并提交了如下附件：辽宁省葫芦岛市中级人民法院（2006）葫民-初字第00025号民事判决书复印件共8页。专利权人认为：请求人提供的证人证言可信度很低，首先没有购买发票，其次不能提供购买时的样本及卖方单位的证明，只是一张临时的纸条而已，是否为2004年6月购买的无法查实。为了否定本专利的创造性，请求人只提供了具有悠久历史的倒骑驴人力载重车，而本专利与倒骑驴人力载重车的区别是非常明显的，最明显的区别是在倒骑驴人力载重车的车架四周增加了储备箱，内可装动力电池、用具等，增加了车体的完整性，从而更美观、实用，因而具备创造性。

本案合议组于2007年5月17日向双方当事人发出口头审理通知书，定于2007年6月28日对本案进行口头审理，并随本口头审理通知书将专利权人于2007年4月6日提交的意见陈述书及附件清单中的附件转送给请求人。同时通知专利权人，如果专利权人委托专利代理机构需提交无效程序中的授权委托书。

口头审理如期举行。双方当事人都出席了口头审理。在口头审理中，双方当事人对合议组的组成人员无回避请求，对对方当事人的资格以及出庭人员身份无异议。请求人明确无效理由为：本专利外观设计不符合专利法第23条的规定；请求人提交的附件1～3均为复印件，请求人不能出示附件1～3的原件，出具证言的证人未出庭作证，专利权人对请求人提交的证据的真实性均有异议；请求人要求当庭提交倒骑驴人力载重车的车牌作为证据使用，合议组告知请求人当庭提交的新证据超过一个月期限并且不属于审查指南第四部分第三章第4.3.1节规定的可以考虑的情形，不予接受；专利权人明确其所提交的民事判决书用于证明法院已经认定请求人侵权；请求人认为传统倒骑驴由三个轮子和一个车箱组成，本专利主要特征也是这些，和传统的倒骑驴基本上没有两样，属于相似的外观设计，二者区别仅仅为是否有动力系统，但是这与外观没有关系，从外观根本看不出来，本专利从外观上看和传统的倒骑驴是一样的。对此，专利权人则认为：本专利有四个箱子是安装动力电池用的，另外，本专利从外观上可以看到电机、轴承、传动轴等传动机构；一般消费者一看就知道哪个是电动的哪个是普通的倒骑驴。请求人则认为：从本专利的外观设计附图上看不出箱体之类的设计，传统倒骑驴画出来的图纸和本专利是一样的。

在上述工作的基础上，合议组认为本案事实已经清楚，可以作出审查决定。

二、决定的理由

1. 无效宣告请求的理由

基于请求人提出的无效宣告请求理由，合议组依据专利法第23条的规定对本案进行审理。

专利法第23条规定："授予专利权的外观设计，应当同申请日以前在国内外出版物上公开发表过或者国内公开使用过的外观设计不相同和不相近似，并不得与他人在先取得的合法权利相冲突。"

2. 证据的审查和事实的认定

审查指南第四部分第三章第4.3.1节规定：请求人在提出无效宣告请求之日起一个月后补充证据的，专利复审委员会一般不予考虑，但下列情形除外：

（i）针对专利权人以合并方式修改的权利要求或者提交的反证，请求人在专利复审委员会指定的期限内补充证据，并在该期限内结合该证据具体说明相关无效宣告理由的；

（ii）在口头审理辩论终结前提交技术词典、技术手册和教科书等所属技术领域中的公知常识性证据或者用于完善证据法定形式的公证书、原件等证据，并在该期限内结合该证据具体说明相关无效宣告理由的。

请求人在进行口头审理时要求提交的车牌等证据，从请求人所提交的附件2、3照片复印件中根本未显示，也不属于审查指南规定的上述予以考虑的特殊情形，因此合议组对上述证据不予考虑。

《最高人民法院关于民事诉讼证据的若干规定》第47条第1款规定："证据应当在法庭上出示，由当事人质证。未经质证的证据，不能作为认定案件事实的依据"；第55条规定："证人应当出庭作证，接受当事人的质询"；第56条第1款规定：《民事诉讼法》第70条规定的"证人确有困难不能出庭"，是指有下列情形：（1）年迈体弱或者行动不便无法出庭的；（2）特殊岗位确实无法离开的；（3）路途特别遥远，交通不便难以出庭的；（4）因自然灾害等不可抗力的原因无法出庭的；（5）其他无法出庭的特殊情况；第56条第2款规定：前款情形，经人民法院许可，证人可以提交书面证言或者视听资料或者通过双向视听传输技术手段作证；第10条规定：当事人向人民法院提供证据，应当提供原件或者原物。如需自己保存原件、原物或者提供原件、原物确有困难的，可以提供经人民法院核对无异的复制件或者复制品。根据审查指南第四部分第八章第1节引言中的规定，无效宣告程序中有关证据的各种问题，本指南没有规定的，可参照人民法院民事诉讼中的相关规定。

附件1是一份证人证言的复印件，未提交原件，而且证人无正当理由未出庭作证，专利权人对该附件的真实性有异议，因此该证据的真实性不能被确认，当然也不能单独作为认定案件事实的依据。附件2是"倒骑驴"人力载重车照片的复印件，附件3是请求人所生产的产品照片的复印件，请求人未提交上述附件的原件，而且专利权人对附件2、3的真实性均有异议，因此附件2、3的真实性不能被确认。故请求人提交的证据均不足以支持其无效宣告请求的理由。

三、决定

维持200530096378.8号外观设计专利权有效。

当事人对本决定不服的，可以根据专利法第46条第2款的规定，自收到本决定之日起三个月内向北京市第一中级人民法院起诉。根据该款的规定，一方当事人起诉后，另一方当事人应当作为第三人参加诉讼。

皮革（04）

无效宣告请求审查决定（第 10433 号）

决 定 号	第 10433 号
决 定 日	2007 年 8 月 27 日
发明创造名称	皮革（04）
外观设计分类号	05-05
无效宣告请求人	古乔古希股份公司
专 利 权 人	陈毓萍
专 利 号	200430110422.1
申 请 日	2004 年 12 月 28 日
授 权 公 告 日	2005 年 8 月 10 日
合议组组长	张跃平
主 审 员	李玲玲
参 审 员	武 磊
附 图	1 页

法 律 依 据 专利法第 23 条
决 定 要 点

本专利与附件 1 的不同点仅在于组成产品图案的具体文字，而文字在外观设计相近似的判断中仅仅是作为一种图案，在二者单元图案构成、排列布置方式基本相同的情况下，上述差别对于产品外观设计的整体视觉效果不足以产生显著影响。

一、案由

本无效宣告请求涉及国家知识产权局于 2005 年 8 月 10 日授权公告、申请号为 200430110422.1、名称为"皮革（04）"的外观设计专利（下称本专利），其申请日是 2004 年 12 月 28 日，专利权人是陈毓萍。

针对本专利，古乔古希股份公司（下称请求人）于 2007 年 1 月 31 日向国家知识产权局专利复审委员会提出无效宣告请求，其无效理由为本专利不符合专利法第 23 条的规定。请求人提交了如下附件作为证据：

附件 1：03357618.1 号中国外观设计专利公报复印件 1 页，其授权公告日为 2004 年 3 月 31 日；
附件 2：本专利公报复印件 1 页。

请求人认为，本专利与附件 1 的产品均属于纺织、人造材料片材，用途相同，都可用于服装、箱包等，是相近似类别的产品。本专利为平面设计，外观设计的要素是图案，其题材是用字母组成图案，其单元图案主要是由中间一个方块形的字母和周围小得多的字母串构成的方框组成；单元图案倾斜布置，上下左右四方连续。

附件1也是平面设计，外观设计的要素是图案，其题材是用字母组成图案，其单元图案主要是由中间一个方块形的字母和周围小得多的字母串构成的方框组成；单元图案倾斜布置，上下左右四方连续。

从整体观察，二者的设计构思完全相同，图案都是一个个斜方格加上中间有一个较大的方块形字母。二者的不同点仅在于产品图案的具体文字。考虑到文字作为图案的装饰作用，对一般消费者而言，上述差别不会对产品整体视觉效果产生显著影响。因此二者属于相近似的外观设计。本专利不符合专利法第23条的规定。

经形式审查合格，专利复审委员会依法受理了上述无效宣告请求，于2007年3月13日向向双方当事人发出无效宣告请求受理通知书，同时将请求人于2007年1月31日提交的无效宣告请求书及其附件清单中所列附件副本转给专利权人，要求其在指定期限内答复。

专利权人在指定期限内未作答复。

专利复审委员会依法成立合议组对本案进行审理，专利复审委员会于2007年7月20日分别向双方当事人发出合议组成员告知通知书，告知双方当事人本案合议组成员情况，并要求双方当事人如对合议组成员有回避请求，应在合议组成员告知通知书指定的期限内提交书面请求书并说明理由，逾期未答复，视为无回避请求。

在上述合议组成员告知通知书所指定的期限内双方当事人均未作答复。

至此，本案合议组认为本案事实清楚，现依法作出审查决定。

二、决定的理由

1. 无效宣告请求的理由

请求人提出的无效宣告请求的理由是专利法第23条。专利法第23条规定：授予专利权的外观设计，应当同申请日以前在国内外出版物上公开发表过或者国内公开使用过的外观设计不相同和不相近似，并不得与他人在先取得的合法权利相冲突。

2. 证据的审查

附件1是03357618.1号中国外观设计专利公报复印件，经合议组核实，该附件1所示内容真实，合议组对附件1的真实性予以认可，且附件1的公开日早于本专利申请日，故附件1属于专利法第23条所规定的公开出版物，可适用于本案。因此附件1可以作为本专利的在先设计使用。

3. 本专利是否符合专利法第23条的规定

附件1公开了一种皮革的外观设计，其与本专利属相同类别的产品的外观设计，可以进行相近似性对比。

本专利的描述（详见本专利附图）。

本专利为平面设计，外观设计的要素是图案，其题材是用字母组成图案，其单元图案是由中间两个紧密并列的较大方块形字母及其四周小得多的字母串构成的方框组成；单元图案倾斜布置，上下左右四方连续。

附件1的描述（详见附件1附图）。

附件1为平面设计，外观设计的要素是图案，其题材是用字母组成图案，其单元图案是由中间一个较大的方块形字母及其四周小得多的字母串构成的方框组成；单元图案倾斜布置，上下左右四方连续。

将本专利与附件1的外观设计图片相对比可以看出,二者的相同之处包括:二者均是平面设计;二者外观设计的要素都是图案;二者题材都是用字母组成图案;二者单元图案都是由中间较大的方块形字母及其四周小得多的字母串构成的方框组成;二者单元图案均倾斜布置,都是上下左右四方连续。

两者的不同点仅在于组成产品图案的具体文字,即两者单元图案中间的具体文字和四周字母串的具体文字的差别,具体来说,本专利单元图案中间为两个紧密排列成方块形的字母,附件1单元图案中间为一个方块形字母,本专利与附件1的单元图案四周字母串的文字有所差别。然而,在外观设计相近似的判断中文字仅仅是作为一种图案,在二者单元图案四周均为字母串构成方框,中间字母均为方块形图案时,字母本身的差异对整体视觉效果影响不大,在两者单元图案的构成、布置方式均基本相同的情况下,对于一般消费者而言,上述差别不会对产品外观设计的整体视觉效果产生显著的影响,因此本专利与附件1属于相近似的外观设计,本专利不符合第23条的规定。

三、决定

宣告200430110422.1号外观设计专利权全部无效。

当事人对本决定不服的,可以根据专利法第46条第2款的规定,自收到本决定之日起三个月内向北京市第一中级人民法院起诉。根据该款规定,一方当事人起诉后,另一方当事人应当作为第三人参加诉讼。

主视图

本专利附图

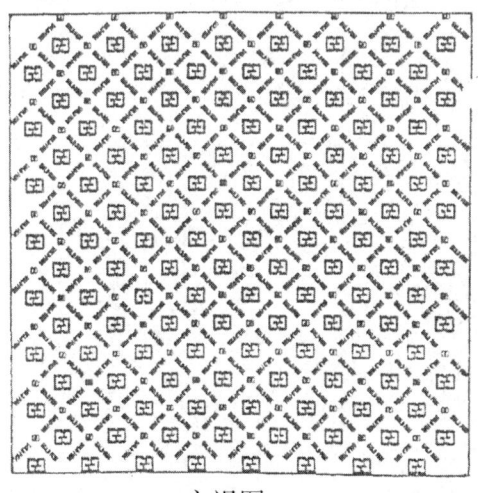

主视图

附件1附图

电声大提琴

无效宣告请求审查决定（第 10438 号）

决 定 号	第 10438 号
决 定 日	2007 年 9 月 3 日
发明创造名称	电声大提琴
外观设计分类号	17-03
无效宣告请求人	雅马哈株式会社
专 利 权 人	王 安
专 利 号	200530121875.9
申 请 日	2005 年 9 月 12 日
授 权 公 告 日	2006 年 6 月 14 日
合 议 组 组 长	魏 屹
主 审 员	路传亮
参 审 员	弓 玮
附 图	2 页
法 律 依 据	专利法第 23 条

决 定 要 点

本专利与对比文献相比较，不同点属于产品局部细微的变化，对产品的整体结构形状未产生显著的影响，消费者在购买该产品时容易发生混淆，两者属于相近似的外观设计。

一般消费者在购买外观设计产品时通常会更加注重使用状态下能够看到的部位，因此其相对于使用状态下看不到的部位具有更显著的视觉影响。

一、案由

本无效宣告请求涉及专利号为 200530121875.9、名称为"电声大提琴"的外观设计专利，该专利的申请日为 2005 年 9 月 12 日，授权公告日为 2006 年 6 月 14 日，专利权人为王安。

针对上述外观设计专利权（下称本专利），雅马哈株式会社（下称请求人）于 2006 年 9 月 29 日向国家知识产权局专利复审委员会提出无效宣告请求，请求宣告本专利无效，其理由是：本专利与证据 1~3 相比较，它们琴身的整体形状相近似，都是在上部小、下部大的葫芦形状的基础上，左侧有一缺口，虽然琴身与音板的连接处略有不同，但对整体的视觉不会造成显著的影响，综上认为本专利与证据 1~3 相近似，不符合专利法第 23 条的规定。同时，请求人提交了以下证据：

证据 1：公开日为 1999 年 12 月 22 日、登录意匠号为 1043005 类似 1 的日本意匠公报复印件，共 2 页；

证据 2：公开日为 1999 年 7 月 6 日、登录意匠号为 1043005 的日本意匠公报复印件，共 2 页；

证据 3：公开日为 1999 年 7 月 6 日、登录意匠号为 1043022 的日本意匠公报复印件，共 2 页。

经形式审查合格，专利复审委员会于 2006 年 11 月 24 日受理了此案，并将无效请求书及证据副本转送给专利权人，并要求其在指定的期限内答复。同时成立合议组对本案进行审理。

针对上述无效宣告请求，专利权人于 2006 年 12 月 26 日提交了意见陈述书，认为：（1）本专利与证据 1 相比较，具有明显的视觉差异，证据 1 的设计从缺口处预留了连接缺口线段的起始点，而本专利去掉所有无用部分，全琴外形保留 3/4，无缺口，也没有预留联接缺口线段的起始点；其次，证据 1 中的设计腰部特征也不明显，且设有琴角，琴的边框与琴身的中间部分具有明显的支撑结构；而且，本专利较证据 1 的设计薄而平。（2）本专利与证据 2 相比，不同之处不仅在于"琴身与音板的托连接点略有不同"，而且证据 2 设计中腰部两侧各有宽板支撑琴身，与音板的连接点共有 4 个，且呈十字形，而本专利呈一直线形，这对视觉效果有极大的影响。（3）证据 3 中琴身外形呈 8 字形，外形与音板共有 5 个连接点，本专利外形为标准的葫芦形状，明显呈细腰，外形与音板共有 3 个连接点，两者具有明显的区别。综上，专利权人认为证据 1~3 与本专利不相同也不相近似，本专利符合专利法第 23 条的规定。

2007 年 3 月 16 日，合议组向双方当事人发出口头审理通知书，定于 2007 年 4 月 24 日在专利复审委员会举行口头审理。同时，将专利权人的上述意见陈述书转送给请求人，并要求双方当事人在指定的期限内进行答复。

口头审理如期举行，双方当事人均参加了口头审理。口头审理过程中，请求人明确表示对变更后的合议组成员无回避请求，请求人确认其无效理由是本专利相对于证据 1~3 均不符合专利法第 23 条的规定，并认为本专利与证据 1~3 所公开的图形相近似，均为葫芦形状，电声大提琴的使用面应为主视图，因此应以主视图为主进行比较。同时请求人当庭提交了盖有国家知识产权局检索中心专用章的证据 1~3 的原件，专利权人对证据 1~3 的真实性予以认可。专利权人认为基本上所有的管弦乐器都会设计成"上部小、下部大"的结构形式，本专利与证据 1~3 的图形均存在明显的区别，从整体上看不相同也不相近似。

在上述事实的基础上，合议组认为本案事实已经清楚，可以依法作出审查决定。

二、决定的理由

1. 证据认定

证据 1 是公开日为 1999 年 12 月 22 日、登录意匠号为 1043005 类似 1 的日本意匠公报复印件，专利权人对其真实性予以认可，合议组经核实，对其真实性予以确认。证据 1 属于公开日早于本专利的申请日的公开出版物，故该证据可以作为在先设计与本专利进行对比。

2. 关于本专利是否符合专利法第 23 条的规定的问题

专利法第 23 条规定："授予专利权的外观设计，应当同申请日以前在国内外出版物上公开发表过或者国内公开使用过的外观设计不相同和不相近似，并不得与他人在先取得的合法权利相冲突。"

就本案而言，本专利以六面视图表示了一种电声大提琴的外观设计，其由琴主杆、琴身、琴头、弦轴柄、音板、琴马、拉弦板等部件组成，整个琴身外形为"上部小、下部大、中间有细腰的葫芦状"，从主视图上看，大提琴琴身的设计为在上部小、下部大、中部呈腰形的葫芦形状的基础上，左侧有一缺口，整个琴身通过上部、下部和腰部连接在音板上；从左视图上看，琴主杆上端呈流线形的弯头设计，左右两侧各设置两个弦卷，琴身的腰部横置有琴马，拉弦板位于琴身下部中间位置呈铲状（详见本专利附图）。

证据 1 的六面视图也表示了电声大提琴的外观设计，其由琴主杆、琴身、琴头、弦轴柄、音板、琴马、拉弦板等部件组成，琴身整体外形为"上部小、下部大、中间有细腰的葫芦状"，从主视图上看，大提琴琴身的设计为在上部小、下部大、中部呈腰形的葫芦形状的基础上，左侧有一缺口，整个琴身通过上部、下部和腰部对称地连接在音板上，琴身的腰下部设有两个琴角，琴身的中间部分对称地连接在音板上；从左视图上看，琴主杆上端呈流线形的弯头设计，左右两侧各设置两个弦卷，琴身的腰部横置有琴马，拉弦板位于琴身下部中间位置呈铲状（详见证据1附图）。

将本专利与证据1相比较，两者的主要区别在于：（1）本专利所示电声大提琴琴身腰部较细，而证据1的腰部略宽；（2）本专利琴身腰部左侧（主视图）有支撑连接在音板上，而证据1琴身腰部两侧均有支撑连接在音板上；（3）本专利腰下部为圆滑过渡，而在证据1腰下部设有琴角。

由以上比较，合议组认为，一般消费者在购买外观设计产品时通常会更加注重使用状态下能够看到的部位，因此其相对于使用状态下看不到的部位具有更显著的视觉影响。对于电声大提琴这种产品而言，使用状态下的正面的设计相对于背面的设计对一般消费者应当更具有显著的影响。虽然本专利的琴身腰部比证据1的琴身腰部略细，右侧腰部与音板无支撑，且腰下部没有琴角，但对于一般消费者而言，本专利与证据1的设计整体风格上近似，琴身均为上部小、下部大的葫芦状，且中间有明显的细腰。本专利与证据1的上述区别属于局部的细微改变，相对于整个大提琴而言，这种局部的细微变化不会对一般消费者的视觉产生显著的影响。故合议组认为本专利与证据1属于相近似的外观设计，本专利不符合专利法第23条的规定。

三、决定

宣告200530121875.9号外观设计专利权无效。

当事人对本决定不服的，可以根据专利法第46条第2款的规定，自收到本决定之日起三个月内向北京市第一中级人民法院起诉。根据该款的规定，一方当事人起诉后，另一方当事人应当作为第三人参加诉讼。

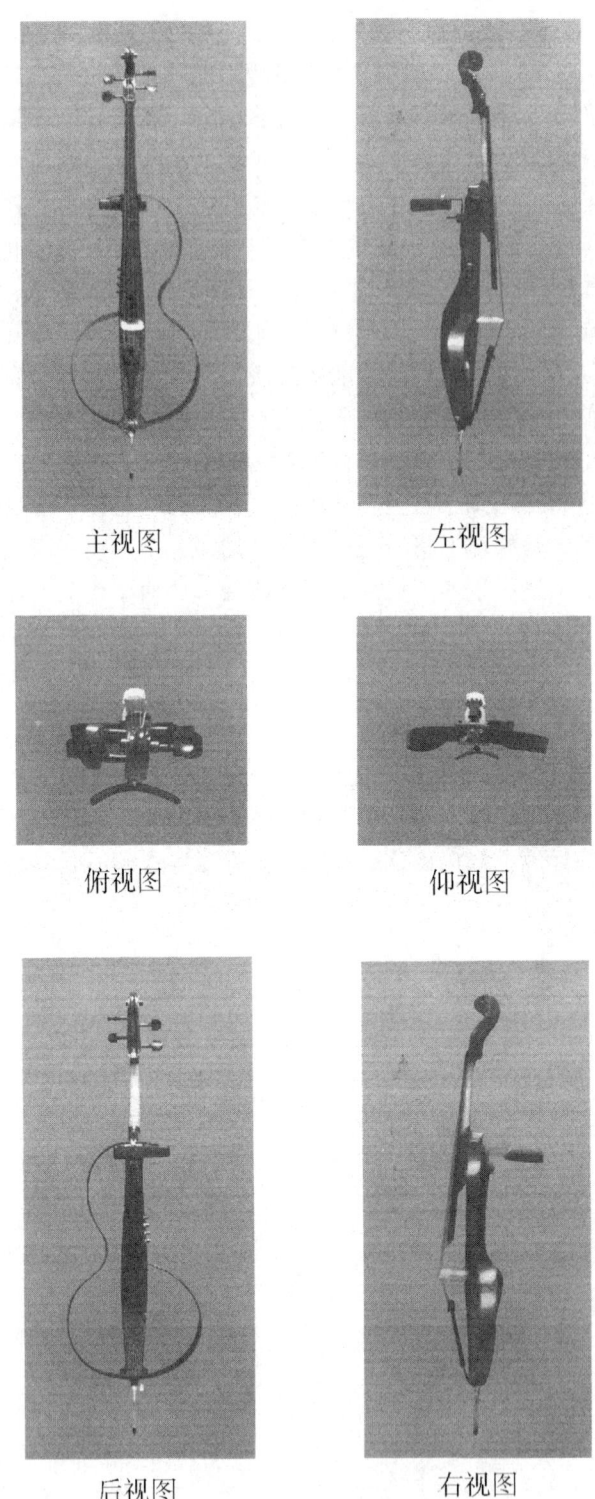

本专利附图

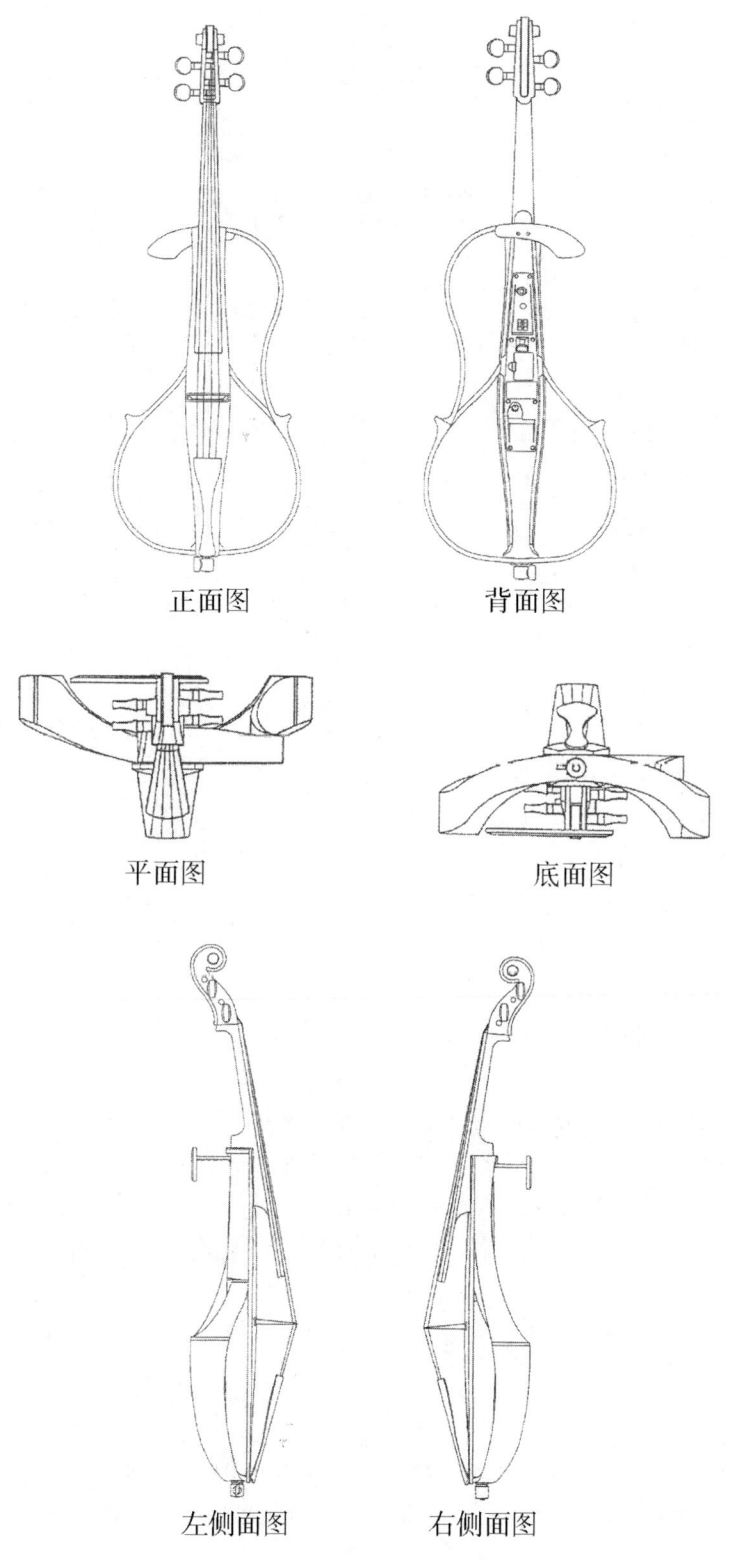

正面图　　背面图

平面图　　底面图

左侧面图　　右侧面图

对比文件附图

接线盒（2）

无效宣告请求审查决定（第10441号）

决　定　号	第10441号
决　定　日	2007年8月30日
发明创造名称	接线盒（2）
外观设计分类号	13-03
无效宣告请求人	江苏省南通市海安县同庆电塑厂
专　利　权　人	陈和明
申　请　号	03314755.8
申　请　日	2003年2月26日
授权公告日	2003年9月17日
合议组组长	钟　华
主　审　员	王霞军
参　审　员	周　佳
附　　　图	2页

法律依据　专利法第23条

决定要点

本专利与在先设计接线盒的形状均为方形，方形接线盒应属于该类产品公认的惯常设计，则盒壁上的设计应对整体视觉效果更具有显著的影响。虽然二者盒壁上均有圆顶形门设计，但本专利和在先设计在盒壁上的圆形镂空孔、插片预留孔形状和数量的差别，对产品外观设计的整体视觉具有显著的影响，一般消费者对产品的整体外观产生了明显不同的视觉印象，二者属于不相同且不相近似的外观设计。

一、案由

本无效宣告请求涉及的是国家知识产权局于2003年9月17日授权公告的，名称为"接线盒（2）"的外观设计专利（下称本专利），其申请号是03314755.8，申请日是2003年2月26日，专利权人是陈和明。

针对上述专利权，江苏省南通市海安县同庆电塑厂（下称请求人）于2006年10月20日向专利复审委员会提出无效宣告请求，其理由是：本专利与在先申请的外观设计专利相近似，同时，在本专利申请日之前已有与本专利外观设计相近似产品的产品在市场上出现，本专利不符合专利法第23条和专利法实施细则第2条第3款和第13条第1款的规定。与此同时，请求人提交了如下附件作为证据：

附件1：陈和明专利侵权纠纷处理请求书复印件3页；
附件2：南通市知识产权局口审笔录复印件6页；
附件3：本专利外观设计专利证书复印件和公报复印件2页；
附件4：03314754.X号外观设计专利证书和公报复印件2页；
附件5：西蒙公司产品图片复印件1页；
附件6：01271204.3号实用新型专利复印件1份；
附件7：00216864.2号实用新型专利复印件1份。

经形式审查合格，专利复审委员会受理了此案，并于2006年12月20日将无效请求书及相关材料转送给专利权人。

专利复审委员会于2007年4月2日向双方当事人发出无效宣告请求口头审理通知书，定于2007年5月30日举行口头审理。

2007年4月7日，专利权人向专利复审委员会提交了意见陈述书，专利权人认为，本专利是专利权人独自创新的，其形状独特，有很强的立体感，与西蒙公司的产品从外观到安装使用上均不相同，请求维持本专利权有效。同时，专利权人随意见陈述书附请求人提交的附件5图片1张，01271204.3号实用新型专利说明书附图2页，本专利申请文件和公报。

口头审理如期举行，双方当事人及委托代理人均出庭，合议组将专利权人的意见陈述书转给请求人。请求人当庭声明放弃专利法实施细则第2条第3款和第13条第1款的无效宣告理由，放弃附件4和附件5两份证据，强调附件1证明请求人的主体资格，附件2证明专利权人在南通市知识产权局开庭审理时确认的本专利设计要点，附件6实用新型专利说明书附图3和附图4公开的产品形状与本专利相近似，附件7实用新型专利说明书附图4公开的产品形状与本专利产品连接部位的形状相近似。专利权人对附件1、附件2、附件6、附件7四份证据的真实性没有异议，但认为与本专利外观设计不相同也不相近似。双方当事人各自坚持原有主张。

合议组经合议，认为本案事实清楚，可以依法作出审查决定。

二、决定的理由

1. 法律依据

基于请求人提出的无效宣告请求理由，合议组对本专利是否符合专利法第23条的规定进行审查。

专利法第23条规定"授予专利权的外观设计，应当同申请日以前在国内外出版物上公开发表过或者国内公开使用过的外观设计不相同和不相近似，并不得与他人在先取得的合法权利相冲突"。

2. 证据认定

请求人提交的附件1是专利权人向南通市知识产权局提交的《专利侵权纠纷请求书》，证明专利权人的主体资格，附件2是南通市知识产权局开庭审理本专利侵权案的口审笔录，请求人提交上述两份证据证明在南通市知识产权局开庭审理时专利权人本人确认了本专利的设计要点。合议组认为，外观设计专利的保护范围是以外观设计专利授权文本中的图片或照片表示的外观设计为准。外观设计采用整体观察，综合判断的方式进行相同或相近似判断，而不从外观设计的部分或者局部出发得出与本专利是否在先设计相同或者相近似的结论。专利复审委员会在判断本专利与在先设计是否相近似时，是将二者产品的整体形状进行比较，并不是仅考虑专利权人指认的设计要点。

请求人提交的附件6是国家知识产权局于2003年1月15日授权公告的、名称为"用于电气装置的内装式箱盒"、专利号为0121204.3的实用新型专利公报复印件，专利权人对其真实性没有异议。经合议组核实，该专利的真实性可以确认，该专利的公开日期早于本专利的申请日，属于专利法第

23条规定的出版物。请求人指认该实用新型说明书附图中的图3、图4（下称在先设计）公开的产品形状与本外观设计相近似。合议组确认，本专利与在先设计均为电气装置接线盒，具有相同用途，因此二者产品具有可比性，可以进行相近似比较。

请求人提交的附件7是国家知识产权局于2001年1月24日授权公告的、名称为"可组合的接线盒"、专利号为00216864.2的实用新型专利公报复印件，专利权人对其真实性没有异议。经合议组核实，该专利的真实性可以确认，该专利的公开日期早于本专利的申请日，属于专利法第23条规定的出版物。请求人确认本实用新型说明书附图中的图4公开了与本专利相近似盒体连接部位的形状。合议组认为，判断本专利与在先设计是否相同或相近似，是对二者产品整体形状进行比较，而不是从本专利产品的部分或者局部形状出发得出是否与在先设计相同或相近似的结论。请求人提交的图4仅为产品剖视图（详见附件7附图），该剖视图不能完整反映出产品形状，因此无法与本专利外观设计进行相近似性比较。

3. 相近似比较

本专利公报公开了产品6面视图和立体图，如图所示，本专利整体形状近似正方形盒体，每面盒壁设有两个近似圆顶形的门，门内有两个大小略有不同的圆形镂空孔，盒底对角各有一个圆形镂空孔，每面盒壁顶端中间位置设有近似"凸"字形插片预留孔，盒壁上端有一圈向外延伸的沿，边沿两侧各有两个棱形凹槽或棱形柱，用于连接两个接线盒，盒体外沿四个角均为设有圆形支撑柱（详见本专利附图）。

在先设计由接线盒的剖面视图和立体图组成，如图所示，在先设计形状近似正方形盒体，每面盒壁设有两个圆顶形的门，盒底对角各有一个圆形镂空孔，两面盒壁顶端中间位置设有长方形插片预留孔，盒壁上端有一圈向外延伸的沿，边沿两侧各有两个圆形插槽或圆柱，用于连接两个接线盒，盒体外沿四个角均为设有圆形支撑柱（详见在先设计附图）。

将本专利与在先设计比较，二者相同点是：接线盒的整体形状均近似正方形，每面盒壁均有两个圆顶门，盒底有两个圆形镂空孔，盒壁有一圈各外延伸的沿，盒体与盒体之间均设有连接部位。二者主要不同点：盒壁形状不同，本专利盒壁圆顶门内有两个大小不同的圆形镂空孔，而在先设计只有圆顶门没有圆形镂空孔；插片预留孔的数量与形状不同，本专利每个盒壁上均设有插片预留孔，预留孔的形状近似"凸"字形，而在先设计盒体上只设有两个长方形插入预留孔；连接部件的形状不同，本专利连接部件的凹槽和凸体均为棱形，而在先设计连接部件为圆形。合议组认为，本专利和在先设计整体形状虽然均为方形，但方形接线盒应属于该类产品公认的惯常设计，则盒壁上的设计通常对整体视觉效果更具有显著的影响。本专利与在先设计在盒壁上均有圆顶形门，但本专利在圆顶形门内设有的圆形镂空孔，对于产品外观设计的整体视觉具有显著的影响。本专利盒壁上"凸"字形插片预留孔，以及与在先设计插片预留孔数量上的差别，使一般消费者对二者产品的整体外观产生了明显不同的视觉印象，二者属于不相同且不相近似的外观设计。

综上所述，请求人没有提交充分的、有证明力的证据支持其无效宣告请求的理由，因此其提出无效宣告请求的理由不成立。

三、决定

维持03314755.8号外观设计专利权有效。

当事人对本决定不服的，可以根据专利法第46条第2款的规定，自收到本决定之日起三个月内向北京市第一中级人民法院起诉。根据该款的规定，一方当事人起诉后，另一方当事人应当作为第三人参加诉讼。

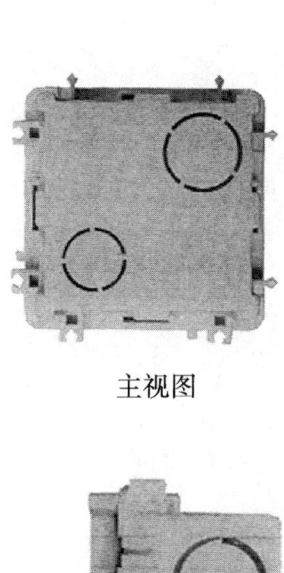

主视图　　　　　　　　后视图

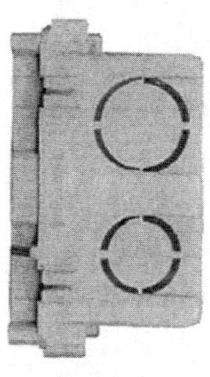
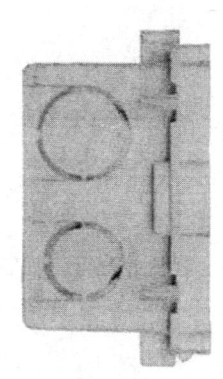

左视图　　　　　　　　右视图

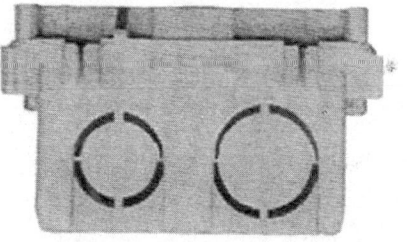

仰视图　　　　　　　　俯视图

立体图

本专利附图

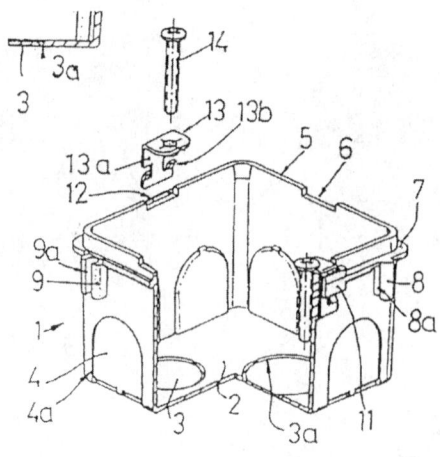

图 3

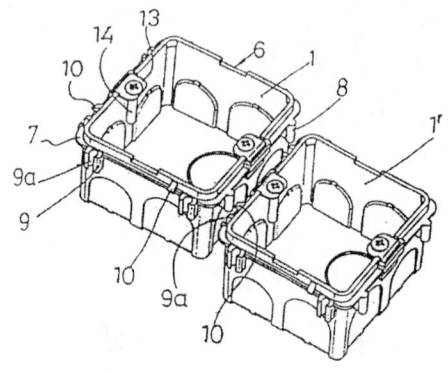

图 4

在先设计附图

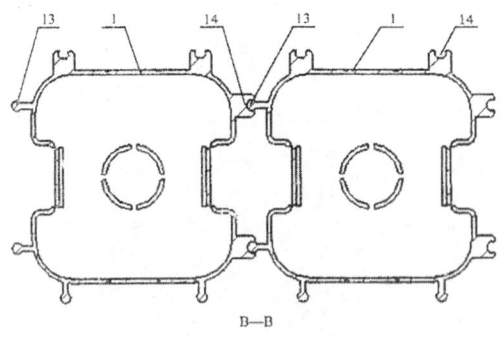

附件 7 附图 4

饮料瓶（2）

无效宣告请求审查决定（第10456号）

决 定 号	第10456号
决 定 日	2007年9月5日
发明创造名称	饮料瓶（2）
外观设计分类号	09-01
无效宣告请求人	四川绿科果蔬饮品有限责任公司
专 利 权 人	怡宝食品饮料（深圳）有限公司
专 利 号	01307006.1
申 请 日	2001年4月13日
授权公告日	2001年11月21日
合议组组长	徐清平
主 审 员	周佳
参 审 员	王霞军
附 图	3页
法 律 依 据	专利法第23条，专利法实施细则第2条第3款

决 定 要 点

（1）专利法实施细则第2条第3款中对外观设计产品应富有美感的标准应理解为外观设计不具有违反国家法律、社会公德的内容，不会引起人们的心理反感即可，并没有排除外观设计可同时具有功能属性。对请求人提出的本专利加强筋的设计为纯粹功能性设计因而会导致整体外观设计不具有美感的主张不予支持。

（2）本专利与各项在先设计存在的主要差别均会对整体外观设计产生显著不同的影响，因此与各项在先设计均不相同也不相近似。

一、案由

本无效宣告请求涉及的是2001年11月21日国家知识产权局授权公告的01307006.1号外观设计专利，使用外观设计的产品名称为"饮料瓶（2）"，申请日是2001年4月13日，专利权人为怡宝食品饮料（深圳）有限公司。

针对上述外观设计专利权（下称本专利），2006年11月7日四川绿科果蔬饮品有限责任公司（下称请求人）向专利复审委员会提出无效宣告请求，其依据的事实和理由是：本专利不符合专利法实施细则第2条第3款的规定，本专利的瓶体形状已在公共领域内普遍应用，瓶体上的加强筋的设计为功能性设计，且会破坏饮料瓶的整体和谐，从而不符合专利法中对外观设计应富有美感的要求，依据的证据为本专利和教科书《塑料成型工艺与模具设计》中关于加强筋（肋）的定义，但并未提交《塑料成型工艺与模具设计》的书册；本专利不符合专利法第23条的规定，本专利是由将在其申请日前授权公告的在先外观设计专利进行拼凑而成，与99326047.0号、98320613.9号、96318559.4号、96315796.5号、00324496.2号外观设计专利相近似，并提交了如下附件作为证据：

附件1：99326047.0号外观设计专利著录项目及图片复印件1页；

附件2：98320613.9号外观设计专利著录项目及图片复印件1页；

附件3：96318559.4号外观设计专利著录项目及图片复印件1页；

附件4：96315796.5号外观设计专利著录项目及图片复印件1页；

附件5：00324496.2号外观设计专利著录项目及图片复印件1页；

附件6：本专利的著录项目及图片复印件1页；

专利复审委员会经形式审查合格受理了上述无效宣告请求，于2006年11月27日向双方当事人发出无效宣告请求受理通知书，并将无效宣告请求书及其附件副本转送给专利权人，要求其在指定期限内答复。

2006年12月30日请求人再次提交了意见陈述书重申了其提出无效宣告请求所依据的事实和理由。

2007年1月10日专利权人提交了意见陈述书，其认为本专利请求保护的是产品的形状和图案，而不是功能性的设计，本专利的外观具有美感，符合专利法及其实施细则的规定；且本专利的各视图所示的内容均与请求人提交的在先外观设计专利不相近似，其无效宣告请求的理由不能成立。

针对上述无效宣告请求，专利复审委员会依法成立合议组，对本案进行审理。

合议组于2007年2月28日向双方当事人发出合议组成员告知通知书，同时向请求人发出转送文件通知书，将专利权人于2007年1月10日提交的意见陈述书及其附件的副本转送给请求人，要求其指定期限内再次陈述意见。

在规定的期限内，双方当事人未对合议组告知通知书进行答复，视为对合议组成员没有回避请求。

2007年3月14日请求人提交意见陈述书，认为专利权人所述本专利瓶体中部的五圈横纹"适于手握"，正是属于功能性设计，"圆锥与圆柱体相结合"等设计被其他企业在先就已采用过，瓶底的同心圆数量多少、距离远近不会影响外观设计的相近似性比较，且专利权人的设计均不同程度的模仿了在先设计中的某个部分而略作改动，所以专利权人的意见陈述均不能被认可，应依法宣告本专利无效。

在上述审理的基础上，合议组认为本案事实清楚，可以依法作出审查决定。

二、决定的理由

1. 法律依据

基于请求人提出的无效宣告请求理由，合议组对本专利是否符合专利法实施细则第2条第3款和专利法第23条的规定进行审查。

专利法第2条第3款规定：专利法所称外观设计，是指对产品的形状、图案或者其结合以及色彩与形状、图案的结合所作出的富有美感并适于工业应用的新设计。

专利法第23条规定：授予专利权的外观设计，应当同申请日以前在国内外出版物上公开发表过或者国内公开使用过的外观设计不相同和不相近似，并不得与他人在先取得的合法权利相冲突。

2. 证据认定

请求人提出本专利的瓶体形状已在公共领域内普遍应用，瓶体上的加强筋的设计是为了加强饮料瓶的强度，节约成本，应属于功能性设计，且加强筋的运用会破坏饮料瓶的整体和谐，不符合专利法实施细则第 2 条第 3 款中对外观设计应富有美感的要求。合议组认为，专利法实施细则第 2 条第 3 款是对可获得专利保护的外观设计的一般性定义，其对外观设计产品应富有美感的标准应理解为外观设计不具有违法国家法律、社会公德的内容，不会引起人们的心理反感即可，并没有排除外观设计可同时具有功能属性。本专利瓶体上的加强筋，构成了该产品外观的一部分，其应用并不会对该外观设计整体造成引起人反感的极度不和谐效果，即使其具有了加强瓶体强度、节约成本的功能，也并不违反专利法实施细则的有关规定。因此，合议组对请求人提出的本专利不符合专利法实施细则第 2 条第 3 款规定的主张不予支持。

3. 证据的认定

请求人提交的附件 1 为 99326047.0 号外观设计专利著录项目及图片，其所示专利的申请日为 1999 年 5 月 31 日，授权公告日为 2000 年 1 月 12 日，使用外观设计的产品名称为"饮料瓶（001）"；附件 2 为 98320613.9 号外观设计专利著录项目及图片，其所示专利的申请日为 1998 年 10 月 23 日，授权公告日为 1999 年 5 月 12 日，使用外观设计的产品名称为"饮料瓶（C）"；附件 3 为 96318559.4 号外观设计专利著录项目及图片，其所示专利的申请日为 1996 年 9 月 3 日，授权公告日为 1997 年 8 月 27 日，使用外观设计的产品名称为"饮料瓶"；附件 4 为 96315796.5 号外观设计专利著录项目及图片，其所示专利的申请日为 1997 年 4 月 30 日，授权公告日为 1997 年 2 月 15 日，使用外观设计的产品名称为"饮料瓶"；附件 5 为 00324496.2 号外观设计专利著录项目及图片，其所示专利的申请日为 2000 年 8 月 29 日，授权公告日为 2001 年 6 月 27 日，使用外观设计的产品名称为"饮料瓶（19）"，经合议组核实，附件 1~5 内容真实，其上所示均为于本专利申请日前在中国专利公报上公开发表的外观设计，均可适用于专利法第 23 条的规定作为本案证据。

4. 外观设计相同和相近似判断

附件 1 所示外观设计（下称在先设计 1）、附件 2 所示外观设计（下称在先设计 2）、附件 3 所示外观设计（下称在先设计 3）、附件 4 所示外观设计（下称在先设计 4）、附件 5 所示外观设计（下称在先设计 5）与本专利均为饮料瓶，用途相同，属于相同种类的产品，故均可以与本专利进行相近似性对比。

本专利包括主视图、左视图、右视图、后视图、仰视图，简要说明载明省略俯视图。所示饮料瓶由瓶口、瓶颈、瓶身组成，瓶身为近似圆柱体，瓶颈为由瓶身向瓶口逐渐收缩的近似圆锥体，瓶身中部有五圈环形凹纹，环形凹纹的上方和下方有水波状凹纹（详见本专利附图）。

在先设计 1 包括主视图、俯视图和仰视图，简要说明载明"主视图、后视图、左视图、右视图相同，省略后、左、右视图"。所示饮料瓶由瓶口、瓶颈、瓶身组成，瓶身为近似圆柱体，瓶颈为由瓶身向瓶口逐渐收缩的近似圆锥体，瓶身向瓶颈的转折处有两圈环形线条，瓶身下部有两圈环形凸棱和一圈环形线条（详见在先设计 1 附图）。

在先设计 2 包括主视图、俯视图和仰视图，简要说明载明"左视图、右视图与主视图相同，省略左视图和右视图"。所示饮料瓶由瓶口、瓶颈、瓶身组成，瓶身为近似圆柱体，瓶颈为由瓶身向瓶口逐渐收缩的近似圆锥体，瓶颈上密布有由下至上逐渐变小的圆形图案，瓶身由环形双线条分割为三部分，中间部分密布有斜向排列的圆形图案（详见在先设计 2 附图）。

在先设计 3 包括主视图、右视图、俯视图和仰视图，简要说明载明"1. 后视图与主视图对称，省略后视图。2. 左视图与右视图对称，省略左视图"。所示饮料瓶由瓶口、瓶颈、瓶身组成，瓶身为近似圆柱体，瓶颈为由瓶身向瓶口逐渐收缩的近似圆锥体，瓶身上部有四圈环形凹纹，下部环绕瓶体排布有长方形图案，瓶颈处沿颈体曲面有近似U形图纹，瓶体正面上部印有卡通头像，下部印有风景图案（详见在先设计3附图）。

在先设计4包括主视图、俯视图和仰视图，简要说明载明"右、左、后视图与主视图相同（除瓶口螺纹外），省略右视图、左视图和后视图。"所示饮料瓶由瓶口、瓶颈、瓶身组成，瓶身为近似长方柱体，瓶身下部由五圈环状线条分割，瓶身下部外轮廓呈波状，瓶颈为近似圆锥体，瓶颈与瓶身由一条凹进环形线条分界（详见在先设计4附图）。

在先设计5包括主视图、后视图、左视图、右视图、俯视图、仰视图和立体图。所示饮料瓶由瓶口、瓶颈、瓶身组成，瓶身为近似圆柱体，瓶颈为由瓶身向瓶口的圆弧过渡体，瓶颈上有不规则折线图案，瓶身上部有若干圈环形凹纹，瓶身下部为若干圈波状线条（详见在先设计5附图）。

合议组认为，将本专利与在先设计1相比较，两者的相同点为瓶体结构形状大致相似，均为瓶身为近似圆柱体，瓶颈为近似圆锥体，瓶口为圆柱体。本专利和在先设计1的主要不同点为，瓶身和瓶颈处的设计内容明显不同，本专利的瓶体中部有五圈环形凹纹，环形凹纹上方和下方各有环绕瓶身的水波状凹纹相呼应，从而会给一般消费者在视觉上形成连续、起伏状排布的设计感觉，而在先设计1的瓶体设计较简单，瓶身主要部位为光滑表面，只在瓶身下部环绕几条环状线条，两者在此视觉瞩目面会给一般消费者留下显著不同的视觉印象，因而属于不相同且不相近似的外观设计。

将本专利与在先设计2相比较，两者的相同点为瓶体结构大致相同。两者的主要不同点为瓶体形状明显不同，本专利由瓶身向瓶颈圆滑过渡，而在先设计2的瓶颈与瓶身明显有交折线；两者在瓶体表面的图案设计上采用了不同形状的设计元素，本专利的五圈环状凹纹居中，水波状凹纹在其上下基本对称排布，而在先设计2的瓶身下部较大区域密布有斜向排列的圆圈图案，瓶颈处也有类似效果圆圈图案排布，本专利的水波状纹样与在先设计2的圆圈图案的差异会使两者在整体外观设计形成显著不同的视觉效果，因此属于不相同且不相近似的外观设计。

将本专利与在先设计3相比较，两者的相同点为瓶体结构大致相同。两者的主要不同点为瓶体形状明显不同，在先设计3在瓶颈向瓶口处的收缩弧度明显大于本专利，且瓶身中部的外轮廓线随环状凹纹呈圆弧状起伏，而本专利的瓶身外轮廓线则较平滑；两者在环状凹纹的上、下方采用了不同形状的纹样设计，本专利为水波状线条，在先设计3的上部为U形线条、下部为长方形线条，且上下部还印有卡通头像和风景图标，本专利则无类似的图标设计。两者在上述方面存在的差异会给一般消费者留下显著不同的视觉印象，因此属于不相同且不相近似的外观设计。

将本专利与在先设计4相比较，两者的相同点为瓶体结构大致相同。两者的主要不同点为瓶体形状明显不同，本专利为近似圆柱体形状，而在先设计4则为长方体形状；且瓶体上的设计内容也不相同，在先设计4的瓶身下部由五圈环状线条分割，与本专利波状线条在横向凹纹上、下方对称排布的设计构思明显不同，从整体观察，两者存在的差别会给一般消费者留下显著不同的视觉印象，因此属于不相同且不相近似的外观设计。

将本专利与在先设计5相比较，两者的相同点为瓶体结构大致相同，瓶身中部有环状横纹，下部有波状线条排布。两者的主要不同点为：瓶体形状不相同，本专利的瓶颈为由瓶身向瓶口逐渐收缩的圆锥体，而在先设计5的瓶颈为略向外凸出的鼓状，且两者的瓶颈与瓶身的比例不相同；瓶体上的设计内容不相同，本专利的五圈环状凹纹居中，水波状凹纹在其上下基本对称排布，而在先设计5的环形凹纹居于瓶体偏上部位，波状线条占据瓶体下半部区域，从而横纹与波状凹纹在瓶体上的比例分布明显不同，且在先设计5的瓶颈处为不规则的折线图案，也不同于本专利。请求人认为本专利与在先设计5的瓶底设计相近似，合议组认为，瓶底属于视觉不易观察到的部位，尽管两者在此部位的设计较为相似，但其他视觉容易观察到的部位的设计变化通常对整体视觉效果更具有显著影响，本专利与在先设计5在瓶体上存在的诸多差别已足以给一般消费者留下明显不同的视觉印象，因此二者属于既不相同也不相近似的外观设计。

请求人指出本专利是由在先设计1至在先设计5拼凑而成，合议组认为，根据审查指南第四部分第五章的规定，外观设计相同或相近似判断，应使用单独对比的原则，即应当用一项在先设计与被比外观设计进行单独对比，而不能将两项或两项以上在先设计结合起来与被比设计进行对比。从整体外观上，本专利与上述各项在先设计均不相同也不相近似，请求人所述因本专利的某一局部特征分别与在先设计的相应部位特征相似，因而本专利整体不符合专利法第23条规定的理由，不符合对外观设计进行单独对比的原则，对于其主张不予支持。

由于请求人未能提供充分的证据支持其主张，因此，请求人提出的本专利不符合专利法第23条、专利法实施细则第2条第3款规定的无效宣告请求理由不成立。

三、决定

维持01307006.1号外观设计专利权有效。

当事人对本决定不服的，可以根据专利法第46条第2款的规定，自收到本决定之日起三个月内向北京市第一中级人民法院起诉。根据该款的规定，一方当事人起诉后，另一方当事人应当作为第三人参加诉讼。

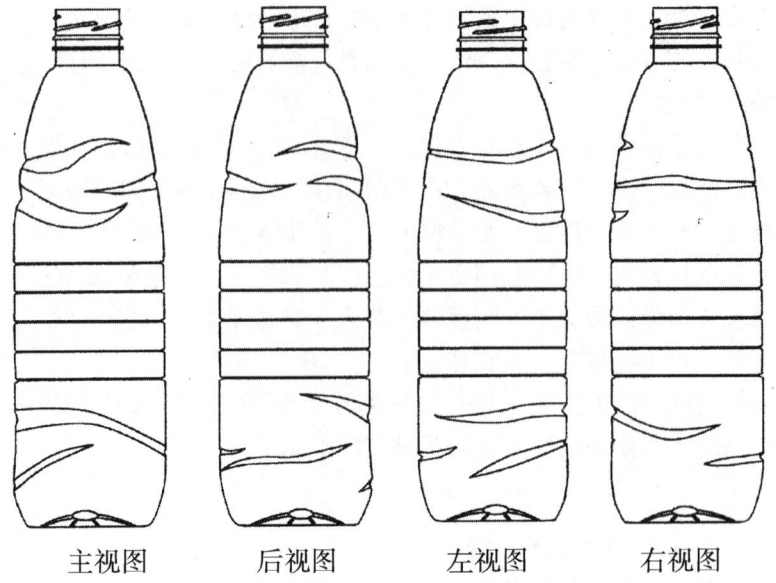

主视图　　后视图　　左视图　　右视图

仰视图

本专利附图

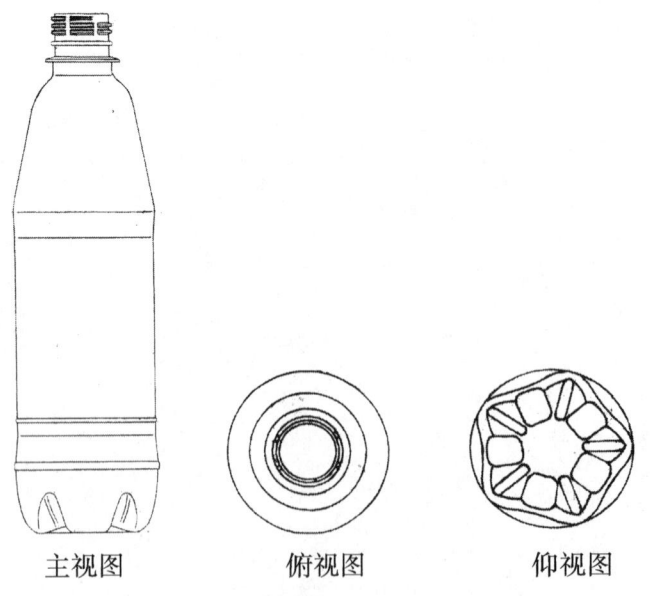

主视图　　俯视图　　仰视图

在先设计1附图

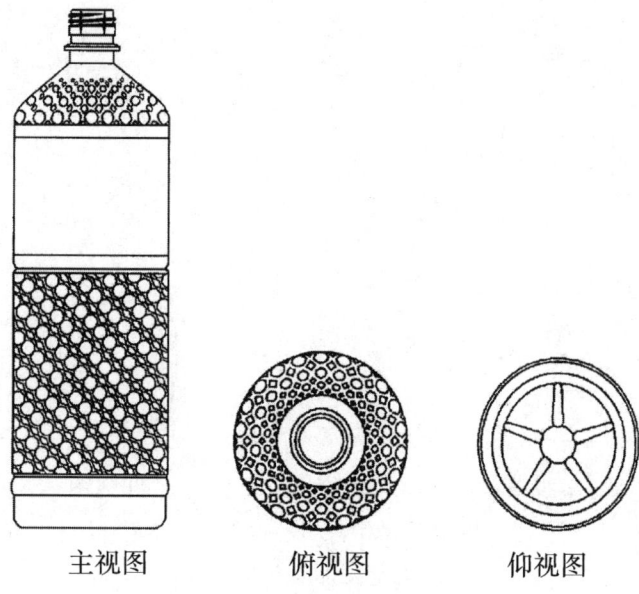

主视图　　俯视图　　仰视图

在先设计 2 附图

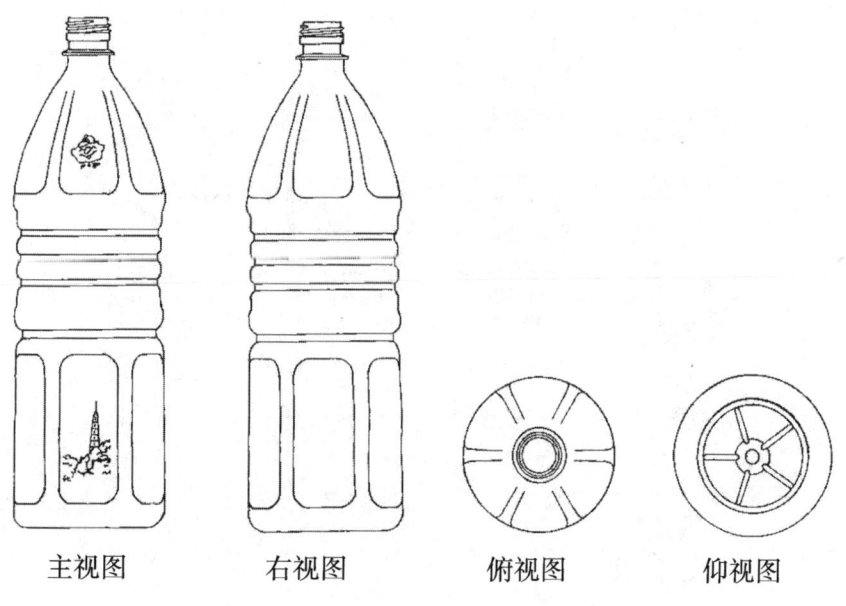

主视图　　右视图　　俯视图　　仰视图

在先设计 3 附图

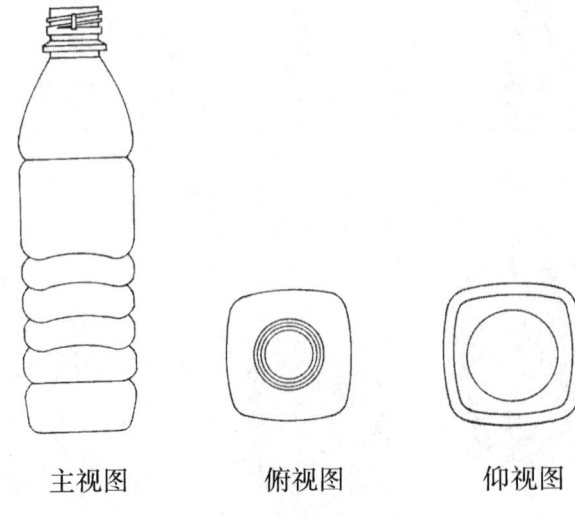

主视图　　　俯视图　　　仰视图

在先设计 4 附图

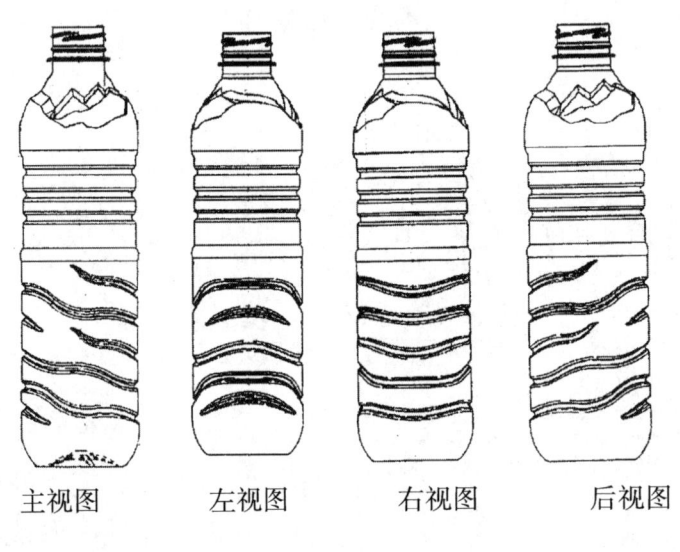

主视图　　　左视图　　　右视图　　　后视图

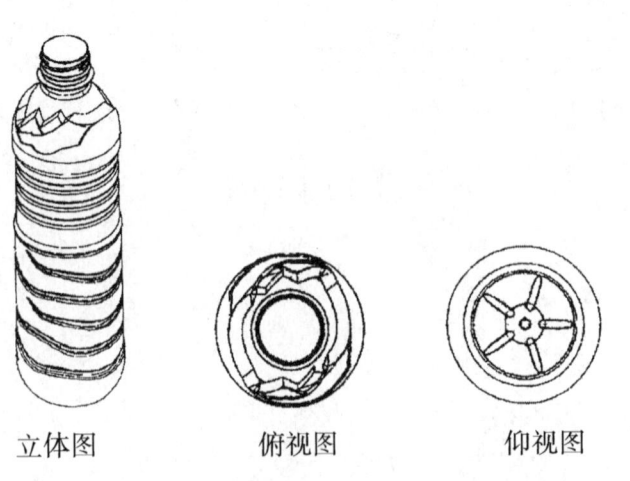

立体图　　　俯视图　　　仰视图

在先设计 5 附图

组合螺丝刀

无效宣告请求审查决定（第 10457 号）

决 定 号	第 10457 号
决 定 日	2007 年 8 月 16 日
发明创造名称	组合螺丝刀
外观设计分类号	06-04
无效宣告请求人	姚文篆
专 利 权 人	姚柏章
申 请 号	200430055277.1
申 请 日	2004 年 12 月 18 日
授 权 公 告 日	2005 年 10 月 5 日
合议组组长	高 栋
主 审 员	李 卉
参 审 员	刘 鹏
附 图	2 页
法 律 依 据	专利法第 23 条
决 定 要 点	

本专利的组合螺丝刀与在先设计的所示组合螺丝刀的局部细微差别不会对产品的整体视觉效果产生显著影响，因此本专利与在先设计具有相近似性。

一、案由

本无效宣告请求涉及国家知识产权局于 2005 年 10 月 5 日授权公告的、申请号为 200430055277.1 的外观设计专利，名称为"组合螺丝刀"，申请日是 2004 年 12 月 18 日，专利权人是姚柏章。

针对上述外观设计专利权（下称本专利），姚文篆（下称请求人）于 2007 年 1 月 11 日向专利复审委员会提出无效宣告请求，其理由是本专利不符合专利法第 23 条的规定和专利法实施细则第 13 条的规定。请求人认为本专利与在其申请日以前在先公开的外观设计专利相近似。请求人同时提交了以下附件：

附件 1：授权公告日为 1999 年 3 月 17 日的 98303452.4 号中国外观设计专利的公报复印件 1 页，其授权公告号为 CN 3105241D；

附件 2：自国家知识产权局网站下载打印的 98303452.4 号中国外观设计图形一页（即，附件 1 外观设计专利）；

附件 3：授权公告日为 2005 年 10 月 5 日的 200430055277.1 号中国外观设计专利的公报复印件 1 页，其授权公告号为 CN 3478730D；

附件 4：自国家知识产权局网站下载打印的 200430055277.1 号外观设计图形一页。

专利复审委员会根据无效宣告请求审查程序的规定受理了该无效宣告请求，并于 2007 年 3 月 12 日向双方当事人发出了无效宣告请求受理通知书，并将请求人的无效宣告请求书以及所附附件的副本转送专利权人。

专利权人在指定期限内未提交意见陈述书。

专利复审委员会于 2007 年 5 月 31 日向双方当事人发出无效宣告请求口头审理通知书，定于 2007 年 7 月 4 日对本案进行口头审理。

口头审理如期举行，专利权人未出席口头审理。

请求人出席了本次口头审理，请求人对合议组成员无回避请求，并且明确无效理由为：本专利相对于附件 1（或附件 2）不符合专利法第 23 条的规定，请求人明确放弃专利法实施细则第 13 条的无效理由。口头审理中，请求人对无效理由进行了充分地意见陈述。

至此，合议组经合议认为本案事实已经清楚，可依法作出本无效请求审查决定。

二、决定的理由

1. 法律依据和证据认定

基于请求人提出的无效宣告请求的理由，合议组依据专利法第 23 条的规定对本案进行审理。

专利法第 23 条规定："授予专利权的外观设计，应当同申请日以前在国内外出版物上公开发表过或者国内公开使用过的外观设计不相同和不相近似，并不得与他人在先取得的合法权利相冲突。"

请求人提交的附件 1 是授权公告日为 1999 年 3 月 17 日的 98303452.4 号中国外观设计专利的公报的复印件。附件 2 与附件 1 是同一项专利，经合议组核实，以上证据所示内容真实，确系在本专利申请日 2004 年 12 月 18 日以前公开发表的外观设计（下称在先设计），适用于中国专利法第 23 条的规定，合议组予以接受。

2. 关于专利法第 23 条

本专利和在先设计均为组合工具的外观设计，二者用途相同，属于相同种类的物品，具有可比性。现将本专利与在先设计进行相同和相近似比较：

本专利是组合螺丝刀的外观设计，主体大约呈圆柱体，圆柱体的一端呈类似圆锥状，在圆柱体的侧面，具有一长条形"笔夹"，"笔夹"表面上具有一类似长方块的凸起，"笔夹"以外的圆柱体侧面上均匀具有若干开槽，槽内安放有七个螺丝刀具，从本专利的右视图可以看出，圆柱体的一端部具有一与圆柱体截面同心的圆形轮廓，由该同心圆的一侧伸出与"笔夹"部位连接的长方形轮廓线，该长方形轮廓线内具有一"工"字形设计（详见本专利附图）。

在先设计为工具的外观设计，其也是一种组合螺丝刀，其主体大约呈圆柱体，圆柱体的一端呈类似圆锥状，在圆柱体的侧面，具有一长条形"笔夹"，"笔夹"表面上具有若干防滑横条，"笔夹"以外的圆柱体侧面上均匀具有若干开槽，槽内安放有七个螺丝刀具，从在先设计的左视图可以看出，圆柱体的一端部具有一与圆柱体截面同心的圆形轮廓，由该同心圆的一侧伸出与"笔夹"部位连接的长方形轮廓线（详见在先设计附图）。

将本专利与在先设计相比较，二者之间的区别在于：（1）本专利的"笔夹"部位表面上具有类似长方形的突起，而在先设计的相应位置上具有若干横条；（2）从本专利的右视图可以看出"笔夹"部位延伸到产品顶端的长方形轮廓线内具有一"工"字形设计，而在先设计的该部位模糊不清。合议组认为：本专利和在先设计均属于组合螺丝刀工具，它们之间的区别点仅在于局部的细微变化，即区别仅在于"笔夹"部位防滑条形状的不同以及"笔夹"与主体连接处设计稍有不同，一般消费者经过对本专利与在先设计的整体观察可以看出，上述的设计变化不足以对组合螺丝刀的整体视觉效果产生显著影响，本专利与在先设计相近似。请求人的无效理由成立。

三、决定

宣告200430055277.1号外观设计专利权全部无效。

当事人对本决定不服的，可以根据专利法第46条第2款的规定，自收到本决定之日起三个月内向北京市第一中级人民法院起诉。根据该款的规定，一方当事人起诉后，另一方当事人应当作为第三人参加诉讼。

俯视图　　　　　后视图

仰视图

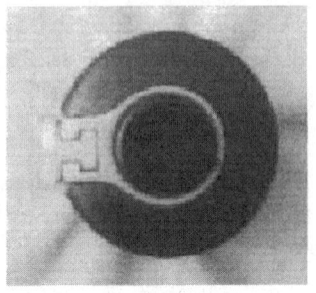

右视图

左视图

本专利附图

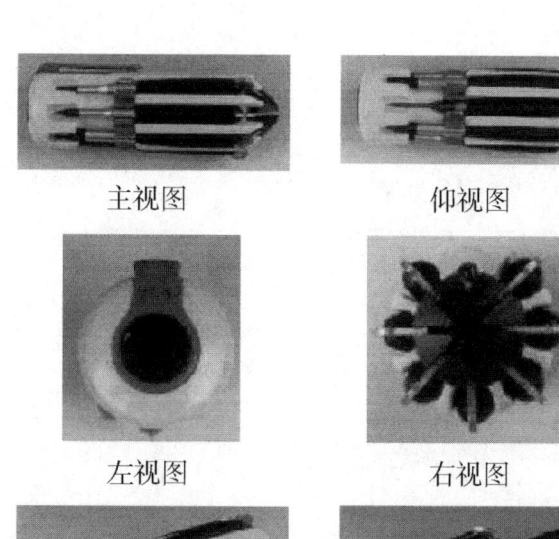

| 主视图 | 仰视图 | 俯视图 |

| 左视图 | 右视图 | 后视图 |

| 立体图 | 使用状态图 | 使用状态图 |

在先设计附图

打印机（微型）

无效宣告请求审查决定（第 10459 号）

决 定 号	第 10459 号
决 定 日	2007 年 8 月 23 日
发明创造名称	打印机（微型）
外观设计分类号	14-02
无效宣告请求人	北京炜煌科技发展有限公司
专 利 权 人	北京思普瑞特科技发展有限公司
专 利 号	200530146076.7
申 请 日	2005 年 10 月 27 日
授权公告日	2006 年 10 月 4 日
合议组组长	钟 华
主 审 员	娄 宁
参 审 员	危 峰
附 图	2 页

法 律 依 据 专利法第 23 条

决 定 要 点

如果在本专利申请日前有相近似的外观设计在出版物上公开发表过，则本专利不符合专利法第 23 条的规定。

一、案由

本无效宣告请求涉及国家知识产权局于 2006 年 10 月 4 日授权公告的，名称为"打印机（微型）"的外观设计专利（下称本专利），其申请号是 200530146076.7，申请日是 2005 年 10 月 27 日，专利权人是北京思普瑞特科技发展有限公司。

针对上述专利权，北京炜煌科技发展有限公司（下称请求人）于 2007 年 3 月 14 日向专利复审委员会提出无效宣告请求，其理由是：由于广告的照片与本专利的外观完全相同，其使用状态的正面作为本专利的要部已被证据 1 的广告照片完全公开，因此本专利不管是整体外观还是其要部，都已经在申请日前被国内出版物公开，故不符合专利法第 23 条的规定。与此同时，请求人提交了如下附件作为证据：

证据 1：《赛尔风标》总第 37 期广告杂志封面、封三页复印件共 2 页，2005 年 9 月总第 37 期。

经形式审查合格，专利复审委员会受理了此案，并于 2007 年 3 月 15 日将无效请求书及相关材料转送给被请求人，要求被请求人在指定的期限内陈述意见。

2007年4月12日，请求人对无效宣告请求提交了补充证据及意见陈述书，请求人认为：本专利在申请日之前已被证据1以广告形式公开，公众中的任何人只要想要了解就能得知，故构成专利法意义上的使用公开，并补交证据如下（编号续前）。其中的证据1、2证明被请求无效的专利已经构成出版物公开，证据3证明被请求无效的专利已构成使用公开。

证据2-1：炜煌公司与赛尔公司签订的广告合同、赛尔公司出具的发票、炜煌公司的支票根（复印件共3页）；

证据2-2：《赛尔风标》总第37期广告杂志目录页（复印件共1页）；

证据2-3：赛尔公司出具的证明（2007年3月，复印件共1页）；

以上合称证据2；

证据3：中华人民共和国北京市第二公证处出具的（2007）京二证字第11065号公证书（复印件共13页）；

2007年6月6日，专利复审委员会本案合议组向双方当事人发出《无效宣告请求口头审理通知书》，定于2007年8月16日对本案进行口头审理。同时将请求人于2007年4月12日提交的意见陈述及证据材料转交给专利权人，请专利权人在口头审理时一并答复。

2007年8月16日，口头审理如期举行，专利权人没有出席口头审理，请求人出席了口头审理，合议组在此情况下就本无效宣告请求案进行了庭审调查。在口头审理过程中，请求人认为：作为在本专利申请日之前公开发表的出版物，证据1中的广告照片与本专利相近似；证据2证明证据1中杂志的公开时间为2005年9月；证据3结合证据1、2证明了本专利在申请日前已经使用公开；由于上述原因，本专利不符合专利法第23条的规定。

经过上述审理程序，合议组认为本案事实已经清楚，可以依法作出审查决定。

二、决定的理由

1. 关于本次无效宣告请求审理的文本

本决定以本专利授权公告的文本为审查基础。

2. 关于证据

请求人于口头审理时当庭提交了证据1~3的原件，经合议组核对与复印件内容一致，因此证据1~3均可作为本案的审理依据。

其中，证据1是一份广告杂志《赛尔风标》（总第37期广告杂志封面、封三页共2页），其封面页上明确标有"2005年9月总37期"的印刷日信息。根据审查指南第二部分第三章第2.1.3.1节的规定，印刷日只写明年月或者年份的，以所写月份的最后一日或者所写年份的12月31日为公开日。因此推定证据1的公开日期为2005年9月30日，在本专利的申请日前。

3. 关于专利法第23条

专利法第23条规定：授予专利权的外观设计，应当同申请日以前在国内外出版物上公开发表过或者国内公开使用过的外观设计不相同和不相近似，并不得与他人在先取得的合法权利相冲突。本专利保护一种微型打印机，其形状为长方体，其主视图中间有矩形框，矩形框中间有对称的两条横向空心线，二横线中间有对称的弧形凸起，矩形框右侧自上而下排列着：小矩形框、圆形按钮标识、两个相同的斜椭圆形按钮；在立体图中也表明了同样的正面外观设计，此外明确了小矩形框内为SPRT的字母标识。本专利的左、右视图中间部位凸出对称设置有类似电子显像管的图案设计（详见本专利附图）。

证据1中公开了一种微型打印机（下称在先设计）的立体图，其中可见长方形的打印机正面中间的矩形框、矩形框中间有对称的两条横向空心线、二横线中间有对称的弧形凸起、矩形框右侧自上而下排列着：小矩形框、圆形按钮标识、两个相同的斜椭圆形按钮、小矩形框内为 SPRT 的字母标识；其右侧中间部位凸出设置有类似电子显像管的图案设计（详见在先设计附图）。

合议组将本专利与在先设计相比较，二者具有相近似的立体图，两者的主要不同点在于：在先设计仅公开了打印机的立体视图，并未公开在先设计的左视图、仰视图、后视图的内容。

合议组将本专利与在先设计进行比较后认为，本专利的仰视图、后视图无特别设计，左视图与右视图对称，因此二者的区别并不易为一般消费者关注。对二者进行整体观察、综合判断，其差别不足以对产品的整体视觉效果产生显著的影响，因此本专利与在先设计近似。

综上所述，本专利外观设计与在其申请日前公开发表的外观设计相近似。因此，本外观设计专利权的授予不符合专利法第 23 条的规定。

鉴于上述无效宣告理由成立，合议组对于请求人所提出的其他无效理由不再进行评述。

三、决定

宣告 200530146076.7 号外观设计专利权全部无效。

当事人对本决定不服的，可以根据专利法第 46 条第 2 款的规定，自收到本决定之日起三个月内向北京市第一中级人民法院起诉。根据该款规定，一方当事人起诉后，另一方当事人应当作为第三人参加诉讼。

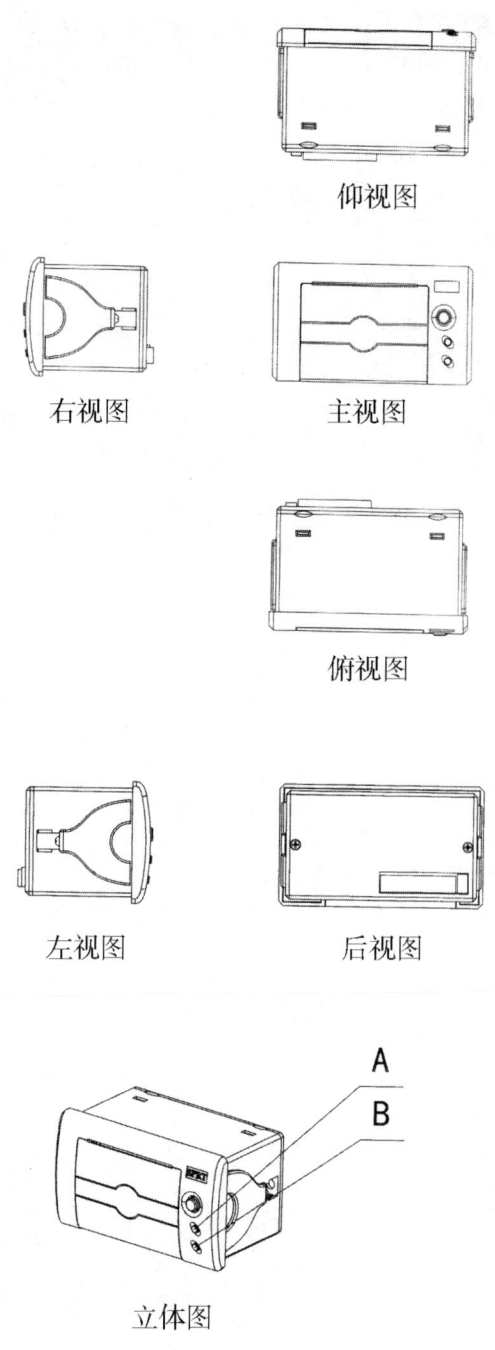

仰视图

右视图　　主视图

俯视图

左视图　　后视图

立体图

本专利附图

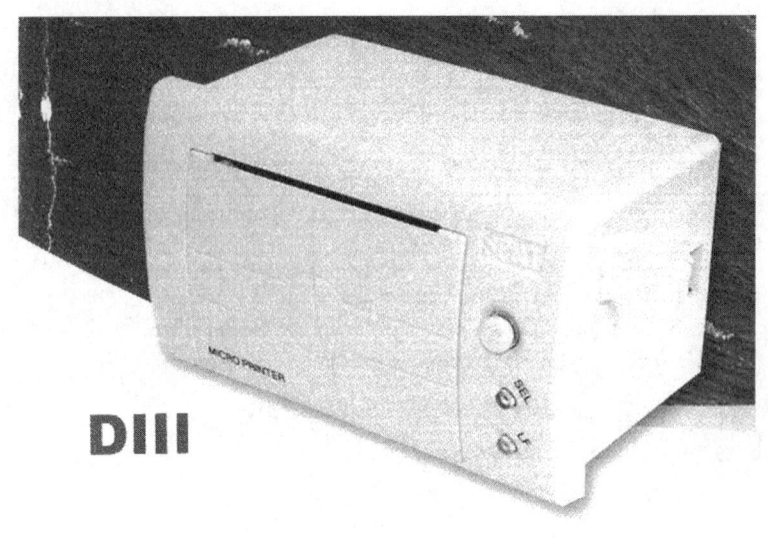

在先设计附图

笔

无效宣告请求审查决定（第 10462 号）

决　定　号	第 10462 号
决　定　日	2007 年 9 月 6 日
发明创造名称	笔
外观设计分类号	19-06
无效宣告请求人	柴建锋
专　利　权　人	朱雷达
专　利　号	200530127322.4
申　请　日	2005 年 12 月 9 日
授权公告日	2006 年 10 月 25 日
合议组组长	张雪飞
主　审　员	王霞军
参　审　员	周佳
附　　　图	2 页

法律依据　专利法第 23 条

决定要点

本专利和在先设计的笔杆形状设计相近似，已导致一般消费者对二者整体外观设计产生了相似的视觉印象，对于笔杆上的按钮和笔尾部透明罩的差异不足以对二者的整体外观设计产生显著的影响。因此，二者属于相近似的外观设计。

一、案由

本无效宣告请求涉及的是国家知识产权局于 2006 年 10 月 25 日授权公告的、名称为"笔"的外观设计专利（下称本专利），其专利号是 200530127322.4，申请日是 2005 年 12 月 9 日，专利权人是朱雷达。

针对上述专利权，柴建锋（下称请求人）于 2006 年 12 月 12 日向专利复审委员会提出无效宣告请求，其理由是：本专利与其申请日前出版物上公开发表的产品形状相近似，本专利不符合专利法第 23 条的规定。与此同时，请求人提交了如下附件作为证据：

附件 1：01309665.6 号外观设计专利著录项目和图片 2 页；

附件 2：200330111482.0 号外观设计专利著录项目和图片 2 页；

附件 3：200330108559.9 号外观设计专利著录项目和图片 1 页；

附件4：03343890.0号外观设计专利著录项目和图片2页；

附件5：本专利著录项目和图片1页。

请求人又于2006年12月27日补充提交了2份证据（编号续前）：

附件6：200430088197.6号外观设计专利著录项目和图片1页；

附件7：200430048970.6号外观设计专利著录项目和图片1页。

经形式审查合格，专利复审委员会受理了此案，并于2007年1月29日将无效请求书及相关材料转送给专利权人

专利权人逾期未答复。

专利复审委员会于2007年4月2日向请求人发出无效宣告请求审查通知书，告知请求人专利权人在规定的期限内未对请求人提出的无效宣告理由和证据进行答复，请求人可针对提交的无效请求理由和证据再次陈述意见。同日向双方当事人发出合议组成员告知通知书。在规定的期限内请求人未提交意见陈述书，双方当事人均未对合议组成员提出回避请求。

合议组认为本案事实清楚，可以依法作出审查决定。

二、决定的理由

基于请求人提出的无效宣告请求理由，合议组对本专利是否符合专利法第23条的规定进行审查。

专利法第23条规定："授予专利权的外观设计，应当同申请日以前在国内外出版物上公开发表过或者国内公开使用过的外观设计不相同和不相近似，并不得与他人在先取得的合法权利相冲突。"

请求人提交的附件7是200430048970.6号外观设计专利的著录项目和图片，其专利申请日为2004年10月22日，授权公告日为2005年7月27日，该外观设计产品名称为"圆珠笔（301）"（下称在先设计）。经合议组核实其内容真实。其公开日期早于本专利的申请日，属于专利法第23条规定的出版物，适用于本案。在先设计与本专利用途相同，属于同类产品，在外观设计相近似判断中具有可比性，可以作为本专利的对比文件。

本专利公报公开了产品6面视图和立体图，如图所示，本专利笔杆整体形状为近似圆柱体，笔杆中间向内收缩，两头较粗中间略细呈流线型过渡。笔尖由透明材料制成圆锥状，在笔杆的中部设有近似长方形推拉开关，笔杆尾端设有笔夹，笔夹旁有一圆形按钮，笔杆末端为透明罩（详见本专利附图）。

在先设计公开了产品6面视图，如图所示，在先设计笔杆整体形状为近似圆柱体，笔杆中间向内收缩，两头较粗中间略细呈流线型过渡。笔尖为圆锥状，笔杆的中部设有近似长圆形开关，笔杆尾端设有笔夹（详见在先设计附图）。

将本专利与在先设计进行对比，二者的相同点为笔杆的整体形状相同均为近似圆柱体，笔杆中间均向内收缩，笔杆两头较粗中间略细均呈流线型过渡，笔夹形状和开关位置设计相同，其主要不同点为：本专利笔尖由透明材料制成，可见到笔芯，而在先设计笔尖不是透明材料制成；本专利笔杆上的开关近似长方形，而在先设计开关近似长圆形；本专利笔的尾部为透明罩，笔夹旁有一圆形按钮开关，而在先设计没有。合议组认为，一般消费者在购买笔时，主要考虑笔杆的形状，从整体视觉观察，本专利和在先设计笔杆采用了相近似的整体形状，已导致一般消费者对二者的整体外观设计产生了相似的视觉印象，对于笔杆上的按钮和笔尾部透明罩设计等的差异不足以对二者的整体外观设计产生显著的影响，因此二者属于相近似的外观设计。

鉴于上述在先设计与本专利相比较已得出本专利不符合专利法第23条所规定的授权条件的结论，本决定对请求人提出的其他证据不再予以评述。

三、决定

宣告 200530127322.4 号外观设计专利权全部无效。

当事人对本决定不服的，可以根据专利法第 46 条第 2 款的规定，自收到本决定之日起三个月内向北京市第一中级人民法院起诉。根据该款的规定，一方当事人起诉后，另一方当事人应当作为第三人参加诉讼。

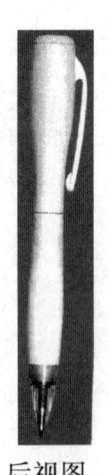
主视图

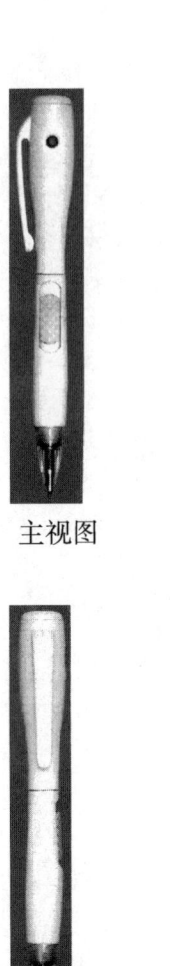
后视图

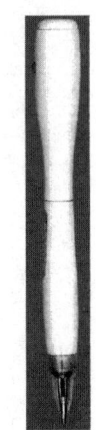
左视图　右视图

俯视图　仰视图

立体图

本专利附图

主视图

后视图

左视图（放大）　　　右视图（放大）

俯视图

在先设计附图

电扇（C型）

无效宣告请求审查决定（第10463号）

决 定 号	第10463号
决 定 日	2007年8月21日
发明创造名称	电扇（C型）
外观设计分类号	23-04
无效宣告请求人	中山市利富塑电制品有限公司
专 利 权 人	李管南
专 利 号	02361023.9
申 请 日	2002年9月4日
授权公告日	2003年11月26日
合议组组长	钟　华
主 审 员	张　琳
参 审 员	刘路尧
附　　　图	2页

法律依据 专利法第23条

决定要点

本专利申请日前已经公开与本专利相近似的外观设计，因此本专利不符合专利法第23条的规定。

一、案由

本无效宣告请求涉及的是国家知识产权局于2003年11月26日授权公告的02361023.9号外观设计专利，名称为"电扇（C型）"，申请日为2002年9月4日，专利权人是李管南。

针对上述专利权（下称本专利），中山市利富塑电制品有限公司（下称请求人）于2006年12月4日向专利复审委员会提出无效宣告请求，其依据的事实和理由是：本专利分别与附件1~4所示外观设计构成相近似的外观设计，故不符合专利法第23条规定。请求人提交了如下附件作为证据：

附件1：ZL97323601.9号中国外观设计专利公报复印件，其公告日为1999年1月27日；

附件2：ZL98316521.1号中国外观设计专利公告复印件，其公告日为1999年1月20日；

附件3：ZL00336103.9号中国外观设计专利公告复印件，其公告日为2001年4月11日；

附件4：ZL01314206.2号中国外观设计专利公告复印件，其公告日为2001年10月3日。

经形式审查合格，专利复审委员会受理了无效宣告请求，并于2006年12月6日将无效宣告请求书及其附件的副本转送给专利权人，要求其在指定期限内陈述意见。

针对请求人的无效宣告请求，专利权人于 2006 年 12 月 23 日提交了意见陈述书，专利权人认为：本专利与附件 1~4 所示外观设计均不相同也不相近似，符合专利法第 23 条的规定。

专利复审委员会于 2007 年 6 月 1 日向双方当事人发出了口头审理通知书，定于 2007 年 7 月 19 日对本案进行口头审理，同时将上述专利权人的意见陈述转交给请求人，后经过与双方当事人协商并同意，合议组于 2007 年 6 月 29 日发出口审通知书，将原定于 2007 年 7 月 19 日的口头审理改期为于 2007 年 7 月 16 日进行。

口头审理于 2007 年 7 月 16 日如期进行，双方当事人出席了口头审理。双方当事人对合议组成员变更无异议，不请求合议组成员回避。双方当事人对对方当事人出庭人员身份无异议。请求人明确附件 3 为 00336103.9 号外观设计专利公报，不包含 00336102.0 号外观设计专利公报。专利权人认为附件 1、附件 2、附件 3、附件 4 是复印件，由专利复审委员会进行核实其真实性。请求人明确无效宣告请求理由是：附件 1~4 证明在本专利申请日之前在国内外公开发表过与本专利相近似的外观设计，故本专利不符合专利法第 23 条的规定。请求人认为附件 1 是最接近的，附件 3 也是很接近的。双方当事人均充分陈述意见，合议组指出口审结束之后不再接受任何书面意见陈述。

在双方当事人意见陈述及口头审理的基础上，合议组经合议，认为本案事实清楚，依法作出本审查决定。

二、决定的理由

1. 法律依据

专利法第 23 条规定：授予专利权的外观设计，应当同申请日以前在国内外出版物上公开发表过或者国内公开使用过的外观设计不相同和不相近似，并不得与他人在先取得的合法权利相冲突。

2. 关于证据和事实的认定

附件 1~4 为中国外观设计专利公报，经合议组核实，附件 1~4 的内容真实。附件 1~4 的公开日期均早于本专利申请日 2002 年 9 月 4 日，因此附件 1~4 上所记载的外观设计构成专利法第 23 条所述在先公开发表过的外观设计（下分别称在先设计 1~4）。

3. 外观设计近似性的认定

本专利为立柱式电扇的外观设计，整体为柱形。从主视图和俯视图看，电扇柱体为截面呈椭圆的柱体；上端面向前倾斜，其上为由一个中间带有凸起手柄的大旋钮和一组排列成 T 形的按键构成的控制面板；立柱正面为带有栅格的通风口，构成该通风口的栅格为多条平行地密集排列的纵向栅格，其右侧部分增加了若干稀疏平行排列的横向栅格，通风口外轮廓近似竖立的平行四边形。从左视图、右视图、后视图看，立柱背面右侧有 2 条带有栅格的通风口，构成该通风口的栅格为多条平行的密集排列的纵向栅格。从主视图、左视图、右视图以及后视图看，立柱和底座之间有扁柱状的连接颈。从俯视图和仰视图看，风扇底座为三角形，尖部向前（详见本专利附图）。

在先设计 1 也为立柱式电扇的外观设计，整体为柱形。从主视图和俯视图看，电扇柱体截面呈浑圆的马蹄形；上端面向前倾斜，其上为由一个中间带有凸起手柄的大旋钮和一组排列成 T 形的按键构成的控制面板；立柱正面为带有栅格的通风口，构成该通风口的栅格为多条平行的密集排列的纵向栅格，其右侧部分增加了若干稀疏平行排列的横向栅格，通风口外轮廓呈竖立的长方形。从左视图、右视图、后视图看，立柱背面右侧有两个带有栅格的通风口，构成该通风口的栅格为多条平行的密集排列的纵向栅格，通风口外轮廓为竖立的长方形。从主视图、左视图、右视图以及后视图看，立柱和底座之间有扁柱状的连接颈。从俯视图和仰视图看，风扇底座为接近三角形的马蹄形，宽边向前（详见在先设计 1 附图）。

本专利与在先设计 1 相比，两者均为立柱式电扇外观设计。两者相同之处在于：两者整体均由立柱、连接颈和底座构成；两者控制面板均位于柱体上端面并向前倾斜，且均由一个中间带有凸起手柄的大旋转钮和一组排列成T形的按键构成；两者柱体正面为带有栅格的通风口，构成该通风口的栅格为多条平行的密集排列的纵向栅格，其右侧部分增加了若干稀疏平行排列的横向栅格；两者柱体背面右侧均有两个外轮廓为长方形的通风口，通风口均由多条平行的密集排列的纵向栅格构成；两者主体和底座之间均由扁柱状连接颈连接。

本专利与在先设计1相比，两者不同之处在于：本专利立柱为横截面为椭圆的柱体，在先设计1的立柱横截面为浑圆的马蹄形的柱体，合议组认为，两者横截面均为近似圆形，故两者均为接近圆柱形的柱体，其差别属于细微差别。本专利通风口外轮廓为竖立的平行四边形，在先设计1通风口外轮廓为竖立的长方形，合议组认为，构成两者通风口的栅格排列均为多条平行的密集排列的纵向栅格，其右侧部分增加了若干稀疏平行排列的横向栅格，即两者的栅格布置是相同的，仅在外轮廓上略有区别，故两者给人的整体视觉效果是相近似的。本专利底座为三角形，且尖部向前，在先设计1底座为接近三角形的马蹄形，宽边向前，合议组认为，两者形状均近似为三角形，虽然朝向不同，但其上由柱状部分覆盖，其细微的差别对整体视觉效果不具有显著影响。综上所述，上述差别对产品的整体视觉效果不具有显著的影响，即本专利与在先设计1相近似，不符合专利法第23条的规定。

由于已经得出本专利和在先设计1相近似因而不符合授权条件的结论，对于本专利与其他在先设计的比较不再予以评述。

三、决定

宣告02361023.9号外观设计专利无效。

当事人对本决定不服的，可以根据专利法第46条第2款的规定，自收到本决定之日起三个月内向北京市第一中级人民法院起诉。根据该款的规定，一方当事人起诉后，另一方当事人应当作为第三人参加诉讼。

俯视图

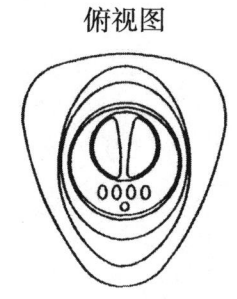

左视图　　主视图　　右视图　　后视图

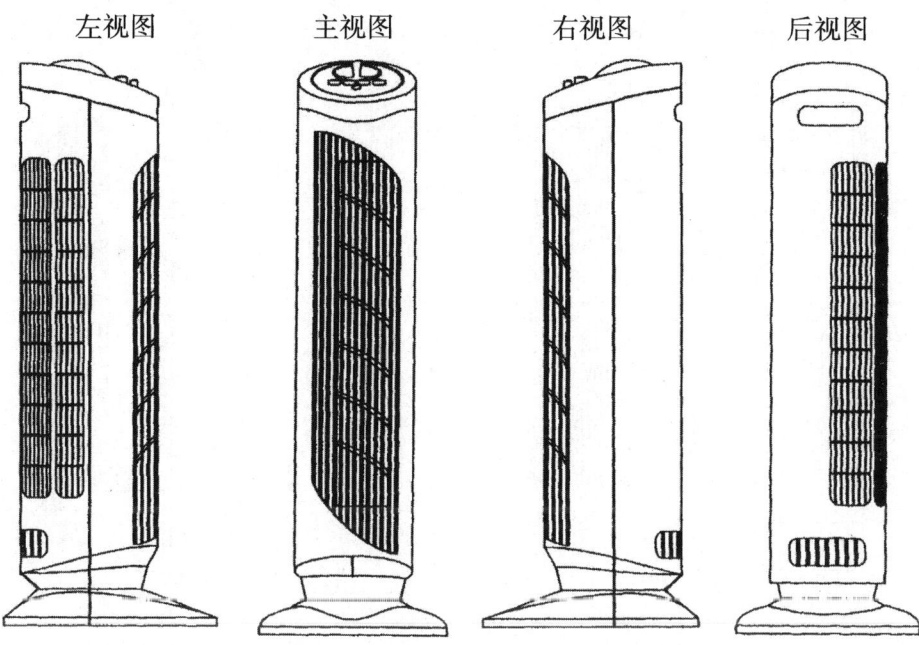

仰视图

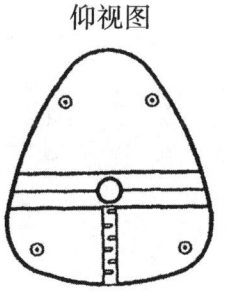

本专利附图（02361023.9）

俯视图

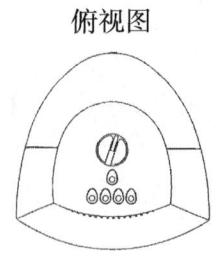

左视图　　　主视图　　　右视图　　　后视图

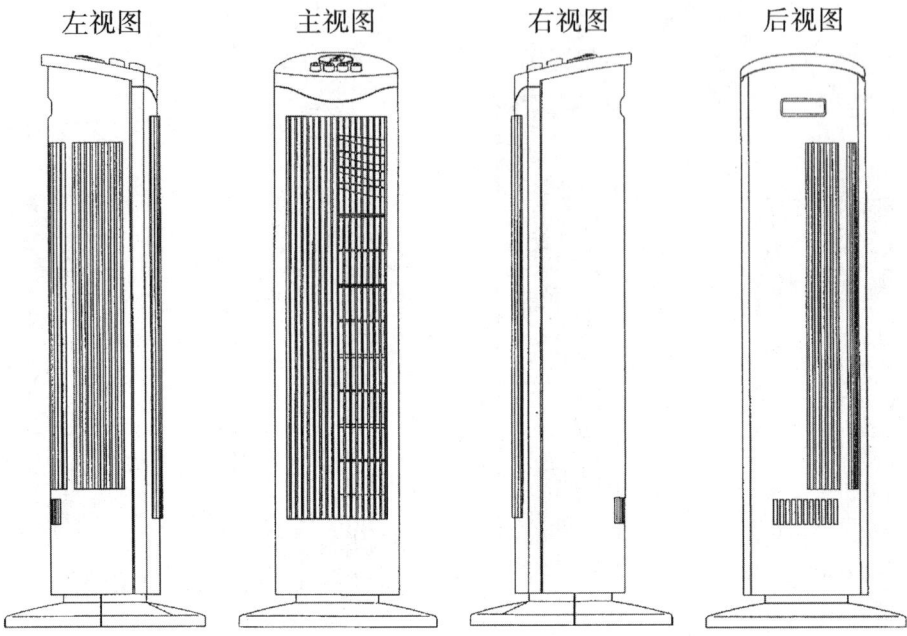

仰视图

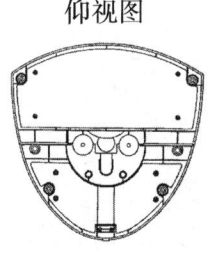

在先设计 1 （97323601.9）

北京市第一中级人民法院
行政判决书

(2007) 一中行初字第 1470 号

原告李管南，男，1971 年 7 月 19 日出生，汉族，广东顺德容桂综盈塑料电器厂总经理，住广东省佛山市顺德区容桂街道龙城路联和坊 38 号。

委托代理人刘孟斌，广东三环汇华律师事务所律师。

委托代理人肖学宇，男，1965 年 12 月 24 日出生，广东顺德容桂综盈塑料电器厂职员，住广东省佛山市顺德区大良街道尚雅苑 7 座 516 号。

被告国家知识产权局专利复审委员会，住所地北京市海淀区北四环西路 9 号银谷大厦 10~12 层。

法定代表人廖涛，副主任。

委托代理人张琳，国家知识产权局专利复审委员会审查员。

委托代理人高雪，国家知识产权局专利复审委员会审查员。

第三人中山市利富塑电制品有限公司，住所地广东省中山市东凤镇小沥村四队。

法定代表人卢国权，总经理。

委托代理人尹文涛，中山市科创专利代理有限公司专利代理人。

原告李管南不服被告国家知识产权局专利复审委员会（以下简称专利复审委员会）2007 年 8 月 21 日作出的第 10463 号无效宣告请求审查决定（以下简称第 10463 号决定），于法定期限内向本院提起诉讼。本院于 2007 年 10 月 25 日受理本案后，依法组成合议庭，并通知第 10463 号决定的相对方中山市利富塑电制品有限公司（以下简称利富公司）作为第三人参加本案诉讼。本院于 2007 年 12 月 12 日公开开庭对本案进行了审理。原告李管南的委托代理人刘孟斌、肖学宇，被告专利复审委员会的委托代理人张琳、高雪，第三人的委托代理人尹文涛到庭参加了诉讼，本案现已审理终结。

第 10463 号决定系专利复审委员会针对利富公司就李管南拥有的第 02361023.9 号，名称为"电扇（C 型）"的外观设计专利（以下简称本专利）提起的无效宣告请求所指出，专利复审委员会在该决定中认定：

1. 法律依据。

《中华人民共和国专利法》（以下简称《专利法》）第二十三条规定：授予专利权的外观设计，应当同申请日以前在国内外出版物上公开发表过或者国内公开使用过的外观设计不相同和不相近似，并不得与他人在先取得的合法权利相冲突。

2. 关于证据和事实的认定。

附件 1~4 为中国外观设计专利公报，经核实附件 1~4 的内容真实。附件 1~4 的公开日期均早于本专利申请日 2002 年 9 月 4 日，因此附件 1~4 上所记载的外观设计构成《专利法》第二十三条所述在先公开发表过的外观设计（即在先设计 1~4）。

3. 外观设计近似性的认定。

本专利为立柱式电扇的外观设计，整体为柱形。从主视图和俯视图看，电扇柱体为截面呈椭圆的柱体；上端面向前倾斜，共上为由一个中间带有凸起手柄的大旋钮和一组排列成 T 形的按键构成的控制面板，立柱正面为带有栅格的通风口，构成该通风口的栅格为多条平行地密集排列的纵向栅格，其右侧部分增加了若干稀疏平行排列的横向栅格，通风口外轮廓近似竖立的平行四边形，从左视图、右视图、后视图看，立柱背面右侧有2条带有栅格的通风口，构成该通风口的栅格为多条平行的密集排列的纵向栅格，从主视图、左视图、右视图以及后视图看，立柱和底座之间有扁柱状的连接颈，从俯视图和仰视图看，风扇底座为三角形，尖部向前。

在先设计1也为立柱式电扇的外观设计，整体为柱形，从主视图和俯视图看，电扇柱体截面呈浑圆的马蹄形；上端面向前倾斜，其上为由一个中间带有凸起手柄的大旋钮和一组排列成T形的按键构成的控制面板，立柱正面为带有栅格的通风口，构成该通风口的栅格为多条平行的密集排列的纵向栅格，其右侧部分增加了若干稀疏平行排列的横向栅格，通风口外轮廓呈竖立的长方形从左视图、右视图、后视图看，立柱背面右侧有两个带有栅格的通风口，构成谊通风口的栅格为多条平行的密集排列的纵向栅格，通风口外轮廓为竖立的长方形，从主视图、左视图、右视图以及后视图看，立柱和底座之间有扁柱状的连接颈。从俯视图和仰视图看，风扇底座为接近三角形的马蹄形，宽边向前。

本专利与在先设计1相比，两者均为立柱式电扇外观设计。两者相同之处在于：两者整体均由立柱，连接颈和底座构成；两者控制面板均位于柱体上端面并向前倾斜，且均由一个中间带有凸起手柄的大旋转钮和一组排列成T形的按键构成；两者柱体正面为带有栅格的通风口，构成该通风口的栅格为多条平行的密集排列的纵向栅格，其右侧部分增加了若干稀疏平行排列的横向栅格；两者柱体背面右侧均有两个外轮廓为长方形的通风口，通风口均由多条平行的密集排列的纵向栅格构成，两者主体和底座之间均由扁柱状连接颈连接。

本专利与在先设计1相比，两者不同之处在于：本专利立柱为横截面为椭圆的柱体，在先设计1的立柱横截面为浑圆的马蹄形的柱体，两者横截面均为近似圆形，故两者均为接近圆柱形的柱体，其差别属于细微差别。不专利通风口外轮廓为竖立的平行四边形，在先设计1通风口外轮廓为竖立的长方形，构成两者通风口的栅格排列均为多条平行的密集排列的纵向栅格，其右侧部分增加了若干稀疏平行排列的横向栅格，即两者的栅格布置是相同的，仅在外轮廓上略有区别，故两者给人的整体视觉效果是相近似的。本专利底座为三角形，且尖部向前，在先设计1底座为接近三角形的马蹄形，宽边向前，两者形状均近似为三角形，虽然朝向不同，但其上由柱状部分覆盖，其细微外差别对整体视觉效果不具有显著影响。综上所述，上述差别对产品的整体视觉效果不具有显著的影响，即本专利与在先设计1相近似，不符合《专利法》第二十三条的规定。

由于已经得出本专利和在先设计1相近似因而不符合授权条件的结论，对于本专利与其他在先设计的比较不再予以评述。

基于上述理由，专利复审委员会作出第10463号决定，宣告本专利无效。

李管南不服第10463号决定，依法向本院提起行政诉讼称：（1）被告对本专利与在先设计是否相近似的认定错误。（2）被告认为本专利与在先设计相近似，这与佛山市中级人民法院已经查听的事实不符。该院对第三人被诉侵犯本专利权一案已进行审理并作出（2006）佛中法民三初字第76号民事判决，该判决书记载了法院所查明的事实，即"专利号为97323601.9的'风扇'（即在先设计1）与原告的专利（即本专利）不相近似"。由此可见，被告认定的事实与人民法院认定的事实不一致。综上，被告认定事实错误，适用法律错误，请求人民法院依法撤销第10463号决定。

被告专利复审委员会辩称：（1）本专利与在先谊计1相比，两者虽存在不同之处，但该差别对产品的整体视觉效果不具有显著的影响，即本专利与在先设计1相近似，不符合《专利法》第二十三条的规定，具体理由同第10463号决定。（2）第10463号决定是我委严格依据专利法，《中华人民共和国专利法实施细则》（以下简称《专利法实施细则》）以及审查指南的有关规定作出的，在进行外观设计相近似性判断时严格按照规定的判断主体，判断原则，判断方式作出本专利与在先设计1相近似的审查结论。我委坚持决定中的法律适用以及审查意见。综上所述，我委作出的第10463号决定认定事实清楚、适用法律正确、审理程序合法，原告诉讼请求不能成立，请求人民法院依法驳回原告的诉讼请求，维持第10463号决定。

第三人利富公司陈述意见称：（1）被告作出的第10463号决定认定事实清楚，关于本专利与在先设计1构成近似外观设计的判断正确。（2）原告提交的佛山市中级人民法院的判决是一个没有生效的判决，且该院对于一项专利权是否有效无权作出认定，第三人已经向广东省高级人民法院提出上诉。综上请求人民法院驳回原告的诉讼请求，维持第10463号决定。

本院经审理查明：

本专利为2003年11月26日授权公告的，名称为"电扇（C型）"的外观设计专利，其专利号为02361023.9，申请日为2002年9月4日，专利权人是李管南。本专利包括主视图、后视图、左视图、右视图、俯视图、仰视图共6幅视图（详见本专利附图）。

2006年12月4日，利富公司就本专利向专利复审委员会提出无效宣告请求，其理由为本专利不符合《专利法》第二十三条的规定，同时，利富公司提交了4份附件作出证据，其中：

附件1系公告日为1999年1月27日的ZL97323601.9号中国外观设计专利公报复印件（即在先设计1）。（详见在先设计1附图。）

2007年8月21日，专利复审委员会作出第10463号决定。

第10463号决定作出之前，李管南曾以合利富公司为被告向佛山市中级人民法院提起侵犯外观设计专利权诉讼，利富公司在该案中提出公知技术抗辩，其使用的在先设计即包括本案在先设计1，后佛山市中级人民法院针对该案作出一审判决，其认为，在先设计1与本专利不相近似。李管南、利富公司均确认该判决尚未生效。

在本案庭审过程中，李管南表示对第10463号决定中采用的"连接颈"、"通风口"及"电扇柱体"的称谓无异议，但对以下描述及对比内容有异议：

（1）对专利复审委员会对本专利的描述存在以下异议：①"电扇柱体为截面呈椭圆的柱体"应描述为"电扇柱体为截面呈近似圆形的椭圆的柱体"；②"通风口外轮廓近似竖立的平行四边形"描述不当，通风口的整体感觉像一片树叶，不同于方方正正的平行四边形；③"立柱和底座之间有扁柱状的连接颈"应描述为"底座被设计成前长后短，前缓后陡的斜坡，相应的，连接颈的高度则前高后低。两相配合，再配以装饰线，使连接颈及底座部分恰似一座雄伟大厦的大堂及门前台阶，前部开阔、高扬、热烈，后部则相对内敛、平和、宁静，这一有张有弛，抑扬结合的构思，使整个设计被赋予了动感和生命。"

（2）在先设计1中电扇柱体截面接近于三棱柱的截面，而并非呈浑圆的马蹄形，底座截面亦接近于三棱柱的截面，而并非呈接近三角形的马蹄形。

（3）对专利复审委员会对本专利与在先设计1相对比的描述存在以下异议：①本专利的通风口的四个角是弧形，在先设计1通风口的四个角不是弧形；②本专利与在先设计1的连接颈不同；③本专利与在先设计1在底座的形状及其朝向上区别明显；④本专利与在先设计1控制面板区别明显。

上述事实有本专利授权公告文本、第10463号决定、附件1.佛山市中级人民法院（2006）佛中法民三初字第 76 号民事判决书及当事人陈述等证据在案佐证。

本院认为：

《专利法》第二十三条规定，授予专利权的外观设计，应当同申请日以前在国内外出版物上公开发表过或者国内公开使用过的外观设计不相同和不相近似，并不得与他人在先取得的合法权利相冲突。根据各方当事人的诉辩主张，本案争议的焦点为本专利与在先设计1相比，是否为相同和相近似的外观设计。

将本专利与在先设计1相比，两者相同之处在于：两者整体均由柱体、连接颈和底座构成，柱体和底座之间由连接颈连接；两者控制面板均位于柱体上端面并向前倾斜，且均由一个中间带有凸起手柄的旋转钮和一组分两行排列的按键构成；两者柱体正面为带有栅格的通风口，构成该通风口的栅格为多条平行的密集排列的纵向栅格，右侧部分增加了若干稀疏平行排列的横向栅格。故两者在整体设计上较为近似。

对于李管南针对第10463号决定描述及对比内容所提异议，本院认为：第一，在电扇柱体截面的形状上，尽管本专利和在先设计1在弧线轮廓上有所不同，但两者均近似圆形，故两者的柱体均为接近圆柱形的柱体，两者的差别属于细微差别。第二，在连接颈的形状上，本专利和在先设计1的连接颈虽同为扁柱状但确有细微差别，本专利的连接颈与柱体相连一端相对较粗而与底座相连一端相对较细，在先设计1的连接颈没有粗细变化，但由于两者的连接颈均由柱体覆盖，故其细微差别对整体视觉效果不具有显著影响。第三，在底座的形状及朝向上，本专利和在先设计1相比在弧线轮廓上有所不同，但两者均近似三角形，此差别属于细微差别。本专利底座的尖部向前，在先设计1底座宽边向前，朝向虽有区别但两者的底座均由柱体部分覆盖，故该差别对整体视觉效果不具有显著影响。第四，虽然本专利通风口呈竖立的平行四边形，且通风口的四个角为圆角，导致通风口边缘略呈弧线，在先设计1通风口呈竖立的长方形，且通风口的四个角为直角，通风口边缘均呈直线，但两者仅在正外轮廓上略有区别，不会给二者造成明显不同的整体视觉效果。第五，在控制面板的构成上，本专利和在先设计1相比区别仅在于本专利的旋转钮在控制面板上所占比例较大，本专利的按键排列方式为第一排四个按键，第二排一个按键，在先设计1的按键排列方式为第一排一个按键，第二排四个按键，但该区别属于细微的局部变化，并不会影响两个产品的整体形状。

综上，本专利与在先设计1在局部的不同设计，并未使本专利外观相对于在先设计1发生明显变化，不会给二者造成明显不同的整体视觉效果，一般消费者容易对两个外观设计产生混淆。因此，本专利与在先设计1属于相近似的外观设计。

另外，对于李管南认为因在先判决已认定本专利与在先设计1不相近似，故被告认定的事实与该判决认定的事实不一致这一主张，本院认为，首先，该判决尚未生效；其次，该判决所解决的是民事纠纷，而本案诉讼为行政纠纷。该判决所针对的法律关系是本案第三人的行为是否构成对本案原告专利权的侵犯。至于本专利与在先设计1是否为相近似的外观设计及本专利是否具有专利性，并非该判决所解决的法律关系，故其对本案不具有影响力。综上，该在先判决对于本案中本专利与在先设计1的相近似性判断问题不产生任何影响，原告的上述主张不能成立，本院不予支持。

综上所述，本专利与在先设计1相近似，不符合《专利法》第二十三条的规定，李管南的诉讼理由均不能成立，其诉讼请求本院不予支持。专利复审委员会作出的第10463号决定认定事实清楚，适用法律正确，程序合法，应予维持，依照《中华人民共和国行政诉讼法》第五十四条第（一）项之规定，本院判决如下：

维持被告国家知识产权局专利复审委员会作出的第 10463 号无效宣告请求审查决定。

案件受理费 100 元，由原告李管南负担（已交纳）。

如不服本判决，各方当事人可在本判决书送达之日起 15 日内，向本院递交上诉状及副本，并交纳上诉案件受理费 100 元，上诉于北京市高级人民法院。

审　判　长　彭文毅
代理审判员　张晰昕
人民陪审员　唐晓君
二〇〇八年一月七日
书　记　员　李冰青

俯视图

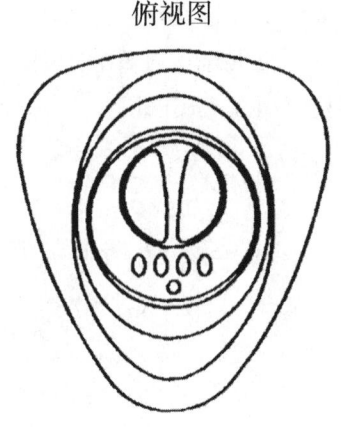

左视图　　　主视图　　　右视图　　　后视图

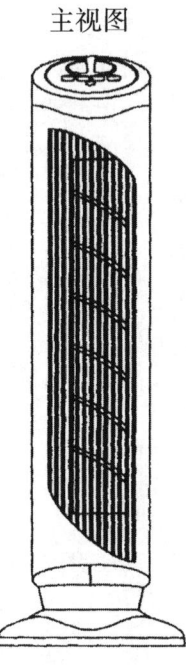 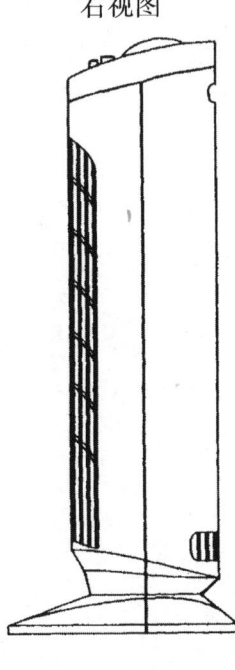 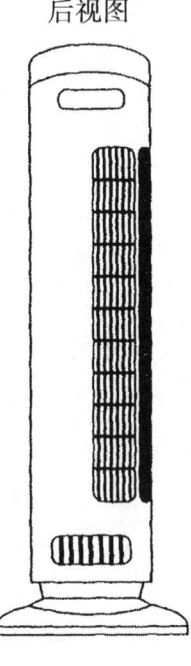

仰视图

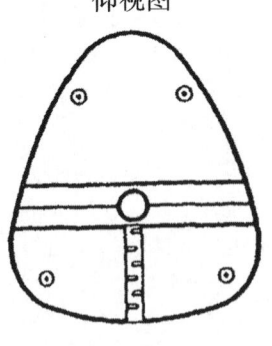

本专利附图

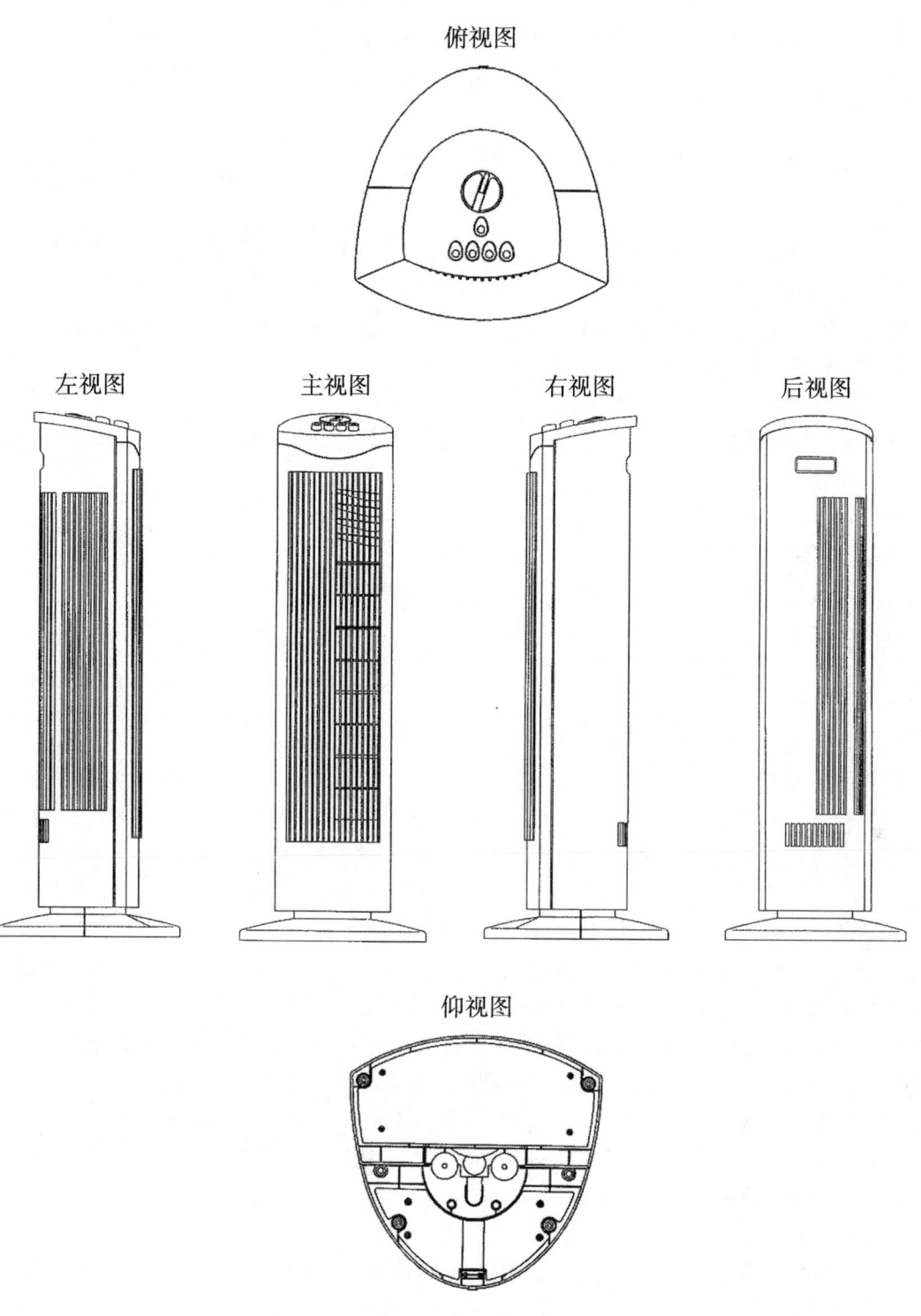

在先设计1（97323601.9）

北京市高级人民法院
行政判决书

（2008）高行终字第213号

上诉人（原审原告）李管南，男，汉族，1971年7月19日出生，广东顺德容桂综盈塑料电器厂总经理，住广东省佛山市顺德区容桂街道龙城路联和坊38号。

委托代理人杨小蓉，女，汉族，1970年6月1日出生，北京法思腾知识产权代理有限公司专利代理人，住北京市海淀区阜成路26号院12单元10号。

委托代理人刘孟斌，广东三环汇华律师事务所律师。

被上诉人（原审被告）国家知识产权局专利复审委员会，住所地北京市海淀区北四环西路9号银谷大厦10~12层。

法定代表人廖涛，副主任。

委托代理人刘路尧，国家知识产权局专利复审委员会审查员。

委托代理人高雪，国家知识产权局专利复审委员会审查员。

被上诉人（原审第三人）中山市利富塑电制品有限公司，住所地广东省中山市东凤镇小沥村四队。

法定代表人卢国权，总经理。

委托代理人尹文涛，男，汉族，1962年7月4日出生，中山市科创专利代理有限公司专利代理人，住广东省中山市东区顺景花园25幢401房。

上诉人李管南因专利无效行政纠纷一案，不服北京市第一中级人民法院（2007）一中行初字第1470号行政判决，向本院提出上诉。本院于2008年3月24日受理后，依法组成合议庭，于2008年4月8日公开开庭进行了审理。上诉人李管南及其委托代理人杨小蓉、刘孟斌，被上诉人国家知识产权局专利复审委员会（以下简称专利复审委员会）的委托代理人刘路尧、高雪，被上诉人中山市利富塑电制品有限公司（以下简称利富公司）的委托代理人尹文涛到庭参加了诉讼。本案现已审理终结。

李管南拥有名称为"电扇（C型）"的外观设计专利（即本专利），专利号为02361023.9，申请日为2002年9月4日，授权公告日是2003年11月26日。2006年12月4日，利富公司以本专利不符合《中华人民共和国专利法》（以下简称《专利法》）第二十三条的规定为由，向专利复审委员会提出无效宣告请求。专利复审委员会经审查，于2007年8月21日作出第10463号无效宣告请求审查决定（以下简称第10463号决定），以本专利不符合《专利法》第二十三条为由，宣告本专利无效。李管南不服，向北京市第一中级人民法院提起诉讼。

北京市第一中级人民法院判决认定：《专利法》第二十三条规定，授予专利权的外观设计，应当同申请日以前在国内外出版物上公开发表过或者国内公开使用过的外观设计不相同和不相近似，并不得与他人在先取得的合法权利相冲突。根据各方当事人的诉辩主张，本案争议的焦点为本专利与在先设计1相比，是否为相同和相近似的外观设计。将本专利与在先设计1相比，两者相同之处在于：两者整体均由柱体、连接颈和底座构成，柱体和底座之间由连接颈连接；两者控制面板均位于柱体上端面并向前倾斜，且均由一个中间带有凸起手柄的旋转钮和一组分两行排列的按键构成；两者柱体正面为带有栅格的通风口，构成该通风口的栅格为多条平行的密集排列的纵向栅格，右侧部分增加了若干稀疏平行排列的横向栅格。故两者在整体设计上较为近似。

对于李管南针对第10463号决定描述及对比内容所提异议，原审法院认为：第一，在电扇柱体截面的形状上，尽管本专利和在先设计1在弧线轮廓上有所不同，但两者均近似圆形，故两者的柱体均为接近圆柱形的柱体，两者的差别属于细微差别。第二，在连接颈的形状上，本专利和在先设计1的连接颈虽同为扁柱状但确有细微差别，本专利的连接颈与柱体相连一端相对较粗而与底座相连一端相对较细，在先设计1的连接颈没有粗细变化，但由于两者的连接颈均由柱体覆盖，故其细微差别对整体视觉效果不具有显著影响。第三，在底座的形状及朝向上，本专利和在先设计1相比在弧线轮廓上有所不同，但两者均近似三角形，此差别属于细微差别。本专利底座的尖部向前，在先设计1底座宽边向前，朝向虽有区别但两者的底座均由柱体部分覆盖，故该差别对整体视觉效果不具有显著影响。第四，虽然本专利通风口呈竖立的平行四边形，且通风口的四个角为圆角，导致通风口边缘略呈弧线，在先设计1通风口呈竖立的长方形，且通风口的四个角为直角，通风口边缘均呈直线，但两者仅在外轮廓上略有区别，不会给二者造成明显不同的整体视觉效果。第五，在控制面板的构成上，本专利和在先设计1相比区别仅在于本专利的旋转钮在控制面板上所占比例较大，本专利的按键排列方式为第一排四个按键，第二排一个按键，在先设计1的按键排列方式为第一排一个按键，第二排四个按键，但该区别属于细微的局部变化，并不会影响两个产品的整体形状。

本专利与在先设计1在局部的不同设计，并未使本专利外观相对于在先设计1发生明显变化，不会给二者造成明显不同的整体视觉效果，一般消费者容易对两个外观设计产生混淆。因此，本专利与在先设计1属于相近似的外观设计。

在先判决对于本专利与在先设计1的相近似性判断问题不产生任何影响。专利复审委员会作出的第10463号决定认定事实清楚，适用法律正确，程序合法，应予维持。依照《中华人民共和国行政诉讼法》第五十四条第（一）项之规定，判决：维持专利复审委员会作出的第10463号决定。

李管南不服原审判决，向本院提起上诉，请求撤销原审判决及第10463号决定。主要理由为：（1）原审判决认定事实错误，认为本专利与在先设计属于相近似的外观设计是错误的。①在电扇柱体截面的形状上，本专利与在先设计在弧形轮廓上并不相同。本专利的柱体为截面呈近似圆形的椭圆柱体，在先设计的柱体截面为接近于三棱柱的截面。②从左、右、仰视图看，本专利与在先设计在底座朝向、形状及连接颈的形状并不相同，有明显的区别。本专利底座的尖部向前，在先设计是宽边向前；本专利的底座弧线是前长后短、坡度前缓后陡；连接颈的高度前高后低由机身自然过渡；在先设计的连接颈机身分离。③从主视图看，本专利的通风口的轮廓呈竖立的平行四边形，通风口的四个角呈弧形；在先设计的通风口呈竖立的长方形，四个角为直角。④从俯视图看，本专利从控制面板到机身构成从小圆、大圆到椭圆的过渡，旋转钮在控制面板上所占比例较大；在先设计没有此特点。（2）佛山中院对相关事实的认定是根据事实和法律作出的，只要其上级法院没有对该事实认定明确予以否认，该事实就是成立的。原审判决对佛山中院关于"专利号为97323601.9的'风扇'与本专利不相近似"的评判是错误的。

专利复审委员会、利富公司服从原审判决。

本院经审理查明：本专利为2003年11月26日授权公告的、名称为"电扇（C型）"的外观设计专利，其专利号为02361023.9，申请日为2002年9月4日，专利权人是李管南。本专利包括主视图、后视图、左视图、右视图、俯视图、仰视图共6幅视图。（详见本专利附图。）

2006年12月4日，利富公司向专利复审委员会提出无效宣告请求，理由为本专利不符合《专利法》第二十三条的规定。利富公司提交了4份附件作为证据。专利复审委员会经核实认为附件1~4的内容真实，其公开的日期均早于本专利的申请日，因此附件1~4上所记载的外观设计构成《专利法》第二十三条所述在先公开发表过的外观设计。

附件1系公告日为1999年1月27日的ZL97323601.9号中国外观设计专利公报复印件（即在先设计1）。在先设计包括主视图、后视图、左视图、右视图、俯视图、仰视图共6幅视图（详见在先设计1附图）；

附件2系公告日为1999年1月20日的ZL98316521.1号中国外观设计专利公报复印件；

附件3系公告日为2001年4月11日的ZL00336103.9号中国外观设计专利公报复印件；

附件4系公告日为2001年10月3日的ZL01314206.2号中国外观设计专利公报复印件。

2007年8月21日，专利复审委员会作出第10463号决定，该决定认为，本专利与在先设计1相近似，不符合《专利法》第二十三条的规定，对于本专利与其他在先设计的比较不再予以评述，在此基础上宣告本专利无效。

第10463号决定作出之前，李管南曾以利富公司为被告向佛山市中级人民法院提起侵犯外观设计专利权诉讼，利富公司在该案中提出公知技术抗辩，其使用的在先设计即包括本案在先设计1。佛山市中级人民法院针对该案作出一审判决，认为在先设计1与本专利不相近似。李管南、利富公司均确认该判决尚未生效。

在原审法院庭审过程中，李管南表示对第10463号决定中采用的"连接颈"、"通风口"及"电扇柱体"的称谓无异议，但对以下描述及对比内容有异议：

（1）对本专利的描述存在以下异议：①"电扇柱体为截面呈椭圆的柱体"应描述为"电扇柱体为截面呈近似圆形的椭圆的柱体"；②"通风口外轮廓近似竖立的平行四边形"描述不当，通风口的整体感觉像一片树叶，不同于方方正正的平行四边形；③"立柱和底座之间有扁柱状的连接颈"应描述为"底座被设计成前长后短、前缓后陡的斜坡，相应的，连接颈的高度则前高后低。两相配合，再配以装饰线，使连接颈及底座部分恰似一座雄伟大厦的大堂及门前台阶，前部开阔、高扬、热烈，后部则相对内敛、平和、宁静，这一有张有弛、抑扬结合的构思，使整个设计被赋予了动感和生命。"

（2）在先设计1中电扇柱体截面接近于三棱柱的截面，而并非呈浑圆的马蹄形；底座截面亦接近于三棱柱的截面，而并非呈接近三角形的马蹄形。

（3）对本专利与在先设计1相对比的描述存在以下异议：①本专利的通风口的四个角是弧形，在先设计1通风口的四个角不是弧形；②本专利与在先设计1的连接颈不同；③本专利与在先设计1在底座的形状及其朝向上区别明显；④本专利与在先设计1控制面板区别明显。

上述事实有本专利授权公告文本、第10463号决定、附件1、佛山市中级人民法院（2006）佛中法民三初字第76号民事判决书及当事人陈述等证据在案佐证。

本院认为，本专利与在先设计1相比，两者均为立柱式电扇外观设计。两者的相同之处在于：两者整体均由立柱、连接颈和底座构成，柱体和底座之间由连接颈连接；两者控制面板均位于柱体上端面并向前倾斜，且均由一个中间带有凸起手柄的旋转钮和一组分两行排列的按键构成；两者柱体正面为带有栅格的通风口，构成该通风口的栅格为多条平行的密集排列的纵向栅格，右侧部分增加了若干稀疏平行排列的横向栅格；两者柱体背面右侧均有两个外轮廓为长方形的通风口，通风口均由多条平行的密集排列的纵向栅格构成；两者主体和底座之间均由扁柱状连接颈连接。

本专利与在先设计1相比，两者不同之处在于：本专利立柱为横截面为椭圆的柱体，在先设计1的立柱横截面为马蹄形的柱体。两者横截面均为近似圆形，故两者均为接近圆柱形的柱体，其差别属于细微差别。在控制面板的设计方面，本专利的旋转钮在控制面板上所占比例较大，按键排列方式为第一排四个按键，第二排一个按键；在先设计1的旋转钮在控制面板上所占的比例较小，按键排列方式为第一排一个按键，第二排四个按键。但该区别属于细微的局部变化，并不会影响两个产品的整体形状。本专利通风口外轮廓为竖立的平行四边形，该平行四边形的四个角为弧形；在先设计1通风口外轮廓为竖立的长方形，该长方形的四个角为直角；构成两者通风口的栅格排列均为多条平行的密集排列的纵向栅格，其右侧部分增加了若干稀疏平行排列的横向栅格。两者的栅格布置是基本相同的，仅在外轮廓上略有区别，故两种通风口的外轮廓给人的整体视觉效果是相近似的。本专利的连接颈形状与在先设计1确有不同，本专利的连接颈与柱体相连一端相对较粗而与底座相连一端相对较细，在先设计1的连接颈没有粗细变化；本专利的连接颈的高度前高后低，由机身自然过渡，在先设计1的连接颈机身分离。但由于两者的连接颈均由柱体覆盖，该差别对整体视觉效果不具有显著影响。本专利底座为三角形，三角形的尖部向前；在先设计1底座为接近三角形的马蹄形，宽边向前；本专利的底座弧线是前长后短、坡度前缓后陡，但由于底座上部也由柱体覆盖，该差别对整体视觉效果也不具有显著影响。

综上所述，由于上述差别对本专利与在先设计1的整体视觉效果不具有显著的影响，故本专利与在先设计1构成相近似的外观设计，专利复审委员会第10463号决定及原审判决对此认定正确。上诉人李管南认为本专利与在先设计1不构成相近似的外观设计的上诉理由不能成立，本院不予支持。

本案为行政诉讼纠纷，佛山市中级人民法院（2006）佛中法民三初字第76号民事判决解决的是李管南与利富公司的侵权民事纠纷，该案的判决结果对本案不具有影响力，故本院对该判决中关于本专利与在先设计1不相近似的认定不予采纳。

综上所述，北京市第一中级人民法院（2007）一中行初字第1470号行政判决认定事实清楚，适用法律正确，程序合法，应予维持。上诉人李管南的上诉请求和理由没有事实和法律依据，本院不予支持。依照《中华人民共和国行政诉讼法》第六十一条第（一）项之规定，本院判决如下：

驳回上诉，维持原判。

一审案件受理费100元，由李管南负担（已交纳）；二审案件受理费100元，由李管南负担（已交纳）。

本判决为终审判决。

审　判　长　张　冰
审　判　员　莎日娜
代理审判员　钟　鸣
二〇〇八年九月五日
书　记　员　陈　明

俯视图

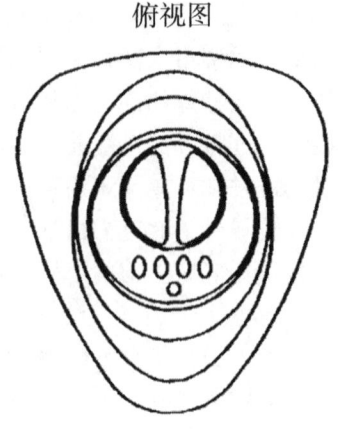

左视图　　　主视图　　　右视图　　　后视图

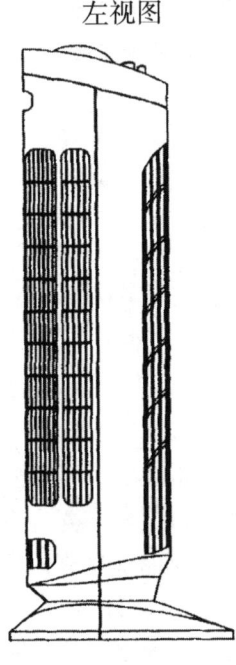 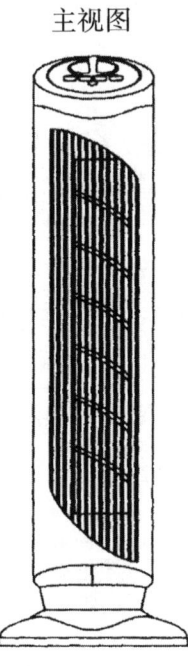 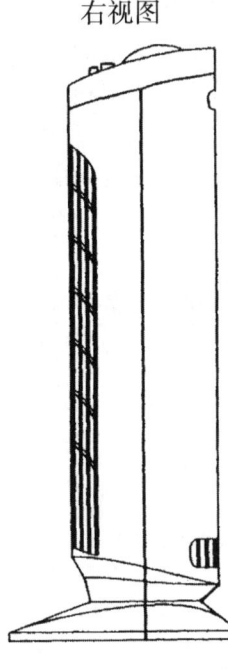 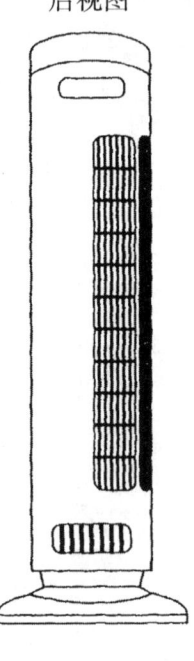

仰视图

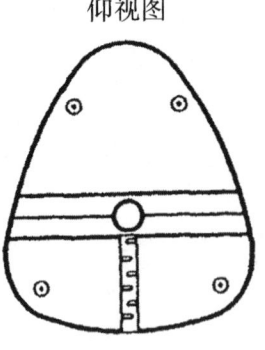

本专利（12361023.9）

俯视图

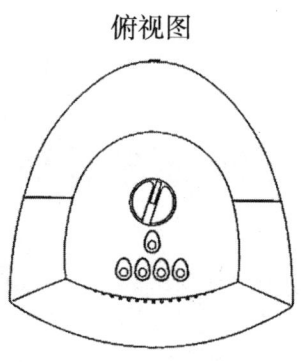

左视图　　　主视图　　　右视图　　　后视图

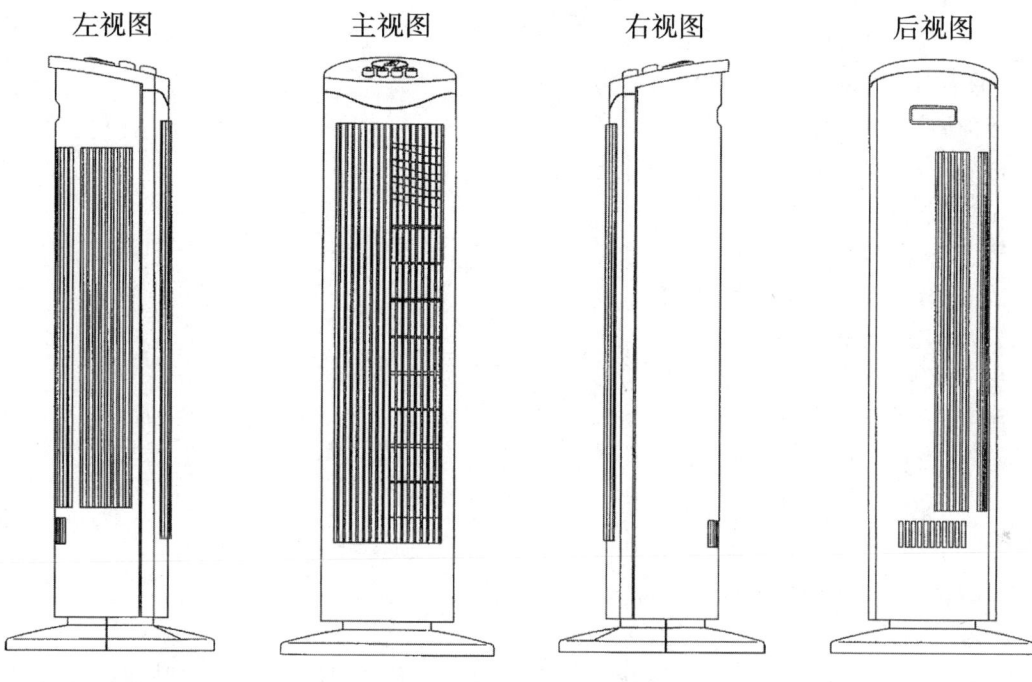

仰视图

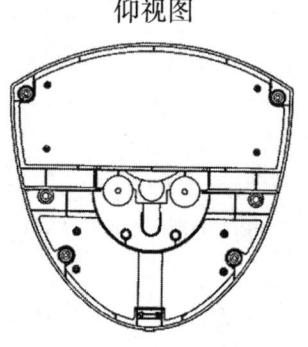

在先设计1附图

包装瓶（爽身粉1）

无效宣告请求审查决定（第10464号）

决 定 号	第10464号
决 定 日	2007年8月23日
发明创造名称	包装瓶（爽身粉1）
外观设计分类号	09-01
无效宣告请求人	英国医药（L.P.）有限公司
专 利 权 人	庄光明
申 请 号	200430110264.X
申 请 日	2004年12月10日
授权公告日	2005年9月7日
合议组组长	钟 华
主 审 员	吴红权
参 审 员	刘 磊
附 图	2页

法 律 依 据 专利法第23条

决 定 要 点

本专利外观设计与申请日前公开出版的外观设计整体布局和外观形状相同，其局部存有的细微差异对产品的整体视觉效果不具有显著的影响，两者属于相近似的外观设计。

一、案由

本无效宣告请求案涉及国家知识产权局于2005年9月7日授权公告、申请日为2004年12月10日、名称为"包装瓶（爽身粉1）"的200430110264.X号外观设计专利（下称本专利），专利权人为庄光明。

针对上述专利权，英国医药（L.P.）有限公司（下称请求人）于2006年3月15日向专利复审委员会提出无效宣告请求，并提交了如下附件：

附件1：1996年7月25日发行的《壹本便利》杂志第234期，复印件共3页；

附件2：2003年8月由香港药学会出版发行的《普通零售药品手册》及其译文，复印件共5页；

附件3：2002年8~9月期间在印度尼西亚发行的《kartini》杂志及中文译文，复印件共4页；

附件4：深圳加美森实业发展有限公司www.gdjms.com网站网页信息公证书；复印件共18页；

附件5：深圳加美森实业发展有限公司宣传资料；复印件共6页。

请求人认为：在本专利申请日之前已经有相同的外观设计在国内外出版物上公开发表过，具体为：（1）附件1中有"潮发贸易公司"登载的广告，广告内容就是由"英彼标准制药厂有限公司监制"的"St. Luke's 圣乐热痱香粉"，本案专利的外观设计与该广告中的产品外观设计完全相同；（2）附件2第56页有"潮发贸易公司"登载的广告，广告中的"St. Luke's 圣乐热痱香粉"外观设计同样与本案专利的外观相同；（3）附件3第125页是关于St. Luke's 热痱香粉的广告，本案专利的外观设计与该广告中的产品外观设计完全相同；（4）附件1~3中的产品外观设计均是在带有圆形瓶盖的方形包装瓶的瓶身上有上下两圈红花、绿叶间隔设置；中间有蛇形标志、St. Luke's 字样、产品名称"PRICKLY HEAT POWDER"，在瓶盖上有一圈间隔设置的红花、绿叶以及中间的St. Luke's 字样，这些附件中产品外观无论是形状、图案都与本案专利完全相同，所以上述附件充分证明在本案专利的申请日之前，已经有相同的外观设计在国内外出版物上公开发表过，因为该外观设计专利不具备专利法要求的新颖性，不符合专利法第23条的规定；（5）附件4、5用于证明本专利申请属于恶意申请。

经形式审查合格后，专利复审委员会受理了上述请求，于2006年8月10日向双方当事人发出了《无效宣告请求受理通知书》，并将《专利权无效宣告请求书》及其附件清单中所列附件的副本转送给专利权人，要求其在指定的期限内答复，同时成立合议组对本无效请求案进行审理。

2007年1月5日，专利复审委员会收到请求人提交的补充意见陈述书，请求人认为：附件1、附件2属于域外证据，现上述附件已由具有中国委托公证人资格的香港律师公证，请求人同时提交了域外证据《壹本便利》的证明书复印件共5页和域外证据《普通零售药品手册》的证明书复印件共7页。

2007年6月14日，合议组向双方当事人发出《无效宣告请求口头审理通知书》，定于2007年8月14日举行口头审理，并将专利复审委员于2007年1月5日收到的请求人提交的意见陈述书及其附件的副本转交给专利权人，要求其在口头审理时答复。

2007年8月14日，口头审理如期举行，专利权人没有出席，合议组在请求人一方出庭的情况下就本无效宣告请求案进行了庭审调查。在口头审理过程中，请求人对合议组成员及书记员没有回避请求，合议组就本案的无效宣告理由及证据逐一进行了调查，请求人一方陈述了意见，认定并记录了以下事项：（1）请求人确认使用附件1、2和3来证明本专利在先出版物公开，不符合专利法第23条，请求人确认附件4和5不是用来证明专利法第23条的无效宣告理由，仅是证明专利权人将请求人早已生产、销售的产品的外观设计以自己的名义申请了专利，属于恶意行为；（2）请求人当庭提交了附件1~5及其附件1~2的证明书的原件，合议组核实了附件1~5原件和附件1~2的证明书原件的真实性后，保留附件1~2的原件及其公证书原件，当庭退回附件3~5的原件给请求人。

至此，合议组认为本案的事实已经调查清楚，可以依法作出审查决定。

二、决定的理由

1. 关于证据的认定

请求人在提出无效宣告请求时提交了附件1~5的复印件，2007年1月5日，专利复审委员会收到请求人补交的关于附件1和2的证明书复印件，请求人在口头审理过程中提交了附件1~5的原件以及附件1~2的证明书原件，合议组经核实后认为，附件1是在香港发行的期刊杂志，附件2是在香港发行的出版物，二者都属于域外证据，在请求人提交了附件1~2的原件及其证明书原件后，合议组对附件1~2的真实性予以认可。附件3是在印度尼西亚发行的期刊杂志，其同样属于域外证据，但是请求人没有提交相应的公证认证材料，在专利权人未出席口头审理并且未发表意见承认附件3的真实性的情况下，合议组对附件3的真实性不予认可。由于附件4~5不是用于证明本专利是否符合专利法第23条规定的证据，其证明对象与本案不具有关联性，因此，合议组对附件4~5不予评述。

附件1的出版日期为1996年7月25日，附件2的出版日期为2003年8月，均早于本专利的申请日，因此可以作为评价本专利是否符合专利法第23条规定的证据。

2. 关于无效宣告理由

请求人提出的关于本专利权的无效宣告理由和范围为：本专利相对于附件1、附件2或附件3不符合专利法第23条的规定。

3. 关于专利法第23条

专利法第23条规定，授予专利权的外观设计，应当同申请日以前在国内外出版物上公开发表过或者国内公开使用过的外观设计不相同和不相近似，并不得与他人在先取得的合法权利相冲突。

本专利所示包装瓶（爽身粉1）外观设计为一个带有圆形瓶盖、方形瓶身的设计，从主视图看，其在瓶身上有上下两圈红花、绿叶间隔设置；中间有蛇形商标、St. Luke's字样、产品名称为"PRICKLY HEAT POWDER"，在产品名称"PRICKLY HEAT POWDER"上有一细划线，在瓶盖上有一圈间隔设置的红花、绿叶以及中间的St. Luke's字样（详见本专利附图）。

附件1是1996年7月25日发行的《壹本便利》杂志第234期，在该杂志第131页印有"潮发贸易公司"刊登的广告及用于装爽身粉的包装瓶（下称在先设计），该在先设计同样为一个带有圆形瓶盖、方形瓶身的设计，其在瓶身上有上下两圈红花、绿叶间隔设置；中间有蛇形商标、St. Luke's字样、产品名称为"PRICKLY HEAT POWDER"，在瓶盖上有一圈间隔设置的红花、绿叶以及中间的St. Luke's字样（详见在先设计附图）。

在先设计与本专利的产品类别相同，因此可以与本专利进行相似性比较。将本专利附图与在先设计相比，区别在于本专利在产品名称"PRICKLY HEAT POWDER"上有一细划线，而在先设计在产品名称"PRICKLY HEAT POWDER"上没有一细划线。对此，合议组认为，本专利的包装瓶与在先设计在整体布局和外观形状上基本相同，区别为在产品名称"PRICKLY HEAT POWDER"上有无存在一细划线，但是在产品名称"PRICKLY HEAT POWDER"上有无存在一细划线对于包装瓶的整体视觉效果并不具有显著的影响，因此，二者属于相近似的外观设计。本专利与申请日前公开出版的外观设计整体布局和外观形状相同，其局部存有的差异对产品的整体视觉效果不具有显著的影响，两者属于相近似的外观设计，故而，本专利不符合专利法第23条的规定。

鉴于根据上述理由和证据已经得出本专利不符合专利法第23条的规定，应宣告整个专利权无效，因此，对于请求人提出的其他理由和证据，合议组不再予以评述。

根据上述事实和理由，合议组作出如下审查决定。

三、决定

宣告200430110264.X号外观设计专利权全部无效。

当事人对本决定不服的，可以根据专利法第46条第2款的规定，自收到本决定之日起三个月内向北京市第一中级人民法院起诉。根据该款规定，一方当事人起诉后，另一方当事人应当作为第三人参加诉讼。

主视图

后视图

左视图

右视图

俯视图

仰视图

立体图

本专利附图

在先设计附图

防护门窗

无效宣告请求审查决定（第10465号）

决 定 号	第10465号
决 定 日	2007年7月19日
发明创造名称	防护门窗
外观设计分类号	25-02
无效宣告请求人	长沙市大梁门窗材料厂
专 利 权 人	罗建良
专 利 号	200430029925.6
申 请 日	2004年6月11日
授权公告日	2005年5月25日
合议组组长	张雪飞
主 审 员	周佳
参 审 员	徐清平
法 律 依 据	专利法第23条

决 定 要 点

产品购销合同中只记载了产品型号，而没有确凿的关联证据证明该型号产品的具体外观设计，无法证明与本专利相同或者相近似的外观设计在先公开使用的事实。请求人提供的各项证据均无法形成完整的证据链证明相关产品在申请日前已公开的事实，其无效宣告请求不能成立。

一、案由

本无效宣告请求涉及的是2005年5月25日国家知识产权局授权公告的200430029925.6号外观设计专利，使用该外观设计的产品名称为"防护门窗"，申请日为2004年6月11日，专利权人为罗建良。

针对上述外观设计专利（下称本专利），2006年11月7日长沙市大梁门窗材料厂（下称请求人）向专利复审委员会提出无效宣告请求，其理由是本专利不符合专利法第23条的规定。请求人认为有证据表明在本专利申请日之前长沙富尔凯防护窗制造厂与湖南省水利水电勘测设计研究总院就购买活动防护门窗签订了《产品购销合同》，并依照合同的约定于本专利申请日前将其安装于湖南省水利水电勘测设计研究总院的宿舍楼内，该活动防护门窗与本专利为相近似的外观设计，且于本专利申请日以前在国内公开使用，因此本专利不符合专利法第23条的规定，应予以宣告无效，请求人提交了如下3个附件作为证据：

附件1：湖南省长沙市公证处出具的（2006）长证内字第6637号公证书原件，内附：

1-1：湖南省水利水电勘测设计研究总院与长沙富尔凯防护窗制造厂于2003年8月12日签订的《产品购销合同》复印件；

1-2：附有文字说明的湖南省长沙市裁剪发票复印件，开具日期为2004年1月7日；

1-3：附有文字说明的湖南省长沙市裁剪发票复印件，开具日期为2003年12月2日；

1-4：公证人员于2006年10月25日对湖南省水利水电勘测设计研究总院基建办主任罗麟所作的《调查记录》复印件；

附件2：湖南省长沙市公证处出具的（2006）长证内字第6638号公证书原件，内附：

2-1：2006年10月25日在湖南省水利水电勘测设计研究总院宿舍51栋0101号拍摄的五张照片原件；

2-2：公证人员于2006年10月25日所作的《现场记录》复印件。

附件3：本专利的著录项目及图片复印件。

经形式审查合格后，专利复审委员会受理了上述无效宣告请求，于2006年11月7日向双方当事人发出无效宣告请求受理通知书，并将无效宣告请求书及其附件转送给专利权人，要求其在指定期限内答复。

2006年12月6日请求人提交了意见陈述书及补充证据，请求人认为通过补充证据可以进一步证明相关产品在申请日前的安装使用情况，提交了如下2个附件作为证据：（编号续前）

附件4：身份为湖南省水电厅农电局干部的周水生出具的书面证词原件；

附件5：声称为湖南省水利水电勘测设计研究总院院内宿舍楼安装的活动防护窗的照片复印件，共6页。

2006年12月13日专利复审委员会收到专利权人提交的意见陈述书，专利权人对请求人提交的附件1中1-1产品购销合同、1-2和1-3裁剪发票的真实性有异议，认为其上均有于2006年10月25日所写的涉及"8#51#栋防护窗"的文字内容，而在原购销合同和发票原件上并无此相关内容，是对原件的修改，而附件1是对修改后的文件的复印件所作的公证，应属于无效的文件。同时专利权人提交了反证即对上述产品购销合同和裁剪发票的复印件所做的另一份公证书，该公证书上显示产品购销合同和裁剪发票的复印件上并无涉及"8#51#栋防护窗"的文字内容，由此证明附件1的复印件与原件不一致，附件1与附件2之间除"8#51#栋防护门窗"的信息外无其他相关性，且附件1和附件2上没有与本专利的外观设计相关的信息，因此请求人提出的无效宣告请求理由不能成立，专利权人提交的反证为：湖南省长沙市蓉园公证处出具的（2006）湘长蓉证内字第1470号公证书原件，内附《产品购销合同》复印件一份共2页、《发票》复印件两张、《现场工作笔录》复印件一份共1页。

针对上述无效宣告请求，专利复审委员会依法成立合议组，对本案进行审理。

2007年3月23日合议组向双方当事人发出口头审理通知书，定于2007年5月17日对本案进行口头审理，并随口头审理通知书将请求人补充提交的意见陈述书及附页的副本、专利权人提交的意见陈述书及附页的副本分别转送给对方当事人。

口头审理如期举行，双方当事人均委托代理人出席了口头审理。口头审理中，双方对对方出庭人员的资格和身份无异议；对合议组成员没有回避请求。

请求人在口头审理中出示了附件5的原件，确认附件1、附件2、附件4和附件5结合用于证明本专利在申请日前已公开使用的事实。请求人认为可以购买到产品即可认为其已经公开，附件1中的购销合同和发票以及其他证据已经能够证明防护门窗在本专利申请日前公开销售的事实，产品的公开使用时间应以合同签订日为准，对于专利权人提交的反证，请求人对作为反证的公证书本身的真实性没有异议。专利权人认为产品的公开时间应为安装完工的时间，虽然合同的签订日在本专利申请日之前，但签订合同后并没有交货，其认可附件1中的购销合同和发票的真实性，但提出从发票上记载的品名、金额等信息都无法证明与购销合同中涉及的型号为C5的产品的关联性，也不能证明购销合同与本专利的关联性；请求人提交的附件2照片中涉及的产品不能确认为专利权人公司生产的C5型防护门窗，附件5照片中涉及的产品拍摄地点不清楚，不应予以采信。另外，专利权人说明C5型防护门窗的产品形状不断变化，本专利的产品已经经过修改，所以请求人提交的各项证据均不能支持其无效请求的主张。在相近似判断方面，请求人当庭指定附件5中的第7、11、16张照片为对比用图片，认为其上所示外观设计与本专利构成相近似，专利权人认为该证据来源不明，不对其相近似性发表意见；请求人认为附件2中所示外观设计与本专利构成相近似，专利权人对此予以认可。

在双方当事人意见陈述及口头审理的基础上，合议组经合议，认为本案事实清楚，依法作出本审查决定。

二、决定的理由

1. 法律依据

基于请求人提出的无效宣告请求的理由，合议组依据专利法第23条的规定对本案进行审理。

专利法第23条规定：授予专利权的外观设计，应当同申请日以前在国内外出版物上公开发表过或者国内公开使用过的外观设计不相同和不相近似，并不得与他人在先取得的合法权利相冲突。

2. 证据和事实的认定

请求人主张附件1中的1-1《产品购销合同》记载了湖南省水利水电勘测设计研究总院（下称甲方）与长沙富尔凯防护窗制造厂（下称乙方）就型号为C5的"富尔凯"活动防护窗签订的产品购销合同，该合同的签署日期为2003年8月12日，而后甲方依约履行了合同，附件1中的1-2和1-3为履行该合同的发票，其开具日期分别为2004年1月7日和2003年12月2日。合同中约定"货到甲方指定地点后，甲方需再支付货款5万元"，该5万元与附件1的1-3裁剪发票中记载的"活动防护窗工程款"金额5万元相一致，即可证明该产品已实际交付并公开。附件2为对安装在甲方宿舍51栋0101号舒长生家中的活动防护窗所作的证据保全公证，根据舒长生的叙述该防护门窗的安装时间在2004年3月以前（早于本专利申请日），即可进一步证明型号为C5的"富尔凯"活动防护窗已依合同的约定安装使用从而构成在申请日前公开的事实。

合议组认为，关于附件1的1-1所示的产品购销合同复印件，专利权和请求人对合同的内容均予以认可，且经过公证证明该复印件与原件相符，可以认可其真实性。附件1中的1-2和1-3为乙方向甲方开具的收款发票复印件，其经过公证证明该发票复印件与原件相符，符合证据的法定形式，且专利权人认可其真实性，故其真实性可予以确认。附件1的1-2发票中记录的"富尔凯活动门窗工程款"中没有具体载明活动门窗的型号，且发票上记载的各项金额均与1-1《产品购销合同》中记载的货款金额不对应，仅凭产品名称不足以证明其与1-1《产品购销合同》的关联性；附件1的1-3发票中记录了"富尔凯活动门窗工程款"金额，虽然其上载明的"50000元"与1-1《产品购销合同》中"货到甲方指定地点，甲方再需支付货款5万元"约定的金额吻合，但1-3发票中没有具体载明活动门窗的型号，且五万元仅为合同履行过程中的部分约定款项，由于缺少与其他相关款项票据相印证，该发票与附件1-1所示合同的关联性不足，不足以证明发票中涉及的款额确用于支付购销合同中约定的事宜，即不足以证明附件1的1-3的发票与1-1《产品购销合同》的关联性。1-4《调查记录》为公证人员于2006年10月25日对被调查人罗麟就甲方和乙方签订"富尔凯"活动防护门窗情况所作的调查笔录，罗麟在调查中就产品购销合同的签订事宜作出叙述，并表示购销合同和发票的复印件均由甲方提供，但没有提出发票与购销合同之间的关联性。因此，请求人提交的附件1中各项内容不足以证明产品购销合同与发票之间的关联性。

附件2为对安装在甲方宿舍51栋0101号舒长生家中的活动防护窗所作的证据保全公证，其中2-1为在甲方宿舍51栋0101号拍摄的现场照片，其上显示了安装在舒长生家中主卧卫生间内侧的一个活动防护窗，2-2为公证员在舒长生家中取证时对其进行的询问笔录，舒长生在笔录中表明在其2004年3月搬入该房前该防护门窗已由甲方统一安装好，且一直没有更换过。合议组认为，附件2中所示照片经过公证机关的公证，其真实性可以确认，但依据照片内容不能判断出活动门窗的安装时间，也无法确认该产品的具体生产商和型号，附件1的产品购销合同中并没有型号为"C5"活动防护窗的图片，因此无法确认附件2照片中所示产品和附件1的产品购销合同中的产品的关联性；在附件1的1-1《产品购销合同》第2页下方、附件1的1-2和1-3的裁剪发票复印件右侧，分别附有文字，说明其与宿舍8#51#栋防护门窗的关系，出具文字的署名人为肖谷金，请求人在口头审理中指出，肖谷金为甲方的员工，合议组认为，购销合同上的标注文字对合同的履行情况进行了说明，发票上的标注文字对该发票上款额涉及的产品进行了说明，其标注日期分别为2006年10月19日和2006年10月25日，在本专利申请日之后，标注的该文字内容应属于书面证言，出具证言的证人未出席口头审理，无法对其所出具的书面证言内容的真实性进行质证，在无其他原始证据佐证的情况下，不足以认可其证言内容的真实性，且附件2的2-2询问笔录中也未提及其照片中所示防护门窗与附件1产品购销合同中产品的关系，因此请求人提交的证据不能证明附件1和附件2的关联性。

附件4为身份为湖南省水电厅农电局干部的周水生出具的书面证言，内容为周水生叙述其于大致2003年8月、9月看到防护门窗的安装过程，并事后知道是乙方向甲方的销售行为。由于周水生并非销售使用行为的直接参与者，且"大致""事后我知道"等证词语焉不详，又未能出席口头审理，对其所述事实无法进行质证，依据审查指南第四部分第八章的规定，在没有其他证据加以佐证的情况下，附件4所示单纯证言不足以作为认定案件事实的依据。

附件5是请求人声称为甲方院内宿舍楼安装的活动防护窗的照片，但从照片上无法判断出其拍摄时间、拍摄地点，且没有其他佐证加之证明，因此仅凭照片本身不足以认可照片上所示产品确为安装于甲方宿舍楼内的活动防护窗，也不能证明其与型号为"C5"活动防护窗的关联性。

综上，请求人提交的附件1、附件2、附件4和附件5不能够形成完整的证据链，证明相关产品在本专利申请日前已经公开使用的事实。

请求人提交的上述证据均不足以证明与本专利相同或者相近似的外观设计在申请日前已经公开使用的事实，请求人据此证明本专利不符合专利法第23条规定的理由不能成立。

鉴于上述结论，对专利权人提交的反证不再作出评述。

三、决定

维持200430029925.6号外观设计专利权有效。

当事人对本决定不服的，可以根据专利法第46条第2款的规定，自收到本决定之日起三个月内向北京市第一中级人民法院起诉。根据该款的规定，一方当事人起诉后，另一方当事人应当作为第三人参加诉讼。

织　物

无效宣告请求审查决定（第 10466 号）

决　定　号	第 10466 号
决　定　日	2007 年 9 月 5 日
发明创造名称	织　物
外观设计分类号	05-05
无效宣告请求人	四川梦斯康健康用品有限公司
专　利　权　人	日本来福株式会社
专　利　号	03302282.8
申　请　日	2003 年 1 月 29 日
授权公告日	2003 年 10 月 15 日
合议组组长	王霞军
主　审　员	严若艳
参　审　员	李改平
附　　　图	2 页
法　律　依　据	专利法第 23 条

决　定　要　点

尽管在先设计中有一些细节从图片上无法分辨清楚，但二者的相同点已经给一般消费者二者相近似的整体视觉印象，无法分辨出来的细节对外观设计的整体视觉效果不具有显著影响，本专利与在先设计属于相近似的外观设计。

一、案由

本无效宣告请求涉及的是国家知识产权局 2003 年 10 月 15 日授权公告的 03302282.8 号外观设计专利，使用外观设计的产品名称是"织物"，申请日是 2003 年 1 月 29 日，专利权人是日本来福株式会社。

针对上述外观设计专利权（下称本专利），2007 年 1 月 25 日四川梦斯康健康用品有限公司（下称请求人）向专利复审委员会提出无效宣告请求，其理由是本专利不符合专利法第 23 条的规定。请求人认为，本专利与在先公开的日本外观设计完全相同，并提交了如下附件作为证据：

附件 1：第 1052557 号日本外观设计公报复印件及中译文共 3 页；

附件 2：第 952791 号日本外观设计公报复印件及中译文共 3 页；

附件 3：国家知识产权局网站下载的本专利著录项目及图片 1 页。

专利复审委员会根据无效宣告请求审查程序的规定受理了该无效宣告请求,并于 2007 年 1 月 25 日将《专利权无效宣告请求书》及其附件的副本转送专利权人。

专利权人在指定期限内未提交答复意见。

专利复审委员会于 2007 年 4 月 4 日向双方当事人发出合议组成员告知通知书。双方当事人在指定期限内均未对合议组成员提出回避请求。

2007 年 5 月 23 日专利复审委员会收到专利权人的意见陈述,专利权人认为:请求人可能是仿冒本专利产品的制造商,提出无效宣告请求的目的是便于堂堂正正地制造仿冒产品;本专利外观设计的特征还在于配色,而请求人提交的日本外观设计公报没有显示出色彩,因而不能断定本专利与请求人引用的日本外观设计相同或相近似。

依据请求人提交的证据以及双方的意见陈述,合议组经合议,认为本案事实清楚,依法作出本审查决定。

二、决定的理由

1. 法律依据

基于请求人提出的无效宣告请求的理由,合议组依据专利法第 23 条的规定进行审理。

专利法第 23 条规定:授予专利权的外观设计,应当同申请日以前在国内外出版物上公开发表过或者国内公开使用过的外观设计不相同和不相近似,并不得与他人在先取得的合法权利相冲突。

2. 证据认定

请求人提交的附件 1 是第 1052557 号日本外观设计公报复印件及中译文,其上盖有国家知识产权局专利检索咨询中心的副本认证专用章,内容为"经确认此副本与原件相同"。经合议组核实,该附件所示内容真实。其公告日为 1999 年 10 月 26 日,早于本专利申请日(2003 年 1 月 29 日),属于在本专利申请日之前的公开出版物,适用中国专利法第 23 条。

3. 相同相近似对比

本专利使用外观设计的产品是织物,附件 1 公开的是一种织物的外观设计(下称在先设计),二者属于相同类别的产品,可以进行相同相近似比较。

本专利所示外观设计包括主视图和后视图,简要说明载明"产品的长度方向和宽度方向是任意长度的重复花纹"。根据图片和简要说明,本专利产品由四方连续的单元图案构成。单元图案为具有浅色底纹的长方形框,其中前景花纹由多个不同深浅颜色的大小不同的同心圆环和八角星重叠组成,单元图案均匀排布,每四个相连的单元图案的中间有"JAPANLIFE"字母,正反交替分布(详见本专利附图)。

在先设计所示外观设计包括正面图和背面图,所附说明中包括"本物品纵横向连续"。根据图片和说明,在先设计由四方连续的单元图案构成。单元图案为具有浅色底纹的长方形框,前景花纹由多个颜色深浅不同的同心圆环和八角星重叠而成,单元图案均匀排布,每四个相连的单元图案的中间有一排字母,内容不能辨认(详见在先设计附图)。

尽管专利权人在意见陈述书中认为本专利外观设计的特征还在于其配色,且其提交的申请文件中是彩色的图片,但其未在简要说明中声明请求保护的外观设计包含色彩,故合议组仅就二者的形状、图案及其结合进行对比。

比较在先设计与本专利,二者均由四方连续的单元图案构成,单元图案的形状相同,花纹均为由多个颜色深浅不同的同心圆环和八角星重叠而成的整体呈圆环状的图案,每四个相连的单元图案的中间均有一排字母。尽管在先设计中有一些细节从图片上无法分辨清楚,但上述相同点已经给一般消费者造成二者相近似的整体视觉印象,无法分辨出来的细节对外观设计的整体视觉效果不具有显著影响，本专利与在先设计相近似。

综上所述，在本专利申请日以前已有与其相近似的外观设计在国外出版物上公开发表过，本专利不符合专利法第 23 条的规定。

鉴于上述已得出本专利不符合专利法第 23 条的规定的结论，本决定对请求人提交的其他证据不再评述。

三、决定

宣告 03302282.8 号外观设计专利权全部无效。

当事人对本决定不服的，可以根据专利法第 46 条第 2 款的规定，自收到本决定之日起三个月内向北京市第一中级人民法院起诉。根据该款的规定，一方当事人起诉后，另一方当事人应当作为第三人参加诉讼。

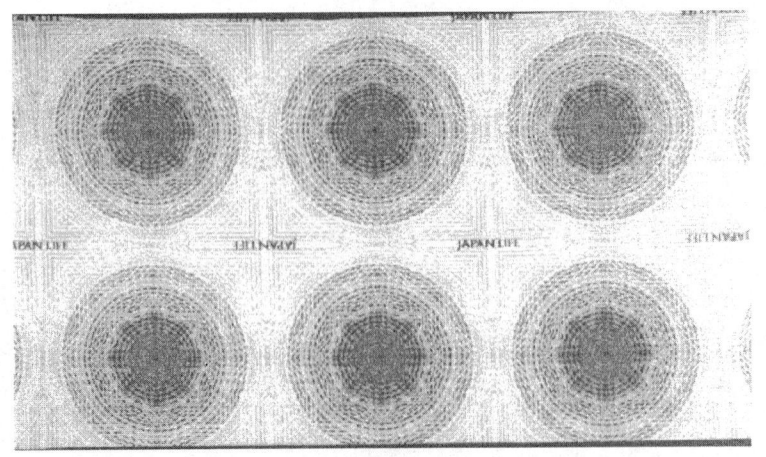

主视图

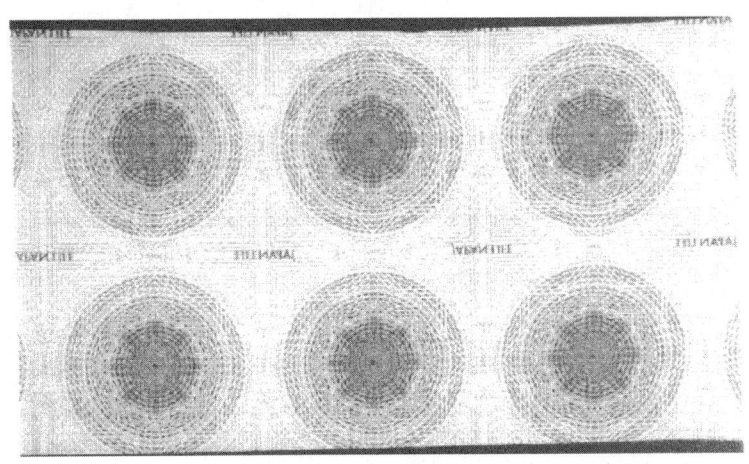

后视图

本专利附图

正面图

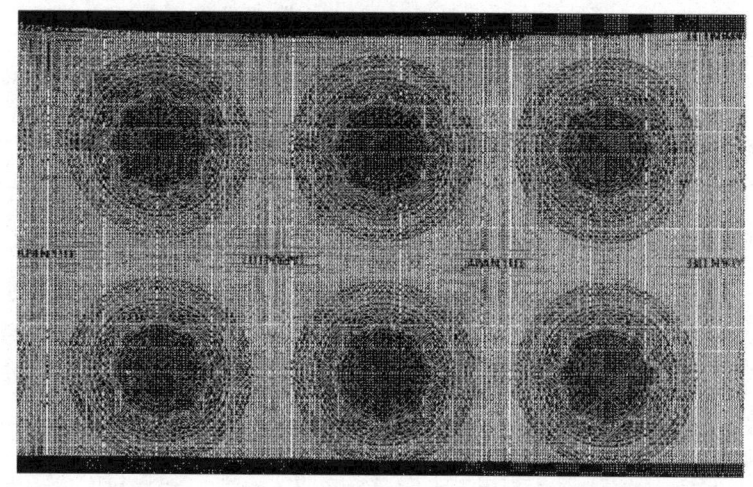

背面图

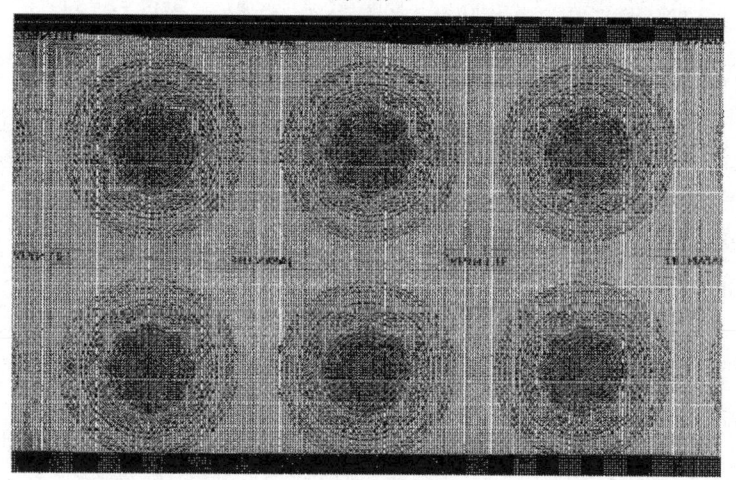

在先设计附图

轮胎（HN258）

无效宣告请求审查决定（第10467号）

决 定 号	第10467号
决 定 日	2007年9月5日
发明创造名称	轮胎（HN258）
外观设计分类号	12-15
无效宣告请求人	米其林沈阳轮胎有限公司
专 利 权 人	米其林（中国）投资有限公司
专 利 号	200430067116.4
申 请 日	2004年10月12日
授权公告日	2005年5月18日
合议组组长	吴赤兵
主 审 员	张雪飞
参 审 员	徐清平
附 图	1页

法 律 依 据 专利法第23条

决 定 要 点

对于域外证据，请求人提交了证明真实性的公证认证文件和完整原件，在专利权人未提出相反证据足以推翻的情况下，其真实性应予以认定。

在外观设计相近似性判断中，视觉不易被关注的局部细微差别和沿用传统的设计部分导致的差别等均不足以对整体视觉效果产生显著的影响。

一、案由

本无效宣告请求涉及国家知识产权局于2005年5月18日授权公告的200430067116.4号外观设计专利，使用该外观设计的产品名称是"轮胎（HN258）"，其申请日是2004年10月12日，原专利权人是风神轮胎股份有限公司，后变更为米其林（中国）投资有限公司。

针对上述外观设计专利权（下称本专利），米其林沈阳轮胎有限公司（下称请求人）于2006年4月29日向专利复审委员会提出无效宣告请求，其依据的事实和理由是：本专利与在其申请日以前出版的《2002轮胎胎面设计指南国际版》中公开的一种米其林XZY型卡车轮胎的外观设计相同，一般消费者会将二者误认、混同，因此本专利不符合专利法第23条的规定，应予宣告无效。请求人同时提交了如下附件作为证据：

附件1是《2002 TREAD DESIGN GUIDE INTERNATIONAL EDITION》一书的部分页面及相关的公证认证文件和相应部分的中文译文共29页复印件；

附件2是本专利公报复印件1页。

专利复审委员会经形式审查合格受理了该无效宣告请求，并于2006年6月14日将无效宣告请求书及其附件的副本转送原专利权人，通知其在指定期限内陈述意见。

原专利权人于2006年7月29日提交了意见陈述书，认为附件1所示外观设计与本专利在胎面中部和两侧部分的花纹纹路设计上均不同，二者不相同且不相近似，应当维持本专利有效。

后应相关当事人提出的著录项目变更申请，国家知识产权局专利局于2006年12月20日变更了专利权人及其代理机构。

由于变更后的专利权人委托的专利代理机构与请求人委托的专利代理机构相同，专利复审委员会于2007年4月24日向双方当事人发出补正通知书，告知双方当事人应在指定期限内变更委托，逾期未补正的，后委托的视为未委托。双方当事人在指定期限内均未作出答复，专利复审委员会依据双方当事人委托同一专利代理机构的先后顺序，于2007年6月18日向专利权人发出委托专利代理机构审批通知书，告知其代理委托关系在本无效请求程序中视为未委托；同日，专利复审委员会将请求人提交的无效宣告请求文件转送专利权人，并向双方当事人发出口头审理通知书，定于2007年7月19日进行口头审理，并告知专利权人在口头审理中核实请求人提交的证据原件。

专利权人在指定期限内未作出答复。

口头审理如期举行，仅有请求人一方委托代理人出庭，专利权人一方未出席口头审理，合议组依法进行缺席审理。在口头审理中，合议组当庭核实了附件1所示书刊、公证认证文件和中文译文的原件，请求人坚持其原有观点。

在上述审理的基础上，合议组经合议，认为本案事实清楚，依法作出本审查决定。

二、决定的理由

1. 法律依据

基于请求人提出无效宣告请求所依据的事实和理由，合议组对本专利是否符合专利法第23条的规定进行审查。

专利法第23条规定：授予专利权的外观设计，应当同申请日以前在国内外出版物上公开发表过或者国内公开使用过的外观设计不相同和不相近似，并不得与他人在先取得的合法权利相冲突。

2. 证据认定

请求人提交的附件1是《2002 TREAD DESIGN GUIDE INTERNATIONAL EDITION》一书的部分页面及相关的公证认证文件和相应部分的中文译文复印件，合议组在口头审理中核实了相关书刊、公证认证文件和中文译文的原件。针对附件1，合议组认为：经核实《2002 TREAD DESIGN GUIDE INTERNATIONAL EDITION》一书的完整原件，根据其内记载的内容能够得知其为"2002年第6期"和形成于"奥地利"等相关信息，因此该书属于在本专利申请日（2004年10月12日）以前在域外形成的证据；而在请求人提交的相关公证认证文件中，其中中国驻奥地利大使馆领事部出具的"（2006）奥领认字第0000272号"《认证书》等系列公证认证文件证明了法院宣誓并经法院确认专家Friedrich Lux博士对于该书2002年的制作发行时间和相关页面的真实性、关联性的确认，同时中国驻法国大使馆出具的"（2006）法领认字第0002589号"《认证书》等系列公证认证文件证明了法国公证人Me Pierre MONTAGNON确认该书于2002年由Friedrich Lux出版的事实，从而请求人针对该书的真实性已履行了相应的证明手续，在专利权人未提出相反证据足以推翻的情况下，合议组对该书的真实性予以认定；该《2002 TREAD DESIGN GUIDE INTERNATIONAL EDITION》一书属于中国专利法

第 23 条所规定的公开出版物，适用于本案。

3. 外观设计对比

在该《2002 TREAD DESIGN GUIDE INTERNATIONAL EDITION》一书的第 109 页中公开了一款 XZY 型轮胎胎面的外观设计（下称在先设计），由于在先设计与本专利均使用于轮胎，因此二者用途相同，属于相同类别的产品，具有可比性，故对二者的外观设计作如下对比：

本专利所示轮胎的基本形状同传统的环状轮胎；胎面中部为三列连续"之"字形的纹理，其左右各有一列由不规则的单元形状连续排列形成的纹理；轮胎侧表面另有局部的文字、图案设计（详见本专利附图）。

在先设计所示轮胎胎面中部为三列连续"之"字形的纹理，其左右各有一列由不规则的单元形状连续排列形成的纹理；其他部分不可见（详见在先设计附图）。

将本专利与在先设计相比较，其主要的不同点为：在先设计未显示轮胎整体形状，且本专利轮胎侧表面有局部的文字、图案设计。合议组认为：从整体视觉观察，本专利的局部文字、图案设计相对于其整体轮胎形状而言明显属于细微差别，不足以对其整体外观设计形状产生显著的视觉影响；且虽然在先设计未显示轮胎整体形状，但由于本专利在轮胎的基本形状设计上也未基于传统的环状轮胎形状作出视觉醒目的变化设计，因此二者的差别均不足以对二者的整体外观设计视觉效果产生显著的影响，二者应属于相近似的外观设计。

综上所述，在本专利申请日以前已有与其相近似的外观设计在出版物上公开发表过，本专利不符合专利法第 23 条的规定。

三、决定

宣告 200430067116.4 号外观设计专利权全部无效。

当事人对本决定不服的，可以根据专利法第 46 条第 2 款的规定，自收到本决定之日起三个月内向北京市第一中级人民法院起诉。根据该款的规定，一方当事人起诉后，另一方当事人应当作为第三人参加诉讼。

 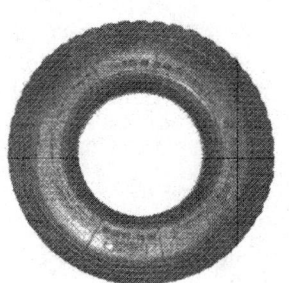  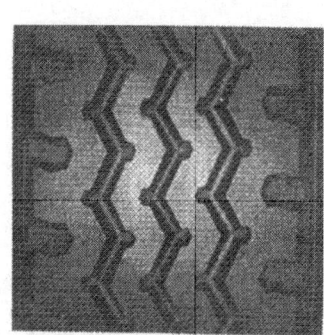

主视图　　　　左视图　　　　立体图　　　　轮胎花纹局部放大图

本专利附图

在先设计

包装袋

无效宣告请求审查决定（第 10469 号）

决 定 号	第 10469 号
决 定 日	2007 年 9 月 6 日
发明创造名称	包装袋
外观设计分类号	09-05
无效宣告请求人	武汉亚太调味食品有限公司
专 利 权 人	上海康权实业有限公司
专 利 号	200430034901.X
申 请 日	2004 年 6 月 25 日
授 权 公 告 日	2005 年 2 月 16 日
合 议 组 组 长	徐清平
主 审 员	严若艳
参 审 员	李改平
附 图	1 页

法 律 依 据 专利法第 23 条

决 定 要 点

本专利所示包装袋的正面与在先设计正面的主要图案题材相同，且整体图案近似，构图方式、配色等基本相同，给一般消费者二者相近似的整体视觉印象，二者的背面主要标明内装物的成分、食用方法、生产日期等内容，其作为图案相对于正面一般不会引起一般消费者的特别关注。二者的不同之处属于局部或细微的差异，对外观设计的整体视觉效果不具有显著影响，因此，本专利与在先设计相近似，本专利不符合专利法第 23 条的规定。

一、案由

本无效宣告请求涉及的是国家知识产权局于 2005 年 2 月 16 日授权公告的 200430034901.X 号外观设计专利，使用外观设计的产品名称是"包装袋"，申请日是 2004 年 6 月 25 日，专利权人是上海康权实业有限公司。

针对上述外观设计专利权（下称本专利），武汉亚太调味食品有限公司（下称请求人）于 2007 年 1 月 17 日向专利复审委员会提出无效宣告请求，其理由是本专利的授予不符合中国专利法第二十三条的规定。请求人认为：在本专利申请日以前，已有相同的外观设计在国内公开使用过，并有相近似的外观设计在国内公开发表过，因此本专利的授予不符合专利法第二十三条的规定。请求人提交了如下附件作为证据：

附件1：请求人称在武汉市场上购买的味精的照片2幅；

附件2-1：武汉东运制版有限公司凹印制版委托书复印件3页、制版用画稿打印件2页及说明、便条各1页；

附件2-2：8份关于自2003年起至2005年销售大桥牌味精的证明；

附件3：国家知识产权局网站下载的98320851.4号外观设计专利著录项目信息及图片共3页；

附件4：国家知识产权局网站下载的本专利著录项目信息及图片共3页。

请求人认为：附件1是在武汉市场上随意采购的，其包装袋正面底边上有钢印的生产日期2004年1月9日，表明附件1所示产品在本专利申请日以前已经公开使用；附件2-1是关于附件1所示包装袋在本专利申请日之前的印刷制版过程的书证，与附件1结合证明附件1所示包装袋在本专利申请日之前印刷的事实；附件2-2证明附件1所示包装袋在2003-2005年已经公开销售。

专利复审委员会根据无效宣告请求审查程序的规定受理了该无效宣告请求，并于2007年1月26日将上述无效宣告请求书及其附件的副本转送给专利权人，要求其在指定期限内陈述意见。

专利权人于2007年3月10日提交了意见陈述书，专利权人认为：请求人提交的附件1、附件2-1、附件2-2缺乏可信度，不能证明在本专利申请日以前已有相同外观设计在国内公开使用的事实。附件3缺乏可信度，且所示外观设计与本专利有明显差异，既不相同也不相近似，不能证明在本专利申请日以前已有与其相近似的外观设计公开发表。

专利复审委员会于2007年5月16日向双方当事人发出口头审理通知书，定于2007年6月25日对本案进行口头审理。并随口头审理通知书将专利权人提交的上述意见陈述书及附件的副本转送请求人。

2007年6月25日口头审理如期举行。请求人、专利权人均委托代理人出庭，双方对对方出庭人员资格均无异议，对合议组成员无回避请求。在口头审理中，请求人当庭提交了附件1的实物，提交了附件3的彩色图片以便进行相同相近似对比。专利权人当庭核实了附件1的实物和案卷中的附件2-2的原件，认可附件1的照片与包装袋实物相符，附件2-2的复印件与原件相符。双方就附件1、附件2-1、附件2-2的真实性、关联性进行了辩论。专利权人认为，附件1实物的真实性无法确认，亦无证据证明该实物的流通渠道和流通程度，不能证明该实物在本专利申请日前已处于公众可以自由获得的状态；附件2-1无明确的制版印刷时间，内容与附件1存在矛盾，与附件1无关联性，且无证据表明印刷工作已经完成；附件2-2的真实性无法确认，无证据证明所述证人销售过附件1所示产品。证人万明辉、魏小双就各自在附件2-2中所作的证言出庭作证。双方还就附件1、附件3所示外观设计与本专利外观设计是否相同相近似陈述了各自的观点。专利权人声明转送的附件2-1中缺少第七页生产科的便条，合议组当庭将该页复印件转送专利权人，要求其在口头审理结束后一周内提交补充意见。

专利权于2007年7月4日提交了质证意见，坚持其原有观点。

在双方意见陈述和口头审理的基础上，合议组经合议，认为本案事实清楚，依法作出本审查决定。

二、决定的理由

1. 法律依据

基于请求人提出无效宣告请求的理由，合议组依据中国专利法第23条的规定进行审理。

中国专利法第23条规定：授予专利权的外观设计，应当同申请日以前在国内外出版物上公开发表过或者国内公开使用过的外观设计不相同和不相近似，并不得与他人在先取得的合法权利相冲突。

2. 证据认定

请求人提交的附件3为国家知识产权局网站下载的98320851.4号外观设计专利的著录项目信息和图片，经合议组核实，该附件所示内容真实，确系国家知识产权局专利局授权公告的外观设计专利。其公告日为1999年1月27日，早于本专利申请日，属于本专利申请日之前的公开出版物，适用专利法第23条。

3. 相同相近似对比

本专利使用外观设计的产品是包装袋，附件3使用外观设计的产品是味精包装袋，二者用途相同，属于相同类别的产品，可以进行外观设计相同相近似比较。

本专利公开了产品的主视图、后视图，简要说明载明"请求保护的外观设计包含色彩"。从图片观察：产品整体为长方形；正面图案下部是金黄色的稻田，远处有绿色的田野，上面是蓝天，颜色自下而上逐渐变深；正中有蓝色椭圆圈图案，内部为白色，靠右边有红色的"加鲜味精"四个字，"加鲜"二字较小；左下方有突出显示的稻穗；上方有两层飘带，正中有"本品无盐"四字；背面的底色从上而下由深蓝逐渐变浅，上方是与正面相同的两层飘带及文字，右边有"加鲜味精"四字，下方有书写说明性文字的白色区域及包装袋缩略图。详见本专利附图。

附件3公开的是一种味精包装袋的外观设计（下称在先设计），包括主视图和后视图，简要说明载明"要求保护色彩"。从图片观察：产品整体为长方形；正面图案下部是黄色的稻田，远处有绿色的小山，上面是蓝天，颜色自下而上逐渐变深；正中有蓝色椭圆圈图案，内部为白色，靠右边有红色的"味精"二字；左下方有突出显示的稻穗；上方有缎带和奖牌图案；背面的底色从上而下由深蓝逐渐变浅，上方有倒三角形图案，其上有"大桥味精"和三个"鲜"字，下方有书写说明性文字的白色区域。详见在先设计附图。

比较本专利与在先设计，首先，二者正面的设计素材相同，均为原野、稻穗、蓝天、蓝色的椭圆圈及表明内装物的文字。其次，二者正面的构图方式相同，近处黄色远处绿色的原野在图案的下方，与蓝天一起构成背景，稻穗和椭圆圈构成前景图案，鲜明的红色文字表明内装的产品且"味精"二字的字体、大小相同。第三，二者整体配色非常近似。其不相同点为：二者正面上部的装饰不同，在先设计为缎带和奖牌，本专利为飘带；稻穗与椭圆圈的相对位置不同，在先设计中二者是分离的，本专利中二者有重叠部分；在先设计原野图案的远处是绿色的小山，本专利中是绿色的田野；二者在产品背面的设计有差异。对于以上不同点，合议组认为：原野中小山与田野均为绿色，所占比例较小，区别并不明显。稻穗与椭圆圈相对位置的不同属于局部细微的差异。专利权人认为在先设计中的奖牌是吸引消费者注意的地方，而本专利没有此设计特征，对此合议组认为，奖牌吸引消费者的在于其代表的含义，而不是图案本身，仅就图案而言，本专利中的飘带和在先设计中的缎带、奖牌对外观设计的整体视觉效果均不具有显著影响。对于食品包装袋而言，其背面往往主要标明内装物的成分、食用方法、生产日期等内容，其作为图案的内容相对于正面一般不会引起一般消费者的特别关注，在先设计与本专利在背面的差异对外观设计整体视觉效果不具有显著影响。因此，本专利与在先设计虽在具体图案设计上有所不同，但在整体设计上均采用了相近似的原野、蓝天作为背景图案，以稻穗、蓝色的椭圆圈、表示所装产品的较大文字等作为主要图案，且这些图案的整体构图、色彩搭配基本相同，在整体视觉效果上给一般消费者相近似的视觉印象，二者的差异相对于整体视觉效果属于局部或细微的差异，不具有显著影响，本专利与在先设计相近似。

4. 结论

本专利与申请日以前在国内出版物上公开发表过的外观设计相近似，因此本专利不符合专利法第23条的规定。

鉴于上述已得出本专利不符合专利法第23条规定的结论，本决定对请求人提交的其他证据不再评述。

三、决定

宣告200430034901.X号外观设计专利权全部无效。

当事人对本决定不服的，可以根据专利法第46条第2款的规定，自收到本决定之日起三个月内向北京市第一中级人民法院起诉。根据该款的规定，一方当事人起诉后，另一方当事人应当作为第三人参加诉讼。

 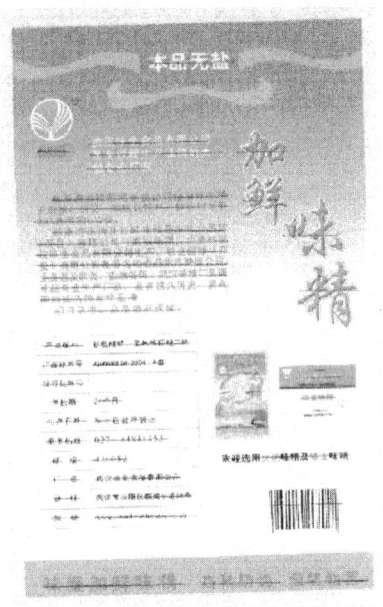

主视图　　　　　　　　　　　后视图

本专利附图

 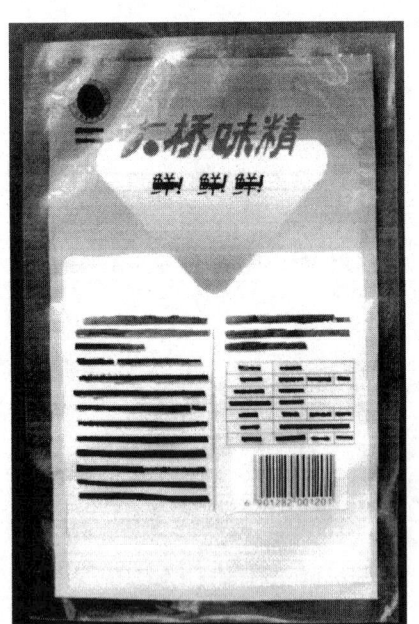

主视图　　　　　　　　　　　后视图

在先设计附图

型材（3-D1382）

无效宣告请求审查决定（第10476号）

决 定 号	第10476号
决 定 日	2007年8月31日
发明创造名称	型材（3-D1382）
外观设计分类号	25-01
无效宣告请求人	佛山市南海大沥盛达前亮铝业有限公司
专 利 权 人	广东兴发创新股份有限公司
专 利 号	00323559.9
申 请 日	2000年7月20日
授 权 公 告 日	2001年2月28日
合议组组长	钟　华
主 审 员	翁晓君
参 审 员	张　巍
附 　 图	3页

法 律 依 据 专利法第23条

决 定 要 点

如果本专利与在先设计之间存在的差别足以使一般消费者对产品的整体视觉印象产生显著的影响，则两者不相近似。

一、案由

本无效宣告请求案涉及国家知识产权局于2001年2月28日授权公告的、名称为"型材（3-D1382）"的00323559.9号外观设计专利（下称本专利），其申请日为2000年7月20日，专利权人是广东兴发创新股份有限公司。

针对上述专利权，佛山市南海大沥盛达前亮铝业有限公司（下称请求人）于2007年2月25日向专利复审委员会提出无效宣告请求，其理由是：在本专利申请日之前已有与之相同的外观设计在国内出版物上公开发表过，并且已在市场上公开销售过，所以本专利不符合专利法第23条的规定。为支持其主张，请求人提交了以下附件作为证据：

附件1：《伟业铝材》产品说明书复印件，共4页；

附件2：《顺成铝制品有限公司》产品说明书复印件，共4页；

请求人指出：附件1和附件2的公开出版日期为1999年，在本专利申请日之前，并且本专利外观设计分别与附件1、附件2所公开的外观设计完全相同，属于近似的外观设计，同时附件1或附件2所涉及的外观设计产品在市场上早已经公开销售，所以本专利不符合专利法第23条的规定，应当被宣告专利权无效。

经形式审查合格后，专利复审委员会受理了该无效宣告请求案，并于2007年2月25日向双方当事人发出无效宣告请求受理通知书，同时将专利权无效宣告请求书及其所附附件的副本转送给专利权人，要求其在指定期限内答复。专利复审委员会依法成立合议组对本案进行审查。

请求人于2007年3月12日再次寄交意见陈述书，同时提交如下证据：

附件3：第ZL98325777.9号中国外观设计授权公报复印件，授权公告日为1999年8月4日，共2页；

附件4：第ZL97318317.9号中国外观设计授权公报复印件，授权公告日为1998年10月21日，共1页。

附件5：第ZL99305094.8号中国外观设计授权公报复印件，授权公告日为1999年12月22日，共3页；

附件6：第ZL00306439.5号中国外观设计授权公报复印件，授权公告日为2000年10月25日，共1页。

请求人指出：附件1~6的公开出版日期在本专利申请日之前，并且本专利外观设计分别与附件1~6所公开的外观设计完全相同，属于近似的外观设计，同时附件1或附件2所涉及的外观设计产品在市场上早已经公开销售，所以本专利不符合专利法实施细则第13条以及专利法第23条的规定，应当被宣告专利权无效。

专利权人于2007年3月19日寄交了针对上述无效宣告请求的意见陈述书，专利权人在意见陈述书中指出：

（1）请求人所提出的附件1只能说明该说明书的第一版是1999年印刷的，不能证明该说明书是1999年印刷的；而且该说明书中所披露的产品图形与本专利并不属于近似的外观设计。

（2）请求人所提出的附件2没有出版时间，不能作为对比文件，而且该出版物所披露的产品图形同本专利既不相同也不相近似。

（3）本专利与对比文件有显著的区别，在视觉效果上构成了显著差别，两者之间的这种差别对该领域的一般消费者来说是显著的，能够使消费者轻易将两者区分开。本专利符合专利法规定的授予专利权的要求，请求维持本专利有效。

2007年5月21日，专利复审委员会本案合议组分别向双方当事人发出无效宣告请求口头审理通知书，告知双方当事人专利复审委员会定于2007年6月28日对本无效宣告请求案进行口头审理。同时，专利复审委员会本案合议组将请求人于2007年3月12日寄交的意见陈述书和附件的副本转送给专利权人，将专利权人于2007年3月19日寄交的意见陈述书转送给请求人。

2005年6月28日，口头审理如期举行。双方当事人均参加了口头审理。在口头审理中，双方当事人对合议组成员无回避请求，对对方当事人出庭人员身份无异议。请求人当庭放弃专利法实施细则第13条的无效理由；放弃附件1、2、6作为证据使用。专利权人对附件3、4、5的真实性无异议。请求人明确无效理由为：本专利外观设计不符合专利法第23条的规定。请求人明确附件3所使用的视图为主视图4，其中左视图4、右视图4、仰视图4、俯视图4作为参考；附件5所使用的视图为件

4主视图,其中件4左视图、件4右视图、件4仰视图、件4俯视图作为参考。请求人明确表示以附件3作为最接近的对比文件。

至此,合议组认为本案的事实清楚,可以作出审查决定。

二、决定的理由

1. 关于证据

由于在口头审理中,请求人明确表示放弃附件1、2和6作为证据使用,故下面仅对附件3、4和5进行评述。

附件3为第ZL98325777.9号中国外观设计授权公报,附件4为第ZL97318317.9号中国外观设计授权公报,附件5为第ZL99305094.8号中国外观设计授权公报。专利权人对这3份附件的真实性均无异议。附件3的授权公告日为1999年8月4日,附件4的授权公告日为1998年10月21日,附件5的授权公告日为1999年12月22日,均在本专利的申请日之前,因此,附件3、4、5上记载的型材的外观设计均可作为本专利的在先设计,与本专利分别进行相近似性比较。

2. 关于专利法第23条

专利法第23条规定:"授予专利权的外观设计,应当同申请日以前在国内外出版物上公开发表过或者国内公开使用过的外观设计不相同和不相近似,并不得与他人在先取得的合法权利相冲突。"

本专利是一种型材,本专利外观设计由主视图、俯视图、仰视图、左视图和右视图共五幅视图组成,其中主视图反映的是该型材的横截面(为了便于比较将本专利外观设计主视图向左侧旋转90度),其横截面形状为:从左到右共有两级水平台阶,在每一级水平台阶上均有一滑轨,两滑轨的上端均呈伞形,在两滑轨的正下方均是螺丝安装孔,该横截面的左侧壁高于滑轨,右侧壁与第二台阶平面平齐,靠近左侧壁顶端的部位有一形似"┐"设置,包含两级台阶的水平面以下构成两个形似底边未完全封口的矩形框(详见本专利附图)。

附件3公开了一种铝推拉窗型材(下称在先设计1),请求人明确附件3所使用的视图为主视图4、左视图4、右视图4、仰视图4和俯视图4共五幅视图,其中主视图4反映的是该型材的横截面,其横截面形状为:从左到右共有三级水平台阶,在第一和第二台阶的右边缘处分别设有一滑轨,两滑轨的上端均呈伞形,在第一滑轨的右侧下方是螺丝安装孔,在第二滑轨的左侧下方是螺丝安装孔,该横截面的左侧壁高于滑轨,该横截面的右侧壁高于第三台阶平面而低于滑轨,在第二台阶的中间处垂直向下延伸一竖线,该竖线分别与左侧壁和右侧壁的向下延长线构成两个形似上边为台阶状、底边完全封口的矩形框(详见在先设计1附图)。

附件4公开了一种窗框型材(下称在先设计2),附件4外观设计由主视图、左视图、右视图和仰视图共四幅视图组成,其中主视图反映的是该型材的横截面,其横截面形状为:从左到右共有两级台阶,其中第一级台阶向上倾斜,第二级台阶水平,两级台阶之间设置了一个向左侧开口的小矩形凹槽,在每一级水平台阶上均有一滑轨,两滑轨的上端均呈小圆形,在两滑轨的正下方均是螺丝安装孔,该横截面的左侧壁与第一台阶左端平齐,右侧壁高于滑轨,包含两级台阶的水平面以下构成一个形似上边为台阶状、底边未完全封口的矩形框(详见在先设计2附图)。

附件5公开了一种双玻推拉窗型材(下称在先设计3),请求人明确附件5所使用的视图为件4主视图、件4左视图、件4右视图、件4仰视图、件4俯视共五幅视图,其中件4主视图反映的是该型材的横截面,其横截面形状为:从左到右共有三级台阶,其中第一级台阶水平,第二、第三级台阶向下倾斜,在第一台阶的右边缘设有一滑轨,在第三台阶的中间处设有一滑轨,两滑轨的上端均呈小圆形,在两滑轨的正下方均是螺丝安装孔,该横截面的左侧壁高于滑轨,右侧壁低于滑轨,左、右侧壁分别向下延伸相同长度,并且左、右侧壁下顶端的内侧各有一个小矩形槽口(详见在先设计3附图)。

合议组认为：对于型材类产品而言，其横截面的形状更为一般消费者所关注，也决定了其余各侧面的形状，因此对产品的整体视觉效果更具有显著的影响。

将本专利与在先设计1相比较可知，本专利外观设计与在先设计1在型材横截面上存在诸多差异：本专利外观设计呈两级台阶结构，在先设计1呈三级台阶结构；本专利外观设计的螺丝安装孔分别设置在两滑轨的正下方，而在先设计1在第一滑轨的右侧下方是螺丝安装孔，在第二滑轨的左侧下方是螺丝安装孔；本专利外观设计两级台阶之下形成两个形似底边未完全封口的矩形框，而在先设计1在第二台阶的中间处垂直向下延伸一竖线，该竖线分别与左侧壁和右侧壁的向下延长线构成两个形似上边为台阶状、底边完全封口的矩形框；本专利外观设计在靠近左侧壁顶端的部位有一形似"┐"设置，而在先设计1在相应位置处没有该设计；本专利外观设计的右侧壁与第二台阶平面平齐，而在先设计1的右侧壁高于第三台阶平面而低于滑轨。对于型材类产品的一般消费者而言，这些差异足以导致两个型材产品形状的不同，并对型材产品的整体视觉效果产生显著的影响，因此，二者属于不相同且不相近似的外观设计。

将本专利与在先设计2相比较可知，本专利外观设计与在先设计2在型材横截面上存在诸多差异：本专利外观设计呈两级水平台阶结构，在先设计2呈两级台阶结构，而其中第一级台阶向上倾斜，第二级台阶水平；本专利外观设计两级台阶之下形成两个形似底边未完全封口的矩形框，而在先设计2包含两级台阶的水平面以下构成一个形似上边为台阶状、底边未完全封口的矩形框；本专利外观设计的左侧壁高于滑轨，右侧壁与第二台阶平面平齐，靠近左侧壁顶端的部位有一形似"┐"设置，而在先设计2的左侧壁与第一台阶左端平齐，右侧壁高于滑轨；本专利外观设计两滑轨的上端均呈伞形，而在先设计2两滑轨的上端均呈小圆形；在先设计2两级台阶之间设置了一个向左侧开口的小矩形凹槽，而本专利外观设计的相应位置处没有该设计。对于型材类产品的一般消费者而言，这些差异足以导致两个型材产品形状的不同，并对型材产品的整体视觉效果产生显著的影响，因此，二者属于不相同且不相近似的外观设计。

将本专利与在先设计3相比较可知，本专利外观设计与在先设计3在型材横截面上存在诸多差异：本专利外观设计呈两级水平台阶结构，在先设计3呈三级台阶，其中第一级台阶水平，第二、第三级台阶向下倾斜；本专利外观设计两级台阶之下形成两个形似底边未完全封口的矩形框，而在先设计3在相应位置处没有该设计，而是左、右侧壁分别向下延伸相同长度，并且左、右侧壁下顶端的内侧各有一个小矩形槽口；本专利外观设计的左侧壁高于滑轨，右侧壁与第二台阶平面平齐，靠近左侧壁顶端的部位有一形似"┐"设置，而在先设计3的左侧壁高于滑轨，右侧壁低于滑轨，并且在左侧壁的相应位置处没有"┐"形状的设置；本专利外观设计两滑轨的上端均呈伞形，而在先设计3两滑轨的上端均呈小圆形。对于型材类产品的一般消费者而言，这些差异足以导致两个型材产品形状的不同，并对型材产品的整体视觉效果产生显著的影响，因此，二者属于不相同且不相近似的外观设计。

综上所述，请求人提交的证据均不足以支持其无效宣告请求的理由，不能证明本专利不符合专利法第23条的规定。

三、决定

维持第00323559.9号外观设计专利权有效。

当事人对本决定不服的，可以根据专利法第46条第2款的规定，自收到本决定之日起三个月内向北京市第一中级人民法院起诉。根据该款的规定，一方当事人起诉后，另一方当事人应当作为第三人参加诉讼。

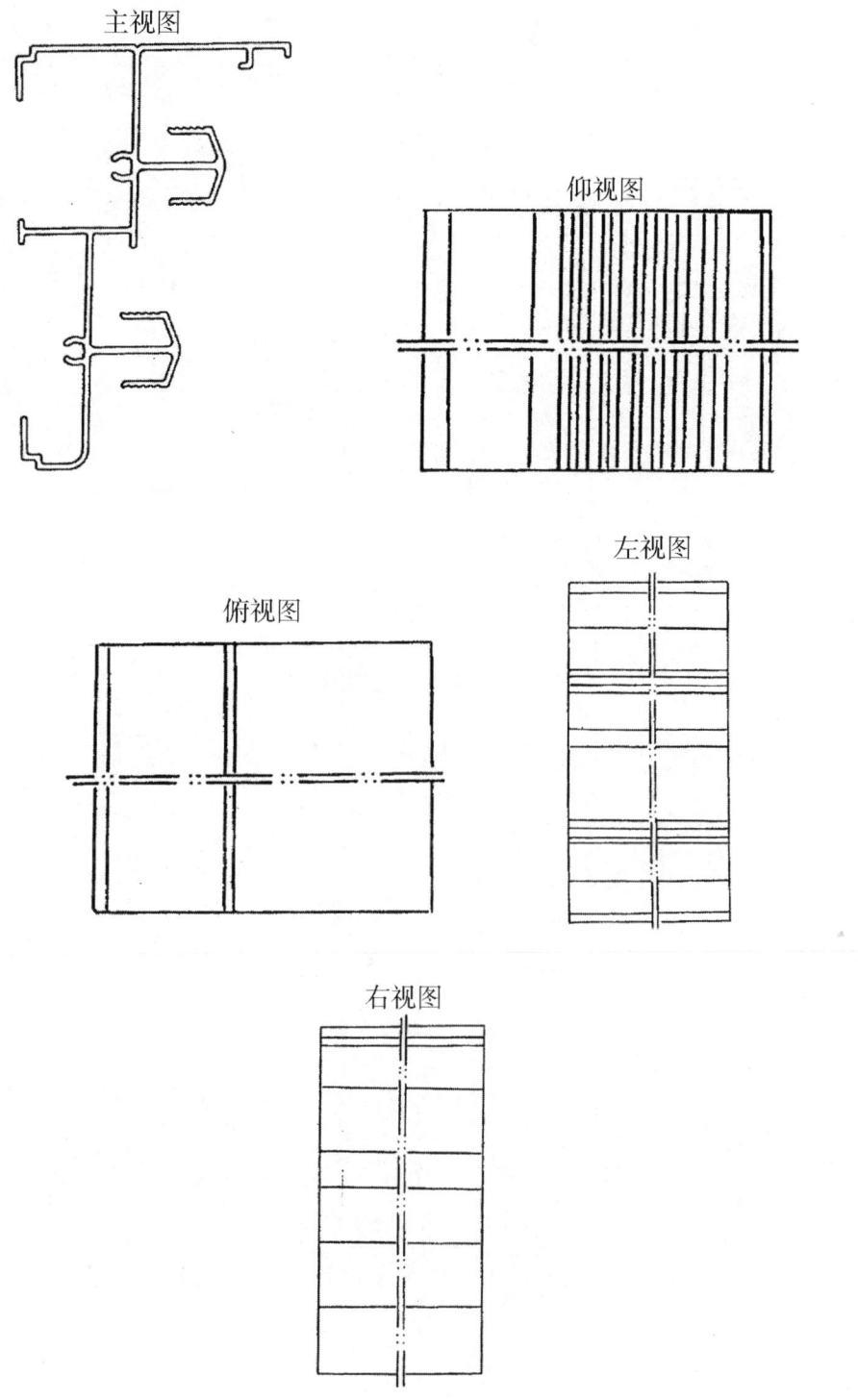

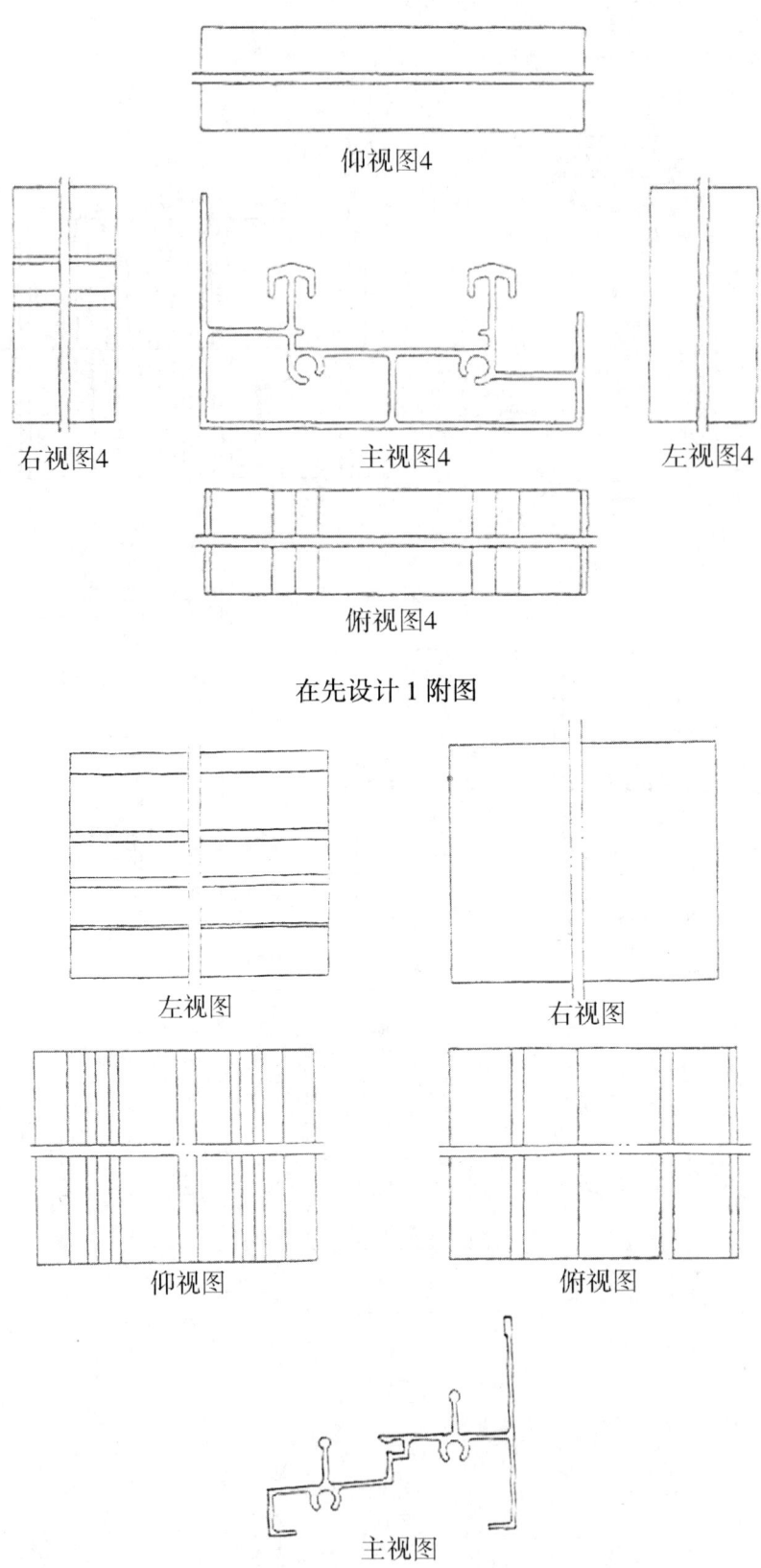

在先设计1附图

在先设计2附图

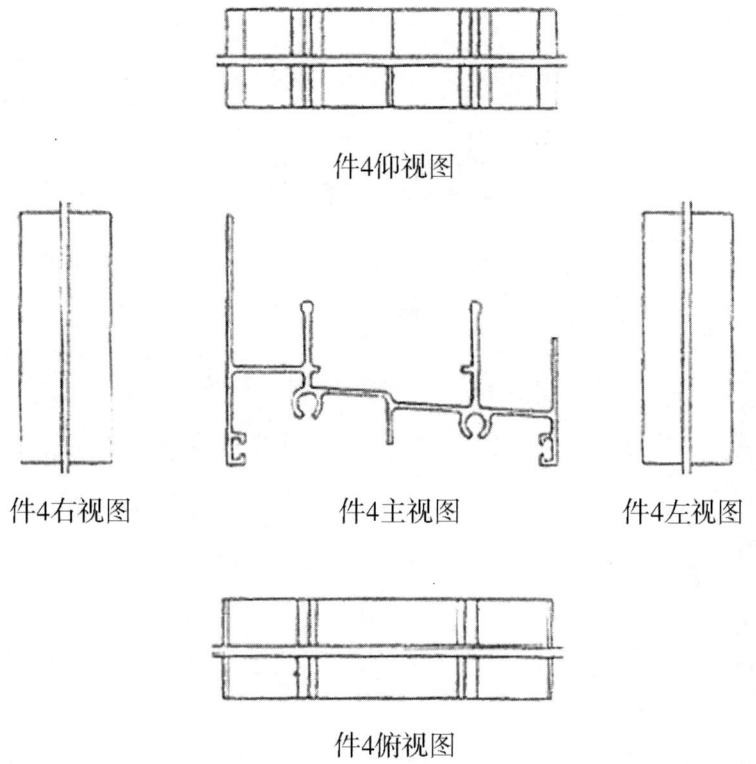

在先设计 3 附图

面条包装纸

无效宣告请求审查决定（第 10477 号）

决　定　号	第 10477 号
决　定　日	2007 年 9 月 10 日
发明创造名称	面条包装纸
国际分类号	05-06
无效宣告请求人	付明堂
专　利　权　人	欧有大
专　利　号	02369285.5
申　请　日	2002 年 11 月 29 日
授权公告日	2003 年 9 月 17 日
合议组组长	吴赤兵
主　审　员	詹靖康
参　审　员	张美菊
法　律　依　据	专利法第 23 条
决　定　要　点	

应当出庭作证而无正当理由不出庭作证的证人证言不能单独作为定案依据。

一、案由

本无效宣告请求涉及国家知识产权局于 2003 年 9 月 17 日授权公告的 02369285.5 号外观设计专利（下称本专利），其名称为"面条包装纸"，申请日为 2002 年 11 月 29 日，专利权人为欧有大（下称专利权人）。

针对上述专利权，邬秀丽、付明堂于 2006 年 4 月 10 日向国家知识产权局专利复审委员会提出无效宣告请求，认为本专利不符合专利法第 23 条的规定，请求宣告该专利无效。邬秀丽、付明堂提交了如下证据（证据编号以本决定编号为准）：

附件 1-1：专利权人于 2004 年 4 月 5 日诉邬秀丽及柳州市迎宾面条厂的民事诉状（复印件）；
附件 1-2：柳州迎宝面条厂蛋蛋面条纸包装印刷样品（复印件）；
附件 1-3：本专利外观设计公告（复印件）；
附近 1-4：专利权侵权前后销售情况汇总表（复印件）；
附件 1-5-1：谭如融于 2004 年 3 月 16 日作出的证明（复印件）；
附件 1-5-2：李书华于 2004 年 3 月 16 日作出的证明（复印件）；

附件1-5-3：雷荣学于2004年3月16日作出的证明（复印件）；

附件1-5-4：罗春花于2004年3月16日作出的证明（复印件）；

附件2-1：柳州市旋风塑料彩印厂供货合同（复印件）；

附件2-2：广西柳州市旋风塑料彩印厂的全体职工潘汝亮、覃美柳、唐金玉等八人共同作出的证明，广西柳州迎宾面条厂蛋蛋面条纸包装印刷样品（复印件）；

附件2-3：潘汝亮、覃美柳、唐金玉等5人的身份证（复印件）；

附件2-4：柳州市旋风塑料彩印厂的营业执照（复印件）；

附件2-5：柳州市旋风塑料彩印厂调拨单（复印件）；

附件3-1：覃永久、覃乐健、梁奖、覃瑞稳、邬志富共同作出的证明（复印件）；

附件3-2：覃永久、覃乐健、梁奖、覃瑞稳、邬志富5人的身份证（复印件）；

附件3-3：柳州市迎宾面条厂的营业执照（复印件）；

附件4-1-1：廖庆堂于2004年5月22日作出的证明（复印件）；

附件4-1-2：朱高星于2004年5月21日作出的证明（复印件）；

附件4-2-1：周翠于2005年10月18日作出的证明（复印件）；

附件4-2-2：周翠的营业执照（复印件）；

附件4-2-3：周翠身份证（复印件）；

附件4-3-1：赖东红于2005年10月18日作证的证明（复印件）；

附件4-3-2：赖东红身份证复印件（复印件）；

附件4-3-3：柳州市力源粮店营业执照（复印件）；

附件4-4-1：覃兴官于2005年10月20日作出的证明（复印件）；

附件4-4-2：覃兴官的身份证（复印件）；

附件4-4-3：柳州古亭山华兴食品批发部的营业执照（复印件）；

附件4-5-1：李莉萍于2005年10月17日作证的证明；

附件4-5-2：李莉萍的身份证（复印件）；

附件4-5-3：柳州市鱼峰区飞亚粮店的营业执照（复印件）；

邬秀丽、付明堂在无效宣告请求书中认为：本专利外观设计在申请日前公开使用了1年多时间，不符合专利法第23条的规定。

邬秀丽、付明堂于2006年6月23日补交了请求书和如下证据：

附件5-2：（2006）桂柳证字第3845号公证书（两份）；

附件5-3：（2006）桂柳证字第3846号公证书；

附件5-4：谭如融声明的反证。

附件5-5：韦秀领出具的证明（复印件）。

以上证据中并无请求书中记载的"覃兴官的公证书"。

经形式审查合格，专利复审委员会依法受理了上述无效宣告请求，并于2006年8月15日向请求人和专利权人发出无效宣告请求受理通知书，并将邬秀丽、付明堂提交的无效宣告请求书及其附件清单中所列附件的副本、邬秀丽、付明堂于2006年6月23日提交的补充意见及其附件清单所列附件副本转送给专利权人，要求其在指定的期限内答复，同时依法成立合议组对本无效宣告请求案进行审理。

专利权人于2006年9月22日寄交了意见陈述书并指出：（1）专利权人一直都在生产"蛋蛋面"，其包装有多种，不局限于本专利的包装纸；（2）邬秀丽、付明堂所提交证人证言的出具人与邬秀丽、付明堂有利害关系；出具的公证书只能证明声明由特定人作出，不能证明其他问题。因此，请求人有关本专利申请日以前已有相同、相近似的外观设计被公开的无效理由不能成立。

邬秀丽、付明堂于2007年3月24日提交补正书，将无效宣告请求人变更为付明堂（下称请求人）。

专利复审委员会于2007年4月5日将上述补正书转送给专利权人要求其于一个月内答复，期满未答复的，视为已得知转送文件所涉及的理由、事实和证据，并且未提出反对意见。专利权人逾期未作出答复。

合议组于2007年7月25日向双方当事人发出无效宣告请求口头审理通知书，定于2007年9月3日进行口头审理。

专利权人未出席此次口头审理。请求人对合议组成员没有回避请求。请求人当庭明确其无效理由为：本专利不符合专利法第23条的规定。

请求人提交的证据原件如下：

附件1-1：请求人于2004年4月5日诉专利权人的民事诉状复印件，盖有南宁市中级人民法院印章；

附件1-2：柳州迎宝面条厂蛋蛋面条纸包装印刷样品复印件，盖有"本复制件与原件核对无误南宁市中级人民法院"蓝色印章；

附近1-4：专利权侵权前后销售情况汇总表复印件，盖有"本复制件与原件核对无误南宁市中级人民法院"蓝色印章；

附件1-5-1：谭如融于2004年3月16日作出的证明复印件，盖有"本复制件与原件核对无误南宁市中级人民法院"蓝色印章；

附件1-5-2：李书华于2004年3月16日作出的证明复印件，盖有"本复制件与原件核对无误南宁市中级人民法院"蓝色印章；

附件1-5-3：雷荣学于2004年3月16日作出的证明复印件，盖有"本复制件与原件核对无误南宁市中级人民法院"蓝色印章；

附件1-5-4：罗春花于2004年3月16日作出的证明，盖有"本复制件与原件核对无误南宁市中级人民法院"蓝色印章；；

附件2-2：广西柳州市旋风塑料彩印厂的全体职工潘汝亮、覃美柳、唐金玉等八人共同作出的证明，广西柳州迎宾面条厂蛋蛋面条纸包装印刷样品；

附件3-1：覃永久、覃乐健、梁奖、覃瑞稳、邬志富共同作出的证明；

附件4-1-1：寥庆堂于2004年5月22日作出的证明复印件，盖有"本复制件与原件核对无误南宁市中级人民法院"蓝色骑缝印章；

附件4-1-2：朱高星于2004年5月21日作出的证明复印件，盖有"本复制件与原件核对无误南宁市中级人民法院"蓝色骑缝印章；

附件4-2-1：周翠于2005年10月18日作出的证明；

附件4-4-1：覃兴官于2005年10月20日作出的证明；

附件4-5-1：李莉萍于2005年10月17日作出的证明；

附件5-1：（2006）桂柳证字第3844号公证书；

附件5-2：（2006）桂柳证字第3845号公证书；

附件5-3：（2006）桂柳证字第3846号公证书；

附件5-4：谭如融声明的反证。

请求人当庭表示放弃如下证据
附件1-3：本专利外观设计公告（复印件）；
附件2-1：柳州市旋风塑料彩印厂供货合同（复印件）；
附件2-3：潘汝亮、覃美柳、唐金玉等5人的身份证（复印件）；
附件2-4：柳州市旋风塑料彩印厂的营业执照（复印件）；
附件2-5：柳州市旋风塑料彩印厂调拨单（复印件）；
附件3-2：覃永久、覃乐健、梁奖、覃瑞稳、邬志富5人的身份证（复印件）；
附件3-3：柳州市迎宾面条厂的营业执照（复印件）；
附件4-2-2：周翠的营业执照（复印件）；
附件4-2-3：周翠身份证（复印件）；
附件4-3-1：赖东红于2005年10月18日作出的证明（复印件）；
附件4-3-2：赖东红身份证复印件（复印件）；
附件4-3-3：柳州市力源粮店营业执照（复印件）；
附件4-4-2：覃兴官的身份证（复印件）；
附件4-4-3：柳州古亭山华兴食品批发部的营业执照（复印件）；
附件4-5-2：李莉萍的身份证（复印件）；
附件4-5-3：柳州市鱼峰区飞亚粮店的营业执照（复印件）；
附件5-5：韦秀领作出的证明（复印件）。

对于请求人于2006年6月23日补充提交了意见陈述书和部分证据，经请求人当庭核实该日仅提交了三份公证书及附件5-4：谭如融声明的反证；附件5-5：韦秀领出具的证明复印件。其中附件5-2：（2006）桂柳证字第3845号公证书为两份；附件5-3：（2006）桂柳证字第3846号公证书为一份。请求人当庭提交了附件5-1：（2006）桂柳证字第3844号公证书。

至此，合议组认为本案事实已经清楚，现依法作出审查决定。

二、决定的理由

（1）请求人于2006年6月23日补交了的证据：

附件5-2：（2006）桂柳证字第3845号公证书；

附件5-3：（2006）桂柳证字第3846号公证书；

附件5-4：谭如融声明的反证；

口头审理时当庭提交了附件5-1：（2006）桂柳证字第3844号公证书。

上述证据的提交日期超出了提出请求之日起一个月的期限，故合议组对附件5-4：谭如融声明的反证不予接受；但是，请求人提交的附件5-1至附件5-3均为完善无效请求提出时所提证据的法定形式的公证书，根据审查指南第四部分第三章的规定，合议组予以接受。

（2）附件1-1是复印自南宁市中级人民法院（2004）南市民三初字第41号案的民事诉状，盖有广西壮族自治区南宁市中级人民法院民事审判第三庭的印章，其中专利权人（原告）自认"蛋蛋面是原告经多年潜心研究于2002年推向市场的主要品种"。附件1-2是复印自南宁市中级人民法院（2004）南市民三初字第41号案的证据——柳州迎宝面条厂蛋蛋面条纸包装印刷样品，盖有广西壮族自治区南宁市中级人民法院民事审判第三庭的印章。

合议组认为，请求人所提供的以上附件仅能证明专利权人于2002年销售过蛋蛋面，至于销售的具体时间是否早于本专利的申请日2002年11月29日，销售时使用的包装纸是否是附件1-2所示的包装纸，销售时包装纸有无改变，则无法确认。

(3) 附近1-4是专利权人声称的专利权侵权前后销售情况汇总表复印件，本复印件盖有"本复制件与原件核对无误 南宁市中级人民法院"印章。该表所列销量为2003年9月及2004年3月数据，晚于本专利申请日，且无法体现所销售产品的具体外观，故无法证明本专利申请日以前相关产品的销售情况。

(4) 附件1-5-1、附件1-5-2、附件1-5-3、附件1-5-4是证人证言的复印件，上述复印件盖有"本复制件与原件核对无误 南宁市中级人民法院"印章。上述附件均指出2003年10月后市场出现与柳州市迎宾面条厂生产的与柳州市迎宝面条厂产品外包装相同（似）的蛋蛋面。上述四份证人证言均未提及本专利申请日以前相关产品的销售情况以及产品的包装纸的外观图样。

(5) 附件2-2是广西柳州市旋风塑料彩印厂的全体职工潘汝亮、覃美柳、唐金玉等八人共同作出的证明，用以证明2002年11月2日广西柳州市旋风塑料彩印厂开始印刷证明所示的广西柳州迎宾面条厂蛋蛋面条纸包装印刷样品。

合议组认为，出具本证言的证人未出厅作证，其证言不能作为单独定案的依据。

附件3-1的证明由覃永久、覃乐健、梁奖、覃瑞稳、邬志富共同作出，证明2002年11月8日开始有证明所示的包装的面条批发销售。

合议组认为，出具本证言的证人未出厅作证，其证言不能单独作为定案的依据。

附件4-1-1是寥庆堂于2004年5月22日所作的证明，盖有"本复制件与原件核对无误 南宁市中级人民法院"蓝色骑缝印章，用以证明自己于2002年11月13日起销售过证明所示的面条。附件4-1-2是朱高星于2004年5月21日作出的证明，盖有"本复制件与原件核对无误 南宁市中级人民法院"蓝色骑缝印章，用以证明自己于2002年11月11日起销售过证明所示的面条。附件4-2-1是周翠于2005年10月18日作出的证明，用以证明柳州市大修厂生活服务部于2002年11月8日起销售过具有证明所示包装的面条。附件4-4-1是覃兴官于2005年10月20日作出的证明；用以证明柳州古亭山华兴食品批发部于2002年11月9日起销售过具有证明所示包装的面条。附件4-5-1是李莉萍于2005年10月17日作出的证明，用以证明柳州市鱼丰区飞亚粮店于2002年11月9日起销售过具有证明所示包装的面条。

合议组认为，出具以上证言的证人未出厅作证，其证言所欲证明的公开销售的事实不能单独作为定案的依据。

(6) 附件5-1是（2006）桂柳证字第3844号公证书；附件5-2是（2006）桂柳证字第3845号公证书；附件5-3是（2006）桂柳证字第3846号公证书。上述公证书分别证明了覃兴官、周翠、李莉萍于2006年6月19日来到广西壮族自治区柳州市公证处，在各自作出的《声明书》上签名。覃兴官声明其于2002年11月9日起销售了迎宾牌蛋蛋面（该面产品包装内容见本声明书附件），至2003年10月停止销售该面条；周翠声明其于2002年11月8日起销售了迎宾牌蛋蛋面（该面产品包装内容见本声明书附件），至2003年10月停止销售该面条；李莉萍声明其于2002年11月9日起销售了迎宾牌蛋蛋面（该面产品包装内容见本声明书附件），至2003年10月停止销售该面条。

合议组认为，上述公证书（2006）桂柳证字第3844号、（2006）桂柳证字第3845号、（2006）桂柳证字第3846号均仅能证明各公证书中的《声明书》确由覃兴官、周翠、李莉萍三人分别作出，但并不能证明《声明书》中内容的真实性。覃兴官、周翠、李莉萍均未出厅作证，其《声明书》中所欲证明的公开销售的事实不能单独作为定案的依据。

综上，请求人提交的所有附件均不能证明与本专利相同或相近似的外观设计在本专利的申请日以前已公开。此外，上述附件的任意相互结合也无法形成完整的证据链以证明与本专利相同或相近似的产品在本专利申请日前公开销售的事实。

根据以上事实和理由，合议组作出以下审查决定。

三、决定

维持02369285.5号外观设计专利权有效。

当事人对本决定不服的，可以根据专利法第46条第2款的规定，自收到本决定之日起三个月内向北京市第一中级人民法院起诉。根据该款的规定，一方当事人起诉后，另一方当事人应当作为第三人参加诉讼。

北京市第一中级人民法院
行政判决书

（2008）一中行初字第414号

原告付明堂，男，1940年5月15日出生，汉族，住广西壮族自治区柳州市柳南区航惠路3号3栋4单元202室。

被告国家知识产权局专利复审委员会，住所地北京市海淀区北四环西路9号银谷大厦10~12层。

法定代表人廖涛，副主任。

委托代理人詹靖康，国家知识产权局专利复审委员会审查员。

委托代理人朱明雅，国家知识产权局专利复审委员会审查员。

第三人欧有大，男，1949年11月23日出生，壮族，住广西壮族自治区柳州市柳南区城站路南二巷6号。

原告付明堂不服被告国家知识产权局专利复审委员会（以下简称专利复审委员会）于2007年9月10日作出的第10477号无效宣告请求审查决定（以下简称第10477号决定），在法定期限内向本院提起行政诉讼。本院于2008年3月18日受理本案后，依法组成合议庭，并通知欧有大作为本案第三人参加诉讼，于2008年5月26日公开开庭进行了审理。原告付明堂，被告专利复审委员会的委托代理人詹靖康、朱明雅到庭参加诉讼，第三人欧有大经本院合法传唤未到庭参加诉讼。本案现已审理终结。

第10477号决定系专利复审委员会就请求人付明堂针对专利权人欧有大拥有的名称为"面条包装纸"的外观设计专利（以下简称本专利）所提出的无效宣告请求作出的。专利复审委员会在该决定中认定：

（1）付明堂提供的证据1-1、1-2仅能证明欧有大于2002年销售过蛋蛋面，至于销售的具体时间是否早于本专利的申请日2002年11月29日，销售时使用的包装纸是否是证据1-2所示的包装纸，销售时包装纸有无改变，则无法确认。

（2）证据1-4是欧有大声称的专利权侵权前后销售情况汇总表复印件，该表所列销量为2003年9月及2004年3月数据，晚于本专利申请日，且无法体现所销售产品的具体外观，故无法证明本专利申请日以前相关产品的销售情况。

（3）证据1-5-1、1-5-2、1-5-3、1-5-4是证人证言的复印件，上述四份证人证言均未提及本专利申请日以前相关产品的销售情况以及产品的包装纸的外观图样。

（4）证据2-2、3-1、4-1-1、4-1-2、4-2-1、4-4-1、4-5-1均为证人证言，出具证言的证人未出庭作证，其证言不能单独作为定案的依据。

（5）证据5-1、5-2、5-3均为公证书，仅能证明各公证书中的《声明书》确由覃兴官、周翠、李莉萍三人分别作出，但并不能证明《声明书》中内容的真实性。覃兴官、周翠、李莉萍均未出庭作证，其《声明书》中所欲证明的公开销售的事实不能单独作为定案的依据。

综上，付明堂提交的所有附件均不能证明与本专利相同或相近似的外观设计在本专利的申请日以前已公开。此外，上述附件的任意相互结合也无法形成完整的证据链以证明与本专利相同或相近似的产品在本专利申请日前公开销售的事实。专利复审委员会据此作出第10477号决定，维持本专利有效。

原告付明堂不服第10477号决定，在法定期限内向本院提起行政诉讼称：（1）专利复审委员会对在无效程序中提交的证人证言等证据不予采信，理由是出具证言的证人没有到庭，这是错误的。上述证据是欧有大在法庭上多次自认的证据，欧有大已经承认了其专利违反了《中华人民共和国专利法》（以下简称《专利法》）第二十三条。（2）《中华人民共和国专利法实施细则》（以下简称《专利法实施细则》）规定根据案情而定可以缺席审判，欧有大缺席口头审理是不合法的。根据最高人民法院《关于民事诉讼证据的若干规定》第七十五条的规定，一方当事人对另一方当事人陈述的事实和诉讼请求，明确表示承认的，无需举证。欧有大刻意不来，可以推定对其不利的主张成立。（3）第10477号决定与2005年4月进行的口头审理针对的是同一个专利，同一个事实，口头审理记录表没有涉及2005年4月的是不对的，前一次的口头审理记录表没有在本次决定中采用是错误的。综上，原告请求人民法院依法撤销被告作出的第10477号决定。

被告专利复审委员会辩称：（1）原告提交的用作证据的证人证言，原告应当请证人出庭作证。（2）原告提交的口头审理记录表并非本案口头审理记录表。关于证据的判断复审委员会坚持决定书中的意见。（3）口头审理中专利权人没有来参加口头审理，《专利法实施细则》第六十九条规定可以口头审理，因此，我们的程序是合法的。综上，被告坚持其在第10477号决定中的意见，认为第10477号决定认定事实清楚，适用法律正确，审理程序合法，原告的诉讼理由不能成立，请求人民法院驳回原告的诉讼请求，维持第10477号决定。

第三人欧有大书面表示同意被告的意见。

本院经审理查明：

本专利的名称为"面条包装纸"，其申请日为2002年11月29日，申请号为02369285.5，授权公告日为2003年9月17日，专利权人为欧有大。

针对本专利，邬秀丽、付明堂于2006年4月10日向专利复审委员会提出无效宣告请求，认为本专利不符合《专利法》第二十三条的规定，请求宣告本专利无效。邬秀丽、付明堂提交了4组证据。

邬秀丽、付明堂于2006年6月23日补交了请求书和第5组证据。

邬秀丽、付明堂于2007年3月24日提交补正书，将无效宣告请求人变更为付明堂。

专利复审委员会于2007年9月3日进行了口头审理。欧有大未出席口头审理。付明堂当庭明确其无效理由为：本专利不符合《专利法》第二十三条的规定。

付明堂提交的证据原件如下：

证据1-1：请求人于2004年4月5日诉专利权人的民事诉状复印件，盖有南宁市中级人民法院印章；

证据1-2：柳州迎宝面条厂蛋蛋面条纸包装印刷样品复印件，盖有"本复制件与原件核对无误南宁市中级人民法院"蓝色印章；

证据1-4：专利权侵权前后销售情况汇总表复印件，盖有"本复制件与原件核对无误南宁市中级人民法院"蓝色印章；

证据1-5-1：谭如融于2004年3月16日作出的证明复印件，盖有"本复制件与原件核对无误南宁市中级人民法院"蓝色印章；

证据1-5-2：李书华于2004年3月16日作出的证明复印件，盖有"本复制件与原件核对无误南宁市中级人民法院"蓝色印章；

证据1-5-3：雷荣学于2004年3月16日作出的证明复印件，盖有"本复制件与原件核对无误南宁市中级人民法院"蓝色印章；

证据1-5-4：罗春花于2004年3月16日作出的证明，盖有"本复制件与原件核对无误南宁市中级人民法院"蓝色印章；

证据2-2：广西柳州市旋风塑料彩印厂的全体职工潘汝亮、覃美柳、唐金玉等八人共同作出的证明，广西柳州迎宾面条厂蛋蛋面条纸包装印刷样品；

证据3-1：覃永久、覃乐健、梁奖、覃瑞稳、邬志富共同作出的证明；

证据4-1-1：寥庆堂于2004年5月22日作出的证明复印件，盖有"本复制件与原件核对无误南宁市中级人民法院"蓝色骑缝印章；

证据4-1-2：朱高星于2004年5月21日作出的证明复印件，盖有"本复制件与原件核对无误南宁市中级人民法院"蓝色骑缝印章；

证据4-2-1：周翠于2005年10月18日作出的证明；

证据4-4-1：覃兴官于2005年10月20日作出的证明；

证据4-5-1：李莉萍于2005年10月17日作出的证明；

证据5-1：（2006）桂柳证字第3844号公证书，系覃兴官于2006年6月19日作出的证明；

证据5-2：（2006）桂柳证字第3845号公证书，系周翠于2006年6月19日作出的证明；

证据5-3：（2006）桂柳证字第3846号公证书，系李莉萍于2006年6月19日作出的证明；

证据5-4：谭如融声明的反证。

付明堂当庭放弃如下证据：证据1-3、2-1、2-3、2-4、2-5、3-2、3-3、4-2-2、4-2-3、4-3-1、4-3-2、4-3-3、4-4-2、4-4-3、4-5-2、4-5-3、5-5。

对于付明堂于2006年6月23日补充提交的意见陈述书和部分证据，经付明堂当庭核实该日仅提交了三份公证书（即证据5-1、5-2、5-3）及证据5-4：谭如融声明的反证、证据5-5：韦秀领出具的证明复印件。其中证据5-2：（2006）桂柳证字第3845号公证书为两份；证据5-3：（2006）桂柳证字第3846号公证书为一份。付明堂当庭提交了证据5-1：

（2006）桂柳证字第3844号公证书。

2007年9月10日，专利复审委员会作出第10477号决定。

上述事实，有本专利授权公告文本、证据1-1、证据1-2、证据1-4、证据1-5-1、证据1-5-2、证据1-5-3、证据1-5-4、证据2-2、证据3-1、证据4-1-1、证据4-1-2、证据4-2-1、证据4-4-1、证据4-5-1、证据5-1、证据5-2、证据5-3、口头审理记录表、第10477号决定及当事人陈述等证据在案佐证。

本院认为：本案涉及如下焦点：

1. 关于2005年4月7日的口头审理记录表

原告在本次诉讼中提交的2005年4月7日的口头审理记录表不是专利复审委员会作出的第10477号审查决定的口审记录表，虽然两者都是针对本专利提出的无效宣告请求的口审记录表，但两者针对的证据不同。而且，虽然2005年4月7日的口头审理记录表也涉及了证据1-5-1、1-5-2、1-5-3、1-5-4，根据其中的记载"第三人对李书华、谭如融、罗春花、雷荣学出具的证人证言的真实性予以认可，上述证人未在法院庭审中接受质证"，但上述口头审理记录表仅能证明原告和第三人均认可李书华、谭如融、罗春花、雷荣学出具的证人证言的真实性，这与被告在第10477号决定认定一致，因此，被告在第10477号决定中没有涉及2005年4月7日的口头审理记录表并无不妥。

2. 专利权人欧有大缺席口头审理，专利复审委员会作出第10477号审查决定是否合法

《专利法实施细则》第六十九条第三款规定：专利权人不参加口头审理的，可以缺席审理。专利权人欧有大缺席口头审理，专利复审委员会作出第10477号决定是符合《专利法实施细则》的上述规定的。因此，原告认为专利复审委员会没有根据案情作出决定，欧有大缺席口头审理是不合法的诉讼主张没有法律依据，本院不予支持。

3. 是否有与本专利相同或相近似的外观设计在本专利的申请日以前公开

《专利法》第二十三条规定：授予专利权的外观设计，应当同申请日以前在国内外出版物上公开发表过或者国内公开使用过的外观设计不相同和不相近似，并不得与他人在先取得的合法权利相冲突。

证据1-1、证据1-2能够证明欧有大于2002年销售过蛋蛋面，但上述销售发生的具体时间是否早于本专利的申请日，以及销售时使用的包装纸是否是上述证据1-2所示的包装纸，则无法确认。证据1-4为2003年9月及2004年3月的数据，晚于本专利申请日，故其无法证明本专利申请日以前与本专利相同或相近似的包装纸已经公开使用。证据1-5-1、证据1-5-2、证据1-5-3、证据1-5-4均未提及本专利申请日以前相关产品的销售情况以及产品的包装纸的具体外观图样，因此上述证据不能证明与本专利相同或相近似的包装纸已经公开使用。

《审查指南》第四章第4.2节关于证人证言部分规定，未能出席口头审理作证的证人出具的书面证言不能单独作为认定案件事实的依据，但证人确有困难不能出席口头审理作证的除外。

证据2-2、证据3-1、证据4-1-1、证据4-1-2、证据4-2-1、证据4-5-1都是证人出具的证言，上述出具证言的证人在口头审理时均未出庭作证且无合理理由，因此上述证人证言不能单独作为定案的依据。证据5-1、证据5-2、证据5-3能够证明各公证书中的《声明书》确由覃兴官、周翠、李莉萍三人分别作出，但其并不能证明《声明书》中内容的真实性。在口头审理过程中覃兴官、周翠、李莉萍均未出庭作证，因此《声明书》中所欲证明的公开销售的事实不能单独作为定案的依据。综上，原告的证据不能证明在本专利的申请日以前与本专利相同或相近似的外观设计已经公开。因此，原告提出的与本专利相同或相近似的外观设计在本专利的申请日以前已经公开的诉讼主张没有事实和法律依据，本院不予支持。

综上，被告作出的第10477号决定认定事实清楚，适用法律正确，审理程序合法。原告的诉讼理由不能成立，对其诉讼请求，本院不予支持。依照《中华人民共和国行政诉讼法》第五十四条第（一）项之规定，本院判决如下：

维持被告国家知识产权局专利复审委员会作出的第10477号无效宣告请求审查决定。

案件受理费100元，由原告付明堂负担（已交纳）。

如不服本判决，各方当事人可在本判决书送达之日起15日内，向本院提交上诉状并交纳上诉案件受理费100元，上诉于北京市高级人民法院。

审　判　长　姜　颖
代理审判员　芮松艳
人民陪审员　高　伟
二〇〇八年九月十九日
书　记　员　陈文煊

北京市高级人民法院
行政判决书

(2009) 高行终字第 5 号

上诉人（原审原告）付明堂，男，汉族，1940 年 5 月 15 日出生，住广西壮族自治区柳州市柳南区航惠路 3 号 3 栋 4 单元 202 室。

被上诉人（原审被告）国家知识产权局专利复审委员会，住所地北京市海淀区北四环西路 9 号银谷大厦 10~12 层。

法定代表人廖涛，副主任。

委托代理人詹靖康，该委员会审查员。

委托代理人余心蕾，该委员会审查员。

原审第三人欧有大，男，壮族，1949 年 11 月 23 日出生，住广西壮族自治区柳州市柳南区城站路南二巷 6 号。

上诉人付明堂因外观设计专利权无效行政纠纷一案，不服北京市第一中级人民法院 (2008) 一中行初字第 414 号行政判决，向本院提出上诉。本院 2008 年 12 月 24 日受理本案后，依法组成合议庭，于 2009 年 2 月 11 日公开开庭进行了审理。上诉人付明堂，被上诉人国家知识产权局专利复审委员会（以下简称专利复审委员会）的委托代理人詹靖康、余心蕾到庭参加诉讼，原审第三人欧有大经本院合法传票传唤，没有说明理由未到庭。本案现已审理终结。

北京市第一中级人民法院认定，欧有大于 2003 年 9 月 17 日获得名称为"面条包装纸"外观设计专利（以下简称本专利）授权。针对本专利权，邬秀丽、付明堂于 2006 年 4 月 10 日向专利复审委员会提出无效宣告请求，认为本专利不符合《专利法》第二十三条的规定，请求宣告本专利权无效。2007 年 9 月 10 日，专利复审委员会作出第 10477 号无效宣告请求审查决定（以下简称第 10477 号决定），维持本专利权有效。

北京市第一中级人民法院认为，付明堂在本次诉讼中提交的 2005 年 4 月 7 日的口头审理记录表不是专利复审委员会作出的第 10477 号决定的口审记录表，第 10477 号决定中没有涉及该记录表并无不妥。专利权人欧有大缺席口头审理，专利复审委员会作出第 10477 号决定符合法律规定。付明堂提交的证据不能证明与本专利相同或相近似的包装纸在本专利申请日之前已经公开使用。

北京市第一中级人民法院依照《中华人民共和国行政诉讼法》第五十四条第（一）项的规定判决：维持专利复审委员会作出的第 10477 号决定。

付明堂不服原审判决，向本院提出上诉，请求撤销原审判决和第 10477 号决定，判决本专利权无效。其理由是：欧有大在广西壮族自治区南宁市中级人民法院（以下简称南宁中院）提交的民事诉状及谭如融 4 人证人证言均自认其自 2001 年起就生产专利产品，因此，在本专利申请日之前已经公开使用，本专利权应当被宣告无效。专利复审委员会、欧有大服从原审判决。

经审理查明，本专利名称为"面条包装纸"，其申请日为 2002 年 11 月 29 日，申请号为 02369285.5，2003 年 9 月 17 日被国家知识产权局授予外观设计专利权，专利权人为欧有大。

针对本专利权，邬秀丽、付明堂于 2006 年 4 月 10 日向专利复审委员会提出无效宣告请求，认为本专利不符合《专利法》第二十三条的规定，请求宣告本专利权无效。邬秀丽、付明堂提交了 4 组证据。

邬秀丽、付明堂于 2006 年 6 月 23 日补交了请求书和第 5 组证据。

邬秀丽、付明堂于 2007 年 3 月 24 日提交补正书，将无效宣告请求人变更为付明堂。

专利复审委员会于 2007 年 9 月 3 日进行了口头审理。欧有大未出席口头审理。付明堂当庭明确其无效理由为：本专利不符合《专利法》第二十三条的规定。

付明堂提交的证据原件如下：

证据 1-1：请求人于 2004 年 4 月 5 日诉专利权人的民事诉状复印件，盖有南宁市中级人民法院印章；

证据 1-2：柳州迎宝面条厂蛋蛋面条纸包装印刷样品复印件，盖有"本复制件与原件核对无误南宁市中级人民法院"蓝色印章；

证据 1-4：专利权侵权前后销售情况汇总表复印件，盖有"本复制件与原件核对无误南宁市中级人民法院"蓝色印章；

证据 1-5-1：谭如融于 2004 年 3 月 16 日作出的证明复印件，盖有"本复制件与原件核对无误南宁市中级人民法院"蓝色印章；

证据 1-5-2：李书华于 2004 年 3 月 16 日作出的证明复印件，盖有"本复制件与原件核对无误南宁市中级人民法院"蓝色印章；

证据 1-5-3：雷荣学于 2004 年 3 月 16 日作出的证明复印件，盖有"本复制件与原件核对无误南宁市中级人民法院"蓝色印章；

证据 1-5-4：罗春花于 2004 年 3 月 16 日作出的证明，盖有"本复制件与原件核对无误南宁市中级人民法院"蓝色印章；

证据 2-2：广西柳州市旋风塑料彩印厂的全体职工潘汝亮、覃美柳、唐金玉等八人共同作出的证明，广西柳州迎宾面条厂蛋蛋面条纸包装印刷样品；

证据 3-1：覃永久、覃乐健、梁奖、覃瑞稳、邬志富共同做出的证明；

证据 4-1-1：廖庆堂于 2004 年 5 月 22 日作出的证明复印件，盖有"本复制件与原件核对无误南宁市中级人民法院"蓝色骑缝印章；

证据 4-1-2：朱高星于 2004 年 5 月 21 日作出的证明复印件，盖有"本复制件与原件核对无误南宁市中级人民法院"蓝色骑缝印章；

证据 4-2-1：周翠于 2005 年 10 月 18 日作出的证明；

证据 4-4-1：覃兴官于 2005 年 10 月 20 日作出的证明；

证据 4-5-1：李莉萍于 2005 年 10 月 17 日作出的证明；

证据 5-1：（2006）桂柳证字第 3844 号公证书，系覃兴官于 2006 年 6 月 19 日作出的证明；

证据 5-2：（2006）桂柳证字第 3845 号公证书，系周翠于 2006 年 6 月 19 日作出的证明；

证据 5-3：（2006）桂柳证字第 3846 号公证书，系李莉萍于 2006 年 6 月 19 日作出的证明；

证据 5-4：谭如融声明的反证。

付明堂当庭放弃如下证据：证据 1-3、2-1、2-3、2-4、2-5、3-2、3-3、4-2-2、4-2-3、4-3-1、4-3-2、4-3-3、4-4-2、4-4-3、4-5-2、4-5-3、5-5。

对于付明堂于 2006 年 6 月 23 日补充提交的意见陈述书和部分证据，经付明堂当庭核实该日仅提交了三份公证书（即证据 5-1、5-2、5-3）及证据 5-4：谭如融声明的反证、证据 5-5：韦秀领出具的证明复印件。其中证据 5-2：

（2006）桂柳证字第 3845 号公证书为两份；证据 5-3：（2006）桂柳证字第 3846 号公证书为一份。付明堂当庭提交了证据 5-1：

（2006）桂柳证字第3844号公证书。

2007年9月10日，专利复审委员会作出第10477号决定，维持本专利权有效。该决定认定：

（1）付明堂提供的证据1-1、1-2仅能证明欧有大于2002年销售过蛋蛋面，至于销售的具体时间是否早于本专利的申请日2002年11月29日，销售时使用的包装纸是否是证据1-2所示的包装纸，销售时包装纸有无改变，则无法确认。

（2）证据1-4是欧有大声称的专利权侵权前后销售情况汇总表复印件，该表所列销量为2003年9月及2004年3月数据，晚于本专利申请日，且无法体现所销售产品的具体外观，故无法证明本专利申请日以前相关产品的销售情况。

（3）证据1-5-1、1-5-2、1-5-3、1-5-4是证人证言的复印件，上述四份证人证言均未提及本专利申请日以前相关产品的销售情况以及产品的包装纸的外观图样。

（4）证据2-2、3-1、4-1-1、4-1-2、4-2-1、4-4-1、4-5-1均为证人证言，出具证言的证人未出庭作证，其证言不能单独作为定案的依据。

（5）证据5-1、5-2、5-3均为公证书，仅能证明各公证书中的《声明书》确由覃兴官、周翠、李莉萍三人分别做出，但并不能证明《声明书》中内容的真实性。覃兴官、周翠、李莉萍均未出庭作证，其《声明书》中所欲证明的公开销售的事实不能单独作为定案的依据。

综上，付明堂提交的所有附件均不能证明与本专利相同或相近似的外观设计在本专利的申请日以前已公开。此外，上述附件的任意相互结合也无法形成完整的证据链以证明与本专利相同或相近似的产品在本专利申请日前公开销售的事实。专利复审委员会据此作出第10477号决定，维持本专利有效。

上述事实，有本专利授权公告文本、证据1-1、证据1-2、证据1-4、证据1-5-1、证据1-5-2、证据1-5-3、证据1-5-4、证据2-2、证据3-1、证据4-1-1、证据4-1-2、证据4-2-1、证据4-4-1、证据4-5-1、证据5-1、证据5-2、证据5-3、口头审理记录表、第10477号决定及当事人陈述等证据在案佐证。

本院认为，《专利法》第二十三条规定，授予专利权的外观设计，应当同申请日以前在国内外出版物上公开发表过或者国内公开使用过的外观设计不相同和不相近似，并不得与他人在先取得的合法权利相冲突。

付明堂主张欧有大在南宁中院提交的民事诉状已自认其在本专利申请日之前已经销售专利产品，但该证据仅仅证明欧有大于2002年销售过蛋蛋面产品，但无法直接得出上述销售发生的具体时间早于本专利的申请日的结论，并且销售时使用的包装纸是否就是本专利面条包装纸，该诉状中也无明确表述。因此，不能推定欧有大自认在本专利申请日之前就公开销售了使用本专利外观设计的面条包装纸。

付明堂在无效程序中提交的证据1-5-1、1-5-2、1-5-3、1-5-4是4份证人证言，内容基本一致，均声称自2001年10月起销售柳州市迎宝面条厂生产的蛋蛋面包装纸的面条。付明堂主张证据1-2就是欧有大在本专利申请日之前生产、销售的蛋蛋面产品的包装纸，但是该证据显示有本专利的专利号，因此，该证据不可能形成于本专利申请日之前，与4份证人证言缺乏关联性，仅凭证人证言仍不能证明本专利申请日之前欧有大生产、销售的蛋蛋面使用何种包装纸。

因此，第10477号决定和原审判决认定付明堂提出的与本专利相同或相近似的外观设计在本专利申请日以前已经公开的主张没有事实和法律依据是正确的。

综上所述，付明堂提出的上诉理由缺乏事实和法律依据，不能成立，对其上诉请求，本院不予支持。原审判决认定事实清楚，适用法律正确。依照《中华人民共和国行政诉讼法》第六十一条第

(一)项之规定,判决如下:

驳回上诉,维持原判。

一审案件受理费100元,由付明堂负担(已交纳)。二审案件受理费100元,由付明堂负担(已交纳)。

本判决为终审判决。

审　判　长　刘　辉
代理审判员　岑宏宇
代理审判员　焦　彦
二〇〇九年二月十七日
书　记　员　迟雅娜

包装盒（熊猫水彩）

无效宣告请求审查决定（第 10481 号）

决 定 号	第 10481 号
决 定 日	2007 年 8 月 31 日
发明创造名称	包装盒（熊猫水彩）
外观设计分类号	09-03
无效宣告请求人	北方国际集团天津同鑫进出口有限公司
专 利 权 人	李德猛
申 请 号	200530117069.4
申 请 日	2005 年 7 月 5 日
授 权 公 告 日	2006 年 4 月 26 日
合 议 组 组 长	徐清平
主 审 员	李 卉
参 审 员	邢文飞
附 图	1 页

法 律 依 据	专利法第 23 条
决 定 要 点	

在先设计的包装盒未公开的部位属于该类产品使用状态下不会被一般消费者关注的部位，并且本专利在相应部位的设计的变化也不会对产品的整体视觉效果产生显著影响，因此不影响对二者进行整体观察、综合判断。

一、案由

本无效宣告请求涉及国家知识产权局于 2006 年 4 月 26 日授权公告的、申请号为 200530117069.4 的外观设计专利，名称为"包装盒（熊猫水彩）"，申请日是 2005 年 7 月 5 日，专利权人是李德猛。

针对上述外观设计专利权（下称本专利），北方国际集团天津同鑫进出口有限公司（下称请求人）于 2006 年 12 月 26 日向专利复审委员会提出无效宣告请求，其理由是本专利不符合专利法第 23 条的规定。请求人认为本专利与其申请日以前在国内出版物上公开发表过的外观设计相同和相近似，并且已经在国内公开使用。请求人同时提交了作为附件如下：

附件 1：《TIANJIN EXPROT，2000 年秋季-中国天津》宣传册封面 1 页和标题为《北方国际集团天津文教体育用品进出口有限公司》宣传页 2 页，共 3 页复印件；

附件 2：《走向辉煌》宣传册封面 1 页、前言页 1 页和宣传主题为 TSS 公司的宣传页 2 页，共 4

页复印件；

附件 3：天津市商务委员会出具的《关于〈天津出口专刊〉的说明》复印件 1 页；

附件 4：《TIANJIN EXPORT》（2002 秋季）宣传册封面 1 页、标题为《北方国际集团天津文教体育用品进出口有限公司》宣传页 1 页和标题为《2002 年秋季中国出口商品交易会天津交易团参展名录》1 页，共 3 页的复印件；

附件 5：《TIANJIN EXPORT》（2003 秋季）宣传册封面 1 页、标题为《北方国际集团天津文教体育用品进出口有限公司天津同鑫进出口有限公司》宣传页一页和标题为《2003 年秋季中国出口商品交易会天津交易团参展名录》1 页，共 3 页的复印件；

附件 6：请求人声称从海关总署网站上下载的权利名称为"熊猫 PANDA 及图形"的备案申请内容的网页打印页 1 页；

附件 7：使用期限分别为 1998 年 11 月 1 日至 1999 年 10 月 31 日、2000 年 3 月 7 日至 2001 年 3 月 7 日、2001 年 3 月 7 日至 2002 年 3 月 7 日、2002 年 6 月 12 日至 2003 年 6 月 11 日、2003 年 7 月 18 日至 2004 年 7 月 17 日、2004 年 9 月 1 日至 2005 年 9 月 1 日的六份商标使用许可合同复印件，共 12 页；

附件 8：天津市西青区文教用品厂出具的证明复印件 1 页和包装盒样品的复印件 2 页；

附件 9：北方国际集团天津文教体育用品进出口有限公司与天津市西青区东风文教用品厂签订的产品购销合同复印件 1 页；

附件 10：商品目录复印件 1 页；

附件 11：专利号为 200530117069.4 的中国外观设计专利公报复印件 1 页（即本专利）。

专利复审委员会根据无效宣告请求审查程序的规定受理了该无效宣告请求，并于 2007 年 1 月 23 日向双方当事人发出了无效宣告请求受理通知书，并将请求人的无效宣告请求文件的副本转送专利权人。

专利权人于 2007 年 2 月 10 日提交了意见陈述书。专利权人在意见陈述书中指出：请求人提供的附件 1、2、4、5、10 既无刊号，同时复印件又十分模糊，无法看出其为公开出版物，附件 3 在附件 1 不能作为公开出版物的情况下，不能够作为证据，附件 6 中的备案申请的时间值得商榷，并且备案仅为商标权不能够作为公开出版物的证据，附件 7 提供的商标使用许可合同中的商标"熊猫"与本专利"JG"商标是不同的，且合同本身并不涉及包装，不能作为本无效请求的证据，附件 8 和 9 提供的合同数和包装盒样品无法形成一个完整的证据链，且证据的本身也不足以采信，并且上述证据中所示外观设计仅公开了产品的一个面，本专利为立体产品，其区别明显，属于不相同不相近似的外观设计。因而，附件 1~10 不足以证明本专利不符合专利法第 23 条的规定。

专利复审委员会于 2007 年 6 月 11 日向双方当事人发出无效宣告请求口头审理通知书，定于 2007 年 7 月 25 日对本案进行口头审理，并随口头审理通知书向请求人转专利权人所提交的意见陈述书。

口头审理如期举行，双方当事人均出席了口头审理。

在口头审理中，双方当事人均表示对合议组成员无回避请求，对对方当事人出庭人员身份无异议，请求人当庭出示了附件 1~5，7~10 的证据原件。请求人明确无效理由为：本专利外观设计不符合专利法第 23 条的规定，其中附件 1、2、4、5 用来证明与本专利相同相近似的外观设计在申请日前已经在国内出版物上公开发表，附件 3 作为附件 1、2 的用途及其在广交会上向消费者发放的证明，附件 6 用于证明与本专利相同相近似的外观设计在申请日前公开发表，附件 7 用来证明与本专利相同相近似的外观设计在申请日前已经公开使用，附件 8 为证人证言和样品复印件与附件 7 结合使用，证明本专利外观设计已经公开使用，附件 9、10 相互结合证明与本专利相同相近似的外观设计在申请日前已经公开使用。专利权人认可证据的原件与无效请求时所提交的复印件是一致的，但是对附件1、2、4、5，7~10的真实性有异议。口头审理中，双方当事人了充分地陈述了意见。合议组当庭复印并转交给专利权人附件1原件中的编辑信息页、附件4、5的原件中关于天津市对外经贸委员会主任讲话内容的页面共3页，专利权人表示不需要再针对当庭转送的文件进行书面陈述。

至此，合议组经合议认为本案事实已经清楚，可依法作出本审查决定。

二、决定的理由

1. 关于证据

附件5为《TIANJIN EXPORT》（2003秋季）宣传册封面1页、标题为《北方国际集团天津文教体育用品进出口有限公司，天津同鑫进出口有限公司》宣传页1页和标题为《2003年秋季中国出口商品交易会天津交易团参展名录》1页，共3页的复印件。经合议组核实，附件5与请求人当庭提交的原件内容一致，在附件5原件的编辑信息页上具有编辑单位"天津市对外经济贸易委员会编"的字样，宣传册的封面上印制了宣传册的发行时间，"2003 AUTUMN"（2003秋季），同时根据附件5中的参展名录（附件5的第37页）可以看出天津交易团在该届广交会上的参展名称、摊位等。根据以上信息，合议组认定该出版物为天津对外经贸委编制的广交会的宣传材料，其公开出版的时间为2003年的秋季，在本专利的申请日之前，为真实有效的公开出版物。鉴于专利权人没有提出可以证明附件5不真实的证据，因而本案对附件5予以采信。

2. 关于专利法第23条

基于请求人提出的无效宣告请求的理由，合议组依据专利法第23条的规定对本案进行审理。

专利法第23条规定："授予专利权的外观设计，应当同申请日以前在国内外出版物上公开发表过或者国内公开使用过的外观设计不相同和不相近似，并不得与他人在先取得的合法权利相冲突。"

附件5的封面上印制有"2003 AUTUMN"（2003秋季）的字样，为2003年秋季的公开出版物，在本专利的申请日之前公开。在该宣传册中标题为《北方国际集团天津文教体育用品进出口有限公司，天津同鑫进出口有限公司》宣传页的左中部图片的左上角公开了一个水彩颜料盒的外观设计（下称在先设计）。

合议组认为：本专利和在先设计均为包装盒，二者用途相同，属于相同种类的产品，具有可比性。现将本专利与在先设计进行相同和相近似比较：

本专利所示包装盒的整体形状为长方体，盒正面左中部为一幅熊猫图，为爬行状态的熊猫，熊猫的头微低，露出脸部的正面，熊猫的左前腿微微抬起，右后腿向后微伸，图的左上角具有一圆形商标图案，图的左部具有多棵竹子图案；盒正面的右部约四分之一表面的位置内横向记录有产品名称等文字信息，盒体的左侧面具有竹子和竹叶的图案，盒体的右侧面是产品信息文字标注，盒体的顶面具有若干竹叶的图案，盒体的底面具有与正面图案相对应的竹叶和熊猫脚部的图案，背面无设计内容（详见本专利附图）。

在先设计的包装盒的整体形状为长方体，盒正面左中部为一幅熊猫图，为爬行状态的熊猫，熊猫的头微低，露出脸部的正面，熊猫的左前腿微微抬起，右后腿向后微伸，图的左上角具有一圆形商标图案，图的左部具有多棵竹子图案；盒正面的右部约四分之一表面的位置内横向记录有产品名称等文字信息，盒体的左侧面具有竹子和竹叶的图案，盒体的底面可见具有与正面图案相对应的竹叶和熊猫脚部的图案（详见在先设计附图）。

将本专利与在先设计相比较，除在先设计作为立体图其盒的顶面和左右两侧面不可见，同时包装盒正面左上角的圆形商标图案也具有细微差别之外，其余设计与本专利的外观设计是完全相同的。对此合议组认为：在先设计外观设计未公开的部分属于水彩颜料包装盒产品在购买和使用状态下不会被一般消费者关注的部位，由其立体图可以观察到的盒体的主视面属于一般消费者最容易观察到的面，在视觉效果上为一般消费者所关注，该面与本专利采用了基本相同的设计；其次，从整体视觉观察，虽然在先设计的产品有部分不可见，但是该部分即使在设计上有变化，也不会对产品的整体造型和已显示部分形成的整体视觉效果产生显著的影响。此外，本专利与在先设计包装盒正面左上角的商标图案所具有的区别，仅在于局部的细微变化，该变化不足以对包装盒的整体视觉效果产生显著影响。因此，通过整体观察，综合判断，二者应属于相近似的外观设计，即，本专利与申请日以前在国内出版物上公开发表的外观设计相近似。本专利不符合专利法第 23 条的规定，请求人的无效宣告请求理由成立。

鉴于至此请求人的无效宣告请求理由已经成立，合议组对请求人所提出的其他证据和理由不再予以具体评述。

三、决定

宣告 200530117069.4 号外观设计专利权全部无效。

当事人对本决定不服的，可以根据专利法第 46 条第 2 款的规定，自收到本决定之日起三个月内向北京市第一中级人民法院起诉。根据该款的规定，一方当事人起诉后，另一方当事人应当作为第三人参加诉讼。

主视图

立体图

左视图

右视图

俯视图

仰视图

本专利附图

在先设计附图

刀具套

无效宣告请求审查决定（第 10482 号）

决 定 号	第 10482 号
决 定 日	2007 年 9 月 7 日
发明创造名称	刀具套
外观设计分类号	03-01
无效宣告请求人	阳江市凯利工贸有限公司
专 利 权 人	林石允
专 利 号	200530000659.9
申 请 日	2005 年 1 月 17 日
授 权 公 告 日	2005 年 10 月 5 日
合 议 组 组 长	钟 华
主 审 员	郭 婷
参 审 员	任 怡
法 律 依 据	专利法第 23 条

决 定 要 点

以授予专利权的外观设计与他人在先取得的合法权利相冲突为理由宣告外观设计专利权无效，但是未提交生效的能够证明权利冲突的处理决定或者判决的，专利复审委员会不予受理和审理。

在请求人未能提供充分的证据支持其主张的情况下，对其提出的本专利不符合专利法第 23 条规定的无效理由不予支持。

一、案由

本无效宣告请求案涉及国家知识产权局于 2005 年 10 月 5 日公告授予的、名称为"刀具套"的第 200530000659.9 号外观设计专利权（下称本专利），其申请日为 2005 年 1 月 17 日，专利权人为林石允。

针对上述专利权，阳江市凯利工贸有限公司（下称请求人）于 2006 年 10 月 13 日向专利复审委员会提出无效宣告请求，认为本专利不符合专利法第 23 条的规定，并提交了下述附件：

附件 1：HK GIFTS, PREMIUMS & STATIONERY 杂志内页，第 32 页，复印件，1 页；

附件 2：产品目录，复印件，共 28 页；

附件 3：德国 ALDI 公司的产品广告，复印件，共 2 页；

附件 4：德国柏林州级法院及公证处出具的第 586/06 号公证书及其中文译文，复印件，共 15 页；

附件5：德国专利商标局第30161144号商标相关信息，网络打印件，共3页；
附件6：欧洲共同体商标局第002561017、003209137号商标相关信息，网络打印件，共17页；
附件7：世界知识产权组织的马德里商标注册证明第847010号信息，网络打印件，共2页。

请求人认为：（1）附件1的出版时间为2003年4月，早于本专利申请日，其展示的刀具套外观设计同被比专利相比较，两者整体造型极其近似，足以使得消费者发生误认；（2）附件2中的多份厂家的产品目录中更是有多个刀具套同本专利相近似；（3）本专利产品在申请日前已在国外公开出版和使用；（4）本专利的图案中明确包含了他人的注册商标，侵犯了他人的在先权利。

经形式审查合格后，专利复审委员会受理了上述请求，于2006年12月4日向双方当事人发出《无效宣告请求受理通知书》，并将《专利权无效宣告请求书》及其所附附件的副本转送给专利权人，要求其在指定的期限内答复，同时成立合议组对本无效宣告请求案进行审理。

专利权人于2006年12月26日作出答复，认为：（1）附件1～7均为复印件，对其真实性和合法性无法确认。（2）附件1～4中的刀具套只有一面视图，并不能反映其他各面的形状和图案，因而不能作为评价是否与本专利相同和相近似的对比文件，此外，本专利并非对称的设计，任何人也不可能从其一面判断出另一面及其他几个面的形状和图案，因此，本专利产品的外观与附件1～4中的外观不相近似。（3）附件5、6和7是商标注册证明，与本案无关。

2007年3月1日，本案合议组向双方当事人发出《无效宣告请求口头审理通知书》，定于2007年4月16日对本专利权的无效宣告请求进行口头审理，同时将专利权人于2006年12月26日提交的意见陈述转给请求人，要求其在口头审理时一并答复。

2007年4月16日，口头审理如期进行，双方当事人均委托代理人参加了口头审理。双方当事人对对方出庭人员的身份和资格均无异议。口头审理过程中认定的事实如下：（1）请求人明确其无效理由为专利法第23条，用附件1～7证明本专利外观设计已经在国内外出版物上公开发表过，用附件3～7证明同国内公开使用过的外观设计相同，并且也同他人的在先权利相冲突。由于请求人没有提交过生效的能够证明权利冲突的处理决定或判决，因此合议组当庭告知双方当事人对"与他人的在先权利相冲突"这一无效宣告理由不予受理和审理，但请求人仍坚持此无效宣告理由。（2）请求人当庭提交了附件1的盖有"香港贸易发展局"蓝章的彩色复印件和香港贸易发展局李翠云出具的用于证明该复印件与原件相符的证明，还提交了证据2～4的原件，并表示附件5～7是从网上查到的。（3）专利权人对附件1～7的意见是：附件1是在香港地区形成的证据，缺乏相应的公证认证手续，没有证据表明附件1就是香港贸易发展局证明中提及的《香港礼品及文具精选》，因此香港贸易发展局出具的证明与附件1没有关联性，且当庭提交的原件与之前提交的复印件盖章的位置不一致，因而不是同一份证据，因此不认可附件1的真实性；附件2的第1～22、26～28页与原件相符，第23～25页与原件不符，没有证据表明附件2在本专利申请日前公开；附件3、4都是域外证据，附件3缺乏公证认证手续，附件4缺少认证手续，并且附件3没有记载公开的时间，而附件4中的附图与附件3不同，不能说明附件3的公开时间；附件5～7没有原件，也没有中文译文，不认可它们的真实性。

至此，合议组认为本案的事实清楚，可以作出审查决定。

二、决定的理由

专利法第23条规定，授予专利权的外观设计，应当同申请日以前在国内外出版物上公开发表过或者国内公开使用过的外观设计不相同和不相近似，并不得与他人在先取得的合法权利相冲突。

1. 关于与他人的在先权利相冲突

专利法实施细则第65条第3款规定，以授予专利权的外观设计与他人在先取得的合法权利相冲突为理由宣告外观设计专利权无效，但是未提交生效的能够证明权利冲突的处理决定或者判决的，专利复审委员会不予受理。

请求人认为本专利的图案中包括了他人的注册商标，侵犯了他人的在先权利。对于"与他人在先取得的合法权利相冲突"这一无效宣告理由，由于请求人未提交生效的能够证明权利冲突的处理决定或者判决，故依据专利法实施细则第65条第3款的规定，复审委员会对此理由不予受理和审理。

2. 关于公开发表及公开使用

关于本案中无效宣告请求人提交的证据，分别具体认定如下：

附件1是HK GIFTS, PREMIUMS & STATIONERY 杂志内页。请求人在提出无效宣告请求时提交了该页的黑白复印件，口头审理时当庭提交了该页的彩色复印件和香港贸易发展局李翠云出具的用于证明该彩色复印件与原件相符的证明。请求人在提出无效宣告请求时提交的黑白复印件上的章盖在该页右下角，该章上有"香港贸易发展局186"及"CONVENTION PLAZA"字样，并且在章的旁边签有一个英文签名及日期2006年5月12日。请求人当庭提交的彩色复印件上的章盖在该页右上角，章上的字样为"香港贸易发展局11"及"WU CHUNG HOUSE"。请求人当庭提交的香港贸易发展局刊物出版部市场推广业务经理李翠云出具的证明上盖的章上的字样为"香港贸易发展局06"及"WU CHUNG HOUSE"，证明的内容为"兹证明此复印本为香港贸易发展局出版的杂志《香港礼品及文具精选》2003年第4期第321页，及此复印本与该广告原本相同"，落款日期为"2006年11月6日"。专利权人认为，附件1是在香港地区形成的证据，缺乏相应的公证认证手续，香港贸易发展局出具的证明与附件1没有关联性，且当庭提交的原件与之前提交的复印件不一致，因此不认可附件1的真实性。合议组认为：首先，由于盖章位置与章上字样都不同，请求人在提出无效宣告请求时提交的黑白复印件与口审当庭提交的彩色复印件不相符；其次，口头审理当庭提交的联合使用的彩色复印件与证明中的章上的字样（数字）也不相符，并且从附件1本身无法看出该杂志是由香港贸易发展局出版的，因此，香港贸易发展局李翠云出具的证明并不具备证明该证据真实性的效力；再次，附件1是在香港地区形成的证据，请求人没有提供相应的公证、认证手续。综上所述，合议组对附件1的真实性也不予认可。

附件2为产品目录复印件，共28页。请求人当庭提交了多本产品目录的原件，并表示提出无效请求时提交的复印件就复印自这些原件。专利权人当庭核对后表示，第1~22、26~28页与原件相符，第23~25页与原件不符，但是没有证据表明这些产品目录在本专利申请日前公开。合议组认为：这些产品目录形成随意，且部分原件与复印件不一致，因此合议组对附件2的真实性不予认可。

附件3为德国ALDI公司做的产品广告，请求人当庭提交了附件3的原件。附件4是德国第2006第586号公证书及其中文译文，请求人当庭提交了附件4的原件。专利权人认为，附件3、4都是域外证据，附件3缺乏公证认证手续，附件4缺少认证手续，因此，不认可附件3、4的真实性。对此合议组认为，由于附件3、4都是在中华人民共和国领域外形成的证据，附件3没有履行公证认证手续，附件4没有履行认证手续，专利权人不认可该证据的真实性，请求人也未提供可以证明附件3、4的真实性的其他证据，因此，合议组对附件3、4的真实性也不予认可。

附件5~7分别为德国专利商标局第30161144号商标，欧洲共同体商标局第2561017、3209137号商标，和世界知识产权组织的马德里商标注册证明第847010号的相关信息的网络打印件。专利权人认为，附件5~7没有原件，不认可它们的真实性。对此，合议组认为，由于附件5~7来源于网页，请求人未提供证明其真实性的证据，专利权人对其真实性不予认可，合议组对其真实性也不予认可。此外，附件5~7中仅有商标图案，并没有与刀具套相关的外观设计，附件5~7与本案也缺乏关联性。

综上所述，由于附件1~7的真实性均不能被认可，因此，在请求人未能提供充分的证据支持其主张的情况下，合议组对请求人提出的"用附件1~7证明本专利外观设计已经在国内外出版物上公开发表过,用附件3~7证明同国内公开使用过的外观设计相同,因此本专利不符合专利法第23条规定"的无效宣告理由不予支持。

基于以上事实和理由,本案合议组作出如下审查决定。

三、决定

维持200530000659.9号外观设计专利权有效。

当事人对本决定不服的,可以根据专利法第46条第2款的规定,自收到本决定之日起三个月内向北京市第一中级人民法院起诉。根据该款的规定,一方当事人起诉后,另一方当事人应当作为第三人参加诉讼。

包装纸卡

无效宣告请求审查决定（第 10483 号）

决 定 号	第 10483 号
决 定 日	2007 年 9 月 7 日
发明创造名称	包装纸卡
外观设计分类号	19-08
无效宣告请求人	阳江市凯利工贸有限公司
专 利 权 人	林石允
专 利 号	200530000660.1
申 请 日	2005 年 1 月 17 日
授 权 公 告 日	2005 年 11 月 16 日
合议组组长	钟 华
主 审 员	郭 婷
参 审 员	任 怡
附 图	1 页

法 律 依 据 专利法第 23 条

决 定 要 点

以授予专利权的外观设计与他人在先取得的合法权利相冲突为理由宣告外观设计专利权无效，但是未提交生效的能够证明权利冲突的处理决定或者判决的，专利复审委员会不予受理和审理。

在请求人未能提供充分的证据支持其主张的情况下，对其提出的本专利不符合专利法第 23 条规定的无效理由不予支持。

一、案由

本无效宣告请求案涉及国家知识产权局于 2005 年 11 月 16 日公告授予的、名称为"包装纸卡"的 200530000660.1 号外观设计专利权（下称本专利），其申请日为 2005 年 1 月 17 日，专利权人为林石允。

针对上述专利权，阳江市凯利工贸有限公司（下称请求人）于 2006 年 10 月 13 日向专利复审委员会提出无效宣告请求，认为本专利不符合专利法第 23 条的规定，并提交了下述附件：

附件1：中国外观设计专利公报，专利号 98307311.2，授权公告日为 1998 年 12 月 30 日，复印件，1 页；

附件2：德国公司购买包装纸卡的发票（德文），复印件，共 3 页；

附件3：德国 BREUER & SCHRDÖER 公司设计的包装纸卡，复印件，共14页；
附件4：德国柏林州级法院及公证处出具的第586/06号公证书及其中文译文，复印件，共15页；
附件5：德国科隆高级州级法院管辖区公证处出具的第807 2006-B号公证书及中文译文，复印件，共20页；
附件6：德国专利商标局第30161144号商标相关信息，网络打印件，共3页；
附件7：欧洲共同体商标局第002561017、003209137号商标相关信息，网络打印件，共17页；
附件8：世界知识产权组织的马德里商标注册证明第847010号相关信息，网络打印件，共2页。

请求人认为：本专利不仅同已有设计相近似，而且在本专利申请日前就已经被公开使用，也同他人的在先权利相冲突。

经形式审查合格后，专利复审委员会受理了上述请求，于2006年12月4日向双方当事人发出《无效宣告请求受理通知书》，并将《专利权无效宣告请求书》及其所附附件的副本转送给专利权人，要求其在指定的期限内答复，同时成立合议组对本无效宣告请求案进行审理。

专利权人于2006年12月26日作出答复，认为：（1）附件1专利只有一个视图，而本专利具有两个完全不同的视图，而且附件1的此视图与本专利的两个视图都不相近似。（2）附件2~8均为复印件，对其真实性和合法性无法辨别。附件2的发票以及附件6~8的商标注册证明均与本案无关。附件3~5，特别是附件4仅证明证人所在的广告公司设计了附件4中的卡片，但不能证明是否书面公开。因此，本专利符合专利法第23条的规定。

2007年3月1日，本案合议组向双方当事人发出《无效宣告请求口头审理通知书》，定于2007年4月16日对案进行口头审理，同时将专利权人于2006年12月26日提交的意见陈述书转给请求人，要求其在口头审理时一并答复。

2007年4月16日，口头审理如期进行，双方当事人均委托代理人参加了口头审理。双方当事人对对方出庭人员的身份和资格均无异议。口头审理过程中认定的事实如下：（1）请求人明确其无效宣告理由为专利法第23条，包括本专利外观设计已经在国内外出版物上公开发表，并且同国内公开使用的外观设计相同，也同他人的在先权利相冲突。由于请求人没有提交过生效的能够证明权利冲突的处理决定或判决，因此合议组当庭告知双方当事人对"与他人的在先权利相冲突"这一无效理由不予受理和审理，但请求人仍坚持此无效宣告理由。（2）请求人当庭提交了附件4、5的原件。（3）专利权人对附件1~8的意见是：认可附件1的真实性、公开性，但本专利外观设计与附件1的外观设计不相同也不相近似；因请求人未提供附件2、3的原件，无法核对，故不认可附件2、3的真实性，并且附件2、3为外文证据，请求人未在规定的期限内提交中文译文；附件4、5是域外证据，缺少认证手续；附件6~8无原件，不认可其真实性，且它们也与本案无关。

至此，合议组认为本案的事实清楚，可以作出审查决定。

二、决定的理由

专利法第23条规定，授予专利权的外观设计，应当同申请日以前在国内外出版物上公开发表过或者国内公开使用过的外观设计不相同和不相近似，并不得与他人在先取得的合法权利相冲突。

1. 关于与他人的在先权利相冲突

专利法实施细则第65条第3款规定，以授予专利权的外观设计与他人在先取得的合法权利相冲突为理由宣告外观设计专利权无效，但是未提交生效的能够证明权利冲突的处理决定或者判决的，专利复审委员会不予受理。

请求人提出本专利与他人在先取得的合法权利相冲突，对于"与他人在先取得的合法权利相冲突"这一无效宣告理由，由于请求人未提交生效的能够证明权利冲突的处理决定或者判决，故依据专利法实施细则第 65 条第 3 款的规定，复审委员会对此理由不予受理和审理。

2. 关于公开发表及公开使用

（1）证据认定。

关于本案中无效宣告请求人提交的证据，分别具体认定如下：

附件 1 为中国外观设计专利公报，其专利号为 98307311.2。专利权人认可其真实性，合议组对其真实性也予以认可。附件 1 的授权公告日为 1998 年 12 月 30 日，在本专利申请日之前。附件 1 所记载的外观设计的名称为"三合一探测器纸卡"，其分类号与本专利同为 19-08，用途与本专利相同。因此附件 1 上记载的外观设计可以作为在先设计与本专利被比设计进行相同相近似比较。

根据请求人的描述，附件 2 为德国公司购买包装纸卡的发票，附件 3 为德国 BREUER&SCHRODER 公司设计的包装纸卡。这两份证据均为外文证据，请求人没有提供中文译文，请求人也没有出示这两份证据的原件及公证认证手续。专利权人不认可附件 2、3 的真实性。由于缺乏相应的证据证明附件 2、3 的真实性，合议组对附件 2、3 的真实性也不予认可。附件 2、3 不能用于证明与本专利相同或相近似的外观设计在本专利申请日前已经在国内外出版物上公开发表过，或者在国内公开使用过。

附件 4 为德国第 2006 第 586 号公证书及其中文译文，附件 5 为德国 807 2006-B 公证书及中文译文。专利权人认为附件 4、5 是域外证据，缺少认证手续，不认可其真实性。合议组认为，附件 4、5 都是在中华人民共和国领域外形成的证据，且均未履行认证手续，由于专利权人不认可它们的真实性，请求人也未提供其他证据证明附件 4、5 的真实性，因此，合议组对附件 4、5 的真实性也不予认可。附件 4、5 也不能用于证明与本专利相同或相近似的外观设计在本专利申请日前已经在国内外出版物上公开发表过，或者在国内公开使用过。

附件 6~8 分别为德国专利商标局第 30161144 号商标，欧洲共同体商标局第 2561017、3209137 号商标，和世界知识产权组织的马德里商标注册证明第 847010 号的相关信息的网络打印件。专利权人认为，附件 6~8 没有原件，不认可它们的真实性，也不认可它们与本案的关联性。对此，合议组认为，由于附件 6~8 来源于网页，请求人未提供证明它们真实性的证据，专利权人对它们的真实性不予认可，合议组对它们的真实性也不予认可；此外，附件 6~8 中仅有商标图案，并没有与包装纸卡相关的外观设计，附件 6~8 与本案也缺乏关联性。因此，附件 6~8 不能作为本案的定案依据。

（2）相同相近似比较。

附件 1 记载的外观设计（下称在先设计）只有一个视图。该视图中显示的纸卡为竖向矩形，首先在该纸卡的纵向约 1/4 处分为上下两部分，上面部分中左上角有一爆炸星状图案，该图案下方及右侧有一些文字；然后下面部分又在横向约 1/3 处分为左右两部分，左面纵向排列有四幅图画，右面为空白（详见在先设计附图）。

本专利有主视图及后视图两个视图，视图中显示的纸卡均为竖向矩形。从主视图可见，首先该纸卡在横向约 1/5 处分为左右两部分，左边为多个数条；然后右边部分在纵向约 1/8 及约 7/8 处分为上中下三部分，上部有一内书文字的长弧形图案，中部为空白，下部为横向排列的三幅图画。从后视图可见，首先该纸卡在纵向约 1/6 处分为上下两部分，上面部分的左面为一内书文字的长弧形图案，右边为多个数条，然后下面部分又在横向约 1/5 处分为左右两部分，左面纵向排列有五幅图画，右面为空白（详见本专利附图）。

将本专利与在先设计相比，其相同点为二者均是竖向矩形、有文字及图案排布且右侧有一部分空白的纸卡，其不同点在于文字、图案在纸卡上的排布方式不同，且文字图形、图案本身也不同。经整体观察，综合判断可知，在先设计的视图与本专利被比设计的两个视图均不相同且不相近似，两者的差别对产品的整体视觉效果具有显著的影响，因此两者既不相同也不相近似。

综上所述，请求人提供的附件1~8均不能证明本专利外观设计在申请日前已经在国内外出版物上公开发表过，或者在国内公开使用过，因此，合议组对请求人提出的本专利不符合专利法第23条规定的无效宣告理由不予支持。

基于以上事实和理由，本案合议组作出如下审查决定。

三、决定

维持200530000660.1号外观设计专利权有效。

当事人对本决定不服的，可以根据专利法第46条第2款的规定，自收到本决定之日起三个月内向北京市第一中级人民法院起诉。根据该款的规定，一方当事人起诉后，另一方当事人应当作为第三人参加诉讼。

附件1 主视图

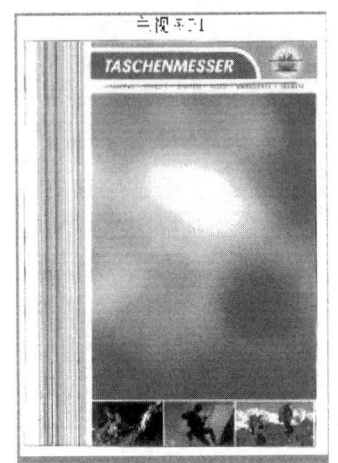  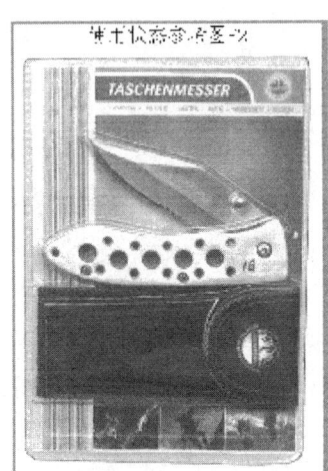

主视图　　　　　　　后视图　　　　　　使用状态参考图

本专利附图

游戏机（ZH-895）

无效宣告请求审查决定（第 10485 号）

决 定 号	第 10485 号
决 定 日	2007 年 8 月 24 日
发明创造名称	游戏机（ZH-895）
外观设计分类号	21-01
无效宣告请求人	索尼电脑娱乐公司
专 利 权 人	张庆华
专 利 号	200530064365.2
申 请 日	2005 年 7 月 15 日
授权公告日	2006 年 4 月 5 日
合议组组长	李金光
主 审 员	郭 婷
参 审 员	唐 莉
附 图	2 页

法 律 依 据 专利法第 23 条
决 定 要 点

在比较被比设计和在先设计时，在综合考虑各种因素的情况下，若区别点仅在于局部的细微变化或消费者不容易看到的部位的变化，则其对整体视觉效果不足以产生显著影响。

一、案由

本无效宣告请求案涉及国家知识产权局于 2006 年 4 月 5 日公告授予的、名称为"游戏机（ZH-895）"的第 200530064365.2 号外观设计专利权（下称本专利），其申请日为 2005 年 7 月 15 日，专利权人为张庆华。

针对上述专利权，索尼电脑娱乐公司（下称请求人）于 2006 年 11 月 7 日向专利复审委员会提出专利权无效宣告请求，认为本专利不符合专利法第 23 条和专利法实施细则第 2 条第 3 款的规定，请求人提交了以下附件作为证据：

附件 1："电子游戏软件"，2005.03，总 150 期，封面页、第 2、3、8 页，复印件，共 4 页；

附件 2："游戏机实用技术"，2005.5A，第 126 期，2005 年 5 月 1 日出版，封面页、第 1、3、7、110 页，复印件，共 5 页；

附件 3："游戏机实用技术"，2004.10B，第 113 期，2004 年 10 月 16 日出版，封面页、第 3、4、

110页，复印件，共4页；

附件4："科学时代"，2005 1A，2005年1月1日出版，封面页、第1、100页，复印件，共3页；

附件5："Official Catalogue"（PSP官方目录），2005春季，封面、封底二、封底，复印件，共3页；

附件6："Play Station Official Guide Book"（游戏站官方指南），2005年春季，封面、第4页、封底，复印件，共3页；

附件7："PSP Play Station Portable"（游戏站便携手册），封面、封底，复印件，复印件，共2页；

附件8："PSP Official Catalogue"（PSP使用手册），封面、封底二、封底，复印件，共3页。

请求人认为：（1）附件1~4的出版日期都在本专利申请日之前，由于载有PSP销售广告的附件1~4（尤其是附件1）已经披露了该PSP产品的外观，附件1可以佐证附件5~8这些PSP样品目录、使用手册、官方指南或便携手册作为出版物公开的日期应该不晚于附件1的公开日，且附件5~8都是公众可免费获取或随产品获得的。附件1~8中的在先设计与本专利被比设计属于同类产品。经比较被比设计和在先设计的主视图、左右视图、俯仰视图和后视图可知，两者所示产品的正面极为相似，游戏机产品背面的不同不能对消费者的视觉产生任何效果，其余的局部细微差异也不会引起普通消费者的视觉注意，被比设计与在先设计相近似，因此本专利不符合专利法第23条的规定。（2）附件1~8的在先设计与本专利被比设计相近似，它们使得本专利外观设计不能成为"新设计"，因此本专利不符合专利法实施细则第2条第3款的规定。

经形式审查合格后，专利复审委员会受理了上述请求，于2006年12月4日向双方当事人发出《无效宣告请求受理通知书》，并将《专利权无效宣告请求书》及其附件清单中所列附件的副本转送给专利权人，要求其在指定的期限内答复，同时成立合议组对本无效宣告请求案进行审理。

2007年3月22日，本案合议组向双方当事人发出《无效宣告请求口头审理通知书》，定于2007年6月14日对本案进行口头审理。

2007年6月14日，口头审理如期进行。仅请求人一方委托代理人参加了口头审理，专利权人未参加口头审理。口头审理过程中认定的事实如下：（1）请求人放弃本专利不符合专利法实施细则第2条第3款的规定的无效理由；明确其无效理由为本专利相对于附件1~8均不符合专利法第23条的规定。（2）请求人当庭出示了附件1~8的原件，表明附件1~8均为出版物公开证据，分别单独使用。请求人庭审中，合议组对请求人提出的无效理由和事实进行了充分调查，听取了当事人的陈述。

口头审理后，请求人于2007年6月19日提交了意见陈述书以及如下附件：

附件9："电子游戏软件"，总151期，封面，复印件，共1页；

附件10："电子游戏软件"，总171期，封面，复印件，共1页。

请求人认为，根据附件9封面左上角为"2005 04"、右下角为"总151期"和附件10封面左上角为"2005 24"、右下角为"总171期"可知，附件1封面左上角的"2005.03"是指2005年第3期（与右下角的"总150期"对应），而不是指2005年3月，而且由于该杂志为"半月刊 每月1日/15日出版"（参见附件1第8页），因此，可推定，2005年第3期的出版日期应为2005年2月1日。

至此，合议组认为本案事实已经清楚，可以依法作出审查决定。

二、决定的理由

1. 法律依据

基于请求人在口头审理中明确的无效宣告请求所依据的事实和理由，合议组对本专利是否符合专利法第 23 条的规定进行审查。

专利法第 23 条规定，授予专利权的外观设计，应当同申请日以前在国内外出版物上公开发表过或者国内公开使用过的外观设计不相同和不相近似，并不得与他人在先取得的合法权利相冲突。

在比较被比设计和在先设计时，在综合考虑各种因素的情况下，若区别点仅在于局部的细微变化或消费者不容易看到的部位的变化，则其对整体视觉效果不足以产生显著影响。

2. 关于证据

请求人在口头审理时当庭出示了附件 1 的原件，经合议组核实，附件 1 的复印件与原件相符，合议组对附件 1 的真实性予以认可。附件 1 为 2005 年第 3 期，其中第 8 页上指明其为半月刊，每月 1 日/15 日出版，因此可推知附件 1 的出版日期为 2005 年 2 月 1 日，在本专利申请日之前。附件 1 中的外观设计产品与本专利外观设计产品属于同类产品，因此附件 1 可以作为在先设计与本专利的被比设计进行相近似比较。

3. 相近似比较

根据本专利（下称被比设计）授权文本主、后、左、右、俯、仰六个视图可见：被比设计整体为厚度较小的矩形结构，其中正面外轮廓整体呈横向矩形，四个角呈内切圆状，左下角有穿绳结构，正面正中有一横向矩形屏幕，屏幕左右两侧各有基本构成圆形的四个按钮，在该两圆形和上边缘间还各有两个呈平行四边形的小按钮及小按钮旁的文字。背面中间有一电池盒，右侧有扩音孔。从俯仰视图看，背面呈中间高两侧低的平滑弧形。

根据附件 1（下称在先设计）的正面、背面、左、右、顶、底部视图可见：在先设计整体也为厚度较小的矩形结构，其中正面外轮廓整体呈横向矩形，四个角呈内切圆状，左、右上角为透明按钮，左下角有穿绳结构，正面正中有一横向矩形屏幕，屏幕左右两侧各有基本构成圆形的四个按钮，在左侧圆形和下边缘间有一个圆形钮，左侧边缘靠下部位有两个小点及小图案，在右侧边缘靠下部位有两个小点及文字，屏幕下沿与下边缘之间有一排较小按钮及文字。背面中间有一圆形图案。从俯仰视图看，背面呈中间低两侧高的形状。顶、底部及左、右侧面上有较小的方形或圆形孔。

合议组认为：经整体观察，被比设计与在先设计的整体形状和大部分细节的设置、比例关系均相同，区别仅在于：（1）在游戏机正面上，被比设计将一些小按钮设在了上边缘附近，在先设计将一些小按钮设在了下边缘附近；被比设计左、右上角为透明按钮。（2）游戏机背面、顶、底部、左、右侧的部分细节设计不同。然而经综合判断可知：（1）这些区别都是局部的细微变化，在整体设计中所占比例很小，其变化不足以对整体视觉效果产生显著影响；（2）消费者在使用此类游戏机时主要关注点在于游戏机的正面，而背面、顶、底部、左、右侧属于消费者在使用时不容易看到的部位，这些部位的局部设计细节变化不会对整体视觉效果产生显著的影响。消费者在看到被比设计和在先设计产品时会产生误认、混同。因此，被比设计与在先设计相近似，本专利不符合专利法第 23 条的规定。

4. 关于其他证据

由于附件 1 已足以证明本专利不符合专利法第 23 条的规定，因此，对于请求人在口头审理中坚持的其他证据，合议组不再评述。

基于以上事实和理由，本案合议组作出如下审查决定。

三、决定

宣告第 200530064365.2 号外观设计专利权无效。

当事人对本决定不服的，可以根据专利法第 46 条第 2 款的规定，自收到本决定之日起三个月内向北京市第一中级人民法院起诉。根据该款的规定，一方当事人起诉后，另一方当事人应当作为第三人参加诉讼。

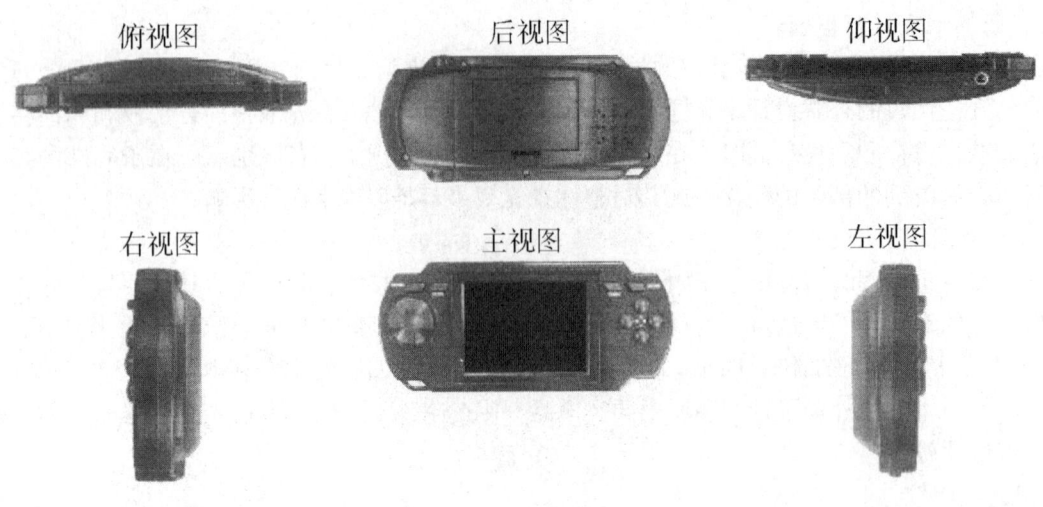

被比设计

主机正面

主机背面

主机底部

主机顶部

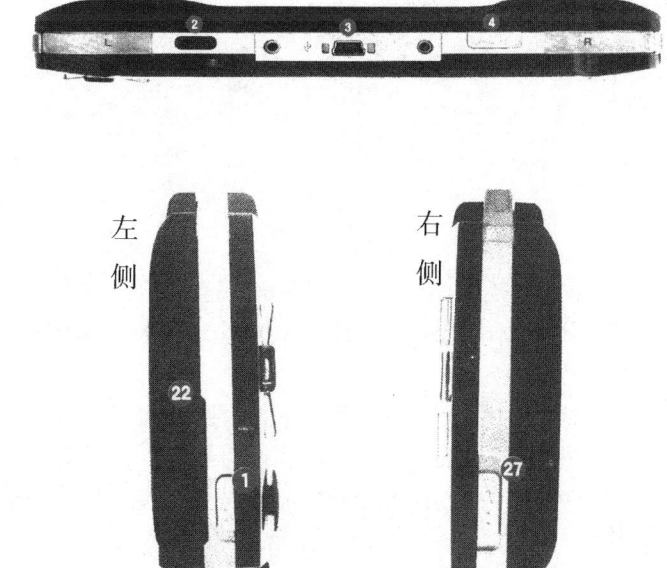

左侧　　　右侧

在先设计

型材（I）

无效宣告请求审查决定（第10487号）

决 定 号	第10487号
决 定 日	2007年9月13日
发明创造名称	型材（I）
外观设计分类号	25-01
无效宣告请求人	常州市雷顺汽车附件有限公司
专 利 权 人	常州工业技术玻璃有限公司
专 利 号	03316980.2
申 请 日	2003年6月9日
授权公告日	2003年12月3日
合议组组长	钟　华
主 审 员	吴大章
参 审 员	王霞军
附 图	1页

法 律 依 据　专利法第23条

决 定 要 点

一方当事人主张的事实经对方当事人承认，且该承认的事实与证据相印证，则应该认定该事实为定案依据。

一、案由

本无效宣告请求案涉及的是国家知识产权局于2003年12月3日授权公告的03316980.2号外观设计专利，该外观设计的产品名称为"型材（I）"，申请日是2003年6月9日，专利权人是常州工业技术玻璃有限公司。

针对上述专利权（下称本专利），常州市雷顺汽车附件有限公司（下称请求人）于2006年5月19日向专利复审委员会提出无效宣告请求，其依据的事实和理由是：本专利所示型材已在其申请日之前应用于汽车推拉窗上，使用该推拉窗的汽车已在本专利申请日之前投入运营。因此，本专利所示型材产品已在其申请日前于国内公开使用过，其不符合专利法第23条的规定。请求人提交了两份书面证据：

附件1：江苏省常州市公证处出具的一份公证书的复印件，该公证书的文号是（2006）常证经内字第1172号；

附件2：施国忠出具的书面证言。

经形式审查合格后，专利复审委员会受理了该无效宣告请求，并于 2006 年 6 月 8 日将无效宣告请求书及其附件的副本转送给专利权人，要求其在指定期限内陈述意见。但是，专利复审委员会至今没有收到专利权人的答复意见。

专利复审委员会于 2007 年 7 月 3 日向双方当事人发出了口头审理通知书，定于 2007 年 9 月 10 日对本案进行口头审理。

口头审理如期举行，双方当事人均出席口头审理，并表示对对方出席口头审理人员的身份没有异议，亦对合议组成员没有回避请求；请求人当庭提交了附件 1 公证书的原件，并指明附件 2 保存在另一相关案件的案卷中。专利权人对附件 1 公证书原件的真实性没有异议，对附件 2 的真实性也没有异议。请求人主张附件 1 所附车辆行驶证登记日 2002 年 11 月 2 日即为公开日，专利权人对此无异议。请求人认为本专利与公证书记载的型材一致，专利权人对此无异议。

合议组经合议，认为本案事实清楚，依法作出本审查决定。

二、决定的理由

基于请求人提出无效宣告请求所依据的事实和理由，合议组对本专利是否符合专利法第 23 条的规定进行审查。

专利法第 23 条规定："授予专利权的外观设计，应当同申请日以前在国内外出版物上公开发表过或者国内公开使用过的外观设计不相同和不相近似，并不得与他人在先取得的合法权利相冲突。"

请求人所主张的事实是：在本专利申请日之前，沃尔沃牌大客车辆的驾驶室右侧窗玻璃已使用了与本专利完全相同的型材，与本专利形状相同的产品在申请日前已经公开使用，因此，本专利权的授予不符合专利法第 23 条的规定。

请求人提交的证据 1 是江苏省常州市公证处出具的（2006）常证经内字第 1172 号公证书，其内容是对一辆牌号为苏 A-36186 沃尔沃大客车的驾驶室推拉窗进行保全证据，附有工作记录和对该辆大客车正面、驾驶室推拉窗局部拍摄的照片，该公证书还附有该辆大客车的正、副本行驶证的复印件，行驶证上记载的发证日期是 2002 年 11 月 2 日，公证书证明行驶证的正、副本复印件与原件相符。附件 2 是一份证明，证明人是快鹿常州分公司车辆机务管理施国忠，其内容是"我公司自 2002 年 9 月购进并登记取得苏 A-36186 牌号的车辆，该车辆使用至今车辆上的驾驶室侧窗玻璃和其玻璃上的装置一直未予更换过"。

该公证书足以证明苏 A-36186 沃尔沃牌大客车已在本专利申请日之前出厂、登记、办证和使用，其驾驶室具有可推拉玻璃侧窗，该玻璃侧窗镶有型材边框。因此，该型材边框（下称在先设计）在本专利的申请日之前已经公开使用。从公证书可知，在先设计的截面可以分成两个部分，一侧呈反"h"形，另一侧呈反"L"形，反"h"形的长边与反"L"形的底边相接（详见在先设计附图）。

本专利的截面也可以分成两个部分，一侧呈反"h"形，另一侧呈反"L"形，反"h"形的长边与反"L"形的底边相接（详见本专利附图）。

本专利所示型材与在先设计完全相同。专利权人对此没有异议。因此，请求人提交的上述证据足以证明，在本专利申请日之前已出厂使用的牌号为苏 A-36186 的沃尔沃牌大客车上使用的型材与本专利相同。专利权人对上述证据及事实也予以承认。

综上所述，本专利与其申请日之前在国内公开使用的汽车产品上的型材外观设计相同，请求人所主张的事实成立。因此，本专利权的授予不符合专利法第 23 条的规定。

三、决定

依据专利法第 23 条的规定，宣告 03316980.2 号外观设计专利权无效。

当事人对本决定不服的，可以根据专利法第 46 条第 2 款的规定，自收到本决定之日起三个月内向北京市第一中级人民法院起诉。根据该款的规定，一方当事人起诉后，另一方当事人应当作为第三人参加诉讼。

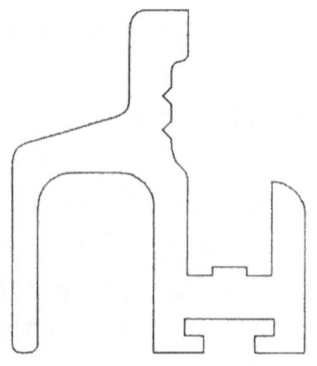

主视图

本专利附图

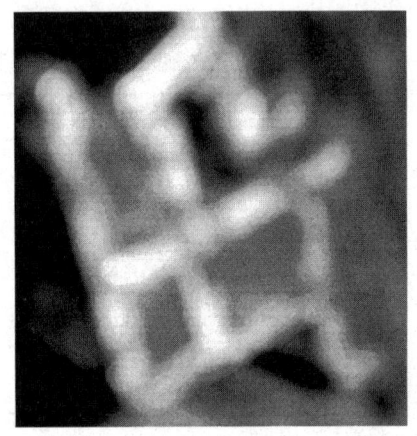 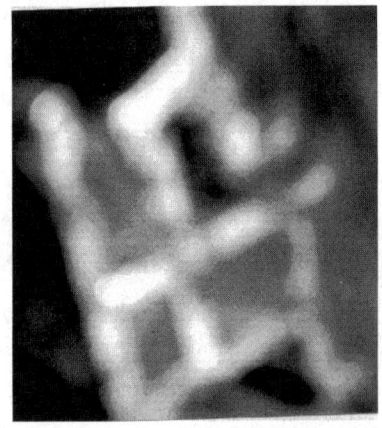

在先设计

发光砖（1）

无效宣告请求审查决定（第 10488 号）

决 定 号	第 10488 号
决 定 日	2007 年 9 月 13 日
发明创造名称	发光砖（1）
外观设计分类号	25-01
无效宣告请求人	宁波耀明电器有限公司
专 利 权 人	张惠强
专 利 号	200430043739.8
申 请 日	2004 年 7 月 5 日
授 权 公 告 日	2005 年 2 月 23 日
合议组组长	钟 华
主 审 员	徐清平
参 审 员	严若艳
附 图	1 页

法 律 依 据 专利法第 23 条
决 定 要 点

请求人对于所提交的域外证据未进行相关公证、认证，虽主张所述证据为可在国内得到故无须公证、认证，但未提交相关证据证明其可从国内公共渠道获得，因此合议组对该证据不予采信。

一、案由

本无效宣告请求涉及的是国家知识产权局于 2005 年 2 月 23 日授权公告的 200430043739.8 号外观设计专利，使用该外观设计的产品名称为"发光砖（1）"，申请日是 2004 年 7 月 5 日，专利权人是张惠强。

针对上述专利权（下称本专利），宁波耀明电器有限公司（下称请求人）于 2007 年 1 月 31 日向专利复审委员会提出无效宣告请求，其依据的事实和理由是：本专利与其申请日前的《台湾灯饰》杂志 2002 年第 67 期刊登的 20977P08 型号照明装置的外观设计相近似，请求人将二者进行了详细对比，据此认为本专利不符合专利法第 23 条的规定。请求人同时提交了如下附件作为证据：

附件 1：《台湾灯饰杂志》2002. Jan. NO. 67 号第 122 页复印件。

专利复审委员会经形式审查合格受理了该无效宣告请求，并于 2007 年 2 月 2 日将无效宣告请求书及其附件的副本转送给专利权人，通知其在指定期限内陈述意见。

专利权人逾期未作答复。

2007年3月19日专利复审委员会收到了请求人补充提交的意见陈述，请求人认为：其补充提交的证据均披露了发光砖产品，与本专利产品种类相同，且证据所示出版物的公开日均早于本专利申请日，可作为有效对比文件；本专利产品用于铺设或埋设于地面、墙面等场所，本专利与对比文件所示发光砖具有相似结构设计，均总体上呈四方形结构，内设有可发光装置，在通电使用状态下可看见四方形区域的发光面，一般消费者很容易将其混淆、误认；因此本专利不符合专利法第23条的规定。请求人补充提交的证据如下（编号续前）：

附件2：2004年6月9日至12日《2004广州国际照明展览会+中国建筑电气技术展览会 展会特刊》第41页复印件；

附件3：2004年1~2月《Globalmarket Commercial Lighting》第85页复印件；

附件4：2004年6月9~12日《2004广州国际照明展览会+中国建筑电气技术展览会展会特刊》第125页复印件；

附件5：2004年1~2月《Globalmarket Commercial Lighting》第76页复印件；

附件6：2004年6月NO.76期《CENS Lighting台湾灯饰杂志》第120页复印件。

专利复审委员会成立合议组对本案进行审理，于2007年5月8日向请求人和专利权人发出口头审理通知书，定于2007年6月12日对本案进行口头审理。同时将上述请求人补充提交的意见陈述转送给专利权人。

口头审理如期举行，请求人和专利权人均委托代理人参加了审理，双方对对方参加口头审理人员的身份和资格没有异议，对合议组成员无回避请求。请求人当庭表示放弃附件1作为本案证据，当庭提交了附件2至附件6的整本原件，并具体指出了对比外观设计；专利权人核实上述证据原件，认为请求人无法证明附件2和附件4所示证据的合法性、真实性，附件3、附件5和附件6均为域外证据，请求人未进行相关公证认证，对其真实性不予认可；请求人认为附件3、附件5的出版单位是其封面所示Globalmarket公司，不清楚该出版单位所属国家，但在中国有19个办事处，附件3、附件5和附件6均为可在国内得到的出版物，无须公证认证；双方将本专利与请求人指定的对比外观设计进行详细分析对比，充分发表了意见；合议组当庭将上述证据原件中请求人补充的相关页面转送给专利权人，专利权人表示不需对其再作书面陈述；专利权人对于专利复审委员会2007年3月19日收到的请求人补充提交证据的邮寄时间有异议，认为其邮戳日期不清楚，合议组要求请求人在指定期限内提交可证明该邮寄时间的证据，否则以收到日作为证据提交日，专利权人亦表示不需再对请求人日后将提交的关于邮寄时间证据进行意见陈述，由合议组直接作出认定。

2007年6月20日请求人提交了盖有"杭州湖墅"邮戳的"国内特快专递邮件详情单"传真件（下称附件7）和中国邮政集团公司网上邮件跟踪查询信息打印件（下称附件8），其均可证明专利复审委员会于2007年3月19日收到的请求人的意见陈述和补充证据的寄出时间为2007年2月15日。

通过上述审理，在双方当事人意见陈述及口头审理的基础上，合议组经合议，认为本案事实清楚，依法作出本审查决定。

二、决定的理由

1. 无效宣告请求理由相关法律规定

基于请求人提出无效宣告请求所依据的事实和理由，合议组对本专利是否符合专利法第23条的规定进行审查。

专利法第23条规定：授予专利权的外观设计，应当同申请日以前在国内外出版物上公开发表过或者国内公开使用过的外观设计不相同和不相近似，并不得与他人在先取得的合法权利相冲突。

2. 关于举证期限

专利法实施细则第 66 条规定：在专利复审委员会受理无效宣告请求后，请求人可以在提出无效宣告请求之日起 1 个月内增加理由或者补充证据。逾期增加理由或者补充证据的，专利复审委员会可以不予考虑。

对于专利复审委员会 2007 年 3 月 19 日收到的请求人补充提交的意见陈述和证据，其邮寄单上所盖邮戳日期不清楚，在合议组要求请求人提交可证明该邮寄时间的相关证据的情况下，请求人提交了附件 7、附件 8 以证明其邮寄时间；其中附件 7 为该邮件的寄出地邮局向接收地邮局提出查询申请后，接收地邮局将该邮件"国内特快专递邮件详情单"（邮件编号为 ER710474234CN）传真给寄出地邮局，并盖有接收地邮局"杭州湖墅"邮戳。合议组认为，通过上述邮寄单上所显示的收寄日期及附件 7 所示对该邮件的查询材料上显示的信息可证明寄出时间为 2007 年 2 月 15 日，即在自提出本无效宣告请求之日（2007 年 1 月 31 日）起的一个月内，根据专利法实施细则第 66 条的规定，无效宣告请求人可以在提出无效宣告请求之日起一个月内增加理由或者补充证据，因此合议组对 2007 年 3 月 19 日收到的请求人补充提交的证据附件 2~6 予以考虑。

3. 证据认定

对于请求人提交的附件 1，其已在口头审理中当庭表示放弃作为本案证据，合议组不再作评述。

请求人提交的附件 2、附件 4 分别为《2004 广州国际照明展览会+中国建筑电气技术展览会 展会特刊》第 41 页、第 125 页复印件，并在口头审理中提交了其整本原件，该证据作为所述公开举行的国际、国家级大型展览会特刊，在请求人已提交其整本原件而专利权人无相反证据证明其不具真实性的情况下，合议组对该证据的真实性予以确认。请求人虽未提交可表明发行时间的该展会特刊封面和封脊，但在意见陈述中已说明其为 2004 年 6 月 9~12 日，且经核实与该展会特刊原件封脊记载的时间相符，故请求人补充用于证明发行时间的封面和封脊不属新证据。根据该展会特刊封脊记载的时间，其发行时间在本专利申请日之前，即属于本专利申请日之前的公开出版物，因此，其可以作为判断本专利是否符合专利法第 23 条规定的证据。

请求人提交的附件 3、附件 5 分别为 2004 年 1~2 月《Global market Commercial Lighting》第 85 页、第 76 页复印件，并在口头审理中提交了其整本原件。合议组认为，该证据所示印刷册作为外文证据，在请求人不能确认其于何国家出版的情况下，即使如请求人所称该印刷册所属公司在在国内有办事处，也应当认定为域外形成的证据，而请求人未按照民事诉讼证据司法解释的相关规定对该域外形成的证据进行公证、认证，且专利权人对其真实性不予认可，因此合议组对该证据不予采信。对于请求人所称该证据为可在国内得到的出版物，故无须公证认证，但未提交相关证据证明其可从国内公共渠道获得，因此合议组对其主张不予支持。

请求人提交的附件 6 为 2004 年 6 月 NO.76 期《CENS Lighting 台湾灯饰杂志》第 120 页复印件，并在口头审理中提交了其整本原件。合议组认为，该证据为我国台湾地区形成的证据，而请求人未按照民事诉讼证据司法解释的相关规定对该其进行相关公证、认证，且专利权人对其真实性不予认可，因此合议组对该证据不予采信。对于请求人所称该证据为可在国内得到的出版物，故无须公证认证，但未提交相关证据证明其可从国内公共渠道获得，因此合议组对其主张不予支持。

4. 外观设计对比

请求人指定了附件 2 中的一款"发光地砖"外观设计作为与本专利进行对比的在先设计（下称在先设计 1），其所示产品与本专利"发光砖"产品用途相同，属相同种类的产品；请求人指定了附件 4 中的两款型号分别为"LED Brick Lamp100×200×40mm"、"LED Brick Lamp200×200×40mm"的灯具作为与本专利进行对比的在先设计（下分别称在先设计 2、在先设计 3），其所示产品与本专利

"发光砖"产品用途相近，属相近种类的产品。故合议组分别将在先设计1~3与本专利外观设计作如下对比：

本专利包括主视图、后视图、右视图、仰视图和使用状态参考图，左视图与右视图对称，俯视图与仰视图对称，省略左视图、俯视图。所示发光砖整体形状为带台阶的立方体，各相交棱为圆弧倒角状，后视图所示发光正面带有不规则凹凸纹理，主视图所示面设有圆形电线接入口，其他各侧面有类似凹凸纹设计（详见本专利附图）。

在先设计1仅有一幅立体图，所示发光地砖整体形状为扁立方体，其正面和一侧面为平面设计，正面四边棱为圆弧倒角状，其他面未显示（详见在先设计1附图）。

在先设计2仅有一幅立体图，所示灯具整体形状为上侧和右侧带台阶的扁长方体，正面为平面设计，其他面未显示（详见在先设计2附图）。

在先设计3仅有一幅立体图，所示发光地砖整体形状为扁立方体，正面和上侧面、右侧面为平面设计，其他面未显示（详见在先设计3附图）。

将本专利与在先设计1相比较，二者整体形状均为立方体，其不同之处主要在于，在先设计1在正面无本专利所示不规则凹凸纹理设计、无本专利所示台阶状设计、侧面无本专利所示类似凹凸纹设计，且未显示背面和三个侧面的设计，二者立方体形状的比例关系也存在差别。合议组认为，对于本专利所示发光砖，其发光正面为使用状态下一般消费者所关注的面，该面的凹凸纹理设计具有醒目视觉效果，而在先设计1在相应面无纹理设计，其在视觉效果上具有显著差别；同时二者在整体形状上虽均为立方体，但其比例关系以及有无台阶设计均差别明显；上述差别对二者的整体视觉效果已构成显著影响，因此本专利与在先设计1属于不相同且不相近似的外观设计。

将本专利与在先设计2相比较，二者整体形状均为带台阶状的矩形体，其不同之处主要在于，在先设计2在正面无本专利所示不规则凹凸纹理设计、侧面无本专利所示类似凹凸纹设计，且未显示背面和三个侧面的设计，二者立方体形状的比例关系也存在差别。合议组认为，同前述关于本专利与在先设计1的对比理由，本专利与在先设计2正面有无凹凸纹理设计在视觉效果上具有显著差别；同时二者在整体形状上虽均为带台阶状的矩形体，但其长宽厚比例关系存在明显差别，故二者整体形状差别显著；上述差别对二者的整体视觉效果已构成显著影响，因此本专利与在先设计2属于不相同且不相近似的外观设计。

将本专利与在先设计3相比较，相对于前述关于本专利与在先设计1对比的差别而言，其不仅存在这些差别，而且在整体形状的厚度比例关系上差别更加明显，因此本专利与在先设计3亦属于不相同且不相近似的外观设计。

综上所述，请求人提交的证据或者不能被采信，或者所示外观设计与本专利不相同且不相近似，不能证明已有与本专利相同或相近似的外观设计在出版物上在先公开发表过，因此，其据此证明本专利不符合专利法第23条的规定的主张不能成立。

三、决定

维持200430043739.8号外观设计专利权有效。

当事人对本决定不服的，可以根据专利法第46条第2款的规定，自收到本决定之日起三个月内向北京市第一中级人民法院起诉。根据该款的规定，一方当事人起诉后，另一方当事人应当作为第三人参加诉讼。

  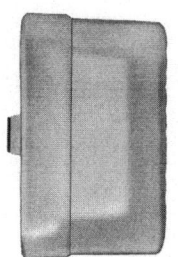

主视图　　　　　后视图　　　　　右视图

仰视图　　　　　使用状态参考图

本专利附图

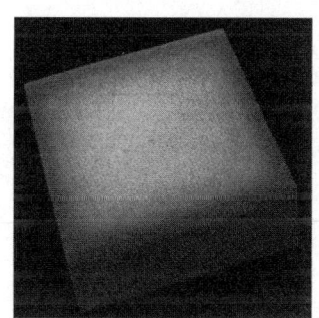  

在先设计1　　　　在先设计2　　　　在先设计3

在先设计附图

麻将牌（黄彩纹竹丝）

无效宣告请求审查决定（第10490号）

决 定 号	第10490号
决 定 日	2007年8月30日
发明创造名称	麻将牌（黄彩纹竹丝）
外观设计分类号	21-01
无效宣告请求人	卢清华
专 利 权 人	石狮明仁密胺塑料制品有限公司
专 利 号	200530014939.5
申 请 日	2005年5月13日
授权公告日	2006年5月24日
合议组组长	张 度
主 审 员	涂洪文
参 审 员	傅 玉
附 图	1页

法律依据 专利法第23条

决定要点

如果被比外观设计与在先外观设计的差别对产品外观设计的整体视觉效果不具有显著影响，则两者属于相近似的产品。

一、案由

本无效请求涉及申请号为200530014939.5、发明名称为"麻将牌（黄彩纹竹丝）"的外观设计专利（下称本专利），其申请日为2005年5月13日，授权公告日为2006年5月24日。

针对本专利权，卢清华（下称请求人），于2006年9月22日向专利复审委员会提出无效宣告请求。请求人所提交的附件为：

附件1：200530014939.5号中国外观设计专利公报复印件1页，即本专利；
附件2：97329414.0号中国外观设计专利公报复印件1页，公开日为1998年12月30日。

请求人认为本专利与附件2的外观设计属于相同相近似的外观设计专利，且本专利申请日较附件2的公开日晚，因此本专利不符合专利法第23条的规定，应被宣告无效。

经形式审查合格，专利复审委员会受理了上述无效宣告请求，并于 2006 年 11 月 23 日将该无效宣告请求书及其附件清单中所列附件副本转送给专利权人。

专利权人未对该无效宣告请求作出答复。

本案合议组于 2007 年 7 月 10 日向双方当事人发出了口头审理通知书，定于 2007 年 8 月 28 日进行口头审理。

口头审理如期举行，专利权人未出席口头审理，请求人对合议组成员没有回避请求。请求人明确其无效的理由为本专利相对于附件 2 不符合专利法第 23 条的规定，并且认为本专利与附件 2 的形状图案相同，色彩搭配相近似，条纹比例相同。

基于上述工作，合议组认为本案事实已经清楚，依法作出本决定。

二、决定的理由

1. 证据认定

经合议组核实，附件 2 为中国外观设计专利文献，且其公开日早于本专利的申请日，因此附件 2 可以作为在先外观设计与本专利作进行比较。

2. 关于专利法第 23 条

专利法第 23 条规定：授予专利权的外观设计，应当同申请日以前在国内外出版物上公开发表过或者国内公开使用过的外观设计不相同和不相近似，并不得与他人在先取得的合法权利相冲突。

合议组认为：附件 2 与本外观设计专利请求保护的产品都是麻将牌，属相同类型的产品，具有可比性。

本专利的外观设计共有 4 个视图，分别为主视图、仰视图、左视图、立体图。其主视图呈矩形，黄灰相间的条纹上下贯通，黄条纹粗，灰条纹细，边缘部分为黄色的粗条纹。仰视图上部边缘有一左右贯通的黄色矩形条，下部为白色矩形方块。左视图右部边缘有上下贯通的黄色矩形条，左部为白色矩形方块。立体图可见其主视图上的黄色粗条纹与其底色一致，各个角呈尖锐的直角。

附件 2 的外观设计共有 4 个视图，分别为主视图、俯视图、左视图、立体图。主视图可见其为一矩形，其上分布左右贯通、粗细相间的条纹，边缘部分为颜色较深的条纹，相间的细条纹颜色稍浅。俯视图下部为左右贯通的深色条纹，上部为白色矩形方块。左视图右部为白色矩形方块，左部为上下贯通的深色条纹。立体图中可见其细的颜色较浅的条纹与底色一致，各个角呈圆滑的倒角。

由此可见，本专利的外观设计附件 2 的外观设计之间的区别均具有如下两点：（1）附件 2 中的麻将牌上各个角呈圆角，而本专利麻将牌的各个角呈尖锐的直角；（2）附件 2 中底色与细条纹颜色一致，而本专利中底色与粗条文一致，本专利要求保护颜色，附件 2 中粗细条纹颜色一深一浅，但是附件 2 未要求保护颜色。对于区别 1，由于实际制造过程中都会将麻将牌制造成圆倒角，本专利的图片是设计图，而不是效果图，因此其实质上两者是相同的。对于区别 2，由于附件 2 上的条纹与本专利的条纹比例相同，都使用明暗两种颜色来搭配粗条纹和细条纹，因此两者的视觉效果很接近，容易使消费者产生混淆。

合议组认为：将本专利与附件 2 进行对比，本专利与附件 2 的上述差别对于产品外观设计的整体视觉效果不具有显著的影响。具体理由如下：（1）本专利与附件 2 主视图中的布局完全相同，而且都是使用明暗相间的颜色来搭配粗条纹和细条纹，仅仅是本专利的底色与粗条纹相同，而附件 2 中的底色与细条纹相同，该区别对产品的外观不具有显著的影响；（2）本专利与附件 2 的各个角有所不同，但是该区别属于设计图与效果图的区别，实际制造过程中麻将牌的角都是圆倒角的，而且其所处位置不会引起消费者关注，对产品的整体外观不具有显著的影响。由此可见，本专利的产品外观和附件2的产品外观属于相近似的产品。

因此，本外观设计专利与附件2相比不符合专利法第23条的规定。

三、决定

宣告200530014939.5号外观设计专利无效。

双方当事人如对本无效宣告决定不服，根据专利法第46条第2款的规定，在收到本决定之日起三个月内可以向北京市中级人民法院起诉。

仰视图

主视图

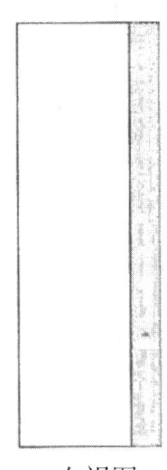

左视图

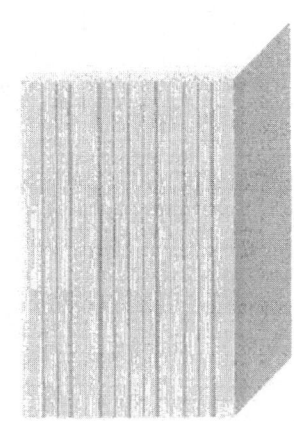

立体图

本外观设计附图

主视图　　　　　　　俯视图

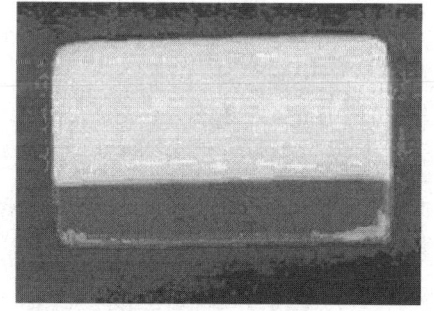

左视图　　　　　　　立体图

附件 2

隐形纱窗型材（2S-CH02）

无效宣告请求审查决定（第 10491 号）

决　定　号	第 10491 号
决　定　日	2007 年 8 月 20 日
发明创造名称	隐形纱窗型材（2S-CH02）
外观设计分类号	25-01
无效宣告请求人	福州奋安铝业有限公司
专　利　权　人	陈靖华
专　利　号	02372123.5
申　　请　　日	2002 年 12 月 11 日
授 权 公 告 日	2003 年 9 月 3 日
合 议 组 组 长	王霞军
主　审　员	李韵美
参　审　员	唐向阳
附　　　　图	1 页

法 律 依 据　专利法第 23 条

决 定 要 点

若作为外观设计要素之一的形状存在区别，且二者的差别对于产品外观设计的整体视觉效果具有显著的影响，即使两个外观设计是同一类别的产品，也不能得出两个外观设计相同或相近似的判断结论。

一、案由

本无效宣告请求案涉及国家知识产权局于 2003 年 9 月 3 日授权公告、名称为"隐形纱窗型材（2S-CH02）"的 02372123.5 号外观设计专利（下称本专利），其申请日为 2002 年 12 月 11 日，专利权人为陈靖华。

针对上述专利权，福州奋安铝业有限公司（下称请求人）于 2007 年 2 月 13 日向国家知识产权局专利复审委员会提出无效宣告请求，其理由是本专利不符合专利法第 9 条以及第 23 条的规定，请求宣告专利权无效。

请求人提交了下述对比文件作为证据：

附件 1：94307156.9 号外观专利著录项目及图片复印件 1 页，公告日为 1995 年 7 月 12 日。

请求人认为，在本专利申请日前，已有专利号为 94307156.9 的相近似的外观设计在出版物上公开，两者形状、结构性十分相近，因此本专利不符合专利法第23条以及第9条的规定。

经形式审查合格后，专利复审委员会依法受理了上述无效宣告请求，于2007年2月13日向请求人和专利权人发出无效宣告请求受理通知书，并将请求人提交的无效宣告请求书及其附件清单中所列附件的副本转送给专利权人，要求其在指定的期限内答复。

专利权人在指定的期限内没有答复。

合议组于2007年6月5日向双方当事人发出合议组成员告知通知书。双方当事人在指定期限内均未答复。

合议组于2007年7月10日再次向双方当事人发出合议组成员告知通知书，并向请求人发出无效宣告请求审查通知书。在无效宣告请求审查通知书中指出，在本案的无效宣告程序中，针对请求人提交的无效宣告请求理由和证据，专利权人在规定的期限内未答复，请请求人再次进行意见陈述。双方当事人在指定期限内均未答复。

经过上述审理程序，合议组经过合议后，认为本案事实已经清楚，可以依法作出审查决定。

二、决定的理由

1. 法律依据

专利法第23条规定，授予专利权的外观设计，应当同申请日以前在国内外出版物上公开发表过或者国内公开使用过的外观设计不相同和不相近似，并不得与他人在先取得的合法权利相冲突。

2. 关于证据

请求人提交的附件1为专利文献，与本专利都属于型材，二者的产品类型相同，附件1的公告日早于本专利的申请日，并且专利权人在指定的期限内没有对其真实性提出异议。因此附件1可以作为在先设计评价本专利是否符合专利法第23条的证据使用。

附件1的公告日早于本专利的申请日，属于在先设计，不适用专利法第9条的相关规定。

3. 关于专利法第23条

专利公开了产品的四面视图，即俯视图、右视图、主视图、左视图。其中俯视图示出了其横截面的详细结构（参见俯视图）。该俯视图中所示的型材截面从左至右大致由三个部分组成，最左边为一个类似"口"字形状的四边形，左侧边中部朝左有开口；型材截面中部是一个类似"日"字形状的四边形，底边朝下有一个较大开口；型材截面右边也是一个类似"口"字形状的四边形，顶边为一条左高右低的曲线，右侧的上、下边均向右水平延伸形成槽口，槽口上边沿右端向上延伸到与中部顶边水平平行的高度（详见本专利附图）。

参见附件1主视图逆时针旋转90度后的附图，附件1中所示的型材也是大致分成三部分的型材，型材左侧部分与本专利左侧部分完全相同，型材中间部分为大致"口"字的四边形，底边有较大的开口且右上角的顶边向上弯折后与右侧部分形成一个夹角；型材右侧部分为向右开口的"口"字形，其右侧边中都有开口（详见附件1附图）。

通过上述比较可以看到，附件1与本专利的相同点是，型材截面均由三个部分组成，最左边为一个类似"口"字形状的四边形，左侧边中部朝左有开口。附件1与本专利存在两个区别，首先本专利的中间部分呈大致"日"字，中间有一横梁，而附件1中间无此横梁，呈"口"字型；其次本专利的右侧部分为封闭的"口"字型，且顶边与左侧的中部的顶边是圆滑的曲线一体，而附件1的右侧部分有一个向右侧的开口，并且中部顶边和右侧部分顶边之间形成一个尖锐的夹角。

对于相同类别的产品且都是单纯形状的外观设计而言，根据整体观察、综合判断的方法，本专利和附件1存在的差异对于产品外观设计的整体视觉效果具有显著的影响，二者不相同也不相近似。因此，本专利符合专利法第23条的规定。

三、决定

维持 02372123.5 号外观设计专利权有效。

当事人对本决定不服的，可以根据专利法第 46 条第 2 款的规定，自收到本决定之日起三个月内向北京市第一中级人民法院起诉。根据该款的规定，一方当事人起诉后，另一方当事人应当作为第三人参加诉讼。

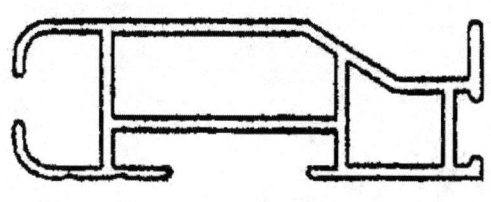

俯视图

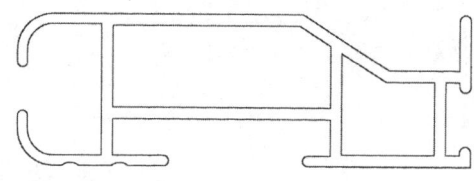

俯视图放大图

本专利附图

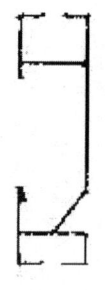

右视图

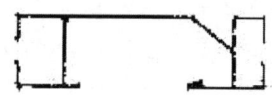

右视图旋转 90 度后

附件 1

隐形纱窗型材（YX-AK9）

无效宣告请求审查决定（第 10492 号）

决 定 号	第 10492 号
决 定 日	2007 年 8 月 20 日
发明创造名称	隐形纱窗型材（YX-AK9）
外观设计分类号	25-01
无效宣告请求人	福州奋安铝业有限公司
专 利 权 人	陈靖华
专 利 号	02372118.9
申 请 日	2002 年 12 月 11 日
授 权 公 告 日	2003 年 7 月 9 日
合议组组长	王霞军
主 审 员	李韵美
参 审 员	唐向阳
附 图	1 页

法 律 依 据 专利法第 9 条

决 定 要 点

若作为外观设计的要素之一的形状存在区别，且二者的区别对于外观设计的整体视觉效果具有显著的影响，即使两个外观设计是同一类别的产品，也不能得出两个外观设计相同或相近似的判断结论。

一、案由

本无效宣告请求案涉及国家知识产权局于 2003 年 7 月 9 日授权公告、名称为"隐形纱窗型材（YX-AK9）"的 02372118.9 号外观设计专利（下称本专利），其申请日为 2002 年 12 月 11 日，专利权人为陈靖华。

针对上述专利权，福州奋安铝业有限公司（下称请求人）于 2007 年 2 月 13 日向国家知识产权局专利复审委员会提出无效宣告请求，其理由是本专利不符合专利法第 9 条以及第 23 条的规定，请求宣告专利权无效。

请求人提交了下述对比文件作为图片证据：

附件 1：02308227.5 号外观专利著录项目及图片复印件 2 页，公告日为 2002 年 12 月 11 日，申请人为涂其文。

请求人认为,在本专利申请日前,已有专利号为02308227.5的相近似的外观设计在出版物上公开发表,两者形状、结构性十分相近,因此本专利不符合专利法第23条以及第9条的规定。

经形式审查合格后,专利复审委员会依法受理了上述无效宣告请求,于2007年2月13日向请求人和专利权人发出无效宣告请求受理通知书,并将请求人提交的无效宣告请求书及其附件清单中所列附件的副本转送给专利权人,要求其在指定的期限内答复。

专利权人在指定的期限内没有答复。

合议组于2007年6月5日向双方当事人发出合议组成员告知通知书。双方当事人在指定期限内均未答复。

合议组于2007年7月10日再次向双方当事人发出合议组成员告知通知书和无效宣告请求审查通知书,在该无效宣告请求审查通知书中指出,针对请求人提交的无效宣告请求理由和证据,专利权人在规定的期限内未答复,请请求人再次进行意见陈述。双方当事人在指定期限内均未答复。

经过上述审理程序,合议组经过合议后,认为本案事实已经清楚,可以依法作出审查决定。

二、决定的理由

1. 法律依据

专利法第9条规定,两个以上的申请人分别就同样的发明创造申请专利的,专利权授予最先申请的人。

审查指南第四部分第五章第6.1节规定,外观设计相同是指被比设计与在先设计是同一类别的产品的外观设计,并且被比设计的全部外观设计要素与在先设计的相应要素相同,其中外观设计要素是指产形状、图案以及色彩。

专利法第23条规定,授予专利权的外观设计,应当同申请日以前在国内外出版物上公开发表过或者国内公开使用过的外观设计不相同和不相近似,并不得与他人在先取得的合法权利相冲突。

2. 关于证据

请求人提交的附件1为专利文献,与本专利都属于型材,二者的产品类型相同,附件1的公告日与本专利的申请日相同,且附件1与本专利的申请人不同,专利权人在指定的期限内未对其真实性提出异议。因此附件1不能作为申请日以前公开的在先设计,但可以作为本专利是否符合专利法第9条规定的证据使用。

3. 关于专利法第9条

本专利公开了产品的6张视图,包括俯视图、俯视图放大图、后视图、右视图、主视图、左视图。其中俯视图放大图示出了其横截面的详细结构(参见俯视图放大图)。该俯视图放大图中所示的型材截面大致呈正方形形状的四边形,左侧边中下的部分有向左水平方向外侧延伸出来的开口,延伸出来的开口上边具有半圆形螺孔,下边上由两个向上的弯钩形成的槽;在该大致呈四边形的型材的左下角为一个水平方向大致呈45度角的斜面,并向四边形中心凸出形成半圆形螺孔。图中的另外三个角中的右上角和右下角都是一个水平方向大致呈45度角的斜面,也都具有向四边形中心凸出形成的半圆形螺孔。左上角是一个圆心在四边形内的平滑的弧线(详见本专利附图)。

参见附件1的附图旋转后的相关附图,附件1中所示的型材也是大致呈四边形的型材,附件1的右上角和右下角是一个水平方向大致呈45度角的斜面,并向内侧突出形成半圆形螺孔,左上角是平滑的弧线,左下角的四边形的底边平行向左侧形成开口,并在底边上形成由两个弯钩形成的槽,左侧边中下部向左水平方向延伸与底边形成一个开口,在该开口的上边具有一个开口向右的半圆形螺孔(详见附件1附图)。

将附件1与本专利相比,可以看出,附件1与本专利的左侧边形成的开口结构、左下角的形状均不相同；并且本专利的左上角的整个平滑弧线和底边上都是不光滑的，而是形成有基本上等距纹理，但附件1中仅在弧线的两端和底边的一侧有一段形成了纹理；本专利的开口上形成的半圆形螺孔与对应的下边上的弯钩形成的槽在水平方向上向对应，而附件1中的半圆形螺孔的朝向延水平方向向右，底边上弯钩形成的槽开口向上，二者不对应；本专利的型材的左下角为一个水平方向大致呈45度的斜面，而附件1中的左下角没有该斜面，而是直接由底边形成。

可见，附件1与本专利的形状不同，也就是说二者的设计要素不同，二者不属于相同或相近似的外观设计，因此，本专利符合专利法第9条的规定。

4. 关于专利法第23条

由于附件1的公开日与本专利申请日为同一日，不能作为在先设计评价本专利是否符合专利法第23条的依据，因此请求人提出的本专利不符合专利法第23条的无效理由没有相关的证据支持，请求人的主张不成立。

三、决定

维持02372118.9号外观设计专利权有效。

当事人对本决定不服的，可以根据专利法第46条第2款的规定，自收到本决定之日起三个月内向北京市第一中级人民法院起诉。根据该款的规定，一方当事人起诉后，另一方当事人应当作为第三人参加诉讼。

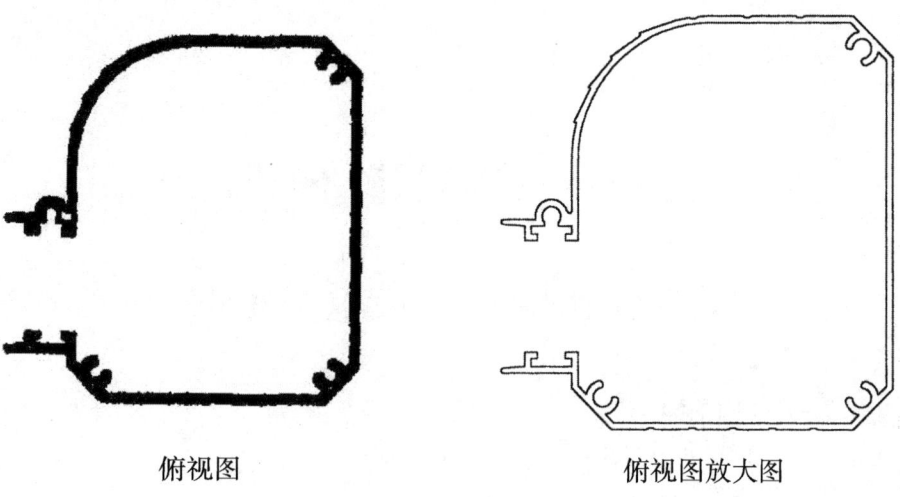

俯视图 　　　　　　　　俯视图放大图

本专利附图

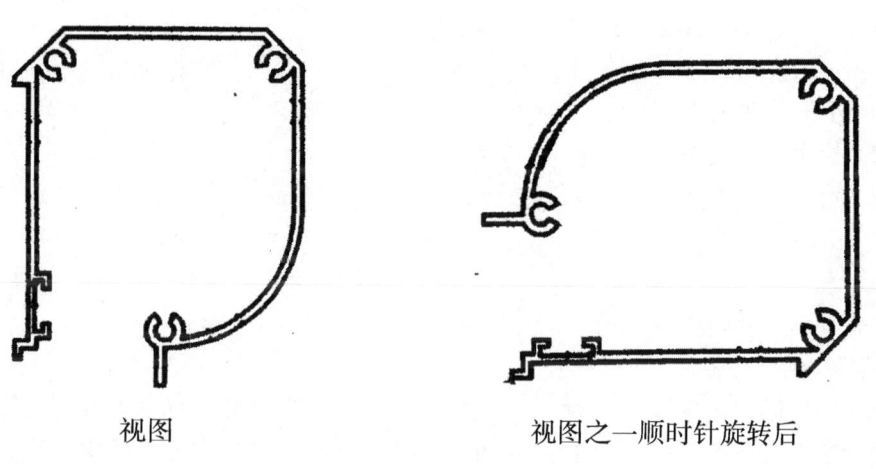

视图 　　　　　　　　视图之一顺时针旋转后

附件1

童车（大白鲨-6418）

无效宣告请求审查决定（第 10494 号）

决 定 号	第 10494 号
决 定 日	2007 年 9 月 13 日
发明创造名称	童车（大白鲨-6418）
外观设计分类号	21-01
无效宣告请求人	温岭市三木电动玩具厂
专 利 权 人	汕头市澄海区华达玩具有限公司
专 利 号	200530123499.7
申 请 日	2005 年 10 月 8 日
授 权 公 告 日	2006 年 8 月 2 日
合议组组长	张雪飞
主 审 员	李改平
参 审 员	严若艳
附 图	3 页

法 律 依 据　专利法第 23 条

决 定 要 点

请求人提交的证据所示产品外观设计与本专利在车头、前挡泥板、前大灯及座椅等部位的形状上均有明显区别，它们在整体上不相同也不相近似。这些证据不能证明在本专利申请日前已有与本专利相同或相近似的外观设计在出版物上公开发表，请求人的无效宣告请求的理由不能得到证据的支持。

一、案由

本无效宣告请求涉及的是国家知识产权局于 2006 年 8 月 2 日授权公告的、名称为"童车（大白鲨-6418）"的外观设计专利，其申请号是 200530123499.7，申请日是 2005 年 10 月 8 日，专利权人是汕头市澄海区华达玩具有限公司。

针对上述专利权（下称本专利），温岭市三木电动玩具厂（下称请求人）于 2007 年 2 月 13 日向专利复审委员会提出无效宣告请求，其理由是：本专利与在先公开的外观设计专利相近似，不符合专利法第 23 条的规定，请求宣告本专利无效。请求人提交了如下附件作为证据：

附件 1 是本专利公开文本复印件 1 页；
附件 2 是专利号为 200430024376.3 的专利公开文本复印件 1 页；
附件 3 是专利号为 03347280.7 的专利公开文本复印件 1 页。

经形式审查合格，专利复审委员会受理了此案，并于 2007 年 2 月 13 日将无效请求书及相关材料副本转送给专利权人。

2007 年 4 月 4 日专利权人提交了意见陈述书。专利权人认为：从车头、车尾、车侧面和俯视图进行比较可以看出，本专利与请求人提交的两份证据中所示的车型外观设计不但宏观形状不同，构成其各自整体的各部分的形状及设计风格不相同也不相近似，因此，本专利应当予以维持。专利权人同时说明了与本案相关的侵权诉讼的情况，并提交了相关材料如下：

材料 1：请求人的广告册 1 份共 8 页；

材料 2：专利权人的广告册 1 份共 44 页；

材料 3：浙江省杭州市中级人民法院（2007）杭民三初字第 59 号民事案件受理通知书复印件 1 份；

材料 4：浙江省杭州市中级人民法院（2007）杭民三初字第 59-1 号民事裁定书复印件 1 份；

材料 5：浙江省杭州市中级人民法院（2007）杭民三初字第 59-2 号民事裁定书复印件 1 份。

2007 年 6 月 7 日专利复审委员会将专利权人提交的上述意见陈述书及材料的副本转送请求人，请求人逾期未答复。

2007 年 6 月 7 日专利复审委员会向双方当事人发出合议组成员告知通知书。双方均逾期未答复，视为双方对合议组成员无回避请求。

至此，合议组认为本案事实清楚，可以依法作出审查决定。

二、决定的理由

1. 法律依据

基于请求人提出的无效宣告请求理由，合议组对本专利是否符合专利法第 23 条的规定进行审查。

专利法第 23 条规定："授予专利权的外观设计，应当同申请日以前在国内外出版物上公开发表过或者国内公开使用过的外观设计不相同和不相近似，并不得与他人在先取得的合法权利相冲突。"

2. 证据认定

附件 1 是本专利公开文本复印件，用于证明本专利相关信息。

附件 2 是专利号为 200430024376.3 的专利公开文本复印件，经合议组核实，其内容属实。该专利的公告日为 2005 年 1 月 19 日，在本专利的申请日之前，故附件 2 可以作为判断本专利是否符合专利法第 23 条的规定的证据。

附件 3 是专利号为 03347280.7 的专利公开文本复印件，经合议组核实，其内容属实。该专利的公告日为 2004 年 6 月 23 日，在本专利的申请日之前，故附件 3 可以作为判断本专利是否符合专利法第 23 条的规定的证据。

3. 外观设计对比

观察本专利各视图可以看到：本专利为"童车（大白鲨-6418）"的外观设计，其整体为近似现代跑车型，车头与前挡泥板呈弧形，且前挡泥板较车头向前突出，车头前部有两个圆大灯和较小的保险杠，前挡泥板内分别设有下部呈斜角的灯罩，挡风玻璃呈上宽下窄的弧形，后座上部装有尾翼（详见本专利附图）。

观察附件 2 所示"电动童车（吉普车型）"的外观设计（下称在先设计 1）可以看到：其整体为近似吉普车型，车头前部为垂面，并有较大的保险杠，两前大灯分布于车头两侧且突出，挡风玻璃和座椅周围均有较突出的边框（详见在先设计 1 附图）。

观察附件 3 所示的"电动童车"的外观设计（下称在先设计 2）可以看到，其整体为近似老爷车型，车头与前挡泥板呈弧形，且车头较前挡泥板向前突出，有两个呈椭圆形的前大灯嵌于车头内，并有较大的保险杠，其两侧是带孔框，座椅及其周围设计简洁（详见在先设计2附图）。

由于本专利与在先设计1的外观设计都用于童车，两者用途相同，故两者具有可比性。将本专利与在先设计1的外观设计进行对比，可以看到：（1）本专利车头与前挡泥板呈弧形，且前挡泥板较车头向前突出，车头前部有两个圆大灯和较小的保险杠，前挡泥板内分别设有下部呈斜角的灯罩，而在先设计1车头前部为垂面，车头前部有较大的保险杠，两前大灯分布于车头两侧且突出；（2）本专利挡风玻璃呈上宽下窄的弧形，而在先设计1的挡风玻璃有较突出的矩形边框；（3）本专利座椅上部装有尾翼，两侧有较宽的扶手，而在先设计1的座椅没有尾翼，周围有较突出的边框。由此可见，两者的区别明显，设计风格明显不同，足以导致二者的整体外观设计产生显著的视觉差别，因此二者属于不相同且不相近似的外观设计。

由于本专利与在先设计2的外观设计都用于童车，两者用途相同，故两者具有可比性。将本专利与在先设计2的外观设计进行对比，可以看到：（1）本专利车头与前挡泥板呈弧形，且前挡泥板较车头向前突出，而在先设计2的车头与前挡泥板呈弧形，但车头较前挡泥板向前突出；（2）本专利车头前部有两个圆大灯和较小的保险杠，而在先设计2在车头上有两个呈椭圆形的前大灯且嵌于车头内，并有较大的保险杠，其两侧是带孔框；（3）本专利座椅上部装有尾翼，两侧有较宽的扶手，而在先设计2的座椅没有尾翼，周围设计简洁。由此可见，两者的区别明显，设计风格明显不同，足以导致二者的整体外观设计产生显著的视觉差别，因此二者属于不相同且不相近似的外观设计。

4. 结论

综上，请求人提交的证据所示产品外观设计与本专利在车头、前挡泥板、前大灯及座椅等部位的形状上均有明显区别，以致它们在整体上不相同也不相近似。这些证据不能证明在本专利申请日前已有与本专利相同或相近似的外观设计在出版物上公开发表，亦即不能证明本专利不符合专利法第23条的规定。请求人的无效宣告请求的理由不能得到其提交的证据的支持。

鉴于已经得出本专利与请求人提交的证据所示产品外观设计在整体上不相同也不相近似的结论，故对专利权人提交的侵权诉讼材料不再作出评述。

三、决定

维持200530123499.7号外观设计专利权有效。

当事人对本决定不服的，可以根据专利法第46条第2款的规定，自收到本决定之日起三个月内向北京市第一中级人民法院起诉。根据该款的规定，一方当事人起诉后，另一方当事人应当作为第三人参加诉讼。

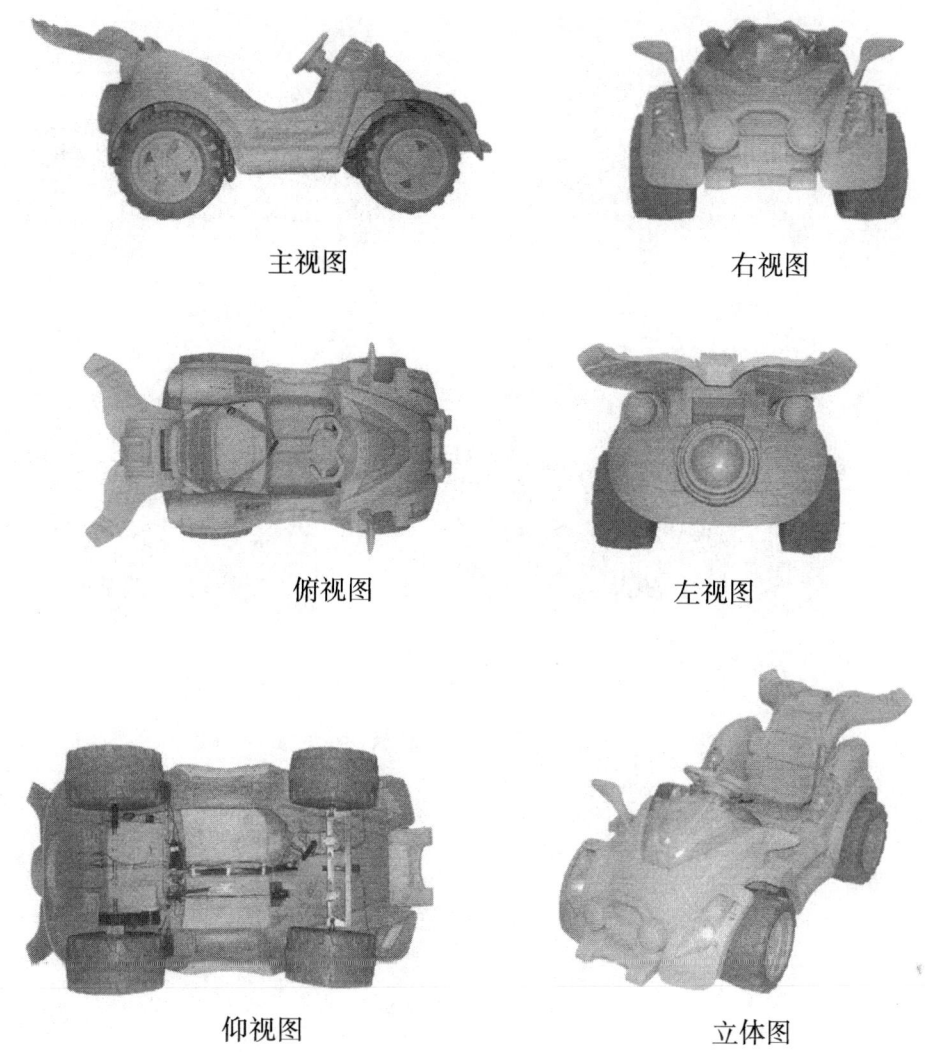

主视图　　　　　　　　　后视图

俯视图　　　　　　　　　左视图

在先设计1附图

主视图

右视图

后视图

左视图

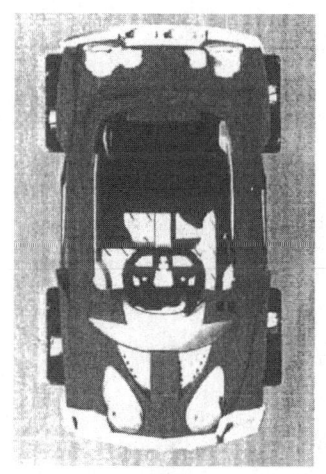
俯视图

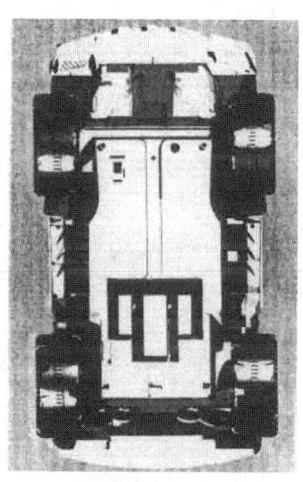
仰视图

在先设计 2 附图

桌上型计算机（AQ332）

无效宣告请求审查决定（第 10495 号）

决 定 号	第 10495 号
决 定 日	2007 年 8 月 30 日
发明创造名称	桌上型计算机（AQ332）
外 观 分 类 号	18-01
无效宣告请求人	广州市白云区利宝电子厂
专 利 权 人	深圳市阳梅电子有限公司
专 利 号	200530003952.0
申 请 日	2005 年 2 月 27 日
授 权 公 告 日	2006 年 8 月 9 日
合 议 组 组 长	高 栋
主 审 员	毕艳红
参 审 员	邢文飞
附 图	5 页

法 律 依 据 专利法第 23 条、第 9 条，专利法实施细则第 13 条第 1 款

决 定 要 点

如果一般消费者经过对本专利与在先设计的整体观察可以看出，二者的差别对于产品外观设计的整体视觉效果具有显著的影响，则本专利与在先设计既不相同，也不相近似。

一、案由

本无效宣告请求涉及国家知识产权局于 2006 年 8 月 9 日授权公告、申请号为 200530003952.0、名称为"桌上型计算机（AQ332）"的外观设计专利（下称本专利），其申请日是 2005 年 2 月 27 日，专利权人是深圳市阳梅电子有限公司。

针对上述专利权，广州市白云区利宝电子厂（下称请求人）于 2007 年 4 月 9 日向国家知识产权局专利复审委员会提出无效宣告请求，其理由为本专利不符合专利法第 23 条的规定。请求人提交了如下附件：

附件 1：本专利，申请日 2005 年 2 月 27 日，授权公告日 2006 年 8 月 9 日，著录信息及图片复印件共 2 页；

附件2：中国专利98327115.1，申请日1998年9月26日，授权公告日1999年7月21日，著录信息及图片复印件共2页（下称证据1）；

附件3：中国专利01337242.4，申请日2001年8月20日，授权公告日2002年3月20日，著录信息及图片复印件共2页（下称证据2）；

附件4：中国专利200430036621.2，申请日2004年1月21日，授权公告日2004年9月1日，著录信息及图片复印件共2页（下称证据3）。

请求人认为，本专利与证据1~3的分类号相同，属于同一类别的外观设计，与申请日前出版物上公开发表的证据1~3的外观设计相近似，不符合专利法第23条的相关规定。

专利复审委员会于2007年4月10日受理了上述无效宣告请求，向双方当事人发出了无效宣告请求受理通知书，并将请求人提交的无效宣告请求书及其附件清单中所列附件的副本转寄给专利权人，同时向广东省广州市中级人民法院发出无效宣告案件审查状态通知书（一）。

2007年5月9日，请求人再次提交意见陈述书，补充了无效理由与证据，其中补充的无效理由为本专利不符合专利法第9条及专利法实施细则第13条第1款的规定，并补充提交了以下附件（编号继前）：

附件5：中国专利200430093874.3，申请日2004年11月30日，授权公告日2005年7月6日，著录信息及图片复印件共2页（下称证据4）。

请求人认为，本专利与证据4的外观设计属于同一类别的外观设计，二者的形状与图案都极其相似，二者的不同点或为纯功能性设计或为局部的细微差别，因此本专利相对于证据4不符合专利法第9条及专利法实施细则第13条第1款的规定。

2007年5月12日，专利权人针对请求人于2007年4月9日寄交的无效宣告请求书及其附件清单中所列的附件，提交了意见陈述书，其中专利权人认为，本专利与证据1~3所公开的外观设计分别对比既不相同也不相近似。因此，本专利相对于证据1~3符合专利法第23条的相关规定，应当维持本专利权有效。

2007年6月1日，本案合议组向双方当事人发出口头审理通知书，定于2007年7月10日对本案进行口头审理，并随本口审通知书将请求人于2007年5月9日提交的意见陈述书及附件清单中的附件转送给专利权人，将专利权人于2007年5月12日寄交的意见陈述书转送给请求人。

2007年6月25日，请求人提交无效宣告请求口头审理通知书回执，表示不能参加口头审理，要求缺席审理。

口头审理如期举行，请求人未出席口头审理，专利权人委托代理人参加了口头审理。在口头审理中，专利权人对合议组的组成人员无异议、无回避请求；专利权人对请求人提交的证据1~4的真实性没有异议，合议组核实证据1~4与专利公报一致，口头审理当庭以证据1~4的专利公报为准与本专利进行对比；专利权人当庭演示型号为AQ332的桌上型计算机；专利权人当庭将本专利与证据1~4进行比对，其中口头陈述了本专利与证据4属于不同的发明创造的具体理由如下：本专利主视图下面两个角采用圆角设计，证据4的计算机四个角均为圆角设计；证据4的按键和显示屏不在同一个平面上，而本专利的按键和显示屏在同一个平面上；证据4按键有圆形也有椭圆形，证据4后视图显示底部有一个长方形的电池盖，本专利电池盖在偏中部位置，为一个旋转90度的"U"型，而且从侧面看本专利的电池盖是突出的；本专利上部的防滑垫是条形的，从后视图看，证据4的防滑垫分别设计在底部和中部偏上位置；从证据4的仰视图、俯视图可以看到显示屏，证据4弯折部分是显示屏，而本专利的弯折部分是支架，而且弯折方向和角度都不一样。证据4与本专利不相同也不相近似，属于不同的发明创造；专利权人明确表示本次口头审理之后不再提交书面意见陈；本次口头审理之后合议组也不再接受双方当事人的任何意见陈述。

在上述工作的基础上，合议组认为本案事实已经清楚，可以作出审查决定。

二、决定的理由

1. 无效宣告请求的理由

基于请求人提出的无效宣告请求理由，合议组依据专利法第 23 条、专利法第 9 条及专利法实施细则第 13 条第 1 款的规定对本案进行审理。

专利法第 23 条规定："授予专利权的外观设计，应当同申请日以前在国内外出版物上公开发表过或者国内公开使用过的外观设计不相同和不相近似，并不得与他人在先取得的合法权利相冲突。"

专利法第 9 条规定：两个以上的申请人分别就同样的发明创造申请专利的，专利权授予最先申请的人。

专利法实施细则第 13 条第 1 款规定：同样的发明创造只能被授予一项专利。

审查指南第一部分第三章第 6.5.1 节规定：同样的外观设计是指两项外观设计相同或者相近似。

2. 关于证据

专利权人对证据 1~4 的真实性没有异议，经合议组将其与外观设计专利公报对比核实，上述证据 1~4 与外观设计专利公报一致。证据 1~3 的授权公告日均早于本专利的申请日 2005 年 2 月 27 日，属于专利法第 23 条规定的出版物，因此其上记载的计算器的外观设计可用以评价本专利是否符合专利法第 23 条的规定。证据 4 的申请日为 2004 年 11 月 30 日，公开日为 2005 年 7 月 6 日，其申请日早于本专利申请日，公开日晚于本专利申请日，申请人为卢伟棠，因此其上记载的计算器的外观设计可用以评价本专利是否符合专利法第 9 条及专利法实施细则第 13 条第 1 款的规定（下分别称证据 1~4 的外观设计为在先设计 1~4）。

3. 本专利外观设计与在先设计 1~4 是否相同或者相近似

（1）本专利的描述。

本专利为一种桌上型计算机的外观设计，从主视图上看，该计算机的面板为长方形，该长方形上面两个角采用直角设计而下面两个角采用圆角设计；在长方形的面板上设置有两个部分，上部为长方形显示屏，下部为功能键，两部分的长度大致相同，显示屏和功能键在同一个平面上，功能键呈圆形且大小一致、四行六列均匀分布；从后视图来看，两个条形防滑垫分布在长方形面板的上部，中间四个实心小圆点呈圆弧状均匀分布，中下部居中为一个旋转 90 度的"U"型电池盖，面板下端两个圆弧角上各有一个空心小圆点；从侧视图来看本专利的电池盖和功能键是突出于面板表面的，本专利的面板为有明显的层次感的倒"7"字型，其中面板上端较短的弯折部分向远离功能键的方向弯折并作为支架使用，该弯折部分与长方形面板是一体成型的，两者之间的夹角接近直角。（详见本专利附图）

（2）在先设计 1 的描述。

在先设计 1 为一种汇率计算器的外观设计，从主视图上看，该计算器的面板为长方形，该长方形的四个角均采用直角设计；在长方形的面板上设置有两个部分，上部为长方形显示屏，下部为功能键，在显示屏和功能键之间有一行字符，显示屏和功能键在同一个平面上，显示屏长度明显短于功能键的长度，功能键呈圆形且大小一致、四行六列均匀分布，与显示屏对应的面板两端具有凹凸有致的纹路设计；从后视图来看，四个圆形防滑垫分布在长方形面板的四个角上，电池盖设置在面板上端中部，类似长方形，相对于面板表面并不突出，面板中部中间有一个圆点设计；从左视图来看功能键是突出于面板表面的，面板是一体设计，没有层次感（详见在先设计 1 附图）。

(3) 本专利与在先设计 1 相比是否构成相同或相近似的外观设计。

将本专利与在先设计 1 相比，二者均为计算器，属同类产品。本专利与在先设计 1 的相同点在于：均由显示屏、功能键组成，且上述两个组成部分在同一个平面上，显示屏的形状、功能键的形状、排列情况和数量均相同，且均突出于面板表面。本专利与在先设计 1 在计算器背面防滑垫的形状、位置和数量及电池盖的位置和形状等方面存在局部的细微差别，但由于本专利与在先设计 1 存在如下显著差别：本专利的面板为有明显层次感的倒"7"字型，面板上面两个角采用直角而下面两个角采用圆角设计，其中面板上端向远离功能键方向弯折的较短部分作为支架使用，而在先设计 1 的面板为长方形直板，该面板的四个角均采用直角设计，面板上端没有弯折的支架设计，因此，合议组认为：根据整体观察、综合判断，由于本专利与在先设计 1 在整体形状的设计上存在着上述显著的差异，而且上述差异已经给两个外观设计的整体视觉效果带来了显著的影响，本专利与在先设计 1 不属于相同或相近似的外观设计，符合专利法第 23 条的规定。

(4) 在先设计 2 的描述。

在先设计 2 为一种计算器的外观设计，从主视图上看，该计算器的面板为上窄下宽的"U"字形；从侧视图来看，计算器近似上窄下宽、上薄下厚的水滴形状；该面板上部设有长方形显示屏，在非使用状态下有一个盖子盖住显示屏，面板下部为功能键，功能键由六行组成，前四行键的数量相同、最后两行键的数量逐渐减少，并且键的大小不一；使用状态下，盖在显示屏上部的盖子向后翻转成为支架，支架支撑的位置在面板背面顶部向下靠近显示屏的位置；从后视图来看，上部为连接盖子的枢轴设计、下部局中为椭圆形电池盖、该电池盖未突出于面板表面（详见在先设计 2 附图）。

(5) 本专利与在先设计 2 相比是否构成相同或相近似的外观设计。

将本专利与在先设计 2 相比，二者均为计算器，属同类产品。本专利与在先设计 2 的相同点在于：均由显示屏、功能键组成，且上述两个组成部分均在同一个平面上，显示屏的形状均相同。本专利与在先设计 2 之间的一些差别属于局部的细微差别，但由于本专利与在先设计 2 存在如下显著的差别：本专利的面板为有明显层次感的倒"7"字型，在先设计 2 的外形为上窄下宽的"U"字型，侧视时为近似上窄下宽、上薄下厚的水滴形状；支架的设计、位置和功能不同，本专利的支架在面板顶部与面板一体成型、在先设计 2 的支架在上部稍靠下的位置、与面板之间采用枢轴连接，本专利的支架仅作支架使用，在先设计 2 的支架在计算器非使用状态下向前旋转作为遮盖显示屏的盖子使用；功能键的形状、排列方式和数量有明显不同，因此，合议组认为：根据整体观察、综合判断，由于本专利与在先设计 2 在整体形状、支架和功能键的设计上存在上述显著的差异，而且上述差异已经给两个外观设计的整体视觉效果带来了显著的影响，因此本专利与在先设计 2 不属于相同或相近似的外观设计，符合专利法第 23 条的规定。

(6) 在先设计 3 的描述。

在先设计 3 为一种计算器的外观设计，从主视图上看，该计算器的面板为长方形，该面板上部为长方形显示屏，下部为五行六列的长方形功能键，上述功能键中的一个键的大小为其他功能键大小的两倍，在显示屏与上述功能键之间的右侧是两个椭圆形的功能键；从侧视图来看，该计算器在显示屏与功能键的连接部分厚度最厚，显示屏和上述功能键所在面板不在同一平面、显示屏向靠近功能键的方向弯折，功能键突出于面板表面（详见在先设计 3 附图）。

(7) 本专利与在先设计 3 相比是否构成相同或相近似的外观设计。

将本专利与在先设计 3 相比，二者均为计算器，属同类产品。本专利与在先设计 3 的相同点在于：均由显示屏、功能键组成，显示屏的形状相同，功能键均突出于面板表面。本专利与在先设计 3 的不同点在于：本专利的显示屏与功能键在同一平面上、在先设计 3 的显示屏与功能键不在同一平面上；本专利顶部的弯折部分向远离功能键的方向弯折并且弯折部分作为支架使用，在先设计3顶部的弯折部分向靠近功能键的方向弯折并在弯折部分上设置显示屏；本专利与在先设计3功能键的形状和排列方式不同，因此，合议组认为，根据整体观察、综合判断，由于上述两个外观设计在弯折部分的弯折方向、角度、显示屏与功能键相对位置关系以及功能键的形状、排列方式上存在着显著的差异，而且上述差异已经给二者的整体视觉效果带来了显著的影响，因此本专利与在先设计3不属于相同或相近似的外观设计，符合专利法第23条的规定。

（8）在先设计4的描述。

在先设计4为一种计算器的外观设计，从主视图上看，该计算器的面板为长方形，该面板的四个角均为圆滑的角，该面板上部为长方形显示屏，下部为四行八列的圆形功能键，上述功能键中的两个键为大于其他功能键大小的椭圆形的键；从后视图来看，四个圆形防滑垫设置在功能键所在面板后部的四个角上，并在该面板下部居中位置设置长方形的电池盖；从侧视图来看，显示屏和上述功能键所在面板不在同一平面、显示屏向靠近功能键的方向弯折（详见在先设计4附图）。

（9）本专利与在先设计4是否构成相同或相近似的外观设计。

将本专利与在先设计4相比，二者均为计算器，属同类产品。本专利与在先设计4的相同点在于：均由显示屏、功能键组成，显示屏的形状相同。本专利与在先设计4在计算器背面电池盖及防滑垫的形状、设置位置等方面存在不同，但属于局部的细微差别，但由于本专利与在先设计4存在如下显著的差别：本专利计算器面板的上面两个角采用直角而下面两个角采用圆角设计，在先设计4计算器面板的四个角均为圆角；本专利的显示屏与功能键在同一平面上、在先设计4的显示屏与功能键不在同一平面上；本专利顶部的弯折部分向远离功能键的方向弯折、弯折部分作为支架使用，在先设计4顶部的弯折部分向靠近功能键的方向弯折、弯折部分上设置显示屏；本专利功能键的形状相同并且大小均匀、在先设计4功能键的形状、大小不完全相同，而且二者功能键的排列方式不同，因此，合议组认为，根据整体观察、综合判断，由于上述两个外观设计在弯折部分的弯折方向、显示屏与功能键相对位置关系、功能键的形状、大小、排列方式上存在着显著的差异，而且上述差异已经给二者的整体视觉效果带来了显著的影响，因此本专利与在先设计4不属于相同或相近似的外观设计，即本专利与在先设计4不属于同样的发明创造，符合专利法第9条及专利法实施细则第13条第1款的规定。

综上所述，本专利与在先设计1~4均不相同也不相近似，因此请求人提交的证据无法证明本专利不符合专利法第23条、第9条及专利法实施细则第13条第1款的规定。

三、决定

维持200530003952.0号外观设计专利权有效。

当事人对本决定不服的，可以根据专利法第46条第2款的规定，自收到本决定之日起三个月内向北京市第一中级人民法院起诉。根据该款的规定，一方当事人起诉后，另一方当事人应当作为第三人参加诉讼。

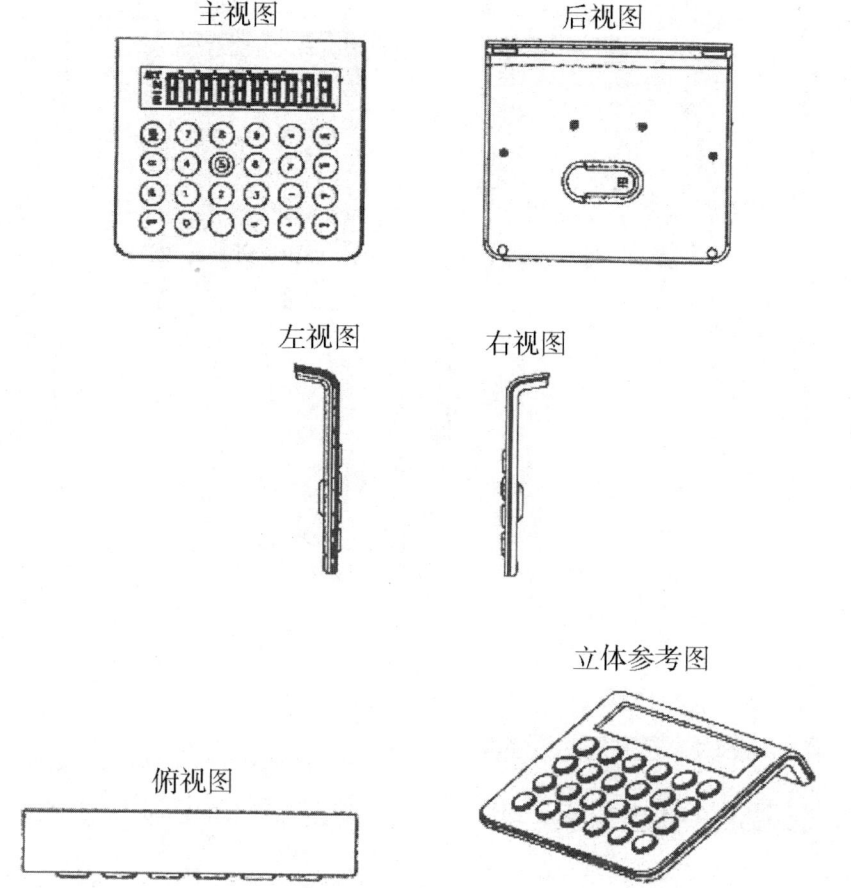

本专利附图

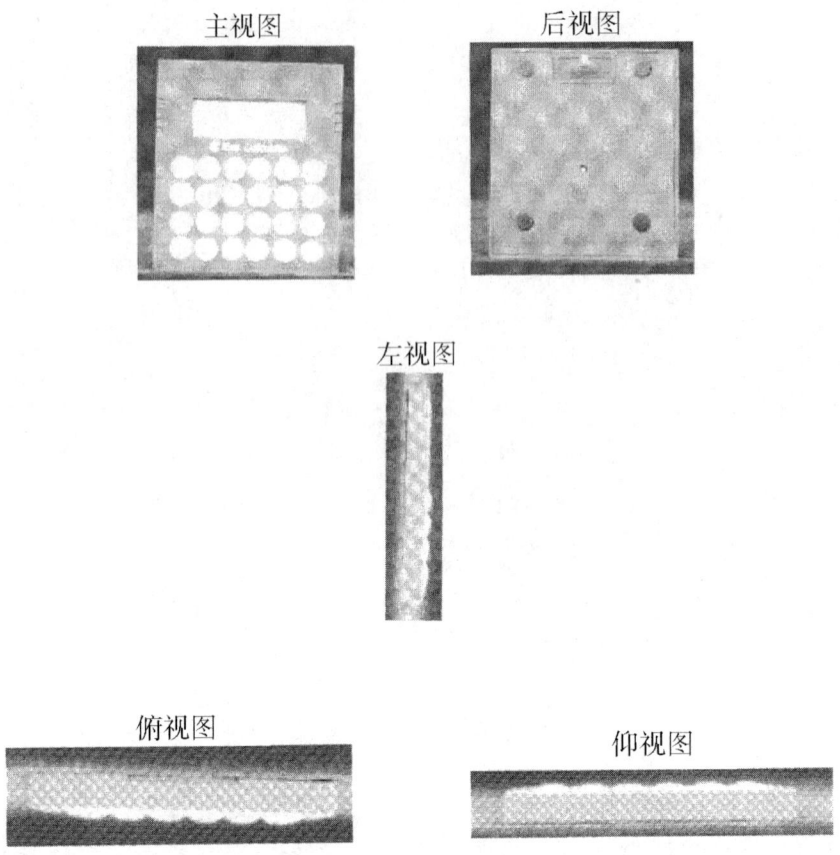

在先设计1附图

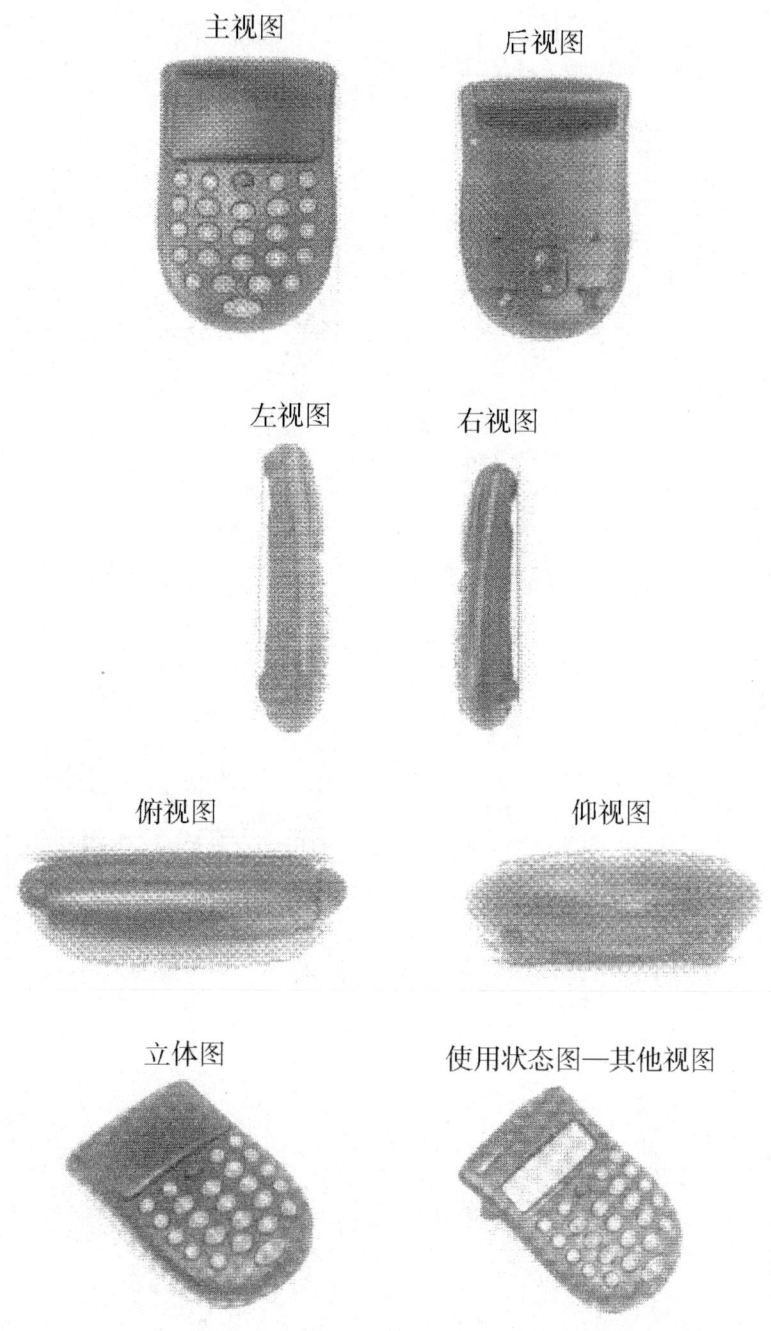

在先设计 2 附图

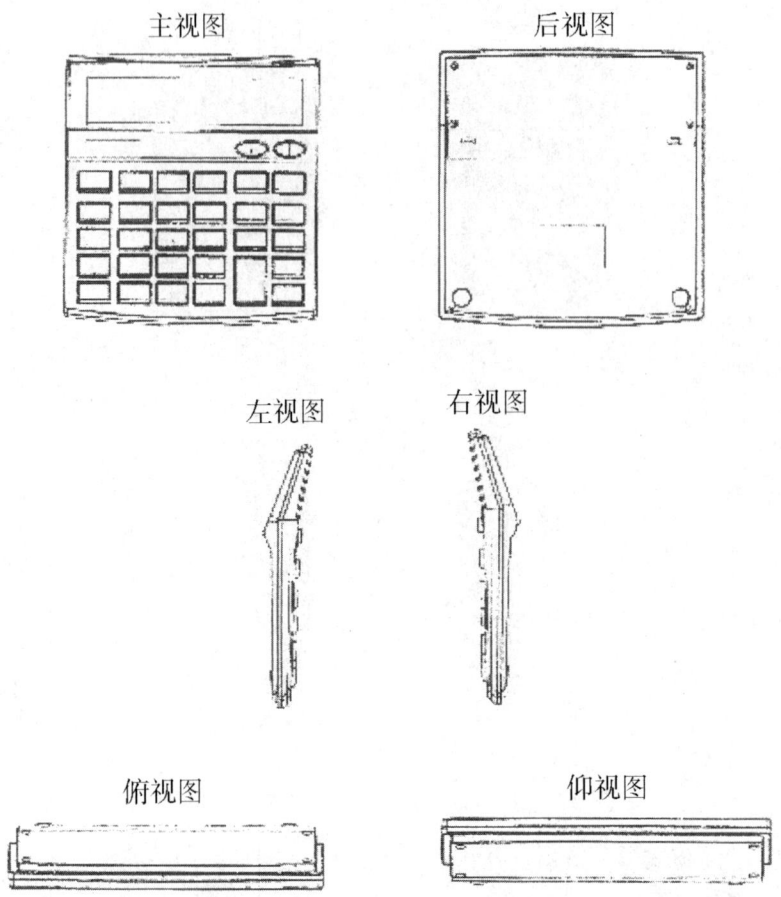

在先设计 3 附图

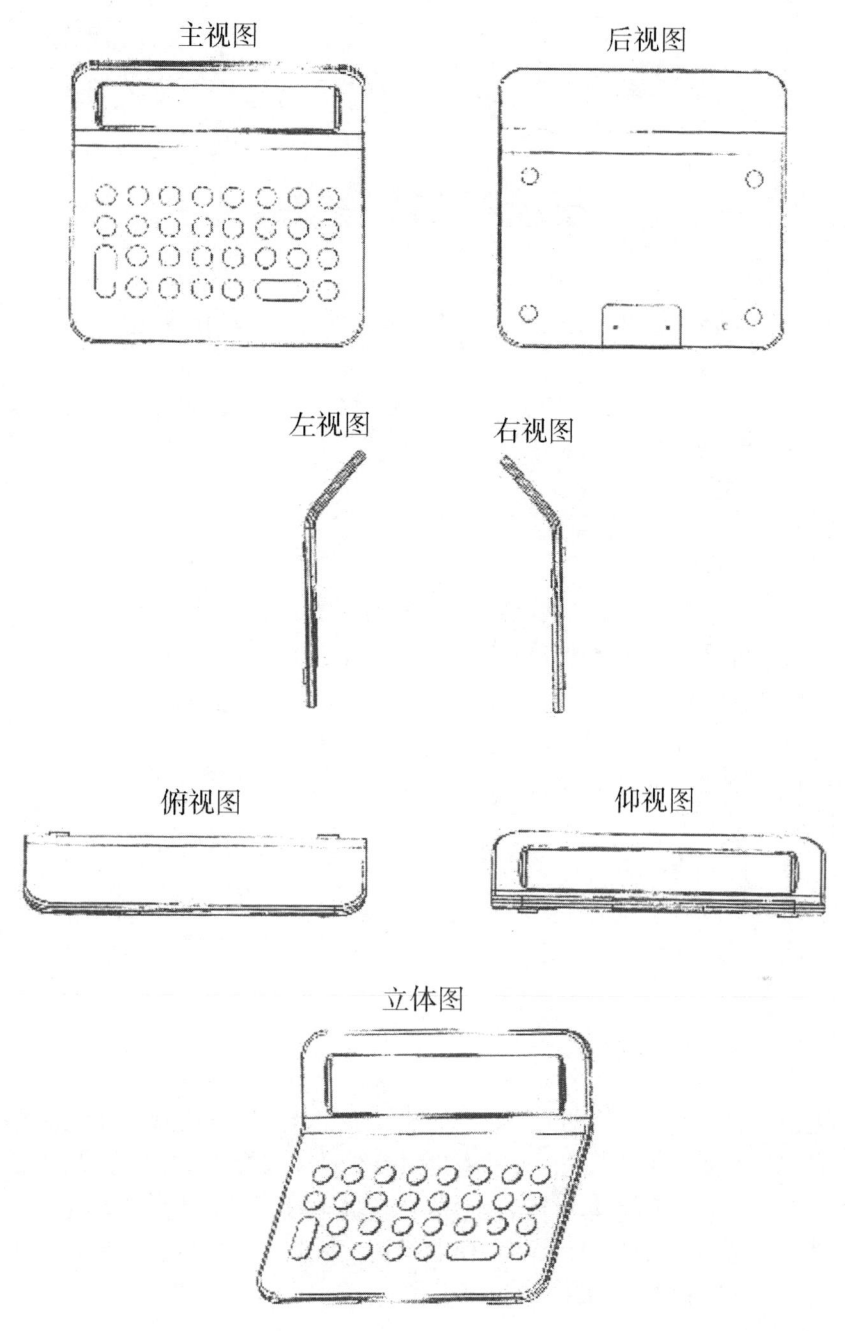

在先设计 4 附图

压缩机热保护器

无效宣告请求审查决定（第 10496 号）

决 定 号	第 10496 号
决 定 日	2007 年 9 月 13 日
发明创造名称	压缩机热保护器
外观设计分类号	15-02
无效宣告请求人	万宝冷机集团广州电器有限公司
专 利 权 人	杭州星帅尔电器有限公司
专 利 号	00333944.0
申 请 日	2000 年 8 月 11 日
授权公告日	2001 年 4 月 11 日
合议组组长	王霞军
主 审 员	周 佳
参 审 员	李巍巍
附 图	2 页

法 律 依 据　专利法第 23 条

决 定 要 点

本专利和在先设计的接线片明显突出于底壳前端，位于产品的视觉瞩目面，接线片伸出位置的不同会给一般消费者留下显著的视觉印象，请求人指出接线片位置的设计应属于功能设计，但未提交接线片形状和位置受限于产品功能的具体证据，应认为接线片的不同对两者的整体外观具有显著影响；本专利与在先设计在产品外观的诸多方面均存在着差别，会给一般消费者留下显著不同的视觉印象，因此属于既不相同也不相近似的外观设计。

一、案由

本无效宣告请求涉及的是 2001 年 4 月 11 日国家知识产权局授权公告的 00333944.0 号外观设计专利，使用外观设计的产品名称为"压缩机热保护器"，申请日是 2000 年 8 月 11 日，原专利权人为杭州帅宝电器有限公司，2007 年 1 月 10 日专利权人变更为杭州星帅尔电器有限公司。

针对上述外观设计专利权（下称本专利），2007 年 1 月 25 日万宝冷机集团广州电器有限公司（下称请求人）向专利复审委员会提出无效宣告请求，其依据的事实和理由是：本专利不符合专利法第 23 条的规定，本专利的外观设计与其申请日前在国内外出版物上公开发表过或者在国内公开使用过的外观设计相同或相近似，并提交了如下附件作为证据：

附件1：96223952.6号实用新型专利说明书公开文本复印件，共5页；

附件2：本专利的著录项目及图片复印件1页；

请求人认为，96223952.6号实用新型专利所示设计与本专利比较，构成保护器主要视觉效果的底壳、弹簧销、平台、连接销等要素均完全相同，连接销所处位置的差别及其他局部细微变化，不足以对两者整体的视觉效果产生显著影响，且连接销位置的设计，属于功能设计，与视觉效果无关，因此两者极为相似，本专利不符合专利法第23条的规定。

专利复审委员会经形式审查合格受理了上述无效宣告请求，于2007年1月25日向双方当事人发出无效宣告请求受理通知书，并将无效宣告请求书及其附件副本转送给专利权人，要求其在指定期限内答复。

专利权人逾期未答复。

专利复审委员会于2007年4月27日向双方当事人发出口头审理通知书，定于2007年6月12日对本案进行口头审理。

口头审理如期举行，专利权人委托本公司员工和专利代理人、请求人委托代理人出席了口头审理。专利权人委托的专利代理人未当庭提交授权委托书。在口头审理当庭，专利复审委员会告知双方当事人，本案合议组的组长由吴赤兵变更为王霞军，主审员由张跃平变更为周佳。双方未对合议组成员提出回避请求，对对方出庭人员的资格和身份无异议。口头审理中，专利权人对请求人提交的附件1的真实性无异议，但对其关联性有异议，专利权人认为，对比文件只反映了产品的三个面，其他面没有反映出来，无法与本专利的视图进行比较，且对比文件是实用新型专利，其与本专利的分类不同，实用新型专利和外观设计专利不能进行相近似性比较。请求人认为只要属于在本专利申请日前公开的文件，就可以作为对比文件，该对比文件公开的视图所反映的视觉效果与本专利一致，即可以认定已经有相同或相近似的产品在本专利申请日前公开，另外其指明使用附件1中的图2、图3、图4与本专利进行比较。随后，双方当事人就相同相近似比较进行了辩论，并各自坚持原有主张。

合议组告知专利权人的代理人在口头审理结束后3日内提交授权委托书，并给与双方当事人15日的和解期限。专利权人在指定期限内提交了授权委托书，双方均未在15日内向合议组提交有关和解事项的书面材料。

在上述审理的基础上，合议组认为本案事实清楚，可以依法作出审查决定。

二、决定的理由

1. 法律依据

基于请求人提出的无效宣告请求理由，合议组对本专利是否符合专利法第23条的规定进行审查。

专利法第23条规定：授予专利权的外观设计，应当同申请日以前在国内外出版物上公开发表过或者国内公开使用过的外观设计不相同和不相近似，并不得与他人在先取得的合法权利相冲突。

2. 证据的认定

请求人提交的附件1为96223952.6号实用新型专利说明书公开文本复印件，专利权人对其真实性没有异议，对其关联性有异议，认为实用新型专利不能与外观设计专利进行比较，合议组认为，附件1上所示专利的申请日为1996年10月23日，授权公告日为1998年8月5日，实用新型名称为"制冷压缩机电机保护器"，其公开日早于本专利申请日，且说明书附图中显示了该实用新型的产品外观，即附件1属于专利法第23条中关于公开出版物的规定，可适用于本案。

3. 外观设计相同和相近似行判断

附件1说明书附图中所示（下称在先设计）为一种制冷压缩机的电机保护器，本专利为压缩机的热保护器，两者的用途相同，均为应用于压缩机类产品的保护器，属于相同种类的产品，故可以进行相同和相近似性比较。

本专利包括主视图、后视图、左视图、右视图、俯视图和仰视图。所示保护器由底壳、定位脚、弹簧销和接线片组成。底壳上布有若干台阶状平台,从主视图看,底壳后端向上折起形成两个梯形定位脚,定位脚与底壳连接使产品整体上呈近似 U 型,两个定位脚的顶部边角处,相对形成圆弧形槽口,U 型底部中间位置即底壳中部纵向设有一弹簧销,底壳右侧端的静触点座为一竖起的插片,从俯视图看,底壳右侧向前伸出一接线片,接线片上开有圆孔。从右视图、左视图和仰视图看,底壳上分别设有沉孔和连接件图案(详见本专利附图)。

在先设计的图 2、图 3 和图 4 显示了保护器的前部、顶部和侧面内容,其也由底壳、定位脚、弹簧销和接线片组成。底壳上布有若干台阶状平台,从主视图看,底壳后端向上折起形成两个梯形定位脚,定位脚与底壳连接使产品整体上呈近似 U 型,两个定位脚的顶部边角处,相对形成圆弧形槽口,U 型底部中间位置即底壳中部纵向设有一弹簧销,底壳前端中间部位向前伸出一接线片,接线片上开有圆孔(详见在先设计附图)。

将本专利与在先设计相比较,合议组认为,两者的相同之处在于:产品的组成结构相同,均由底壳、定位脚、弹簧销和接线片连接构成,主体为底壳部分,底壳后端向上折起形成两个梯形的定位脚,底壳中部为若干台阶状平台,平台上部为一弹簧销,底壳前端伸出一连接片;产品的整体外观形状相近似,底壳与定位脚的连接均使整体形成近似 U 型结构;定位脚的形状基本相同,均为内侧相对位置带有圆弧形槽口的梯形结构,且定位脚前端中下部向上呈梯状凸起;弹簧销的形状基本相同,均为两个凸台中部夹有一弧形销槽。两者的主要不同之处在于:(1)底壳前端伸出的接线片的位置不相同,本专利的接线片位于底壳前端的右侧,而在先设计的接线片由底壳中部向前伸出,且其接线片向左右两侧延伸并插入底壳中,由于接线片位于产品前端的视觉瞩目面,且其明显突出于底壳,接线片伸出位置的明显不同会给一般消费者留下显著的视觉印象,请求人指出接线片位置的设计应属于功能设计,但未提交接线片形状和位置受限于产品功能的具体证据,应认为接线片的不同对两者整体外观具有显著影响;(2)底壳的台阶状平台形状不相同,在先设计的底壳前端右侧连接片上方为一"凹"结构,连接片下方为带有缺角的壳体形状,而本专利在此部位为一完整的矩形边角结构,没有形成缺角,另外,两者的平台错落形成的台阶的具体形状也不相同;(3)底壳右侧端的静触点座形状不相同,在先设计的静触点座基本平齐于底壳,而本专利的静触点座为一竖起的插片,明显突出于底壳;(4)本专利的左侧面、右侧面和底部均布有几何形状的沉孔和连接件图案,而在先设计则没有反映出在相应部分有相类似的设计,从整体上观察,在先设计的底壳表面较为平滑,而本专利的底壳表面则因布有上述几何形状的沉孔和连接件图案,显出更为繁复的结构特征。由于本专利与在先设计在上述诸多方面均存在着差别,二者会给一般消费者留下显著不同的视觉印象,因此属于既不相同也不相近似的外观设计。

由于请求人未能提供充分的证据支持其主张,因此,请求人提出的本专利不符合专利法第 23 条规定的无效宣告请求理由不成立。

三、决定

维持 00333944.0 号外观设计专利权有效。

当事人对本决定不服的,可以根据专利法第 46 条第 2 款的规定,自收到本决定之日起三个月内向北京市第一中级人民法院起诉。根据该款的规定,一方当事人起诉后,另一方当事人应当作为第三人参加诉讼。

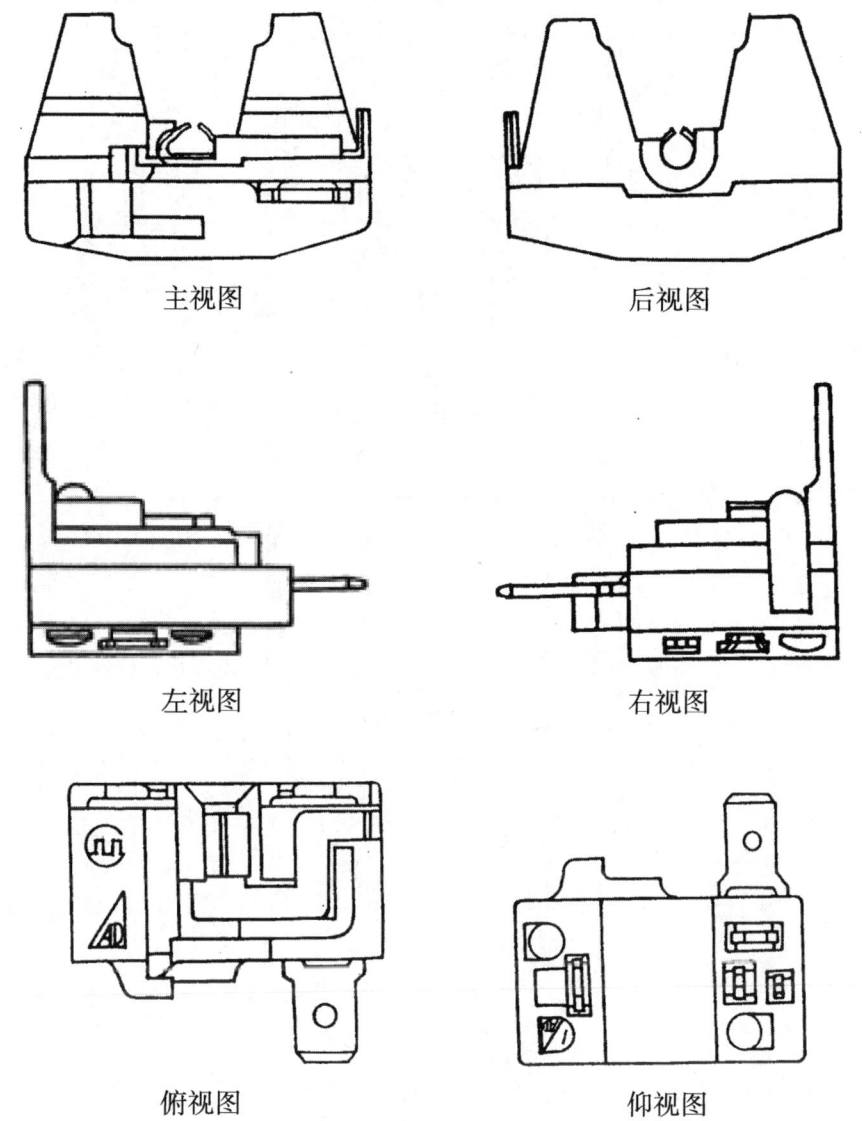

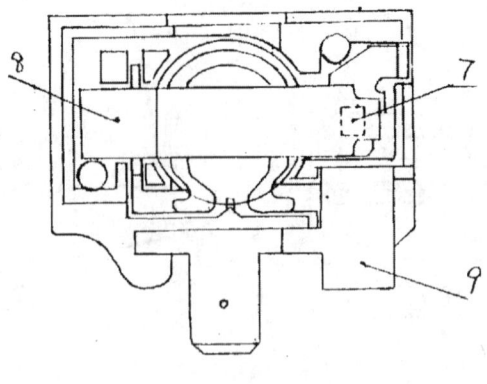

图 2

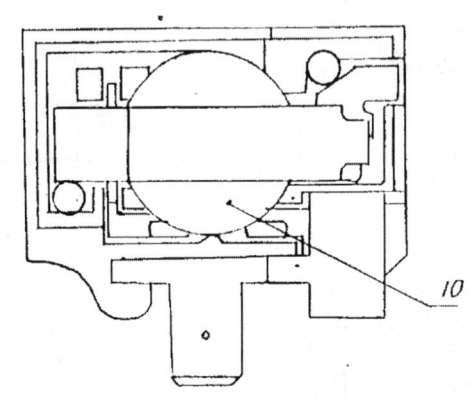

图 3

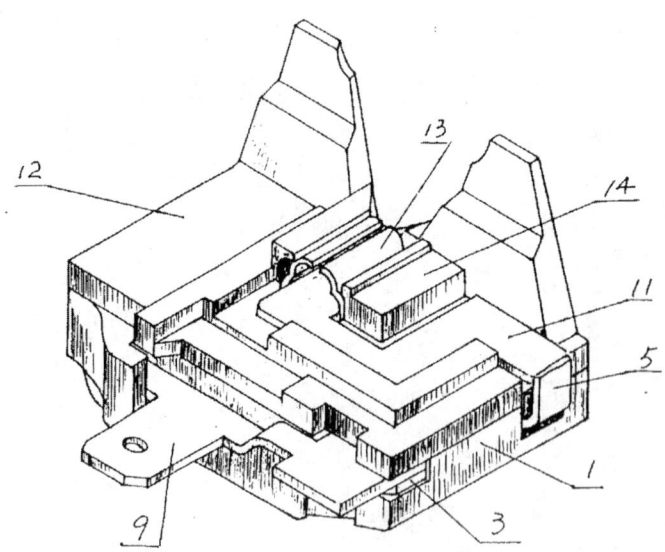

图 4

在先设计附图

北京市第一中级人民法院
行政判决书

(2007) 一中行初字第 1441 号

原告万宝冷机集团广州电器有限公司，住所地广东省广州市花都区花山镇东湖安置区东华一路 2 号。

法定代表人蔡瑞雄，董事长。

委托代理人郭晓桂，广州致信伟盛知识产权代理有限公司专利代理人。

委托代理人黄智航，男，1967 年 11 月 2 日出生，万宝冷机集团广州电器有限公司职员，住广州市荔湾区杉木栏路 99 号 903 房。

被告国家知识产权局专利复审委员会，住所地北京市海淀区北四环西路 9 号银谷大厦 10~12 层。

法定代表人廖涛，副主任。

委托代理人周佳，中华人民共和国国家知识产权局专利复审委员会审查员。

委托代理人刘妍，中华人民共和国国家知识产权局专利复审委员会审查员。

第三人杭州星帅尔电器有限公司，住所地浙江省富阳市受降镇祝家村交界岭 99 号（2、3、4、5 幢）。

法定代表人楼月银，董事长。

委托代理人陈红，杭州天欣专利事务所专利代理人。

委托代理人卢文成，男，1962 年 7 月 27 日出生，杭州星帅尔电器有限公司职员，住浙江省富阳市富春街道大寺弄 8-4 号 403 室。

原告万宝冷机集团广州电器有限公司（以下简称万宝冷机公司）不服被告国家知识产权局专利复审委员会（以下简称专利复审委员会）于 2007 年 9 月 13 日作出的第 10496 号无效宣告请求审查决定（以下简称第 10496 号决定），于法定期限内向本院提起行政诉讼。本院于 2007 年 10 月 22 日受理后，依法组成合议庭，并通知杭州星帅尔电器有限公司（以下简称星帅尔公司）作为本案第三人参加诉讼，于 2007 年 12 月 7 日公开开庭进行了审理。原告万宝冷机公司的委托代理人郭晓桂、黄智航，被告专利复审委员会的委托代理人周佳、刘妍，第三人星帅尔公司的委托代理人陈红、卢文成到庭参加了诉讼。本案现已审理终结。

第 10496 号决定系专利复审委员会针对万宝冷机公司就星帅尔公司所拥有的 00333944.0 号"压缩机热保护器"的外观设计专利（以下简称本专利）所提出的无效宣告请求而作出的。专利复审委员会在第 10496 号决定中认为：万宝冷机公司提交的附件 1 为 96223952.6 号实用新型专利说明书公开文本复印件，其说明书附图中所示（以下简称在先设计）为一种制冷压缩机的电机保护器，本专利为压缩机的热保护器，两者的用途相同，均为应用于压缩机类产品的保护器，属于相同种类的产品，故可以进行相同和相近似性比较。将本专利与在先设计相比较，两者的相同之处在于：产品的组成结构相同，均由底壳、定位脚、弹簧销和接线片连接构成，主体为底壳部分，底壳后端向上折起形成两个梯形的定位脚，底壳中部为若干台阶状平台，平台上部为一弹簧销，底壳前端伸出一连接片；产品的整体外观形状相近似，底壳与定位脚的连接均使整体形成近似 U 型结构；定位脚的形状基本相同，均为内侧相对位置带有圆弧形槽口的梯形结构，且定位脚前端中下部向上呈梯状凸起；弹簧销的形状基本相同，均为两个凸台中部夹有一弧形销槽。两者的主要不同之处在于：（1）底壳前端伸出的接线片的位置不相同，本专利的接线片位于底壳前端的右侧，而在先设计的接线片由底壳中部向前伸出，且其接线片向左右两侧延伸并插入底壳中，由于接线片位于产品前端的视觉瞩目面，且其明显突出于底壳，接线片伸出位置的明显不同会给一般消费者留下显著的视觉印象，万宝冷机公司指出接线片位置的设计应属于功能设计，但未提交接线片形状和位置受限于产品功能的具体证据，应认为接线片的不同对两者整体外观具有显著影响；（2）底壳的台阶状平台形状不相同，在先设计的底壳前端右侧连接片上方为一"凹"结构，连接片下方为带有缺角的壳体形状，而本专利在此部位为一完整的矩形边角结构，没有形成缺角，另外，两者的平台错落形成的台阶的具体形状也不相同；（3）底壳右侧端的静触点座形状不相同，在先设计的静触点座基本平齐于底壳，而本专利的静触点座为一竖起的插片，明显突出于底壳；（4）本专利的左侧面、右侧面和底部均布有几何形状的沉孔和连接件图案，而在先设计则没有反映出在相应部分有相类似的设计，从整体上观察，在先设计的底壳表面较为平滑，而本专利的底壳表面则因布有上述几何形状的沉孔和连接件图案，显出更为繁复的结构特征。由于本专利与在先设计在上述诸多方面均存在着差别，二者会给一般消费者留下显著不同的视觉印象，因此属于既不相同也不相近似的外观设计。由于万宝冷机公司未能提供充分的证据支持其主张，故其提出的本专利不符合《中华人民共和国专利法》（以下简称《专利法》）第二十三条规定的无效宣告请求理由不成立。据此，专利复审委员会作出第10496号决定，宣告维持本专利权有效。

万宝冷机公司不服第10496号决定，向本院提起行政诉讼，其诉称：专利复审委员会以本专利与在先设计存在上述四个不同点，即判定两设计不相近似，而不考虑这些差别是否为细微变化，是否对产品整体视觉效果具有显著的影响，是否由产品的功能所决定的，是违反外观设计相似判断原则的，其对事实的认定是不清楚的。而对于本专利和在先设计四个不同点，恰恰就是局部的细微变化，是对整体视觉效果不具有显著影响的。而且，不同点一同时还是由产品的具体功能和安装情况限制的，对一般消费者来说，这些不同点都是不容易引起关注的，是对产品的整体视觉效果不具有显著影响的。一般消费者仅以普通的注意力难以区分本专利和在先设计，因此，本专利和在先设计是相似的外观设计。另外，在先设计已进入公知技术范围，如果维持该专利权，是对公众利益的损害。同时，以存在的细微差别维持专利权，而在外观设计专利侵权判定时，又以相似为理由将与之有差别的产品纳入其保护范围，显然也有违公平原则。因此，本专利是不符合《专利法》第二十三条的规定的。请求法院撤销专利复审委员会第10496号决定，并判决本专利权全部无效。

被告专利复审委员会辩称：坚持其在第10496号决定中的意见，并认为本案应以一般消费者作为判断主体，运用整体观察，综合判断的原则进行涉案专利的相同和相近似性比较，本专利与在先设计之间的差别属显著差异。专利复审委员会作出第10496号决定适用法律正确、认定事实清楚，请求人民法院维持该决定。

第三人星帅尔公司认为第10496号决定认定事实清楚，适用法律正确，并坚持在无效程序中的意见。

本院经审理查明：

名称为"压缩机热保护器"的外观设计专利（即本专利），由杭州帅宝电器有限公司于2000年8月11日向中华人民共和国国家知识产权局提出申请，于2001年4月11日授权公告，专利号为00333944.0，2007年1月10日专利权人变更为杭州星帅尔电器有限公司（本专利外观设计专利公报所载附图见本判决附图1）。

2007年1月25日万宝冷机有限公司，以本专利不符合《专利法》第二十三条的规定向专利复审委员会提出无效宣告请求，并提交了附件1：96223952.6号实用新型专利说明书公开文本复印件，该专利的申请日为1996年10月23日,授权公告日为1998年8月5日(该专利说明书附图见本判决附图2)。

2007年6月12日,专利复审委员会对本案进行口头审理。万宝冷机公司明确其无效理由为本专利相对于在先设计不符合《专利法》第二十三条的规定,星帅尔公司当庭表示对附件1的真实性没有异议。

2007年9月13日,专利复审委员会作出第10496号决定。

在本案庭审过程中,万宝冷机公司主张专利复审委员会在第10496号决定中认定的区别点2、3、4所涉及的凹槽、静触点及沉孔等设计均为功能性设计,根据《审查指南》的规定不能作为认定本专利与在先设计存在区别的依据。专利复审委员会则认为,万宝冷机公司的上述主张在口头审理阶段均未提出,同时对于是否属于功能性部件的举证责任在万宝冷机公司一方。

以上事实有本专利公报、附件1说明书附图、第10496号决定、当事人陈述等证据在案佐证。

本院认为:

根据《专利法》第二十三条的规定,授予专利权的外观设计,应当同申请日以前在国内外出版物上公开发表过的外观设计不相同和不相近似。根据《审查指南》的规定,在判断外观设计是否相同或者相近似时,应当基于被比设计产品的一般消费者的知识水平和认知能力进行评价。

1. 关于判断主体的认定

一般消费者应当对被比设计产品的同类或者相近类产品的外观设计状况具有常识性的了解,而且对外观设计产品之间在形状、图案以及色彩上的差别具有一定的分辨力。结合本案,本专利产品为压缩机热保护器,压缩机一般用于冰箱等电器上,而其主要消费对象应为生产冰箱的生产厂家、维修人员,因此应以他们的知识水平和认知能力进行判断。

2. 关于功能性部件的认定

《审查指南》规定,由产品的功能唯一限定的特定形状对整体视觉效果通常不具有显著的影响。本案中,万宝冷机公司在庭审中主张接线片、凹槽、静触点及沉孔等均属于功能性设计。本院认为,对于某一个部件是否属于功能性部件,应由提出主张的一方举证,而万宝冷机公司一直未提交能够证明上述部件为由功能唯一限定的特定形状。因此,本院对于万宝冷机公司的上述主张不予支持。

3. 关于本专利与在先设计的比较

(1)本专利的接线片位于底壳前端的右侧,而在先设计的接线片由底壳中部向前伸出,且其接线片向左右两侧延伸并插入底壳中,由于接线片位于产品前端,明显突出于底壳,接线片伸出位置的不同会给一般消费者留下较为显著的视觉印象。(2)本专利在底壳前端右侧为一完整的矩形边角结构,没有形成缺角,而在先设计的底壳前端右侧连接片上方为一"凹"结构,连接片下方为带有缺角的壳体形状,另外,两者的平台错落形成的台阶的具体形状也不相同,故上述不同对两者整体外观也具有一定影响。(3)本专利的静触点座为一竖起的插片,明显突出于底壳;而在先设计的静触点座基本平齐于底壳,应认为上述不同对两者整体外观具有显著影响。(4)从本专利附图与对比文件的附图来看,本专利的底壳表面则因布有上述几何形状的沉孔和连接件图案,显出更为繁复的结构特征,而在先设计的底壳表面较为平滑。但是,一般情况下,沉孔与连接件等是压缩机热保护器的常规部件,专利复审委员会以对比文件缺少相关附图认定两者不同理由不充分。

根据上述分析,由于本专利与在先设计在上述诸多方面均存在着差别,在整体视觉效果上二者会给一般消费者留下不同的视觉印象,因此本专利与在先设计既不相同也不相近似。万宝冷机公司请求撤销该决定的理由不能成立,本院不予支持。

综上,专利复审委员会作出的第10496号决定认定事实清楚,适用法律正确,程序合法,应予维持。依照《中华人民共和国行政诉讼法》第五十四条第（一）项之规定，本院判决如下：

维持被告中华人民共和国国家知识产权局专利复审委员会作出的第10496号无效宣告请求审查决定。

案件受理费100元，由原告万宝冷机集团广州电器有限公司负担（已交纳）。

如不服本判决，各方当事人可在本判决书送达之日起15日内，向本院提交上诉状，并按对方当事人人数提交副本，交纳上诉案件受理费100元，上诉于北京市高级人民法院。

审　判　长　仪　军
代理审判员　王　晔
人民陪审员　唐晓君
二〇〇七年十二月十九日
书　记　员　王东勇

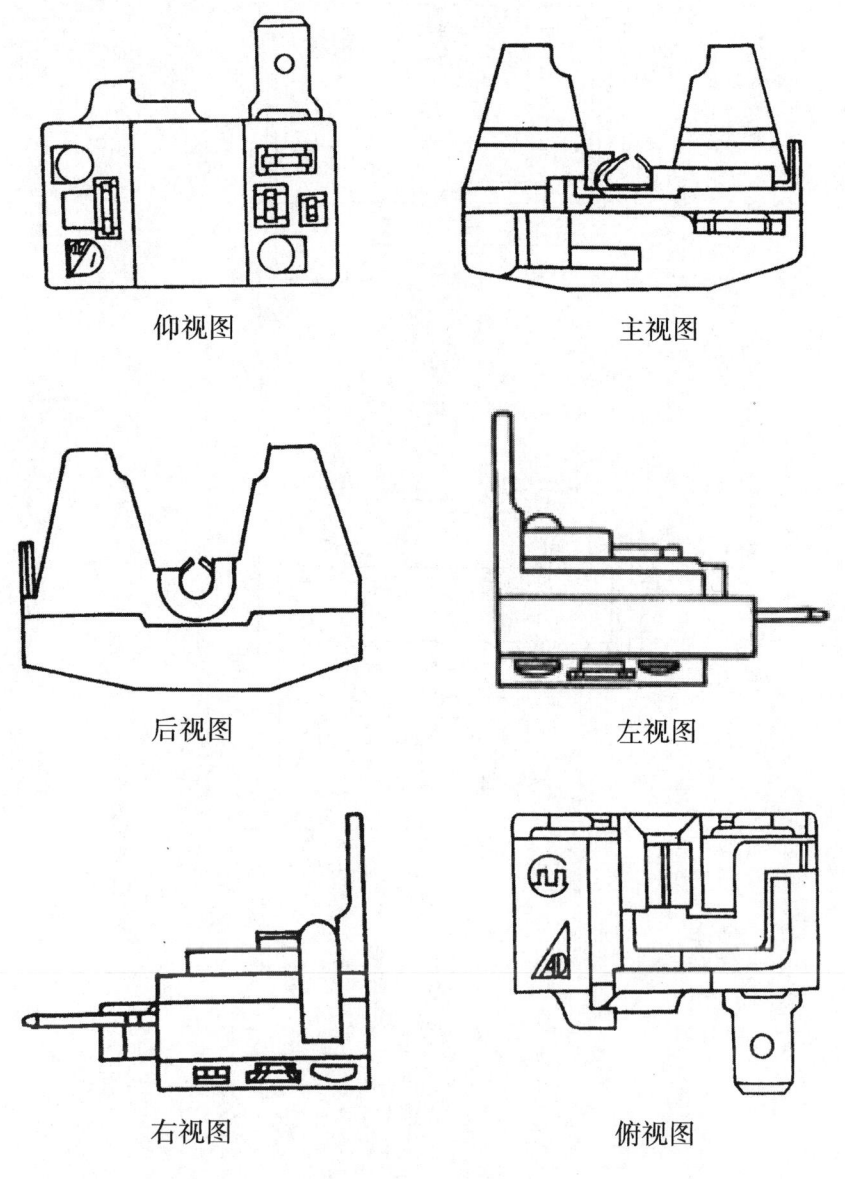

(附图1——本专利)

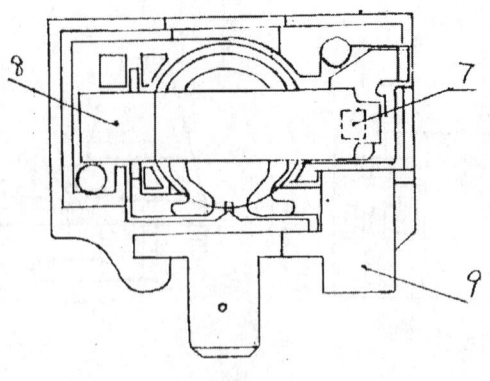

图 2

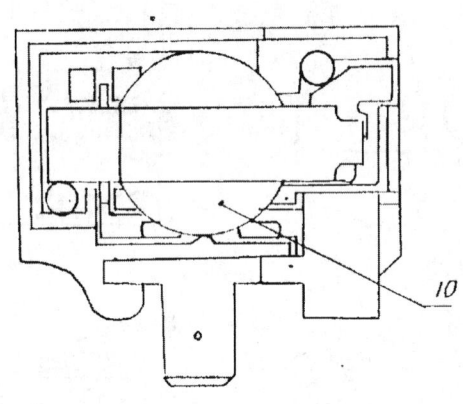

图 3

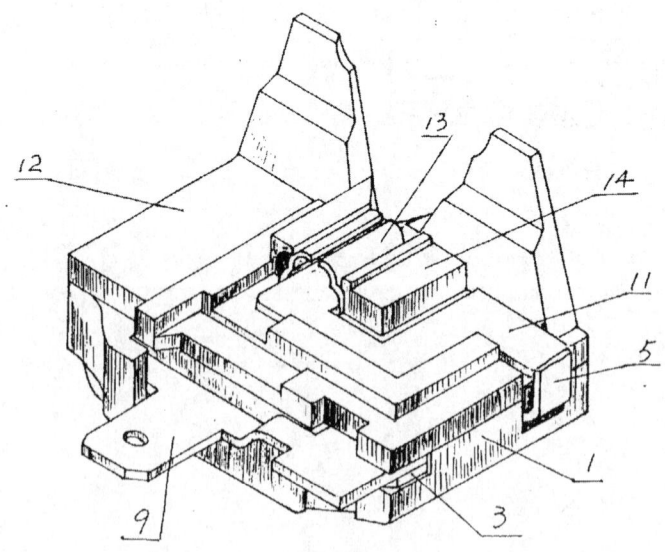

图 4

(附图 2——在先设计)

北京市高级人民法院
行政判决书

(2008) 高行终字第209号

上诉人（原审原告）万宝冷机集团广州电器有限公司，住所地广东省广州市花都区花山镇东湖安置区东华一路2号。

法定代表人蔡瑞雄，董事长。

委托代理人伍嘉陵，广州致信伟盛知识产权代理有限公司专利代理人。

委托代理人黄智航，男，汉族，1967年11月2日出生，万宝冷机集团广州电器有限公司总工程师，住广东省广州市荔湾区杉木栏路99号903室。

被上诉人（原审被告）国家知识产权局专利复审委员会，住所地北京市海淀区北四环西路9号银谷大厦10~12层。

法定代表人廖涛，副主任。

委托代理人周佳，国家知识产权局专利复审委员会审查员。

委托代理人刘妍，国家知识产权局专利复审委员会审查员。

原审第三人杭州星帅尔电器有限公司，住所地浙江省富阳市受降镇祝家村交界岭99号（2、3、4、5幢）。

法定代表人楼月根，董事长。

委托代理人陈红，杭州天欣专利事务所专利代理人。

委托代理人卢文成，男，汉族，1962年7月27日出生，杭州星帅尔电器有限公司总工程师，住浙江省富阳市富春街道大寺弄8-4号403室。

上诉人万宝冷机集团广州电器有限公司（以下简称万宝冷机公司）因专利权无效行政纠纷一案，不服北京市第一中级人民法院（2007）一中行初字第1441号行政判决，于法定期限内向本院提出上诉。本院于2008年3月24日受理后，依法组成合议庭，于2008年5月12日公开开庭审理了本案。上诉人万宝冷机公司的委托代理人伍嘉陵、黄智航，被上诉人国家知识产权局专利复审委员会（以下简称专利复审委员会）的委托代理人周佳、刘妍，原审第三人杭州星帅尔电器有限公司（以下简称星帅尔公司）的委托代理人陈红、卢文成到庭参加诉讼。本案现已审理终结。

北京市第一中级人民法院认定，星帅尔公司系名称为"压缩机热保护器"、申请日为2000年8月11日的外观设计专利（以下简称本专利）的权利人。2007年1月25日，万宝冷机公司以本专利不符合《专利法》第二十三条的规定为由，向专利复审委员会提出无效宣告请求，并提交了附件1等证据。专利复审委员会于2007年6月12日对本案进行口头审理，并于2007年9月13日做出第10496号无效宣告请求审查决定（以下简称第10496号决定），以附件1所公开的外观设计与本专利既不相同也不相似，万宝冷机公司有关本专利不符合《专利法》第二十三条规定的理由不能成立为由，决定维持本专利有效。

北京市第一中级人民法院认为，作为本专利与在先设计是否相同相近似的判断主体的一般消费者应为本专利产品的主要消费对象，即冰箱的生产厂家、维修人员。万宝冷机公司虽主张接线片、凹槽、静触点及沉孔等均属于功能性设计，但未提供相应证据证明其主张。本专利与在先设计在诸多方面均存在着差别，在整体视觉效果上二者会给一般消费者留下不同的视觉印象，因此本专利与在先设计既不相同也不相近似。第10496号决定认定事实清楚，适用法律正确，程序合法，应予维持，万宝冷机公司请求撤销该决定的理由不能成立。北京市第一中级人民法院依照《中华人民共和国行政诉讼法》第五十四条第（一）项之规定，判决：维持专利复审委员会作出的第10496号决定。

万宝冷机公司不服一审判决并提起上诉，请求撤销一审判决和第10496号决定，维持本专利有效。万宝冷机公司的上诉理由是，一审判决认定事实不清，适用法律不当，其在判断主体和功能部件的认定上存在错误；如果采用冰箱的生产者、维修者作为判断主体，则接线片、静触点座为常规功能性部件，无须上诉人举证；本专利只是对在先设计作了细微的修改，整体视觉效果没有显著差异，本专利与在先设计构成相似外观设计，不符合《专利法》第二十三条的规定，依法应宣告无效。

专利复审委员会及星帅尔公司服从原审判决。

经审理查明：

2000年8月11日，杭州帅宝电器有限公司向中华人民共和国国家知识产权局提出名称为"压缩机热保护器"的外观设计专利（即本专利）申请，该申请于2001年4月11日获得授权公告，专利号为00333944.0。本专利的授权公告文本有主视图、后视图、左视图、右视图、俯视图、仰视图（见附图1）。2007年1月10日，本专利的权利人由杭州帅宝电器有限公司变更为本案第三人杭州星帅尔电器有限公司。

2007年1月25日，万宝冷机公司向专利复审委员会提出无效宣告请求，其依据的事实和理由是：本专利不符合《专利法》第二十三条的规定，本专利与其申请日前在国内外出版物上公开发表或者在国内公开使用过的外观设计相同或相近似，并提交了附件1与附件2作为证据。万宝冷机公司提交的附件1系名称为"制冷压缩机电机保护器"的96223952.6号实用新型专利说明书公开文本复印件，该实用新型专利的申请日为1996年10月23日，授权公告日为1998年8月5日，其图2、图3和图4显示了保护器的前部、顶部和侧面内容，由底壳、定位脚、弹簧销和接线片组成（见附图2）。万宝冷机公司提交的附件2为本专利的著录项目及图片复印件。2007年6月12日，专利复审委员会对本案进行口头审理。在口头审理中，星帅尔公司表示对附件1的真实性没有异议。

2007年9月13日，专利复审委员会作出第10496号决定。专利复审委员会在第10496号决定中认定：附件1所示实用新型专利的公开日早于本专利申请日，其说明书附图显示了该实用新型的产品外观，故附件1符合《专利法》第二十三条中关于公开出版物的规定，可适用于本案。附件1说明书附图中所示的在先设计为一种制冷压缩机的电机保护器，本专利为压缩机的热保护器，两者用途相同，均为应用于压缩机类产品的保护器，属于相同种类的产品，可以进行相同和相近似性比较。将本专利与在先设计相比较，两者的相同之处在于：产品的组成结构相同，均由底壳、定位脚、弹簧销和接线片连接构成，主体为底壳部分，底壳后端向上折起形成两个梯形的定位脚，底壳中部为若干台阶状平台，平台上部为一弹簧销，底壳前端伸出一连接片；产品的整体外观形状相近似，底壳与定位脚的连接均使整体形成近似U型结构；定位脚的形状基本相同，均为内侧相对位置带有圆弧形槽口的梯形结构，且定位脚前端中下部向上呈梯状凸起；弹簧销的形状基本相同，均为两个凸台中部夹有一弧形销槽。两者的主要不同之处在于：（1）底壳前端伸出的接线片的位置不相同，本专利的接线片位于底壳前端的右侧，而在先设计的接线片由底壳中部向前伸出，且其接线片向左右两侧延伸并插入底壳中，由于接线片位于产品前端的视觉瞩目面，且其明显突出于底壳，接线片伸出位置的明显不同会给一般消费者留下显著的视觉印象，请求人指出接线片位置的设计应属于功能设计，但未提交接线片形状和位置受限于产品功能的具体证据，应认为接线片的不同对两者整体外观具有显著影响；（2）底壳的台阶状平台形状不相同，在先设计的底壳前端右侧连接片上方为一"凹"结构，连接片下方为带有缺角的壳体形状，而本专利在此部位为一完整的矩形边角结构，没有形成缺角，另外，两者平台错落形成的台阶的具体形状也不相同；（3）底壳右侧端的静触点座形状不相同，在先设计的静触点座基本平齐于底壳,而本专利的静触点座为一竖起的插片,明显突出于底壳;(4)本专利的左侧面、右侧面和底部均布有几何形状的沉孔和连接件图案,而在先设计则没有反映出在相应部分有相类似的设计,从整体上观察,在先设计的底壳表面较为平滑,而本专利的底壳表面则因布有上述几何形状的沉孔和连接件图案,显出更为繁复的结构特征。由于本专利与在先设计在上述诸多方面均存在着差别,二者会给一般消费者留下显著不同的视觉印象,因此属于既不相同也不相近似的外观设计。由于请求人未能提供充分证据支持其主张,其提出的本专利不符合《专利法》第二十三条规定的无效宣告请求理由不成立。据此,专利复审委员会作出第10496号决定,维持本专利有效。

以上事实有本专利公报、附件1、第10496号决定、当事人陈述及开庭笔录等证据在案佐证。

本院认为,根据《专利法》第二十三条的规定,授予专利权的外观设计,应当同申请日以前在国内外出版物上公开发表过的外观设计不相同和不相近似。在判断外观设计是否相同或者相近似时,应当基于被比设计产品的一般消费者的知识水平和认知能力进行评价。本专利产品为压缩机热保护器,而压缩机一般用于冰箱等电器。压缩机热保护器在使用于冰箱后,通常并不直接安装在冰箱的外部,冰箱的购买者、使用者等普通消费者往往不会注意到安装在冰箱中的压缩机及压缩机中使用的热保护器,因此,冰箱的购买者、使用者等普通消费者通常缺乏对本专利产品外观设计状况的常识性知识。实际上,本专利产品的购买者和使用者往往为冰箱的生产商和维修者,冰箱的生产商和维修者通常对本专利产品的外观设计状况具有常识性的了解,对外观设计产品之间在形状、图案以及色彩上的差别也具有一定的分辨力。因此,一审法院以冰箱的生产商和维修者作为判断本专利与在先设计是否构成相同或相近似外观设计的一般消费者并无不当,上诉人有关本案应采用冰箱的购买者、使用者等普通消费者作为判断主体的上诉理由不能成立,本院不予支持。此外,即使以冰箱的生产商和维修者作为本专利与在先设计是否构成相近似外观设计的判断主体,上诉人主张接线片、凹槽、静触点及沉孔等均属于常规功能性设计,也应提供有效证据证明该主张,故上诉人有关接线片、凹槽、静触点及沉孔等均属于常规功能性设计且其无需举证的上诉主张不能成立,本院亦不予支持。

附件1属于《专利法》第二十三条规定的公开出版物,其所记载的实用新型专利的公开日早于本专利申请日,其说明书附图显示的实用新型产品外观可以作为本专利的在先设计。附件1说明书附图公开的在先设计为一种制冷压缩机的电机保护器,本专利为压缩机的热保护器,两者用途相同,均为应用于压缩机类产品的保护器,属于相同种类的产品,可以进行相同和相近似性比较。将本专利与附件1所公开的在先设计进行比较,两者具有一定相同之处,但在判断二者是否构成近似外观设计时,更主要的是看二者的差异及这种差异对二者的整体视觉效果是否具有显著影响。如果这种影响并不显著,则应认定二者构成相同或相近似外观设计;如果这种影响是显著的,则应认定二者为既不相同也不相似的外观设计。

本专利与附件1所公开的在先设计的主要不同之处在于:(1)底壳前端伸出的接线片的位置不相同,本专利的接线片位于底壳前端的右侧,而在先设计的接线片由底壳中部向前伸出,且其接线片向左右两侧延伸并插入底壳中;(2)底壳的台阶状平台形状不相同,在先设计的底壳前端右侧连接片上方为一"凹"结构,连接片下方为带有缺角的壳体形状,而本专利在此部位为一完整的矩形边角结构,没有形成缺角,另外,两者的平台错落形成的台阶的具体形状也不相同;(3)底壳右侧端的静触点座形状不相同,在先设计的静触点座基本平齐于底壳,而本专利的静触点座为一竖起的插片,明显突出于底壳;(4)本专利的左侧面、右侧面和底部均布有几何形状的沉孔和连接件图案,而在先设计则没有反映出在相应部分有相类似的设计,从整体上观察,在先设计的底壳表面较为平滑,而本专利的底壳表面则因布有上述几何形状的沉孔和连接件图案,显出更为繁复的结构特征。

在一般消费者看来,本专利与附件1所公开的在先设计的上述差异足以导致二者整体外观的差异，即二者的上述差异能够给一般消费者留下显著不同的视觉印象。特别是接线片由于位于产品前端的视觉瞩目面，且其明显突出于底壳，接线片伸出位置的明显不同能够给一般消费者留下显著的视觉印象，接线片的不同对两者整体外观具有显著影响。因此，本专利与在先设计属于既不相同也不相近似的外观设计。上诉人认为本专利与在先设计的上述差别对二者的整体视觉效果不具有显著影响，二者应为相近似外观设计的上诉理由不能成立，其相应上诉主张本院不予支持。

综上，一审判决认定事实清楚，适用法律正确，应予维持。上诉人万宝冷机公司的上诉理由因缺乏事实及法律依据不能成立，本院不予支持。依据《中华人民共和国行政诉讼法》第六十一条第（一）项之规定，判决如下：

驳回上诉，维持原判。

一审案件受理费100元，由万宝冷机集团广州电器有限公司负担（已交纳）；二审案件受理费100元，由万宝冷机集团广州电器有限公司负担（已交纳）。

本判决为终审判决。

审 判 长 刘继祥
审 判 员 莎日娜
代理审判员 刘晓军
二〇〇八年五月二十日
书 记 员 刘 悠

广告灯箱（可转动）

无效宣告请求审查决定（第 10498 号）

决 定 号	第 10498 号
决 定 日	2007 年 9 月 18 日
发明创造名称	广告灯箱（可转动）
外观设计分类号	20-03
无效宣告请求人	佛山市好运通工艺制品有限公司
专 利 权 人	胡小萍
专 利 号	02361730.6
申 请 日	2002 年 9 月 18 日
授权公告日	2003 年 4 月 30 日
合议组组长	王霞军
主 审 员	李巍巍
参 审 员	李改平
附 图	1 页
法 律 依 据	专利法第 23 条
决 定 要 点	

产品宣传广告页类的证据在印制上有一定的随意性，在请求人没有提交其他佐证证明该证据的印刷时间和向公众公开的时间，且专利权人对该证据的真实性、合法性有异议的情况下，仅以该地区电话升位时间和广告词不能推定出其的印刷时间是在本专利申请日之前，更不能证明该产品广告宣传页在本专利申请日之前已为公众所知，该证据不属于专利法第 23 条所规定的公开出版物。

一、案由

本无效宣告请求涉及 2003 年 4 月 30 日国家知识产权局授权公告的 02361730.6 号外观设计专利，其产品名称是"广告灯箱（可转动）"，申请日是 2002 年 9 月 18 日，专利权人是胡小萍。

针对上述外观设计专利权（下称本专利），佛山市好运通工艺制品有限公司（下称请求人）于 2007 年 3 月 19 日向专利复审委员会提出无效宣告请求，其理由是本专利不符合专利法第 23 条的规定。请求人认为在本专利申请日以前已有与其相近似的外观设计产品在国内出版物上公开发表过。同时，请求人提交了如下附件作为证据：

附件 1 是第四届广州国际广告展、第四届广州国际印刷及网印展览会、广州国际摄影器材及影像技术展览会会刊相关页复印件，共 2 页；

附件2是中德合资南京必得灯箱组合系统有限公司的产品宣传广告页复印件，共1页；

附件3是《中国广告》2000年第5期杂志相关页复印件，共2页。

请求人认为：附件1至附件3的公开日期均在本专利申请日之前，将其与本专利分别进行比较，本专利与附件1至附件3之间的差别仅在于支架与支架座连接处的形状，本专利为圆弧形，附件1至附件3的支架均为直线形，均属于局部的细微差别，应当宣告本专利无效。

专利复审委员会根据无效宣告请求审查程序的规定受理了该无效宣告请求，于2007年3月19日将无效宣告请求书和证据的副本转送给专利权人，限其在指定的期限内答复。并告知专利权人如逾期不答复，不影响专利复审委员会的审理。

专利权人于2007年4月19日向专利复审委员会递交了意见陈述书，专利权人针对无效宣告请求的理由进行意见陈述，其主要内容是：请求人提交的附件1至附件3均是复印件，不能直接反映出这些公司是否在该出版物上作过广告宣传，其上没有明确指明出版时间，且也不符合审查指南第二部分第三章第2.1.3节中对出版物公开的规定，并且附件1至附件3所公开的视图不完整，反映不清晰，设计要部不相同，对比的前提不适用，其与本专利不相近似，应当维持本专利有效。另外，专利权人提交了反证：

反证1是中华人民共和国广东省佛山市顺德区公证处作出的"（2006）佛顺内民证字第12156号"公证书复印件，共7页；

反证2是广东省佛山市中级人民法院"（2007）佛中法民知字初第64号"受理通知书复印件，共1页。

专利复审委员会于2007年6月14日向双方当事人发出《合议组成员告知通知书》，同时向双方当事人发出《无效宣告请求口头审理通知书》，定于2007年8月22日在专利复审委员会进行口头审理，还将专利权人于2004年4月19日提交的意见陈述转送给请求人。

口头审理如期举行，双方均委托代理人参加了口头审理。双方当事人对本案合议组成员无回避请求，对对方出庭人员的身份无异议。在口头审理过程中，请求人当庭提交了附件1至附件3的原件，认为虽然附件2南京必得灯箱组合系统有限公司的产品宣传广告页中未注明任何有关出版信息，但南京的电话号码在2002年11月已升位为八位（附件2中的电话号码为七位），且其中的一个广告牌中的广告词为"预祝1999昆明世界花卉与园艺博览会圆满成功"，因此，可推断出该广告宣传页的公开时间应该是在2002年之前；认为本专利与附件1至附件3中的广告灯箱的区别仅仅在于支架与支架座的连接形状，但这种区别属于细微差别，本专利与其分别相比较均应属于相近似的外观设计。本案合议组当庭将附件1至附件3原件转交给专利权人进行核实，专利权人对附件1和附件2的真实性有异议，认可附件3的真实性，认为附件1产品广告中有若干个日期，无法确定出版时间，且其上无出版号；附件2中的广告词和电话号码的升位均无法证明出版物的出版时间；认为本专利的支架是塑料整体注塑的连续结构，中部含有平面结构，广告灯箱可旋转，与附件1至附件3相比一般消费者很容易辨别，为不相同也不相近似的外观设计，应当维持本专利有效。专利权人针对请求人的主张当庭递交了"（2007）佛中法民知字初第64号"民事判决书，认为法院判决书中已经认定附件1至附件3与本专利相比均不相同也不相近似的外观设计，专利权人当庭声明放弃反证1。双方均坚持其原有主张。

在以上审理的基础上，本案合议组经合议，认为本案事实清楚，依法作出本审查决定。

二、决定的理由

1. 法律依据

根据请求人提出的无效宣告请求的理由和提交的证据，本案合议组依据专利法第23条的规定对本案进行审理。

专利法第 23 条规定："授予专利权的外观设计，应当同申请日以前在国内外出版物上公开发表过或者国内公开使用过的外观设计不相同和不相近似，并不得与他人在先取得的合法权利相冲突。"

2. 证据的认定

请求人提交的附件 1 是第四届广州国际广告展、第四届广州国际印刷及网印展览会、广州国际摄影器材及影像技术展览会会刊相关页复印件。请求人在口头审理时提交了该证据的整本原件，专利权人当庭核对了证据原件，认为在该会刊内记载有若干个日期，无法确定其是否为本专利申请日前的公开出版物。经合议组核实，在该会刊封底及部分广告页中所记载的日期为展览预告或征集参赛作品的广告，鉴于在该会刊的相关页已标明了 "本展会刊之内容由参展商及其代理提供"、"时间 2000 年 7 月 18 日至 21 日"、"地点 广州·中国出口商品交易会展览馆"、"主办单位 广州市广告协会 广东省印刷技术协会 广东省印刷设备及器材工业协会 广东省摄影家协会 科创展览有限公司" 等信息，并详细记载了展会的开放时间、日程安排和展会平面图及参展商名录等信息，因此，合议组对展览会会刊的真实性予以认定，同时也认定该会刊确系服务于此次展览会，并为在此次展览会上公开散发的出版物，其公开日期早于本专利申请日（2002 年 9 月 18 日），属于专利法第 23 条所规定的公开出版物，适用于本案。在该会刊广告页上登载有日美灯箱展示制作有限公司灯箱广告的外观设计（下称在先设计 1），由于其与本专利属于相同种类产品，故可以与本专利进行相近似比较。

请求人提交的附件 2 是中德合资南京必得灯箱组合系统有限公司的产品宣传广告页复印件。请求人在口头审理时提交了附件 2 的原件，附件 2 的封页上印有该公司的联系方法，其中电话号码为七位（请求人称该地区电话号码已于 2002 年 11 月升位为八位），另外，在广告页有一长条形广告牌，牌上标注有 "预祝 1999 昆明世界花卉与园艺博览会圆满成功" 的广告词，请求人认为根据其上记载的这些信息可推出附件 2 公开时间在本专利申请日之前。合议组认为：附件 2 所记载的信息只能表示中德合资南京必得灯箱组合系统有限公司曾制作过有关 "预祝 1999 昆明世界花卉与园艺博览会圆满成功" 的广告牌，但不能证明该广告页的印制及公开发行时间，附件 2 产品宣传广告页类的证据在印制上有一定的随意性，在其上没有印刷日期也没有公开出版的时间，请求人又没有提交其他佐证证明该证据的印刷时间和向公众公开的时间，且专利权人对该证据的真实性、合法性有异议的情况下，仅以该地区电话升位时间和广告词不能推定出其印刷时间是在本专利申请日之前，更不能证明该产品广告宣传页在本专利申请日之前已为公众所知，附件 2 不属于专利法第 23 条所规定的公开出版物，因此，该证据不能作为本案认定事实的依据，本案不予采信。

附件 3 是《中国广告》2000 年第 5 期杂志相关页复印件。请求人于口头审理中提交了该证据的完整原件，专利权人当庭核对了证据原件，对该证据的真实性无异议，经合议组核实，在该证据封面上记载有 "总 85 期 2000.5"、"ISSN 1005-9156" 等文字，目录页标注有 "国内统一刊号：CN31-1174、出版日期：2000 年 10 月、广告经营许可证号：3101014000003"，其公开日期早于本专利的申请日（2002 年 9 月 18 日），属于专利法第 23 条规定的公开出版物，适用于本案。该杂志广告页上公开了胶州市建华广告有限公司三圆式灯的外观设计（下称在先设计 2），由于其与本专利属于相同种类产品，故可以与本专利进行相近似比较。

3. 相同和相近似的比较

本专利是广告灯箱的外观设计，该产品由灯箱和支架体二部分组成，从各视图观察，灯箱为圆形，两侧面略向外凸呈鼓状，中部有支撑柱与支架相连；支架体是由半圆形支架、弧形支柱和梯形底座组成（详见本专利附图）。

在先设计 1 是广告灯箱的外观设计，该产品由灯箱和支架体二部分组成，灯箱为扁圆形，中部有支撑柱与支架相连；支架体是由半圆形支架、两平行圆管支柱和长形板条支架座组成（详见在先设计1附图）。

在先设计2是广告灯箱的外观设计，该产品由灯箱和支架体二部分组成，灯箱为圆形，中部有支撑柱与支架相连；支架体是由半圆形支架和十字金属管底座组成，并与灯箱体相连（详见在先设计2附图）。

将本专利与在先设计1相比较，合议组认为：二者的灯箱虽然均采用了圆形设计，支架均为半圆形设计，但支柱和底座的设计存在着明显的差别，本专利为弧形支柱和梯形底座，在先设计1为两平行圆管支柱和长形条板底座，从整体观察，其与广告灯箱和支架所组成的产品整体形状，对一般消费者的整体视觉效果具有显著的影响，致使一般消费者很容易将二者区分开，因此，本专利与在先设计1属于不相同也不相近似的外观设计。

将本专利与在先设计2相比较，合议组认为：二者的灯箱虽然均采用了圆形设计，支架均为半圆形设计，但支柱和底座的设计存在着明显的差别，本专利为弧形支柱和梯形底座，在先设计2为十字金属管底座，从整体观察，其与广告灯箱和支架所组成的产品整体形状，对一般消费者的整体视觉效果具有显著的影响，致使一般消费者很容易将二者区分开，因此，本专利与在先设计2属于不相同也不相近似的外观设计。

专利权人所提交的反证2广东省佛山市中级人民法院"（2007）佛中法民知字初第64号"受理通知书和当庭提交的"（2007）佛中法民知字初第64号"民事判决书与前述事实认定无关，不作评述。

综上所述，请求人提交的证据不能证明本专利不符合专利法第23条的规定，本案请求人提供的证据均不能支持其主张，其无效宣告请求的理由不成立。

请求人对其提出的请求宣告专利权无效的主张有责任提供充分的证据，如果其提供的证据不充分，请求人应承担其主张不能成立的法律后果。

三、决定

维持02361730.6号外观设计专利权有效。

当事人对本决定不服的，可以根据专利法第46条第2款的规定，自收到本决定之日起三个月内向北京市第一中级人民法院起诉。根据该款的规定，一方当事人起诉后，另一方当事人应当作为第三人参加诉讼。

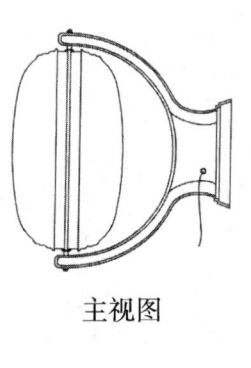
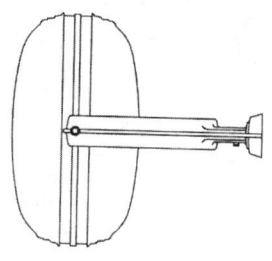

主视图　　　　　　俯视图

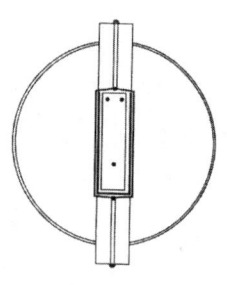
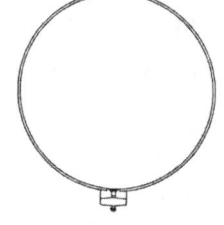

左视图　　　　　　右视图

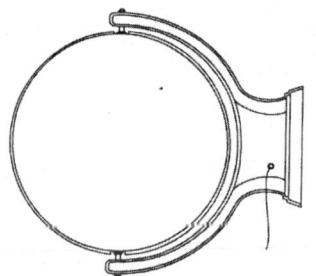

使用状态主视图

本专利附图

在先设计1附图　　　在先设计2附图

3775

笔（绿白）

无效宣告请求审查决定（第10500号）

决 定 号	第10500号
决 定 日	2007年9月3日
发明创造名称	笔（绿白）
外观设计分类号	19-06
无效宣告请求人	普罗迪尔公司
专 利 权 人	周为民，林伟根
专 利 号	200430082638.1
申 请 日	2004年9月28日
授权公告日	2005年8月17日
合议组组长	吴赤兵
主 审 员	张 凌
参 审 员	李巍巍
附 图	1页
法 律 依 据	专利法第9条

决 定 要 点

请求人提交的在先设计为由他人在本专利申请日前申请、在本专利申请日后公开的外观设计，其外观设计产品与本专利属于相同种类的产品；本专利各部分和整体的形状与在先设计均相同，因此本专利与在先设计属于相同的外观设计，本专利不符合专利法第9条的规定。

一、案由

本无效宣告请求涉及国家知识产权局于2005年8月17日授权公告的名称为"笔（绿白）"的200430082638.1号外观设计专利权，其申请日为2004年9月28日，专利权人为周为民、林伟根。

针对上述专利权（下称本专利），普罗迪尔公司（下称请求人）于2006年8月29日向专利复审委员会提出无效宣告请求，理由是本专利与200330124551.1号外观设计专利公告、日本1217869号外观设计专利公告及美国D495743号外观设计专利公告中所示的外观设计构成相近似的外观设计，因而不符合专利法第23条和专利法实施细则第13条第1款的规定。请求人同时提交如下附件作为证据：

附件1：本专利外观设计公告复印件（共1页）；

附件2：200330124551.1号外观设计公告复印件，申请日为2003年12月4日、优先权日为2003

年9月4日、授权公告日为2004年12月15日（共1页）；

附件3：JP1217869著录项目及外观图形复印件（共4页）；

附件4：US D495743著录项目及外观图形复印件（共9页）。

经形式审查合格后，专利复审委员会依法受理了上述无效宣告请求，并于2006年11月22日将无效宣告请求书及相关文件的副本转给专利权人，要求其在指定的期限内答复。专利权人未在指定的期限内陈述意见。

2007年2月5日专利复审委员会向双方当事人发出合议组成员告知通知书。在规定的期限内双方当事人均未答复，视为对合议组成员无回避请求。

2007年7月3日，专利复审委员会向无效宣告请求人发出无效宣告请求审查通知书，要求其将请求宣告本专利的无效理由从专利法实施细则第13条第1款变更为专利法第9条。

2007年7月10日无效宣告请求人提交了答复意见，同意将请求无效宣告的理由变更为专利法第9条。

2007年7月18日，专利复审委员会将无效宣告请求人的上述答复意见转送专利权人。专利权人在规定的期限内未进行答复，视为其已经得知请求无效宣告的理由、证据以及变更后的无效宣告理由，并且未提出反对意见。

在上述审理的基础上，合议组经合议，认为本案事实清楚，依法作出本审查决定。

二、决定的理由

1. 法律依据

基于请求人提出无效宣告请求所依据的理由和证据，合议组对本专利是否符合专利法第23条和专利法第9条的规定进行审查。

专利法第23条规定，授予专利权的外观设计，应当同申请日以前在国内外出版物上公开发表过或者国内公开使用过的外观设计不相同和不相近似，并不得与他人在先取得的合法权利相冲突。

专利法第9条规定，两个以上的申请人分别就同样的发明创造申请专利的，专利权授予最先申请的人。

2. 关于专利法第9条

请求人提交的附件2是专利号为200330124551.1的外观设计公告复印件，本案合议组经核实，该专利的申请日是2003年12月4日、优先权日是2003年9月4日、授权公告日是2004年12月15日，授权公告号为CN3412212D，使用外观设计的产品名称为"笔"，专利权人为普罗迪尔公司，与外观设计公告原件一致，真实性可以确定。附件2的申请日早于本专利的申请日（2004年9月28日）、授权公告的时间晚于本专利的申请日，并且附件2的申请人与本专利的申请人不同，属于他人在本专利申请日前申请、在本专利申请日之后授权公告的外观设计专利，因此可适用专利法第9条的规定评价本专利的可专利性。

附件2（下称在先设计）与本专利都是笔，其与本专利属于相同种类的产品，故将其与本专利进行如下相同、相近似对比。

本专利所示笔由笔嘴、笔身和由笔身上部伸出的笔夹三部分组成，其中笔嘴大致呈由上到下直径逐渐缩小的圆台形、与笔身中部平滑连接、两部分连接处的直径大致相等；笔身中部长直、截面呈圆形、与笔身上部平滑连接、两部分连接处的直径大致相等，笔身上部至顶部直径逐渐缩小、顶部大致呈圆头状并略高于笔夹；位于笔身上部与中部连接处并由笔身上部伸出的笔夹大致呈长椭圆形（详见本专利附图）。

在先设计所示笔由笔嘴、笔身和由笔身上部伸出的笔夹三部分组成，其中笔嘴呈由上到下直径逐渐缩小的圆台形、与笔身中部平滑连接、两部分连接处的直径相配合；笔身中部长直、截面呈圆形、与笔身上部平滑连接、两部分连接处的直径相配合，笔身上部至顶部直径逐渐缩小、顶部大致呈圆头状并略高于笔夹；位于笔身上部与中部连接处并由笔身上部伸出的笔夹大致呈长椭圆形（详见在先设计附图）。

本专利与在先设计均由笔头、笔身和由笔身上部伸出的笔夹三部分组成，三部分的形状相同，二者整体都大致呈两端直径较小、中部直径较大的长椭圆形，因此本专利与在先设计属于相同的外观设计，根据审查指南的相关规定，同样的发明创造对于外观设计而言，是指外观设计相同或者相近似。本专利不符合专利法第9条的规定。

3. 鉴于本专利与在先设计相比较已得出二者是相近似的结论，故本合议组对请求人提出的其他理由和证据不再作出评述

三、决定

宣告 200430082638.1 号外观设计专利权无效。

当事人对本决定不服的，可以根据专利法第 46 条第 2 款的规定，自收到本决定之日起三个月内向北京市第一中级人民法院起诉。根据该款的规定，一方当事人起诉后，另一方当事人应当作为第三人参加诉讼。

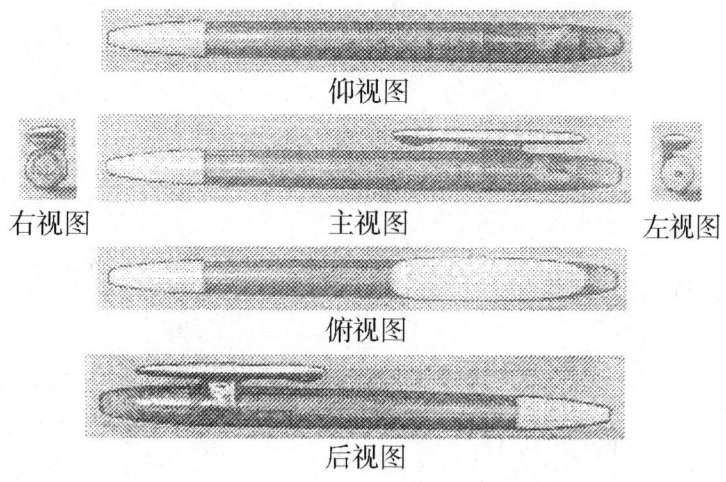

本专利附图

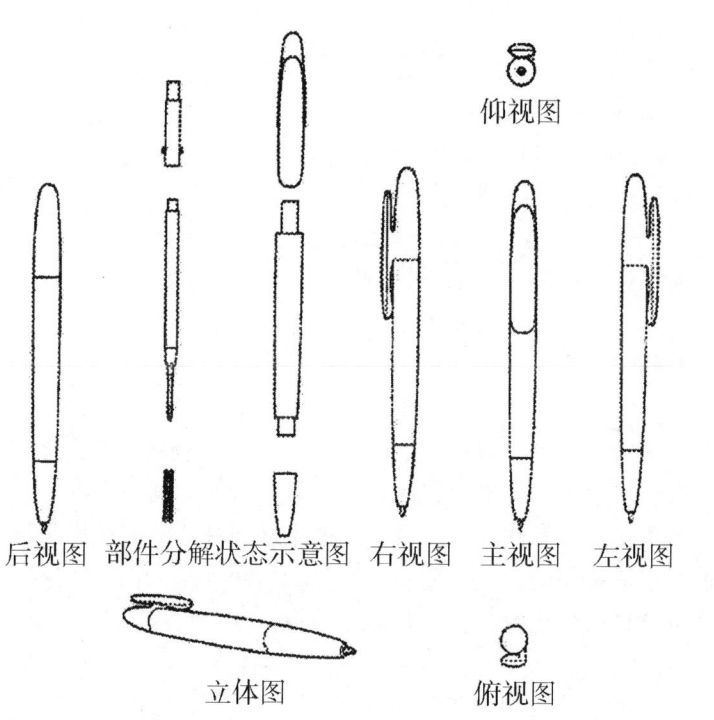

在先设计

包装袋（水煮活鱼）

无效宣告请求审查决定（第 10501 号）

决 定 号	第 10501 号
决 定 日	2007 年 9 月 17 日
发明创造名称	包装袋（水煮活鱼）
外观设计分类号	09-05
无效宣告请求人	江贵勇
专 利 权 人	张荣容
专 利 号	02336419.X
申 请 日	2002 年 10 月 14 日
授 权 公 告 日	2003 年 4 月 23 日
合 议 组 组 长	徐清平
主 审 员	周佳
参 审 员	李巍巍
法 律 依 据	专利法第 23 条

决 定 要 点

专利权人在其递交的注册商标争议裁定申请书中自认了本专利在申请日前由嘉泰公司公开使用，其后才申请了外观设计专利的事实。如果专利权人否认其申请的专利与嘉泰公司在先使用的为同一包装袋，则应举证以证明该主张，但是其未能对所主张事实进行举证，应承担举证不能的不利后果。且其他证据材料中所证明的包装袋印刷、产品受检、产品销售事实均可与专利权人自认事实相互印证，足以认定本专利已经在申请日前公开使用，因此本专利不符合专利法第 23 条的规定。

一、案由

本无效宣告请求涉及的是 2003 年 4 月 23 日国家知识产权局授权公告的 02336419.X 号外观设计专利，使用该外观设计的产品名称为"包装袋（水煮活鱼）"，其申请日为 2002 年 10 月 14 日，专利权人为张荣容。

针对上述外观设计专利（下称本专利），2007 年 1 月 22 日江贵勇（下称请求人）向专利复审委员会提出无效宣告请求，其理由是本专利不符合专利法第 23 条的规定。请求人认为专利权人于 2005 年 4 月 6 日向国家工商行政管理总局商标评审委员会（下称国家工商总局商标评审委员会）提出编号为 200502046 的注册商标争议裁定申请，在其递交的文件中，专利权人本人及其代理人都明确承认，本专利申请日之前，即最早在 2002 年 3 月 21 日，专利权人任法人代表的永川市嘉泰实业有限公司

（下称嘉泰公司）已经开始使用本专利，且其提交的文件中各项材料互相印证，清楚表明了本专利在申请日前已由嘉泰公司在商业活动中公开使用的事实。请求人提交了如下附件作为证据：

附件1：《注册商标争议裁定申请书》复印件，共34页，内附

　　附件1-1：注册商标争议裁定申请书，第1~2页，

　　附件1-2：注册商标争议申请材料目录，第3页，

　　附件1-3：商标评审代理委托书，第4页，

　　附件1-4：申请人身份证复印件，第5页，

　　附件1-5：共同申请人营业执照复印件，第6页，

　　附件1-6：注册商标争议裁定申请书（正文），第7~13页，

　　附件1-7：证据材料目录，第14页，

　　附件1-8：专利证书及公告，第15~16页，

　　附件1-9：专利许可使用书，第17页，

　　附件1-10：著名商标证书，第18页，

　　附件1-11：产品检验报告书，第19~22页，

　　附件1-12：机构名称更名的批复，第23页，

　　附件1-13：公证书，第24~28页，

　　附件1-14：销售合同书，第29~30页，

　　附件1-15：产品销售发票，第31页，

　　附件1-16：购进包装发票，第32页，

　　附件1-17：被查封的情况，第33页，

　　附件1-18：查封情况证明人的身份证明，第34页。

附件2：国家工商总局商标评审委员会于2005年7月27日发出的《商标争议答辩通知书》复印件，共1页。

2007年1月29日，请求人提交了请求收集证据申请书，指出请求人只有附件1的副本，而其正本在国家工商总局商标评审委员会保存，请求由专利复审委员会收集上述证据的原件。

经形式审查合格后，专利复审委员会受理了上述无效宣告请求，于2007年2月28日向双方当事人发出无效宣告请求受理通知书，并将无效宣告请求书及其附件转送给专利权人，要求其在指定期限内答复。

2007年4月7日专利权人提交意见陈述书，指出其在证据1中提及"水煮活鱼"包装袋于2002年3月开始使用，并非指对于本专利所涉及的包装袋的使用，而是强调专利权人已经拥有的两种在先权利，即（1）专利权人对"水煮活鱼"四个汉字的在先使用，（2）专利权人拥有02336419.X号外观设计专利权。该两种权利之间没有关联性，证据1仅能够证明专利权人在先使用了"水煮活鱼"四个汉字，而不能证明本专利于申请日前公开，因此本专利符合专利法第23条的规定。

专利复审委员会于2007年5月9日向双方当事人发出口头审理通知书，定于2007年6月19日对本案进行口头审理，并随口头审理通知书将专利权人提交的意见陈述书转送给请求人。

口头审理如期举行，请求人和专利权人均委托代理人出席了口头审理。双方对对方出庭人员的资格和身份无异议，对合议组成员没有回避请求。在口头审理中，请求人出示了附件1的原件，即《注册商标争议裁定申请书》的副本，专利权人对附件1的真实性予以认可，承认其确为专利权人向国家工商总局商标评审委员提起商标争议裁定申请时递交的材料。请求人指出，附件1~6商标争议材料申请书正文中主语涉及的均为包装袋（水煮活鱼），专利权人的叙述中承认了2002年使用过这种包

装袋，且包装袋开发出来就销售了；附件1~16的增值税发票和清单印证了在2002年3月28日之前印刷了此包装袋；附件1~13公证书中的产品销售合同书和销货清单显示了嘉泰公司与其他公司的销售行为，附件1~11产品检验报告书的卫生检测结果报告单的出具时间为2002年4月11日，均可证明本专利在其申请日前已经公开使用了；本专利主视图上所示包装袋的名称是水煮活鱼，产品左下方印有净含量150克，即可证明其与上述其他证据之间的关联性。专利权人则认为，商标争议裁定案件中涉及的仅为"水煮活"这三个字，而本专利是由形状、图案和色彩组合形成的包装袋外观设计，专利权人在商标争议裁定申请书中表示的意思为其在本专利申请日前已经使用了"水煮活"这三个字，而并不是说使用了与本专利相同或者相近似的包装袋，专利权人设计的包装袋有很多种，2002年3月在先使用的包装袋与本专利并不相同。请求人随即指出，专利权人称包装袋的设计经过修改，应该予以举证。

在双方当事人意见陈述及口头审理的基础上，合议组经合议，认为本案事实清楚，依法作出本审查决定。

二、决定的理由

1. 法律依据

基于请求人提出的无效宣告请求理由，合议组依据专利法第23条对本案进行审理。

专利法第23条规定：授予专利权的外观设计，应当同申请日以前在国内外出版物上公开发表过或者国内公开使用过的外观设计不相同和不相近似，并不得与他人在先取得的合法权利相冲突。

2. 证据和事实的认定

请求人提交的附件1《注册商标争议裁定申请书》，是专利权人向国家工商总局商标评审委员会提出注册商标争议裁定申请时自行递交的材料，且专利权人在口头审理中对其真实性予以认可，故可以确认附件1中所附各项材料的真实性。

附件1~5为嘉泰公司的企业法人营业执照（副本）复印件，其上记载法定代表人为张荣容，对专利权人张荣容的主体资格可予以确认。

附件1~6注册商标争议裁定申请书正文中，专利权人指出张荣容为嘉泰公司法人代表，并在第8页第10~19行进行了如下叙述："自然人张荣容……于2002年10月14日向国家知识产权局申请了包装袋（水煮活鱼）的外观设计专利……2003年4月25日张荣容许可嘉泰公司无偿使用该专利。"、"嘉泰公司的包装袋（水煮活鱼）在2002年3月就开始使用了，由经公证的销售合同、发票等均可以证实嘉泰公司最早使用该包装袋时间为2002年3月21日。并且，嘉泰公司法人张荣容申请包装袋（水煮活鱼）专利的时间为2002年10月14日……很明显可以看出嘉泰的包装袋（水煮活）无论是其最早使用时间还是张荣容专利申请时间均早于江贵勇申请注册商标的时间，由此可以证明张荣容对包装袋（水煮活鱼）拥有合法的在先专利权，同样嘉泰公司对包装袋（水煮活鱼）也享有合法的使用权。"合议组认为，结合上下文理解，附件1~6第8页第15行的"包装袋（水煮活）"在此应为笔误，疏漏了"鱼"字，即正确表达应为包装袋（水煮活鱼）；在专利权人的上述论述中，多次出现了"包装袋（水煮活鱼）"，从语义上理解其所指均为同一产品，尤其是"包装袋（水煮活）无论是……还是……"、"同样……对包装袋（水煮活鱼）也……"中"无论是"、"还是"、"同样"、"也"连词与主语的结合使用，均不会使人产生张荣容申请的和嘉泰公司使用的为两种不同的包装袋的理解。另外，在申请书正文中还有相关类似的论述：第10页第1~5行"在2002年，张荣容和嘉泰公司也曾向有关单位咨询注册第30类的'水煮活鱼'商标……为了更好的保护自己的权利，嘉泰公司的法人张荣容才以自然人名义申请了包装外观设计专利"、第8页第22行"江贵勇申请注册的商标'水煮活'与张荣容的包装袋外观设计的显著部分——文字的字体和排列都极为相似"、第12页第15~17行"江贵勇注册'水煮活'商标……与嘉泰牌'水煮活鱼'包装袋外观的显著部分十分近似",专利权人的上述论述显然已经自认了本专利包装袋（水煮活鱼）外观设计早在其申请日前就由嘉泰公司公开使用，之后又由嘉泰公司的法人张荣容申请了外观设计专利的事实。虽然专利权人辩称，其在附件1~6中表述的意思为嘉泰公司仅在先使用了"水煮活"的文字，张荣容申请的包装袋与嘉泰公司在先使用的包装袋并不相同，但该观点与附件1~6书面文字中表达的含义不相一致，在此情况下，专利权人应举证证明其主张，即嘉泰公司在先使用的带有"水煮活"文字的包装袋的具体外观，由于本案涉及的外观设计为专利权人本人和所属公司的产品，专利权人易于举证，但是其未能对所主张事实进行举证，应承担举证不能的不利后果，即专利权人已经自认了本专利在申请日前公开使用的事实。

附件1~16为嘉泰公司与重庆金时塑料包装制品厂的销货清单和增值税发票，增值税发票上显示了2002年3月28日嘉泰公司就"塑料包装袋一批"付款给重庆金时塑料包装制品厂，款项金额为57644.2元，与该款项金额一致的销货清单上，商品名称栏内印有"150g水煮活鱼"，且销货清单和增值税发票上均盖有重庆金时塑料包装制品厂发票专用章，可证明在本专利申请日前嘉泰公司印制了一批"150g水煮活鱼"包装袋制品。

附件1~11为永川市卫生防疫站于2002年4月24日出具的卫生检验报告书，其上显示受检单位为嘉泰公司，检品名称为"水煮活鱼底料"，样品数量为"150g×6"，样品包装为"袋装"，可证明在本专利申请日前嘉泰公司的规格为150g的"水煮活鱼底料"产品由永川市卫生防疫站进行了卫生检验。

附件1~13为重庆永川市公证处出具的（2004）渝永证字第851号公证书，其内容为（1）嘉泰公司于2002年3月21日与陕西鹤松贸易有限公司签订的产品销售合同书，合同第2条产品品种、规格、价格栏内编号05号为"150g水煮活鱼"，（2）嘉实公司与成都市成华区十里科达实用技术研究所的销货清单和增值税发票，增值税发票的开票日期为2002年4月29日，货物名称为"调味品"，金额为27251元，销货清单的金额合计与发票一致，其商品名称栏内记载有"150g水煮活鱼"。附件1~13的（1）产品销售合同书和（2）销货清单及增值税发票经过公证机关公证，均可以证明在本专利申请日前嘉泰公司规格为"150g水煮活鱼"的产品分别销售给了上述两家公司。

合议组认为，本专利的外观设计为包装袋，其主视图左部区域竖向印有"水煮活鱼"四字，"鱼"字右侧印有较小的"底料"两字，包装袋下方的文字以横线进行了涂覆，但仍可清晰看到其内容为"净含量：150g"、"重庆永川市嘉泰实业有限公司"，该内容均与附件1~6、1~11、1~13和1~16中涉及的包装袋名称和规格相吻合，专利权人在注册商标争议裁定申请中递交的文件中已经自认了本专利在申请日公开使用过的事实，且附件1~11、1~13和1~16中证明的"150g水煮活鱼"的包装袋印刷、产品受检、产品销售行为均可与该事实互相印证，因此，足以认定本专利所示包装袋外观设计已于申请日前公开使用的事实。

综上所述，由于本专利已于申请日前公开使用，因此不符合专利法第23条的规定。

鉴于已得出本专利不符合专利法第23条规定的结论，本决定对请求人提交的其他证据不再作出评述。

三、决定

宣告02336419.X号外观设计专利权全部无效。

当事人对本决定不服的，可以根据专利法第46条第2款的规定，自收到本决定之日起三个月内向北京市第一中级人民法院起诉。根据该款的规定，一方当事人起诉后，另一方当事人应当作为第三人参加诉讼。

北京市第一中级人民法院
行政判决书

(2008) 一中行初字第36号

原告张荣容，女，1954年4月2日出生，汉族，重庆市永川嘉泰实业有限公司总经理，住重庆市永川市胜利路办事处西外老街267号。

委托代理人张志勇，男，北京集拓知识产权代理有限公司知识产权代理人。

委托代理人潘镇，男，北京集拓知识产权代理有限公司知识产权代理人。

被告国家知识产权局专利复审委员会，住所地北京市海淀区北四环西路9号银谷大厦10~12层。

法定代表人廖涛，副主任。

委托代理人周佳，女，国家知识产权局专利复审委员会审查员。

委托代理人张鹏，男，国家知识产权局专利复审委员会审查员。

第三人江贵勇。

原告张荣容不服被告国家知识产权局专利复审委员会（以下简称专利复审委）作出的无效宣告请求审查决定，向本院提起行政诉讼。本院受理后，依法组成合议庭，并依法通知与被诉具体行政行为有利害关系的江贵勇参加诉讼。本院于2008年5月4日公开开庭审理了本案。原告张荣容的委托代理人潘镇，被告专利复审委的委托代理人周佳、张鹏到庭参加了诉讼，第三人江贵勇经本院公告传唤，未到庭参加诉讼。本案现已审理终结。

2007年9月17日，被告作出第10501号无效宣告请求审查决定（以下简称第10501号决定），依据《中华人民共和国专利法》（以下简称《专利法》）第二十三条的规定，宣告第02336419.X号外观设计专利权（以下简称本专利）全部无效。

被告于答辩期内向本院提交了作出被诉具体行政行为的证据材料：（1）注册商标争议裁定申请书复印件（即第10501号决定中的证据1）；（2）口头审理记录表（附页）复印件；（3）本专利公报复印件。上述证据用以证明被诉决定认定事实清楚，适用法律正确，审理程序合法。

原告张荣容诉称：（1）被诉决定认定事实不清。被告在无效决定中认定"……专利权人的上述论述显然已经自认了本专利包装袋（水煮活鱼）外观设计早在其申请日前就由永川市嘉泰实业有限公司（以下简称嘉泰公司）公开使用……"但被告作出此决定时未就申请前的包装袋式样和本专利进行对比。在被告审查原告专利权效力时，原告未提交申请前使用的包装袋式样证据的原因是申请前使用的包装袋是在2002年开发并使用的，到2007年第三人申请本专利无效时已经有五年的时间了，中间间隔时间较长，且原告的包装袋用量大，加上当时未留底存样，导致在被告审查时无法提交该证据。在被告作出被诉决定后才找到申请前包装袋的设计定稿照片，所以在诉讼中提交此照片作为证明原告在申请前使用的包装袋式样的证据。对比申请前后的包装袋会发现，申请前的包装袋与本专利之间有8处显而易见的不同点。原告对原来使用的包装袋进行了大幅度修改，申请前的包装袋和本专利存在的区别正是本专利新颖性的表现。被告宣告本专利无效的依据仅仅是原告在商标争议中所陈述的在专利申请前使用"水煮活鱼"包装袋的材料，未要求第三人举证，也未对申请前后的区别加以区分，因此被告作出的第10501号决定依据的证据不足。因为申请前的包装袋名称和本专利包装袋名称都是"水煮活鱼"，原告在商标争议和无效审查时所说的申请本专利之前就开始使用的包装袋"水煮活鱼"是指未进行修改的包装袋，而本专利使用的设计是进行多处修改后的包装袋。此外，被告对附件1-11、1-13、1-16的判断犯了同样的错误，即在没有比较申请前后差别的情况下就得出了本专利申请日前公开使用的结论。（2）被告的审查程序错误。在无效审查程序中，被告要求原告就第三人的主张举证，明显违反了《中华人民共和国专利法实施细则》第六十四条的规定。第三人向被告申请本专利无效时，对本专利与嘉泰公司在先使用的为同一包装袋负有举证责任，应当向被告提交证明自己主张的必要证据。当第三人无法举证时，其申请应当被驳回，而不是实行举证责任倒置，由原告承担举证责任。综上，第10501号决定认定事实不清，程序错误，请求法院予以撤销。

原告向法院提交了如下证据：（1）原告在本专利申请日前使用的包装袋照片复印件；（2）原告获得本专利后印制的包装袋复印件。上述证据用以证明原告在本专利申请日前使用的包装袋与本专利存在区别。

被告专利复审委辩称，在无效宣告请求中，根据原告在注册商标争议裁定申请书中的所述的内容，合议组认为其已经自认了本专利于申请日前公开使用，其后才申请了外观设计专利的事实，且争议裁定申请书中所附各项材料所显示的包装袋印刷、产品受检、产品销售行为均可与该事实相互印证。原告对于本人及其所属公司的产品，易于举证，虽然其主张在先使用的与在后申请的不是同一包装袋，但在无效程序中并未提交其所称不同的包装袋。此外，原告在诉讼中提交的证据未能在无效程序中提交，不应作为诉讼证据。综上，请求驳回原告的诉讼请求，维持第10501号决定。

经庭审质证，原告对被告证据的关联性、合法性、真实性无异议，但不同意其证明作用；被告对原告证据2予以认可，但是对原告证据1的关联性、合法性、真实性均不认可。

经审查，被告及原告提交的证据2与本案具有关联性，且合法、真实，本院予以确认。原告提交的证据1为照片复印件，因其未提交其原件，故其真实性无法确认，且原告未明确该证据来源，故本院不予采纳。

经审理查明，本无效宣告请求涉及的是2003年4月23日国家知识产权局授权公告的02336419.X号外观设计专利（即本专利），使用该外观设计的产品名称为"包装袋（水煮活鱼）"，其申请日为2002年10月14日，专利权人为本案原告。

针对上述外观设计专利，2007年1月22日本案第三人向被告提出无效宣告请求，其理由是本专利不符合《专利法》第二十三条的规定。第三人认为原告于2005年4月6日向国家工商行政管理总局商标评审委员会（以下简称商标评审委员会）提出编号为200502046的注册商标争议裁定申请，在其递交的文件中，原告本人及其代理人都明确承认，本专利申请日之前，即最早在2002年3月21日，原告任法人代表的嘉泰公司已经开始使用本专利，且其提交的文件中各项材料互相印证，清楚表明了本专利在申请日前已由嘉泰公司在商业活动中公开使用的事实。第三人提交了如下附件作为证据：

附件1：《注册商标争议裁定申请书》复印件，共34页，内附

  附件1-1：注册商标争议裁定申请书，第1~2页，

  附件1-2：注册商标争议申请材料目录，第3页，

  附件1-3：商标评审代理委托书，第4页，

  附件1-4：申请人身份证复印件，第5页，

  附件1-5：共同申请人营业执照复印件，第6页，

  附件1-6：注册商标争议裁定申请书（正文），第7~13页，

  附件1-7：证据材料目录，第14页，

  附件1-8：专利证书及公告，第15~16页，

  附件1-9：专利许可使用书，第17页，

  附件1-10. 著名商标证书，第18页，

  附件1-11 产品检验报告书，第19~22页，

附件1-12. 机构名称更名的批复，第23页，

附件1-13. 公证书，第24~28页，

附件1-14. 销售合同书，第29~30页，

附件1-15. 产品销售发票，第31页，

附件1-16. 购进包装发票，第32页，

附件1-17. 被查封的情况，第33页，

附件1-18. 查封情况证明人的身份证明，第34页。

附件2：商标评审委员会于2005年7月27日发出的《商标争议答辩通知书》复印件，共1页。

2007年1月29日，第三人提交了请求收集证据申请书，指出第三人只有附件1的副本，而其正本在商标评审委员会保存，请求由被告收集上述证据的原件。

经形式审查合格后，被告受理了上述无效宣告请求，于2007年2月28日向双方当事人发出无效宣告请求受理通知书，并将无效宣告请求书及其附件转送给原告，要求其在指定期限内答复。

2007年4月7日原告提交意见陈述书，指出其在证据1中提及"水煮活鱼"包装袋于2002年3月开始使用，并非指对于本专利所涉及的包装袋的使用，而是强调原告已经拥有的两种在先权利，即(1)原告对"水煮活鱼"四个汉字的在先使用，(2)原告拥有02336419.X号外观设计专利权。该两种权利之间没有关联性，证据1仅能够证明原告在先使用了"水煮活鱼"四个汉字，而不能证明本专利于申请日前公开，因此本专利符合《专利法》第二十三条的规定。

被告于2007年5月9日向双方当事人发出口头审理通知书，定于2007年6月19日对本案进行口头审理，并随口头审理通知书将原告提交的意见陈述书转送给第三人。

口头审理如期举行，第三人和原告均委托代理人出席了口头审理。双方对对方出庭人员的资格和身份无异议，对合议组成员没有回避请求。在口头审理中，第三人出示了附件1的原件，即《注册商标争议裁定申请书》的副本，原告对附件1的真实性予以认可，承认其确为原告向商标评审委员提起商标争议裁定申请时递交的材料。第三人指出，附件1-6商标争议材料申请书正文中主语涉及的均为包装袋（水煮活鱼），原告的叙述中承认了2002年使用过这种包装袋，且包装袋开发出来就销售了；附件1-16的增值税发票和清单印证了在2002年3月28日之前印刷了此包装袋；附件1-13公证书中的产品销售合同书和销货清单显示了嘉泰公司与其他公司的销售行为，附件1-11产品检验报告书的卫生检测结果报告单的出具时间为2002年4月11日，均可证明本专利在其申请日前已经公开使用了；本专利主视图上所示包装袋的名称是水煮活鱼，产品左下方印有净含量150克，即可证明其与上述其他证据之间的关联性。原告则认为，商标争议裁定案件中涉及的仅为"水煮活"这三个字，而本专利是由形状、图案和色彩组合形成的包装袋外观设计，原告在商标争议裁定申请书中表示的意思为其在本专利申请日前已经使用了"水煮活"这三个字，而并不是说使用了与本专利相同或者相近似的包装袋，原告设计的包装袋有很多种，2002年3月在先使用的包装袋与本专利并不相同。第三人随即指出，原告称包装袋的设计经过修改，应该予以举证。

被告经审查认为：

第三人提交的附件1《(注册商标争议裁定申请书》，是原告向商标评审委员会提出注册商标争议裁定申请时自行递交的材料，且原告在口头审理中对其真实性予以认可，故可以确认附件1中所附各项材料的真实性。

附件1-5为嘉泰公司的企业法人营业执照（副本）复印件，其上记载法定代表人为张荣容，对原告张荣容的主体资格可予以确认。

附件1-6注册商标争议裁定申请书正文中，原告指出张荣容为嘉泰公司法人代表，并在第8页第

10~19行进行了如下叙述：

"自然人张荣容……于2002年10月14日向国家知识产权局申请了包装袋（水煮活鱼）的外观设计专利……2003年4月25日张荣容许可嘉泰公司无偿使用该专利。"、"嘉泰公司的包装袋（水煮活鱼）在2002年3月就开始使用了，由经公证的销售合同、发票等均可以证实嘉泰公司最早使用该包装袋时间为2002年3月21日。并且，嘉泰公司法人张荣容申请包装袋（水煮活鱼）专利的时间为2002年10月14日……很明显可以看出嘉泰的包装袋（水煮活）无论是其最早使用时间还是张荣容专利申请时间均早于江贵勇申请注册商标的时间，由此可以证明张荣容对包装袋（水煮活鱼）拥有合法的在先专利权，同样嘉泰公司对包装袋（水煮活鱼）也享有合法的使用权。"被告认为，结合上下文理解，附件1-6第8页第15行的"包装袋（水煮活）"在此应为笔误，疏漏了"鱼"字，即正确表达应为包装袋（水煮活鱼）；在专利权人的上述论述中，多次出现了"包装袋（水煮活鱼）"，从语义上理解其所指应均为同一产品，尤其是"包装袋（水煮活）无论是……还是……"、"同样……对包装袋（水煮活鱼）也……"中"无论是"、"还是"、"同样"、"也"连词与主语的结合使用，均不会使人产生张荣容申请的和嘉泰公司使用的为两种不同的包装袋的理解。另外，在申请书正文中还有相关类似的论述：第10页第1~5行"在2002年，张荣容和嘉泰公司也曾向有关单位咨询注册第30类的'水煮活鱼'商标……为了更好的保护自己的权利，嘉泰公司的法人张荣容才以自然人名义申请了包装外观设计专利。"、第8页第22行"江贵勇申请注册的商标'水煮活'与张荣容的包装袋外观设计的显著部分——文字的字体和排列都极为相似"、第12页第15~17行"江贵勇注册'水煮活'商标……与嘉泰牌'水煮活鱼'包装袋外观的显著部分十分近似"，原告的上述论述显然已经自认了本专利包装袋（水煮活鱼）外观设计早在其申请日前就由嘉泰公司公开使用，之后又由嘉泰公司的法人张荣容申请了外观设计专利的事实。虽然原告辩称，其在附件1-6中表述的意思为嘉泰公司仅在先使用了"水煮活"的文字，张荣容申请的包装袋与嘉泰公司在先使用的包装袋并不相同，但该观点与附件1-6书面文字中表达的含义不相一致，在此情况下，原告应举证证明其主张，即嘉泰公司在先使用的带有"水煮活"文字的包装袋的具体外观，由于本案涉及的外观设计为原告本人和所属公司的产品，原告易于举证，但是其未能对所主张事实进行举证，应承担举证不能的不利后果，即原告已经自认了本专利在申请日前公开使用的事实。

附件1-16为嘉泰公司与重庆金时塑料包装制品厂的销货清单和增值税发票，增值税发票上显示了2002年3月28日嘉泰公司就"塑料包装袋一批"付款给重庆金时塑料包装制品厂，款项金额为57644.2元，与该款项金额一致的销货清单上，商品名称栏内印有"150g水煮活鱼"，且销货清单和增值税发票上均盖有重庆金时塑料包装制品厂发票专用章，可证明在本专利申请日前嘉泰公司印制了一批"150g水煮活鱼"包装袋制品。

附件1-11为永川市卫生防疫站于2002年4月24日出具的卫生检验报告书，其上显示受检单位为嘉泰公司，检品名称为"水煮活鱼底料"，样品数量为"150g×6"，样品包装为"袋装"，可证明在本专利申请日前嘉泰公司的规格为150g的"水煮活鱼底料"产品由永川市卫生防疫站进行了卫生检验。

附件1-13为重庆永川市公证处出具的（2004）渝永证字第851号公证书，其内容为（1）嘉泰公司于2002年3月21日与陕西鹤松贸易有限公司签订的产品销售合同书，合同第2条产品品种、规格、价格栏内编号05号为"150g水煮活鱼"。（2）嘉泰公司与成都市成华区十里科达实用技术研究所的销货清单和增值税发票，增值税发票的开票日期为2002年4月29日，货物名称为"调味品"，金额为27251元，销货清单的金额合计与发票一致，其商品名称栏内记载有"150g水煮活鱼"。附件1-13的（1）产品销售合同书和（2）销货清单及增值税发票经过公证机关公证，均可以证明在本专利申请日前嘉泰公司规格为"150g水煮活鱼"的产品分别销售给了上述两家公司。

被告认为，本专利的外观设计为包装袋，其主视图左部区域竖向印有"水煮活鱼"四字，"鱼"字右侧印有较小的"底料"两字，包装袋下方的文字以横线进行了涂覆，但仍可清晰看到其内容为"净含量：150g"、"重庆永川市嘉泰实业有限公司"，该内容均与附件1-6、1-11、1-13和1-16中涉及的包装袋名称和规格相吻合，原告在注册商标争议裁定申请中递交的文件中已经自认了本专利在申请日公开使用过的事实，且附件1-11、1-13和1-16中证明的"150g水煮活鱼"的包装袋印刷、产品受检、产品销售行为均可与该事实互相印证，因此，足以认定本专利所示包装袋外观设计已于申请日前公开使用的事实。综上所述，由于本专利于申请日前公开使用，因此不符合《专利法》第二十三条的规定。鉴于已得出本专利不符合《专利法》第二十三条规定的结论，故对第三人提交的其他证据不再作出评述。

据此，被告作出第10501号决定。原告不服，诉至本院。

本院认为，《专利法》第二十三条规定：授予专利权的外观设计，应当同申请日以前在国内外出版物上公开发表过或者国内公开使用过的外观设计不相同和不相近似，并不得与他人在先取得的合法权利相冲突。

本案中，第三人在无效程序中提交的注册商标争议裁定申请书的内容可以证实，原告已经自认了本专利的外观设计在其申请日之前就由嘉泰公司公开使用，后由该公司法定代表人即本案原告申请本外观设计专利的事实。同时，第三人在无效程序中提交的销售清单、增值税发票、卫生检验报告书及销售合同等证据可以显示出嘉泰公司在本专利申请日之前使用了"150g水煮活鱼"包装袋产品，且上述证据中显示的产品包装袋名称和规格与本专利外观设计中所显示的内容相吻合。结合上述证据及原告自认的事实，可以认定本专利的外观设计在申请日之前已经公开使用的事实。据此，第三人已经举证并初步证明了其主张，原告针对该主张可以提出反驳意见及相应证据。原告作为嘉泰公司的法定代表人，对于其在本专利申请日之前使用的"水煮活鱼"包装袋的样式设计应当易于举证，但原告在无效程序中并未提供充分证据证明本专利包装袋与嘉泰公司在先使用的包装袋不同，故被告依据第三人提交的证据认定本专利不符合《专利法》第二十三条的规定正确。

综上，第10501号决定认定事实清楚，适用法律正确，行政程序合法，本院应予维持。原告的诉讼主张缺乏事实和法律依据，本院不予支持。据此，依照《中华人民共和国行政诉讼法》第五十四条第（一）项之规定，判决如下：

维持被告国家知识产权局专利复审委员会于二〇〇七年九月十七日作出的第10501号无效宣告请求审查决定。

案件受理费100元，由原告张荣容负担（已交纳）。

如不服本判决，可在本判决书送达之日起15日内，向本院提交上诉状，并按对方当事人人数提出副本，上诉于北京市高级人民法院。上诉人在上诉期满后7日内未预交上诉案件受理费又不提出缓交申请的，按自动撤回上诉处理。

审　判　长　强刚华
代理审判员　贾志刚
人民陪审员　欧万雄
二〇〇八年七月十五日
书　记　员　张　莹

北京市高级人民法院
行政判决书

(2008) 高行终字第 610 号

上诉人(一审原告)张荣容,女,1954 年 4 月 2 日出生,汉族,重庆市永川嘉泰实业有限公司总经理,住重庆市永川市胜利路办事处西外老街 267 号。

委托代理人许玉,女,北京集拓知识产权代理有限公司专利代理人。

被上诉人(一审被告)国家知识产权局专利复审委员会,住所地北京市海淀区北四环西路 9 号银谷大厦 10~12 层。

法定代表人廖涛,副主任。

委托代理人周佳,女,国家知识产权局专利复审委员会审查员。

委托代理人张鹏,男,国家知识产权局专利复审委员会审查员。

被上诉人(一审第三人)江贵勇,男,1968 年 3 月 28 日出生,汉族,住重庆市江北区观音桥街道大坪村黄桷树组。

委托代理人李晓兵,男,重庆博凯知识产权代理有限公司专利代理人。

上诉人张荣容因专利无效宣告请求审查决定,不服北京市第一中级人民法院(2008)一中行初字第 36 号行政判决,向本院提起上诉。本院受理后,依法组成合议庭,对本案进行了审理。本案现已审理终结。

2007 年 9 月 17 日,国家知识产权局专利复审委员会(以下简称复审委)作出第 10501 号无效宣告请求审查决定(以下简称第 10501 号决定),依据《中华人民共和国专利法》(以下简称《专利法》)第二十三条的规定,宣告张荣容"包装袋(水煮活鱼)"的外观设计专利权(以下简称本专利)全部无效。张荣容不服该决定,向北京市第一中级人民法院(以下简称一审法院)提起行政诉讼。

一审法院经审理认为,江贵勇在无效程序中提交的注册商标争议裁定申请书的内容可以证实,张荣容已经自认了本专利的外观设计在其申请日之前就由重庆市永川嘉泰实业有限公司(以下简称嘉泰公司)公开使用,后由该公司的法定代表人张荣容申请本外观设计专利的事实。同时,江贵勇在无效程序中提交的销售清单、增值税发票、卫生检验报告书及销售合同等证据可以显示出嘉泰公司在本专利申请日之前使用了"150g 水煮活鱼"包装袋产品,且上述证据中显示的产品包装袋名称和规格与本专利外观设计中所显示的内容相吻合。结合上述证据及张荣容自认的事实,可以认定本专利的外观设计在申请日之前已经公开使用的事实。据此,江贵勇已经举证并初步证明了其主张,张荣容针对该主张可以提出反驳意见及相应证据。张荣容作为嘉泰公司的法定代表人,对于其在本专利申请日之前使用的"水煮活鱼"包装袋的样式设计应当易于举证,但张荣容在无效程序中并未提供充分证据证明本专利包装袋与嘉泰公司在先使用的包装袋不同,故复审委依据江贵勇提交的证据认定本专利不符合《专利法》第二十三条的规定正确。

一审法院综上认为,第 10501 号决定认定事实清楚,适用法律正确,行政程序合法,应予维持。张荣容的诉讼主张缺乏事实和法律依据,不予支持。据此,依照《中华人民共和国行政诉讼法》第五十四条第(一)项之规定,判决维持了第 10501 号决定。

张荣容不服一审判决，向本院提起上诉。张荣容认为，本专利的外观设计在申请日前使用的包装袋（以下简称原包装袋）上进行了修改，其在商标复审申请书中提及的2002年4月开始使用的包装袋是本专利申请日前未经修改的原包装袋，与本专利产品有多处区别。本专利被授权后，新包装袋左上角注有专利权声明和专利号，而原包装袋则无专利号。因原包装袋在本专利授权后不再使用且未留底存样，故在无效审查期间因没有找到而未能及时提交原包装袋的证据，直至无效决定作出后，才找到原包装袋的设计定稿照片，一审判决后又找到印制该包装袋厂家，该厂家出具了印制该包装袋的书面证言，因此，故上述证据延至诉讼期间补充提交。

由于本专利产品在申请日前已在先销售的主张是江贵勇提出的，因此，江贵勇对于嘉泰公司的原包装袋与本专利外观设计相同的事实应当承担举证责任。复审委确定本专利产品与在先使用包装袋不同的事实应由张荣容承担举证责任，违反了《专利法实施细则》第六十四条的规定，故复审委的审查程序不合法。

综上，张荣容认为一审判决认定事实错误，请求予以撤销。

复审委答辩认为，在无效审查期间，张荣容对江贵勇提交的附件1及系列证据的真实性未提出异议，虽其强调了原包装袋与本专利的外观设计不同，但并未提交任何可以证明嘉泰公司对于同一规格的产品使用过的两种以上包装袋的证据。张荣容在提交给商评委的附件1中自认了"包装袋（水煮活鱼）"在本专利申请日前公开使用的事实，其内容均系对同一产品的描述，不会使人产生存在两种不同包装袋产品的理解。其同时提交的包装袋印刷、产品受检、产品销售行为均相互印证。

关于在先使用包装袋与本专利是否相同的问题，江贵勇已经举证并初步证明了其主张，且江贵勇主张的事实为"本专利申请日前和申请日后使用的是相同的包装袋"，对此，张荣容若认为不相同，则应由其承担举证责任，且因该使用行为系张荣容所在的嘉泰公司所为，故应由其承担上述事实的举证责任。

张荣容在一审和二审分别提交的新证据，在无效决定作出前均未提交，依法不应作为判断第10501号决定是否合法的依据，且新证据的真实性也存在问题。故张荣容在诉讼期间补充提交的新证据不能形成证据链用以支持其主张。综上，复审委认为一审判决认定事实清楚，适用法律正确，审理程序合法，应予维持；并请求维持第10501号决定。

江贵勇未提交书面答辩意见。

一审法院审理期间，复审委提交了：附件1. 张荣容因请求撤销江贵勇注册的"水煮活"商标，于2005年3月3日向商评委提交的注册商标争议裁定申请书及证明其在先使用"水煮活鱼"包装袋的相关证据，即附件1-1-1-18的复印件；附件2. 口头审理记录表（附页）复印件；附件3. 本专利授权公告复印件。

张荣容向一审法院提交了嘉泰公司原包装袋设计图照片的复印件。二审期间张荣容补充提交了潮安县正欣印务有限公司关于2002年为嘉泰公司设计、印刷150g水煮活鱼包装袋产品书面证明的复印件。

经审查，复审委提交的证据来源及提交期限合法，内容真实，其中附件1及附件1项下的系列书面证据的内容能够确认为张荣容本人提交且为其本人的真实意思表示，与本案待证事实有直接的关联性，复审委采纳上述证据符合相关证据规则，本院予以确认；附件2能够证明复审委对本专利无效审查的程序及在该程序中双方当事人的各项意思表示，附件3能够证明本专利的法律状态及内容，一审法院予以采纳符合相关证据规则，本院予以确认。张荣容向一审法院提交的补充证据因在无效程序中没有提交，也未向复审委以正当理由请求延期提交，故一审法院对该证据未予接纳正确；同理，对张荣容向本院补充提交的证据，本院也不予接纳。

经审理查明，本专利系张荣容于 2002 年 10 月 14 日向国家知识产权局申请、于 2003 年 4 月 23 日被授权公告的"包装袋（水煮活鱼）"外观设计专利，专利号为 02336419.X。

针对本专利，江贵勇以本专利申请日前已在先使用为由，于 2007 年 1 月 22 日向复审委提出无效宣告请求。江贵勇认为张荣容在其于 2005 年 3 月 25 向商评委提出撤销"水煮活"注册商标争议裁定申请书的正文中，张荣容明确提出在本专利申请日之前的 2002 年 3 月 21 日，嘉泰公司已经开始使用本专利；张荣容向商评委提交的相关文件也印证了本专利在申请日前已由嘉泰公司在商业活动中在先使用的事实。就嘉泰公司在先使用本专利外观设计一节，江贵勇向复审委提交了如下证据：附件 1：《注册商标争议裁定申请书》复印件共 34 页，内附：

附件 1-1. 注册商标争议裁定申请书复印件；

附件 1-2. 注册商标争议申请材料目录复印件；

附件 1-3. 商标评审代理委托书复印件；

附件 1-4. 申请人身份证复印件；

附件 1-5. 嘉泰公司营业执照复印件；

附件 1-6. 注册商标争议裁定申请书（正文）复印件，其中第 7~13 页，第 8 页第 10~19 行有如下叙述："自然人张荣容……于 2002 年 10 月 14 日向国家知识产权局申请了包装袋（水煮活鱼）的外观设计专利……2003 年 4 月 25 日张荣容许可嘉泰公司无偿使用该专利。"、"嘉泰公司的包装袋（水煮活鱼）在 2002 年 3 月就开始使用了，由经公证的销售合同、发票等均可以证实嘉泰公司最早使用该包装袋时间为 2002 年 3 月 21 日。并且，嘉泰公司法人张荣容申请包装袋（水煮活鱼）专利的时间为 2002 年 10 月 14 日……很明显可以看出嘉泰的包装袋（水煮活）无论是其最早使用时间还是张荣容专利申请时间均早于江贵勇申请注册商标的时间，由此可以证明张荣容对包装袋（水煮活鱼）拥有合法的在先专利权，同样嘉泰公司对包装袋（水煮活鱼）也享有合法的使用权"；

附件 1-7、张荣容提交给商评委证据材料目录的复印件；

附件 1-8、本专利专利证书及公告复印件；

附件 1-9、张荣容许可嘉泰公司使用本专利的专利许可使用书复印件；

附件 1-10、嘉泰公司注册的"嘉泰"商标获重庆市著名商标证书的复印件；

附件 1-11、永川市卫生防疫站于 2002 年 4 月 24 日为嘉泰公司生产的"水煮活鱼底料"的产品检验报告书复印件；

附件 1-12、永川市机构编制委员会于 2002 年 5 月 5 日作出的"关于同意永川市卫生防疫站更名为永川市疾病预防控制中心的批复"复印件；

附件 1-13、业经公证的嘉泰公司与陕西鹤松贸易有限公司签定的销售嘉泰系列产品销售合同书、成都市成华十里科技实用技术公司购买嘉泰公司产品清单及增值税发票的复印件，增值税发票记载的开具日期为 2002 年 4 月 29 日，销售产品均包括"150g 水煮活鱼"；

附件 1-14、嘉泰公司于 2002 年 4 月 11 日、2002 年 3 月 21 日分别与湘潭绿色贸易公司、陕西鹤松贸易有限公司签定的销售嘉泰公司系列产品销售合同书复印件，其中包括 150g 水煮活鱼；

附件 1-15、柳州某公司购买 150g 水煮活鱼的产品销售增值税发票复印件；

附件 1-16、嘉泰公司于 2002 年 3 月 28 日向重庆金时塑料包装印刷制品厂购进包装增值税发票复印件，其中包括 150g 水煮活鱼包装袋；

附件 1-17、福建省厦门市众家源商贸有限公司关于其销售嘉泰公司"嘉泰"牌水煮活鱼产品因江贵勇举报侵权被当地工商部门查封，当地工商部门在调查后启封的书面证明的复印件；

附件1-18、提供上述被查封情况证明人的身份证复印件。

附件2：商标评审委员会于2005年7月27日发出的《商标争议答辩通知书》复印件。

2007年1月29日，江贵勇向复审委提交了请求收集证据的申请书，指出附件1的正本在商标评审委员会保存，请求由复审委收集上述证据的原件。

复审委受理了上述无效宣告请求后，于2007年2月28日向双方当事人发出受理通知书，并将无效宣告请求书及其附件转送给张荣容，要求其在指定期限内答复。

2007年4月7日张荣容提交意见陈述书，指出其在附件1中提及其于2002年3月开始使用的"水煮活鱼"包装袋的目的，并非针对本专利所涉及的包装袋的使用，而是强调张荣容已经拥有的两种在先权利，即（1）张荣容对"水煮活鱼"四个汉字的在先使用，（2）张荣容拥有02336419.X号外观设计专利权。该两种权利之间没有关联性，附件1仅能证明张荣容在先使用了"水煮活鱼"四个汉字，而不能证明本专利于申请日前公开，因此本专利符合《专利法》第二十三条的规定。

复审委于2007年5月9日将张荣容提交的意见陈述书转送给江贵勇，并向双方当事人发出口头审理通知书。2007年6月19日对本案进行口头审理。在口头审理中，江贵勇出示了附件1的原件，并指出附件1-6中主语涉及的均为包装袋（水煮活鱼），即张荣容承认了2002年使用过这种包装袋，且包装袋开发出来就销售了；附件1-16的增值税发票和清单印证了在2002年3月28日之前印刷了此包装袋；附件1-13公证书中的产品销售合同书和销货清单显示了嘉泰公司与其他公司的销售行为，附件1-11产品检验报告书的卫生检测结果报告单的出具时间为2002年4月11日，均可证明本专利在其申请日前已经公开使用了。本专利主视图上所示包装袋的名称是水煮活鱼，产品左下方印有净含量150克，即可证明其与上述其他证据之间的关联性。

张荣容对附件1的真实性予以认可，承认该件确系其本人向商评委提交。但称，商标争议裁定案件中涉及的仅为"水煮活"这三个字，而本专利是由形状、图案和色彩组合形成的包装袋外观设计，其在附件1-6中说明的是其在本专利申请日前已经使用了"水煮活"这三个字，并非是使用了与本专利相同或者相近似的包装袋，张荣容设计的包装袋有很多种，2002年3月在先使用的包装袋与本专利并不相同。但就其设计有多种包装袋的事实未提交相关证据。

复审委经审查对江贵勇提交的附件1《注册商标争议裁定申请书》及附件1及该附件项下所附材料的真实性予以认可。

该委认为，在附件1-6中，张荣容指出其为嘉泰公司法人代表，复审委认为，附件1-6第8页第15行的"包装袋（水煮活）"应为笔误，疏漏了"鱼"字，正确表达应为包装袋（水煮活鱼）；在张荣容的论述中，多次出现了"包装袋（水煮活鱼）"，从语义上理解其所指应均为同一产品，尤其是"包装袋（水煮活）无论是……还是……"、"同样……对包装袋（水煮活鱼）也……"中"无论是"、"还是"、"同样"、"也"连词与主语的结合使用，均不会使人产生本专利外观设计与嘉泰公司原包装袋为两种不同的包装袋的理解。张荣容在附件1-6中关于"2002年，张荣容和嘉泰公司也曾向有关单位咨询注册第30类的'水煮活鱼'商标……为了更好的保护自己的权利，嘉泰公司的法人张荣容才以自然人名义申请了包装外观设计专利。"、"江贵勇申请注册的商标'水煮活'与张荣容的包装袋外观设计的显著部分——文字的字体和排列都极为相似"、"江贵勇注册'水煮活'商标……与嘉泰牌'水煮活鱼'包装袋外观的显著部分十分近似"的记载，显然自认了本专利包装袋（水煮活鱼）外观设计早在其申请日前就由嘉泰公司公开使用，之后又由嘉泰公司的法人张荣容申请了外观设计专利的事实。虽然张荣容辩称，其在附件1-6中表述的意思为嘉泰公司仅在先使用了"水煮活"的文字，张荣容申请的包装袋与嘉泰公司在先使用的包装袋并不相同，但该观点与附件1-6书面文字中表达的含义不相一致。张荣容对嘉泰公司在先使用的带有"水煮活"文字的包装袋的具体外观，由于本案涉及的外观设计为张荣容本人和所属公司的产品，张荣容易于举证，应由张荣容举证证明，但是张荣容对其上述主张未能举证证明，故张荣容应承担举证不能的不利后果。

附件1-16为嘉泰公司与重庆金时塑料包装制品厂的销货清单和增值税发票，该发票显示了2002年3月28日嘉泰公司就"塑料包装袋一批"付款给重庆金时塑料包装制品厂，款项金额为57644.2元，与该款项金额一致的销货清单上，商品名称栏内印有"150g水煮活鱼"，且销货清单和增值税发票上均盖有重庆金时塑料包装制品厂发票专用章，可证明在本专利申请日前嘉泰公司印制了一批"150g水煮活鱼"包装袋制品。

附件1-11为永川市卫生防疫站于2002年4月24日出具的卫生检验报告书，其上显示受检单位为嘉泰公司，检品名称为"水煮活鱼底料"，样品数量为"150g×6"，样品包装为"袋装"，可证明在本专利申请日前嘉泰公司的规格为150g的"水煮活鱼底料"产品由永川市卫生防疫站进行了卫生检验。

附件1-13为重庆永川市公证处出具的（2004）渝永证字第851号公证书，其内容为（1）嘉泰公司于2002年3月21日与陕西鹤松贸易有限公司签订的产品销售合同书，合同第二条产品品种、规格、价格栏内编号05号为"150g水煮活鱼"，（2）嘉泰公司与成都市成华区十里科达实用技术研究所的销货清单和增值税发票，增值税发票的开票日期为2002年4月29日，货物名称为"调味品"，金额为27251元，销货清单的金额合计与发票一致，其商品名称栏内记载有"150g水煮活鱼"。附件1-13的（1）产品销售合同书和（2）销货清单及增值税发票经过公证机关公证，均可以证明在本专利申请日前嘉泰公司规格为"150g水煮活鱼"的产品分别销售给了上述两家公司。

复审委认为，本专利的外观设计为包装袋，其主视图左部区域竖向印有"水煮活鱼"四字，"鱼"字右侧印有较小的"底料"两字，包装袋下方的文字以横线进行了涂覆，但仍可清晰看到其内容为"净含量：150g"、"重庆永川市嘉泰实业有限公司"，该内容均与附件1-6、1-11、1-13和1-16中涉及的包装袋名称和规格相吻合，张荣容在注册商标争议裁定申请中递交的文件中已经自认了本专利在申请日公开使用过的事实，且附件1-11、1-13和1-16中证明的"150g水煮活鱼"的包装袋印刷、产品受检、产品销售行为均可与该事实互相印证，因此，足以认定本专利所示包装袋外观设计已于申请日前公开使用的事实。综上所述，由于本专利已于申请日前公开使用，因此不符合《专利法》第二十三条的规定。鉴于已得出本专利不符合《专利法》第二十三条规定的结论，故对江贵勇提交的其他证据不再作出评述。据此，复审委作出第10501号决定。

本院认为，《专利法》第二十三条规定：授予专利权的外观设计，应当同申请日以前在国内外出版物上公开发表过或者国内公开使用过的外观设计不相同和不相近似，并不得与他人在先取得的合法权利相冲突。本专利权人张荣容在请求撤销"水煮活"商标一案中，提交了申请书正文及嘉泰公司已在先使用"水煮活鱼"包装袋的相关证据，其中销售发票记载销售的"150g"水煮活鱼底料，能够证明该公司在先公开使用了"150g"水煮活鱼底料的包装袋。与此同时，张荣容提交的本专利授权公告中记载有本专利外观设计的图样，虽然张荣容在提交时并未单独就提交该授权公告的目的给予说明，但在其当时没有特别说明该公告记载的本专利图样与其在先使用的原包装袋不同、无效程序中也未就其主张的"本专利与嘉泰公司在先使用的原包装袋相比较有多处修改"提供证据予以证明的情况下，复审委根据其在该商标争议案中的请求和主张，确认嘉泰公司在先使用的原包装袋即为本专利外观设计的产品是合理的。

关于第 10501 号决定适用法律、审查程序及复审委要求张荣容就嘉泰公司使用过两种包装袋的事实举证一节，本院同意一审法院的确认，不再赘述。

综上，第 10501 号决定认定事实清楚，适用法律正确，审查程序合法，一审法院判决维持符合《中华人民共和国行政诉讼法》第五十四条第（一）项的规定；张荣容的上诉主张不能成立，本院不予支持。据此，依据《中华人民共和国行政诉讼法》第六十一条第（一）项的规定，判决如下：

驳回上诉，维持一审判决。

二审案件受理费 100 元，由上诉人张荣容负担（已交纳）。

本判决为终审判决。

审　判　长　郭　宜
审　判　员　张学磊
代理审判员　朱海宏
二〇〇八年十二月十二日
书　记　员　程钰玮

拉手（988）

无效宣告请求审查决定（第 10502 号）

决 定 号	第 10502 号
决 定 日	2007 年 9 月 9 日
发明创造名称	拉手（988）
外观设计分类号	08-06
无效宣告请求人	东莞市冠辉五金有限公司
专 利 权 人	何雨得
专 利 号	200530067138.5
申 请 日	2005 年 8 月 26 日
授 权 公 告 日	2006 年 7 月 5 日
合 议 组 组 长	王霞军
主 审 员	严若艳
参 审 员	李巍巍
附 图	1 页

法 律 依 据 专利法第 23 条、第 9 条

决 定 要 点

广告期刊标注有国际标准刊号并不必然意味着在国内公开发行，其公开性仍需其他证据进一步证明。

拉手包括拉手面和两个连接脚是这类拉手产品的常见结构，二者从整体形状到各个部分均存在较大差异，这些差异对外观设计的整体视觉效果产生显著影响，本专利与在先设计不相近似。

一、案由

本无效宣告请求涉及的是国家知识产权局于 2006 年 7 月 5 日授权公告的 200530067138.5 号外观设计专利，使用外观设计的产品名称是"拉手（988）"，申请日是 2005 年 8 月 26 日，专利权人是何雨得。

针对上述外观设计专利权（下称本专利），东莞市冠辉五金有限公司（下称请求人）于 2006 年 12 月 25 日向专利复审委员会提出无效宣告请求，其理由是本专利不符合专利法第 23 条的规定。请求人认为：本专利与在先公开的外观设计相同相近似。请求人提交了如下附件作为证据：

附件 1：2000 年 8 月《龙媒家具》产品广告期刊复印件 2 页；

附件 2：《家乐五金》产品宣传册复印件 2 页；

附件 3：《勇兴五金》产品宣传册复印件 2 页；

附件 4：国家知识产权局网站下载的本专利著录项目及图形打印件 1 页。

专利复审委员会根据无效宣告请求审查程序的规定受理了该无效宣告请求，并于 2006 年 12 月 25 日将上述无效宣告请求书及其附件的副本转送给专利权人，要求其在指定期限内陈述意见。

专利权人于 2007 年 1 月 18 日提交了意见陈述书。专利权人认为：请求人提交的附件 1、附件 2、附件 3 不属于专利法第 23 条规定的国内公开出版物，不能作为本案的证据使用，请求专利复审委员会维持本专利有效。

2007 年 1 月 23 日专利复审委员会收到请求人补充的证据和根据补充证据陈述的具体意见。补充证据如下（编号续前）：

附件 5：2000 年 7 月《龙媒家具》产品广告期刊复印件 3 页；

附件 6：国家知识产权局网站下载的 200530120704.4 号外观设计专利著录项目及图形打印件 1 页。

请求人认为：附件 5 的公开日早于本专利的申请日，本专利与附件 5 相比，二者无论形状还是拉手表面的图案均基本相同，属于同样的外观设计，本专利的授予不符合专利法第 23 条的规定；附件 6 的申请日是 2004 年 11 月 26 日，公告日是 2006 年 10 月 11 日，属于在本专利申请日之前申请之后公告的外观设计专利，本专利与附件 6 相比，二者形状基本相同，区别仅在于二者拉手表面图案稍有不同，上述区别不会对拉手的视觉效果产生显著影响，二者属于相近似的外观设计，本专利不符合专利法实施细则第 13 条第 1 款的规定。

专利复审委员会于 2007 年 3 月 19 日向双方当事人发出口头审理通知书，定于 2007 年 5 月 10 日对本案进行口头审理。随口头审理通知书将专利权人 2007 年 1 月 18 日提交的意见陈述书的副本转送请求人，将 2007 年 1 月 23 日收到的请求人提交的意见陈述书及附件的副本转送专利权人，告知专利权人可以在指定期限内陈述意见，也可以在口头审理时一并陈述意见。

口头审理如期举行。请求人和专利权人均委托代理人出庭，双方对对方出庭人员资格均无异议，对合议组成员无回避请求。在口头审理中，请求人将附件 6 的无效理由变更为专利法第 9 条，专利权人对上述变更无异议。请求人提交了附件 5 的整本原件，与复印件对应的分别是其中的封面、第 4 页和第 7 页。专利权人当庭核实了附件 5 的原件，认可复印件与原件相符，但认为经过查证该附件第 7 页中的 ISSN 号码 1029-2853 不存在，出版商也没有广告经营许可证，因而该附件为非法出版物，同时提交了"东莞市知识产权保护协会"出具的证明（下称反证 A），证明在 http：//www.cppinfo.cn 网（中国新闻出版信息网）对《龙媒家具》及刊号 ISSN1029-2853 的查询结果。合议组当庭将专利权人提交的上述证明文件转送请求人，要求其在口头审理结束后一个月内陈述意见。请求人当庭表示反证 A 不符合证据的法定形式，从内容上也不能否认附件 5 的真实性。请求人未提交附件 1——附件 3 的原件，专利权人对上述附件的真实性有异议，对附件 6 的真实性无异议。双方当事人就附件 5 中请求人指定的用作对比的图片、附件 6 的外观设计与本专利的外观设计是否相同相近似进行了辩论。

2007 年 5 月 11 日专利复审委员会收到请求人的意见陈述。请求人认为：反证 A 中只有单位公章没有单位负责人的签字或盖章，因此不符合证据的法定形式；反证 A 的内容并没有反应出通过刊号检索不到附件 5；中国新闻出版信息网不具有法定的权威性，即使在该网页上没有检索到附件 5，也不能代表附件 5 不存在。请求人以中国人民大学主办的《东方美食》期刊（刊号为 ISSN1005-4472）为例，说明该杂志在中国新闻出版信息网上也检索不到，但该杂志是面向全国发行的，不能据此认为该杂志不存在。

2007 年 6 月 12 日专利复审委员会向请求人发出《无效宣告审查通知书》，主要内容为：合议组经查证，在国际连续出版物数据系统（ISSN）中国国家中心能查到请求人举例的国际标准刊号为 ISSN1005-4472 的期刊，但不能查到《龙媒家具》的刊号 ISSN1029-2853，在此情况下，请求人应提交能证明该刊号合法获得进而该期刊是合法的国内公开出版物的证据，如《国际标准刊号》证书或该 ISSN 刊号分配机构的证明等。

2007 年 7 月 24 日专利复审委员会收到请求人提交的《延期举证请求书》，表明该证据时间跨度较大，取证过程复杂，请求延长一个月。

2007 年 9 月 12 日专利复审委员会收到请求人的意见陈述。请求人认为：专利权人当庭提交的反证 A 超过举证期限，专利复审委员会不应考虑；在国际连续出版物数据系统中国国家中心查不到该刊号不能证明该刊物不存在，该刊物不只在境内发行，在境外（香港）也发行，其国际标准刊号可能不是在中国大陆获得，而是在境外获得的；作为附件 5《龙媒家具》出版发行单位的龙媒传播广告有限公司已在 2000 年年底注销，再去找当年的《国际标准刊号》证书或 ISSN 刊号分配机构的证明非常困难。

至此，合议组经合议，认为本案事实清楚，依法作出本审查决定。

二、决定的理由

1. 法律依据

基于请求人提出无效宣告请求的理由和口头审理当庭变更的无效理由，合议组依据专利法第 23 条和专利法第 9 条的规定进行审理。

专利法第 23 条规定：授予专利权的外观设计，应当同申请日以前在国内外出版物上公开发表过或者国内公开使用过的外观设计不相同和不相近似，并不得与他人在先取得的合法权利相冲突。

专利法第 9 条规定：两个以上的申请人分别就同样的发明创造申请专利的，专利权授予最先申请的人。

2. 证据认定

请求人提交的附件 1 是 2000 年 8 月《龙媒家具》产品广告期刊复印件，附件 2 是《家乐五金》产品宣传册复印件，附件 3 是《勇兴五金》产品宣传册复印件。请求人未出示附件 1~3 的原件，专利权人对其真实性提出异议的情况下，参照最高人民法院《关于行政诉讼证据若干问题的规定》第 71 条"下列证据不能单独作为定案依据……（四）难以识别是否经过修改的视听资料；（五）无法与原件、原物核对的复制件或者复制品……"，合议组认为：附件 1~3 是无法与原件核对的复印件，无法进行质证，不能单独作为认定案件事实的依据，而本案中亦没有与之关联的其他证据佐证，故对于附件 1~3，合议组不予采信。

附件 4 用于证明本专利的相关信息。

附件 5、附件 6 为请求人在提出无效宣告请求之日起一个月内补充提交的证据，并结合该证据具体说明了相关的无效宣告理由，合议组对上述证据予以考虑。

附件 5 是 2000 年 7 月《龙媒家具》产品广告期刊复印件，在口头审理时请求人当庭递交了该附件的整本原件，声称该原件是从市场上得到的。经专利权人核对，复印件与原件相符。封面有刊物名称《龙媒家具》，第 4 页是拉手产品图片，第 7 页为刊物的相关信息。请求人认为第 7 页右上角的"JULY.2000"为该刊物的出版日期，右边中部的"龙媒传播广告有限公司"为该刊物的印刷主体，左下方有国际标准刊号 ISSN1029-2853，该刊物是在国内公开发行的。专利权人当庭提交反证 A，欲证明上述国际标准刊号不存在。请求人对反证 A 的答复意见并未直接表明该 ISSN 号是合法有效的。合议组于 2007 年 6 月 10 日登录中国国家图书馆网站，在 ISSN 中国国家中心未能查到 ISSN1029-2853。鉴于此，合议组要求请求人提交能证明该刊号合法获得进而该期刊是合法的国内公开出版物的证据。请求人未能在指定期限内提交，在延长的一个月期限内也未能提交合议组要求的证据。合议组认为：国际标准刊号是由国际连续出版物数据系统国家管理部门负责分配的，我国由 ISSN 中国分中心（设在北京图书馆，现为中国国家图书馆）负责中国期刊 ISSN 号的分配与管理。若 ISSN1029-2853 是在中国大陆获得，而在 ISSN 中国分中心却查不到，请求人应当提交直接的证据证明该刊号的获得途径进而证明该刊物在中国大陆公开发行；若如请求人在意见陈述中所述"其国际标准刊号可能不是在中国大陆获得，而是在境外获得的"，该刊物通篇只有繁体中文和英文，其第7页"敬告读者"一项中有"龙媒杂志由龙媒资讯设计、制作及发行"，口头审理时请求人认为"龙媒传播广告有限公司"是该刊物的印刷主体，则仅凭该证据中的上述信息不能证明该刊物在中国大陆发行。若不能证明该刊物在中国大陆公开发行，仅凭请求人在口头审理时陈述"该原件是从市场上得到的"，不能证明公众中的任何人在中国大陆能够自由获得该刊物。广告期刊标注有国际标准刊号并不必然意味着在国内公开发行，其公开性仍需其他证据进一步证明，合议组对附件5不予采信。关于请求人在2007年9月12日提交的意见陈述书中认为"专利权人当庭提交的反证A超过举证期限"，合议组认为，专利权人依据反证A的意见陈述是针对请求人2007年1月23日补充的证据，专利复审委员会于2007年3月19日将该证据转送给专利权人，告知专利权人可以在口头审理当庭陈述意见，专利权人当庭提交的反证A未超过专利复审委员会指定的期限。关于请求人对反证A证明力的质疑，合议组认为，合议组并未依据反证A得出"对附件5不予采信"的结论，仅表明专利权人利用证据的形式表达了其对 ISSN1028-2853 的质疑，而不是一般意义上的对对方证据的否认。

附件6为200530120704.4号外观设计专利文献，经合议组核实，其真实性可以确认。其优先权日是2004年5月27日，在中国的申请日是2004年11月26日，公告日为2006年10月11日，公告号是CN3568200，使用外观设计的产品名称是："把手"，专利权人是波赛提玛赛拉有限公司。附件6是他人在本专利的申请日之前申请之后公告的外观设计专利，适用专利法第9条。

3. 相同相近似对比

本专利使用外观设计的产品是拉手，附件6为200530120704.4号外观设计专利（下称在先设计），使用外观设计的产品也是把手，二者属于相同种类的产品，可以进行相同相近似对比。

本专利包括主视图、后视图、左视图和立体图，简要说明为"1. 右视图与左视图对称，省略右视图；2. 俯视图、仰视图无设计要点，省略俯视图、仰视图"。拉手整体成长条板凳形，包括两个连接脚（用于固定拉手与壁板的部位）和拉手面（使用时手握的部位）。拉手面为扁平的条状，略向外凸起成弧形，向外的表面有反"S"图案，靠近两端各有三个竖排的小圆点图案。连接脚靠近拉手面的两端，与拉手面垂直，形状为小圆柱状。详见本专利附图。

在先设计包括主视图、仰视图和立体图，简要说明为"省略其他视图"。根据图片观察，拉手由两个连接脚和一个拉手面构成。拉手面由两个大小不同的扁平条状长方体叠加而成，在三个方向形成台阶，整体向外凸起成弧形，表面有长条"一"字图案。连接脚靠近拉手面的两端，与拉手面垂直，形状为近似小长方体。详见在先设计附图。

比较本专利与在先设计，二者均包括拉手面和两个连接脚，连接脚与拉手面垂直，位置靠近拉手面的两端，拉手面整体向外凸出成弧形。二者的区别在于：拉手的长宽高比例不同，本专利整体为细长条状，在先设计为则显得短而宽；拉手面的形状和图案不同，本专利的拉手面为扁平的条状，向外的表面有反"S"图案，靠近两端各有三个竖排的小圆点图案，在先设计的拉手面由两个大小不同的扁平条状长方体叠加而成，在三个方向形成台阶，表面有长条"一"字图案；二者连接脚的形状存在差异。合议组认为：二者长宽高比例的差异很容易让一般消费者将二者区别开来，拉手面的形状和图案是该类产品的一般消费者主要关注的部位，二者拉手面的相同点仅在于整体向外凸起成弧形，具体形状和图案区别明显。拉手包括拉手面和两个连接脚是这类拉手产品的常见结构，二者从整体形状到各个部分均存在较大差异，这些差异对外观设计的整体视觉效果产生显著影响，本专利与在先设计不相近似。

综上所述，本专利与在先设计不相近似，不属于同样的发明创造，请求人提交的附件6不能证明本专利不符合专利法第9条的规定。

4. 结论

请求人提交的证据不能证明本专利不符合专利法第23条的规定，也不能证明本专利不符合专利法第9条的规定，请求人提出的宣告专利权无效的理由得不到证据的支持。

三、决定

维持200530067138.5号外观设计专利权有效。

当事人对本决定不服的，可以根据专利法第46条第2款的规定，自收到本决定之日起三个月内向北京市第一中级人民法院起诉。根据该款的规定，一方当事人起诉后，另一方当事人应当作为第三人参加诉讼。

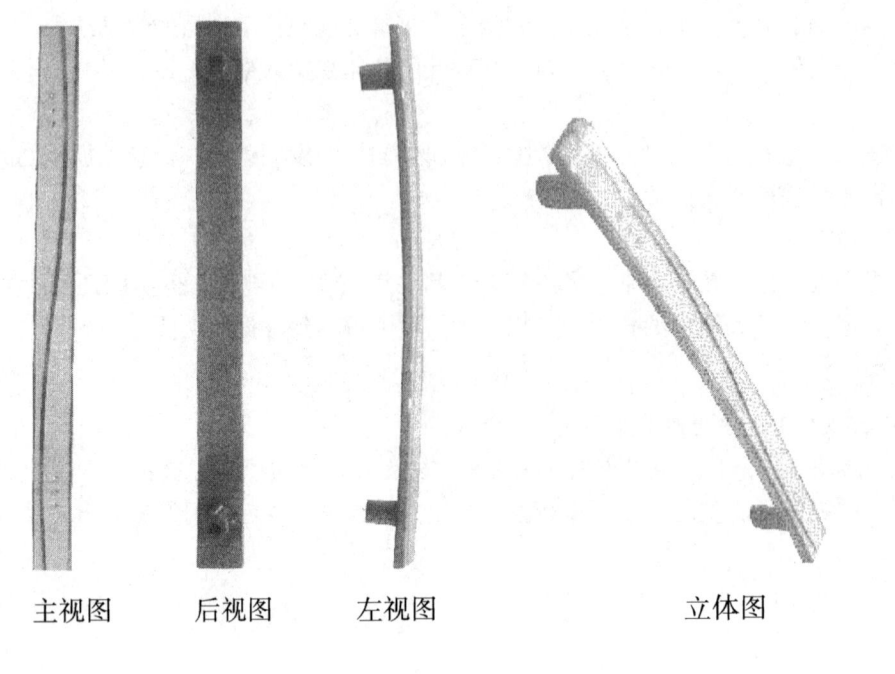

主视图　　后视图　　左视图　　　立体图

本专利附图

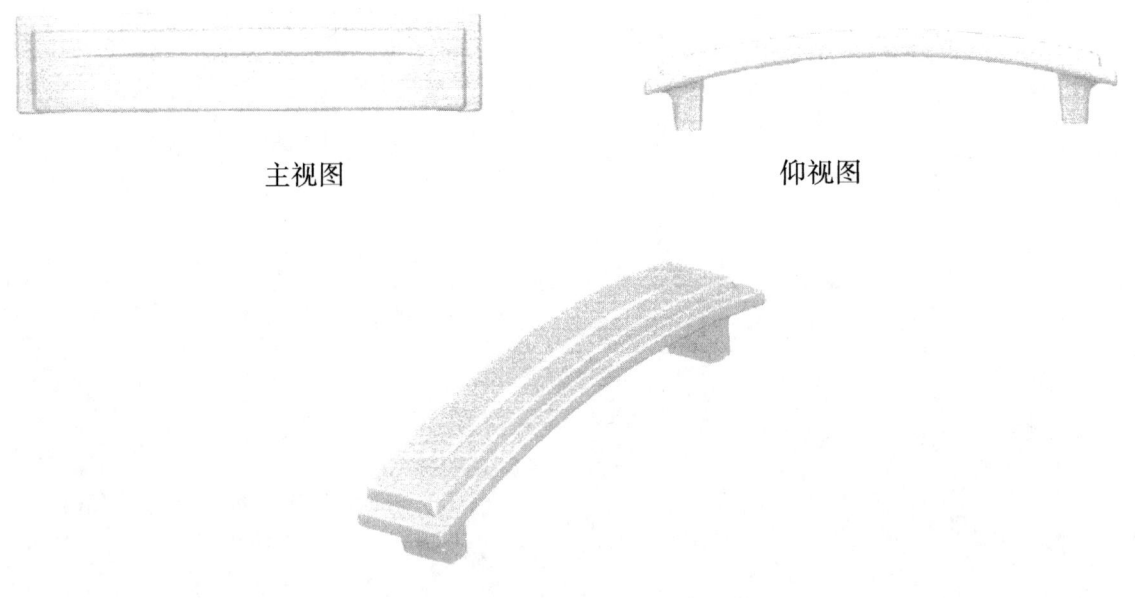

主视图　　　　　　仰视图

立体图

在先设计附图

苏格兰格仔布（4）

无效宣告请求审查决定（第 10505 号）

决 定 号	第 10505 号
决 定 日	2007 年 8 月 24 日
发明创造名称	苏格兰格仔布（4）
外观设计分类号	05-05
无效宣告请求人	刘 云
专 利 权 人	毕耀嘉
专 利 号	200530142649.9
申 请 日	2005 年 11 月 8 日
授权公告日	2006 年 8 月 23 日
合议组组长	张雪飞
主 审 员	程 华
参 审 员	邢文飞
附 图	1 页

法 律 依 据 专利法第 9 条，专利法实施细则第 13 条第 1 款
决 定 要 点
本专利与在先设计的差别不容易引起一般消费者的关注，属于细微差别，不会对产品的整体视觉效果产生显著的影响，因此，二者构成相近似，属于同样的发明创造，因此不符合专利法第 9 条和专利法实施细则第 13 条第 1 款的规定。

一、案由

本无效宣告请求涉及国家知识产权局于 2006 年 8 月 23 日授权公告的、申请号为 200530142649.9、名称为"苏格兰格仔布（4）"的外观设计专利（下称本专利），其申请日是 2005 年 11 月 8 日，专利权人是毕耀嘉。

针对本专利，刘云（下称请求人）于 2007 年 3 月 7 日向国家知识产权局专利复审委员会提出无效宣告请求，其无效理由为本专利不符合专利法第 9 条和专利法实施细则第 13 条第 1 款的规定。请求人提交了如下附件：

附件 1：请求人身份证复印件；
附件 2：本专利公开文本；
附件 3：200530042813.9 号中国外观设计专利公开文本，其申请日为 2005 年 9 月 1 日，公告日为

2006年6月14日,申请人为衣恋时装(上海)有限公司。

请求人认为:本专利与附件3所示的在先设计从用途上比较属于同一类别的产品,且属于单纯图案外观设计的本专利与在先设计的图案相同,因此本专利与在先设计属于相同的外观设计。根据专利法实施细则第13条第1款的规定,同样的发明创造只能被授予一项专利权,同时根据专利法第9条的规定,两个以上的申请人分别就同样的发明创造申请专利的,专利权授予最先申请的人,因此可以判定本专利无效。

经形式审查合格,专利复审委员会依法受理了上述无效宣告请求,于2007年4月5日向双方当事人发出了无效宣告请求受理通知书,同时将请求人于2007年3月7日提交的无效宣告请求书及其附件清单中所列附件副本转给专利权人,要求其在指定期限内答复。

针对上述无效宣告请求,专利权人于2007年4月29日提交了意见陈述书。专利权人认为:比较本专利与在先设计的主视图,二者的构图图案不相近似,二者所使用的构图题材、构图方法、表现方式等并不相同,本专利仅仅使用了线条简单明了的细直线将整个方块布分为若干个单元块,而在先设计是在一条较粗的直线两侧相隔一定距离分别设有两条具有一定宽度的白色直线,比本专利所分割的单元块数多得多,使得本专利显得更加简洁,对一般消费者来说,本专利与在先设计的差别对整体视觉效果具有显著的影响。二者不是同样的发明创造,不存在重复授权的问题,本专利的授权完全符合专利法第9条和专利法实施细则第13条第1款的规定。

专利复审委员会于2007年5月31日向双方当事人发出口头审理通知书,定于2007年8月15日对本案进行口头审理,并随口头审理通知书将专利权人于2007年4月29日提交的意见陈述书转送给请求人。

口头审理如期举行,仅请求人委托代理人出席了口头审理,专利权人未出席口头审理。在口头审理中,请求人对合议组成员无回避请求,请求人明确表示无效理由:本专利不符合专利法第9条和专利法实施细则第13条第1款的规定。请求人坚持其原有观点,认为本专利与附件3所示的在先设计都属于同类产品,图案都是三条横格和三条竖格把布分成比例相同的区间,在各自之间都加了细条纹,附件3所示的在先设计在细条纹旁边有更细的小条纹,一般消费者不会注意到该细微的差别,也不会造成视觉上的影响。

至此,合议组经合议后认为本案事实已经清楚,可以作出如下决定。

二、决定的理由

1. 法律依据

专利法第9条规定:两个以上的申请人分别就同样的发明创造申请专利的,专利权授予最先申请的人。

专利法实施细则第13条第1款规定:同样的发明创造只能被授予一项专利。

2. 证据的认定

请求人提交的附件3为200530042813.9号外观设计专利公开文本,其申请日为2005年9月1日,公告日为2006年6月14日,申请人为衣恋时装(上海)有限公司,经合议组核实,附件3为他人在本专利申请日以前申请并且在该申请日以后公布的外观设计专利(下称在先设计),适用于专利法第9条和专利法实施细则第13条第1款的规定。

3. 相似性判断

本专利为"苏格兰格仔布(4)"的外观设计,附件3所示为"纺织物(格子布)"的外观设计,两者用途完全相同,属于相同类别产品,具有可比性。

本专利是四方连续、单元图案为线条的长方形边框,其内三条横向粗线条和三条纵向粗线条等距交叉排列有多组，每相邻两组粗线条的中间位置还布设有一条较细的与粗线条相平行的线条（详见本专利附图）。

附件 3 所示的在先设计是四方连续、单元图案为线条的正方形边框，其内三条横向粗线条和三条纵向粗线条等距交叉排列有多组，每相邻两组粗线条的中间位置还布有一条较细的与粗线条相平行的线条，不论是在横向还是纵向上，在较细的线条两侧分别布设有两条更细的条纹（详见在先设计附图）。

经过对比可以发现，本专利与在先设计都是四方连续、单元图案为线条的边框结构，其内的三条横向粗线条和三条纵向粗线条等距交叉排列有多组，每相邻两组粗线条的中间位置还布有一条较细的与粗线条相平行的线条，基于二者基本相同的单元图案设计和排列方式，足以导致一般消费者对二者的混淆和误认。

本专利与在先设计的区别在于：（1）单元边框形状不同，但正方形和长方形应属于相近似的形状；（2）更细的条纹明显是细微差别，不足以对整体视觉效果产生影响；因而上述两点区别均不足以导致显著的差别，因此，根据整体观察、综合判断，本专利与在先设计是相近似的外观设计。

4. 结论

综上所述，本专利与在先设计构成相近似，根据审查指南的相关规定，同样的外观设计是指两项外观设计相同或者相近似，因此二者属于同样的发明创造，本专利不符合专利法第 9 条和专利法实施细则第 13 条第 1 款的规定。

三、决定

宣告 200530142649.9 号外观设计专利权全部无效。

当事人对本决定不服的，可以根据专利法第 46 条第 2 款的规定，自收到本决定之日起三个月内向北京市第一中级人民法院起诉，根据该款规定，一方当事人起诉后，另一方当事人应当作为第三人参加诉讼。

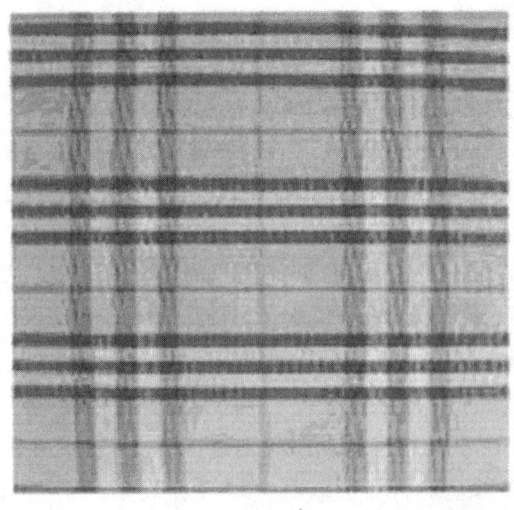

本专利附图

在先设计

座椅支撑脚（1）

无效宣告请求审查决定（第 10510 号）

决 定 号	第 10510 号
决 定 日	2007 年 9 月 19 日
发明创造名称	座椅支撑脚（1）
外观设计分类号	06-06
无效宣告请求人	安吉永鼎家具有限公司
专 利 权 人	谭耀珠
专 利 号	200530049897.9
申 请 日	2005 年 1 月 14 日
授权公告日	2005 年 9 月 21 日
合议组组长	王霞军
主 审 员	李改平
参 审 员	严若艳
附 图	2 页
法 律 依 据	专利法第 23 条

决 定 要 点

本专利与请求人提交的证据所示产品外观设计在支梁、支柱、螺旋调节底座、支梁两侧的凹槽等处的形状都基本相同，足以导致一般消费者误认、混同，两者属于相近似的外观设计，因此，本专利不符合专利法第 23 条的规定。

一、案由

本无效宣告请求涉及的是国家知识产权局于 2005 年 9 月 21 日授权公告的、名称为"座椅支撑脚（1）"的外观设计专利，其申请号是 200530049897.9，申请日是 2005 年 1 月 14 日，专利权人是谭耀珠。

针对上述专利权（下称本专利），安吉永鼎家具有限公司（下称请求人）于 2007 年 2 月 8 日向专利复审委员会提出无效宣告请求，其理由是：本专利与在先的外观设计专利相同，本专利不符合专利法第 23 条的规定。请求人提交了以下附件作为证据：

附件 1 是专利号为 02358974.4 号的外观设计专利公开文本复印件 1 页。

经形式审查合格，专利复审委员会受理了上述无效宣告请求，并于 2007 年 4 月 3 日将无效宣告请求书及相关材料副本转送给专利权人。要求其在指定期限内答复，并告知其不答复不影响专利复审委员会继续审理。专利权人逾期未答复。

专利复审委员会于 2007 年 7 月 4 日向双方当事人发出合议组成员告知通知书。双方当事人逾期未答复，视为对合议组成员无回避请求。

至此，合议组认为本案事实清楚，可以依法作出审查决定。

二、决定的理由

1. 法律依据

基于请求人提出的无效宣告请求理由，合议组对本专利是否符合专利法第 23 条的规定进行审查。

专利法第 23 条规定："授予专利权的外观设计，应当同申请日以前在国内外出版物上公开发表过或者国内公开使用过的外观设计不相同和不相近似，并不得与他人在先取得的合法权利相冲突。"

2. 证据认定

附件 1 是专利号为 02358974.4、产品名称为"沙发（7000 机场椅）"、公告日为 2003 年 3 月 5 日的外观设计专利公开文本复印件，经合议组核实内容属实。该专利公告日在本专利的申请日（2005 年 1 月 14 日）之前，故该专利可以作为判断本专利是否符合专利法第 23 条的规定的证据。

3. 外观设计对比

观察本专利"座椅支撑脚（1）"的外观设计，可以看到本专利主体为一弓形支梁，其中部略靠一端部位为向上突出的可插接的支柱，两端为螺旋调节底座，支梁两侧均有两个较长的凹槽（详见本专利附图）。

观察附件 1 专利所示的"沙发（7000 机场椅）"的外观设计，可以看到该设计中包含了完整支腿的外观设计（下称在先设计），该在先设计主体为一弓形支梁，其中部略靠一端部位为向上突出的可插接的支柱，两端为螺旋调节底座，支梁两侧均有两个较长的凹槽（详见在先设计附图）。

由于本专利和在先设计都用于座椅，两者用途相同，故两者具有可比性。将本专利和在先设计进行对比，可以看到两者在支梁、支柱、螺旋调节底座、支梁两侧的凹槽等处的形状都基本相同，足以导致一般消费者误认、混同，因此合议组认为，本专利和在先设计属于相近似的外观设计。

4. 结论

综上，请求人提交的附件 1 证明在本专利申请日前已有与本专利相近似的外观设计在公开出版物上公开发表，故本专利不符合专利法第 23 条的规定。

三、决定

宣告 200530049897.9 号外观设计专利权全部无效。

当事人对本决定不服的，可以根据专利法第 46 条第 2 款的规定，自收到本决定之日起三个月内向北京市第一中级人民法院起诉。根据该款的规定，一方当事人起诉后，另一方当事人应当作为第三人参加诉讼。

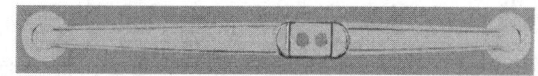

俯视图

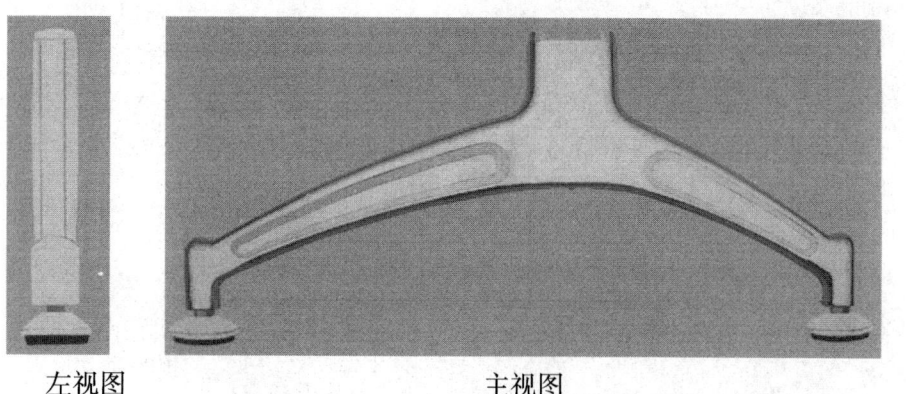 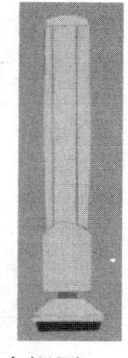

左视图　　　　　　　主视图　　　　　　　右视图

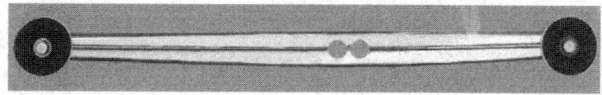

仰视图

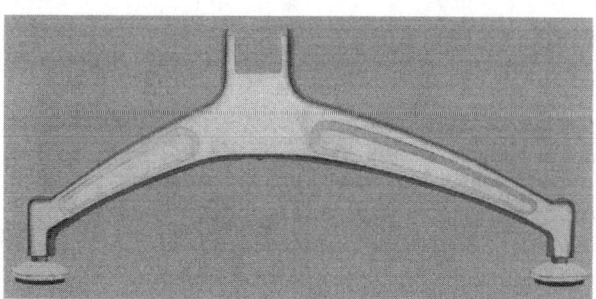

后视图

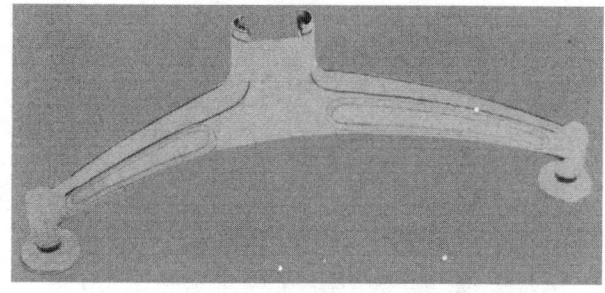

立体图

本专利附图

主视图

左视图

后视图

右视图

仰视图

俯视图

在先设计附图

玩具枪（B）

无效宣告请求审查决定（第10518号）

决 定 号	第10518号
决 定 日	2007年9月27日
发明创造名称	玩具枪（B）
外观设计分类号	21-01
无效宣告请求人	刘惠荣
专 利 权 人	谢锐扬
专 利 号	200530060190.8
申 请 日	2005年5月25日
授权公告日	2006年3月1日
合议组组长	徐清平
主 审 员	严若艳
参 审 员	周佳
附 图	1页

法律依据 专利法第23条，专利法实施细则第13条第1款

决定要点

对于域外证据，经所在国公证机关予以证明，并经中华人民共和国驻该国使领馆予以认证，其真实性应当可以确认。

玩具枪与游戏用枪的使用人群不完全相同，但都是供人玩耍、娱乐或游戏之用，属于用途相近的产品，可以进行外观设计相近似比较。

本专利与在先设计基本构造相同，各部分形状近似，各部分的比例及所在位置相同，给人相近似的整体视觉印象，二者的差异不会对整体视觉效果产生显著影响，本专利与在先设计相近似。

一、案由

本无效宣告请求涉及的是国家知识产权局2006年3月1日授权公告的200530060190.8号外观设计专利，使用外观设计的产品名称是"玩具枪（B）"，申请日是2005年5月25日，专利权人是谢锐扬。

针对上述外观设计专利权（下称本专利），2006年9月27日刘惠荣（下称请求人）向专利复审委员会提出无效宣告请求，其理由是本专利不符合专利法第23条的规定。请求人认为：在本专利申请日之前，已有与其相近似的外观设计在国内外出版物上公开发表。请求人提交了如下附件作为

证据：

附件1：日本杂志《Arms》2005年5月刊封面、封底及内页复印件共3页。

专利复审委员会根据无效宣告请求审查程序的规定受理了该无效宣告请求，并于2006年11月13日将《专利权无效宣告请求书》及其附件的副本转送专利权人。

2006年12月13日专利权人提交了意见陈述书。专利权人认为：请求人提供的证据不符合《最高人民法院民事诉讼证据的若干规定》第11条第1款和第12条的规定，即该证据是非合法有效的证据，专利权人质疑其真实性；本专利与请求人提供的对比文件相比，有六处设计上的差别，本专利与对比文件外观设计不相近似。

专利复审委员会于2007年3月15日向双方当事人发出口头审理通知书，定于2007年5月23日对本案进行口头审理。随该通知书将专利权人提交的上述意见陈述书及附件的副本转送请求人。

针对本专利，2006年12月29日请求人再次向专利复审委员会提出无效宣告请求，其理由是本专利不符合专利法实施细则第13条第1款和专利法第23条的规定。请求人认为：专利权人就同样的发明创造在同一日申请了两项外观设计专利，并在同一日被授权公告，另一项外观设计专利权的专利号为200530060115.1，因此不符合专利法实施细则第13条第1款的规定；在本专利申请日2005年5月25日之前，已有于2005年5月1日出版的日本杂志《Arms》公开发表了与本专利相近似的玩具枪的外观设计，本专利的授予不符合专利法第23条的规定。请求人提交了如下附件作为证据（编号续前）：

附件2：200530060115.1号外观设计专利公报复印件1页；

附件3：日本杂志《Arms》2005年5月刊封面、封底及内页复印件及中文译文共6页；

附件4：对日本杂志《Arms》2005年5月刊所作的公证书复印件及中文翻译共6页；

附件5：《会社概要》复印件及中文译文共2页。

专利复审委员会根据无效宣告请求审查程序的规定受理了该无效宣告请求，并于2006年12月29日将《专利权无效宣告请求书》及其附件的副本转送专利权人。

2007年2月13日专利权人提交意见陈述，请求延长对专利复审委员会于2006年12月29日发出的受理通知书的答复期限。专利复审委员会于2007年3月20日发出延长期限审批通知书，指出根据专利法实施细则第70条的规定，在无效宣告请求审查程序中，专利复审委员会指定的期限不得延长，合议组不同意其延长期限的请求。

2007年3月9日专利权人提交了意见陈述书，认为本专利与附件3所示外观设计在枪栓、枪管、装饰线、夜视镜、弹夹等方面有明显区别，二者不相同且不相近似。

专利复审委员会于2007年3月15日向专利权人发出《无效宣告请求审查通知书》，告知本专利与200530060115.1号外观设计专利是同一申请人、同日申请，并于同一日授权公告的同样的外观设计，不符合专利法实施细则第13条第1款的规定，专利权人可选择放弃200530060115.1号外观设计专利的方式来维持本专利有效，或者放弃本专利。专利复审委员会同时向双方当事人发出口头审理通知书，定于2007年5月23日对本案进行口头审理。

2007年4月18日、2007年5月11日，专利权人两次提交由其本人签字的《放弃专利权声明》，声明自申请日起放弃200530060115.1号外观设计专利权。

2007年5月23日口头审理如期举行，合议组将上述两次无效宣告请求合并口头审理。请求人和专利权人均委托代理人出庭，双方对对方出庭人员资格均无异议，对合议组成员均无回避请求。因未提交附件1的中文译文，请求人声明放弃附件1作为本案的证据。请求人当庭提交了附件3、附件4的原件，将附件3、附件4、附件5组合使用，用以证明与本专利相近似的外观设计已于本专利申请日之前由日本杂志公开发表，二者使用外观设计的产品属于相同种类。专利权人当庭核实附件3、附件4的原件，确认复印件与原件相符，对附件4公证认证程序没有异议，但认为公证书的内容不支持请求人所述的事实，附件5未经过公证认证，不具合法性。双方还就本专利与附件3使用外观设计的产品是否属于相同、相近种类以及二者外观设计是否相同相近似进行了辩论。由于专利权人已提交《放弃专利权声明》，声明自申请日起放弃200530060115.1号外观设计专利权，双方未就附件2发表新的意见。

关于专利权人于2007年4月18日、2007年5月11日提交的《放弃专利权声明》，经国家知识产权局专利局审查，上述《放弃专利权声明》不符合规定，专利局于2007年7月11日发出《视为未提出通知书》。

在当事人意见陈述和口头审理的基础上，合议组经合议，认为本案事实清楚，依法作出本审查决定。

二、决定的理由

1. 法律依据

基于请求人提出的无效宣告请求的理由，合议组依据专利法第23条、专利法实施细则第13条第1款的规定进行审理。

专利法第23条规定：授予专利权的外观设计，应当同申请日以前在国内外出版物上公开发表过或者国内公开使用过的外观设计不相同和不相近似，并不得与他人在先取得的合法权利相冲突。

专利法实施细则第13条第1款规定：同样的发明创造只能被授予一项专利。

2. 证据认定

请求人提交的附件3是日本杂志《Arms》2005年5月刊复印件及中文译文，附件4是对附件3所示杂志的公证书复印件及中文译文，附件5是会社概要复印件及中文译文，附件4用于证明附件3的真实性，附件5用于说明网站销售产品的种类。请求人当庭提交了附件3和附件4的原件。附件3的原件是整本的日本杂志《Arms》五月刊，作为证据使用的包括封面、内页（无页码）和封底，封面上部有"2005年5月1日发行"、"玩具枪与军用的最新情报杂志"等内容，封底有编辑、发行、印刷的信息。附件4包括中科专利商标日本事务所加纳昭子对其购买附件3所示杂志的宣誓书、购书发票、登记册2006年第1362号公证书（公证人为堀川和男）、大阪法务局出具的"总第4295号"证明和中华人民共和国驻大阪总领事馆出具的"（2006）阪领认字第0005276号"证明。专利权人当庭核实了上述原件，认可复印件与原件相符。合议组认为：附件3是在日本形成的域外证据，作为定期出版的杂志，经前述加纳昭子宣誓证明和日本公证机关（大阪法务局）的证明，并经中华人民共和国驻大阪总领事馆予以认证，附件3的真实性可以确认。专利权人在口头审理中提出附件3的中文译文有错误，根据审查指南第四部分第八章第2.2.1节的规定，"对方当事人对中文译文内容有异议的，应当在指定期限内对有异议的部分提交中文译文，没有提交中文译文的，视为无异议"。本案专利权人未在指定期限内对有异议的部分提交中文译文，视为专利权人对中文译文无异议。除双方在口头审理当庭均认可的"XMB"应为"XM8"外，合议组对专利权人提出的其他关于译文错误的主张不予考虑。附件3的出版日为2005年5月1日，早于本专利的申请日2005年5月25日，属于本专利申请日以前的公开出版物，适用专利法第23条。

3. 相同相近似对比

（1）关于产品类别。

本专利为玩具枪，分类号是21-01，属于"游戏器具和玩具"类产品。

附件 3 作为对比设计的是内页上部"新产品阵容"栏的图形（下称在先设计）。专利权人认为在先设计与本专利不属于同一类别，不能进行外观设计相同相近似对比。专利权人指出，在先设计的右边标注有"XM8 枪械转换套件"，"XM8 枪械转换套件被作为美军下一期候补采用品"及价格，"可以安装 9.6v1100mR 电池"，电话栏右边的白框内注明"未满 18 岁的人士不能直接订购，必须由其监护人进行联系"，"北大阪最大规模的气枪综合商店"，"武器与军事装备"，上述内容表明在先设计不是玩具而是一种武器。请求人认为，在先设计是用于生存游戏的玩具气枪，与武器有根本的区别，武器的目的是杀伤和毁灭对手，而在先设计不具有杀伤力，从其销售价格和销售商也可以看出在先设计不是武器。合议组认为：通过附件 3 内页的内容可知，任何年满 18 岁的人在日本都可以通过电话、邮购、网上订购等方式获得在先设计所示的产品，而武器枪支弹药在日本属于严格控制的物品，不能随意流通，对武器枪支的买卖，不会随意到任何成年人都可以通过电话、邮购、网上订货的方式获得的程度，故在先设计所示产品不会是一种武器，其 49800 日元（约合 4000 元人民币）的售价也佐证了这一点。销售商在广告中将仿某款武器的产品用该款武器命名是比较常见的，不能以标注的"XM8 枪械转换套件"认定在先设计就是实际的美军 XM8 轻型突击步枪。在先设计所示产品不适宜未满 18 岁的人士，说明该产品有别于一般的普通玩具枪，比如可以是用于生存游戏等不适宜儿童的游戏的外形仿真的游戏枪。普通玩具枪的用途是供人游戏、玩耍，成人游戏枪的用途是供成人进行某种更为仿真的游戏，二者使用人群不完全相同，但其使用领域同属游戏的范畴，属于用途相近的产品，可以进行相近似比较。

（2）外观设计相近似对比。

本专利公告的外观设计视图包括主视图、后视图、左视图、右视图、俯视图、仰视图和分离示意图，据图片观察，所示玩具枪包括枪身、枪托、枪把、弹夹、枪管、瞄准镜和夜视镜，枪把与枪身可分离，枪管为双管，夜视镜位于枪管下方。从主视图上看，枪把形状近似水平放置的数字"7"，瞄准镜为一圆柱，套接于枪身，枪托和弹夹均近似长方形，枪管为圆柱，位于上面的枪管略微突出于枪身，夜视镜为圆柱体，枪身有装饰线及 XM8 字样（详见本专利附图）。

在先设计所示产品包括枪身、枪托、枪把、弹夹、枪管和瞄准镜。枪把形状近似水平放置的数字"7"，瞄准镜为一圆柱，套接于枪身，枪托和弹夹均近似长方形，枪管为圆柱（详见在先设计附图）。

比较在先设计与本专利，其不同点为：本专利的枪管为双管，在先设计为单管；本专利的枪把与枪身可分离，在先设计图片未显示上述特点；本专利枪身有装饰线，在先设计没有；本专利有夜视镜，在先设计没有。合议组认为：本专利与在先设计容易引起消费者注意的是由其各部分确定的产品整体形状，二者基本构造相同，各部分形状近似，各部分的比例及所在位置相同，给人相近似的整体视觉印象。二者枪管虽有单管与双管的区别，但本专利的双枪管中上面的枪管只是略微突出于枪身，不易引起一般消费者注意。关于枪把与枪身是否可分离，体现的是产品连接方式上的差异，这种差异对本案在先设计与本专利的整体视觉效果并不产生影响。枪身的装饰线和夜视镜的有无，相对于整体形状而言属于局部细微的变化。二者的上述区别点不会对整体视觉效果产生显著影响，本专利与在先设计属于相近似的外观设计。

4. 结论

综上所述，请求人提交的证据证明在本专利申请日以前已有与其相近似的外观设计在国内外出版物上公开发表过，本专利的授予不符合专利法第 23 条的规定。

鉴于上述已得出本专利不符合专利法第 23 条的规定的结论，本决定对请求人提交的其他证据和理由不作评述。

三、决定

宣告 200530060190.8 号外观设计专利权全部无效。

当事人对本决定不服的，可以根据专利法第 46 条第 2 款的规定，自收到本决定之日起三个月内向北京市第一中级人民法院起诉。根据该款的规定，一方当事人起诉后，另一方当事人应当作为第三人参加诉讼。

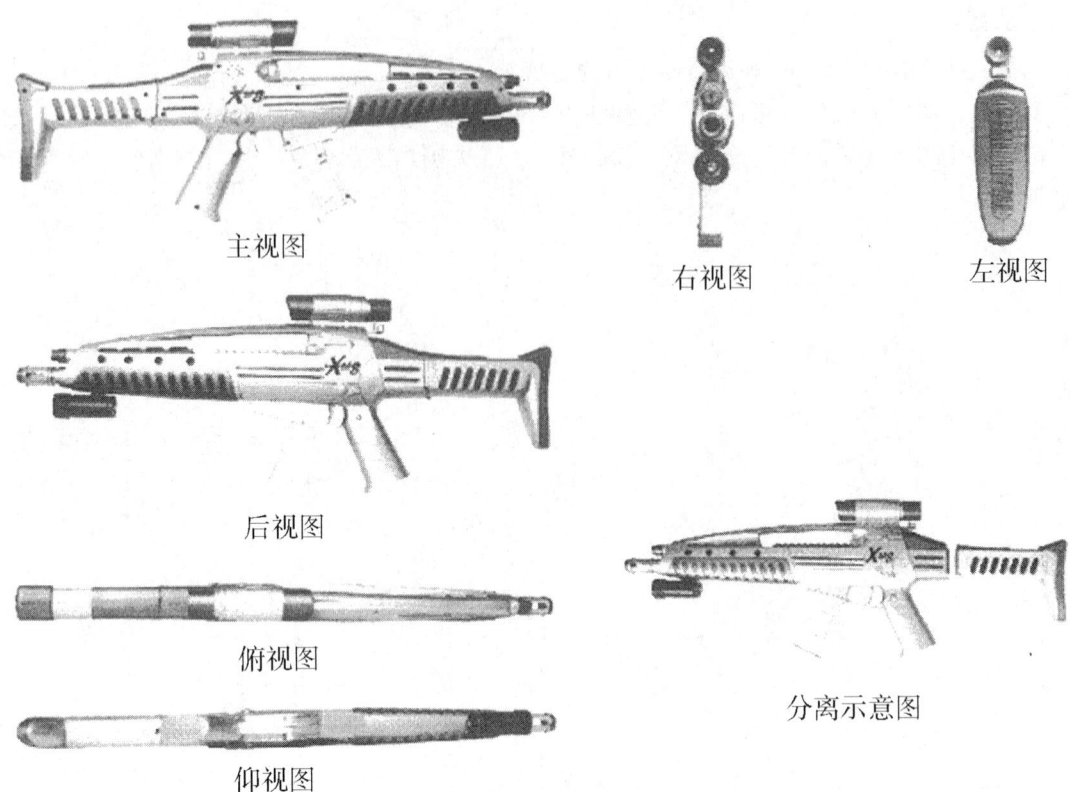

主视图　　　右视图　　　左视图

后视图　　　分离示意图

俯视图

仰视图

本专利附图

在先设计

北京市第一中级人民法院
行政判决书

(2008) 一中行初字第 24 号

原告谢锐扬，男，1967 年 8 月 25 日出生，汉族，广东省汕头市龙湖区顺嘉达玩具厂总经理，住广东省汕头市龙湖区新溪镇上头村和兴路南 24 巷 5 号。

委托代理人张江涵，北京立成智业专利代理事务所专利代理人。

被告国家知识产权局专利复审委员会，住所地北京市海淀区北四环西路 9 号银谷大厦 10~12 层。

法定代表人廖涛，副主任。

委托代理人周佳，女，国家知识产权局专利复审委员会审查员。

委托代理人程强，男，国家知识产权局专利复审委员会审查员。

第三人刘惠荣，男，1976 年 8 月 7 日出生，汉族，广东省汕头市澄海区惠亮玩具厂经理，住广东省汕头市澄海区上华镇横陇村娘池仔路 15 横 17 号。

原告谢锐扬不服被告国家知识产权局专利复审委员会作出的第 10518 号无效宣告请求审查决定（以下简称无效决定），向本院提起行政诉讼。本院受理后依法组成合议庭，根据《中华人民共和国行政诉讼法》第二十七条、《中华人民共和国专利法》（以下简称《专利法》）第四十六条第二款的规定，通知刘惠荣作为第三人参加诉讼。本院于 2008 年 2 月 19 日公开开庭审理了本案，原告的委托代理人张江涵、被告的委托代理人周佳和程强到庭参加了诉讼。经本院合法传唤，第三人未参加法庭审理活动，庭后向本院寄交了书面意见。本案现已审理终结。

被告针对第三人提出的无效请求于 2007 年 9 月 27 日作出无效决定，宣告名称为"玩具枪（B）"的第 200530060190.8 号外观设计专利（以下简称本专利）全部无效。决定认为：

1. 关于法律依据。

被告依据《专利法》第二十三条、《中华人民共和国专利法实施细则》（以下简称《专利法实施细则》）第十三条第一款的规定进行审理。

2. 关于证据认定。

第三人提交的附件 3 是日本杂志《Arms》2005 年 5 月刊复印件及中文译文，附件 4 是对附件 3 所示杂志的公证书复印件及中文译文，附件 5 是会社概要复印件及中文译文，附件 4 用于证明附件 3 的真实性，附件 5 用于说明网站销售产品的种类。第三人在口头审理当庭提交了附件 3 和附件 4 的原件。附件 3 的原件是整本的日本杂志《Arms》五月刊，作为证据使用的包括封面、内页（无页码）和封底，封面上部有 "2005 年 5 月 1 日发行"、"玩具枪与军用的最新情报杂志" 等内容，封底有编辑、发行、印刷的信息。附件 4 包括中科专利商标日本事务所加纳昭子对其购买附件 3 所示杂志的宣誓书、购书发票、登记册 2006 年第 1362 号公证书（公证人为堀川和男）、大阪法务局出具的 "总第 4295 号" 证明和中华人民共和国驻大阪总领事馆出具的 "（2006）阪领认字第 0005276 号" 证明。原告当庭核买了上述原件，认可复印件与原件相符。被告认为：附件 3 是在日本形成的域外证据，作为定期出版的杂志，经前述加纳昭子宣誓证明和日本公证机关（大阪法务局）的证明，并经中华人民共和国驻大阪总领事馆予以认证，附件 3 的真实性可以确认。原告在口头审理中提出附件 3 的中文译文有错误，根据《审查指南》第四部分第八章第 2.2.1 节的规定，"对方当事人对中文译文内容有异议的，应当在指定期限内对有异议的部分提交中文译文，没有提交中文译文的，视为无异议"。本案原告未在指定期限内对有异议的部分提交中文译文，视为原告对中文译文无异议。除双方在口头审理当庭均认可的"XMB"应为"XM8"外，被告对原告提出的其他关于译文错误的主张不予考虑。附件3的出版日为2005年5月1日，早于本专利的申请日2005年5月25日，属于本专利申请日以前的公开出版物，适用《专利法》第二十三条。

3. 关于相同相近似对比。

（1）关于产品类别。

本专利为玩具枪，分类号是21-01，属于"游戏器具和玩具"类产品。

附件3作为对比设计的是内页上部"新产品阵容"栏的图形（以下简称在先设计）。原告认为在先设计与本专利不属于同一类别，不能进行外观设计相同相近似对比。原告指出，在先设计的右边标注有"XM8枪械转换套件"，"XM8枪械转换套件被作为美军下一期候补采用品"及价格，"可以安装9.6v1100mR电池"，电话栏右边的白框内注明"未满18岁的人士不能直接订购，必须由其监护人进行联系"，"北大阪最大规模的气枪综合商店"，"武器与军事装备"，上述内容表明在先设计不是玩具而是一种武器。第三人认为，在先设计是用于生存游戏的玩具气枪，与武器有根本的区别，武器的目的是杀伤和毁灭对手，而在先设计不具有杀伤力，从其销售价格和销售商也可以看出在先设计不是武器。被告认为：通过附件3内页的内容可知，任何年满18岁的人在日本都可以通过电话、邮购、网上订购等方式获得在先设计所示的产品，而武器枪支弹药在日本属于严格控制的物品，不能随意流通，对武器枪支的买卖，不会随意到任何成年人都可以通过电话、邮购、网上订货的方式获得的程度，故在先设计所示产品不会是一种武器，其49800日元（约合4000人民币）的售价也佐证了这一点。销售商在广告中将仿某款武器的产品用该款武器命名是比较常见的，不能以标注的"XM8枪械转换套件"认定在先设计就是实际的美军XM8轻型突击步枪。在先设计所示产品不适宜未满18岁的人士，说明该产品有别于一般的普通玩具枪，比如可以是用于生存游戏等不适宜儿童的游戏的外形仿真的游戏枪。普通玩具枪的用途是供人游戏、玩耍，成人游戏枪的用途是供成人进行某种更为仿真的游戏，二者使用人群不完全相同，但其使用领域同属游戏的范畴，属于用途相近的产品，可以进行相近似比较。

（2）外观设计相近似对比。

本专利公告的外观设计视图包括主视图、后视图、左视图、右视图、俯视图、仰视图和分离示意图，据图片观察，所示玩具枪包括枪身、枪托、枪把、弹夹、枪管、瞄准镜和夜视镜，枪把与枪身可分离，枪管为双管，夜视镜位于枪管下方。从主视图上看，枪把形状近似水平放置的数字"7"，瞄准镜为一圆柱，套接于枪身，枪托和弹夹均近似长方形，枪管为圆柱，位于上面的枪管略微突出于枪身，夜视镜为圆柱体，枪身有装饰线及XM8字样。

在先设计所示产品包括枪身、枪托、枪把、弹夹、枪管和瞄准镜。枪把形状近似水平放置的数字"7"，瞄准镜为一圆柱，套接于枪身，枪托和弹夹均近似长方形，枪管为圆柱。

比较在先设计与本专利，其不同点为：本专利的枪管为双管，在先设计为单管；本专利的枪把与枪身可分离，在先设计图片未显示上述特点；本专利枪身有装饰线，在先设计没有；本专利有夜视镜，在先设计没有。被告认为：本专利与在先设计容易引起消费者注意的是由其各部分确定的产品整体形状，二者基本构造相同，各部分形状近似，各部分的比例及所在位置相同，给人相近似的整体视觉印象。二者枪管虽有单管与双管的区别，但本专利的双枪管中上面的枪管只是略微突出于枪身，不易引起一般消费者注意。关于枪把与枪身是否可分离，体现的是产品连接方式上的差异，这种差异对本案在先设计与本专利的整体视觉效果并不产生影响。枪身的装饰线和夜视镜的有无，相对于整体形状而言属于局部细微的变化。二者的上述区别点不会对整体视觉效果产生显著影响，本专利与在先设计属于相近似的外观设计。

4. 结论。

综上所述，第三人提交的证据证明在本专利申请日以前已有与其相近似的外观设计在国内外出版物上公开发表过，本专利的授予不符合《专利法》第二十三条的规定。

鉴于上述已得出本专利不符合《专利法》第二十三条规定的结论，本决定对第三人提交的其他证据和理由不作评述。

被告为证明无效决定的合法性，向本院提交了下列证据，用于证明无效决定正确、合法：（1）无效决定的附件3；（2）无效决定中的附件4。

原告诉称：（1）附件3系域外证据，附件3的真实性未经公证和认证不能作为有效证据，加纳昭子是日本专利商标事务所的人员，是第三人委托的本案利害关系人，《宣誓书》仅是证人证言，证人未经出庭质证不能作为有效证据，《领取证》并非发票，且未载明附件3的名称，该证据不能与附件3相互印证；（2）被告认定枪支在日本属于严格控制物品没有事实和法律依据，从附件3所示内容看，附件3载明"北大阪最大规模的气枪综合商店"，"枪械转换配件被作为美军下一期候补采用品"，从原告查证的情况看，在先设计属于电力驱动压缩气体管具发射弹丸并足以致伤或丧失知觉的管制枪支，即气枪，互联网报道现日本自卫队已经装备气枪，玩具安全技术规范，电玩具安全（国标）规定的玩具为14岁以下儿童玩耍的产品，因此本专利与在先设计使用领域和用途均不同，《中华人民共和国枪支管理法》规定，"本法所称枪支是指以火药或者压缩气体等为动力，利用管状器具发射金属弹丸或其他物质，足以致人伤亡或丧失知觉的各种枪支"，在先设计属于电动气枪，并非玩具，在中国属于禁止销售产品，根据《审查指南》的规定，不同类别的外观设计具有不同的消费群体，只有相同或近似类别的产品才能存在外观设计相近似的情况，近似类别的产品指用途近似的产品，被告认定在先设计为成人游戏枪没有依据；（3）本专利与在先设计有显著区别，属于不相近似的外观设计。原告请求法院判决撤销无效决定。

原告向本院提交了下列证据：（1）国家玩具安全技术规范，证明玩具的定义、消费人群的界定以及玩具枪与仿真武器的区别；（2）电动玩具安全的国家标准，证明再次确认玩具定义以及消费人群，以及该标准是国际公认和通行的；（3）附件3中的广告页，证明该枪是真枪或至少是气枪、该枪与G36C共用组件、该枪与原枪尺寸一致、销售商明确为"气枪综合商店"；（4）证据保全公证书（07531号），证明广告中该枪使用的组件（与G36C通用），系列组件表明产品性质为气枪，该产品禁止18岁以下人群购买和使用，按照国际通行标准该枪绝非玩具，该枪不符合中国法律的规定，禁止个人持有，该枪兼有气枪、仿真特性，属于仿真气枪；（5）证据保全公证书（07532号），证明XM8和G36C通用组件，XM8和G36C具有通用性，广告中该类型枪装备日本自卫队，具有武器性质，我国禁止仿真枪流通，我国禁止气枪流通。原告在本院庭审中确认其在无效程序中没有向被告提交过证据1、2、4、5。

被告辩称，根据加纳昭子的《宣誓书》、公证认证情况、购买附件3的发票以及附件3的原件，可以认定附件3的真实性；根据本专利分类号21-01，属于游戏器具和玩具类产品，根据附件3所示内容，年满18岁在日本可以电话、邮购、网上订货等方式购买所示产品，枪支在日本属于严格控制物品，所示产品售价折合人民币4000元，因此该产品属于生存游戏等不适宜儿童游戏的仿真游戏枪，与普通游戏枪同属于游戏范畴，用途相近，可以作为本专利对比文件；本专利与在先设计属于相近似的外观设计。无效决定认定的事实清楚、适用法律正确、程序合法，被告坚持无效决定的理由，请求法院判决维持无效决定。

第三人于本院法庭审理后向本院寄交了书面意见，其同意被告意见。第三人未向本院提交证据。

经庭审质证，原告对于被告提交证据的关联性和证明作用持有异议；对于原告提交的证据，被告认为因原告在无效程序中没有提交证据1、2、4、5，故与本案无关，不同意证据3的证明作用。本院根据《最高人民法院关于行政诉讼证据若干问题的规定》，对当事人提交的证据认证如下：被告提交证据符合关联性、合法性、真实性的要求，可以证明附件3所示内容以及第三人针对附件3办理的相关公证，本院予以确认；原告提交的证据1、2属于国家标准，可以证明我国对于玩具的相关标准，证据3是无效决定中的附件3，可以证明附件3所示内容，本院对原告提交的证据1~3予以确认；原告提交的证据4、5，因其在无效程序中没有向被告提交过该证据，故不能作为认定被诉具体行政行为是否合法的证据，本院不予确认。

依据上述有效证据以及均无异议的当事人陈述，本院认定事实如下：

原告于2005年5月25日向国家知识产权局申请名称是"玩具枪（B）"的外观设计专利（即本专利），2006年3月1日授权公告，专利号为第200530060190.8号，专利权人是谢锐扬（即原告）。

针对本专利，第三人于2006年9月27日向被告提出无效宣告请求，其理由是本专利不符合《专利法》第二十三条的规定。原告向被告提交了下列证据：

附件1：日本杂志《Arms》2005年5月刊封面、封底及内页复印件共3页。

被告受理了该无效宣告请求，并向原告送达了《专利权无效宣告请求书》及其附件的副本，原告向被告提交了意见陈述书。

针对本专利，第三人于2006年12月29日再次向被告提出无效宣告请求，其理由是本专利不符合《专利法实施细则》第十三条第一款和《专利法》第二十三条的规定。第三人认为：原告就同样的发明创造在同一日申请了两项外观设计专利，并在同一日被授权公告，另一项外观设计专利权的专利号为200530060115.1，因此不符合《专利法实施细则》第十三条第一款的规定；在本专利申请日2005年5月25日之前，已有于2005年5月1日出版的日本杂志《Arms》公开发表了与本专利相近似的玩具枪的外观设计，本专利的授予不符合《专利法》第二十三条的规定。第三人向被告提交了如下附件作为证据（编号续前）：

附件2：200530060115.1号外观设计专利公报复印件1页；

附件3：日本杂志《Arms》2005年5月刊封面、封底及内页复印件及中文译文共6页；

附件4：对日本杂志《Arms》2005年5月刊所作的公证书复印件及中文翻译共6页，其中包括加纳昭子签署的《宣誓书》、大阪市淳久堂书店的《领取证》、日本国大阪市法务局出具的公证书及中华人民共和国驻大阪总领事馆出具的认证书；

附件5：《会社概要》复印件及中文译文共2页。

被告受理了该无效宣告请求，并将《专利权无效宣告请求书》及其附件的副本转送原告，原告向被告提交了意见陈述书。

被告于2007年3月15日向原告发出《无效宣告请求审查通知书》，告知本专利与200530060115.1号外观设计专利是同一申请人、同日申请，并于同一日授权公告的同样的外观设计，不符合《专利法实施细则》第十三条第一款的规定，专利权人可选择放弃200530060115.1号外观设计专利的方式来维持本专利有效，或者放弃本专利。

2007年4月18日、2007年5月11日，原告两次提交由其本人签字的《放弃专利权声明》，声明自申请日起放弃200530060115.1号外观设计专利权。

2007年5月23日进行了口头审理，被告将上述两次无效宣告请求合并口头审理。第三人和原告均委托代理人出庭。因未提交附件1的中文译文，第三人声明放弃附件1作为本案的证据。第三人当庭提交了附件3、附件4的原件，将附件3、附件4、附件5组合使用，用以证明与本专利相近似的外观设计已于本专利申请日之前由日本杂志公开发表，二者使用外观设计的产品属于相同种类。原告当庭核实附件3、附件4的原件，确认复印件与原件相符，对附件4公证认证程序没有异议，但认为公证书的内容不支持请求人所述的事实，附件5未经过公证认证，不具合法性。双方还就本专利与附件3使用外观设计的产品是否属于相同、相近种类以及二者外观设计是否相同相近似进行了辩论。由于专利权人已提交《放弃专利权声明》，声明自申请日起放弃200530060115.1号外观设计专利权，双方未就附件2发表新的意见。

关于原告于2007年4月18日、2007年5月11日提交的《放弃专利权声明》，经国家知识产权局专利局审查，上述《放弃专利权声明》不符合规定，专利局于2007年7月11日发出《视为未提出通知书》。

被告经审查后作出无效决定，宣告本专利全部无效。原告不服无效决定，向本院提起行政诉讼。另，原告在本院庭审中明确：对于无效决定案由部分载明的事实、审查程序以及理由部分的法律依据没有异议。

本院认为：根据《专利法》第四十六条第一款的规定，被告具有受理无效请求和作出无效决定的法定职权。鉴于原告对无效决定中案由部分的记载、法律依据的认定以及被告的审查程序均无异议，本院经审查，对其合法性予以确认。

经各方当事人确认，本案的争议焦点是：（1）被告对于证据的认定是否合法；（2）附件3所示产品是否可以作为本专利的对比文件；（3）本专利与在先设计是否相近似。

第一，关于被告对证据认定的合法性。

根据《审查指南》第四部分第八章第2.2.2节及《最高人民法院关于行政诉讼证据若干问题的规定》第十六条第一款的规定，当事人提供的中华人民共和国领域外形成的证据属于域外证据，当事人应当说明来源，经所在国公证机关证明，并经中华人民共和国驻该国使领馆认证。对域外证据进行公证和认证的目的是证明域外证据来源的真实性。

本案中，第三人向被告提交的附件3是日本国杂志《Arms》2005年5月刊复印件及中文译文，属于域外证据。附件4是第三人针对附件3所做相关公证和认证文件以及中文译文，其中包括《宣誓书》、《领取证》、公证书及认证书。其中的公证和认证文件系对加纳昭子在日本国公证员面前签署《宣誓书》的情况进行的公证，《宣誓书》中对加纳昭子购买杂志《Arms》的过程进行了描述，且附有大阪市淳久堂书店的《领取证》，第三人在行政程序中向被告提交了附件3的原件。综合上述情况，被告对附件3的真实性予以认定并无不当，原告关于附件3不能作为有效证据的诉讼主张，本院不予支持。

第二，关于附件3所示产品是否可以作为本专利的现有技术。

根据《审查指南》第四部分第五章第6节的规定，只有相同或相近类别的产品才能存在外观设计相近似的情况，其中，相近类别的产品是指用途相近的产品，确定产品的类别可以参考产品的名称、国际外观设计分类表及产品货架分类。从附件3所示内容看，在先设计所在页为广告页，在先设计为"枪"的外观设计，位于该广告页中，该广告页标有"北大阪最大规模的气枪综合商店"以及"未满18岁的人士不能直接订购，必须由其监护人进行联系"等内容，该广告页并未标注在先设计属于成人游戏枪、气枪、玩具枪或其他类别的枪支。在没有其他证据佐证的情况下，被告认定在先设计是成人游戏枪的证据不足。因此，被告关于在先设计与本专利用途相近以及在先设计可以作为本专利现有技术的相关认定，证据不足，本院不予支持。

由于只有相同或相近类别的产品才能存在外观设计相近似的情况，本院已经认定被告关于在先设计作为本专利现有技术的证据不足，故对本专利与在先设计是否相近似问题不再评述。

综上所述，被告作出无效决定的主要证据不足，依法应予撤销。原告关于撤销无效决定的诉讼请求，本院予以支持。据此，本院依照《中华人民共和国行政诉讼法》第五十四条第（二）项第 1 目的规定，判决如下：

撤销被告国家知识产权局专利复审委员会于二〇〇七年九月二十七日作出的第 10518 号无效宣告请求审查决定。

案件受理费 100 元，由被告国家知识产权局专利复审委员会负担（于本判决生效后 7 日内交纳）。

如不服本判决，当事人可在本判决书送达之日起 15 日内向本院递交上诉状，预交上诉案件受理费 100 元，并按对方当事人的人数提交副本，上诉于北京市高级人民法院。

审　判　长　齐　莹
代理审判员　乔　军
人民陪审员　杨一平
二〇〇八年三月二十日
书　记　员　曹　炜

北京市高级人民法院
行政判决书

（2008）高行终字第 405 号

上诉人（一审被告）国家知识产权局专利复审委员会，住所地北京市海淀区北四环西路 9 号银谷大厦 10~12 层。

法定代表人廖涛，副主任。

委托代理人程强，男，国家知识产权局专利复审委员会审查员。

委托代理人严若艳，女，国家知识产权局专利复审委员会审查员。

被上诉人（一审原告）谢锐扬，男，1967 年 8 月 25 日出生，汉族，广东省汕头市龙湖区顺嘉达玩具厂总经理，住广东省汕头市龙湖区新溪镇上头合村和兴路南 24 巷 5 号。

委托代理人张江涵，男，北京立成智业专利代理事务所专利代理人。

一审第三人刘惠荣，男，1976 年 8 月 7 日出生，汉族，广东省汕头市澄海区惠亮玩具厂经理，住广东省汕头市澄海区上华镇横陇村娘池仔路 15 横 17 号。

上诉人国家知识产权局专利复审委员会（以下简称专利复审委）因专利无效宣告请求审查决定一案，不服北京市第一中级人民法院（以下简称一审法院）（2008）一中行初字第 24 号行政判决，向本院提起上诉。本院受理后，依法组成合议庭，于 2008 年 10 月 16 日公开开庭进行了审理。上诉人专利复审委的委托代理人程强，被上诉人谢锐扬的委托代理人张江涵到庭参加诉讼，一审第三人刘惠荣经本院合法传唤，未到庭参加诉讼。本案现已审理终结。

2007 年 9 月 27 日专利复审委依据《中华人民共和国专利法》（以下简称《专利法》）第二十三条、《中华人民共和国专利法实施细则》（以下简称《专利法实施细则》）第十三条第一款之规定作出第 10518 号无效宣告请求审查决定（以下简称第 10518 号决定），宣告名称为"玩具枪（B）"的第 200530060190.8 号外观设计专利权（以下简称本专利）全部无效。谢锐扬不服，向一审法院提起行政诉讼。

一审法院经审理认为，根据《审查指南》第四部分第八章第 2.2.2 节及《最高人民法院关于行政诉讼证据若干问题的规定》第十六条第一款的规定，当事人提供的中华人民共和国领域外形成的证据属于域外证据，当事人应当说明来源，经所在国公证机关证明，并经中华人民共和国驻该国使领馆认证。对域外证据进行公证和认证的目的是证明域外证据来源的真实性。

本案中，刘惠荣提交的附件 3 是日本国杂志《Arms》2005 年 5 月刊复印件及中文译文，属于域外证据。附件 4 是针对附件 3 所作相关公证和认证文件以及中文译文，其中包括《宣誓书》、《领取证》、公证书及认证书。其中的公证和认证文件系对加纳昭子在日本国公证员面前签署《宣誓书》的情况进行的公证，《宣誓书》中对加纳昭子购买杂志《Arms》的过程进行了描述，且附有大阪市淳久堂书店的《领取证》，刘惠荣在行政程序中提交了附件 3 的原件。综合上述情况，专利复审委对附件 3 的真实性予以认定并无不当，谢锐扬关于附件 3 不能作为有效证据的诉讼主张，不予支持。

根据《审查指南》第四部分第五章第 6 节的规定，只有相同或相近类别的产品才可能存在外观设计相近似的情况，其中，相近类别的产品是指用途相近的产品，确定产品的类别可以参考产品的名称、国际外观设计分类表及产品货架分类。从在先设计所示内容看，在先设计所在页为广告页，在先设计为"枪"的外观设计，位于该广告页中，该广告页标有"北大阪最大规模的气枪综合商店"以及"未满 18 岁的人士不能直接订购，必须由其监护人进行联系"等内容，该广告页并未标注在先设计属于成人游戏枪、气枪、玩具枪或其他类别的枪支。在没有其他证据佐证的情况下，专利复审委认定在先设计是成人游戏枪的证据不足。因此，专利复审委关于在先设计与本专利用途相近以及在先设计可以作为本专利现有技术的相关认定，证据不足，不予支持。

由于只有相同或相近类别的产品才可能存在外观设计相近似的情况，一审法院已经认定专利复审委关于在先设计作为本专利现有技术的证据不足，故对本专利与在先设计是否相近似问题不再评述。

一审法院综上认为，专利复审委作出的第 10518 号决定主要证据不足，依法应予撤销。谢锐扬关于撤销该决定的诉讼请求，应予支持。依照《中华人民共和国行政诉讼法》第五十四条第（二）项第 1 目的规定，判决撤销了第 10518 号决定。专利复审委不服上述判决，向本院提起上诉。

专利复审委上诉称，附件 3 是日本杂志《Arms》2005 年 5 月刊的封面、相关内页及封底。作为一种公开发行的月刊杂志，且其封面右上角的方框中有"玩具枪与军用的最新情报杂志"、左边中上部有"华丽的玩具枪"、右边下部有"西部玩具枪大全一举提升西部题材的玩具价值"等内容，可以确定附件 3 介绍的枪支一般应当为玩具枪。尤其是在该杂志刊登广告，明确销售价格、销售途径、地点、电话等内容的产品，可以确定其是游戏用枪而不会是武器枪支。

在先设计是一款广告产品，其所在的内页显示了销售该产品的网址、销售电话、商店地址、售价等内容，并声明"未满 18 岁的人士不能直接订购，必须由其监护人进行联系"。由此可知，任何年满 18 岁的人在日本都可以通过电话、邮购、网上订购等方式获得在先设计所示产品。根据普遍具有的常识，武器枪支弹药在日本是属于严格控制的物品，不能随意流通，对武器枪支的买卖，不会随意到任何成年人都可以通过电话、邮购、网上订货的方式获得的程度。参照我国《枪支管理法》关于禁止任何单位和个人买卖枪支；国家对枪支的制造、配售实行特别许可制度；严禁邮寄枪支或者在邮寄的物品中夹带枪支等规定。在先设计所示产品不仅可以自由买卖，而且可以电话订购、网购或者邮购，不仅销售完整产品，而且销售产品的零部件并且附有零部件的图片，可见在先设计不会是一种武器。任何国家都不会随便公开武器枪支的零部件图片，更何况在先设计显示在"新产品阵容"栏目内，是一款广告新品。

销售商在广告中将仿某款式武器的产品用该款武器命名是比较常见的，不能以标注的"XM8 枪械转换套件"认定在先设计就是美军的 XM8 轻型突击步枪。在先设计所示产品不适宜未满 18 岁的人士，是用来说明该玩具产品的适用人群，如同一般儿童玩具也会标注其适宜人群的年龄为1~3岁和3~5岁等一样，是尽到生产者、销售者的告知义务，说明该产品有别于一般的儿童玩具枪，比如可以是用于生存游戏等不适宜儿童的游戏枪，但不能由此认为18岁以上人士适用就是武器枪支。

附件3封底也显示了一款枪支的图片，该商品可以直接购买，也可以电话订购、邮购或网购，其下方的注意事项中有"本商品是用低气压体发射BB子弹的、供18岁以上人士使用的气枪，在使用之前请认真阅读《安全》中的'使用说明'"的内容，以此可以佐证在先设计的使用人群一般为成人，而其性质仍然为游戏用枪。综上，在先设计为成人游戏用枪。

近年来，成人游戏在世界范围内流行，真人CS－反恐精英游戏及其他战斗游戏（WARGAME）在国内外广泛开展。战斗游戏一般使用空气软枪，即通常所说的BB枪，其弹丸为塑料材料，即通常所说的BB弹。尽管这类游戏用枪利用了真枪的用压缩气体作为动力的原理，能够发射标准BB弹，但终究还是成人玩具的属性。

普通玩具枪的用途是供人娱乐、游戏，成人游戏枪的用途是供成人进行战斗游戏，满足成人娱乐需求，二者使用人群不完全相同，但其使用领域同属游戏的范畴。因此，本专利与在先设计属于用途相近的产品，可进行外观设计相同相近似比较。我委坚持在第10518号决定中关于本专利与在先设计相近似的理由。综上，根据附件3所示的内容以及一般常识，足以认定在先设计为成人游戏用枪，一审法院对此的认定错误，请求二审法院撤销一审判决，维持我委作出的第10518号决定。

谢锐扬答辩称，首先，"加纳昭子"的所谓"宣誓书"与所谓公开出版物《Arms》杂志无法建立关联关系"加纳昭子"不是律师也不是公证人，不具有中立第三方的证明资格，其"宣誓书"毫无效力。其次，与"宣誓书"配套的"收据"无法证明是同一时间为同一事件而取得的。再次，"收据"未经过相应的公证认证证明其真实性。最后，"收据"与所谓公开出版物《Arms》杂志并不具有唯一对应关系，两份证据之间没有关系联接点。因此，有关证据既不符合法定证据标准，也不具备证明力，不能作为本案证据。

专利复审委最主要的论据在于认定在先设计是一把"成人游戏用枪"，并由此而认为，该枪必然不同于气枪、真枪及《枪支管理法》所定义的枪，是可以比对的。这种观点既有逻辑上的错误，也有理解上的问题，还有偷换概念之嫌、对举证原则及举证责任的认识不足，更对法律理解的不准确。"成人游戏用枪"本身不是一种合法的、科学的、法律及技术上认可的定义、分类办法和分类概念。专利复审委创造的"成人游戏用枪"没有任何认定标准，其以自己所描绘的"成人游戏"来认定"成人游戏用枪"没有事实和法律依据。无论从技术上还是法律上，专利复审委及刘惠荣提交的证据都充分证明了在先设计不是玩具，不具有玩具的功能，与玩具有完全不同的消费人群，不能进行比较。按照《Arms》杂志广告页上的说明"实物的尺寸忠实地再现了"等语言，按照公安部关于印发《仿真枪认定标准》通知的规定，该在先设计属于仿真气枪。综上，专利复审委错误地认定刘惠荣提交的域外证据的证明力，也错误地认定《Arms》杂志上所刊登枪支的性质，错误地将其作为玩具进行比对得出了错误的结论，一审法院予以撤销是公正的，请求二审法院维持一审判决，驳回专利复审委的上诉请求。

刘惠荣未向本院提交书面答辩意见。

一审期间，专利复审委向法院提交了下列证据：（1）附件3，即日本杂志《Arms》2005年5月刊复印件及中文译文；（2）附件4，即对附件3所示杂志的公证书的复印件及中文译文。

谢锐扬向法院提交了下列证据：（1）《国家玩具安全技术规范》；（2）《电玩具安全》的国家标准；（3）附件3中的广告页；（4）证据保全公证书（07531号）；（5）证据保全公证书（07532号）。一审中，谢锐扬确认其在无效程序中没有向专利复审委提交证据1、2、4、5。

上述证据均随案移送本院，经庭审质证及合议庭审查认为，专利复审委提交的证据及谢锐扬提交的证据3与本案具有关联性，内容真实，来源合法，能够证明法院查明的事实，一审法院予以确认正确，本院亦予以确认。谢锐扬提交的证据1、2系国家关于玩具的安全规范及标准，不能作为证据使用，谢锐扬提交的证据4、5在无效程序中未向专利复审委提交，不能作为法院审查第10518号决定是否合法的证据，本院不予确认。

经审理查明，谢锐扬于2005年5月25日向国家知识产权局提出名称为"玩具枪（B）"的外观设计专利权（即本专利）的申请，国家知识产权局经审查于2006年3月1日授权公告，专利号为第200530060190.8号。

针对本专利，刘惠荣于2006年9月27日以本专利不符合《专利法》第二十三条的规定为由，向专利复审委提出无效宣告请求。刘惠荣认为，在本专利申请日之前，已有与其相近似的外观设计在国内外出版物上公开发表。并提交了附件1：日本杂志《Arms》2005年5月刊封面、封底及内页复印件，共3页作为证据。

专利复审委受理后依法进行了转文，谢锐扬在2006年12月13日提交的意见陈述书中认为，附件1不符合最高人民法院《关于民事诉讼证据的若干规定》第十一条第一款和第十二条的规定，并质疑其真实性；本专利与附件1相比，有六处设计上的差别，本专利与附件1外观设计不相近似。

针对本专利，刘惠荣于2006年12月29日再次向专利复审委提出无效宣告请求，其理由是本专利不符合《专利法实施细则》第十三条第一款和《专利法》第二十三条的规定。刘惠荣认为：谢锐扬就同样的发明创造在同一日申请了两项外观设计专利，并在同一日被授权公告，另一项外观设计专利权的专利号为200530060115.1，因此不符合《专利法实施细则》第十三条第一款的规定；在本专利申请日2005年5月25日之前，已有于2005年5月1日出版的日本杂志《Arms》公开发表了与本专利相近似的玩具枪的外观设计，本专利的授予不符合《专利法》第二十三条的规定。并提交了如下附件2-5作为证据：

附件2：200530060115.1号外观设计专利公报复印件1页；

附件3：日本杂志《Arms》2005年5月刊封面、封底及内页复印件及中文译文共6页；

附件4：对日本杂志《Arms》2005年5月刊所作的公证书复印件及中文翻译共6页，其中包括加纳昭子签署的《宣誓书》、大阪市淳久堂书店的《领取证》、日本国大阪市法务局出具的公证书及中华人民共和国驻大阪总领事馆出具的认证书；

附件5：《会社概要》复印件及中文译文共2页。

专利复审委受理后，于2006年12月29日进行了转文，谢锐扬于2007年2月13日提交了意见陈述，请求延长对专利复审委于2006年12月29日发出的受理通知书的答复期限。专利复审委根据《专利法实施细则》第七十条的规定，未同意谢锐扬延长期限的请求。

2007年3月9日谢锐扬提交了意见陈述书，认为本专利与附件3所示的外观设计在枪栓、枪管、装饰线、夜视镜、弹夹等方面有明显区别，二者不相同且不相近似。

专利复审委于2007年3月15日向谢锐扬发出《无效宣告请求审查通知书》，告知其本专利与200530060115.1号外观设计专利是同一申请人、同日申请，并于同一日授权公告的同样的外观设计，不符合《专利法实施细则》第十三条第一款的规定，专利权人可选择放弃200530060115.1号外观设计专利的方式来维持本专利有效，或者放弃本专利。

2007年4月18日、2007年5月11日，谢锐扬两次提交由其本人签字的《放弃专利权声明》，声明自申请日起放弃200530060115.1号外观设计专利权。

在口头审理中，专利复审委将上述两次无效宣告请求合并审理。刘惠荣因未提交附件1的中文译文,声明放弃附件1作为本案的证据。并当庭提交了附件3、附件4的原件,将附件3、附件4、附件5组合使用,用以证明与本专利相近似的外观设计已于本专利申请日之前由日本杂志公开发表,二者使用外观设计的产品属于相同种类。谢锐扬当庭核实附件3、附件4的原件,确认复印件与原件相符,对附件4公证认证程序没有异议,但认为公证书的内容不支持刘惠荣所述的事实,附件5未经过公证认证,不具合法性。双方还就本专利与附件3使用外观设计的产品是否属于相同、相近种类以及二者外观设计是否相同相近似进行了辩论。由于谢锐扬已提交《放弃专利权声明》,声明自申请日起放弃200530060115.1号外观设计专利权,双方未就附件2发表新的意见。

关于谢锐扬于2007年4月18日、2007年5月11日提交的《放弃专利权声明》,国家知识产权局专利局经审查认为,上述《放弃专利权声明》不符合规定,于2007年7月11日发出《视为未提出通知书》。

在口头审理的基础上,专利复审委作出第10518号决定。主要内容概括如下:

关于证据,专利复审委认为,附件3的出版日为2005年5月1日,早于本专利的申请日2005年5月25日,属于本专利申请日以前的公开出版物,适用《专利法》第二十三条。

关于产品的类别,专利复审委认为本专利为玩具枪,分类号是21-01,属于"游戏器具和玩具"类产品。通过附件3(以下简称在先设计)内页的内容可知,任何年满18岁的人在日本都可以通过电话、邮购、网上订购等方式获得在先设计所示的产品,而武器枪支弹药在日本属于严格控制的物品,不能随意流通,对武器枪支的买卖,不会随意到任何成年人都可以通过电话、邮购、网上订货的方式获得的程度,故在先设计所示产品不会是一种武器,其49800日元(约合4000人民币)的售价也佐证了这一点。销售商在广告中将仿某款武器的产品用该款武器命名是比较常见的,不能以标注的"XM8枪械转换套件"认定在先设计就是实际的美军XM8轻型突击步枪。在先设计所示产品不适宜未满18岁的人士,说明该产品有别于一般的普通玩具枪,比如可以是用于生存游戏等不适宜儿童游戏的外形仿真的游戏枪。普通玩具枪的用途是供人游戏、玩耍,成人游戏枪的用途是供成人进行某种更为仿真的游戏,二者使用人群不完全相同,但其使用领域同属游戏的范畴,属于用途相近的产品,可以进行相近似比较。

关于外观设计相近似对比。专利复审委认为,本专利公告的外观设计视图包括主视图、后视图、左视图、右视图、俯视图、仰视图和分离示意图,据图片观察,所示玩具枪包括枪身、枪托、枪把、弹夹、枪管、瞄准镜和夜视镜,枪把与枪身可分离,枪管为双管,夜视镜位于枪管下方。从主视图上看,枪把形状近似水平放置的数字"7",瞄准镜为一圆柱,套接于枪身,枪托和弹夹均近似长方形,枪管为圆柱,位于上面的枪管略微突出于枪身,夜视镜为圆柱体,枪身有装饰线及XM8字样。

在先设计所示产品包括枪身、枪托、枪把、弹夹、枪管和瞄准镜。枪把形状近似水平放置的数字"7"瞄准镜为一圆柱,套接于枪身,枪托和弹夹均近似长方形,枪管为圆柱。

二者的不同点为:本专利的枪管为双管,在先设计为单管;本专利的枪把与枪身可分离,在先设计图片未显示上述特点;本专利枪身有装饰线,在先设计没有;本专利有夜视镜,在先设计没有。专利复审委认为:本专利与在先设计容易引起消费者注意的是由其各部分确定的产品整体形状,二者基本构造相同,各部分形状近似,各部分的比例及所在位置相同,给人相近似的整体视觉印象。二者枪管虽有单管与双管的区别,但本专利的双枪管中上面的枪管只是略微突出于枪身,不易引起一般消费者注意。关于枪把与枪身是否可分离,体现的是产品连接方式上的差异,这种差异对本案在先设计与本专利的整体视觉效果并不产生影响。枪身的装饰线和夜视镜的有无,相对于整体形状而言属于局部细微的变化。二者的上述区别点不会对整体视觉效果产生显著影响,本专利与在先设计属于相近似的外观设计。

鉴于上述已得出本专利不符合《专利法》第二十三条规定的结论，专利复审委对刘惠荣提交的其他证据和理由不作评述。

本院认为：根据《专利法》第二十三条的规定，授予专利权的外观设计，应当同申请日以前在国内外出版物上公开发表过或者国内公开使用过的外观设计不相同和不相近似，并不得与他人在先取得的合法权利相冲突。附件3原件是整本日本杂志《Arms》五月刊，经过了中华人民共和国驻日本大阪总领事馆的认证，专利复审委认定其可以作为证据使用符合法律规定。

从本专利的视图可以看出，本专利的外形与相应的制式枪支相同或者近似，参照公安部《仿真枪认定标准》第一条第（3）项的规定，可以认定本专利为仿真枪。附件3作为证据使用的包括封面、内页（无页码）和封底，封面右上角的方框中有"玩具枪与军用的最新情报杂志"、左边中上部有"华丽的玩具枪"、右边下部有"西部玩具枪大全—举提升西部题材的玩具枪的价值"等内容，封底有编辑、发行、印刷的信息。附件3作为在先设计的是其内页上部"新产品阵容"栏的图形，该图形右边标注有"XM8枪械转换套件"价格49800日元、"XM8枪械转换套件被作为美军下一期候补采用品"、"可以安装9.6v1100mR电池"，"未满18岁的人士不能直接订购，必须由其监护人进行联系"、"北大阪最大规模的气枪综合商店"等内容可以得知，在先设计亦为仿真枪。专利复审委将附件3封面及内页上的内容进行综合分析后得出的，在先设计的产品有别于一般的普通玩具枪，可以是用于生存游戏等不适宜儿童游戏的外形仿真的游戏枪，本专利与在先设计使用人群不完全相同，但使用领域同属游戏的范畴，属于用途相近的产品，可以进行相近似比较的结论正确，本院予以支持。

专利复审委将本专利的外观设计视图与在先设计的图片进行比对后得出的本专利与在先设计基本构造相同，各部分的比例及所在位置相同，给人相近似的整体视觉印象，二者的差异不会对整体视觉效果产生显著影响，本专利与在先设计相近似的结论正确，本院予以认同。综上，第10518号决定认定事实清楚，证据确实充分，适用法律正确，程序合法，本院应予维持。一审法院认定事实不清，所作判决本院不予支持。依照《中华人民共和国行政诉讼法》第六十一条第（三）项之规定，判决如下：

1. 撤销北京市第一中级人民法院（2008）一中行初字第24号行政判决书；
2. 维持上诉人国家知识产权局专利复审委员会于二〇〇七年九月二十七日作出的第10518号无效宣告请求审查决定。

一审案件受理费100元，由被上诉人谢锐扬负担（已交纳），二审案件受理费100元，由被上诉人谢锐扬负担，于本判决送达之日起七日内交纳。

本判决为终审判决。

审　判　长　郭　宜
审　判　员　张学磊
代理审判员　朱海宏
二〇〇八年十二月八日
书　记　员　程钰玮

毛衣罗纹自动过梳器（3）

无效宣告请求审查决定（第10524号）

决 定 号	第10524号
决 定 日	2007年9月17日
发明创造名称	毛衣罗纹自动过梳器（3）
外观设计分类号	15-05
无效宣告请求人	李榕健
专 利 权 人	罗武记
专 利 号	03323174.5
申 请 日	2003年4月25日
授 权 公 告 日	2003年12月24日
合 议 组 组 长	徐清平
主 审 员	吴通义
参 审 员	郭 婷

法 律 依 据 专利法第23条

决 定 要 点

在无效宣告请求案中，如果无效宣告请求人不能证明其所提供的证据在专利申请日之前已经处于公开状态，则基于此证据主张该专利不符合专利法第23条的规定的理由不成立。

一、案由

本无效宣告请求案涉及国家知识产权局于2003年12月24日授权公告的、名称为"毛衣罗纹自动过梳器（3）"的第03323174.5号外观设计专利权（下称本专利），其申请日为2003年4月25日，专利权人为罗武记。

针对上述专利权，李榕健（下称请求人）于2006年11月29日向专利复审委员会提出无效宣告请求，认为本专利不符合专利法第23条的规定。为支持上述主张，请求人提交了以下附件：

附件1：本专利授权公告文本的网络打印件，共1页；

附件2：国家版权局出具的"毛衣编织自动过梳器（亦称：翻针机）操作手册"与著作权登记号为2006-A-04589的登记档案留存样本一致的证明（包括"毛衣编织自动过梳器（亦称：翻针机）操作手册"（下称"操作手册"）原件共12页和登记号为2006-A-04589的著作权登记证书复印件1页）；

附件3：第01354376.8号中国外观设计专利授权公告文本的网络打印件，公告日为2002年7月3

日，共1页；

基于上述附件，请求人认为：附件2中在国家版权局2006年3月22日颁发的登记号2006-A-04589著作权登记证书注明"操作手册"于2003年3月5日创作完成，并于2003年3月28日在广东首次发表。该操作手册的首页、第5页和倒数第2页中印刷有与本专利相近似的图片，仅在滑轨部件不同，其余部件完全相同，但是滑轨部件不同不足以使得产品外观整体构成明显不同，两者属于相近似的设计。此外，附件3的滑轨部件与本专利的滑轨部件完全相同，将附件3的滑轨与附件1的其余部件结合起来作为一项在先设计，与本专利完全相同。因此，本专利不符合专利法第23条的规定。

经形式审查合格后，专利复审委员会受理了上述请求，于2006年12月12日向双方当事人发出《无效宣告请求受理通知书》，并将《专利权无效宣告请求书》及其附件副本转送给专利权人，要求其在指定的期限内答复，同时成立合议组对本无效宣告请求案进行审理。

2006年12月29日，专利权人提交了意见陈述书，专利权人认为：（1）本专利不是一个对称产品，每一个面都有各自不同的特征，而附件2的"操作手册"首页和倒数第2页的图片只是普通的产品图，很难从其中推断出产品其他部分的特征，第5页的图片是一个半成品图，从中也难以推定出本专利产品的特征，而且从"操作手册"的首页、第5页和倒数第2页中的图片可以看出，产品两侧边缘装设的是导轨，而本专利装设的是滑轮，两者差别较大。依据一般消费者的认知能力，从"操作手册"中的图片不能推定出与本专利相同的产品其他部分或其他变化状态的外观设计，本专利不能被视为已经公开。（2）登记号为2006-A-04589著作权登记证书上所列首次发表日期为2003年3月28日，此发表只是限于内部的发表，此时产品并未对外销售。附件2的"操作手册"中倒数第2页中有本专利的专利号"03323174.5"说明该手册正式印刷成册并在产品销售时作为使用说明书是在取得本专利申请号以后，即该使用说明的对外公开是在本专利申请日后。

2007年3月23日，本案合议组向双方当事人发出口头审理通知书，定于2007年6月19日对本案进行口头审理。同时将专利权人于2006年12月29日提交的意见陈述书转送给请求人。

2007年4月17日，请求人提交意见陈述书以及如下附件（编号续前）：

附件4："中华人民共和国著作权法释义"，胡康生编，法律出版社，封面、封底、第8~9页，复印件共2页；

附件5："专利复审委员会案例诠释-现有技术与新颖性"，国家知识产权局专利复审委员会编，封面、封底、第104~105页，复印件共2页；

附件6：请求人制作的第03323174.5号外观设计专利、第03323522.8号外观设计专利和第01354376.8号外观设计专利的比较图，共3页。

基于上述附件，请求人提出：（1）著作权法中的发表是指将作品公之于众，因此，"操作手册"已经于2003年3月28日在广东首次公开，"操作手册"可以多次翻印，并在翻印时加上专利号或申请号甚至著作权登记证书，国家版权局出具的证明表明该作品仍与2006-A-04589号著作权登记的"毛衣编织自动过梳器（亦称翻针机）操作手册"一致，根据"操作手册"上的专利号03323174.5不能得出该手册是在本专利申请日后对外公开。（2）带轮滑板是公知部件，替代滑板是等同替换，带轮滑板替代滑板不足以影响过梳器的整体视觉效果。本专利的主要创作部位在于机板，该机板基本上左右对称，本专利产品在实际使用时，机板的形状直接影响过梳器的整体视觉效果，机板的形状直接决定过梳器的整体形状，而且根据一般消费者的认知能力，从"操作手册"的产品图片可以推定出产品其他部分或者其他变化状态。另外，"操作手册"第2页"简介""五、贵厂执事先进，如有意采购，欢迎来电洽谈，不胜感谢。"表明"操作手册"的图片产品即本专利的产品处于完全公开状态。

2007年4月17日，请求人提交了另一意见陈述书以及如下附件（编号续前）：

附件7：本专利的专利申请文件，复印件共8页；

附件8：东莞市工商行政管理局于2007年3月12日出具的东莞市大朗东芳毛衣编织器材行的个体户机读档案登记资料，复印件共1页；

附件9：广东省东莞市公证处出具的（2007）东证内字第1783号公证书，复印件共6页；

附件10：广东省东莞市公证处出具的（2007）东证内字第1786号公证书，复印件共22页。

依据上述附件，请求人认为：2006年12月29日提交意见陈述书的意见陈述人是中国台湾罗武记，不是本专利的专利权人（中国大陆罗武记），对意见陈述人于2006年12月29日提交的意见陈述书应不予考虑，应当视为专利权人在收到《无效宣告请求受理通知书》之日起1个月内未陈述意见。

2007年4月26日，本案合议组向双方当事人发出口头审理通知书，定于2007年7月12日对本案以及W606724案（专利号为03323172.9）合并进行口头审理。专利复审委员会于2007年3月23日就本专利权无效宣告请求案发出的《无效宣告请求口头审理通知书》中对口头审理的时间与地点的指定作废。

2007年7月12日口头审理如期进行。仅请求人一方委托代理人参加了口头审理，专利权人未参加口头审理。口头审理过程中认定的事实如下：（1）请求人明确放弃使用附件7~10以及对专利权人身份的质疑；（2）请求人明确附件4~6仅作为参考，不作为证据使用；（3）请求人明确其无效宣告请求的理由和范围是：附件2和3都是证明公开发表，附件2和3相结合与本专利相同，附件2单独使用与本专利相近似，附件3不单独使用，本专利不符合专利法第23条的规定。

2007年7月13日，本案合议组将请求人于2007年4月17日提交的两份意见陈述书及其所附附件转送给专利权人，并告知专利权人请求人在口头审理时放弃了其所提交的对专利权人身份的异议的意见陈述及相关附件，同时要求其在收到所述文件之日起一个月内作出答复。

2007年8月16日，专利权人针对专利复审委员会于2007年7月13日转送的文件提交了意见陈述书，专利权人认为：（1）附件2的"操作手册"上有本专利的专利号，以及版权局证明该操作手册与存档样本一致的证明都说明附件2的"操作手册"的公开日在本专利的申请日之后；作品的发表包括多种形式，通过口头宣读的方式就看不到图片，就不存在与本专利相近似的图片已经公开的情形；著作权登记的发表时间是由登记申请人自我声明的，而登记时间与注明的发表时间相差三年多，不排除申请人记错了发表时间的可能。因此，附件2不能证明本专利在申请日前已经在国内外出版物上公开发表。（2）附件2的"操作手册"是技术指导手册，其上未出现联系电话、联系地址等信息，该手册提供的信息不是购买时采购者会关注的信息，而是购买后使用者所需的信息，不可能作为产品样本用于推销及宣传活动，所记载的图片不能作为本专利申请日前已公开的设计。（3）滑板安装在过梳器面板的易见部位，对过梳器的整体外观有较大影响，滑轮和导轨的形状明显不同，使用者很容易区分带滑轮和带导轨的过梳器。（4）请求人对专利权人身份提出异议所提供的证据不能作为本案的证据，所涉及内容与本案无关，本专利的申请符合法定程序。

2007年8月28日，合议组前往中国版权保护中心对登记号为2006-A-04589的著作权登记档案材料进行查证，登记档案表明：作品留存样本为毛衣编织自动过梳器（亦称翻针器）操作手册，共6页12面，其封面和倒数第二页上所记载的过梳器图片分别与附件2的"操作手册"的封面和倒数第二页上所记载的过梳器图片相同，其第2~8页上记载的过梳器操作步骤以及相关的示意图也分别与附件2的"操作手册"第2~8页上记载的内容相同；档案材料中没有任何证实该作品的首次发表的时间和方式的证明材料。

至此，合议组认为本案事实已经清楚，可以依法作出审查决定。

二、决定的理由

请求人在口头审理中明确其无效宣告请求的理由和范围是：附件2和3都是证明公开发表，附件2和3相结合与本专利相同，附件2单独使用与本专利相近似，附件3不单独使用，本专利不符合专利法第23条的规定。因此，合议组依据专利法第23条的规定对本案进行审理。

专利法第23条规定："授予专利权的外观设计，应当同申请日以前在国内外出版物上公开发表过或者国内公开使用过的外观设计不相同和不相近似，并不得与他人在先取得的合法权利相冲突。"

在本案审理过程中，专利权人未对附件2的关联性、合法性和真实性提出任何异议。附件2包括"操作手册"原件（6页12面）和登记号为2006-A-04589的著作权登记证书复印件（1页），"操作手册手册"封底上手书"此作品与登记档案留存样本一致登记号为2006-A-04589"的字样，其上与所述著作权登记证书复印件之间加盖了"中华人民共和国国家版权局作品自愿登记专用章"骑缝章。因此，本案合议组对附件2的关联性、合法性和真实性予以确认。

对于附件2的"操作手册"是否在本专利申请日前已经公开发表，合议组认为：（1）附件2中的"操作手册"的封底上印有登记号为2006-A-04589的著作权登记证书，该"操作手册"本身应当是在所述著作权登记证书发证日期（2006年3月22日）之后印刷的产品。（2）登记号为2006-A-04589的著作权登记证书所述于2003年3月28日在广东省首次发表的作品是登记档案中的留存样本，经核实，该留存样本倒数第二页上记载的图片以及文字与附件2的"操作手册"倒数第二页上所记载的内容相同，即留存样本倒数第二页上也记载了本专利的申请号。而专利申请号是在申请人提交专利申请文件、国家知识产权局专利局受理了该专利申请后才给予的，是在专利申请日之后才可能获得。由于登记号为2006-A-04589的著作权登记证书仅是以申请人在其作品自愿登记申请中声明的"首次发表日期"来确定该作品的首次发表时间，登记档案材料中没有任何证实该作品的首次发表的时间和方式的证明材料。因此，虽然登记号为2006-A-04589的著作权登记证书载明登记档案中的留存样本于2003年3月28日在广东省首次发表，但是在缺乏其他充足的证据佐证留存样本确实于2003年3月28日首次发表的情况下，尚不足以认定记载有本专利申请号的留存样本在本专利申请日（2003年4月25日）之前已经创作完成和公开发表。（3）另外，虽然"操作手册"第2页"简介"中记载有"五、贵厂执事先进，如有意采购，欢迎来电洽谈，不胜感谢。"的字样，但是由于不能确定"操作手册"或登记号为2006-A-04589的著作权登记档案中的留存样本已经于本专利申请日前公开，进而也无法确定"操作手册"的图片产品于本专利申请日前处于公开状态。

鉴于附件2无法证明其中的"操作手册"或登记号为2006-A-04589的著作权登记档案中的留存样本已经在本专利申请日之前公开，也无法证明附件2的"操作手册"的图片产品于本专利申请日前处于公开状态，基于附件2，请求人不能证明在本专利申请日之前已有与本专利相同或相近似的外观设计在出版物上公开发表过，故合议组对请求人依据附件2证明本专利不符合专利法第23条的规定的主张不予支持。同时，鉴于附件2存在上述问题，合议组对请求人提出附件2和3相结合与本专利相同的主张亦不予支持。

基于以上事实和理由，作出如下审查决定。

三、决定

维持第03323174.5号外观设计专利权有效。

当事人对本决定不服的，可以根据专利法第46条第2款的规定，自收到本决定之日起三个月内向北京市第一中级人民法院起诉。根据该款的规定，一方当事人起诉后，另一方当事人应当作为第三人参加诉讼。

毛衣罗纹自动过梳器（1）

无效宣告请求审查决定（第 10525 号）

决 定 号	第 10525 号
决 定 日	2007 年 9 月 17 日
发明创造名称	毛衣罗纹自动过梳器（1）
外观设计分类号	15-05
无效宣告请求人	李榕健
专 利 权 人	罗武记
专 利 号	03323172.9
申 请 日	2003 年 4 月 25 日
授权公告日	2003 年 12 月 24 日
合议组组长	徐清平
主 审 员	吴通义
参 审 员	郭 婷

法 律 依 据 专利法第 23 条

决 定 要 点

在无效宣告请求案中，如果无效宣告请求人不能证明其所提供的证据在专利申请日之前已经处于公开状态，则基于此证据主张该专利不符合专利法第 23 条的规定的理由不成立。

一、案由

本无效宣告请求案涉及国家知识产权局于 2003 年 12 月 24 日授权公告的、名称为"毛衣罗纹自动过梳器（1）"的第 03323172.9 号外观设计专利权（下称本专利），其申请日为 2003 年 4 月 25 日，专利权人为罗武记。

针对上述专利权，李榕健（下称请求人）于 2006 年 11 月 29 日向专利复审委员会提出无效宣告请求，认为本专利不符合专利法第 23 条的规定。为支持上述主张，请求人提交了以下附件：

附件 1：本专利授权公告文本的网络打印件，共 1 页；

附件 2：国家版权局出具的"毛衣编织自动过梳器（亦称：翻针机）操作手册"与著作权登记号为 2006-A-04589 的登记档案留存样本一致的证明（包括"毛衣编织自动过梳器（亦称：翻针机）操作手册"（下称"操作手册"）原件共 12 页和登记号为 2006-A-04589 的著作权登记证书复印件 1 页）。

基于上述附件，请求人认为：附件 2 中在国家版权局 2006 年 3 月 22 日颁发的登记号 2006-A-

04589 著作权登记证书注明"操作手册"于 2003 年 3 月 5 日创作完成，并于 2003 年 3 月 28 日在广东首次发表。该操作手册的首页和倒数第 2 页中印刷有与本专利完全相同的图片，因此，本专利不符合专利法第 23 条的规定。

经形式审查合格后，专利复审委员会受理了上述请求，于 2006 年 12 月 6 日向双方当事人发出《无效宣告请求受理通知书》，并将《专利权无效宣告请求书》及其附件副本转送给专利权人，要求其在指定的期限内答复，同时成立合议组对本无效宣告请求案进行审理。

2006 年 12 月 29 日，专利权人提交了意见陈述书（3 页），专利权人认为：（1）本专利不是一个对称产品，每一个面都有各自不同的特征，而附件 2 的"操作手册"首页和倒数第 2 页的图片只是普通的产品图，很难从其中推断出产品其他部分的特征，依据一般消费者的认知能力，从"操作手册"中的图片不能推定出与本专利相同的产品其他部分或其他变化状态的外观设计，本专利不能被视为已经公开。（2）登记号为 2006-A-04589 的著作权登记证书上所列首次发表日期为 2003 年 3 月 28 日，此发表只是限于内部的发表，此时产品并未对外销售。附件 2 的"操作手册"中倒数第 2 页中有本专利的专利号"03323172.9"，说明该手册正式印刷成册并在产品销售时作为使用说明书是在取得本专利申请号以后，即该使用说明的对外公开是在本专利申请日后。本专利符合专利法第 23 条的规定。

2007 年 3 月 7 日，本案合议组向双方当事人发出口头审理通知书，定于 2007 年 5 月 10 日对本案进行口头审理。同时将专利权人于 2006 年 12 月 29 日提交的意见陈述书转送给请求人。

2007 年 3 月 19 日，请求人提交了口头审理回执，同时提出将本案与编号为 W606717 的专利权无效宣告请求案（专利号为 03323174.5）合并审理的请求。

2007 年 4 月 5 日，本案合议组再次向双方当事人发出口头审理通知书，定于 2007 年 6 月 19 日对本案以及 W606717 案（专利号为 03323174.5）合并进行口头审理。同时告知双方当事人，专利复审委员会于 2007 年 3 月 7 日就本案发出的《无效宣告请求口头审理通知书》中对口头审理的时间与地点的指定作废。

2007 年 4 月 17 日，请求人提交意见陈述书以及如下附件（编号续前）：

附件 3："中华人民共和国著作权法释义"，胡康生编，法律出版社，封面、封底、第 8~9 页，复印件共 2 页；

附件 4："专利复审委员会案例诠释-现有技术与新颖性"，国家知识产权局专利复审委员会编，封面、封底、第 104~105 页，复印件共 2 页；

附件 5：请求人制作的第 00322627.1 号外观设计专利、第 00322628.X 号外观设计专利、第 00322629.8 号外观设计专利、第 01354376.8 外观设计专利、第 03323172.9 号外观设计专利、第 03323173.3 号外观设计专利、第 03323174.5 号外观设计专利、第 03323523.6 号外观设计专利和第 03323524.4 号外观设计专利的比较图，共 6 页。

基于上述附件，请求人提出：（1）著作权法中的发表是指将作品公之于众，因此，"操作手册"已经于 2003 年 3 月 28 日在广东首次公开。专利号或申请号不是一种智力成果，不是著作权保护的客体，"操作手册"可以多次翻印，并在翻印时加上专利号或申请号甚至著作权登记证书，但是国家版权局出具的证明表明该作品仍与 2006-A-04589 号著作权登记的"毛衣编织自动过梳器（亦称翻针机）操作手册"一致，根据"操作手册"上的专利号 03323172.9 不能得出该手册是在本专利申请日后对外公开。另外，"操作手册"第 2 页"简介"中记载"五、贵厂执事先进，如有意采购，欢迎来电洽谈，不胜感谢。"表明"操作手册"的图片产品即本专利的产品处于完全公开状态。（2）本专利的主要创作部位在于机板，该机板基本上左右对称，本专利产品在实际使用时，机板的形状直接影响过梳器的整体视觉效果，机板的形状直接决定过梳器的整体形状，而且根据一般消费者的认知能力，从"操作手册"的产品图片可以推定出产品其他部分或者其他变化状态。

2007年4月17日，请求人提交了另一意见陈述书以及如下附件（编号续前）：

附件6：本专利的专利申请文件，复印件共8页；

附件7：东莞市工商行政管理局于2007年3月12日出具的东莞市大朗东芳毛衣编织器材行的个体户机读档案登记资料，复印件共1页；

附件8：广东省东莞市公证处出具的（2007）东证内字第1783号公证书，复印件共6页；

附件9：广东省东莞市公证处出具的（2007）东证内字第1786号公证书，复印件共22页。

依据上述附件，请求人认为：2006年12月29日提交意见陈述书的意见陈述人是中国台湾罗武记，不是本专利的专利权人（中国大陆罗武记），对意见陈述人于2006年12月29日提交的意见陈述书应不予考虑，应当视为专利权人在收到《无效宣告请求受理通知书》之日起1个月内未陈述意见。

2007年4月26日，本案合议组向双方当事人发出口头审理通知书，定于2007年7月12日对本案以及W606717案（专利号为03323174.5）合并进行口头审理。同时告知双方当事人，专利复审委员会于2007年4月5日就本专利权无效宣告请求案发出的《无效宣告请求口头审理通知书》中对口头审理的时间与地点的指定作废。

2007年7月12日口头审理如期进行。仅请求人一方委托代理人参加了口头审理，专利权人未参加口头审理。口头审理过程中认定的事实如下：（1）请求人明确放弃使用附件6~9以及对专利权人身份的质疑；（2）请求人明确附件3~5仅作为参考，不作为证据使用；（3）请求人明确其无效宣告请求的理由和范围是：附件2证明公开发表，其与本专利相同，本专利不符合专利法第23条的规定。

2007年7月13日，本案合议组将请求人于2007年4月17日提交的两份意见陈述书及其所附附件转送给专利权人，并告知专利权人请求人在口头审理时放弃了其所提交的对专利权人身份的异议的意见陈述及相关附件，同时要求专利权人在收到所述文件之日起一个月内作出答复。

2007年8月16日，专利权人针对专利复审委员会于2007年7月13日转送的文件提交了意见陈述书，专利权人认为：（1）附件2的"操作手册"上有本专利的专利号，以及版权局证明该操作手册与存档样本一致的证明都说明附件2的"操作手册"的公开日在本专利的申请日之后；作品的发表包括多种形式，通过口头宣读的方式就看不到图片，就不存在与本专利相近似的图片已经公开的情形；著作权登记的发表时间是由登记申请人自我声明的，而登记时间与注明的发表时间相差三年多，不排除申请人记错了发表时间的可能。因此，附件2不能证明本专利在申请日前已经在国内外出版物上公开发表。（2）附件2的"操作手册"是技术指导手册，其上未出现联系电话、联系地址等信息，该手册提供的信息不是购买时采购者会关注的信息，而是购买后使用者所需的信息，不可能作为产品样本用于推销及宣传活动，所记载的图片不能作为本专利申请日前已公开的设计。（3）请求人对专利权人身份提出异议所提供的证据不能作为本案的证据，所涉及内容与本案无关，本专利的申请符合法定程序。

2007年8月28日，合议组前往中国版权保护中心对登记号为2006-A-04589的著作权登记档案材料进行查证，登记档案表明：作品留存样本为毛衣编织自动过梳器（亦称翻针器）操作手册，共6页12面，其封面上所记载的两幅图片与附件2的"操作手册"的封面上所记载的两幅图片相同，其倒数第二页上记载的图片以及文字记载与附件2的"操作手册"倒数第二页上所记载的内容相同，其第2~8页上记载的过梳器操作步骤以及相关的示意图也分别与附件2的"操作手册"第2~8页上记载的内容相同；档案材料中没有任何证实该作品的首次发表的时间和方式的证明材料。

至此，合议组认为本案事实已经清楚，可以依法作出审查决定。

二、决定的理由

请求人在口头审理中明确其无效宣告请求的理由和范围是：附件2证明公开发表，其与本专利相同，本专利不符合专利法第 23 条的规定。因此，合议组依据专利法第 23 条的规定对本案进行审理。

专利法第 23 条规定："授予专利权的外观设计，应当同申请日以前在国内外出版物上公开发表过或者国内公开使用过的外观设计不相同和不相近似，并不得与他人在先取得的合法权利相冲突。"

请求人在口头审理过程中明确仅以附件 2 作为证据。在本案审理过程中，专利权人未对附件 2 的关联性、合法性和真实性提出任何异议。附件 2 包括"操作手册"原件（6 页 12 面）和登记号为 2006-A-04589 的著作权登记证书复印件（1 页），"操作手册手册"封底上手书"此作品与登记档案留存样本一致登记号为 2006-A-04589"的字样，其上与所述著作权登记证书复印件之间加盖了"中华人民共和国国家版权局作品自愿登记专用章"骑缝章。因此，本案合议组对附件 2 的关联性、合法性和真实性予以确认。

对于附件 2 的"操作手册"是否在本专利申请日前已经公开发表，合议组认为：（1）附件 2 中的"操作手册"的封底上印有登记号为 2006-A-04589 的著作权登记证书，该"操作手册"本身应当是在所述著作权登记证书发证日期（2006 年 3 月 22 日）之后印刷的产品。（2）登记号为 2006-A-04589 的著作权登记证书所述于 2003 年 3 月 28 日在广东省首次发表的作品是登记档案中的留存样本，经核实，该留存样本倒数第 2 页上记载的图片以及文字与附件 2 的"操作手册"倒数第二页上所记载的内容相同，即留存样本倒数第 2 页上也记载了本专利的申请号，而专利申请号是在申请人提交专利申请文件、国家知识产权局专利局受理了该专利申请后才给予的，是在专利申请日之后才可能获得。由于登记号为 2006-A-04589 的著作权登记证书仅是以申请人在其作品自愿登记申请中声明的"首次发表日期"来确定该作品的首次发表时间，登记档案材料中没有任何证实该作品的首次发表的时间和方式的证明材料。因此，虽然登记号为 2006-A-04589 的著作权登记证书载明登记档案中的留存样本于 2003 年 3 月 28 日在广东省首次发表，但是在缺乏其他充足的证据佐证留存样本确实于 2003 年 3 月 28 日首次发表的情况下，尚不足以认定记载有本专利申请号的留存样本在本专利申请日（2003 年 4 月 25 日）之前已经创作完成和公开发表。（3）另外，虽然"操作手册"第 2 页"简介"中记载有"五、贵厂执事先进，如有意采购，欢迎来电洽谈，不胜感谢。"，但是由于不能确定"操作手册"或登记号为 2006-A-04589 的著作权登记档案中的留存样本已经于本专利申请日前公开，进而也无法确定"操作手册"的图片产品于本专利申请日前处于公开状态。

鉴于附件 2 无法证明其中的"操作手册"或登记号为 2006-A-04589 的著作权登记档案中的留存样本已经在本专利申请日之前公开，也无法证明附件 2 的"操作手册"的图片产品于本专利申请日前处于公开状态，请求人不能证明在本专利申请日之前已有与本专利相同或相近似的外观设计在出版物上公开发表过，故合议组对请求人据此证明本专利不符合专利法第 23 条的规定的主张不予支持。

基于以上事实和理由，作出如下审查决定。

三、决定

维持 03323172.9 号外观设计专利权有效。

当事人对本决定不服的，可以根据专利法第 46 条第 2 款的规定，自收到本决定之日起三个月内向北京市第一中级人民法院起诉。根据该款的规定，一方当事人起诉后，另一方当事人应当作为第三人参加诉讼。

后 灯

无效宣告请求审查决定（第 10527 号）

决 定 号	第 10527 号
决 定 日	2007 年 9 月 19 日
发明创造名称	后 灯
外观设计分类号	26-06
无效宣告请求人	高娇阳
专 利 权 人	上海汽车集团股份有限公司
专 利 号	200530043168.2
申 请 日	2005 年 9 月 14 日
授权公告日	2006 年 7 月 26 日
合议组组长	张雪飞
主 审 员	钟 华
参 审 员	徐清平
附 图	1 页

法 律 依 据 专利法第 23 条

决 定 要 点

（1）请求人提交的证据能证明相关产品办结海关手续，准予放行的，应该认为进口行为已经完成，该进口产品的入境日即为在国内公开使用的公开日。

（2）汽车后灯属于汽车的配件产品，其必须安装镶嵌到汽车预留的特定空间位置才能实现其功能，因此其后视图、侧视图、俯视图和仰视图的形状必须与汽车预留容纳后灯的空间具有唯一对应的关系，即这些形状是由与汽车其余部位的连接关系限定的；另一方面，在最终使用状态下，汽车后灯只有其正面可见。因此，对于一般消费者而言，汽车后灯的正面较其他部位对产品的整体视觉效果更具有显著的影响。

一、案由

本无效宣告请求涉及国家知识产权局于 2006 年 7 月 26 日授权公告的名称为"后灯"的 200530043168.2 号外观设计专利（下称本专利），其申请日为 2005 年 9 月 14 日，专利权人为上海汽车集团股份有限公司。

针对本专利，高娇阳（下称请求人）于 2006 年 12 月 22 日向专利复审委员会提出无效宣告请求，其理由是已有与本专利相同或者相近似的外观设计在本专利申请日前在国内公开使用过，因此本专利

不符合专利法第23条的规定,请求人同时提交如下附件作为证据:

附件1:中华人民共和国海关货物进口证明书复印件;

附件2:中华人民共和国进口机动车辆随车检验单复印件;

附件3:中华人民共和国南京市公证处出具的(2006)宁证内经字第118626号公证书复印件。

请求人认为:附件1可以证明罗孚2497CC小轿车(发动机号为25K4FP56260086;车架号为SARRJZLLZ4D317574)于2004年4月26日运抵南京海关口岸,业经上海物资集团汽车贸易有限公司于2004年4月28日按章办结进口手续。附件2证明罗孚2497CC小轿车入境时间为2004年4月28日并于2004年5月8日通过了安全性能检验。附件3证明罗孚2497CC小轿车(发动机号为25K4FP56260086;车架号为SARRJZLLZ4D317574)的后灯与本专利的图片相同。由于上述入境时间在本专利申请日前,因此附件1~3可以证明本专利与其申请日前在国内公开使用过的外观设计相同,不符合专利法第23条的规定。

经形式审查合格,专利复审委员会依法受理了上述无效宣告请求,并于2007年1月22日将无效宣告请求书及相关文件的副本转给专利权人,要求其在指定的期限内答复。

2007年1月18日,请求人提交了意见陈述书,将无效宣告请求书附页第8行中"运抵南京海关口岸"修改为"运抵上海海关口岸"。

2007年3月6日,专利权人提交了意见陈述书,认为:(1)附件1至附件3均为复印件,请求人应提交原件;(2)国内公开使用是指外观设计被应用在产品的外表上,而这种产品是公众可以见到的状态,仅进口这一行为并不足以使得公众可以见到该产品,很多进口产品的目的在于研究或者测绘故处于保密状态,因此附件1和附件2所欲证明的"罗孚2497CC小轿车于2004年4月26日运抵并于4月28日入境"这一情况并不能证明该车于本专利申请日在国内公开使用;(3)附件3与附件1和附件2没有任何关联性。附件3的内容仅能证明与该公证书所附牌号为A7H119的黑色小轿车的拍照图片,没有说明牌号为A7H119的黑色小轿车就是附件1和附件2所揭示的罗孚2497CC小轿车;(4)附件3所示外观设计与本专利不相同且不相近似。汽车后灯为三维立体产品,而附件3提供的后灯立体图不能清楚的显示其形状结构,没有揭示本专利的后视图、左视图、右视图、俯视图和仰视图的设计特征,无法得知附件3的后灯前表面是否采用了与本专利相同或者相近似的弧形设计,以及后灯的各部分在Z轴方向的设计情况等,而这些外形结构能给消费者带来很大的视觉影响。

专利复审委员会于2007年5月18日日将上述专利权人的意见陈述书转送给请求人,将请求人于2007年1月18日提交的意见陈述书转送给专利权人,同时向双方当事人发出口头审理通知书,定于2007年6月26日举行口头审理。

口头审理如期举行,双方当事人均出席了本次口头审理。在口头审理中,请求人称附件1和附件2的原件保留在江苏省南京市公安局交通管理局,并当庭提交了附件3的原件和盖有"江苏省南京市公安局交通管理局车辆管理所业务专用章"印章的附件1和附件2的复印件(以下分别称为附件4和附件5)。合议组当庭将附件4和附件5转送给专利权人,并告知其在口头审理结束后一个月内可进行书面意见陈述。请求人在口头审理中指认附件3所附第二张至第五张照片所示的后灯与本专利相同。在此基础上,双方当事人进行了充分的意见陈述和辩论,双方均坚持原主张。

2007年7月26日,专利权人向专利复审委员会提交了意见陈述书,专利权人认为:(1)附件4、附件5的提交超出了一个月的举证期限,应该不予考虑;(2)附件4、附件5与本案没有关联性,因为附件4、附件5的盖章用途没有文字记载,没有盖章的时间,没有盖章人的签字,看不出附件4、附件5上加盖的"江苏省南京市公安局交通管理局车辆管理所业务专用章"分别与其上的"中华人民共和国上海海关"、"中华人民共和国浦东出入境检验检疫局检验检疫专用章"所属单位之间存在业务上的隶属或者管理关系，没有证据证明附件1、附件2的车辆已上牌照，不能证明附件1、附件2的原件已经交给南京车辆管理所，因此附件4和附件5缺乏真实有效性。

至此，合议组认为本案事实已经调查清楚，可以作出如下审查决定。

二、决定的理由

1. 法律依据

专利法第23条规定：授予专利权的外观设计，应当同申请日以前在国内外出版物上公开发表过或者国内公开使用过的外观设计不相同和不相近似，并不得与他人在先取得的合法权利相冲突。

专利法实施细则第66条规定：在专利复审委员会受理无效宣告请求后，请求人可以在提出无效宣告请求之日起1个月内增加理由或者补充证据。逾期增加理由或者补充证据的，专利复审委员会可以不予考虑。

2. 证据的认定

附件1为中华人民共和国海关货物进口证明书复印件，其上加盖了"中华人民共和国上海海关"印章，附件2为中华人民共和国进口机动车辆随车检验单复印件，请求人称附件1和附件2的原件保留在江苏省南京市公安局交通管理局，并在口头审理时提交了加盖有"江苏省南京市公安局交通管理局车辆管理所业务专用章"印章的附件1和附件2的复印件（即附件4和附件5），专利权人认附件4和附件5的提交超出了一个月的举证期限，因此应不予以考虑。

对此，合议组认为：公安局交通管理局负责车辆管理等业务，申请人在申请对入境车辆进行登记颁发牌照时，需要出具并留存海关货物进口证明书和进口车辆随车检验单的原件，因此请求人关于附件1和附件2的原件保留在江苏省南京市公安局交通管理局的主张符合一般常识，故附件4和附件5属于为完善证据法定形式的证据。依据审查指南第四部分第三章第4.3.1节的规定，用于完善证据法定形式的公证书、原件等证据，应该予以考虑，因此合议组对附件4和附件5予以接受。

附件4和附件5加盖有"江苏省南京市公安局交通管理局车辆管理所业务专用章"印章，专利权人在2007年7月26日向专利复审委员会提交的意见陈述书中对附件4、附件5的相关性和真实性不予认可，对此合议组认为：请求人关于附件1和附件2的原件保留在江苏省南京市公安局交通管理局的主张符合一般常识，江苏省南京市公安局交通管理局在复印件上加盖印章，应理解为其证明该复印件与原件相符，专利权人在指定期限内并未提交任何足以推翻附件4、附件5的真实性的证据，因此附件4和附件5的真实性应当予以确认。

附件3为中华人民共和国南京市公证处出具的（2006）宁证内经字第118626号公证书，请求人在口头审理时提交了原件，经核实附件3的原件与复印件相符，因此在没有相反证据足以推翻附件3的真实性的情况下，附件3的真实性应当予以确认。

3. 本专利是否符合专利法第23条的规定

根据附件4，罗孚2497CC小轿车（发动机号码为25K4FP56260086，车架号码为SARRJZLLZ4D317574）于2004年4月26日由英国运抵上海海关口岸，业经上海物资集团汽车贸易有限公司于2004年4月28日按章办结进口手续。

根据附件5，罗孚2497CC小轿车（发动机号码为25K4FP56260086，车架号码为SARRJZLLZ4D317574）入境时间为2004年4月28日，于2004年5月8日车辆一般项目检验合格，安全性能检验合格。

合议组认为：附件4和附件5可以证明，罗孚2497CC小轿车（发动机号码为25K4FP56260086，车架号码为SARRJZLLZ4D317574）于2004年4月28日经过我国上海海关入境。根据审查指南第二部分第三章第2.1.3.2节"使用公开"的规定，使用公开的方式包括进口。根据审查指南第四部分第八章第5.1节的规定，进口产品办结海关手续，准予放行的，应该认为进口行为已经完成，海关放行日视为该进口产品在中国境内的公开日。据此，罗孚2497CC小轿车（发动机号码为25K4FP56260086，车架号码为SARRJZLLZ4D317574）由于在2004年4月28日进口入我国，已经构成在本专利申请日前在国内公开使用。

根据附件3，南京市公证处证明拍照人徐殿军对牌号为苏A7H119的黑色小轿车进行拍照，所附照片20张与实际情况相符。其中所附第八张照片显示该小轿车的车架号为SARRJZLLZ4D317574。

合议组认为：附件3中的黑色小轿车与附件4、附件5中的车架号一致，车架号为车辆识别代码，一般情况下车辆与车架号具有唯一对应性质，应该认定附件3~5所述小轿车为同一辆小轿车。专利权人称附件3中的车辆可能经过改装、拆卸，但未提交相应的证据证明，合议组对该主张不予支持。因此，结合附件4~5可以证明，附件3照片所示小轿车在本专利申请日前在国内公开使用过，请求人在口头审理中指认附件3所附第二张照片所示的后灯构成在本专利申请日前在国内公开使用过的外观设计（下称在先设计）。

本专利为小轿车的后灯，在先设计也为小轿车的后灯，两者所属产品的种类相同，因此可以进行外观设计相近似性比较。

本专利为汽车后灯，从主视图看，其整体形状近似山形，由左侧长条形灯及右侧弯钩形灯组成。从后视图看，本专利的后视图的整体外轮廓形状与其主视图对应，从侧视图及俯、仰视图看，本专利表面光滑，内侧有凹进空间及若干突出的螺钉（详见本专利附图）。

在先设计为一种汽车后灯，仅公开了其使用状态下的正面照片，其正面显示整体形状近似山形，由左侧长条形灯及右侧弯钩形灯组成（详见在先设计附图）。

将本专利与在先设计相比，两者的正面形状、图案相似，在先设计未公开其余视图。专利权人认为汽车后灯为三维立体产品，而附件3没有揭示本专利的后视图、左视图、右视图、俯视图和仰视图的设计特征，无法得知附件3的后灯是否采用了与本专利相同或者相近似的的弧形设计，以及后灯的各部分在Z轴方向的设计情况等，而这些外形结构能给消费者带来很大的视觉影响。对此，合议组认为：一方面，本专利在主视图外的其余视图在外观方面并无特别设计，由于汽车后灯属于汽车的配件产品，其必须安装镶嵌到汽车预留的特定空间位置才能实现其功能，因此其后视图、侧视图、俯视图和仰视图的形状必须与汽车预留容纳后灯的空间具有唯一对应的关系，即这些形状是由与汽车其余部位的连接关系限定的；另一方面，在最终使用状态下，汽车后灯只有其主视图可见，其后视图、侧视图、俯视图和仰视图的形状在使用状态下不可见。因此，对于一般消费者而言，汽车后灯的正面较其他部位对产品的整体视觉效果更具有显著的影响，本专利与上述在国内公开使用过的在先设计正面形状及图案相似，已经给一般消费者带来相近似的整体视觉效果，因此本专利与在先设计相近似，不符合专利法第23条的规定。

三、决定

根据专利法第23条和专利法第46条第1款的规定，宣告200530043168.2号外观设计专利权全部无效。

根据专利法第46条第2款的规定，当事人对本决定不服的，自收到本决定之日起三个月内向北京市第一中级人民法院起诉，根据该款规定，一方当事人起诉后，另一方当事人应当作为第三人参加诉讼。

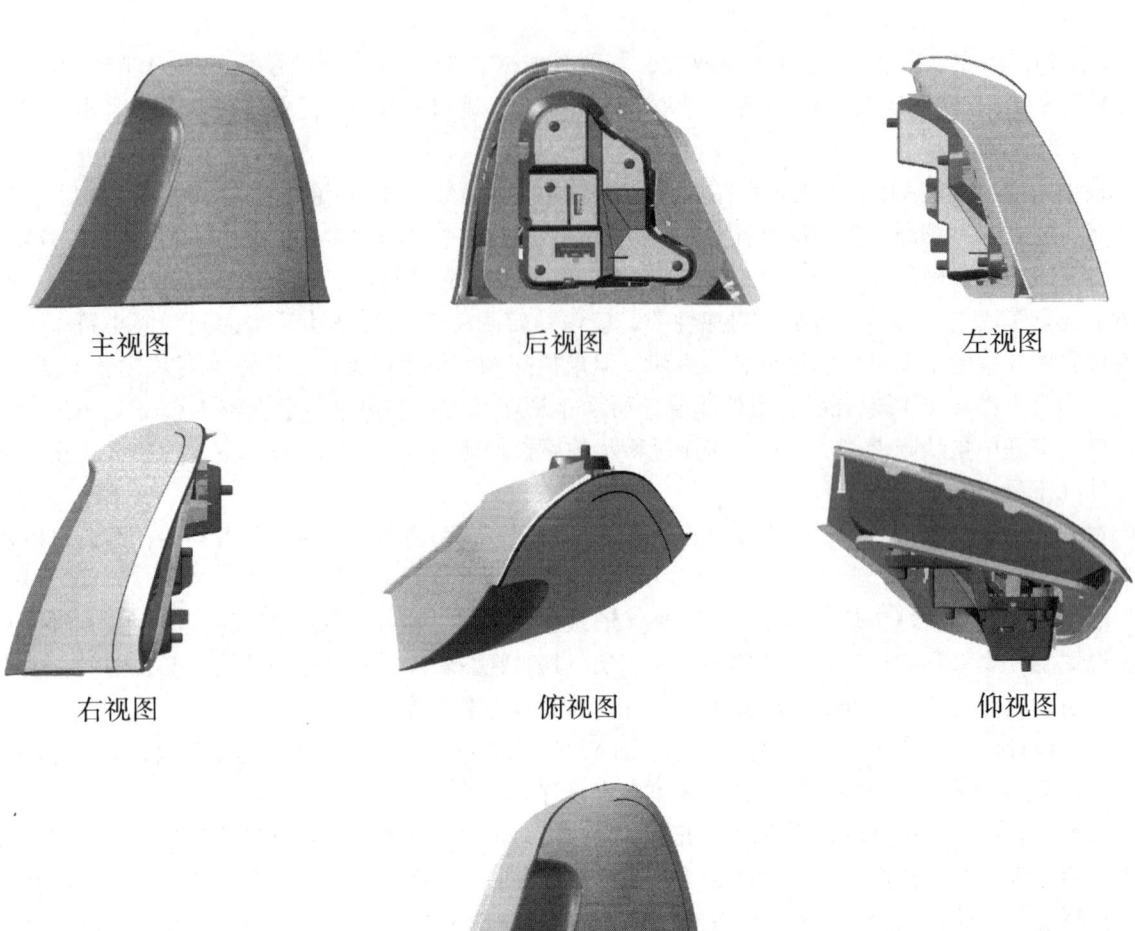

主视图　　　　　后视图　　　　　左视图

右视图　　　　　俯视图　　　　　仰视图

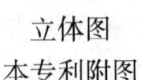

立体图

本专利附图

在先设计附图

组合仪表

无效宣告请求审查决定（第10528号）

决 定 号	第10528号
决 定 日	2007年9月7日
发明创造名称	组合仪表
外观设计分类号	12-16
无效宣告请求人	高娇阳
专 利 权 人	上海汽车集团股份有限公司
专 利 号	200530043169.7
申 请 日	2005年9月14日
授权公告日	2006年7月26日
合议组组长	张雪飞
主 审 员	钟 华
参 审 员	徐清平
附 图	1页

法 律 依 据 专利法第23条

决 定 要 点

(1) 请求人提交的证据能证明相关产品办结海关手续，准予放行的，应该认为进口行为已经完成，该进口产品的入境日即为在国内公开使用的公开日。

(2) 汽车组合仪表属于汽车的配件产品，其必须安装镶嵌到汽车预留的特定空间位置才能实现其功能，因此其后视图、侧视图、俯视图和仰视图的形状必须与汽车预留容纳组合仪表的空间具有唯一对应的关系，即这些形状是由与汽车其余部位的连接关系限定的；另一方面，在最终使用状态下，汽车组合仪表只有主视图可见。因此，对于一般消费者而言，汽车组合仪表的正面较其他部位对产品的整体视觉效果更具有显著的影响。

一、案由

本无效宣告请求涉及国家知识产权局于2006年7月26日授权公告的名称为"组合仪表"的200530043169.7号外观设计专利（下称本专利），其申请日为2005年9月14日，专利权人为上海汽车集团股份有限公司。

针对本专利，高娇阳（下称请求人）于2006年12月22日向专利复审委员会提出无效宣告请求，其理由是已有与本专利相近似的外观设计在本专利申请日前公开使用过，因此本专利不符合专利法第23条的规定，请求人同时提交如下附件作为证据：

附件1：中华人民共和国海关货物进口证明书复印件；

附件2：中华人民共和国进口机动车辆随车检验单复印件；

附件3：中华人民共和国南京市公证处出具的（2006）宁证内经字第118626号公证书复印件。

请求人认为：附件1可以证明罗孚2497CC小轿车（发动机号为25K4FP56260086；车架号为SARRJZLLZ4D317574）于2004年4月26日运抵南京海关口岸，业经上海物资集团汽车贸易有限公司于2004年4月28日按章办结进口手续。附件2证明罗孚2497CC小轿车入境时间为2004年4月28日并于2004年5月8日通过了安全性能检验。附件3证明罗孚2497CC小轿车（发动机号为25K4FP56260086；车架号为SARRJZLLZ4D317574）的组合仪表与本专利的图片相同。由于上述入境时间在本专利申请日前，因此附件1至附件3可以证明本专利与其申请日前在国内公开使用过的外观设计相同，不符合专利法第23条的规定。

经形式审查合格，专利复审委员会依法受理了上述无效宣告请求，并于2007年1月22日将无效宣告请求书及相关文件的副本转给专利权人，要求其在指定的期限内答复。

2007年1月18日，请求人提交了意见陈述书，将无效宣告请求书附页第8行中"运抵南京海关口岸"修改为"运抵上海海关口岸"。

2007年3月6日，专利权人提交了意见陈述书，认为：（1）附件1至附件3均为复印件，请求人应提交原件；（2）国内公开使用是指外观设计被应用在产品的外表上，而这种产品是公众可以见到的状态，仅进口这一行为并不足以使得公众可以见到该产品，很多进口产品的目的在于研究或者测绘故处于保密状态，因此附件1和附件2所欲证明的"罗孚2497CC小轿车于2004年4月26日运抵并于4月28日入境"这一情况并不能证明该车于本专利申请日在国内公开使用；（3）附件3与附件1和附件2没有任何关联性。附件3的内容仅能证明与该公证书所附牌号为A7H119的黑色小轿车的拍照图片，没有说明牌号为A7H119的黑色小轿车就是附件1和附件2所揭示的罗孚2497CC小轿车；（4）附件3所示外观设计与本专利不相同且不相近似。汽车组合仪表为三维立体产品，而附件3提供的组合仪表立体图不能清楚的显示其形状结构，没有揭示本专利的后视图、左视图、右视图、俯视图和仰视图的设计特征，无法得知附件3的组合仪表前表面是否采用了与本专利相同或者相近似的倾斜设计，组合仪表的各部分在厚度方向的设计情况等，而这些外形结构能给消费者带来很大的视觉影响。

专利复审委员会于2007年5月18日日将上述专利权人的意见陈述书转送给请求人，将请求人于2007年1月18日提交的意见陈述书转送给专利权人，同时向双方当事人发出口头审理通知书，定于2007年6月26日举行口头审理。

口头审理如期举行，双方当事人均出席了本次口头审理。在口头审理中，请求人称附件1和附件2的原件保留在江苏省南京市公安局交通管理局，并当庭提交了附件3的原件和盖有"江苏省南京市公安局交通管理局车辆管理所业务专用章"印章的附件1和附件2的复印件（下分别称为附件4和附件5）。合议组当庭将附件4和附件5转送给专利权人，并告知其在口头审理结束后一个月内可进行书面意见陈述。请求人在口头审理中指认附件3所附第六、七张照片所示的组合仪表与本专利相同。在此基础上，双方当事人进行了充分的意见陈述和辩论，双方均坚持其原主张。

2007年7月26日，专利权人向复审委员会提交了意见陈述书，专利权人认为：（1）附件4、附件5的提交超出了一个月的举证期限，应该不予考虑；（2）附件4、附件5与本案没有关联性，因为附件4、附件5的盖章用途没有文字记载，没有盖章的时间，没有盖章人的签字，看不出附件4、附件5上加盖的"江苏省南京市公安局交通管理局车辆管理所业务专用章"分别与其上的"中华人民共和国上海海关"、"中华人民共和国浦东出入境检验检疫局检验检疫专用章"所属单位之间存在业务上的隶属或者管理关系，没有证据证明附件1、附件2的车辆已上牌照，不能证明附件1、附件2的原件已经交给南京车辆管理所，因此附件4和附件5缺乏真实有效性。

至此，合议组认为本案事实已经调查清楚，可以作出如下审查决定。

二、决定的理由

1. 法律依据

专利法第23条规定：授予专利权的外观设计，应当同申请日以前在国内外出版物上公开发表过或者国内公开使用过的外观设计不相同和不相近似，并不得与他人在先取得的合法权利相冲突。

专利法实施细则第66条规定：在专利复审委员会受理无效宣告请求后，请求人可以在提出无效宣告请求之日起1个月内增加理由或者补充证据。逾期增加理由或者补充证据的，专利复审委员会可以不予考虑。

2. 证据的认定

附件1为中华人民共和国海关货物进口证明书复印件，其上加盖了"中华人民共和国上海海关"印章，附件2为中华人民共和国进口机动车辆随车检验单复印件，请求人称附件1和附件2的原件保留在江苏省南京市公安局交通管理局，并在口头审理时提交了加盖有"江苏省南京市公安局交通管理局车辆管理所业务专用章"印章的附件1和附件2的复印件（即附件4和附件5），专利权人认件4和附件5的提交超出了1个月的举证期限，因此应不予以考虑。

对此，合议组认为：公安局交通管理局负责车辆管理等业务，申请人在申请对入境车辆进行登记颁发牌照时，需要出具并留存海关货物进口证明书和进口车辆随车检验单的原件，因此请求人关于附件1和附件2的原件保留在江苏省南京市公安局交通管理局的主张符合一般常识，故附件4和附件5属于为完善证据法定形式的证据。依据审查指南第四部分第三章第4.3.1节的规定，用于完善证据法定形式的公证书、原件等证据，应该予以考虑，因此合议组对附件4和附件5予以接受。

附件4和附件5加盖有"江苏省南京市公安局交通管理局车辆管理所业务专用章"印章，专利权人在2007年7月26日向复审委员会提交的意见陈述书中对附件4、附件5的相关性和真实性不予认可，对此合议组认为：请求人关于附件1和附件2的原件保留在江苏省南京市公安局交通管理局的主张符合一般常识，江苏省南京市公安局交通管理局在复印件上加盖印章，应理解为其证明该复印件与原件相符，专利权人在指定期限内并未提交任何足以推翻附件4、附件5的真实性的证据，因此附件4和附件5的真实性应当予以确认。

附件3为中华人民共和国南京市公证处出具的（2006）宁证内经字第118626号公证书，请求人在口头审理时提交了原件，经核实附件3的原件与复印件相符，因此在没有相反证据足以推翻附件3的真实性的情况下，附件3的真实性应当予以确认。

3. 本专利是否符合专利法第23条的规定

根据附件4，罗孚2497CC小轿车，发动机号码为25K4FP56260086，车架号码为SARRJZLLZ4D317574，于2004年4月26日由英国运抵上海海关口岸，业经上海物资集团汽车贸易有限公司于2004年4月28日按章办结进口手续。

根据附件5，罗孚2497CC小轿车，发动机号码为25K4FP56260086，车架号码为SARRJZLLZ4D317574，

入境时间为 2004 年 4 月 28 日，于 2004 年 5 月 8 日车辆一般项目检验合格，安全性能检验合格。

合议组认为：附件 4 和附件 5 可以证明，罗孚 2497CC 小轿车，发动机号码为 25K4FP56260086，车架号码为 SARRJZLLZ4D317574 于 2004 年 4 月 28 日经过我国上海海关入境。根据审查指南第二部分第三章第 2.1.3.2 节"使用公开"的规定，使用公开的方式包括进口。根据审查指南第四部分第八章第 5.1 节的规定，进口产品办结海关手续，准予放行的，应该认为进口行为已经完成，海关放行日视为该进口产品在中国境内的公开日。据此，罗孚 2497CC 小轿车，发动机号码为 25K4FP56260086，车架号码为 SARRJZLLZ4D317574 由于在 2004 年 4 月 28 日进口入我国，已经构成在本专利申请日前的公开使用。

根据附件 3，南京市公证处证明拍照人徐殿军对牌号为苏 A7H119 的黑色小轿车进行拍照，所附照片 20 张与实际情况相符。其中所附第八张照片显示该小轿车的车架号为 SARRJZLLZ4D317574。

合议组认为：附件 3 中的黑色小轿车与附件 4、附件 5 中的车架号一致，车架号为车辆识别代码，一般情况下车辆与车架号具有唯一对应性质，应该认定附件 3 至附件 5 所述小轿车为同一辆小轿车。专利权人称附件 3 中的车辆可能经过改装、拆卸，但未提交相应的证据证明，合议组对该主张不予支持。因此，结合附件 4 至附件 5 可以证明，附件 3 照片所示小轿车在本专利申请日前在国内公开使用过，请求人在口头审理中指认附件 3 所附第六张照片所示的组合仪表构成在本专利申请日前在国内公开使用过的外观设计（下称在先设计）。

本专利为小轿车的组合仪表，在先设计也为小轿车的组合仪表，两者所属产品的种类相同，因此可以进行外观设计相近似性比较。

本专利所示组合仪表整体形状近似长椭圆形，从主视图看，其左右对称设置有一大一小的椭圆形仪表，小仪表的内侧被大仪表覆盖，中央位置也上下设置有一大一小两个椭圆形，两者之间有一个小长方形框，下方的椭圆形右侧有一个按钮，上方的椭圆形的两侧的上方各有一个带有箭头图案的小椭圆形。从后视图看，本专利的后面有许多安装孔及螺钉，后视图的整体外轮廓形状与其主视图对应，从侧视图看，本专利由上至下逐渐变厚，侧表面平滑无设计。俯、仰视图无特别设计（详见本专利附图）。

在先设计为一种为组合仪表，仅公开了其使用状态下的正面照片，其正面左右对称设置有一大一小的椭圆形仪表，小仪表的内侧被大仪表覆盖，中央位置也上下设置有一大一小两个椭圆形，两者之间有一个小长方形框，下方的椭圆形右侧有一个按钮，上方的椭圆形的两侧的上方各有一个带箭头图案的小椭圆形。在先设计未公开组合仪表的后视图、侧视图和俯、仰视图（详见在先设计附图）。

将本专利与在先设计相比，两者的正面形状、图案相似，在先设计未公开其余视图。专利权人认为汽车组合仪表为三维立体产品，而附件 3 没有揭示本专利的后视图、左视图、右视图、俯视图和仰视图的设计特征，无法得知附件 3 的组合仪表前表面是否采用了与本专利相同或者相近似的倾斜设计，组合仪表的各部分在厚度方向的设计情况等，而这些外形结构能给消费者带来很大的视觉影响。对此，合议组认为：一方面，本专利在主视图外的其余视图在外观方面并无特别设计，由于汽车组合仪表属于汽车的配件产品，其必须安装镶嵌到汽车预留的特定空间位置才能实现其功能，因此其后视图、侧视图、俯视图和仰视图的形状必须与汽车预留容纳组合仪表的空间具有唯一对应的关系，即这些形状是由与汽车其余部位的连接关系限定的；另一方面，在最终使用状态下，汽车组合仪表只有主视图可见，其后视图、侧视图、俯视图和仰视图的形状在使用状态下不可见。因此，对于一般消费者而言，汽车组合仪表的正面较其他部位对产品的整体视觉效果更具有显著的影响，本专利与上述在国内公开使用过的在先设计正面形状及图案相似，已经给一般消费者带来相近似的整体视觉效果，因此本专利与在先设计相近似，不符合专利法第 23 条的规定。

三、决定

根据专利法第 23 条和专利法第 46 条第 1 款的规定，宣告 200530043169.7 号外观设计专利权全部无效。

根据专利法第 46 条第 2 款的规定，当事人对本决定不服的，自收到本决定之日起三个月内向北京市第一中级人民法院起诉，根据该款规定，一方当事人起诉后，另一方当事人应当作为第三人参加诉讼。

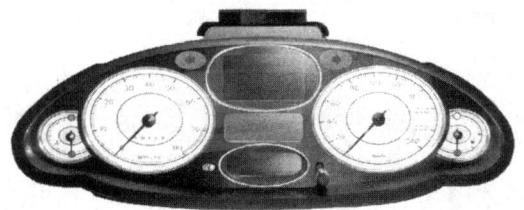
主视图

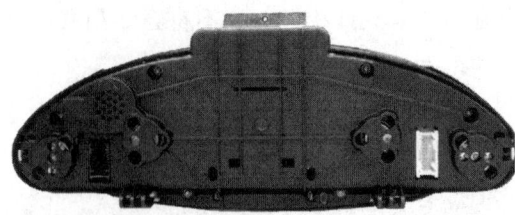
后视图

左视图

右视图

俯视图

仰视图

本专利附图

在先设计附图

犬粮包装袋

无效宣告请求审查决定（第 10533 号）

决 定 号	第 10533 号
决 定 日	2007 年 9 月 18 日
发明创造名称	犬粮包装袋
外观设计分类号	09-05
无效宣告请求人	马斯公司
专 利 权 人	刘蒙榕
专 利 号	200530049426.8
申 请 日	2005 年 12 月 16 日
授权公告日	2006 年 10 月 4 日
合议组组长	耿 博
主 审 员	齐宏涛
参 审 员	王伟艳
附 图	1 页

法 律 依 据 专利法第 23 条

决 定 要 点

根据整体观察、综合判断的原则，本专利与在先设计的差别对于产品外观设计的整体视觉效果具有显著的影响，因此两者属于不相同也不相近似的外观设计，本专利符合专利法第 23 条的规定。

一、案由

本无效宣告请求涉及中华人民共和国国家知识产权局于 2006 年 10 月 4 日授权公告的、名称为"犬粮包装袋"的外观设计专利权（下称本专利），其申请号是 200530049426.8，申请日是 2005 年 12 月 16 日，专利权人是刘蒙榕。

针对本专利权，马斯公司（下称请求人）于 2007 年 1 月 17 日向专利复审委员会提出无效宣告请求，认为本专利不符合专利法第 23 条的规定，同时请求人提交了如下附件：

附件 1-1：ZL200530049426.8 号外观设计专利（本专利）公报复印件，共 1 页；

附件 1-2：国家知识产权局专利局网站上公布的 ZL200530049426.8 号外观设计专利信息和照片，共 1 页；

附件 2-1：ZL01342748.2 号外观设计专利（下称在先设计）公报复印件，共 1 页；

附件 2-2：国家知识产权局专利局网站上公布的 ZL01342748.2 号外观设计专利信息和照片，共

1页。

请求人认为：在先设计的授权公告日为2002年4月24日，早于本专利的申请日2005年12月16日，故其属于专利法第23条所规定的公开出版物。本专利与在先设计的外观设计分类号都是09-05，属于相同种类的产品，可以进行相近似的比较。根据外观设计相同和相近似的整体观察、综合判断的原则，本专利和在先设计的主视图的形状和图案及色彩相近似，具体近似之处如下：（1）都是长方形狗粮包装袋。（2）包装的主题色调为黄色。（3）从主视图从上至下观察，设计风格几乎一致。其区别仅在于本专利中的具体文字及宠物狗图案与在先设计稍有不同，但是根据其图案的整体设计风格，尤其是黄色及红色的色彩搭配，以及文字图案的设计排列顺序，致使一般消费者不会仅因为具体的汉字字义不同而将两者清楚的区别开来，很容易对两种外观设计产品造成混淆。因此，本专利与在先设计属于相近似的外观设计，不符合专利法第23条的规定，应宣告其全部无效。

经形式审查合格，专利复审委员会依法受理了上述无效宣告请求，并于2007年2月12日向请求人和专利权人发出无效宣告请求受理通知书，同时将专利权无效宣告请求书及其附件清单中所列附件的副本转送给被请求人，并要求被请求人在指定的期限内陈述意见。

针对专利复审委员会发出的上述无效宣告请求受理通知书，专利权人于2007年3月3日提交了意见陈述书。

专利权人认为：（1）由于在先设计的仰视图为椭圆形，因此，在先设计的外观形状是椭圆柱形，并非是请求人在无效宣告请求书所说的长方形。而本专利为长方形，即使在包装产品后，也是呈四边压紧、中间隆起的形状，与在先设计的外观形状不相同，更不相近似。（2）在先设计主色调为黄色，本专利主色调为橙色，两者不相同也不相近似。在先设计主视图1/3中间为一红色花状图案，图案上写有英文"Pedidree"，体现该产品是来自国外的品牌，而本专利主视图上部并排三只中国特有的代表喜庆的灯笼图案，上面写有福满堂的中文拼音"Fu Man Tang"，使消费者一看就是国产品牌。本专利与在先设计除了都有狗的图像外，没有一处相同，但本专利与在先设计在主视图上狗的个数、狗的品种和狗的表情都不一样，以一个普通消费者的视角来看，本专利与在先设计的设计风格，视觉效果完全不同，不会在消费者中引起混淆。综上所述，本专利的外观形状、图案和色彩都与在先设计既不相同，也不相近似。

专利复审委员会依法成立合议组，对本案进行审理。合议组于2007年7月9日向双方当事人发出无效宣告请求口头审理通知书，定于2007年8月23日举行口头审理。随同口头审理通知书，将专利权人于2007年3月3日提交的意见陈述书转送给请求人。

口头审理如期举行，双方当事人均参加了口头审理。

在口头审理中，请求人明确其无效宣告的理由、证据及范围为本专利相对于在先设计不符合专利法第23条的规定，其具体理由为：在先设计的授权公告日是2002年4月24日，本专利申请日是2005年12月16日，在先设计公开于本专利之前，是专利法意义上的公开出版物，其两者均属于包装袋，是同类产品。从整体上观察都属于犬粮包装袋，背景颜色是黄色。首先，从整体布局上看，本专利最上端是一行字母，在先设计也是；本专利下方是注册商标，在先设计也是注册商标，是中文字，用于成犬粮，在先设计在宝路字样的旁边，其下方标有专用狗粮，宠物狗下方是食品，下方均有红色条状带。其次，两者设计风格非常相似，在先设计第一行标有字母是白色的镂空，本专利第一行也是白色镂空图案，是福满堂的拼音，字母的背景均是红色图案，一个是太阳状的，一个是灯笼样的。同时，两者基本的主色是白色、红色、黄色，这种安排可以给一般消费者造成混淆。关于专利权人所述的形状不同的问题，本专利仅仅要求了主视图，在使用状态的时候，袋子里面是需要放东西的。关于色彩的问题，这两个背景都是黄色系列，专利权人所述的色相图的问题，作为普通消费者而言没有这个；包装袋用于狗粮，在其上面标有狗的图案，而其所述的狗的表情不同的问题，应该从整体的角度看。专利权人对请求人提交的在先设计的真实性没有异议，但认为本专利与在先设计既不相同也不相近似。从形状来看，在先设计的主视图、仰视图是椭圆形的形状，其省略了左视图，本专利就是平面的，长方形的；在先设计是橙黄色的，本专利是橘黄色的，色系分别是 V9 和 V6；在先设计左上角有偏黄色的，英文字母下方是宝路的字样，主视图中间的三分之一处有两只狗，主视图下三分之一处有食盆，在先设计可以明确体现出其产品来自国外；同时，本专利的红色的灯笼图案可以明确表明，产品是来自国内，这是中国特有的；本专利是两只狗的图案，而在先设计是三只狗的图案。因此，本专利和在先设计除了狗的图像外，其他没有任何相同、相近似。

至此，合议组认为本案事实已经清楚，可以作出审查决定。

二、决定的理由

1. 法律依据

专利法第 23 条规定：授予专利权的外观设计，应当同申请日以前在国内外出版物上公开发表过或者国内公开使用过的外观设计不相同和不相近似，并不得与他人在先取得的合法权利相冲突。

2. 证据的认定

附件 1-1 为本专利外观设计公报，附件 1-2 为国家知识产权局专利局网站上公布的本专利信息和照片，专利权人对其真实性无异议，经合议组核实，附件 1-1 和附件 1-2 的内容真实，可用以说明本专利的相关信息。

附件 2-1 为 ZL01342748.2 号外观设计公报，附件 2-2 为国家知识产权局专利局网站上公布的 ZL01342748.2 号外观设计专利信息和照片，专利权人对其真实性无异议，经合议组核实，附件 2-1 和附件 2-2 的内容真实，可以作为本案的有效证据。由于 ZL01342748.2 号外观设计的授权公告日为 2002 年 4 月 24 日，早于本专利申请日 2005 年 12 月 16 日，因此该外观设计可作为评价本专利是否符合专利法第 23 条规定的在先设计。

3. 本专利是否符合专利法第 23 条的规定

本专利与在先设计都是犬粮包装袋的外观设计，其产品用途完全相同，并且其外观设计分类号也都是 09-05，因此两者属于同一类别的产品的外观设计，根据审查指南第四部分第五章第 6 节的规定，可以进行外观设计相近似的比较。

本专利仅包括一幅主视图，请求保护的外观设计含有色彩。从主视图观察，所示包装袋形状为长方形，整体上以橙色为主。包装袋的主视图最上部为"福满堂"三字的汉语拼音"Fu Man Tang"，拼音的背景为三只红色灯笼的图案，其中居中的灯笼较大，大灯笼边左右对称的两个灯笼较小。主视图中部有一个红色椭圆环，椭圆环中间所围部分为黄色，并点缀有星星和树木等图案。在椭圆环上半环中写有英文"THE PET FOOD"，在椭圆环中部上有一从两端向中间逐渐变淡的绿色方框，在绿色方框中写有黑体白边的汉字"福满堂"，在绿色方框下写有"成犬粮"三个黑体汉字。在这个三个汉字下方并排有三只狗的图像，其中左边和中间的狗均为白色，且外形相似，右边的狗的头部嘴部和鼻梁为白色外，其余部分为棕色，头部以下为白色。三只狗的图像下方是牛肉和果蔬图像，并在图像右下角有"牛肉果蔬"四个汉字，牛肉果蔬图像下方有红色长方条，红色长方条距离底部边线还有一段空白。

在先设计所示包装袋包括主视图、后视图、仰视图和使用状态参考图，请求保护色彩。从主视图观察，所示包装袋形状为长方形，整体上以黄色为主，仅有上下边为橙红色，左上角有一底边为弧线的天蓝色的三角形，在三角形中有一倾斜的汉字"新"。包装袋的主视图最上部为上下排列的白底黑边英文单词"Pedigree"和汉字"寶路狗粮"，其中"狗粮"两字高度大约是"寶路"两字高度的一半。单词和汉字的背景为一橙红色奖章图案。主视图中部是两只狗的图像,其中左边的狗为白色,中间的狗为棕色,棕色狗图像的右上角有一骨头图案。两只狗的图像下方是一只狗食盆,在狗食盆中盛的是颗粒状的物体,在颗粒状物体上有四边为弧线的橙红色块,从颗粒状物体中伸出一只手,手抓有一个调味袋。

合议组认为:将本专利与在先设计相比较可知,其不同之处在于:(1)从颜色上来看,两者并不相同。本专利背景颜色以橙色为主,中部有醒目的绿色方框,而在先设计以黄色为主,左上角有一醒目的天蓝色,仅有上下边和极少部分图案为橙红色。由于橙色和黄色属于不同的色相,因此两者并不容易产生混淆;(2)从图案上来看,两者也有显著的区别。首先,尽管本专利和在先设计都有狗的图案,但本专利的主视图中部有一个较大面积的红色椭圆环和一个几乎与主视图宽度等长的绿色方框,在其下方才是狗的图案,而在先设计则没有这些因素,将狗的图案设计到主视图的正中部。其次,本专利图案中狗的数量为三只,在先设计则仅有两只,且其品种与本专利也不同,导致两者外形有较大差别。最后,本专利图案中狗的下方是未加工的牛肉和蔬菜图像,而在先设计则为一个盛满成品狗粮的狗食盆,这一点在视觉效果上也有明确差异。综上所述,根据整体观察、综合判断的原则,本专利与在先设计的差别对于产品外观设计的整体视觉效果具有显著的影响,因此两者属于不相同也不相近似的外观设计,本专利符合专利法第23条的规定。

三、决定

维持第200530049426.8号外观设计专利权有效。

当事人对本决定不服的,可以根据专利法第46条第2款的规定,自收到本决定之日起三个月内向北京市第一中级人民法院起诉。根据该款的规定,一方当事人起诉后,另一方当事人应当作为第三人参加诉讼。

本专利附图

主视图

在先设计

订书机

无效宣告请求审查决定（第10535号）

决 定 号	第10535号
决 定 日	2007年9月29日
发明创造名称	订书机
外观设计分类号	19-02
无效宣告请求人	伊萨贝格雷玻德股份公司
专 利 权 人	冯顺娇
专 利 号	200430079740.6
申 请 日	2004年8月23日
授权公告日	2005年2月23日
合议组组长	王霞军
主 审 员	严若艳
参 审 员	李巍巍
附 图	2页

法律依据 专利法第23条

决定要点

本专利与在先设计图片表达方式不同，由于审查指南第一部分第三章对绘制视图的要求是参照机械制图国家标准有关规定而不是严格按照机械制图国家标准绘制，因此在将照片或效果图与绘制视图进行比较时，将绘制视图的细节部分严格按照机械制图国家标准的规定推断再进行比较是不适当的。即便如专利权人所述二者的后罩壳有拼装结构和一体结构的差别，但其整体外形是基本相同的，对于不涉及色彩和图案的外观设计而言，整体形状近似即应当被认定为外观设计相近似。夹片在订书机的整体设计中所占比例很小，夹片的有无不足以对整体视觉效果产生显著影响。本专利与在先设计相近似。

一、案由

本无效宣告请求涉及的是国家知识产权局于2005年2月23日授权公告的200430079740.6号外观设计专利，使用外观设计的产品名称是"订书机"，申请日是2004年8月23日，专利权人是冯顺娇。

针对上述外观设计专利权（下称本专利），伊萨贝格雷玻德股份公司（下称请求人）于2007年3月20日向专利复审委员会提出无效宣告请求，其理由是本专利不符合专利法第23条和专利法第9条的规定。请求人认为：在本专利申请日以前，已有与其基本相同的外观设计在中国外观设计专利公报上公开发表，二者的区别仅在于订书机的压杆下端与底座后端之间是否设置有一个很小的方形夹片。

请求人提交的证据是授权公告号为CN3277561D的外观设计专利公报复印件，该证据中还包括1页用于标注订书机各组成部分名称的图片。

专利复审委员会根据无效宣告请求审查程序的规定受理了该无效宣告请求，并于2007年4月16日将上述无效宣告请求书及其附件的副本转送给专利权人，要求其在指定期限内陈述意见。

专利权人未在上述指定期限内陈述意见。

专利复审委员会于2007年6月29日向双方当事人发出口头审理通知书，定于2007年8月13日对本案进行口头审理。在口头审理通知书中，合议组告知双方当事人：请求人在《专利权无效宣告请求书》第6栏中填写的附件2为"CN3277561D"，在意见陈述附页第三段中称为对比文件的是授权公告号为CN3277560D的外观设计专利，请求人应明确作为证据使用的专利文献的授权公告号和专利号；请求人在《专利权无效宣告请求书》第4栏中填写无效宣告请求的理由是"专利法第23条第9款"，在意见陈述附页中陈述意见，认为"争议专利不符合专利法第23条和第9条的规定"，请求人应明确无效宣告请求的理由。

口头审理如期举行。请求人和专利权人均委托代理人出庭，双方对对方的出庭人员资格均无异议，对合议组成员无回避请求。在口头审理中，请求人当庭表示无效宣告请求书表格中填写的"专利法第23条第9款"和意见陈述附页第三段引用"CN3277560D"均属于笔误。请求人当庭放弃以专利法第9条作为本案无效宣告请求的理由，并明确本案无效宣告请求的理由为本专利不符合专利法第23条的规定；本案的证据是授权公告号为CN3277561D的外观设计专利，在意见陈述附页中的相近似对比是结合CN3277561D描述的。专利权人对上述文件的真实性无异议，但要求对请求人当庭确定的无效宣告理由和证据在口头审理结束后的一定期限内答复，专利复审委员会要求专利权人在口头审理结束后五日内提交书面意见。双方还就本专利与授权公告号为CN3277561D、专利号为ZL02331732.9的外观设计是否相同相近似详细陈述了意见。

2007年8月17日专利复审委员会收到专利权人提交的意见陈述书，认为本专利与ZL02331732.9号外观设计专利不相同且不相近似。

在当事人的意见陈述和口头审理的基础上，合议组经合议，认为本案事实清楚，依法作出本审查决定。

二、决定的理由

1. 法律依据

基于请求人提出无效宣告请求的理由，合议组依据专利法第23条的规定进行审理。

专利法第23条规定：授予专利权的外观设计，应当同申请日以前在国内外出版物上公开发表过或者国内公开使用过的外观设计不相同和不相近似，并不得与他人在先取得的合法权利相冲突。

2. 证据认定

请求人在其无效宣告请求书第6栏中填写的是"CN3277561D"，虽然其在意见陈述附页第三段中称为对比文件的是授权公告号为CN3277560D的外观设计专利，但根据该意见陈述附页的具体内容和随附件一起提交的用于说明订书机各组成部分名称的图以及请求人口头审理当庭陈述的意见，可以认定请求人用作本案证据的是授权公告号为CN3277561D、专利号为ZL02331732.9的外观设计专利。

经合议组核实，请求人提交的ZL02331732.9号外观设计专利公报复印件所示内容真实。该专利的授权公告日为2003年2月12日，早于本专利申请日，属于在本专利申请日以前的公开出版物，适用专利法第23条。

3. 相同相近似对比

本专利使用外观设计的产品为订书机，ZL02331732.9号外观设计专利（下称在先设计）的产品亦为订书机，二者属于相同种类的产品，可以进行外观设计相同相近似比较。

本专利包括六面正投影视图和立体参考图。根据图片观察，产品左右对称，整体呈蟹钳形，由手柄、压杆、后罩壳、底座和出钉器组成。底座大致呈楔形，上表面自中间至与压杆连接处有台阶；压杆与底座大致呈45度的夹角，压杆的中部下方设置有三角形的出钉器，自出钉器上角开始，压杆逐渐变窄，上部隐藏于手柄中；手柄位于压杆的上端部，上端面呈舒缓的凸弧面；后罩壳罩住底座前端和压杆的下部，下半部分沿底座的左右两侧延伸而覆盖住其左右两侧的前半部分，上半部分包裹压杆的下端，整个后罩壳的外表面为均为圆弧过渡的弧面，从左视图上看，前端形成一个三角形突起；在底座台阶与压杆之间有一夹片。详见本专利附图。

在先设计包括六面正投影视图和立体图。根据图片观察，产品左右基本对称，整体呈蟹钳形，由手柄、压杆、后罩壳、底座和出钉器组成。底座大致呈楔形，上表面自中间至与压杆连接处有台阶；压杆与底座大致呈45度的夹角，压杆的中部下方设置有三角形的出钉器，自出钉器上角开始，压杆逐渐变窄，上部隐藏于手柄中；手柄位于压杆的上端部，上端面呈舒缓的凸弧面；后罩壳罩住底座前端和压杆的下部，下半部分沿底座的左右两侧延伸而覆盖住其左右两侧的前半部分，上半部分包裹压杆的下端，整个后罩壳的外表面为均为圆弧过渡的弧面，从左视图上看，前端形成一个三角形突起。详见在先设计附图。

比较本专利与在先设计，二者整体形状相同，各组成部分的形状、位置、比例基本相同，二者的区别主要在于底座台阶与压杆下部之间是否有夹片和后罩壳是否为一体的。专利权人认为在先设计的视图表明其后罩壳是由四部分组成的，为组合拼装结构，各部分通过螺钉连接固定，前端的三角形突起与后罩壳也不是一体的，而本专利的后罩壳是一体结构，通过螺钉与底座连接；夹片是本专利比较有特点的地方，与在先设计不同。合议组认为：本专利与在先设计的图片表达方式不同，本专利是拍摄的照片或由计算机软件生成的效果图，而在先设计是绘制的线条图，由于审查指南第一部分第三章对绘制视图的要求是参照机械制图国家标准有关规定而不是严格按照机械制图国家标准绘制，因此在将照片或效果图与绘制视图进行比较时，将绘制视图的细节部分严格按照机械制图国家标准的规定推断再进行比较是不适当的。即便如专利权人所述二者的后罩壳有拼装结构和一体结构的差别，但其整体外形是基本相同的，对于不涉及色彩和图案的外观设计而言，形状近似即应当被认定为外观设计相近似。夹片在订书机的整体设计中所占比例很小，夹片的有无不足以对整体视觉效果产生显著影响。本专利与在先设计给一般消费者二者相近似的视觉印象，本专利与在先设计相近似。

4. 结论

本专利与在先设计相近似，本专利不符合专利法第23条的规定。

三、决定

宣告200430079740.6号外观设计专利权全部无效。

当事人对本决定不服的，可以根据专利法第46条第2款的规定，自收到本决定之日起三个月内向北京市第一中级人民法院起诉。根据该款的规定，一方当事人起诉后，另一方当事人应当作为第三人参加诉讼。

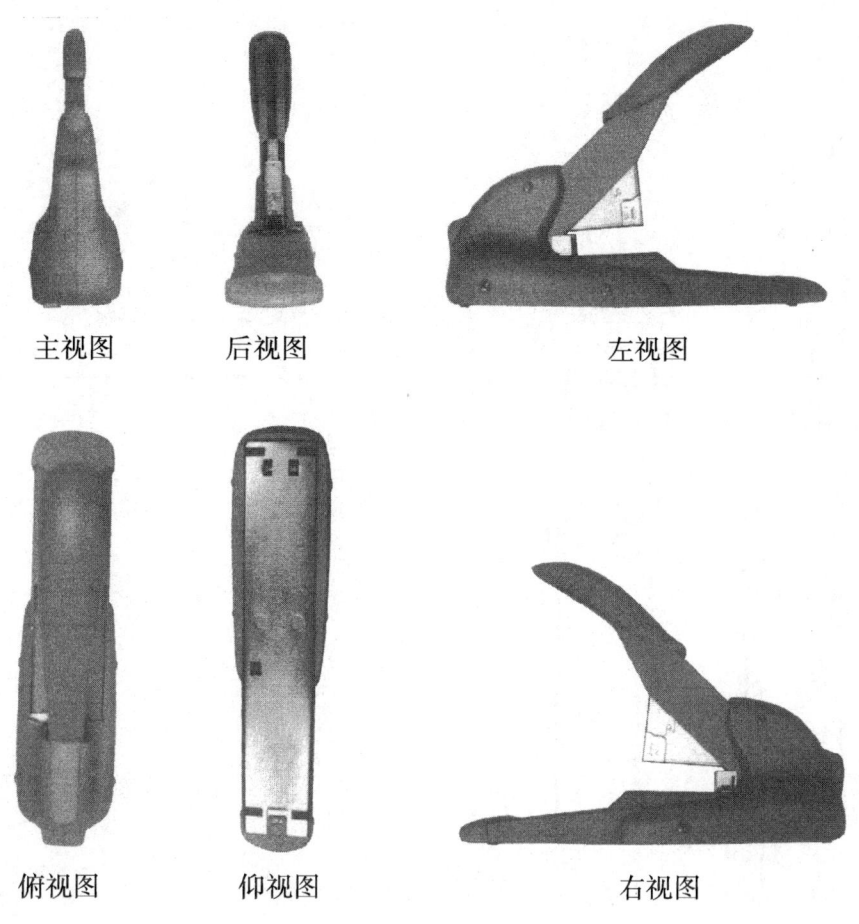

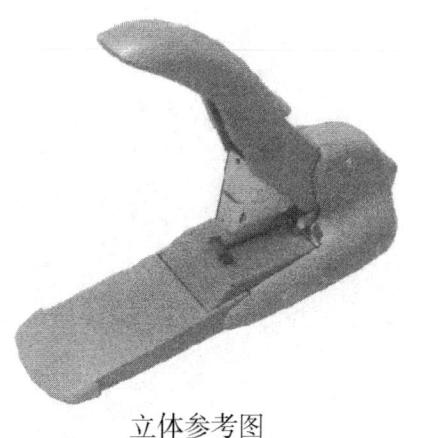

立体参考图

本专利附图

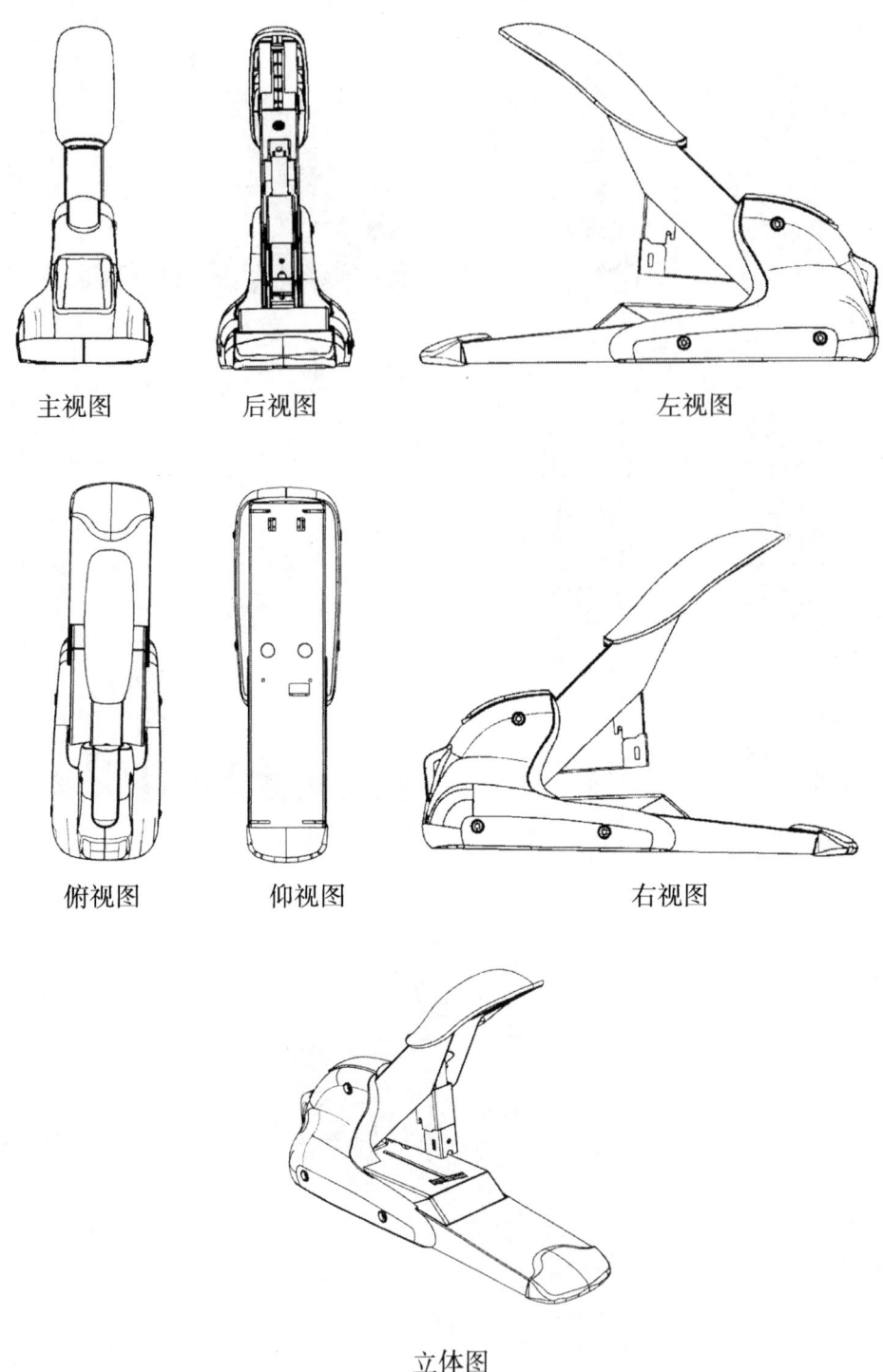

主视图　　后视图　　左视图

俯视图　　仰视图　　右视图

立体图

在先设计附图

订书机（S-700）

无效宣告请求审查决定（第 10536 号）

决 定 号	第 10536 号
决 定 日	2007 年 9 月 29 日
发明创造名称	订书机（S-700）
外观设计分类号	19-02
无效宣告请求人	宁波云峰文具有限公司
专 利 权 人	旗标文具（深圳）有限公司
专 利 号	99329508.8
申 请 日	1999 年 4 月 14 日
授权公告日	1999 年 11 月 17 日
合议组组长	钱亦俊
主 审 员	徐清平
参 审 员	周佳
附 图	1 页

法律依据 专利法第 23 条

决定要点

本专利与其申请日前在出版物上公开发表过的订书机整体形状设计基本相同，其属于相近似的外观设计，因此，本专利不符合专利法第 23 条的规定。

一、案由

本无效宣告请求涉及的是国家知识产权局于 1999 年 11 月 17 日授权公告的 99329508.8 号外观设计专利，使用该外观设计的产品名称为"订书机（S-700）"，申请日是 1999 年 4 月 14 日，原专利权人是深圳市龙岗区龙岗南约旗标实业厂，2004 年 9 月 22 日变更为旗标文具（深圳）有限公司。

针对上述专利权（下称本专利），宁波云峰文具有限公司（下称请求人）于 2006 年 11 月 8 日向专利复审委员会提出无效宣告请求，其依据的事实和理由是：本专利与其申请日前授权公告的 95303436.4 号外观设计专利（附件 1）所示订书机外观设计相近似，并且与专利权人在同日申请的 99329509.6 号外观设计专利（附件 2）所示订书机外观设计相近似，因此，本专利不符合专利法第 23 条和专利法实施细则第 13 条的规定。请求人同时提交了如下附件作为证据：

附件 1：从网站下载的 95303436.4 号外观设计专利公告文本打印件 2 页；

附件 2：99329509.6 号外观设计专利公报复印件 1 页。

经形式审查合格，专利复审委员会受理了该无效宣告请求，并于 2006 年 12 月 1 日将无效宣告请求书及其附件的副本转送给专利权人，要求其在指定期限内陈述意见。

2007 年 1 月 5 日专利权人提交了意见陈述书，专利权人将本专利与请求人提交的对比文件所示外观设计进行了详细分析对比，认为其所示订书机外形存在明显区别，不会引起一般消费者混淆，其不相同也不相近似，对比文件不能否定本专利的新颖性。

2007 年 3 月 9 日专利复审委员会向请求人发出转送文件通知书，将专利权人的上述意见陈述转送给请求人，要求其在指定期限内陈述意见；同时以该通知告知请求人本案合议组成员。

2007 年 3 月 9 日专利复审委员会向专利权人发出无效宣告请求审查通知书，告知专利权人请求人提交的上述附件 2 所示外观设计专利与本专利申请日、专利权人相同，请求人据其证明本专利不符合专利法实施细则第 13 条第 1 款的规定，根据审查指南第四部分第七章第 2 节和"施行修订后审查指南的过渡办法"有关规定，在此情况下专利权人欲通过放弃附件 2 所示外观设计专利的方式来维持本专利有效的，应当在指定期限内提交自该专利申请之日起放弃该专利权的书面声明；同时以该通知告知专利权人本案合议组成员。

2007 年 3 月 23 日请求人提交了意见陈述书，其针对专利权人的意见陈述将本专利与对比文件进行了详细对比，认为其属于相近似的外观设计。

2007 年 4 月 3 日、2007 年 4 月 17 日、2007 年 5 月 15 日专利权人先后提交了意见陈述，声明放弃 99329509.6 号外观设计专利权。

2007 年 5 月 21 日专利复审委员会向请求人发出转送文件通知书，将专利权人 2007 年 4 月 17 日的意见陈述转送给请求人，要求其在指定期限内陈述意见。

针对本专利，请求人于 2007 年 6 月 1 日再次向专利复审委员会提出无效宣告请求，并于 2007 年 6 月 21 日补充提交了意见陈述和证据，其依据的事实和理由是：本专利与其申请日前授权公告的 92307619.0 号外观设计专利（附件 3）所示订书机外观设计相近似；且与香港贸易发展局刊物部于 1999 年 1 月 6 日出版的《Hong Kong Gifts, Premiums & Stationery》（附件 5）所公开发表的订书机外观设计相近似，该杂志经过中国委托公证人香港律师进行公证、认证（附件 6、附件 7），具有真实性、合法性和有效性；由此可证明本专利不符合专利法第 23 条的规定。请求人先后提交的作为证据的附件如下（编号续前）：

附件 3：从网站下载的 92307619.0 号外观设计专利公告文本打印件 1 页；

附件 4：从网站下载的本专利公告文本打印件 1 页；

附件 5：盖有香港贸易发展局刊物部印章的《Hong Kong Gifts, Premiums & Stationery Vol.1, 1999》封面和相关内页复印件及中文译文共 6 页；

附件 6：中国委托公证人香港律师出具的证明书原件和复印件各 1 份；

附件 7：由中国委托公证人香港律师作为监誓人签署的声明书原件和复印件各 1 份。

经形式审查合格，专利复审委员会受理了该无效宣告请求，并于 2007 年 6 月 26 日将无效宣告请求书及其附件转送给专利权人，要求其在指定期限内陈述意见。专利权人逾期未作答复。

2007 年 7 月 23 日专利复审委员会分别向请求人和专利权人发出合议组成员告知通知书，双方均逾期未对合议组成员提出回避请求。

合议组经合议，认为本案事实清楚，依法作出本审查决定。

二、决定的理由

1. 法律依据

基于请求人提出无效宣告请求所依据的事实和理由，合议组首先对本专利是否符合专利法第 23

条的规定进行审查。

专利法第 23 条规定：授予专利权的外观设计，应当同申请日以前在国内外出版物上公开发表过或者国内公开使用过的外观设计不相同和不相近似，并不得与他人在先取得的合法权利相冲突。

2. 证据认定

请求人提交的作为证据的附件 5 是盖有香港贸易发展局刊物部印章的《Hong Kong Gifts, Premiums & Stationery Vol. 1，1999》封面和相关内页复印件及中文译文。附件 6 是中国委托公证人香港律师出具的证明书原件，并盖有"中华人民共和国司法部委托香港律师办理内地使用的公证文书转送专用章"；其内容是证明与附件 5 相同的《Hong Kong Gifts, Premiums & Stationery Vol. 1，1999》相关页复印件与原件相符，并证明所附的香港贸易发展局刊物部出具的证明书复印件与原件相符，香港贸易发展局刊物部证明《Hong Kong Gifts, Premiums & Stationery》为香港贸易发展局出版的公开性专业季刊，每年四期（一/四/七/十月），其中《Hong Kong Gifts, Premiums & Stationery Vol. 1，1999》的出版日期为 1999 年 1 月 6 日。附件 7 是由中国委托公证人香港律师作为监誓人签署的声明书原件，并盖有"中华人民共和国司法部委托香港律师办理内地使用的公证文书转送专用章"，其声明书记载了前往香港贸易发展局刊物部对《Hong Kong Gifts, Premiums & Stationery》进行查阅的具体过程，并附有附件 6 中所述香港贸易发展局刊物部出具的证明书原件。合议组认为，附件 5 所示作为在香港出版的刊物，经过上述其出版单位出具证明，并有我国司法部委托香港律师办理的公证证明，由此可认定其真实性及其出版时间为 1999 年 1 月，即属于本专利申请日之前的公开出版物，可适用专利法第 23 条的规定作为本案证据。

请求人指定了附件 5 所示杂志第 115 页刊载的一款订书机（下称在先设计）作为与本专利对比的外观设计，其所示产品与本专利使用外观设计的产品"订书机"属相同种类的产品，故对二者外观设计作如下对比：

本专利所示订书机由压柄、卡钉盒、底座等组成，其压柄头、尾部均呈圆滑过渡，头部相对于中间和尾部呈弧线形隆起且较其他部分略宽，尾部有较小文字、图案；卡钉盒为常见矩形匣状，底面有圆孔设计；底座头部为圆弧端头的平板状，尾部有突起的直立板并与压柄尾部铰接相连（详见本专利附图）。

在先设计仅有一幅立体图，所示订书机由压柄、卡钉盒、底座等组成，其压柄头、尾部均呈圆滑过渡，头部相对于中间和尾部呈弧线形隆起且较其他部分略宽；卡钉盒为常见矩形匣状，底座头部为圆弧端头的平板状，尾部有突起的直立板并与压柄尾部铰接相连（详见在先设计附图）。

将本专利与在先设计相比较，二者不同之处主要在于，在先设计无本专利所示压柄尾部的文字、图案，在先设计未显示订书机另一侧面及卡钉盒底面、底座底面的设计，除此之外二者压柄、卡钉盒、底座的形状设计基本相同。合议组认为，对于本案所示钉书机类产品，其为常见的左右对称性设计，在先设计虽未显示订书机的另一侧面但并不影响对二者外观设计进行整体观察、综合判断；在先设计未显示的卡钉盒底面、底座底面为使用状态下不常见面，不受一般消费者所关注，其对订书机整体视觉效果影响甚微；本专利在压柄尾部的文字、图案设计相对于在先设计的不同为局部细微差异；而本专利与在先设计所示基本相同的压柄、卡钉盒、底座形状形成了基本相同的整体形状设计，其整体视觉效果相近似，因此二者属于相近似的外观设计。

综上所述，本专利与其申请日前在出版物上公开发表过的订书机外观设计相近似，因此，本专利不符合专利法第 23 条的规定。

鉴于上述已得出本专利不符合专利法第 23 条规定的结论，本决定对请求人提出的其他理由和证据不再作评述。

三、决定

宣告99329508.8号外观设计专利权全部无效。

当事人对本决定不服的,可以根据专利法第46条第2款的规定,自收到本决定之日起三个月内向北京市第一中级人民法院起诉。根据该款的规定,一方当事人起诉后,另一方当事人应当作为第三人参加诉讼。

  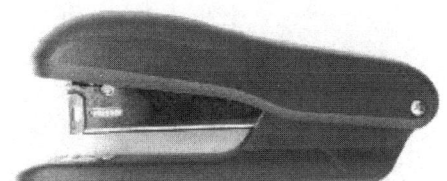

主视图　　　　后视图　　　　　　右视图

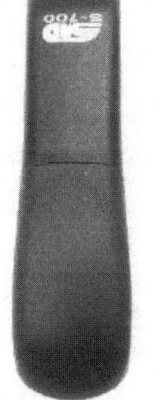 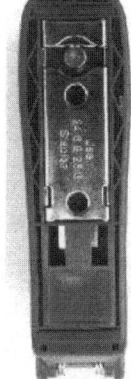  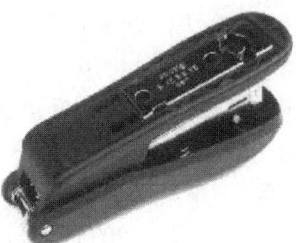

俯视图　　仰视图　　　　立体图1　　　　　立体图2

张开状态图1　　　　　　张开状态图2

本专利附图

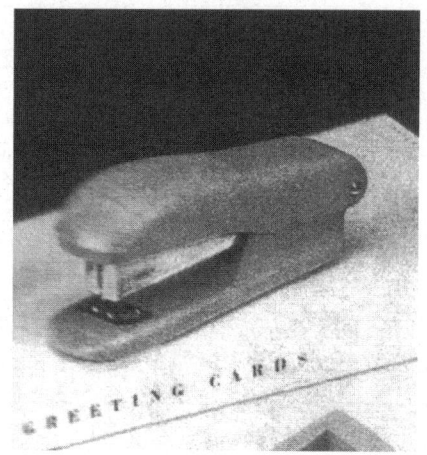

在先设计

玩具汽车（2）

无效宣告请求审查决定（第10544号）

决 定 号	第 10544 号
决 定 日	2007 年 7 月 30 日
发明创造名称	玩具汽车（2）
外观设计分类号	21-01
无效宣告请求人	德国宝马汽车股份公司
专 利 权 人	汕头市澄海区锦江玩具实业有限公司
专 利 号	03359894.0
申 请 日	2003 年 8 月 4 日
授权公告日	2004 年 2 月 4 日
合议组组长	张跃平
主 审 员	李改平
参 审 员	严若艳
附 图	2 页
法 律 依 据	专利法第 23 条

决 定 要 点

请求人提交的证据所示产品外观设计与本专利在多处存在明显区别，整体视觉效果明显不同，不能证明在本专利申请日前已有与本专利相近似的外观设计在出版物上公开发表，请求人的无效宣告请求的主张不能得到证据的支持。

一、案由

本无效宣告请求涉及的是国家知识产权局于 2004 年 2 月 4 日授权公告的、名称为"玩具汽车（2）"的外观设计专利，其专利号是 03359894.0，申请日是 2003 年 8 月 4 日，专利权人是澄海市锦江玩具实业有限公司，现更名为汕头市澄海区锦江玩具实业有限公司。

针对上述专利权（下称本专利），德国宝马汽车股份公司（下称请求人）于 2006 年 12 月 22 日向专利复审委员会提出无效宣告请求，其理由是：在本专利申请日之前已有相近似的外观设计在出版物上公开发表，本专利不符合专利法第 23 条的规定。请求人提交了如下附件作为证据：

附件 1 是本专利公告文本复印件 1 页；
附件 2 是德国专利局出具的注册号为第 2086195 号外观设计注册证和首页译文复印件 1 份；
附件 3 是香港知识产权署出具的注册号为第 9911163.5 号外观设计注册证明书复印件 1 份。

经形式审查合格，专利复审委员会受理了此案，并于2007年1月23日将无效请求书及相关材料副本转送给专利权人。

2007年2月16日专利权人提交了意见陈述书。专利权人认为：请求人提交的附件2和附件3均为境外文献，且均为复印件，不能作为宣告本专利无效的证据；即使能够作为本专利的对比文件，附件2和附件3中所示的物品的外观设计与本专利不同也不相近似，具体不同点表现在：（1）整体尺寸配置不同；（2）尾翼不同；（3）前盖设计不同；（4）前盖通风孔设计不同；（5）车灯设计不同；（6）底板前面的防撞杆设计不同；（7）第二车厢顶部设计不同；（8）挡风玻璃设计不同；（9）车壳两侧护翼形状设计不同；（10）尾排气管设计不同；（11）前保险杠设计不同；（12）尾厢刻痕线设计不同；（13）天线设计不同。从上述不同点可以看出本专利玩具汽车是赛车型玩具汽车，是流线奔放型设计；而附件中所示汽车模型是一款轿车型汽车模型，是传统轿车设计。一般消费者通过直接观察对比，完全能分辨出本专利与附件中所示汽车模型之间的显著差异。因此，本专利符合专利法第23条的规定，应当予以维持。同时，专利权人提交了（2006）一中行初字第314号中华人民共和国北京市第一中级人民法院行政判决书复印件（反证1），说明请求人此前已提出过无效宣告请求并且北京市第一中级人民法院已做出维持专利权的判决。专利权人还提交了营业执照副本复印件（盖有专利权人公章）（反证2）和汕头市澄海区工商行政管理局出具的企业名称变更的证明复印件（反证3），说明专利权人于2003年8月25日已由"澄海市锦江玩具实业有限公司"变更为"汕头市澄海区锦江玩具实业有限公司"。

2007年4月6日专利复审委员会将专利权人提交的上述意见陈述书转送请求人，要求其在口审中当庭答复或在指定期限内作书面答复。专利权人逾期未作书面答复。

2007年4月6日专利复审委员会向双方当事人发出合议组成员告知通知书和无效宣告请求口头审理通知书，定于2007年5月24日在专利复审委员会进行口头审理。

口头审理如期举行，请求人及专利权人的委托代理人均出庭，双方对对方出庭人员资格均无异议，对合议组成员无回避请求。请求人当庭陈述了请求宣告本专利无效的主要理由和事实，提交了香港知识产权署于2007年5月15日出具的关于注册号为9911163.5的外观设计注册记录册原件1份，认为附件2表明于2000年4月5日在德国已经公开了与本专利相近似的外观设计，附件3表明于1999年9月3日在香港已经公开了与本专利相近似的外观设计。具体相似点表现在两者整体都为两厢式轿车形，各部分之间的比例基本相同，车两侧各开一个门，每侧各有两个玻璃窗，车头正面有两组平扁式车前灯，中间为一组左右对称的宝马式换气隔栅。两者主要不同点在于本专利后部设有尾翼，但此尾翼属于后期添加部件，其他的不同点如本专利一侧设有天线属于局部的细微差别，不足以导致两者在视觉上产生明显差别，一般消费者极易将两者相混淆，因此，两者应为相近似的外观设计。专利权人辩称：请求人提交的附件2和附件3没有原件，对真实性有异议，对翻译件页有异议；而且请求人提交的证据中的汽车模型是商用汽车，更像实际使用的真车，而本专利具有明显的玩具赛车的特征，与请求人提交的证据中的汽车模型具有多处不同，两者既不相同也不近似。对于请求人提交的证据的复印件及翻译问题，专利权人表示，如果请求人提交了相关的公开文本，经合议组核实后，专利权人予以认可。合议组要求请求人口头审理后1周内提交有关公开文本。

请求人于2007年5月31日提交了经国家知识产权局专利检索咨询中心证明的与附件2和附件3内容相同的网上公开文本。

至此，合议组认为本案事实清楚，可以依法作出审查决定。

二、决定的理由

1. 法律依据

基于请求人提出的无效宣告请求理由,合议组对本专利是否符合专利法第23条的规定进行审查。

专利法第23条规定:"授予专利权的外观设计,应当同申请日以前在国内外出版物上公开发表过或者国内公开使用过的外观设计不相同和不相近似,并不得与他人在先取得的合法权利相冲突。"

2. 证据认定

附件1是本专利公告文本复印件,用于证明本专利相关信息;

附件2是德国专利局出具的注册号为第2086195号外观设计注册证明书和首页译文复印件,附件3是香港知识产权署出具的注册号为第9911163.5号外观设计注册证明书复印件,口审当庭请求人提交了香港知识产权署于2007年5月15日出具的关于注册号为9911163.5的外观设计注册记录册原件,于2007年5月31日又提交了经国家知识产权局专利检索咨询中心证明的与附件2和附件3内容相同的网上公开文本。经合议组核实,附件2和附件3内容属实,予以采信。又由于附件2和附件3示出的是同一款模型汽车的外观设计,因此,合议组仅采用附件2进行对比。附件2的授权公告日期为2000年4月5日,在本专利的申请日之前,故附件2可以作为判断本专利是否符合专利法第23条的规定的证据。

专利权人提交的反证1与本案无关,在此不予评述。专利权人提交的反证2和反证3说明专利权人于2003年8月25日已由"澄海市锦江玩具实业有限公司"变更为"汕头市澄海区锦江玩具实业有限公司",合议组予以确认。

3. 外观设计对比

观察本专利各视图可以看到:本专利为玩具汽车的外观设计,车前盖前端向下弯曲弧度大,其上有排气通风孔和进气通风孔;车尾下部上收明显;车尾厢上设有尾翼;车轮眉突出,与车体侧翼对比明显;车两侧各开一门,每侧均有两个玻璃窗;车前方有一对四边形换气格栅和两组平扁式车前灯。具体详见本专利附图。

观察附件2中的模型汽车的外观设计(下称在先设计)可以看到:整体车身两侧前后平滑,前盖、尾部下方以及轮眉与车身形成完整整体;车两侧各开一门,每侧均有两个玻璃窗;车前方有一对四边形换气格栅和两组平扁式车前灯。具体详见在先设计附图。

由于本专利用于玩具汽车,在先设计的外观设计用于模型汽车,两者用途相近似,故两者具有可比性。将本专利与在先设计的外观设计进行对比,可以看到两者的相同点在于:两者车两侧各开一门,各有两个玻璃窗;车前方有一对四边形换气格栅和两组平扁式车前灯。两者由于本专利用于玩具汽车,在先设计的外观设计用于模型汽车,两者用途相近似,故两者具有可比性。将本专利与在先设计的外观设计进行对比,可以看到两者的相同点在于:两者车两侧各开一门,各有两个玻璃窗;车前方有一对四边形换气格栅和两组平扁式车前灯。两者的不同之处在于:(1)本专利车前盖前端向下弯曲弧度大,其上有排气通风孔和进气通风孔;在先设计的车前盖前端平滑;(2)本专利车尾下部上收明显,在先设计的车尾下部平滑;(3)本专利车尾厢上设有尾翼;在先设计的车尾厢上没有尾翼;(4)本专利车轮眉突出,与车体侧翼对比明显;在先设计的车轮眉平滑,与车体侧翼形成整体。由此可见,虽然两者在车门数量、车窗、换气格栅和车前灯等处有相似之处,但两者之间存在的区别明显,足以导致一般消费者对二者的整体外观设计产生显著不同的视觉印象,本专利具有明显的玩具特征,在先设计具有明显的仿真特征,二者的整体视觉效果明显不同,根据整体观察、综合判断的原则可以得出:二者属于不相同且不相近似的外观设计。

4. 结论

综上，请求人提交的证据所示产品外观设计与本专利虽然存在相似之处，但两者之间多处存在明显区别，整体视觉效果明显不同，不能证明在本专利申请日前已有与本专利相近似的外观设计在出版物上公开发表，请求人的无效宣告请求的主张不能得到证据的支持。

三、决定

维持03359894.0号外观设计专利权有效。

当事人对本决定不服的，可以根据专利法第46条第2款的规定，自收到本决定之日起三个月内向北京市第一中级人民法院起诉。根据该款的规定，一方当事人起诉后，另一方当事人应当作为第三人参加诉讼。

主视图　　　　　　　　后视图

左视图　　　　　　　　右视图

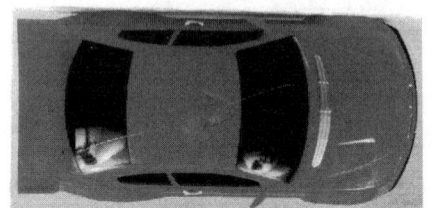 

俯视图　　　　　　　　仰视图

立体图

本专利附图

FRONT PERSPECTIVE

FRONT

REAR PERSPECTIVE-LEFT

REAR

REAR PERSPECTIVE-RIGHT

SIDE

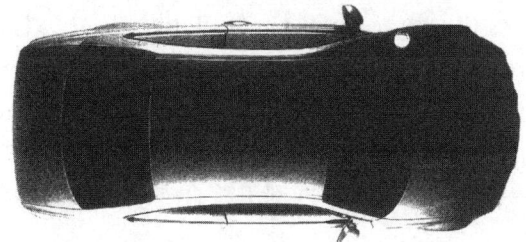
PLAN

在先设计附图

FM 收音机（AQ520）

无效宣告请求审查决定（第 10546 号）

决 定 号	第 10546 号
决 定 日	2007 年 10 月 8 日
发明创造名称	FM 收音机（AQ520）
外观设计分类号	14-01
无效宣告请求人	广州市白云区利宝电子厂
专 利 权 人	东莞广门电子有限公司
专 利 号	03355140.5
申 请 日	2003 年 7 月 20 日
授 权 公 告 日	2004 年 3 月 10 日
合议组组长	王霞军
主 审 员	詹靖康
参 审 员	张 度
附 图	3 页
法 律 依 据	专利法第 23 条
决 定 要 点	

收音机作为非常成熟、为广大消费者所熟悉的产品，其外观设计上的变化，一般消费者均很容易区分。本专利与证据 1~3 存在的区别设计对整体视觉效果产生了显著的影响，避免了消费者的误认、混同。

一、案由

本无效宣告请求涉及国家知识产权局于 2004 年 3 月 10 日授权公告的 03355140.5 号外观设计专利（下称本专利），其名称为"FM 收音机（AQ520）"，申请日为 2003 年 7 月 20 日，专利权人为东莞广门电子有限公司（下称专利权人）。

针对上述专利权，广州市白云区利宝电子厂（下称请求人）于 2007 年 4 月 9 日向国家知识产权局专利复审委员会提出无效宣告请求，认为本专利不符合专利法第 23 条的规定，请求宣告该专利无效。提交的证据如下：

证据 1：中国专利 00323284.0（公告日为 2001 年 3 月 7 日）；

证据 2：中国专利 97328308.4（公告日为 1998 年 11 月 18 日）。

请求人在无效宣告请求书中认为：上述证据的公开日早于本专利的申请日，且与本专利相同或相近似，故本专利不符合专利法第 23 条的规定。

经形式审查合格，专利复审委员会依法受理了上述无效宣告请求，并于 2007 年 4 月 10 日向请求人和专利权人发出无效宣告请求受理通知书，并将请求人提交的无效宣告请求书及其附件清单中所列附件的副本转送给专利权人，要求其在指定的期限内答复，同时依法成立合议组对本无效宣告请求案进行审理。

针对上述通知书，专利权人于 2007 年 5 月 12 日寄交了意见陈述书并指出：本专利与证据 1、2 的外观设计均不相同也不相近似，符合专利法第 23 条的规定。

请求人于 2007 年 5 月 9 日补交了意见陈述书及证据 3：声称为欧共体外观专利 000005277—0001 的复印件 2 页及著录项目译文；请求人在意见陈述书中指出，证据 3 的公开日早于本专利的申请日，且与本专利相同或相近似，故本专利不符合专利法第 23 条的规定。

合议组于 2007 年 7 月 25 日向双方当事人发出无效宣告请求口头审理通知书，定于 2007 年 9 月 4 日进行口头审理，并随通知书将请求人于 2007 年 5 月 9 日补交的意见书及附件清单所列证据转送给专利权人；将专利权人于 2007 年 5 月 12 日提交的意见陈述书转送给请求人。

专利复审委员会于 2007 年 8 月 15 日收到请求人的口头审理回执。请求人声明不参加口头审理，要求缺席审理。

口头审理如期举行，请求人未出席口头审理。专利权人委托代表参加。专利权人对合议组成员没有回避请求。合议组当庭告知专利权人，专利复审委员会于 2007 年 4 月 10 日发出的无效宣告请求受理通知书上的受理日期 2006 年 4 月 9 日有笔误，应为 2007 年 4 月 9 日，专利权人对此没有异议。专利权人当庭明确表示对证据 1~2 的真实性没有异议，请求合议组对证据 3 的真实性代为核实。庭审过程中，专利权人将本专利分别与证据 1~3 进行了比较，坚持认为本专利与证据 1~3 的外观设计不相同且不相近似。

至此，合议组认为本案事实已经清楚，现依法作出审查决定。

二、决定的理由

1. 关于证据

证据 1、2 的公告日分别为 2001 年 3 月 7 日和 1998 年 11 月 18 日，均早于本专利的申请日 2003 年 7 月 20 日，可适用于依照专利法第 23 条对本专利的评述。

请求人补交证据 3 的日期为 2007 年 5 月 9 日，在提出无效宣告请求之日起一个月之内，符合专利法实施细则第 66 条的相关规定，故合议组予以接受。

经合议组核实，证据 3 与欧共体外观专利 000005277-0001 公开文本一致，公开日为 2003 年 4 月 15 日，早于本专利的申请日 2003 年 7 月 20 日，可适用于依照专利法第 23 条对本专利的评述。

2. 关于专利法第 23 条

专利法第 23 条规定，授予专利权的外观设计，应当同申请日以前在国内外出版物上公开发表过或者国内公开使用过的外观设计不相同和不相近似，并不得与他人在先取得的合法权利相冲突。

证据 1 是多功能收音机，本专利是 FM 收音机，现将本专利与证据 1 比较如下：本专利主视图、后视图与证据 1 的主视图、后视图完全不同。本专利主、后视图均为一扁矩形，矩形四周有一窄框边，主体部分无图案；证据 1 主、后视图可看出产品并非矩形，而是上、下边均有向外的弧度，整体形状较瘦长，没有框状设计，并且主视图中上部有一椭圆图案设计。本专利俯、仰视图均呈橄榄形，两头较尖；证据 1 的俯、仰视图则明显看出两端较钝，且在两端上分别具有本专利所不具有的一圆、一方状物。本专利左右视图相同，均为一立长条状矩形，中间有"工"字形框；证据 1 左右视图不同，且不具有"工"字形框的设计。由上可知，本专利与证据 1 的设计存在较大差异，既不相同也不相近似。

证据2是单放机，本专利是FM收音机，现将本专利与证据2比较如下：本专利主视图、后视图与证据2的主视图、后视图完全不同。本专利主、后视图均为一扁矩形，矩形四周有一窄框边，主体部分无图案；证据2主、后视图可看出产品并非矩形，其左边缘有向外的弧度，整体形状较瘦长，没有框状设计，矩形正中有一圆形图案，图案两边各有三个凸点，圆形图案上方有文字。本专利俯、仰视图均呈橄榄形，两头较尖；证据2的俯、仰视图则明显看出两端较钝，接近一矩形。本专利左右视图相同，均为一立长条状矩形，中间有"工"字形框；证据2左右视图不同，且不具有"工"字形框的设计。由上可知，本专利与证据2的设计存在较大差异，既不相同也不相近似。

证据3是DVD播放机，本专利是FM收音机，现将本专利与证据3比较如下：本专利主视图、后视图与证据3的对应视图不同。本专利主、后视图均为一扁矩形，矩形四周有一窄框边，主体部分无图案；证据3主、后视图为矩形，主视图正中有一矩形图案、后视图矩形四脚处均有一圆形图案。本专利俯、仰视图均呈橄榄形，两头较尖；证据3的俯、仰视图则明显看出两端较钝且圆滑，呈半圆形。本专利左右视图相同，均为一立长条状矩形，中间有"工"字形框；证据3的侧视图不具有"工"字形框的设计。由上可知，本专利与证据3的设计存在较大差异，既不相同也不相近似。

根据以上事实和理由可以认定，本专利与证据1~3外观形状设计差别较大，在视觉效果上具有显著影响，使一般消费者不容易误认、混同。因此属于不相同也不相近似的外观设计。因此，合议组作出以下审查决定。

三、决定

维持03355140.5号外观设计专利权有效。

当事人对本决定不服的，可以根据专利法第46条第2款的规定，自收到本决定之日起三个月内向北京市第一中级人民法院起诉。根据该款的规定，一方当事人起诉后，另一方当事人应当作为第三人参加诉讼。

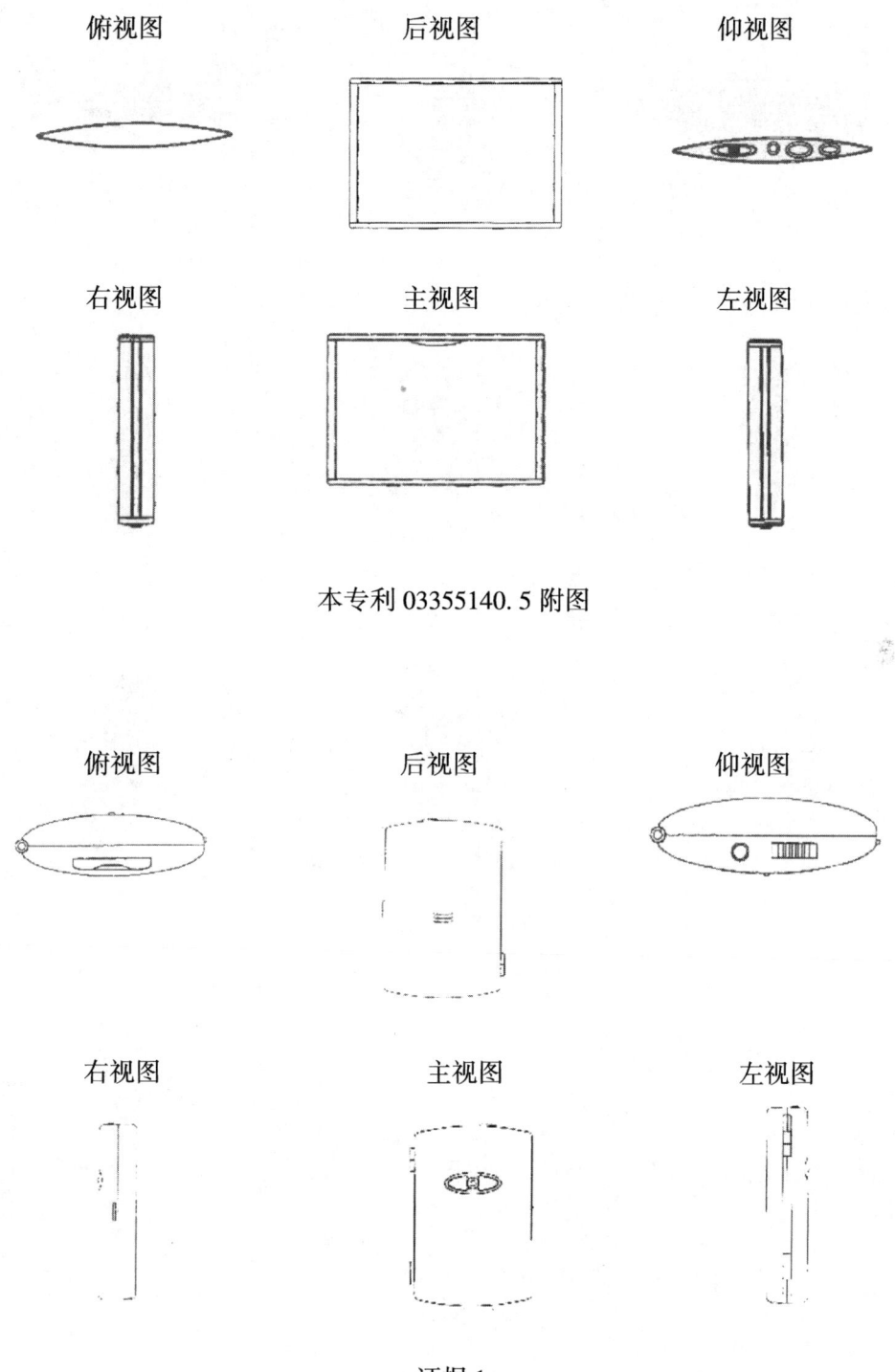

本专利 03355140.5 附图

证据 1

俯视图 后视图 仰视图

 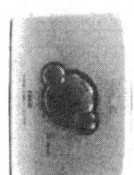 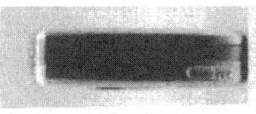

右视图 主视图 左视图

 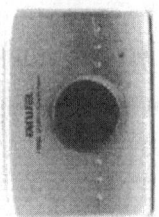 

立体图 立体图 立体图

  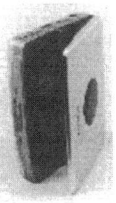

证据 2

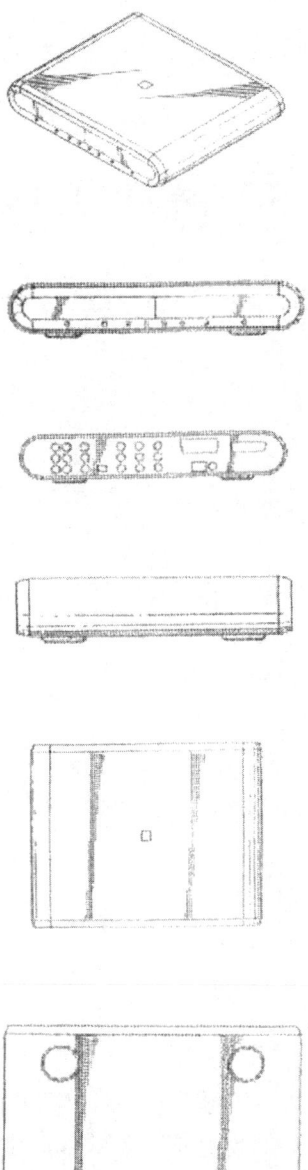

证据 3

十位元计算器（AQ414）

无效宣告请求审查决定（第10547号）

决　定　号	第10547号
决　定　日	2007年9月28日
发明创造名称	十位元计算器（AQ414）
外观设计分类号	18-01
无效宣告请求人	广州市白云区利宝电子厂
专　利　权　人	东莞广门电子有限公司
专　利　号	200330104669.8
申　请　日	2003年11月17日
授权公告日	2004年7月14日
合议组组长	王霞军
主　审　员	詹靖康
参　审　员	张　度
附　　　图	3页

法律依据　专利法第23条

决定要点

计算器作为非常成熟、为广大消费者所熟悉的产品，其外观设计上的变化，一般消费者均很容易区分。本专利与证据1~4存在的区别设计对整体视觉效果产生了显著的影响，避免了消费者的误认、混同。

一、案由

本无效宣告请求涉及国家知识产权局于2004年7月14日授权公告的200330104669.8号外观设计专利（下称本专利），其名称为"十位元计算器（AQ414）"，申请日为2003年11月17日，专利权人为东莞广门电子有限公司（下称专利权人）。

针对上述专利权，广州市白云区利宝电子厂（下称请求人）于2007年4月9日向国家知识产权局专利复审委员会提出无效宣告请求，认为本专利不符合专利法第23条的规定，请求宣告该专利权无效。提交的证据如下：

证据1：中国专利01310027.0（公告日为2001年9月26日）；
证据2：中国专利99312483.6（公告日为2000年5月24日）；
证据3：中国专利85300400（公告日为1986年4月10日）。

请求人在无效宣告请求书中认为：上述证据的公开日早于本专利的申请日，且与本专利相同或相近似，故本专利不符合专利法第 23 条的规定。

经形式审查合格，专利复审委员会依法受理了上述无效宣告请求，并于 2007 年 4 月 10 日向请求人和专利权人发出无效宣告请求受理通知书，并将请求人提交的无效宣告请求书及其附件清单中所列附件的副本转送给专利权人，要求其在指定的期限内答复，同时依法成立合议组对本无效宣告请求案进行审理。

针对上述通知书，专利权人于 2007 年 5 月 12 日寄交了意见陈述书并指出：本专利与证据 1、2、3 的外观设计均不相同也不相近似，符合专利法第 23 条的规定。

请求人于 2007 年 5 月 9 日陈述书补交了意见陈述书及证据 4：声称为欧共体外观专利 000013149-0004 的复印件 3 页，包括了著录项目信息译文及图片；请求人在意见陈述书中指出，证据 4 的公开日早于本专利的申请日，且与本专利相同或相近似，故本专利不符合专利法第 23 条的规定。

合议组于 2007 年 7 月 25 日向双方当事人发出无效宣告请求口头审理通知书，定于 2007 年 9 月 4 日进行口头审理，并随通知书将请求人于 2007 年 5 月 9 日补交的意见书及附件清单所列证据转送给专利权人；将专利权人于 2007 年 5 月 12 日提交的意见陈述书转送给请求人。

专利复审委员会于 2007 年 8 月 15 日收到请求人的口审回执。请求人声明不参加口头审理，要求缺席审理。

口头审理如期举行，请求人未出席口头审理。专利权人委托代表参加。专利权人对合议组成员没有回避请求。合议组当庭告知专利权人，专利复审委员会于 2007 年 4 月 10 日发出的无效宣告请求受理通知书上的受理日期 2006 年 4 月 9 日有笔误，应为 2007 年 4 月 9 日，专利权人对此没有异议。专利权人当庭明确表示对证据 1~3 的真实性没有异议，请求合议组对证据 4 的真实性代为核实。庭审过程中，专利权人将本专利分别与证据 1~4 进行了比较，坚持认为本专利与证据 1~4 的外观设计不相同且不相近似。

至此，合议组认为本案事实已经清楚，现依法作出审查决定。

二、决定的理由

1. 关于证据

证据 1、2、3 的公告日分别为 2001 年 9 月 26 日、2000 年 5 月 24 日、1986 年 4 月 10 日，均早于本专利的申请日 2003 年 11 月 17 日，可适用于依照专利法第 23 条对本专利的评述。

请求人补交证据 4 的日期为 2007 年 5 月 9 日，在提出无效宣告请求之日起一个月之内，符合专利法实施细则第 66 条的相关规定，故合议组予以接受。

经合议组核实，证据 4 与欧共体外观专利 000013149-0004 公开文本一致，公开日为 2003 年 7 月 8 日，早于本专利的申请日 2003 年 11 月 17 日，可适用于依照专利法第 23 条对本专利的评述。

2. 关于专利法第 23 条

专利法第 23 条规定，授予专利权的外观设计，应当同申请日以前在国内外出版物上公开发表过或者国内公开使用过的外观设计不相同和不相近似，并不得与他人在先取得的合法权利相冲突。

现将本专利与证据 1 比较如下：本专利主视图上按键为矩形，呈四列六行排列，除阵列中左下脚按键的左下角及右下脚按键的右下角为圆弧状外，其余按键角均为直角；证据 1 主视图中按键呈六列五行排列，所有按键的角均为直角。本专利计算器主视图的下边缘平直，左下角、右下角略有圆弧；证据 1 的计算器主视图下边缘为弧形，左下角、右下角无圆弧设计。本专利计算器主视图右上角有一小方框；证据 1 无此方框。从本专利的左、右视图观察，本专利的左、右两边线在中间位置设计为弯折曲线，而证据 1 的对应位置为平直线。本专利与证据 1 的设计存在较大差异，既不相同也不相近似。

本专利与证据2比较如下：本专利主视图上按键为矩形，呈四列六行排列，除阵列中左下脚按键的左下角及右下脚按键的右下角为圆弧状外，其余按键角均为直角；证据2主视图中按键大小不一致，未呈阵列状排列，所有按键的角均为弧形。本专利计算器主视图的下边缘平直；证据2的计算器主视图下边缘为弧形。本专利计算器主视图右上角有一小方框，证据2主视图上方的小方框在正中间部位。从左、右视图可看出，本专利按键、显示屏、机壳均处于同一平面；从证据2左、右视图可看出，按键凸出于机壳，显示屏所处位置机壳相对按键处机壳呈台状凸起。从本专利的左、右视图观察，本专利的左、右两边线在中间位置设计为弯折曲线，而证据2的对应位置为平直线。由以上对比可知，本专利与证据2的设计存在较大差异，既不相同也不相近似。

本专利与证据3比较如下：本专利主视图中各按键相邻较近，按键之间缝隙极小；证据2主视图中各按键相邻较远，排列稀疏。本专利计算器主视图右上角有一小方框，证据3主视图中无此方框。本专利按键、显示屏等部件所处的区域与壳体外侧之间有一连贯弧线与壳体外缘所夹的U形空白带，证据3无此设计。从左、右视图可看出，本专利按键、显示屏、机壳均处于同一平面；从证据3左、右视图可看出，按键凸出于机壳。从本专利的左、右视图观察，本专利的左、右两边线在中间位置设计为弯折曲线，而证据3的对应位置为平直线。由以上对比可知，本专利与证据3的设计存在较大差异，既不相同也不相近似。

本专利与证据4比较如下：本专利主视图上按键为矩形，大小一致，呈四列六行排列；证据4主视图中按键大小不一致，未呈阵列状排列。本专利主视图中除阵列左下脚按键的左下角及右下脚按键的右下角为圆弧状外，其余按键角均为直角；证据4中所有按键均近似于椭圆形。本专利按键、显示屏等部件所处的区域与壳体外侧之间有一连贯弧线与壳体外缘所夹的U形空白带，证据4无此设计。从左、右视图可看出，本专利按键、显示屏、机壳均处于同一平面；从证据4左、右视图及立体图可看出，按键凸出于机壳，显示屏凹陷于壳体平面之下。从本专利的左、右视图观察，本专利的左、右两边线在中间位置设计为弯折曲线，而证据4的对应位置为平直线。由以上对比可知，本专利与证据4的设计存在较大差异，既不相同也不相近似。

计算器作为非常成熟、为广大消费者所熟悉的产品，其外观设计上的变化，一般消费者均很容易区分。本专利与证据1~4存在的上述区别设计对整体视觉效果产生了显著的影响，避免了消费者的误认、混同。

根据以上事实和理由，合议组作出以下审查决定。

三、决定

维持200330104669.8号外观设计专利权有效。

当事人对本决定不服的，可以根据专利法第46条第2款的规定，自收到本决定之日起三个月内向北京市第一中级人民法院起诉。根据该款的规定，一方当事人起诉后，另一方当事人应当作为第三人参加诉讼。

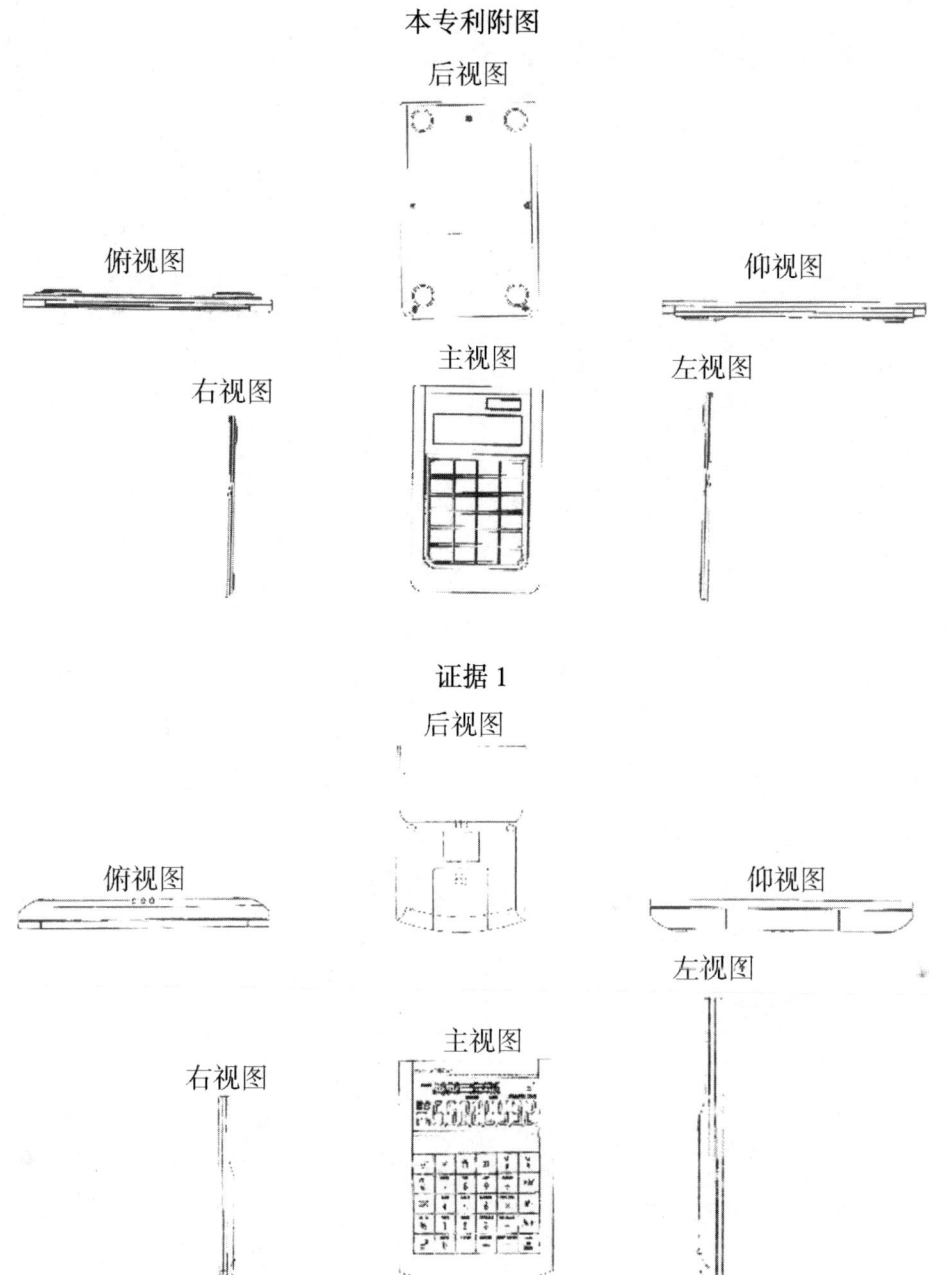

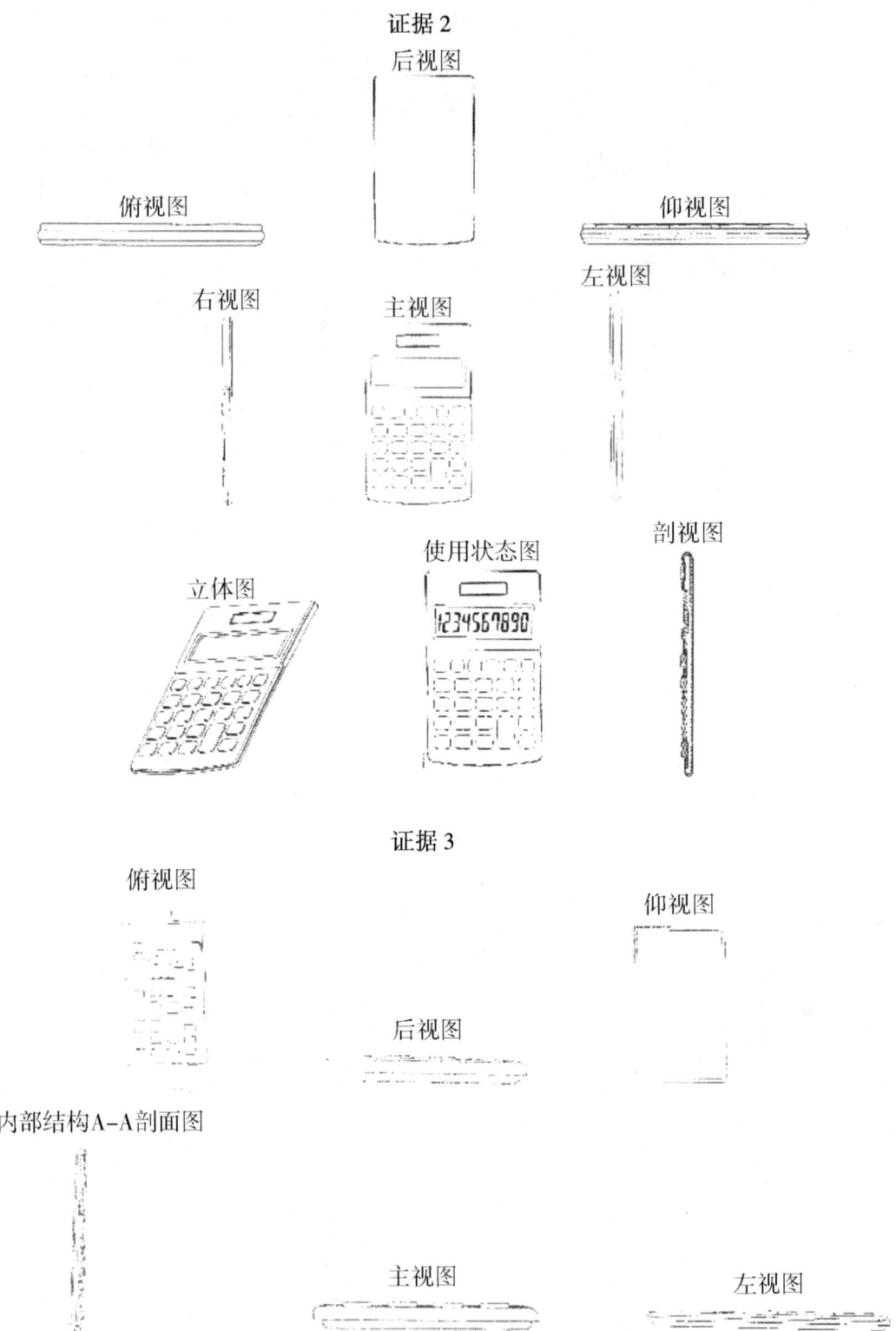

证据 4

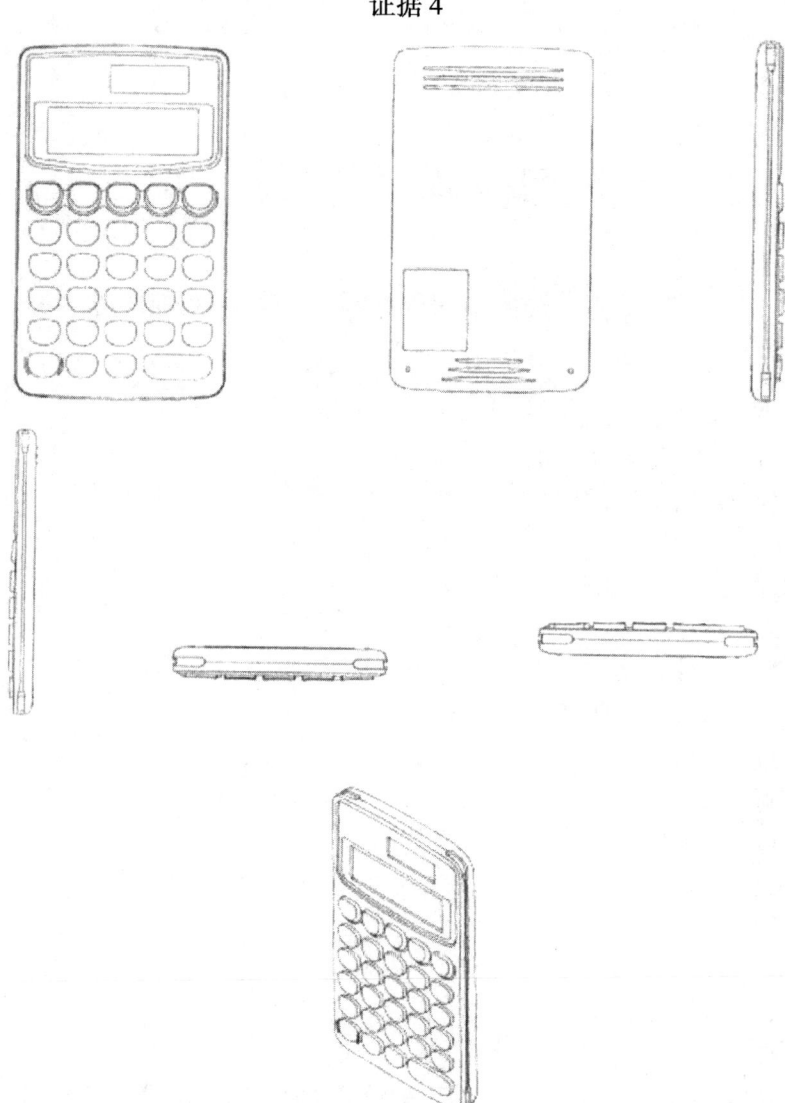

包装罐（牛奶）

无效宣告请求审查决定（第10549号）

决　定　号	第10549号
决　定　日	2007年10月8日
发明创造名称	包装罐（牛奶）
外观设计分类号	09-03
无效宣告请求人	宜兰食品工业股份有限公司
专　利　权　人	陈天财
申　请　号	02332535.6
申　请　日	2002年7月18日
授权公告日	2003年2月5日
合议组组长	徐清平
主　审　员	吴大章
参　审　员	李巍巍
附　　　图	2页

法律依据　专利法第23条

决定要点

本专利与对比文件存在不同点均是各个部位细微的变化，没有对整体的视觉效果产生显著的影响，故本专利与对比文件属于相近似的外观设计。

一、案由

本无效宣告请求涉及的是2003年2月5日国家知识产权局授权公告的02332535.6号外观设计专利权，使用外观设计的产品名称是"包装罐（牛奶）"，申请日是2002年7月18日，专利权人是陈天财。

针对上述外观设计专利权（下称本专利），宜兰食品工业股份有限公司（下称请求人）于2004年11月24日向专利复审委员会提出无效宣告请求，其主要理由是本专利的授予不符合专利法第9条和第23条的规定，本专利与申请日前专利公报上发表的在先申请的外观设计是相近似的。请求人提交的证据是96308534.4号中国外观设计专利公报的复印件。

专利复审委员会受理了该无效宣告请求，并于2005年3月2日将请求人的无效宣告请求文件的副本转送专利权人。

专利复审委员会经审查，认为本专利和在先申请是相近似的，作出宣告02332535.6号外观设计专利权全部无效的第8353号审查决定。

专利权人不服专利复审委员会作出的上述无效宣告请求审查决定，在法定期限内向北京市第一中级人民法院提起行政诉讼。2006年12月22日，该法院作出［（2006）一中行初字第1152号行政判决书］，该判决认为：作出上述决定的审理程序违法，口头审理程序至少应当在公告之日起一个月后举行，本案中，口头审理通知书载明的口头审理的日期是2006年4月19日，该口头审理通知书因地址不详被退回后，对该通知书公告的日期是2006年5月3日，但公告的口头审理的日期仍然是2006年4月19日。专利复审委员会的上述行为悖离了公告应有的法律意义，属程序违法。北京市第一中级人民法院撤销了上述无效宣告请求审查决定。

依照法律规定，专利复审委员会成立新的合议组对本案无效宣告请求重新审查。2007年7月10日，专利复审委员会依据专利法实施细则及审查指南的有关规定，向双方当事人发出无效宣告请求口头审理通知书，定于2007年9月19日举行口头审理。

口头审理如期举行，仅请求人委托代理人出席了口头审理，专利权人一方未出席口头审理，合议组依法进行缺席审理。在口头审理中，请求人陈述了无效宣告的理由，即本专利和在先申请是相近似的，请求宣告本专利无效。

2007年9月24日，合议组收到了专利权人提交了意见陈述，指出：本专利与对比文件的色彩设计不同，人物的表情、姿态设计同，其中人物脸部的眼睛、耳朵、嘴及衣服、手势设计不同，图案中背景不同，其中的文字设计也不同，因此，二者是不相同和不相近似的外观设计，故请求人的无效宣告请求理由不成立。

至此，合议组经合议，认为本案事实清楚，依法作出本审查决定。

二、决定的理由

基于请求人提出的无效宣告请求的理由和主张的事实，即本专利和申请日前公开出版物发表的外观设计相近似，合议组依据专利法第23条对本案进行审理。

专利法第23条规定：授予专利权的外观设计，应当同申请日以前在国内外出版物上公开发表过或者国内公开使用过的外观设计不相同和不相近似，并不得与他人在先取得的合法权利相冲突。

请求人提交的证据是96308534.4号中国外观设计专利公报复印件。合议组经与原件核实，该复印件与原件相符。所述专利公报的授权公告日是1997年12月17日，确系在本专利申请日前公开，可适用专利法第23条规定，作为本案的证据，其公开了一易拉罐的外观设计（下称在先设计），其与本专利属于相同种类的产品，可以进行相近似性对比。

本专利请求保护色彩，本专利的整体形状是圆柱形，罐体为红色，上盖为易拉拉环设计，圆柱形上部为台阶设计，主视图的图案是一个卡通男孩的形象，大眼睛、圆鼻子，张着嘴，上身为蓝色衣服和背带裤，举着一只手，左视图为竖排文字设计和商标设计，右视图上有"大旺牛奶"等文字设计，其中将右视图和后视图结合，可知有奶牛和树木设计（详见本专利视图）。

在先设计的整体形状是圆柱形，罐体为红色，上盖为易拉拉环设计，圆柱形上部为台阶设计，左视图的图案是一个卡通男孩的形象，大眼睛、圆鼻子，张着嘴，上身为蓝背心，右视图和后视图为竖排文字设计和商标设计，主视图上有"旺仔牛奶"等文字设计（详见在先设计附图）。

将本专利与在先设计进行比较，二者的相同点是：整体形状相同，色彩设计相近似，图案均是以卡通男孩形象作为主要图案设计，其他视图有相应文字和商标设计。二者的不同点是：卡通男孩的设计不同，人物脸部的眼睛、耳朵、嘴及及所穿的衣服不同，另外一些小背景图案不同，具体的文字内容设计不同。针对上述不同点，本案合议组认为，虽然卡通男孩的姿态不同，但此不同仅是体现在手势上，在对应的视图中突出的是卡通男孩的头像，因此，此不同点不会特别引起一般消费者的注意；

二者的脸部的眼、耳、嘴及衣服的不同点，仅是各个器官的细微不同，没有对男孩的形象、表情产生显著的视图影响；对于一些小背景图案的不同，在整体图案所占的比例较小，故属于局部的不同；而对于具体的文字内容，外观设计的相近似性判断不考虑文字的具体内容，仅是考虑其排列位置所产生的视觉影响。因此，二者存在差别在整体视觉效果中不具有显著的影响。本专利与在先设计属于相近似的外观设计。

综上所述，在本专利申请日前，已有与之相近似的外观设计在出版物上公开发表过，本专利不符合中国专利法第 23 条的规定。

鉴于上述对比分析已得出本外观设计专利权的授予不符合专利法第 23 条的结论，合议组对请求人提出的其他理由不再作出评述。

三、决定

宣告 02332535.6 号外观设计专利权全部无效。

当事人对本决定不服的，可以根据专利法第 46 条第 2 款的规定，自收到本决定之日起三个月内向北京市第一中级人民法院起诉。根据该款的规定，一方当事人起诉后，另一方当事人应当作为第三人参加诉讼。

主视图　　　　　　　　左视图

右视图　　　　　　　　后视图

本专利附图

左视图

主视图

右视图

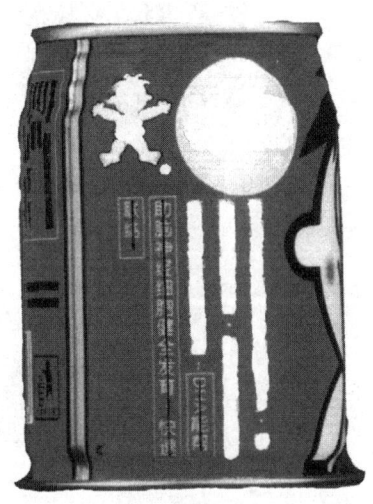
后视图

在先设计

豆奶机（赛珍珠Ⅱ号）

无效宣告请求审查决定（第 10550 号）

决　定　号	第 10550 号
决　定　日	2007 年 10 月 10 日
发明创造名称	豆奶机（赛珍珠Ⅱ号）
外观设计分类号	31-00
无效宣告请求人	广州市伊东机电设备制造有限公司
专　利　权　人	广州市富华工贸发展有限公司
专　利　号	02321468.6
申　请　日	2002 年 1 月 23 日
授权公告日	2002 年 12 月 25 日
合议组组长	吴赤兵
主　审　员	程　强
参　审　员	娄　宁
法　律　依　据	专利法第 23 条

决定要点

关于本专利产品已经在先公开销售的举证责任在于请求人。合议组在对上述本证与反证进行综合判断后，无法确认本专利产品已经在先公开销售的事实。鉴于本专利产品在先公开销售的举证责任在于请求人，其应承担举证不能的法律后果。

一、案由

本无效宣告请求案涉及国家知识产权局于 2002 年 12 月 25 日公告授权的、名称为"豆奶机（赛珍珠Ⅱ号）"的第 02321468.6 号外观设计专利（下称本专利），其申请日为 2002 年 1 月 23 日，专利权人为广州市富华工贸发展有限公司。

针对上述专利权，广州市伊东机电设备制造有限公司（下称请求人）于 2004 年 5 月 13 日向专利复审委员会提出无效宣告请求，认为本专利不符合专利法第 23 条的规定，请求宣告该专利权无效，并提交了下述附件：

附件 1：本专利即第 02321468.6 号外观设计专利授权公报复印件，共 1 页；

附件 2：武汉市公证处出具的（2004）武证民字第 51 号公证书复印件 4 页；

附件3：广州市公证处出具的（2004）穗证内字第2059号公证书复印件3页；
附件4：证人刘燕屏的书面证言复印件1页；
附件5：证人欧春风的书面证言复印件1页；
附件6：证人李国贤的书面证言复印件1页；
附件7：证人刘月忠的书面证言复印件1页；
附件8：2份送货单复印件及罗绍远的说明，共1页；
附件9：广州市富华工贸发展有限公司民事起诉状复印件4页；
附件10：专利权人厨具经营部的工商资料（包括分公司设立登记申请书、分公司设立登记审核表、协议书、任命书、公司章程）、广州市工商行政管理局白云分局的证明、企业登记注册资料复印件共14页。

形式审查合格后，专利复审委员会于2004年5月19日向双方当事人发出《无效宣告请求受理通知书》，并将《专利权无效宣告请求书》及其他有关文件的副本转送给专利权人，要求其在指定的期限内答复。

专利权人于2004年6月30日作出答复，专利权人认为：（1）附件2中送货单的送货单位为广州市富华工贸发展有限公司厨具经营部，从请求人提供的附件10可以证明该厨具经营部的经营期限为1996年9月16日至1998年9月15日，因此附件2所出示的广州市富华工贸发展有限公司厨具经营部在2001年12月2日出具的送货单纯属虚构；（2）附件2的证人声明书只是刘小明的一面之辞，声明及照片均为事后所作，公证书只能证明刘小明在声明书上签字。（3）附件2的送货单上的日期和货物名称的填写具有很大的随意性，无法证明送货单上所填写的豆奶机就是专利产品；（4）附件2的送货单上的盖章单位广州市富华工贸发展有限公司厨具经营部的法定代表人为周慕贞，现为无效请求人公司的经理，同时又是无效请求人法定代表人的亲戚，双方之间有利害关系。周可以在任意时候使用印章开出如附件2所示的送货单，因此，送货单应不予采信；（5）因周慕贞的特殊身份，附件3其声明不能采信。

2007年8月8日，专利复审委员会向双方当事人发出《无效宣告请求口头审理通知书》，拟定于2007年9月18日举行口头审理。

口头审理如期举行，双方当事人均出席了口头审理。在口头审理中，双方当事人对对方出庭人员身份无异议，对合议组成员无回避请求。请求人当庭提交了附件2至附件10的原件，被请求人对其形式上的真实性没有异议。但被请求人认为，附件2、3只是对签名的公证，不是对事实的公证。被请求人当庭提交了刘燕屏和李国贤的书面证言原件作为反证，同时提交了三份判决，分别是（2003）穗中法民三初字第467、468号判决以及（2006）高行终字第180号判决。请求人认为被请求人当庭提交的书面证言以及第一份判决已经过了举证期限，并且该判决尚未生效，后两份判决涉及的是"封口机"的专利，与本案无关。证人刘小明出庭作证，其陈述，公证书中所附照片是其作出声明之前拍摄的。请求人陈述，公证书中所附照片是因为产生了诉讼才去拍照取证的，去客户家拍摄的。请求人承认周慕贞是无效请求人法定代表人的亲戚。

至此，合议组认为本案事实已经调查清楚，可以依法作出审查决定。

二、决定的理由

1. 关于证据

请求人提交的附件9为广州市富华工贸发展有限公司民事起诉状，与本专利权是否应当有效无关。

附件8为2张送货单，其中所显示的产品名称为"手动封口机"，而本专利涉及的产品是"豆奶机"，所以与本案无关。

附件4至附件7分别为证人刘燕屏、欧春风、李国贤、刘月忠的书面证言，但上述证人均没有出庭作证，况且被请求人也提交了刘燕屏和李国贤的相反证言，因此，合议组对附件4至7所证明的事实不予采信。

请求人提交的附件2为武汉市公证处出具的（2004）武证民字第51号公证书复印件，其在口头审理时出示了原件。其中附有刘小明的《声明书》、送货单复印件1张以及两张产品照片。《声明书》载明：刘小明于2001年12月2日向富华公司厨具经营部购买燃气豆奶机（赛珍珠Ⅱ号）一台。该经营部于当天已将上述货物发至武汉市。《声明书》上有刘小明的签名。公证书载明：刘小明在公证员的面前在该《声明书》上签名。合议组对其形式上的真实性予以确认，但对其所要证明的事实还须结合其他证据予以考虑。

请求人提交的附件3为广州市公证处出具的（2004）穗证内字第2059号公证书复印件，其中附有《声明书》。《声明书》载明：周慕贞1995年7月至2003年4月受雇于广州市富华工贸发展有限公司厨具经营部经理。2001年12月2日经营部向武汉刘小明等客户出售富华公司生产的赛珍珠Ⅱ号燃气豆奶机。《声明书》上有周慕贞的签名。公证书载明：周慕贞在公证员的面前在该《声明书》上签名。合议组对其形式上的真实性予以确认，但对其所要证明的事实还须结合其他证据予以考虑。

附件10为专利权人厨具经营部的工商资料（包括分公司设立登记申请书、分公司设立登记审核表、协议书、任命书、公司章程）、广州市工商行政管理局白云分局出具的证明以及广州市工商行政管理局越秀分局提供的企业登记注册资料。其中，该设立登记申请书记载：广州市富华工贸发展有限公司厨具经营部设立登记时申请的营业期限是自1996年9月16日至1998年9月15日；广州市工商行政管理局白云分局证明：至2004年3月1日止，在我局企业登记资料库中暂未能找到"广州市富华工贸发展有限公司厨具经营部"企业的电子档案；企业登记注册资料载明：此企业依据属地管理原则，档案已于1999年8月25日移交白云分局。被请求人对附件10的真实性没有异议，合议组对其真实性予以确认。

2. 关于专利法第23条

专利法第23条规定，授予专利权的外观设计，应当同申请日以前在国内外出版物上公开发表过或者国内公开使用过的外观设计不相同和不相近似，并不得与他人在先取得的合法权利相冲突。

关于本专利产品已经在先公开销售的举证责任在于请求人。

合议组认为，请求人提交的证据尚不足以证明本专利产品已经在先公开销售的事实。首先，由于周慕贞是请求人方法定代表人的亲属，因此其证言的证明力不够充分。其次，附件2送货单上显示的产品名称为"燃气豆奶机"而非"豆奶机（赛珍珠Ⅱ号）"。关于"燃气豆奶机"与"豆奶（赛珍珠Ⅱ号）"是否为同一产品，在缺乏其他相应证据映证的情况下完全依赖证人刘小明和周慕贞的证言来证明是不够的。再次，请求人没有提供证据证明附件2中的照片就是附件2送货单中那台"燃气豆奶机"当时所拍摄的照片。在口头审理中，请求人承认该照片是发生专利诉讼后在客户家拍摄的。由此可以推断，拍摄时间系在本专利申请日之后，该照片所显示的外观是拍摄瞬间的外观，无法证明在本专利申请日之前也具有同样的外观。最后，请求人提交的附件10可以直接证明富华公司厨具经营部仅存续至1998年9月15日。这与请求人主张的该厨具经营部在2001年12月2日仍然进行的销售、送货行为相矛盾。

合议组在对上述请求人的证据与专利权人的反证进行综合判断后，无法确认本专利产品已经在先公开销售的事实。鉴于本专利产品在先公开销售的举证责任在于请求人，其应承担举证不能的法律后果。

基于以上事实和理由，本案合议组作出如下审查决定。

三、决定

维持第 02321468.6 号外观设计专利权有效。

当事人对本决定不服的，可以根据专利法第 46 条第 2 款的规定，自收到本决定之日起三个月内向北京市第一中级人民法院起诉。根据该款的规定，一方当事人起诉后，另一方当事人应当作为第三人参加诉讼。

视听柜（GS2160-6）

无效宣告请求审查决定（第10553号）

决 定 号	第10553号
决 定 日	2007年9月28日
发明创造名称	视听柜（GS2160-6）
外观设计分类号	06-04
无效宣告请求人	肖 勤
专 利 权 人	田基亮
专 利 号	200530029376.7
申 请 日	2005年8月9日
授权公告日	2006年5月31日
合议组组长	徐清平
主 审 员	周 佳
参 审 员	李巍巍
附 图	4页

法 律 依 据 专利法第23条，专利法实施细则第2条第3款

决 定 要 点

专利法实施细则第2条第3款对外观设计应具有美感的规定，是对可获得专利保护的外观设计的一般性定义，应理解为外观设计不具有违法国家法律、社会公德的内容，不会引起人们的心理反感即可，不排除具有美感的外观设计可同时具有功能属性。本专利的形状、图案的搭配、运用不会产生明显的不和谐感，即使其具备了一定的功能属性，也不违反上述法律的规定。

本专利与请求人提交的各在先设计均存在显著的差异，会给一般消费者留下不同的视觉印象，因此均属于不相同也不相近似的外观设计。

一、案由

本无效宣告请求涉及的是2006年5月31日国家知识产权局授权公告的200530029376.7号外观设计专利，使用该外观设计的产品名称为"视听柜（GS2160-6）"，其申请日为2005年8月9日，专利权人为田基亮。

针对上述外观设计专利（下称本专利），2007年1月27日肖勤（下称请求人）向专利复审委员会提出无效宣告请求，其理由是本专利不符合专利法实施细则第2条第3款和专利法第23条的规定。请求人认为新的外观设计应具备区别性和美感，本专利所示外观设计主要采用的中部高两侧低的设计

已经在我国家俱行业中广为采用，属于已经进入公众领域的设计；视听柜的用途是用于摆放视听设备，其下部的中空设计属于纯功能性的设计，不符合外观设计应具有美感的要求；本专利系拼凑他人的外观设计而成，不具有新颖性，因此本专利应予以宣告无效，请求人同时提交了如下附件作为证据：

附件1：02355771.0号外观设计专利的著录项目及图片复印件1页；

附件2：02355808.3号外观设计专利的著录项目及图片复印件1页；

附件3：02355602.1号外观设计专利的著录项目及图片复印件1页；

附件4：本专利的著录项目及图片复印件1页。

经形式审查合格后，专利复审委员会受理了上述无效宣告请求，于2007年2月28日向双方当事人发出无效宣告请求受理通知书，并将无效宣告请求书及其附件转送给专利权人，要求其在指定期限内答复。

专利权人逾期未作答复。

专利复审委员会于2007年6月21日向双方当事人发出合议组成员告知通知书，同时向请求人发出无效宣告请求审查通知书，告知其可在指定期限内再次陈述意见。

请求人于2007年7月6日提交意见陈述书，认为本专利还与03339437.7、03347866.X、200430029256.2、02336149.2、03338716.8、033333858.2、200430052834.4、03347866.X（未提交具体证据）和200530013561.7号外观设计相近似，本专利与上述外观设计专利属于同样的发明创造，不符合专利法及专利法实施细则的规定，应予以宣告无效，同时提交了如下附件作为证据（编号续前）：

附件5：03339437.7号外观设计专利的著录项目及图片复印件2页；

附件6：03347866.X号外观设计专利的著录项目及图片复印件2页；

附件7：200430029256.2号外观设计专利的著录项目及图片复印件2页；

附件8：02336149.2号外观设计专利的著录项目及图片复印件2页；

附件9：03338716.8号外观设计专利的著录项目及图片复印件2页；

附件10：033333858.2号外观设计专利的著录项目及图片复印件2页；

附件11：200430052834.4号外观设计专利的著录项目及图片复印件2页；

附件12：200530013561.7号外观设计专利的著录项目及图片复印件2页；

附件13：200430097456.1号外观设计专利的著录项目及图片复印件2页。

在规定的期限内，双方当事人未对合议组成员告知通知书进行答复，视为对合议组成员没有回避请求。

在上述审理的基础上，合议组认为本案事实清楚，可以依法作出审查决定。

二、决定的理由

1. 法律依据

基于请求人提出的无效宣告请求理由，合议组对本专利是否符合专利法实施细则第2条第3款和专利法第23条的规定进行审查。

专利法实施细则第2条第3款规定，专利法所称外观设计，是指对产品的形状、图案或者其结合以及色彩与形状、图案的结合所作出的富有美感并适于工业应用的新设计。

专利法第23条规定：授予专利权的外观设计，应当同申请日以前在国内外出版物上公开发表过或者国内公开使用过的外观设计不相同和不相近似，并不得与他人在先取得的合法权利相冲突。

2. 专利法实施细则第 2 条第 3 款的适用

请求人认为本专利不符合专利法实施细则第 2 条第 3 款的规定，指出外观设计的美感应使其具有与其他产品的区别性特征，本专利的视听柜采用的中部高两侧低的设计已被广为采用，属于已进入公众领域的设计，且下部的中空设计是纯功能性的设计，不是从赋予其美感的要求所做出的设计。合议组认为，专利法实施细则第 2 条第 3 款的规定，是对可获得专利保护的外观设计的一般性定义，其对外观设计产品应富有美感的标准应理解为外观设计不具有违法国家法律、社会公德的内容，不会引起人们的心理反感即可，没有强调具有区别性特征的产品才具有美感，且并没有排除外观设计可同时具有功能属性。请求人虽指出中部高两侧低的设计已被公众领域广为采用，但中部高两侧低仅为对产品形状的概括性描述，运用到视听柜上其形状的变化具有多样性，而对本专利外观设计的判断，应具体观察构成产品整体的各部分的形状、图案及其结合，本专利的整体结构设计、图案设计上均具有完整性，产品的形状、图案的搭配、运用并没有会使人产生心理反感的不和谐设计；请求人指出产品下部的中空设计是纯功能性设计而不具有美感的主张不能成立，因为不能认为具有功能属性的外观设计即不具有美感，且该部分也不是由功能唯一限定的特定形状。因此，请求人提出本专利不具有外观设计要求的美感的理由不能成立，对于其提出的本专利不符合专利法实施细则第 2 条第 3 款规定的主张不予支持。

3. 证据的认定

请求人提交的附件 1 为 02355771.0 号外观设计专利著录项目及图片复印件，其所示专利的申请日为 2002 年 7 月 19 日，授权公告日为 2003 年 2 月 26 日，使用外观设计的产品名称为"视听柜（HT2190）"；附件 2 为 02355808.3 号外观设计专利著录项目及图片复印件，其所示专利的申请日为 2002 年 7 月 23 日，授权公告日为 2003 年 2 月 5 日，使用外观设计的产品名称为"视听柜（WL220-A）；附件 3 为 02355602.1 号外观设计专利著录项目及图片复印件，其所示专利的申请日为 2002 年 7 月 5 日，授权公告日为 2003 年 2 月 19 日，使用外观设计的产品名称为"视听柜（WL215-A）；经合议组核实，附件 1 至附件 3 内容真实，其所示均为本专利申请日前在中国专利公报上公开发表的外观设计，均可适用于专利法第 23 条的规定作为本案证据。

请求人于 2007 年 7 月 6 日补充提交了意见陈述书及附件 5 至附件 13，用以证明本专利还与 03339437.7、03347866.X、200430029256.2、02336149.2、03338716.8、033333858.2、200430052834.4、03347866.X、200530013561.7 及 200430097456.1 号外观设计相近似，合议组认为，根据审查指南第四部分第三章第 4.3 节的规定，请求人在提出无效宣告请求之日起一个月后补充证据的，专利复审委员会一般不予考虑，本案请求人于 2007 年 7 月 6 日补充提交的附件 5~13，超出了一个月的举证期限，且上述证据也不属于审查指南中规定的可以考虑的例外情形，因此对附件 5~13 不予考虑。请求人在意见陈述书中还指出 03347866.X 号外观设计专利与本专利相近似，但未提交具体证据材料，合议组对此不予考虑。

4. 相同和相近似的比较

附件 1 所示外观设计（下称在先设计 1）、附件 2 所示外观设计（下称在先设计 2）、附件 3 所示外观设计（下称在先设计 3）与本专利均为视听柜，用途相同，属于相同种类的产品，故均可以与本专利进行相近似性对比。

本专利所示外观设计包括主视图、后视图、左视图、俯视图和立体图，简要说明载明"右视图与左视图对称，省略右视图；仰视图无设计要点，省略仰视图。"本专利的柜体由中柜和两个侧柜组成，中柜的顶板高出两个侧柜，整体呈近似"凸"型；中柜的结构是上层为中空式隔层下层为屉柜，上层隔层中部由两个竖板分隔，下层屉柜由两组对称式抽屉组成；两个侧柜左右对称，带有支脚；三条横纹贯穿中柜和屉柜下部（详见本专利附图）。

在先设计 1 所示外观设计包括主视图、左视图、右视图、俯视图和立体图，简要说明载明省略其他视图。在先设计 1 的柜体由中柜和两个侧柜组成，中柜的顶板明显低于两个侧柜，整体呈近似"凹"型；中柜的结构为中空式隔层，中间由一竖板分隔；两个侧柜左右对称，侧柜中部悬挂一抽屉，侧柜最外部为隔板结构，侧柜与中柜的连接侧底部带有支脚（详见在先设计 1 附图）。

在先设计 2 所示外观设计包括主视图、左视图、俯视图和立体图，简要说明载明省略其他视图。在先设计 2 的柜体由中柜和两个侧柜组成，中柜的顶板高出两个侧柜，整体呈近似"凸"型；中柜的结构为中空式，中柜的顶板架于侧柜的顶板上；两个侧柜左右对称，每个侧柜设有两组对称式抽屉，抽屉面板中部为竖状条纹（详见在先设计 2 附图）。

在先设计 3 所示外观设计包括主视图、左视图和俯视图，简要说明载明省略其他视图。在先设计 3 的柜体由中柜和两个侧柜组成，中柜的顶板略高出两个侧柜；中柜的中部有一梯形结构，梯形结构上带有上小下大两个圆形图案；两个侧柜左右对称，为中部带有一拉手的抽屉式结构，两侧带有支脚（详见在先设计 3 附图）。

合议组认为，将本专利与在先设计 1 相比较，两者的相同之处在于：柜体均由中柜和两个侧柜组成，中柜中部均由竖板分隔，从俯视图看，两个侧柜为近似方形，中柜为近似长方形且其顶板前部为弧形。两者的主要不同之处在于：柜体的整体形状不相同，本专利的中柜高于侧柜，整体呈近似"凸"型，在先设计 1 的中柜低于侧柜，整体呈近似"凹"型，两者的整体形状呈现出明显不同的视觉效果；中柜的设计不相同，本专利的中柜是上层为中空式隔层下层为屉柜，而在先设计 1 的中柜仅为一层，即仅有中空式隔层；侧柜的设计明显不相同，本专利的侧柜为封闭式抽屉，抽屉与柜体成为一体，而在先设计 1 的侧柜为板状，其中间悬挂有一抽屉；尽管本专利与在先设计 1 从俯视图观察形状相近似，但两者在整体形状、组成柜体的各部件形状上均存在明显差异，给一般消费者留下的视觉印象具有显著差别，因此两者属于不相同也不相近似的外观设计。

将本专利与在先设计 2 相比较，两者的相同之处在于：柜体均由中柜和两个侧柜组成，且中柜的顶板高出两个侧柜，整体呈近似"凸"型；中柜的顶板结构相同，顶板底部由竖板支撑，且后部透空；两个侧柜为对称的封闭式柜体。两者的主要不同之处在于：中柜的设计不相同，本专利的中柜是上层为中空式隔层下层为屉柜，而在先设计 2 的中柜仅为一中空式隔层，从柜体前部观察，可直接看到其后板；侧柜的设计不相同，在先设计 2 的每个侧柜为两组对称式抽屉，而本专利的侧柜为一整体式抽屉；柜体表面的装饰性纹理不同，本专利有三条横纹贯穿中柜和屉柜下部，使中柜和侧柜在视觉上连接为一整体，而在先设计 2 在两侧的侧柜上采用了竖状装饰性条纹，其中柜的透空感和侧柜的封闭式形成了明显的区别；底部设计不相同，本专利的柜体由四个支脚支撑，而在先设计 2 的柜体底板为直接支撑面。由于本专利与在先设计 2 在上述诸多方面均存在着明显的差异，给一般消费者留下的视觉印象具有显著差别，因此两者属于不相同也不相近似的外观设计。

将本专利与在先设计 3 相比较，两者的相同之处在于：柜体的整体结构相近似，柜体均由中柜和两个侧柜组成，侧柜左右对称，柜体四边带有支脚。两者的主要不同之处在于：中柜的形状不相同，本专利的中柜分为中空式隔层和屉柜两层，中柜的顶板由竖板支撑架起在两个侧柜上，明显高出侧柜，使柜体整体上呈"凸"型，而在先设计 3 中柜的顶板直接与两个侧柜的顶板连接，中柜顶板呈梯状，仅略高出侧柜，且在先设计 3 的中柜仅有一层，其中部有一梯状设计，由于中柜位于视听柜的中部视觉最瞩目面，其形状、结构的不同会给一般消费者留下深刻的视觉印象，而本专利与在先设计 3 在此部分具有显著的差异；两个侧柜的面板设计不相同，在先设计 3 的侧柜上除一拉手外无其他设计，本专利的侧柜面板上下均有横纹图案，无拉手，且两个侧柜的支脚设计也不相同；由于本专利和在先设计的中柜和侧柜结构均存在明显的差别，且其组合而成的整体柜体形状上也存在显著的差异，因此二者属于不相同也不相近似的外观设计。

本专利与请求人提交的在出版物上在先公开发表的上述外观设计均不相同也不相近似，请求人据此提出本专利不符合专利法第 23 条的理由不能成立。

综上所述，请求人提出的证据和理由均不能支持其无效宣告请求的主张，其提出的本专利不符合专利法实施细则第 2 条第 3 款和专利法第 23 条的规定的理由均不能成立。

三、决定

维持 200530029376.7 号外观设计专利权有效。

当事人对本决定不服的，可以根据专利法第 46 条第 2 款的规定，自收到本决定之日起三个月内向北京市第一中级人民法院起诉。根据该款的规定，一方当事人起诉后，另一方当事人应当作为第三人参加诉讼。

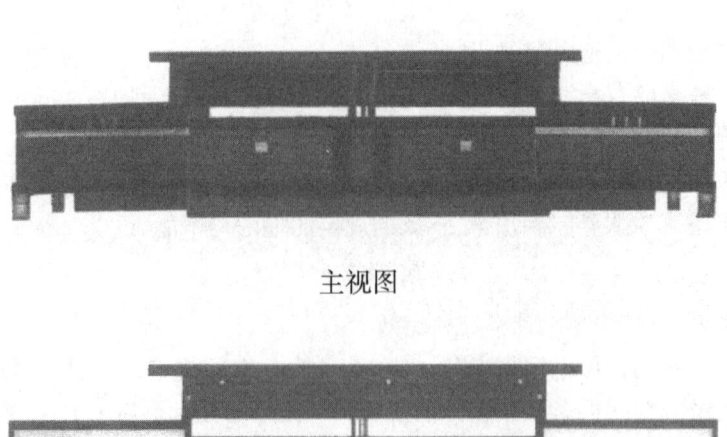

主视图

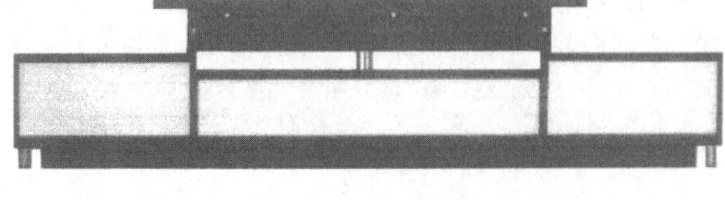

后视图

俯视图

立体图　　　　　　　　　左视图

本专利附图

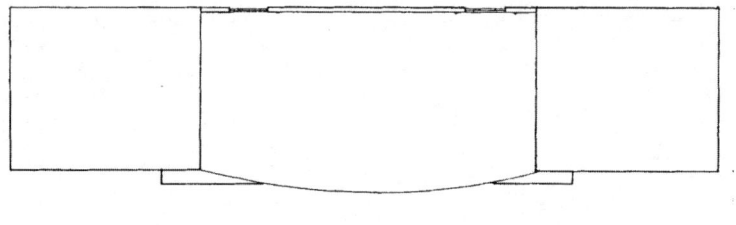

俯视图

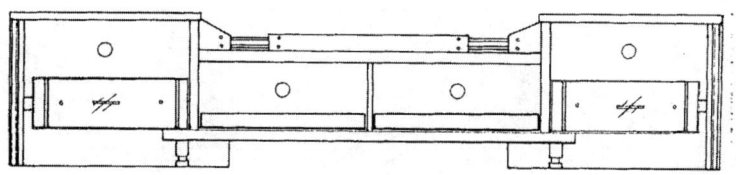

主视图

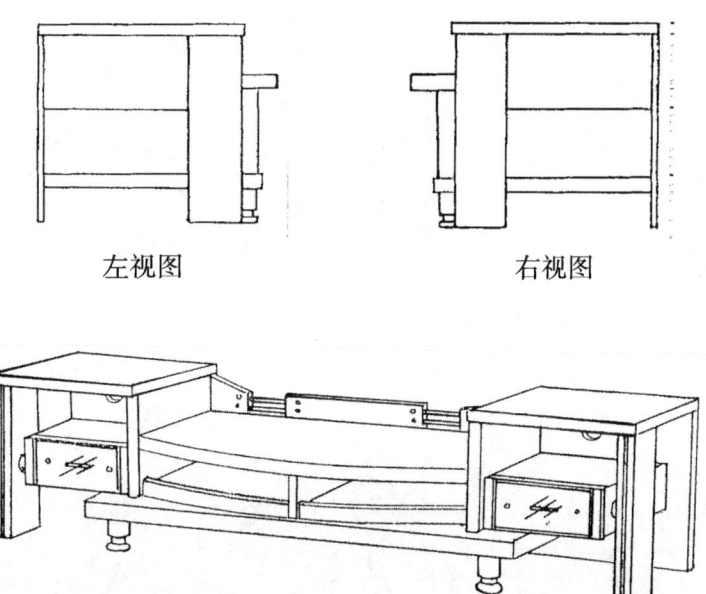

左视图　　　　　右视图

立体图

在先设计 1 附图

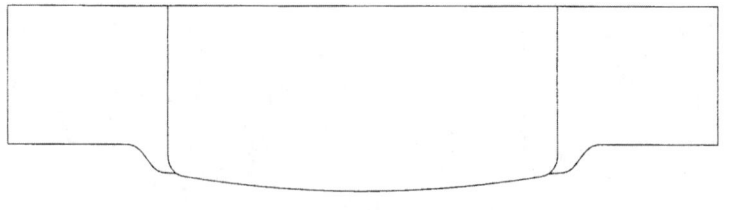

俯视图

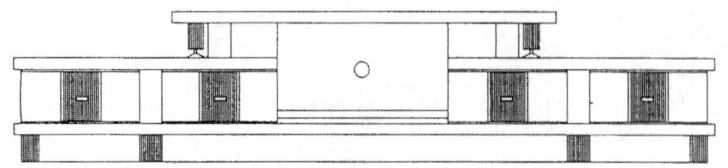

主视图

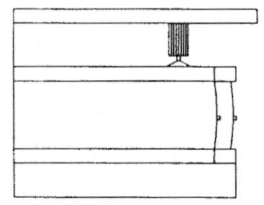

左视图

立体图

在先设计 2 附图

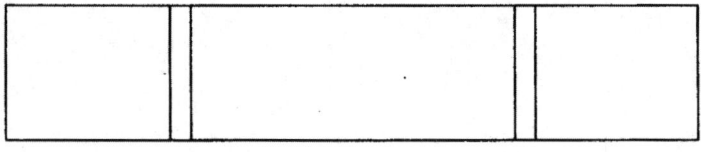

俯视图

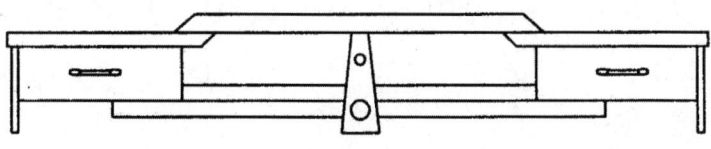

主视图

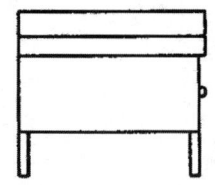

左视图

在先设计 3 附图

充电式电推剪（RFC-288）

无效宣告请求审查决定（第 10555 号）

决 定 号	第 10555 号
决 定 日	2007 年 8 月 30 日
外观设计名称	充电式电推剪（RFC-288）
外观设计分类	28-03
无效宣告请求人	松下电工株式会社
专 利 权 人	徐华桥
专 利 号	200530105358.2
申 请 日	2005 年 4 月 1 日
授权公告日	2006 年 5 月 3 日
合议组组长	王丽颖
主 审 员	隋璐
参 审 员	高雪
附 图	2 页
法 律 依 据	专利法第 23 条

决 定 要 点

本专利所示充电式电推剪和对比文件所示相应产品的主要部位的外观形状基本相同，两者的区别之处在于局部的细微变化，其对于产品外观设计的整体视觉效果不具有显著的影响，根据整体观察、综合判断的原则，两者属于相近似的外观设计。

一、案由

本无效宣告请求涉及国家知识产权局于 2006 年 5 月 3 日授权公告的第 200530105358.2 号外观设计专利，其名称为"充电式电推剪（RFC-288）"，申请日为 2005 年 4 月 1 日，专利权人为徐华桥。

针对上述外观设计专利（下称本专利），松下电工株式会社（下称请求人）于 2007 年 1 月 15 日向专利复审委员会提出无效宣告请求，认为本专利不符合专利法第 23 条的规定，同时请求人提交了下列附件：

附件 1：ZL200530105358.2 号中国外观设计专利公报复印件 1 页；

附件 2：日本登陆意匠番号 935066 公报复印件及其中文译文，公开日为 1995 年 9 月 20 日，共 2 页。

请求人认为：附件 2 所示外观设计的公开日早于本专利的申请日，同时附件 2 和本专利属于同类产品。本专利的外观设计的整体造型、整体比例、外延轮廓都与附件2所示外观设计相同、相近似，不同之处只是一些细小的部分，如手柄的底部、正面的按钮、连接部的竖条、剃头部的背面，这些差别对于两者产品的整体造型而言，在整体视觉上不具有显著的影响，容易使一般消费者在购买上述产品时在视觉上产生混淆。因此，本外观设计专利与附件2所公开的外观设计相近似，不符合专利法第23条的规定。

经形式审查合格，专利复审委员会依法受理了上述无效宣告请求，并于2007年2月8日向请求人和专利权人发出无效宣告请求受理通知书，同时将专利权无效宣告请求书及其附件清单中所列附件的副本转送给专利权人，并要求专利权人在指定的期限内陈述意见。

2007年3月29日，专利权人提交了意见陈述，其认为本专利与附件2相比，存在着较大的区别，如整体形状、刀头的条纹、开关的形状、颈部的修饰条、刀头的形状、刀身下端的装饰条这些区别足以使普通消费者区别两者的差异而不会造成视觉上的误认，本专利与附件2不相同或不相近似，符合专利法第23条的规定。

专利复审委员会依法成立合议组，于2007年5月17日向双方当事人发出无效宣告请求口头审理通知书，定于2007年7月3日举行口头审理。

2007年6月5日合议组将专利权人的意见陈述转送给请求人。

口头审理如期进行，专利权人缺席口头审理。请求人对变更后的合议组成员无回避请求。在口头审理中，请求人明确其无效理由为：本专利与申请日以前公开的出版物上所公开的同类产品外观设计相近似，其授权不符合专利法第23条的规定，同时请求人结合所提交的附件2就其所持观点进行了充分的意见论述，具体理由同无效请求书中的理由。

2007年7月3日，合议组向专利权人发出合议组成员告知通知书。

专利权人期满未答复。

在上述工作的基础上，合议组认为本案事实已经调查清楚，可以依法作出审查决定。

二、决定的理由

1. 法律依据

专利法第23条规定：授予专利权的外观设计，应当同申请日以前在国内外出版物上公开发表过或者国内公开使用过的外观设计不相同和不相近似，并不得与他人在先取得的合法权利相冲突。

2. 关于证据

附件2为日本登陆意匠番号935066公报复印件及其中文译文，专利权人在指定期限内未对附件2的真实性及其中文译文的准确性提出异议。合议组经核实，对该附件的真实性予以确认。附件2的公开日期为1995年9月20日，早于本专利申请日2005年4月1日，因此其上记载的电动理发推子外观设计可用作评价本专利的授权是否符合专利法第23条的对比文件。

3. 关于专利法第23条

本专利为一种充电式电推剪的外观设计，包括六面视图和一幅立体图。该充电式电推剪整体形状呈一个尖头的圆柱体，由手柄、剃刀部、连接部构成。该充电式电推剪的手柄为直筒形，正面有倒三角形的开关按钮，背面略向内凹，背面有一横条；剃刀部刀头的背面下方有数条平行的竖条；剃刀部刀头下部收缩，呈弧形；手柄和剃刀部的连接部环设有平行的竖条，正面的竖线略短于背面的竖条（详见本专利附图）。

附件2（下称对比文件）为一种电动理发推子的外观设计，包括六面视图和一幅剖面图。该电动理发推子整体形状呈一个尖头的圆柱体，由手柄、剃刀部、连接部构成。该电动理发推子的手柄为圆筒形，底部略微扩大，正面有方形的开关按钮，背面略向内凹；剃刀部刀头整个呈肚形；手柄和剃刀部的连接部环设有平行的长度相同的竖条（详见对比文件附图）。

对比文件与本专利产品相比，属于相同种类的产品，可以进行如下相同和相近似的比较。

本专利与对比文件的相同点在于：（1）两者的整体形状均呈一个尖头的圆柱体；（2）两者的手柄均为圆筒形，手柄的正面均有开关按钮，背面略向内凹；（3）两者剃刀部的刀头呈下部收缩状；（4）两者的手柄和剃刀部的连接部环设有平行的竖条。

本专利与对比文件的区别点主要在于：（1）本外观设计手柄为直筒状，而对比文件产品的手柄呈圆筒形，底部略微扩大；（2）本专利手柄的正面开关按钮为倒三角形，而对比文件产品的手柄的正面开关按纽为方形；（3）本专利手柄的背面有一横条，而对比文件产品手柄背面无横条；（4）本专利剃刀部刀头背面下方有数条平行的竖条，而对比文件产品无此设计；（5）本专利剃刀部刀头下部收缩，呈弧形，而对比文件产品剃刀部刀头整个呈肚形；（6）本专利手柄和剃刀部的连接部的正面竖条略短于背面的竖条，而对比文件产品的竖条长度相同。

通过上述对比可以看出，两者的整体形状、整体比例、外延轮廓基本相同，两者的区别之处在于局部的细微变化，其对于产品外观设计的整体视觉效果不具有显著的影响，根据整体观察、综合判断的原则，两者属于相近似的外观设计。

综上所述，在本专利的申请日之前已有与之相近似的外观设计在出版物上公开发表过，本专利的授权不符合专利法第 23 条的规定。

三、决定

宣告第 200530105358.2 外观设计专利权无效。

当事人对本决定不服的，可以根据专利法第 46 条第 2 款的规定，自收到本决定之日起三个月内向北京市第一中级人民法院起诉。根据该款的规定，一方当事人起诉后，另一方当事人应当作为第三人参加诉讼。

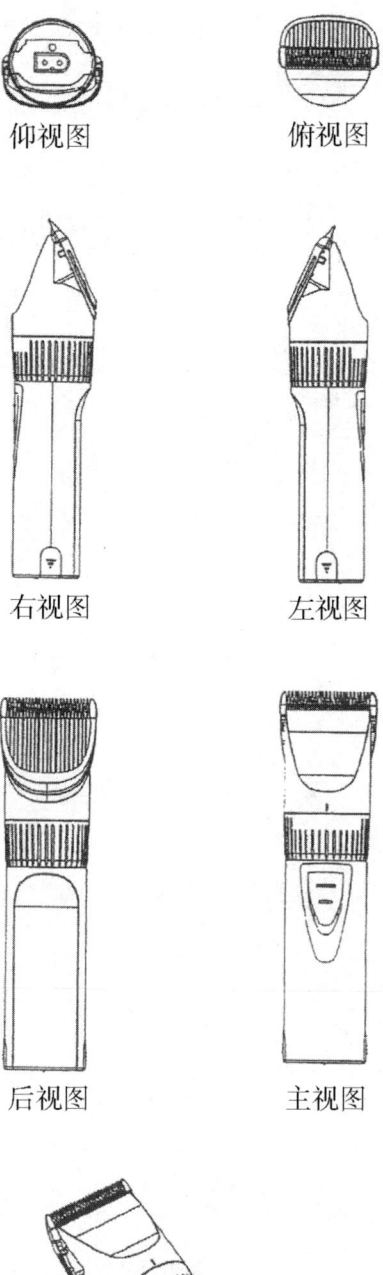

本专利图片

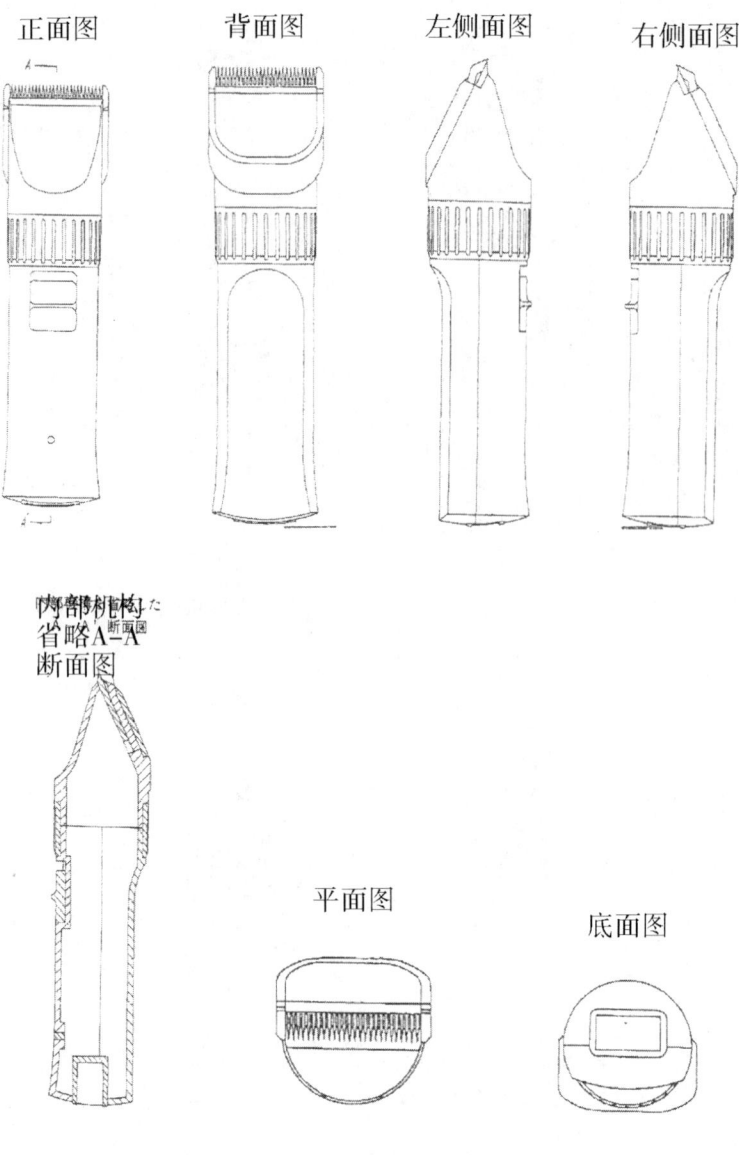

对比文件图片

化粪池（预制组合型）

无效宣告请求审查决定（第10558号）

决 定 号	第10558号
决 定 日	2007年10月15日
发明创造名称	化粪池（预制组合型）
外观设计分类号	23-02
无效宣告请求人	营口同发混凝土有限公司北京通州分公司
专 利 权 人	肖世富
专 利 号	03305648.X
申 请 日	2003年3月31日
授权公告日	2004年4月21日
合议组组长	徐清平
主 审 员	吴大章
参 审 员	周佳
附 图	1页
法 律 依 据	专利法第23条

决 定 要 点

有效公证文书已证明专利权人所属公司的申报材料与原件相符，在反证不足以推翻公证文书的情况下，应该成为认定事实的依据。

一、案由

本无效宣告请求涉及的是国家知识产权局于2004年4月21日授权公告的03305648.X号外观设计专利，使用该外观设计的产品名称为"化粪池（预制组合型）"，申请日是2003年3月31日，专利权人是肖世富。

针对上述专利权（下称本专利），营口同发混凝土有限公司北京通州分公司（下称请求人）于2007年3月30日向专利复审委员会提出无效宣告请求，其理由是本专利不符合专利法实施细则第2条第3款的规定，请求人认为本专利不是新设计，是由单纯的几何形状构成，请求人提交的证据是本专利的著录项目及图片复印件（下称附件1）。

经形式审查合格专利复审委员会受理了该无效宣告请求，并于2007年4月16日将无效宣告请求书及其附件的副本转送给专利权人，要求其在指定期限内陈述意见。

2007年4月23日，请求人向专利复审委员会提交了意见陈述书，请求人将专利法23条补充为无效宣告的理由。请求人称，本专利在申请日前已经在营口和北京两地公开使用。请求人提交了如下证据：

附件2：有关化粪池订购合同、销售发票的复印件及打印的彩色照片，共3页；

附件3：辽宁省营口市公证处出具的公证书的复印件一份，文号为（2006）营证经字第8693号，公证的内容是辽宁省优秀新产品奖申报书；

附件4：辽宁省营口市建筑设计研究院出具的设计说明书和图纸的复印件；

附件5：紫竹园小区施工图的复印件及施工照片；

附件6：辽宁省营口市公证处出具的公证书的复印件一份，文号为（2007）营证经字第2051号，公证的内容是营口市政公司出具的《发票联》；

附件7：营口市经济委员会出具的证明一页；

附件8：两张发票的复印件。

2007年5月23日，请求人再次向专利复审委员会提交了意见陈述书。请求人重申了本专利为单纯的几何形状，不是新设计。关于公开使用，请求人结合其提交过的证据，对证明过程作了详细的分析。

专利复审委员会于2007年7月10日同时向双方当事人发出了口头审理通知书，定于2007年9月17日对本案进行口头审理，并且将上述无效宣告请求人的意见陈述书随口头审理通知书转送给专利权人。

专利权人于2007年8月13日提交了意见陈述书，称请求人提交的证据只是其在法院侵权诉讼案件中提供给法院的证据的一部分，这些证据已被生效判决认定为不能证明本专利在申请日前已经公开生产和销售。作为反证，专利权人提交了北京市高级人民法院（2007）高民终字第541号民事判决书的复印件（下称反证1）和由营口水泥制品有限公司出具的声明、情况说明和证明各一份的复印件（下称反证2）。

口头审理如期举行，双方均参加了审理，专利权人委托了代理人。合议组在口头审理中将专利权人的意见陈述书转交给请求人。双方针对请求人提交的证据和请求人提出的无效宣告的理由进行了质证和辩论。请求人提交了附件3和附件6的原件。专利权人称请求人提交的证据中的一部分是不公开的，另一部分是照片、发票，有关单位提供不公开的资料是不符合法律规定的，并指出照片之间彼此矛盾。专利权人向合议组提交了反证1的原件。请求人在口头审理中提出新的证据，同时提交了这些证据的原件和复印件，分别是：

（1）《学看给排水施工图》，乐嘉龙主编，第47页；

（2）《建筑给水排水建筑规范》，中国工业出版社1996年6月第一版，1998年6月第五次印刷，第126、127页和最后一页；

（3）《给水排水工程标准规范应用手册》，中国计划出版社，第1057、1058页；

（4）《建筑设备施工安装通用图集》，华北地区建筑设计标准化办公室，第256页。

合议组在口头审理中将上述补充证据转交专利权人，并告知其可在指定期限内进行书面答复，逾期不答复不影响专利复审委员会审理。

专利权人逾期未答复。

至此，合议组认为双方当事人已经充分发表了意见，本案事实清楚，依法作出本审查决定。

二、决定的理由

（1）请求人主张的事实之一是本专利的产品在申请日前已经公开使用，本专利权的授予不符合专利法第23条的规定。因此，合议组对本专利权的授予是否符合专利法第23条的规定进行审查。

专利法第 23 条规定：授予专利权的外观设计，应当同申请日以前在国内外出版物上公开发表过或者国内公开使用过的外观设计不相同和不相近似，并不得与他人在先取得的合法权利相冲突。

（2）请求人提交的附件3是辽宁省营口市公证处出具的（2006）营证经字第8693号公证书。该公证书包含《辽宁省优秀新产品奖申报书》（下简称申报书），公证书证明其与原件相符。申报书记载的内容包括"预制钢筋混凝土组合式化粪池"的产品简介、经济效益和社会效益等部分，申报日期为2003年3月20日，在本专利申请日之前。该申报书的产品简介部分记载了产品的形状、结构，经济效益部分和社会效益部分记载了申报日前该产品的销售和使用情况。关于专利权人认为申报书是不公开的资料的主张，合议组认为，请求人据该证据主张的事实并非申请日前外观设计的公开发表，而是申请日前外观设计的产品已经公开使用，与申报书是否属于公开资料无关。有效公证文书应当作为认定事实的依据，上述公证书已经证明，申报书与"营口水泥制品有限公司申报预制钢筋砼组合式化粪池《辽宁省优秀新产品奖申报书》的原件相符"，由此可证明申报书文本的真实性。

上述申报书的第五经济效益部分记载："营口水泥制品有限公司从98年开始试生产预制钢筋混凝土组合式化粪池……2000年产值922万元……。"申报书的第六社会效益部分记载了应用单位，包括有营口市政公司，河北燕郊紫竹园小区，北京通州地税局等。

合议组同时考虑了专利权人提交的反证。关于反证1，其第7页记载判决认为上述经公证的申报书"不属于'新的证据'，本院不予考虑"，故未对该证据进行认定。关于反证2中的"情况说明"，合议组认为其不足以推翻经公证的申报书记载的事实。申报书申报单位的法人代表即为本专利的专利权人，在此情况下专利权人对该证据记载的事实提出质疑，但其提交的反证不足以推翻经公证的申报书。

合议组经对双方当事人提交的证据综合审查判断后认为，依据经公证的申报书，可以认定预制钢筋混凝土组合式化粪池（下称在先设计）在本专利的申请日前已经公开使用。

（3）本专利由四件组合而成，专利公报包括组合状态下的主视图、俯视图、右视图、仰视图和每个组件的各个视图（部分视图省略）。视图所示化粪池（预制组合型）为由三部分组成的中空圆柱体，具有圆形的顶盖板，其中的上、中两部分侧部具有圆形设计（详见本专利附图）。

在先设计所示预制钢筋混凝土组合式化粪池为中空的圆柱体（圆管），由三部分圆管叠加组合而成，照片上可见圆柱体上部具有圆形设计（详见在先设计附图）。

将本专利与在先设计相比较，二者的相同点主要在于：都是中空的圆柱体；都由圆管叠加组合而成；圆柱体上都具有圆形设计。关于盖板，尽管申报书的图片没有显示，但本专利化粪池的盖板属于传统的圆盖，其不影响对二者进行整体对比。合议组认为，上述相同点已经构成本专利外观设计与在先设计在整体形状上视觉效果的基本相同，其差异对整体视觉效果不构成显著影响，因此，二者属于相近似的外观设计。

综上所述，本专利与在先设计是相近似的。因此，在本专利的申请日之前已有与其相近似的外观设计公开使用。本专利权的授予不符合专利法第23条规定。

由于合议组已经得出了本专利权的授予不符合专利法第23条规定的结论，合议组对请求人提出的其他无效宣告理由和证据不再评述。

三、决定

依据专利法第23条的规定，宣告03305648.X号外观设计专利权全部无效。

当事人对本决定不服的，可以根据专利法第46条第2款的规定，自收到本决定之日起三个月内向北京市第一中级人民法院起诉。根据该款的规定，一方当事人起诉后，另一方当事人应当作为第三人参加诉讼。

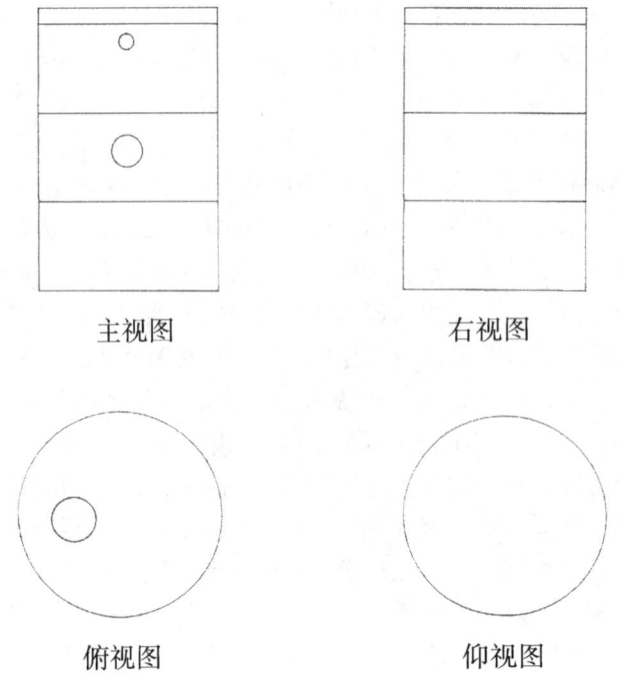

主视图 右视图

俯视图 仰视图

本专利附图

在先设计附图

北京市第一中级人民法院
行政判决书

(2008) 一中行初字第 31 号

原告肖世富，男，1949 年 11 月 4 日出生，汉族，住辽宁省营口市站前区南平里 A-003-25 号。

委托代理人闫立德，北京汇泽知识产权代理有限公司专利代理人。

委托代理人闫爽，北京汇泽知识产权代理有限公司专利代理人。

被告国家知识产权局专利复审委员会，住所地海淀区北四环西路 9 号银谷大厦 10～12 层。

法定代表人廖涛，副主任。

委托代理人周佳，国家知识产权局专利复审委员会审查员。

委托代理人程强，国家知识产权局专利复审委员会审查员。

第三人营口同发混凝土有限公司北京通州分公司，住所地北京市通州区宋庄镇六合村东。

法定代表人刘树海，总经理。

委托代理人张希文，男，1963 年 12 月 30 日出生，营口同发混凝土有限公司北京通州分公司职员，住辽宁省营口市站前区花园里 022-09 号。

原告肖世富不服被告国家知识产权局专利复审委员会（以下简称专利复审委员会）于 2007 年 10 月 15 日作出的第 10558 号无效宣告请求审查决定（以下简称第 10558 号决定），于法定期限内向本院提起行政诉讼。本院于 2008 年 1 月 4 日受理后，依法组成合议庭，并通知营口同发混凝土有限公司北京通州分公司（以下简称营口同发公司）作为本案的第三人参加诉讼，于 2008 年 2 月 22 日公开开庭审理了本案。原告肖世富的委托代理人闫立德、闫爽，被告专利复审委员会的委托代理人周佳、程强，第三人营口同发公司的委托代理人张希文到庭参加了诉讼。本案现已审理终结。

第 10558 号决定系专利复审委员会就第三人营口同发公司作为无效宣告请求人，针对原告肖世富拥有的第 03305648.X 号名称为"化粪池（预制组合型）"外观设计专利（以下简称本专利）提出的无效宣告请求而作出的。专利复审委员会在该决定中认定：（1）营口同发公司主张的事实之一是本专利的产品在申请日前已经公开使用，本专利权的授予不符合《中华人民共和国专利法》（以下简称《专利法》）第二十三条的规定。因此专利复审委员会对本专利权的授予是否符合《专利法》第二十三条的规定进行审查。（2）营口同发公司提交的附件 3 是辽宁省营口市公证处出具的（2006）营证经字第 8693 号公证书。该公证书包含《辽宁省优秀新产品奖申报书》（以下简称申报书），公证书证明其与原件相符。申报书记载的内容包括"预制钢筋混凝土组合式化粪池"的产品简介、经济效益和社会效益等部分，申报日期为 2003 年 3 月 20 日，在本专利申请日之前。该申报书的产品简介部分记载了产品的形状、结构，经济效益部分和社会效益部分记载了申报日前该产品的销售和使用情况。关于肖世富认为申报书是不公开的资料的主张，专利复审委员会认为，营口同发公司依据该证据主张的事实并非申请日前外观设计的公开发表，而是申请日前外观设计的产品已经公开使用，与申报书是否属于公开资料无关。有效公证文书应当作为认定事实的依据，上述公证书已经证明，申报书与"营口水泥制品有限公司申报预制钢筋砼组合式化粪池《辽宁省优秀新产品奖申报书》的原件相符"，由此可证明申报书文本的真实性。上述申报书在经济效益部分记载的内容为："营口水泥制品有限公司从 98 年开始试生产预制钢筋混凝土组合式化粪池……2 000 年产值 922 万元……"。申报书在社会效益部分记载了应用单位，包括有营口市政公司，河北燕郊紫竹园小区，北京通州地税局等。专利复审委员会同时考虑了肖世富提交的反证。关于反证1，其第7页记载判决认为上述经公证的申报书"不属于新的证据，本院不予考虑"，故未对该证据进行认定。关于反证2中的"情况说明"，不足以推翻经公证的申报书记载的事实。申报书申报单位的法人代表即为本专利的专利权人肖世富，在此情况下肖世富对该证据记载的事实提出质疑，但其提交的反证不足以推翻经公证的申报书。经对双方当事人提交的证据综合审查判断后认为，依据经公证的申报书，可以认定预制钢筋混凝土组合式化粪池（以下简称在先设计）在本专利的申请日前已经公开使用。(3)本专利由四件组合而成，专利公报包括组合状态下的主视图、俯视图、右视图、仰视图和每个组件的各个视图（部分视图省略）。视图所示化粪池（预制组合型）为由三部分组成的中空圆柱体，具有圆形的顶盖板，其中的上、中两部分侧部具有圆形设计（详见本专利附图）。在先设计所示预制钢筋混凝土组合式化粪池为中空的圆柱体（圆管），由三部分圆管叠加组合而成，照片上可见圆柱体上部具有圆形设计（详见在先设计附图）。将本专利与在先设计相比较，二者的相同点主要在于：都是中空的圆柱体；都由圆管叠加组合而成；圆柱体上都具有圆形设计。关于盖板，尽管申报书的图片没有显示，但本专利化粪池的盖板属于传统的圆盖，其不影响对二者进行整体对比。专利复审委员会认为，上述相同点已经构成本专利外观设计与在先设计在整体形状上视觉效果的基本相同，其差异对整体视觉效果不构成显著影响，因此，二者属于相近似的外观设计。(4)综上所述，本专利与在先设计是相近似的。因此，在本专利的申请日之前已有与其相近似的外观设计公开使用。本专利权的授予不符合《专利法》第二十三条规定。

由于已经得出了本专利权的授予不符合《专利法》第二十三条规定的结论，对营口同发公司提出的其他无效宣告理由和证据不再评述。据此专利复审委员会作出第10558号决定，宣告本专利权全部无效。

原告肖世富不服第10558号决定，在法定期限内向本院提起行政诉讼，其诉称：(1)第三人提供的申报书属于不公开的证据，不能作为认定案件事实的依据。原告从未允许任何单位和个人在申报专利前公开实施、宣传、生产和销售涉案专利产品，作为上述不公开资料的申报的所有者，也从没有允许任何单位和个人在未经该公司同意的情况下，擅自向他人提供不公开的资料根据。《中华人民共和国产品质量认证管理条例》第十七条规定，承担认证任务的检验机构和检查人员必须保守认证产品技术秘密，并不得非法占有他人科技成果，说明任何单位擅自向他人提供上述不公开的资料是违法的行为，最高人民法院《关于民事诉讼证据的若干规定》第六十八条规定：以侵犯他人合法权益或违反法律禁止性规定的方法取得的证据，不能作为认定案件事实的证据。因此原告对上述证据也不予承认。(2)本专利在申请日前并未公开使用，被告以申报书中记载的内容为依据与事实不符，缺乏证据支持。

(1)决定书"申报日期为2003年3月20日，在申请日之前，是错误的。该公证的申报书中包括本专利的专利申请受理通知书，该通知书显示本专利的受理时间为：2003年3月31日，显然是先有专利申请受理通知书，后有申报书，而且该申报书中"营口市建筑施工劳动安全检查站"的效益证明时间为2003年4月10日，也在申请日之后，决定书认定违背常理，是错误的。(2)即便申报书中称提前销售，但原告已对此作出合理解释，且第三人没有其他证据支持，不能形成证据链，不能依此作为决定依据。事实是原告在申请之前并没有销售本专利产品，原告在2003年才获得新产品上市前的检验报告，根本不可能在"98年开始生产……2000年产值达922万元……"。由于原告也作其他类型的混凝土构件、排水管和涵洞式化肥粪池，在申报申报书时本专利刚研究成功，还没有销售，但该申报书要求新产品要有社会效益等指标，否则不能获奖，为此原告在争得上级机关同意的情况下，将本公司生产的其他产品指标作为新产品指标上报，假称销售了涉案专利产品和上报的指标是为获奖而杜撰的，这点在无效程序中原告已作出合理解释。不能依此作为决定依据，拿原告为获取奖项而杜撰的语言，宣告原告专利无效，既缺乏证据支持和法律依据，也显失公平。（3）第10558号决定认定"从申报书照片可见……"与本专利比两者属于"相近似的外观设计"，原告认为本专利是由四件套组成，上部有盖，底部有密封底，上部两化粪池呈圆管状，且化粪池四面分设不同孔，而在照片中仅显示圆形件的堆积物，不能与本专利形成对比，因此不能说明与本专利有相同或相近似之处。（4）申报书在原告向北京市第二中级人民法院和北京市高级人民法院提起的侵权证据中被第三人提出，均被二审法院予以否认。综上所述，第10558号决定认定事实不清，亦违背法律禁止性规定，适用法律不当，应予撤销。且拿原告为获取奖项而杜撰的语言，宣告原告专利无效，显失公平，故请求人民法院撤销第10558号决定。

被告专利复审委员会答辩称：原告诉讼理由中提出被告在决定中认定事实不清，专利复审委员会依据《专利法》第二十三条的规定，以一般消费者作为判断主体，运用整体观察，综合判断的原则进行涉案专利的相同或相近似的比较，认为附件3中披露的事实可以认定在先设计已经于申请日前公开，虽然原告称申报书不属于公开的文件，但依据该证据认定的事实为在先设计已于申请日前公开使用，而不是在先设计在申请日前公开发表及该申报书是否属于公开资料无关，因此在先设计的公开时间既不是申报书的申报日期，也不是本专利的受理日期，而是申报书中记载的产品投产应用的时间，专利复审委员会仍坚持第10558号决定中的认定。原告在无效程序中提交的反证1中，法院以申报书提交的时间超过举证期限为由而未予考虑，因此不存在法院否定该证据的情况。综上所述，原告事实和理由不能成立，请求人民法院驳回原告的诉讼请求，维持第10558号决定。

第三人营口同发公司述称：（1）申报书获得时间为2006年12月25日，本专利的授权公告日为2004年4月21日，第三人获得申报书之前，该专利技术已公开。根据《中华人民共和国产品质量认证管理条例》规定，优秀新产品奖的评定不属于该条例管理范畴，显然原告依据该条例第十七条规定主张申报书不能作为认定案件事实的证据的理由不成立。（2）从公证书可以清晰看出，申报书的申请日期2003年3月20日，主管部门签署日期为2003年5月7日，营口市经济委员会的初审日期为2003年5月8日，这说明申报书中的全部文件都是在这一时间段提交或补充的，其中有些关键文件的形成时间早于本专利申请日，这些文件证明本专利在申请日前已经公开，因此第10558号决定是正确的。（3）对原告称没有提前销售的主张，我方认为原告的诚信存在缺陷，其次原告没有足够的证据推翻经公证的申报书中记载的事实。因此，原告主张不成立。（4）申报书在原告与第三人的侵权诉讼中被北京市高级人民法院（2007）高民终字第541号民事判决认定为不属于新的证据而不予考虑，并非原告所述被二审法院否认。综上所述，第10558号决定认定事实清楚，适用法律正确，请求人民法院依法予以维持。

经审理查明：原告肖世富于2003年3月31日向国家知识产权局提出了名称为"化粪池（预制组合型）"的外观设计专利申请，授权公告日为2004年4月21日，专利号为03305648.X，专利权人为肖世富。针对本专利营口同发公司于2007年3月30日向专利复审委员会提出无效宣告请求，其理由为本专利不符合《中华人民共和国专利法实施细则》第二条第三款的规定，同年4月23日，营口同发公司向专利复审委员会提交意见陈述书，指出本专利在申请日之前已经在营口和北京两地公开使用，不符合《专利法》第二十三条的规定。专利复审委员会按照审查指南的规定对原告和第三人提交的证据及意见陈述书进行了转文，并于2007年9月17日对该无效请求案进行了口头审理。

原告肖世富于2003年3月20日向相关主管部门提交的申报书中附有产品照片，照片显示的产品形状为三部分圆管叠加组合，圆管上部具有圆形设计。在照片下方的文字部分有如下描述，该产品是由Φ2000mm或Φ2800mm的二—三组圆管分别叠加组合而成……在申报书的经济效益项下有如下文字记载，营口水泥制品有限公司从1998年开始试生产预制钢筋混凝土组合式化粪池，在营口地区已被广泛使用，取得了较好的经济效益，并于2002年初在北京开设了分公司……公司按照《会计工作准则》对该新产品按实际发生的情况进行统计，2000年产值922万元，利润90万元，2001年产值1158万，利润116万……应用单位：营口通信管风经营公司、大洼县第四建筑公司、营口市政公司、北京通州地税局、三河金正纸业有限公司、紫竹园小区、密云上海大众汽修、营口化纤厂、盘锦顺安建筑工程公司……另查，营口市经济委员会于2007年10月20日出具证明证实，其为本案第三人出具该申报书的时间为2006年12月25日。

北京市高级人民法院（2007）高民终字第541号民事判决认定申报书为"上诉人营口同发通州分公司二审提交的证据不属于新的证据，本院不予考虑"。

2007年10月15日，专利复审委员会作出第10558号决定，宣告本专利权全部无效。

上述事实，有本专利授权公告文本、第10558号决定、北京市高级人民法院（2007）高民终字第541号民事判决、营口市经济委员会证明及各方当事人的陈述等证据在案佐证。

本院认为，根据各方当事人的诉辩主张，本案的主要焦点问题为：（1）经公证的申报书是否可以作为对比文件用以评价本专利。（2）在先设计与本专利授权公告文本是否构成相同或相近似。（3）北京市高级人民法院（2007）高民终字第541号民事判决关于对申报书的认定对本案的影响。

《专利法》第二十三条规定，授予专利权的外观设计，应当同申请日以前在国内外出版物上公开发表过或者国内公开使用过的外观设计不相同和不相近似……本案中，申报书所载明的内容均系原告自行申报，并配有产品照片、文字说明中有产品外观形状、尺寸及叠加方式，同时原告在申报书中自认该产品已经投入生产，并具有相应的产能及已经获得了相应的利润，产品的应用单位已达到9个。原告虽诉称其在申报书中所载明的事实完全是为了获得新产品奖而杜撰的，欲以此说辞否认申报书的内容。然而，由于该申报书所载明的事实完整、充分，照片所示内容清晰、具体，已具备客观真实性，原告的主张缺乏事实依据，本院不予采信。此外、根据本院查明的事实可以确认，第三人获得申报书的时间为2006年12月25日，距本专利申请日已近三年零九个月，且获得的机关为营口市经济委员会。第三人取得申报书的手段并非法律所禁止，因此不能适用最高人民法院相关司法解释的规定。

从申报书中载明的照片及相关技术参数看，与本专利授权公告文本披露的外观设计均系中空圆柱体（圆管），均由圆管叠加组合构成，圆柱体上均具有圆形设计，虽然在申报书所附的照片中没有对盖板进行显示，但化粪池的盖板属于传统的圆形盖，并不影响对二者的综合比对。本专利外观设计与在先设计在整体形状上的视觉效果基本相同，因此二者属于相近似的外观设计。原告的主张没有事实依据，本院不予支持。由于在先设计的产品已经在本专利申请日前公开使用，因此本专利不符合《专利法》第二十三条的规定。

北京市高级人民法院（2007）高民终字第541号民事判决将申报书认定为本案原告与第三人的在另一案件的二审期间由本案第三人提交的证据，该证据的提交不属于最高人民法院相关司法解释中规定的新的证据，故北京市高级人民法院对申报书不予考虑。由于该判决没有评述申报书的证明效力，因此不能得出申报书被二审法院否认的结论。因此第三人在无效程序中将申报书作为对比文件及第10558号决定引入申报书对本专利进行评判，并不构成对终审判决法律效力影响。

综上所述，原告肖世富的诉讼请求缺乏事实和法律依据，本院不予支持。被告专利复审委员会所作的第10558号决定认定事实清楚、证据充分、程序合法，适用法律正确，应予维持。依照《中华人民共和国行政诉讼法》第五十四条第（一）项之规定，判决如下：

维持国家知识产权局专利复审委员会作出的第 10558 号无效宣告请求审查决定。

案件受理费 100 元,由原告肖世富负担(已交纳)。

如不服本判决,各方当事人可在判决书送达之日起 15 日内,向本院递交上诉状,并按对方当事人的人数提交副本,交纳上诉案件受理费 100 元,上诉于北京市高级人民法院。

审　判　长　刘海旗
代理审判员　侯占恒
人民陪审员　高　伟
二〇〇八年三月二十日
书　记　员　高　颖

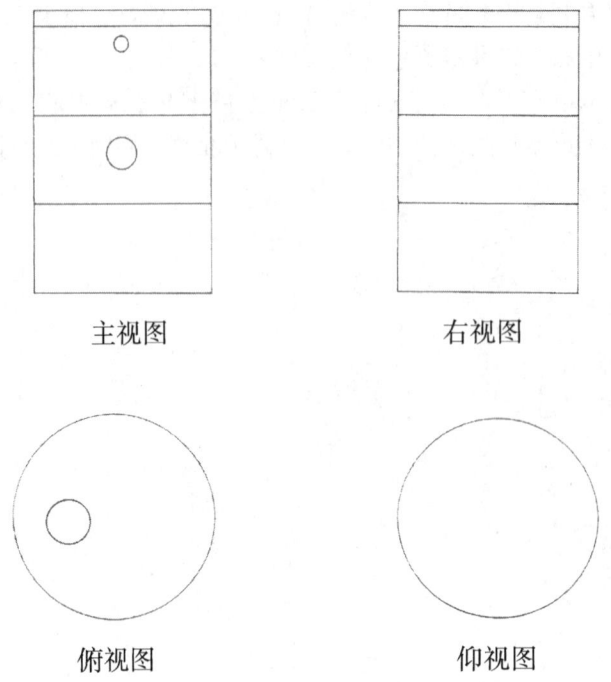

主视图　　　　　　右视图

俯视图　　　　　　仰视图

本专利附图

在先设计附图

北京市高级人民法院
行政判决书

(2008) 高行终字第 338 号

上诉人（原审原告）肖世富，男，汉族，1949年11月4日出生，住辽宁省营口市站前区南平里A-003-25号。

委托代理人闫立德，男，汉族，1953年12月20日出生，北京汇泽知识产权代理有限公司专利代理人，住北京市海淀区学院路37号1住宅103号。

委托代理人闫爽，男，汉族，1984年1月17日出生，北京汇泽知识产权代理有限公司专利代理人，住北京市海淀区学院路37号1住宅103号。

被上诉人（原审被告）国家知识产权局专利复审委员会，住所地海淀区北四环西路9号银谷大厦10~12层。

法定代表人廖涛，副主任。

委托代理人吴大章，该委员会审查员。

委托代理人程强，该委员会审查员。

原审第三人营口同发混凝土有限公司北京通州分公司，住所地北京市通州区宋庄镇六合村东。

法定代表人刘树海，总经理。

委托代理人张希文，男，汉族，1963年12月30日出生，该公司职员，住辽宁省营口市站前区花园里022-09号。

上诉人肖世富因外观设计专利权无效行政纠纷一案，不服北京市第一中级人民法院（2008）一中行初字第31号行政判决，向本院提起上诉。本院2008年5月15日受理本案后，依法组成合议庭，于2008年6月12日公开开庭进行了审理。上诉人肖世富的委托代理人闫立德，被上诉人国家知识产权局专利复审委员会（以下简称专利复审委员会）的委托代理人吴大章、程强，原审第三人营口同发混凝土有限公司北京通州分公司（以下简称营口同发通州分公司）的委托代理人张希文到庭参加了诉讼。本案现已审理终结。

北京市第一中级人民法院认定，涉案专利系肖世富拥有的第03305648.X号名称为"化粪池（预制组合型）"的外观设计专利（以下简称本专利）。针对本专利，营口同发通州分公司于2007年3月30日向专利复审委员会提出无效宣告请求，其理由为本专利不符合《专利法实施细则》第二条第三款的规定，同年4月23日，营口同发通州分公司增加无效理由，认为本专利不符合《专利法》第二十三条的规定。2007年10月15日，专利复审委员会作出第10558号无效宣告请求审查决定（以下简称第10558号决定），宣告本专利权全部无效。

北京市第一中级人民法院认为，从《辽宁省优秀新产品奖申报书》（以下简称申报书）中载明的照片及相关技术参数看（以下简称在先设计），与本专利授权公告文本披露的外观设计均系中空圆柱体（圆管），均由圆管叠加组合构成，圆柱体上均具有圆形设计，虽然在先设计没有对盖板进行显示，但化粪池的盖板属于传统的圆形盖，并不影响对二者的综合比对。本专利外观设计与在先设计在整体形状上的视觉效果基本相同，因此二者属于相近似的外观设计，本专利不符合《专利法》第二十三条的规定。

北京市第一中级人民法院依照《中华人民共和国行政诉讼法》第五十四条第（一）项之规定，

判决：维持专利复审委员会作出的第10558号决定。

肖世富不服原审判决，向本院提起上诉，请求撤销原审判决，撤销第10558号决定。其理由主要为：（1）原审判决以经过公证的申报书中载明的在先设计认定本专利在申请日前已经公开销售缺乏法律依据。申报书不具有真实性，该证据记载的内容与事实不符。（2）本专利与在先设计既不相同也不相近似，本专利符合《专利法》第二十三条之规定。专利复审委员会、营口同发通州分公司服从原审判决。

本院经审理查明：肖世富于2003年3月31日向国家知识产权局提出了名称为"化粪池（预制组合型）"的外观设计专利申请，该申请于2004年4月21日被公告授权（即本专利），专利号为03305648.X，专利权人为肖世富。本专利包括主视图、仰视图、俯视图、右视图等15幅视图（见附图1），本专利省略了部分视图。

针对本专利，营口同发通州分公司于2007年3月30日向专利复审委员会提出无效宣告请求，理由为本专利不符合专利实施细则第二条第三款的规定，同年4月23日，营口同发通州分公司向专利复审委员会提交意见陈述书，指出本专利在申请日之前已经在营口和北京两地公开使用，不符合《专利法》第二十三条的规定。

营口同发通州分公司共提交了8份证据，其中附件3是辽宁省营口市公证处出具的（2006）营证经字第8693号公证书复印件。该公证书包含申报书，公证书证明其与原件相符。申报书系营口水泥制品有限公司于2003年3月20日向相关主管部门申报"辽宁省优秀新产品奖"材料。申报书附有产品照片（即在先设计）（见附图2），照片显示的产品形状为三部分圆管叠加组合，圆管上部具有圆形设计。在照片下方的文字部分有如下描述：

"该产品是由Φ2000mm或Φ2800mm的二一三组圆管分别叠加组合而成……在申报书的经济效益项下有如下文字记载，营口水泥制品有限公司从1998年开始试生产预制钢筋混凝土组合式化粪池，在营口地区已被广泛使用，取得了较好的经济效益，并于2002年初在北京开设了分公司……公司按照《会计工作准则》对该新产品按实际发生的情况进行统计，2000年产值922万元，利润90万元，2001年产值1158万元，利润116万元……应用单位：营口通信管风经营公司、大洼县第四建筑公司、营口市政公司、北京通州地税局、三河金正纸业有限公司、紫竹园小区、密云上海大众汽修、营口化纤厂、盘锦顺安建筑有限公司……"在公证书所附申报书每页右上角盖有"营口市经济贸易委员会科学技术科"的印章。

营口市经济委员会于2007年10月20日出具证明，称其为营口同发通州分公司出具该申报书的时间为2006年12月25日。

2007年10月15日，专利复审委员会作出第10558号决定。专利复审委员会在该决定中认定：（1）营口同发通州分公司主张的事实之一是本专利的产品在申请日前已经公开使用，本专利不符合《专利法》第二十三条的规定。因此对本专利是否符合《专利法》第二十三条的规定进行审查。（2）营口同发通州分公司提交的附件3是辽宁省营口市公证处出具的（2006）营证经字第8693号公证书复印件，该公证书证明申报书与原件相符。申报书记载的内容包括"预制钢筋混凝土组合式化粪池"的产品简介、经济效益和社会效益等部分，申报日期为2003年3月20日，在本专利申请日之前。该申报书的产品简介部分记载了产品的形状、结构，经济效益部分和社会效益部分记载了申报日前该产品的销售和使用情况。关于肖世富认为申报书是不公开的资料的主张，专利复审委员会认为，营口同发通州分公司依据该证据主张的事实并非申请日前外观设计的公开发表，而是申请日前外观设计的产品已经公开使用，与申报书是否属于公开资料无关。有效公证文书应当作为认定事实的依据，上述公证书已经证明，申报书与"营口水泥制品有限公司申报预制钢筋砼组合式化粪池《辽宁省优秀新产品奖申报书》的原件相符",由此可证明申报书文本的真实性。上述申报书在经济效益部分记载的内容为:"营口水泥制品有限公司从1998年开始试生产预制钢筋混凝土组合式化粪池……2000年产值922万元……"。申报书在社会效益部分记载了应用单位,包括有营口市政公司,河北燕郊紫竹园小区,北京通州地税局等。同时考虑了专利权人提交的反证。关于反证1,其第7页记载判决认为上述经公证的申报书"不属于新的证据,本院不予考虑",故未对该证据进行认定。关于反证2中的"情况说明",专利复审委员会认为其不足以推翻经公证的申报书记载的事实。申报书申报单位的法定代表人即为本专利的专利权人肖世富,肖世富对申报书记载的事实提出质疑,但其提交的反证不足以推翻经公证的申报书。经对双方当事人提交的证据综合审查判断后认为,依据经公证的申报书,可以认定预制钢筋混凝土组合式化粪池在本专利的申请日前已经公开使用。(3)本专利由四件组合而成,专利公报包括组合状态下的主视图、俯视图、右视图、仰视图和每个组件的各个视图。视图所示化粪池(预制组合型)为由三部分组成的中空圆柱体,具有圆形的顶盖板,其中的上、中两部分侧部具有圆形设计。在先设计所示预制钢筋混凝土组合式化粪池为中空的圆柱体(圆管),由三部分圆管叠加组合而成,照片上可见圆柱体上部具有圆形设计。将本专利与在先设计相比较,二者的相同点主要在于:都是中空的圆柱体;都由圆管叠加组合而成;圆柱体上都具有圆形设计。关于盖板,尽管申报书的图片没有显示,但本专利化粪池的盖板属于传统的圆盖,其不影响对二者进行整体对比。专利复审委员会认为,上述相同点已经构成本专利外观设计与在先设计在整体形状上视觉效果的基本相同,其差异对整体视觉效果不构成显著影响,因此,二者属于相近似的外观设计。(4)综上所述,本专利与在先设计是相近似的。因此,在本专利的申请日之前已有与其相近似的外观设计公开使用。本专利权的授予不符合《专利法》第二十三条规定。

由于已经得出了本专利权的授予不符合《专利法》第二十三条规定的结论,对营口同发通州分公司提出的其他无效宣告理由和证据不再评述。据此专利复审委员会作出第10558号决定,宣告本专利权全部无效。

在本院开庭审理本案过程中,营口同发通州分公司陈述,营口市经济贸易委员会科学技术科当年主管当地"辽宁省优秀新产品奖"的相关工作,肖世富、专利复审委员会对营口同发通州分公司的上述陈述未表示异议。

另查,营口市经济委员会于2008年5月29日出具《情况说明》,内容为:该委相关工作人员确于2006年11月25日出具有关证明,但经确认,该证明当时并未经过正常的审批、备案、存档程序,且所证实的项目现无原始存档材料,故复印件材料与原始材料是否一致无法验证。

上述事实,有本专利授权公告文本、第10558号决定、公证书、营口市经济委员会证明及各方当事人的陈述等证据在案佐证。

本院认为,根据各方当事人的诉辩主张,本案的焦点问题为:(1)经公证的申报书是否可以作为对比文件;(2)本专利是否符合《专利法》第二十三条规定。

1. 关于经公证的申报书是否可以作为对比文件的问题

证明案件事实的证据应当具有真实性,对证据真实性的审查,应当考察证据的形成过程。已为有效公证文书所证明的事实当事人无需举证证明,但对方当事人有相反证据足以推翻的除外。国家机关依职权制作的公文书证的证明力一般大于其他书证。本案中,申报书所载明的内容已经公证机关公证证明其相关内容与原件相符。该公证所附申报书可证明申报书原件上盖有主管当地辽宁省优秀新产品奖相关工作的营口市经济贸易委员会科学技术科的印章。营口市经济委员会出具的《情况说明》可以证实其工作人员确实于2006年11月25日出具了有关证明。《情况说明》中称因"所证明的项目现无原始存档材料",故复印件材料与原始材料是否一致无法验证。其虽明确在《情况说明》出具时,即2008年5月29日无申报书原始存档材料，但《情况说明》并未明确申报书在2006年11月25日是否存在，且肖世富提交的证据不能否定申报书的真实性，本院综合案件的情况认为该申报书的真实性可予认可。肖世富关于申报书不具有真实性的上诉主张没有事实和法律依据，本院不予支持。

2. 关于本专利是否符合《专利法》第二十三条规定的问题

《专利法》第二十三条规定，授予专利权的外观设计，应当同申请日以前在国内外出版物上公开发表过或者国内公开使用过的外观设计不相同和不相近似，并不得与他人在先取得的合法权利相冲突。

本专利由四件组合而成，专利公报包括组合状态下的主视图、俯视图、右视图、仰视图和每个组件的各个视图（部分视图省略）。视图所示化粪池（预制组合型）为由三部分组成的中空圆柱体，具有圆形的顶盖板，其中的上、中两部分侧部具有圆形设计。在先设计所示预制钢筋混凝土组合式化粪池为中空的圆柱体（圆管），由三部分圆管叠加组合而成，照片上可见圆柱体上部具有圆形设计。将本专利与在先设计相比较，二者的相同点主要在于：都是中空的圆柱体；都由圆管叠加组合而成；圆柱体上都具有圆形设计。关于盖板，尽管申报书的图片没有显示，但本专利化粪池的盖板属于传统的圆盖，其不影响对二者进行整体对比。上述相同点已经构成本专利外观设计与在先设计在整体形状上视觉效果的基本相同，其差异对整体视觉效果不构成显著影响，因此，二者属于相近似的外观设计。肖世富关于本专利与在先设计既不相同也不相近似的上诉主张于法无据，本院不予支持。

综上所述，原审判决认定事实清楚，适用法律正确。肖世富的上诉主张于法无据，本院不予支持。依照《中华人民共和国行政诉讼法》第六十一条第一款第（一）项之规定，判决如下：

驳回上诉，维持原判。

一审案件受理费100元，由肖世富负担（已交纳）；二审案件受理费100元，由肖世富负担（已交纳）。

本判决为终审判决。

审　判　长　刘　辉
代理审判员　岑宏宇
代理审判员　焦　彦
二〇〇八年六月十九日
书　记　员　耿巍巍
书　记　员　孙　娜

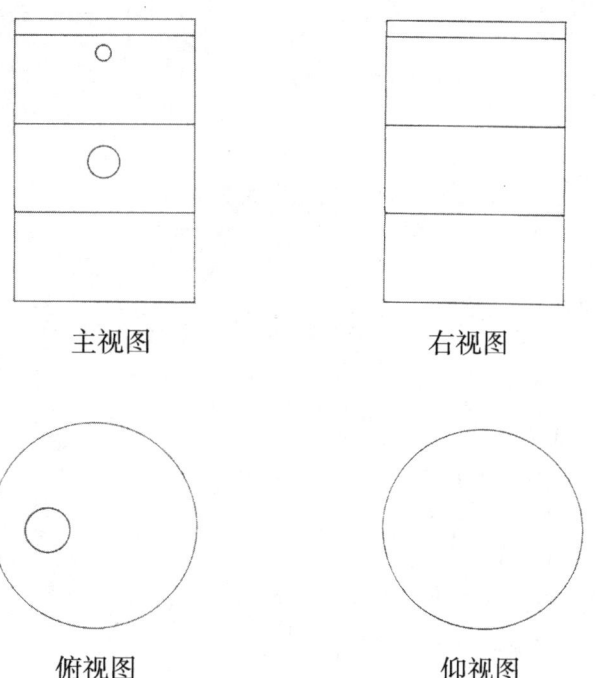

主视图　　　　　　　右视图

俯视图　　　　　　　仰视图

本专利附图

在先设计附图

三轮车

无效宣告请求审查决定（第 10575 号）

决 定 号	第 10575 号
决 定 日	2007 年 9 月 24 日
发明创造名称	三轮车
外观设计分类号	12-11-T0344
无效宣告请求人	东莞市庆扬塑胶五金制品有限公司，东莞市华瀚儿童用品有限公司
专 利 权 人	中山市隆成日用制品有限公司
专 利 号	99304614.2
申 请 日	1999 年 4 月 19 日
授权公告日	2000 年 3 月 15 日
合议组组长	张　度
主 审 员	穆丽娟
参 审 员	周雷鸣
附　　图	3 页

法 律 依 据 专利法第 23 条

决 定 要 点

请求人提交的附件为复印件，公证书中没有认定该附件的真实性，专利权人对该附件的真实性有异议，在没有其他证据证明该复印件真实性的情况下，合议组无法确认该复印件的真实性。因此，请求人所提交证据不足以证明本专利在其申请日之前已经以公开销售方式为公众所知。

一、案由

本无效宣告请求案涉及国家知识产权局于 2000 年 3 月 15 日授权公告的、名称为"三轮车"的外观设计专利（下称为本专利），其专利号为 99304614.2、申请日为 1999 年 4 月 19 日，专利权人为中山市隆成日用制品有限公司。

针对本专利，东莞市庆扬塑胶五金制品有限公司（下称第一请求人）、东莞市华瀚儿童用品有限公司（下称第二请求人）于 2007 年 1 月 19 日分别向专利复审委员会提出无效宣告请求，所提出无效宣告理由和证据均完全相同。其无效宣告理由是本专利不符合专利法第 23 条的规定，并提交了如下证据：

附件 1：1998 年 8 月 17 日至 1999 年 4 月 26 日隆成集团/英属维京群岛商育丰有限公司、隆成香港有限公司/英属维京群岛商育丰有限公司台湾分公司分别与美国 babytrend 公司的关于型号 T415/

9210 产品的函件，复印件，共 18 页；

附件 2：1998 年 12 月 16 日由美国 babytrend 公司发出的传真单，复印件 1 页，以及 1998 年 12 月 24 日由 ACTS 毅式检定（香港）有限公司发送的传真单，复印件 1 页；

附件 3：隆城中国有限公司发给美国 baby trend 公司的关于型号为 9210T 产品的商业发票（发票号码为 CT992054）、装箱单和重量单、原产地证明、托运人为 BABY TREND INC 的代运公司货物收据、9292 TW 产品装箱单和重量单，复印件，共 10 页；

附件 4：美国 baby trend 公司 1999 Catalog、06/07 CATALOG，复印件，共 4 页；

附件 5：US00D362419S 号专利公开文本复印件，公开日为 1995 年 9 月 19 日，共 6 页；

附件 6：96326256.4 号外观设计专利公报复印件，公开日为 1998 年 3 月 18 日，共 7 页；

附件 7：广东省知识产权局出具的粤知法处字（2006）第 42 号（第二请求人提交为第 38 号）审理通知书；共 1 页。

第一请求人、第二请求人的主要无效宣告请求理由是：

（1）上述附件 1~4 充分证明在本专利的申请日之前，本案专利的申请人已经将与本案外观设计专利有相同的外观设计的系列产品 T415/9210 从国内公开销售给美国 baby trend 公司。而且由于 98 年下半年申请人的供货，使得美国 baby trend 公司在 99 年年初编制的产品目录中记载了该型号 9210 的产品图片。而本案专利的婴幼儿车车轮护罩就是上述产品上所附的车轮护罩，因此该外观设计专利不具备专利法要求的新颖性；（2）本案专利与附件 5 相比较，仅仅是三角支架的连接关节的形状有所改变，以及推杆以及与其连接的连接杆稍有一些弧度，而这些区别对于产品外观设计的整体视觉效果不具有显著的影响，因此本案专利与附件 5 相比构成近似；（3）本案专利与附件 6 相比较，仅仅是前轮轮罩的形状有所改变，前轮与三角支架的连接位置不同，而这些区别对于产品外观设计的整体视觉效果不具有显著的影响，因此本案专利与附件 6 相比也构成近似；因此本案专利明显不符合专利法第 23 条的规定。

经形式审查合格后，专利复审委员会受理了上述请求，于 2007 年 1 月 22 日向三方当事人发出了无效宣告请求受理通知书，并将第一请求人和第二请求人提交的无效宣告请求书及其附件清单中所列附件副本转送给专利权人，要求其在制定的期限内答复。

第一请求人和第二请求人于 2007 年 2 月 16 日分别提交了补充附件 1~5 及其公证认证书的中文译文：

补充附件 1：从中国海关网站上下载权利授权号分别为 993077439 和 003200167 的、备案生效日期均为 2004 年 8 月 5 日的备案申请详细内容复印件各 1 页（下称附件 8）；

补充附件 2：以下文件的复印件和中文译文－隆成中国有限公司发给美国 baby trend 公司的关于产品号为 9210TW 产品的商业发票（发票号码为 CT990217、发票日期为 1999 年 1 月 25 日）、隆成中国有限公司麦头和编号单、装箱单和重量单、证明、代运公司货物收据和公证认证书，共 17 页。

补充附件 3：以下文件的复印件和中文译文－隆成中国有限公司发给美国 baby trend 公司的关于产品号为 9210T 的商业发票（发票号码为 CT990749、发票日期为 1999 年 4 月 3 日）、装箱单和重量单、隆成中国有限公司麦头和编号单、产品号为 9210W 的产品原产地证明、提单和公证认证书，共 17 页。

补充附件 4：以下文件的复印件和中文译文－隆成中国有限公司发给美国 baby trend 公司的关于型号为 9292TW 产品的商业发票（发票号码为 CT991125、发票日期为 1999 年 5 月 18 日）、装箱单和重量单、隆成中国有限公司麦头和编号单、提单、公证认证书以及中华人民共和国公证、认证申请表，共 16 页。

补充附件5：

（1）证明"①Baby Trend 1998产品目录②Baby Trend 1999产品目录③Baby Trend 2007产品目录④Baby Trend 1998 1998和1999文书工作以上产品无误并有效"的公证书复印件及其中文译文，共9页；

（2）1998年8月17日至1999年4月26日隆成集团/英属维京群岛商育丰有限公司、隆成香港有限公司/英属维京群岛商育丰有限公司台湾分公司分别与美国baby trend公司的关于型号T415/9210产品的函件的复印件及英文信件的中文译文，共19页；

（3）1998年12月16日由美国babytrend公司发出的传真单复印件及其中文译文共2页，以及1998年12月24日由ACTS毅式检定（香港）有限公司发送的传真单复印件及其中文译文共2页；

（4）隆城中国有限公司发给美国baby trend公司的关于型号为9210T产品的商业发票（发票号码为CT992054）、装箱单和重量单、原产地证明，托运人为BABY TREND INC的代运公司货物收据复印件及其中文译文，共14页；

（5）美国baby trend公司1998 catalog、1999 Catalog、06/07 CATALOG，复印件，共6页。

针对上述两个无效宣告请求，专利权人于2007年2月27日分别寄交了相同内容的意见陈述书。专利权人的答辩意见主要如下：①附件1~4均为复印件，涉及案外人、涉及不同的国家及地区、显示内容不详，专利权人对其合法来源、真实性等事项都无法确认；②附件5、6公开的是三轮车的常规造型，本专利与附件5、6构成近似的观点不成立；因此第一请求人和第二请求人提交的附件不能证明其主张。

专利复审委员会依法成立合议组，对上述第一请求人和第二请求人分别针对本专利提出的无效宣告请求进行合案审理（下称本案）。

合议组于2007年4月10日向三方当事人发出口审通知书，定于2007年6月21日对本案进行审理，同时将专利权人的意见陈述书分别转交给第一请求人和第二请求人，将第一请求人和第二请求人的补充意见陈述书和补充附件转交给专利权人。

口头审理如期举行，三方当事人均出席了此次口头审理。口头审理中，第一请求人和第二请求人均明确表示放弃提出无效请求时提交的附件1~4；第一请求人和第二请求人当庭明确其无效理由为：本专利不符合专利法第23条的规定，即补充附件1~5证明本专利在申请日之前销售公开，本专利与附件5、6构成相近似；第一请求人和第二请求人当庭提交了补充附件2~4的公证书的原件及补充附件5（2）~（5）的公证书的原件。专利权人对上述原件的真实性没有异议，对公证书内容有异议，对所有译文的准确性没有异议，对附件5、6的真实性没有异议，对补充附件1（即附件8）的真实性没有异议；第一请求人和第二请求人当庭提交了补充附件5（5）的原件，专利权人对其真实性有异议。

第一请求人和第二请求人将口审时的陈述意见整理成书面意见，合议组于2007年7月4日分别受到该书面意见。

至此，本案合议组认为三方当事人均已经充分表达了各自的主张并提出相应的证据，本案事实已经清楚，可以作出审查决定。

二、决定的理由

1. 关于证据

（1）第一请求人和第二请求人放弃了附件1~4，因此合议组对其不做评述。

（2）专利权人对附件5、6的真实性无异议，并且合议组未发现影响附件5、6中存在能影响其真实性的瑕疵，因此合议组对附件5、6的真实性予以认可。附件5、6的授权公告日在本专利的申请日之前，因此附件 5、6 是本专利申请日之前公开的在先设计。

（3）附件 8 为中国海关网上下载权利授权号为 993077439 和 003200167 的备案申请详细内容复印件，合议组登录中国海关网（www.customs.gov.cn），核实后确认附件 8 与该网站上登载的内容一致，并且专利权人对附件 8 真实性无异议，因此合议组对附件 8 的真实性予以采信。

（4）第一请求人和第二请求人当庭出示了补充附件 2 中公证书的原件，专利权人对该公证书的真实性无异议，经核实，合议组对该公证书的真实性予以采信。专利权人对补充附件 2 中公证书的中文译文没有异议，合议组对该中文译文予以采信，该公证书证明了商业发票中 DEREK CONRAD 的签字为其本人签署。

第一请求人和第二请求人均未能出示补充附件 2 中"隆成中国有限公司发给美国 baby trend 公司的关于产品号为 9210TW 产品的商业发票（发票号码为 CT990217、发票日期为 1999 年 1 月 25 日）、隆成中国有限公司麦头和编号单、装箱单和重量单、证明、代运公司货物收据"的原件，公证书也没有证明复印件与原件一致，在没有其他的证据证明上述复印件真实性的情况下，合议组对上述复印件的真实性无法确认。

（5）第一请求人和第二请求人当庭出示了补充附件 3 中公证书的原件，专利权人对该公证书的真实性无异议，经核实，合议组对该公证书的真实性予以采信。专利权人对补充附件 3 中公证书的中文译文没有异议，合议组对该中文译文予以采信，该公证书证明了商业发票中 DEREK CONRAD 的签字为其本人签署。

第一请求人和第二请求人均未能出示补充附件 3 中"隆成中国有限公司发给美国 baby trend 公司的关于产品号为 9210T 的商业发票（发票号码为 CT990749、发票日期为 1999 年 4 月 3 日）、装箱单和重量单、隆成中国有限公司麦头和编号单、产品号为 9210W 的产品原产地证明、提单"的原件，公证书也没有证明复印件与原件一致，在没有其他的证据证明上述复印件真实性的情况下，合议组对上述复印件的真实性不予确认。

（6）第一请求人和第二请求人当庭出示了补充附件 4 中公证书的原件，专利权人对该公证书的真实性无异议，经核实，合议组对该公证书的真实性予以采信。专利权人对补充附件 4 中公证书的中文译文没有异议，合议组对该中文译文予以采信，该公证书证明了商业发票中 DEREK CONRAD 的签字为其本人签署。

第一请求人和第二请求人均未能出示补充附件 4 中"隆成中国有限公司发给美国 baby trend 公司的关于型号为 9292TW 产品的商业发票（发票号码为 CT991125、发票日期为 1999 年 5 月 18 日）、装箱单和重量单、隆成中国有限公司麦头和编号单、提单，及中华人民共和国公证、认证申请表"的原件，公证书也没有证明复印件与原件一致，在没有其他的证据证明上述复印件真实性的情况下，合议组无法确认上述复印件的真实性。

补充附件 4 中"中华人民共和国公证、认证申请表"为 Derek Conrad 申请公证、认证时填写的个人信息、需要公证或认证的文件内容和使用目的，该表不是公证或认证文件的内容，在没有其他证据证明上述内容真实性的情况下，合议组对该申请表中内容的真实性无法确认。

（7）第一请求人和第二请求人当庭出示了证明补充附件 5（2）~（5）的公证书的原件（补充附件 5（1）），专利权人对该公证书的真实性无异议，经核实，合议组对该公证书的真实性予以采信。专利权人对公证书 5（1）的中文译文没有异议，合议组对该中文译文予以采信，该公证书中认定了：2007 年 1 月 23 日 DEREK CONRAD 在加利福尼亚州 SAN BERNARDINO 县公证人 NAVEED JATTALA 面前，承认其以公认的身份签署了文件，通过在文件上的签字使文件生效，已经提供证据证明 DEREK CONRAD 就是签署文件的人士；DEREKCONRAD 签字的文件为 Baby Trend 1998、1999、

2007产品目录和Baby Trend 1998 1998和1999文书工作。

补充附件5（2）、5（3）、5（4）均为复印件，第一请求人和第二请求人均未能出示所述补充附件的原件。公证书仅仅认证了其中的签名为DEREK CONRAD本人签署，没有公证或认证所述补充附件的真实性，也没有证明复印件与原件一致，在专利权人对所述补充附真实性有异议，且第一请求人和第二请求人没有其他证据证明所述补充附件真实性的情况下，合议组认为，件补充附件5（2）、5（3）、5（4）的真实性不能予以确认。

补充附件5（5）是第一请求人和第二请求人声称的美国Baby Trend公司的产品目录，第一请求人和第二请求人当庭还提交了目录原件。专利权人对其真实性有异议。合议组认为，所述原件上未标识出版日期、出版社等相关出版信息，无法证明其为专利法意义上的出版物，在没有其他证据证明其真实性的情况下，合议组对其真实性不予认定。

2. 关于销售公开

审查指南2-36中指出：由于使用而导致技术方案的公开，或者导致技术方案处于公众可以得知的状态，这种公开方式称为使用公开。

使用公开的方式包括能够使公众得知其技术内容的制造、使用、销售、进口、交换、馈赠、演示、展出等方式。

使用公开是以公众能够得知该产品或者方法之日为公开日。

附件8为中国海关网上登载的海关备案申请详细内容，公众通过中国海关网能够得知附件8中产品的日期为附件8的备案生效日（2004年8月5日），因此附件8的公开日为2004年8月5日。由于附件8的公开日在本专利的申请日（2000年1月31日）之后，因而附件8不足以证明本专利在其申请日前已经以公开销售方式为公众所知。

由于补充附件2~5中的公证书没有公证和认证本专利在其申请日之前被销售公开，且其中的商业发票、装箱单、重量单、隆成中国有限公司麦头和编号单、提单、检测报告、函件、产品目录的真实性均无法确认，因此补充附件2~5同样不能证明本专利在其申请日之前已经以公开销售的方式为公众所知。

基于上面的评述，合议组认为，第一请求人和第二请求人所提交的证据（补充附件2~5）均不足以证明本专利在其申请日之前已经以公开销售的方式为公众所知。

3. 关于专利法第23条

专利法第23条规定：授予专利权的外观设计，应当同申请日以前在国内外出版物上公开发表过或者国内公开使用过的外观设计不相同和不相近似，并不得与他人在先取得的合法权利相冲突。

（1）本专利与附件5比较。

本专利涉及一种"三轮车"的外观设计，所述外观设计包括主视图、后视图、左视图、右视图、俯视图、仰视图、立体图和使用状态图。

附件5请求保护一种婴儿推车，包括图1~7，其中图1为立体图，图2为右视图，图3为左视图，图4为主视图，图5为后视图，图6为俯视图，图7为仰视图。

本专利主视图所示中间车轮的护罩形状为类牛角状，中间为冠状突起；车架左右两根支撑架中间的关节为长方形，关节中间可以看到一个类长方形的装置；推把套中间部分断开。而附件5的图4所示中间车轮的护罩为类拱形，并且护罩没有遮住两侧支撑架与下面连接杆的连接处；支撑架中间关节为长方形，但是看不到关节内部结构；附件5的推把套为一体结构；附件5还具有一个拱形的遮阳罩杆。因此，从主视图看，本专利与附件5中间车轮的护罩形状、支撑架关节的形状、推把套的结构均不相同，并且本专利不具有附件5的遮阳罩杆。

本专利左视图所示三轮车的前推杆和后推杆通过一个关节相连，并且具有一定的角度，中间关节为不规则形状，并具有一个类鸡蛋形的中空结构；前后轮之间的连接杆中间具有一个弯折处；本专利的三轮车是前推杆与前车轮相连接，连接杆与前推杆的连接处在前车轮的后斜上方；前轮护罩为类1/4扇形。附件5的图3所示推车的前推杆和后推杆大致呈直线，中间关节为长方形；前后轮的连接杆为一根直杆，并且与前轮相连；连接杆与前推杆的连接处在前车轮的正后方；附件5的后推杆中部具有一个遮阳罩。因此，从左视图看，本专利与附件5前后推杆的角度、中间关节的形状、连接杆的形状、支撑架与前轮的连接方式、前轮护罩的形状均不相同，并且本专利不具有附件5的遮阳罩。

本专利俯视图所示三轮车整体呈类似子弹形状；并且下端（即前轮处）呈类三角形，并具有一定的弧度；左右车轮之间的车轴的中间部分具有一个半圆形弧度；推把套中间部分断开。而附件5的图6所示推车上半截呈长方形，下半截为一个倒放的锐角三角形；左右车轮之间的车轴为一根直杆；附件5的推把套为一体结构；附件5还具有一个拱形的遮阳罩。因此，从俯视图看，本专利与附件5的整体形状、车轴形状、推把套结构均不相同，并且本专利不具有附件5的遮阳罩。

由上述分析可知，本专利的三轮车与附件5中的推车无论从整体还是局部上比较，两者的形状、结构均具有很多明显差别，二者的差别对产品外观设计整体视觉有显著影响，一般消费者很容易通过上述区别将本专利三轮车于附件5的推车区分开，因此，二者属于不相同且不相近似的外观设计。

（2）本专利与附件6比较。

附件6请求保护一种婴儿车，其包括主视图、俯视图、仰视图、左视图、后视图和立体图。

本专利主视图所示中间车轮的护罩形状为类牛角状，中间为冠状突起；车架左右两根支撑架中间的关节为长方形，关节中间可以看到一个类长方形的装置；推把套中间部分断开。而附件6的主视图所示中间车轮没有护罩，只是在车轮上方有一个接近水平的类月牙形踏板，并且没有遮住两侧支撑架与下面连接杆的连接处；支撑架中间看不到关节；附件6的推把套为一体结构。因此，从主视图看，本专利与附件6中间车轮的护罩、支撑架关节、推把套的结构均不相同。

本专利左视图所示三轮车的前推杆和后推杆通过一个关节相连，并且具有一定的角度，中间关节为不规则形状，并具有一个类鸡蛋形的中空结构；前后轮之间的连接杆中间具有一个弯折处；前轮护罩为类1/4扇形。附件6的左视图所示婴儿车的前推杆和后推杆大致呈直线，后推杆的推把处具有一个向下弯折的角度，中间关节不可见；前后轮的连接杆为一根直杆；附件6的后轮上方到右上方位置具有一个类梯形储物筐，前轮没有护罩，只是在车轮上方有一个接近水平的踏板。因此，从左视图看，本专利与附件6前后推杆的角度、中间关节、连接杆的形状、前轮护罩的形状均不相同，并且本专利不具有附件6的储物筐。

本专利俯视图所示三轮车整体呈类似子弹形状，并且下端（即前轮处）呈一个中空的类三角形，并可以看到一个类长方形的前轮护罩；左右车轮之间的车轴的中间部分具有一个半圆形弧度；推把套中间部分断开。而附件6的俯视图所示婴儿车整体呈类似子弹形状，下端（即前轮处）为呈类月牙形的踏板，只能看到前车轮的前端一小部分；左右车轮之间的车轴基本为一根直杆，两端稍有弯折；附件6的推把套为一体结构；附件6中间部分还具有带安全带的座椅。因此，从俯视图看，本专利与附件5的整体形状、车轴形状、推把套结构均不相同，并且本专利不具有附件6的座椅。

由上述分析可知，本专利的三轮车与附件6中的婴儿车无论从整体还是局部上比较，两者的形状、结构均具有很多明显差别，二者的差别对产品外观设计整体视觉有显著影响，一般消费者很容易通过上述区别将本专利三轮车于附件6的婴儿车区分开，因此，二者属于不相同且不相近似的外观设计。

综上所述，第一请求人和第二请求人所提交的证据无法证明本专利在其申请日之前已经以公开销售的方式为公众所知，本专利与附件5、6不相同也不相近似，故本专利符合专利法第23条规定。

三、决定

维持99304614.2号外观设计专利权有效。

当事人对本决定不服的，可以根据专利法第46条第2款的规定，自收到本决定之日起三个月内向北京市第一中级人民法院起诉。根据该条款的规定，一方当事人起诉后，另一方当事人应当作为第三人参加诉讼。

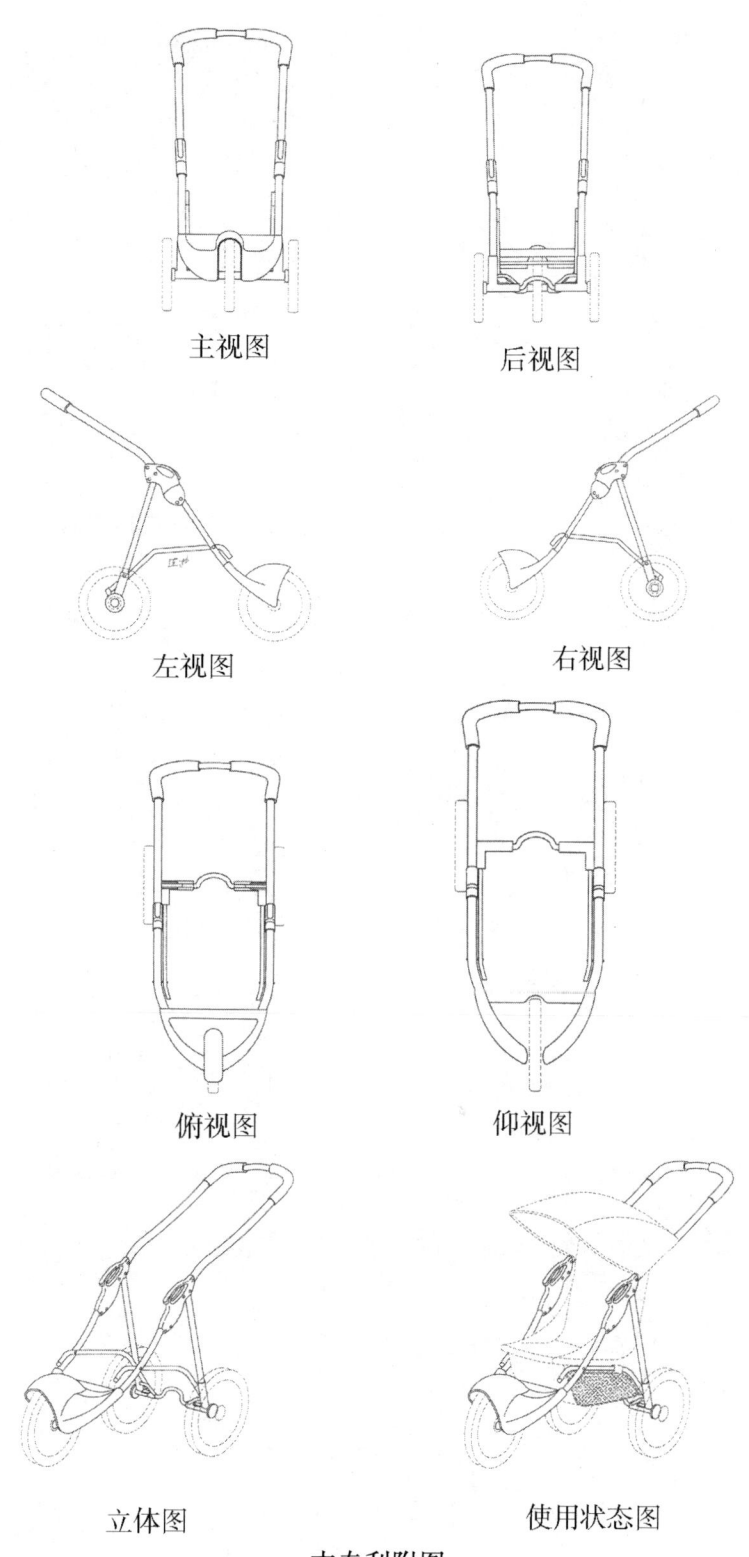

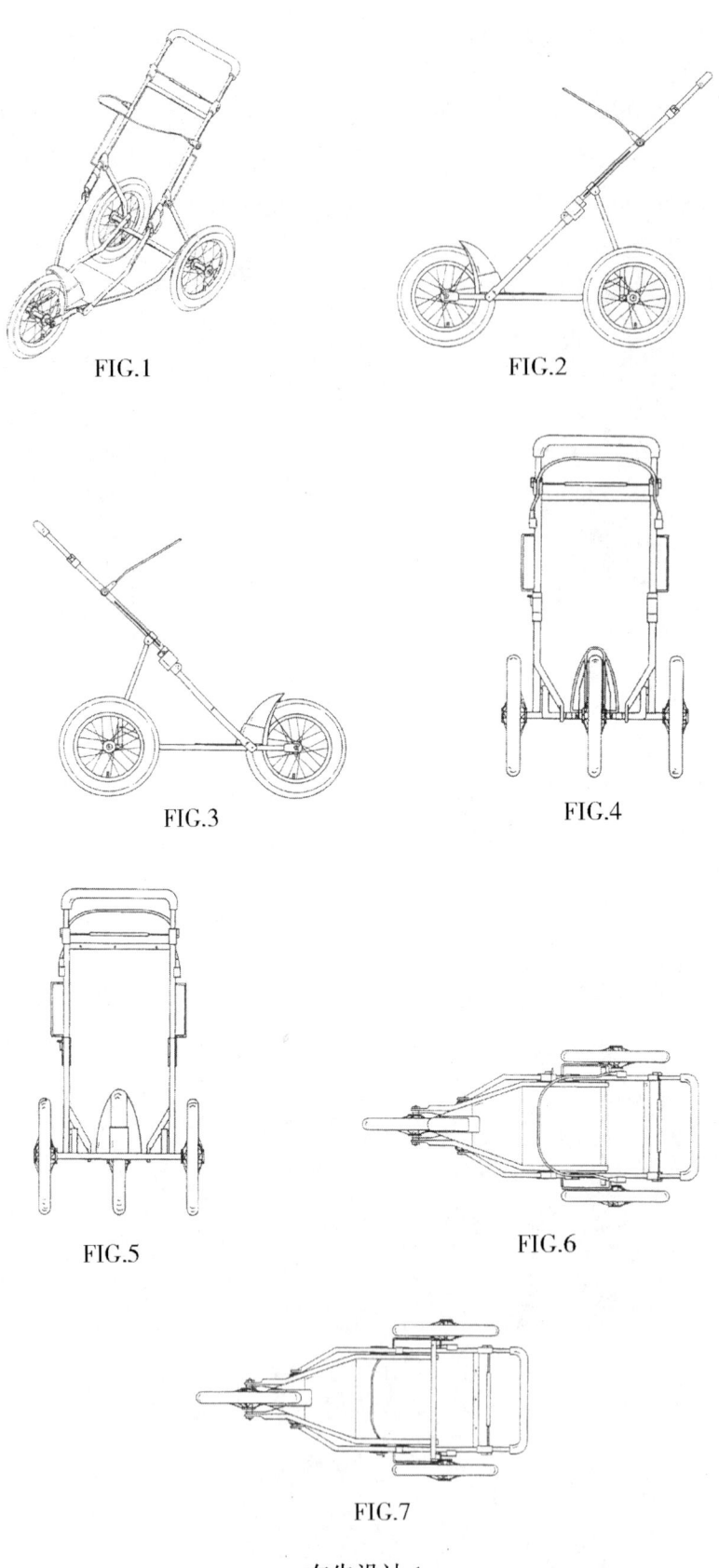

在先设计1

主视图　　　仰视图　　　俯视图　　　左视图　　　后视图　　　立体图

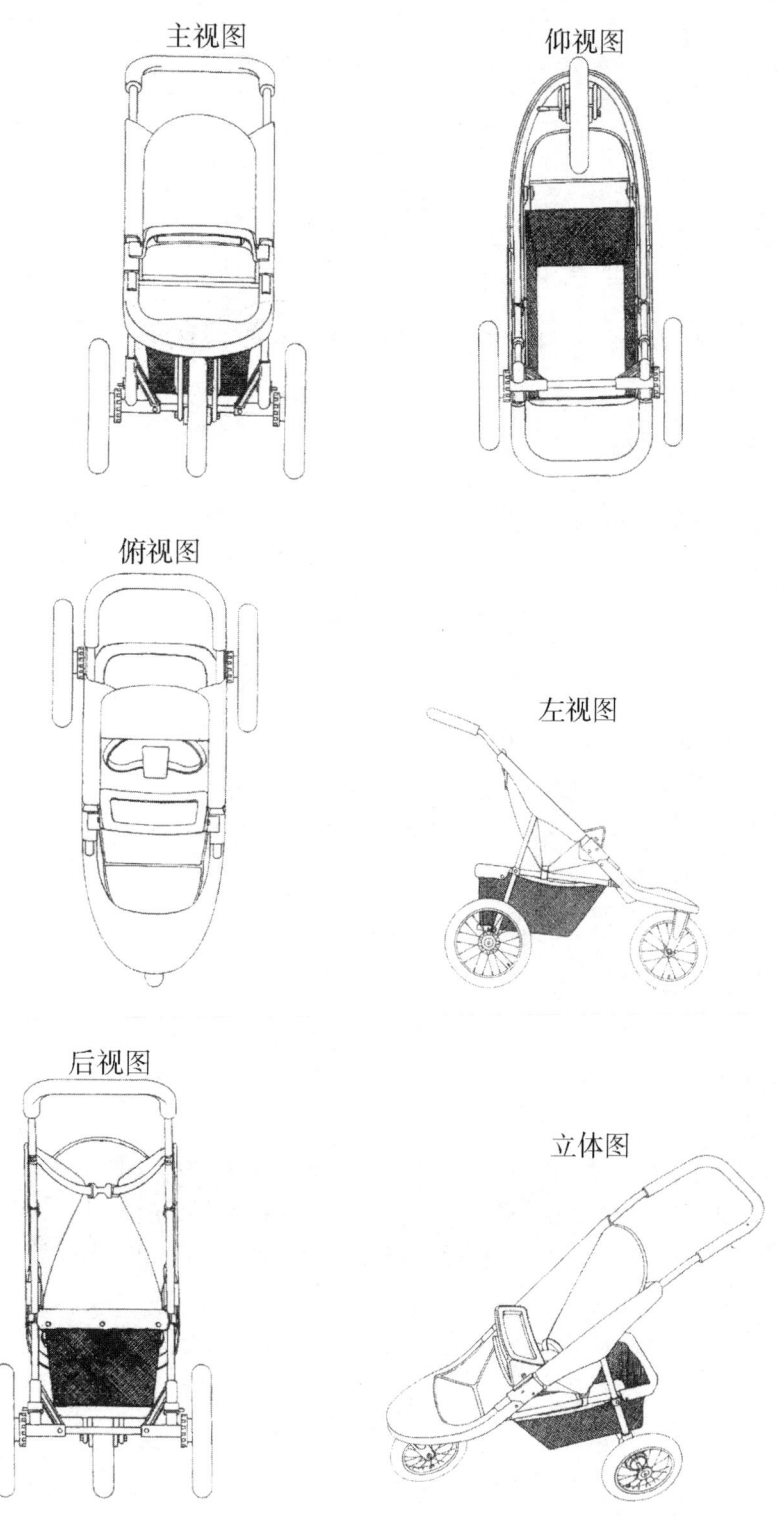

在先设计 2

弓形锯架

无效宣告请求审查决定（第 10586 号）

决　定　号	第 10586 号
决　定　日	2007 年 10 月 11 日
发明创造名称	弓形锯架
外观设计分类号	08-03
无效宣告请求人	舟山百蕾锯王（集团）有限公司
专　利　权　人	卡普曼公司
专　利　号	98301774.3
申　请　日	1998 年 4 月 17 日
优　先　权　日	1997 年 10 月 17 日
授　权　公　告　日	1999 年 1 月 6 日
合 议 组 组 长	吴赤兵
主　审　员	李巍巍
参　审　员	严若艳
附　　　　图	2 页

法　律　依　据　专利法第 23 条，专利法实施细则第 2 条第 3 款
决　定　要　点

虽然请求人认为："锯架'弓形'形状设计为惯常设计，其整体比例基本相同"，但从锯架的整体形状观察，其前后握柄形状和锯条的调节装置等设计均存在着明显的差别，这些差别对该类产品外观设计的整体视觉效果具有显著的影响，因此，本专利与在先设计 1 和在先设计 2 均应属于不相同且不相近似的外观设计。

一、案由

本无效宣告请求涉及 1999 年 1 月 6 日国家知识产权局授权公告的 98301774.3 号外观设计专利，其产品名称是"弓形锯架"，申请日是 1998 年 4 月 17 日，优先权日是 1997 年 10 月 17 日，现专利权人是卡普曼公司（原专利权人桑德维克公司于 1999 年 11 月 24 日将专利权转让给卡普曼公司）。

针对上述外观设计专利权（下称本专利），舟山百蕾锯王（集团）有限公司（下称请求人）于 2007 年 3 月 27 日向专利复审委员会提出无效宣告请求，其理由是本专利不符合专利法第 23 条和专利法实施细则第 2 条第 3 款的规定。请求人认为：锯架"弓"形形状设计为惯常设计，将本专利与在先公开的两项实用新型专利中所公开的产品相比，其整体比例基本相同，区别在于本专利前握柄、锯梁

和后握柄外侧连接处具有弧线过渡，比起证据1和证据2的弧线走向明显，但这属于局部细微差别，尤其是前握柄、后握柄外侧细微变化的弧线位于前后握柄的侧面，很难对一般消费者在整体观察该产品时的视觉效果产生影响；且在本专利申请日前已经被在先的技术完全公开，不属于新设计，因此，应当宣告本专利无效。同时，请求人提交了如下附件作为证据：

附件1是90200660.6号实用新型专利公报复印件，共5页；

附件2是94238730.9号实用新型专利公报复印件，共8页。

专利复审委员会根据无效宣告请求审查程序的规定受理了该无效宣告请求，并于2007年4月4日将无效宣告请求书和证据的副本转送给专利权人，限其在指定的期限内答复。并告知专利权人如逾期不答复，不影响专利复审委员会的审理。

专利权人针对无效宣告请求的理由于2007年5月18日进行了意见陈述，专利权人认为本专利整体上呈光滑曲线形造型，而附件1和附件2所披露的锯架为直线方框形，二者的显著差异对整体视觉效果产生了显著的影响，因此，本专利与附件1和附件2既不相同也不相近似，应当维持本专利有效。

专利复审委员会于2007年7月24日将专利权人提交的意见陈述转送给请求人。同时向双方当事人发出《合议组成员告知通知书》，指出如对本案合议组人员有回避请求的，请于收到本通知之日起7天内提交书面请求书，逾期未答复，视为无回避请求。在规定的期限内双方当事人均未对合议组成员提出回避的请求。请求人也未就专利权人的意见陈述进行答复。

在以上审理的基础上，本案合议组经合议，认为本案事实清楚，依法作出本审查决定。

二、决定的理由

1. 法律依据

根据请求人提出的无效宣告请求的理由和提交的证据，本案合议组依据专利法第23条、专利法实施细则第2条第3款的规定对本案进行审理。

专利法第23条规定："授予专利权的外观设计，应当同申请日以前在国内外出版物上公开发表过或者国内公开使用过的外观设计不相同和不相近似，并不得与他人在先取得的合法权利相冲突。"

专利法实施细则第2条第3款规定："专利法所称外观设计，是指对产品的形状、图案或者其结合以及色彩与形状、图案的结合所作出的富有美感并适于工业应用的新设计。"

2. 证据的认定

请求人提交的附件1是90200660.6号实用新型专利公报，该专利的申请日是1990年1月16日，授权公告日是1991年1月9日，授权公告号是CN2068875U，实用新型名称为"方管活动钢锯架"（下称在先设计1），经合议组核实，该证据所示内容属实，其授权公告日在本专利申请日（本案指优先权日，下同）之前，属于本专利申请日前的公开出版物，可适用专利法第23条的规定作为本案有效证据。

请求人提交的附件2是94238730.9号实用新型专利公报，该专利的申请日是1994年5月19日，授权公告日是1995年3月15日，授权公告号是CN2191730Y，实用新型名称为"可调锯条倾角的弓形锯"（下称在先设计2），经合议组核实，该证据所示内容属实，其授权公告日在本专利申请日之前，属于本专利申请日前的公开出版物，可适用专利法第23条的规定作为本案有效证据。

3. 相同和相近似的比较

在先设计1所示的图1（结构图）中公开了一款"方管活动钢锯架"的外观设计，在先设计2所示的图1（外形图）、图2（结构关系示意图）、图3（各零部件分解图）中公开了一款"可调锯条倾角的弓形锯"的外观设计，与本专利"弓形锯架"的用途均相同，因此，应属于相同类别的产品，具有可比性。

本专利包括主视图、后视图、左视图、右视图、俯视图、仰视图和立体图。从各视图观察，本专利由前握柄、锯梁和后握柄三部分组成，前握柄大致呈鸭头造型，顶部有一突起，握手弧形外翘，端部有一锯条固定孔；后握柄大致呈手枪枪把形状，握孔为长"口"字形，其握柄的下端分别设有锯条固定孔和圆形调节钮；锯梁呈长形体，其两端分别与前握柄及后握柄相连（详见本专利附图）。

在先设计1钢锯架由前握柄、锯梁和后握柄三部分组成，前握柄大致呈"L"形，顶部有一突起，下端有一锯条固定孔；后握柄大致呈手枪枪把形状，握孔为长"口"字形；后握柄把整体略向外翘，后握柄的下端分别设有锯条固定孔和折形调节卡；锯梁呈长方体，其两端分别与前握柄及后握柄相连（详见在先设计1附图）。

在先设计2弓形锯由前握柄、锯梁和后握柄三部分组成，前握柄大致呈"L"形，顶部有一突起，前端边内侧上有三个镂空孔，下端分别为连接锯条的前勾持杆、蝶形螺母、前调节轮；后握柄大致呈长"回"字形框，握孔为长"口"字形；后握柄把整体略向外翘，握柄的底柄边较其他柄边厚，其上分别设有固定锯条的后持杆和调节轮；锯梁呈长方体，其两端分别与前握柄及后握柄相连（详见在先设计2附图）。

本专利与在先设计1相比较，二者均由前握柄、锯梁和后握柄三部分组成，前握柄顶部均有一突起，后握柄的握孔均大致呈长"口"字形，锯梁的形状及与前、后握柄相连的方式均基本相同。二者主要不同点是：前握柄的形状不同，本专利为鸭头造型，前握手弧形外翘，在先设计1为"L"形，握手与锯梁垂直；后握柄形状及锯条的调节装置不同，本专利内环为长圆角形，调节钮为圆形，在先设计1内环为梯形，调节装置为折形调节卡，且整体形状更接近于手枪枪把形状。请求人认为："锯架'弓形'形状设计为惯常设计，其整体比例基本相同"。合议组认为：锯架由前握柄、锯梁、后握柄三部分组成的"弓形"形状为该类产品的惯常设计，其在各具体部分的差异对整体视觉效果更具有显著的影响。二者前后握柄形状和锯条的调节装置明显不同，这些差别对本专利与在先设计1的外观设计的整体视觉效果具有显著的影响，一般消费者很容易将二者区分开，因此，二者应属于不相同且不相近似的外观设计。

本专利与在先设计2相比较，二者相同点同上所述。二者主要不同点是：前握柄的形状不同，本专利为鸭头造型，握手弧形外翘，在先设计2为"L"形，前握手与锯梁垂直，端部还设有前勾持杆、蝶形螺母、前调节轮、镂空等设计；后握柄形状及锯条的调节装置不同，本专利内环为长圆角形，为扁圆形调节钮，在先设计2内环为长方形，调节装置在后握柄的底边侧面，为圆柱形调节轮，且该底边厚于柄边，两侧边上有凹槽设计。请求人认为："锯架'弓形'形状设计为惯常设计，其整体比例基本相同"。合议组认为：锯架由前握柄、锯梁、后握柄三部分组成的"弓形"形状为该类产品的惯常设计，其在各具体部分的差异对整体视觉效果更具有显著的影响。二者前后握柄形状和锯条的调节装置明显不同，这些差别对本专利与在先设计2的外观设计的整体视觉效果具有显著的影响，一般消费者很容易将二者区分开，因此，二者应属于不相同且不相近似的外观设计。

请求人认为，本专利保护的范围与在先设计1和在先设计2中公开的外观设计相同或者相近似，不属于新设计。合议组认为：专利法实施细则第2条第3款是对可获得专利保护的外观设计的一般性定义，不是判断外观设计是否相同或相近似的具体审查标准。在上述相同和相近似的比较判断中，已得出本专利与在先设计1和在先设计2均属于不相同且不相近似的外观设计的结论的情况下，请求人又不能提交提交其他证据支持该主张，因此，其认为本专利不属于新设计的理由不成立，即本专利不符合专利法实施细则第2条第3款规定的主张不能成立。

综上所述，请求人提交的证据均不能支持其无效宣告请求的主张。

三、决定

维持98301774.3号外观设计专利权有效。

当事人对本决定不服的，可以根据专利法第46条第2款的规定，自收到本决定之日起三个月内向北京市第一中级人民法院起诉。根据该款的规定，一方当事人起诉后，另一方当事人应当作为第三人参加诉讼。

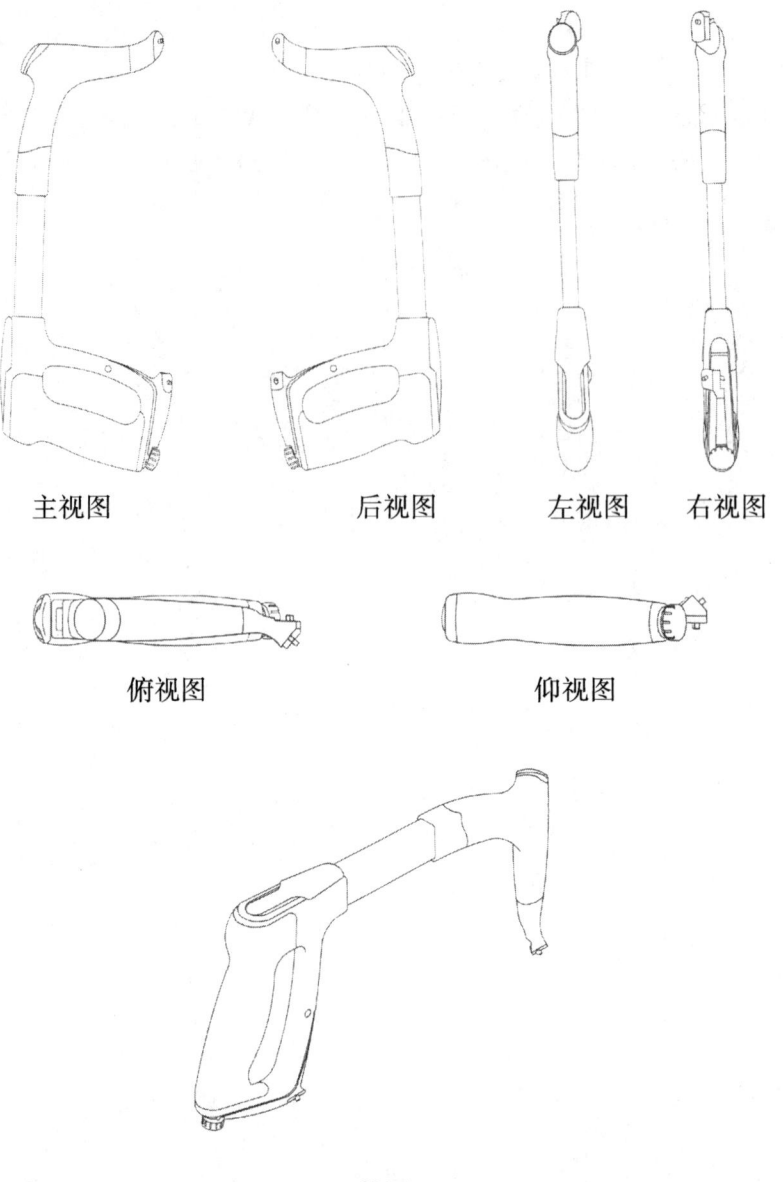

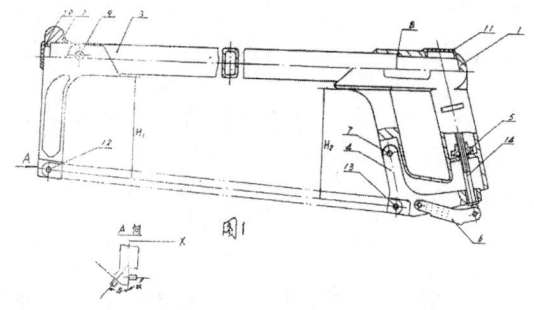

在先设计 1 附图

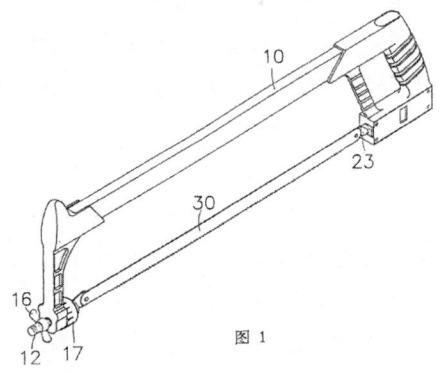

附图 1

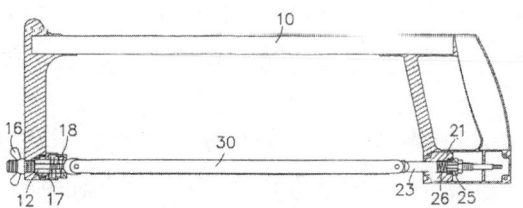

附图 2

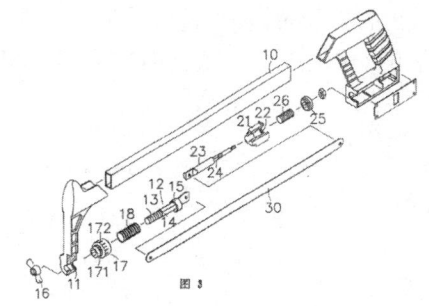

附图 3

在先设计 2 附图

北京市第一中级人民法院
行政裁定书

（2008）一中行初字第47号

原告舟山百蕾锯王（集团）有限公司，住所地中华人民共和国浙江省舟山市普陀区六横镇里岙村。

法定代表人邬明君，董事长。

委托代理人张文忠，宁波市天晟知识产权代理有限公司专利代理人。

委托代理人汪灵燕，北京鼎盛知识产权代理有限公司专利代理人。

被告中华人民共和国国家知识产权局专利复审委员会，住所地中华人民共和国北京市海淀区北四环西路9号银谷大厦10~12层。

法定代表人廖涛，副主任。

委托代理人李巍巍，女，中华人民共和国国家知识产权局专利复审委员会审查员。

委托代理人田华，女，中华人民共和国国家知识产权局专利复审委员会审查员。

第三人卡普曼公司，住所地瑞典74582恩雪平市。

授权代表人比约恩·施赖伯，技术支持助理。

委托代理人贾庆忠，永新专利商标代理有限公司专利代理人。

委托代理人张文达，永新专利商标代理有限公司专利代理人。

原告舟山百蕾锯王（集团）有限公司不服被告中华人民共和国国家知识产权局专利复审委员会作出的第10586号无效宣告请求审查决定，于2007年12月6日向本院提起行政诉讼。本院受理后，依法组成合议庭，对本案进行了审理。在审理期间，本院先后两次依法传唤原告出庭参加诉讼，原告均未到庭，且没有正当理由。

经审查本院认为，根据《中华人民共和国行政诉讼法》第四十八条的规定，经人民法院两次合法传唤，原告无正当理由拒不到庭的，视为申请撤诉。原告经本院两次合法传唤，无正当理由拒不到庭，依法应当视为申请撤回起诉。原告舟山百蕾锯王（集团）有限公司在诉讼期间申请撤回起诉，属于依法处分其诉讼权利的行为，该行为未侵犯国家、集体和他人的合法权益，本院应予准许。据此，本院依照《中华人民共和国行政诉讼法》第四十八条、第五十一条的规定，裁定如下：

准许原告舟山百蕾锯王（集团）有限公司撤回起诉。

案件受理费100元，由原告舟山百蕾锯王（集团）有限公司负担（已交纳）。

审 判 长 齐 莹
代理审判员 乔 军
人民陪审员 张燕宾
二〇〇八年四月二十二日
书 记 员 曹 炜

棺木（波浪头 HB130/230）

无效宣告请求审查决定（第 10595 号）

决 定 号	第 10595 号
决 定 日	2007 年 10 月 25 日
发明创造名称	棺木（波浪头 HB130/230）
外观设计分类号	99-00
无效宣告请求人	宝石实业有限公司
专 利 权 人	陈林标
专 利 号	200630059764.4
申 请 日	2006 年 4 月 28 日
授权公告日	2007 年 4 月 4 日
合议组组长	吴赤兵
主 审 员	张 凌
参 审 员	李巍巍
法 律 依 据	专利法第 23 条
决 定 要 点	

当事人提交外文证据，但未在审查指南规定的期限内提交相应的中文译文的，其证据视为未提交。

一、案由

本无效宣告请求涉及国家知识产权局于 2007 年 4 月 4 日授权公告的名称为"棺木（波浪头 HB130/230）"的 200630059764.4 号外观设计专利，其申请日为 2006 年 4 月 28 日，专利权人为陈林标。

针对上述专利权（下称本专利），宝石实业有限公司（下称请求人）于 2007 年 4 月 29 日向专利复审委员会提出无效宣告请求，理由是本专利与在其申请日前已公开发表过的外观设计构成相近似的外观设计，因而不符合专利法第 23 条规定。请求人同时提交如下附件作为证据：

附件 1：声称为西班牙 Revista Funeraria 杂志 2005 年 2 月刊相关版面复印件（共 2 页）；
附件 2：声称为西班牙 Revista Funeraria 杂志 2003 年 8 月刊相关版面复印件（共 5 页）；
附件 3：声称为西班牙 Revista Funeraria 杂志 2003 年 11 月刊相关版面复印件（共 2 页）；
附件 4：声称为西班牙 Revista Funeraria 杂志 2004 年 10 月刊相关版面复印件（共 3 页）；
附件 5：声称为西班牙 Revista Funeraria 杂志 2004 年 6 月刊相关版面复印件（共 4 页）。

经形式审查合格后,专利复审委员会依法受理了上述无效宣告请求,并于2007年6月11日将无效宣告请求书及相关文件的副本转给专利权人,要求其在指定的期限内答复。

专利复审委员会于2007年7月18日收到专利权人针对上述无效宣告请求提交的答复意见,专利权人认为请求人提交的证据中包含多个外观设计图案,无法确定请求人具体使用作为对比的设计;请求人提交的复印件未清晰的公开用于对比的外观设计,无法与本专利进行对比;将请求人提供的2005年2月刊中某页左上角公开的一个设计与本专利对比,两者具有显著的区别,既不相同也不相近似,本专利符合专利法第23条的规定。

2007年8月20日专利复审委员会向双方当事人发出口头审理通知书,定于2007年10月16日上午在专利复审委员会进行口头审理,并将专利权人的答复意见转送请求人。

口头审理如期举行,双方当事人委托的代理人参加了口头审理。口头审理中双方当事人对合议组成员无回避请求,对对方出庭人员的资格无异议。请求人明确其无效宣告理由为专利法第23条(在先公开发表),当庭出示附件1-5的原件。专利权人认为附件1-5均为域外证据,未经相应的公证认证手续,因此对其真实性不予认可;请求人提交的证据均为外文证据,并且未在举证期限内提交中文译文,其证据应视为未提交。请求人当庭承认未提交有关附件的中文译文。

在上述审理的基础上,合议组经合议,认为本案事实清楚,依法作出本审查决定。

二、决定的理由

1. 法律依据

基于请求人提出无效宣告请求所依据的理由和证据,合议组对本专利是否符合专利法 第23条的规定进行审查。

专利法第23条规定,授予专利权的外观设计,应当同申请日以前在国内外出版物上公开发表过或者国内公开使用过的外观设计不相同和不相近似,并不得与他人在先取得的合法权利相冲突。

2. 证据认定

请求人提交的五份证据均为在域外形成的外文证据,其未在审查指南规定的期限内提交相应的中文译文,也没有履行相应的公证认证的证明手续,根据审查指南的相关规定,其证据应视为未提交。

3. 关于专利法第23条

由于请求人提交的五份证据均被视为未提交,其无效宣告请求没有相应的证据支持,无法证明本专利不符合专利法第23条的规定。

三、决定

维持200630059764.4号外观设计专利权有效。

当事人对本决定不服的,可以根据专利法第46条第2款的规定,自收到本决定之日起三个月内向北京市第一中级人民法院起诉。根据该款的规定,一方当事人起诉后,另一方当事人应当作为第三人参加诉讼。

棺木（方头 HD130/230）

无效宣告请求审查决定（第 10596 号）

决 定 号	第 10596 号
决 定 日	2007 年 10 月 25 日
发明创造名称	棺木（方头 HD130/230）
外观设计分类号	99-00
无效宣告请求人	宝石实业有限公司
专 利 权 人	陈林标
专 利 号	200630059768.2
申 请 日	2006 年 4 月 28 日
授 权 公 告 日	2007 年 2 月 28 日
合 议 组 组 长	吴赤兵
主 审 员	张 凌
参 审 员	李巍巍
法 律 依 据	专利法第 23 条

决 定 要 点

当事人提交外文证据，但未在审查指南规定的期限内提交相应的中文译文的，其证据视为未提交。

一、案由

本无效宣告请求涉及国家知识产权局于 2007 年 2 月 28 日授权公告的名称为"棺木（方头 HD130/230）"的 200630059768.2 号外观设计专利，其申请日为 2006 年 4 月 28 日，专利权人为陈林标。

针对上述专利权（下称本专利），宝石实业有限公司（下称请求人）于 2007 年 4 月 29 日向专利复审委员会提出无效宣告请求，理由是本专利与在其申请日前已公开发表过的外观设计构成相近似的外观设计，因而不符合专利法第 23 条规定。请求人同时提交如下附件作为证据：

附件 1：声称为西班牙 Revista Funeraria 杂志 2005 年 2 月刊相关版面复印件（共 2 页）；
附件 2：声称为西班牙 Revista Funeraria 杂志 2003 年 6 月刊相关版面复印件（共 3 页）；
附件 3：声称为西班牙 Revista Funeraria 杂志 2003 年 4 月刊相关版面复印件（共 2 页）；
附件 4：声称为西班牙 Revista Funeraria 杂志 2003 年 8 月刊相关版面复印件（共 5 页）；
附件 5：声称为西班牙 Revista Funeraria 杂志 2003 年 2 月刊相关版面复印件（共 2 页）。

经形式审查合格后,专利复审委员会依法受理了上述无效宣告请求,并于2007年6月11日将无效宣告请求书及相关文件的副本转给专利权人,要求其在指定的期限内答复。

专利复审委员会于2007年7月18日收到专利权人针对上述无效宣告请求提交的答复意见,专利权人认为请求人提交的证据中包含多个外观设计图案,无法确定请求人具体使用作为对比的设计;请求人提交的复印件未清晰的公开用于对比的外观设计,无法与本专利进行对比;将请求人提供的2005年2月刊中某页左下角公开的一个设计与本专利对比,两者具有显著的区别,既不相同也不相近似,本专利符合专利法第23条的规定。

2007年8月20日专利复审委员会向双方当事人发出口头审理通知书,定于2007年10月16日上午在专利复审委员会进行口头审理,并将专利权人的答复意见转送请求人。

口头审理如期举行,双方当事人委托的代理人参加了口头审理。口头审理中双方当事人对合议组成员无回避请求,对对方出庭人员的资格无异议。请求人明确其无效宣告理由为专利法第23条(在先公开发表),当庭出示附件1~5的原件。专利权人认为附件1~5均为域外证据,未经相应的公证认证手续,因此对其真实性不予认可;请求人提交的证据均为外文证据,并且未在举证期限内提交中文译文,其证据应视为未提交。请求人当庭承认未提交有关附件的中文译文。

在上述审理的基础上,合议组经合议,认为本案事实清楚,依法作出本审查决定。

二、决定的理由

1. 法律依据

基于请求人提出无效宣告请求所依据的理由和证据,合议组对本专利是否符合专利法第23条的规定进行审查。

专利法第23条规定,授予专利权的外观设计,应当同申请日以前在国内外出版物上公开发表过或者国内公开使用过的外观设计不相同和不相近似,并不得与他人在先取得的合法权利相冲突。

2. 证据认定

请求人提交的五份证据均为在域外形成的外文证据,其未在审查指南规定的期限内提交相应的中文译文,也没有履行相应的公证认证的证明手续,根据审查指南的相关规定,其证据应视为未提交。

3. 关于专利法第23条

由于请求人提交的五份证据均被视为未提交,其无效宣告请求没有相应的证据支持,无法证明本专利不符合专利法第23条的规定。

三、决定

维持200630059768.2号外观设计专利权有效。

当事人对本决定不服的,可以根据专利法第46条第2款的规定,自收到本决定之日起三个月内向北京市第一中级人民法院起诉。根据该款的规定,一方当事人起诉后,另一方当事人应当作为第三人参加诉讼。

棺木（圆头 HC130/230）

无效宣告请求审查决定（第 10597 号）

决 定 号	第 10597 号
决 定 日	2007 年 10 月 25 日
发明创造名称	棺木（圆头 HC130/230）
外观设计分类号	99-00
无效宣告请求人	宝石实业有限公司
专 利 权 人	陈林标
专 利 号	200630059766.3
申 请 日	2006 年 4 月 28 日
授权公告日	2007 年 2 月 28 日
合议组组长	吴赤兵
主 审 员	张 凌
参 审 员	李巍巍
法 律 依 据	专利法第 23 条

决 定 要 点

当事人提交外文证据，但未在审查指南规定的期限内提交相应的中文译文的，其证据视为未提交。

一、案由

本无效宣告请求涉及国家知识产权局于 2007 年 2 月 28 日授权公告的名称为"棺木（圆头 HC130/230）"的 200630059766.3 号外观设计专利，其申请日为 2006 年 4 月 28 日，专利权人为陈林标。

针对上述专利权（下称本专利），宝石实业有限公司（下称请求人）于 2007 年 4 月 29 日向专利复审委员会提出无效宣告请求，理由是本专利与其申请日前已公开发表过的外观设计构成相近似的外观设计，因而不符合专利法第 23 条规定。请求人同时提交如下附件作为证据：

附件 1：声称为西班牙 Revista Funeraria 杂志 2005 年 2 月刊相关版面复印件（共 2 页）；
附件 2：声称为西班牙 Revista Funeraria 杂志 2003 年 12 月刊相关版面复印件（共 3 页）；
附件 3：声称为西班牙 Revista Funeraria 杂志 2004 年 10 月刊相关版面复印件（共 3 页）；
附件 4：声称为西班牙 Revista Funeraria 杂志 2004 年 6 月刊相关版面复印件（共 4 页）。

经形式审查合格后，专利复审委员会依法受理了上述无效宣告请求，并于 2007 年 6 月 11 日将无效宣告请求书及相关文件的副本转给专利权人，要求其在指定的期限内答复。

专利复审委员会于2007年7月18日收到专利权人针对上述无效宣告请求提交的答复意见，专利权人认为请求人提交的证据中包含多个外观设计图案，无法确定请求人具体使用作为对比的设计；请求人提交的复印件未清晰的公开用于对比的外观设计，无法与本专利进行对比；将请求人提供的2005年2月刊某页右上角中公开的一个设计与本专利对比，两者具有显著的区别，既不相同也不相近似，本专利符合专利法第23条的规定。

2007年8月20日专利复审委员会向双方当事人发出口头审理通知书，定于2007年10月16日上午在专利复审委员会进行口头审理，并将专利权人的答复意见转送请求人。

口头审理如期举行，双方当事人委托的代理人参加了口头审理。口头审理中双方当事人对合议组成员无回避请求，对对方出庭人员的资格无异议。请求人明确其无效宣告理由为专利法第23条（在先公开发表），当庭出示附件1~4的原件。专利权人认为附件1~4均为域外证据，未经相应的公证认证手续，因此对其真实性不予认可；请求人提交的证据均为外文证据，并且未在举证期限内提交中文译文，其证据应视为未提交。请求人当庭承认未提交有关附件的中文译文。

在上述审理的基础上，合议组经合议，认为本案事实清楚，依法作出本审查决定。

二、决定的理由

1. 法律依据

基于请求人提出无效宣告请求所依据的理由和证据，合议组对本专利是否符合专利法第23条的规定进行审查。

专利法第23条规定，授予专利权的外观设计，应当同申请日以前在国内外出版物上公开发表过或者国内公开使用过的外观设计不相同和不相近似，并不得与他人在先取得的合法权利相冲突。

2. 证据认定

请求人提交的四份证据均为在域外形成的外文证据，其未在审查指南规定的期限内提交相应的中文译文，也没有履行相应的公证认证的证明手续，根据审查指南的相关规定，其证据应视为未提交。

3. 关于专利法第23条

由于请求人提交的四份证据均被视为未提交，其无效宣告请求没有相应的证据支持，无法证明本专利不符合专利法第23条的规定。

三、决定

维持200630059766.3号外观设计专利权有效。

当事人对本决定不服的，可以根据专利法第46条第2款的规定，自收到本决定之日起三个月内向北京市第一中级人民法院起诉。根据该款的规定，一方当事人起诉后，另一方当事人应当作为第三人参加诉讼。

便 盆

无效宣告请求审查决定（第 10598 号）

决 定 号	第 10598 号
决 定 日	2007 年 10 月 16 日
发明创造名称	便 盆
外观设计分类号	23-02
无效宣告请求人	文安县欣兴卫生洁具厂
专 利 权 人	王殿华
申 请 号	200530116444.3
申 请 日	2005 年 8 月 4 日
授 权 公 告 日	2006 年 5 月 24 日
合 议 组 组 长	吴亚琼
主 审 员	陈海平
参 审 员	路传亮
法 律 依 据	专利法第 23 条

决 定 要 点

在外观设计专利与同类产品的在先外观设计之间仅存在有局部差异时，如果该局部差异对产品整体视觉效果不具有显著的影响，则二者属于相近似的外观设计。

一、案由

本无效宣告请求案涉及的是国家知识产权局于 2006 年 5 月 24 日授权公告的，名称为"便盆"的外观设计专利，其专利号为 200530116444.3，申请日为 2005 年 8 月 4 日，专利权人是王殿华。

针对上述专利权（下称本专利），文安县欣兴卫生洁具厂（下称请求人）于 2006 年 10 月 26 日以本专利的授予不符合专利法第 23 条的规定为由，向专利复审委员会提出无效宣告请求。请求人同时提交了下述证据（均为复印件）：

证据 1：华北地区建筑设计标准化办公室编《建筑设备施工安装通用图集》91SB2 卫生工程，1992 年 5 月第 1 版、2004 年 4 月第 5 次印刷，封面页、版权页与第 96 页复印件，共 3 页；

证据 2：CN3225275 号外观设计专利公告文件，申请日为 2001 年 8 月 17 日，公告日为 2002 年 2 月 27 日；

证据3：CN3503056号外观设计专利公告文件，申请日为2005年4月5日，公告日为2006年2月1日。

请求人的具体意见为：上述证据1、2中所公开的外观设计的使用时可见部位与本专利的区别在于便器排水口的位置不同，但此种变化对整体视觉效果不具有显著的影响；而从证据3中所公开的外观设计中可见其便器排水口的位置与本专利相同，因此将排水口的位置设在便器的后方为惯常的方案，属于功能上的需要，而非外观设计的要素。

经形式审查合格，专利复审委员会于2006年10月30日受理了此案，并将无效宣告请求书及附件转寄给专利权人，要求其在指定的期限内进行答复。

专利权人于2006年12月12日提交意见陈述书，认为：证据3的公告日晚于本专利的申请日，根据专利法第23条的规定不能作为本专利的对比文件使用；本专利与证据1的区别主要在于排水口与进水口的位置不同，上述区别使一般消费者不会将两者混淆，故两者不相同也不相近似；本专利与证据2的不同点主要在于整体形状不同，排水口与进水口的位置不同，由于两者存在上述显著区别，一般消费者不会将两者混淆，因此两者明显不相近似。

请求人于2006年11月27日补充提交了涉及本专利的公开使用的证据（复印件）两份，其为：

补充证据1：唐山市建筑陶瓷厂销售中心出具的涉及"异型和丰"蹲便器的销售的"证明"一份及唐山市建筑陶瓷厂销售中心收到文安县欣兴管材厂"异型合丰"货品的"收据"两份；

补充证据2：涉及"洁日牌"蹲便器的制造与销售的证明材料一份。

专利复审委员会本案合议组于2007年6月8日向请求人及专利权人发出了口头审理通知书，定于2007年7月18日在专利复审委员会进行本案的口头审理；同时将上述请求人于2006年11月27日提交的补充证据的副本转给专利权人，将上述专利权人于2006年12月12日提交的意见陈述书转给请求人。

口头审理按期举行，双方当事人出席了本次口头审理。

请求人提交了证据1及补充证据1、2的原件，放弃以证据3作为本案的证据。专利权人对请求人所提交的证据1、2的真实性无异议，对补充证据1、2的真实性、关联性与合法性有异议。

在口头审理程序中，双方当事人就本案所涉及的具体事实进行了辩论，其要点如下：

请求人认为其所提交的证据1为与本专利最接近的对比文件。关于排水管的位置，请求人认为：在城市里便器的排水管设在前面，而农村用的便器排水管设在后面，且排水管都埋在地下，其位置属于功能性的设计。

专利权人认为：本专利与证据1的进出水口的设计位置都是不同的，排水口是在前还是在后是很重要的特征，一般消费者在购买时是可以看到的。本专利前面的挡板并不是垂直于水平面，而证据1的遮挡部分是一个垂直的面。另外，除了购买坐便器的人可以看到排水口的位置以外，在家里使用的人也可以从上部看到排水口的位置。证据1公开的左右视图上面的轮廓和本专利是不同的。

请求人进一步答辩称：专利权人并没有说出由于前后不同而给外观设计赋予了什么样的美感，并且左右视图上面轮廓是相似的；由于使用时底部是埋在地下，所以底部形状的不同不会对整体形状造成显著影响。

在上述程序的基础上，本案合议组经合议，认为本案事实已经清楚，可以依法作出本审查决定。

二、决定的理由

1. 法律依据

基于请求人提出的无效宣告请求的理由和提供的证据，本案合议组依据专利法第23条的规定对本案进行审理。

专利法第 23 条规定："授予专利权的外观设计，应当同申请日以前在国内外出版物上公开发表过或者国内公开使用过的外观设计不相同和不相近似，并不得与他人在先取得的合法权利相冲突。"

2. 证据的认定

在请求人所提交的证据中，请求人认为其所提交的证据 1 是与本专利最接近的对比文件。

请求人所提交的证据 1 为 1992 年 5 月第 1 版 2004 年 4 月第 5 次印刷的华北地区建筑设计标准化办公室编《建筑设备施工安装通用图集》91SB2 卫生工程中的相关页；在口头审理程序中请求人出示了该证据的原件，专利权人对该证据的真实性无异议。请求人所提交的证据 1 第 96 页公开的产品中绘有"蹲式便器"的视图，而"蹲式便器"与本专利属于同类产品。在该页中公开的"蹲式便器"分为带有两侧翼形脚踏部与不带有该部两种，本案中合议组以其中的不带有两侧翼形脚踏部的"蹲式便器"作为本专利的在先设计与本专利进行对比。

3. 本专利外观设计

本专利的"便盆"包括 6 幅视图，即主视图、后视图、左视图、右视图、仰视图、俯视图。

本专利的"便盆"大致为长盆形，底面大致呈水平面，底面周边以圆滑的弧线向上过渡到该盆形体的周向凸出的棱边处，但该圆滑弧线在该盆形体后端近棱边处变为近似直线；该盆形体前端有向上凸起的球面状遮挡部，该遮挡部后边向前上方倾斜；盆形体底部近后端有向下环状凸出的排水口，盆形体进水口在盆形体前端（详见本专利图）。

4. 在先设计

在先设计公开了"蹲式便器"的 3 个方向的视图：图面右侧的视图对应于本专利的主视图；图面左侧下方的视图对应于本专利的仰视图；图面左侧上方的视图对应于本专利的右视图。

在先设计的"蹲式便器"大致为长盆形，底面大致呈水平面但后部略下凹；底面周边以圆滑的弧线向上过渡到该盆形体的周向凸出的上沿棱边处，但该圆滑弧线在该盆形体后端近棱边处变为近似直线；该盆形体前端有向上凸起的球面状遮挡部，该遮挡部后边与盆形体的上沿棱边基本垂直；盆形体底部近前端有向下环状凸出的排水口，盆形体进水口在盆形体后端（详见在先设计图）。

5. 比较判断

本专利与在先设计相比较，两者的整体轮廓是相似的。虽然两者之间也具有不同之处，如进、出水口位置不同，在先设计中的盆形体后部略下凹，本专利的遮挡部后边向前上方倾斜，但是根据整体观察、综合判断的原则，由于本专利与在先设计的外观的整体形状轮廓是基本相同的，而在使用状态下，两者的便盆的进出水口以及底部的形状均处于不易看到的部分，相对于便盆的上部设计而言其下部设计的变化对设计的整体视觉效果不具备显著的影响，同时本专利的遮挡部的略微倾斜与在先设计中的垂直设计之间的差别也属于对整体视觉效果不具有显著影响的细微差别。因此，合议组认为，本专利与在先设计属于相近似的外观设计。

综上所述，本专利与在其申请日以前出版物上公开发表的外观设计相近似。因此，本专利不符合专利法第 23 条的规定。

三、决定

宣告 200530116444.3 号外观设计专利权全部无效。

当事人对本决定不服的，可以根据专利法第 46 条第 2 款的规定，自收到本决定之日起三个月内向北京市第一中级人民法院起诉。根据该款的规定，一方当事人起诉后，另一方当事人应当作为第三人参加诉讼。

北京市第一中级人民法院
行政判决书

(2008) 一中行初字第 205 号

原告王殿华，男，41岁，汉族，农民，住北京市丰台区城南家园益星园七号楼6单元603号。
委托代理人张杰，北京三聚阳光知识产权代理有限公司专利代理人。
委托代理人张建纲，北京三聚阳光知识产权代理有限公司专利代理人。
被告国家知识产权局专利复审委员会，住所地北京市海淀区北四环西路9号银谷大厦10~12层。
法定代表人廖涛，副主任。
委托代理人路传亮，男，国家知识产权局专利复审委员会审查员。
委托代理人齐宏涛，男，国家知识产权局专利复审委员会审查员。
第三人文安县欣兴卫生洁具厂。

原告王殿华不服被告国家知识产权局专利复审委员会作出的行政决定，向本院提起行政诉讼。本院受理后，依法组成合议庭，并依据《中华人民共和国行政诉讼法》第二十七条的规定通知文安县欣兴卫生洁具厂作为本案第三人参加诉讼，于2008年3月25日公开开庭审理了本案。原告的委托代理人张杰、张建纲，被告的委托代理人路传亮、齐宏涛到庭参加了诉讼。第三人文安县欣兴卫生洁具厂经本院合法传唤未到庭参加诉讼。本案现已审理终结。

2007年10月16日，被告作出第10598号无效宣告请求审查决定（以下简称被诉决定），依据《中华人民共和国专利法》（以下简称《专利法》）第二十三条的规定，宣告200530116444.3号外观设计专利权（以下简称本专利）全部无效。在法定期限内，被告向本院提交了以下证据的复印件：（1）被诉决定中的证据1（即对比文件1）；（2）被诉决定中的证据2；（3）被诉决定中的证据3；（4）被诉决定中的补充证据1；（5）被诉决定中的补充证据2；（6）本专利图形；（7）本案第三人提交的无效宣告请求书。以上证据用以证明被诉决定认定事实清楚、适用法律正确、审理程序合法。

原告诉称，将本专利与对比文件1中的在先设计（以下简称在先设计）相比较，二者的不同点主要在于：（1）本专利的排水口位于后端，而在先设计的位于前端；（2）本专利的进水口位于前端遮挡部的下方，而在先设计的进水口位于后端；（3）本专利前端上方的遮挡部为后面向前上方倾斜的突起，而在先设计前端上方的遮挡部为垂直的突起；（4）本专利的便盆底面呈与上表面平行的水平面，而在先设计的便器底面与上表面不相平行，也不为水平面。就上述区别点（1）、（2）而言，一般消费者在选购蹲便器前，首先要确定的就是进水口和排水口的位置，有时甚至差几厘米就会导致难以安装和使用。而上述区别点（3）、（4）均处于容易看到的部分。因此，本专利与在先设计存在显著区别，消费者不会将二者混淆。此外，在被告主持的口头审理过程中，原告对本案第三人提供的补充对比文件1、2的真实性、关联性、合法性提出了异议，但在被诉决定中对此并未进行审查，也未作出任何结论，违反了全面审查的原则，故违反了法定程序。综上，被诉决定违反法定程序、认定事实错误、适用法律错误，故请求法院依法撤销被诉决定。在法定期限内，原告向本院提交了以下证据的复印件：

（1）被诉决定书，用以证明被告违反法定程序，认定事实错误；（2）第三人在无效程序中提交的补充证据1；（3）第三人在无效程序中提交的补充证据2，证据2、3用以证明被告违反法定程序。

被告辩称，被诉决定中采用的对比文件是被诉决定中的证据1。依据该对比文件即可支持第三人的无效宣告请求，证明本专利不符合《专利法》第二十三条的规定。对于上述观点的具体论述可详见被诉决定书。同时，被诉决定的作出也未违反法定程序。被诉决定认定事实清楚、适用法律正确、审理程序合法，原告的诉讼请求不能成立，请求法院依法驳回原告的诉讼请求，维持被诉决定。

第三人未向本院提交任何诉讼意见和证据材料。

经庭审质证，本院对当事人提交的证据认证如下：被告和原告提交的证据均与本案具有关联性且符合诉讼证据形式上的真实性、合法性要求，被告提交的证据能够作为其认定相关事实的依据，原告提交的证据能够作为认定本案相关事实的依据，本院予以采纳。上述经本院采纳的证据以及各方当事人无争议的相关陈述可以作为认定本案事实的依据。

本院经审理查明，本案涉及2006年5月24日授权公告的，名称为"便盆"的外观设计专利（即本专利），申请日为2005年8月4日，专利权人是本案原告王殿华。

针对本专利，第三人于2006年10月26日以本专利权的授予不符合《专利法》第二十三条的规定为由，向被告提出无效宣告请求。第三人同时提交了下述证据（均为复印件）：

证据1（即对比文件1）：华北地区建筑设计标准化办公室编《建筑设备施工安装通用图集》91SB2卫生工程，1992年5月第1版、2004年4月第5次印刷，封面页、版权页与第96页复印件，共3页；

证据2：CN3225275号外观设计专利公告文件，申请日为2001年8月17日，公告日为2002年2月27日；

证据3：CN3503056号外观设计专利公告文件，申请日为2005年4月5日，公告日为2006年2月1日。

第三人的具体意见为：上述证据1、2中所公开的外观设计的使用时可见部位与本专利的区别在于便器排水口的位置不同，但此种变化对整体视觉效果不具有显著的影响；而从证据3中所公开的外观设计中可见其便器排水口的位置与本专利相同，因此将排水口的位置设在便器的后方为惯常的方案，属于功能上的需要，而非外观设计的要素。

经形式审查合格，被告于2006年10月30日受理了此案，并将无效宣告请求书及附件转寄给原告，要求其在指定的期限内进行答复。

原告于2006年12月12日提交意见陈述书，认为：证据3的公告日晚于本专利的申请日，根据《专利法》第二十三条的规定不能作为本专利的对比文件使用；本专利与证据1的区别主要在于排水口与进水口的位置不同，上述区别使一般消费者不会将两者混淆，故两者不相同也不相近似；本专利与证据2的不同点主要在于整体形状不同，排水口与进水口的位置不同，由于两者存在上述显著区别，一般消费者不会将两者混淆，因此两者明显不相近似。

第三人于2006年11月27日补充提交了涉及本专利的公开使用的证据（复印件）两份，其为：

补充证据1：唐山市建筑陶瓷厂销售中心出具的涉及"异型和丰"蹲便器的销售的"证明"一份及唐山市建筑陶瓷厂销售中心收到文安县欣兴管材厂"异型合丰"货品的"收据"两份；

补充证据2：涉及"洁日牌"蹲便器的制造与销售的证被告于2007年6月8日向第三人及原告发出了口头审理通知书，定于2007年7月18日在被告处进行本案的口头审理；同时将上述第三人于2006年11月27日提交的补充证据的副本转给原告，将上述原告于2006年12月12日提交的意见陈述书转给第三人。

口头审理按期举行，双方当事人出席了本次口头审理。

第三人提交了证据1及补充证据1、2的原件，放弃以证据3作为本案的证据。原告对第三人所提交的证据1、2的真实性无异议，对补充证据1、2的真实性、关联性与合法性有异议。

在口头审理程序中，双方当事人就本案所涉及的具体事实进行了辩论，其要点如下：

第三人认为其所提交的证据1为与本专利最接近的对比文件。关于排水管的位置，第三人认为：在城市里便器的排水管设在前面，而农村用的便器排水管设在后面，且排水管都埋在地下，其位置属于功能性的设计。

原告认为：本专利与对比文件1的进出水口的设计位置都是不同的，排水口是在前还是在后是很重要的特征，一般消费者在购买时是可以看到的。本专利前面的挡板并不是垂直于水平面，而对比文件1的遮挡部分是一个垂直的面。另外，除了购买坐便器的人可以看到排水口的位置以外，在家里使用的人也可以从上部看到排水口的位置。对比文件1公开的左右视图上面的轮廓和本专利是不同的。

第三人进一步答辩称：原告并没有说出由于前后不同而给外观设计赋予了什么样的美感，并且左右视图上面轮廓是相似的；由于使用时底部是埋在地下，所以底部形状的不同不会对整体形状造成显著影响。

在上述程序的基础上，被告合议组经合议，认为本案事实已经清楚，故作出如下决定：

1. 法律依据

基于第三人提出的无效宣告请求的理由和提供的证据，被告依据《专利法》第二十三条的规定对本案进行审理。

《专利法》第二十三条规定："授予专利权的外观设计，应当同申请日以前在国内外出版物上公开发表过或者国内公开使用过的外观设计不相同和不相近似，并不得与他人在先取得的合法权利相冲突。"

2. 证据的认定

在第三人所提交的证据中，第三人认为其所提交的证据1是与本专利最接近的对比文件。

第三人所提交的证据1为1992年5月第1版2004年4月第5次印刷的华北地区建筑设计标准化办公室编《建筑设备施工安装通用图集》91SB2卫生工程中的相关页；在口头审理程序中第三人出示了该证据的原件，原告对该证据的真实性无异议。第三人所提交的证据1第96页公开的产品中绘有"蹲式便器"的视图，而"蹲式便器"与本专利属于同类产品。在该页中公开的"蹲式便器"分为带有两侧翼形脚踏部与不带有该部两种，本案中被告以其中的不带有两侧翼形脚踏部的"蹲式便器"作为本专利的在先设计与本专利进行对比。

3. 本专利外观设计

本专利的"便盆"包括6幅视图，即主视图、后视图、左视图、右视图、仰视图、俯视图。

本专利的"便盆"大致为长盆形，底面大致呈水平面，底面周边以圆滑的弧线向上过渡到该盆形体的周向凸出的棱边处，但该圆滑弧线在该盆形体后端近棱边处变为近似直线；该盆形体前端有向上凸起的球面状遮挡部，该遮挡部后边向前上方倾斜；盆形体底部近后端有向下环状凸出的排水口，盆形体进水口在盆形体前端。

4. 在先设计

在先设计公开了"蹲式便器"的3个方向的视图：图面右侧的视图对应于本专利的主视图；图面左侧下方的视图对应于本专利的仰视图；图面左侧上方的视图对应于本专利的右视图。

在先设计的"蹲式便器"大致为长盆形，底面大致呈水平面但后部略下凹；底面周边以圆滑的弧线向上过渡到该盆形体的周向凸出的上沿棱边处，但该圆滑弧线在该盆形体后端近棱边处变为近似直线；该盆形体前端有向上凸起的球面状遮挡部，该遮挡部后边与盆形体的上沿棱边基本垂直；盆形体底部近前端有向下环状凸出的排水口，盆形体进水口在盆形体后端。

5. 比较判断

本专利与在先设计相比较，两者的整体轮廓是相似的。虽然两者之间也具有不同之处，如进、出水口位置不同，在先设计中的盆形体后部略下凹，本专利的遮挡部后边向前上方倾斜，但是根据整体观察、综合判断的原则，由于本专利与在先设计的外观的整体形状轮廓是基本相同的，而在使用状态下，两者的便盆的进出水口以及底部的形状均处于不易看到的部分，相对于便盆的上部设计而言其下部设计的变化对设计的整体视觉效果不具备显著的影响，同时本专利的遮挡部的略微倾斜与在先设计中的垂直设计之间的差别也属于对整体视觉效果不具有显著影响的细微差别。因此，被告认为，本专利与在先设计属于相近似的外观设计。

综上所述，本专利与在其申请日以前出版物上公开发表的外观设计相近似。因此，本专利不符合《专利法》第二十三条的规定。

据此，被告作出被诉决定。原告不服，诉至本院。

本院认为，本案的审查重点在于：（1）被诉决定是否违反了法定程序；（2）本专利与在先设计是否属于相近似的外观设计。

1. 关于被诉决定是否违反了法定程序的问题

被诉决定中采用的对比文件是被诉决定中的证据1，在被告认定依据该对比文件即可证明本专利不符合《专利法》第二十三条规定的情况下，其仅使用该对比文件作出被诉决定并无违法之处。原告关于被告未对第三人提供的补充对比文件1、2进行审查，也未作出任何结论，违反了全面审查的原则，故违反了法定程序的诉讼主张缺乏法律依据，本院不予支持。

2. 本专利与在先设计是否属于相近似的外观设计

《专利法》第二十三条规定："授予专利权的外观设计，应当同申请日以前在国内外出版物上公开发表过或者国内公开使用过的外观设计不相同和不相近似，并不得与他人在先取得的合法权利相冲突"。

《审查指南》第四部分第五章第4节"判断原则"（2）中规定："当产品上某些设计被证明是该类产品公认的惯常设计（如易拉罐产品的圆柱形状设计）时，则其余设计的变化通常对整体视觉效果更具有显著的影响。"

将本专利与在先设计相比较，虽然二者均大致为长盆形，但蹲便器、便盆类产品是一种较为成熟的卫生洁具类产品，主体部分大致为长盆形的设计方案应为蹲便器类产品的惯常设计，仅此并不能作为认定二者属于相同或相近似的外观设计的依据。相反，应当认为此类产品其余设计的变化通常对整体视觉效果更具有显著的影响。

将本专利与在先设计相比较，二者还存在如下区别：（1）本专利的排水口位于后端，而在先设计的位于前端；（2）本专利的进水口位于前端遮挡部的下方，而在先设计的进水口位于后端；（3）本专利位于进水口一侧的便盆底面周边呈向上的圆弧状，而在先设计位于进水口一侧的的便器底面周边则明显呈向下的凹陷状；（4）本专利前端上方的遮挡部为后面向前上方倾斜的突起，而在先设计前端上方的遮挡部为垂直的突起；（5）本专利底部近后端位置有一向下环状凸出的较短的排水口，而在先设计的排水口位于中部略偏前的位置，且向下凸出的部分较长。

由于市场上在销售此类产品时，一般不会采取将其埋设于地下的销售方式，消费者在购买此类产品时通常会见到此类产品的全貌，而并非只在使用状态下才能见到此类产品。因此，被告关于"在使用状态下，两者的便盆的进出水口以及底部的形状均处于不易看到的部分，相对于便盆的上部设计而言其下部设计的变化对设计的整体视觉效果不具备显著的影响"的认定缺乏事实依据。

基于"整体观察、综合判断"的判断方式，本专利与在先设计存在的前述区别已经对二者的视觉效果产生了显著的影响。因此，本专利与在先设计既不相同，也不相近似。被诉决定关于本专利与在先设计属于相近似的外观设计，故本专利不符合《专利法》第二十三条规定的认定与事实不符，本院不予支持。

综上，虽然原告认为被诉决定违反法定程序的诉讼主张不成立，但其认为被诉决定认定事实错误的诉讼主张成立、故对其要求撤销被诉决定的诉讼请求，本院应予支持。据此，依照《中华人民共和国行政诉讼法》第五十四条第（二）项第1目，判决如下：

撤销被告国家知识产权局专利复审委员会于二〇〇七年十月十六日作出的第10598号无效宣告请求审查决定。

案件受理费100元，由被告国家知识产权局专利复审委员会负担（于本判决生效后7日内交纳）。

如不服本判决，可在本判决书送达之日起15日内，向本院递交上诉状，并按对方当事人的人数提出副本，上诉于北京市高级人民法院。上诉人在上诉期满后7日内未预交上诉案件受理费又不提出缓交申请的，按自动撤回上诉处理。

审　判　长　强刚华
代理审判员　何君慧
代理审判员　司品华
二〇〇八年九月十七日
书　记　员　张　涵

脚踏冲厕装置的储液桶

无效宣告请求审查决定（第10599号）

决 定 号	第10599号
决 定 日	2007年9月28日
发明创造名称	脚踏冲厕装置的储液桶
外观设计分类号	2302
无效宣告请求人	文安县欣兴卫生洁具厂
专 利 权 人	王殿华
申 请 号	200530120024.2
申 请 日	2005年7月18日
授权公告日	2006年5月24日
合议组组长	吴亚琼
主 审 员	陈海平
参 审 员	路传亮
附 图	6页
法律依据	专利法第23条

决定要点

根据整体观察、综合判断的方式，如外观设计专利与对比文件的产品的外观所具有的差异使得该专利产品的外观从整体视觉效果上与对比文件产品的外观相比具有显著的不同，则该专利与对比文件不相近似。

一、案由

本无效宣告请求案涉及的是国家知识产权局于2006年5月24日授权公告的，名称为"脚踏冲厕装置的储液桶"的外观设计专利，其专利号为200530120024.2，申请日为2005年7月18日，专利权人是王殿华。

针对上述专利权（下称本专利），文安县欣兴卫生洁具厂（下称请求人）于2006年10月26日以本专利的授予不符合专利法第23条的规定为由，向专利复审委员会提出无效宣告请求。同时请求人提交了下述中国外观设计专利文件（复印件）作为证据：

证据1：CN3225773号外观设计专利，公告日2002年3月6日；

证据2：CN3319406号外观设计专利，公告日2003年9月3日；

证据3：CN3103292号外观设计专利，公告日1999年2月17日；

证据4：CN3337842号外观设计专利，公告日2003年11月26日；

证据5：CN3221501号外观设计专利，公告日2002年2月6日。

请求人的具体主张主要是：上述证据中所公开的在先设计均为圆桶形且上下部有弧形收口的储液桶，与本专利相同或相近似。

经形式审查合格，专利复审委员会于2006年10月30日受理了此案，并将无效宣告请求书及所附证据转寄给专利权人。

专利权人于2006年12月12日提交意见陈述书，认为本专利与请求人所提交的证据1~5所示的在先设计产品的类别不相同也不相近、形状不相同也不相近似，请求人宣告专利权无效的理由不能成立。

请求人于2006年11月23日补充提交了涉及本专利的公开使用的证据（复印件）两份，其为：

补充证据1：文安县同乐模具厂与文安县欣兴管材厂于2005年5月28日签订的"加工协议"及随附图样；

补充证据2：章丘市盛泉模具厂与文安县欣兴管材厂于2005年5月22日签订的"加工协议"及随附图样。

专利复审委员会本案合议组于2007年6月8日向请求人及专利权人发出了口头审理通知书，定于2007年7月18日在专利复审委员会举行口头审理，同时将上述请求人于2006年11月23日提交的补充证据的副本转给专利权人，将上述专利权人于2006年12月12日提交的意见陈述书转给请求人。

口头审理按期举行，双方当事人出席了本次口头审理。

请求人当庭提交了补充证据1、2的原件。

专利权人对请求人所提交的证据1~5的真实性表示认可，对补充证据1、2的真实性、合法性、关联性有异议。

口审中，双方当事人针对对请求人所提交的补充证据1、2即两份"加工协议"的发表意见要点为：

专利权人认为补充证据1、2作为合同性质的证据形式不规范，故质疑其真实性、合法性。专利权人还认为证据中所涉及的模具与本专利也缺少关联性，而且对于其所要证明的事实还缺乏相应的佐证，如发票、验收手续等。

请求人认为：协议一方"文安县欣兴管材厂"是请求人关联企业，这些加工协议都是从企业档案里面查到的。从协议本身外部的特征可以看到这个协议不是伪造出来的。模具生产时间在本专利申请日之前，模具做好后就可以马上进行生产，足以推理出产品在申请日之前公开使用了。从补充证据2的图纸所示整体形状可以看出其与本专利的整体形状一致。

双方当事人针对请求人所提交的外观设计专利文件证据发表的意见要点为：

请求人认为：在其所提交的外观设计专利证据1~5中，证据5为与本专利最接近的对比文件，从整体来看证据5与本专利是相近似的；虽然产品名称、分类都不同，在使用中它们的功能是相同的，都是可排出液体的的容器。

专利权人认为：本专利与证据5的名称、分类号、产品货架分类、用途都是不同的，产品类别既不相同也不相近，两个外观设计是不能比较的。两者外观设计要点有差别，这些差别消费者很容易就能区分。

在上述程序的基础上，本案合议组经合议，认为本案事实已经清楚，可以依法作出审查决定。

二、决定的理由

1. 法律依据

基于请求人提出的无效宣告请求的理由和提供的证据，本案合议组依据专利法第23条的规定对本案进行审理。

专利法第23条规定"授予专利权的外观设计，应当同申请日以前在国内外出版物上公开发表过或者国内公开使用过的外观设计不相同和不相近似，并不得与他人在先取得的合法权利相冲突。"

2. 对涉及本专利产品公开使用证据的评述

请求人所提交的涉及产品"公开使用"的证据包括补充证据1与补充证据2：补充证据1为文安县同乐模具厂与文安县欣兴管材厂于2005年5月28日签订的"加工协议"及随附图样，其中涉及的事项为"圆桶吸口固定支架"模具的委托加工；补充证据2为章丘市盛泉模具厂与文安县欣兴管材厂于2005年5月22日签订的"加工协议"及随附图样，其中涉及的事项为"100升圆桶"模具的委托加工。在上述"加工协议"中已经议定了加工工期（补充证据1中记载有"工期自2005年5月28日至2005年6月28日止"、补充证据2中记载有"加工期限自2005年5月23日至2005年6月23日"），据此，请求人认为，该模具的生产时间在本专利申请日之前，足以推理出用该模具生产的产品在本专利申请日之前已公开使用。

专利权人对于上述证据的效力提出异议，认为其作为合同性质的证据形式不规范，因此质疑其真实性、合法性。专利权人还认为证据中所涉及的模具与本专利也缺少关联性，而且对于其所要证明的事实还缺乏相应的佐证，如发票、验收手续等。

合议组的意见如下：就上述证据的关联性而言，在协议乙方文安县欣兴管材厂获得根据上述二协议分别制造出来的"圆桶吸口固定支架"模具与"圆桶"模具后生产出相应的产品需要有一段时间过程，在缺乏其他相关佐证的情况下，仅凭上述"加工协议"证据尚无法证明由其中所述模具所加工出来的"桶"是否在本专利申请日前已经生产，故合议组不再进一步对该组证据中所涉及的产品与本专利产品之间进行是否相同或相近似判定。

3. 对请求人所提交的专利文件证据的评述

请求人所提交的中国外观设计专利证据1~5依次为CN3225773（公告日2002年3月6日）、CN3319406（公告日2003年9月3日）、CN3103292（公告日1999年2月17日）、CN3337842（公告日2003年11月26日）、CN3221501号（公告日2002年2月6日），专利权人对上述证据本身的真实性予以认可。上述证据均公开于本专利的申请日之前。

专利权人认为：本专利"与证据1~5的在先外观设计的类别既不相同也不相近"，应当直接认定其与本专利不相同也不相近似。

合议组认为：证据1~5中的外观设计产品（依次为"气压喷雾器桶"、"太阳能热水器补水箱"、"水箱"、"压缩喷雾器"、"气压喷雾器"）均涉及用于输出液体的储液桶类产品，属于用途相近的产品；按照审查指南第四部分第五章第6.2.1节中的规定："只有对于相同或者相近类别的产品，才可能存在外观设计相近似的情况。所谓相近类别的产品是指用途相近的产品。"本专利是否与证据1~5所公开的在先外观设计相近似仍需在进行具体对比后才能予以最终认定。

下面合议组将本专利与上述证据1~5中所公开的在先设计进行具体对比：

（1）本专利外观设计。

本专利以6幅视图即主视图、后视图、左视图、右视图、仰视图、俯视图的形式公开了一种"储液桶"的外观设计。

本专利的"储液桶"的桶体外形基本呈圆柱体状，其近上下端处逐渐缩径故呈圆台形（分别呈正、倒置）；桶体顶面中部上面设有一基本呈长方体状的块状体，后者中心处向上伸出顶端带有圆片形踏板的泵杆；桶体上方的圆台体下缘处有远端具喷头的输水软管伸出（详见本专利图）。

（2）证据1~5中所公开的在先设计。

证据1以6幅视图即主视图、后视图、左视图、右视图、仰视图、俯视图的形式公开了一种"气压喷雾器桶"的外观设计。

证据1的"气压喷雾器桶"的桶体外形基本呈圆柱体状，桶体的圆周面与顶、底面呈圆滑过渡，桶体顶面中部上有圆筒形开口，开口一侧有一提手（详见证据1图）。

证据2以5幅视图即主视图、左视图、右视图、仰视图、俯视图的形式公开了一种"太阳能热水器补水箱"的外观设计。

证据2的"太阳能热水器补水箱"的桶体外形基本呈圆柱体状，桶体的圆周面与顶、底面呈圆滑过渡，顶面中部有略呈扁圆柱形的凸起部（详见证据2附图）。

证据3以6幅视图即主视图、左视图、右视图、后视图、俯视图、仰视图的形式公开了一种"水箱"的外观设计。

由上述视图可见，证据3的"水箱"的桶体外形基本呈圆柱体状，桶体的圆周面与顶、底面呈圆滑过渡，顶面中部有略呈扁圆柱形的凸起部（详见证据3附图）。

证据4以5幅视图即主视图、左视图、右视图、仰视图、俯视图的形式公开了一种"压缩喷雾器"的外观设计。

证据4的"压缩喷雾器"的桶体外形基本呈圆柱体状，桶体的圆周面与顶、底面呈圆滑过渡，桶体顶面中央突起部略呈蘑菇形，突起部上面安装有手柄，从顶面一侧伸出包括有软管、手柄、硬管与喷头的喷管（详见证据4附图）。

证据5以7幅视图公开了一种"气压喷雾器"的外观设计。

证据5的"气压喷雾器"的桶体外形基本呈圆柱体状，桶体的圆周面与顶、底面呈圆滑过渡，桶体顶面两边有对置的近似方形的提手，顶面中央的桶盖呈扁圆柱形，桶盖上有手柄，从顶面一侧伸出依次包括有软管、手柄、硬管与喷头的喷管（详见证据5附图）。

（3）本专利与在先设计的对比。

①请求人认为，在其所提交证据1~5中，证据5为与本专利最接近的对比文件，下面首先以本专利与证据5中所公开的在先设计进行对比。

本专利与证据5相比所具有主要不同包括有：

本专利的"储液桶"的桶体近上下端处逐渐缩径呈圆台形，而证据5的"气压喷雾器"中的桶体近上下端处无该圆台形部分。

本专利的"储液桶"的桶体顶面中部上面设有一基本呈长方体状的块状体，又从该块状体中心处向上伸出顶端带有圆片形踏板的泵杆；而证据5的"气压喷雾器"中的桶体顶面两边有对置的有近似方形的提手，顶面中央的桶盖呈扁圆柱形，桶盖上有手柄。

本专利的"储液桶"的桶体上方的圆台体下缘处伸出远端具喷头的输水软管；而证据5的"气压喷雾器"中的桶体从顶面一侧伸出依次包括有软管、手柄、硬管与喷头的喷管。

根据整体观察、综合判断的对比方式，合议组认为本专利的产品与证据5的产品所具有的上述不同使得本专利产品的外观从整体视觉效果上与证据5的产品的外观相比具有显著的差别，即本专利产品的外观与证据5的产品的外观相比不相同且不相近似。

②证据4中所公开的在先设计产品为"压缩喷雾器"，与证据5中所公开的在先设计产品为同类

产品，下面再以本专利与证据4中所公开的在先设计进行对比。

本专利与证据4对比比所具有的主要不同包括有：

本专利的"储液桶"的桶体近上下端处逐渐缩径呈圆台形，而证据4的"压缩喷雾器"的桶体近上下端处无该圆台形部分。

本专利的"储液桶"的桶体顶面中部上面设有一基本呈长方体状的块状体，又从该块状体中心处向上伸出顶端带有圆片形踏板的泵杆；而证据4的"压缩喷雾器"的桶体桶体顶面中央突起部略呈蘑菇形，突起部上面安装有手柄。

本专利的"储液桶"的桶体上方的圆台体下缘处伸出远端具喷头的输水软管；而证据4的"压缩喷雾器"的桶体从顶面一侧伸出依次包括有软管、手柄、硬管与喷头的喷管。

根据整体观察、综合判断的对比方式，合议组认为本专利的产品与证据4的产品所具有的上述不同使得本专利产品的外观从整体视觉效果上与证据4的产品的外观相比具有显著的差别，即本专利产品的外观与证据4的产品的外观相比不相同且不相近似。

③证据1~3中所公开的在先设计产品均属于储液桶，下面以本专利与证据1~3中所公开的在先设计进行对比。

本专利与证据1~3对比比所具有的主要不同包括有：

本专利的"储液桶"的桶体近上下端处逐渐缩径呈圆台形，而证据1~3的桶体近上下端处无该圆台形部分。

本专利的"储液桶"的桶体顶面中部上面设有一基本呈长方体状的块状体，又从该块状体中心处向上伸出顶端带有圆片形踏板的泵杆；而证据1的顶部具圆筒形开口，开口一侧有一提手；证据2、3的顶面中部有略呈扁圆柱形的凸起部。

本专利的"储液桶"的桶体上方的圆台体下缘处伸出远端具喷头的输水软管，而证据1~3的桶体不具伸出的输水软管。

根据整体观察、综合判断的对比方式，合议组认为本专利的产品与证据1~3的产品所具有的上述差异使得本专利产品的外观从整体视觉效果上与证据1~3的产品的外观相比均具有显著的差别，即本专利产品的外观与证据1~3的产品的外观相比均不相同且不相近似。

综上所述，请求人所提交的证据均不足以证明本专利不符合专利法第23条的规定。

三、决定

维持200530120024.2号外观设计专利权有效。

当事人对本决定不服的，可以根据专利法第46条第2款的规定，自收到本决定之日起三个月内向北京市第一中级人民法院起诉。根据该款的规定，一方当事人起诉后，另一方当事人应当作为第三人参加诉讼。

订书机（DXY-910）

无效宣告请求审查决定（第 10601 号）

决 定 号	第 10601 号
决 定 日	2007 年 9 月 13 日
发明创造名称	订书机（DXY-910）
外观设计分类号	19-02
无效宣告请求人	罗米欧·马埃斯特里及子私人公司
专 利 权 人	钟建文
专 利 号	200430020865.1
申 请 日	2004 年 3 月 12 日
授 权 公 告 日	2004 年 10 月 20 日
合 议 组 组 长	吴赤兵
主 审 员	李 阳
参 审 员	刘 鹏
附 图	4 页

法 律 依 据 专利法第 23 条

决 定 要 点

在两者整体形状设计及各部位形状设计均相同和相近似的情况下，两者在局部设计上的细小变化，不足以使一般消费者对于整体视觉效果具有显著影响。在本专利申请日以前，已有与其相近似的外观设计在出版物上公开发表过，故本专利不符合专利法第 23 条的规定。

一、案由

本无效宣告请求涉及国家知识产权局于 2004 年 10 月 20 日授权公告的名称为"订书机（DXY-910）"的外观设计专利（下称本专利），其专利号为 200430020865.1，申请日为 2004 年 3 月 12 日，专利权人为钟建文。

针对上述外观设计专利权，罗米欧·马埃斯特里及子私人公司（下称请求人）于 2007 年 2 月 13 日向专利复审委员会提出了无效宣告请求，理由是：在本专利申请日以前，已有与其相近似的外观设计专利被授权公开。本专利与附件 2 外观设计专利文件的主视图、后视图、左视图、右视图、俯视图、仰视图是相近似的，不符合专利法第 23 条的规定。请求人随该无效宣告请求书提交了以下附件作为证据：

附件 1：外观设计专利证书（专利号 ZL02344541.6）复印件，共 1 页；

附件2：网上下载的专利号为ZL02344541.6的外观设计公告文件复印件，共4页。

经形式审查合格后，专利复审委员会受理了该无效宣告请求，于2007年3月12日向双方当事人发出无效宣告请求受理通知书，并将无效宣告请求书及其附件清单中所列附件副本转给了专利权人，要求其在指定期限内答复，专利权人未在指定期限内答复。

合议组于2007年6月29日向双方当事人发出无效宣告请求口头审理通知书，定于2007年8月22日举行口头审理。

请求人2007年7月11日寄交了无效宣告请求口头审理通知书回执表示参加口头审理。

口头审理于2007年8月22日如期举行，请求人参加了口头审理，专利权人未出席口头审理。请求人对合议组成员没有回避请求。请求人明确表示无效理由为：本专利不符合专利法第23条的规定，具体理由为：本专利与在先设计（ZL02344541.6）相近似。合议组告知请求人在口头审理之后不再接受任何书面意见陈述。

请求人于2007年8月30日提交了意见陈述书，但由于合议组已在口头审理的过程中告知请求人在口头审理之后不再接受任何书面意见陈述，故合议组不再接受、转送上述意见陈述书。

至此，本案合议组认为事实已清楚，可以在此基础上作出审查决定。

二、决定的理由

根据请求人提出的无效宣告请求的范围、理由和证据，本案合议组依据专利法第23条对本案进行审理。

专利法第23条规定：授予专利权的外观设计，应当同申请日以前在国内外出版物上公开发表过或者国内公开使用过的外观设计不相同和不相近似，并不得与他人在先取得的合法权利相冲突。

请求人提交的附件1是外观设计专利证书（专利号ZL02344541.6）复印件，表明该专利已获得中国国家知识产权局的授权。附件2是网上下载的专利号为02344541.6的外观设计公告文件（复印件），经合议组核实该文件信息内容与其外观设计专利公报内容一致。该外观设计产品名称是："订书机（PRIMULA 12）"，该外观设计专利的授权公告日是2003年10月8日，即其公开发表日期在本专利申请日之前，该附件2（下称在先设计）适用于本案。

本专利"订书机"与在先设计"订书机"属于相同类别产品，将两者比较如下：

本专利"订书机"整体呈钳子形状。从其主视图看，订书机顶端左侧为左手柄的顶部上盖，略呈梯形；上盖右侧为右手柄的顶部钉槽，钉槽的最顶端有一片状突起。订书机中部为两个手柄中间的结合部，结合部右侧有两个加固铆钉，中部和偏左位置也各有一个加固铆钉。订书机的左下侧为左边的手柄，呈弯刀状，与订书机中轴线基本平行。订书机的右下侧为右边的手柄，也呈弯刀状，与订书机中轴线约有30度夹角。订书机的中轴有一个容纳钉子的钉道，呈长条形，贯穿整个中轴，其底部推杆部分有弹簧从钉道探出。从后视图看，其表面设计与主视图对称。从左视图看，上部为长方形的上盖，中部及下部为结合部和结合部延长的左手柄。从右视图看上部为钉槽，中部及下部为结合部和结合部延长的右手柄。从俯视图看，订书机的左侧为长方形的上盖的顶部，上盖右侧为呈正方形的钉道的顶部，订书机右侧为呈长方形的钉槽。从仰视图看，该订书机左右手柄成一夹角分开，中部为钉道的底部推杆部分（详见本专利附图）。

在先设计的"订书机"整体呈钳子形状。从其主视图看，将订书机顺时针旋转90度，订书机顶端右端侧为右手柄的顶部上盖，略呈梯形；上盖左侧为左手柄的顶部钉槽，钉槽的最顶端有一片状突起。订书机中部为两个手柄中间的结合部，结合部左下侧和右上侧各有一个加固铆钉。订书机的右下侧为右边的手柄，呈弯刀状，与订书机中轴线基本平行。订书机的左下侧为左边的手柄，也呈弯刀状，与订书机中轴线订书机约有30度夹角。订书机的中轴有一个容纳钉子的钉道，呈长条形，贯穿整个中轴，其底部有一推杆结构。从后视图看，将订书机逆时针旋转90度，其表面设计与主视图对称。从右视图看，上部为长方形的上盖，中部及下部为结合部和结合部延长的右手柄。从左视图看上部为钉槽，中部及下部为结合部和结合部延长的左手柄。从俯视图看，订书机的左侧为长方形的上盖的顶部，上盖右侧为呈正方形的钉道的顶部，订书机右侧为呈长方形的钉槽。从仰视图看，该订书机左右手柄成一夹角分开，中部为钉道的底部推杆部分（详见在先设计附图）。

通过本专利"订书机"与在先设计"订书机"的比较，合议组认为：两者在整体的形状设计是相同的，都为钳子形状；本专利的主视图和在先设计的后视图是基本相同的，本专利的后视图和在先设计的主视图也是基本相同的，区别在于：（1）铆钉的数量不同，本专利主视图和后视图都为4个，而在先设计主视图和后视图都为2个，分布的位置也略有不同；（2）本专利的钉道的推杆尾部露出弹簧，而在先设计没有弹簧露出推杆；（3）本专利的钉道上部和结合部交接的位置有一凹陷的长方形区域，而在先设计中钉道是平直延伸，没有任何凹陷。通过对两者的整体观察、综合判断，在两者整体形状设计及各部位形状设计均相同和相近似的情况下，两者在局部设计上的细小变化，不足以使一般消费者对于整体视觉效果具有显著影响，因此，本专利"订书机"与在先设计"订书机"是相近似的外观设计。

综上所述，本合议组认为：在本专利申请日以前，已有与其相近似的外观设计在出版物上公开发表过，因此，本专利不符合专利法第23条的规定。

三、决定

宣告200430020865.1号外观设计专利权无效。

当事人对本决定不服的，可以根据专利法第46条第2款的规定，自收到本决定之日起三个月内向北京市第一中级人民法院起诉。根据该款的规定，一方当事人起诉后，另一方当事人应当作为第三人参加诉讼。

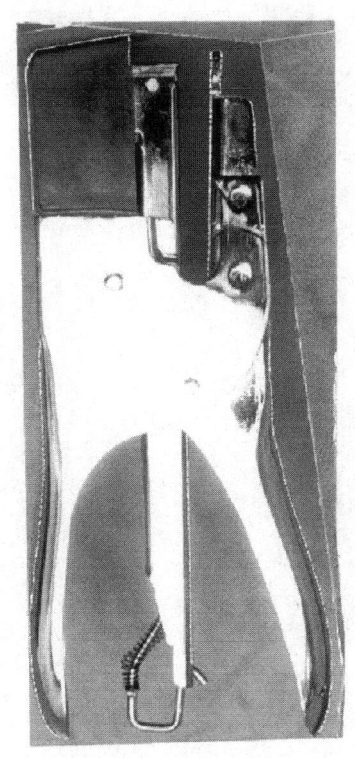

主视图

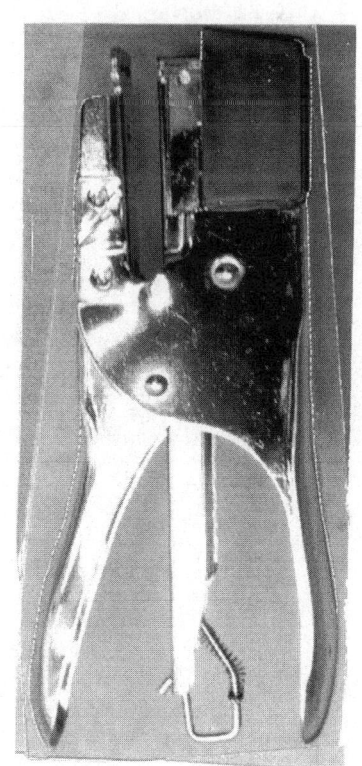

后视图

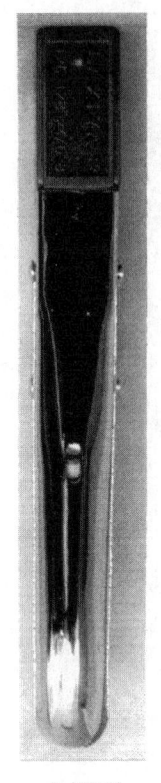 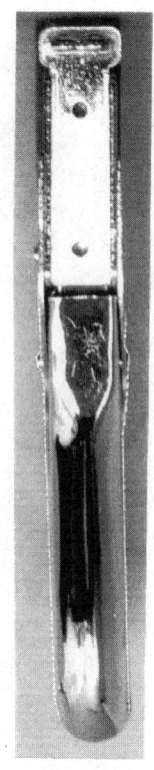

左视图　　　右视图

俯视图

仰视图

本专利附图

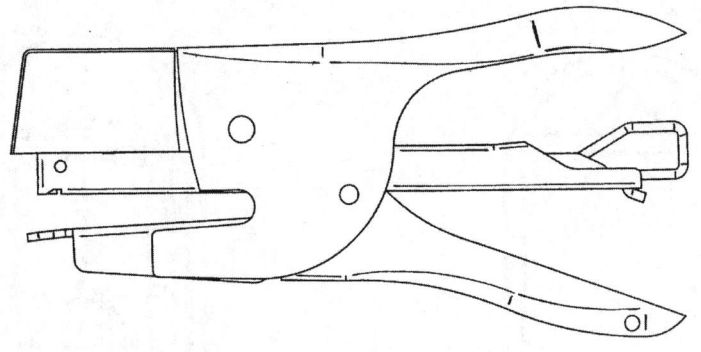

主视图

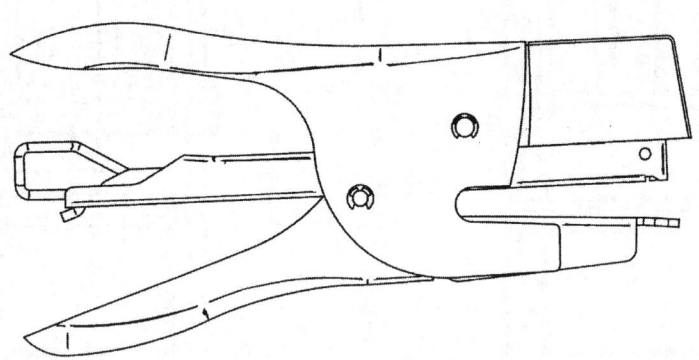

后视图

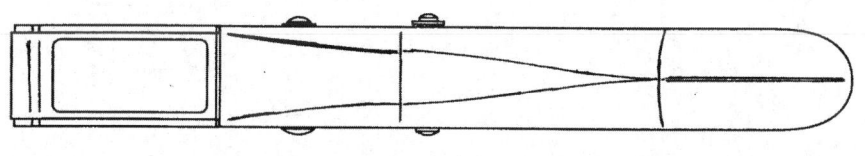

俯视图

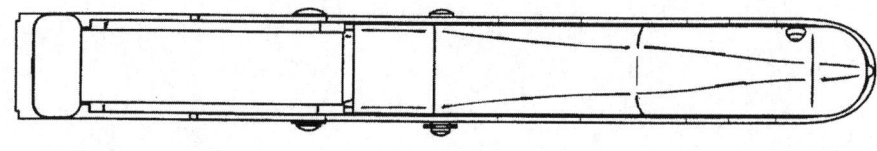

仰视图

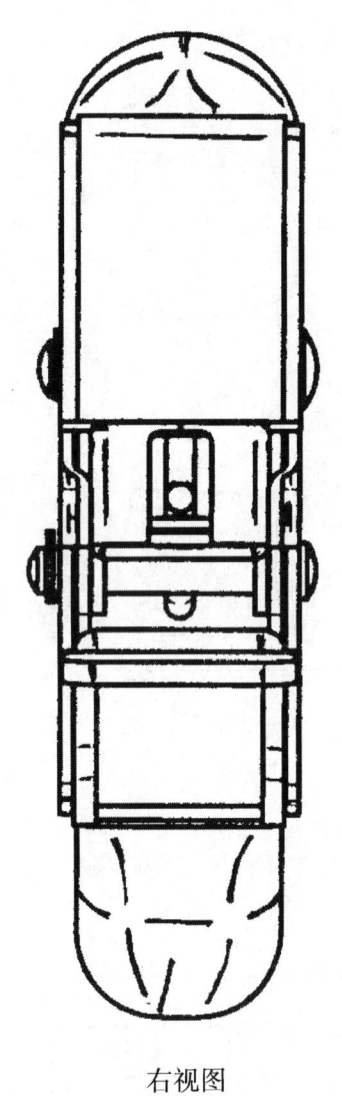 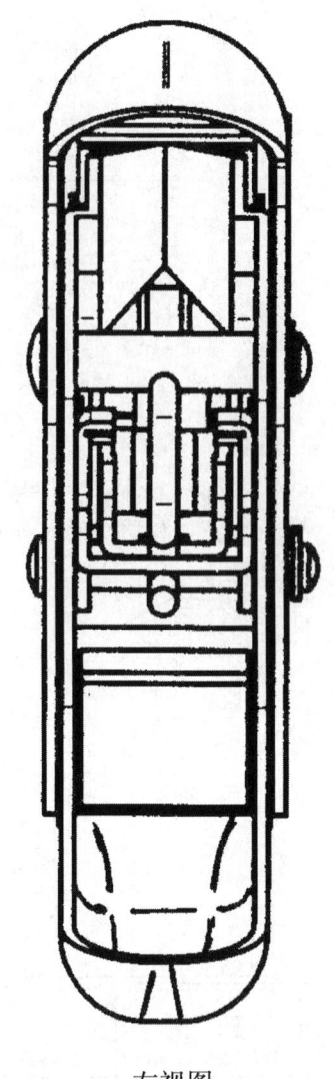

右视图　　　　　　　　左视图

在先设计附图

宠物笼（方管折叠式）

无效宣告请求审查决定（第 10604 号）

决 定 号	第 10604 号
决 定 日	2007 年 8 月 24 日
发明创造名称	宠物笼（方管折叠式）
外观设计分类号	30-02
无效宣告请求人	陈 明
专 利 权 人	陈丽容
申 请 号	200530093387.1
申 请 日	2005 年 7 月 5 日
授 权 公 告 日	2006 年 3 月 29 日
合 议 组 组 长	徐清平
主 审 员	李 卉
参 审 员	邢文飞
附 图	2 页

法 律 依 据 专利法第 23 条

决 定 要 点

在先设计的宠物笼与本专利的宠物笼相比，区别仅在于局部的细微变化，而该变化不足以对整体视觉效果产生显著影响，因此本专利与在先设计相近似。

一、案由

本无效宣告请求涉及国家知识产权局于 2006 年 3 月 29 日授权公告的、申请号为 200530093387.1 的外观设计专利，名称为"宠物笼（方管折叠式）"，申请日是 2005 年 7 月 5 日，专利权人是陈丽容。

针对上述外观设计专利权（下称本专利），陈明（下称请求人）于 2007 年 4 月 9 日向专利复审委员会提出无效宣告请求，其理由是本专利不符合专利法第 23 条的规定。请求人认为本专利与其申请日以前在国内外出版物上公开发表过的外观设计相同和相近似。请求人同时提交了作为证据的附件材料，即：

附件 1：本专利的外观设计专利公告文本复印件共 2 页（下称本专利）；

附件 2：右下角标有"2007-4-5"字样的"宠物笼"百度搜索网页复印件一页，和右下角标有"2007-4-5"字样的中山市中盈宠物用品厂有限公司的网页复印件一页。

专利复审委员会根据无效宣告请求审查程序的规定受理了该无效宣告请求，并于2007年4月10日向双方当事人发出了无效宣告请求受理通知书，并将请求人的无效宣告请求文件的副本转送专利权人。

专利权人于2007年5月10日提交了意见陈述书，并提交了作为证据的DVD光盘一式两份。专利权人在意见陈述书中认为请求人提供的百度搜索网页及其快照（附件2）公开的时间与中山中盈宠物用品厂的网页上的图片公开的时间之间没有必然对应关系，网页上的图片公开的时间存在明显的不确定性。

请求人于2007年5月6日向专利复审委员会提交了作为补充证据的附件3~6，并结合补充证据进一步对无效宣告理由陈述了意见，认为本专利不符合专利法第23条以及专利法实施细则第2条第3款关于新设计的规定。其中所提交的证据如下：

附件3：《宠物派》杂志（2003年第2期）的封面、大标题为"金禧来宠物养殖中心"页、大标题为"北京城乡宠物专卖店"页的彩色照片共三页（下称证据1）；

附件4：《宠物派》杂志（2004年第1期）的封面、第92页和第93页的彩色照片共三页（下称证据2）；

附件5：《宠物派》杂志专业手册（2004年第12期）的封面和"多格宠物"广告页彩色照片共二页（下称证据3）；

附件6：证人证言材料和朱亚彬的身份证复印件共三页（下称证据4）。

专利复审委员会于2007年6月11日向双方当事人发出无效宣告请求口头审理通知书，定于2007年7月24日对本案进行口头审理，并随口审通知书向请求人转送专利权人所提交的意见陈述，向专利权人转送请求人所提交的意见陈述书和补充证据1~4的复件。

口头审理如期举行，双方当事人均出席了口头审理。

在口头审理中，双方当事人均表示对合议组成员无回避请求，对对方当事人出庭人员身份无异议，请求人当庭提交了证据1~4的杂志原件。请求人明确无效宣告请求理由为：本专利外观设计相对于证据1~4不符合专利法第23条、专利法实施细则第2条第3款的规定。请求人明确证据中与本专利外观设计相同或相近似的图片为：证据1杂志的第27页中间列上中下三个图片和右列下角的一个图片，共四个图片；证据2杂志第92页左边中间的图片；证据3杂志中多格宠物广告页内的佳乐高档铁笼系列图片中最右上角和最右下角的两个笼子。请求人明确表示放弃附件2作为证据使用。专利权人对证据1~3的真实性无异议，认可证据1~3是本专利申请日以前的公开出版物。口头审理中，双方当事人了充分地陈述了意见。

至此，合议组经合议认为本案事实已经清楚，可依法作出本审查决定。

二、决定的理由

基于请求人提出的无效宣告请求的理由，合议组首先依据专利法第23条的规定对本案进行审理。

专利法第23条规定："授予专利权的外观设计，应当同申请日以前在国内外出版物上公开发表过或者国内公开使用过的外观设计不相同和不相近似，并不得与他人在先取得的合法权利相冲突。"

请求人提交的证据2是《宠物派》杂志（2004年第1期）的封面、第92页和第93页的彩色照片共三页。口头审理中，请求人提交了证据2的原件，专利权人对其真实性无异议，并认可其属于本专利申请日前的公开出版物，因此，合议组认定该证据适用于中国专利法第23条的规定，本案予以采纳。

在证据2杂志的第92页左边中间的图片中，有一个宠物笼（下称在先设计）。合议组认为：本专利和在先设计均为宠物笼，二者用途相同，属于相同种类的产品，具有可比性。现将其与本专利进行相同和相近似比较：

本专利是方管折叠式宠物笼，笼体为长方体结构，其主要由金属条编织，从主视图和后视图可以看出，笼体的正面的中部具有作为笼体的门扣用的两个圆弧状金属条，笼体正面的左上方具有一片金属片固定在笼壁的外侧，从右视图和左视图可以看出，笼体的侧面的中部也具有作为笼体的门扣用的两个圆弧状金属条，笼体的底部具有一金属方管框体，框体的中间并排支撑着两个托盘，金属方管框体下部的四个角下部各有一个支撑整个笼体的滚轮（详见本专利附图）。

在先设计也是宠物笼，笼体为长方体结构，其主要由金属条编织，从图中可以看出，笼体的正面的中部具有作为笼体的门扣用的两个圆弧状金属条，笼体正面的左上方具有一片金属片固定在笼壁的外侧，笼体的底部具有一金属方管框体，框体的中间支撑着一个托盘（详见在先设计附图）。

将本专利与在先设计相比较，二者均为宠物笼的设计，其中笼体的形状、结构、正面笼门开合的位置、笼下部托盘的形状及相对应的位置等都是相同的。二者之间的区别在于：（1）本专利的具有四个支撑整个笼体的滚轮，在先设计无此设计；（2）本专利与在先设计底部框体的中间位置托盘的数量不同；（3）在先设计立体图中无法看清侧面的相应位置是否具有用作笼体的门扣设计；（4）笼子的底部从在先设计立体图片中无法反映。合议组认为：本专利和在先设计均属于宠物笼，它们之间的区别仅在于底部的滚轮、托盘的数量以及侧面的门扣设计这属于局部的细微变化，上述的变化不足以对整体视觉效果产生显著影响。一般消费者经过整体观察可以看出，二者的上述差别对于产品外观设计的整体视觉效果不具有显著的影响。

关于专利权人所提出的在先设计的图片是不完整的，比例分配也不清楚，因而不能反映出外观设计的整体设计。合议组认为：首先，在先设计的图片是产品的立体图，虽然图片上的宠物笼有一小部分不完整，但是，从在先设计的图片中可以清楚地看出的笼子左右侧面的金属编织条，因而整个笼体的比例是可以看出的；其次，该宠物笼的下部是直接置于下部的另一个宠物笼（该页左下图宠物笼）之上，可以清楚的看出笼子下部的框体，以及框体中放置的边缘微翘的托盘。因而即使在先设计的图片有一小部分不完整，从该在先设计的立体图仍然可以反映出整个宠物笼的形状及其主要部位，因而能够反映出该外观设计的整体设计。

基于以上理由，合议组认为：二者属于相近似的外观设计，即本专利与申请日以前公开发表在出版物上的外观设计相近似，不符合专利法第23条的规定，请求人的无效宣告请求理由成立。

鉴于请求人的无效理由已经成立，合议组对请求人所提出的其他证据和理由不再予以具体评述。

三、决定

宣告200530093387.1号外观设计专利权全部无效。

当事人对本决定不服的，可以根据专利法第46条第2款的规定，自收到本决定之日起三个月内向北京市第一中级人民法院起诉。根据该款的规定，一方当事人起诉后，另一方当事人应当作为第三人参加诉讼。

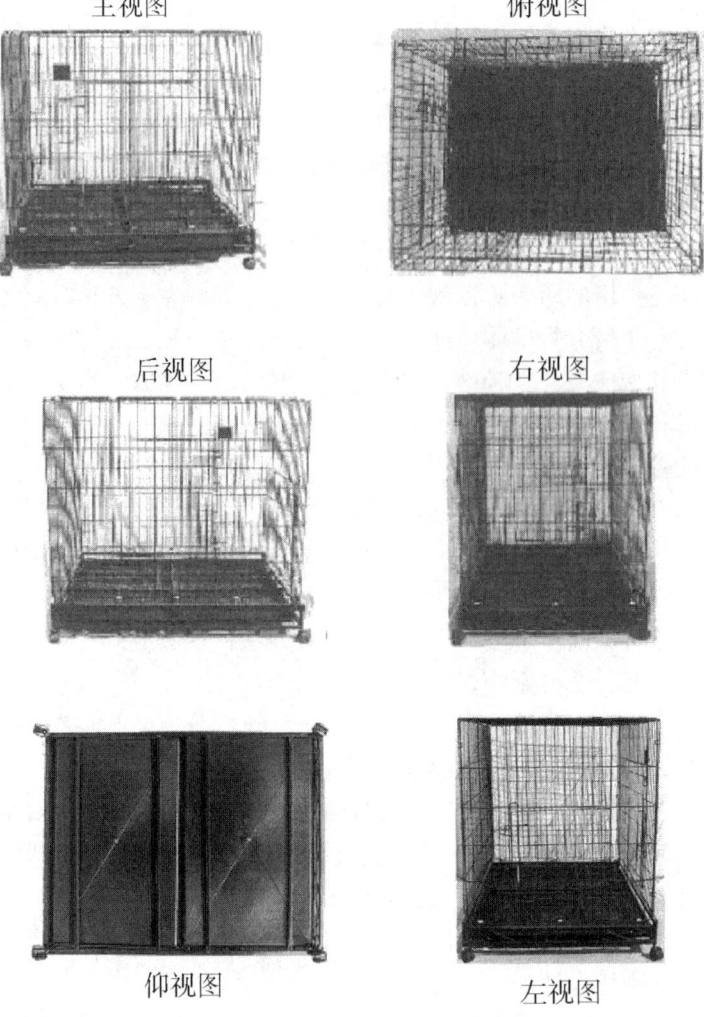

本专利附图

在先设计附图

ent
汽车保险杠

无效宣告请求审查决定（第 10606 号）

决 定 号	第 10606 号
决 定 日	2007 年 10 月 24 日
发明创造名称	汽车保险杠
外观设计分类号	12-16
无效宣告请求人	石家庄双环汽车股份有限公司
专 利 权 人	本田技研工业株式会社
申 请 号	01302610.0
申 请 日	2001 年 2 月 1 日
授权公告日	2001 年 11 月 28 日
合议组组长	张雪飞
主 审 员	吴大章
参 审 员	钟 华
附 图	2 页

法 律 依 据 专利法第 23 条

决 定 要 点

新成立的合议组仅就原审查决定及生效法院判决中未评述的证据进行审理。

本专利与其申请日前在出版物上公开发表过的汽车保险杠外观设计不相同并且不相近似。

一、案由

本无效宣告请求涉及的是国家知识产权局于 2001 年 11 月 28 日授权公告的 01302610.0 号外观设计专利，使用该外观设计的产品名称为"汽车保险杠"，申请日是 2001 年 2 月 1 日，专利权人是本田技研工业株式会社。

针对上述专利权（下称本专利），石家庄双环汽车股份有限公司（下称请求人）于 2004 年 7 月 23 日向专利复审委员会提出无效宣告请求，其理由是本专利权的授予不符合专利法第 23 条的规定，其主张的事实为本专利和其申请日之前公开的美国专利文献记载的外观设计相同或者相近似，请求人提交了如下附件作为证据：

附件 1：美国 Des.422,533 号外观设计专利文献 7 页；
附件 2：美国 Des.422,241 号外观设计专利文献 7 页。

经形式审查合格专利复审委员会受理了该无效宣告请求，并于 2004 年 8 月 2 日将无效宣告请求书及其附件的副本转送给专利权人,要求其在指定期限内陈述意见。

2004年9月12日,请求人补充提交了附件1、附件2所示美国专利文献的首页中文译文。

2004年9月16日,专利权人提交了意见陈述书,认为本专利与附件1、附件2所示两项对比外观设计均不相同也不相近似,本专利应予维持。

专利复审委员会于2005年1月31日将上述请求人的补充文件和专利权人的意见陈述分别转送给对方,并同时向双方当事人发出了口头审理通知书,定于2005年3月15日对本案进行口头审理。

口头审理如期举行,双方均委托代理人参加了审理。请求人在口头审理中提交了经认证的附件1、附件2的复印件,该复印件盖有国家知识产权局专利检索咨询中心副本认证专用章,合议组当即转送给专利权人,专利权人对其真实性无异议。

2005年3月22日,专利权人提交了意见陈述书,坚持其原有观点,并提交了专利权人实施本专利的汽车整体立体照片图。

针对本专利,请求人于2005年3月4日再次向专利复审委员会提出无效宣告请求,其主张的事实是1999年第11期日本《GENROQ》杂志刊载的一款奔驰越野车照片公开了与本专利相近似的汽车保险杠外观设计。请求人提交了经公证的该杂志的复印件((2004)石证经字第1223号公证书,下称附件3),并重申了第一次无效宣告请求所主张的与美国专利文献记载的外观设计相近似事实,据此认为本专利不符合专利法第23条的规定。请求人重复提交了前述附件1、附件2所示美国专利文献的认证副本。

经形式审查合格专利复审委员会受理了该无效宣告请求,并于2005年3月4日将无效宣告请求书及其附件的副本转送给专利权人,要求其在指定期限内陈述意见。

2005年3月8日,请求人补充提交了附件1、附件2所示美国专利文献的首页中文译文。

2005年4月19日,专利权人提交了意见陈述书,认为请求人提交的附件3中未明确对比外观设计,且该日文杂志没有中文译文,同时本专利与其内所示汽车保险杠的外观设计不相同也不相近似,本专利不违反专利法第23条的规定。

专利复审委员会于2005年5月11日将上述请求人的补充文件和专利权人的意见陈述分别转送给对方,并同时向双方当事人发出了口头审理通知书,定于2005年6月14日对本案进行口头审理。

口头审理如期举行。请求人当庭提交了附件3的原件,专利权人对附件3公证书及其内所示出版物的真实性无异议。

专利复审委员会在此审理的基础上于2005年8月15日作出第7425号审查决定,宣告本专利全部无效,理由是本专利和附件3所示的外观设计是相近似的,因此,本专利同其申请日之前在出版物上公开发表的外观设计是相近似的,本专利权的授予不符合专利法第23条的规定。上述审查决定对附件1、附件2没有评述。

专利权人不服专利复审委员会作出的上述无效宣告请求审查决定,向北京市第一中级人民法院提出起诉,北京市第一中级人民法院于2005年10月25日受理该起诉。经审理,北京市第一中级人民法院做出(2005)一中行初字第1086号判决,判决认定本专利和附件3所示外观设计不相同并且不相近似,从而撤销第7425号无效宣告请求审查决定,并且要求专利复审委员会就请求人提交的其他未予评价的证据重新作出无效宣告请求审查决定。

请求人不服北京市第一中级人民法院的上述判决,向北京市高级人民法院提出上诉。经审理,北京市高级人民法院做出(2006)高行终字第269号行政判决书,驳回上诉,维持原判。

根据审查指南第四部分第一章第3.1节和第8节的规定,专利复审委员会对上述无效宣告请求重新成立合议组进行审理。

2007年9月14日，专利复审委员会向双方当事人发出《合议组成员告知通知书》。请求人、专利权人在指定期限内均未对合议组成员提出回避请求。

针对本专利，请求人于2006年12月4日向专利复审委员会第三次提出无效宣告请求，其理由是本专利不符合专利法第23条的规定，其主张的事实是本专利同其申请日前在公开出版物上发表的外观设计相同或者相近似。为此，请求人提交了以下的附件（排列序号续前）：

附件4：00305841.7号中国外观设计公报的复印件共5页；

附件5：车主杂志选取页的复印件共5页。

经形式审查合格专利复审委员会受理了该无效宣告请求，并于2006年12月4日将无效宣告请求书及其附件的副本转送给专利权人，要求其在指定期限内陈述意见。

专利权人于2007年1月4日提交了意见陈述书，认为本专利与附件4的外观设计不相近似，附件5不是适格的证据，本专利应予维持。

专利复审委员会于2007年7月3日向双方当事人发出了口头审理通知书，定于2007年9月11日对本案进行口头审理，并且于2007年7月11日将上述专利权人的意见陈述书转送给请求人。

口头审理如期举行，双方均委托代理人参加了审理。双方针对请求人提交的证据可采性和本专利是否与上述证据记载的外观设计相近似进行了分析对比和辨论。专利权人认为附件5并非在中国大陆地区形成，不是适格的证据。请求人称该证据在中国大陆地区可以得到。请求人认为本专利所示保险杠是保险杠设计使用的惯常设计方案。本专利和附件4记载的外观设计是相同或者相近似的。专利权人认可附件4的真实性，但将附件4中所记载的外观设计与本专利进行了详细分析对比，认为本专利所示保险杠与附件4所示汽车保险杠不相同也不相近似。

专利复审委员会对请求人三次提出的无效宣告请求进行合并审理，经审理，认为双方当事人已经充分发表了意见，本案事实清楚，依法作出本审查决定。

二、决定的理由

1. 关于无效宣告的理由

基于请求人提出无效宣告请求所依据的事实和理由，合议组对本专利权的授予是否符合专利法第23条的规定进行审查。

专利法第23条规定：授予专利权的外观设计，应当同申请日以前在国内外出版物上公开发表过或者国内公开使用过的外观设计不相同和不相近似，并不得与他人在先取得的合法权利相冲突。

2. 关于请求人提交的证据

北京市第一中级人民法院做出的（2005）一中行初字第1086号判决已经认定本专利同附件3记载的外观设计不相同并且不相近似。北京市高级人民法院作出的（2006）高行终字第269号行政判决书维持了上述判决。根据上述人民法院已生效的判决，合议组不再对附件3进行评述。

请求人提交的附件1是第Des.422,533美国外观设计专利公报，附件2是Des.422,241美国外观设计专利公报，并且提交了附件1、附件2所示美国专利文献的首页中文译文。附件1的公告日是2000年4月11日，附件2的公告日是2000年4月4日，均在本专利的申请日之前，属于本专利申请日之前的公开出版物。合议组对附件1和附件2予以接受。上述附件1和附件2均披露了汽车保险杠的外观设计，可以用来与本专利进行相同或者相近似的比较。

请求人提交的附件4是00305841.7号中国外观设计公报的复印件。专利权人对该证据的真实性无异议。该份专利公报的公告日是2001年1月17日，在本专利的申请日之前，属于专利法第23条规定的公开出版物，合议组对该证据予以接受。请求人提交的附件5是第一页具有"车主"字样的复印件，共5页。专利权人对该证据的真实性提出异议，请求人没有向合议组提交该证据的原件，也没有说明该证据的具体来源。因此，其真实性不能被认定，合议组不予采信。

3. 关于相同和相近似

(1) 关于本专利。

本专利包括主视图、左视图、右视图、俯视图，省略其他视图，另附有使用状态参考图。视图所示汽车保险杠为壳体式造型，中央部分平坦，两侧呈弧形向后延伸；正面上部有两个呈张开状的"犄角"部分；所述"犄角"部分下接保险杠正面的带状部分；所述带状部分的前面具有居中的呈台阶状凸起的近似倒"U"形框设计，并向左右两侧延伸，至端部呈近似"L"形抬升；倒"U"形框下部为长条状下护牙部分，二者合围成近似梯形的进风口，其间有横隔条和两侧三角形区设计；所述护牙上有五个锥形凸块。倒"U"形框两侧各有一个倒梯形车灯（本专利的外观设计详见本决定的附图）。

(2) 关于附件1与本专利的比较。

附件1所示汽车前保险杠（下称在先设计1）的两侧向后包绕，上部平面的中央部分形成为略微下凹的弧状；在保险杠的中央，有一个突出的倒"U"形框设计，该倒"U"形框设计的中央为3根直立的竖条，在所述倒"U"形框设计的后面贯通有水平的片状物；在所述倒"U"形框设计的两侧依次设计有圆形车灯和位于包围部分的两条较粗的水平条形设计；在先设计1的两侧左、右的轮胎前具有前裙板设计（在先设计1的外观设计详见本决定的附图）。

合议组将本专利和在先设计1进行比较后认为，两者之间的具体形状设计几乎没有共同点，例如：在先设计1的中央部位是具有3条竖向凸起的倒"U"形框设计，而本专利的相应部位不是这样的设计；在先设计1两侧的车灯为圆形，而本专利的为倒梯形；在先设计1的两侧具有两条较粗的水平条形设计，而本专利没有；本专利具有护牙，所述护牙上有五个锥形凸块，在先设计1没有这样的设计。因此，本专利和在先设计1整体不相同也不相近似。

(3) 关于附件2与本专利的比较。

附件2所示汽车前保险杠（下称在先设计2）的两侧向后包绕，上部平面的中央部分形成为略微下凹的弧状；在保险杠的中央，有一个突出的倒"U"形框设计，该倒"U"形框设计的中央为1根位置靠后的直立竖条，在该竖条的两侧各有1根向前凸出的竖条，所述倒"U"形框设计的后面贯通有水平的片状物；在所述倒"U"形框设计的两侧依次设计有圆形车灯和位于包围部分的两条较粗的水平条形设计；在先设计2的两侧左、右的轮胎前具有前裙板设计（在先设计2的外观设计详见本决定的附图）。

合议组将本专利和在先设计2进行比较后认为，两者之间的具体形状设计几乎没有共同点，例如：在先设计2的中央部位是具有3条竖向凸起的倒"U"形框设计，位于中央位置的1条位置稍向后，另两个竖条向前凸出，而本专利的相应部位不是这样的设计；在先设计2两侧的车灯为圆形，而本专利的为倒梯形；在先设计2的两侧具有两条较粗的水平条形设计，而本专利没有。本专利具有护牙，所述护牙上有五个锥形凸块，在先设计2没有这样的设计。因此，本专利和在先设计2整体不相同也不相近似。

(4) 关于附件4与本专利的比较。

附件4的专利公报共有11张视图，包括主视图、仰视图、俯视图、右视图、后视图、立体图，另有5张剖视图。其上所示汽车保险杠（下称在先设计3）为壳体式造型，中央部分平坦，两侧呈弧形向后延伸；正面上部有两个呈张开状"犄角"部分；所述"犄角"部分具有格栅部分，下接保险杠正面的带状部分；在先设计3的中部为一近似梯形的进风口设计，其间具等间隔设计的纵向格片；所述进风口两侧各有一个倒梯形车灯设计，底部为下护牙部分（在先设计3详见本决定的附图）。

将本专利与在先设计3相比较,二者所示汽车保险杠的相同点主要在于:都具有两个犄角部分;进风口轮廓的形状相同;进风口两侧都有倒梯形车灯。二者所示汽车保险杠的不同之处主要在于:本专利进风口内隔条设计与在先设计3不同;本专利中央部分的梯形进风口被突出的倒"U"形框半包围,而在先设计3的相应部位仅有梯形的进风口,没有突出的边框;本专利在两侧有倒"U"形框延伸至端部形成的近似"L"形抬升设计,在先设计3无相应的设计;本专利在底板上有锥形凸块设计,而在先设计3无相应设计。合议组认为,上述不同点已经构成本专利外观设计与在先设计3的外观设计在整体形状上视觉效果的明显差别,因此,二者属于不相同也不相近似的外观设计。

4. 结论

综上所述,请求人在三次无效宣告请求中提出的证据均不能支持其无效宣告请求的理由。

三、决定

依据专利法第23条的规定,维持01302610.0号外观设计专利权有效。

当事人对本决定不服的,可以根据专利法第46条第2款的规定,自收到本决定之日起三个月内向北京市第一中级人民法院起诉。根据该款的规定,一方当事人起诉后,另一方当事人应当作为第三人参加诉讼。

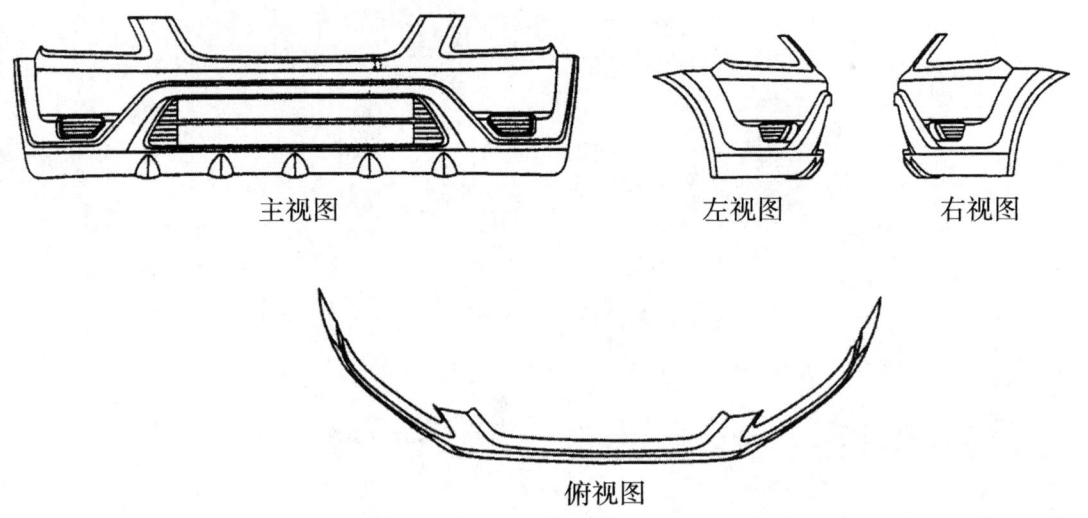

主视图　　　　左视图　　　右视图

俯视图

使用状态参考图

本专利的附图

包含在先设计1的附图

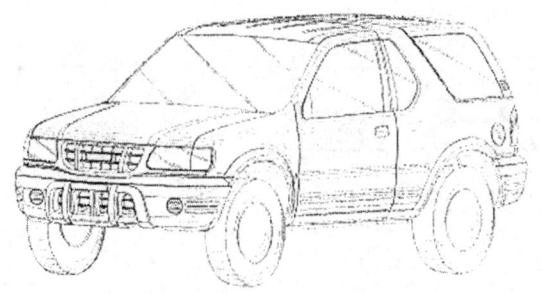

包含在先设计 2 的附图

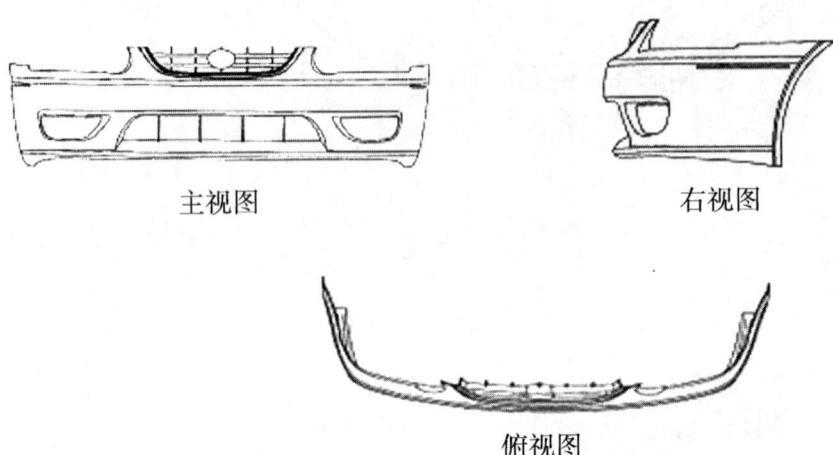

主视图 　　　　　　　　　右视图

俯视图

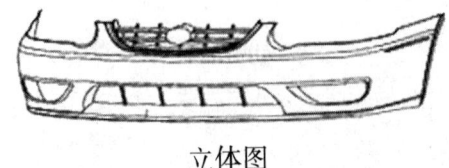

立体图

在先设计 3 的附图（节略）

北京市第一中级人民法院
行政判决书

(2008) 一中行初字第 254 号

原告石家庄双环汽车股份有限公司,住所地中华人民共和国河北省石家庄市正定大街副 8 号。

法定代表人赵志刚,董事长。

委托代理人刘英昆,河北和融兴律师事务所律师。

委托代理人王苑祥,男,1947 年 1 月 7 日出生,河北省知识产权服务中心职员,住中华人民共和国河北省石家庄市桥西区红旗大街红旗生活小区 5 栋 3 单元 302 号。

被告中华人民共和国国家知识产权局专利复审委员会,住所地中华人民共和国北京市海淀区北四环西路 9 号银谷大厦 10~12 层。

法定代表人廖涛,副主任。

委托代理人吴大章,中华人民共和国国家知识产权局专利复审委员会审查员。

委托代理人高雪,中华人民共和国国家知识产权局专利复审委员会审查员。

第三人本田技研工业株式会社,住所地日本国东京都港区南青山 2 丁目 1 番 1 号。

法定代表人吉见千雄,董事长/专务董事。

委托代理人韩登营,北京华夏正合知识产权代理事务所专利代理人。

委托代理人孙征,北京华夏正合知识产权代理事务所专利代理人。

原告石家庄双环汽车股份有限公司(以下简称双环汽车公司)不服被告中华人民共和国国家知识产权局专利复审委员会(以下简称专利复审委员会)于 2007 年 10 月 30 日作出的第 10606 号无效宣告请求审查决定(以下简称第 10606 号决定),于法定期限内向本院提起行政诉讼。本院于 2008 年 1 月 28 日受理后,依法组成合议庭,并通知本田技研工业株式会社作为本案第三人参加诉讼,于 2008 年 3 月 18 日公开开庭进行了审理。原告双环汽车公司的委托代理人王苑祥、刘英昆,被告专利复审委员会的委托代理人高雪,第三人本田技研株式会社的委托代理人韩登营、孙征到庭参加了诉讼。本案现已审理终结。

第 10606 号决定系专利复审委员会针对双环汽车公司就本田技研株式会社所拥有的 01302610.0 号"汽车保险杠"的外观设计专利(以下简称本专利)所提出的无效宣告请求而作出的。专利复审委员会在第 10606 号决定中认为:

1. 关于双环汽车公司提交的证据

附件 3 为经公证的 1999 年第 11 期日本《DENROQ》杂志的复印件。由于北京市高级人民法院作出的(2006)高行终字第 269 号行政判决书已经认定本专利与附件 3 记载的外观设计不相同且不相近似,因此不再对附件 3 进行评述。

附件 5 是一份具有"车主"字样的复印件,由于双环汽车公司没有提交证据的原件,亦没有说明证据的具体来源,且本田技研株式会社对该证据的真实性提出异议,故不予采信。

2. 关于本专利与在先设计相同和相近似的认定

专利复审委员会将本专利分别与附件 1、附件 2 所示汽车前保险杠(以下分别简称在先设计 1、在先设计 2)进行比较后认为,本专利与其整体不相同也不相近似。

附件 4 所示汽车保险杠(以下简称在先设计 3)与本专利相比较,不同之处主要在于:本专利进风口内隔条设计与在先设计3不同；本专利中央部分的梯形进风口被突出的倒"U"形框半包围，而在先设计3的相应部位仅有梯形的进风口，没有突出的边框；本专利在两侧有倒"U"形框延伸至端部形成的近似"L"形抬升设计，在先设计3无相应的设计；本专利在底板上有锥形凸块设计，而在先设计3无相应设计。专利复审委员会认为，上述不同点已经构成本专利外观设计与在先设计3的外观设计在整体形状上视觉效果的明显差别，因此，二者属于不相同也不相近似的外观设计。

据此，专利复审委员会依据《中华人民共和国专利法》（以下简称《专利法》）第二十三条的规定作出第10606号决定，宣告维持本专利专利权有效。

双环汽车公司不服第10606号决定，向本院提起行政诉讼，其诉称：第一，专利复审委员会对涉案专利的特征分析违背了《审查指南》中规定的原则，所得出的结论完全错误。专利复审委员会将已经证明为惯常设计的特征作为区别特征来认定是错误的。第二，第10606号决定违背了整体观察原则。第10606号决定中列举的本专利与已有技术的相同点占到整体视图组成的80%以上，同时考虑到背景技术的影响，专利复审委员会的决定显示公平。第三，本专利两侧视图中的"L角提升"不能构成视觉上的区别效果。综上，请求法院撤销第10606号决定，并由专利复审委员会重新作出无效审查决定。

被告专利复审委员会辩称：本案的争议焦点在于本专利与在先设计3是否相同和相近似。第一，本专利与在先设计3存在整体形状上的视觉效果差别显著。第二，原告关于惯常设计的主张缺乏依据。故第10606号决定关于本专利与在先设计3不相同和不相近似的认定完全正确。综上，专利复审委员会作出的第10606号决定认定事实清楚，适用法律正确，程序合法，请求法院维持该决定。

第三人本田技研工业株式会社庭审前没有提交书面意见陈述，其在庭审过程中表示同意专利复审委员会的意见，请求法院维持第10606号决定。

本院经审理查明：

名称为"汽车保险杠"的外观设计专利（即本专利），由第三人本田技研株式会社于2001年2月1日向中华人民共和国国家知识产权局提出申请，于2001年11月28日授权公告，专利号为01302610.0。本专利外观设计专利公报上载有主视图、左视图、右视图、俯视图及使用状态参考图。（见附图一）。

双环汽车公司以本专利不符合《专利法》第二十三条的规定分别于2004年7月23日、2005年3月4日先后两次向专利复审委员会提出无效宣告请求。并提交了相关证据，其中附件1为美国Des.422,533号外观设计专利文献，公告日为2000年4月11日（见附图二）、附件2为美国Des.422,241号外观设计专利文献，公告日为2000年4月4日（见附图三）、附件3为经公证的1999年第11期日本《DENROQ》杂志的复印件。

专利复审委员会于2005年3月15日、2005年6月14日对上述两次无效申请分别进行了口头审理。并于2005年8月15日针对上述两个无效宣告请求作出了第7425号无效审查决定（以下简称第7425号决定），宣告本专利权全部无效，理由是本专利和附件3所示的外观设计相近似，不符合《专利法》第二十三条的规定。

本田技研工业株式会社不服专利复审委员会作出的上述无效宣告请求审查决定，向北京市第一中级人民法院提出起诉，北京市第一中级人民法院作出（2005）一中行初字第1086号行政判决书，认定本专利和附件3所示外观设计不相同也不相近似，从而撤销了第7425号决定，并且判令专利复审委员会就双环汽车公司提交的其他未予评价的证据重新作出无效宣告请求审查决定。双环汽车公司不服北京市第一中级人民法院的上述判决，向北京市高级人民法院提出上诉。经审理，北京市高级人民法院于2006年11月22日作出（2006）高行终字第269号行政判决书，驳回上诉，维持原判。

专利复审委员会针对上述无效宣告请求重新成立合议组进行审理。2006年12月4日，双环汽车公司以本专利不符合《专利法》第二十三条的规定，向专利复审委员会再次提出无效宣告请求并提交了相关证据，其中：附件4为00305841.7号中国外观设计公报的复印件，公告日为2001年1月17日（见附图四）。2007年9月11日专利复审委员会对本案进行了口头审理。并对双环汽车公司三次提出的无效宣告请求进行合并审理，并于2007年10月30日作出第10606号决定。

在本案审理过程中，双环汽车公司主张：第一，第10606号决定中应当对附件3进行重新评述。第二，L型提升完全属于功能性设计。并表示本案中仅将附件4作为对比文件，附件1、附件2仅作为参考。

以上事实有本专利公报、附件1-4、第10606号决定、（2006）高行终字第269号行政判决书、当事人陈述等证据在案佐证。

本院认为：

本案的争议焦点在于本专利是否符合《专利法》第二十三条的规定。

《专利法》第二十三条规定，授予专利权的外观设计，应当同申请日以前在国内外出版物上公开发表过的外观设计不相同和不相近似。

1. 本案中对比文件的确定

首先，关于附件3，由于北京市高级人民法院作出的终审判决，即（2006）高行终字第269号行政判决，已经认定本专利与附件3记载的外观设计不相同且不相近似。故对双环汽车公司要求对附件3进行评述的主张，本院不予支持。

其次，由于双环汽车公司在庭审时明确表示，附件1、附件2在本案中只是作为参考，本案的对比文件主要是附件4，因此，本院仅以附件4中包含的前保险杠，即在先设计3与本专利是否相同或相近似进行审理。

2. 本专利与在先设计是否相同或相近似

将本专利与在先设计3相比较，存在以下不同之处：本专利进风口内隔条设计与在先设计3不同；本专利中央部分的梯形进风口被突出的倒"U"形框半包围，而在先设计3的相应部位仅有梯形的进风口，没有突出的边框；本专利在两侧有倒"U"形框延伸至端部形成的近似"L"形抬升设计，在先设计3无相应的设计；本专利在底板上有锥形凸块设计，而在先设计3无相应设计。针对上述区别，本院认为：

首先，关于"L型提升"是否属于功能性设计的问题。《审查指南》规定，由产品的功能唯一限定的特定形状对整体视觉效果通常不具有显著的影响。本案中，双环汽车公司在庭审中主张"L型提升"属于功能性设计，但双环汽车公司并未提交证据证明L型提升为因功能限定的唯一特定形状。因此，本院对于双环汽车公司的上述主张不予支持。

其次，关于惯常设计的认定。《审查指南》规定，当产品上某些设计被证明是该类产品公认的惯常设计时，则其余设计的变化通常对整体视觉效果更具有显著影响。本案中，双环汽车公司主张进风口的横条设计、梯形进风口的倒U型边框及锥形凸起等属于惯常设计，但未提交充足的证据加以证明。因此，双环汽车公司的上述主张缺乏事实及法律依据，本院不予支持。

第三，对于相同或相近似的判断，一般应当用一项在先设计与被比设计进行单独对比，不能将两项或者两项以上在先设计结合起来与被比设计进行对比。本案中，双环汽车公司所主张的进风口的横条设计、梯形进风口的倒U型边框及锥形凸起等分别属于不同的在先设计，双环汽车公司主张将其结合起来与本专利进行对比的主张缺乏法律依据，本院不予支持。

据此，上述本专利外观设计与在先设计3的外观设计的不同点已经使二者在整体视觉效果上形成显著差别，因此，二者属于不相同也不相近似的外观设计。原告双环汽车公司主张本专利与对比文件3整体轮廓近似，设计理念相同，不符合《专利法》第二十三条的规定缺乏事实依据，本院不予支持。

综上，专利复审委员会作出的第10606号决定认定事实清楚，适用法律正确，程序合法，应予维持。双环汽车公司请求撤销该决定的理由不能成立，本院不予支持。依照《中华人民共和国行政诉讼法》第五十四条第（一）项之规定，本院判决如下：

维持被告中华人民共和国国家知识产权局专利复审委员会作出的第10606号无效宣告请求审查决定。

案件受理费人民币100元，由原告石家庄双环汽车股份有限公司负担（已交纳）。

如不服本判决，原告石家庄双环汽车股份有限公司和被告中华人民共和国国家知识产权局专利复审委员会可于本判决送达之日起15日内，第三人本田技研工业株式会社可于本判决送达之日起30日内，向本院提交上诉状及其副本，并交纳上诉案件受理费人民币100元，上诉于中华人民共和国北京市高级人民法院。

审　判　长　仪　军
代理审判员　侯占恒
代理审判员　王　晫
二〇〇八年十一月十二日
书　记　员　王东勇

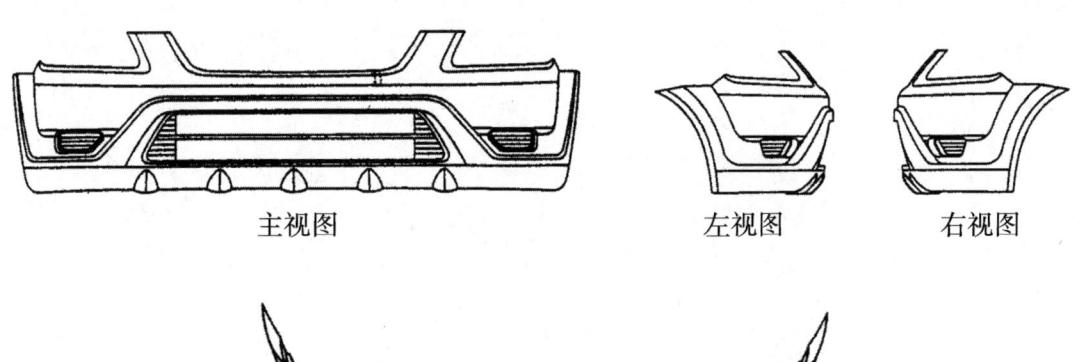

主视图　　左视图　　右视图

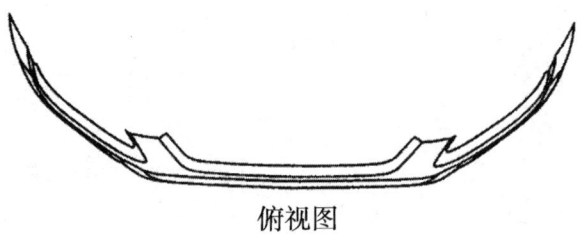

俯视图

使用状态参考图
附图一

附图二

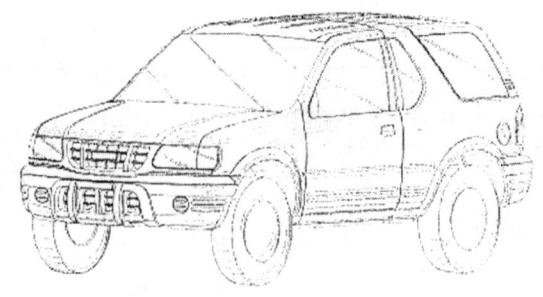

附图三

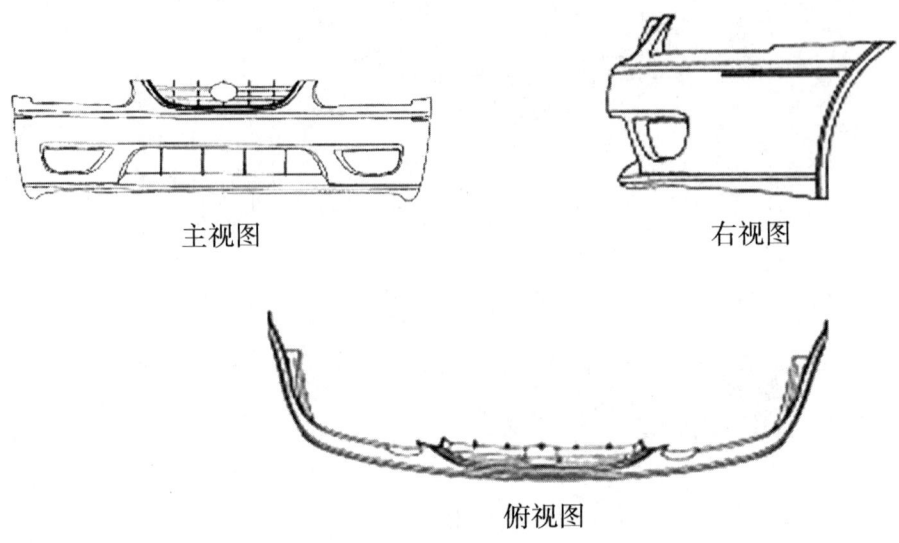

主视图　　　右视图

俯视图

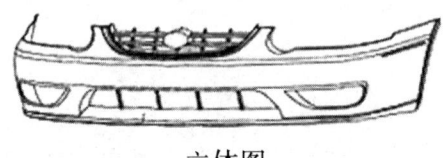

立体图

附图四

北京市高级人民法院
行政判决书

(2009) 高行终字第129号

上诉人（原审原告）石家庄双环汽车股份有限公司，住所地中华人民共和国河北省石家庄市正定大街副8号。

法定代表人赵志刚，董事长。

委托代理人刘英昆，河北和融兴律师事务所律师。

委托代理人王苑祥，男，汉族，1947年1月7日出生，河北省知识产权服务中心职员，住中华人民共和国河北省石家庄市桥西区红旗大街红旗生活小区5栋3单元302号。

被上诉人（原审被告）中华人民共和国国家知识产权局专利复审委员会，住所地中华人民共和国北京市海淀区北四环西路9号银谷大厦10~12层。

法定代表人廖涛，副主任。

委托代理人吴大章，该委员会审查员。

委托代理人曹铭书，该委员会审查员。

原审第三人本田技研工业株式会社，住所地日本国东京都港区南青山2丁目1番1号。

法定代表人近藤广一，执行副总裁兼董事长。

委托代理人韩登营，男，汉族，1965年12月14日出生，北京华夏正合知识产权代理事务所专利代理人，住中华人民共和国北京市海淀区皂君庙14号3号楼4门602号。

委托代理人孙征，男，汉族，1958年5月1日出生，北京华夏正合知识产权代理事务所专利代理人，住中华人民共和国北京市东城区安外东河沿6号楼1306号。

上诉人石家庄双环汽车股份有限公司（以下简称双环汽车公司）因外观设计专利权无效行政纠纷，不服中华人民共和国北京市第一中级人民法院（以下简称北京市第一中级人民法院）(2008) 一中行初字第254号行政判决，向本院提出上诉。本院2009年2月10日受理本案后，依法组成合议庭，于2009年3月4日公开开庭进行了审理。双环汽车公司的委托代理人刘英昆、王苑祥，中华人民共和国国家知识产权局专利复审委员会（以下简称专利复审委员会）的委托代理人吴大章、曹铭书，本田技研工业株式会社的委托代理人韩登营、孙征到庭参加了诉讼。本案现已审理终结。

北京市第一中级人民法院认定，本田技研工业株式会社是01302610.0号名称为"汽车保险杠"的外观设计专利（以下简称本专利）的专利权人。2004年7月23日和2005年3月4日，双环汽车公司以本专利不符合《中华人民共和国专利法》（以下简称《专利法》）第二十三条为由先后两次向专利复审委员会提出无效宣告请求，并提交了相关证据。2005年8月15日，专利复审委员会针对上述两个无效宣告请求作出第7425号无效宣告请求审查决定（以下简称第7425号决定），宣告本专利权无效。本田技研工业株式会社不服第7425号决定，向北京市第一中级人民法院提出起诉，北京市第一中级人民法院做出(2005) 一中行初字第1086号行政判决，撤销了第7425号决定，并且判令专利复审委员会就双环汽车公司提交的其他未予评价的证据重新作出无效宣告请求审查决定。双环汽车公司不服北京市第一中级人民法院的上述判决，向北京市高级人民法院提出上诉。2006年11月22日，北京市高级人民法院做出(2006) 高行终字第269号行政判决，驳回上诉，维持原判。专利复审委员会针对上述无效宣告请求重新成立合议组进行审理。2006年12月4日，双环汽车公司以本专利不符合《专利法》第二十三条的规定为由，向专利复审委员会再次提出无效宣告请求。2007年10月30日，专利复审委员会做出第10606号无效宣告请求审查决定（以下简称第10606号决定），维持本专利权有效。

北京市第一中级人民法院认为，由于北京市高级人民法院（2006）高行终字第269号行政判决已经认定本专利与附件3记载的外观设计不相同且不相近似。故对双环汽车公司要求对附件3进行评述的主张，不予支持。将本专利与在先设计3相比较，存在以下不同之处：本专利进风口内隔条设计与在先设计3不同；本专利中央部分的梯形进风口被突出的倒"U"形框半包围，而在先设计3的相应部位仅有梯形的进风口，没有突出的边框；本专利在两侧有倒"U"形框延伸至端部形成的近似"L"形抬升设计，在先设计3无相应的设计；本专利在底板上有锥形凸块设计，而在先设计3无相应设计。上述本专利外观设计与在先设计3的外观设计的不同点已经使二者在整体视觉效果上形成显著差别，因此，二者属于不相同也不相近似的外观设计。

北京市第一中级人民法院依照《中华人民共和国行政诉讼法》第五十四条第（一）项之规定，判决：维持专利复审委员会作出的第10606号决定。

双环汽车公司不服原审判决，向本院提起上诉，请求撤销原审判决，撤销第10606号决定。其理由为：第一，原审判决及第10606号决定对本专利的特征分析违背了《审查指南》中规定的原则，所得出的结论完全错误。原审判决及第10606号决定将已经证明为惯常设计的特征作为区别特征来认定是错误的。第二，原审判决及第10606号决定违背了整体观察原则。第10606号决定中列举的本专利与已有技术的相同点占到整体视图组成的80%以上，同时考虑到背景技术的影响，专利复审委员会的决定显失公平，原审判决维持第10606号决定是错误的。第三，本专利两侧视图中的"L角提升"不能构成视觉上的区别效果。专利复审委员会、本田技研工业株式会社服从原审判决。

经审理查明，名称为"汽车保险杠"的外观设计专利（即本专利），由本田技研株式会社于2001年2月1日向中华人民共和国国家知识产权局提出申请，于2001年11月28日公告授权，专利号为01302610.0。本专利外观设计专利公报上载有主视图、左视图、右视图、俯视图及使用状态参考图。（见本判决附图一）。

双环汽车公司以本专利不符合《专利法》第二十三条的规定为由分别于2004年7月23日、2005年3月4日两次向专利复审委员会提出无效宣告请求，并提交了相关证据，其中附件1为美国Des.422,533号外观设计专利文献，公告日为2000年4月11日（见本判决附图二），附件2为美国Des.422,241号外观设计专利文献，公告日为2000年4月4日（见本判决附图三），附件3为经公证的1999年第11期日本《GENROQ》杂志的复印件。

专利复审委员会于2005年3月15日、2005年6月14日对上述两次无效宣告请求分别进行了口头审理，并于2005年8月15日针对上述两个无效宣告请求做出了第7425号决定，宣告本专利权全部无效，理由是本专利和附件3所示的外观设计相近似，不符合《专利法》第二十三条的规定。

本田技研工业株式会社不服专利复审委员会第7425号决定，向北京市第一中级人民法院提出起诉，北京市第一中级人民法院作出（2005）一中行初字第1086号行政判决书，认定本专利和附件3所示外观设计不相同也不相近似，从而撤销了第7425号决定，并且判令专利复审委员会就双环汽车公司提交的其他未予评价的证据重新作出无效宣告请求审查决定。双环汽车公司不服北京市第一中级人民法院的上述判决，向本院提出上诉。本院于2006年11月22日作出（2006）高行终字第269号行政判决，驳回上诉，维持原判。

专利复审委员会针对上述无效宣告请求重新成立合议组进行审查。2006年12月4日，双环汽车公司以本专利不符合《专利法》第二十三条的规定，向专利复审委员会再次提出无效宣告请求并提交了相关证据，其中附件4为00305841.7号中国外观设计公报的复印件，公告日为2001年1月17日（见本判决附图四）。

2007年10月30日，专利复审委员会做出第10606号决定。专利复审委员会在第10606号决定中认为：

1. 关于双环汽车公司提交的证据

附件3为1999年第11期日本《GENROQ》杂志的复印件。由于北京市高级人民法院（2006）高行终字第269号行政判决已经认定本专利与附件3记载的外观设计不相同且不相近似，因此不再对附件3进行评述。

附件5是一份具有"车主"字样的复印件，由于双环汽车公司没有提交证据的原件，亦没有说明证据的具体来源，且本田技研株式会社对该证据的真实性提出异议，故不予采信。

2. 关于本专利与在先设计相同和相近似的认定

将本专利分别与附件1、附件2所示汽车前保险杠（以下分别简称在先设计1、在先设计2）进行比较，本专利与其整体不相同也不相近似。

附件4所示汽车保险杠（以下简称在先设计3）与本专利相比较，不同之处主要在于：本专利进风口内隔条设计与在先设计3不同；本专利中央部分的梯形进风口被突出的倒"U"形框半包围，而在先设计3的相应部位仅有梯形的进风口，没有突出的边框；本专利在两侧有倒"U"形框延伸至端部形成的近似"L"形抬升设计，在先设计3无相应的设计；本专利在底板上有锥形凸块设计，而在先设计3无相应设计。上述不同点已经构成本专利外观设计与在先设计3的外观设计在整体形状上视觉效果的明显差别，因此，二者属于不相同也不相近似的外观设计。

据此，专利复审委员会作出第10606号决定，宣告维持本专利权有效。

以上事实有本专利专利文件、附件1~4、第10606号决定、北京市高级人民法院（2006）高行终字第269号行政判决书、当事人陈述等证据在案佐证。

本院认为，《专利法》第二十三条规定，授予专利权的外观设计，应当同申请日以前在国内外出版物上公开发表过的外观设计不相同和不相近似。

将本专利与在先设计3相比较，存在以下不同之处：本专利进风口内隔条设计与在先设计3不同；本专利中央部分的梯形进风口被突出的倒"U"形框半包围，而在先设计3的相应部位仅有梯形的进风口，没有突出的边框；本专利在两侧有倒"U"形框延伸至端部形成的近似"L"形抬升设计，在先设计3无相应的设计；本专利在底板上有锥形凸块设计，而在先设计3无相应设计。据此，上述本专利外观设计与在先设计3的外观设计的不同点已经使二者在整体视觉效果上形成显著差别，因此，二者属于不相同也不相近似的外观设计。双环汽车公司关于本专利与在先设计3相近似的上诉主张没有事实和法律依据，本院不予支持。

由产品的功能唯一限定的特定形状对整体视觉效果通常不具有显著的影响。双环汽车公司主张"L型提升"属于功能性设计，但其提交的在先设计1和在先设计2不足以证明L型提升为因功能限定的唯一特定形状。因此，本院对于双环汽车公司的此项上诉主张不予支持。

当产品上某些设计被证明是该类产品公认的惯常设计时，则其余设计的变化通常对整体视觉效果更具有显著影响。本案中，双环汽车公司未提交充足的证据证明进风口的横条设计、梯形进风口的倒U型边框及锥形凸起等属于惯常设计。因此，双环汽车公司关于进风口的横条设计、梯形进风口的倒U型边框及锥形凸起等属于惯常设计的上诉主张缺乏事实及法律依据，本院不予支持。

综上，原审判决认定事实清楚，适用法律正确。双环汽车公司的上诉主张不能成立。依照《中华人民共和国行政诉讼法》第六十一条第（一）项之规定，判决如下：

驳回上诉,维持原判。

一审案件受理费人民币 100 元,由石家庄双环汽车股份有限公司负担(已交纳);二审案件受理费人民币 100 元,由石家庄双环汽车股份有限公司负担(已交纳)。

本判决为终审判决。

审　判　长　刘　辉
代理审判员　岑宏宇
代理审判员　焦　彦
二〇〇九年三月二十日
书　记　员　陈　明

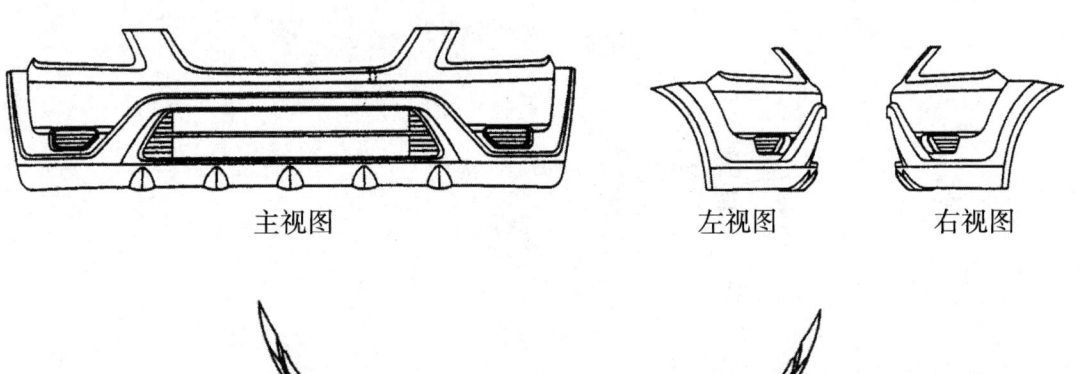

主视图　　　　　左视图　　　右视图

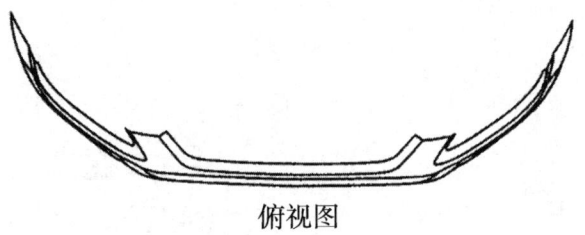

俯视图

使用状态参考图
附图一

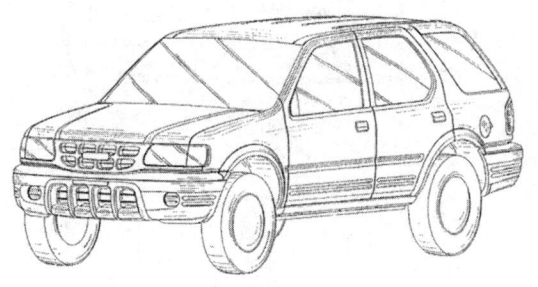

附图二

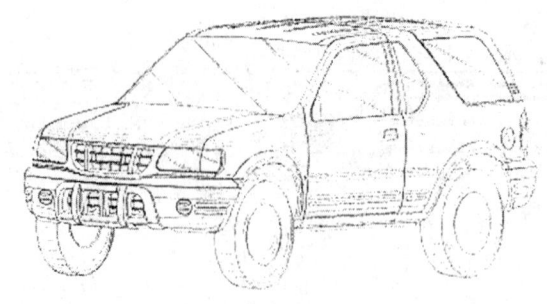

附图三

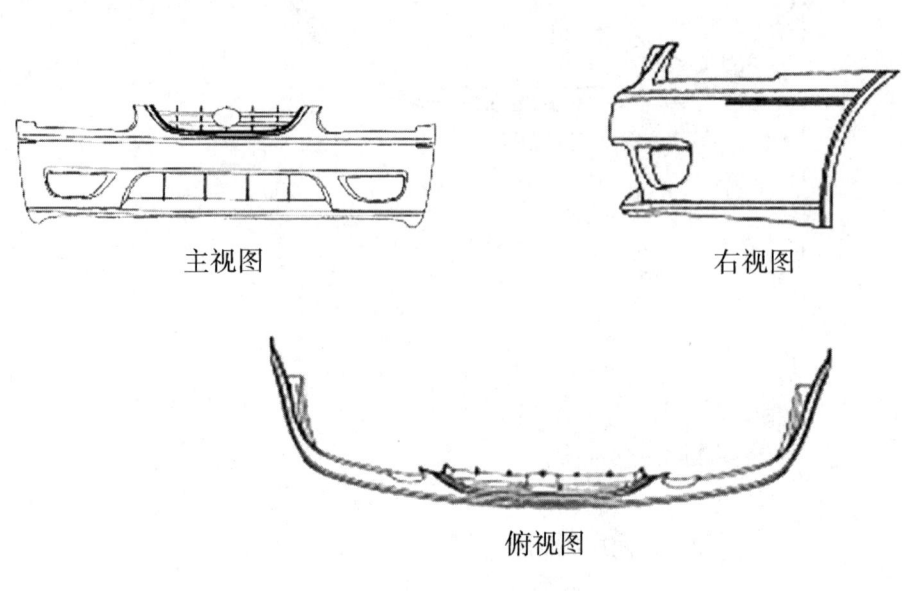

主视图　　　　　　右视图

俯视图

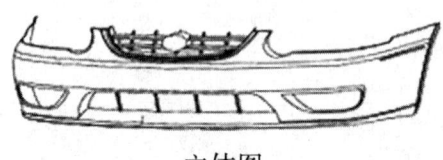

立体图

附图四

后保险杠

无效宣告请求审查决定（第 10609 号）

决 定 号	第 10609 号
决 定 日	2007 年 10 月 29 日
发明创造名称	后保险杠
外观设计分类号	12-16
无效宣告请求人	高娇阳
专 利 权 人	上海汽车集团股份有限公司
专 利 号	200530043171.4
申 请 日	2005 年 9 月 14 日
授 权 公 告 日	2006 年 7 月 5 日
合 议 组 组 长	吴赤兵
主 审 员	徐清平
参 审 员	张雪飞
附 图	1 页

法 律 依 据　专利法第 23 条

决 定 要 点

本专利与请求人所主张的在先公开使用的汽车后保险杠外观设计不相同且不相近似，其据此证明本专利不符合专利法第 23 条规定的无效宣告请求理由不能成立。

一、案由

本无效宣告请求涉及的是国家知识产权局于 2006 年 7 月 5 日授权公告的、名称为"后保险杠"的 200530043171.4 号外观设计专利（下称本专利），其申请日为 2005 年 9 月 14 日，专利权人为上海汽车集团股份有限公司。

针对本专利，高娇阳（下称请求人）于 2007 年 2 月 9 日向专利复审委员会提出无效宣告请求，其理由是本专利不符合专利法第 23 条的规定，并提交了如下附件作为证据：

附件 1：中华人民共和国海关《货物进口证明书》复印件 1 页；

附件 2：是中华人民共和国出入境检验检疫《进口机动车辆随车检验单》复印件 1 页；

附件 3 是中华人民共和国江苏省南京市公证处出具的"（2006）宁证内经字第 118626 号"《公证书》复印件。

请求人认为：附件 1 可以证明罗孚 2497CC 小轿车（发动机号为 25K4FP56260086，车架号为

SARRJZLLZ4D317574）于2004年4月26日运抵上海海关口岸，经上海物资集团汽车贸易有限公司于2004年4月28日按章办结进口手续；附件2证明该罗孚2497CC小轿车的入境时间为2004年4月28日，并于2004年5月8日通过了安全性能检验；附件3证明该罗孚2497CC小轿车的后保险杠与本专利的图片相同；因此附件1至附件3可以证明本专利与其申请日以前在国内公开使用过的外观设计相同或者相近似，不符合专利法第23条的规定。

经形式审查合格，专利复审委员会依法受理了上述无效宣告请求，并于2007年3月12日将无效宣告请求书及相关文件的副本转送专利权人，要求其在指定期限内答复。

2007年4月27日，专利权人提交了意见陈述书，认为：（1）附件1~3均为复印件，请求人应提交原件；（2）国内公开使用是指外观设计被应用在产品的外表上，而这种产品是公众可以见到的状态，仅进口这一行为并不足以使公众可以见到该产品，很多进口产品的目的在于研究或者测绘，故处于保密状态，因此附件1和附件2所欲证明的"罗孚2497CC小轿车于2004年4月26日运抵并于4月28日入境"这一情况并不能证明该车于本专利申请日以前在国内公开使用；（3）附件3与附件1和附件2没有关联性，附件3的内容仅能证明该公证书所附牌号为苏A7H119的黑色小轿车的拍照图片，没有说明牌号为苏A7H119的黑色小轿车就是附件1和附件2所揭示的罗孚2497CC小轿车；（4）附件3所示外观设计与本专利不相同且不相近似，汽车后保险杠为三维立体产品，而附件3所示的相关图片不能清楚地显示其外观特征，附件3的后保险杠中段前表面上不具有本专利的长条形凹面和狭长的长条形凹槽，也没有本专利的"凸"字形凸伸部，在视觉上给一般消费者很大的视觉冲击。基于上述，专利权人认为请求人提出的无效请求理由不成立，本专利应予维持。

专利复审委员会于2007年5月21日向双方当事人发出口头审理通知书，定于2007年6月26日对本案进行口头审理。同时将上述专利权人的意见陈述转送请求人。

口头审理如期举行，请求人由当事人和委托代理人出席，专利权人委托代理人出席。在口头审理中，请求人说明附件1和附件2的原件保留在江苏省南京市公安局交通管理局，并当庭提交了附件3的原件和盖有"江苏省南京市公安局交通管理局车辆管理所业务专用章"的附件1和附件2的确认件（下分别称为附件4和附件5）。合议组当庭将附件4和附件5转送给专利权人，并告知其在口头审理结束后一个月内可进行书面意见陈述。请求人在口头审理中指认附件3中所涉及的相关产品图片作为对比外观设计，双方对二者进行了详细分析对比，并坚持各自原有观点。

2007年7月26日，专利权人向专利复审委员会提交了意见陈述书，认为：（1）附件4和附件5的提交超出了一个月的举证期限，应不予考虑；（2）附件4和附件5均与本案没有关联性，其中附件4和附件5的盖章用途无文字记载，没有盖章的时间，没有盖章人的签字，看不出附件4和附件5上加盖的"江苏省南京市公安局交通管理局车辆管理所业务专用章"分别与其上所示的"中华人民共和国上海海关"和"中华人民共和国浦东出入境检验检疫局"之间存在业务上的隶属或者管理关系，没有证据证明附件1和附件2所示车辆已上牌照，不能证明附件1和附件2的原件已经交给南京车辆管理所，因此附件4和附件5也缺乏真实有效性。

至此，合议组认为本案事实已经调查清楚，依法作出审查决定。

二、决定的理由

1. 法律依据

基于请求人提出无效宣告请求所依据的事实和理由，合议组对本专利是否符合专利法第23条的规定进行审查。

专利法第23条规定：授予专利权的外观设计，应当同申请日以前在国内外出版物上公开发表过或者国内公开使用过的外观设计不相同和不相近似，并不得与他人在先取得的合法权利相冲突。

2. 证据认定

请求人提交的附件1为中华人民共和国海关《货物进口证明书》复印件，附件2为中华人民共和国出入境检验检疫《进口机动车辆随车检验单》复印件；请求人说明附件1和附件2的原件保留在江苏省南京市公安局交通管理局，并在口头审理时提交了加盖有"江苏省南京市公安局交通管理局车辆管理所业务专用章"的附件1和附件2的确认件（即附件4和附件5）。专利权人认为附件4和附件5的提交超出了一个月的举证期限，应不予以考虑。

对此，合议组认为：交通管理局车辆管理所负责车辆管理等业务，申请人在申请对入境车辆进行登记颁发牌照时，需要出具并留存《货物进口证明书》和《进口车辆随车检验单》的原件，因此请求人关于附件1和附件2的原件保留在江苏省南京市公安局交通管理局车辆管理所的主张符合一般常识，故由相关车辆管理所签章确认的附件4和附件5属于为完善证据法定形式的证据。依据审查指南第四部分第三章第4.3.1节的规定，用于完善证据法定形式的公证书、原件等证据，应该予以考虑，因此合议组对附件4和附件5予以接受。

附件4和附件5上加盖有"江苏省南京市公安局交通管理局车辆管理所业务专用章"，专利权人对附件4、附件5的关联性和真实性不予认可。对此，合议组认为：基于前述，请求人关于附件1和附件2的原件保留在江苏省南京市公安局交通管理局车辆管理所的主张符合一般常识，江苏省南京市公安局交通管理局车辆管理所在复印件上加盖印章，应理解为其证明该复印件与原件相符，专利权人虽有异议，但在指定期限内并未提交任何足以推翻附件4和附件5的真实性的证据，因此附件4和附件5的真实性应当予以确认。

附件3为中华人民共和国江苏省南京市公证处出具的"（2006）宁证内经字第118626号"《公证书》复印件，请求人在口头审理时提交了原件，经核实附件3的原件与复印件相符，因此在没有相反证据足以推翻的情况下，附件3的真实性应当予以确认。

3 本专利是否符合专利法第23条的规定

根据附件4可知，罗孚2497CC小轿车（发动机号码为25K4FP56260086，车架号码为SARRJZLLZ4D317574）于2004年4月26日由英国运抵上海海关口岸，经上海物资集团汽车贸易有限公司于2004年4月28日按章办结进口手续。

根据附件5可知，罗孚2497CC小轿车（发动机号码为25K4FP56260086，车架号码为SARRJZLLZ4D317574）的入境时间为2004年4月28日，2004年5月8日车辆一般项目检验合格、安全性能检验合格。

合议组认为：通过附件4和附件5可以得知，罗孚2497CC小轿车（发动机号码为25K4FP56260086，车架号码为SARRJZLLZ4D317574）于2004年4月28日经过我国上海海关入境；根据审查指南第二部分第三章第2.1.3.2节"使用公开"的规定，使用公开的方式包括进口，根据审查指南第四部分第八章第5.1节的规定，进口产品办结海关手续、准予放行的，应该认为进口行为已经完成，海关放行日视为该进口产品在中国境内的公开日。在海关放行日不能确定的情况下，将报关日起的第八日视为海关放行日，但当事人有证据能够证明海关实际放行日的除外。据此，能够认定罗孚2497CC小轿车（发动机号码为25K4FP56260086，车架号码为SARRJZLLZ4D317574）的进口行为已经构成在本专利申请日（2005年9月14日）以前的国内公开使用。

根据附件3，南京市公证处证明拍照人徐殿军对牌号为苏A7H119的黑色小轿车进行拍照，所附照片20张与实际情况相符。其中所附第八张照片显示该小轿车的车架号为SARRJZLLZ4D317574。

合议组认为：附件3中的黑色小轿车与附件4、附件5中的车架号一致，车架号为车辆识别代码，一般情况下车辆与车架号具有唯一对应关系，应该认定附件3至附件5所述小轿车为同一辆小轿车。

专利权人称附件3中的车辆可能经过改装、拆卸，但未提交相应证据证明，合议组对其主张不予支持。因此，结合附件4至附件5可以证明，附件3照片所示小轿车在本专利申请日以前已在国内公开使用过。请求人在口头审理中指定的附件3照片所示汽车后保险杠的外观设计（下称在先设计）属于本专利申请日前在国内公开使用过的外观设计。

合议组认为：本专利和在先设计均为汽车保险杠的外观设计，二者用途相同，属于相同种类的产品，故将二者外观设计作如下对比：

本专利所示后保险杠为整体近似"U"形的包围式设计，其上表面中段有凹面，正面有贯穿左右的长条形凹面，正面接近底部有细线槽，底面有两片近似"凸"形的片状设计；背面呈与正面相应的凹凸设计。详见本专利附图。

在先设计所示后保险杠为整体近似"U"形的包围式设计，其上表面中段有凹面，正面靠上部有贯穿左右侧面的镶嵌窄条，正面接近底部有贯穿左右侧面的细线槽，背面和底面不可见。详见在先设计附图。

将本专利与在先设计相比较，其主要的不同点为：在先设计无本专利所示正面长条形凹面设计，二者接近底部的细线槽贯穿长度不同，本专利无在先设计所示镶嵌窄条设计，在先设计未显示出背面及底面设计；二者相同之处主要在于，其基本轮廓形状大致相同，均在上表面有基本相同的凹面设计。合议组认为：本专利与在先设计在整体形状上虽均采用了常见的"U"形包围式设计，但本专利在正面贯穿左右的长条形凹面和在先设计正面靠上部贯穿左右侧面的镶嵌窄条处于保险杠显著视觉部位，且在形状凹凸面和镶嵌条纹装饰设计视觉效果差别明显，在先设计在接近底部贯穿左右侧面的细线槽形成分体式视觉效果，与本专利仅有中段细线槽的整体式效果亦差别明显，上述差别对二者整体视觉效果已构成显著影响，因此，本专利与在先设计属于不相同且不相近似的外观设计。

综上所述，本专利与请求人所主张的在先公开使用的外观设计不相同且不相近似，其据此证明本专利不符合专利法第23条规定的无效宣告请求理由不能成立。

三、决定

维持200530043171.4号外观设计专利权有效。

根据专利法第46条第2款的规定，当事人对本决定不服的，自收到本决定之日起三个月内向北京市第一中级人民法院起诉，根据该款规定，一方当事人起诉后，另一方当事人应当作为第三人参加诉讼。

主视图 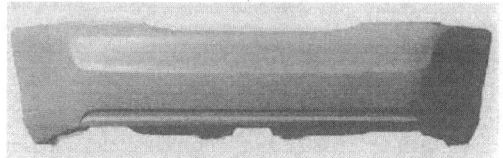 左视图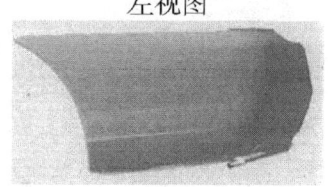

后视图 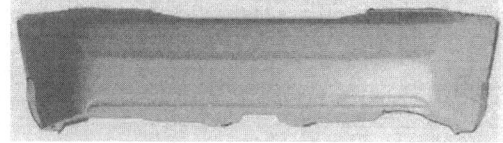 右视图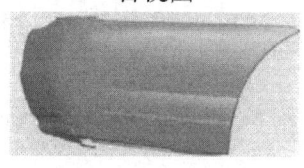

俯视图 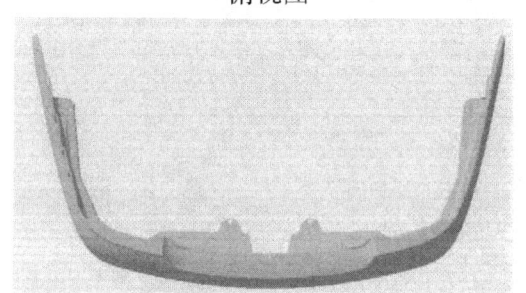 立体图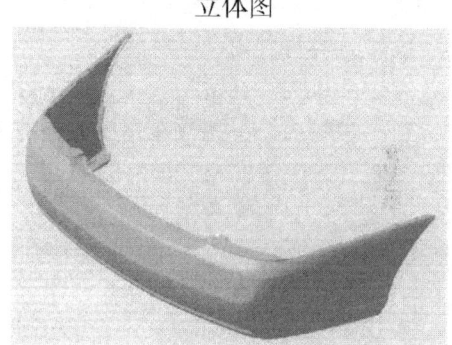

仰视图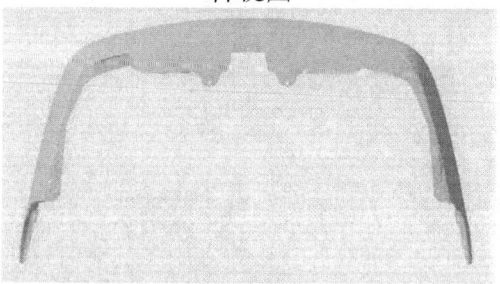

本专利附图

在先设计

仪表板

无效宣告请求审查决定（第10611号）

决 定 号	第10611号
决 定 日	2007年10月29日
发明创造名称	仪表板
外观设计分类号	12-16
无效宣告请求人	高娇阳
专 利 权 人	上海汽车集团股份有限公司
专 利 号	200530043164.4
申 请 日	2005年9月14日
授权公告日	2006年7月5日
合议组组长	钟 华
主 审 员	徐清平
参 审 员	张雪飞
附 图	2页
法 律 依 据	专利法第23条

决 定 要 点

请求人提交的证据能证明相关产品办结海关手续，准予放行的，应该认为进口行为已经完成，该进口产品的入境日即为在国内公开使用的公开日；本专利与其申请日前已在国内公开使用的汽车仪表板外观设计相近似，因此，本专利不符合专利法第23条的规定。

一、案由

本无效宣告请求涉及国家知识产权局于2006年7月5日授权公告的名称为"仪表板"的200530043164.4号外观设计专利（下称本专利），其申请日为2005年9月14日，专利权人为上海汽车集团股份有限公司。

针对本专利，高娇阳（下称请求人）于2006年12月22日向专利复审委员会提出无效宣告请求，其理由是已有与本专利相近似的外观设计在本专利申请日前在国内公开使用过，因此本专利不符合专利法第23条的规定，请求人同时提交如下附件作为证据：

附件1：中华人民共和国海关货物进口证明书复印件；

附件2：中华人民共和国进口机动车辆随车检验单复印件；

附件3：中华人民共和国南京市公证处出具的（2006）宁证内经字第118626号公证书复印件。

请求人认为：附件1可以证明罗孚2497CC小轿车（发动机号为25K4FP56260086；车架号为SARRJZLLZ4D317574）于2004年4月26日运抵南京海关口岸，业经上海物资集团汽车贸易有限公司于2004年4月28日按章办结进口手续。附件2证明罗孚2497CC小轿车入境时间为2004年4月28日并于2004年5月8日通过了安全性能检验。附件3证明罗孚2497CC小轿车（发动机号为25K4FP56260086；车架号为SARRJZLLZ4D317574）的仪表板与本专利的图片相同。由于上述入境时间在本专利申请日前，因此附件1至附件3可以证明本专利与其申请日前在国内公开使用过的外观设计相同，不符合专利法第23条的规定。

经形式审查合格，专利复审委员会依法受理了上述无效宣告请求，并于2007年1月17日将无效宣告请求书及相关文件的副本转给专利权人，要求其在指定的期限内答复。

2007年1月18日，请求人提交了意见陈述书，将无效宣告请求书附页第八行中"运抵南京海关口岸"修改为"运抵上海海关口岸"。

2007年3月6日，专利权人提交了意见陈述书，认为：（1）附件1~3均为复印件，请求人应提交原件；（2）国内公开使用是指外观设计被应用在产品的外表上，而这种产品是公众可以见到的状态，仅进口这一行为并不足以使得公众可以见到该产品，很多进口产品的目的在于研究或者测绘故处于保密状态，因此附件1和附件2所欲证明的"罗孚2497CC小轿车于2004年4月26日运抵并于4月28日入境"这一情况并不能证明该车于本专利申请日以前在国内公开使用；（3）附件3与附件1和附件2没有任何关联性。附件3的内容仅能证明与该公证书所附牌号为苏A7H119的黑色小轿车的拍照图片，没有说明牌号为苏A7H119的黑色小轿车就是附件1和附件2所揭示的罗孚2497CC小轿车；（4）附件3所示外观设计与本专利不相同且不相近似。汽车仪表板为三维立体产品，而附件3提供的仪表板立体图不能清楚地显示其形状结构，没有揭示本专利的后视图、左视图、右视图、俯视图和仰视图的设计特征，无法得知其前表面的设计情况，即不能得知该仪表板顶面是采用了与本专利俯视图相同或相近似的弧形设计，也无法得知其前表面哪些部分是平坦的、哪些部分是内凹的等情况，而这些部分能给消费者带来很大视觉影响；并且附件3中没有本专利上视图右中部所示长条形凹槽设计，也未揭示本专利相关仪表及娱乐信息系统装置安装部的结构设计；上述区别对本专利的整体视觉效果具有显著影响，因此本专利与附件3所示仪表板外观设计不相同且不相近似。

专利复审委员会于2007年4月10日向双方当事人发出口头审理通知书，定于2007年5月18日对本案进行口头审理。同时将上述请求人的意见陈述和专利权人的意见陈述分别转送对方当事人。

口头审理如期举行，请求人由当事人和委托代理人出席，专利权人委托代理人出席。在口头审理中，请求人称附件1和附件2的原件保留在江苏省南京市公安局交通管理局，当庭提交盖有"江苏省南京市公安局交通管理局车辆管理所业务专用章"印章的附件1和附件2的确认件（下分别称为附件4和附件5），同时提交了附件3的原件。合议组当庭将附件4和附件5转送给专利权人，并告知其在口头审理结束后一个月内可进行书面意见陈述。请求人在口头审理中指认附件3中所涉及的相关产品图片，在相近似性判断方面双方均各自坚持原有观点。

2007年6月15日，专利权人向复审委员会提交了意见陈述书，专利权人认为：（1）附件4、附件5的提交超出了一个月的举证期限，应该不予考虑；（2）附件4、附件5与本案没有关联性，因为附件4、附件5的盖章用途没有文字记载，没有盖章的时间，没有盖章人的签字，看不出附件4、附件5上加盖的"江苏省南京市公安局交通管理局车辆管理所业务专用章"分别与其上的"中华人民共和国上海海关"、"中华人民共和国浦东出入境检验检疫局检验检疫专用章"所属单位之间存在业务上的隶属或者管理关系，没有证据证明附件1、附件2的车辆已上牌照，不能证明附件1、附件2的原件已经交给南京车辆管理所，因此附件4和附件缺乏真实有效性。

至此，合议组认为本案事实已经调查清楚，依法作出如下审查决定。

二、决定的理由

1. 法律依据

基于请求人提出无效宣告请求所依据的事实和理由，合议组对本专利是否符合专利法第 23 条的规定进行审查。

专利法第 23 条规定：授予专利权的外观设计，应当同申请日以前在国内外出版物上公开发表过或者国内公开使用过的外观设计不相同和不相近似，并不得与他人在先取得的合法权利相冲突。

2. 证据的认定

请求人提交的附件 1 为中华人民共和国海关货物进口证明书复印件；附件 2 为中华人民共和国进口机动车辆随车检验单复印件；请求人说明附件 1 和附件 2 的原件保留在江苏省南京市公安局交通管理局，并在口头审理时提交了加盖有"江苏省南京市公安局交通管理局车辆管理所业务专用章"的附件 1 和附件 2 的确认件（即附件 4 和附件 5）。专利权人认为附件 4 和附件 5 的提交超出了一个月的举证期限，应不予以考虑。

对此，合议组认为：交通管理局车辆管理所负责车辆管理等业务，申请人在申请对入境车辆进行登记颁发牌照时，需要出具并留存货物进口证明书和进口车辆随车检验单的原件，因此请求人关于附件 1 和附件 2 的原件保留在江苏省南京市公安局交通管理局车辆管理所的主张符合一般常识，故由相关车辆管理所签章确认的附件 4 和附件 5 属于为完善证据法定形式的证据。依据审查指南第四部分第三章第 4.3.1 节的规定，用于完善证据法定形式的公证书、原件等证据，应该予以考虑，因此合议组对附件 4 和附件 5 予以接受。

附件 4 和附件 5 上加盖有"江苏省南京市公安局交通管理局车辆管理所业务专用章"，专利权人对附件 4、附件 5 的关联性和真实性不予认可。对此，合议组认为：基于前述，请求人关于附件 1 和附件 2 的原件保留在江苏省南京市公安局交通管理局车辆管理所的主张符合一般常识，江苏省南京市公安局交通管理局车辆管理所在复印件上加盖印章，应理解为其证明该复印件与原件相符，专利权人虽有异议，但在指定期限内并未提交任何足以推翻附件 4 和附件 5 的真实性的证据，因此附件 4 和附件 5 的真实性应当予以确认。

附件 3 为中华人民共和国江苏省南京市公证处出具的"（2006）宁证内经字第 118626 号"《公证书》复印件，请求人在口头审理时提交了原件，经核实附件 3 的原件与复印件相符，因此在没有相反证据足以推翻的情况下，附件 3 的真实性应当予以确认。

3. 本专利是否符合专利法第 23 条的规定

根据附件 4 可知，罗孚 2497CC 小轿车（发动机号码为 25K4FP56260086，车架号码为 SARRJZLLZ4D317574）于 2004 年 4 月 26 日由英国运抵上海海关口岸，经上海物资集团汽车贸易有限公司于 2004 年 4 月 28 日按章办结进口手续。

根据附件 5 可知，罗孚 2497CC 小轿车（发动机号码为 25K4FP56260086，车架号码为 SARRJZLLZ4D317574）的入境时间为 2004 年 4 月 28 日，2004 年 5 月 8 日车辆一般项目检验合格、安全性能检验合格。

合议组认为：通过附件 4 和附件 5 可以得知，罗孚 2497CC 小轿车（发动机号码为 25K4FP56260086，车架号码为 SARRJZLLZ4D317574）于 2004 年 4 月 28 日经过我国上海海关入境；根据审查指南第二部分第三章第 2.1.3.2 节"使用公开"的规定，使用公开的方式包括进口，根据审查指南第四部分第八章第 5.1 节的规定，进口产品办结海关手续、准予放行的，应该认为进口行为已经完成，海关放行日视为该进口产品在中国境内的公开日。在海关放行日不能确定的情况下，将报关日起的第八日视为海关放行日，但当事人有证据能够证明海关实际放行日的除外。据此，能够认定罗孚2497CC 小轿车（发动机号码为 25K4FP56260086，车架号码为 SARRJZLLZ4D317574）的进口行为已经构成在本专利申请日（2005 年 9 月 14 日）以前的国内公开使用。

根据附件 3，南京市公证处证明拍照人徐殿军对牌号为苏 A7H119 的黑色小轿车进行拍照，所附照片 20 张与实际情况相符。其中所附第八张照片显示该小轿车的车架号为 SARRJZLLZ4D317574。

合议组认为：附件 3 中的黑色小轿车与附件 4、附件 5 中的车架号一致，车架号为车辆识别代码，一般情况下车辆与车架号具有唯一对应关系，应该认定附件 3~5 所述小轿车为同一辆小轿车。专利权人称附件 3 中的车辆可能经过改装、拆卸，但未提交相应证据证明，合议组对其主张不予支持。因此，结合附件 4~5 可以证明，附件 3 照片所示小轿车在本专利申请日以前已在国内公开使用过，请求人在口头审理中指定的附件 3 照片所示的汽车仪表板的外观设计（下称在先设计）属于本专利申请日前在国内公开使用过的外观设计。

合议组认为：本专利和在先设计均为汽车仪表板的外观设计，二者用途相同，属于相同种类的产品，故将二者外观设计作如下对比：

本专利所示汽车仪表板为上边缘呈弧形的壳体式设计，其靠左部有近似椭圆形的仪表孔并在其上方有突出的弧形罩，与仪表孔水平横向设有四个带栅条的椭圆形空调风口，仪表孔下方为转向装置孔，仪表板中部为娱乐信息系统等装置孔，仪表板的左、右两侧还设有近似长条状置物槽及方形孔、拉手等设计；本专利的俯视图、仰视图、左视图、右视图和后视图还显示了相应表面的装置设计（详见本专利附图）。

在先设计所示汽车仪表板上边缘呈弧形设计，其靠左部有近似椭圆形的仪表孔并在其上方有突出的弧形罩，与仪表孔水平横向设有四个带栅条的椭圆形空调风口，仪表孔下方为转向装置孔，仪表板中部为娱乐信息系统等装置孔，仪表板的左、右两侧还设有近似长条状置物槽及旋钮孔、拉手等设计（详见在先设计附图）。

将本专利与在先设计相比较，其主要的不同点为：在先设计未显示出仪表板背面、侧面、顶面和底面的设计，正面局部装置孔形略有不同，除此之外二者正面设计基本相同。合议组认为：在先设计虽仅有一幅照片表示，但其作为具有立体效果的照片图，已经清楚显示了从仪表板正面观察的整体形状及各部分装置的视觉效果；对于一般消费者而言，本专利主视图以外的其他视图所示表面在使用状态下为不可见或不易见部位，亦无相对于主视图已表示出的其他特别设计，故在先设计虽未显示其他面设计不影响对二者整体观察、综合对比；并且二者在正面整体形状及各部分装置孔的视觉效果设计上基本相同，仅在局部略有细微差别外，在先设计未显示出的上边缘弧形设计的具体弧度对整体视觉效果亦不具有显著影响，因此，二者属于相近似的外观设计。

综上所述，在本专利申请日以前已有与其相近似的外观设计在国内公开使用过，本专利不符合专利法第 23 条的规定。

三、决定

宣告 200530043164.4 号外观设计专利权全部无效。

根据专利法第 46 条第 2 款的规定，当事人对本决定不服的，自收到本决定之日起三个月内向北京市第一中级人民法院起诉，根据该款规定，一方当事人起诉后，另一方当事人应当作为第三人参加诉讼。

主视图 左视图

后视图 右视图

俯视图

仰视图

立体图

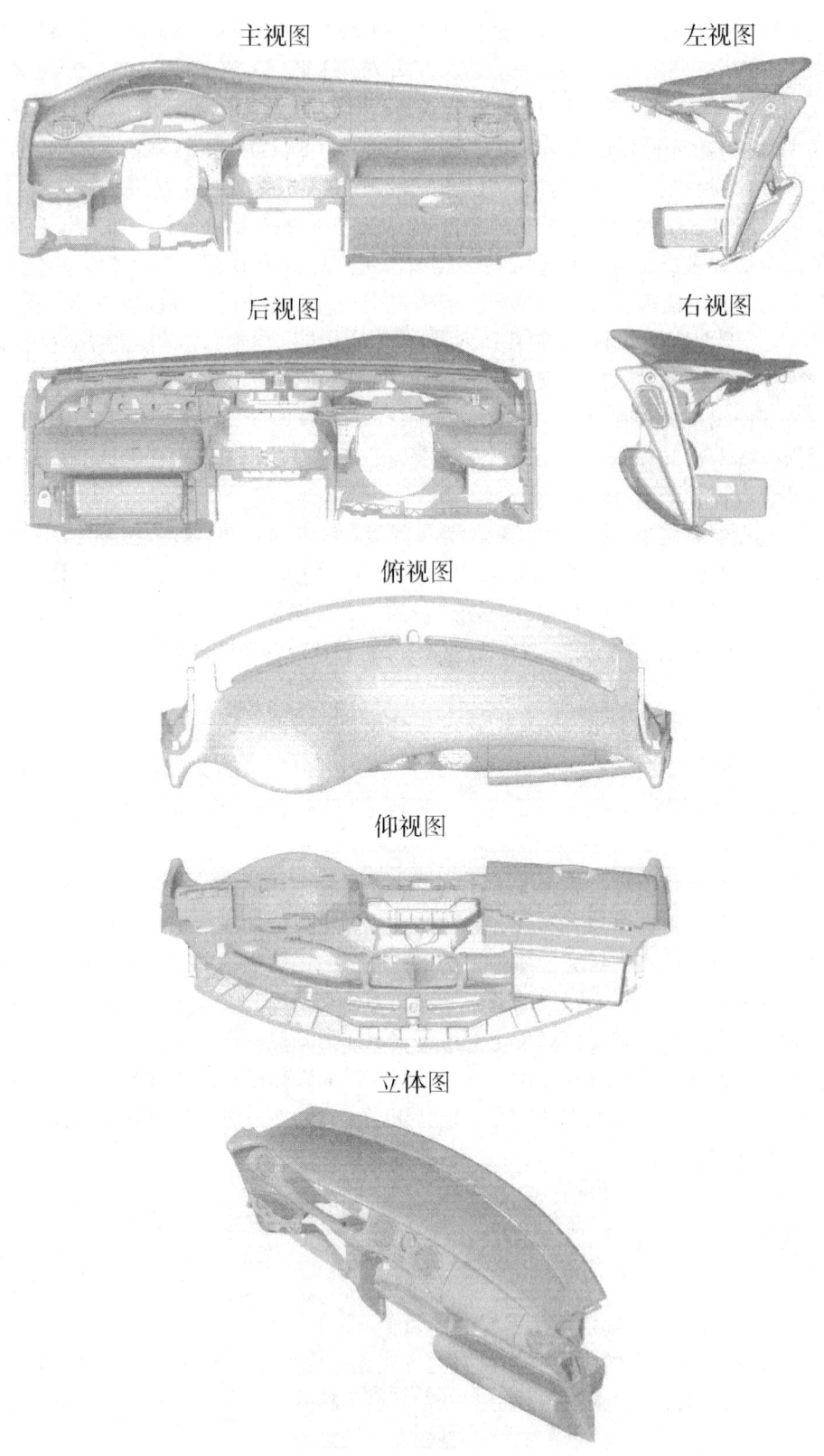

本专利附图

在先设计

前门（内饰）

无效宣告请求审查决定（第10612号）

决 定 号	第10612号
决 定 日	2007年10月29日
发明创造名称	前门（内饰）
外观设计分类号	12-16
无效宣告请求人	高娇阳
专 利 权 人	上海汽车集团股份有限公司
专 利 号	200530043166.3
申 请 日	2005年9月14日
授权公告日	2006年7月5日
合议组组长	钟 华
主 审 员	徐清平
参 审 员	张雪飞
附 图	1页

法律依据 专利法第23条

决定要点

请求人提交的证据能证明相关产品办结海关手续、准予放行的，应该认为进口行为已经完成，该进口产品的入境日即为在国内公开使用的公开日。对于一般消费者而言，汽车车门内饰的背面属于视觉不易见到的部位，对外观设计的整体视觉效果不具有显著性影响。

一、案由

本无效宣告请求涉及的是国家知识产权局于2006年7月5日授权公告的、名称为"前门（内饰）"的200530043166.3号外观设计专利（下称本专利），其申请日为2005年9月14日，专利权人为上海汽车集团股份有限公司。

针对本专利，高娇阳（下称请求人）于2006年12月22日向专利复审委员会提出无效宣告请求，其理由是本专利不符合专利法第23条的规定，并提交了如下附件作为证据：

附件1：中华人民共和国海关《货物进口证明书》复印件1页；

附件2：是中华人民共和国出入境检验检疫《进口机动车辆随车检验单》复印件1页；

附件3：是中华人民共和国江苏省南京市公证处出具的"（2006）宁证内经字第118626号"《公证书》复印件。

请求人认为：附件1可以证明罗孚2497CC小轿车（发动机号为25K4FP56260086，车架号为SARRJZLLZ4D317574）于2004年4月26日运抵南京海关口岸，经上海物资集团汽车贸易有限公司于2004年4月28日按章办结进口手续；附件2证明该罗孚2497CC小轿车的入境时间为2004年4月28日，并于2004年5月8日通过了安全性能检验；附件3证明该罗孚2497CC小轿车的前门内饰与本专利的图片相同；因此附件1至附件3可以证明本专利与其申请日以前在国内公开使用过的外观设计相同或者相近似，不符合专利法第23条的规定。

经形式审查合格，专利复审委员会依法受理了上述无效宣告请求，并于2007年1月17日将无效宣告请求书及相关文件的副本转送专利权人，要求其在指定期限内答复。

2007年1月18日，请求人提交了意见陈述书，将无效宣告请求书中所述的"运抵南京海关口岸"修改为"运抵上海海关口岸"。

2007年3月6日，专利权人提交了意见陈述书，认为：（1）附件1~3均为复印件，请求人应提交原件；（2）国内公开使用是指外观设计被应用在产品的外表上，而这种产品是公众可以见到的状态，仅进口这一行为并不足以使公众可以见到该产品，很多进口产品的目的在于研究或者测绘，故处于保密状态，因此附件1和附件2所欲证明的"罗孚2497CC小轿车于2004年4月26日运抵并于4月28日入境"这一情况并不能证明该车于本专利申请日以前在国内公开使用；（3）附件3与附件1和附件2没有关联性，附件3的内容仅能证明该公证书所附牌号为苏A7H119的黑色小轿车的拍照图片，没有说明牌号为苏A7H119的黑色小轿车就是附件1和附件2所揭示的罗孚2497CC小轿车；（4）附件3所示外观设计与本专利不相同且不相近似，汽车前门为三维立体产品，而附件3所示的相关图片不能清楚地显示其形状结构。基于上述，专利权人认为请求人提出的无效请求理由不成立，本专利应予维持。

专利复审委员会于2007年4月10日向双方当事人发出口头审理通知书，定于2007年5月18日对本案进行口头审理。同时将上述请求人的意见陈述和专利权人的意见陈述分别转送对方当事人。

口头审理如期举行，请求人由当事人和委托代理人出席，专利权人委托代理人出席。在口头审理中，请求人说明附件1和附件2的原件保留在江苏省南京市公安局交通管理局，并当庭提交了附件3的原件和盖有"江苏省南京市公安局交通管理局车辆管理所业务专用章"的附件1和附件2的确认件（下分别称为附件4和附件5）。合议组当庭将附件4和附件5转送给专利权人，并告知其在口头审理结束后一个月内可进行书面意见陈述。请求人在口头审理中指认附件3中所涉及的相关产品图片，在相近似性判断方面双方均各自坚持原有观点。

2007年6月15日，专利权人向专利复审委员会提交了意见陈述书，认为：（1）附件4和附件5的提交超出了一个月的举证期限，应不予考虑；（2）附件4和附件5均与本案没有关联性，其中附件4和附件5的盖章用途无文字记载，没有盖章的时间，没有盖章人的签字，看不出附件4和附件5上加盖的"江苏省南京市公安局交通管理局车辆管理所业务专用章"分别与其上所示的"中华人民共和国上海海关"和"中华人民共和国浦东出入境检验检疫局"之间存在业务上的隶属或者管理关系，没有证据证明附件1和附件2所示车辆已上牌照，不能证明附件1和附件2的原件已经交给南京车辆管理所，因此附件4和附件5也缺乏真实有效性。

至此，合议组认为本案事实已经调查清楚，依法作出审查决定。

二、决定的理由

1. 法律依据

基于请求人提出无效宣告请求所依据的事实和理由，合议组对本专利是否符合专利法第23条的规定进行审查。

专利法第 23 条规定：授予专利权的外观设计，应当同申请日以前在国内外出版物上公开发表过或者国内公开使用过的外观设计不相同和不相近似，并不得与他人在先取得的合法权利相冲突。

2. 证据认定

请求人提交的附件 1 为中华人民共和国海关《货物进口证明书》复印件，附件 2 为中华人民共和国出入境检验检疫《进口机动车辆随车检验单》复印件；请求人说明附件 1 和附件 2 的原件保留在江苏省南京市公安局交通管理局，并在口头审理时提交了加盖有"江苏省南京市公安局交通管理局车辆管理所业务专用章"的附件 1 和附件 2 的确认件（即附件 4 和附件 5）。专利权人认为附件 4 和附件 5 的提交超出了一个月的举证期限，应不予以考虑。

对此，合议组认为：交通管理局车辆管理所负责车辆管理等业务，申请人在申请对入境车辆进行登记颁发牌照时，需要出具并留存《货物进口证明书》和《进口车辆随车检验单》的原件，因此请求人关于附件 1 和附件 2 的原件保留在江苏省南京市公安局交通管理局车辆管理所的主张符合一般常识，故由相关车辆管理所签章确认的附件 4 和附件 5 属于为完善证据法定形式的证据。依据审查指南第四部分第三章第 4.3.1 节的规定，用于完善证据法定形式的公证书、原件等证据，应该予以考虑，因此合议组对附件 4 和附件 5 予以接受。

附件 4 和附件 5 上加盖有"江苏省南京市公安局交通管理局车辆管理所业务专用章"，专利权人对附件 4、附件 5 的关联性和真实性不予认可。对此，合议组认为：基于前述，请求人关于附件 1 和附件 2 的原件保留在江苏省南京市公安局交通管理局车辆管理所的主张符合一般常识，江苏省南京市公安局交通管理局车辆管理所在复印件上加盖印章，应理解为其证明该复印件与原件相符，专利权人虽有异议，但在指定期限内并未提交任何足以推翻附件 4 和附件 5 的真实性的证据，因此附件 4 和附件 5 的真实性应当予以确认。

附件 3 为中华人民共和国江苏省南京市公证处出具的"（2006）宁证内经字第 118626 号"《公证书》复印件，请求人在口头审理时提交了原件，经核实附件 3 的原件与复印件相符，因此在没有相反证据足以推翻的情况下，附件 3 的真实性应当予以确认。

3. 本专利是否符合专利法第 23 条的规定

根据附件 4 可知，罗孚 2497CC 小轿车（发动机号码为 25K4FP56260086，车架号码为 SARRJZLLZ4D317574）于 2004 年 4 月 26 日由英国运抵上海海关口岸，经上海物资集团汽车贸易有限公司于 2004 年 4 月 28 日按章办结进口手续。

根据附件 5 可知，罗孚 2497CC 小轿车（发动机号码为 25K4FP56260086，车架号码为 SARRJZLLZ4D317574）的入境时间为 2004 年 4 月 28 日，2004 年 5 月 8 日车辆一般项目检验合格、安全性能检验合格。

合议组认为：通过附件 4 和附件 5 可以得知，罗孚 2497CC 小轿车（发动机号码为 25K4FP56260086，车架号码为 SARRJZLLZ4D317574）于 2004 年 4 月 28 日经过我国上海海关入境；根据审查指南第二部分第三章第 2.1.3.2 节"使用公开"的规定，使用公开的方式包括进口，根据审查指南第四部分第八章第 5.1 节的规定，进口产品办结海关手续、准予放行的，应该认为进口行为已经完成，海关放行日视为该进口产品在中国境内的公开日。在海关放行日不能确定的情况下，将报关日起的第八日视为海关放行日，但当事人有证据能够证明海关实际放行日的除外。据此，能够认定罗孚 2497CC 小轿车（发动机号码为 25K4FP56260086，车架号码为 SARRJZLLZ4D317574）的进口行为已经构成在本专利申请日（2005 年 9 月 14 日）以前的国内公开使用。

根据附件 3，南京市公证处证明拍照人徐殿军对牌号为苏 A7H119 的黑色小轿车进行拍照，所附照片 20 张与实际情况相符。其中所附第八张照片显示该小轿车的车架号为 SARRJZLLZ4D317574。

合议组认为：附件3中的黑色小轿车与附件4、附件5中的车架号一致，车架号为车辆识别代码，一般情况下车辆与车架号具有唯一对应关系，应该认定附件3至附件5所述小轿车为同一辆小轿车。专利权人称附件3中的车辆可能经过改装、拆卸，但未提交相应证据证明，合议组对其主张不予支持。因此，结合附件4至附件5可以证明，附件3照片所示小轿车在本专利申请日以前已在国内公开使用过。请求人在口头审理中指定的附件3照片所示汽车前门内饰的外观设计（下称在先设计）属于本专利申请日前在国内公开使用过的外观设计。

合议组认为：本专利和在先设计均为汽车前门内饰的外观设计，二者用途相同，属于相同种类的产品，故将二者外观设计作如下对比：

本专利所示车门内饰的整体形状为近似圆角平行四边形，其正面为分别呈凹下和凸出的上、下两部分曲面造型，中部斜向上有臂状扶手，扶手前端有椭圆形设计，扶手右上部有椭圆形扣手区，正面左下角有一近似水滴形区域，并在其内有一大一小圆形设计；背面呈与正面相应的凹凸设计；另有其他局部设计（详见本专利附图）。

在先设计车门内饰的整体形状为近似圆角平行四边形，其正面为分别呈凹下和凸出的上、下两部分曲面造型，中部斜向上有臂状扶手，扶手前端有椭圆形设计，扶手右上部有椭圆形扣手区，正面左下角有一近似水滴形区域，并在其内有一圆形设计；背面不可见；另有其他局部设计（详见在先设计附图）。

将本专利与在先设计相比较，其主要的不同点为：在先设计未显示出背面设计，二者在水滴形区域内的圆形设计数量不同。合议组认为：对于一般消费者而言，汽车车门内饰的背面安装于车门内侧，属于使用状态下视觉不易见到的部位，且二者的其他区别明显属于局部细微差别，因此对二者的整体视觉效果均不具有显著的影响；二者基本相同的正面形状和布局设计足以导致一般消费者的混淆、误认，二者应属于相近似的外观设计。

综上所述，在本专利申请日以前已有与其相近似的外观设计在国内公开使用过，本专利不符合专利法第23条的规定。

三、决定

宣告200530043166.3号外观设计专利权全部无效。

根据专利法第46条第2款的规定，当事人对本决定不服的，自收到本决定之日起三个月内向北京市第一中级人民法院起诉，根据该款规定，一方当事人起诉后，另一方当事人应当作为第三人参加诉讼。

主视图　　　左视图　右视图

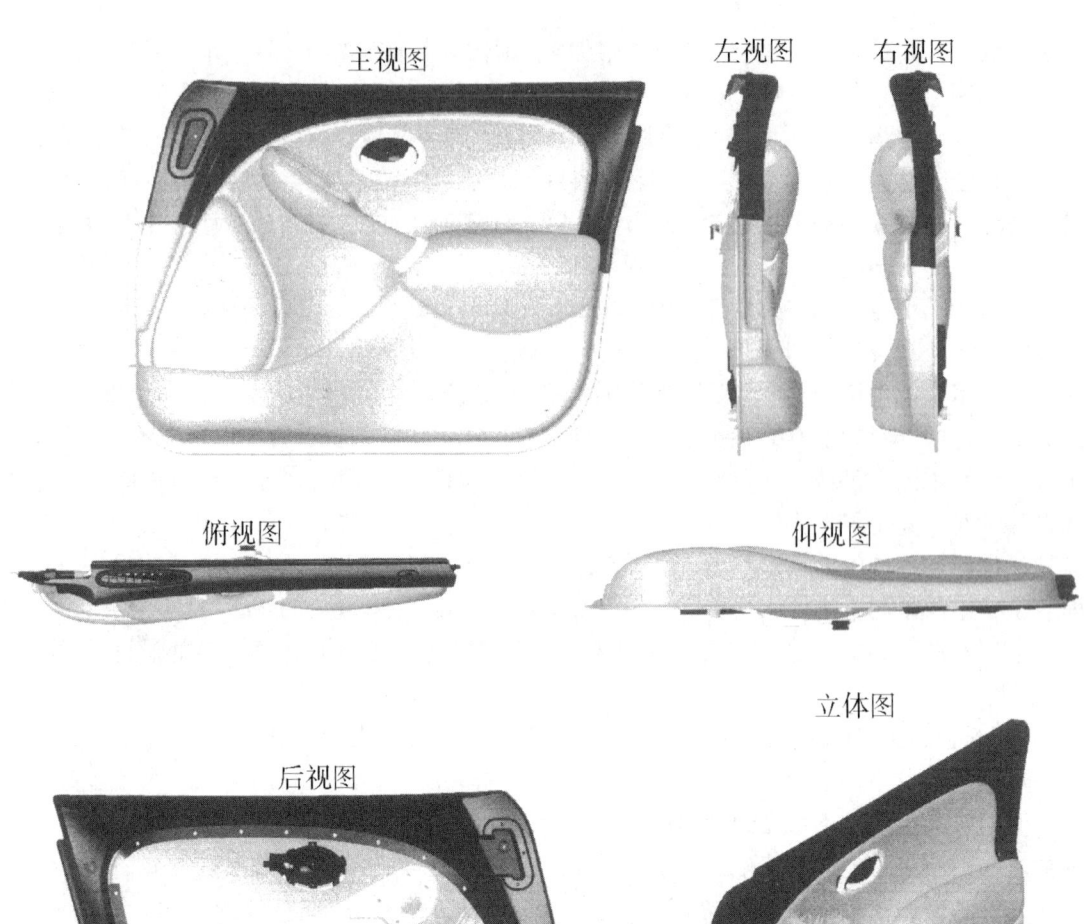

俯视图　　　　　仰视图

立体图

后视图

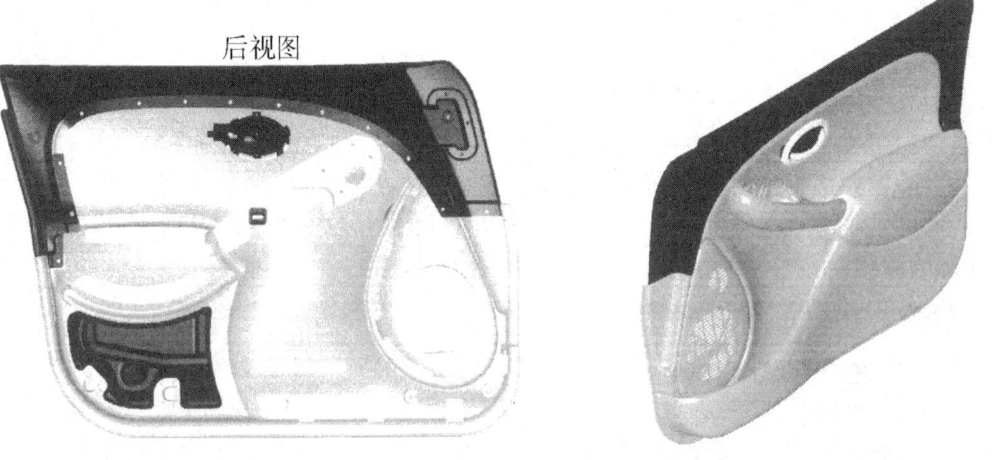

本专利附图

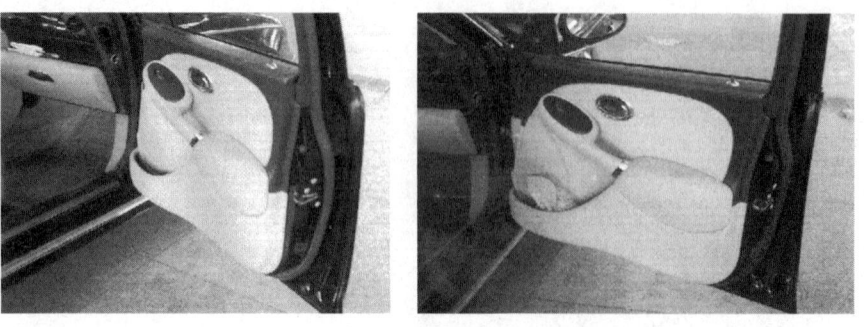

在先设计

包装盒（黄山毛峰茶）

无效宣告请求审查决定（第10613号）

决 定 号	第10613号
决 定 日	2007年10月24日
发明创造名称	包装盒（黄山毛峰茶）
外观设计分类号	09-03
无效宣告请求人	傅绍贤
专 利 权 人	郑孝和
专 利 号	00345068.6
申 请 日	2000年12月19日
授权公告日	2001年8月29日
合议组组长	钟 华
主 审 员	李改平
参 审 员	严若艳
附 图	1页

法律依据 专利法第23条

决定要点

请求人提供的设计、印刷、交货的证据以及法院生效调解书，在时间上、内容上相互联系、彼此印证，构成了完整的证据链，证明本专利在申请日前已公开使用过，因此，本专利不符合专利法第23条的规定。

一、案由

本无效宣告请求涉及的是国家知识产权局于2001年8月29日授权公告的、名称为"包装盒（黄山毛峰茶）"的外观设计专利，其申请号是00345068.6，申请日是2000年12月19日，专利权人是郑孝和。该专利权已于2003年12月19日因欠费而终止。

针对上述专利权（下称本专利），傅绍贤（下称请求人）于2006年6月16日向专利复审委员会提出无效宣告请求，其理由是：本专利在申请日前已公开使用过，因此，本专利不符合专利法第23条的规定；同时，本专利与在先申请、在后公开的专利相冲突，不符合专利法实施细则第13条第1款的规定。请求人提交了以下附件作为证据：

附件1是请求人陈述提起无效宣告请求的原因并同时附有申请号为00314755.X的著录项目及图片；

附件2是本专利的公告文本复印件1页；
附件3是本专利的法律状态检索复印件1页；
附件4是证明请求人为"黄山毛峰"包装盒的设计人的有关资料共20页；
附件5是请求人按合同生产并于2000年8月20日交货的"《黄山毛峰》"包装盒复印件共4页；
附件6是［2005］皖民三监字第2号安徽省高级人民法院驳回申诉通知书复印件1份；
附件7是（2001）合民三初字第21号安徽省合肥市中级人民法院民事判决书复印件1份；
附件8是（2002）皖民三终字第4号安徽省高级人民法院民事裁定书复印件1份；
附件9是（2002）合民三初字第50号安徽省合肥市中级人民法院民事调解书复印件1份；

2006年6月26日请求人提交补充意见陈述，认为本专利产品就是请求人于2000年8月20日交货使用的黄山毛峰茶包装盒，请求人提交了以下证据（编号续前）：

附件10是郑孝和经手的收到黄山毛峰外盒的收据和请求人的借据复印件1页；
附件11是浙江画院画家徐启雄教授出具的证明信复印件1份。

经形式审查合格，专利复审委员会受理了上述无效宣告请求，并于2007年2月13日将无效宣告请求书及相关材料副本转送给专利权人，要求其在指定期限内答复。专利权人逾期未答复。

2007年6月7日专利复审委员会向双方当事人发出无效宣告请求口头审理通知书，定于2007年7月18日在专利复审委员会进行口头审理。

口头审理如期举行，请求人及其委托代理人出庭，专利权人未出庭。请求人对合议组成员无回避请求。请求人当庭陈述了请求宣告本专利无效的主要理由和事实，认为附件1中所示的名称为"标贴"的在先设计与本专利为相近类别，两者的人物图案和颜色相近似，属于相近似的外观设计，因此本专利不符合专利法实施细则第13条第1款的规定；请求人当庭放弃了附件3、附件4中的协议底稿、附件6和附件7，附件4中《黄山毛峰》包装盒设计修改底稿（提交了原件）和2000年8月12日委托吴尚谦印制《黄山毛峰》包装盒委托书（提交了原件），以及2000年8月20日安徽天方茶业（集团）有限公司出具的签收黄山毛峰茶包装盒一万零六百只的收据复印件，共同证明在本专利申请日前专利权人曾委托请求人设计、制作、印刷《黄山毛峰》包装盒，并进行公开销售的事实；附件5是请求人按合同生产于8月20日交货的《黄山毛峰》包装盒复印件，附件8（提交了原件）和附件9（提交了原件）中都有《黄山毛峰》包装盒使用公开的事实说明，附件10进一步说明《黄山毛峰》包装盒交货的事实，附件11（提交了原件）证明请求人设计画的初衷以及体现茶文化的设计主题的来源，以上证据说明请求人在本专利申请日前设计、销售与本专利相近似的《黄山毛峰》包装盒的事实，因此本专利不符合专利法第23条的规定，应予宣告无效。

2007年7月20日复审委员会将请求人于2006年6月26日提交的补充意见陈述及所附证据转送专利权人，专利权人逾期未答复。

至此，合议组认为本案事实清楚，可以依法作出审查决定。

二、决定的理由

1. 法律依据

基于请求人提出的无效宣告请求理由，合议组对本专利是否符合专利法第23条及专利法实施细则第13条第1款的规定进行审查。

专利法第23条规定："授予专利权的外观设计，应当同申请日以前在国内外出版物上公开发表过或者国内公开使用过的外观设计不相同和不相近似，并不得与他人在先取得的合法权利相冲突。"

专利法实施细则第13条第1款规定："同样的发明创造只能被授予一项专利。"

2. 证据认定

附件4包括《黄山毛峰》茶包装盒设计修改底稿复印件1份（提交了原件）和2000年8月12日请求人委托吴尚谦印制《黄山毛峰》包装盒的委托书复印件（提交了原件），以及2000年8月20日安徽天方茶业（集团）有限公司出具的签收黄山毛峰茶包装盒一万零六百只的收据复印件。附件5是请求人按合同生产并于2000年8月20日向安徽天方茶业（集团）有限公司交货的产品图片复印件共4页。上述设计修改底稿反映了设计过程，其上以《天方茶苑图》作为主图，其中对锦旗的使用、"保鲜绿茶"改为"除氧保鲜"、"中国十大名茶"位置的改变等，均与附件5所示交货的产品图片内容一致，均为《黄山毛峰》包装盒，其上印有"安徽天方茶业（集团）有限公司出品"，说明此设计是专门为安徽天方茶业（集团）有限公司设计的；上述印刷委托书由甲方请求人与乙方吴尚谦于2000年8月12日签订，其内容表明订货单位是"安徽天方茶业（集团）公司"，印刷的内容是"已申请专利《茶苑》标贴设计的包装盒《黄山毛峰》"，请求人提交了原件，合议组认定其真实性。此印刷委托书表明了订货单位与设计修改底稿中的出品单位一致，印制的内容与设计修改底稿的内容一致，可以认定此印刷委托书与上述设计修改底稿具有关联性；上述2000年8月20日安徽天方茶业（集团）有限公司出具的收据表明签收的产品是"浙江龙港付老师黄山毛峰茶大盒壹万零陆佰只"，此收据虽然为复印件，但其收签收人与上述设计修改底稿中的出品人和印制委托书中的订货单位一致，时间上与印刷委托书的签订相差8天，属合理时间，有经手人签字，因此可以认定其真实性。以上情况从附件9中可以得到进一步印证。附件9的第3页最后一段记载："本案经开庭审理查明：……2000年7月4日，原告傅绍贤作为乙方与作为甲方的安徽天方茶业（集团）有限公司总经理郑孝和订立一份合作协议，约定因《天方茶苑图》为乙方所画，今后甲方在凡用《天方茶苑图》产品的包装设计和印刷由乙方合理承制，但在任何情况下，乙方不得将《天方茶苑图》制作印刷在除甲方以外的其他厂商包装上等。订立合同后的下月20日，原告傅绍贤收到被告安徽天方茶业（集团）有限公司5000元人民币。协议签订后被告安徽天方茶业（集团）有限公司将该图的印刷物用于茶叶包装及其他宣传产品上。原告傅绍贤自2000年9月至2001年2月为被告安徽大方茶业（集团）有限公司承揽包装物印刷业务，在此期间共收包装物货款105000元……。"根据上述事实可知：在2000年7月4日请求人与安徽天方茶业（集团）有限公司约定凡用《天方茶苑图》产品的包装设计和印刷由请求人合理承制，由此可认定请求人给安徽天方茶业（集团）有限公司设计、印刷、交货黄山毛峰包装盒的真实性，将上述证据结合起来可以看出，它们在时间上、内容上相互联系、彼此印证，构成了完整的证据链。专利权人为安徽天方茶业（集团）有限公司的法定代表人，其为附件9的另一方当事人，应该了解有关事实，对专利复审委员会转送的文件在指定期限内均逾期未答复，也没有参加口头审理，应视为对上述事实无异议。上述证据共同证明了如下事实：按双方约定，请求人设计了黄山毛峰茶包装盒底稿，经安徽天方茶业（集团）有限公司总经理郑孝和修改确认后，请求人委托吴尚谦印制黄山毛峰茶包装盒，并于2000年8月20日向安徽天方茶业（集团）有限公司交货，安徽天方茶业（集团）有限公司出具了签收黄山毛峰茶包装盒一万零六百只的收据，附件5示出了具体交货的黄山毛峰茶包装盒的图片。根据以上事实，合议组认定附件5所示的黄山毛峰茶包装盒于2000年8月20日已公开使用。将附件5所示的黄山毛峰茶包装盒与本专利进行比较可以看到，两者的图案、文字排列均相同，由此可以认为本专利与附件5所示的黄山毛峰茶包装盒外观设计相同，即：附件5所示的黄山毛峰茶包装盒外观设计就是本专利外观设计。故可以得出：本专利在申请日（2000年12月19日）之前已公开使用。

3. 结论

综上，请求人提交的证据证明本专利在申请日前已公开使用，故本专利不符合专利法第23条的规定。

鉴于已经得出本专利不符合专利法第23条的规定的结论，故对请求人提交的其他理由和证据不再作出评述。

三、决定

宣告00345068.6号外观设计专利权全部无效。

当事人对本决定不服的，可以根据专利法第46条第2款的规定，自收到本决定之日起三个月内向北京市第一中级人民法院起诉。根据该款的规定，一方当事人起诉后，另一方当事人应当作为第三人参加诉讼。

主视图

后视图

俯视图

仰视图

右视图

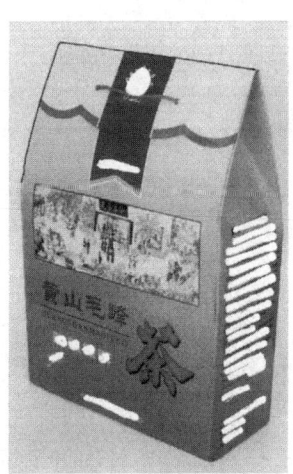
立体图

本专利附图

手机背盖

无效宣告请求审查决定（第10616号）

决　定　号	第10616号
决　定　日	2007年9月25日
发明创造名称	手机背盖
外观设计分类号	14-03
无效宣告请求人	深圳市天时达移动通讯工业发展公司，诺基亚有限公司
专　利　号	200530004713.7
申　请　日	2005年2月15日
	2004年8月17日
授权公告日	2005年12月14日
合议组组长	吴赤兵
主　审　员	钱亦俊
参　审　员	李巍巍

法律依据 专利法第23条

决定要点

就本案而言，尽管互联网证据易于伪造篡改，但基于双方当事人提供的证据，请求人提交的相关证据涉及的内容不但在不同网站都得到了印证，而且相关网页的文章及上传时间得到专利权人提交的反证的印证。因此，其公开事实的真实性应予认定。

在先设计于北京时间2004年8月17日9时45分在互联网上公开。并且，在美国可以看到相关信息。根据互联网的特性，上传内容应在各国同时看到。基于时差的判断，此刻对于美国东部（纽约）时间而言无论在理论上还是法定的都是在优先权日之前一日。

消费者极易将本专利与在先设计混同，造成误认。故在本专利申请日之前已有与之相近似的外观设计在出版物上公开发表过，本专利不符合专利法第23条的规定。

一、案由

本无效宣告请求涉及的是国家知识产权局于2005年12月14日授权公告的申请号为200530004713.7的外观设计专利，其名称是"手机背盖"，申请日是2005年2月15日，优先权日是2004年8月17日，专利权人是诺基亚有限公司。

针对上述专利权（下称本专利），深圳市天时达移动通讯工业发展公司（下称请求人）于2006年7月17日向专利复审委员会提出无效宣告请求，其理由是：在本专利优先权日之前已经在出版物上公开发表的诺基亚 7610 型手机外型与本专利相近似，故本专利不符合专利法第 23 条的规定。与此同时，请求人向专利复审委员会提交了如下证据：

附件 1——《数字通信》2004 年第 10 期封面、版权信息页及相关内页复印件共 4 页；

附件 2——200430077737.0 号外观设计专利公报复印件。

专利复审委员会受理了此案，并于 2006 年 7 月 17 日将无效宣告请求书及证据文件副本转送给专利权人，要求其在指定期限内进行意见陈述。

2006 年 8 月 3 日，请求人提交如下补充证据（编号续前）：

附件 3——"（2006）深龙证字第 1350 号"公证书复印件；

附件 4——"（2006）深龙证字第 1357 号"公证书复印件；

附件 5——"（2006）深龙证字第 1358 号"公证书复印件。

针对 2006 年 7 月 17 日转送的文件，2006 年 9 月 1 日，专利权人提交意见陈述认为，上述附件 1 公开的是 7610 型手机的正面，没有背面，附件 2 公开日在本专利申请日之后，不适用于本案。并且该两份附件所示外观设计与本专利 7260 型手机外观设计不相同且不相近似。另外，专利权人曾委托国家知识产权局专利检索咨询中心对本专利新颖性进行检索和鉴定，其结论是本专利与附件 2 不相同且不相近似；在芬兰，本专利与附件 2 所示产品外观均被授予专利。并附如下反证：

反证 1——分别标有 7260 和 7610 的手机六面视图各两份；

反证 2——检索报告一份复印件；

反证 3——标有 23916 和 23886 的外文文献复印件各一份；

反证 4——项目分析报告复印件一份。

2007 年 2 月 13 日，专利复审委员会将上述补充证据和答复意见随口头审理通知书一并转送双方当事人，通知双方当事人定于 2007 年 4 月 4 日在专利复审委员会进行口头审理。

口头审理如期举行，双方当事人均有代理人出庭。请求人出示了除附件 2 以外所有证据的原件，双方核实了证据原件，专利权人对其真实性予以认可，但对附件 3~5 证明的事实有异议。专利权人补充了如下两份反证用于证明本专利是专利权人合法拥有，并且在互联网上是申请日之后的 2008 年 8 月 18 日上传到互联网上公开的（编号续前）：

反证 5——"（2007）长证内经字第 2089 号"公证书；

反证 6——"（2006）京证经字第 16803 号"公证书。

合议组当庭将上述补充证据转送请求人，限期答复。双方就证据所证实的事实、互联网公开时间以及本专利与证据的相近似性进行了辩论。请求人认为，本专利与附件 1 所示产品外观设计相近似，尽管附件 2 公开在本专利申请日之后，但在附件 1 报道可见该款 7610 手机在 2004 年 6 月即已上市出售，由附件 2 图片可见其后壳设计与本专利相近似；附件 3、4、5 是三份网页证据保全公证书，其中附件 4，即第 1357 号公证书证实 2004 年 8 月 17 日上午 9 时 45 分披露了一款与本专利相近似的外观设计，根据时差换算，此时在美国时间是 8 月 16 日早于优先权日一天，证据 3 是对证据 4 的印证，证据 5 证明本专利手机已经进入国家相关部门审查，准予入市，说明在申请日之前已经生产，印证证据 4 的合法性。专利权人认为请求人提交的附件 1 与附件 2 没有关联性。补充证据即附件 3~5 没有提交意见陈述，应不予考虑。其时间不能确定，是电子证据，仅仅是对一个网页页面的公证，证明力较弱，属于孤证。反证 5 是对美国网站的实时抓拍，证明请求人提交的附件 4 是 8 月 18 日在网上公开的。反证 4 证明专利权人合法拥有本专利。最终双方当事人陈述意见各自坚持原有观点。

2007 年 4 月 28 日，请求人针对专利权人口头审理当天提交的补充证据提交书面意见陈述，重申口头审理中陈述的意见。

在上述审理的基础上,合议组认为本案事实清楚,可以作出审查决定。

二、决定理由

基于请求人提出的无效宣告请求的理由,结合其提交的证据,合议组根据专利法第 23 条进行审理。

请求人提出的无效宣告请求的理由是:在本专利优先权日之前已经在出版物上公开发表的诺基亚 7610 型手机外型与本专利相近似,并且在本专利优先权日之前已经在网上公开发表了与本专利相近似的诺基亚 7260 型手机,故本专利不符合专利法第 23 条的规定。

专利法第 23 条规定:"授予专利权的外观设计,应当同申请日以前在国内外出版物上公开发表过或者国内公开使用过的外观设计不相同和不相近似,并不得与他人在先取得的合法权利相冲突。"

1. 证据认定

请求人提交的附件 3 是"(2006)深龙证字第 1350 号"公证书,针对新浪网的"中关村在线"网站网页的证据保全公证,附件 4 是"(2006)深龙证字第 1357 号"公证书,针对"中关村在线重庆站"网页进行的网页证据保全公证,附件 5 是"(2006)深龙证字第 1358 号"公证书,针对信息产业部的官方网站网页进行的证据保全公证。专利权人提交的反证 5 是"(2007)长证内经字第 2089 号"公证书,对美国网站的实时抓拍进行的网页证据保全公证。上述公证书均有原件,对其真实性予以认可。

针对补充证据专利权人主张,请求人在提交补充证据时没有结合证据作具体说明,因此,补充证据不应予考虑。对此,合议组认为,鉴于该三份证据形式的特殊性,即在附件 3、附件 4 公证书中已经对补充证据作出清楚说明,例如在附件 4 公证书正文第一页"公证事项:"下面第一段文字"……来到我处称:'诺基亚公司'诉申请人生产的手机产品侵犯专利权,其实该产品诺基亚 7260 手机的外观图形在起诉方公司生产的产品在上市前或申请专利之前已经存在。我公司在'http://www.it023.com/mobile/news/2004-08-17/1092712633d27738.html'网址上发现有'诺基亚手机'的图片,且该信息是 2004 年 8 月 17 日发布的……",因此,合议组认为,该证据可以予以考虑。

在附件 3 中记载:2006 年 7 月 21 日下午 3 时 30 分至 3 时 50 分在深圳市龙岗区公证处办证大厅,由委托代理人王小娟操作微机,在"Internet Explorer"浏览器地址栏中输入 http://www.sina.com 进入新浪网页,沿"科技"→"手机"→"品牌"→"诺基亚"→2004 年"机型"→"7260 型号的相关文章"→"新机报道"标题顺序进入"诺记 7610 出简化版,新机 7620 外形更酷炫(图)"网页(http://tech.sina.com.cn/mobile/n/2004-08-17/1357406522.shtml),可见打印网页界面。页面包括 6 页,根据常识,在首页大标题下显示的是上传时间信息,即 http://www.sina.com.cn 2004 年 08 月 17 日 13:57 中关村在线。

在附件 4 中记载:2006 年 7 月 24 日上午 11 时 10 分至 12 时 15 分在深圳市龙岗区公证处 1216 办证室,由委托代理人王小娟操作微机,在"Internet Explorer"浏览器中打开 http://verycd.265.com 进入网页,沿"名站导航"的 Google 标题搜索栏中输入"NOKIA7260 S40 2004-087260",打开搜索结果第 4 页,点击"诺基亚 7610 兄弟机器 7260 真机现身的评论",遂显示打印页面,即 http://www.it023.com/mobile/news/2004-08-17/1092712633d27738.html,打印页面共三页。文章结尾显示文字上传信息"2004-08-17 9:45:27 文/タンテ"。

在专利权人提交的反证 5 中记载:2007 年 3 月 26 日上午在长安公证处的微机上,由委托代理人杨璞操作微机,在"Internet Explorer"浏览器地址栏中输入"archive.org"拷屏打印出现文件第 1 页至第 3 页;在"wed"项下输入栏中输入 http://www.it023.com,点击"Take Me Back"拷屏打印出现文件第 4 页至第 9 页;点击页面中的"Aug 17,2004"拷屏打印出现文件第 10 页至第 12 页;点击浏览器菜单"查看"项下的"编码"中的"简体中文"拷屏打印出现文件第13页至第15页；在打印图片地址栏中显示网址为"http：/web.archive.org/web/20040817003654/http：//www.it023.com/index.html"中的http：//www.it023.com/index.html部分变更为http：//www.it023.com/mobile/news/2004-08-17/1092712633d27738.html，点击回车，拷屏打印出现文件第16页至第19页；点击浏览器菜单"查看"项下的"编码"中的"简体中文"拷屏打印出现文件第20页至第23页；点击浏览器菜单"查看"项下的"源文件"打印出现文件第24页至第31页。从显示有中文文字的第13页至第15页及第20页至第24页判断是对"中关村在线重庆站"网页的实时抓拍，其中第20页文章标题"诺基亚7610兄弟机器7260真机现身"下显示上传时间"2004-08-179：45：27"。

关于公开事实的真实性。上述证据互相印证，证明标题为"诺基亚7610兄弟机器7260真机现身"的文章已于北京时间2004年8月17日9时45分27秒在互联网上公开。并且，在美国可以看到相关信息。根据互联网的特性，文件一旦上传应该是在世界范围内同时看到。尽管专利权人认为互联网证据易于伪造篡改，但基于双方当事人提供的证据，专利权人提交的反证5页面显示的文字内容对请求人提交的证据的真实性是一个印证。并且，相关信息在不同网站都得到了印证，因此，如果认为附件4内容是不真实的，应有反证证明。专利权人提交的反证5也证实确有相关文章在网上曾被上传公开，因此，对于网上曾公开过相关信息的事实应与认定。关于相关信息公开的时间，双方争议较大。专利权人以反证5证实在美国的互联网上是于2004年8月18日网上看到的。因为从反证5中看到，在2004年8月17日的抓拍记录中没有记载"诺基亚7610兄弟机器7260真机现身"的文章，在2004年8月18日抓拍记录中却记载有该文章。但是，合议组认为，这并不足以证明在北京时间2004年8月17日9时在美国互联网上一定没有相关信息披露。

关于公开时间的判断，基于时差的判断，北京时间2004年8月17日9时45分对于美国东部时间（也是美国最早的时间）而言在理论上是2004年8月16日20时45分，法定时间是21时45分。因此，此时应是美国官方时间2004年8月16日，在本专利优先权日之前。即附件4公证书中所附网页打印件页码2/3页显示的"诺基亚7610兄弟机器7260真机现身"图片（下称在先设计）在本专利优先权日之前公开，属于本专利申请日之前的公开发表，该证据适用于本案，可适用专利法第23条的规定评价本专利的专利性。

2. 相近似性比较

合议组将本专利与在先设计进行比较分析如下：

本专利产品显示的是手机背盖，有7幅视图，包括两幅立体图及除后视图以外的其他五面视图。从主视图观察，整体轮廓类似长方形，右上角及左下角呈圆弧状，左侧上部有矩形方框，其内有圆形及条形图案，产品右下角有多个圆角矩形图案，其右侧边即为手机边沿。沿左侧边及底边有细条。从侧面观察，手机背盖左右侧上部及下部均有一凹进，从俯视图观察上部左右均有一凹进（见附图：本专利）。

在先设计显示的是手机背盖，仅可见正面视图，整体轮廓类似长方形，右上角及左下角呈圆弧状，左侧上部有矩形方框，其内有圆形及条形图案，产品右下角有多个圆角矩形图案，其右侧边即为手机边沿。沿左侧边及底边有细条（见附图：在先设计）。

经比较，二者存在的相同点是：与本专利主视图对应的正面视图，二者均为"整体轮廓类似长方形，右上角及左下角呈圆弧状，左侧上部有矩形方框，其内有圆形及条形图案，产品右下角有多个圆角矩形图案，其右侧边即为手机边沿。沿左侧边及底边有细条"。从可见图片比较二者外观设计（除商标外）从视觉上看没有不同点。但是本专利所具有的侧面视图在先设计图片上不可见。对此，合议组认为，与本专利主视图对应的正面视图是一般消费者区别二者的视觉注目部位，由于手机较薄，相对来讲，侧面较窄，属于易被视觉忽略的部位，因此，基于在先设计与本专利的上述相同点，足以判断二者外观设计的相近似性，一般消费者易将二者混淆和误认。因此，合议组认为本专利与在先设计属于相近似的外观设计，本专利不符合专利法第23条的规定。

专利权人提交的反证均不足以证明请求人提交的上述证据不适用于本案。

鉴于已经得出上述本专利不符合专利法第23条规定的结论，本决定对请求人提交的其他证据不再予以评述。

三、决定

宣告200530004713.7号外观设计专利权全部无效。

当事人对本决定不服的，可以根据专利法第46条第2款的规定，自收到本决定之日起三个月内向北京市第一中级人民法院起诉。根据该款的规定，一方当事人起诉后，另一方当事人应当作为第三人参加诉讼。

北京市第一中级人民法院
行政判决书

（2008）一中行初字第437号

原告诺基亚有限公司（Nokia Oyj），住所地芬兰共和国埃斯波市凯拉拉登特4号。

授权代表保罗梅林（Paul Melin）。

授权代表哈里虹卡莎罗（Harri Honkasalo）。

委托代理人张辉，上海市方达律师事务所深圳分所律师。

委托代理人刘芳，北京同立钧成知识产权代理有限公司专利代理人。

被告中华人民共和国国家知识产权局专利复审委员会，住所地中华人民共和国北京市海淀区北四环西路9号银谷大厦10~12层。

法定代表人廖涛，副主任。

委托代理人张鹏，中华人民共和国国家知识产权局专利复审委员会审查员。

委托代理人郭鹏鹏，中华人民共和国国家知识产权局专利复审委员会审查员。

第三人深圳市天时达移动通讯工业发展有限公司，住所地中华人民共和国广东省深圳市龙岗区坑梓街道龙田社区大窝工业区TSD工业园内1号厂房。

法定代表人蔡清楚，董事长。

委托代理人张建成，济南舜源专利事务所有限公司专利代理人。

原告诺基亚有限公司（以下简称诺基亚公司）不服被告中华人民共和国国家知识产权局专利复审委员会（以下简称专利复审委员会）于2007年9月25日作出的第10616号无效宣告请求审查决定（以下简称第10616号决定），于法定期限内向本院提起诉讼。本院受理本案后，依法组成合议庭，并通知第10616号决定的相对方深圳市天时达移动通讯工业发展有限公司（以下简称天时达公司）作为第三人参加本案诉讼。本院于2008年7月4日公开开庭对本案进行了审理。原告诺基亚公司的委托代理人张辉、刘芳，被告专利复审委员会的委托代理人张鹏、郭鹏鹏，第三人天时达公司的委托代理人张建成到庭参加了诉讼。本案现已审理终结。

第10616号决定系专利复审委员会针对天时达公司就诺基亚公司拥有的第200530004713.7号、

名称为"手机背盖"的外观设计专利（以下简称本专利）提起的无效宣告请求所作出。专利复审委员会在该决定中认定：

1. 证据认定

认可天时达公司提交的附件3"（2006）深龙证字第1350号公证书"、附件4"（2006）深龙证字第1357号公证书"、附件5"（2006）深龙证字第1358号公证书"及诺基亚公司提交的反证5"（2007）长证内经字第2089号公证书"的真实性。

针对补充证据（天时达公司提交的附件3、附件4、附件5）诺基亚公司主张，天时达公司在提交补充证据时没有结合证据作具体说明，因此补充证据不应予考虑。对此，专利复审委员会认为，鉴于该三份证据形式的特殊性，即在附件3、附件4公证书中已经对补充证据作出清楚说明，因此，该证据可以予以考虑。

关于公开事实的真实性。附件3、附件4、反证5互相印证，证明标题为"诺基亚7610兄弟机器7260真机现身"的文章已于北京时间2004年8月17日9时45分27秒在互联网上公开。并且，在美国可以看到相关信息。根据互联网的特性，文件一旦上传应该是在世界范围内同时看到。尽管诺基亚公司认为互联网证据易于伪造篡改，但基于双方当事人提供的证据，诺基亚公司提交的反证5页面显示的文字内容对天时达公司提交的证据的真实性是一个印证。并且，相关信息在不同网站都得到了印证，因此，如果认为附件4内容是不真实的，应有反证证明。诺基亚公司提交的反证5也证实确有相关文章在网上曾被上传公开，因此，对于网上曾公开过相关信息的事实应予认定。关于相关信息公开的时间，双方争议较大。诺基亚公司以反证5证实在美国的互联网上是于2004年8月18日网上看到的。因为从反证5中看到，在2004年8月17日的抓拍记录中没有记载"诺基亚7610兄弟机器7260真机现身"的文章，在2004年8月18日抓拍记录中却记载有该文章。但是，专利复审委员会认为，这并不足以证明在北京时间2004年8月17日9时在美国互联网上一定没有相关信息披露。

关于公开时间的判断。基于时差的判断，北京时间2004年8月17日9时45分对于美国东部时间（也是美国最早的时间）而言在理论上是2004年8月16日20时45分，法定时间是21时45分。因此，此时应是美国官方时间2004年8月16日，在本专利优先权日之前。即附件4公证书中所附网页打印件页码2/3页显示的"诺基亚7610兄弟机器7260真机现身"图片（下称在先设计）在本专利优先权日之前公开，属于本专利申请日之前的公开发表，该证据适用于本案，可适用《中华人民共和国专利法》（以下简称《专利法》）第二十三条的规定评价本专利的专利性。

2. 相近似性比较

专利复审委员会将本专利与在先设计进行比较分析如下：

本专利产品显示的是手机背盖，有7幅视图，包括两幅立体图及除后视图以外的其他五面视图。从主视图观察，整体轮廓类似长方形，右上角及左下角呈圆弧状，左侧上部有矩形方框，其内有圆形及条形图案，产品右下角有多个圆角矩形图案，其右侧边即为手机边沿。沿左侧边及底边有细条。从侧面观察，手机背盖左右侧上部及下部均有一凹进，从俯视图观察上部左右均有一凹进。

在先设计显示的是手机背盖，仅可见正面视图，整体轮廓类似长方形。右上角及左下角呈圆弧状，左侧上部有矩形方框，其内有圆形及条形图案，产品右下角有多个圆角矩形图案，其右侧边即为手机边沿。沿左侧边及底边有细条。

经比较，二者存在的相同点是：与本专利主视图对应的正面视图，二者均为"整体轮廓类似长方形，右上角及左下角呈圆弧状，左侧上部有矩形方框，其内有圆形及条形图案，产品右下角有多个圆角矩形图案，其右侧边即为手机边沿。沿左侧边及底边有细条。"从可见图片比较二者外观设计（除商标外）从视觉上看没有不同点。但是本专利所具有的侧面视图在先设计图片上不可见。对此，专利复审委员会认为，与本专利主视图对应的正面视图是一般消费者区别二者的视觉注目部位，由于手机较薄，相对来讲，侧面较窄，属于易被视觉忽略的部位，因此，基于在先设计与本专利的上述相同点，足以判断二者外观设计的相近似性，一般消费者易将二者混淆和误认。因此，专利复审委员会认为本专利与在先设计属于相近似的外观设计，本专利不符合《专利法》第二十三条的规定。

诺基亚公司提交的反证均不足以证明天时达公司提交的上述证据不适用于本案。

鉴于已经得出上述本专利不符合《专利法》第二十三条规定的结论，对天时达公司提交的其他证据不再予以评述。

基于上述理由，专利复审委员会作出第10616号决定，宣告本专利权全部无效。

诺基亚公司不服第10616号决定，依法向本院提起行政诉讼称：（1）被告的行政行为适用法律错误。诺基亚公司享有优先权，就自己的发明创造第一次提出申请的地点是美国（为《保护工业产权巴黎公约》的成员国），时间为2004年8月17日。随后，诺基亚公司在中国就相同主题提出专利申请，并要求优先权，按照《专利法》规定，中国认定其优先权日为2004年8月1日，该日期也就是中国历法所确定的公元2004年8月17日，而该日期是不应考虑是美国时间还是中国时间的。即使在先设计是在2004年8月17日同一天被公开，也不应考虑时差的因素，而应认定为同一天被公开，不破坏该外观设计专利的新颖性。（2）被告的行政行为的主要证据不足。首先，诺基亚公司在评审阶段提交的关于美国网站archive.org网页公证的证据证明天时达公司提交的证据并不能证明在互联网上的诺基亚N7260型号的手机外观照片是于2004年8月17日公开的。被告认定诺基亚公司提供的该证据无法证明该照片不是于2004年8月17日公开，并进而认为诺基亚公司提供的该证据印证了在互联网上的诺基亚N7260型号的手机外观照片是于2004年8月17日公开的，这歪曲了事实也与逻辑相悖。其次，被告认为在先设计于北京时间2004年8月17日9时45分在互联网上公开。基于时差的判断，此刻对于美国东部（纽约）时间而言无论在理论上还是法定意义上都是在优先权日之前一日。这样的理解不仅没有任何法律依据，而且违反了《保护工业产权巴黎公约》有关优先权的基本规则。综上，基于上述事实和理由，请求人民法院依法撤销第10616号决定，判令被告对天时达公司针对诺基亚公司的第200530004713.7号外观设计专利提出的无效宣告请求重新进行审查，并重新作出审查决定。

被告专利复审委员会辩称：（1）原告在提起行政诉讼时所提交的证据5在无效宣告请求程序中未提交，不是被诉决定作出的依据，请求人民法院不予考虑。（2）该专利权的授予不符合《专利法》第二十三条的规定，具体理由已在第10616号决定中详细论述，我委坚持其中的意见。综上所述，我委作出的第10616号决定认定事实清楚、适用法律正确、审理程序合法，原告所述事实和理由不能成立，请求人民法院依法驳回原告的诉讼请求，维持第10616号决定。

第三人天时达公司陈述意见称。（1）第10616号决定认定事实清楚，适用法律正确。（2）诺基亚公司提交的鉴定书和业主证明均未在行政程序中提交，法庭不应采信，且鉴定书系经诺基亚公司单方委托所作出，其有效性不能确认。

在本案审理过程中，专利复审委员会共提交7份证据：

(1) 本专利著录项目和图片的复印件；

(2) 第10616号决定；

(3) （2006）深龙证字第1350号公证书（即第10616号决定中的附件3）；

(4) （2006）深龙证字第1357号公证书（即第10616号决定中的附件4）；

(5) （2006）深龙证字第1358号公证书（即第10616号决定中的附件5）；

(6) （2007）长证内经字第2089号公证书（即第10616号决定中的反证5）；

（7）口头审理记录表。

其中，证据1为专利复审委员会当庭提交，已过举证期限。

在本案审理过程中，诺基亚公司在举证期限内提交了14份证据，并认可其中的证据2、证据3及证据6~14为新证据，未在行政程序中提交：

（1）第10616号决定；

（2）本专利《外观设计专利证书》，用以证明诺基亚公司是本专利之专利权人；

（3）本专利《外观设计专利登记薄副本》，用以证明诺基亚公司是本专利之专利权人，本专利处于有效存续的状态；

（4）本专利在中华人民共和国国家知识产权局的专利申请档案材料，用以证明本专利申请号为200530004713.7号，本专利的优先权日为2004年8月17日；

（5）（2007）长证内经字第2089号公证书（即第10616号决定中的反证5），用以证明美国时间2004年8月17日www.it023.com网站上没有显示N7260手机的照片；

（6）中华人民共和国北京市高级人民法院作出的（2006）高行终字第393号《行政判决书》，用以证明中华人民共和国北京市高级人民法院在该案中认定了美国archive.org网站对相关网站进行抓拍的事实；

（7）上海辰星电子数据司法鉴定中心司法鉴定许可证及该中心出具的《鉴定书》、公安部第三研究所关于建立"声像资料及计算机司法鉴定中心"的决定，用以证明没有证据证明2004年8月17日9时45分是N7260手机的照片在www.it023.com网站上发布的时间；

（8）www.it023.com网站的经营者重庆巨科商务信息服务有限公司的相关资质证明及该公司出具的《证明》，用以证明重庆巨科商务信息服务有限公司证明www.it023.com网站中网页时间并非与北京时间对应；

（9）《新专利法详解》中的第131页，用以证明中华人民共和国对申请日的界定不以同一日中的具体时间点为标准；

（10）《专利法教程》中的第93页及95页；

（11）《中华人民共和国专利法释义》中的第70页；

（12）《知识产权法》中的第242页；

（13）《专利法解说》中的第227页；

证据10~13用以证明专利复审委员会应当以2004年8月17日作为判断本专利专利性的日期标准；

（14）《专利法解说》中的第228页，用以证明中华人民共和国根据申请人因享有优先权利益的申请而授予的专利权，与申请人在原属国根据其第一个申请所获得的专利权是相互独立的。

在本案审理过程中，天时达公司在举证期限内提交了3份证据，即第10616号决定中的附件3、附件4、附件5。

经庭审质证，专利复审委员会及诺基亚公司对天时达公司提交的证据没有异议。诺基亚公司认为专利复审委员会的证据1的提交时间已过举证期限。专利复审委员会认为诺基亚公司提交的证据6至证据8真实性无法确认，证据9~14中的论述均为作者自己的理解，这些理解与法律规定不符。天时达公司认为诺基亚公司提交的证据5、证据6恰恰证明中关村在线重庆站的页面内容应予认定，证据7、证据8的真实性无法确认，证据9~14为学术见解，不能作为法律适用的依据。

经审查，本院认为：专利复审委员会及诺基亚公司对天时达公司的证据不持异议，本院予以确认；专利复审委员会提交证据1已过举证期限，本院对该证据不予采纳；专利复审委员会及天时达公司对诺基亚公司的证据1~5不持异议,本院予以确认;诺基亚公司的证据6~14未在行政程序中提交,不能作为评判第10616号决定的依据,对该证据本院不予采纳。

本院经审理查明:

本专利为2005年12月14日授权公告的、名称为"手机背盖"的外观设计专利,其专利号为200530004713.7,申请日为2005年2月15日,优先权日为2004年8月17日,专利权人是诺基亚有限公司。本专利包括主视图、左视图、右视图、仰视图、俯视图、立体图1、立体图2共7幅视图。

2006年7月17日,天时达公司就本专利向专利复审委员会提出无效宣告请求,其理由为在本专利优先权日之前已经在出版物上公开发表的一款诺基亚手机外型与本专利相近似,故本专利不符合《专利法》第二十三条的规定。同时,天时达公司提交了附件1和附件2作为证据。专利复审委员会受理了此案,并于2006年7月17日将无效宣告请求书及证据文件副本转送给诺基亚公司,要求其在指定期限内进行意见陈述。

2006年8月3日,天时达公司提交3份补充证据,即:附件3、附件4、附件5三份公证书。

其中附件4为中华人民共和国广东省深圳市龙岗区公证处出具的(2006)深龙证字第1357号公证书。该公证书中载明:"申请人深圳市天时达移动通讯工业发展有限公司的委托代理人王小娟于二〇〇六年七月二十四日上午十一时正来到我处称:诺基亚公司诉申请人生产的手机产品侵犯专利权,其实该产品诺基亚7260手机的外观图形在起诉方公司生产的产品上市前或申请专利之前已经存在。我公司在http://www.it023.com/mobile/news/2004-08-17/1092712633d27738.html网址上发现有'诺基亚手机'的图片,且该信息是2004年8月17日发布的。因此,为了证明我公司不构成专利侵权,故向公证处申请对上述网页的内容进行证据保全公证。"后天时达公司的委托代理人王小娟使用该公证处的计算机登录相关网站进行操作,主要操作步骤及显示内容如下:

(1)在"Internet Explorer"浏览器中打开http://verycd.265.com进入网页;

(2)点击该页面"名站导航"标题中的Google,在Google的搜索栏输入"NOKIA7610S402004-087260"进行搜索;

(3)打开搜索结果第4页,点击"诺基亚7610兄弟机器7260真机现身的评论",进入"中关村在线重庆站"网站的http://www.it023.com/mobile/news/2004-08-17/1092712633d27738.html的页面,该页面登载了一篇标题为诺基亚7610兄弟机器7260真机现身》的文章,文章包含有介绍性文字若干及诺基亚7260手机图片等内容。文章结尾处显示文字上传信息"2004-08-17 9:45:27 文/タンテ"。

附件3为中华人民共和国广东省深圳市龙岗区公证处出具的(2006)深龙证字第1350号公证书。该公证书中载明天时达公司的委托代理人王小娟使用该公证处的计算机登录相关网站进行操作,并打印了相关显示页面。该公证书的公证事项部分与(2006)深龙证字第1357号公证书的公证事项部分大致相同,均陈述了天时达公司进行公证的目的及所要证明的事项。

针对2006年7月17日转送的文件,2006年9月1日,诺基亚公司提交了意见陈述并附反证1至反证4。

2007年2月13日,专利复审委员会将上述补充证据和答复意见随口头审理通知书一并转送诺基亚公司及天时达公司,通知双方定于2007年4月4日在专利复审委员会进行口头审理,后口头审理如期举行。天时达公司出示了除附件2以外所有证据的原件,双方核实了证据原件,诺基亚公司对其真实性予以认可,但对附件3至附件5证明的事实有异议。诺基亚公司补充了两份反证(反证5、反证6)用于证明本专利是诺基亚公司合法拥有,并且在互联网上是申请日之后的2008年8月18日上传到互联网上公开的。

其中反证 5 为中华人民共和国长安公证处出具的（2007）长证内经字第 2089 号公证书。该公证书中载明 2007 年 3 月 26 日上海市方达律师事务所北京分所的委托代理人杨璞到中华人民共和国长安公证处，使用公证处电脑登录相关网站进行操作，主要操作步骤及显示内容如下：

（1）在"Internet Explorer"浏览器地址栏中输入 archive.org，进入该网站页面；

（2）在页面中的"Web"项下的输入栏中输入 http：//www.it023.com，点击"Take Me Back"，出现相应页面；

（3）点击页面中的"Aug 17. 2004"，出现相应页面，点击 IE 浏览器"查看"项下的"编码"项中的"简体中文"，出现相应页面；

（4）将 IE 浏览器地址栏中"http：//web.archive.org/web/20040817003654/http：//www.it023.com/index.html"中的"http：//www.it023.com/index.html"部分变更为"http：//www.it023.com/mobile/news/2004-08-17/1092712633d27738.html"，点击回车，出现相应页面；

（5）点击 IE 浏览器"查看"项下的"编码"项中的"简体中文"，出现相应页面，该页面系对 http：//www.it023.com/mobile/news/2004-08-17/1092712633d27738.html 页面的抓拍记录，

此时 IE 地址栏中显示"http：//web.archive.org/web/20040818201134/www.it023.com/mobile/news/2004-08-17/1092712633d27738.html"；

（6）点击 IE 浏览器"查看"项下的"源文件"。

专利复审委员会当庭将上述补充证据转送天时达公司，限期答复。双方就证据所证实的事实、互联网公开时间以及本专利与证据的相近似性进行了辩论。

天时达公司的委托代理人张建成、诺基亚公司的委托代理人刘芳参加了口头审理，并在口头审理记录上签字。口头审理记录中载明诺基亚公司提交了 6 份反证，即反证 1 至反证 6。

2007 年 4 月 28 日，天时达公司针对诺基亚公司口审当天提交的补充证据提交书面意见陈述。

2007 年 9 月 25 日，专利复审委员会作出第 10616 号决定。

在本案庭审过程中，诺基亚公司针对第 10616 号决定陈述以下意见：

（1）对第 10616 号决定将诺基亚公司在行政程序中提交的 6 份证据称为"反证"有异议，如果直接称为"证据"则没有异议。

（2）天时达公司在行政程序中提交的附件 3、4 虽然是在法定期限内提交的，但没有提交任何意见陈述，专利复审委员会不应予以考虑。

（3）第 10616 号决定将"2004-08-17 9：45：27"认定为北京时间 2004 年 8 月 17 日 9 时 45 分 27 秒，没有证据支持。

（4）第 10616 号决定认定"文件一旦上传在世界范围内都能看到"，没有证据支持，且忽略了对文件编辑存储的过程。

（5）第 10616 号决定对诺基亚公司提交的反证 5 作了错误的理解，该证据证明 2004 年 8 月 17 日没有抓拍到《诺基亚 7610 兄弟机器 7260 真机现身》文章。

（6）诺基亚公司认为第 10616 号决定关于美国东部时间、法定时间、理论时间、官方时间及时差的判断，没有法律依据和证据支持，但认可中国和美国之间存在时差，以美国东部时间为例，两者大约相差 12 小时。

（7）诺基亚公司明确表示对于第 10616 号决定中"决定理由"的第二部分"相近似性比较"不持异议。

另查，中国与美国之间存在时差，中国的标准时间即北京时间，美国有多个标准时间，但均迟于北京时间。关于中国与美国之间存在时差及中国、美国的标准时间问题属于众所周知的事实，根据

《最高人民法院〈关于行政诉讼证据若干问题的规定〉》的相关规定，本院予以直接认定。

上述事实有本专利专利证书、第10616号决定、附件3、附件4、反证5、口头审理记录及当事人陈述等证据在案佐证。

本院认为：

1. 关于证据问题

（1）关于诺基亚公司认为其在行政程序中提交的6份证据应称为"证据"而不应称为"反证"一节，本院认为，将证据称为"证据"抑或是"反证"仅为称谓上的不同，且诺基亚公司在行政程序中提交的6份证据系针对天时达公司提交的无效宣告请求书及相关证据，在口头审理过程中诺基亚公司的委托代理人对将其6份证据称为反证亦未提出异议，故专利复审委员会将上述6份证据称为"反证"并无不当，诺基亚公司的上述主张本院不予支持。

（2）关于诺基亚公司认为天时达公司在行政程序中提交的附件3、4没有提交任何意见陈述，专利复审委员会不应予以考虑一节，本院认为，由查明事实可知，附件3、4这两份公证书的公证事项中已经进行了清楚的说明，明确了所要证明的事实，故专利复审委员会认为上述证据可以予以考虑并无不当，诺基亚公司的上述主张本院不予支持。

2. 附件4中所记载的外观设计能否作为本专利的在先设计

基于查明的事实，天时达公司提交的附件4为（2006）深龙证字第1357号公证书，该公证书载明，

"中关村在线重庆站"网站登载有一篇标题为《诺基亚7610兄弟机器7260真机现身》的文章，文章包含有介绍性文字若干及诺基亚7260手机图片等内容，文章的上传时间为"2004-08-17 9：45：27"。本院认为，在刊载《诺基亚7610兄弟机器7260真机现身》一文的"中关村在线重庆站"网站未作特殊说明的情况下，应认定该文的上传时间"2004-08-17 9：45：27"即为北京时间2004年8月17日9时45分27秒，诺基亚公司关于第10616号决定将"2004-08-17 9：45：27"认定为北京时间2004年8月17日9时45分27秒没有证据支持的主张，本院不予支持。

由查明事实可知，诺基亚公司提交的反证5为一份公证书，公证内容系通过www.archive.org网站调取"中关村在线重庆站"网站2004年8月17日、8月18日相关页面并予以保全。该证据虽然显示2004年8月17日的抓拍记录中没有《诺基亚7610兄弟机器7260真机现身》一文，而2004年8月18日的抓拍记录中存在《诺基亚7610兄弟机器7260真机现身》一文，但该证据不足以证明北京时间2004年8月17日9时45分27秒互联网上没有披露上述文章。

根据查明的事实，本专利的优先权日为2004年8月17日。根据《专利法》第二十三条的规定"授予专利权的外观设计，应当同申请日以前在国内外出版物上公开发表过或者国内公开使用过的外观设计不相同和不相近似，并不得与他人在先取得的合法权利相冲突"，以及《中华人民共和国专利法实施细则》第十条第一款的规定"除《专利法》第二十八条和第四十二条规定的情形外，专利法所称申请日，有优先权的，指优先权日"，对于本专利而言，应以其优先权日作为判断其新颖性的时间标准。如记载有外观设计的国内外出版物的公开日期早于本专利的优先权日，则该外观设计可以作为本专利的在先设计，用来评价本专利的新颖性；如记载有外观设计的国内外出版物的公开日期晚于本专利的优先权日或与本专利的优先权日为同一日，则该外观设计不能作为本专利的在先设计，不能用来评价本专利的新颖性。

参照《审查指南》的相关规定，互联网上公开的信息属于出版物公开。虽然互联网具有即时通信的特性，但鉴于本案系依据中国专利法判断在中国申请专利的专利性，故互联网信息公布时间的确定应以中国标准时间即北京时间为基准。现有证据表明附件4中所记载的外观设计（即诺基亚7260

手机图片）在中国网站上载，上载时间为北京时间 2004 年 8 月 17 日 9 时 45 分 27 秒，可知该外观设计的公开日期为 2004 年 8 月 17 日，故附件 4 中所记载的外观设计的公开日期与本专利的优先权日为同一日，附件 4 中所记载的外观设计不能作为本专利的在先设计，不能用来评价本专利的新颖性。第 10616 号决定将北京时间 2004 年 8 月 17 日 9 时 45 分 27 秒转换为美国官方时间 2004 年 8 月 16 日再与本专利优先权日进行比较，进而认定附件 4 中所记载外观设计的公开日期早于本专利优先权日没有法律依据，其认定是错误的。

综上所述，附件 4 中所记载的外观设计不能作为本专利的在先设计。第 10616 号决定关于附件 4 所记载的外观设计可以作为本专利的在先设计，本专利与附件 4 所记载的外观设计相近似，故本专利不符合《专利法》第二十三条规定的认定错误，导致第 10616 号决定错误，应当依法撤销。

依照《中华人民共和国行政诉讼法》第五十四条第（二）项之规定，本院判决如下：

1. 撤销被告中华人民共和国国家知识产权局专利复审委员会作出的第 10616 号无效宣告请求审查决定；

2. 被告中华人民共和国国家知识产权局专利复审委员会针对第三人深圳市天时达移动通讯工业发展有限公司就名称为"手机背盖"的第 200530004713.7 号外观设计专利提出的无效宣告请求重新作出审查决定。

案件受理费人民币 100 元，由被告中华人民共和国国家知识产权局专利复审委员会负担（于本判决生效之日起七日内交纳）。

如不服本判决，原告诺基亚有限公司可在本判决书送达之日起 30 日内，被告中华人民共和国国家知识产权局专利复审委员会和第三人深圳市天时达移动通讯工业发展有限公司可在本判决书送达之日起 15 日内向本院提交上诉状及副本，并交纳上诉案件受理费人民币 100 元，上诉于中华人民共和国北京市高级人民法院。

审 判 长　彭文毅
代理审判员　张晰昕
代理审判员　江建中
二〇〇八年十一月二十四日
书 记 员　严 哲

搅拌器

无效宣告请求审查决定（第10617号）

决 定 号	第10617号
决 定 日	2007年10月30日
发明创造名称	搅拌器
外观设计分类号	31-00
无效宣告请求人	江文乐
专 利 权 人	邓志明
专 利 号	02363099.X
申 请 日	2002年10月17日
授 权 公 告 日	2003年5月14日
合 议 组 组 长	钟 华
主 审 员	李改平
参 审 员	严若艳
附 图	2页
法 律 依 据	专利法第23条

决 定 要 点

本专利与其申请日前授权公告的外观设计专利相近似，即已有与其相近似的外观设计在先公开发表过，因此，本专利不符合专利法第23条的规定。

一、案由

本无效宣告请求涉及的是国家知识产权局于2003年5月14日授权公告的02363099.X号外观设计专利，使用该外观设计的产品名称为"搅拌器"，申请日是2002年10月17日，专利权人是邓志明。

针对上述专利权（下称本专利），江文乐（下称请求人）于2007年2月23日向专利复审委员会提出无效宣告请求，其理由是：在本专利申请日前已有与本专利相近似的外观设计公开发表，因此，本专利不符合专利法第23条的规定。请求人提交了如下附件作为证据：

附件1：本专利的公开文本复印件；
附件2：99315592.8号外观设计专利的公开文本复印件；
附件3：99315593.6号外观设计专利的公开文本复印件。

经形式审查合格专利复审委员会受理了该无效宣告请求，并于2007年4月27日将无效宣告请求书及其附件的副本转送给专利权人，要求其在指定期限内陈述意见。

专利权人于2007年6月9日提交意见陈述，认为本专利与请求人提交的对比设计不相同也不相近似，具体表现在：本专利整体上犹如一名身穿长脚连衣裙的高贵的少女，而附件2所示的外观设计整体上呈一只昂首挺立的企鹅。同时，手持搅拌器的用途及手持的特点，导致产品的设计形状离不开圆棒状，在满足设计要求的情况下，设计的空间很小，提供了三份专利文本来说明多数外观设计专利都是在图案方面或形状上仅有微小改变。因此，请求维持本专利有效。

2007年7月4日专利复审委员会分别向请求人和专利权人发出合议组成员告知通知书。双方均逾期未答复，视为对合议组成员无回避请求。

合议组经合议，认为本案事实清楚，依法作出本审查决定。

二、决定的理由

1. 法律依据

基于请求人提出的无效宣告请求理由，合议组对本专利是否符合专利法第23条的规定进行审查。

专利法第23条规定："授予专利权的外观设计，应当同申请日以前在国内外出版物上公开发表过或者国内公开使用过的外观设计不相同和不相近似，并不得与他人在先取得的合法权利相冲突。"

2. 证据认定

附件1是本专利的公开文本复印件，用于说明本专利情况。

附件2是99315592.8号外观设计专利的公开文本复印件，经合议组核实，该复印件内容属实，其所示专利使用外观设计的产品名称为"手动搅拌器"，授权公告日为2000年4月26日，该授权公告日在本专利申请日前，故附件2可以作为判断本专利是否符合专利法第23条的规定的证据。

3. 外观设计对比

本专利为搅拌器，附件2所示外观设计（下称在先设计）为手动搅拌器，两者所属产品的种类相同，因此可以进行外观设计相近似性比较。

本专利为搅拌器，其整体形状近似站立的鸟的形状，上部为鸟头状，中部由上至下逐渐收缩的近似长圆锥形的鸟身部分，侧面均匀分布有多条装饰线，下部近似短圆锥形，下端设置有八个弧形缺口（详见本专利附图）。

在先设计为手动搅拌器，其整体形状近似站立的鸟的形状，上部为鸟头状，鸟喙略长，中部是由上至下逐渐收缩的近似长圆锥形的鸟身部分，下部近似短圆锥形，下端设置有六个弧形缺口。鸟的头颈部的正面有长条的深色块，鸟的颈部的后面有椭圆形深色块，鸟身的中央部位也有深色环（详见在先设计附图）。

将本专利与在先设计相比，两者的相同点为：整体形状均近似站立的鸟的形状，上部均为鸟头状，中部均为由上至下逐渐收缩的近似长圆锥形的鸟身部分，下部均近似短圆锥形。下部的底端均设置有弧形缺口；在先设计的头颈部有深色块，鸟身的中央部位有深色环，本专利的对应部位有近似的区域。两者的不同之处在于：本专利无鸟喙，在先设计有长的鸟喙；本专利在鸟头顶部有一对似眼睛的圆形图案，在先设计的对应部位无此设计；本专利的下部侧面有多条装饰线，在先设计无此装饰线；两者下端设置的弧形缺口数目不同。对此，合议组认为：对一般消费者而言，本专利与在先设计整体形状近似，上部、中部、下部的形状及比例近似，两者鸟喙的不同以及顶部的圆形图案应属于局部的细微差别，下部侧面的装饰线以及下端设置的弧形缺口数目的区别对产品的整体视觉印象不具有显著的影响。按照整体观察综合判断的原则，本专利与在先设计整体形状近似，因此，本专利与在先设计属于相近似的外观设计，本专利不符合专利法第23条的规定。

尽管专利权人认为本专利整体上犹如一名身穿长脚连衣裙的高贵的少女，而在先设计整体上呈一只昂首挺立的企鹅，这只能说明观察者的想像视角不同而已，并不能影响两者形状近似的客观情形。同时，专利权人提供了三份专利文本来说明多数手持搅拌器外观设计专利都是在图案方面或形状上仅有微小改变，设计的空间很小，手持搅拌器整体形状属于公知设计。对此，合议组认为，手持搅拌器的各部位均有较大设计空间，请求人仅以三份专利文本来说明手持搅拌器设计空间小证据不足，合议组不予认可。

综上所述，在本专利申请日前已有与其相近似的外观设计公开发表过，因此，本专利不符合专利法第 23 条的规定。

鉴于已经得出本专利不符合专利法第 23 条的规定的结论，故对请求人提交的其他理由和证据不再作出评述。

三、决定

宣告 02363099.X 号外观设计专利权全部无效。

当事人对本决定不服的，可以根据专利法第 46 条第 2 款的规定，自收到本决定之日起三个月内向北京市第一中级人民法院起诉。根据该款的规定，一方当事人起诉后，另一方当事人应当作为第三人参加诉讼。

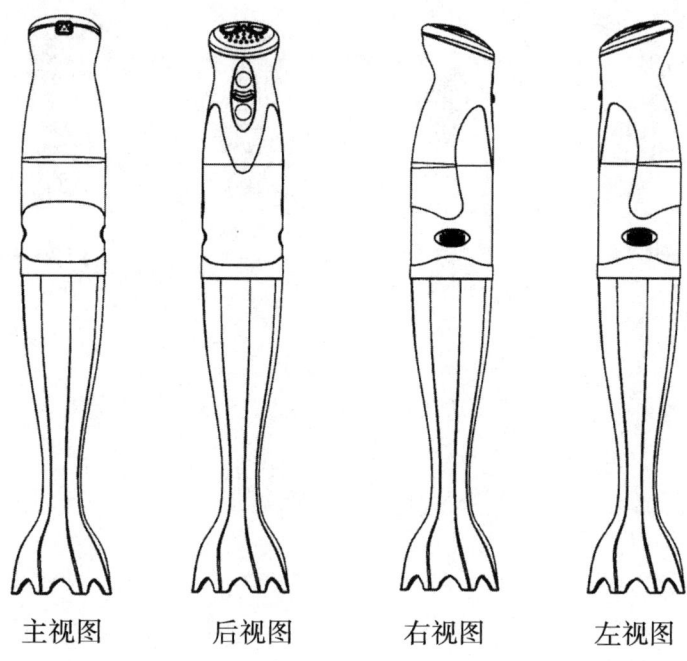

主视图　　后视图　　右视图　　左视图

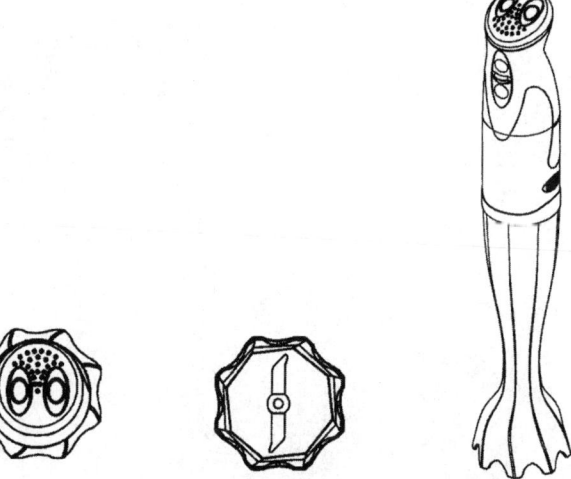

俯视图　　仰视图　　使用状态参考图2

本专利附图

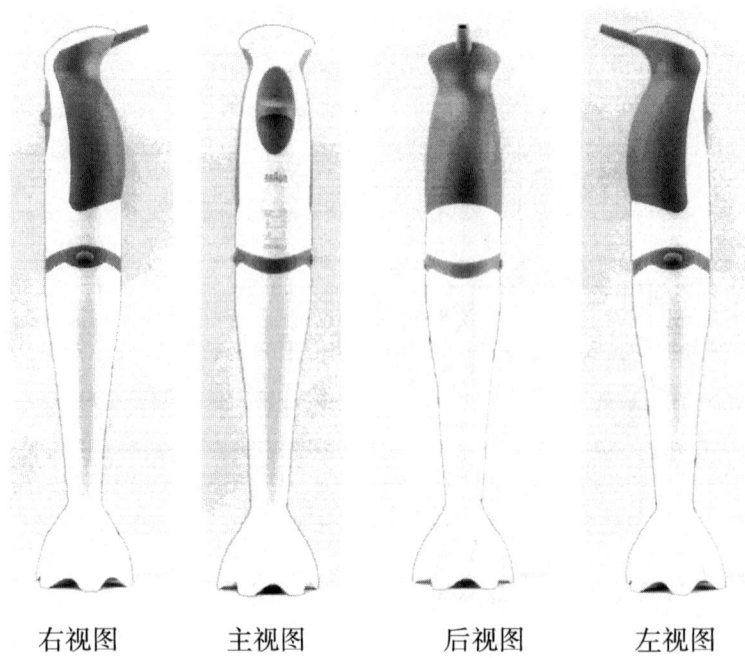

右视图　　主视图　　后视图　　左视图

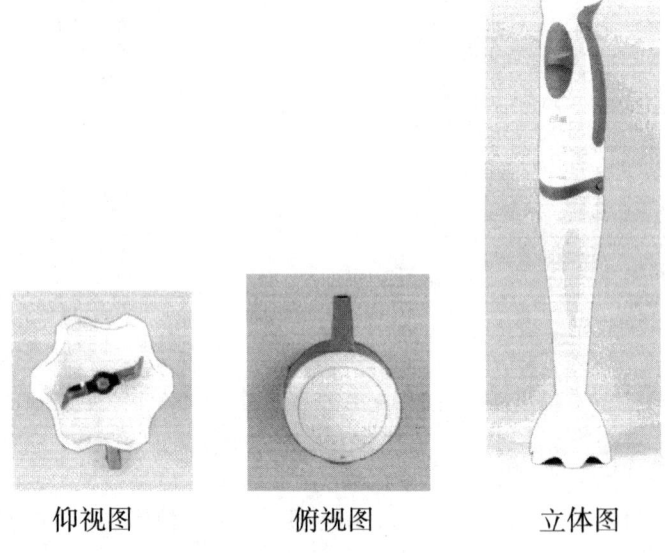

仰视图　　俯视图　　立体图

在先设计附图

北京市第一中级人民法院
行政判决书

(2008) 一中行初字第 147 号

原告邓志明，男，1965 年 8 月 6 日出生，汉族，鹤山祺宝电器有限公司总经理，住广东省佛山市顺德区勒流镇黄连拱桥大道 16 号。

委托代理人陈广永，男，1965 年 6 月 11 日出生，汉族，鹤山祺宝电器有限公司知产办主任，住广东省佛山市顺德区大良桂畔路 77 号。

被告国家知识产权局专利复审委员会，住所地北京市海淀区北四环西路 9 号银谷大厦 10~12 层。

法定代表人廖涛，副主任。

委托代理人李改平，男，国家知识产权局专利复审委员会审查员。

委托代理人隋璐，女，国家知识产权局专利复审委员会审查员。

第三人江文乐。

原告邓志明不服被告国家知识产权局专利复审委员会专利无效宣告请求审查决定，于 2007 年 12 月 17 日向本院提起行政诉讼。本院受理后，依法组成合议庭并通知被诉具体行政行为的利害关系人江文乐作为第三人参加诉讼。本院于 2008 年 3 月 7 日公开开庭审理了本案。原告的委托代理人陈广永，被告的委托代理人李改平、隋璐到庭参加了诉讼。第三人经合法传唤未到庭。本案现已审理终结。

2007 年 10 月 30 日，被告作出第 10617 号无效宣告请求审查决定（以下简称第 10617 号决定），宣告第 02363099.X 号外观设计专利权（以下简称本专利）无效。决定认为：

1. 法律依据

基于江文乐提出的无效宣告请求理由，被告对本专利是否符合《中华人民共和国专利法》（以下简称《专利法》）第二十三条的规定进行审查。

2. 证据认定

附件 1 是用于说明本专利情况。附件 2 是 99315592.8 号外观设计专利的公开文本复印件，经被告核实，该复印件内容属实，其所示专利使用外观设计的产品名称为"手动搅拌器"，授权公告日为 2000 年 4 月 26 日，该授权公告日在本专利申请日前，故附件 2 可以作为判断本专利是否符合《专利法》第二十三条的规定的证据。

3. 外观设计对比

本专利为搅拌器，附件 2 所示外观设计（以下简称在先设计）为手动搅拌器，两者所属产品的种类相同，因此可以进行外观设计相近似性比较。

本专利为搅拌器，其整体形状近似站立的鸟的形状，上部为鸟头状，中部由上至下逐渐收缩的近似长圆锥形的鸟身部分，侧面均匀分布有多条装饰线，下部近似短圆锥形，下端设置有八个弧形缺口（详见本专利附图）。

在先设计为手动搅拌器，其整体形状近似站立的鸟的形状，上部为鸟头状，鸟喙略长，中部是由上至下逐渐收缩的近似长圆锥形的鸟身部分，下部近似短圆锥形，下端设置有六个弧形缺口。鸟的头颈部的正面有长条的深色块，鸟的颈部的后面有椭圆形深色块，鸟身的中央部位也有深色环（详见在先设计附图）。

将本专利与在先设计相比，两者的相同点为：整体形状均近似站立的鸟的形状，上部均为鸟头状，中部均为由上至下逐渐收缩的近似长圆锥形的鸟身部分，下部均近似短圆锥形。下部的底端均设置有弧形缺口；在先设计的头颈部有深色块，鸟身的中央部位有深色环，本专利的对应部位有近似的区域。两者的不同之处在于：本专利无鸟喙，在先设计有长的鸟喙；本专利在鸟头顶部有一对似眼睛的圆形图案，在先设计的对应部位无此设计；本专利的下部侧面有多条装饰线，在先设计无此装饰线；两者下端设置的弧形缺口数目不同。对此，被告认为：对一般消费者而言，本专利与在先设计整体形状近似，上部、中部、下部的形状及比例近似，两者鸟喙的不同以及顶部的圆形图案应属于局部的细微差别，下部侧面的装饰线以及下端设置的弧形缺口数目的区别对产品的整体视觉印象不具有显著的影响。按照整体观察综合判断的原则，本专利与在先设计整体形状近似，因此，本专利与在先设计属于相近似的外观设计，本专利不符合《专利法》第二十三条的规定。

尽管邓志明认为本专利整体上犹如一名身穿长脚连衣裙的高贵的少女，而在先设计整体上呈一只昂首挺立的企鹅，这只能说明观察者的想像视角不同而已，并不能影响两者形状近似的客观情形。同时，邓志明提供了三份专利文本来说明多数手持搅拌器外观设计专利都是在图案方面或形状上仅有微小改变，设计的空间很小，手持搅拌器整体形状属于公知设计。对此，被告认为，手持搅拌器的各部位均有较大设计空间，邓志明仅以三份专利文本来说明手持搅拌器设计空间小证据不足，被告不予认可。

综上所述，在本专利申请日前已有与其相近似的外观设计公开发表过，因此，本专利不符合《专利法》第二十三条的规定，对江文乐提交的其他理由和证据不再作出评述。

被告在法定的举证期限内向本院提交了如下证据：（1）中国02363099.X号外观设计公开文本（即本专利）；（2）中国99315592.8号外观设计公开文本（即在先设计，被诉决定中的附件2）。上述证据用于证明第10617号决定认定事实清楚、适用法律法规正确、审理程序合法。

原告诉称，被告没有从整体考虑本专利的外观设计的视觉效果，人为地割裂了各个组成部分之间的有机联系。被告没有从手动搅拌器的一般消费者的角度出发对本专利和在先设计进行比较和判断，不正确地夸大了中部为逐渐收缩的近似长圆锥形这一惯常设计在相同和相近似判断中的作用，错误地将下部的设计认为是局部、细微的。被告忽略了本专利的图案设计，没有正确地适用整体观察、综合判断的方式。本专利与在先设计不相同且不相近似。综上，第10617号决定认定事实不清、适用法律错误，原告请求法院撤销第10617号决定。

原告向法院提交了如下证据：（1）中国02363099.X号外观设计专利公告（即本专利）；（2）中国99315592.8号外观设计专利公告（即在先设计，被诉决定中的附件2）；（3）中国99315593.6号外观设计专利公告（即附件3）；（4）中国96306461.4号外观设计专利公告；（5）中国97315877.8号外观设计专利公告；（6）中国98326911.4号外观设计专利公告；（7）中国02363099.X号、99315592.8号、996306461.4号三专利对比图。上述证据用以证明本专利与在先设计不构成近似。

被告辩称，本专利与在先设计两者在整体和细节上存在显著差别，设计风格明显不同，一般消费者不会将二者误认，本专利与在先设计不相同且不相近似。综上，被告坚持无效决定中的理由，认为第10617号决定认定事实清楚、适用法律正确、审理程序合法，原告的诉讼理由不成立，被告请求法院依法驳回原告的诉讼请求，维持第10617号决定。

第三人未向法院提交意见陈述及证据。

经庭审质证，原告对被告提交证据的关联性、合法性、真实性均无异议，但不同意被告主张的证明作用。被告对原告提交的证据1~3没有异议，认为原告提交的证据4~7在行政程序中没有提交且与本案没有关联性。本院认为，被告及原告提交的证据1~3与被诉第10617号决定有关，且合法，各方当事人对其真实性均无异议，能够证明本案的事实，本院予以采纳；原告提交的证据4~7在行政程序中没有提交且与本案无关联性，本院不予采纳。

根据上述有效证据及各方当事人在庭审中无争议的陈述，本院确认如下事实：

本案涉及申请日为2002年10月17日，授权公告日为2003年5月14日，授权公告号为02363099.X，名称为"搅拌器"的外观设计专利（即本专利）。专利权人是邓志明（即本案原告）。

针对本专利，江文乐于2007年2月23日向被告提出无效宣告请求，其理由是：在本专利申请日前已有与本专利相近似的外观设计公开发表，因此，本专利不符合《专利法》第二十三条的规定。江文乐提交了如下附件作为证据：

附件1：本专利的公开文本复印件；

附件2：99315592.8号外观设计专利的公开文本复印件；

附件3：99315593.6号外观设计专利的公开文本复印件。

被告受理了该无效宣告请求，并于2007年4月27日将无效宣告请求书及其附件的副本转送给邓志明，要求其在指定期限内陈述意见。

邓志明于2007年6月9日提交意见陈述，认为本专利与江文乐提交的对比设计不相同也不相似，具体表现在：本专利整体上犹如一名身穿长脚连衣裙的高贵的少女，而附件2所示的外观设计整体上呈一只昂首挺立的企鹅。同时，手持搅拌器的用途及手持的特点，导致产品的设计形状离不开圆棒状，在满足设计要求的情况下，设计的空间很小，提供了三份专利文本来说明多数外观设计专利都是在图案方面或形状上仅有微小改变。因此，请求维持本专利有效。

2007年7月4日被告分别向江文乐和邓志明发出合议组成员告知通知书。双方均逾期未答复，视为对合议组成员无回避请求。

在上述工作的基础上，被告作出第10617号决定宣告本专利无效。原告邓志明不服第10617号决定诉至我院。

本院认为，鉴于原告对被告作出被诉决定的审查程序、决定中案由部分的记载、决定中关于法律依据的认定、决定中关于证据的认定以及本专利与在先设计所属产品种类相同的认定均无异议，本院经审查，对上述认定予以确认。本案争议的焦点问题在于本专利与在先设计是否属于相近似的外观设计。

根据《专利法》第二十三条的规定，授予专利权的外观设计，应当同申请日以前在国内外出版物上公开发表过或者国内公开使用过的外观设计不相同和不相近似，并不得与他人在先取得的合法权利相冲突。

本案中，本专利为搅拌器，其整体形状近似站立的鸟的形状，上部为鸟头状，中部为由上至下逐渐收缩的近似长圆锥形的鸟身部分，侧面均匀分布有多条装饰线，下部近似短圆锥形，下端设置有八个弧形缺口（详见本专利附图）。在先设计为手动搅拌器，其整体形状近似站立的鸟的形状，上部为鸟头状，鸟喙略长，中部是由上至下逐渐收缩的近似长圆锥形的鸟身部分，下部近似短圆锥形，下端设置有六个弧形缺口。鸟的头颈部的正面有长条的深色块，鸟的颈部的后面有椭圆形深色块，鸟身的中央部位也有深色环（详见在先设计附图）。

将本专利与在先设计相比，两者的相同之处在于：整体形状均近似站立的鸟的形状，上部均为鸟头状，中部均为由上至下逐渐收缩的近似长圆锥形的鸟身部分，下部均近似短圆锥形，下部的底端均设置有弧形缺口，在先设计的头颈部有深色块，鸟身的中央部位有深色环，本专利的对应部位有近似的区域。两者的不同之处在于：本专利无鸟喙，在先设计有长的鸟喙；本专利在鸟头顶部有一对似眼睛的圆形图案，在先设计的对应部位无此设计；本专利的下部侧面有多条装饰线，在先设计无此装饰线；两者下端设置的弧形缺口数目不同。

相对于一般消费者而言，本专利与在先设计整体形状近似，上部、中部、下部的形状及比例近似，两者鸟喙的不同以及顶部的圆形图案应属于局部的细微差别，下部侧面的装饰线以及下端设置的弧形缺口数目的区别对产品的整体视觉印象不具有显著的影响。按照整体观察综合判断的原则，本专利与在先设计整体形状近似，因此，本专利与在先设计属于相近似的外观设计，本专利不符合《专利法》第二十三条的规定。

综上，被告作出的第10617号决定认定事实清楚，适用法律正确，审查程序合法，本院应予支持。原告的诉讼理由缺乏事实及法律依据，其诉讼请求本院不予支持。据此，依照《中华人民共和国行政诉讼法》第五十四条第（一）项之规定，判决如下：

维持被告国家知识产权局专利复审委员会于二〇〇七年十月三十日作出的第10617号无效宣告请求审查决定。

案件受理费100元，由原告邓志明负担（已交纳）。

如不服本判决，可在判决书送达之日起15日内，向本院递交上诉状，并按对方当事人的人数提出副本，预交上诉案件受理费100元，上诉于北京市高级人民法院。

审　判　长　齐　莹
代理审判员　乔　军
人民陪审员　欧万雄
二〇〇八年三月十九日
书　记　员　李轶萌

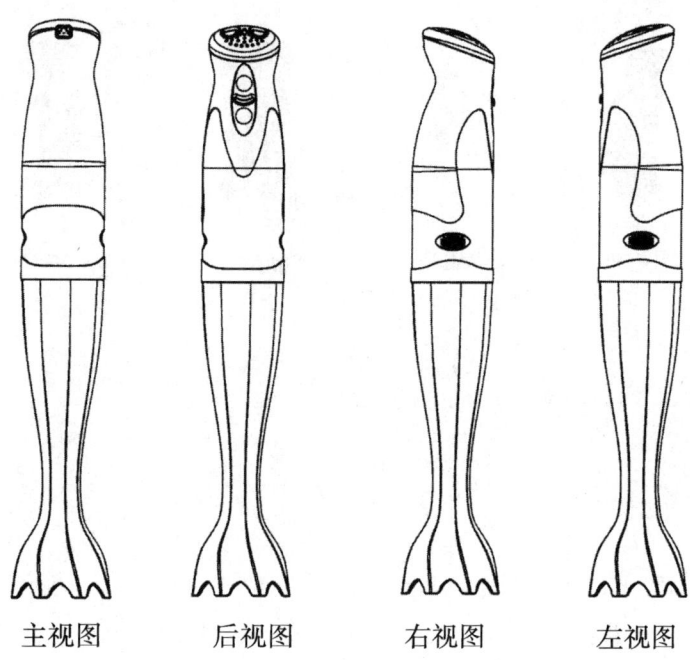

主视图　　后视图　　右视图　　左视图

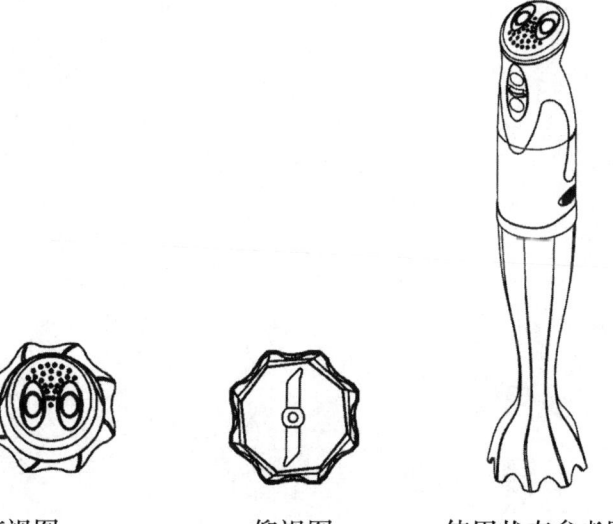

俯视图　　仰视图　　使用状态参考图2

本专利附图

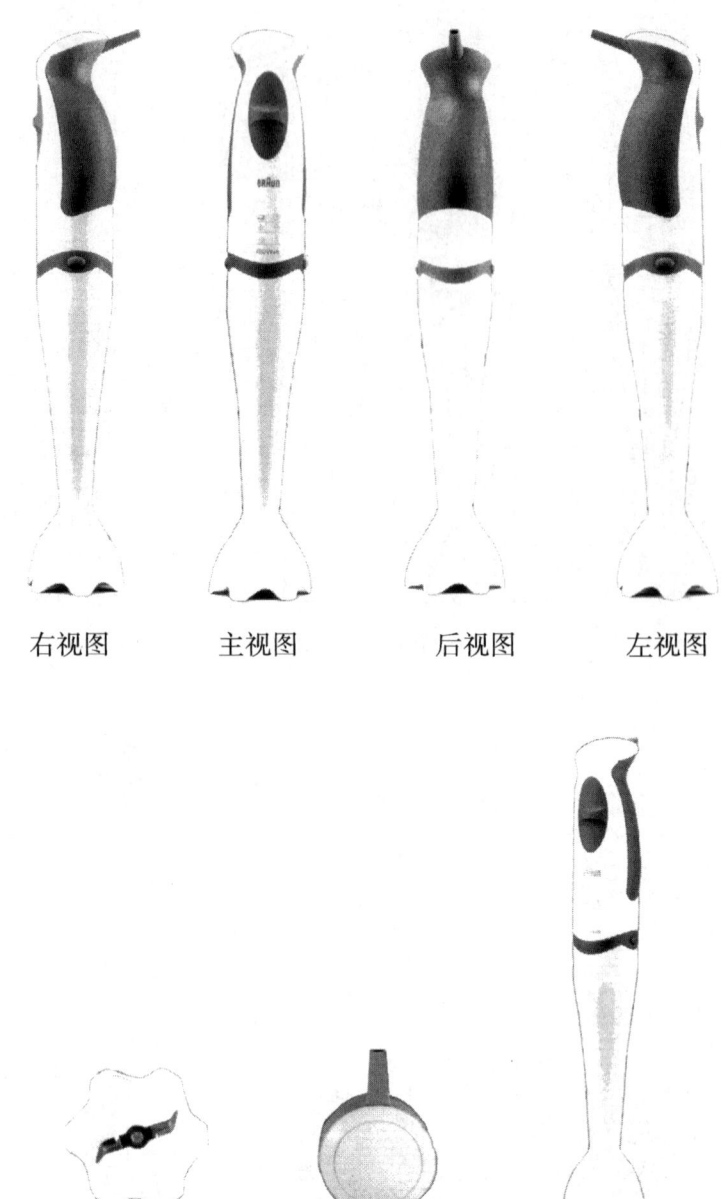

在先设计附图

北京市高级人民法院
行政判决书

（2009）高行终字第 295 号

上诉人（一审原告）邓志明，男，1965年8月6日出生，汉族，鹤山祺宝电器有限公司总经理，住广东省佛山市顺德区勒流镇黄连拱桥大道16号。

委托代理人陈广永，男，1965年6月11日出生，汉族，鹤山祺宝电器有限公司知产办主任，住广东省佛山市顺德区大良桂畔路77号。

被上诉人（一审被告）国家知识产权局专利复审委员会，住所地北京市海淀区北四环西路9号银谷大厦10~12层。

法定代表人廖涛，副主任。

委托代理人李改平，男，国家知识产权局专利复审委员会审查员。

委托代理人隋璐，女，国家知识产权局专利复审委员会审查员。

被上诉人（一审第三人）江文乐。

上诉人邓志明因专利无效审查决定一案，不服北京市第一中级人民法院（2008）一中行初字第147号行政判决，向本院提起上诉。本院依法组成合议庭进行了审理，本案现已审理终结。

2007年10月30日，国家知识产权局专利复审委员会（以下简称专利复审委）作出第10617号无效宣告请求审查决定（以下简称第10617号决定），宣告第02363099.X号外观设计专利权（以下简称本专利）无效。邓志明不服专利复审委作出的第10617号决定，向北京市第一中级人民法院（以下简称一审法院）提起行政诉讼。

一审法院判决认定，将本专利与在先设计相比，两者的相同之处在于：整体形状均近似站立的鸟的形状，上部均为鸟头状，中部均为由上至下逐渐收缩的近似长圆锥形的鸟身部分，下部均近似短圆锥形，下部的底端均设置有弧形缺口，在先设计的头颈部有深色块，鸟身的中央部位有深色环，本专利的对应部位有近似的区域。两者的不同之处在于：本专利无鸟喙，在先设计有长的鸟喙；本专利在鸟头顶部有一对似眼睛的圆形图案，在先设计的对应部位无此设计；本专利的下部侧面有多条装饰线，在先设计无此装饰线；两者下端设置的弧形缺口数目不同。相对于一般消费者而言，本专利与在先设计整体形状近似，上部、中部、下部的形状及比例近似，两者鸟喙的不同以及顶部的圆形图案应属于局部的细微差别，下部侧面的装饰线以及下端设置的弧形缺口数目的区别对产品的整体视觉印象不具有显著的影响。按照整体观察、综合判断的原则，本专利与在先设计整体形状近似。因此，本专利与在先设计属于相近似的外观设计，本专利不符合《中华人民共和国专利法》（以下简称《专利法》）第二十三条的规定。综上，专利复审委作出的第10617号决定认定事实清楚，适用法律正确，审查程序合法。依照《中华人民共和国行政诉讼法》第五十四条第（一）项的规定，判决予以维持。

邓志明不服一审判决，提出上诉。诉称，专利复审委没有从整体考虑本专利的外观设计的视觉效果，人为地割裂了各个组成部分之间的有机联系。专利复审委没有从手动搅拌器的一般消费者的角度出发对本专利和在先设计进行比较和判断，不正确地夸大了中部为逐渐收缩的近似长圆锥形这一惯常设计在相同和相近似判断中的作用，错误地将下部的设计认为是局部、细微的。专利复审委忽略了本专利的图案设计，没有正确地适用整体观察、综合判断的方式。本专利与在先设计不相同且不相近似。综上，一审法院判决认定事实不清，适用法律不当，请求二审法院撤销一审判决，同时撤销专利复审委作出的第10617号决定。

被上诉人专利复审委仍持第10617号决定意见，并认为一审法院判决认定事实清楚，适用法律正确，审判程序合法，请求二审法院驳回上诉，维持一审判决。

被上诉人江文乐没有陈述意见。

本案一审审理期间，专利复审委在法定期限内向一审法院提交了以下主要证据：（1）中国02363099.X号外观设计公开文本（即本专利）；（2）中国99315592.8号外观设计公开文本（即在先设计，第10617号决定中的附件2）。

邓志明向一审法院提交了以下主要证据：（1）中国02363099.X号外观设计专利公告；（2）中国99315592.8号外观设计专利公告；（3）中国99315593.6号外观设计专利公告（即附件3）；（4）中国96306461.4号外观设计专利公告；（5）中国97315877.8号外观设计专利公告；（6）中国98326911.4号外观设计专利公告；（7）中国02363099.X号、99315592.8号、996306461.4号三专利对比图。

江文乐未向一审法院提交证据。

一审法院经审查认为，专利复审委及邓志明提交的证据1~3与被诉的第10617号决定有关，且合法，各方当事人对其真实性均无异议，能够证明本案的事实，予以采纳。邓志明提交的证据4~7在行政程序中没有提交且与本案无关联性，不予采纳。

上述证据均已随案移送本院。二审期间，各方当事人没有提交新的证据。经审查核实，本院确认一审法院认证意见正确，并据此认定本案如下事实：

本案涉及申请日为2002年10月17日，授权公告日为2003年5月14日，授权公告号为02363099.X，名称为"搅拌器"的外观设计专利。专利权人是邓志明。

针对本专利，江文乐于2007年2月23日向专利复审委提出无效宣告请求，其理由是：在本专利申请日前已有与本专利相近似的外观设计公开发表，因此，本专利不符合《专利法》第二十三条的规定。江文乐提交了如下附件作为证据：

附件1：本专利的公开文本复印件；

附件2：99315592.8号外观设计专利的公开文本复印件；

附件3：99315593.6号外观设计专利的公开文本复印件。

专利复审委受理了该无效宣告请求，并于2007年4月27日将无效宣告请求书及其附件的副本转送给邓志明，要求其在指定期限内陈述意见。

邓志明于2007年6月9日提交意见陈述，认为本专利与江文乐提交的对比设计不相同也不相近似，具体表现在：本专利整体上犹如一名身穿长脚连衣裙的高贵的少女，而附件2所示的外观设计整体上呈一只昂首挺立的企鹅。同时，手持搅拌器的用途及手持的特点，导致产品的设计形状离不开圆棒状，在满足设计要求的情况下，设计的空间很小，提供了三份专利文本来说明多数外观设计专利都是在图案方面或形状上仅有微小改变。因此，请求维持本专利有效。

2007年7月4日专利复审委分别向江文乐和邓志明发出合议组成员告知通知书。双方均逾期未答复，视为对合议组成员无回避请求。

2007年10月30日，专利复审委作出第10617号决定宣告本专利无效。主要理由是：

1. 法律依据

基于江文乐提出的无效宣告请求理由，专利复审委对本专利是否符合《专利法》第二十三条的规定进行审查。

2. 证据认定

附件1是用于说明本专利情况。附件2是99315592.8号外观设计专利的公开文本复印件，经专利复审委核实，该复印件内容属实，其所示专利使用外观设计的产品名称为"手动搅拌器"，授权公告日为2000年4月26日，该授权公告日在本专利申请日前，故附件2可以作为判断本专利是否符合《专利法》第二十三条的规定的证据。

3. 外观设计对比

本专利为搅拌器，附件2所示外观设计为手动搅拌器，两者所属产品的种类相同，因此可以进行外观设计相近似性比较。

本专利为搅拌器，其整体形状近似站立的鸟的形状，上部为鸟头状，中部由上至下逐渐收缩的近似长圆锥形的鸟身部分，侧面均匀分布有多条装饰线，下部近似短圆锥形，下端设置有八个弧形缺口。

在先设计为手动搅拌器，其整体形状近似站立的鸟的形状，上部为鸟头状，鸟喙略长，中部是由上至下逐渐收缩的近似长圆锥形的鸟身部分，下部近似短圆锥形，下端设置有六个弧形缺口。鸟的头颈部的正面有长条的深色块，鸟的颈部的后面有椭圆形深色块，鸟身的中央部位也有深色环。

将本专利与在先设计相比，两者的相同点为：整体形状均近似站立的鸟的形状，上部均为鸟头状，中部均为由上至下逐渐收缩的近似长圆锥形的鸟身部分，下部均近似短圆锥形。下部的底端均设置有弧形缺口；在先设计的头颈部有深色块，鸟身的中央部位有深色环，本专利的对应部位有近似的区域。两者的不同之处在于：本专利无鸟喙，在先设计有长的鸟喙；本专利在鸟头顶部有一对似眼睛的圆形图案，在先设计的对应部位无此设计；本专利的下部侧面有多条装饰线，在先设计无此装饰线；两者下端设置的弧形缺口数目不同。对此，专利复审委认为，对一般消费者而言，本专利与在先设计整体形状近似，上部、中部、下部的形状及比例近似，两者鸟喙的不同以及顶部的圆形图案应属于局部的细微差别，下部侧面的装饰线以及下端设置的弧形缺口数目的区别对产品的整体视觉印象不具有显著的影响。按照整体观察、综合判断的原则，本专利与在先设计整体形状近似，因此，本专利与在先设计属于相近似的外观设计，本专利不符合《专利法》第二十三条的规定。

尽管邓志明认为本专利整体上犹如一名身穿长脚连衣裙的高贵的少女，而在先设计整体上呈一只昂首挺立的企鹅，这只能说明观察者的想像视角不同而已，并不能影响两者形状近似的客观情形。同时，邓志明提供了三份专利文本来说明多数手持搅拌器外观设计专利都是在图案方面或形状上仅有微小改变，设计的空间很小，手持搅拌器整体形状属于公知设计。对此，专利复审委认为，手持搅拌器的各部位均有较大设计空间，邓志明仅以三份专利文本来说明手持搅拌器设计空间小证据不足，专利复审委不予认可。

综上所述，在本专利申请日前已有与其相近似的外观设计公开发表过，因此，本专利不符合《专利法》第二十三条的规定，对江文乐提交的其他理由和证据不再作出评述。

邓志明不服上述决定，向一审法院提起行政诉讼。

本院认为，上诉人邓志明对专利复审委作出的第10617号决定的审查程序、案由部分的记载、法律依据的认定、证据的认定，以及本专利与在先设计所属产品种类相同的认定均无异议，本院经审查，对专利复审委的上述认定予以确认。本案争议的焦点问题在于本专利与在先设计是否属于相近似的外观设计。

对于相近似的外观设计，《专利法》第二十三条明确规定，授予专利权的外观设计，应当同申请日以前在国内外出版物上公开发表过或者国内公开使用过的外观设计不相同和不相近似，并不得与他人在先取得的合法权利相冲突。

根据上述法律规定，结合本案，本专利为搅拌器，其整体形状近似站立的鸟的形状，上部为鸟头状，中部为由上至下逐渐收缩的近似长圆锥形的鸟身部分，侧面均匀分布有多条装饰线，下部近似短圆锥形，下端设置有八个弧形缺口。在先设计为手动搅拌器，其整体形状近似站立的鸟的形状，上部为鸟头状，鸟喙略长，中部是由上至下逐渐收缩的近似长圆锥形的鸟身部分，下部近似短圆锥形，下端设置有六个弧形缺口。鸟的头颈部的正面有长条的深色块，鸟的颈部的后面有椭圆形深色块，鸟身的中央部位也有深色环。

将本专利与在先设计相比较，两者的相同之处在于，整体形状均近似站立的鸟的形状，上部均为鸟头状，中部均为由上至下逐渐收缩的近似长圆锥形的鸟身部分，下部均近似短圆锥形，下部的底端均设置有弧形缺口，在先设计的头颈部有深色块，鸟身的中央部位有深色环，本专利的对应部位有近似的区域。两者的不同之处在于：本专利无鸟喙，在先设计有长的鸟喙；本专利在鸟头顶部有一对似眼睛的圆形图案，在先设计的对应部位无此设计；本专利的下部侧面有多条装饰线，在先设计无此装饰线；两者下端设置的弧形缺口数目不同。

相对于一般消费者而言，本专利与在先设计整体形状近似，上部、中部、下部的形状及比例近似，两者鸟喙的不同以及顶部的圆形图案应属于局部的细微差别，下部侧面的装饰线以及下端设置的弧形缺口数目的区别对产品的整体视觉印象不具有显著的影响。按照整体观察、综合判断的原则，本专利与在先设计整体形状近似，因此，本专利与在先设计属于相近似的外观设计，不符合《专利法》第二十三条的规定。

综上，专利复审委作出的第10617号决定宣告第02363099.X号外观设计专利权无效合法，一审法院判决维持正确。依据《中华人民共和国行政诉讼法》第六十一条第（一）项的规定，判决如下：

驳回上诉，维持一审判决。

二审案件受理费人民币100元，由上诉人邓志明负担（已交纳）。

本判决为终审判决。

审　判　长　朱世宽
代理审判员　赵宇晖
代理审判员　胡华峰
二〇〇九年六月十六日
书　记　员　张　怡

婴幼儿车车轮护罩

无效宣告请求审查决定（第10623号）

决 定 号	第10623号
决 定 日	2007年10月18日
发明创造名称	婴幼儿车车轮护罩
外观设计分类号	12-16-C0696
无效宣告请求人	东莞市华瀚儿童用品有限公司，东莞市庆扬塑胶五金制品有限公司
专 利 权 人	中山市隆成日用制品有限公司
专 利 号	99307743.9
申 请 日	1999年6月1日
授权公告日	2000年3月15日
合议组组长	张 度
主 审 员	龙 安
参 审 员	穆丽娟
法 律 依 据	专利法第23条

决 定 要 点

请求人提交的附件为复印件，公证书中没有认定该附件的真实性，专利权人对该附件的真实性有异议，在没有其他证据证明该复印件真实性的情况下，合议组无法确认该复印件的真实性。因此，请求人所提交证据不足以证明本专利在其申请日之前已经以公开销售方式为公众所知。

一、案由

本无效宣告请求案涉及国家知识产权局于2000年3月15日授权公告的、名称为"婴幼儿车车轮护罩"的外观设计专利（下称为本专利），其专利号为99307743.9、申请日为1999年6月1日，专利权人为中山市隆成日用制品有限公司。

针对本专利，东莞市华瀚儿童用品有限公司（下称第一请求人）、东莞市庆扬塑胶五金制品有限公司（下称第二请求人）于2007年1月19日分别向专利复审委员会提出无效宣告请求（下分别称第一请求、第二请求），两方所提出无效宣告理由和证据均完全相同，其中无效宣告理由是本专利不符合专利法第23条的规定，并分别提交了如下证据：

附件1：1998年8月17日至1999年4月26日隆成集团/英属维京群岛商育丰有限公司、隆成香港有限公司/英属维京群岛商育丰有限公司台湾分公司分别与美国baby trend公司的关于型号T415/9210产品的函件，复印件，共18页；

附件 2：1998 年 12 月 16 日由美国 baby trend 公司发出的传真单，复印件 1 页，以及 1998 年 12 月 24 日由 ACTS 毅式检定（香港）有限公司发送的传真单，复印件 1 页；

附件 3：隆城中国有限公司发给美国 baby trend 公司的关于型号为 9210T 产品的商业发票（发票号码为 CT992054）、装箱单和重量单、原产地证明、托运人为 BABY TREND INC 的代运公司货物收据、9292 TW 产品装箱单和重量单，复印件，共 10 页；

附件 4：美国 baby trend 公司 1999 Catalog、06/07 CATALOG，复印件，共 4 页；

附件 5：97313381.3 号外观设计专利公报，共 9 页；

附件 6：第一请求人提交了广东省知识产权局出具的粤知法处字（2006）第 39 号审理通知书，1 页；第二请求人提交了广东省知识产权局出具的粤知法处字（2006）第 43 号审理通知书，1 页。

第一请求人和第二请求人的主要无效宣告请求理由分别是：

（1）上述附件充分证明在本专利的申请日之前，本案专利的申请人已经将与本案外观设计专利有相同的外观设计的系列产品 T415/9210 从国内公开销售给美国 baby trend 公司。而且由于 98 年下半年申请人的供货，使得美国 baby trend 公司在 99 年年初编制的产品目录中记载了该型号 9210 的产品图片。而本案专利的婴幼儿车车轮护罩就是上述产品上所附的车轮护罩，因此该外观设计专利不具备专利法要求的新颖性。（2）本案专利与附件 5 相比较，区别是本案专利在俯视图、仰视图中车轮上方的部分罩体相对轮罩后半部分向前延伸更加一点，且轮罩后半部分更加长一点，但是这些区别对于产品外观设计的整体视觉效果不具有显著的影响，因此本案专利与附件 5 相比构成近似。因此本案专利明显不符合专利法第 23 条的规定。

经形式审查合格后，专利复审委员会受理了上述请求，于 2007 年 1 月 22 日分别向第一请求人和第二请求人及专利权人发出了无效宣告请求受理通知书，并将第一请求和第二请求的无效宣告请求书及其附件清单中所列附件副本转送给专利权人，要求其在制定的期限内答复。

第一请求人和第二请求人分别于 2007 年 2 月 16 日提交了补充附件 1~5 及其公证认证书的中文译文：

补充附件 1：从中国海关网站上下载权利授权号分别为 993077439 和 003200167 的、备案生效日期均为 2004 年 8 月 5 日的备案申请详细内容复印件各 1 页（下称附件 7）；

补充附件 2：以下文件的复印件和中文译文：隆成中国有限公司发给美国 baby trend 公司的关于产品号为 9210TW 产品的商业发票（发票号码为 CT990217、发票日期为 1999 年 1 月 25 日）、隆成中国有限公司麦头和编号单、装箱单和重量单、证明、代运公司货物收据和公证认证书，共 17 页。

补充附件 3：以下文件的复印件和中文译文：隆成中国有限公司发给美国 baby trend 公司的关于产品号为 9210T 的商业发票（发票号码为 CT990749、发票日期为 1999 年 4 月 3 日）、装箱单和重量单、隆成中国有限公司麦头和编号单、产品号为 9210W 的产品原产地证明、提单和公证认证书，共 17 页。

补充附件 4：以下文件的复印件和中文译文：隆成中国有限公司发给美国 baby trend 公司的关于型号为 9292TW 产品的商业发票（发票号码为 CT991125、发票日期为 1999 年 5 月 18 日）、装箱单和重量单、隆成中国有限公司麦头和编号单、提单、公证认证书以及中华人民共和国公证、认证申请表，共 16 页。

补充附件 5：

（1）证明"①Baby Trend 1998 产品目录 ②Baby Trend 1999 产品目录③ Baby Trend 2007 产品目录 ④Baby Trend 1998 和 1999 文书工作以上产品无误并有效"的公证书复印件及其中文译文，共 9 页；

（2）1998年8月17日至1999年4月26日隆成集团/英属维京群岛商育丰有限公司、隆成香港有限公司/英属维京群岛商育丰有限公司台湾分公司分别与美国baby trend公司的关于型号T415/9210产品的函件的复印件及英文信件的中文译文，第1请求人提交共19页、第2请求人提交共17页；

（3）1998年12月16日由美国baby trend公司发出的传真单复印件及其中文译文共2页，以及1998年12月24日由ACTS毅式检定（香港）有限公司发送的传真单复印件及其中文译文共2页；

（4）隆城中国有限公司发给美国baby trend公司的关于型号为9210T产品的商业发票（发票号码为CT992054）、装箱单和重量单、原产地证明，托运人为BABY TREND INC的代运公司货物收据复印件及其中文译文，共14页；

（5）美国baby trend公司1998 catalog、1999 Catalog、06/07 CATALOG，复印件，共6页。

针对上述两个无效宣告请求，专利权人于2007年2月27日分别寄交了相同内容的意见陈述书。专利权人的主要陈述意见如下：附件1~4均为复印件，涉及案外人、涉及不同的国家及地区、显示内容不详，专利权人对其合法来源、真实性等事项都无法确认，请求人提交的附件不能证明其主张。将本专利与附件5对比可知，二者的主视图、左视图、后视图、俯视图及仰视图所产生的视觉效果明显不同，两者不是相同或相近似的外观设计。

专利复审委员会依法成立合议组，对第一请求、第二请求进行审理。

合议组于2007年4月6日向第一请求人、第二请求人和专利权人三方发出口审通知书，定于2007年6月19日对第一请求和第二请求进行合并审理，同时将专利权人的意见陈述书分别转交给第一请求人和第二请求人，将第一请求人和第二请求人的补充意见陈述书和补充附件转交给专利权人。

口头审理如期举行，三方均出席了此次口头审理。口头审理中，第一请求人和第二请求人明确表示放弃提出无效请求时提交的附件1~4，明确其无效理由为：本专利不符合专利法第23条的规定，即补充附件1~5证明本专利在申请日之前销售公开，本专利与附件5相同或相近似；第一请求人和第二请求人当庭提交了补充附件2~4的公证书的原件及补充附件5（2）至5（5）的公证书的原件。专利权人对上述原件的真实性没有异议，对公证书内容有异议，对所有译文的准确性没有异议；第一请求人和第二请求人当庭提交了补充附件5（5）的原件，专利权人对其真实性有异议。专利权人表示对附件5及附件7的真实性没有异议。

第一请求人和第二请求人将口审时的陈述意见整理成书面意见，于2007年7月4日分别提交给合议组。

至此，合议组认为三方当事人均已经充分表达了各自的主张，第一请求和第二请求的事实已经清楚，可以作出审查决定。

二、决定的理由

1. 关于证据

（1）第一请求人和第二请求人放弃了附件1~4，因此合议组对其不做评述。

（2）附件5是授权公告日为1998年12月23日、97313381.3号外观设计公报复印件。专利权人对附件5的真实性无异议，合议组对附件5的真实性予以认可。附件5的授权公告日在本专利的申请日之前，因此附件5是本专利申请日之前公开的在先设计。

（3）附件7为中国海关网上下载权利授权号为993077439和003200167的备案申请详细内容复印件，合议组登录中国海关网（www.customs.gov.cn），核实后确认附件7与该网站上登载的内容一致，并且专利权人对附件7真实性无异议，因此合议组对附件7的真实性予以采信。

（4）第一请求人和第二请求人当庭出示了补充附件2中公证书的原件，专利权人对该公证书的真实性无异议，经核实，合议组对该公证书的真实性予以采信。专利权人对补充附件2中公证书的中文译文没有异议，合议组对该中文译文予以采信，该公证书证明了商业发票中 DEREK CONRAD 的签字为其本人签署。

第一请求人和第二请求人未能出示补充附件 2 中"隆成中国有限公司发给美国 baby trend 公司的关于产品号为 9210TW 产品的商业发票（发票号码为 CT990217、发票日期为 1999 年 1 月 25 日）、隆成中国有限公司麦头和编号单、装箱单和重量单、证明、代运公司货物收据"的原件，公证书也没有证明复印件与原件一致以及原件的真实性，在没有其他的证据证明上述复印件真实性的情况下，合议组对上述复印件的真实性无法确认。

（5）第一请求人和第二请求人当庭出示了补充附件 3 中公证书的原件，专利权人对该公证书的真实性无异议，经核实，合议组对该公证书的真实性予以采信。专利权人对补充附件 3 中公证书的中文译文没有异议，合议组对该中文译文予以采信，该公证书证明了商业发票中 DEREK CONRAD 的签字为其本人签署。

第一请求人和第二请求人未能出示补充附件 3 中"隆成中国有限公司发给美国 baby trend 公司的关于产品号为 9210T 的商业发票（发票号码为 CT990749、发票日期为 1999 年 4 月 3 日）、装箱单和重量单、隆成中国有限公司麦头和编号单、产品号为 9210W 的产品原产地证明、提单"的原件，公证书也没有证明复印件与原件一致以及原件的真实性，在没有其他的证据证明上述复印件真实性的情况下，合议组对上述复印件的真实性不予确认。

（6）第一请求人和第二请求人当庭出示了补充附件 4 中公证书的原件，专利权人对该公证书的真实性无异议，经核实，合议组对该公证书的真实性予以采信。专利权人对补充附件 4 中公证书的中文译文没有异议，合议组对该中文译文予以采信，该公证书证明了商业发票中 DEREK CONRAD 的签字为其本人签署。

第一请求人和第二请求人未能出示补充附件 4 中"隆成中国有限公司发给美国 baby trend 公司的关于型号为 9292TW 产品的商业发票（发票号码为 CT991125、发票日期为 1999 年 5 月 18 日）、装箱单和重量单、隆成中国有限公司麦头和编号单、提单、及中华人民共和国公证、认证申请表"的原件，公证书也没有证明复印件与原件一致以及原件的真实性，在没有其他的证据证明上述复印件真实性的情况下，合议组无法确认上述复印件的真实性。

补充附件 4 中"中华人民共和国公证、认证申请表"为 Derek Conrad 申请公证、认证时填写的个人信息、需要公证或认证的文件内容和使用目的，该表不是公证或认证文件的内容，在没有其他证据证明上述内容真实性的情况下，合议组对该申请表中内容的真实性无法确认。

（7）第一请求人和第二请求人当庭出示了证明补充附件 5（2）~5（5）的公证书（补充附件 5（1））的原件，专利权人对该公证书的真实性无异议，经核实，合议组对该公证书的真实性予以采信。专利权人对公证书 5（1）的中文译文没有异议，合议组对该中文译文予以采信，该公证书中认定了：2007 年 1 月 23 日 DEREK CONRAD 在加利福尼亚州 SAN BERNARDINO 县公证人 NAVEED JATTALA 面前，承认其以公认的身份签署了文件，通过在文件上的签字使文件生效，已经提供证据证明 DEREK CONRAD 就是签署文件的人士；DEREKCONRAD 签字的文件为 Baby Trend 1998、1999、2007 产品目录和 Baby Trend 1998 1998 和 1999 文书工作。

补充附 5（2）、5（3）、5（4）均为复印件，第一请求人和第二请求人未能出示所述补充附件的原件。公证书仅仅认证了其中的签名为 DEREK CONRAD 本人签署，没有公证或认证所述补充附件的真实性，也没有证明复印件与原件一致以及原件的真实性，在专利权人对所述补充附真实性有异议，且第一请求人和第二请求人没有其他证据证明所述补充附件真实性的情况下，合议组认为，补充附件 5（2）、5（3）、5（4）的真实性不能予以确认。

补充附件5（5）是第一请求人和第二请求人声称的美国Baby Trend公司的产品目录，第一请求人和第二请求人当庭还提交了目录原件。专利权人对其真实性有异议。合议组认为，所述原件上未标识出版日期、出版社等相关出版信息，无法证明其为专利法意义上的出版物，在没有其他证据证明其真实性的情况下，合议组对其真实性不予认定。

2. 关于销售公开

审查指南2~36中指出：由于使用而导致技术方案的公开，或者导致技术方案处于公众可以得知的状态，这种公开方式称为使用公开。

使用公开的方式包括能够使公众得知其技术内容的制造、使用、销售、进口、交换、馈赠、演示、展出等方式。

使用公开是以公众能够得知该产品或者方法之日为公开日。

附件7为中国海关网上登载的海关备案申请详细内容，公众通过中国海关网能够得知附件7中产品的日期为附件7的备案生效日（2004年8月5日），因此附件7的公开日为2004年8月5日。由于附件7的公开日在本专利的申请日（2000年1月31日）之后，因而附件7不足以证明本专利在其申请日前已经以公开销售方式为公众所知。

由于补充附件2~5中的公证书没有公证和认证本专利在其申请日之前被销售公开，且其中的商业发票、装箱单、重量单、隆成中国有限公司麦头和编号单、提单、检测报告、函件、产品目录的真实性均无法确认，因此补充附件2~5同样不能证明本专利在其申请日之前已经以公开销售的方式为公众所知。

基于上面的评述，合议组认为，第一请求人和第二请求人所提交的证据（补充附件2~5）不足以证明本专利在其申请日之前已经以公开销售的方式为公众所知。

3. 关于专利法第23条

专利法第23条规定：授予专利权的外观设计，应当同申请日以前在国内外出版物上公开发表过或者国内公开使用过的外观设计不相同和不相近似，并不得与他人在先取得的合法权利相冲突。

本专利涉及一种"婴幼儿车车轮护罩"的外观设计，所述外观设计包括主视图、后视图、俯视图、仰视图、左视图和立体图（详见本专利附图）。

附件5涉及一种"幼儿三轮车"的外观设计，所述外观设计包括主视图、后视图、俯视图、仰视图、左视图、右视图和立体图（详见附件5附图）。

以下将就本专利中的车轮护罩和附件5中的幼儿三轮车的前车轮护罩进行比较。

本专利主视图所示车轮护罩分三部分，左右两部分呈对称的1/4扇形，扇体中有若干条纹，中间部分顶部是半圆弧形，圆弧两边直线向下延伸与左右两部分分别连接。附件5主视图所示车轮护罩分三部分，左右两部分呈基本锐角等腰三角形，中间部分顶部是圆弧形，圆弧两边呈弧线形向下延伸与左右两部分各自连接。可见，本专利与附件5的车轮护罩左右两部分形状和图案均不同，护罩中间突起部分的形状也不相同

本专利后视图所示车轮护罩分三部分，左右两部分呈对称的1/4扇形，中间部分左右横贯与左右两边分别连接。附件5后视图未显示车轮护罩的形状。因此，就后视图而言，两者无法比较。

从本专利俯视图和仰视图可以看出，所述车轮护罩由一个类钝角三角形和操场跑道状的图形（∩）组成，所述操场跑道状的图形位于所述类三角形钝角的位置。从附件5的俯视图看，车轮护罩由一个锐角等边类三角形和两条弯曲度不等的弧形边围起的图形构成。其中两条弯曲度不等的弧形边围起的图形安放在锐角等边类三角形的锐角位置上。附件5的仰视图没有显示车轮护罩的形状。因此，从本专利与附件5俯视图显示，两者车轮护罩的形状不相同。

本专利左视图中，所述车轮护罩呈左右两部分双飞形，偏左一部分是钝角不等边类三角形，右部分是锐角基本等边类三角形。附件5左视图中，所述车轮护罩由一个细柱状图形和1/4扇形构成。可见，从左视图上看，二者车轮护罩的形状也不相同。

本专利立体图中，所述车轮护罩由一道横线和两条曲线构成外框，整个图形偏下有一突出的平缓过度的拱形图案，约占整幅图面的1/3。所述外框有若干条纹。由附件5立体图所示，所述车轮护罩由一道横线和两条曲线构成外框，整个图形偏下有一突出的拱形图案。因此，从本专利与附件5的立体图上看，二者不相同也不相近似。

综合上述各幅视图的比较可以看出，本专利与附件5中的婴幼儿车车轮护罩无论在整体还是局部上都存在明显的差异，对整体视觉效果有显著的影响。因此，本专利与附件5不是相同或相近似的外观设计。

综上所述，第一请求人和第二请求所提交的证据无法证明本专利在其申请日之前已经以公开销售的方式为公众所知，本专利与附件5中的婴幼儿车车轮护罩不相同也不相近似，故本专利符合专利法第23条规定。

三、决定

维持99307743.9号外观设计专利权有效。

当事人对本决定不服的，可以根据专利法第46条第2款的规定，自收到本决定之日起三个月内向北京市第一中级人民法院起诉。根据该条款的规定，一方当事人起诉后，另一方当事人应当作为第三人参加诉讼。

散热器（灰铸铁柱型 YGB）

无效宣告请求审查决定（第 10626 号）

决 定 号	第 10626 号
决 定 日	2007 年 10 月 25 日
发明创造名称	散热器（灰铸铁柱型 YGB）
外观设计分类号	23-03
无效宣告请求人	新疆鄯善华兴铸造有限公司
专 利 权 人	新疆伊犁钢铁有限责任公司
专 利 号	200630021707.7
申 请 日	2006 年 4 月 7 日
授权公告日	2007 年 1 月 10 日
合议组组长	吴赤兵
主 审 员	李巍巍
参 审 员	严若艳
附 图	1 页

法律依据 专利法第 9 条

决定要点

该类产品整体外形均为长方体，长方体之外的其余设计的差异对该类产品整体视觉效果会更具有显著的影响。本专利与在先设计相比较，二者的其他部位、形状均采用了几乎基本相同的设计，极容易导致一般消费者对二者的整体外观误认、混同，二者应属于相近似的外观设计。

一、案由

本无效宣告请求涉及 2007 年 1 月 10 日国家知识产权局授权公告的 200630021707.7 号外观设计专利，其产品名称是"散热器（灰铸铁柱型 YGB）"，申请日是 2006 年 4 月 7 日，专利权人是新疆伊犁钢铁有限责任公司。

针对上述外观设计专利权（下称本专利），新疆鄯善华兴铸造有限公司（下称请求人）于 2007 年 3 月 20 日向专利复审委员会提出无效宣告请求，其理由是本专利不符合专利法第 9 条的规定。请求人认为本专利与他人在先申请在后公开的 200630000552.9 外观设计专利相比，二者属于形状完全相同的产品，虽然端部的尺寸有略微一点的微小变化，但不能隐盖两形状相同或相似的客观事实，因此，二者属于相同或相近似的外观设计。请求人提交了如下附件作为证据：

附件 1 是 200630000552.9 号外观设计专利公报复印件，共 1 页；

附件 2 是本专利外观设计专利公报复印件，共 1 页。

专利复审委员会根据无效宣告请求审查程序的规定受理了该无效宣告请求，并于 2007 年 4 月 27 日将无效宣告请求书和证据的副本转送给专利权人，限其在指定的期限内答复。并告知专利权人如逾期不答复，不影响专利复审委员会的审理。

专利复审委员会于 2007 年 6 月 12 日收到专利权人针对无效宣告请求理由进行的意见陈述，专利权人认为：对于铸造成型的散热器来说，惯常设计的产品外形为长方体，因此，长方体之外其余设计的变化应该对产品整体视觉效果更具有显著的影响。从二者所示的各视图进行整体观察、综合判断，二者的区别在于两端同心圆环与长方体的垂直度不同；加强筋的设计不同；两端头的整体形状略有不同。二者不属于同样的发明创造，应当维持本专利有效。

专利复审委员会于 2007 年 9 月 25 日向双方当事人发出《合议组成员告知通知书》，指出如对本案合议组人员有回避请求的，请于收到本通知之日起 7 天内提交书面请求书，逾期未答复，视为无回避请求。在规定的期限内双方当事人均未对合议组成员提出回避的请求。

在以上审理的基础上，本案合议组经合议，认为本案事实清楚，依法作出本审查决定。

二、决定的理由

1. 法律依据

根据请求人提出的无效宣告请求的理由和提交的证据，本案合议组依据专利法第 9 条的规定对本案进行审理。

专利法第 9 条规定："两个以上的申请人分别就同样的发明创造申请专利的，专利权授予最先申请的人。"

2. 证据的认定

请求人提交的附件 1 是 200630005520.9 号外观设计专利公报复印件，对此，本合议组进行了核实，该复印件与原件相符，其真实性可以确定。该专利的申请日是 2006 年 1 月 12 日（在本专利申请日之前），授权公告日是 2006 年 11 月 29 日（在本专利申请日之后），授权公告号是 CN3584863D，使用外观设计的产品名称为"暖气片（HKTY2-A）"，专利权人是新疆鄯善华兴铸造有限公司，属于他人在本专利申请日之前申请，之后授权公告的外观设计专利，因此，可适用专利法第 9 条的规定作为本案的在先设计（下称在先设计）。

本专利所示产品为散热器，在先设计所示产品为暖气片，二者用途相同，属于相同种类的产品，具有可比性。

3. 相同和相近似的比较

本专利包括 4 幅视图，即主视图、左视图、俯视图、立体图，简要说明中记载：（1）后视图与主视图相同，省略后视图。（2）右视图与左视图相同，省略右视图。（3）仰视图与俯视图相同，省略仰视图。从各视图观察，本专利整体形状为长方体，两端各有一连接螺孔，其间有一长形散热透槽，两侧边各有一加强筋与连接螺孔外侧相连，连接螺孔的两端略凸出于散热体，与散热体大致呈"十"字形（详见本专利附图）。

在先设计包括 6 幅视图，即主视图、后视图、左视图、仰视图、俯视图、立体图，简要说明中记载：右视图与左视图对称，省略右视图。从各视图观察，在先设计整体形状为长方体，两端各有一连接螺孔，其间有一长形散热透槽，两侧边各有一加强筋与连接螺孔外侧相连，连接螺孔的两端略凸出于散热体，与散热体大致呈"十"字形（详见在先设计附图）。

将本专利与在先设计相对比较，二者的相同点是整体形状均为长方体，其间均有长形散热透槽，两端均有连接螺孔。二者的主要不同点是：左视图中连接螺孔与散热体大致呈"十"字形的折角略有不同，本专利的折角形状比在先设计的更为清晰、分明，但从本专利的俯视图，在先设计的俯视图、仰视图中可以得出该部位的折角形状是基本相同的。专利权人认为：在先设计主视图中两端的连接螺孔与长形散热体不相垂直，向两侧倾斜，而本专利的连接螺孔与长形散热体是垂直的。合议组认为：其为拍摄时的角度引起的，从在先设计的俯视图、仰视图观察，该部位的连接螺孔与长形散热体为垂直连接，其连接角度与本专利是基本相同的；该类产品整体外形均为长方体，长方体之外的其余设计的差异对该类产品整体视觉效果具有显著的影响。在二者的其他部位、形状均采用了几乎基本相同的设计的情况下，上述的不同点属于局部细微差别对整体视觉效果不具有显著的影响，极容易导致一般消费者对二者的整体外观设计误认、混同，二者应属于相近似的外观设计。

对于外观设计专利而言，同样的发明创造是指两项外观设计是否相同或者相近似。

综上所述，在本专利申请日前已有相近似的外观设计提出申请并被授予专利权，本专利与在先设计属于同样的发明创造，依照专利法第9条的规定，本专利不符合授权规定。

三、决定

宣告200630021707.7号外观设计专利权全部无效。

当事人对本决定不服的，可以根据专利法第46条第2款的规定，自收到本决定之日起三个月内向北京市第一中级人民法院起诉。根据该款的规定，一方当事人起诉后，另一方当事人应当作为第三人参加诉讼。

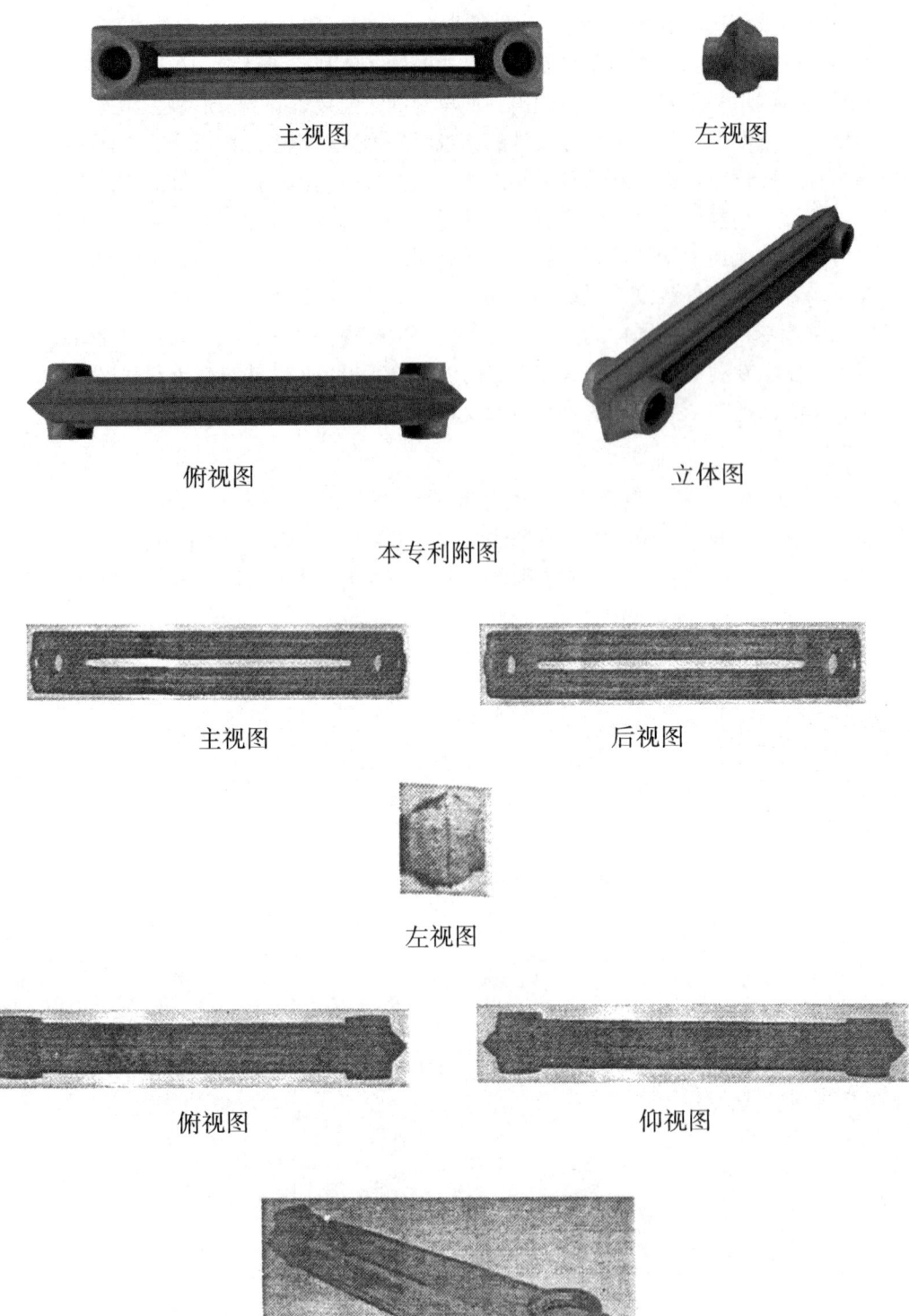

自动车床车头箱

无效宣告请求审查决定（第 10631 号）

决 定 号	第 10631 号
决 定 日	2007 年 8 月 2 日
发明创造名称	自动车床车头箱
外观设计分类号	15-09
无效宣告请求人	慈溪市三酉实业有限公司
专 利 权 人	虞柏伟
专 利 号	200430021485.X
申 请 日	2004 年 3 月 24 日
授权公告日	2004 年 10 月 27 日
合议组组长	马 昊
主 审 员	杜 宇
参 审 员	詹靖康
法 律 依 据	专利法第 23 条

决 定 要 点

本专利保护的外观设计与在先设计的差别不能对外观设计的整体视觉效果产生显著的影响，一般消费者对本专利保护的外观设计与在先设计会产生误认、混同，因此本专利保护的外观设计与在先外观设计相近似。

一、案由

本无效宣告请求涉及申请日为 2004 年 3 月 24 日、授权公告日为 2004 年 10 月 27 日、名称为"自动车床车头箱"、专利号为 200430021485.X 的外观设计专利（下称本专利），专利权人为虞柏伟。

2006 年 8 月 1 日，慈溪市三酉实业有限公司（下称请求人）针对本专利向专利复审委员会提出无效宣告请求，理由是：本专利不符合专利法第 23 条的规定。该请求人同时提交了下列证据：

附件 1-1：（2004）甬民二初字第 99 号浙江省宁波市中级人民法院民事调解书的复印件，共 2 页；

附件 1-2：（2004）慈证民字第 150 号公证书及所附《现场记录》的复印件，共 7 页；

附件 1-3：宁波市中级人民法院封条封存的单轴自动车床侵权产品照片，共 13 张；

附件 1-4：200430021485 中国外观设计专利公告（本专利），共 2 页。

经形式审查合格后，专利复审委员会于 2006 年 8 月 1 日向双方当事人发出无效宣告请求受理通知书，并将上述无效宣告请求书及所附证据副本转送给专利权人，要求专利权人在一个月内陈述意见；并向浙江省杭州市中级人民法院发出无效宣告案件审查状态通知书（一）。

2006年8月30日，专利复审委员会收到请求人提交的无效宣告请求的补充意见陈述书，并提交了下列证据：

附件2-1：请求人向宁波市中院提交的专利侵权起诉状的复印件，共2页；

附件2-2：宁波增值税专用发票三张（编号分别为：01304765、0130477、02515304）及其相关的三份公证书（（2006）奉证民字第716号、（2006）奉证民字第717号、（2006）奉证民字第718号）的复印件，共12页；

附件2-3：请求人声称含有公开销售的自动车床实物照片的产品样品图册，共4页；

附件2-4：请求人声称公开销售的自动车床的使用说明书，共6页。

合议组于2007年3月7日向双方当事人发出无效宣告请求口头审理通知书，拟定于2007年4月18日进行口头审理。并将请求人补交的意见陈述书以及附件副本转送给专利权人。

2007年3月28日，请求人向专利复审委员会提交现场勘验请求书。

口头审理因故变更于2007年4月17日举行。双方当事人均出席口审，并对对方出庭人员的身份没有异议。双方当事人对合议组成员没有回避请求。请求人当庭明确其无效理由为：本专利的外观设计不符合专利法第23条的规定。请求人当庭出示附件1-1、1-2、1-3和2-2的原件，专利权人核实复印件与原件一致。专利权人当庭表示对于请求人提交的附件1-1、1-2；2-2的原件的真实性没有异议。专利权人当庭表示对于附件1-3封存的13张照片的真实性有异议。证人出庭作证。应无效请求人请求，本案需要进行两处现场勘验，合议组决定，在浙江知识产权局的协助下与双方当事人前往勘验。

2007年4月19日上午10时15分至10时40分，在浙江省宁波市奉化高新技术园区汇泉路168号，合议组对封存在以赛亚气动有限公司的自动车床进行现场勘验。合议组成员、浙江省奉化市公证处公证员、双方当事人以及代理人在浙江省知识产权局的工作人员的协调下，当场拆封、拍照、作相关记录，共拍30张照片，合议组及双方当事人各保留一份。

2007年4月19日下午3时至3时20分，在浙江省慈溪市掌起镇慈掌路288号，合议组对封存在三酉实业有限公司的自动车床进行现场勘验。合议组成员、双方当事人以及代理人在浙江省知识产权局工作人员的协调下，当场拍照并作相关记录，共拍8张照片，合议组及双方当事人各保留一份。

2007年4月24日，专利权人提交了关于现场勘验的意见陈述书。

在上述程序的基础上，合议组认为本案事实已经清楚，现依法作出如下审查决定。

二、决定的理由

1. 关于无效理由

根据请求人提出的无效宣告请求的范围、理由和提交的证据，本案合议组依据专利法第23条对本案进行审查。

2. 关于证据

附件1-2是中华人民共和国浙江省慈溪市公证处于2004年3月3日对请求人购入的一台单轴自动车床进行现场拍照证据保全的公证书，请求人声称该单轴自动车床是该公司购买所得，根据公证书所附的图片可知，该单轴自动车床的铭牌显示其制造者为慈溪市掌起镇精益机械厂，专利权人在本无效宣告请求的审理期间也从未对附件1-2所示产品的真实性提出反对意见，此外出具公证书的日期也早于本外观设计的申请日，因此合议组认为该公证书的照片所涉及的自动车床的公开日早于本专利的申请日，并且该公证书的照片所涉及的自动车床具有车头箱，因此该车头箱可以作为在先设计与本专利进行对比来评价本专利是否符合专利法第23条的规定。

3. 关于专利法第23条

授予专利权的外观设计，应当同申请日以前在国内外出版物上公开发表过或者国内公开使用过的外观设计不相同和不相近似，并不得与他人在先取得的合法权利相冲突。

本专利为一自动车床车头箱，包括主视图、后视图、俯视图、右视图、左视图和立体图，未要求保护色彩，从整体上看，所述车头箱呈长方体，从主视图看，其正面左下部接近底面处设置有一圆柱体，该圆柱体上有一小圆台状凸起，该圆柱体上设置有基本平行于所述车头箱正面的一长杆，该长杆顶部为一球状体，其底部通过一六角螺母与所述圆柱体连接，所述车头箱正面中部有上下排列的两个孔。从俯视图看，所述车头箱顶端面上具有一个呈长方形的凹槽，该凹槽的右上角部设置有一个圆台状突出物，所述车头箱右端面上具有一个形状为左侧切去一部分的圆台，该圆台上设置有通孔，一中空圆管通过该通孔设置在该圆台上。所述车头箱左端面设置有大小两个圆台体，所述小圆台体具有一个通孔，所述小圆台体设置在所述大圆台体上，所述大圆台的上半部分的顶部被切除，所述大、小圆台体在其顶端面上分别具有按其顶端面圆周形状等距离均匀排列三个螺丝。所述车头箱后端面的右下部具有一小圆柱状凸起（详见本专利附图）。

附件1-2中的照片所涉及的自动车床具有一个车头箱，从整体上看，所述车头箱呈长方体，其正面左下部接近底面处设置有一圆柱体，该圆柱体上有一小圆台状凸起，该圆柱体上设置有基本平行于所述车头箱正面的一长杆，该长杆顶部为一球状体，其底部通过一六角螺母与所述圆柱体连接所述车头箱正面中部有一个孔，所述车头箱顶端面上具有一个呈长方形的凹槽，该凹槽的右上角部设置有一个圆台状突出物，由于该车头箱安装在所述自动车床上，因此所述车头箱的左、右以及部分后端面不可见（详见附件1-2中的照片）。

合议组认为：由于车头箱在使用时需要被安装在车床上，其在使用状态时，其正面以及顶端面是车头箱的主要能见部分，上述两个面的设计对整体视觉效果具有显著的影响，而左、右、部分后端面均被车床其他部件所遮挡，所述左、右、部分后端面在使用过程中不容易被一般消费者看到，属于不会被一般消费者关注的部位，在上述三个端面上的设计不会对产品整体视觉效果产生显著的影响，本专利的车头箱在上述三个端部面上的设计不会对车头箱整体视觉效果产生显著的影响，因此附件1-2所涉及的车头箱虽然未公开车头箱的左、右、部分后端面的设计，但不影响将其与本专利进行整体观察、综合判断。

附件1-2所涉及的车头箱顶端部面设计与本专利相同，附件1-2正面的设计与本专利的基本相同，区别仅在于：附件1-2所涉及的车头箱正面中部只有一个孔，而本专利的车头箱正面中部有上下排列的两个孔。上述区别相对于车头箱整体来说，其在整体设计中所占比例很小，属于局部细微变化，该变化不足以对整体视觉效果产生显著的影响。由于车头箱的正面以及顶端面的设计对车头箱的整体视觉效果具有显著的影响，并且附件1-2所涉及的车头箱与本专利在上述两个面上的设计基本相同仅存在细微的区别，不会对车头箱的整体视觉效果产生显著的影响，一般消费者会对附件1-2所涉及的车头箱与本专利产生误认、混同，因此两者的外观设计相近似。

综上所述，由于本专利保护的外观设计与附件1-2所涉及车头箱的外观设计相近似，因此本专利不符合专利法第23条的规定。

鉴于本专利相对于附件1-2不符合专利法第23条的无效宣告理由成立，对于请求人提出的其他证据，合议组不再进行评述。

三、决定

宣告 200430021485.X 号外观设计专利权无效。

当事人对本决定不服的,可以根据专利法第 46 条第 2 款的规定,自收到本决定之日起三个月内向北京市第一中级人民法院起诉。根据该款的规定,一方当事人起诉后,另一方当事人应当作为第三人参加诉讼。